Das große Buch der Allgemeinbildung

Duden

Das große Buch der
Allgemeinbildung

Was jeder wissen muss

Dudenverlag
Mannheim · Zürich

Redaktion: Peter Kratzmaier, Heike Pfersdorff
Herstellung: Monika Schoch
Layout: Horst Bachmann

Bibliografische Information der Deutschen Nationalbibliothek
Die Deutsche Nationalbibliothek verzeichnet diese Publikation in der Deutschen
Nationalbibliografie; detaillierte bibliografische Daten sind im Internet über
http://dnd.d-nb.de abrufbar.

Das Wort Duden ist für den Verlag Bibliographisches Institut GmbH als Marke geschützt.
Alle Rechte vorbehalten.

Das Werk wurde in neuer Rechtschreibung verfasst.
Nachdruck, auch auszugsweise, verboten.
Kein Teil dieses Werkes darf ohne schriftliche Einwilligung des Verlages in
irgendeiner Form (Fotokopie, Mikrofilm oder ein anderes Verfahren), auch nicht
für Zwecke der Unterrichtsgestaltung, reproduziert oder unter Verwendung
elektronischer Systeme verarbeitet, vervielfältigt oder verbreitet werden.

Titel der amerikanischen Originalausgabe:
The Dictionary of Cultural Literacy by E.D. Hirsch Jr., Joseph F. Kett, James Trefil
© 1988 by Houghton Mifflin Company, Boston

Mit freundlicher Genehmigung von Houghton Mifflin Harcourt Publishing Company

© Duden 2010, Nachdruck 2011
Bibliographisches Institut GmbH, Dudenstraße 6, 68167 Mannheim
1. Auflage G F E
Satz: Bibliographisches Institut GmbH, Mannheim
Umschlaggestaltung: Hans Helfersdorfer, Heidelberg
Druck und Bindung: Offizin Andersen Nexö Leipzig GmbH,
Spenglerallee 26–30, 04442 Zwenkau
Umschlagabbildungen: Bibliographisches Institut, Mannheim: Akropolis, Beethoven, Rodin
(Bronzeplastik „Der Denker"); © CORBIS/Royalty-Free: Berber, Erdkugel, Spaceshuttle; Direct-
media Publishing, Berlin: Delacroix (Gemälde Französische Revolution); © leksele - Fotolia.com:
Statue Osterinsel; MEV Verlag, Augsburg: Denkmal Goethe/Schiller; shutterstock.com/360b:
Dalai Lama

Printed in Germany
Auch als E-Book erhältlich unter: PDF-ISBN 978-3-411-90311-5
ISBN 978-3-411-05625-5

Hinweise für die Benutzer

Der moderne Mensch ertrinkt in Informationen. Alle paar Jahre verdoppelt sich das Wissen. Die Verunsicherung wächst: Was muss ich wissen, was sollte ich wissen, was ist nicht so wichtig?

Ein Leitfaden durch das Labyrinth des Wissensangebots unserer Zeit zu sein ist das erklärte Ziel des vorliegenden Buchs. Es versammelt die Daten, Fakten und Zusammenhänge, die den Grundbestand unserer Allgemeinbildung darstellen.

Fünf große Themenkreise, übersichtlich eingeteilt in Wissenskapitel, enthalten die alphabetisch geordneten Artikel. Bei der Reihenfolge der Stichwörter innerhalb der Kapitel wurden die bestimmenden Artikel »der«, »die«, »das« nicht berücksichtigt.

Das rote Symbol ✚ kennzeichnet zusätzliche wissenswerte und interessante Einzelheiten zum Artikelinhalt oder auch Verknüpfungen zu anderen Wissensgebieten.

Das blaue Symbol ⓘ am Artikelende signalisiert, dass zu einem Stichwort ein sog. Infokasten vorhanden ist, der Zitate, Anekdoten oder bemerkenswerte Begebenheiten enthält. Ein ausführliches Register am Ende des Buches führt jeden Benutzer schnell und sicher zu der gesuchten Information.

Hinweise zur Aussprache

Aussprachebezeichnungen stehen in eckigen Klammern hinter allen Stichwörtern, bei denen die Aussprache Schwierigkeiten bereiten könnte. Die lautsprachliche Umschrift folgt dem Internationalen Lautschriftsystem der Association Phonetique Internationale; die verwendeten Zeichen bedeuten:

- a = helles a, dt. Blatt, frz. patte
- ɑ = dunkles a, dt. war, engl. rather
- ã = nasales a, frz. grand
- ʌ = dumpfes a, engl. but
- β = halboffener Reibelaut b, span. Habanera
- ç = Ichlaut, dt. mich
- ć = sj-Laut (stimmlos), poln. Sienkiewicz
- ð = stimmhaftes engl. th, engl. the
- æ = breites ä, dt. Äther
- ε = offenes e, dt. fett
- e = geschlossenes e, engl. egg, dt. Beet
- ə = dumpfes e, dt. alle
- ɛ̃ = nasales e, frz. fin
- γ = geriebenes g, span. Tarragona, niederländ. Gogh
- i = geschlossenes i, dt. Wiese
- ɪ = offenes i, dt. bitte
- ĩ = nasales i, port. Infante
- ʎ = lj, span. Sevilla
- ŋ = ng-Laut, dt. Hang
- ɲ = nj-Laut, Champagner
- ɔ = offenes o, dt. Kopf
- o = geschlossenes o, dt. Tor
- ø = geschlossenes ö, dt. Höhle
- œ = offenes ö, dt. Hölle
- œ̃ = nasales ö, frz. parfum
- s = stimmloses s, dt. was
- z = stimmhaftes s, dt. singen
- ź = zj-Laut (stimmhaft), poln. Zielona Gora
- ʃ = stimmloses sch, dt. Schuh
- ʒ = stimmhaftes sch, Garage
- θ = stimmloses th, engl. thing
- u = geschlossenes u, dt. Kuh
- ʊ = offenes u, dt. bunt
- ũ = nasales u, port. Atum
- v = stimmhaftes w, dt. Wald
- w = halbvokalisches w, engl. well
- x = Achlaut, dt. Krach
- y = geschlossenes ü, dt. Mütze
- ɣ = konsonantisches y, frz. Suisse
- : = bezeichnet Länge des vorhergehenden Vokals
- ' = bezeichnet Betonung und steht vor der betonten Silbe, z. B. 'ætlɪ = Attlee
- ˆ = unter Vokalen, gibt an, dass der Vokal unsilbisch ist

›Das große Buch der Allgemeinbildung‹ verzichtet weitgehend auf Abkürzungen: Einige wenige wurden dennoch verwendet. Es bedeuten:

- d. Ä. = der Ältere
- d. J. = der Jüngere
- d. Gr. = der Große
- hl. = heilige(r)
- Hl. = Heilige(r)
- Jh. = Jahrhundert
- Mio. = Millionen
- Mrd. = Milliarden
- n. Chr. = nach Christus
- u. a. = unter anderem, unter anderen
- v. a. = vor allem
- v. Chr. = vor Christus

Inhaltsverzeichnis

■ Geschichte und Gesellschaft
- **Kapitel 1** Weltgeschichte 9
- **Kapitel 2** Deutsche Geschichte 71
- **Kapitel 3** Politik 119
- **Kapitel 4** Wirtschaft 161

■ Kultur und Sprache
- **Kapitel 5** Kunst und Musik 191
- **Kapitel 6** Literatur 235
- **Kapitel 7** Sprichwörter und Redewendungen 285

■ Glauben und Denken
- **Kapitel 8** Religion und Philosophie 299
- **Kapitel 9** Mythen, Sagen, Märchen 325
- **Kapitel 10** Die Bibel 345

■ Mensch und Leben
- **Kapitel 11** Psychologie, Soziologie, Anthropologie, Ethnologie 367
- **Kapitel 12** Medizin und Gesundheit 387
- **Kapitel 13** Die Wissenschaft vom Leben 419

■ Erde, Naturwissenschaft und Technik
- **Kapitel 14** Geografie 433
- **Kapitel 15** Geowissenschaften 495
- **Kapitel 16** Exakte Naturwissenschaften und Mathematik 515
- **Kapitel 17** Die Technik 549

Register 564

1 Weltgeschichte

1
Weltgeschichte
2
Deutsche
Geschichte
3
Politik
4
Wirtschaft

Die Erforschung und Darstellung der Menschheitsgeschichte ist ein verhältnismässig junger Zweig der Geschichtswissenschaft. Sie geht auf die Geschichtsschreibung der Aufklärung zurück. Voltaires Werk »Versuch einer allgemeinen Weltgeschichte ...« aus dem Jahr 1756, in dem die Geschichte der Menschheit als gleichmäßiger Aufstieg von primitiver Barbarei bis zur Herrschaft von Vernunft und Tugend dargestellt wird, gilt als erste wirkliche Weltgeschichte.

Seit dem 19. Jahrhundert versucht die Geschichtswissenschaft, die geschichtliche Entwicklung der verschiedenen Völker, Reiche und Kulturen in ihren wechselseitigen Beziehungen und inneren Gemeinsamkeiten zu einem Gesamtbild zusammenzufassen.

Im 20. und 21. Jahrhundert, als Wissenschaften, Technologie, Massenkommunikation und Finanzierungsinstrumente die Menschheit in einen globalen Zusammenhang brachten, erhielt das Interesse an einer Universalgeschichte neuen Auftrieb.

Dieses Kapitel will grundlegendes welthistorisches Wissen vermitteln, indem es auf die wichtigsten Personen und Begriffe eingeht. Eine vollständige Darstellung der Weltgeschichte wurde dabei nicht angestrebt.

Abbasiden, muslimisches Herrschergeschlecht, das 750 die Omaijaden als Kalifen entmachtete und bis 1258 als Kalifen in Bagdad herrschte. Nach der Eroberung Bagdads durch die Mongolen lebte eine Zweiglinie der Abbasiden noch bis 1517 noch als Kalifen (›Scheinkalifen‹) in Kairo.

Abendland, Okzident, Bezeichnung für den westeuropäischen Kulturkreis, der sich im Mittelalter herausbildete und bis heute über kulturelle Gemeinsamkeiten verfügt. Das Abendland ist geistesgeschichtlich von der römisch-griechischen Antike und von der katholischen Weltkirche des Mittelalters geprägt. Es umfasst die Länder mit katholischer bzw. protestantischer Bevölkerung im Gegensatz zu den Ländern mit orthodoxer Bevölkerung in Osteuropa und islamischer Bevölkerung im Orient. Der Begriff leitet sich davon ab, dass das Abendland von Italien aus gesehen eher im Westen, wo die Sonne am Abend untergeht, liegt. Der Gegenbegriff ist **Morgenland** (Orient).

Absolutismus, *der* monarchische Regierungsform, in der der Herrscher die uneingeschränkte und ungeteilte Staatsgewalt ohne Mitwirkung von Ständen oder Parlament innehat und über den Gesetzen steht. In Europa prägte der Absolutismus besonders das 17. und 18. Jh., wobei der französische König Ludwig XIV. als Musterbeispiel eines absoluten Monarchen gilt.
In der 2. Hälfte des 18. Jh. bildete sich der **aufgeklärte Absolutismus** aus. Er war geprägt von den Ideen der ↑ Aufklärung (Kapitel 8) und sah im Herrscher den ›ersten Diener‹ des Staates, der dem Gemeinwohl verpflichtet war. Beispiele für Monarchen dieses Stils waren Friedrich II., der Große, in Preußen und Joseph II. in Österreich. Im 19. Jh. wurde der Absolutismus in Europa weitgehend durch den parlamentarischen Verfassungsstaat abgelöst.

Adel, ein ehemals sozial, rechtlich und politisch bevorrechtigter Stand, der durch eigene Lebensformen und ein ausgeprägtes Standesbewusstsein gekennzeichnet ist. Er beeinflusste in Europa über lange Zeiträume hinweg das gesamte gesellschaftliche Leben. Besonders in der Politik war der Adel ein bestimmender Faktor, da meist nur Adlige in wichtige Ämter gelangen konnten. Die Adelsvorrechte wurden überwiegend erst im 19./20. Jh. beseitigt. Der Adel ist meist erblich; in Monarchien kann er durch den Monarchen verliehen werden. In Deutschland sind die bis 1918 verliehenen Adelsbezeichnungen nur noch Teil des Namens.

Adoptivkaiser, Antoninen, die römischen Kaiser des 2. Jh., die durch Adoption zur Herrschaft gelangten, wenn geeignete männliche Erben fehlten. Die Adoption des Nachfolgers durch den regierenden Kaiser wurde dabei als ›Auswahl des Besten‹ verstanden.

Afghanistankrieg, der mit dem Einmarsch sowjetischer Truppen zum Schutz der kommunistischen Regierung 1979 ausgebrochene Krieg zwischen afghanischen Regierungstruppen und sowjetischen Interventionstruppen (bis 1988/89) sowie islamisch orientierten Rebellengruppen (Mudschaheddin). Nach dem Abzug der sowjetischen Truppen dauerte der Krieg als Bürgerkrieg zwischen verfeindeten Mudschaheddingruppen an. Seit 1994 griffen die Milizen der radikalislamischen Taliban in die Kämpfe ein und eroberten schnell den größten Teil des Landes. Nach der Einnahme von Kabul 1996 riefen sie einen islamischen Staat aus, der 1997 den Namen ›Islamisches Emirat Afghanistan‹ erhielt. Widerstand gegen die Taliban leisteten die Truppen der Nordallianz, die einen kleinen Teil Afghanistans im Norden kontrollierten.
Nach den Terroranschlägen in New York und Washington am 11. September 2001, für die der saudiarabische Terrorist Osama Bin Laden (*um 1957) verantwortlich gemacht wurde, der sich in Afghanistan aufhielt, griffen Anfang Oktober britische und amerikanische Truppen das Taliban-Regime an, das die Auslieferung Bin Ladens verweigerte. Mit ihrer Unterstützung konnte die Nordallianz bis Dezember 2001 den größten Teil des Landes einnehmen und noch im Dezember wurde eine Übergangsregierung gebildet. Anfang 2002 wurde zur Absicherung des Übergangsprozesses eine internationale Friedenstruppe unter UN-Mandat nach Afghanistan entsandt und Mitte dieses Jahres trat die Große Ratsversammlung (Loya Jirga) zur Wahl einer Übergangsregierung zusammen.

ägäische Kultur, die bronzezeitliche Kultur des 3. und 2. Jahrtausends v. Chr. auf dem griechischen Festland (helladische und mykenische Kultur), den Inseln der Ägäis (Kykladenkultur), auf Kreta (minoische Kultur) und an der Küste Kleinasiens. Zu ihrer höchsten Blüte kam sie um 1500 v. Chr. auf Kreta.

Weltgeschichte **Alt**

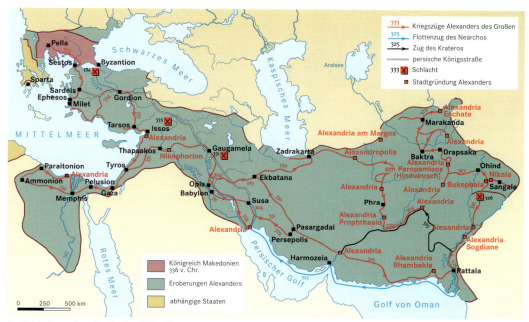

Das Reich **Alexanders des Großen** 323 v. Chr.

ägyptisches Reich, zusammenfassende Bezeichnung für die Reichsbildungen in Ägypten von 2850 v. Chr. bis zur Eroberung des Landes durch Alexander den Großen 332 v. Chr. In dieser Zeit wurde Ägypten von 31 Dynastien regiert; man gliedert diese Zeit in Altes Reich (2660–2160), Mittleres Reich (2040–1785) und Neues Reich (1552–1070) mit Zwischenzeiten, einer Frühzeit und einer Spätzeit. Nach Alexander dem Großen gehörte Ägypten zum griechischen, dann zum römischen und seit dem 7. Jh. zum arabischen Kulturkreis.

Albigenser, nach der Stadt Albi in Südfrankreich gebildete Bezeichnung für die südfranzösischen Katharer, die in den Albigenserkriegen (1209–29) im Rahmen eines Kreuzzuges vor allem durch die französischen Könige unterworfen wurden. Damit wurde die Beherrschung des zuvor weitgehend unabhängigen Südfrankreich durch die französische Krone eingeleitet.

Alea iacta est, ↑ Die Würfel sind gefallen.

Alexander der Große, König von Makedonien (*356, †323 v. Chr.). Als Herrscher über Griechenland begann Alexander 334 seinen Krieg gegen das ↑ Persische Reich, das er bis 327 ganz eroberte; 325 drang er bis nach Indien vor. Seine Bemühungen um eine Verschmelzung aller Reichsteile scheiterten an seinem frühen Tod. Danach zerfiel sein Reich schnell und wurde unter mehrere Nachfolger, die ↑ Diadochen, aufgeteilt. Die Kriegszüge Alexanders erschlossen neue Räume und führten zur Entstehung eines Welthandels und -verkehrs, auf dessen Basis die hellenistische ›Weltkultur‹ entstehen konnte.

➕ Alexander wurde 342–340 von dem Philosophen Aristoteles unterrichtet, der ihm den Zugang zur griechischen Bildung vermittelte.

Alliierte [zu französisch allier ›verbünden‹], Bezeichnung für eine Gruppe verbündeter (alliierter) Staaten, vor allem für die im Ersten Weltkrieg gegen die Mittelmächte, im Zweiten Weltkrieg gegen die Achsenmächte und im zweiten Golfkrieg 1991 gegen den Irak verbündeten Staaten.

Alte Welt, Bezeichnung für die schon in der Antike bekannten Erdteile Europa, Asien und Afrika im Gegensatz zu Amerika, der **Neuen Welt,** die erst seit

11

der Entdeckung durch Kolumbus (1492) bekannt ist; Australien bleibt dabei unberücksichtigt.

Amenophis, ↑ Echnaton IV.

amerikanischer Bürgerkrieg, ↑ Sezessionskrieg.

amerikanischer Unabhängigkeitskrieg, 1775–83, der Krieg zwischen Großbritannien und seinen 13 nordamerikanischen Kolonien, der zur Bildung der USA führte. Mit französischer Hilfe gelang es dem amerikanischen Oberkommandierenden George Washington 1781, die britischen Truppen zur Kapitulation zu zwingen. Im Frieden von Paris erkannte Großbritannien 1783 die Unabhängigkeit der USA an.

amerikanische Unabhängigkeitserklärung, weitgehend von Thomas Jefferson verfasstes und durch den Kontinentalkongress als parlamentarische Versammlung der 13 rebellierenden britischen Kolonien in Nordamerika am 4. 7. 1776 verabschiedetes Dokument. Mit ihm erklärten sich die 13 Kolonien von Großbritannien unabhängig, erläuterten die Gründe für diesen Schritt und legten die Prinzipien dar, für die sie um ihre Unabhängigkeit kämpften.
🔴 Der 4. Juli, der Tag der Verkündung der Unabhängigkeitserklärung, ist der Nationalfeiertag der USA.

Amselfeld, serbisch **Kosovo polje,** fruchtbares Hochbecken im Kosovo. Das Amselfeld war wiederholt Stätte entscheidender Schlachten. Am 28. 6. 1389 besiegte ein türkisches Heer unter Murad I. (*1326?, †1389) ein südslawisch-serbisches Heer unter Lazar I. Hrebeljanović (*um 1329, †1389). Die Folge war die Unterwerfung Serbiens unter türkische Herrschaft.
Am 19. 10. 1448 wurde der ungarische Reichsverweser J. Hunyadi (*um 1408, †1456) mit seinem Heer von den Türken unter Murad II. (*1404, †1451) geschlagen.

Ancien Régime, *das* [ã'sjɛ̃ re'ʒiːm; französisch ›alte Regierungsform‹], Bezeichnung für das absolutistisch regierte Frankreich vor der Französischen Revolution 1789, allgemein auch für die politischen und gesellschaftlichen Verhältnisse in Europa im 17./18. Jh., besonders die Welt des Adels.

Antike, *die* [von lateinisch antiquus ›alt‹], Epochenbegriff für das um das Mittelmeer zentrierte griechisch-römische Altertum. Sie beginnt mit der Einwanderung der Griechen nach Griechenland im 2. Jahrtausend v. Chr. und endet etwa um 500 n. Chr. mit der Absetzung des letzten weströmischen Kaisers (476). Die Antike prägte das abendländische Europa in vielfacher Hinsicht (z. B. in Wissenschaft, Kunst, Philosophie, Recht).

Antisemitiismus, *der* Abneigung oder Feindseligkeit gegen Juden. Im Mittelalter und in der frühen Neuzeit gab es einen religiös begründeten Antisemitismus, der den Juden die Kreuzigung Jesu Christi zum Vorwurf machte. Ein rassistischer Antisemitismus entstand dagegen erst im 19. Jahrhundert. Im späten 19. und frühen 20. Jh. wurde der Antisemitismus besonders in Deutschland und Frankreich zum politischen Schlagwort einzelner Politiker und Parteien. Schwere Judenverfolgungen (Pogrome) gab es in Russland. Der Antisemitismus gipfelte nach 1933 unter der Herrschaft des Nationalsozialismus in Deutschland in der planmäßigen Ausrottung der großen Mehrzahl der europäischen Juden.

Antoninen, ↑ Adoptivkaiser.

Arbeiterbewegung, der Kampf der Industriearbeiterschaft um die Beteiligung an der politischen und

Arbeiterbewegung Plakat ›Arbeiter und Bauern‹ von Alexander Apsit (1920). Mit diesem Plakat wurde in der Sowjetunion das Klassenbündnis am Ende des Bürgerkrieges beschworen.

Weltgeschichte — **Aug**

gesellschaftlichen Macht seit der Mitte des 19. Jahrhunderts. Den geschichtlichen Hintergrund bildeten das starke Wachstum der Arbeiterschaft infolge der ↑ industriellen Revolution und die krisengefährdete, sozialpolitisch und arbeitsrechtlich ungesicherte Lage der Arbeiter. Zur geistigen Grundlage wurden sozialistische Ideen, besonders die von Karl Marx.
In den einzelnen Staaten gestaltete sich die Arbeiterbewegung sehr unterschiedlich. Träger wurden im politischen Bereich die Arbeiterparteien und hinsichtlich der wirtschaftlichen Forderungen die Gewerkschaften. Nach dem Sieg der Bolschewiki in der russischen ↑ Oktoberrevolution 1917 spaltete sich die Arbeiterbewegung in die reformorientierte Sozialdemokratie und die nach Revolution strebenden kommunistischen Parteien.

Assyrien, im Altertum das Herrschaftsgebiet der Stadtfürsten von Assur, das seit etwa 2400 v. Chr. nachweisbar ist. Im 13. Jh. stieg Assyrien zur Großmacht im Vorderen Orient auf und beherrschte zeitweise auch Babylon und Ägypten. 612 v. Chr. vernichteten Babylonier und Perser das assyrische Reich.

Atatürk, ↑ Kemal Atatürk, Mustafa.

Athen, in der Antike eine der bedeutendsten Städte und die größte Stadt Griechenlands. Athen war die führende Macht unter den griechischen Stadtstaaten in den Perserkriegen. Unter Perikles erlebte es seine höchste politische und kulturelle Blüte (↑ attische Demokratie). Im Peloponnesischen Krieg unterlag es Sparta, 338 v. Chr. kam es unter makedonische, seit dem 2. Jh. v. Chr. unter römische Herrschaft. Mit dem Untergang des Römischen Reichs verfiel auch Athen; neue Bedeutung erlangte es erst seit 1834 als Hauptstadt des unabhängigen Griechenland.

Atlantik-Charta [- k...], 1941 von dem amerikanischen Präsidenten Franklin D. Roosevelt und dem britischen Premierminister Winston Churchill vereinbarte Erklärung über die Grundlagen einer zukünftigen Weltordnung, die nach dem Beitritt der Sowjetunion von allen Alliierten des Zweiten Weltkriegs als allgemeines Programm anerkannt wurde. Die Atlantik-Charta forderte vor allem das Selbstbestimmungsrecht der Völker, den Aufbau eines kollektiven Sicherheitssystems und die Entwaffnung von Friedensbrechern. Ihre Prinzipien und Ziele gingen 1945 in die ›Charta der Vereinten Nationen‹ ein.

Attila, König der Hunnen († 453). Er herrschte über ein Reich, dessen Mittelpunkt im heutigen Ungarn lag; es reichte im Osten bis zum Kaukasus und im Westen fast bis zum Rhein. Mit seinen Reiterheeren drang er tief ins Römische Reich ein. So konnte sein Kriegszug nach Gallien 451 erst nahe der Loire in der Schlacht auf den Katalaunischen Feldern durch eine Koalition von Westgoten, Burgundern, Franken und Römern gestoppt werden. Nach Attilas Tod zerfiel sein Reich.

➕ Attila lebt in Sagen und Liedern fort, so z. B. als Etzel im Nibelungenlied.

Der Parthenontempel auf der Akropolis in **Athen** ist das Hauptwerk der hochklassischen griechischen Kunst. Giebel und umlaufende Friese waren reich mit Reliefdarstellungen geschmückt.

attische Demokratie, in Athen im 6./5. Jh. v. Chr. entstandene und unter Perikles vollendete Staatsform. Sie zielte auf eine gleichmäßige politische Vertretung aller Vollbürger der Stadt ab und sollte die Herrschaft eines Einzelnen (Tyrannis) verhindern. Die attische Demokratie gilt als ältestes Vorbild der modernen Demokratien, wenngleich antike Denker wie Platon und Aristoteles sie als nicht stabil kritisierten.

Aufklärung ⇒ Kapitel 8.

Augustus [lateinisch ›der Erhabene‹], eigentlich Gaius Octavianus, der erste römische Kaiser (* 63 v. Chr., † 14 n. Chr.). Von seinem Großonkel Gaius Julius Caesar testamentarisch adoptiert und zum Haupterben eingesetzt, setzte er sich als Mitglied des 2. ↑ Triumvirats gegen die Caesarmörder und

13

danach gegen seine Bundesgenossen Marcus Antonius (* um 82, † 30 v. Chr.) und Marcus Aemilius Lepidus (* um 90, † 13/12 v. Chr.) durch. Seit 30 v. Chr. war er alleiniger Herrscher Roms. Er behielt den formalen Staatsaufbau der römischen Republik bei, bündelte aber die wichtigsten Funktionen in seiner Person und formte so die Republik zur Monarchie um. Er beendete die Bürgerkriege, führte eine geordnete Verwaltung ein und rundete das Staatsgebiet ab. Das Augusteische Zeitalter war eine Blütezeit des Römischen Reiches.

➕ ›Augustus‹ war im Mittelalter und in der frühen Neuzeit der offizielle lateinische Titel der Kaiser.

Azteken, Indianervolk, das zur Zeit der spanischen Eroberung im 16. Jh. weite Gebiete Mexikos beherrschte. Seit dem 12. Jh. hatten die Azteken eine Hochkultur und ein bedeutendes Reich geschaffen, das durch Hernán Cortés 1519–21 für Spanien erobert wurde und unterging. Die Nachkommen der Azteken bilden noch heute einen Großteil der Bevölkerung Zentralmexikos.

Babylon, Stadt in Mesopotamien, die erstmals Ende des 3. Jahrtausends v. Chr. erwähnt wurde und vom Beginn des 2. Jahrtausends v. Chr. bis zu Alexander dem Großen das kulturelle Zentrum Vorderasiens war. Nach einem ersten Höhepunkt vom 18. bis 13. Jh. stand sie unter der Vorherrschaft Assyriens, erlebte dann aber im 6. Jh. unter Nebukadnezar II. (* 605, † 562 v. Chr.) als Neubabylonisches Reich ihre höchste Blüte. Ab 550 v. Chr. war Babylon eine der drei Hauptstädte des Perserreichs.

➕ ›Babylonische Gefangenschaft‹ nennt man den Zwangsaufenthalt der Juden in Babylonien unter Nebukadnezar II.; später im übertragenen Sinne auch den Aufenthalt der Päpste in Avignon (1309–76).

➕ Der ›Babylonische Turm‹ der Bibel war ein Stufentempel in Babylon, der bis in den Himmel reichen sollte und dessen Fertigstellung Gott durch die babylonische Sprachverwirrung verhinderte (↑ Turmbau zu Babel, Kapitel 10).

Bartholomäusnacht, auch **Pariser Bluthochzeit,** die Ermordung von Tausenden von Hugenotten mit ihren Führern in der Nacht zum 24. 8. (Bartholomäustag) 1572 in Paris. Sie erfolgte auf Drängen der Königinmutter Katharina von Medici (* 1519, † 1589) wenige Tage nach der Hochzeit des Protestanten Heinrich von Navarra (* 1553, † 1610), des späteren Königs Heinrich IV., mit Margarete von Valois (* 1553, † 1615), der Schwester des Königs Karl IX. (* 1550, † 1574). Die Bartholomäusnacht brachte die Hugenotten in unversöhnlichen Gegensatz zur Krone.

Bastille [bas'ti:j], im 14. Jh. erbaute Burg in Paris. Die als Staatsgefängnis benutzte Bastille wurde im Verlauf der Französischen Revolution am 14. 7. 1789 von einer revolutionären Menschenmenge gestürmt und später zerstört. Dieses Ereignis gilt als entscheidender Durchbruch der Revolution.

➕ Der 14. Juli, der Tag des Sturms auf die Bastille, ist der französische Nationalfeiertag.

Becket, Thomas Erzbischof von Canterbury (* 1118, † 1170). Zunächst enger Vertrauter und Kanzler des englischen Königs Heinrich II. (* 1133, † 1189), trat er nach seiner Ernennung zum Erzbischof von Canterbury (1162) energisch für die Rechte der Kirche gegen den König ein. Nachdem er seine Gegner 1170 gebannt hatte, wurde er in der Kathedrale von Canterbury von vier Gefolgsleuten des Königs ermordet. Schon 1173 wurde er heilig gesprochen.

➕ Sein Leben wurde in Dramen von T. S. Eliot und von Jean Anouilh verarbeitet.

Befreiungskriege, Freiheitskriege, die Kriege der europäischen Mächte 1813–15 gegen die Herrschaft Napoleons I. Österreich, Russland, Preußen und Schweden vereinigten sich und besiegten Napoleon in der Völkerschlacht bei Leipzig (16.–19. 10. 1813). Nach weiteren Kämpfen zogen die Verbündeten am 31. 3. 1814 in Paris ein. Napoleon wurde auf die Insel Elba verbannt.

Im März 1815 (während des Wiener Kongresses) landete Napoleon wieder in Frankreich, es begann die ›Herrschaft der Hundert Tage‹. Bei Waterloo siegten am 18. 6. 1815 der preußische Marschall Blücher und der britische Feldherr Arthur Wellesley, Herzog von Wellington (* 1769, † 1852), gemeinsam über Napoleon. Wieder wurde Paris eingenommen. Napoleon wurde auf die Insel Sankt Helena verbannt.

Benedikt von Nursia, Ordensgründer (* um 480, † 547), Gründer und Abt des ersten Benediktinerklosters Monte Cassino bei Neapel. Durch die von ihm verfasste und nach ihm benannte Regel für das Ordensleben wurde er der Begründer des abendländischen Mönchtums.

🞧 Eine wichtige Maxime aus der Benediktinerregel lautet: ›Ora et labora!‹ (›Bete und arbeite!‹).

Ben Gurion, David früher David Grün, israelischer Politiker(* 1886, † 1973). Als Anhänger der zionistischen Bewegung kam der in Polen geborene Ben Gurion 1906 nach Palästina, wo er 1921 Mitbegründer der jüdischen Gewerkschaftsbewegung und 1930 der sozialistischen Partei war. 1948 rief er den Staat Israel aus und war dessen erster Ministerpräsident, 1955–63 auch Verteidigungsminister.

Berliner Kongress, 1878, Zusammenkunft der führenden Staatsmänner der europäischen Großmächte und des Osmanischen Reichs in Berlin zur Neuordnung der Verhältnisse auf dem Balkan nach dem russisch-türkischen Krieg von 1877/78. Als ›ehrlicher Makler‹ übernahm der deutsche Reichskanzler Otto von Bismarck die Aufgabe, die unterschiedlichen Interessen von Großbritannien, Russland und Österreich-Ungarn auszugleichen. Die Folge war jedoch eine Verschärfung des russisch-österreichischen Gegensatzes und der nationalen Frage auf dem Balkan.

Bettelorden, im 13. Jh. entstandene Mönchsorden (Franziskaner, Dominikaner), die auf Besitz verzichten und sich durch Arbeit oder Betteln erhalten. Sie wollten der Verweltlichung der Kirche entgegenwirken und prägten stark das kirchliche Leben des späten Mittelalters. Bettelorden verbinden klösterliches Leben mit seelsorgerischer Tätigkeit.

Bill of Rights, *die* [-əv 'raɪts; englisch ›Gesetz der Rechte‹], das englische Staatsgrundgesetz von 1689, das nach der Vertreibung Jakobs II. entworfen wurde. Es verbrieft u. a. die parlamentarische Redefreiheit und macht die Erhebung von Steuern und den Unterhalt eines stehenden Heeres von der Billigung des Parlaments abhängig. Die Bill of Rights war eine wichtige Voraussetzung für die parlamentarische Regierungsform in Großbritannien.

Blut, Schweiß und Tränen, ↑ Churchill, Sir Winston.

Bolívar, Simon südamerikanischer Politiker und Freiheitskämpfer (* 1783, † 1830), Führer des Unabhängigkeitskampfes des nördlichen Südamerika gegen die spanische Kolonialherrschaft 1811–24. Er regierte 1825–30 als Diktator die neu entstandene Republik Großkolumbien, konnte aber den Abfall Venezuelas und Perus nicht verhindern. Kurz vor seinem Tod dankte er ab. Nach ihm wurde der Staat Bolivien benannt.

Bolschewiki [russisch ›Mehrheitler‹], seit 1903 der am marxistischen Konzept der proletarischen Weltrevolution festhaltende größere, von Lenin geführte Flügel der russischen Sozialdemokraten im Gegensatz zu den reformorientierten **Menschewiki** (›Minderheitler‹). Die Bolschewiki ergriffen mit der Oktoberrevolution 1917 die Macht in Russland und errichteten die Sowjetunion. Aus den Bolschewiki ging die Kommunistische Partei der Sowjetunion hervor.

Borgia ['bɔrdʒa], aus Spanien stammendes Adelsgeschlecht, aus dem die Päpste Calixtus III. (* 1378, † 1458, Papst ab 1455) und Alexander VI. (* 1430, † 1503, Papst ab 1492) stammten, deren Vetternwirtschaft die Borgia Reichtum, Einfluss und Macht verdankten. Die Borgia-Päpste stehen sinnbildlich für die Päpste der Renaissancezeit, die vor allem Wert auf Macht und Luxus legten und ihre geistlichen Aufgaben vernachlässigten.
🞧 Berühmte Vertreter der Borgia sind auch Lucrezia Borgia (* 1480, † 1519), eine Tochter Alexanders VI., deren Jahrhunderte überdauernder schlechter Ruf durch zeitgenössische Verleumdung entstand, und ihr Bruder, der als Musterbeispiel eines Renaissancemenschen geltende Cesare Borgia (* 1475, † 1507).

Boston Tea Party ['bɔstən 'tiːpɑːtɪ; englisch ›Bostoner Teefeier‹], die Vernichtung einer Ladung Tee der britischen Ostindischen Kompanie durch als Indianer verkleidete Bürger im Hafen von Boston am 16. 12. 1773. Dieser Protest gegen die Teesteuer verschärfte den Konflikt der nordamerikanischen Kolonien mit dem Mutterland Großbritannien, der letztlich zur amerikanischen Unabhängigkeitserklärung führte.

Bourbonen [bur...], französisches Herrschergeschlecht, das 1589–1792 und 1814–30 sowie in einer Nebenlinie 1830–48 alle französischen Könige stellte. Weitere Nebenlinien herrschten 1701–1808, 1814–68, 1874–1931 und seit 1975 in Spanien, 1735–1860 in Neapel-Sizilien und 1731–36 und 1748–1803 im italienischen Herzogtum Parma.

Bourgeoisie, *die* [burʒwaˈziː; französisch], Bezeichnung für das wohlhabende städtische Bürgertum des 19. Jahrhunderts. Als Spitzengruppe des

15

↑ dritten Standes stieg die Bourgeoisie durch die Französische Revolution zur führenden gesellschaftlichen Kraft in Frankreich auf. Im marxistischen Sprachgebrauch ist die Bourgeoisie die führende Klasse der kapitalistischen Gesellschaft, da sie über die entscheidenden Produktionsmittel und das Finanzkapital verfügt. Sie ist somit der eigentliche Gegner der Arbeiterschaft und wird im Zuge einer Revolution durch das Proletariat entmachtet.

Boxeraufstand, nach dem chinesischen Geheimbund der Boxer benannter Aufstand im Jahr 1900, der sich vor allem gegen den westlichen Einfluss in China richtete und in der Kriegserklärung der chinesischen Regierung an die europäischen Mächte gipfelte. In der Folge besetzte eine gemeinsame Armee Großbritanniens, Frankreichs, Russlands, Italiens, Deutschlands, Österreich-Ungarns und der USA Peking und schlug den Aufstand nieder.
● Aus dem Krieg gegen die Boxer stammt der Ausspruch des britischen Oberbefehlshabers ›Germans to the front‹ (›Deutsche an die Front‹).

Breschnew, Leonid Iljitsch sowjetischer Politiker (* 1906, † 1982). Er war 1964 führend am Sturz N. Chruschtschows beteiligt und seither Parteivorsitzender der KPdSU. In den folgenden Jahren verdrängte Breschnew zunehmend die anderen Mitglieder der Staats- und Parteiführung und wurde 1977 Staatsoberhaupt der Sowjetunion. Unter ihm setzte innenpolitisch wieder eine verschärfte Unterdrückungspolitik ein, außenpolitisch verstärkte sich der Druck auf die Staaten des Ostblocks. Das Hauptziel seiner Politik war es, die Großmachtstellung der Sowjetunion zu erhalten und auszubauen.

Breschnew-Doktrin, von dem sowjetischen Staats- und Parteichef Leonid Breschnew aufgestellte These von der beschränkten Unabhängigkeit der Ostblockstaaten, die sich der Führungsmacht Sowjetunion unterzuordnen hätten. Die Breschnew-Doktrin diente u. a. 1968 zur Rechtfertigung des Einmarsches von Truppen des Warschauer Pakts in die Tschechoslowakei (↑ Prager Frühling).

Brest-Litowsk, Stadt in Weißrussland, in der am 3. 3. 1918 der von den ↑ Mittelmächten diktierte Frieden zwischen ihnen und Sowjetrussland geschlossen wurde. Russland verlor Polen, Litauen, Kurland und die Ukraine sowie Gebiete im Süden Armeniens. In einem Zusatzvertrag vom August 1918 erkannte es auch die Unabhängigkeit Estlands, Livlands und Georgiens an.

Briand, Aristide [briˈã], französischer Politiker (* 1862, † 1932). Als Ministerpräsident und Außenminister bemühte sich Briand in den 1920er-Jahren um Abrüstung und eine deutsch-französische Aussöhnung. Für seine Bemühungen um den Locarno-Pakt erhielt er mit dem deutschen Außenminister Gustav ↑ Stresemann (Kapitel 2) 1926 den Friedensnobelpreis. Im Briand-Kellogg-Pakt erreichte er 1928 die völkerrechtliche Ächtung des Angriffskrieges.

Britisches Empire [- ˈempaɪə], das englisch-britische Weltreich. Nach Anfängen im 16. Jh. erwarb England im 17. Jh. Kolonien in Nordamerika und in der Karibik sowie Handelsniederlassungen in Westafrika und Indien. In Kriegen gegen Frankreich vergrößerte es im 18. Jh. diese Besitzungen. Die Unabhängigkeit der USA (1776/83) brachte das Ende dieses ›Ersten Empire‹.
Im 19. Jh. erwarb Großbritannien umfangreichen Kolonialbesitz: Kanada und Australien wurden erschlossen, Indien restlos britischer Herrschaft unterworfen und weite Teile Afrikas kamen unter britische Gewalt. Die von Europäern besiedelten Kolonien erhielten in der 2. Hälfte des 19. Jh. parlamentarische Selbstverwaltung und wurden zu Dominions zusammengeschlossen (Kanada 1867, Australien 1901, Neuseeland 1907, die Südafrikanische Union 1910). Seit 1918 stiegen sie zu selbstständigen, dem Mutterland gleichgestellten Mitgliedern des Britischen Reichs auf. Die anderen Kolonien wurden vom Mutterland direkt verwaltet. Nach dem Zweiten Weltkrieg musste Großbritannien auch diese nach und nach in die Unabhängigkeit entlassen. Viele von ihnen sind jedoch bis heute im ↑ Commonwealth of Nations (Kapitel 3) zusammengeschlossen.

Bronzezeit [ˈbrɔ̃sə...], vorgeschichtliche Kulturstufe zwischen der ↑ Steinzeit und der ↑ Eisenzeit, die vor allem durch den Gebrauch von Bronze zur Herstellung von Geräten und Waffen geprägt war. In fast allen Teilen der Alten Welt gab es eine Bronzezeit, deren Beginn und Dauer jedoch nach regionalen Gegebenheiten unterschiedlich war. In Mitteleuropa begann sie etwa zu Beginn des 2. Jahrtausends v. Chr. und dauerte bis gegen 700 v. Chr.

Brot und Spiele, lateinisch **panem et circenses,** Zitat aus den Satiren des römischen Schriftstellers

Weltgeschichte   Cae

Bronzezeit Wallanlage aus Holz und Erde (Rekonstruktion im Freilichtmuseum Biskupin, Polen). Sie ist ein eindrucksvolles Beispiel für die Befestigungsanlagen der jüngeren Bronzezeit.

Juvenal (* um 60, † 140 n. Chr.), der damit ausdrückte, dass man dem Volk nur genügend zu essen und Vergnügungen bieten müsse, um es zufrieden zu stellen.

Brutus, eigentlich Marcus Iunius Brutus, einer der Mörder Caesars (* 85, † 42 v. Chr.). Obwohl Caesar ihn großzügig förderte, wurde Brutus als Anhänger der römischen Republik das Haupt der Verschwörung gegen Caesar. Nach der Niederlage der Verschwörer in der Schlacht bei Philippi 42 v. Chr. gegen Marcus Antonius (* um 82, † 30 v. Chr.) und Augustus beging er Selbstmord.

➕ ›Auch du, Brutus?‹ (lateinisch ›Et tu, Brute?‹), waren nach dem römischen Schriftsteller Sueton (* um 70, † um 140) die letzten Worte Caesars, als er bei seiner Ermordung Brutus unter seinen Mördern erkannte.

Buren, die ehemals politisch führende Bevölkerungsgruppe in Südafrika, die sich selbst als Afrikaander bezeichnen. Die Buren sind Nachkommen der seit 1652 ins Kapland eingewanderten niederländischen, deutschen und französischen Siedler. Sie zogen 1835–38 im Großen Treck nach Norden und gründeten die Burenstaaten Natal, Transvaal und Oranjefreistaat, die 1843 (Natal) und dann nach dem Burenkrieg 1902 unter britische Herrschaft kamen.

Burenkrieg, der Krieg zwischen Großbritannien und den von Buren besiedelten südafrikanischen Staaten Transvaal und Oranjefreistaat 1899–1902. Er führte nach harten Kämpfen zur Eingliederung der Burenstaaten in das Britische Empire.

Bürgerkönig, Beiname des französischen Königs Louis Philippe (* 1773, † 1850), der nach der Julirevolution von 1830 als Kandidat des liberalen Großbürgertums auf den Thron kam. Außenpolitische Misserfolge und die Verschleppung innenpolitischer Reformen führten 1848 zu seinem Sturz in der Februarrevolution. Er war der letzte französische König.

Burgunder, Burgunden, germanischer Stamm, der seit 406/407 im Gebiet um Mainz, Alzey und Worms siedelte. Von hier 436 durch Römer und Hunnen vertrieben, wurden die Burgunder im Rhônegebiet angesiedelt, wo sie ein Reich gründeten. 532 wurden sie von den Franken besiegt und ins Fränkische Reich eingegliedert.

➕ Die Niederlage der Burgunder im Kampf gegen die Hunnen fand Eingang ins Nibelungenlied.

Byzantinisches Reich, das Oströmische Reich, das nach der Reichsteilung 395 n. Chr. entstand und die östliche Hälfte des Römischen Reichs umfasste. Es war geprägt von der staatlichen Tradition Roms und einer Verbindung von hellenistischer und christlicher Kultur. Seit dem 7. Jh. wurde es auf dem Balkan durch die Slawen, in Afrika und dem Vorderen Orient durch den Islam immer weiter zurückgedrängt. Mit der Eroberung Konstantinopels durch die Türken 1453 ging es unter.

➕ Den Namen Byzantinisches Reich für das Oströmische Reich prägten erst die Humanisten nach Byzanz, dem antiken Namen von Konstantinopel.

Caesar, eigentlich Gaius Iulius Caesar, römischer Staatsmann und Feldherr (* 102 oder 100, † 44 v. Chr.). Nach der Unterwerfung Galliens unter die Herrschaft Roms setzte sich Caesar im Bürgerkrieg (49–45 v. Chr.) gegen Gnaeus Pompeius (* 106, † 48 v. Chr.) als alleiniger Machthaber durch.

Gaius Iulius Caesar

44 v. Chr., an den ↑ Iden des März, wurde er von Anhängern der Republik, die ihm vorwarfen, eine Monarchie errichten zu wollen, ermordet. Nach ihm nannten sich die späteren römischen Kaiser Caesaren.

➕ Von ›Caesar‹ ist das deutsche Wort ›Kaiser‹ ebenso wie das russische ›Zar‹ abgeleitet.

➕ Caesar erlangte Ruhm auch als Schriftsteller.

17

Überliefert sind von ihm die Schriften über den Gallischen Krieg (›De bello Gallico‹) und über den Bürgerkrieg gegen Pompeius. ⓘ

> **ⓘ CAESAR**
>
> **Den Rubikon überschreiten**
>
> Im Jahr 49 v. Chr. überschritt der römische Konsul Iulius Caesar, um seine Stellung gegenüber Pompeius zu behaupten, mit seinem Heer den Fluss Rubikon, der Italien von der Provinz Gallia Cisalpina trennte. Damit beschwor er den Bürgerkrieg herauf, der ihm die Macht im Staat sicherte. Die Redewendung wird noch heute im Sinn von ›eine folgenschwere, nicht mehr rückgängig zu machende Entscheidung treffen‹ gebraucht.

Calvin, Johannes französisch-schweizerischer Reformator (* 1509, † 1564). Calvin wirkte seit 1536 hauptsächlich in Genf, wo er eine strenge Kirchenzucht einführte, die alle Lebensbereiche erfasste und notfalls mit Gewalt durchgesetzt wurde. Er ist neben Ulrich Zwingli (* 1484, † 1531) Begründer der reformierten Kirchen (↑ Kalvinismus, Kapitel 8).

Camp-David-Abkommen [ˈkæmp ˈdeɪvɪd -], nach den vorangegangenen Verhandlungen auf dem Landsitz der amerikanischen Präsidenten, Camp David, benanntes ägyptisch-israelisches Abkommen von 1978, das den israelischen Rückzug von besetztem ägyptischem Gebiet (Sinaihalbinsel) regelte. Es führte 1979 zum Abschluss des ägyptisch-israelischen Friedensvertrags, der den seit der Gründung Israels 1948 bestehenden Kriegszustand zwischen beiden Staaten beendete.

Cannae. Bei der antiken Ortschaft Cannae in Süditalien fand am 2. 8. 216 v. Chr. eine Schlacht zwischen dem karthagischen Heer unter Hannibal und einem erheblich größeren römischen Heer statt. Es gelang Hannibal, das römische Heer durch die karthagische Reiterei einzukesseln und die römische Armee fast völlig zu vernichten.
➕ Die Schlacht von Cannae gilt bis heute als Muster einer Umfassungsschlacht und wird von Militärtheoretikern studiert.

Castro Ruz, Fidel [- rus], kubanischer Revolutionär und Politiker (* 1927). Castro kämpfte 1956–59 mit einer Rebellenarmee gegen den damaligen kubanischen Staatspräsidenten Fulgencio Batista (* 1901,

† 1973) und übernahm 1959 die Macht. Seit 1961 führte er, in Anlehnung an die Sowjetunion, eine kommunistische Diktatur in Kuba ein. Das Kuba Castros wurde in den 60er- und 70er-Jahren häufig als Modell für die Dritte Welt angesehen. Der verheerende wirtschaftliche Niedergang seit dem Zusammenbruch des Ostblocks nach 1989, verstärkt durch die Wirtschaftsblockade der USA, zwang Castro, marktwirtschaftliche Ansätze (z. B. Bauernmärkte) zuzulassen. Krankheitsbedingt übergab er 2006 seine Ämter seinem Bruder Raúl und trat 2008 als Präsident zurück.

Cato, eigentlich Marcus Porcius Cato Censorius, römischer Staatsmann (* 234, † 149 v. Chr.). Cato gilt wegen seines konservativen Festhaltens an alten römischen Werten und Institutionen als Hauptvertreter altrömischer Staats- und Moralvorstellungen, der besonders im Gegensatz zum nach Rom eindringenden Hellenismus stand.
➕ Als unversöhnlicher Gegner Karthagos soll Cato jede seiner öffentlichen Reden mit dem Satz ›Ceterum censeo Carthaginem esse delendam‹ (›Im Übrigen bin ich der Meinung, dass Karthago zerstört werden muss.‹) beendet haben.

Chamberlain, Neville [ˈtʃeɪmbəlɪn], britischer Politiker (* 1869, † 1940). Als Premierminister (1937–40) betrieb Chamberlain zunächst eine Beschwichtigungspolitik (↑ Appeasement, Kapitel 3) gegenüber dem nationalsozialistischen Deutschland, die im Münchner Abkommen gipfelte. Nach deren Scheitern gab er im März 1939 eine Garantieerklärung für Polen ab und erklärte Deutschland nach dessen Überfall auf Polen im September 1939 den Krieg.

Che Guevara [tʃe geˈβara], eigentlich Ernesto Guevara Serna, lateinamerikanischer Revolutionär (* 1928, † 1967). Che Guevara war als Industrieminister (1961–65) maßgeblich an der revolutionären Umgestaltung Kubas unter Fidel Castro Ruz beteiligt. Bei dem Versuch, in Bolivien eine Guerillaorganisation aufzubauen, wurde er erschossen.
➕ Che Guevara war eine Leitfigur der Befreiungsbewegungen in der Dritten Welt und ein Idol der Studentenbewegung 1968.

Chiang Kai-shek [tʃiaŋkaiʃɛk], chinesischer General und Politiker (* 1887, † 1975). Als Führer der Kuomintang setzte er sich ab 1925 in ganz China gegen regionale Machthaber durch. Seine Innenpolitik

Weltgeschichte   Clu

Die **Chinesische Mauer** bei Jinshanling, etwa 120 km nordöstlich von Peking

war von Antikommunismus und dem Festhalten an traditionellen Leitbildern geprägt. Während des Zweiten Weltkriegs lehnte er sich eng an die USA an. Im chinesischen Bürgerkrieg (1946–49) von den Kommunisten geschlagen, musste er 1949 nach Taiwan fliehen, wo er die Republik China errichtete; 1950 bis zu seinem Tod war er deren Präsident.

Chinesische Mauer, mit einer Gesamtlänge von über 2 500 km die größte Schutzanlage der Erde im Norden Chinas. Um 200 v. Chr. begonnen, erhielt sie ihre heutige Form im 15. Jahrhundert. Sie diente der Sicherung Chinas gegen die Mongolen.

Chou En-lai [dʒou -], ↑ Zhou Enlai.

Chruschtschow, Nikita Sergejewitsch [xru...], sowjetischer Politiker (* 1894, † 1971). Als Nachfolger Stalins führte Chruschtschow innenpolitische Reformen durch. Außenpolitisch warb er um ›friedliche Koexistenz‹, deren Grenzen sich jedoch in der Unterdrückung des Ungarnaufstands (1956) und der Entscheidung für den Bau der Berliner Mauer zeigten. In seiner Amtszeit kam es über die Frage der Führung der kommunistischen Weltbewegung zum Bruch mit den chinesischen Kommunisten. 1964 wurde er von einer Politikergruppe um Leonid Breschnew gestürzt.

Churchill, Sir Winston [ˈtʃəːtʃɪl], britischer Politiker (* 1874, † 1965). Nachdem er bereits im Ersten Weltkrieg als Marine- und Munitionsminister entscheidenden Einfluss ausgeübt hatte, stand Churchill als früh-

Sir Winston Churchill

zeitiger Warner vor Hitler nach 1933 der britischen Beschwichtigungspolitik (↑ Appeasement, Kapitel 3) Neville Chamberlains ablehnend gegenüber. Im Zweiten Weltkrieg leitete er als Premierminister (seit 1940) mit dem amerikanischen Präsidenten Roosevelt und dem sowjetischen Staatschef Stalin die politische und militärische Kriegführung der Alliierten.

➕ Churchill malte und war auch schriftstellerisch tätig. Für sein Werk über den Zweiten Weltkrieg erhielt er 1953 den Nobelpreis für Literatur. ℹ️

Cicero, eigentlich Marcus Tullius Cicero, römischer Politiker und Schriftsteller (* 106, † 43 v. Chr.). Cicero, ein entschiedener Verfechter der römischen Republik, stieg zu höchsten Staatsämtern auf; als Konsul vereitelte er 63 die Verschwörung des Catilina. Seine größte Bedeutung liegt jedoch in seinem schriftstellerischen Schaffen, durch das er – unter Vermittlung der griechischen Gedankenwelt an die Römer – zum eigentlichen Schöpfer des klassischen Lateins wurde. Er beeinflusste entscheidend die abendländische Geistesgeschichte.

> ℹ️ **SIR WINSTON CHURCHILL**
>
> **Blut, Schweiß und Tränen**
>
> Dieser Ausspruch stammt aus einer Rede, die Sir Winston Churchill als Premierminister am 13. Mai 1940 vor dem Unterhaus hielt. Er appellierte damit an den Widerstandsgeist und Durchhaltewillen des britischen Volkes angesichts der Bedrohung durch Hitlerdeutschland. ›Ich möchte dem Haus sagen, was ich zu denjenigen sagte, die sich dieser Regierung angeschlossen haben: Ich habe nichts anzubieten als Blut, Mühe, Tränen und Schweiß.‹

Clemenceau, Georges [klemãˈso], französischer Politiker (* 1841, † 1929). Als französischer Ministerpräsident (1917–20) versuchte Clemenceau nach dem Ende des Ersten Weltkriegs, Deutschland so weit wie möglich zu schwächen (↑ Versailler Vertrag, Kapitel 2). Er war ein glühender Nationalist und wohl die stärkste Politikerpersönlichkeit im Frankreich seiner Zeit.

Club of Rome [klʌb əv ˈrəum], ein 1968 gegründeter informeller Zusammenschluss von Wissenschaftlern, Politikern und Wirtschaftsführern aus zahlreichen Ländern mit Sitz in Paris. Ziel ist die Erfor-

19

schung der Menschheitsprobleme, vor allem der wirtschaftlichen, politischen, ökologischen, sozialen und demografischen Situation der Menschheit. ⓘ

> ⓘ **CLUB OF ROME**
>
> **Die Zukunft der Menschheit**
>
> Die ›Berichte an den Club of Rome‹ machten ihn weltweit bekannt und trugen zur Schärfung des Bewusstseins für die globalen Probleme bei. Im ersten Bericht ›Die Grenzen des Wachstums‹ aus dem Jahr 1972 steht die Warnung: ›Jeder Tag exponentiellen Wachstums bringt die Welt näher an die letztgültigen Grenzen dieses Wachstums.‹

Cluny [kly'ni], 910 gegründete Benediktinerabtei in Burgund, die im 11./12. Jh. Ausgangs- und Mittelpunkt einer umfassenden Erneuerungsbewegung des abendländischen Mönchtums und der Kirche insgesamt war. Die cluniazensische Reform führte, nach einem Niedergang des kirchlichen Lebens im 10. Jh., zu einer neuen Blüte im hohen Mittelalter.
➕ Die Abteikirche von Cluny war bis zum Bau der heutigen Peterskirche in Rom im 16. Jh. die größte Kirche der Christenheit.

Cook, James [kʊk], britischer Seefahrer (*1728, †1779). Cook leistete auf drei Weltumsegelungen (1768–71, 1772–75, 1776–80) Bahnbrechendes zur Erforschung Australiens und Ozeaniens sowie des antarktischen Raums. Er wurde auf seiner letzten Fahrt auf Hawaii von Eingeborenen erschlagen.

Cordon sanitaire, der [kɔr'dɔ̃ sani'tɛːr; französisch ›Sicherheitsgürtel‹], politisches Schlagwort für den 1919/20 auf britisches und französisches Drängen errichteten Staatengürtel von Finnland über die baltischen Staaten und Polen bis Rumänien, der Sowjetrussland vom übrigen Europa trennen sollte, um dieses vor der ›bolschewistischen Weltrevolution‹ zu schützen.

Cortés, Hernán, auch **Hernando Cortez,** Eroberer Mexikos (*1485, †1547). Cortés eroberte 1519–21 das Aztekenreich, das den größten Teil Mexikos umfasste, für Spanien. Sein rücksichtsloses Vorgehen führte zum Zusammenbruch der aztekischen Kultur. Als Statthalter des nun Neuspanien genannten Gebietes drang er bis Honduras und Kalifornien vor.

Cromwell, Oliver ['krɔmwəl], englischer Staatsmann (*1599, †1658). Cromwell, ein strenger Puritaner, entschied als Heerführer 1644/45 den englischen Bürgerkrieg (↑ Puritanische Revolution) zugunsten des Parlaments gegen den Absolutismus des Königs Karl I. (*1600, †1649), drängte 1648 das Parlament beiseite und ließ 1649 den König hinrichten. Als ›Lord Protector‹ herrschte er über England, das er erstmals mit Schottland und Irland zusammenschloss. Durch siegreiche Kriege gegen die Niederlande und Spanien begründete er die See- und Handelsmacht Englands.

Dalai-Lama, das politische und religiöse Oberhaupt der Tibeter. Der gegenwärtige 14. Dalai-Lama Tenzin Gyatso (*1935; 1940 inthronisiert) floh nach der Besetzung Tibets durch China und einem niedergeschlagenen Volksaufstand (↑ Tibetfrage) 1959 nach Indien, wo er seither im Exil lebt. Von hier setzt er sich für die friedliche Wiedererringung der tibetischen Unabhängigkeit ein. 1989 wurde ihm der Friedensnobelpreis verliehen.

Danton, Georges [dã'tɔ̃], französischer Revolutionär (*1759, †1794). Als Justizminister der Revolutionsregierung organisierte Danton 1792 die Terrorherrschaft. Nach der Abwehr der äußeren Feinde der Revolution im 1. Koalitionskrieg trat er 1794 für den Abbau des Terrors ein, weshalb er von den Radikalen um Robespierre als Verräter angeklagt und hingerichtet wurde.
➕ Seine Rolle in der Französischen Revolution wurde mehrfach literarisch verarbeitet, so z. B. in dem Drama ›Dantons Tod‹ (1835) von Georg Büchner, der darin in Bezug auf Dantons Schicksal den Ausspruch prägte: ›Die Revolution frisst ihre eigenen Kinder.‹

Dareios I., persischer König (*550, †486 v. Chr.). Er erweiterte das Persische Reich im Osten bis zum Indus. Mit seinen misslungenen Kriegszügen gegen die Griechen (Schlacht bei Marathon 490 v. Chr.) begannen die Perserkriege.

Dayton-Abkommen ['deɪtn-], nach dem Verhandlungsort Dayton in Ohio (USA) benanntes Abkommen von 1995, das die auf der Bosnien-Konferenz (Kroatien, Jugoslawien-Serbien, Bosnien und Herzegowina, die USA als Vermittler) getroffenen Vereinbarungen für eine Friedensregelung in Bosnien und Herzegowina festschrieb und zum Frieden von Paris führte (Dezember 1995). Bosnien und Herzegowina blieb als international anerkannter einheitlicher Staat, gegliedert in zwei Teile (Union aus bosniakisch-kroatischer Föderation und bosnisch-serbischer Republik), erhalten.

Deng Xiaoping [- çiao...], chinesischer Politiker (*1904, †1997). Nach dem Tod Mao Zedongs (1976) stieg Deng zum ›starken Mann‹ Chinas auf. Im Innern verfolgte er eine Politik der Wirtschaftsreformen bei gleichzeitigem Festhalten am überkommenen politischen System. Außenpolitisch öffnete er China nach Westen. Seit 1987 zog er sich aus den meisten Führungspositionen zurück, behielt aber seinen beherrschenden Einfluss. 1989 war er maßgeblich für die Niederschlagung der Demokratiebewegung verantwortlich.

Diadochen [griechisch ›Nachfolger‹], die Feldherren Alexanders des Großen, die nach dessen Tod (323 v. Chr.) sein Weltreich unter sich aufteilten. Die Diadochenkämpfe um die Ausdehnung dieser Teilreiche (Diadochenreiche) fanden erst 281 v. Chr. ihr Ende.

Disraeli, Benjamin britischer Politiker (*1804, †1881). Als Führer der konservativen Partei war Disraeli 1868 und 1874–80 britischer Premierminister. Er gilt als einer der Hauptvertreter des britischen Imperialismus.

divide et impera! [lateinisch ›teile und herrsche!‹], die politische Maxime, durch Spaltung der Gegner Macht zu gewinnen; sie wird, ohne Beweis, auf König Ludwig XI. (*1423, †1483) von Frankreich zurückgeführt.

Dominion, *das* [dəˈmɪnjən; englisch ›Herrschaft‹, ›Gebiet‹], seit 1907 offizielle Bezeichnung für die sich selbst regierenden Staaten innerhalb des Britischen Reichs (↑ Britisches Empire). Sie werden seit 1945 als ›Members of the Commonwealth‹ (Mitglieder des Commonwealth) bezeichnet.

Dominotheorie, im Kalten Krieg entstandene Theorie über die fortschreitende Ausbreitung des Kommunismus, vor allem in Südostasien. Wie bei einer Reihe hintereinander stehender Dominosteine der Fall eines einzigen den Sturz der ganzen Reihe bewirke, so ziehe der kommunistische Umsturz in einem Land weitere in den Nachbarländern nach sich. In den 1960er-Jahren diente die Dominotheorie zur Begründung des amerikanischen Einsatzes im Vietnamkrieg.

Drake, Francis [dreɪk], englischer Seefahrer (*um 1540, †1596), der berühmteste Seefahrer des Elisabethanischen Zeitalters. Er kämpfte als Freibeuter seit 1567 in Westindien gegen Spanien und umsegelte bei einer solchen Kriegsfahrt 1577–80 die Erde (2. Erdumseglung nach Magellan). Drake spielte 1588 eine wichtige Rolle beim englischen Sieg über die spanische Armada.

Drakon, athenischer Gesetzgeber, der um 621 v. Chr. erstmals die Gesetze Athens aufzeichnete. Die Härte der Strafen seiner Gesetze ist sprichwörtlich geworden (drakonische Strafen).

Dreyfusaffäre, Affäre um den fälschlicherweise wegen Landesverrats verurteilten französischen Hauptmann jüdischen Glaubens Alfred Dreyfus (*1859, †1935), die Frankreich um die Wende vom 19. zum 20. Jh. erschütterte. Die Wiederaufnahme des Verfahrens gegen Dreyfus wurde gegen den Widerstand des Militärs durch eine öffentliche Kampagne erzwungen, wobei die Angelegenheit immer mehr zur politischen Streitfrage zwischen der militaristisch-antisemitischen Rechten und der republikanisch-demokratischen Linken wurde. Die Dreyfusaffäre endete 1906 mit der Rehabilitierung von Dreyfus. ⓘ

> ⓘ **DREYFUSAFFÄRE**
>
> **Ich klage an!**
>
> In einem offenen Brief an den französischen Präsidenten trat der Schriftsteller Émile Zola für Dreyfus ein. Er beschuldigte das Kriegsgericht, ein Fehlurteil aufgrund von Vorurteilen gefällt zu haben. Diesem am 13.1.1898 in der Zeitschrift ›Aurore‹ veröffentlichten Brief gab er die Überschrift ›J'accuse!‹ (›Ich klage an!‹).

dritter Stand, in der mittelalterlichen und frühneuzeitlichen Ständegesellschaft die Bürger und Bauern, die nach dem Adel und der Geistlichkeit den dritten Platz einnahmen. In der Französischen Revolution erkämpfte sich der dritte Stand die rechtliche Gleichstellung und die politische Führung, die vorwiegend dem Großbürgertum zufiel. Mit dem Aufkommen der modernen Industrie verengte sich der Begriff ›dritter Stand‹ auf das besitzende Bürgertum, die Bourgeoisie, im Unterschied zum Proletariat, das nun als vierter Stand bezeichnet wurde.

Dschingis Khan, eigentlich Temüdschin, Begründer des mongolischen Weltreichs (*um 1155 oder 1167, †1227). Er einte bis 1205 die Mongolen und baute ein straff organisiertes Staatswesen auf. Danach eroberten seine Heere ganz Nord- und Zentralasien bis nach Russland. Bei seinem Tod hinterließ Dschingis Khan ein Reich, das vom Chinesischen Meer bis an die Ostgrenzen Europas reichte. Seine Nachfolger vergrößerten und bewahrten es, in Teilreiche untergliedert, zum Teil für Jahrhunderte (↑ Goldene Horde).

Duce [ˈduːtʃe; italienisch ›Führer‹], in der Form ›Duce del fascismo‹ (Führer des Faschismus) Herrschaftstitel Benito Mussolinis.

Dunant, Henry [dyˈnã], der Gründer des Internationalen Roten Kreuzes (*1828, †1910). Nachdem er 1859 als Augenzeuge der Schlacht von Solferino (1859) das Elend der Verwundeten gesehen hatte, gründete der Schweizer Henry Dunant 1863 das Internationale Komitee vom Roten Kreuz. Auf seine Anregung hin wurde 1864 auch die Genfer Konvention zum Schutz der Kriegsverwundeten abgeschlossen.
➕ 1901 erhielt Dunant den Friedensnobelpreis.

Echnaton, eigentlich Amenophis IV., ägyptischer König (1364 bis 1347 v.Chr.). Er erhob, unter Abkehrung vom traditionellen Reichsgott Amun, die Sonnenscheibe (Aton) zum einzigen Gott und baute sich in Amarna eine neue Hauptstadt. Er gilt als Ketzerkönig. Seine Gemahlin war Nofretete.

Edikt von Nantes [- nãt], von König Heinrich IV. (*1553, †1610) von Frankreich 1598 erlassenes Edikt, das die französischen Religionskriege beendete. Es bestätigte den Katholizismus als Staatsreligion, gewährte aber den ↑ Hugenotten Gewissensfreiheit und an vielen Orten das Recht, Gottesdienste abzuhalten. Außerdem erhielten sie rund 100 ›Sicherheitsplätze‹, an denen sie eigene Truppen unterhalten konnten. Die Aufhebung des Edikts von Nantes durch Ludwig XIV. 1685 führte zur Auswanderung zahlreicher Hugenotten nach Deutschland und in die Niederlande.

Eigentum ist Diebstahl, Ausspruch des französischen Frühsozialisten Pierre Joseph Proudhon (*1809, †1865), mit dem er seine Forderung begründete, dass jeder Mensch nur so viel besitzen solle, wie für seinen Lebensunterhalt nötig sei.

Eisenzeit, die dritte große vorgeschichtliche Kulturperiode (nach Steinzeit und Bronzezeit), die durch die Verwendung von Eisen zur Herstellung von Geräten, Schmuck und Waffen gekennzeichnet ist. Die Verbreitung der Eisentechnik ging um 1400 v.Chr. von den Hethitern aus und erreichte über den Balkan (Griechenland um 1100 v.Chr.) Europa. In Skandinavien setzte sie sich stellenweise erst um Christi Geburt durch. Allgemein wird das Ende der Eisenzeit (und damit der Vorgeschichte) mit dem Einsetzen einer breiten schriftlichen Überlieferung angesetzt, so im Mittelmeerraum mit dem Beginn der klassischen griechischen und römischen Geschichte, in Skandinavien dagegen erst nach der Wikingerzeit.

Eiserner Vorhang, von Winston Churchill 1946 geprägter Ausdruck, der bildhaft die von der Sowjetunion seit Ende des Zweiten Weltkriegs betriebene Abschließung ihres Machtbereichs (besonders in Europa) von der westlichen Welt bezeichnete.
➕ Im Theater ist der ›eiserne Vorhang‹ ein feuersicherer und rauchdichter Vorhang, der bei Feuergefahr herabgelassen wird und das Bühnenhaus gegen den Zuschauerraum abschließt.

Eldorado [spanisch ›das vergoldete (Land)‹], sagenhaftes Goldland im Innern des nördlichen Südamerika. Die Suche nach diesem Land war Ursache für viele Entdeckungs- und Eroberungszüge der Konquistadoren. Die Sage blieb bis ins 18. Jh. lebendig.
➕ Heute bezeichnet man mit Eldorado auch ein Traumland, ein Paradies.

Elisabeth I., englische Königin (*1533, †1603, Königin ab 1558), Tochter Heinrichs VIII. Sie sicherte ihre Herrschaft im Innern u.a. durch die Inhaftierung und Hinrichtung (1587) ihrer katholischen Rivalin Maria Stuart. Den Krieg gegen Spanien gewann sie dank des Sieges ihrer Flotte unter Francis Drake über die ↑ spanische Armada. Unter ihrer Regierung erlebte England einen großen wirtschaftlichen Aufschwung und eine geistige Blütezeit (Elisabethanisches Zeitalter).
➕ Da Elisabeth nie heiratete, galt sie als ›die jungfräuliche Königin‹ (englisch ›the Virgin Queen‹); nach ihr wurde der amerikanische Bundesstaat Virginia benannt.

Emanzipation, *die* [lateinisch ›Freilassung‹], die Befreiung aus einem Zustand der Abhängigkeit, Entrechtung oder Unterdrückung, besonders die

Weltgeschichte

rechtliche und gesellschaftliche Gleichstellung benachteiligter Gruppen. Ausgehend von der Idee der Aufklärung, dass allen Menschen gleiche Rechte zustehen, formierten sich seit dem späten 18. Jh. zahlreiche Emanzipationsbewegungen (z. B. der Sklaven, Juden, Frauen und des Bürgertums). Während es häufig relativ rasch gelang, eine rechtliche Gleichstellung zu erlangen, dauern die Bemühungen um eine soziale Gleichstellung teilweise bis heute an (z. B. Emanzipation der Frau).

Denkmal für Karl Marx und **Friedrich Engels** von Ludwig Engelhardt im Marx-Engels-Forum in Berlin-Mitte

Engels, Friedrich sozialistischer Schriftsteller und Politiker (*1820, †1895). Er verfasste gemeinsam mit Karl Marx das ↑ Kommunistische Manifest und unterstützte diesen materiell und geistig. Neben Marx ist er der Begründer des Marxismus.

Entdeckung Amerikas. Obgleich Wikinger bereits um 1000 in Nordamerika gelandet waren und bretonische und galizische Fischer wohl schon im späten Mittelalter in den Gewässern vor Neufundland fischten, gilt bis heute die Landung von Kolumbus auf der Bahamainsel Guanahani am 12. 10. 1492 als Entdeckung Amerikas; das Wissen um die früheren Fahrten war nicht ins Bewusstsein der Zeitgenossen gedrungen.

Entdeckungsfahrten, die Fahrten, durch die das Wissen der Europäer um fremde Erdteile erweitert und ihre Herrschaft über die Erde ausgebreitet wurde. Somit zählen z. B. die Fahrten der Wikinger im Nordatlantik im 10. Jh. und Marco Polos nach China im 13. Jh. ebenso dazu wie die Fahrten vor allem portugiesischer und spanischer Seeleute im 15. und 16. Jh., die zur Entdeckung und Eroberung großer Gebiete in Amerika, Afrika und Asien führten. Erste Weltumsegelungen bewiesen noch im 16. Jh. die Kugelgestalt der Erde. Auf diesem Fundament aufbauend, führten vor allem Engländer und Niederländer im 17. und 18. Jh. zahlreiche Entdeckungsfahrten durch, die u. a. Australien und die Südsee erschlossen; gleichzeitig erkundeten und eroberten Russen Sibirien. Im 19. und frühen 20. Jh. wurden die Entdeckungsfahrten dann mit der Erkundung des Inneren Afrikas und Zentralasiens sowie der Polargebiete weitgehend abgeschlossen.

Entente cordiale, *die* [ãtãtkɔrˈdjal; französisch ›herzliches Einverständnis‹], Bezeichnung für die bündnisähnlichen Beziehungen zwischen Großbritannien und Frankreich seit 1904. Ihr Kern waren militärische Absprachen für den Fall eines Krieges gegen Deutschland. Aus der Entente cordiale entwickelte sich durch die Einbeziehung Russlands seit 1907 die Tripelentente, die dann zu Beginn des Ersten Weltkriegs den Mittelmächten Deutschland und Österreich-Ungarn gegenüberstand.

Entkolonialisierung, die Aufhebung der Kolonialherrschaft und die Entlassung der bisherigen Kolonien in die staatliche Unabhängigkeit durch die Kolonialmächte. Obwohl die Anfänge der Entkolonialisierung bis ins 18. Jh. zurückreichen, wird der Begriff vor allem für die Zeit vom Ende des Zweiten Weltkriegs bis in die 1960er-Jahre verwendet, in der die meisten Kolonien ihre Unabhängigkeit erlangten.

Entstalinisierung, Schlagwort, das die nach dem Tod Stalins (1953) eingeleitete Abkehr vom Stalinismus (u. a. Personenkult, Terror, Unterdrückung abweichender Meinungen) bezeichnet. Eine erste Phase der Entstalinisierung setzte 1956 ein und endete mit dem Sturz Nikita Chruschtschows 1964. Erst nach dem Machtantritt Michail Gorbatschows (1985) begann mit der Einleitung einer umfassenden Rehabilitierung stalinistischer Opfer, der kritischen Auseinandersetzung mit den gesellschaftlichen Folgen des Stalinismus und politischen Reformen eine zweite Etappe der Entstalinisierung.

Erster Weltkrieg, 1914–18, Krieg zwischen den Mittelmächten (Deutsches Reich, Österreich-Ungarn) und den Alliierten (vor allem Großbritannien, Frankreich, Italien, Russland). Er wurde 1914 durch das Attentat von ↑ Sarajevo ausgelöst. Der Erste Weltkrieg war durch ausgedehnten Stellungskrieg an allen Fronten und große Verluste an Soldaten auf beiden Seiten geprägt. Trotz Erfolgen an der Ostfront und in Italien mussten die Mittelmächte nach dem Kriegseintritt der USA (1917) Ende 1918 kapitulieren. Deutschland verlor im ↑ Versailler Vertrag (Kapitel 2) seine Kolonien sowie große Gebiete im Osten und Westen und musste enorme Reparationen zahlen.

Der Erste Weltkrieg veränderte die politische Landkarte in Europa nachhaltig: Österreich-Ungarn zerfiel in mehrere Staaten (u. a. entstand als neues Land Jugoslawien), ebenso das Osmanische Reich. In Deutschland, Österreich, der Türkei und Russland wurde die Monarchie gestürzt.

Etrusker, ein Volk unbekannter Herkunft, das im 8. Jh. v. Chr. als Kernland Etrurien, die Landschaft zwischen den Flüssen Tiber und Arno, beherrschte und von dort aus seine Herrschaft nach Süden und Osten bis an die Adria ausdehnte. Die Etrusker siedelten in zahlreichen voneinander unabhängigen Städten, von denen die zwölf mächtigsten in einem Bund zusammengeschlossen waren. Ihre Macht und Kultur erlebten im 6. Jh. v. Chr. ihren Höhepunkt; zu dieser Zeit wurde Rom von etruskischen Königen regiert. Im 3. Jh. v. Chr. unterwarfen die Römer dann ihrerseits die Etrusker.

Europa der Vaterländer, von dem französischen Präsidenten Charles de Gaulle geprägter Ausdruck, der dessen Abneigung gegen ein unter einem gemeinsamen staatlichen Dach vereinigtes Europa zum Ausdruck brachte. Nach seiner Vorstellung sollte das vereinigte Europa aus einem Zusammenschluss weiterhin souveräner Nationalstaaten (Vaterländer) bestehen.

Exkommunikation, eine Kirchenstrafe, ↑ Kirchenbann.

Faschismus, *der* [zu italienisch fascio ›Rutenbündel‹], zunächst Eigenbezeichnung der politischen Bewegung, die unter Führung Benito Mussolinis 1922–45 in Italien eine Diktatur errichtet hatte; davon abgeleitet auch Bezeichnung für alle extrem nationalistischen, nach dem Führerprinzip organisierten, antiliberalen und antikommunistischen Bewegungen, die seit dem Ersten Weltkrieg die parlamentarischen Demokratien stürzen wollten. Faschistische Bewegungen gab es in der Zeit zwischen den beiden Weltkriegen in allen europäischen Staaten, in einigen (z. B. Spanien, Portugal, Österreich, Deutschland) konnten sie die Macht erlangen. In der Nachkriegszeit waren sie nur noch in Spanien und Portugal und in Grenzen in Italien einflussreich.

Februarrevolution, Bezeichnung für zwei revolutionäre Erhebungen:
Am 24. Februar 1848 erhoben sich in Paris vor allem Studenten und Arbeiter, setzten den ↑ Bürgerkönig Louis Philippe ab und riefen die Republik aus.
Die Februarrevolution 1917 in Russland führte zum Sturz des Zaren und zur Bildung einer provisorischen bürgerlichen Regierung. Durch das Nebeneinanderbestehen dieser Regierung und von Arbeiter- und-Soldaten-Räten kam es in den folgenden Monaten zu einer Dauerkrise: Mit der Forderung ›Alle Macht den Räten!‹ bereitete Lenin die alleinige Machtübernahme durch die Bolschewiki in der ↑ Oktoberrevolution vor.

Feudalismus, *der* [von lateinisch feudum ›Lehngut‹], ein soziales, wirtschaftliches und politisches Ordnungssystem, in dem eine adlige Oberschicht vom Herrscher mit Grundbesitz sowie politischen und gesellschaftlichen Vorrechten ausgestattet wird. In Europa bezeichnet der Feudalismus die durch das ↑ Lehnswesen (Kapitel 2) geprägte Gesellschaftsordnung des Mittelalters und der frühen Neuzeit. Feudalismus ist auch in Altamerika und Asien nachgewiesen und in Schwarzafrika teilweise noch heute verbreitet. Der feudale Staat ist streng hierarchisch organisiert und wird durch ein System von Treuebeziehungen zusammengehalten.

Fin de Siècle, *das* [fɛ̃dˈsjɛkl; französisch ›Ende des Jahrhunderts‹], Bezeichnung für die Zeit des ausgehenden 19. Jh., die in Gesellschaft, Kultur und Kunst krisenhafte, für eine Spätzeit typische Erscheinungsformen aufwies.

Franco Bahamonde, Francisco spanischer General und Politiker (* 1892, † 1975). Franco stürzte im ↑ Spanischen Bürgerkrieg (1936–39) die parlamentarische Republik und errichtete in der Folge eine faschistische Diktatur, die bis zu seinem Tod bestand.

Franklin, Benjamin [ˈfræŋklɪn], amerikanischer Politiker und Naturwissenschaftler (* 1706, † 1790). Franklin stieg durch unermüdliches Selbststudium vom einfachen Handwerker (Buchdrucker) in hohe Ämter auf. Als Politiker setzte er sich für die amerikanische Unabhängigkeit ein und hatte wesentlichen Anteil an der Erarbeitung der demokratischen Verfassung der neu entstandenen USA (1787). Bedeutend sind seine wissenschaftlichen Arbeiten, die im Wesentlichen aus den Jahren 1746–52 stammen, vor allem Experimente zur Elektrizität (Konstruktion von Blitzableitern, 1752 Nachweis der elektrischen Natur der Gewitter).

Französische Revolution, Epoche der französischen Geschichte, die von 1789 bis 1799 dauerte und in der die alte Herrschaft (Ancien Régime) gewaltsam beseitigt wurde. Sie wurzelte gedanklich in der Aufklärung. – Nachdem König Ludwig XVI. (*1754, †1793) im Mai 1789 wegen hoher Staatsschulden die Generalstände (Geistlichkeit, Adel, dritter Stand) einberufen hatte, erklärte sich der dritte Stand zur verfassunggebenden Nationalversammlung. Der Widerstand des Königs wurde durch die Erstürmung der ↑ Bastille gebrochen. Es wurde eine konstitutionelle Monarchie errichtet, die jedoch bereits 1792 unter dem Einfluss der Jakobiner in eine Republik umgewandelt wurde. Der Nationalkonvent, die neue Volksvertretung, beschloss die Abschaffung des Königtums; der König und die Königin Marie Antoinette wurden 1793 hingerichtet. Der Wohlfahrtsausschuss (das ausführende Organ des Nationalkonvents) mit Robespierre an der Spitze und der Nationalkonvent übten eine blutige Schreckensherrschaft aus, der Tausende zum Opfer fielen. Nach dem Sturz der Jakobiner übernahm 1795 ein Direktorium von fünf Konventsmitgliedern die Regierung, das 1799 durch einen Staatsstreich Napoleon Bonapartes aufgelöst wurde.

🞣 Die Losung der Französischen Revolution, ›Freiheit, Gleichheit, Brüderlichkeit‹ (Liberté, Égalité, Fraternité), blieb eine immer wieder und auch heute noch erhobene Forderung der Vorkämpfer für die Menschenrechte.

Frauenwahlrecht, das Recht der Frauen, an den Wahlen zu den parlamentarischen Vertretungen der Staaten teilzunehmen. In vielen europäischen Staaten wurde das Frauenwahlrecht nach dem Ersten Weltkrieg eingeführt (z. B. Österreich 1918, Deutschland 1919, Großbritannien 1928), teilweise aber auch erst deutlich später (z. B. Frankreich 1946, Schweiz 1959–91, auf Bundesebene 1971).

Freihandel ⇒ Kapitel 4.

Freiheitskriege, ↑ Befreiungskriege.

Fronde, *die* [´frɔdə; französisch ›Schleuder‹], die u. a. vom französischen Hochadel getragenen Aufstände gegen die Errichtung des Absolutismus in Frankreich zur Zeit der vormundschaftlichen Regierung Kardinal Mazarins für Ludwig XIV. 1648–53. Sie scheiterten vor allem an der Uneinigkeit der Aufständischen. Die Erfahrungen der Frondeaufstände prägten Ludwig XIV. stark und bestimmten ihn zur Errichtung seiner absoluten Herrschaft.

fünfte Kolonne, Bezeichnung für politische Gruppen, die bei politischen Konflikten oder Kriegen (im Untergrund) Gegner des eigenen Landes aus ideologischen Gründen unterstützen.

🞣 Die Bezeichnung geht auf einen der Führer des Aufstandes gegen die Republik zurück. Er sagte, er werde vier Kolonnen gegen Madrid führen; aber die fünfte Kolonne (die Anhänger des Aufstandes in Madrid) werde mit der Offensive beginnen.

Gaddhafi, Moamar al- libyscher Politiker (* 1942). Gaddhafi war 1969 führend am Sturz des libyschen Königs Idris as-Senussi (* 1890, † 1983) beteiligt. Seither regiert er sein Land in wechselnden Funktionen, wobei er im Islam die Grundlage seiner Politik sieht. Ursprünglich einer der entschiedensten Gegner Israels und der USA und Förderer des weltweiten Terrorismus, bemüht sich Gaddhafi seit 2003 zunehmend um Anerkennung der internationalen Staatengemeinschaft.

Galilei, Galileo italienischer Mathematiker, Physiker und Philosoph (⇒ Kapitel 16).

Gallien, in der römischen Antike das Land der Gallier. Nach seiner Lage zu Rom unterschied man später zwischen **Gallia Cisalpina** (›Gallien diesseits der Alpen‹), das von den keltischen Galliern bewohnte Oberitalien, und **Gallia Transalpina** (›Gallien jenseits der Alpen‹), das ebenfalls keltisch besiedelte Gebiet zwischen Rhein, Alpen, Mittelmeer, Pyrenäen und Atlantik. Die Gallia Cisalpina wurde 225–190 v. Chr. von Rom erobert und zur Provinz gemacht, die 42 v. Chr. mit dem übrigen Italien vereinigt wurde.

Das transalpine Gallien wurde 125–51 v. Chr. von den Römern erobert; die gallische Bevölkerung wurde romanisiert. Seit etwa 400 n. Chr. drangen Germanen über den Rhein ein und siedelten sich an; im Westen gingen sie in der gallorömischen Bevölkerung auf, im Osten überlagerten sie diese. 486 erlag das verbliebene römische Herrschaftsgebiet in Mittelgallien dem Angriff der Franken unter Chlodwig. Gallien wurde Teil des Fränkischen Reiches.

Gallikanismus, der [von Gallia, dem lateinischen Namen für Frankreich], in der französischen Kirche des 15. bis 18. Jh. die maßgebende Kirchenverfassung. Der Gallikanismus schränkte den päpstlichen Einfluss auf die französische Kirche zugunsten der Bischöfe und des Königs ein. Die sogenannten ›gallikanischen Artikel‹ von 1682 bestätigten u. a. die Oberhoheit eines Konzils über den Papst und legten fest, dass päpstliche Entscheidungen der Zustimmung der Gesamtkirche bedürften. Mit dem Ende des Königtums ab 1789 verlor der Gallikanismus seine Grundlage.

Gama, Vasco da portugiesischer Seefahrer (* um 1460, † 1524). Er entdeckte 1497/98 im Auftrag des portugiesischen Königs den Seeweg um Afrika (Kap der Guten Hoffnung) nach Indien. 1502–04 unterwarf er einige Städte an der Westküste Indiens und legte damit den Grundstein für das portugiesische Kolonialreich in Asien. 1524 wurde er als Vizekönig nach Indien gesandt, wo er noch im selben Jahr starb.

Gambetta, Leon französischer Politiker (* 1838, † 1882). Gambetta, ein Gegner des Zweiten Kaiserreichs, proklamierte nach der Kapitulation von Sedan die Republik (4. Oktober 1870). Als Innen-, Finanz- und Kriegsminister der ›Regierung der nationalen Verteidigung‹ suchte er mit von ihm aufgestellten Volksheeren vergeblich, Paris zu entsetzen. Als Führer der radikalen, dann aufseiten der gemäßigten Republikaner bekämpfte Gambetta die monarchistische Mehrheit der Nationalversammlung. Er übte großen Einfluss auf die Politik der Linken in der Dritten Republik aus und vertrat eine gegen das Deutsche Reich gerichtete Außenpolitik.

Gandhi, Indira Priyadarshini indische Politikerin (* 1917, † 1984), Tochter von Jawaharlal Nehru. Sie förderte als Ministerpräsidentin 1966–77 und 1980–84 die Industrialisierung ihres Landes und baute dessen politisch-militärische Stellung in Südasien aus. Zugleich war sie eine der Führungsgestalten der Blockfreienbewegung. Sie fiel einem Attentat religiöser Fanatiker unter ihren Leibwächtern zum Opfer.

Gandhi, Mahatma [Hindi ›große Seele‹], eigentlich Mohandas Karamchand Gandhi, Führer der indischen Unabhängigkeitsbewegung (* 1869, † 1948). Gandhi kämpfte bereits vor dem Ersten Weltkrieg für die Gleichberechtigung seiner Landsleute in Südafrika und danach für die Unabhängigkeit Indiens von Großbritannien. Sein hohes Ansehen und seine Erfolge gründen sich auf seine Methode des ›gewaltlosen Widerstands‹. Nach der

Mahatma Gandhi

Erlangung der Unabhängigkeit Indiens (1947) suchte er die Gegensätze zwischen Muslimen und Hindus zu schlichten. Er wurde von einem jungen Hindufanatiker ermordet.

Garibaldi, Giuseppe italienischer Freiheitskämpfer (* 1807, † 1882), einer der Führer der italienischen Einheitsbewegung (↑ Risorgimento). Er stürzte 1860 als Führer des ›Zugs der Tausend‹ die Herrschaft der Bourbonen in Sizilien und Unteritalien und schuf damit die Voraussetzung für die Bildung des Königreichs Italien.

Gaulle, Charles de [goːl], französischer Politiker und General (* 1890, † 1970). Er organisierte nach der französischen Kapitulation 1940 als Chef der französischen Exilregierung von London aus den Widerstand (Résistance) gegen die deutsche Besatzungsmacht und das Vichyregime (↑ Vichy). 1945–46 war er Regierungs- und Staatschef. 1958 wurde er zum Staatspräsidenten gewählt und schuf eine auf seine Person zugeschnittene Verfassung (5. Republik). Unter seiner Präsidentschaft entließ Frankreich bis 1960 seine afrikanischen Kolonien in die Unabhängigkeit. 1962 beendete er den Algerienkrieg und stimmte der Unabhängigkeit Algeriens zu. De Gaulle förderte die deutsch-französische Zusammenarbeit und schloss 1963 mit K. Adenauer den deutsch-französischen Freundschaftsvertrag. Sein Ziel war die Stärkung der weltpolitischen Stellung Frankreichs. 1969 trat er zurück.

Generalstaaten, ursprünglich eine gemeinsame Vertretung der Stände mehrerer Territorien eines Landesherrn (in den Niederlanden erstmals 1464); nach 1581 Bezeichnung für die von Spanien abgefallenen niederländischen Provinzen, seit 1814 für das niederländische Parlament.

Generalstände, die aus Abgeordneten der drei Stände Adel, Geistlichkeit und Bürgertum zusammengesetzte gesamtfranzösische Ständeversammlung des 14.–18. Jahrhunderts. Ihr oblag vor allem die Steuerbewilligung (auch ↑ Französische Revolution).

Gewerbefreiheit, das dem Einzelnen zustehende Recht, ein Gewerbe auszuüben. Die Gewerbefreiheit löste in Europa zu Beginn des 19. Jh. das Zunftwesen (↑ Zünfte) ab, nachdem sie in Frankreich bereits während der Französischen Revolution eingeführt worden war. Sie war ein Hauptanliegen des Wirtschaftsliberalismus.

Ghibellinen, ↑ Guelfen und Ghibellinen.

> ### ⓘ GLADIATOREN
> **Morituri te salutant**
>
> In seiner Biografie des Kaisers Claudius schreibt der römische Schriftsteller Sueton, dass der Kaiser zur Volksbelustigung auf einem See von Gladiatoren eine Seeschlacht ausfechten ließ. Vor diesem Schauspiel begrüßten ihn die Kämpfer mit den Worten ›Ave, Caesar, morituri te salutant‹ (›Heil dir, Kaiser, die Todgeweihten grüßen dich!‹).

Gladiatoren [zu lateinisch gladius ›Schwert‹], die Teilnehmer an römischen Kampfspielen (Gladiatorenspielen) auf Leben und Tod, die seit 105 v. Chr. zur Unterhaltung des Volkes veranstaltet wurden. Sie waren zumeist Sklaven, Kriegsgefangene oder verurteilte Verbrecher und wurden in eigenen Gladiatorenschulen ausgebildet. ⓘ

Gleichgewicht der Macht englisch **Balance of Power,** ein Ziel vor allem der englischen Politik seit dem 18. Jh., das darin bestand, dass kein Staat und keine Mächtegruppierung so viel Macht besitzen dürfe, um eine Vorherrschaft ausüben zu können. Dabei hielten sich bis ins 20. Jh. meist die fünf europäischen Großmächte Großbritannien, Frankreich, Russland, Österreich und Preußen (Deutschland) die Waage. Im 20. Jh. ging dieses Gleichgewicht durch den Aufstieg der USA und der Sowjetunion zu Weltmächten verloren.

Glorreiche Revolution, der unblutige (daher ›glorreiche‹) Sturz (1688/89) des zum Katholizismus übergetretenen englischen Königs Jakob II. (*1633, †1701) durch das englische Parlament und die Thronbesteigung durch dessen protestantisch gebliebene Tochter Maria (*1662, †1694) und deren Gemahl Wilhelm von Oranien. Mit der Glorreichen Revolution waren die Versuche der Könige aus dem Haus Stuart, in England den Absolutismus zu errichten, endgültig gescheitert. Das englische Königtum ist seither an eine Verfassungsordnung gebunden. Die Glorreiche Revolution bildete den Höhepunkt im Kampf zwischen Krone und Parlament um die Souveränität im Staat.

Goldene Horde, Bezeichnung für das Reich Dschötschis (†1227), des ältesten Sohns von Dschingis Khan, das die nordwestlichen Teile des mongolischen Eroberungsgebietes in Asien und Europa umfasste, vor allem also auch Russland. Es erlebte im späten 13. Jh. einen Höhepunkt. Im 15. Jh. zerfiel das Reich durch Abspaltungen langsam; die letzten Reste in der Ukraine wurden 1502 zerschlagen.

Golfkriege, Bezeichnung für drei Kriege in der Region am Persischen Golf:
1980–88 fand der 1. Golfkrieg nach einem Überfall Iraks auf Iran zwischen diesen beiden Ländern statt. Er stand im Zeichen irakischer Gebietsforderungen und des iranischen Drängens auf Verbreitung der iranischen islamischen Revolution und forderte hohe Verluste an Menschenleben.
1990/91 kam es nach einem irakischen Überfall auf das Emirat Kuwait zum 2. Golfkrieg, in dessen Verlauf eine von der UNO bevollmächtigte internationale Streitmacht unter Führung der USA Kuwait befreite und die irakischen Angreifer vernichtend schlug.
2003 führten Auseinandersetzungen um die Abrüstung und um Waffenkontrollen im Irak sowie die Nichteinhaltung zahlreicher UN-Resolutionen durch Saddam Husain zu wachsenden Spannungen mit der UNO. Trotz fehlenden UN-Mandats begannen alliierte Truppen unter Führung der USA am 20. 3. 2003 den Krieg im Irak mit Luftangriffen auf Bagdad und mit einer von Kuwait ausgehenden Bodenoffensive. Der Fall Bagdads am 9. 4. 2003 markierte das Ende des Regimes von Saddam Husain. Am 1. 5. 2003 wurde der Krieg offiziell für beendet erklärt.

Gorbatschow, Michail Sergejewitsch sowjetischer Politiker (*1931). Gorbatschow, 1985 zum Generalsekretär der Kommunistischen Partei der Sowjetunion und 1988 auch zum Staatsoberhaupt gewählt, leitete unter der Parole ›Glasnost und Perestroika‹ (›Öffnung und Umgestaltung‹) einschneidende Reformen des politischen und wirtschaftlichen Systems der Sowjetunion ein. Außenpolitisch entließ er 1989/90 die sowjetischen Satellitenstaaten Mittelosteuropas aus der sowjetischen Vorherrschaft und ermöglichte so deren Demokratisierung und die deutsch-deutsche Vereinigung. Nach einem gescheiterten Putschversuch orthodoxer kommunistischer Kräfte trat er im August 1991 als Generalsekretär der KPdSU und im Dezember 1991 auch als Staatspräsident zurück.

➕ Gorbatschow erhielt 1990 den Friedensnobelpreis. ⓘ

Ground zero Bis zum 11. 9. 2001 waren die 420 m hohen Zwillingstürme des World Trade Centers ein markantes Zeichen der Skyline von New York; nach dem Anschlag islamistischer Terroristen, die zwei entführte Passagiermaschinen in die Türme gesteuert hatten, fielen sie in sich zusammen und hinterließen ein mehr als 6 Hektar großes Trümmerfeld.

Gordischer Knoten, nach dem sagenhaften Gründer des Phrygierreichs in Kleinasien, Gordion, benannter Knoten, der Joch und Deichsel von dessen Streitwagen zusammenhielt. Nach einer Prophezeiung sollte demjenigen, dem es gelang, den Knoten zu lösen, die Herrschaft über Asien zufallen. Alexander der Große löste das Problem, indem er den Knoten mit dem Schwert durchhieb.

Goten, germanisches Volk, das ursprünglich in Südskandinavien, dann an der unteren Weichsel ansässig war. Zwischen 150 und 180 wanderten die Goten an die Schwarzmeerküste und lösten so die 1. Phase der germanischen Völkerwanderung aus. Seit Mitte des 3. Jh. bedrängten sie die Balkangrenze des Römischen Reichs. Ab 269 schied sich der Stamm nach seinen Wohnsitzen in Südrussland in Westgoten und Ostgoten; Reste hielten sich bis ins 16. Jh. auf der Krim (Krimgoten).

Gottesgnadentum, eine Herrschaftsauffassung in Monarchien, nach der der Monarch in göttlichem Auftrag herrsche; seit der Karolingerzeit wurde dem Herrschertitel die Formel ›von Gottes Gnaden‹ (lateinisch ›Dei gratia‹) beigefügt.

Gracchus [ˈgraxus], Beiname einer römischen Familie, aus der zwei bedeutende Politiker des 2. Jh. v. Chr. stammten, mit deren Wirken das Jahrhundert der römischen Bürgerkriege begann. Sowohl Tiberius Sempronius Gracchus (* 162, † 133 v. Chr.) als auch sein Bruder Gaius Sempronius Gracchus (* 153, † 121 v. Chr.) versuchten, sich eine politische Machtstellung gegen die herrschende Elite zu schaffen, indem sie die Plebejer (↑ Plebs) durch Bodenreformen für sich gewannen. Immer radikaler werdend, fanden sie beide bei bürgerkriegsähnlichen Unruhen den Tod.

Gregor VII., seit 1073 Papst (* um 1021, † 1085). Als entschiedener Anhänger der Kirchenreform, die von Cluny ausgegangen war und im Investiturstreit gipfelte, forderte Gregor neben dem Verbot der Laieninvestitur (↑ Investiturstreit, Kapitel 2), des Kaufs geistlicher Ämter und der Priesterehe vor allem eine Unterwerfung der weltlichen Herrscher unter den Papst. Vor Kaiser Heinrich IV. musste er 1083/84 aus Rom flüchten und starb im Exil. Seine Gedanken prägten die mittelalterliche Kirche und führten das Papsttum auf den Gipfel seiner Macht.

griechische Kolonisation, Bezeichnung für die Ausbreitung der Griechen in der Antike: Zwischen 1200 und 900 v. Chr. setzten sich Griechen auf Zypern und in Kleinasien fest. Seit dem 8. Jh. v. Chr. wurden rund um das Mittelmeer griechische Kolonien errichtet. Im Bereich der Eroberungen Alexanders des Großen wurden zahlreiche griechische Städte gegründet. Am Ende dieser Entwicklung waren der Vordere Orient und das östliche Mittelmeer griechisch geprägt, während im westlichen Mittelmeer die Römer Teile der griechischen Kultur übernahmen und die Griechen als kulturell führendes Volk ablösten.

Ground zero [ˈgraʊnd ˈzɪərəʊ; englisch ›Nullgrund‹], amerikanischer Name für den Punkt, über dem die erste Atombombe explodierte; seit dem Terroranschlag vom 11. September 2001 auch Bezeichnung für die Trümmerlandschaft in New York, wo vorher die Türme des World Trade Centers standen.

Guelfen und Ghibellinen [auch ˈgɛl...], die großen italienischen Parteiungen des Mittelalters. Sie entstanden wohl während der Kämpfe zwischen den Anhängern des Welfen (italienisch ›guelfi‹) Otto IV. (*um 1177, †1218) und des Staufers (Waiblinger; italienisch ›ghibellini‹) ↑ Friedrich II. (Kapitel 2) in den Jahren 1212–18. Die Guelfen kämpften als päpstlich gesinnte Gegner des Kaisertums erbittert gegen die Ghibellinen, die Anhänger des Reiches. Nach dem Untergang der Staufer (1268) wurden die Bezeichnungen auf andere politische und soziale Gegensätze übertragen (z. B. Guelfen: Volkspartei, Ghibellinen: Adel).

Guillotine, *die* [gijɔ...], seit 1792 das Hinrichtungsgerät der Französischen Revolution, durch das mittels eines schnell herabfallenden Beils der Kopf vom Rumpf getrennt wird. Es wurde nach seinem Erfinder, dem Arzt Joseph Ignace Guillotin (*1738, †1814), benannt.

Haager Friedenskonferenzen, die 1899 und 1907 in Den Haag abgehaltenen Konferenzen der europäischen und vieler außereuropäischer Staaten, die eine Friedensordnung sowie Rüstungsbeschränkungen zum Thema hatten. Da das Misstrauen zwischen den Großmächten aber zu groß und ihre Bereitschaft zu gegenseitigen Zugeständnissen zu gering war, wurden die wesentlichen Ziele verfehlt. Erreicht wurden jedoch die Haager Landkriegsordnung und die Errichtung des Ständigen Schiedsgerichtshofs.

Haager Landkriegsordnung, Abkürzung **HLKO,** als eines der Ergebnisse der Haager Friedenskonferenz von 1907 das Abkommen über die ›Ordnung der Gesetze und Gebräuche des Landkriegs‹ (Kriegsrecht). Die HLKO bindet die Staaten, die sie ratifiziert haben, und definiert für diese den Begriff des Kriegführenden, regelt die Behandlung von Kriegsgefangenen und den Einsatz bestimmter Kampfmittel und Kampfmethoden (Verbot der Verwendung von Giftgasen und der Beschießung unverteidigter Orte und Wohnstätten), bekräftigt die Unantastbarkeit des Privateigentums, den Schutz der Ehre, des Lebens, der Rechte der Bürger. Diese Grundregeln wurden ergänzt durch die Genfer Vereinbarungen von 1949.

Habeas-Corpus-Akte 1679 erlassenes englisches Staatsgrundgesetz zum Schutz der persönlichen Freiheit, wonach niemand ohne richterliche Anordnung in Haft genommen oder in Haft gehalten werden darf.

> **ⓘ HABEAS-CORPUS-AKTE**
>
> Die Habeas-Corpus-Akte ist eine Rechtsformel zum Schutz der persönlichen Freiheit. Die mit ihr verbundenen Grundrechtsideen haben seit dem späten 18. Jh. Eingang in das Verfassungsleben gefunden, so in die französische Menschenrechtserklärung von 1789, in den Grundrechtskatalog der amerikanischen Verfassung, in die deutschen Reichsverfassungen von 1849 und 1919 sowie in das Grundgesetz der Bundesrepublik Deutschland von 1949.
> Artikel 104 des Grundgesetzes greift das Grundprinzip der Habeas-Corpus-Akte auf:
> ›Über die Zulässigkeit und Fortdauer einer Freiheitsentziehung hat nur der Richter zu entscheiden. Bei jeder nicht auf richterlicher Anordnung beruhenden Freiheitsentziehung ist unverzüglich eine richterliche Entscheidung herbeizuführen.‹

Haile Selassie I., Kaiser von Äthiopien (*1892, †1975). Nachdem er sich in Kämpfen gegen aufständische Stammesfürsten durchgesetzt hatte, ließ sich Haile Selassi 1930 zum Kaiser krönen. Während der italienischen Besetzung Äthiopiens 1936–41 lebte er im Exil in London. Nach dem Zweiten Weltkrieg wurde er zu einem der führenden Politiker Afrikas. Seine zögernde Modernisierungspolitik führte 1974 zu einem Militärputsch, bei dem er entmachtet wurde.

Hammarskjöld, Dag [...ʃœld], schwedischer Politiker (*1905, †1961). Er suchte als UNO-Generalsekretär (ab 1953) bei zahlreichen internationalen Krisen (z. B. Suezkrise, Ungarischer Aufstand) das Gewicht der UNO als friedensstiftender Macht zu stärken. Darüber hinaus förderte er die Entkolonialisierung. Er kam bei einer Vermittlungsaktion im Kongo ums Leben.

Hammurapi, Hammurabi, von 1728 bis 1686 v. Chr. König von Babylon und Schöpfer des ersten babylonischen Reichs. Er ist bekannt durch seine auf einem Steinblock eingemeißelte Gesetzessammlung, den Codex Hammurapi (heute im Louvre in Paris).
➕ Der ›Codex Hammurapi‹ ist die umfangreichste Sammlung von Rechtsnormen der antiken Welt – älter als das Bundesbuch des Mose und älter als das

älteste römische Gesetzeswerk, das Zwölftafelgesetz aus dem 5. Jh. v. Chr.

Handelskompanien, diejenigen Handelsgesellschaften, die, mit Monopolen, Vorrechten (Privilegien) und staatlichen Unterstützungen (Herrschaftsrechten) ausgestattet, besonders im 17. und 18. Jh. den Überseehandel beherrschen und in dieser Zeit wesentlich zur Gründung von Kolonien beitrugen.
🛈 Bedeutende englische Handelskompanien waren die Ostindische Kompanie und die Hudson's Bay Company.

HEINRICH VIII.

Heinrich VIII. heiratete sechsmal; seine Ehefrauen waren:
Katharina von Aragon, 1533 geschieden
Anna Boleyn, 1536 hingerichtet; ihre Tochter war die spätere Königin Elisabeth I.
Jane Seymour, 1537 gestorben
Anna von Cleve, 1540 geschieden
Katherina Howard, 1542 hingerichtet
Katherina Parr, seit 1543 verheiratet; sie überlebte ihren Gatten.

Hannibal, karthagischer Feldherr (* 247/246, † 183 v. Chr.). Als entschiedener Gegner Roms begann Hannibal den 2. Punischen Krieg, in dessen Verlauf er von Spanien nach Italien marschierte (Überquerung der Alpen im Oktober 218 v. Chr.) und dort mehrere römische Heere vernichtete (↑ Cannae). Nach jahrelangen Kämpfen und römischen Gegenschlägen sah er sich zum Rückzug nach Afrika gezwungen, wo er 202 v. Chr. entscheidend geschlagen wurde. Er floh nach Kleinasien und nahm sich dort, als er an Rom ausgeliefert werden sollte, das Leben.
🛈 ›Hannibal ante portas!‹ (›Hannibal vor den Toren‹) war der Schreckensruf der Römer, als Hannibal 211 v. Chr. auf Rom marschierte. Heute bezeichnet man damit ein bevorstehendes Unheil.

Heilige Allianz, ein 1815 von Russland, Österreich und Preußen geschlossenes Bündnis, das vor allem bemüht war, die auf dem ↑ Wiener Kongress erreichte Ordnung Europas zu bewahren. Ihm schlossen sich fast alle europäischen Staaten an. Die Heilige Allianz richtete sich besonders gegen revolutionäre und liberale Bestrebungen. Sie zerbrach jedoch bereits in den 1820er-Jahren an den Interessengegensätzen der Großmächte.

Heinrich VIII., König von England (* 1491, † 1547, König ab 1509). Er löste 1535 die Kirche von England aus der katholischen Kirche. Grund war die Weigerung des Papstes, seine Ehe mit Katharina von Aragon (* 1485, † 1536), die ihm nicht den ersehnten Thronfolger gebar, zu scheiden. So schuf Heinrich zwar die anglikanische Staatskirche, eine theologische Reformation wie in Deutschland erfolgte jedoch nicht. 🛈

Heinrich VIII., König von England und Irland (Gemälde von Hans Holbein dem Jüngeren, 1536)

Hellenismus, *der* [zu griechisch Hellas ›Griechenland‹], eine Epoche der altgriechischen Geschichte, die um 330 v. Chr. mit den Eroberungen Alexanders des Großen einsetzt und bis zur Eroberung Griechenlands, Kleinasiens und Ägyptens durch die Römer um Christi Geburt dauert. In dieser Zeit entstand in den Ländern des Vorderen Orients eine einheitliche griechische Kultur; Griechisch wurde Weltsprache. Der Hellenismus wirkte über das Römische Reich auch weit nach Europa und kulturell über die Renaissance bis in die Gegenwart.

Herodot, griechischer Geschichtsschreiber (* um 490, † um 425/420 v. Chr.), der ›Vater der Geschichtsschreibung‹. Herodot unternahm weite Reisen nach Asien, Afrika und Europa und war in Athen mit Sophokles befreundet. Sein Werk behandelt die Geschichte Griechenlands bis 479, insbesondere die Perserkriege, und gibt zugleich ein farbiges Bild von den Ländern und Völkern der damals bekannten Welt.

Hethiter, Volk im östlichen Kleinasien, das dort Mitte des 2. Jahrtausends v. Chr. das Reich Hatti (mit der Hauptstadt Hattusa) gründete und neben Babylon und Ägypten zur dritten Großmacht aufstieg. Um 1220 v. Chr. ging das hethitische Reich an inneren Wirren und gleichzeitigen Einfällen fremder Völker zugrunde.

Hieroglyphen [griechisch ›heilige Schriftzeichen‹], Schriftzeichen mit bildhaftem Charakter, vor allem die altägyptische Schrift. Hieroglyphen benutzten aber auch die Hethiter und die antiken Kreter; hieroglyphische Schriftsysteme bestanden ferner im Industal, auf der Osterinsel und bei den indianischen Hochkulturen Mittel- und Südamerikas. 🛈

Hirohito, Kaiser von Japan (*1901, †1989). Hirohito stimmte als Tenno (seit 1926) den Angriffsplänen der politisch-militärischen Führung Japans im Zweiten Weltkrieg zu, setzte aber nach den amerikanischen Atombombenangriffen auf Hiroshima und Nagasaki die Kapitulation Japans durch. Unter amerikanischem Druck verzichtete er nach dem Krieg auf die ihm nach der shintoistischen Religion zukommende Göttlichkeit und war nur noch repräsentatives Staatsoberhaupt.

Hiroshima [...ʃ...], Stadt in Japan. Am 6. August 1945 war Hiroshima Ziel des ersten amerikanischen Atombombenangriffs, der Japan zur Kapitulation im Zweiten Weltkrieg zwingen sollte. Dieser Angriff kostete zwischen 90 000 und 200 000 Menschenleben. Nach einem weiteren Angriff auf die Stadt Nagasaki (9. August 1945; etwa 75 000 Todesopfer) kam es zur japanischen Kapitulation.

Ho Chi Minh [hotʃimin; vietnamesisch ›der nach Erkenntnis Strebende‹], eigentlich Nguyen That Thanh, vietnamesischer Politiker (*1890, †1969). Er kämpfte seit 1941 an der Spitze der vietnamesischen Unabhängigkeitsbewegung ›Vietminh‹ gegen die japanische Besatzungsmacht und im Indochinakrieg (1945–54) gegen die französischen Kolonialherren. Nach der Teilung Vietnams 1954 war er Staatspräsident von Nord-Vietnam. Er wurde zur Symbolfigur des Kampfes gegen die militärische Intervention der USA (↑Vietnamkrieg) und war der Wegbereiter der Wiedervereinigung Vietnams unter kommunistischer Herrschaft.
➕ Ein wichtiger Nachschubweg des Vietcong im Vietnamkrieg war der ›Ho-Chi-Minh-Pfad‹, ein durch Südlaos führendes Wegesystem, das das nördliche mit dem südlichen Vietnam verband.

ℹ️ HIEROGLYPHEN

Das Entschlüsseln der ägyptischen Hieroglyphen gelang 1822 dem Franzosen Jean-François Champollion (*1790, †1832) anhand eines Textes, der in altägyptischer und jüngerer ägyptischer (demotischer) Schrift mit einer griechischen Übersetzung auf dem ›Stein von Rosette‹ eingraviert war. Diesen aus schwarzem Basalt bestehenden Stein, der 1799 bei der Stadt Rosette (Raschid) in Ägypten gefunden wurde, kann man heute im Britischen Museum in London sehen.

Hudson's Bay Company, die [ˈhʌdsnz beɪ ˈkʌmpəni; englisch ›Hudsonbucht-Gesellschaft‹], 1670 gegründete englische Handelskompanie, die mit Bergbau- und Handelsprivilegien sowie Herrschaftsrechten und dem Besitzrecht für alles Land im Einzugsbereich der Hudsonbai im Norden Kanadas ausgestattet war. Unter ihrer Leitung wurde der Norden und Westen Kanadas erschlossen. 1870 verkaufte sie ihre Besitzrechte an den Kanadischen Bund. Als Handelsgesellschaft ist sie bis heute tätig.

Hugenotten, Bezeichnung für die französischen Protestanten (Kalvinisten). Sie mussten sich seit 1562 in den Religionskriegen gegen eine katholische Bürgerkriegspartei behaupten. 1572 durch die ↑Bartholomäusnacht erheblich geschwächt, blieben sie eine Minderheit. König Heinrich IV. (*1553, †1610) bestätigte ihnen 1598 im Edikt von Nantes die freie Religionsausübung und eine politische Sonderstellung. Als König Ludwig XIV. das Edikt 1685 wieder aufhob, wanderten viele Hugenotten aus, vor allem nach Brandenburg-Preußen, Hessen, in die Schweiz und die Niederlande.

Humanismus, der im Mittelalter in Europa entstandene Geistesströmung, die die Rückkehr zu den Bildungsgrundlagen der Antike forderte und die Idee einer allseitig gebildeten, unabhängigen Persönlichkeit formulierte. Der Humanismus hatte eine erste Blüte im 12. Jh. in Frankreich und England. Im 14. Jh. bildete sich in Italien der Renaissancehumanismus, der im 15. Jh. auf das gesamte Abendland übergriff und die Neuzeit u. a. durch sein Wissenschaftsverständnis stark prägte.
➕ Bedeutende Humanisten waren Erasmus von Rotterdam, Philipp Melanchthon, Ulrich von Hutten und Thomas Morus.

Hundertjähriger Krieg, 1337/39–1453, der durch Erbansprüche der englischen Könige auf den französischen Thron ausgelöste Krieg. Er endete mit dem fast völligen Verlust des englischen Festlandbesitzes, der zeitweilig die Hälfte Frankreichs umfasst hatte; nur die Stadt Calais blieb noch bis 1558 in englischem Besitz.
➕ Eine der bedeutendsten Gestalten dieser Zeit war die Jungfrau von Orléans.

Hunnen, asiatisches Reitervolk, das im 4. Jh. in Europa eindrang und durch Zerstörung des Ostgotischen Reichs in Südrussland die 2. Phase der germanischen Völkerwanderung auslöste. Unter Attila

Ich   Weltgeschichte

standen die Hunnen, die ihr Kerngebiet nun im heutigen Ungarn hatten, im 5. Jh. auf dem Höhepunkt ihrer Macht; ihre Angriffe führten sie bis nach Italien und Gallien, wo sie 451 n. Chr. auf den Katalaunischen Feldern geschlagen wurden.

Ich kam, sah und siegte, ↑ veni, vidi, vici.

Iden des März. Im antiken römischen Kalender waren die Iden der 13. Monatstag, in den Monaten März, Mai, Juli und Oktober der 15. Tag. Am 15. März 44 v. Chr. wurde Caesar ermordet; deshalb wird mit dem Ausdruck ›Iden des März‹ noch heute ein Unglückstag bezeichnet.

Imperialismus, *der* [von lateinisch imperium ›Herrschaft‹], das Bestreben von Staaten, ihren Machtbereich auszudehnen, entweder als direkte, häufig gewaltsam herbeigeführte Gebietsherrschaft oder als indirekte Herrschaft über politisch, militärisch und wirtschaftlich schwächere und abhängige Gebiete. – In der Zeit des klassischen Imperialismus von 1880 bis 1918 gründeten die europäischen Mächte sowie die USA und Japan überall in Afrika und Asien Kolonien. Diese Machterweiterung diente im Wesentlichen dem Ziel, neue Rohstoffquellen und Absatzmärkte für die heimische Industrie zu erschließen (auch ↑ Kolonialismus).

Indianerkriege, die zahlreichen bewaffneten Konflikte zwischen Indianern und Weißen im Gebiet der heutigen USA vom 17. bis 19. Jh. In ihrem Verlauf wurden die Indianer immer weiter nach Westen zurückgedrängt und im 19. Jh. letztlich in Reservationen, die ihnen die amerikanische Regierung auf meist wertlosem Land zuwies, gezwungen. Die Zahl der Indianer sank von etwa zwei Millionen im 17. Jh. auf ungefähr 237 000 im Jahr 1900.

🞥 Bei Wounded Knee, einem kleinen Ort in South Dakota, brachen amerikanische Truppen am 29. 12. 1890 den letzten Widerstand der Indianer. Wounded Knee wurde zum Symbol für den Freiheitskampf der Indianer.

Indochinakrieg, 1945–54, der Krieg zwischen der vietnamesischen Unabhängigkeitsbewegung und der Kolonialmacht Frankreich. Nach der Niederlage von Dien Bien Phu (1954) zog sich Frankreich aus Indochina zurück. Es entstanden neben Laos und Kambodscha zwei vietnamesische Staaten. Nord-

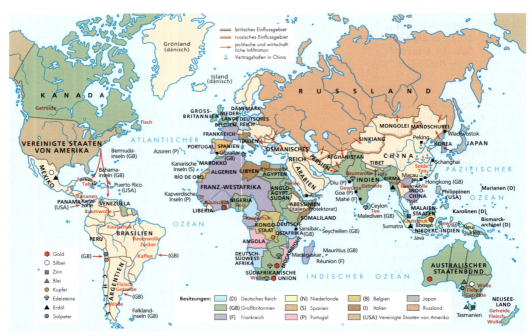

Imperialismus Aufteilung der Erde um 1900

Vietnam wurde kommunistisch, Süd-Vietnam war westlich orientiert. Der Indochinakrieg fand seine Fortsetzung im ↑ Vietnamkrieg.

industrielle Revolution, die rasante Umgestaltung der Wirtschafts- und Gesellschaftsordnung, wie sie Ende des 18. Jh. zuerst in England, bald auch in anderen westeuropäischen Staaten und den USA einsetzte. Sie war bedingt durch den Übergang von der handwerklichen Produktion zur maschinellen Erzeugung in Großbetrieben und durch die Revolutionierung des Verkehrswesens (Eisenbahn, Dampfschiff).

Inka, ursprünglich Bezeichnung für den Herrscher, später für alle Angehörigen eines indianischen Volkes im heutigen Peru, dessen hoch entwickeltes und gut geordnetes Reich im 16. Jh. das Gebiet von Südkolumbien bis Mittelchile umfasste. Das durch Thronfolgewirren geschwächte Inkareich wurde 1532 von den Spaniern unter Francisco Pizarro erobert. Der letzte Inkaherrscher, Inka Tupac Amaru, wurde 1572 hingerichtet.

Innozenz III., seit 1198 Papst (* 1160/61, † 1216), eine der hervorragendsten Gestalten der Papstgeschichte. Er löste den Kirchenstaat endgültig aus dem Heiligen Römischen Reich. Zur Abwehr von Ketzerbewegungen förderte er die Bettelorden und regelte die Inquisition. Mit der Unterstützung Ottos IV. (* um 1177, † 1218) im deutschen Thronfolgestreit nach 1198 und später Friedrichs II. gegen Otto griff er entscheidend in die Reichspolitik ein. Höhepunkt seiner Regierung war das 4. Laterankonzil (1215), die größte Kirchenversammlung des Mittelalters, deren Beschlüsse zum Teil bis heute fortwirken.

Inquisition, *die* [lateinisch ›Untersuchung‹], von kirchlichen Behörden seit dem Mittelalter betriebene und meist mit staatlicher Hilfe durchgeführte Verfolgung von Ketzern (u.a. Katharer, Waldenser). Die Aburteilung erfolgte vor kirchlichen Gerichten, die Urteilsvollstreckung (Züchtigung, Kerker, Scheiterhaufen) lag bei der weltlichen Obrigkeit. Im Zeichen der Aufklärung ging der Einfluss der Inquisition zurück, vor allem in Südeuropa bestand sie jedoch bis ins 19. Jahrhundert.

Internationale, Bezeichnung für verschiedene internationale sozialistische Vereinigungen im Rahmen der Arbeiterbewegung: Mit der 1. Internationalen (1864–76) versuchte Karl Marx vergeblich der Arbeiterbewegung eine straffe internationale Organisation zu geben. Die 1889 gegründete 2. Internationale scheiterte an der fehlenden Solidarität der Sozialisten bei Ausbruch des Ersten Weltkriegs 1914 und spaltete sich 1919. Während die reformorientierten Sozialisten (Sozialdemokraten) die 2. Internationale wieder begründeten, errichteten die Kommunisten die 3. Internationale, die zunehmend unter sowjetischen Einfluss geriet und 1943 von Stalin aufgelöst wurde. Die heutige Sozialistische Internationale wurde 1951 gegründet.

Isolationismus, *der* allgemein die politische Tendenz, sich vom Ausland abzuschließen und staatliche Eigeninteressen zu betonen. In den USA eine politische Haltung, die die Nichteinmischung in Angelegenheiten nichtamerikanischer Staaten und die Vermeidung von Bündnissen einschließt. Der Isolationismus spielte vor allem seit der Monroedoktrin (1823) eine entscheidende Rolle in der amerikanischen Außenpolitik. Er wurde erst während des Zweiten Weltkriegs überwunden.

🟠 Schon der erste Präsident der USA, George Washington, hatte in seiner ›Abschiedsbotschaft‹ (1796) seine Landsleute eindringlich davor gewarnt, langfristige Allianzen mit anderen Staaten einzugehen.

Iwan IV., der Schreckliche russischer Zar (* 1530, † 1584. Durch Reformen in Verwaltung, Rechtswesen, Kirche und Armee stärkte Iwan die Zentralgewalt. 1547 nahm er als erster Moskauer Herrscher den Zarentitel an. Er dehnte Russland nach Osten aus und leitete die Eroberung Sibiriens ein, scheiterte aber bei dem Versuch, einen Zugang zur Ostsee zu erwerben. Iwan neigte zu Grausamkeit und maßlosem Jähzorn, war aber einer der gebildetsten Russen seiner Zeit.

Iwan IV., der Schreckliche

Jakobiner, die Mitglieder des bedeutendsten und radikalsten politischen Klubs der Französischen Revolution. Die Jakobiner waren Republikaner; sie stellten die eigentlichen Träger der Terrorherrschaft 1793/94. Ihr wichtigster Führer war Maximilien de Robespierre. Nach dessen Sturz wurde der Jakobinerklub Ende 1794 geschlossen.

Jalta-Konferenz, im Februar 1945 in Jalta auf der Halbinsel Krim abgehaltene Konferenz, bei der sich der amerikanische Präsident Roosevelt, der britische Premierminister Churchill und der sowjetische Staatschef Stalin u. a. über die Aufteilung Deutschlands in Besatzungszonen, die polnische Ostgrenze und die Grundlagen der UNO einigten. Die Sowjetunion sagte gegen territoriale und politische Zugeständnisse den Kriegseintritt gegen Japan zu.

> **ⓘ JANITSCHAREN**
>
> Die Militärmusik der Janitscharen mit ihren charakteristischen Schlaginstrumenten (große und kleine Trommel, Pauke, Becken, Tamburin, Triangel, Schellenbaum) und marschartigen Rhythmen wurde durch die Türkenkriege in Mitteleuropa bekannt und seit dem 18. Jh. von europäischen Militärorchestern nachgeahmt. Die Kunstmusik benutzte den für damalige Hörer eigenartigen, grell metallischen, ›barbarischen‹ Klang der Janitscharenmusik, um die Wirkung des Fremdländischen (Türkei, Orient) oder Kriegerischen zu erzeugen, z. B. W. A. Mozart in der Oper ›Die Entführung aus dem Serail‹.

Janitscharen [türkisch ›neue Truppe‹], eine türkische Fußtruppe, die im 14. Jh. aus christlichen, zum Islam übergetretenen Kriegsgefangenen und christlichen, zu Muslimen erzogenen Jugendlichen (vor allem vom Balkan) gebildet wurde. Sie waren in der Blütezeit des Osmanischen Reichs die Kerntruppe des Heeres; 1826 wurde sie aufgelöst. ⓘ

Jeanne d'Arc [ʒanˈdark], ↑ Jungfrau von Orléans.

Jefferson, Thomas [ˈdʒefəsn], amerikanischer Staatsmann (* 1743, † 1826), dritter Präsident der USA (1801–09). Er verfasste als einer der Führer der Unabhängigkeitsbewegung die amerikanische Unabhängigkeitserklärung vom 4. Juli 1776. Als Präsident förderte er vor allem die Ausdehnung der USA nach Westen.

Jelzin, Boris Nikolajewitsch russischer Politiker (* 1931, † 2007). In der Kommunistischen Partei der Sowjetunion aufgestiegen, brachte ihn sein energisches Eintreten für Reformen 1988 in Gegensatz zur zögerlicheren Politik der Staatsführung. Im Juni 1991 wurde er in freien Wahlen zum ersten Präsidenten der Republik Russland gewählt. Nachdem im August 1991 ein Staatsstreich reaktionärer Kräfte gegen Präsident Gorbatschow nicht zuletzt an Jelzin gescheitert war, wurde er zum starken Mann der Sowjetunion. Dem von ihm 1992 durchgesetzten Föderationsvertrag verweigerten Tschetschenien und Tatarstan die Unterschrift, was letztlich zum ↑ Tschetschenienkrieg führte. Am 31. Dezember 1999 trat er zurück.

Jimmu-tenno [ˈdʒimmu -], legendärer Gründer des japanischen Kaiserhauses und des japanischen Reichs; er soll 711–585 v. Chr. gelebt haben und gilt als Abkömmling der Sonnengöttin Amaterasu. Am 11. 2. 660 v. Chr. soll er den Thron bestiegen haben.

Jom-Kippur-Krieg, nach dem jüdischen Feiertag Jom Kippur, an dem er mit einem arabischen Überraschungsangriff begann, benannter israelisch-arabischer Krieg vom Oktober 1973. Nach anfänglichen arabischen Erfolgen gelang es den israelischen Streitkräften, die syrischen und ägyptischen Angreifer zurückzuschlagen und weit nach Ägypten und Syrien einzudringen. Die nach dem Krieg unterzeichneten ägyptisch-israelischen Truppenentflechtungsabkommen von 1974 und 1975 mündeten 1979 in den ägyptisch-israelischen Friedensvertrag (↑ Camp-David-Abkommen).

Judenemanzipation, die seit dem Ende des 18. Jh. geforderte und durchgeführte rechtliche Gleichstellung der jüdischen Bevölkerung mit der christlichen in den meisten Ländern Europas. Während die Juden in Frankreich im Rahmen der Französischen Revolution zu gleichberechtigten Staatsbürgern wurden, zog sich die Emanzipation in Deutschland beinahe das ganze 19. Jh. hin. Dabei wuchs mit zunehmenden Fortschritten auch der Antisemitismus. Dieser bewirkte, dass letztlich die jüdischen Bürger zwar rechtlich gleichgestellt waren, aber sozial häufig dennoch benachteiligt wurden.

Jugoslawien, zwei ehemalige Staaten in Südosteuropa: 1) das nach dem Ersten Weltkrieg aus Resten des Habsburgerreichs, des Osmanischen Reichs und aus Serbien entstandene Königreich der Serben, Kroaten und Slowenen (später Königreich Jugoslawien) mit der Hauptstadt Belgrad. Es war ein Vielvölkerstaat, der sehr unterschiedliche Volksgruppen auf seinem Territorium vereinigte. Nach dem Zweiten Weltkrieg gab Präsident Tito dem Land eine kommunistische Staatsordnung. Zudem gelang es ihm, Jugoslawien dem Einfluss der Sowjetunion zu entziehen. Nach dem Tod Titos (1980), der die Einigkeit und Unabhängigkeit Jugoslawiens verkörpert hatte, traten die Spannungen zwischen den Volksgruppen immer schärfer hervor und führten ab

Weltgeschichte — **Kar**

1991 zum Zerfall des Staates (Loslösung von Slowenien, Makedonien, Kroatien und von Bosnien und Herzegowina).
2) Nach dem Auseinanderbrechen Jugoslawiens bildeten Serbien (einschließlich Kosovo und der Woiwodina) und Montenegro 1992 die Bundesrepublik Jugoslawien; Hauptstadt war Belgrad. Zu Spannungen zwischen den beiden Teilrepubliken kam es u. a. wegen der mangelnden Einhaltung der Menschen- und Minderheitenrechte (besonders im Kosovo und in der Woiwodina). 1998 eskalierten die nationalistischen Konflikte zwischen Serbien und Albanern in der Provinz Kosovo zu einem Bürgerkrieg, der 1999 mit der Zusage der weitgehenden Autonomie für den Kosovo und der Stationierung einer internationalen Friedenstruppe beendet wurde. Anfang 2003 wurde ›Restjugoslawien‹ offiziell aufgelöst und die Nachfolgeförderation ↑ Serbien und Montenegro (Kapitel 14) gebildet.

Julikrise, durch das Attentat von Sarajevo (28. Juni 1914) ausgelöste internationale Krise, die über die österreichische Kriegserklärung an Serbien (28. Juli 1914) zum Ersten Weltkrieg führte.

Julirevolution, die Erhebung der Pariser Bevölkerung vom 27. bis 29. Juli 1830. Sie führte zum Sturz des französischen Königs Karl X. (* 1757, † 1836) und zur Thronbesteigung des ↑ Bürgerkönigs Louis Philippe aus dem Hause Orléans. Angeregt durch die Pariser Ereignisse kam es u. a. in Belgien zur revolutionären Trennung von den Niederlanden und in Italien und Polen zu nationalen Aufständen, die jedoch erfolglos blieben.

Jungfrau von Orléans [- ɔrleˈɑ̃ː], **Jeanne d'Arc,** französische Nationalheldin (* 1412, † 1431). Das Bauernmädchen Johanna (französisch ›Jeanne‹) fühlte sich im ↑ Hundertjährigen Krieg durch Gott berufen, Frankreich von den Engländern zu befreien. An der Spitze eines Heeres befreite sie 1429 die Stadt Orléans und führte den französischen Thronfolger nach Reims, wo er als Karl VII. gekrönt wurde. Ihr Eingreifen gab dem Krieg die entscheidende Wende. Von den Engländern wurde sie 1430 gefangen genommen, als Hexe angeklagt und verbrannt. Schon 1456 rehabilitiert, wurde sie 1920 heilig gesprochen.
➕ Das Leben der Jeanne d'Arc wurde in der Literatur vielfach behandelt, u. a. von Schiller (›Die Jungfrau von Orleans‹, 1801) und George Bernard Shaw (›Die heilige Johanna‹, 1923).

Jungtürken, nationaltürkische Reformpartei, die 1889 gegründet wurde und besonders im Offizierskorps Einfluss gewann. 1908/09 kamen die Jungtürken an die Macht. Sie errichteten eine diktatorische und zentralistische Regierung und setzten ein umfangreiches Reformwerk westeuropäischer Prägung in Gang. Zugleich wurden die Bevölkerungsminderheiten (vor allem Armenier, Griechen, Kurden) unterdrückt, um so die Türkisierung der Gesamtbevölkerung zu erreichen. Nach dem Ersten Weltkrieg wurden die Jungtürken von Kemal Atatürk entmachtet.

Kalif, seit Mohammeds Tod (632) der offizielle Titel seiner Nachfolger in der Herrschaft über die muslimische Gemeinschaft. Anfangs wurden die Kalifen gewählt und hatten ihren Sitz in Medina. Seit 661 residierten erbliche Kalifen in Damaskus, seit 750 in Bagdad. 1460 ging das Kalifat an die Sultane von Konstantinopel über; 1924 wurde es abgeschafft.

Kalter Krieg, Bezeichnung für einen nichtmilitärischen Konflikt zweier Staaten oder Staatengruppen, die durch Militärbündnisse, Wettrüsten, diplomatisch-politischen Druck (bis hin zur Kriegsdrohung), wirtschaftliche Kampfmaßnahmen (z. B. Embargo), militärisches Eingreifen in regionale Konflikte (Stellvertreterkriege), ideologische Unterwanderung, Förderung von Putschen und Staatsstreichen im ›anderen Lager‹ sowie durch Propaganda ihre internationale Stellung zum Nachteil des anderen verbessern wollen. Als historischer Begriff umschreibt Kalter Krieg den Gegensatz zwischen den beiden Weltmächten USA und Sowjetunion sowie deren Verbündeten besonders zwischen 1946/47 und 1961/62.

Kamikaze, *der* [japanisch ›göttlicher Wind‹]. Kamikazeflieger waren japanische freiwillige Kampfflieger, die sich in der Endphase des Zweiten Weltkriegs mit ihren mit Sprengstoff beladenen Flugzeugen im Selbstopferangriff auf Schiffe der amerikanischen Flotte stürzten.

Karthago, im heutigen Tunesien gelegene, von Phöniknern im 9. Jh. v. Chr. gegründete Stadt; sie war jahrhundertelang die bedeutendste Handelsstadt und Seemacht der Antike. Karthago gebot seit dem 6. Jh. über ein Reich, das Kolonien auf Sardinien, Sizilien, in Spanien, Gallien und an der afrikanischen Mittelmeerküste umfasste. In den ↑ Punischen

35

Kriegen unterlag es Rom und wurde 146 v. Chr. zerstört. Sein Gebiet wurde römische Provinz.

Kaschmirkonflikt, Konflikt zwischen Indien und Pakistan um das von beiden Staaten beanspruchte Kaschmir. Seit der Teilung Britisch-Indiens bei dessen Unabhängigkeit 1947 in Indien und Pakistan ist Kaschmir zwischen beiden Staaten geteilt und umstritten. Darüber kam es 1947/48, 1965 und 1971 zu kriegerischen Auseinandersetzungen. Seit den 1980er-Jahren kämpft im indischen Teil Kaschmirs eine Unabhängigkeitsbewegung mit Unterstützung Pakistans gegen die indische Armee. Nach terroristischen Anschlägen u. a. auf das indische Bundesparlament in Neu-Delhi 2001/2002 eskalierte der Konflikt erneut.

Katharer [griechisch ›die Reinen‹], bedeutende religiöse Bewegung des Mittelalters, die vor allem aus Unmut über Missstände in der Kirche entstand. Ihre Lehre verband altorientalische mit christlichen Elementen. Die Katharer breiteten sich im 12. und 13. Jh. besonders im Rheinland, in England, Frankreich und Norditalien aus. Durch die Inquisition blutig verfolgt, erlosch die Bewegung im 14. Jh., u. a. infolge der Ausbreitung der Bettelorden, die einen Teil der Unzufriedenheit der Gläubigen mit der Kirche auffingen.

Katharina II., die Große, russische Kaiserin (* 1729, † 1796). Sie ließ 1762 ihren Gatten, Peter III. (* 1728, † 1762), durch Gardeoffiziere stürzen und sich selbst zur Kaiserin ausrufen. Die der Aufklärung verbundene Monarchin führte viele Reformen durch, stärkte aber auch die traditionelle Sozialordnung durch Ausdehnung der Leibeigenschaft auf die Ukraine. Seit 1763 holte sie zahlreiche deutsche Kolonisten ins Land. Aufgrund einer erfolgreichen Machtpolitik erweiterte sie das Russische Reich zulasten des Osmanischen Reichs nach Süden bis ans Schwarze Meer und durch die Polnischen Teilungen nach Westen. Sie festigte so Russlands Stellung als Großmacht.
➕ Katharina wurde in Stettin als Sophie Friederike Auguste von Anhalt-Zerbst geboren.

Kelten, Völkergruppe, die ursprünglich in Süddeutschland, Böhmen und Schlesien beheimatet war. Von dort von den Germanen verdrängt, siedelten die Kelten seit dem 6. Jh. v. Chr. auf den Britischen Inseln, in Gallien, Norditalien, auf dem Balkan, der Iberischen Halbinsel und in Kleinasien. Mit der Eroberung Galliens und Britanniens durch die Römer Mitte des 1. Jh. v. Chr. wurde ihre Macht gebrochen.
➕ Keltische Sprachen werden noch in der Bretagne, in Schottland, Wales und Irland gesprochen.

Kemal Atatürk, Mustafa türkischer Politiker (* 1881, † 1938), der ›Schöpfer‹ der modernen Türkei. Er nahm als Offizier 1908/09 an der jungtürkischen Revolution und am Ersten Weltkrieg teil. Nach dem Zusammenbruch der Türkei 1918 leitete Kemal den erfolgreichen Widerstand gegen die Zerstückelung seines Landes. 1923 rief er die Republik aus und wurde deren erster Präsident. Er machte die Türkei durch tief greifende Reformen (u. a. Trennung von Kirche und Staat, Gleichstellung der Frau) zu einem westeuropäisch ausgerichteten modernen Staat.
➕ Der Ehrenname ›Atatürk‹ (›Vater der Türken‹) wurde ihm 1934 verliehen.

> ### ⓘ JOHN F. KENNEDY
> ›Ich bin ein Berliner‹
>
> Bei einem Besuch in Berlin nach dem Mauerbau bekannte sich John F. Kennedy am 26. 6. 1963 in einer Rede vor dem Schöneberger Rathaus zur Freiheit Berlins:
> ›Der stolzeste Satz, den man heute in der freien Welt sagen kann, heißt `Ich bin ein Berliner`. Deshalb bin ich als freier Mensch stolz darauf, sagen zu können: Auch ich bin ein Berliner.‹

Kennedy, John Fitzgerald [ˈkenɪdɪ], amerikanischer Politiker (* 1917, † 1963). Kennedy wurde 1960 zum 35. Präsidenten der USA gewählt. Er hatte weit reichende Reformpläne und galt als Hoffnungsträger der jungen Generation. In der Kubakrise (1962) gelang es ihm, einen Atomkrieg zu verhindern, zugleich begann unter seiner Regierung jedoch die direkte amerikanische Verstrickung in den Vietnamkrieg. Kennedy wurde in Dallas ermordet. ⓘ
➕ Die Hintergründe des Attentats auf Kennedy wurden bisher nicht restlos aufgeklärt.

Khomeini, Ruhollah Mussawi Hendi [xɔˈmeɪnɪ], iranischer religiöser Führer (* 1900, † 1989). Ayatollah (Schiitenführer) Khomeini bekämpfte die Reformen des Schahs Resa Pahlewi, die er als Versuch der systematischen Zerstörung der islamischen Kultur wertete. Seit 1978 steuerte er aus dem Exil in Frank-

> **ⓘ MARTIN LUTHER KING**
>
> ›I have a dream‹
>
> In seiner berühmt gewordenen Rede vom 28. August 1963 fasst Martin Luther King seinen ›Traum‹ von der Gleichberechtigung der farbigen Minderheit in den USA in Worte:
> ›Ich habe einen Traum, dass eines Tages auf den roten Hügeln von Georgia die Söhne früherer Sklaven und die Söhne früherer Sklavenhalter miteinander am Tisch der Brüderlichkeit sitzen können. Ich habe einen Traum, dass sich eines Tages selbst der Staat Mississippi, ein Staat, der in der Hitze der Ungerechtigkeit und Unterdrückung verschmachtet, in eine Oase der Freiheit und Gerechtigkeit verwandelt.‹

reich eine Aufstandsbewegung gegen den Schah. Nach dessen Sturz 1979 kehrte er in den Iran zurück und errichtete mit der Islamischen Republik Iran ein Staatswesen, das streng nach islamischen Grundsätzen ausgerichtet ist. Andersdenkende ließ er verhaften und ermorden. Seine Außenpolitik zielte auf eine Verbreitung der islamischen Revolution in allen islamischen Ländern.

King, Martin Luther schwarzer amerikanischer Bürgerrechtler und Baptistenpfarrer (* 1929, † 1968). King entwickelte den gewaltlosen Widerstand und den zivilen Ungehorsam zur wirksamsten Waffe der schwarzen Bürgerrechtsbewegung in den USA. Seit 1956 einer ihrer Führer, wurde er mehrfach inhaftiert, errang aber dennoch beträchtliche Erfolge. 1964 erhielt er den Friedensnobelpreis. King wurde – nach mehreren erfolglosen Mordanschlägen – im April 1968 von einem weißen Fanatiker erschossen. ⓘ

Kirchenbann, Exkommunikation, besonders im Mittelalter auch als Waffe im politischen Kampf der Päpste mit ihren Gegnern eingesetztes kirchliches Strafmittel. Durch den Kirchenbann wird der Gebannte bis zu seiner Unterwerfung aus der Gemeinschaft der Gläubigen ausgeschlossen, das heißt vor allem vom Gottesdienst und vom Empfang der Sakramente. Die große Bedeutung des kirchlichen Lebens für die mittelalterlichen Menschen machte den Kirchenbann zu einem gefährlichen Machtinstrument, zumal mit seiner Verhängung auch Eidleistungen und Treuepflichten gegenüber dem Gebannten erloschen.

⊕ Bekannte Beispiele für die Verhängung des Kirchenbanns sind der Bann gegen den deutschen König Heinrich IV. und gegen Martin Luther.

Kirchenstaat, das ehemalige Herrschaftsgebiet der Päpste in Mittelitalien. Als Gegenleistung für die kirchliche Anerkennung der Karolinger schenkte der fränkische König Pippin der Jüngere dem Papst 754 zu dem Grundbesitz der Kirche in Rom (Patrimonium Petri, Vermögen des Papstes) zusätzliche Gebiete (z. B. um Ravenna). Unter Papst Innozenz III. wurde der Kirchenstaat beträchtlich erweitert, im 16. Jh. zentralistisch organisiert. 1870 wurde er dem neu entstandenen Königreich Italien einverleibt. 1929 erhielt der Papst u. a. die Vatikanstadt in Rom als Staatsgebiet zurück.

Kleopatra VII., die Große, ägyptische Königin (* 69, † 30 v. Chr., Königin ab 51 v. Chr.). Sie hatte als Geliebte der römischen Feldherren Caesar (mit dem sie einen Sohn, Kaisarion, * 47 v. Chr., hatte) und später Marcus Antonius (* um 82, † 30 v. Chr.) starken Einfluss auf die römische Geschichte der späten Bürgerkriegszeit (48–30 v. Chr.). Nach ihrer und des Marcus Antonius Niederlage bei Actium gegen den späteren Kaiser Augustus tötete sie sich selbst durch einen Schlangenbiss.

Knossos, Stadt des antiken Kreta, die vor allem wegen der zwischen 1900 und 1400 v. Chr. erbauten, mehrfach zerstörten und wieder errichteten Palastanlage berühmt ist. Knossos war ein Zentrum der ägäischen Kultur.

⊕ Dass der Palast von Knossos als Labyrinth bezeichnet wurde, rührt von einem Kultsymbol der Minoer, der Labrys genannten Doppelaxt, her. Der Sage nach wurde er von Dädalos im Auftrag des Königs Minos für den Minotauros, ein Menschen fressendes Ungeheuer, gebaut. – Bild S. 38

Koalitionskriege, vier Kriege wechselnder europäischer Verbündeter (u. a. England, Österreich, Preußen, Russland und das Heilige Römische Reich) gegen das revolutionäre und napoleonische Frankreich zwischen 1792 und 1807. Der erste Koalitionskrieg (1792–97) wurde durch die Frieden von Basel (1795) und Campoformio (1797), der zweite (1798–1801) durch den Frieden von Lunéville, der dritte (1805) durch den Frieden von Preßburg und der vierte (1806/07) durch den Frieden von Tilsit beendet. Nach ihrem Abschluss war das Heilige Römische Reich aufgelöst und Frankreich die vorherrschende Macht in Europa.

Kol   Weltgeschichte

Kolonialismus, *der* eine auf Erwerb, Erhalt und Ausbeutung von Kolonien ausgerichtete Politik. Ziel der Kolonialmächte war es, sich Gebiete wirtschaftlich nutzbar zu machen, militärische Stützpunkte zu gewinnen und so die eigene Macht zu stärken. Oft war der Kolonialismus auch mit dem Gedanken der christlichen Mission verbunden. Der Kolonialismus erreichte seinen Höhepunkt gegen Ende des 19. Jh.; die Rivalität der Kolonialmächte führte zu schwerwiegenden Konflikten und gehörte zu den Ursachen der Weltkriege. Nach dem Zweiten Weltkrieg beschleunigte sich der Prozess der Entkolonialisierung.

Blick auf den Palast von **Knossos** von Südosten

Kolonie, der vom Beginn der Neuzeit bis zum Ersten Weltkrieg von den europäischen Staaten als Kolonialmächten erworbene auswärtige, meist überseeische Territorialbesitz. Man unterscheidet dabei vor allem Siedlungskolonien (zur Ansiedlung von Auswanderern), Wirtschaftskolonien (zur wirtschaftlichen Ausbeutung), Militärkolonien (Militärstützpunkte) und Strafkolonien (zur Unterbringung von Sträflingen).

Kolumbus, Christoph eigentlich Cristoforo Colombo, genuesischer Seefahrer (* 1451, † 1506), der ›Entdecker‹ Amerikas. Kolumbus, der von der Kugelgestalt der Erde überzeugt war, wollte Indien auf dem Seeweg nach Westen erreichen. Dazu gewann er die Unterstützung des spanischen Königspaars Isabella I. von Kastilien (* 1451, † 1504) und Ferdinand II. von Aragonien (* 1452, † 1516), in deren Auftrag er 1492 aufbrach. Am 12. 10. 1492 landete er auf einer von den Einheimischen Guanahani genannten Bahamainsel. Bei weiteren Fahrten entdeckte er die Nordküste Südamerikas und die Ostküste Mittelamerikas. Kolumbus starb in der Überzeugung, den Seeweg nach Indien gefunden zu haben (daher die Namen ›Indianer‹ für die Ureinwohner und ›westindische‹ Inseln).

Kominform, Kurzbezeichnung für das 1947 auf Betreiben Stalins als Nachfolger der Komintern gegründete **Kom**munistische **Inform**ationsbüro. Es sollte die kommunistischen Parteien nach den Vorgaben Stalins einheitlich ausrichten und als Hilfsorgan der sowjetischen Außenpolitik dienen. Im Zuge der Reformen Nikita Chruschtschows wurde es 1956 aufgelöst.

Komintern, Kurzbezeichnung für die 1919 auf Betreiben Lenins als Vereinigung aller kommunistischen Parteien gegründete **Kom**munistische **Intern**ationale. Ziel der Komintern war die proletarische Weltrevolution. Durch den beherrschenden sowjetischen Einfluss wurde sie seit 1924 zunehmend zu einem Instrument der sowjetischen Außenpolitik. Alle kommunistischen Parteien wurden gleichgeschaltet. 1943 ließ Stalin im Interesse seines Bündnisses mit den Westmächten die Komintern auflösen (auch ↑ Internationale).

Kommunistisches Manifest, das grundlegende Dokument des Marxismus, das von Karl Marx und Friedrich Engels 1848 in London veröffentlicht wurde. Es fasst erstmals die Theorie des Marxismus zusammen, erläutert die Vorstellung des Klassenkampfes und fordert die Aufhebung des Privateigentums sowie die Errichtung einer klassenlosen Gesellschaft.

🞧 Berühmt wurden die Anfangsworte: ›Ein Gespenst geht um in Europa, das Gespenst des Kommunismus‹, und der Schlussaufruf: ›Proletarier aller Länder, vereinigt Euch!.‹

38

Kongokrise, Bezeichnung für die politischen Wirren, die im Zuge der Entkolonialisierung ab 1958/59 in Belgisch-Kongo (heute Demokratische Republik Kongo) entstanden und in Bürgerkrieg und wirtschaftlichem Chaos gipfelten. Die Kongokrise führte zu einem Autoritätsverlust der UNO, da diese nicht in der Lage war, sich gegen die widerstreitenden Interessen der Großmächte sowie wirtschaftlicher und politischer Gruppen durchzusetzen.

Kongresspolen, das durch den Wiener Kongress 1815 geschaffene Königreich Polen, das in Personalunion mit Russland vereinigt war. Es verlor seine zunächst weitgehende Eigenverwaltung nach dem antirussischen Aufstand von 1830/31 und wurde seither wie ein Teil Russlands behandelt.

Der König ist tot, es lebe der König! [französisch Le roi est mort, vive le roi!]. Mit diesem Ruf wurde in Frankreich, meist durch einen Herold vom Schlossbalkon, der Tod des alten und die Thronbesteigung des neuen Königs verkündet. Der Ruf ist Ausdruck für den Rechtssatz, dass in einer Erbmonarchie die Krone im Augenblick des Todes des Throninhabers automatisch auf den Thronfolger übergeht.

Konquistadoren [kɔŋkis..., spanisch], die spanischen und portugiesischen Entdecker und Eroberer in Süd- und Mittelamerika im 16. Jh., die auf ihren Expeditionen die indianischen Reiche, etwa der Azteken und Inka, unterwarfen (u.a. Hernán Cortez und Francisco Pizarro).

Konstantin I., der Große, römischer Kaiser (*272 oder 273 [oder um 280?], †337). Ab 312 Herr des Westteils, war Konstantin seit 324 Alleinherrscher des Römischen Reichs. Er förderte u.a. durch das Toleranzedikt von 313, das die Gleichberechtigung des Christentums mit der antiken Religion verfügte, und durch die Einberufung des ersten ökumenischen Konzils in Nicäa (325) das Christentum, dem er eine staatstragende Funktion zuschrieb. Durch Reformen und erfolgreiche Verteidigung der Grenzen festigte er den Staat.
Obgleich christlich gesinnt, behielt Konstantin während seiner Herrschaft die heidnischen Herrschaftssymbole bei. Erst auf dem Totenbett ließ er sich taufen. Seine Mutter war die heilige Helena.

Konstantinopel, von 330 bis 1930 Name der Stadt Istanbul. Konstantin der Große machte die an der Stelle des alten Byzanz gegründete und nach ihm benannte Stadt 330 zur Reichshauptstadt. 395 wurde sie Hauptstadt des Byzantinischen (Oströmischen) Reichs und nach ihrer Eroberung durch die Türken 1453 Hauptstadt des Osmanischen Reichs. Seine Hauptstadtfunktion verlor Konstantinopel erst 1923 an Ankara.

konstitutionelle Monarchie, im Gegensatz zum ↑ Absolutismus stehende Form der Monarchie, in der der Monarch durch eine Verfassung (Konstitution) gebunden ist. Die erste konstitutionelle Monarchie entstand als Folge der Glorreichen Revolution 1689 in England.

Kontinentalsperre, ein 1806 von Napoleon I. verhängtes Wirtschaftsembargo gegen England. Der Ausschluss Englands vom durch Napoleon beherrschten Festland sollte diesen Hauptgegner Frankreichs wirtschaftlich in die Knie zwingen. Die Kontinentalsperre schädigte aber auch die kontinentaleuropäischen Volkswirtschaften schwer und führte 1812 zum Krieg Napoleons gegen Russland.

Konzil, *das* [lateinisch ›Zusammenkunft‹], Versammlung hoher kirchlicher Würdenträger zur Beratung und Entscheidung gesamtkirchlicher Angelegenheiten. Die ersten sieben Konzile (zwischen 325 und 787) werden als gesamtkirchliche (ökumenische) Konzile von allen großen christlichen Kirchen anerkannt, die katholische Kirche kennt darüber hinaus noch 14 weitere Konzile. Die Frage, ob ein Konzil über dem Papst steht (Konziliarismus), war jahrhundertelang Streitpunkt (das Konstanzer Konzil, 1414–18, bejahte sie), bis das 1. Vatikanische Konzil (1869/70) sie zugunsten des Papsttums verneinte. Das letzte Konzil (2. Vatikanisches Konzil) fand 1962–65 statt.

Konzil von Trient, Tridentinum, das 1545–63 (mit Unterbrechungen) tagende Konzil, das sich mit der Reformation auseinandersetzte und eine Reform der katholischen Kirche durchführte. Damit begannen eine innere Erneuerung der katholischen Kirche und die ↑ Gegenreformation (Kapitel 2).

Koreakrieg, im Zusammenhang mit dem Kalten Krieg stehender, 1950–53 dauernder Krieg zwischen den beiden Teilen des 1948 geteilten Korea. Während das kommunistische Nord-Korea von starken chinesischen Truppeneinheiten unterstützt wurde, griff die UNO unter amerikanischer Führung auf der Seite Süd-Koreas in den Krieg ein. 1953 wurde ein bis heute andauernder Waffenstillstand vereinbart; Korea blieb geteilt.

Kosaken [turktatarisch ›freie Krieger‹], freie Kriegergemeinschaften in der Ukraine und Südwestrussland, die seit dem 15. Jh. durch aus der Leibeigenschaft entflohene Bauern zu einer Massenerscheinung wurden. Die Kosaken organisierten sich in Reiterheeren und wählten sich ihre Anführer (Atamane). Sie lebten von Beutezügen und Landwirtschaft. An der russischen Eroberung Sibiriens hatten sie großen Anteil. Im 18./19. Jh. wurden ihre Wohngebiete dem russischen Reich einverleibt und ihre Sonderrechte beschnitten. Bis ins 20. Jh. stellten die Kosaken in der russischen Armee besondere Reiterregimenter.

der kranke Mann am Bosporus, charakterisierende Bezeichnung für das Osmanische Reich in den letzten Jahrzehnten seines Bestehens.

Kreuzzug, allgemein im Mittelalter ein von der Kirche geförderter Kriegszug gegen ›Ungläubige‹ und Ketzer zur Ausbreitung oder Wiederherstellung des katholischen Glaubens. Vor allem versteht man unter den Kreuzzügen die kriegerischen Unternehmungen der abendländischen Christenheit zur Rückeroberung des Heiligen Landes (Palästina) von den Arabern vom Ende des 11. bis zum Ende des 13. Jahrhunderts. Aber auch die Kriege, z. B. gegen die Albigenser und die Hussiten, wurden als Kreuzzüge geführt.

Krieg den Palästen! Friede den Hütten! [französisch ›Guerre aux châteaux! Paix aux chaumières!‹], Wahlspruch der französischen Revolutionsheere in den Koalitionskriegen, der in Deutschland durch den Schriftsteller Georg Büchner 1834 als revolutionäre Parole verbreitet wurde.

Krimkrieg, 1853–56, der Krieg Russlands gegen das mit Frankreich und England verbündete Osmanische Reich, durch den ein weiteres Vordringen Russlands auf dem Balkan zunächst verhindert wurde. Der Hauptkampf tobte 1854/55 um die Festung Sewastopol auf der Halbinsel Krim, die französische und englische Truppen eroberten. Russland musste im Frieden von Paris auf eine Kriegsflotte im Schwarzen Meer verzichten und das südliche Bessarabien an das Osmanische Reich abtreten.

Kubakrise, Konflikt zwischen den USA und der Sowjetunion 1962/63 um den Bau von Abschussbasen für sowjetische Mittelstreckenraketen auf Kuba. Die Krise spitzte sich derart zu, dass ein Krieg zwischen den beiden Atommächten drohte. Letztlich gab die Sowjetunion unter Staats- und Parteichef Nikita Chruschtschow jedoch nach und zog die bereits errichteten Anlagen wieder aus Kuba ab.

Kreuzzug Der Krak des Chevaliers in Westsyrien (12./13. Jh.). Die Kreuzfahrer errichteten solche Befestigungsanlagen im östlichen Mittelmeerraum, um ihren während der Kreuzzüge errungenen Herrschaftsanspruch zu sichern.

k. u. k. Monarchie, seit 1869 übliche Bezeichnung für die österreichisch-ungarische Monarchie. Die Abkürzung ›k. u. k.‹ steht für ›**k**aiserlich **u**nd **k**öniglich‹, da das Staatsoberhaupt Kaiser von Österreich und zugleich König von Ungarn war.

Kulturrevolution, eine politisch-ideologische Kampagne in der Volksrepublik China 1966–69, mit der Mao Zedong die noch wirksamen Denk- und Lebensweisen westlicher und traditioneller chinesischer Prägung ausmerzen und seine pragmatisch orientierten innerparteilichen Kritiker (z. B. Deng Xiaoping) ausschalten wollte. Dabei kam es zu blutigen Auseinandersetzungen. China erlitt durch die jahrelangen Wirren erhebliche wirtschaftliche und kulturelle Schäden.

Kuomintang [chinesisch ›nationale Volkspartei‹], 1912 gegründete chinesische Nationalpartei. Sie eroberte 1926 unter Chiang Kai-shek ganz China und wurde 1931 Staatspartei. 1937–45 kämpften ihre Truppen gegen die japanischen Truppen, die China überfallen hatten. Nachdem sie in den Vierzigerjahren durch Korruption und die Verschleppung einer Landreform stark an Ansehen verloren hatte, unterlag die Kuomintang im chinesischen Bürgerkrieg den Kommunisten unter Mao Zedong. Vom chinesischen Festland vertrieben, zog sie sich nach Taiwan zurück, wo sie seit 1949 die führende Regierungspartei ist.

Kyros II., der Große († 530 v. Chr.), seit 559 v. Chr. König der Perser. Er eroberte u. a. Babylon, die Griechenstädte in Kleinasien und die phönizischen Städte im Libanon und wurde dadurch zum Begründer des ersten persischen Großreichs.

➕ Kyros II. erlaubte den Juden die Rückkehr aus der Babylonischen Gefangenschaft.

Langer Marsch, der Zug der chinesischen Kommunisten und ihrer Streitkräfte (Rote Armee) 1934/35 aus Südostchina nach Nordwestchina über rund 12 500 km, mit dem sie der Umzingelung durch die Truppen Chiang Kai-sheks entkamen. Von den insgesamt 300 000 Teilnehmern erreichte 1935 nur etwa ein Zehntel das Ziel. Während des Langen Marsches setzte sich Mao Zedong endgültig als Parteiführer durch.

Langobarden, germanischer Stamm, der um Christi Geburt an der unteren Elbe siedelte. Seit dem 2. Jh. begannen die Langobarden wie viele andere germanische Stämme nach Süden zu wandern und seit 568 besetzten sie Oberitalien (Lombardei) und Teile Mittel- und Süditaliens. Durch ihre Konflikte mit den Päpsten im 8. Jh. kamen sie in Gegensatz zum Fränkischen Reich. 774 wurde das Reich der Langobarden von Karl dem Großen erobert und ins Fränkische Reich eingegliedert. Die südlichen Herzogtümer bewahrten ihre Selbstständigkeit bis zur Eroberung durch die Normannen im 11. Jahrhundert.

Lawrence von Arabien [ˈlɔrəns -], eigentlich Thomas Edward Lawrence. Der englische Archäologe, Schriftsteller und Diplomat (* 1888, † 1935) organisierte im Ersten Weltkrieg als britischer Agent den Aufstand der Araber gegen das Osmanische Reich. Aufgrund seiner Rolle im Wüstenkrieg errang er einen legendären Ruf. 1919 vertrat er auf der Friedenskonferenz von Versailles die Forderungen der Araber. Enttäuscht von der britischen Nahostpolitik zog er sich 1922 zurück.

➕ Bekannt wurde die Verfilmung seines Lebens (1962) durch David Lean (* 1908, † 1991).

Leif Erikson, norwegischer Seefahrer (* um 975, † um 1020). Er kam um 1000 bei einer Fahrt in das zu dieser Zeit von Wikingern besiedelte Grönland vom Kurs ab und gelangte an die Küste Nordamerikas, das er ›Vinland‹ nannte; so wurde er zum ersten europäischen Entdecker Amerikas lange vor Kolumbus. Das Wissen darum ging jedoch bald wieder verloren, sodass seine ↑ Entdeckung Amerikas folgenlos blieb.

Lenin, Wladimir Iljitsch eigentlich W. I. Uljanow, russischer Revolutionär (* 1870, † 1924). Seit 1903 Führer der Bolschewiki, lebte Lenin ab 1900 meist im Exil im Ausland. 1917 kam er mit deutscher Hilfe nach Sankt Petersburg, wo er die Oktoberrevolution auslöste. Seither war er der unbestrittene Führer Sowjetrusslands. Die von ihm zum Marxismus-Leninismus weiterentwickelten Lehren von Karl Marx wurden zur ideologischen Grundlage der Sowjetunion und der von ihr beeinflussten kommunistischen Weltbewegung.

Lepanto, Ort am Golf von Korinth, Griechenland. In der Seeschlacht von Lepanto besiegte 1571 eine venezianisch-spanisch-päpstliche Flotte eine zahlenmäßig überlegene osmanische Flotte und leitete damit den Niedergang der osmanischen Vorherrschaft im Mittelmeer ein.

Liberté, Egalité, Fraternité, deutsch **Freiheit, Gleichheit, Brüderlichkeit,** Parole der Französischen Revolution.

Lincoln, Abraham [ˈlɪŋkən], amerikanischer Staatsmann (* 1809, † 1865), der 16. Präsident der USA (1861–65). Er hob 1862 die Sklaverei auf und führte die Nordstaaten im ↑ Sezessionskrieg. Die Einheit der Nation sah er als Erbe der amerikanischen Unabhängigkeitsbewegung an. Nach Kriegsende und seiner Wiederwahl setzte er sich für eine Aussöhnung mit den Südstaaten ein. 1865 wurde er von einem Fanatiker aus den Südstaaten ermordet.

➕ Lincoln gilt den Amerikanern bis heute als Verkörperung der politischen Tugenden ihrer Nation. In seiner berühmten ›Gettysburg Address‹, einer Rede die er am 19. 11. 1863 auf dem Schlachtfeld von

Gettysburg hielt, charakterisierte er die Demokratie als ›Regierung des Volkes durch das Volk für das Volk‹.

Lombardenbund, 1167 geschlossenes Bündnis oberitalienischer Städte gegen die auf Stärkung der kaiserlichen Rechte in Italien gerichtete Politik des Kaisers Friedrich I. Barbarossa. Nach wechselvollen Kämpfen kam es 1183 zu einem Kompromiss, der den Städten weitgehende Unabhängigkeit bei Anerkennung der kaiserlichen Oberhoheit sicherte. Der Lombardenbund wurde im 13. Jh. gegen Kaiser Friedrich II. erneuert, der ihn ebenfalls nicht bezwingen konnte.

Ludwig XIV., französischer König (*1638, †1715; König ab 1643). Unter ihm erlebte der französische Absolutismus seine Glanzzeit und wurde zum Vorbild für ganz Europa; sein Zeitalter war zugleich das klassische Zeitalter des französischen Geisteslebens. Durch innere Reformen, die Niederringung des Adels (↑ Fronde) und den Aufbau eines stehenden Heeres gestärkt, gelang es Ludwig XIV. in langen Kriegen, Frankreich zur europäischen Vormacht zu erheben. Er überschätzte jedoch seine Möglichkeiten und verlor diese Hegemonie im ↑ Spanischen Erbfolgekrieg wieder. Seine Kriege und die Vertreibung der französischen Hugenotten schwächten die Wirtschaftskraft Frankreichs erheblich.

● Wegen seiner glanzvollen Hofhaltung, besonders im Schloss von ↑ Versailles (Kapitel 5), erhielt Ludwig XIV. den Beinamen ›Sonnenkönig‹ (französisch ›Roi Soleil‹).

● Sein Ausspruch ›L'état c'est moi‹ kennzeichnet die Identifizierung von Staat und Herrscher im Zeitalter des Absolutismus.

Luftschlacht um England, 1940/41, der deutsche Versuch, durch massive Luftangriffe auf England Großbritannien zum Friedensschluss zu zwingen oder eine Invasion der Insel vorzubereiten. Da sich die deutsche Luftwaffe nicht durchsetzen konnte, mussten beide Ziele aufgegeben werden.

Lusitania-Zwischenfall, die Versenkung des britischen Passagierschiffs ›Lusitania‹ durch ein deutsches U-Boot am 7. 5. 1915. Dabei starben 1 198 Menschen (darunter 128 Amerikaner), was zur Verschlechterung der deutsch-amerikanischen Beziehungen führte. Der Lusitania-Zwischenfall war der erste Schritt zum Kriegseintritt der USA in den Ersten Weltkrieg.

Magellan, Ferdinand, eigentlich Fernão de Magalhães, portugiesischer Seefahrer (*um 1480, †1521). Er bewies durch die unter seinem Kommando im Auftrag Spaniens unternommene erste Weltumseglung (1519–22) endgültig die bis dahin angezweifelte Kugelgestalt der Erde.

● Die Magellanstraße zwischen der Südspitze Amerikas und Feuerland wurde 1520 von ihm entdeckt und später nach ihm benannt.

Maginotlinie [maʒiˈno...], 1929–36 errichtetes, nach dem damaligen Verteidigungsminister benanntes französisches Befestigungssystem an den Grenzen zu Deutschland und Italien. Im Zweiten Weltkrieg wurde die Maginotlinie im Rahmen des Westfeldzugs 1940 unter Verletzung der belgischen und niederländischen Neutralität von den deutschen Truppen umgangen.

> **Magna Charta**
> ›Kein Freier soll ergriffen, inhaftiert, seiner Güter beraubt, geächtet, verbannt oder in irgendeiner anderen Weise in seinem Status beeinträchtigt werden, noch wollen wir gegen ihn vorgehen oder vorgehen lassen, ausgenommen durch rechtmäßiges Urteil seiner Standesgenossen oder gemäß dem Recht des Landes.‹
>
> Artikel 29 der Magna Charta in der Fassung von 1225

Magna Charta, die [lateinisch ›große Urkunde‹], das wichtigste englische Grundgesetz. Die Magna Charta wurde 1215 König Johann ohne Land (*1167, †1216) von Adel und Geistlichkeit abgerungen, von König und Papst später widerrufen, dann jedoch in einer Neufassung 1225 endgültig rechtskräftig. Sie ist ein Vertrag zur Einschränkung der königlichen Willkür und zur Wiederherstellung der feudalen Rechtsordnung. Unter Berufung auf die Magna Charta wurde im 17. Jh. in England der Parlamentarismus durchgesetzt.

Make love, not war [meɪk lʌv nɔt wɔː; englisch ›Macht Liebe, nicht Krieg!‹], Wahlspruch der Hippie- und Antivietnamkriegsbewegung in den späten 1960er- und frühen 1970er-Jahren.

Manchestertum [ˈmæntʃɪstə...], eine im 19. Jh. einflussreiche, nach der englischen Stadt Manchester benannte Richtung des Wirtschaftsliberalismus, die für schrankenlosen Freihandel und das freie Spiel der wirtschaftlichen Kräfte ohne staatliche Eingriffe eintrat.

Mandschukuo, 1932–45 Name des unter japanischer Herrschaft stehenden, von China abgetrennten Staates in der Mandschurei. Japan setzte hier 1932 den letzten chinesischen Kaiser Pu Yi (* 1906, † 1967) als Regenten und 1934 als Kaiser ein. Mit der japanischen Niederlage 1945 löste sich das Kaiserreich Mandschukuo auf; das Gebiet fiel wieder an China zurück.

Manufaktur, *die* [englisch manufacture ›Handarbeit‹], vorindustrieller Gewerbebetrieb mit innerbetrieblicher Arbeitsteilung. Die Manufakturen bildeten eine Zwischenstufe zwischen dem in Zünften organisierten Handwerk und der im 19. Jh. sich durchsetzenden Industrie. Die Erzeugung war zwar schon in größeren Betrieben zusammengefasst, aber noch nicht mechanisiert. Die Blütezeit der Manufakturen war die Zeit des ↑ Merkantilismus im 17. und 18. Jahrhundert.

Mao Zedong, chinesischer Politiker (* 1893, † 1976). Mao war 1921 Mitbegründer der Kommunistischen Partei Chinas und seit 1928 Führer der kommunistischen Partisanenbewegung in Südchina. Während des ↑ Langen Marsches 1934/35, quer durch China nach Norden, erlangte er endgültig die Parteiführung. 1947–49 eroberte er von der Mandschurei aus ganz China und errichtete die Volksrepublik China, deren Politik er bis zu seinem Tod weitgehend bestimmte. Mao entwickelte eine eigene Spielart des Marxismus (Maoismus), nach der er die chinesische Gesellschaft radikal umgestaltete. 1965/66 setzte er die Große Proletarische ↑ Kulturrevolution in Gang. Um seine Person baute er einen Führerkult als ›großer Vorsitzender und Steuermann‹ auf.

Mao Zedong

🔴 Eine Auswahl seiner Gedanken und Aussprüche wurde als das ›Rote Buch‹ (›Mao-Bibel‹, ›Worte des Vorsitzenden Mao Zedong‹) verbreitet und in viele Sprachen übersetzt.

Marathon, antike Ortschaft in Griechenland. Auf der Ebene bei Marathon besiegte in den ↑ Perserkriegen ein athenisches Heer 490 v. Chr. die Perser. Ein Läufer soll die Siegesnachricht nach Athen gebracht haben und dann tot zusammengebrochen sein.

🔴 Auf diese Legende geht die moderne Sportdisziplin des Marathonlaufs über 42 195 m zurück.

Marco Polo, venezianischer Kaufmann (* 1254, † 1324). Marco Polo bereiste 1271–95 Zentralasien, Indien und vor allem China, wo er 1275–92 als Beauftragter des Mongolenherrschers Khubilai (* 1215, † 1294) genaue Einblicke in Kultur und Leben des Landes gewann. Seine Berichte erweiterten das europäische Wissen über Asien und wirkten durch ihre Schilderung der Reichtümer stark auf das Zeitalter der Entdeckungen.

Maria Stuart, schottische Königin (* 1542, † 1587, Königin 1542–68). Die streng katholische Maria Stuart kehrte 1561 nach dem Tod ihres ersten Mannes, König Franz II. von Frankreich (* 1544, † 1560), nach Schottland zurück. Hier geriet sie in Gegensatz zum protestantischen Hochadel. Sie wurde gestürzt und musste 1568 nach England fliehen. Da sie Ansprüche auf den englischen Thron erhob (als Urenkelin Heinrichs VII. galt sie den Katholiken als die rechtmäßige Thronerbin), ließ die englische Königin Elisabeth I. sie inhaftieren und 1587 hinrichten.

🔴 Das Schicksal der Königin hat Schiller in seinem Trauerspiel ›Maria Stuart‹ (1800) dargestellt.

Marie Antoinette [- ãtwaˈnɛt], französische Königin (* 1755, † 1793), Tochter Maria Theresias, die 1770 den späteren französischen König Ludwig XVI. (* 1754, † 1793) heiratete. Als Königin enttäuschte sie die Hoffnungen des Volkes und wurde während der Terrorherrschaft hingerichtet.

Marokkokrisen, zwei internationale Krisen um Marokko (1905 und 1911), die jeweils durch das Bestreben des Deutschen Reichs und Frankreichs, den eigenen Einfluss in Marokko zu verstärken, ausgelöst wurden. Sie führten dazu, dass Deutschland für die Anerkennung der französischen Schutzherrschaft über Marokko Gebiete in Zentralafrika erhielt, aber auch dazu, dass es sich durch sein kriegerisches Auftreten zunehmend international isolierte (auch ↑ Panthersprung nach Agadir, Kapitel 2).

Marsch auf Rom, faschistische Massendemonstrationen im Oktober 1922 in Italien, die die Einsetzung Mussolinis zum Ministerpräsidenten und damit die Machtübernahme durch die Faschisten erzwangen.

Marshallplan [ˈmaːʃ...], umgangssprachliche Be-

43

zeichnung für das 1948 auf Anregung des amerikanischen Außenministers George Marshall (* 1880, † 1959) geschaffene European Recovery Program (›Europäisches Wiederaufbauprogramm‹) zur Förderung des Wiederaufbaus Europas nach dem Zweiten Weltkrieg (auch ↑ ERP-Mittel, Kapitel 4).

Marx, Karl deutscher Philosoph und Nationalökonom (* 1818, † 1883), der Begründer des ↑ Marxismus (Kapitel 3) und der Schöpfer des ›wissenschaftlichen Sozialismus‹: Nicht Ideen und Ideologien, sondern die wirtschaftlichen Kräfte und Verhältnisse bestimmen die Entwicklung der Geschichte. Wegen seines politischen Engagements aus Deutschland ausgewiesen, lebte Marx seit 1845 in Brüssel, wo er mit Friedrich Engels das ↑ Kommunistische Manifest verfasste. In London, wo er seit 1849 lebte, entstand sein Hauptwerk ›Das Kapital‹ (1. Band 1867; der 2. Band wurde 1885, der 3. Band 1894 von Engels herausgegeben).

Mau-Mau, von der britischen Kolonialregierung in Kenia verwendete Bezeichnung für Geheimbünde, die ab 1949/50 gewaltsam gegen die europäische Herrschaft kämpften. Die Mau-Mau-Aufstände wurden bis 1956 blutig niedergeschlagen.

Maya, in Mittelamerika beheimatetes Indianervolk, das in der Zeit vom 4. bis 6. Jh. eine hoch entwickelte Kultur hervorbrachte. Die Maya organisierten sich in zahlreichen Stadtstaaten, deren Überreste (z. B. Stufenpyramiden) noch heute Bewunderung erregen. Ihre Hochkultur ging mit der spanischen Eroberung im 16. Jh. unter.

Mayflower [ˈmeɪflaʊə; englisch ›Maiblume‹], ↑ Pilgerväter.

Mazarin, Jules [mazaˈrɛ̃], französischer Staatsmann und Kardinal (* 1602, † 1661). Als Nachfolger Kardinal Richelieus war er seit 1643 leitender Minister Frankreichs während der Minderjährigkeit Ludwigs XIV. Vom Vertrauen des jungen Königs getragen, blieb er nach der Niederschlagung der ↑ Fronde bis zu seinem Tod der unbestrittene Herr Frankreichs. Durch geschickte Diplomatie legte er die Grundlagen für die französische Vormachtstellung in Europa in der 2. Hälfte des 17. Jahrhunderts.

McCarthy, Joseph Raymond [məˈkɑːθɪ], amerikanischer Politiker (* 1908, † 1957). Er leitete 1950–54 als Vorsitzender eines Ausschusses des US-Senats die Suche nach angeblichen Kommunisten in der Verwaltung und im öffentlichen Leben der USA. Diese Suche weitete sich im Zuge des Kalten Krieges zu einer allgemeinen antikommunistischen Verfolgungswelle aus (›McCarthyismus‹), die erst abklang, nachdem McCarthy vom Senat abgelöst und gerügt worden war.
🟠 Die McCarthy-Ära gilt heute in den USA als Zeit der Bedrohung der verfassungsmäßig garantierten Grundrechte.

Medici [ˈmɛːditʃi], florentinische Kaufmannsfamilie, die im 15. Jh. zu Herren von Florenz aufstieg, 1532 den Herzogstitel und 1569 den Großherzogstitel der Toskana erhielt. Die Medici hatten vor allem durch Handel und Bankgeschäfte großen Reichtum erworben und gehörten zu den größten Kunstmäzenen der Renaissance. Sie stellten zwei Päpste (Leo X., 1513–21, und Klemens VII., 1523–34) sowie die beiden französischen Königinnen Katharina († 1589) und Maria von Medici (* 1573, † 1642). 1743 erlosch die Familie.

Meerengenfrage, das politisch-militärische Problem der Durchfahrt von Kriegsschiffen durch die türkischen Meerengen (Bosporus und Dardanellen)

Maya Das ›Castillo‹ in Chichén Itzá (Yucatán), eine von einem Tempel gekrönte Stufenpyramide

zwischen dem Schwarzen Meer und dem Mittelmeer. Aufgrund der Interessengegensätze zwischen Russland, der Türkei, Großbritannien und Frankreich war die Meerengenfrage seit dem 18. Jh. Gegenstand zahlreicher Konflikte und Verträge. Sie wurde erst 1936 mit dem Meerengenabkommen gelöst, das eine beschränkte Freigabe der Durchfahrt für Kriegsschiffe in Friedenszeiten vorsieht.

Mehmed Ali [mɛxˈmɛd -], osmanischer Statthalter von Ägypten (* 1769, † 1849). Er dehnte in den 1830er-Jahren seine Herrschaft bis nach Syrien aus, musste sich aber auf Druck der europäischen Großmächte 1841 mit der erblichen Herrschaft in Ägypten unter osmanischer Oberhoheit begnügen. Seine Nachkommen herrschten bis 1953 als Vizekönige (Khediven) in Ägypten.

Meijireform [meɪdʒi...], zusammenfassende Bezeichnung für die Maßnahmen, mit denen Japan nach 1868 in der Regierungszeit des Meiji-Tenno zur konstitutionellen Monarchie und einem Staat moderner Prägung geführt wurde. Diese Maßnahmen umfassten: Rechts-, Währungs- und Militärreform, Einführung der allgemeinen Schulpflicht sowie Aufbau eines modernen Nachrichtenwesens und eines Eisenbahnnetzes. Die 1889 verkündete Meijiverfassung gab Japan seine moderne Gestalt.
➕ Meiji bedeutet ›erleuchtete Regierung‹ und war die Devise (Leitidee seiner Herrschaft) des Kaisers Mutsuhito (* 1852, † 1912).

Menschewiki, ↑ Bolschewiki.

Merkantilismus, *der* [von lateinisch mercari ›Handel treiben‹], das wirtschaftspolitische System des Absolutismus im 17./18. Jahrhundert. Sein Ziel war die Erhöhung der staatlichen Einkünfte. Um dies zu erreichen, wurde die gewerbliche Erzeugung in ↑ Manufakturen gefördert. Zugleich wurden Schutzzölle errichtet und die eigene Ausfuhr angekurbelt, um möglichst viel Geld ins eigene Land zu ziehen. Seit Ende des 18. Jh. wurde der Merkantilismus vom Wirtschaftsliberalismus abgelöst.

Mesopotamien, Zweistromland, geschichtliche Landschaft beiderseits des unteren und mittleren Euphrat und Tigris, die heute größtenteils zu Irak gehört. Mesopotamien gilt mit seinen frühen Hochkulturen als eine der Wiegen der Menschheit. Es brachte das babylonische und das assyrische Reich hervor und gehörte später teilweise zu den Reichen der Perser, Parther, Römer, Sassaniden, Araber, Seldschuken, Mongolen und Türken.

Minamoto, Sippenname für Nachkommen des japanischen Kaiserhauses, die in den Untertanenstand versetzt waren. Seit dem 12. Jh. stellte das auch Genji genannte Geschlecht alle ↑ Shogune.

Mittelalter, nach der von den Humanisten eingeführten Dreiteilung der Geschichte die Zeit zwischen der Antike und der Neuzeit. Dabei wird der Beginn des Mittelalters im Abendland häufig mit dem Untergang des Weströmischen Reichs 476 n. Chr. angesetzt und sein Ende mit der Reformation und der Entdeckung Amerikas. Es wird unterteilt in Früh-, Hoch- und Spätmittelalter, wobei das Hochmittelalter etwa die Zeit vom 10. bis zum 13. Jh. umfasst, das Frühmittelalter die Zeit davor, das Spätmittelalter die Zeit danach.

Mittelmächte, im Ersten Weltkrieg die verbündeten Staaten Deutsches Reich und Österreich-Ungarn (so benannt wegen ihrer Mittellage zwischen den Gegnern in West- und Osteuropa) sowie deren Bündnispartner Türkei und Bulgarien (auch ↑ Alliierte).

Mogulreich, das Reich der Moguln, einer muslimischen Dynastie türkisch-mongolischer Abstammung in Indien. Es erlebte im 17. Jh. seinen Höhepunkt und umfasste ganz Nordindien von Bengalen im Osten bis Afghanistan im Westen. Im 18. Jh. wurde das Mogulreich, durch Einfälle südindischer und afghanischer Gegner geschwächt, durch die britische Ostindische Kompanie weitgehend in Besitz genommen. Seit 1803 waren die Moguln nur noch Titularkaiser von britischen Gnaden. Der letzte Mogul wurde 1857 abgesetzt.

Mohammed, Stifter des Islam (* um 570, † 632). Als Kaufmann auf Handelsreisen mit Christentum, Judentum und anderen Religionen bekannt geworden, verkündete Mohammed ab 610 in Mekka seine Offenbarungen, die wohl schon zu seinen Lebzeiten aufgezeichnet wurden und den Koran bilden. Nach einem Exil in Medina machte er 630 seine Heimatstadt Mekka zum Zentrum seiner Lehre, die bis zu seinem Tod bereits über weite Teile Arabiens verbreitet worden war.

Mohammed Resa Pahlewi [- paxleˈvi], Schah von Iran (* 1919, † 1980). Seit 1941 Schah, betrieb er in enger Anlehnung vor allem an die USA eine an euro-

45

päischen Maßstäben ausgerichtete Modernisierungspolitik in Wirtschaft und Gesellschaft, die auf zunehmenden Widerstand in der Bevölkerung und bei der islamischen Geistlichkeit stieß. 1979 wurde er durch eine islamische Revolution gestürzt. Er starb im Exil.

Monarchie, *die* [griechisch ›Alleinherrschaft‹], Staatsform, in der ein Einzelner, der erbliche oder gewählte Monarch (z. B. König), Staatsoberhaupt ist.

Mondlandung
Als Neil Armstrong am 20. Juli 1969 die Mondfähre verließ und als erster Mensch seinen Fuß auf den Mond setzte, sprach er die folgenden Worte:
›That's one small step for a man, one giant leap for mankind.‹ (›Dies ist ein kleiner Schritt für einen Menschen, ein riesiger Sprung für die Menschheit.‹)

Mondlandung. Nachdem der amerikanische Präsident John F. Kennedy als Reaktion auf den ›Sputnikschock‹ zu Beginn der 1960er-Jahre dazu aufgerufen hatte, bis Ende des Jahrzehnts einen Amerikaner auf den Mond zu schicken, entbrannte zwischen den USA und der Sowjetunion ein Wettlauf um die erste bemannte Mondlandung. Schließlich landeten am 20. Juli 1969 als erste Menschen die amerikanischen Astronauten Neil Armstrong (*1930) und Edwin Aldrin (*1930) auf dem Mond; ihr Teamkollege Michael Collins (*1930) blieb in der Kapsel.

Mongolensturm, Bezeichnung für das stürmische Vordringen der Mongolen im 13. Jh., vor allem unter Dschingis Khan. Die Mongolen drangen tief nach Ost- und Mitteleuropa ein. Obwohl sie die Schlacht bei Liegnitz (1241) gewannen, zogen sie sich kurz darauf zurück.

Monroedoktrin, *die* [mənˈrəʊ...], Erklärung des Präsidenten der USA James Monroe (*1758, †1831) von 1823, wonach die USA auf jede Einmischung in Europa verzichten, aber alle Kolonisationsversuche, Gebietsübertragungen und Interventionen nichtamerikanischer Mächte gegenüber unabhängigen Staaten der westlichen Hemisphäre als unfreundliche Akte betrachten wollten. Diese Erklärung richtete sich vor allem gegen die russische Expansion in Alaska und die Interventionsabsichten der ↑ Heiligen Allianz gegen die abgefallenen spanischen Kolonien in Lateinamerika (auch ↑ Isolationismus).
🞥 Auf der Monroedoktrin fußt das Schlagwort ›Amerika den Amerikanern!‹ (englisch ›America for the Americans!‹).

Morgenland, ↑ Abendland.

Mussolini, Benito italienischer Politiker (*1883, †1945). Ab 1919 Führer (›Duce‹) der italienischen Faschisten, riss Mussolini durch den ›Marsch auf Rom‹ 1922 die Macht an sich und errichtete eine Diktatur. Unter seiner Führung trat Italien 1939 an der Seite Deutschlands in den Zweiten Weltkrieg ein (↑ Achsenmächte, Kapitel 2). Nachdem er 1943 erstmals gestürzt worden war, rief er mit der ›Republik von Salò‹ einen ganz von der nationalsozialistischen deutschen Führung abhängigen Staat in Norditalien aus. Während des militärischen Zusammenbruchs 1945 wurde er von italienischen Widerstandskämpfern erschossen.

Mykene, in der Antike eine griechische Stadt im Nordosten der Peloponnes. Mykene war im 2. Jahrtausend v. Chr. ein Zentrum der ägäischen Kultur. Homer nennt es als Sitz des Königs und Heerführers Agamemnon.

Nagasaki, ↑ Hiroshima.

Napoleon I., Kaiser der Franzosen (*1769, †1821). Als Napoleone Buonaparte auf Korsika geboren, stieg er durch große militärische Erfolge in den Koalitionskriegen (Revolutionskriege) rasch auf. Nach 1798/99 wurde er der maßgebliche französische Politiker; 1804 krönte er sich selbst zum Kaiser. Er entschied die Koalitionskriege zugunsten Frankreichs und errichtete bis 1807 eine französische Vorherrschaft in Europa. Sein Versuch, 1812 Russland zu unterwerfen, scheiterte und führte nach den (deutschen) Befreiungskriegen 1813/14 zu seinem Sturz. Auf die Insel Elba verbannt, gelang ihm 1815 die Rückkehr nach Frankreich. Er versuchte erneut, die Macht dauerhaft zu erringen, wurde jedoch in der Schlacht bei Waterloo geschlagen und gefangen genommen. Er starb in britischer Gefangenschaft auf der Insel Sankt Helena im Südatlantik.
Außer als Feldherr besaß er auch als Gesetzgeber große Bedeutung: Der von ihm erlassene Code civil (auch Code Napoléon) beherrscht bis heute das Recht in Frankreich und beeinflusste die europäische Rechtsentwicklung entscheidend.

Napoleon I. (Porträt von François Gérard)

Napoleons Versuch, eine eigene Dynastie zu gründen, misslang. Zahlreiche Verwandte, besonders seine Brüder, machte er zu Königen in den Gebieten, die er erobert hatte oder die von Frankreich abhängig waren (in Spanien, den Niederlanden, Westfalen).

Napoleon III., Kaiser der Franzosen (*1808, †1873). Der Neffe Napoleons I. wurde nach der Revolution 1848 zum französischen Präsidenten gewählt. 1851 gewann er durch einen Staatsstreich die unumschränkte Macht und ließ sich 1852 zum Kaiser ausrufen. Nach der französischen Niederlage im Deutsch-Französischen Krieg von 1870/71 musste er abdanken. Er starb im Exil in England.

Nasser, Gamal Abd el- ägyptischer Politiker (*1918, †1970). Er war 1952 führend am Sturz des letzten ägyptischen Königs Faruk I. (*1920, †1965, König 1936–52) beteiligt. Bis 1954 stieg er zum starken Mann Ägyptens auf und gewann während der Suezkrise 1956 eine Führerstellung im ganzen arabischen Raum. Innenpolitisch verfolgte Nasser einen sozialistischen Kurs. Außenpolitisch trat er einer der Führer der Blockfreienbewegung hervor. Den von ihm ausgelösten Sechstagekrieg gegen Israel 1967 verlor er.

Navigationsakte, Bezeichnung für englische Gesetze zur Förderung der englischen Schifffahrt. Die wichtigste Navigationsakte von 1651 schloss fremde Schiffe weitgehend vom englischen Handel aus und schuf so eine Grundlage für die Blüte der englischen Seemacht in den folgenden beiden Jahrhunderten. Mit dem Sieg der Idee des Freihandels wurde die Navigationsakte 1849 aufgehoben.

Neandertaler ⇒ Kapitel 11.

Nehru, Jawaharlal indischer Politiker (*1889, †1964). Seit 1919 in der indischen Unabhängigkeitsbewegung aktiv, war Nehru ein Anhänger der Ideen Mahatma Gandhis. Neben diesem wurde er zu einem Führer der Unabhängigkeitsbewegung. Seit der Unabhängigkeit 1947 Ministerpräsident, formte er wesentlich das Bild des modernen Indien. Außenpolitisch wurde er zu einem der Führer der Blockfreienbewegung.

Nelson, Horatio [nelsn], britischer Admiral (*1758, †1805), einer der populärsten Nationalhelden Großbritanniens. Als Oberbefehlshaber der britischen Mittelmeerflotte im Kampf gegen das revolutionäre Frankreich vernichtete er 1798 die französische Flotte bei Abukir, wodurch Napoleons Versuch der Eroberung Ägyptens scheiterte. 1805 errang er den Seesieg bei Trafalgar, der Großbritannien endgültig die Seeherrschaft brachte. In dieser Schlacht fiel er selbst.

➕ Berühmt ist seine Affäre mit der durch ihre Schönheit berühmten Lady Emma Hamilton (*1765, †1815).

NEP, Abkürzung für russisch **N**owaja **E**konomitscheskaja **P**olitika [›Neue Wirtschaftspolitik‹], ein 1921 von Lenin in Sowjetrussland eingeführtes Wirtschaftsprogramm, das die katastrophale Versorgungslage der Bevölkerung am Ende des Bürgerkriegs durch Liberalisierung der Wirtschaft verbessern sollte. Der durch diese Politik ausgelöste Aufschwung wurde 1928 wieder zunichte gemacht, als Stalin mit der Zwangskollektivierung der Landwirtschaft und dem Vorrang der Industrialisierung einen neuen Weg einschlug.

Neue Welt, ↑ Alte Welt.

Neuzeit, nach der von den Humanisten eingeführten Dreiteilung der Geschichte die an das Mittelalter anschließende Zeit bis zur Gegenwart. Der Beginn der Neuzeit wird meist um das Jahr 1500 mit der Reformation und der Entdeckung Amerikas angesetzt. Als Untergliederung wird häufig eine Grenze bei der Französischen Revolution (1789) gezogen; die Zeit vorher wird frühe Neuzeit, die Zeit danach neuere Zeit genannt. Die Zeit nach 1917 (Oktoberrevolution in Russland, Eintritt der USA in den Ersten Weltkrieg) wird als Zeitgeschichte bezeichnet.

Mit dem Wahlkampfslogan »Change«, der die Hoffnung auf und den Willen zu Veränderungen ausdrückte, gelang es dem Präsidentschaftskandidaten der Demokratischen Partei, **Barack Obama**, die amerikanischen Wähler zu mobilisieren und einen deutlichen Sieg über seinen republikanischen Gegenkandidaten John McCain zu erringen.

Nixon, Richard Milhous [nɪksn], amerikanischer Politiker (* 1913, † 1994), der 37. Präsident der USA (1969–74). Er beendete den Vietnamkrieg, nahm diplomatische Beziehungen zur Volksrepublik China auf und verbesserte das Verhältnis zur Sowjetunion. Innenpolitisch vertrat der Republikaner eine konservative Politik, die weitere Fortschritte z. B. in der Rassenfrage behinderte. Wegen seiner Verwicklung in die ↑ Watergate-Affäre 1974 musste Nixon als erster Präsident der USA zurücktreten.

Nofretete, ägyptische Königin des 14. Jh. v. Chr., Gemahlin des Königs Amenophis IV. (Echnaton). Bekannt ist sie vor allem durch ihre Modellbüste aus bemaltem Kalkstein und Gips, die 1912 in Amarna, einer Ruinenstätte in Mittelägypten, ausgegraben wurde und sich heute im Ägyptischen Museum in Berlin befindet.

Nordischer Krieg, 1700–21, der Krieg zwischen Schweden einerseits sowie Dänemark, Polen, Sachsen, Russland, Preußen und Hannover andererseits um die Vorherrschaft in Nord- und Osteuropa. Nach anfänglichen schwedischen Erfolgen setzte sich Russland unter Peter dem Großen letztlich durch, brach das schwedische Übergewicht im Norden und wurde selbst zur europäischen Großmacht.

Normannen, Bezeichnung für die ↑ Wikinger, die als Händler, Krieger, Entdecker, Siedler und Staatengründer in West- und Südeuropa auftraten. Ein Teil der Normannen ließ sich 911 an der Seinemündung in der Normandie nieder, die ihnen der französische König als Lehen gab. 1066 eroberten sie unter Herzog Wilhelm dem Eroberer England und stellten dort das normannische Königshaus. 1130 gründeten sie das Königreich Sizilien.

Octavian, ↑ Augustus.

Obama, Barack, amerikanischer Politiker (* 1961), der 44. Präsident (seit 2009) und erstes schwarzes Staatsoberhaupt der USA (Demokratische Partei). Senator von Illinois (2004–08). Obama steht angesichts der Finanzmarktkrise und der Kriege in Afghanistan und im Irak vor großen Herausforderungen. Erhielt 2009 den Friedensnobelpreis.

Oktoberrevolution, die Machtübernahme der Bolschewiki unter der Führung Lenins in Petrograd (Sankt Petersburg) in der Nacht vom 7. zum 8. November 1917, die eine politische Umwälzung in Russland einleitete. Sie gilt als wichtigster Meilenstein bei der Errichtung der kommunistischen Sowjetunion und stellt eine bedeutende Zäsur in der Geschichte des 20. Jh. dar.
➕ Sie heißt Oktoberrevolution, weil dem 7./8. November nach dem damals in Russland gültigen julianischen Kalender der 25./26. Oktober entspricht.

Okzident, ↑ Abendland.

Ölkrise, die 1974 durch den Lieferstopp der arabischen Erdölproduzenten im Gefolge des ↑ Jom-Kippur-Kriegs ausgelöste Erdölknappheit vor allem in Westeuropa. Auf dem Höhepunkt der Ölkrise schränkten zahlreiche europäische Staaten den Fahrzeugverkehr ein und suchten den Ölverbrauch zu drosseln. In den folgenden Jahren führte die Politik der OPEC, die eine Verknappung des Erdöls zur Folge hatte, um so Preiserhöhungen durchsetzen zu können, zu weiteren kleineren Ölkrisen. Besonders betroffen waren die Entwicklungsländer, die seitdem für Erdöl erheblich mehr bezahlen mussten und so ihre Auslandsschulden vergrößerten.

Weltgeschichte

> **ⓘ OLYMPISCHE SPIELE**
>
> **Citius, altius, fortius**
>
> das lateinische Motto der Olympischen Spiele der Neuzeit – deutsch ›schneller, höher, weiter (eigentlich: stärker)‹ – wurde von Pierre de Coubertin (* 1863, † 1937), dem Gründer der modernen Olympischen Spiele, propagiert. Coubertin stellte den Rekord, die sportliche Höchstleistung, an die Spitze eines pyramidenförmig gedachten Modells des modernen Sports.

Olympische Spiele, im antiken Griechenland die bedeutendsten Festspiele. Sie wurden in der Stadt Olympia von 776 v. Chr. bis 393 n. Chr. alle vier Jahre ausgetragen. Der vierjährige Zeitraum zwischen den Spielen wurde als ›Olympiade‹ bezeichnet. Olympische Disziplinen waren vor allem Laufdisziplinen, Ringen, klassischer Fünfkampf, Faustkampf sowie Pferde- und Wagenrennen. Während der Olympischen Spiele herrschte im ganzen Land unbedingte Waffenruhe. Die Spiele wurden 393 von Kaiser Theodosius I., dem Großen, (* 347, † 395) als heidnischer Kult verboten.

🔸 1896 wurden in Athen die ersten Olympischen Spiele der Neuzeit ausgetragen; sie finden seitdem alle vier Jahre statt. Seit 1924 gibt es auch die Winterspiele, die seit 1994 im zweijährigen Wechsel mit den Sommerspielen stattfinden.

🔸 Seit 1988 (Sommer) und 1994 (Winter) finden im Anschluss an die Olympischen Spiele am gleichen Ort die Paralympics, Spiele behinderter Leistungssportler, statt. ⓘ

> **ⓘ OLYMPISCHE SPIELE**
>
> **Das olympische Gelöbnis**
>
> ›Im Namen aller Teilnehmer verspreche ich, dass wir uns bei den Olympischen Spielen als loyale Wettkämpfer erweisen, die Regeln achten und teilnehmen im ritterlichen Geist zum Ruhme des Sports und zur Ehre der Mannschaften.‹ Dieses Gelöbnis wird am Eröffnungstag der Spiele von einem Sportler oder einer Sportlerin des gastgebenden Landes stellvertretend für alle Teilnehmer abgelegt.

Omaijaden, muslimisches Herrschergeschlecht, das 661–750 die ersten Kalifen von Damaskus stellte und nach seiner Vertreibung 756–1031 als Emire von Córdoba über weite Teile der Iberischen Halbinsel gebot.

Opiumkrieg, 1840–42, Krieg zwischen Großbritannien und China, mit dem das Zeitalter der Unterwerfung Chinas unter die wirtschaftlichen Ansprüche vor allem westlicher Mächte begann. Als 1839 die chinesische Regierung versuchte, die Einfuhr von Opium aus Britisch-Indien nach China zu unterbinden, griffen überlegene britische Flotteneinheiten China an. Dieses musste daraufhin 1842 Hongkong abtreten und fünf Häfen dem britischen Handel öffnen.

Orient, ↑ Abendland.

Osmanisches Reich, das nach seinem Gründer Osman I. (Sultan 1288–1326) benannte türkische Reich, das sich unter seinen Nachfolgern rasch in Südeuropa ausbreitete. 1453 eroberte es Konstantinopel, das heutige Istanbul; 1517 unterwarf es Ägypten. Unter Sultan Suleiman I., dem Prächtigen, erlangte das Reich im 16. Jh. seine größte Ausdehnung: Es umfasste alle Länder um das östliche Mittelmeer von Ungarn im Norden und Algerien im Westen bis Mesopotamien im Osten und Arabien im Süden. In den Kriegen mit Österreich und Ungarn, besonders nach der zweiten Belagerung Wiens (1683), setzte ein Machtzerfall ein, der vor allem im 19. Jh. zu großen Gebietsverlusten führte. Trotz innerer Reformen nahm die Schwäche des Osmanischen Reiches (des ›kranken Mannes am Bosporus‹) weiter zu. 1908 kam es zum Putsch der Jungtürken. Nach der Niederlage im Ersten Weltkrieg wurde das Osmanische Reich auf die heutige Türkei beschränkt.

Österreichischer Staatsvertrag, der 1955 zwischen Österreich und den vier Siegermächten des Zweiten Weltkriegs abgeschlossene Vertrag, der Österreich als freien und unabhängigen Staat wiederherstellte. Im Gegenzug musste sich Österreich zur immer währenden Neutralität verpflichten.

Ostgoten, einer der beiden großen Stämme der Goten. Von den Hunnen im 4. Jh. unterworfen, kamen die Ostgoten in den Raum des heutigen Österreich. Der Ostgotenkönig Theoderich der Große errichtete ab 488 ein Reich, das Bestandteil des Römischen Reichs blieb und Italien mit Sizilien, Dalmatien, Slawonien, das Alpengebiet und die Provence umfasste. Nach Theoderichs Tod verfiel das Reich und wurde bis Mitte des 6. Jh. von oströmischen Feldherren zerschlagen. Die Ostgoten gingen in der italienischen Bevölkerung auf.

🞧 Den Untergang des Ostgotenreichs beschreibt Felix Dahn (* 1834, † 1912) in dem Roman ›Ein Kampf um Rom‹ (1876–78).

Ostindische Kompanie, Bezeichnung für verschiedene ↑ Handelskompanien, die im Asienhandel tätig waren. Die bedeutendste war die 1600 gegründete englische East India Company, die das Monopol für den englischen Indien- und Chinahandel besaß. Seit der 2. Hälfte des 17. Jh. erwarb sie Stützpunkte in Indien, erhielt dort Herrschaftsrechte und wurde zum Organisator und Herrscher von Britisch-Indien. 1813 (Indien) und 1833 (China) verlor sie ihre Handelsmonopole. 1853 wurde sie aufgelöst, ihre Besitzungen in Indien wurden der britischen Krone unterstellt.

Ostrakismos, *der* [griechisch ›Scherbengericht‹], in Athen zwischen 487 und 416 v. Chr. angewendete Maßnahme, durch die das Volk die Verbannung einzelner Bürger auf zehn Jahre aussprechen konnte. Die Namen der zu Verbannenden wurden auf Tonscherben (Ostraka) geschrieben; die Mehrheit der Stimmen entschied. Ursprünglich als Mittel gegen Tyrannen gedacht, diente der Ostrakismos bald zur Ausschaltung missliebiger Politiker.

panem et circenses, ↑ Brot und Spiele.

Panslawismus, *der* Bewegung, die im 19. und frühen 20. Jh. den Zusammenschluss aller Slawen anstrebte. Die russische Politik nutzte zeitweise den Panslawismus, indem sie eine Vereinigung aller Slawen unter russischer Herrschaft betrieb. Nach dem Ersten Weltkrieg verlor der Panslawismus aufgrund der Gegensätze zwischen den slawischen Völkern seine frühere Bedeutung.

Parther, ursprünglich iranisches Volk. Im 3. Jh. v. Chr. gründeten die Parther ein Reich, das auf der Höhe seiner Macht vom Euphrat im Westen bis zum Indus im Osten reichte. Die Parther waren seit dem 1. Jh. v. Chr. bis zu ihrem Aufgehen im Sassanidenreich im 3. Jh. n. Chr. die Hauptgegner Roms im Osten.

Partisanen [französisch-italienisch; eigentlich ›Parteigänger‹], Freischärler und Widerstandskämpfer. Als Partisanen bezeichnete Gruppen traten im 20. Jh. in den Bürgerkriegen in Sowjetrussland (1917–22) und Spanien (1936–39) auf. Im Zweiten Weltkrieg kämpften Partisanengruppen vor allem in Osteuropa gegen die deutschen Besatzungstruppen. In neuerer Zeit setzt sich immer mehr der Begriff ›Guerillakämpfer‹ durch.

Patrizier [von lateinisch pater ›Vater‹], im antiken Rom die Mitglieder des Geburtsadels, der allein die führenden Beamten stellte, im Unterschied zu den Plebejern (↑ Plebs). Erst seit Augustus wurden einzelne plebejische Familien in das Patriziat, das durch Aussterben vieler Geschlechter stark geschrumpft war, aufgenommen.

Pax Britannica, *die* [lateinisch ›britischer Friede‹], Bezeichnung für die britische Weltreichspolitik vor dem Ersten Weltkrieg; ihr Ziel war die Freiheit der Meere und des Handels unter britischer Vorherrschaft zur Sicherung des Weltfriedens. Die Pax Britannica richtete sich ferner auf die Erhaltung des Gleichgewichts der Mächte und des Friedens in Europa, war aber seit dem Ersten Weltkrieg nicht mehr durchzusetzen.

Pax Romana, *die* [lateinisch ›römischer Friede‹], Bezeichnung für die durch einheitliches Recht und gemeinsame Grundwerte gesicherte Friedensordnung des Römischen Reichs besonders im 1. und 2. Jh. nach Christus.

Pearl Harbor [ˈpəːl ˈhaːbə], Flottenstützpunkt der USA auf der Hawaii-Insel Oahu. Bei einem japanischen Luftangriff auf Pearl Harbor am 7. Dezember 1941 gelang es den Angreifern zwar, schwere Schäden anzurichten, aber nicht, wie beabsichtigt, die amerikanische Pazifikflotte auszuschalten. Der Angriff ohne vorherige Kriegserklärung führte zum Eintritt der USA in den Zweiten Weltkrieg.

Peloponnesischer Krieg, 431–404 v. Chr., Krieg um die Vorherrschaft in Griechenland zwischen dem Peloponnesischen Bund unter Führung Spartas und Athen mit seinen Verbündeten, dem Attischen Seebund. Er endete mit der Niederlage Athens.

Perikles, athenischer Staatsmann (* nach 500, † 429 v. Chr.), der bedeutendste Redner seiner Zeit. Gestützt auf das Volk, war Perikles seit etwa 460 v. Chr.

Perikles

der maßgebliche Führer Athens. Das **perikleische Zeitalter** war eine Glanzzeit Athens und ein Höhepunkt der klassischen griechischen Kultur (Herodot, Sophokles); es entstanden berühmte Bauten auf der Akropolis. 430 wurde er abgesetzt.

Perón, Juan Domingo argentinischer General und Politiker (*1895, †1974). Perón war 1946–55 Staatspräsident, lebte dann im Exil und wurde 1973 erneut Staatspräsident. Durch ein Programm praktischer Sozialreformen gewann er zeitweise eine breite Anhängerschaft. Auf ihn geht die Bewegung des Peronismus zurück, die bis zur Gegenwart in der argentinischen Politik eine bedeutende Rolle spielt.

Seine erste Frau María Eva (genannt ›Evita‹) Duarte de Perón (*1919, †1952), eine ehemalige Schauspielerin und Sängerin, wurde vom Volk als ›Engel der Armen‹ verehrt. Ihr Leben, das bald zur Legende wurde, bildet den Stoff für das (auch verfilmte) Musical ›Evita‹ (1978) des britischen Komponisten Andrew Lloyd Webber.

Perserkriege, die Auseinandersetzungen zwischen Griechen und Persern 500/490 bis 448 v. Chr., in de-

Persisches Reich Grab Kyros' II., des Großen, des Begründers des Persischen Reichs

ren Verlauf es den Griechen unter der Führung Athens und Spartas gelang, mehrere persische Versuche zur Eroberung Griechenlands abzuwehren und die griechischen Städte in Kleinasien teilweise aus dem Persischen Reich zu lösen.

Persisches Reich, das um 550 v. Chr. durch Kyros II. errichtete Großreich, das auf dem Höhepunkt seiner Macht im 5. Jh. v. Chr. vom Balkan und von Ägypten bis nach Indien reichte. In den Perserkriegen wehrten die Griechen ihre Eingliederung ab. Nach dem Tod Xerxes' I. († 465 v.Chr.) setzte der Verfall des Reiches ein. Ab 334 v.Chr. eroberte Alexander der Große innerhalb weniger Jahre das ganze Reich, das nach seinem Tod in mehrere Teile zerfiel.

Personalunion, eine nur durch ein gemeinsames Staatsoberhaupt hergestellte Staatenverbindung, die die staatsrechtliche Selbstständigkeit der verbundenen Staaten nicht beeinträchtigt. Ein bekanntes Beispiel war die Personalunion zwischen Großbritannien und Hannover 1714–1837.

Personenverbandsstaat, die Staatsform des frühen europäischen Mittelalters. Sie ist organisatorisch durch einzelne Personenverbände, insbesondere Stammesverbände, gekennzeichnet, die jeweils nach ihrem eigenen Recht (Stammesrecht) lebten. Der Zusammenhalt dieser Gemeinschaften ergab sich in erster Linie aus persönlichen Treueverhält-

> ### ⓘ PERSERKRIEGE
>
> **Die Schlacht bei den Thermopylen**
>
> Im Jahr 480 v. Chr. versuchten die Griechen, den Vormarsch der Perser unter Xerxes I. bei den Thermopylen, einem schmalen Engpass zwischen Meer und Gebirge in Mittelgriechenland, aufzuhalten; dabei wurden die griechischen Truppen vernichtend geschlagen: Der spartanische König Leonidas I. fiel mit allen seinen Soldaten. Schiller bezieht sich in seinem Gedicht ›Der Spaziergang‹ (1795) auf den dort zum Gedenken an die Gefallenen der Schlacht angebrachten Vers und übersetzt ihn:
> ›Wanderer, kommst du nach Sparta, verkündige dorten, du
> habest
> Uns hier liegen gesehn, wie das Gesetz es befahl.‹

nissen zwischen einzelnen Personen im Rahmen des ↑ Lehnswesens (Kapitel 2).

Peter der Große, russischer Zar (seit 1682) und Kaiser (* 1672, † 1725). Peter versuchte sein Land der westeuropäischen Kultur zu öffnen. Er führte tief greifende Reformen in Armee, Verwaltung, Kirche und Gesellschaft durch. 1697/98 reiste er inkognito ins Ausland, um in den Niederlanden und in England den Schiffbau zu erlernen. 1703 gründete er Sankt Petersburg als neue Hauptstadt. Im ↑ Nordischen Krieg 1700–21 dehnte er Russland bis an die Ostsee aus und machte es zur europäischen Großmacht. 1721 nahm Peter den Kaisertitel an.

● Die Reise Peters des Großen in die Niederlande (wo er monatelang als einfacher Zimmermann arbeitete) bildet den Stoff für Albert Lortzings Oper ›Zar und Zimmermann‹ (1837).

Pharao, *der* Titel der altägyptischen Könige.

Phöniker, Phönizier, antikes Händler- und Seefahrervolk im Gebiet des heutigen Libanon, das seit dem späten 2. Jahrtausend v. Chr. jahrhundertelang den Seehandel beherrschte und viele Kolonien rings um das Mittelmeer gründete; eine bedeutende Niederlassung in Nordafrika war ↑ Karthago. Die in Stadtstaaten organisierten Phöniker wurden im 7. Jh. Untertanen der Assyrer, im 6. Jh. der Perser. In der Zeit des Hellenismus gingen sie in der griechisch-römischen Provinzialbevölkerung auf.

● Die von den Phönikern schon im 16. Jh. v. Chr. entwickelte Buchstabenschrift ist die Grundlage unseres heutigen Alphabets.

ⓘ PILGERVÄTER

Der Mayflower-Compact

Als die englischen Pilgerväter am 21. November 1620 mit der ›Mayflower‹ bei Cape Cod (im heutigen Massachusetts) gelandet waren, schlossen 41 der Männer den ›Mayflower-Compact‹ ab. Darin verpflichteten sie sich zur Errichtung einer gesetzlichen Ordnung in der zu gründenden Kolonie Plymouth, die auf der Grundlage der Gleichheit aller vor dem Gesetz und der freiwilligen Unterordnung unter das Gemeinwesen beruhen sollte.

Pilgerväter, die ersten puritanischen Siedler in Neuengland, die 1620 mit dem Schiff Mayflower den Atlantik überquerten, da sie als Puritaner in England verfolgt wurden. Sie gründeten die Kolonie Plymouth und gaben sich mit dem ›Mayflower Compact‹ (›Mayflowervertrag‹) eine eigene Verfassung. ⓘ

Pitt, William Name zweier britischer Staatsmänner des 18. Jahrhunderts:
William Pitt der Ältere (* 1708, † 1778) war 1757–61 und 1766–68 Außenminister. Im Siebenjährigen Krieg, in dem er als Bundesgenosse Preußens auftrat, konnte er die französische Vormacht auf den Meeren und in den Kolonien brechen.
Sein Sohn William Pitt der Jüngere (* 1759, † 1806) war 1783–1801 und 1804/05 Premierminister. Er führte innere Reformen durch und leitete die europäischen Koalitionen gegen Napoleon I.

Pizarro, Francisco [piˈθarɔ], spanischer Konquistador (* 1478, † 1541). Pizarro eroberte 1531–33 das Reich der Inka in Peru. Nach der Niederschlagung eines indianischen Aufstandes 1536/37 kam es zu Auseinandersetzungen unter den spanischen Eroberern, in deren Verlauf er 1541 umgebracht wurde.

Plebs, *die* [lateinisch ›Volk‹], im antiken Rom die große Masse der Bürger (Plebejer), die nicht dem alten Geburtsadel (Patrizier) angehörten; in der späten Republik die unteren (vor allem ärmeren) Schichten im Gegensatz zur Nobilität, in der Kaiserzeit nur noch der unruhige Pöbel.

Polnischer Korridor, durch die im Versailler Vertrag erzwungene Abtretung fast ganz Westpreußens an Polen entstandener Streifen polnischen Territoriums, der Pommern im Westen von Ostpreußen im Osten trennte. Während die deutschen Reichsregierungen in der Zeit der Weimarer Republik eine friedliche Änderung der deutsch-polnischen Grenzen erreichen wollten, nahm Hitler 1939 das Korridorproblem zum Anlass des deutschen Angriffs auf Polen, der den Zweiten Weltkrieg auslöste.

Polnische Teilungen, die drei von den Nachbarn Polens 1772, 1793 und 1795 erzwungenen Gebietsabtretungen Polens. Nach der 1. Polnischen Teilung, an der Österreich, Preußen und Russland beteiligt waren, blieb Polen ein lebensfähiger Staat. Dies änderte sich 1793 mit der 2. Polnischen Teilung, an der Russland und Preußen beteiligt waren. Deshalb brach 1794 ein Aufstand gegen die Teilungsmächte aus, der nach seiner Niederschlagung zur 3. Polnischen Teilung (1795), an der wieder alle drei Mächte

Polnische Teilungen

beteiligt waren, führte. Polen existierte danach bis 1918 nicht mehr als selbstständiger Staat.

Polnisch-Sowjetischer Krieg, 1920–21, Krieg zwischen Polen, das mit der Ukraine verbündet war, und Sowjetrussland. Nach wechselvollen Kämpfen kam es 1921 zum Frieden von Riga, der Polen eine erhebliche Osterweiterung brachte.

Prager Frühling, die Reformphase von Januar bis August 1968 in der Tschechoslowakei, während der versucht wurde, einen ›Sozialismus mit menschlichem Antlitz‹ aufzubauen. Die militärische Intervention von fünf Staaten des Warschauer Pakts beendete die Liberalisierungs- und Demokratisierungsbestrebungen gewaltsam.

Prohibition, *die* [lateinisch ›Verbot‹], staatliches Verbot der Herstellung und des Verkaufs alkoholhaltiger Getränke. In den USA wurde sie 1920 bundesweit eingeführt. Sie führte zu Schmuggel und Schwarzbrennerei und kam so vor allem dem organisierten Verbrechen zugute. 1933 wurde sie aufgehoben.

🟠 Einer der Nutznießer der Prohibition war der Gangster Al Capone (* 1899, † 1947), der das organisierte Verbrechen in Chicago kontrollierte.

Proletarier [von lateinisch proletarius ›Bürger der besitzlosen Klasse‹], von Karl Marx und Friedrich Engels geprägte Bezeichnung für die besitzlosen Lohnarbeiter.

🟠 ›Proletarier aller Länder vereinigt euch!‹ ist der Schlusssatz des Kommunistischen Manifests (1848); er wurde zum Wahlspruch im Wappen der Sowjetunion.

Punische Kriege, die drei Kriege Roms gegen die Karthager (Punier) um die Vorherrschaft im westlichen Mittelmeer. Der 1. Punische Krieg (264–241 v. Chr.) brachte Rom den Gewinn Siziliens. Der 2. Punische Krieg (218–201 v. Chr.) endete mit dem Verlust aller auswärtigen Besitzungen Karthagos. Im 3. Punischen Krieg (149–146 v. Chr.) wurde Karthago selbst vollständig zerstört. Die Punischen Kriege machten Rom zur Vormacht im westlichen Mittelmeer.

Puritaner, die Anhänger einer Richtung des Protestantismus, die seit etwa 1560 die englische Staatskirche reformieren wollten. Sie wandten sich gegen den Prunk der anglikanischen Kirche und strebten die Reinheit (lateinisch puritas) der Kirche und ein einfaches, sittenstrenges Leben an, dessen Erfüllung Arbeit und Beruf waren. Im 17. Jh. erlangten sie in England zeitweise große politische Bedeutung; in dieser Zeit wanderten viele Puritaner nach Nordamerika aus. Aus dem Puritanismus gingen u. a. die Baptisten und Quäker hervor.

Puritanische Revolution, der 1642 ausgebrochene englische Bürgerkrieg, in dessen Verlauf Oliver Cromwell mit seinem Parlamentsheer König Karl I. (* 1600, † 1649) besiegte, den König hinrichten ließ und eine Republik errichtete. Es handelte sich dabei um einen Kampf des Bürgertums und des niederen Adels gegen den Versuch der Könige aus dem Haus Stuart, in England den Absolutismus durchzusetzen. Da die entschiedensten Gegner der zum Katholizismus neigenden Stuarts Puritaner waren, mischten sich darin politische und soziale mit religiösen Anliegen.

Pyrrhus, König von Epirus in Griechenland (* 319, † 272 v. Chr.). Er siegte 280 und 279 v. Chr. in Unteritalien über die Römer. Seine Verluste waren jedoch so hoch, dass er ausrief: ›Noch ein solcher Sieg, und wir sind verloren.‹

🟠 Danach bezeichnet man einen Sieg, der mehr Nachteile als Vorteile bringt, als Pyrrhussieg.

Raleigh, Walter [ˈrɔːlɪ], englischer Seefahrer (*um 1552, †1618). Als Günstling Elisabeths I. unternahm er in ihrem Auftrag Raub- und Entdeckungsfahrten nach Übersee, besonders in die amerikanischen Kolonien der damals führenden Seemacht Spanien. Sein Versuch, in Virginia erste englische Niederlassungen zu gründen, schlug fehl. Nach einer missglückten Militärexpedition nach Südamerika wurde er im Interesse einer spanischfreundlichen Politik hingerichtet.

Rapacki-Plan [raˈpatski...], Plan des polnischen Außenministers Adam Rapacki (*1909, †1970) aus dem Jahr 1957, der die Schaffung einer kernwaffenfreien Zone in Mitteleuropa vorsah. Die internationale Diskussion um diesen Plan verlief jedoch wegen des gegenseitigen Misstrauens von Ost und West auf dem Höhepunkt des Kalten Krieges ergebnislos.

Rätesystem, eine 1917 in Russland begründete Regierungsform, in der die gesetzgebende, ausführende und Recht sprechende Gewalt in der Hand von gewählten Arbeiter-und-Soldaten-Räten (Sowjets) vereinigt wurde. Die Macht der Sowjets ging in der Sowjetunion später auf die Kommunistische Partei über, die die Räte beherrschte. 1919 kam es auch in Bayern (Räterepublik) und Ungarn kurzzeitig zur Errichtung von Rätesystemen.

Reagan, Ronald Wilson [ˈregən], amerikanischer Politiker (*1911, †2004), der 40. Präsident der USA (1981–89). Ursprünglich Filmschauspieler, trat Reagan 1962 in die Republikanische Partei ein und war 1967–75 Gouverneur von Kalifornien. Nachdem sich unter seiner Präsidentschaft zunächst der Ost-West-Konflikt wieder verschärft hatte und die USA eine Politik der Aufrüstung betrieben hatten, war die 2. Hälfte seiner Amtszeit geprägt von der Annäherung zwischen den USA und der Sowjetunion unter Michail Gorbatschow sowie von Abrüstungsbemühungen. Seine Wirtschaftspolitik, durch drastische Einsparungen vor allem im Sozialbereich und gleichzeitige Steuersenkungen die Wirtschaft zu beleben (›Reagonomics‹), führte zu einem gigantischen Haushaltsdefizit.

Reconquista, *die* [...ˈkısta; spanisch], die Rückeroberung der ab 711 von den Mauren (Arabern) besetzten Iberischen Halbinsel durch christliche Heere. Sie begann im 8. Jh., hatte ihre größten Erfolge im 11. Jh. und endete 1492 mit der Eroberung von Granada durch die Herrscher von Kastilien und Aragón.

Religion ist Opium für das Volk, auf Karl Marx zurückgehender Satz, der aussagt, dass die Religion dem ausgebeuteten Volk als Droge dient, mit der es sich selbst die Hoffnung auf eine bessere Welt vorgaukelt.

Religionskriege, allgemein die aus religiösen Motiven geführten Kriege, im engeren Sinn die Glaubenskriege des 16. und 17. Jh. als Folge von Reformation und Gegenreformation in Europa, z. B. die Hugenottenkriege.

Renaissance, *die* [rənɛˈsãːs; französisch ›Wiedergeburt‹], eine im 14. Jh. von Italien ausgehende Bewegung in Kunst und Kultur, die bis zum 16. Jh. zu einer europäischen Bewegung wurde und in nahezu allen Ländern nationale Ausprägungen erfuhr. In der Zeit der Renaissance begann sich das Denken und Forschen aus der kirchlichen Gebundenheit des Mittelalters zu lösen; es orientierte sich zunehmend am Einzelmenschen und am Diesseits, besonders an der Antike. Vor allem in der bildenden Kunst spricht man vom antike Vorbilder nachahmenden Renaissancestil, der die Gotik ablöste und in den ↑ Barock (Kapitel 5) mündete.

Résistance, *die* [reziˈtãːs; französisch ›Widerstand‹], französische Widerstandsbewegung im Zweiten Weltkrieg gegen die deutsche Besatzungsmacht und die mit ihr zusammenarbeitende französische Regierung in Vichy. Die Résistance verübte Sabotageakte und baute ein Spionagenetz auf. Sie band damit deutsche Truppen und störte die Verkehrsverbindungen zum Teil erheblich.

Restauration, *die* die Wiederherstellung einer politischen und sozialen Ordnung nach einem Umsturz, besonders die Wiedereinsetzung eines gestürzten Herrscherhauses. Im engeren Sinn wird die Zeit zwischen 1815 bis 1830 (vom Ende des Wiener Kongresses bis zur Julirevolution in Paris) als Zeitalter der Restauration bezeichnet, als in fast allen europäischen Staaten versucht wurde, die politischen Verhältnisse der Zeit vor der Französischen Revolution wieder herzustellen.

Revolutionskriege, die Kriege im Gefolge der Französischen Revolution (↑ Koalitionskriege).

Rhodes, Cecil [rəʊdz], britisch-südafrikanischer Kolonialpolitiker (*1853, †1902). Rhodes erwarb im Diamantengeschäft in Südafrika ein großes Vermögen. Er nahm große Gebiete der heutigen Länder Sim-

Weltgeschichte   röm

Die Hinrichtung **Maximillien de Robespierres** am 28. 7. 1794

babwe, Sambia und Botswana für Großbritannien in Besitz und betrieb die Eingliederung der Burenrepubliken in das Britische Empire. Sein Ziel war ein zusammenhängender britischer Herrschaftsbereich von Südafrika bis Ägypten ›vom Kap bis Kairo‹.

Richard Löwenherz, englischer König (* 1157, † 1199, König ab 1189). Er nahm 1190–92 an einem Kreuzzug ins Heilige Land teil. Auf der Rückreise geriet er in die Gefangenschaft Kaiser Heinrichs VI. (* 1165, † 1197), der ihn erst 1194 gegen hohes Lösegeld und einen Lehnseid freiließ. In England musste er sich danach gegen seinen jüngeren Bruder Johann ohne Land (* 1167, † 1216) durchsetzen und zugleich seine Besitzungen in Frankreich gegen den französischen König verteidigen. In einer Fehde gegen einen kleinen Vasallen wurde er durch einen Pfeil tödlich verwundet.

Richelieu, Armand Jean du Plessis, Herzog von [riʃəˈljø], französischer Staatsmann und Kardinal (* 1585, † 1642). Als leitender Minister (seit 1624) König Ludwigs XIII. (* 1601, † 1643) setzte Richelieu im Kampf gegen den Hochadel den Absolutismus des Königs durch. Er nahm den Hugenotten 1628 ihre politische Sonderstellung, griff jedoch 1635 auf protestantischer Seite in den Dreißigjährigen Krieg ein, um die habsburgische Macht zurückzudrängen. Er ist der Begründer der Großmachtstellung Frankreichs im 17. Jahrhundert.

● 1635 gründete Richeliéu die Académie française.

Risorgimento, *das* [risɔrdʒiˈmento; italienisch ›Wiedererstehung‹], Epoche der italienischen Geschichte (1815–70), die durch das Streben nach nationaler Einheit und Rückgewinnung der kulturellen Bedeutung gekennzeichnet war. Ausgehend vom Königreich Sardinien-Piemont als Kernstaat, gelang es, vor allem gegen den Widerstand Österreichs, das große Teile Norditaliens beherrschte, Italien politisch zu einen. 1861 wurde das Königreich Italien gebildet, das 1866 das österreichische Venezien und 1870 das päpstliche Rom besetzte.

Ritterorden, während der Kreuzzüge im Heiligen Land gegründete Orden, deren Mitglieder Ritter waren. Ihre Aufgaben waren Schutz der Pilger im Heiligen Land, Krankenpflege und Kampf gegen die Heiden. Sie erwarben zeitweise großen Reichtum und beträchtliche Macht. Ritterorden waren der Deutsche Orden, der Templerorden und der Johanniterorden.

Robespierre, Maximilien de [rɔbɛsˈpjɛːr], französischer Revolutionär (* 1758, † 1794). Als Führer der Jakobiner errang Robespierre im Verlauf der Französischen Revolution seit 1793 eine fast unumschränkte Macht. Er setzte die Terrorherrschaft von 1793/94 durch und ließ neben vielen Anhängern des Königtums auch seine politischen Gegenspieler unter den Revolutionären (z. B. Georges Danton) hinrichten. Sein Versuch, diese Terrorherrschaft noch zu verschärfen, endete im Juli 1794 mit seinem Sturz und seiner eigenen Hinrichtung.

Romanow, russisches Herrscherhaus, das Russland von 1613 bis 1762 in direkter Linie und danach bis zur Revolution 1917 in einer Nebenlinie (Romanow-Holstein-Gottorp) regierte. ⓘ S. 56

römische Geschichte, Geschichte des antiken Rom von seiner sagenhaften Gründung durch Romulus 753 v. Chr. bis zur Absetzung des letzten weströmischen Kaisers 476 n. Chr. Bis etwa 500 v. Chr. wurde Rom von etruskischen Königen regiert. Nach deren Vertreibung bestand bis ins 1. Jh. v. Chr. die Römische Republik. Mit den Gracchen begann Ende des 2. Jh. v. Chr. das Jahrhundert der Bürgerkrie-

> **ROMANOW**
>
> Kaiser Nikolaus II. (* 1868, † 1918), der letzte Herrscher aus der Dynastie der Romanows, dankte am 15. 3. 1917 ab. In der Nacht vom 16. zum 17. 7. 1918 wurden er und seine Familie (seine Frau Alice von Hessen-Darmstadt [in Russland Alexandra Fjodorowna], der Thronfolger Aleksej Nikolajewitsch und vier Töchter) von den Bolschewiki ermordet. Nachdem das Grab der Zarenfamilie 1991 in einem Wald bei Jekaterinburg wieder entdeckt wurde, fand am 17. 7. 1998 die feierliche Beisetzung der Gebeine in Sankt Petersburg statt.

ge, an dessen Ende die Errichtung des Römischen Kaiserreichs durch Augustus stand. Seine Blütezeit hatte das Römische Reich unter den Adoptivkaisern im 2. Jh. n. Chr.; es umfasste nun alle Mittelmeerländer, Gallien, England, Teile Germaniens und des Balkans und reichte im Osten bis nach Mesopotamien. Im 3. Jh. versank es unter den Soldatenkaisern in innenpolitischen Wirren, die durch eine zunehmenden Bedrohung der Reichsgrenzen durch die Parther bzw. Perser im Osten und germanische Stämme im Westen verschärft wurden. Seit dem 4. Jh. erzwangen Letztere ihre Ansiedlung auf Reichsgebiet. Nach 395 wurde das Reich in ein Weströmisches und ein Oströmisches Reich geteilt. Der westliche Teil ging 476 mit der Absetzung des letzten Kaisers unter, der östliche bestand als Byzantinisches Reich bis 1453 fort.

⊕ Die legendären sieben Könige Roms waren: Romulus, Numa Pompilius, Tullus Hostilius, Ancus Marcius, Tarquinius Priscus, Servius Tullius, Tarquinius Superbus.

Römische Verträge, nach dem Ort ihrer Unterzeichnung am 25. März 1957 benannte Gründungsverträge der Europäischen Wirtschaftsgemeinschaft (EWG) und der Europäischen Atomgemeinschaft (EURATOM). Diese beiden Gemeinschaften sowie die 1951 gegründete Europäische Gemeinschaft für Kohle und Stahl (EGKS; Montanunion) wurden 1967 als Europäische Gemeinschaften (EG) zusammengefasst. Gründungsmitglieder waren Belgien, die Bundesrepublik Deutschland, Frankreich, Italien, Luxemburg und die Niederlande.

Roosevelt, Franklin Delano [ˈrəʊzvelt], amerikanischer Politiker (* 1882, † 1945), der 32. Präsident der USA (1933–45). Roosevelt war nach einer Kinderlähmung 1921 schwer gehbehindert. Er führte die USA aus der mit dem ›Schwarzen Freitag‹ (1929) begonnenen schweren Wirtschaftskrise und verwirklichte ein wirtschafts- und sozialpolitisches Reformprogramm (›New Deal‹), das erstmals sozialstaatliche Ansätze in den USA verwirklichte. Frühzeitig von der Aggressivität des nationalsozialistischen Deutschland und Japans überzeugt, traten die USA unter seiner Leitung in den Zweiten Weltkrieg ein. Er war maßgeblich am Entstehen der UNO beteiligt.

Rosenkriege, 1455–85, die Kriege zwischen zwei Seitenlinien des englischen Königshauses, York und Lancaster, um den Thron. Der Name leitet sich von den Wappen der beiden Familien ab: York hatte eine weiße und Lancaster eine rote Rose im Wappen. Die Rosenkriege endeten mit der Thronbesteigung Heinrichs VII. Tudor (* 1457, † 1509).

Die wichtigsten römischen Kaiser	
aus dem Julisch-Claudischen Haus:	
27 v. Chr. – 14 n. Chr.	Augustus
14–37	Tiberius
37–41	Caligula
41–54	Claudius
54–68	Nero
aus der Dynastie der Flavier:	
69–79	Vespasian
79–81	Titus
81–96	Domitian
aus der Reihe der ›Adoptivkaiser‹:	
98–117	Trajan
117–138	Hadrian
161–180	Mark Aurel
aus der Severischen Dynastie:	
198–217	Caracalla
aus der Reihe der ›Soldatenkaiser‹:	
253–260	Valerian
aus der Spätzeit des römischen Reiches:	
284–305	Diokletian
306–337	Konstantin der Große
379–395	Theodosius der Große

Rote Garden, die bewaffneten Arbeiterformationen unter Führung der Bolschewiki während der russischen Oktoberrevolution 1917. Aus ihnen ging 1918 die Rote Armee hervor. – Während der chinesischen Kulturrevolution 1966–69 wurden auch die radikalen maoistischen Schüler- und Studentenverbände als Rote Garden bezeichnet.

Rubikon, ↑ Caesar.

Russische Revolution von 1905, durch die Niederlage Russlands im Russisch-Japanischen Krieg, Forderungen nach einer Verfassung, die Unzufriedenheit der Arbeiter und Bauern sowie Aktivitäten der Sozialisten ausgelöste Revolution. Nach Gewährung eines Parlaments (Duma) waren die Forderungen der Liberalen zunächst erfüllt. Die von den Sozialisten weitergeführte Revolution wurde niedergeschlagen. Durch eine vom Zaren erlassene Verfassung wurde 1906 das gerade geschaffene Parlament wieder entmachtet.

Russisch-Japanischer Krieg, 1904/05, Krieg zwischen Russland und Japan um Korea und die Mandschurei. Nach mehreren schweren Niederlagen (Seeschlacht bei Tsuschima) musste Russland die Vorherrschaft Japans in Korea und der Südmandschurei anerkennen und seinen Kriegshafen Port Arthur sowie den Süden der Halbinsel Sachalin an Japan abtreten. Innenpolitisch führte die Niederlage zur russischen Revolution von 1905.

Sadat, Mohammed Anwar as-, ägyptischer Politiker (* 1918, † 1981), wurde 1970 als Nachfolger Gamal Abd el-Nassers Präsident Ägyptens und führte sein Land 1973 in den Jom-Kippur-Krieg. 1977/79 gelang es ihm, gegen heftige Widerstände im arabischen Lager, einen Friedensvertrag mit Israel zu schließen (auch ↑ Camp-David-Abkommen). 1978 erhielt er zusammen mit dem israelischen Ministerpräsidenten Menachem Begin (* 1913, † 1992) den Friedensnobelpreis. Sadat fiel einem Attentat islamischer Fanatiker zum Opfer.

Saladin, Sultan von Ägypten und Syrien (* 1138, † 1193). Als Truppenführer des Sultans von Syrien eroberte er 1169–71 Ägypten, danach auch Syrien. 1187 vernichtete er ein christliches Kreuzfahrerheer und besetzte Jerusalem. Saladin genoss bei Christen und Muslimen hohe Achtung als frommer Herrscher und ritterlicher Gegner.

Saladin ist eine der Hauptfiguren in Lessings Schauspiel ›Nathan der Weise‹.

Salomo, König von Juda und Israel (965–926 v. Chr.). Er konnte das von seinem Vater David (regierte 1004/03 bis 965/964 v. Chr.) geschaffene Reich durch kluge Politik ohne Kriege sichern und es durch die Förderung von Kunst und Wissenschaft zu einer Hochblüte bringen. In der Überlieferung des Orients gilt Salomo als Idealbild des weisen und mächtigen Herrschers (auch ⇒ Kapitel 10).

Samurai, der [japanisch ›Dienender‹], im alten Japan das bewaffnete Begleitpersonal des Adels, später die Angehörigen des Kriegerstandes; seit dem 17. Jh. die oberste Klasse, aus der sich u. a. Militär, Beamte und Klerus rekrutierten. Die Samurai hatten einen strengen Ehrenkodex; ihr äußeres Zeichen waren die zwei Schwerter. Nach der ↑ Meijireform wurden sie teils zum Adel, teils zum Bürgertum gerechnet.

Sandinisten, nach dem Guerillaführer der 1930er-Jahre, Augusto César Sandino (* 1893, † 1934), benannte nicaraguanische Guerillaorganisation, die 1979 maßgeblichen Anteil am Sturz der rechtsgerichteten Diktatur in Nicaragua hatte. Seit den Wahlen von 1990 bilden die Sandinisten, die die Macht friedlich abgaben, die größte Oppositionspartei.

Sansculotten [sãsky'lɔtən; französisch ›ohne Kniehosen‹], in der Französischen Revolution Spottname für die Revolutionäre, die im Gegensatz zur adligen Mode nicht Kniehosen (französisch: culottes), sondern lange Hosen (pantalons) trugen. Sansculotte wurde dann zur Bezeichnung für Republikaner.

Sarajevo, Hauptstadt von Bosnien und Herzegowina. Am 28. Juni 1914 wurden in der damals zu Österreich-Ungarn gehörenden bosnischen Stadt der österreichische Thronfolger Franz Ferdinand (* 1863) und seine Gemahlin Sophie Gräfin Chotek (* 1868) von serbischen Extremisten ermordet. Dieser Mord führte zur ↑ Julikrise und zum Ersten Weltkrieg.

Sassanidenreich, nach der persischen Dynastie der Sassaniden bezeichnetes zweites persisches Großreich, das 224 n. Chr. die Herrschaft der Parther beendete. Auf dem Höhepunkt seiner Macht im 6. Jh. reichte es von Mesopotamien bis nach Indien. 642 erlagen die Sassaniden dem Ansturm der islamischen Araber.

Schah, Titel der ehemaligen persischen Könige. Der letzte Schah, Mohammed Resa Pahlewi, trug als Kaiser von Persien den Titel Schahinschah (Schah der Schahs).

Scherbengericht, ↑ Ostrakismos.

Schierlingsbecher, Trank mit dem giftigen Saft der Schierlingspflanze. Der Schierlingsbecher diente im antiken Athen als Mittel zum Vollzug der Todesstra-

57

fe. Mit ihm wurde 399 v. Chr. der Philosoph Sokrates hingerichtet.

Schisma, *das* [griechisch ›Spaltung‹], im Christentum eine nicht durch unterschiedliche Lehre begründete Spaltung der kirchlichen Einheit. Die Kirchengeschichte kennt zahlreiche Schismen. Besondere Bedeutung erlangte das **Morgenländische Schisma** von 1054, das zu der bis heute andauernden Trennung zwischen der lateinisch-abendländischen (katholischen) Kirche und den Ostkirchen führte. Im **Abendländischen Schisma** (1378–1417) standen sich innerhalb der katholischen Kirche zwei, zuletzt sogar drei Päpste gegenüber.

Schweitzer, Albert elsässischer evangelischer Theologe, Arzt und Philosoph (*1875, †1965). Er gründete 1913 im afrikanischen Lambarene (Gabun) ein Tropenkrankenhaus mit Leprastation und wirkte dort als Missionsarzt (›Urwalddoktor‹). Als Philosoph lehrte und lebte er einen ›christlichen Humanismus‹, der sich auf die ›Ehrfurcht vor dem Leben‹ gründete. 1952 erhielt er den Friedensnobelpreis.

🔴 Als Musiker zeichnete sich Albert Schweitzer durch die Herausgabe und Interpretation der Orgelwerke Johann Sebastian Bachs aus.

Sechstagekrieg, der nach seiner Dauer (5. bis 10. Juni) benannte arabisch-israelische Krieg von 1967. Im durch den ägyptischen Präsidenten Nasser provozierten Sechstagekrieg besiegte Israel in mehreren Blitzfeldzügen Syrien, Jordanien und Ägypten und besetzte die Golanhöhen, das Westjordanland, den Gazastreifen und die Sinaihalbinsel.

Seidenstraße, ein spätestens seit dem 2. Jh. v. Chr. benutztes Netz von Karawanenstraßen, die von China durch Zentralasien an die Küsten des Mittelmeeres und des Schwarzen Meeres führten und auf denen vor allem chinesische Seide befördert wurde.

🔴 Eine Karawanenreise vom Mittelmeer nach China und zurück dauerte sechs bis acht Jahre.

Sezessionskrieg, der amerikanische Bürgerkrieg 1861–65, der durch wirtschaftliche, politische und soziale Gegensätze zwischen Nord- und Südstaaten vor allem in der Sklavenfrage (im Norden war die Sklaverei abgeschafft worden, während die Südstaaten in der Sklavenhaltung die Grundlage ihres Wirtschaftssystems sahen) ausgelöst wurde. Nach der Wahl des Sklavereigegners Abraham Lincoln zum Präsidenten der USA traten die elf Südstaaten aus der Union aus und gründeten 1861 einen eigenen Staatenbund, die ›Konföderierten Staaten von Amerika‹. Den dadurch ausgelösten Bürgerkrieg gewannen die Nordstaaten aufgrund ihrer materiellen Überlegenheit. Die Union blieb erhalten, die Sklaverei wurde abgeschafft.

🔴 In zahlreichen Romanen, u. a. in ›Vom Winde verweht‹ von Margaret Mitchell (*1900, †1949), wurde der Krieg literarisch verarbeitet.

Shogun, *der* [ʃo...; japanisch ›Großmarschall zur Unterwerfung der Barbaren‹], **Schogun,** im alten Japan zunächst ein hoher militärischer Amtstitel. Seit 1194 war Shogun der Ehrentitel der Regenten aus dem Haus Minamoto (seit 1603 aus dessen Zweig Tokugawa) bis hin zum letzten Shogun Tokugawa Yoshinobu (*1837, †1913), der 1868 zurücktrat und die Macht wieder dem Tenno übergab. Der Shogun übte im Namen des Tenno, der nominell Staatsoberhaupt war, die Regierung aus.

Siebenjähriger Krieg ⇒ Kapitel 2.

sieben Weltwunder ⇒ Kapitel 5.

Sissy, volkstümlicher Name der Kaiserin von Österreich, Königin von Ungarn und Gemahlin Kaiser Franz Josephs I. (*1830, †1916), Elisabeth Eugenie Amalie (*1837, †1898). Elisabeth galt als eine der schönsten Frauen ihrer Zeit. Ihre Sympathien für Ungarn nutzte der ungarische Ministerpräsident Graf Andrássy (*1823, †1890) für die amtliche Politik. Die zur Schwermut neigende Kaiserin entzog sich durch Reisen zunehmend dem Hofleben. Sie wurde von einem italienischen Anarchisten ermordet.

🔴 Ab einem bestimmten Alter ließ sich die Kaiserin nicht mehr porträtieren oder fotografieren. Sie wollte dadurch für alle Zeiten ihr Image als strahlende Schönheit bewahren.

Sizilianische Vesper, der Aufstand der Bürger Palermos gegen Karl I. von Anjou (*1226, †1285), der am Ostermontag 1282 zur Vesper ausbrach und auf ganz Sizilien übergriff. Er endete mit der Vertreibung Karls.

Sklaverei, die völlige rechtliche und wirtschaftliche Abhängigkeit eines Menschen (Sklaven) von einem anderen (Sklavenhalter). Die Sklaverei war seit frühester Zeit über die ganze Erde verbreitet und erwuchs vielfach aus Kriegsgefangenschaft und Kolo-

Weltgeschichte — Sow

Russland und die übrigen Nachfolgestaaten der **Sowjetunion**

nisation. In Europa hörte sie im Spätmittelalter weitgehend auf. Nach der Entdeckung Amerikas nahm jedoch der Sklavenhandel neuen Aufschwung, vom 16. bis 19. Jh. wurden etwa 10 Millionen Afrikaner als Sklaven nach Amerika verkauft. Erst im 19. Jh. wurden die Sklaverei und der Sklavenhandel nach und nach von den Kolonialmächten verboten. In den USA führte 1861 u. a. die Sklavenfrage zum Sezessionskrieg.

Slawen, Völkergruppe in Ost- und Südosteuropa, die vor allem durch Gemeinsamkeiten der Sprache geprägt ist. Ursprünglich wohl in der Ukraine und Südrussland ansässig, wanderten die Slawen im 5./6. Jh. nach Südwesten (Balkan), nach Norden (Russland) und nach Westen (Mittelosteuropa). Seit dem 7. Jh. wurden die Balkanslawen, seit dem 10. Jh. auch die nördlichen Slawen christianisiert.

Soldatenkaiser, die römischen Kaiser des 3. Jh., die überwiegend als Feldherren durch ihre eigenen Truppen zu Kaisern erhoben wurden.

Söldner, geworbene, meist zeitlich befristet für Sold dienende und für fremde Interessen kämpfende Soldaten. Im spätmittelalterlichen und frühneuzeitlichen Europa bildeten aus Söldnern bestehende Heere die vorherrschende militärische Erscheinungsform. Mit dem Aufkommen der stehenden Heere und ihrer Rekrutierung aus Landeskindern sowie der Einführung der allgemeinen Wehrpflicht im Gefolge der Französischen Revolution verschwand das Söldnerwesen in Europa weitgehend.
Die seit 1831 bestehende französische Fremdenlegion weist bis heute wesentliche Merkmale des Söldnerwesens auf.

Sonnenkönig, ↑ Ludwig XIV.

Sowjetunion, eigentlich **Union der sozialistischen Sowjetrepubliken,** Abkürzung **UdSSR,** der aus der Oktoberrevolution 1917 und dem ihr folgenden Bürgerkrieg als Nachfolgestaat des Russischen Reichs hervorgegangene Staat, der durch Zusammenschluss der unter der Herrschaft der Bolschewiki stehenden Republiken Russland, Weißrussland, Ukraine und Transkaukasien 1922 entstand und bis Ende 1991 existierte. Seit Ende der 1920er-Jahre von Stalin als totalitäre Diktatur geführt, stieg die Sowjetunion zunächst zur Führungsmacht des Weltkommunismus auf. Im Verlauf des Zweiten Weltkriegs, in dem sie mit massiver Unterstützung der Westmächte den deutschen Angriff unter hohen Verlusten abwehren konnte, gewann sie den Status einer Weltmacht. Nach dem Zweiten Weltkrieg war die Sowjetunion bis zu ihrem Zerfall neben den USA, denen sie im Kalten Krieg als Führungsmacht der sozialistischen Staaten gegenüberstand, der mächtigste Staat der Erde.

Ein erster Versuch, die unbefriedigende Wirtschafts- und Gesellschaftsstruktur des Landes zu reformieren, endete 1964 mit dem Sturz Nikita Chruschtschows weitgehend ergebnislos. Die erst 1985 mit der Machtübernahme Michail Gorbatschows wieder einsetzenden Reformbemühungen führten innerhalb weniger Jahre unter den Schlagwörtern ›Glasnost‹ und ›Perestroika‹ zur weitgehenden Demokratisierung des politischen Systems, aber auch zum Zusammenbruch der politischen Strukturen. In diesem Prozess gewannen die die Union bildenden Republiken politisch entscheidend zulasten des Zentralstaates an Gewicht. Am Ende stand die Auflösung der Sowjetunion im Dezember 1991, nachdem zuvor bereits, neben den drei baltischen Republiken Estland, Lettland und Litauen, auch zahlreiche weitere Republiken ihre Unabhängigkeit erklärt hatten.

Sozialdarwinismus, *der* eine sozialwissenschaftliche Theorie, die dadurch entstand, dass man die naturwissenschaftliche Entwicklungslehre des britischen Naturforschers Charles Darwin auf die Entwicklung der menschlichen Gesellschaft übertrug. Der Sozialdarwinismus prägte vor allem in der 2. Hälfte des 19. Jh. das politische Denken. Die geschichtliche Entwicklung der Gesellschaft wurde als Auslese- und Anpassungsprozess verstanden, an dessen Ende sich nur die Tüchtigen und Starken durchsetzen. Vergröbernd nutzte man den Sozialdarwinismus auch zur Rechtfertigung von Krieg und Militarismus.

soziale Frage, Schlagwort für die sozialpolitischen Probleme, die sich im Verlauf von Bevölkerungs- und Industrialisierungsentwicklungen und den daraus folgenden Umwälzungen ergeben. Besonders die durch Armut, Entwurzelung, mangelhafte Wohnverhältnisse, schlechte Arbeitsbedingungen usw. gekennzeichnete Lage der europäischen Arbeiterschaft im Verlauf ihrer Herausbildung während der industriellen Revolution im 19. und frühen 20. Jh. wird als soziale Frage bezeichnet.

spanische Armada, eine von König Philipp II. (*1527, †1598) von Spanien 1588 aufgestellte Flotte, mit deren Hilfe er das protestantische England Elisabeths I. erobern wollte. Sie unterlag der wesentlich kleineren englischen Flotte im Ärmelkanal; ihre Reste wurden durch Stürme weiter dezimiert, sodass das Unternehmen ein völliger Fehlschlag wurde.

Spanischer Bürgerkrieg, 1936–39, kriegerische Auseinandersetzung zwischen der gewählten spanischen Regierung und den von General Franco Bahamonde geführten rechtsgerichteten Kräften. Aufgrund der massiven Unterstützung der Rebellen durch das faschistische Italien und das nationalsozialistische Deutschland (›Legion Condor‹) und wegen des Ausbleibens einer Unterstützung der republikanischen Regierung durch die westeuropäischen Demokratien konnte sich Franco durchsetzen und eine faschistische Diktatur errichten, die bis zu seinem Tod 1975 bestand.

⊕ Aufseiten der Republik bildeten sich die ›Internationalen Brigaden‹, in denen zahlreiche Intellektuelle, u.a. Ernest Hemingway und George Orwell, kämpften.

⊕ Die Zerstörung (1937) des baskischen Städtchen Guernica durch Flugzeuge der ›Legion Condor‹ löste weltweite Empörung aus (auch ↑ Picasso, Kapitel 5).

Spanischer Erbfolgekrieg, 1701–14, der Krieg um das Erbe der spanischen Besitzungen nach dem Tod des letzten spanischen Königs aus dem Haus Habsburg. Dabei standen sich das Frankreich Ludwigs XIV. und eine europäische Koalition aus England, den Niederlanden und Österreich gegenüber. Es gelang dieser, die Vormachtstellung Frankreichs zu brechen. Zwar erhielt ein Enkel Ludwigs XIV. die spanische Krone, aber die Nebenländer Neapel, Mailand und die südlichen Niederlande (heute Belgien) fielen an die österreichischen Habsburger. England gewann Gibraltar und Neufundland.

Sparta, antike griechische Stadt, neben Athen die bedeutendste Stadt der griechischen Antike. Sparta

wurde seit dem 7. Jh. v. Chr. von einer Kriegerkaste (Spartiaten) geführt. Die Spartaner führten ein auf Krieg und Dienst am Staat eingestelltes Leben. Auf dieser Basis gelang es ihnen, im Peloponnesischen Krieg gegen Athen die Vorherrschaft in Griechenland zu erkämpfen. Die Verfassung des antiken Sparta galt den Zeitgenossen als vorbildlich.
➕ Nach dem durch strenge Zucht und einfaches Leben geprägten Lebensstil der Spartaner bezeichnet man den Verzicht auf jeden Luxus als ›spartanisch‹.

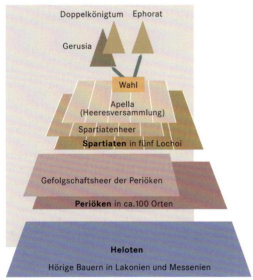

Sparta Der schematische Aufbau des spartanischen Staates

Spartacus, Führer der Sklaven im römischen Sklavenkrieg 73–71 v. Chr. († 71 v. Chr.). Spartacus entfloh 73 v. Chr. aus der Gladiatorenschule in Capua. Nachdem er mit anderen entflohenen Sklaven mehrere römische Truppenaufgebote besiegt hatte, hielt er einen großen Teil Süditaliens in seiner Gewalt. Erst Licinius Crassus Dives (*um 115, † 53 v. Chr.) besiegte die aufständischen Sklaven 71 v. Chr., wobei Spartacus den Tod fand.
➕ Bei marxistischen Theoretikern galt der von ihm geführte Aufstand als frühes Zeugnis für die Klassenkampflehre; so wurden verschiedene Einrichtungen (z. B. Spartakiade) und Organisationen (z. B. Spartakusbund) nach ihm benannt.

Spartakiade, *die* [nach Spartacus], Bezeichnung für große Sportveranstaltungen in den früheren kommunistischen bzw. sozialistischen Ländern. So gab es z. B. die S. der Völker der UdSSR oder die Kinder- und Jugend-S. der DDR, die sowohl zur Talentsicherung dienten als auch zur Selbstdarstellung genutzt wurden.
➕ Die erste S. fand 1921 in Prag statt.

Splendid Isolation, *die* [ˈsplendɪd aɪsəˈleɪʃən; englisch ›glanzvolles Alleinsein‹], Schlagwort für die britische Außenpolitik im 19. Jh., die, gestützt auf die britische Seeherrschaft, Bündnisse vermied, um die eigene politische Handlungsfreiheit zu wahren. Sie wurde mit dem britisch-japanischen Bündnis von 1902 und der ↑ Entente cordiale von 1904 beendet.

Sputnikschock, in den USA der durch den Start des ersten künstlichen Satelliten Sputnik I (4. Oktober 1957) durch die Sowjetunion ausgelöste öffentliche Schock. Der Sputnikschock führte zu einer starken Förderung der Raumfahrt und letztlich zur ersten bemannten ↑ Mondlandung 1969.

Der Staat bin ich [französisch ›L'état c'est moi‹], Ausspruch, den der französische König Ludwig XIV. angeblich 1655 vor dem Parlament getan haben soll. Der ›Sonnenkönig‹ wollte mit der Gleichsetzung von Staat und Herrscher seinen Anspruch auf absolute und unbeschränkte Herrschaft verdeutlichen.

Staatsräson, *die* [-rɛzɔ̃], Lehre, nach der staatliche Sicherheit, Wohlfahrt und Macht den Vorrang vor religiösen, sittlichen und rechtlichen Ansprüchen haben und Leben, Freiheit und Eigentum des Einzelnen um des Staatswohls willen beschränkt, im Notfall geopfert werden müssen. Die Lehre von der Staatsräson entstand vor allem im Zusammenhang mit dem Absolutismus, fand im Zeichen des Nationalismus Anwendung auf die Nation und hat bis in die Gegenwart zahlreiche Anhänger.

Stalin, Jossif Wissarionowitsch eigentlich J. W. Dschugaschwili, sowjetischer Politiker (*1879, † 1953). Ab 1903 Mitglied der Bolschewiki, hatte Stalin nach der Oktoberrevolution hohe Staats- und Parteiämter inne. Nach dem Tod Lenins (1924) baute er seine Macht aus und errichtete bis Ende der 1920er-Jahre eine persönliche Diktatur, der durch Terror und Unterdrückung Millionen Menschen zum Opfer fielen. Nach dem Zweiten Weltkrieg schuf er einen Gürtel abhängiger, durch den Eisernen Vorhang nach Westen abgeschirmter Staaten (Ostblock). Das Herrschaftssystem Stalins (Stalinismus) wurde nach seinem Tod zwar gemildert, aber erst Ende der 1980er-Jahre in der Sowjetunion und den von ihr beherrschten Staaten abgeschafft.

Ständegesellschaft, die Gesellschaftsordnung der europäischen Staaten im Mittelalter und der frühen Neuzeit, die die Gesellschaft in die Stände Adel (1. Stand), Geistlichkeit (2. Stand) und Volk (3. Stand) gliederte. Adel und Klerus standen neben der Ausübung der Herrschaft zahlreiche Vorrechte zu, während dem Volk die Rolle des Untertans zufiel. Die Ständegesellschaft als Herrschaftssystem der Über- und Unterordnung war rechtlich und ideologisch durch religiöse und staatstheoretische Ordnungsvorstellungen abgesichert und damit relativ stabil. Sie ging im Zuge der Französischen Revolution unter.

Ständeversammlung, nach den drei Ständen der Ständegesellschaft gegliederte Versammlung von Abgeordneten dieser Stände, die an der Verwaltung oder Regierung des Staates teilnahmen. Neben regionalen Ständeversammlungen (z. B. Landstände) traten früh Versammlungen eines ganzen Landes (z. B. Generalstände in Frankreich, Parlament in England) auf, die sich zunehmend als Vertretung des ganzen Volkes sahen und so zu Vorläufern der modernen Parlamente wurden.

Steinzeit, älteste Kulturstufe der Menschheit, in der Metalle noch unbekannt waren und Waffen und Werkzeuge aus Stein, Knochen oder Holz gefertigt wurden. Sie gliedert sich in Alt-, Mittel- und Jungsteinzeit und umfasst die Zeit vom Beginn der Menschheitsgeschichte vor ungefähr 2,5 Millionen Jahren bis zum Beginn der ↑ Bronzezeit.

Stuart [englisch ˈstuət], schottisches Adelsgeschlecht, das 1371 auf den schottischen Thron und 1603 zugleich auf den englischen Thron kam, beide aber 1688/89 in der Glorreichen Revolution verlor. Damit war der Versuch der Stuartkönige gescheitert, in England und Schottland den Absolutismus einzuführen. Die katholische Hauptlinie der Stuarts wurde 1701 von der Thronfolge ausgeschlossen und starb 1807 aus.

Sturm auf die Bastille, ↑ Bastille.

Suezkrise, politisch-militärischer Konflikt, der durch die Verstaatlichung der Suezkanalgesellschaft durch Ägypten (Juli 1956) ausgelöst wurde. Er führte zum Suezkrieg (Oktober–November 1956), in dem britische und französische Truppen einen Luftlandeangriff unternahmen und israelische Streitkräfte die Halbinsel Sinai und den Gazastreifen besetzten. Der Suezkanal wurde geschlossen und erst nach Beendigung des Konflikts (Abzug aller fremden Truppen, Entsendung einer UN-Friedenstruppe) im April 1957 wieder geöffnet.

> **ⓘ BERTHA VON SUTTNER**
> **Über die Motive der Pazifisten**
>
> ›Was sich in der Friedensbewegung äußert, ist nicht ein Traum weltentrückter Fantasten, es ist der Selbsterhaltungstrieb der Zivilisation.‹

Suffragetten [zu lateinisch suffragium ›Stimmrecht‹], die radikalen Mitglieder der Frauenbewegung in Großbritannien, die vor 1914 für die politische Gleichberechtigung der Frauen (vor allem das Wahlrecht) u. a. mit Hungerstreiks und Demonstrationen kämpften.

Sukarno, Achmed indonesischer Politiker (* 1901, † 1970), Führer der indonesischen Unabhängigkeitsbewegung und 1945–67 Staatspräsident. Zugleich war er einer der Führer der Blockfreienbewegung. Wegen seiner zweideutigen Haltung bei einem gescheiterten kommunistischen Umsturzversuch 1965 wurde er bis 1967 vom Militär schrittweise entmachtet.

Süleiman I., der Prächtige, osmanischer Sultan (* 1494, † 1566). Unter seiner Regierung (ab 1520) erreichte das Osmanische Reich den Höhepunkt seiner Macht; er eroberte 1526 und 1541 den größten Teil Ungarns, belagerte 1529 vergeblich Wien, kämpfte siegreich gegen Persien und beherrschte mit seiner Flotte das Mittelmeer.

Sultan, historischer Herrschertitel in islamischen Ländern, besonders bei Dynastien türkischen Ursprungs. Die Herrscher des Osmanischen Reichs trugen ihn bis 1922.

Sumerer, die frühesten Bewohner Mesopotamiens, ein Volk unbekannter Herkunft, das seit Ende des 4. Jahrtausends v. Chr. nachweisbar ist. Die Sumerer gründeten Stadtstaaten (u. a. Uruk, Kisch, Ur, Lagasch und Umma) und waren maßgeblich an der Entwicklung der altorientalischen Hochkultur beteiligt. Von ihnen stammen die ältesten Zeugnisse einer Schrift.

Suttner, Bertha von deutsch-österreichische Schriftstellerin (* 1843, † 1914). Die aus österreichischem Hochadel stammende Bertha von Suttner (geborene Gräfin Kinsky) erregte mit ihrem pazifistischen Roman ›Die Waffen nieder!‹ (1889) großes Aufsehen. Sie gehörte zu den Führungspersönlichkeiten der Friedensbewegung und erhielt 1905 den Friedensnobelpreis. ⓘ

Bertha von Suttner

Tenno, Titel des japanischen Kaisers. Vom 12. Jh. bis 1868 war das Kaisertum Japans politisch nahezu bedeutungslos. Erst mit der ↑ Meijireform gewann der Tenno als Inhaber der obersten Staatsgewalt wieder Macht. Nach dem Zweiten Weltkrieg verlor er abermals seine überragende politische Stellung. Die Verfassung von 1947 bestimmt ihn zum Symbol Japans und des japanischen Volkes.
⊕ Die Dynastie der japanischen Kaiser ist die älteste noch bestehende Dynastie. Als ihr Ahnherr gilt der sagenhafte Jimmu Tenno, Abkömmling der Sonnengöttin Amaterasu, der am 11. Februar 660 v. Chr. den japanischen Thron bestiegen haben soll.

Terrorherrschaft, die von den Jakobinern unter Führung Robespierres geprägte Phase der Französischen Revolution 1793/94, in der neben Tausenden von Anhängern des Königtums auch zahlreiche Revolutionäre dem revolutionären Terror zum Opfer fielen.

Thatcher, Margaret Hilda [ˈθætʃə], britische Politikerin (* 1925), war ab 1975 Führerin der Konservativen Partei und 1979–90 Premierministerin. Ihre Regierung war innenpolitisch geprägt von einer betont marktwirtschaftlichen Wirtschaftspolitik (›Thatcherismus‹); außenpolitisch vertrat sie eine Politik der Stärke des Westens gegenüber der Sowjetunion sowie Großbritanniens innerhalb der Europäischen Gemeinschaft. Im Falklandkrieg verteidigte sie die britischen Interessen auch militärisch.
⊕ Wegen ihrer oft starren Haltung erhielt Margaret Thatcher den Beinamen ›Eiserne Lady‹.

Theoderich der Große, König der Ostgoten (* um 453, † 526). Er eroberte 488–493 im Auftrag des oströmischen Kaisers Zenon (* 426, † 491) Italien. Danach dehnte er sein Herrschaftsgebiet weiter aus. Sein Versuch, alle germanischen Königreiche innerhalb des untergegangenen weströmischen Reichs zu vereinigen, scheiterte. Seine Regierungszeit gilt als ›Goldene Epoche‹ in der Geschichte Italiens, da sie Frieden und eine kulturelle Blüte brachte.
⊕ 489 besiegte Theoderich der Große den Germanenkönig Odoaker bei Verona, dessen Name im Mittelalter ›Bern‹ lautete; deshalb ging er als ›Dietrich von Bern‹ in die germanische Heldendichtung (Nibelungenlied) ein.

Thukydides, griechischer Geschichtsschreiber (* um 460, † nach 400 v. Chr.), der als der Begründer der politischen Geschichtsschreibung gilt. In seiner Geschichte des Peloponnesischen Krieges, an dem er selbst teilnahm, versuchte er, die Ereignisse wahrheitsgetreu (objektiv) und in ihrem inneren Zusammenhang darzustellen.

Tibetfrage. Seit der Besetzung Tibets durch die Volksrepublik China 1950/51 betrachtet diese Tibet als Teil Chinas, während der geistliche und politische Führer der Tibeter, der seit einem vergeblichen Volksaufstand 1959 in Indien im Exil lebende Dalai-Lama, weiterhin an der Unabhängigkeit Tibets festhält. In den späten 1980er-Jahren kam es erneut zu gewalttätigen Protesten gegen die chinesische Herrschaft; seitdem betreibt China eine Unterdrückungspolitik, die auf eine Vernichtung der tibetischen Traditionen zielt.

Tito, eigentlich Josip Broz, jugoslawischer Politiker (* 1892, † 1980), führte im Zweiten Weltkrieg die kommunistischen Partisanen, die bis 1945 aus eigener Kraft die größten Teile Jugoslawiens von der deutschen und italienischen Besatzung befreiten. Nach dem Krieg wurde er der führende Politiker seines Landes. Innenpolitisch setzte er seinen ›eigenen Weg zum Sozialismus‹ durch. Außenpolitisch wurde er, nachdem er sich der Bevormundung durch die Sowjetunion bereits Ende der 1940er-Jahre entzogen hatte, zu einem der Führer der Blockfreienbewegung.

Tokugawa Jeyasu, japanischer Feldherr und Staatsmann (* 1543, † 1616), stand in der Nachfolge von Oda Nobunaga und Toyotomi Hideyoshi und setzte sich bis 1600 als beherrschender Machthaber in Japan durch. Seit 1603 war er Shogun. Er brach die Kontakte Japans zu auswärtigen Mächten weitgehend ab und legte den Grundstein für einen mehr

63

als 250 Jahre währenden Frieden. Seine Nachfolger regierten als erbliche Shogune bis 1867.

Toyotomi Hideyoshi, japanischer Feldherr (* 1536/37, † 1598), war Nachfolger Oda Nobunagas und seit 1585 kaiserlicher Regent, der die Reformen seines Vorgängers zum Abschluss brachte. Er schuf die klassische japanische Sozialordnung aus den vier Ständen Samurai, Bauern, Handwerker und Kaufleute; außerhalb dieser Ordnung standen der Hofadel sowie die ›Hinin‹ und die ›Eta‹, denen alle niederen Arbeiten zufielen.

Trafalgar, Kap an der Südküste Spaniens. Vor Trafalgar besiegte 1805 die britische Flotte unter Admiral Horatio Nelson die vereinigte französisch-spanische Flotte und sicherte damit die britische Seeherrschaft.

Triumvirat, *das* [lateinisch ›Dreimännerherrschaft‹], im antiken Rom ein Dreimännerkollegium, das für besondere staatliche Aufgaben eingesetzt werden konnte. Bedeutsam wurden vor allem zwei Triumvirate im 1. Jh. v. Chr.:
Das 1. Triumvirat bestand aus Gaius Iulius Caesar, Gnaeus Pompeius (* 106 v. Chr., † 48 v. Chr.) und Licinius Crassus Dives (* um 115 v. Chr., † 53 v. Chr.). Es wurde 60 v. Chr. geschlossen und war nur ein politisches Zweckbündnis ohne gesetzliche Grundlage. Es ebnete jedoch Caesar den Weg zur Macht.
Das 2. Triumvirat, ein zur ›Wiederherstellung des Staates‹ geschaffenes Ausnahmeamt, wurde 43 v. Chr. von Marcus Antonius (* um 82 v. Chr., † 30 v. Chr.), Marcus Aemilius Lepidus (* um 90 v. Chr., † 13/12 v. Chr.) und Gaius Octavianus (Augustus) geschlossen. Es ebnete letztlich für Octavian den Weg zur Macht im Staat.

Troja, von Homer überlieferter Name einer vorgeschichtlichen Stadt, die Schauplatz des ↑ Trojanisches Krieges (Kapitel 9) gewesen sein soll. Nach geografischen Angaben Homers wurde die Stätte Trojas früh an der Nordwestspitze Kleinasiens, 4,5 km von den Dardanellen entfernt, in dem rund 20 m hohen Ruinenhügel von Hissarlik (heute Türkei) vermutet. Dort legten seit 1870 Heinrich Schliemann und spätere Archäologen neun Schichten (Troja I–IX) von aufeinander folgenden Siedlungen frei. In Schicht II fanden sich reiche Gold- und Silberschätze aus der Zeit von etwa 2200 bis 2100 v. Chr. (›Schatz des Priamos‹, heute im Moskauer Puschkin-Museum).

Trotzkij, Leo eigentlich Lew Dawidowitsch Bronstein, russischer Revolutionär (* 1879, † 1940), war neben Lenin 1917 führend an der Oktoberrevolution beteiligt. Er organisierte die Rote Armee und schuf damit die Voraussetzung für den Sieg der Bolschewiki im Bürgerkrieg. Nach dem Tod Lenins wurde er von Stalin entmachtet und ins Exil nach Mexiko vertrieben. Hier kämpfte er weiter für die Weltrevolution und gegen Stalin, in dessen Auftrag er ermordet wurde.

Truman, Harry Spencer [ˈtruːmən], amerikanischer Politiker (* 1884, † 1972), der 33. Präsident der USA (1945–53). Er verfolgte innenpolitisch in Anlehnung an seinen Vorgänger F. D. Roosevelt, dessen Vizepräsident er gewesen war, ein Sozialprogramm (›Fair Deal‹). Außenpolitisch begann er mit der Truman-Doktrin eine Politik der Unterstützung der freien Völker und Staaten unter drohendem kommunistischem Einfluss, die auf eine Eindämmung (Containment) und letztliche Zurückdrängung der Macht der Sowjetunion zielte.

Tschechoslowakei, ehemaliger Staat in Mitteleuropa, der nach dem Ersten Weltkrieg aus dem untergegangenen Kaiserreich Österreich-Ungarn hervorging. Nach dem Zweiten Weltkrieg wurde die Tschechoslowakei ein kommunistisch regierter Staat, der mit dem Umbruch in Osteuropa 1989 zur Demokratie zurückkehrte. 1992 spaltete sich die Tschechoslowakei in die unabhängigen Staaten Tschechische Republik und Slowakische Republik.

Tschernobyl, Ort in der Ukraine, in der Nähe von Kiew. Im Kernkraftwerk Tschernobyl kam es am 26. April 1986 zu einem folgenschweren Unfall (GAU), in dessen Verlauf (Explosion, Brände) große Mengen radioaktiven Materials frei wurden. Ein weiter Landstrich wurde verseucht und unbewohnbar. Nach offiziellen Angaben starben bis 1994 etwa 125 000 Menschen an Strahlenschäden. Radioaktive Niederschläge führten in weiten Teilen Europas zu erheblich erhöhten Strahlenbelastungen.

Tschetschenienkriege. Nachdem Tschetschenien 1991 einseitig seine Unabhängigkeit von Russland erklärt hatte, kam es 1994 zu blutigen Auseinandersetzungen zwischen russischen und tschetschenischen Truppen, die erst 1996 durch einen Waffenstillstand beendet wurden. Das Eindringen tschetschenischer Rebellen in die Nachbarrepublik Dagestan 1999 und mehrere tschetschenischen

Terroristen zugeschriebene Sprengstoffanschläge in russischen Städten führten zu einer erneuten Eskalation des Konflikts. Nach blutigen Kämpfen wurde Tschetschenien 2000 (bis zu den Präsidentenwahlen 2003) unter Direktverwaltung des russischen Präsidenten gestellt.

Tudor [ˈtjuːdə], englisches Königshaus, das von 1485 bis 1603 herrschte. Es wurde am Ende der Rosenkriege durch Heinrich VII. (* 1457, † 1509, König ab 1485) begründet und starb mit Elisabeth I. aus.

Türkenkriege, die Kriege (16. bis 19. Jh.) christlicher europäischer Staaten, vor allem Österreichs, Venedigs, Polens und Russlands, gegen das Vordringen des Osmanischen Reichs.

Tut-anch-Amun, ägyptischer König (1347–1339 v. Chr.), Schwiegersohn Echnatons und Nofretetes. Er gab den Sonnenkult, den Echnaton eingeführt hatte, wieder auf und verlegte die Hauptstadt von Amarna nach Memphis. Bekannt ist er besonders wegen seines 1922 unversehrt entdeckten Grabes, das reiche Schätze enthielt.

UdSSR, Abkürzung für **U**nion **d**er **S**ozialistischen **S**owjet**r**epubliken, die frühere Sowjetunion.

Ungarischer Aufstand, Volksaufstand im Oktober und November 1956 in Ungarn. Angeregt von Reformbemühungen in Polen, kam es in Ungarn zu Protesten, die die Einsetzung des Reformpolitikers Imre Nagy (* 1896, † 1958) zum Ministerpräsidenten erzwangen. Dieser bildete eine Koalitionsregierung, kündigte freie Wahlen an und führte Ungarn aus dem Warschauer Pakt in die Neutralität. Die Reformbewegung wurde daraufhin durch sowjetische Truppen blutig unterdrückt. Etwa 190 000 Ungarn flohen ins westliche Ausland. Nagy und andere wurden hingerichtet, 1989 aber rehabilitiert.

Vasco da Gama, ↑ Gama, Vasco da.

Venedig. Die Stadt entstand in den ersten Jahrhunderten n. Chr. auf zahlreichen Inseln in einer Lagune an der Adria. Durch seine Lage weitgehend vor Feinden sicher, bewahrte sich Venedig große Unabhängigkeit. Seit 697 bildete es eine Adelsrepublik mit einem Dogen an der Spitze. Im Mittelalter errang es die Seeherrschaft im östlichen Mittelmeer. Nach der Eroberung Konstantinopels durch die Türken (1453) war es der Hauptgegner der Türken im östlichen Mittelmeer, wo es bis zum 18. Jh. seine Besitzungen jedoch nach und nach verlor. 1797 löste Napoleon I. die Adelsrepublik auf, Venedig kam an Österreich. Seit 1866 gehört es zu Italien.

veni, vidi, vici [lateinisch, ›Ich kam, ich sah, ich siegte‹], Ausspruch Caesars, mit dem er seinen in einer einzigen Schlacht errungenen Sieg im Krieg gegen das Königreich Pontus 47 v. Chr. nach Rom meldete. Dieser Ausspruch wird oft auch als Sinnspruch für das gesamte Lebenswerk Caesars gesehen.

Vichy [viˈʃi], Stadt in Südfrankreich, die 1940–44 Sitz der nach der deutschen Besetzung Frankreichs gebildeten französischen Regierung unter Marschall Philippe Pétain (* 1856, † 1951) war. Diese ›Vichy-Regierung‹ arbeitete eng mit der deutschen Besatzungsmacht zusammen und entwickelte sich zu einem diktatorischen Regime.

Victoria, Königin von Großbritannien und Irland und Kaiserin von Indien (* 1819, † 1901). Unter ihrer langen Regierung (1837–1901) erlebte Großbritannien den Höhepunkt seiner politischen Machtentfaltung. Dass sie die parlamentarischen Mehrheitsverhältnisse immer achtete, trug wesentlich zur reibungslosen Parlamentarisierung Großbritanniens bei. Das ›Viktorianische Zeitalter‹ war eine Blütezeit des englischen Bürgertums, aber auch eine Zeit von kultureller Verflachung und Prüderie.

➕ Victoria hatte neun Kinder. Wegen ihrer zahlreichen Enkel (u. a. Wilhelm II.) in vielen europäischen Fürstenhäusern wurde sie oft als ›Großmutter Europas‹ bezeichnet.

Viererbande, Bezeichnung für die 1976 kurz nach dem Tod Mao Zedongs verhafteten vier Führer des ultralinken Flügels der Kommunistischen Partei Chinas, darunter Maos Witwe Jiang Qing (* 1914, † 1991). Sie wurden 1981 u. a. wegen Aufruhr zu hohen Haftstrafen bzw. zum Tod verurteilt. Mit ihrem Sturz setzten sich die Pragmatiker um Deng Xiaoping gegen die radikalen Ideologen durch.

Vierzehn Punkte, die von dem amerikanischen Präsidenten Woodrow Wilson 1918 formulierten Grundsätze für eine Friedensordnung nach dem Ersten Weltkrieg. Sie enthielten neben dem Selbstbestimmungsrecht der Völker und konkreten Vorschlägen zu dessen Regelung vor allem den Vorschlag zur Errichtung des Völkerbunds. Sie bildeten die Grundlage für die deutsche Kapitulation, wurden aber nur bruchstückhaft verwirklicht.

Vie   Weltgeschichte

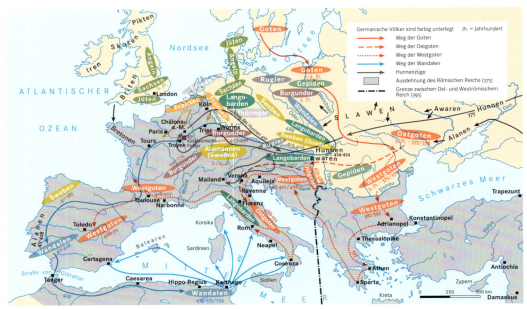

Völkerwanderung

Vietnamkrieg, 1957/58–1975, der in der Nachfolge des ↑ Indochinakrieges geführte Krieg der USA und Südvietnams gegen das von China und der Sowjetunion unterstützte Nordvietnam. Die USA suchten in diesem Krieg der Ausweitung des Kommunismus (auch ↑ Dominotheorie) in Südostasien militärisch entgegenzutreten. Nachdem sie sich, durch die Vergeblichkeit des militärischen Einsatzes und die ↑ Watergate-Affäre gezwungen, 1973 aus dem Krieg zurückgezogen hatten, musste Südvietnam 1975 kapitulieren. Vietnam wurde unter kommunistischer Herrschaft wieder vereinigt. In den Nachbarländern Laos und Kambodscha konnten sich ebenfalls kommunistische Kräfte durchsetzen.

✚ Ab Mitte der 60er-Jahre entwickelte sich in den USA eine Protestbewegung gegen den Vietnamkrieg, die zugleich auf die Bürgerrechtsbewegung einwirkte und in eine allgemeine Auflehnung gegen die bestehende Gesellschaftsordnung überging. Der erfolglose Krieg hinterließ in den USA ein tief gehendes Trauma.

Völkerbund, auf eine Anregung des amerikanischen Präsidenten Woodrow Wilson zurückgehende, 1920–46 existierende Staatenvereinigung zur Sicherung des Weltfriedens und zur Förderung der wirtschaftlichen und kulturellen Zusammenarbeit unter den Nationen. Der Völkerbund, dem die USA nicht angehörten, konnte den Zweiten Weltkrieg nicht verhindern. Nach der Gründung der UNO beschloss er 1946 seine Auflösung.

Völkerwanderung, die Wanderungsbewegungen ganzer Völker und Stämme seit dem 3. Jahrtausend v. Chr., die durch Landnot, Klimawechsel oder Druck anderer Völker hervorgerufen wurden. Für die Geschichte des Abendlandes besonders bedeutsam ist die germanische Völkerwanderung, in deren Verlauf vom 2. bis 8. Jh. germanische Völker nach Süd- und Westeuropa vordrangen. Diese Völkerwanderung trug zum Untergang des Römischen Reichs bei und schuf durch neue Reichsbildungen die Grundlagen der abendländischen Staatenwelt.

Volksdemokratie, das nach dem Zweiten Weltkrieg im Einflussbereich der Sowjetunion zwangsweise durchgesetzte Regierungs- und Gesellschaftsmodell. In den Volksdemokratien hatten die kommunistischen Parteien, bei formalem Weiterbestehen eines Mehrparteiensystems, die alleinige Macht. Im Rahmen der Umwälzungen in Osteuropa 1989/90 wurde dieses System abgeschafft.

Volksfront, die Koalition zwischen bürgerlichen Linken, Sozialisten und Kommunisten. Volksfrontregierungen bestanden vor allem 1936–38 in Frankreich, 1936–39 in Spanien und 1938–47 in Chile. Nach dem Zweiten Weltkrieg und der Errichtung der europäischen Volksdemokratien lehnten die nichtkommunistischen Parteien Europas den Volksfrontgedanken überwiegend ab. Die Volksfrontpolitik scheiterte meist an den unterschiedlichen Zielen der Partner.

Waldenser, um 1175 von dem Kaufmann Petrus Waldes († zwischen 1184 und 1218) in Lyon gestiftete religiöse Laienbewegung. Die Waldenser forderten zunächst vor allem Armut und Einfachheit der Kirche, wandten sich dann aber, beeinflusst von den Katharern, auch gegen viele Lehrinhalte (z. B. Sakramente, Heiligen- und Reliquienverehrung, Ablass) der katholischen Kirche. Sie wurden seit dem 13. Jh. durch die ↑ Inquisition verfolgt. In Italien, Frankreich und Südamerika haben sich einige Gemeinden bis heute erhalten.

Wałęsa, Leszek (Lech) [vaˈu̯ɛsa], polnischer Gewerkschaftsführer und Politiker (*1943), setzte als Sprecher streikender Werftarbeiter in Danzig die Zulassung freier Gewerkschaften in Polen durch und war 1980–90 Vorsitzender von deren Dachverband ›Solidarność‹ (›Solidarität‹). 1983 erhielt er den Friedensnobelpreis. Nach dem Übergang Polens zur parlamentarischen Demokratie war Wałęsa 1990–96 Staatspräsident.

Wandalen, germanischer Stamm, der im 5. Jh. über Spanien nach Nordafrika wanderte, wo er unter seinem König Geiserich (*um 390, †477) ein mächtiges Reich errichtete. In Konflikt zu Byzanz geraten, wurde das Reich der Wandalen 533/534 zerschlagen und dem Byzantinischen Reich eingegliedert.
➕ Der Begriff ›Vandalismus‹ bezeichnet eine rohe Zerstörungswut; er geht auf die angeblich besonders rücksichtslose Zerstörung der Stadt Rom durch die Wandalen im Jahr 455 zurück.

Waräger, Bezeichnung für die nach Osteuropa vorgedrungenen Wikinger. Sie gründeten an ihren Wegen von Nordeuropa zum Schwarzen Meer und nach Byzanz im 9. Jh. Herrschaften um Nowgorod und Kiew in Russland, die zum Kern des ersten russischen Staates, des Kiewer Reiches, wurden.

Warschauer Pakt, Militärbündnis, das am 14. Mai 1955 in Warschau mit dem ›Vertrag über Freundschaft, Zusammenarbeit und gegenseitigen Beistand‹ (Warschauer Vertrag) sowie mit dem Beschluss über die Bildung eines ›Vereinten Kommandos der Streitkräfte‹ gegründet wurde. Mitglieder waren Albanien (Austritt 1968), Bulgarien, DDR (Austritt 24. 9. 1990), Polen, Rumänien, die Tschechoslowakei, Sowjetunion und Ungarn. Die Sowjetunion sah in diesem Bündnis vor allem ein Gegengewicht zur NATO, eine Möglichkeit, die Streitkräfte der europäischen sozialistischen Staaten einheitlich zusammenzufassen und diese Staaten möglichst eng an sich zu binden. Nach den revolutionären Umbrüchen in Osteuropa 1989/90 löste sich der Warschauer Pakt 1991 auf (als Militärpakt zum 1. 4., als politische Organisation zum 1. 7. 1991).

Washington, George [ˈwɔʃɪŋtən], amerikanischer General und Politiker (*1732, †1799), der erste Präsident der USA (1789–97). Er führte im amerikanischen Unabhängigkeitskrieg 1775–83 die amerikanischen Revolutionstruppen und leitete 1787 die Versammlung, die die amerikanische Verfassung schuf. Als Präsident festigte er den jungen Staat durch eine feste Finanzordnung und eine streng neutrale Außenpolitik.

George Washington
Ausschnitt aus einem Gemälde von Gilbert Stuart

➕ Schon zu Lebzeiten erfuhr Washington als einer der Gründerväter (Founding Fathers) der USA weite Verehrung; sein Besitz Mount Vernon (Virginia), wo er auch begraben ist, gilt als nationale Gedenkstätte.

Watergate-Affäre [ˈwɔːtəɡeɪt...], ein politischer Skandal in den USA: Während des Wahlkampfes zur Wiederwahl des republikanischen Präsidenten Richard Nixon drangen einige Anhänger im Juni 1972 in das Hauptquartier der Demokratischen Partei im Watergate-Haus in Washington (D. C.) ein, um dort Abhörgeräte anzubringen. Die Mitwisserschaft Nixons und sein Versuch, die Hintergründe zu verschleiern, führten zu einer Vertrauenskrise und zur Einleitung eines Amtsenthebungsverfahrens (Impeachment) gegen ihn. Um der Amtsenthebung zuvorzukommen, trat Nixon im August 1974 zurück.

● Die Watergate-Affäre hatte eine tiefe Krise des politischen Systems und des Selbstverständnisses der USA zur Folge.

Waterloo, Stadt in Belgien, südlich von Brüssel. Südlich vom Waterloo fand 1815 die letzte Schlacht der Befreiungskriege statt. Der Versuch Napoleons I., sich die 1814 verlorene Machtstellung zurückzuerobern, scheiterte durch die Niederlage gegen englische und preußische Truppen unter den Feldherren Wellington (* 1769, † 1852) und Blücher endgültig.

> ### ⓘ WATERLOO
>
> **Ich wollte, es würde Nacht oder die Preußen kämen!**
>
> soll der Herzog von Wellington ausgerufen haben, als in der Schlacht von Waterloo die Lage für seine Truppen immer bedrohlicher wurde.
> Wie schwer die Schlacht für beide Seiten war, belegt auch der Ausspruch des französischen Generals Cambronne (* 1770, † 1842), nachdem die preußischen Truppen angegriffen hatten: ›Die Garde stirbt, aber sie ergibt sich nicht.‹

Weltwirtschaftskrise, allgemein eine Wirtschaftskrise, deren Auswirkungen nicht auf einen Staat oder eine Staatengruppe beschränkt bleiben. Als Weltwirtschaftskrise im engeren Sinn bezeichnet man die durch den Kurssturz an der New Yorker Börse vom 24., 25. (›Schwarzer Freitag‹) und 26. 10. 1929 ausgelöste Wirtschaftskrise, die in zahlreichen Ländern zu Massenarbeitslosigkeit und Verelendung führte und damit wesentlich zum Erstarken radikaler politischer Bewegungen (in Deutschland des Nationalsozialismus) beitrug.

Westgoten, einer der beiden großen Stämme der Goten. Die Westgoten plünderten unter ihrem König Alarich I. (* um 370, † Ende 410) 410 Rom und ließen sich danach in Südwestfrankreich nieder. Als römische Verbündete eroberten sie in der 2. Hälfte des 5. Jh. auch die Iberische Halbinsel; zu Beginn des 6. Jh. wurden sie von den Franken aus Frankreich verdrängt. In Spanien bestand das westgotische Königreich bis zur Eroberung durch die Araber 711. Die Westgoten verschmolzen hier mit der romanischen Bevölkerung.

Westmächte, die westlichen Kriegsgegner des Deutschen Reichs 1914–18, vor allem Frankreich und Großbritannien, ab 1917 auch die USA. Nach dem Zweiten Weltkrieg waren die Westmächte das von den USA geführte Bündnissystem im Gegensatz zu den Ostblockstaaten.

Wiener Kongress, 1814/15, Versammlung der europäischen Fürsten und Staatsmänner in Wien, die nach dem Sturz Napoleons I. die Neuordnung Europas beriet. Die deutschen Einzelstaaten wurden zum ↑ Deutschen Bund (Kapitel 2) vereinigt, die Großmächte Österreich, Preußen und Russland erlangten Gebietsgewinne, der Kirchenstaat wurde wieder hergestellt, und Holland und Belgien wurden zum Königreich der Vereinigten Niederlande verbunden. Frankreich durfte in den Kreis der Großmächte zurückkehren. Die Maßnahmen des Wiener Kongresses, der maßgeblich vom österreichischen Staatskanzler Fürst Metternich geprägt war, hatten das Ziel, die Zustände vor der Französischen Revolution wieder herzustellen (↑ Restauration). Sie berücksichtigten dabei nicht neue Bewegungen wie den Nationalismus oder den Liberalismus.

> ### ⓘ WIENER KONGRESS
>
> **Der Kongress tanzt,**
>
> spottete der französische Feldmarschall und Diplomat Charles Josef von Ligne (* 1735, † 1814) über die wenig effektive Arbeit des Wiener Kongresses. Ähnlich klingt es in den ›Kriegerischen Spott- und Ehrenliedern‹ von Friedrich Rückert:
> ›Was hat der Herr Kongreß in Wien getan?
> Er hat sich hingepflanzt
> Und hat nach einem schönen Plan,
> Anstatt zu gehn, getanzt.‹

Wikinger, germanische Bewohner Skandinaviens, die im Westen und in Sizilien auch als ↑ Normannen, im Osten als ↑ Waräger bekannt waren. Sie unternahmen vom 8. bis 11. Jh. als Seeräuber, Kaufleute, Eroberer und Staatsgründer Schifffahrten bis nach Nordamerika, ins Mittelmeer und über das Flussnetz der Ukraine und Russlands bis ins

Wilhelm der Eroberer, englischer König (* 1027, † 1087). Der Normannenherzog Wilhelm landete 1066 mit seinem Heer in Südengland und schlug in der Schlacht bei Hastings den angelsächsischen König Harold II. Godwinson (* um 1020, † 1066). Bis 1070 unterwarf er das ganze Land. Die neue normannische Führungsschicht wurde mit Grundbesitz ausgestattet und in straffem Lehnsverhältnis dem neuen König untergeordnet.

Wilhelms Eroberung ist die letzte geglückte Eroberung Englands. Der auch in der Erzählung von Robin Hood zum Ausdruck kommende Gegensatz zwischen Angelsachsen und Normannen hat seinen Ausgangspunkt in dieser Eroberung.

Wilhelm III. von Oranien, englischer König (* 1650, † 1702, König ab 1688/89). Wilhelm von Oranien war ab 1674 als Erbstatthalter Führer der Niederlande, 1677 heiratete er Maria (II.) Stuart (* 1662, † 1694), die Tochter des englischen Königs Jakob II. (* 1633, † 1701, König 1685–89). Im Verlauf der ↑ Glorreichen Revolution 1688 rief ihn die Opposition gegen Jakob II. nach England und übertrug ihm nach dessen Flucht gemeinsam mit seiner Gemahlin Maria die englische Krone, um die protestantische Thronfolge zu sichern.

Wilson, Woodrow [wɪlsn], amerikanischer Politiker (* 1856, † 1924), der 28. Präsident der USA (1913–21). Er führte 1917 die USA in den Ersten Weltkrieg und stellte 1918 die ↑ Vierzehn Punkte als Grundsätze einer Weltfriedensordnung auf. Auf der Pariser Friedenskonferenz 1919 konnte er sich damit jedoch in wichtigen Teilen nicht durchsetzen. 1920 verweigerte der US-Senat den Beitritt der USA zum Völkerbund. Wilson erhielt 1919 den Friedensnobelpreis.

Woodrow Wilson

Wirtschaftsliberalismus, eine vor allem im 19. Jh. mit dem politischen Liberalismus verknüpfte Wirtschaftslehre. Er forderte die Beseitigung staatlicher Eingriffe in das wirtschaftliche und soziale Leben der Gesellschaft und das freie Gewährenlassen (französisch ›Laisser-faire‹) der wirtschaftlichen Kräfte. Besonders das ↑ Manchestertum betonte diese Forderungen.

Die Würfel sind gefallen, Redensart, die auf den Caesar zugeschriebenen Ausspruch ›alea iacta est‹ (›der Würfel ist geworfen‹) zurückgeht. Caesar soll dies gesagt haben, als er mit seinem Heer den Grenzfluss Rubikon überschritt und dadurch den römischen Bürgerkrieg (49–45 v. Chr.) auslöste. Heute meint man damit, dass eine besonders schwerwiegende Entscheidung getroffen wurde.

Xerxes I., altpersischer König (* um 519 v. Chr., † 465 v. Chr.). Xerxes, der im Alten Testament Ahasver genannt wurde, bestieg 486 v. Chr. den Thron. Er warf Aufstände in Ägypten und Babylonien nieder, doch sein Versuch, Griechenland zu erobern, scheiterte 480 v. Chr. in der Seeschlacht bei Salamis. Er wurde von dem Anführer seiner Leibwache ermordet.

Zar, *der* [von lateinisch Caesar], 1547–1917 der offizielle Titel der russischen, im Mittelalter und 1908–46 auch der bulgarischen Herrscher.

Zehnt, *der* eine Vermögensabgabe, die die Kirche seit etwa dem 5. Jh. von den Laien zum Unterhalt des Klerus forderte. Der Zehnt war ursprünglich vom Gesamtbesitz zu erbringen, umfasste aber schon früh nur noch den zehnten Teil des Bodenertrages. Er bestand bis zur Französischen Revolution bzw. zur Bauernbefreiung.

Zeitgeschichte, der Teil der Geschichte, den die gegenwärtig lebenden Generationen miterlebt haben, sowie seine wissenschaftliche Behandlung. In der deutschen Geschichtsforschung wird meist die Zeit seit 1917 (Eintritt der USA in den Ersten Weltkrieg, Oktoberrevolution in Russland) als Zeitgeschichte bezeichnet.

Zhou Enlai [dʒoʊ -], chinesischer Politiker (* 1898, † 1976), Mitbegründer der chinesischen kommunistischen Partei, der sich in den 1920er- und 30er-Jahren für eine Volksfrontregierung einsetzte. Nach dem Scheitern dieser Bemühungen und dem Sieg der Kommunisten im Bürgerkrieg (1946–49) war er bis zu seinem Tod Ministerpräsident. Er galt als Hauptvertreter einer pragmatischen Politik. Seit 1969/70 führte er die Volksrepublik China aus der internationalen Isolation, in die sie besonders in der Zeit der Kulturrevolution geraten war.

zionistische Bewegung [nach dem Tempelberg Zion in Jerusalem], eine Ende des 19. Jh. innerhalb des Judentums entstandene politische Bewegung, die die Errichtung eines jüdischen Staates in Palästina forderte. Der Zionismus betonte durch Neubelebung der hebräischen Sprache und Kultur die nationale Eigenart der Juden und lehnte ihre Eingliederung in die christlich geprägten europäischen Gesellschaften ab. Er erreichte mit der Gründung des Staates Israel 1948 sein Ziel.

Zünfte, vom Mittelalter bis zum 19. Jh. Genossenschaften vor allem der selbstständigen Handwerker (bei Kaufleuten: Gilden), denen alle Meister angehören mussten (Zunftzwang). Die Zünfte regelten u. a. die Preise, die Qualitätsnormen der Waren, die Zahl der Handwerker und die Ausbildung der Lehrlinge. Daneben hatten sie oft erheblichen Einfluss auf die Politik ihrer Heimatstadt. Mit der Einführung der Gewerbefreiheit (z. B. in Frankreich 1791, in Preußen 1810/11, in Österreich 1859) wurden sie aufgelöst.

Zweistromland, ↑ Mesopotamien.

Zweiter Weltkrieg, 1939–45, der Krieg zwischen den Achsenmächten (vor allem Deutschland, Italien und Japan) und den Alliierten (vor allem Großbritannien, Frankreich, Sowjetunion, USA und China). Er begann mit dem deutschen Überfall auf Polen im September 1939. Deutschland eroberte danach in mehreren ›Blitzkriegen‹ bis 1942 den größten Teil Europas und Nordafrikas. Der Versuch, Großbritannien durch einen Bombenkrieg niederzukämpfen (Luftschlacht um England), misslang. Trotz eines Nichtangriffspaktes überfiel das nationalsozialistische Deutschland im Juni 1941 die Sowjetunion; deutsche Armeen drangen bis kurz vor Moskau und an den Kaukasus vor, bevor sie nach der Schlacht von Stalingrad seit Anfang 1943 in äußerst verlustreichen Kämpfen zurückgedrängt wurden. Im Dezember 1941 erklärte Deutschland den USA den Krieg. Nach der Landung britischer und amerikanischer Truppen in Nordafrika, Italien und Frankreich musste Deutschland einen Mehrfrontenkrieg führen, an dessen Ende die bedingungslose Kapitulation (8./9. 5. 1945) stand.

Gleichzeitig mit dem Krieg in Europa fand in Ostasien der Kampf zwischen Japan sowie den USA, Großbritannien und China statt, der bereits in den 1930er-Jahren mit dem Vordringen Japans in China begonnen hatte und sich 1941 mit dem japanischen Angriff auf Pearl Harbour sowie die amerikanischen, britischen und französischen Besitzungen in Südostasien ausweitete. Nach großen japanischen Anfangserfolgen gelang es seit 1942 amerikanischen Truppen im Pazifik und britischen Truppen von Indien aus, die japanischen Eroberungen schrittweise zurückzugewinnen. Nach dem Abwurf der Atombomben auf Hiroshima und Nagasaki kapitulierte Japan am 2. 9. 1945. Damit endete der Zweite Weltkrieg, der mehr als 50 Mio. Menschen das Leben kostete.

> **ⓘ ZWEITER WELTKRIEG**
>
> **Am 1. September 1939 gibt Adolf Hitler im Reichstag den Beginn des Krieges gegen Polen bekannt:**
>
> ›Polen hat heute Nacht zum ersten Mal auf unserem eigenen Territorium auch mit bereits regulären Soldaten geschossen. Seit 5 Uhr 45 wird jetzt zurückgeschossen. Und von jetzt ab wird Bombe mit Bombe vergolten.‹

> **ⓘ ZWEITER WELTKRIEG**
>
> **Die Kapitulation der deutschen Wehrmacht am 8./9. 5. 1945:**
>
> ›1. Wir, die Unterzeichneten, handelnd in Vollmacht für und im Namen des Oberkommandos der deutschen Wehrmacht, erklären hiermit die bedingungslose Kapitulation aller am gegenwärtigen Zeitpunkt unter deutschem Befehl stehenden oder von Deutschland beherrschten Streitkräfte auf dem Lande, auf der See und in der Luft, gleichzeitig gegenüber dem Obersten Befehlshaber der alliierten Expeditionsstreitkräfte und dem Oberkommando der Roten Armee [...].‹

Zwölftafelgesetz, das älteste bekannte römische Gesetzgebungswerk, das etwa 451/450 v. Chr. geschaffen und auf zwölf Bronzetafeln auf dem Forum Romanum in Rom öffentlich ausgestellt wurde; es bildete bis in die frühe Kaiserzeit die Grundlage des gesamten Rechtslebens. Die Tafeln wurden wahrscheinlich beim Galliersturm 387 v. Chr. vernichtet, zahlreiche Bruchstücke des Texts sind jedoch überliefert.

2 Deutsche Geschichte

1
Weltgeschichte
2
Deutsche Geschichte
3
Politik
4
Wirtschaft

Das Bewusstsein des Deutschseins bildete sich allmählich bis zum 10. Jahrhundert heraus. Kann man für das Mittelalter noch von einer einheitlichen europäischen Gesellschaft ausgehen, wird eine deutsche Eigenentwicklung durch das Wirken Martin Luthers eingeleitet. Die Reformation teilte Deutschland konfessionell in zwei große Blöcke und beschleunigte zugleich den Prozess der Zergliederung in zahlreiche Herrschaftsgebiete. Tiefe Spuren hinterließ der Dreißigjährige Krieg, der das Gebilde des Heiligen Römischen Reiches Deutscher Nation nachhaltig schwächte. 1806 hört es auf zu bestehen.

Die Napoleonischen Kriege hatten die Gedanken der Französischen Revolution von Gleichheit und Freiheit auch in Deutschland verwurzelt, aber die nach Freiheit und staatlicher Einheit strebenden bürgerlichen Kräfte unterlagen im Kampf mit den Inhabern der überkommenen Macht: Die Revolution von 1848/49 scheiterte. 1871 gelang Bismarck die Gründung des (zweiten) Deutschen Reiches, dessen dynamische Kräfte im Ersten Weltkrieg verbraucht wurden. Die 1918 besiegelte Niederlage stürzte die Nation in eine tiefe Krise. 1933 gelangte Hitler an die Macht und entfesselte den Zweiten Weltkrieg, der Deutschland 1945 in die schwerste Niederlage seiner Geschichte führte: das Land zerstört, besetzt und geteilt. Bis zur Wiedervereinigung 1989/90 erlebte Deutschland den Gegensatz von Ost und West im eigenen Volk.

Ablass, nach katholischer Lehre der Nachlass von Kirchenbußen, dann auch von zeitlichen Sündenstrafen, das heißt von Strafen, die entweder auf Erden oder im Fegefeuer zu verbüßen wären.

Die Ablasspraxis seiner Zeit, die im Ablasswesen oft nur ein Mittel zur Geldbeschaffung für die Kirche sah, veranlasste Martin Luther zum sogenannten ›Thesenanschlag‹ (eigentlich ein ›Rundschreiben‹ an Theologen seiner Zeit) an der Wittenberger Schlosskirche, mit dem 1517 die Reformation begann.

> **ABLASS**
>
> ›Sobald das Geld im Kasten klingt, die Seele aus dem Fegefeuer in den Himmel springt‹, lautete ein Werbespruch des Ablasspredigers Johann Tetzel (* um 1465, † 1519).
> Dazu nahm Martin Luther in seinen 95 Thesen Stellung:
> ›Es predigt menschliche Dummheit, wer behauptet, dass, sobald der Groschen im Kasten klingt, die Seele in den Himmel springt.‹

Achsenmächte, zunächst Bezeichnung für die beiden seit 1936/37 in der ›Achse Berlin–Rom‹ verbündeten Staaten Deutschland und Italien, im ↑ Zweiten Weltkrieg dann für alle mit dem nationalsozialistischen Deutschland und Italien verbündeten Staaten (Japan, Ungarn, Rumänien, Slowakei, Bulgarien, Kroatien).

Achtundsechziger, die Teilnehmer der ↑ Studentenbewegung der 1960er-Jahre, die 1968 mit Streiks und Massendemonstrationen in vielen Ländern Westeuropas und Nordamerikas ihren Höhepunkt erlebte.

Achtundvierziger, die Teilnehmer an der Revolution von 1848/49, besonders die Vertreter der (radikalen) republikanischen und demokratischen Strömungen. Viele Achtundvierziger waren in der Zeit nach der Revolution Verfolgungen ausgesetzt, zahlreiche mussten emigrieren.

Adenauer, Konrad deutscher Politiker (* 1876, † 1967). Als Oberbürgermeister von Köln (1917–33) und Präsident des Preußischen Staatsrats (1920–33) trat Adenauer nach dem Ersten Weltkrieg für ein autonomes Rheinland innerhalb des Deutschen Reichs ein. In der Zeit des Nationalsozialismus verfolgt, gehörte er 1945 zu den Mitbegründern der CDU, deren Parteivorsitzender er bis 1966 war. An den Beratungen des Parlamentarischen Rats (1948/49) hatte er maßgeblichen Anteil. 1949–63 war er Bundeskanzler der Bundesrepublik Deutschland und 1951–55 zugleich Außenminister. Adenauer setzte die eindeutige Bindung an den Westen und die Wiederbewaffnung durch; er förderte die Freundschaft mit Frankreich und den USA und die Verständigung mit Israel.

Adenauer wurde am 15. 9.1949 mit dem denkbar knappsten Vorsprung von einer Stimme (202 gegen 200 Stimmen) zum ersten Kanzler der Bundesrepublik Deutschland gewählt.

Konrad Adenauer

Agrarreform [zu lateinisch ager ›Acker‹, ›Boden‹], Bezeichnung für grundlegende gesetzgeberische Umgestaltungen des Bodenbesitzrechts eines Landes. Ziel ist dabei meist die Aufteilung des (bäuerlichen) Großgrundbesitzes in Einzelhöfe. In Deutschland erfolgte eine Agrarreform zu Beginn des 19. Jh. u. a. im Verlauf der ↑ preußischen Reformen. Durch die damit verbundene Aufhebung von Leibeigenschaft, Erbuntertänigkeit und Frondiensten wurden viele selbstständige Bauernstellen geschaffen (Bauernbefreiung).

Nach 1945 wurde in der sowjetischen Besatzungszone im Zuge einer ›Bodenreform‹ aller Grundbesitz über 100 Hektar entschädigungslos enteignet.

Ahlener Programm, ein 1947 von der CDU der britischen Besatzungszone in Ahlen (Westfalen) verabschiedetes wirtschafts- und gesellschaftspolitisches Programm, das sowohl einen unbeschränkten Kapitalismus als auch einen Staatskapitalismus sozialistischer Prägung ablehnte.

In den ›Düsseldorfer Leitsätzen‹ der CDU (1949) setzte sich dann das Programm einer sozialen Marktwirtschaft durch.

Alemannen, germanischer Stamm in Südwestdeutschland, der seit dem 3. Jh. die römische Grenze (Limes) bedrängte, sich im 5. Jh. bis ins Elsass und in die Pfalz ausdehnte, um 500 von den Franken unterworfen wurde und seither zum Frankenreich gehörte. Die Alemannen waren einer der sechs deutschen Stämme und bildeten im 10. Jh. das Stammesherzogtum Schwaben.

➕ Von den Alemannen leiten sich die französischen Wörter für Deutschland (Allemagne) und deutsch (allemand) her.

Alleinvertretungsanspruch, ↑ Hallstein-Doktrin.

Alliierte ⇒ Kapitel 1.

Alliierter Kontrollrat, Bezeichnung für die 1945 eingerichteten Besatzungsorgane der vier Siegermächte in Deutschland und in Österreich, die die oberste Regierungsgewalt ausübten. Sie bestanden aus den Oberbefehlshabern der je vier Besatzungszonen. Vor dem Hintergrund des Kalten Krieges verließ der sowjetische Vertreter 1948 den Alliierten Kontrollrat für Deutschland, der danach nicht mehr zusammentrat, aber erst mit der deutschen Vereinigung 1990 aufgehoben wurde. Der Alliierte Kontrollrat für Österreich stellte mit der Erlangung der Souveränität Österreichs 1955 seine Tätigkeit ein.

Arminius Das Hermannsdenkmal im Teutoburger Wald bei Detmold erinnert an den Sieg der germanischen Cherusker unter Führung des Arminius' über die Römer.

Allmende, *die* aus dem germanischen Bodenrecht stammende Einrichtung: der Teil der Flur einer Gemeinde, der allen Gemeindemitgliedern zur Nutzung offen stand (meist Weide, Wald oder Ödland).

Anschluss, schlagwortartige Bezeichnung für die Vereinigung Österreichs mit dem Deutschen Reich 1938.

Antikominternpakt, deutsch-japanisches Abkommen (1936) zur Abwehr des Kommunismus (↑ Komintern, Kapitel 1). Ihm traten 1937 Italien, 1939 Ungarn, Spanien, Mandschukuo, 1941 Bulgarien, Dänemark, Finnland, Kroatien, Rumänien und die Slowakei bei.

APO, Abkürzung für **a**ußer**p**arlamentarische **O**pposition, eine 1965/66 bis 1968/69 bestehende politische, locker organisierte Bewegung linker studentischer, teils auch gewerkschaftlicher Gruppen, die versuchte, gesellschaftliche Veränderungen durch provokative Protestaktionen durchzusetzen. Im Streit um Hochschulreform, Pressekonzentration und ↑ Notstandsgesetze (Kapitel 3) verstand sich die APO als antiautoritäre Reformbewegung. Sie sah sich vor dem Hintergrund der ›großen Koalition‹ von CDU/CSU und SPD durch die parlamentarische Opposition nicht vertreten und suchte ihre Ziele auf nicht parlamentarischem Weg zu erreichen. Höhepunkte waren die Demonstrationen nach dem Attentat auf den Studentenführer Rudi Dutschke (*1940, †1979) Ostern 1968 und die Demonstrationen gegen die Notstandsgesetzgebung.

Arbeitsdienst, ↑ Reichsarbeitsdienst.

Arier, ursprünglich sprachwissenschaftlicher Begriff, der vor allem in Deutschland durch den ↑ Antisemitismus (Kapitel 1) im späten 19. Jh. rassisch umgedeutet wurde. Die angeblich überlegene arische Rasse (Europäer, Germanen) wurde den Nichtariern (vor allem den Juden) gegenübergestellt. Dieser Missbrauch des Begriffs fand seinen Höhepunkt bei den Nationalsozialisten und gipfelte in der Ermordung von Millionen Juden, aber z. B. auch von Sinti und Roma.

Arierparagraf, ↑ Rassengesetze.

Arminius, auch Hermann der Cherusker genannt, germanischer Adliger (*um 17 v. Chr., †19 n. Chr.), der zuerst im römischen Militärdienst stand und dann zu einem Gegner Roms wurde. An seinen militärischen Erfolgen scheiterte die römische Eroberung des rechtsrheinischen Germanien. In der Schlacht im Teutoburger Wald vernichtete Arminius 9 n. Chr. ein römisches Heer unter Varus (†9 n. Chr.).

➕ ›Varus, gib mir meine Legionen wieder!‹ [lateinisch ›Vare, redde legiones!‹], soll Augustus nach dieser Schlacht ausgerufen haben.

Augsburger Bekenntnis, die von Philipp Melanchthon verfasste Bekenntnisschrift der Anhänger der reformatorischen Lehre, die 1530 auf dem Augsburger Reichstag Kaiser Karl V. überreicht wurde.

Augsburger Religionsfriede, ein auf dem Augsburger Reichstag von 1555 verkündetes Grundgesetz des Heiligen Römischen Reichs, das die Religionskämpfe der Reformationszeit beilegte, indem es den Anhängern des Augsburger Bekenntnisses (nicht den Kalvinisten und Zwinglianern) eine Friedens- und Besitzstandsgarantie gab.

> **AUGSBURGER RELIGIONSFRIEDE**
>
> **Cuius regio, eius religio**
>
> Diese Formel: ›Wessen die Regierung, dessen die Religion‹, frei übersetzt: ›Wer die Macht ausübt, bestimmt in seinem Bereich die Weltanschauung‹, bezeichnet einen wichtigen Grundsatz des Augsburger Religionsfriedens, nach dem der Landesfürst die Konfession seiner Untertanen bestimmen konnte.

Auschwitz, Stadt in Polen, in der die SS 1940 ein ↑ Konzentrationslager errichtete, das 1941/42 zum größten nationalsozialistischen ↑ Vernichtungslager ausgebaut wurde. Hier wurden bis 1945 über eine Million Juden ermordet. Der Name gilt heute weltweit als Synonym für den Holocaust.

Baader-Meinhof-Gruppe, ↑ Rote-Armee-Fraktion.

Baiern, germanischer Stamm in Süddeutschland, Österreich und Norditalien, der im 6. Jh. das Herzogtum Baiern schuf, das bis heute ununterbrochen besteht und damit das älteste staatliche Gebilde Europas ist. Baiern war mit wechselnden Grenzen unabhängiges Stammesherzogtum, ab 788 Teil des Frankenreiches, ab dem 10. Jh. Herzogtum im Heiligen Römischen Reich, ab 1806 unabhängiges Königreich, ab 1815 Königreich im Deutschen Bund, ab 1871 im Deutschen Reich und ist seit 1918 deutscher Freistaat. Die Baiern waren einer der sechs deutschen Stämme.

Barschelaffäre, innenpolitische Affäre in Deutschland. Im September 1987 trat der schleswig-holsteinische Ministerpräsident Uwe Barschel (* 1944, † 1987) nach Vorwürfen zurück, eine Verleumdungskampagne gegen den Spitzenkandidaten der Opposition im Landtagswahlkampf von 1987, Björn Engholm (* 1939), in Auftrag gegeben zu haben. Barschel, der die Vorwürfe stets bestritten hatte, wurde wenig später, am 11. Oktober 1987, tot in einem Genfer Hotel aufgefunden.
Ein Untersuchungsausschuss des schleswig-holsteinischen Landtags stellte in Bezug auf die Verleumdungskampagne Barschels Schuld zwar fest, allerdings wurden später Informationen bekannt, die die Rolle aller Hauptbeteiligten neu zu bewerten schienen.

Bauernbefreiung, ↑ Agrarreform.

Bauernkrieg, Aufstand der Bauern in Süd- und Mitteldeutschland 1524/25 sowie in Tirol 1526, bei dem sich soziale Ziele mit reformatorischen Anliegen mischten. Die Bauern wehrten sich besonders gegen die Ausdehnung der Rechte der Herren und ihre eigene zunehmende Unterdrückung und Entrechtung. Der Bauernkrieg war die größte politisch-soziale Massenbewegung der frühneuzeitlichen deutschen Geschichte.

Bebel, August deutscher Politiker (* 1840, † 1913). Bebel war 1869 Mitbegründer der Sozialdemokratischen Arbeiterpartei, aus der später die SPD hervorging. Seit 1867 Reichstagsabgeordneter, wurde er zum unbestrittenen Führer der deutschen Sozialdemokratie. Mehrfach wegen seiner politischen Tätigkeit in Haft, war er einer der bedeutendsten sozialistischen Theoretiker. Unter seiner Führung entwickelte sich die SPD zu einer Massenpartei.

Bekennende Kirche, evangelische kirchliche Bewegung, die seit 1934 dem Machtanspruch des Nationalsozialismus auch innerhalb der Kirche (Deutsche Christen) entgegentrat. Sie forderte Unabhängigkeit der Kirche von staatlichen Einflüssen und eine strenge Bindung an die Glaubensbekenntnisse und die Heilige Schrift. Zahlreiche ihrer Mitglieder wurden verfolgt.
➕ Eines der bedeutendsten Mitglieder der Bekennenden Kirche war Pfarrer Martin Niemöller (* 1892, † 1984).

Belagerung Wiens. Die österreichische Hauptstadt wurde zweimal durch die Türken belagert: 1529 und 1683. Beide Belagerungen zeigen den jeweils weitesten Vorstoß der türkischen Macht in Südosteuropa an. Den Zeitgenossen galt Wien als letztes Bollwerk der Christenheit gegen den Islam. 1683 wurde die Stadt durch eine Armee aus dem Reich und aus Polen in der Schlacht am Kahlenberg befreit.
➕ Die Belagerung 1683 ist der Wendepunkt der Türkenkriege, da in der Folge das habsburgische Österreich die Türken auf dem Balkan weit zurückdrängte und zur europäischen Großmacht aufstieg.

Berlinabkommen, Kurzbezeichnung für das Abkommen vom 3. 9. 1971 zwischen den Siegermächten des Zweiten Weltkriegs Frankreich, Großbritannien, Sowjetunion und USA. In ihm bekräftigten die vier Staaten ihre gemeinsame Verantwortung für Berlin. Die Sowjetunion verpflichtete sich, den zivilen Verkehr zwischen der Bundesrepublik Deutschland und West-Berlin nicht zu behindern. Zusammen mit Regelungen zwischen dem Berliner Senat und der Regierung der DDR trat das Abkommen am 3. 6. 1972 in Kraft.

Berliner Blockade, von der sowjetischen Besatzungsmacht in Deutschland verfügte Sperrung aller Land- und Wasserwege von und nach West-Berlin 1948/49. Der Versuch der Sowjetunion, auf diesem Weg die Berlinfrage zu lösen und damit ganz Berlin unter ihre Kontrolle zu bringen, scheiterte am Widerstandswillen der Westmächte und der Westberliner Bevölkerung, die beinahe ein Jahr lang durch eine Luftbrücke mit allem Lebensnotwendigen versorgt wurde.

Zwischen dem 24. 6. 1948 und dem 12. 5. 1949 brachten britische und amerikanische Flugzeuge – von den Berlinern liebevoll ›Rosinenbomber‹ genannt – mit 277 728 Flügen insgesamt 2 110 235 Tonnen Lebensmittel, Industriegüter und Kohle in die Westsektoren der Stadt.

Berliner Mauer, ein 1961 errichtetes, scharf bewachtes militärisches Sperrsystem entlang der Sektorengrenze (Demarkationslinie) zwischen Berlin

Die **Berliner Mauer** am Brandenburger Tor

(Ost) und Berlin (West). Die Berliner Mauer sollte den damals ständig steigenden Strom von Flüchtlingen aus der DDR nach Berlin (West) stoppen. Nach der friedlichen Revolution im November 1989 wurde die Mauer – das Symbol der deutschen Teilung – geöffnet und 1990/91 abgerissen.

Berlinfrage, als Teil der deutschen Frage seit dem Zweiten Weltkrieg ein Hauptkrisenpunkt der europäischen Politik. Berlin wurde 1945 in vier Besatzungssektoren geteilt und bis 1948 von den Siegermächten gemeinsam verwaltet. Der Versuch der Sowjetunion, durch die Berliner Blockade 1948/49 die ganze Stadt unter ihre Kontrolle zu bringen, scheiterte und führte zur Teilung in Ost- und West-Berlin. Die Berlinkonferenzen der 1950er-Jahre brachten keine Lösung. Ende der 1950er-Jahre verschärften sich die Spannungen abermals bis zum Bau der Berliner Mauer. Danach stellte die Sowjetunion vor allem die Bindung West-Berlins an die Bundesrepublik infrage, die erst durch das ↑ Viermächteabkommen von 1971 eine vertragliche Basis erhielt. Endgültig gelöst wurde die Berlinfrage mit der deutschen Vereinigung 1990.

Besatzungszone, allgemein das von ausländischen Truppen besetzte Gebiet eines Staates, in dem eine fremde Staatsmacht die Herrschaft ausübt. Nach ihrem Sieg über das nationalsozialistische Deutschland teilten die Siegermächte des Zweiten Weltkriegs Deutschland in vier Besatzungszonen. Aus der sowjetischen Zone ging 1949 die DDR, aus den drei Westzonen die Bundesrepublik Deutschland hervor. Auch Österreich war bis zum Abschluss des Österreichischen Staatsvertrags 1955 in vier Besatzungszonen eingeteilt. – Karte S. 76

ⓘ BERLINER MAUER

Der ›Antifaschistische Schutzwall‹ (wie die Mauer in der DDR offiziell bezeichnet wurde) bestand zunächst aus Stacheldrahtabriegelungen und Gräben, später dann aus einer etwa 4 m hohen Betonplattenwand und bis zu 5 m tiefen Gräben, Stacheldrahthindernissen, Minen, 300 Beobachtungstürmen, Laufanlagen für Wachhunde und Panzersperren. Er hatte zuletzt eine Länge von 42,1 km in Berlin und 111,9 km in der Umgebung der Stadt. Versuche, die Grenzsperre zu überwinden, endeten oft tödlich, da die Grenzorgane der DDR und die Volkspolizei von dem ihnen gegebenen Schießbefehl Gebrauch machten. Trotzdem gelang 5 000 ›Sperrbrechern‹ die Flucht; 238 Menschen verloren beim Fluchtversuch über die Mauer ihr Leben.

Bismarck, Otto Fürst von Gründer des Deutschen Reichs (*1815, †1898). Im Zuge des ↑ preußischen Verfassungskonflikts 1862 zum preußischen Ministerpräsidenten berufen, verfolgte Bismarck eine Politik der Stärkung Preußens in Deutschland. Sie führte nach den Kriegen gegen Dänemark (1864) und Österreich (Deutscher Krieg von 1866) zur Bildung des Norddeutschen Bundes (1866) und nach dem Deutsch-Französischen Krieg von 1870/71 zur Gründung des Deutschen Reichs. Innenpolitisch bekämpfte Bismarck den Katholizismus (↑ Kulturkampf) und die Arbeiterbewegung (↑ Sozialistengesetz), schuf aber auch die Anfänge der Sozialgesetzgebung. Außenpolitisch sicherte er sein Werk durch zahlreiche Bündnisse. Bismarck prägte das Deutsche Reich, dessen Reichskanzler er bis 1890 war, ebenso wie die europäische Politik seiner Zeit tief.

Die **Besatzungszonen** in Deutschland (1945–1949) und Österreich (1945–1955)

Bizone, Ende 1946 erfolgter Zusammenschluss der amerikanischen und britischen Besatzungszonen in Deutschland zu einem gemeinsamen Wirtschaftsgebiet.

Blitzkrieg, im Zweiten Weltkrieg entstandene Bezeichnung für die jeweils innerhalb weniger Wochen ›blitzartig‹ siegreich entschiedenen deutschen Feldzüge der Jahre 1939–41, u. a. gegen Polen, Frankreich und Dänemark.

Blockparteien, in der DDR die in der Nationalen Front der DDR unter Führung der SED zusammengeschlossenen, gleichgeschalteten politischen Parteien.

Blücher von Wahlstatt, Gebhard Leberecht Fürst preußischer Generalfeldmarschall (*1742, †1819). Seit 1760 mit Unterbrechung in preußischen Militärdiensten, zeichnete sich Blücher in den Revolutions- und ↑ Koalitionskriegen aus. Nach der preußischen Niederlage 1806/07 auf Druck Napoleons I. entlassen, errang er nach seiner Rückkehr 1813 als Oberbefehlshaber der Schlesischen Armee entscheidende Siege gegen diesen (u. a. in der Schlacht bei Waterloo).
🞧 Blücher, der volkstümlichste Feldherr der Befreiungskriege, hatte bei seinen Truppen den Beinamen ›Marschall Vorwärts‹.

Bodenreform, ↑ Agrarreform.

Bonifatius, Missionar und Bischof (*672/673, †754), eigentlich Winfried. Der Angelsachse Bonifatius war der bedeutendste Missionar und Kirchenorganisator im Frankenreich des 8. Jahrhunderts. Er gründete zahlreiche Bistümer und Klöster, u. a. in Fulda, wo sich (im Dom) auch sein Grab befindet. Er starb 754 den Märtyrertod beim Versuch, die Friesen zu bekehren.
🞧 Bonifatius fällte 724 in Geismar bei Fritzlar die dem germanischen Gott Donar geweihte Donar-Eiche. Er gilt als ›Apostel der Deutschen‹.

Brandt, Willy deutscher Politiker (* 1913, † 1992). Als Sozialist musste Brandt 1933 nach Norwegen emigrieren und nahm dessen Staatsbürgerschaft an, nachdem ihn die Nationalsozialisten 1938 ausgebürgert hatten. Er war 1957–66 Regierender Bürgermeister von Berlin, 1964–87 Parteivorsitzender der SPD, 1966–69 Außenminister und 1969–74 Bundeskanzler. 1971 erhielt er den Friedensnobelpreis für seine (in Deutschland zunächst umstrittene) Ostpolitik, die in den Verträgen von Moskau und Warschau 1970 und im Viermächteabkommen über Berlin 1971 ihren Ausdruck fand. Im Grundlagenvertrag mit der DDR gelang es Brandt, zu einem erträglichen Miteinander der beiden deutschen Staaten zu kommen. Aus Anlass der Spionageaffäre um Günter Guillaume (* 1927, † 1995) trat Brandt als Bundeskanzler 1974 zurück.

Willy Brandt

🟠 Besonderes Ansehen, vor allem im Ausland, erwarb sich Brandt durch seinen Kniefall vor dem Mahnmal des Warschauer Gettos bei einem Staatsbesuch in Polen 1970.

Brüning, Heinrich deutscher Politiker (* 1885, † 1970). Als Führer der Zentrumspartei war Brüning 1930–32 Reichskanzler. Er versuchte, die schwere Staats- und Wirtschaftskrise durch ↑ Notverordnungen, allein gestützt auf den Reichspräsidenten, zu bekämpfen. Da ihm dieser jedoch letztlich sein Vertrauen entzog, scheiterte er; sein Sturz leitete das Ende der Weimarer Republik ein. Außenpolitisch gelang es ihm, die Beendigung der deutschen Reparationszahlungen zu erreichen. 1934 emigrierte er in die USA.

Bundschuh, im späten 15. und frühen 16. Jh. Name und Feldzeichen mehrerer aufständischer Bauernverbände am Oberrhein. Die Bezeichnung stammt von der Fußbekleidung der Bauern, einem über die Knöchel reichenden, mit Riemen über dem Fuß festgebundenen Schuh, dem Bundschuh.

Burgfriede, im Mittelalter die durch Verbot oder Einschränkung der Fehde verstärkte Sicherheit in ummauerten Plätzen. Daran anknüpfend bezeichnet man heute die Einstellung parteipolitischer Auseinandersetzungen in Ausnahmesituationen als Burgfrieden.

🟠 Ein Beispiel ist der Burgfriede der Fraktionen des Deutschen Reichstags während des Ersten Weltkriegs.

Burgund, Herzogtum, zu Frankreich gehörendes Kernland eines sich 1363–1477 unter vier Herzögen zwischen Frankreich und dem Heiligen Römischen Reich entwickelnden Herrschaftsgebildes. Dieses ›Burgundische Reich‹ umfasste Territorien in beiden Reichen (u. a. Herzogtum und Freigrafschaft Burgund, Picardie, Luxemburg, Flandern und die Niederlande). Der burgundische Hof hatte für die zeitgenössische europäische Kultur Vorbildfunktion. Der letzte Herzog scheiterte mit seinem Versuch, ein zusammenhängendes, unabhängiges Königreich zu schaffen. Nach seinem Tod fielen das Herzogtum Burgund und die Picardie als erledigte Lehen an den französischen König, die Franche-Comté und die Niederlande kamen dagegen an Maximilian I., den Ehemann der Erbtochter Maria von Burgund (* 1457, † 1482). Das ›Burgundische Reich‹ war der Grundstein der späteren österreichischen Niederlande, aus denen das heutige Belgien hervorging, und der heutigen Niederlande.

> **Willy Brandt**
> ›Jetzt wächst zusammen, was zusammengehört.‹
> Mit diesen Worten kommentierte Willy Brandt bei einer Freudenkundgebung vor dem Schöneberger Rathaus am 10. November 1989 den Fall der Berliner Mauer.

Burgund, Königreich, nach seiner Hauptstadt Arles auch **Arelat** genanntes Königreich im Gebiet der Westschweiz und der Provence. Es entstand als Folge des Zerfalls des Fränkischen Reichs im 9./10. Jh. und war ab 1034 eines der drei Teilreiche des Heiligen Römischen Reichs. Im Spätmittelalter und in der frühen Neuzeit fiel es überwiegend an Frankreich; die nordöstlichen Gebiete wurden Bestandteil der Schweizerischen Eidgenossenschaft.

Burschenschaften, die im frühen 19. Jh. entstandenen Studentenverbindungen, die in der 1. Hälfte des 19. Jh. eine bedeutende Rolle beim Kampf um Demokratie und nationale Einheit in Deutschland spielten; Höhepunkt war das ↑ Wartburgfest 1819. Ihre Bundesfarben Schwarz-Rot-Gold wurden zu den deutschen Nationalfarben. Später wurden sie zum Teil Hort konservativen bis reaktionären Gedankenguts.

Canossa, ↑ Gang nach Canossa.

Chlodwig I. [k...], fränkischer König (*um 466, †511). Chlodwig, ein Gaukönig aus dem Geschlecht der Merowinger, vergrößerte sein Reich durch Siege über die Alemannen und Aquitanier sowie den letzten römischen Statthalter in Gallien und einigte es mit List, Verrat und Gewalt. Durch seine Taufe (498), in deren Folge alle Franken (katholische) Christen wurden, leitete er den Weg der römisch-katholischen Kirche zur mittelalterlichen Universalkirche Europas ein.

DDR, Abkürzung für Deutsche Demokratische Republik.

Demagogenverfolgung, Schlagwort für die Maßnahmen gegen die nationale und liberale Bewegung im Deutschen Bund, die die Regierungen der deutschen Staaten nach den ↑ Karlsbader Beschlüssen von 1819 ergriffen. Sie richteten sich vor allem gegen liberale Professoren, Intellektuelle (u. a. Schriftsteller) und die ↑ Burschenschaften.

Demontage, *die* [...ʒə; französisch], der erzwungene Abbau von Industrieanlagen und ihr Abtransport ins Ausland zur Entschädigung der Sieger für erlittene Kriegsschäden (↑ Reparationen). Nach dem Zweiten Weltkrieg demontierten die Siegermächte in Deutschland ganze Industrieanlagen, besonders in der sowjetischen Besatzungszone.

Deutsche Arbeitsfront, Abkürzung **DAF,** nach der Zerschlagung der Gewerkschaften im Mai 1933 gegründeter nationalsozialistischer Einheitsverband der Arbeitnehmer und Arbeitgeber. Populär wurde die DAF vor allem durch ihre Abteilung ›Kraft durch Freude‹ (KdF), die unter großem Propagandaaufwand Veranstaltungen zur Urlaubs- und Freizeitgestaltung organisierte.

Deutsche Demokratische Republik, Abkürzung **DDR,** 1949–90 bestehender deutscher Staat, der aus der sowjetischen Besatzungszone Deutschlands hervorgegangen war. Die DDR, die sich mit Mauer und Schießbefehl gegen die Bundesrepublik Deutschland abschottete, war bis zum Frühjahr 1990 eine Volksdemokratie unter der Führung der SED. Alle Machtpositionen des Staates besetzte die SED, die Wirtschaft war verstaatlicht, alle politischen und gesellschaftlichen Organisationen (Ausnahmen waren vor allem die Kirchen) standen ebenso wie die Massenmedien unter strikter Kontrolle der SED. Nachdem die Führung der DDR bis in die 1960er-Jahre an der Idee der deutschen Einheit festgehalten hatte, vertrat sie danach die These einer eigenen ›DDR-Nation‹, die sich jedoch nicht durchsetzen ließ. 1989 kam es in der Folge der in der Sowjetunion unter Michail Gorbatschow vorangetriebenen und auch für die DDR angemahnten Reformen zu den ↑ Montagsdemonstrationen, die schließlich zum Sturz der SED-Herrschaft und zu den ersten freien Wahlen im März 1990 führten. Im Juli 1990 ging die DDR eine Wirtschafts- und Währungsunion mit der Bundesrepublik Deutschland ein und trat dieser am 3. Oktober 1990 bei.

Deutsche Demokratische Republik Der Checkpoint Charlie in der Friedrichstraße war von 1961–89 der einzige Grenzübergang zwischen Berlin (Ost), der Hauptstadt der DDR, und Westberlin für Angehörige der alliierten Streitkräfte sowie für Ausländer.

deutsche Frage, das Problem der Einheit der bis 1806 dem Heiligen Römischen Reich angehörenden deutschen Gebiete. Im 19. Jh. ging es bei der deutschen Frage vor allem darum, ob bei der angestrebten deutschen Einigung eine ›großdeutsche‹ oder eine ›kleindeutsche‹ Lösung erreicht werden sollte (↑ Großdeutsche). Mit der Bildung des ↑ Deutschen Reichs setzte sich die kleindeutsche Lösung unter Ausschluss Österreichs durch.
Nach 1918 stellte sich die deutsche Frage vor allem als Problem der österreichischen Anschlussbewegung. Der Anschluss 1938 war dann zwar im Sinne der großdeutschen Idee, erwies sich aber nur als Vorstufe für Hitlers Eroberungspolitik.
Nach 1945 bestand die deutsche Frage aus dem Pro-

blem der Wiedervereinigung der vier Besatzungszonen Deutschlands bzw. der aus diesen entstandenen beiden deutschen Staaten. Als solche fand sie mit der Vereinigung 1990 ihre Lösung.

Deutschenspiegel, ↑ Sachsenspiegel.

deutsche Ostsiedlung, die Besiedlung und wirtschaftliche und kulturelle Erschließung der zuvor von Slawen bewohnten Gebiete in Ost- und Ostmitteleuropa durch deutsche Siedler im Mittelalter. Nach Anfängen im 9. und 10. Jh. erreichte die deutsche Ostsiedlung ihren Höhepunkt im 12. bis 14. Jh. mit der Besiedlung des heutigen Ostdeutschland, Schlesiens, Pommerns, Preußens und von Randgebieten Böhmens sowie durch Ansiedlungen in Galizien, Ungarn und Siebenbürgen.

Deutscher Bund, der auf dem Wiener Kongress durch die Bundesakte vom 8. 6. 1815 begründete Zusammenschluss der deutschen Einzelstaaten (35 Fürstenstaaten, vier freie Städte) zu einem Staatenbund. Der Deutsche Bund zerbrach im Deutschen Krieg von 1866 am österreichisch-preußischen Gegensatz.

deutscher Dualismus, das politische und militärische Gleichgewicht zwischen den beiden deutschen Großmächten Preußen und Österreich vom 18. Jh. bis zum Deutschen Krieg von 1866.

deutscher König, unkorrekte Bezeichnung für den König des alten Deutschen Reichs. Zunächst war ›Rex Francorum‹ (›König der Franken‹) der Titel der Könige des Ostfränkischen Reichs, nach dessen Wandlung zum Deutschen Reich im 10. Jh. wurde der König auch als ›Rex Teutonicorum‹ (›König der Deutschen‹) bezeichnet. Seit den Ottonen war der offizielle Titel des deutschen Königs ›Rex Romanorum‹ (↑ Römischer König), womit der Anspruch der deutschen Könige auf das römische Kaisertum unterstrichen wurde. Seither (seit 1452 durchgängig) waren die deutschen Könige zugleich Kaiser. Das deutsche Königtum war ein Wahlkönigtum, wobei der König seit dem 13. Jh. allein von den ↑ Kurfürsten gewählt wurde (auch ↑ Goldene Bulle).

Deutscher Krieg von 1866, Krieg zwischen Preußen und Österreich um die Vorherrschaft in Deutschland, der den ↑ deutschen Dualismus beendete. Der preußische Sieg führte zur Auflösung des Deutschen Bundes, zur Vergrößerung Preußens und zur Bildung des ↑ Norddeutschen Bundes als Vor-

stufe zur Reichsgründung von 1871. Österreich war nun aus Deutschland verdrängt.

deutscher Michel, sinnbildliche Darstellung des Deutschen, meist in Bauernkleidung mit Zipfelmütze und Kniehosen – Inbegriff der Einfalt und gutmütigen Schwerfälligkeit.

➕ Michel ist die Kurzform von Michael, des Erzengels und Schutzpatrons der Deutschen. ⓘ

ⓘ DEUTSCHER MICHEL

Ähnliche Personifizierungen gibt es auch bei anderen Nationen, z. B. die französische ›Marianne‹, die mit Jacobinermütze dargestellte Personifizierung der französischen Republik, der amerikanische ›Uncle Sam‹, ein hagerer, weißhaariger Herr in Frack und Zylinder, dessen Kleidung Farben und Elemente der amerikanischen Flagge aufweist, und der englische ›John Bull‹, ein typischer Engländer, der ursprünglich den britischen Selbstbehauptungswillen gegenüber dem französischen Hegemoniestreben verkörperte.

Deutscher Orden, auch **Deutschherrenorden,** ein 1198 in Jerusalem gegründeter Ritterorden. Er schuf sich ab 1226 in Preußen und im Baltikum einen eigenen Ordensstaat, der, nach Gebietsverlusten an Polen und Litauen im 15. Jh., 1525 in das weltliche Territorium Preußen umgewandelt wurde. Der 1809 aufgelöste Orden wurde 1834 erneuert und besteht seit Ende des Ersten Weltkriegs als geistlicher Orden.

Deutscher Zollverein, 1834 gegründete wirtschaftspolitische Vereinigung der deutschen Einzelstaaten unter Führung Preußens und Ausschluss Österreichs, dem bis 1867 mit Ausnahme Bremens und Hamburgs alle deutschen Staaten beitraten. Der Zollverein schuf vor allem ein einheitliches Zollgebiet und bereitete so die spätere politische Einigung im Deutschen Reich vor.

Deutsches Reich, das aus dem Ostfränkischen Reich (↑ Fränkisches Reich) im 10. Jh. hervorgegangene Reich, neben den Königreichen Italien und Burgund das dritte der drei Teilreiche des ↑ Heiligen Römischen Reichs. Sein König hatte seit Otto I., dem Großen, Anspruch auf das Kaisertum; er war zugleich König der Königreiche Italien und Burgund. Das Deutsche Reich umfasste im Wesentlichen die sechs deutschen Stämme. Durch die deut-

deu Deutsche Geschichte

Das **Deutsche Reich** 1871–1918 (mit den Grenzen bis 1937)

sche Ostsiedlung wurde es erheblich nach Osten erweitert. Nach dem weitgehenden Ausscheiden Italiens und des Königreichs Burgund aus dem Heiligen Römischen Reich im Spätmittelalter bildete es den Kern des nun als Heiliges Römisches Reich Deutscher Nation bezeichneten Restes. Daher wird oft das ganze Heilige Römische Reich als Deutsches Reich bezeichnet.

Deutsches Reich ist ferner die amtliche Bezeichnung des deutschen Staates von 1871 bis 1945. Der auf Initiative des preußischen Ministerpräsidenten Otto von Bismarck 1871 begründete Staat (im Wesentlichen aus einer Erweiterung des Norddeutschen Bundes hervorgegangen) war bis 1918 ein Kaisertum unter dem preußischen Königshaus der Hohenzollern, dann bis 1933 eine Republik. Ab 1933 war das Deutsche Reich ein diktatorisch regierter Staat unter den Nationalsozialisten, der 1945 zusammenbrach. Staats- und völkerrechtlich ist dieses Deutsche Reich erst im Zuge der deutschen Wiedervereinigung durch Abschluss des Zwei-plus-vier-Vertrages von 1990 untergegangen.

deutsche Stämme, Bezeichnung für die sechs germanischen Stämme der Alemannen, Bayern, Franken, Friesen, Sachsen und Thüringer im Bereich des Ostfränkischen Reichs, die sich im Zusammenhang mit der Entwicklung dieses Reichs zum Deutschen Reich im 9.–10. Jh. als ›Deutsche‹ im Gegensatz zur romanischen Bevölkerung des Westfränkischen Reichs und Italiens zu begreifen begannen.

Deutsch-Französischer Krieg von 1870/71, vom preußischen Ministerpräsidenten Otto von Bismarck wegen der ablehnenden Haltung Frankreichs zu seiner Politik der deutschen Einigung unter Führung Preußens durch Veröffentlichung der ↑ Emser Depesche provozierter Krieg. Gleich zu Kriegsbeginn traten alle süddeutschen Staaten auf die Seite Preußens und des Norddeutschen Bundes. Frankreich wurde rasch besiegt und zur Kapitulation gezwungen. Der französische Kaiser Napoleon III. wurde bei Sedan gefangen genommen (2. 9. 1870) und musste abdanken. Der preußische König Wilhelm I. wurde in Versailles am 18. 1. 1871 zum Deutschen Kaiser ausgerufen und damit das Deutsche Reich geschaffen. Durch die erzwungene Abtretung von Elsass-Lothringen an Deutschland kam es zur dauerhaften Feindschaft Frankreichs gegen das Deutsche Reich.

➕ Der 2. September wurde bis 1918 als nationaler Feiertag (›Sedanstag‹) begangen.

Deutschland einig Vaterland, Textzeile aus der Hymne der DDR, die im Dezember 1989 als Forderung nach der deutschen Wiedervereinigung bei den Montagsdemonstrationen skandiert wurde.

➕ Der Text der Hymne ›Auferstanden aus Ruinen‹ stammt von dem Dichter und Kultusminister der DDR Johannes R. Becher (* 1891, † 1958).

Deutschlandvertrag, Vertrag von 1952 zwischen der Bundesrepublik Deutschland, den USA, Großbritannien und Frankreich, der 1955 in Kraft trat. Mit ihm endete die Besatzungszeit, und die Bundesrepublik, die der NATO und der WEU beitrat, wurde souverän.

Dolchstoßlegende, die nach dem Ersten Weltkrieg weit verbreitete Behauptung militärisch-konservativer und nationalistischer Kreise, der Kriegsausgang sei nicht auf Fehler der Heeresleitung zurückzuführen, sondern auf das Versagen der politischen Führung sowie vor allem auf die zersetzende Haltung der Sozialdemokratie und der Pazifisten. Sie hätten der ›im Felde unbesiegten Truppe hinterrücks den Dolch in den Rücken gestoßen‹. Die sachlich unzutreffende Dolchstoßlegende nutzten die nationalistischen und konservativen Parteien als Parole zum Kampf gegen die Weimarer Republik.

Dreiklassenwahlrecht, ungleiches und indirektes Wahlrecht vor allem in Preußen 1849–1918 für die Wahl zum Gemeinderat und zur Zweiten Kammer des Landtags. Dabei wurden die Wähler nach ihrer Steuerhöhe in drei Klassen eingeteilt, die jeweils ein Drittel der Wahlmänner wählten, die ihrerseits dann die Abgeordneten bestimmten. Dies führte zu einem unverhältnismäßig großen politischen Einfluss der Wohlhabenden. Das Dreiklassenwahlrecht stand jahrzehntelang im Mittelpunkt von Verfassungskämpfen.

Dreißigjähriger Krieg, 1618–48, Krieg, in dem sich der konfessionelle Konflikt zwischen Protestanten und Katholiken im Heiligen Römischen Reich mit dem Kampf um die Vormachtstellung in Europa verband. Dabei standen vor allem Dänemark, Schweden und Frankreich sowie die evangelischen ↑ Reichsstände Österreich, Spanien und den katholischen Reichsständen gegenüber. Nachdem weite Teile des Reichs verwüstet und nahezu entvölkert waren, führten unentschiedener Kampf und Kriegsmüdigkeit auf allen Seiten zum ↑ Westfälischen Frieden.

Drittes Reich, Bezeichnung für das Deutsche Reich während der Herrschaft des Nationalsozialismus (1933–45). Der Begriff stammte ursprünglich aus der christlichen Geschichtsphilosophie und bezeichnete dort den Gedanken, dass nach dem Zeitalter des Vaters und des Sohnes ein drittes, die Erlösung abschließendes Zeitalter des Heiligen Geistes folge. In seinem Buch ›Das Dritte Reich‹ (1923) übertrug Arthur Moeller van den Bruck (* 1876, † 1925) den Begriff auf die deutsche Geschichte. Er verstand unter dem Dritten Reich ein dem Heiligen Römischen Reich und dem Deutschen Reich Bismarcks folgendes Gebilde, das nationale und soziale Idealvorstellungen verwirklichen würde. Die Nationalsozialisten übernahmen zeitweise den propagandistisch wirksamen Namen.

Duodezfürstentum [zu lateinisch duodecim ›zwölf‹], Zwergstaat; spöttisch gebrauchte Bezeichnung für die kleinen Territorien des Heiligen Römischen Reichs und des Deutschen Bundes unter ihren Herrschern, den Duodezfürsten.

Ebert, Friedrich Politiker (* 1871, † 1925). Seit 1913 Nachfolger August Bebels als Vorsitzender der SPD, wurde Ebert während der Novemberrevolution 1918 Reichskanzler. Er bekämpfte alle Versuche, in Deutschland eine Räterepublik zu errichten. Die Weimarer Nationalversammlung wählte ihn Anfang 1919 zum Reichspräsidenten. Durch seine Politik des Ausgleichs und der Mäßigung trug er wesentlich zur Stabilisierung der Weimarer Republik in ihren Anfangsjahren bei.

Einigungsvertrag, der zwischen der Bundesrepublik Deutschland und der Deutschen Demokratischen Republik geschlossene Vertrag vom 31. 8. 1990 zur Wiederherstellung der deutschen Einheit. Er bestimmt, dass mit dem 3. 10. 1990 die DDR aufhört zu bestehen, die staatliche Gewalt auf die Bundesrepublik übergeht, das Recht der DDR an Bundesrecht angeglichen sowie das Grundgesetz geändert wird (z. B. Wegfall des Wiedervereinigungsgebots). Der Vertrag steht im engen Zusammenhang mit dem ↑ Zwei-plus-vier-Vertrag (Kapitel 3).

Emser Depesche, Bericht an den preußischen Ministerpräsidenten Otto von Bismarck über Gespräche des preußischen Königs Wilhelm I. mit einem französischen Diplomaten über die spanische Thronkandidatur eines Hohenzollernprinzen. Die von Bismarck veröffentlichte, durch Kürzung verschärfte Fassung löste erwartungsgemäß die Kriegserklärung Frankreichs aus, die zum Deutsch-Französischen Krieg von 1870/71 führte.

Endlösung der Judenfrage, nationalsozialistische Umschreibung für die auf der ↑ Wannseekonferenz 1942 beschlossene systematische Ermordung der europäischen Juden.

Entnazifizierung, Bezeichnung für die Maßnahmen der Besatzungsmächte nach dem Zusammenbruch des Deutschen Reichs (Mai 1945), den Einfluss des Nationalsozialismus in Deutschland auszuschalten und frühere aktive Nationalsozialisten zu bestrafen. Die Verfahren erfolgten vor Spruchkammern, die die Angeklagten in fünf Kategorien einteilen konnten: Hauptschuldige, Belastete, Minderbelastete, Mitläufer, Entlastete. Die Strafen bestanden vor allem in Haft bis zu zehn Jahren, Vermögensentzug, Amtsverlust, Berufsverbot. Die Entnazifizierung wurde 1954 beendet.
⊕ Durch entsprechende Leumundszeugnisse konnten sich Angeklagte unter Umständen ›rein waschen‹, deshalb nannte man ein solches Zeugnis auch ›Persilschein‹.

Erbuntertänigkeit, eine sich bis nach dem Dreißigjährigen Krieg vor allem in Preußen voll ausbildende, besonders starke Form der Abhängigkeit der Bauern von ihren Grundherren. Ohne Erlaubnis der Grundherren durften die Bauern ihre zu ungünstigen Bedingungen gepachteten Höfe nicht verlassen und z. B. auch nicht heiraten; der Grundherr bestimmte den Erben. Vereinzelt konnten Bauern sogar verkauft werden. Die Erbuntertänigkeit wurde durch die ↑ Bauernbefreiung im 19. Jh. abgeschafft.

Erfüllungspolitik, Schlagwort der politischen Rechten für die 1921 eingeleitete deutsche Politik, die Verpflichtungen des Versailler Vertrags nach Möglichkeit zu erfüllen, um damit die Grenzen der deutschen Leistungsfähigkeit deutlich zu machen und eine Verringerung der ↑ Reparationen zu erreichen. Dass diese Politik erfolgreich war, zeigte sich letztlich, wenn auch zu spät für die Stabilität der Weimarer Republik, bei der Beendigung der Reparationszahlungen 1932.

Erhard, Ludwig deutscher Politiker (* 1897, † 1977). Er war nach dem Zweiten Weltkrieg an der Vorbereitung der Währungsreform beteiligt. Als Wirtschaftsminister (1949–63) setzte er das Konzept der sozialen Marktwirtschaft um und schuf wesentliche Voraussetzungen für den wirtschaftlichen Aufschwung in der Bundesrepublik Deutschland. Seit 1957 war Erhard Vizekanzler unter Konrad Adenauer, 1963–67 dessen Nachfolger als Bundeskanzler und 1966/67 auch als Parteivorsitzender der CDU.

Ludwig Erhard

⊕ Erhard gilt als ›Vater‹ des deutschen Wirtschaftswunders.

Ermächtigungsgesetz, ein Gesetz, durch das ein Parlament ein anderes Staatsorgan (meist die Regierung) ermächtigt, an seiner Stelle Gesetze zu erlassen. Im März 1933 verabschiedete so der deutsche Reichstag unter massivem Druck der Nationalsozialisten ein Ermächtigungsgesetz (›Gesetz zur Behebung der Not von Volk und Reich‹), das es der Regierung Hitler erlaubte, verfassungsändernde Gesetze zu erlassen. Damit war ihr die Möglichkeit gegeben, scheinbar legal die nationalsozialistische Diktatur zu errichten.

Euthanasieprogramm, Programm der nationalsozialistischen Regierung von 1940 zur systematischen Tötung missgebildeter Kinder und geistig behinderter Erwachsener. Die Mordaktion – in der nationalsozialistischen Terminologie die ›Vernichtung lebensunwerten Lebens‹ – wurde 1941 aufgrund kirchlicher Proteste, u. a. des Bischofs von Münster, Clemens Graf von Galen (* 1878, † 1946), gestoppt, hatte bis dahin aber dennoch rund 100 000 Opfer gefordert.

FDJ, Abkürzung für ↑ **F**reie **D**eutsche **J**ugend.

Fehde, im Mittelalter tätliche Feindseligkeit bzw. Privatkrieg zwischen Einzelpersonen, Sippen, Familien und Städten zur Durchsetzung von Rechtsansprüchen. Sie war grundsätzlich als rechtmäßig anerkannt und im Fehderecht genau geregelt. Gegen Ende des Mittelalters entartete die Fehde teilweise zu reinen Raubzügen, weshalb sie im Ewigen Landfrieden von 1495 verboten wurde.

Deutsche Geschichte

🞦 Wenn im Mittelalter ein Ritter einen anderen zum Kampf herausfordern wollte, warf er ihm einen ›Fehdehandschuh‹ vor die Füße. Hob dieser ihn auf, so war der Kampf angenommen.

Flottenrivalität, der Versuch des Deutschen Reichs seit den 1890er-Jahren, eine Kriegsflotte aufzubauen, die der damals stärksten Seemacht Großbritannien gefährlich werden konnte. Die Flottenrivalität führte zu einer dauerhaften Missstimmung zwischen beiden Ländern und trieb Großbritannien an die Seite Frankreichs und Russlands (↑ Entente cordiale, Kapitel 1), ohne dass es Deutschland gelang, die britische Seemacht zu übertreffen.

Franken, im 3. Jh. durch Zusammenschluss kleinerer Stämme entstandener germanischer Stamm, der sich seit dem 4. Jh. im römischen ↑ Gallien (Kapitel 1) und in Germanien ansiedelte. Vom Niederrhein aus dehnten die Franken ihr Siedlungsgebiet bis zum 6. Jh. auf ganz Nordgallien bis an den Oberrhein und entlang des Mains aus. Mit der Bildung des ↑ Fränkischen Reichs und der damit einhergehenden Christianisierung wurden die Franken zur bedeutendsten politischen Kraft der frühmittelalterlichen abendländischen Geschichte. Sie waren einer der sechs deutschen Stämme.

Frankfurter Nationalversammlung, verfassunggebendes Parlament, das aus der ↑ Märzrevolution 1848 hervorgegangen war und in der Paulskirche (Paulskirchenparlament) in Frankfurt am Main tagte. Es erarbeitete die Reichsverfassung vom Januar 1849, mit der das liberale Bürgertum ein konstitutionelles deutsches Kaiserreich schaffen wollte. Das Unternehmen scheiterte jedoch an der inneren Uneinigkeit der Liberalen und an der Ablehnung der seit der Revolution bis 1849 wieder erstarkten deutschen Fürsten.

Fränkisches Reich, in seiner größten Ausdehnung das heutige Frankreich, die Beneluxstaaten, die Schweiz, den größten Teil Deutschlands, Österreichs, Italiens sowie Grenzgebiete Ungarns und Spaniens umfassendes Nachfolgereich des Römischen Reichs. Es wurde Ende des 5. Jh. durch Chlodwig begründet, erreichte seinen Höhepunkt um 800 unter Karl dem Großen und zerfiel im 9. Jh. nach Teilungen und Thronwirren in erster Linie in das Westfränkische Reich, aus dem Frankreich hervorging, und in das Ostfränkische Reich, aus dem sich das mittelalterliche Deutsche Reich entwickelte, dessen König sich auch als Herrscher in Italien durchsetzte.

Franz II., letzter Kaiser (1792–1806) des Heiligen Römischen Reiches, als Franz I. Kaiser von Österreich (* 1768, † 1835). Als Reaktion auf die Krönung Napoleons I. zum Kaiser der Franzosen proklamierte Franz II. 1804 das alle Erblande zusammenfassende Kaisertum Österreich und wurde als Franz I. dessen erster Kaiser. Nach dem von Napoleon angeregten Austritt der Rheinbundstaaten (↑ Rheinbund) aus dem Heiligen Römischen Reich legte er 1806 die Römische Kaiserkrone nieder und erklärte das Reich für erloschen.

Freie Deutsche Jugend, Abkürzung **FDJ,** die staatliche Einheitsorganisation der Jugendlichen ab 14 Jahren in der DDR. Ihre Aufgabe war die politische Organisierung der Jugend, deren ideologische und fachliche Erziehung sowie eine organisierte Freizeitgestaltung, die bis zur vormilitärischen Ausbildung reichte.

🞦 Die Vorstufe zur FDJ war die von ihr geleitete Pionierorganisation ›Ernst Thälmann‹.

Freier Deutscher Gewerkschaftsbund, Abkürzung **FDGB,** die Einheitsgewerkschaft der DDR.

Freikorps [-ko:r], allgemein Freiwilligentruppe, die nur für die Dauer des Krieges oder eines Feldzugs aufgestellt oder von einzelnen Führern aufgebracht wurde. Freikorps, die gegen Napoleon I. kämpften, wurden z. B. in den Befreiungskriegen gebildet (u. a. das lützowsche Freikorps). Die nach dem Ersten Weltkrieg gebildeten Freikorps vereitelten Versuche, in Deutschland eine Räterepublik zu errichten. Daneben kämpften sie erfolgreich im Baltikum gegen die Rote Armee (1919) und in Oberschlesien gegen polnische Verbände (1921). Danach wurden sie aufgelöst. Rechtsextreme Angehörige der Freikorps verübten zahlreiche politische Morde und Attentate.

Friedrich I. Barbarossa (›Rotbart‹, wegen seines rotblonden Bartes), Römischer Kaiser (* 1122, † 1190). Der aus dem Geschlecht der Staufer stammende Herzog von Schwaben wurde 1152 Römischer König und 1155 Kaiser. Seine Regierungszeit gilt als Höhepunkt der Machtstellung des Heiligen Römischen Reichs. Sie war geprägt durch seine Auseinandersetzungen mit den italienischen Städten und dem Papsttum sowie durch sein Verhältnis zu dem Welfen ↑ Heinrich dem Löwen, den er nach an-

fänglicher Zusammenarbeit 1180 entmachtete. Während des 3. Kreuzzuges ertrank er beim Baden im Fluss Saleph. Er gilt neben Karl dem Großen als volkstümlichster Kaiser des deutschen Mittelalters.
➕ Auf Friedrich Barbarossa bezieht sich seit dem 16. Jh. die ursprünglich um Friedrich II. entstandene Kyffhäusersage (↑ Kyffhäuser).

Friedrich II., Römischer Kaiser (* 1194, † 1250), Enkel Friedrichs I. Barbarossa; ab 1198 König von Sizilien. Ab 1212 Römischer König, setzte er sich gegen den Welfen Otto IV. (* um 1177, † 1218, König ab 1198) durch und richtete die staufische Macht in Deutschland und Italien wieder auf. Ab 1220 war er Kaiser. In Sizilien und Süditalien schuf er einen modernen, straff organisierten Staat, in Deutschland musste er dagegen den Fürsten große Zugeständnisse machen. Seit den 1220er-Jahren lag er, trotz seines erfolgreichen Kreuzzuges 1228/29, im Kampf mit den Päpsten und den norditalienischen Städten um die Macht in Italien. Durch die auf Sizilien verbreitete arabische Kultur beeinflusst, war er ein Förderer von Künsten und Wissenschaften. Nach seinem Tod brach die staufische Macht zusammen und das Heilige Römische Reich erlebte ein zwanzigjähriges ↑ Interregnum.

Friedrich der Große als Kronprinz (Gemälde von Antoine Pesne, 1739/40)

> **Friedrich II., der Große**
> ›Jeder muss nach seiner Fasson selig werden.‹
> Diese viel zitierte Bemerkung schrieb Friedrich am 22. 6. 1740 an den Rand einer Anfrage, ob die römisch-katholischen Schulen wegen ihrer Unzuträglichkeit wieder abgeschafft werden sollten. Und er fügte hinzu, dass keine Religion der anderen Abbruch tun dürfe.

➕ Friedrich galt schon zu seinen Lebzeiten als überragende Persönlichkeit, worauf sein Beiname ›Stupor Mundi‹ (›Der Welt in Erstaunen versetzt‹) anspielt. Sein Buch über die Falkenjagd gilt als frühes Meisterwerk beobachtender Naturwissenschaft.
➕ Um ihn rankte sich ursprünglich die Kyffhäusersage, die aber auch mit Friedrich I. Barbarossa in Verbindung gebracht wird.

Friedrich II., der Große, König von Preußen (* 1712, † 1786, König ab 1740). Durch seine ohne Rechtsgrundlage 1740 erfolgte Eroberung Schlesiens und dessen Behauptung gegen Österreich und andere Mächte in zwei weiteren Kriegen, in denen er sich als großer Feldherr erwies, stieg Brandenburg-Preußen endgültig zur europäischen Großmacht auf. Er gilt als Hauptvertreter des aufgeklärten ↑ Absolutismus (Kapitel 1) sowie als Reformer und Vollender des preußischen Beamtenstaates.
➕ Sein Ausspruch ›Der Fürst ist der erste Diener des Staates‹ kennzeichnet seine von Pflichtbewusstsein geprägte Haltung.
➕ Als ›Alter Fritz‹ und ›Fridericus Rex‹ (›König Friedrich‹) wurde er zur volkstümlichen Gestalt. ⓘ

Friedrich Wilhelm I., König in Preußen (* 1688, † 1740, König ab 1713). Friedrich Wilhelm, dessen Hingabe an Arbeit und Pflichterfüllung vom Pietismus geprägt war, führte einen bürgerlich-einfachen Hof. Durch die Beseitigung ständischer Vorrechte vollendete er den Absolutismus in Brandenburg-Preußen und legte durch Sparsamkeit, Staatsreformen und die Schaffung eines gut geschulten stehenden Heeres die Grundlagen, auf denen sein Sohn, Friedrich II., der Große, Preußen endgültig zur europäischen Großmachtstellung führen konnte.
➕ Seine Vorliebe für die Armee brachte ihm den Beinamen ›Soldatenkönig‹ ein.
➕ Seit 1707 ließ er für die königliche Garde Soldaten anwerben, die besonders groß gewachsen sein mussten und daher im Volksmund als ›Lange Kerls‹ bezeichnet wurden.

Friedrich Wilhelm IV., König von Preußen (* 1795, † 1861, König ab 1840). Nach seiner Thronbesteigung 1840 beendete er die Restaurationspolitik seines Vaters (u. a. die ↑ Demagogenverfolgung). Der Märzrevolution 1848 gab er zunächst nach, lehnte aber 1849 die ihm von der Frankfurter Nationalversammlung angetragene deutsche Kaiserkrone ab. 1848 erließ er eine Verfassung, die 1850 in konservativem Sinn geändert wurde und dem König erhebliche Machtpositionen sicherte. Da er seit 1858 geisteskrank war, übernahm sein Bruder ↑ Wilhelm I. die Regierung.

Friesen, germanischer Stamm an der Nordseeküste mit dem Kerngebiet zwischen Niederrhein und Ems. Seit dem 6. Jh. zeitweilig unter der Oberherrschaft des Fränkischen Reichs, wurden die Friesen seit dem späten 7. Jh. christianisiert und unter Karl dem Großen seit 785 dem Fränkischen Reich endgültig eingegliedert. Sie waren einer der sechs deutschen Stämme.

> ### ⓘ FRIEDRICH II., DER GROSSE
> **Friedrich und die Musik**
>
> Friedrich II., der selbst Flöte spielte, gründete schon als Kronprinz auf Schloss Rheinsberg eine Hofkapelle mit dem von ihm sehr geschätzten Komponisten Johann Gottlieb Graun (* 1703, † 1771) als Kapellmeister. 1740–67 spielte Carl Philipp Emanuel Bach als Cembalist in dieser Kapelle. Friedrich selbst komponierte, beeinflusst vom Spätbarock, 121 Flötensonaten, vier Flötenkonzerte und drei Armeemärsche, darunter den ›Hohenfriedberger‹. Manchmal legte er auch nur die Melodie fest und ließ andere die Stimmen eintragen. So lud er auch Johann Sebastian Bach ein und gab ihm das Thema zum ›Musikalischen Opfer‹.

Frondienste, Fronen, bis zur Bauernbefreiung (↑ Agrarreform) übliche Dienstleistungen, die persönlich Abhängige, Besitzer oder Pächter bestimmter Liegenschaften oder die Bewohner eines Bezirks für andere (z. B. Landesherren, Gutsherren) leisten mussten. Sie konnten Feldarbeit (Hand- und Spanndienste), Gewerbearbeit (z. B. Mahlen des Getreides) und Gesindearbeit umfassen. Im Westen Deutschlands teilweise schon im späten Mittelalter durch Abgaben ersetzt, spielten sie besonders in der ostdeutschen Gutswirtschaft bis ins 19. Jh. eine große Rolle.

Fugger, Augsburger Kaufmannsfamilie, deren Handelsgesellschaft im 15.–17. Jh. Weltgeltung besaß. Unter Jakob dem Reichen (* 1459, † 1525), der 1519 die Wahl Karls V. zum Kaiser finanzierte, wurden die Fugger Reichsgrafen. Im 16. Jh. waren sie die Hauptgeldgeber des Hauses Habsburg. Ihre Geschäfte umfassten neben dem Leinenhandel auch Beteiligungen am Erzbergbau, Finanzgeschäfte und den Überseehandel vor allem innerhalb des habsburgischen Weltreichs.
➕ Die 1516–25 von Jakob dem Reichen in Augsburg erbaute Fuggerei ist die älteste noch bewohnte Sozialsiedlung Deutschlands.

Führerstaat, ein nach dem Führerprinzip aufgebauter Staat. Die Führungsorgane treffen ihre Entscheidungen nur durch Befehl der jeweiligen Führungsspitze. Es gelten unbedingte Autorität nach unten und unbedingter Gehorsam nach oben. Die Unterführer werden durch den Führer auf der jeweils höheren Ebene ernannt. Der oberste Führer beruft sich auf den ›Volkswillen‹, auf Weltanschauungen oder z. B. auf die Vorsehung oder den Willen Gottes. Das nationalsozialistische Deutschland war ein solcher Führerstaat mit Adolf Hitler als ›Führer‹ an der Spitze.

Gang nach Canossa, der Bußgang (1077) Kaiser Heinrichs IV. (* 1050, † 1106) zu Papst Gregor VII. auf die italienische Burg Canossa. Durch diese persönliche Erniedrigung erreichte Heinrich die Lossprechung vom Kirchenbann, der ihn politisch in große Bedrängnis gebracht hatte, und erlangte so seine Handlungsfreiheit zurück. Der Canossagang wird in der neueren Geschichtsschreibung meist als persönlicher und politischer Sieg Heinrichs angesehen. – Bild S. 86
➕ Der Ausdruck ›nach Canossa gehen‹ bedeutet sich unterwerfen, als Bittsteller auftreten, einen schweren Gang vor sich haben.
➕ Während des Kulturkampfes prägte Bismarck am 14. 5. 1872 im Reichstag die Redewendung ›Nach Canossa gehen wir nicht‹.

Gau, bei den Germanen Bezeichnung für einen Teil des Stammesgebietes, der eine Siedlungseinheit bildete und teilweise von einem Unterkönig (Gaukönig) geführt wurde; im germanischen Osten des Fränkischen Reichs der Amtsbezirk (↑ Grafschaft)

Geg Deutsche Geschichte

eines königlichen Beamten (Grafen), im romanischen Westen auch Bezeichnung für das Umland der Städte.
➕ Das Wort lebt noch heute in zahlreichen Landschaftsnamen fort, wie z. B. Kraichgau, Hegau.

Gegenreformation, die gewaltsame Rekatholisierung von Gebieten, die während der ↑ Reformation protestantisch geworden waren. Als Epochenbegriff umfasst das Zeitalter der Gegenreformation besonders die Zeit zwischen 1555 und 1648. Die Gegenreformation führte im Heiligen Römischen Reich zu dem als Religionskrieg beginnenden Dreißigjährigen Krieg. Sie wurde auch im übrigen Europa wirksam (Niederlande, Frankreich, Spanien, Polen).

Gang nach Canossa Der Bußgang Kaiser Heinrichs IV. zu Papst Gregor VII. auf die italienische Burg Canossa, durch den er 1077 die Lösung vom Bann erreichte, wurde sprichwörtlich.

Generalgouvernement [...guvɛrnəmã], im Zweiten Weltkrieg Bezeichnung für das von deutschen Truppen besetzte polnische Gebiet, das nicht dem Deutschen Reich eingegliedert wurde.

Germanen, Sammelname für Völker und Stämme in Nord- und Mitteleuropa, die sprachverwandt sind und sich von den benachbarten Völkern der Kelten, Illyrer, Balten, Slawen und Finnen durch Sprache, Religion und Sitten unterschieden. Im Verlauf der germanischen ↑ Völkerwanderung drangen seit dem späten 2. Jh. germanische Stämme in das Römische Reich ein, wo sie sich seit dem 4. Jh. dauerhaft ansiedelten. Dies trug zu dessen Untergang im 5. Jh. wesentlich bei. ⓘ

Germanien, im Altertum das von Germanen bewohnte Gebiet in Mitteleuropa, das sich in die beiden römischen Provinzen Germania inferior (Niedergermanien, Hauptstadt Köln), Germania superior (Obergermanien, Hauptstadt Mainz) und das nichtrömische, freie Germanien rechts des Rheins gliederte. – Im Mittelalter (in lateinischer Form) Bezeichnung für Deutschland.
➕ Von Germanien leitet sich das englische Wort für deutsch (german) her.

Gestapo, Kurzbezeichnung für **Ge**heime **Sta**atspolizei, die 1933 gebildete politische Polizei im nationalsozialistischen Deutschland. Die Gestapo war durch Bespitzelung und Terror eine der Hauptstützen der nationalsozialistischen Diktatur in Deutschland und während des Zweiten Weltkriegs in den von deutschen Truppen besetzten Gebieten. Sie war führend am Völkermord an den Juden beteiligt. In den Nürnberger Prozessen wurde die Gestapo zur ›verbrecherischen Organisation‹ erklärt.

Gleichschaltung, allgemein die erzwungene ideologische und organisatorische Ausrichtung aller politisch-gesellschaftlichen, wirtschaftlichen und kulturellen Organisationen und Institutionen auf die in einem totalitären Staat herrschende Partei. Das Schlagwort wurde während der nationalsozialistischen Diktatur

> ⓘ **GERMANEN**
>
> **Tacitus über die Germanen**
>
> Die kurz ›Germania‹ genannte Schrift des römischen Schriftstellers Tacitus ist die einzige aus der römischen Literatur bekannte länderkundliche Monografie und das wichtigste Zeugnis über Altgermanien. Über die Siedlungsweise der Germanen schreibt er:
> ›Dass die Völker der Germanen keine Städte bewohnen und dass sie nicht einmal miteinander verbundene Siedlungen dulden, ist genügend bekannt. Sie wohnen abgesondert und einzeln, wie ihnen eine Quelle, ein Feld, ein Wald zusagt. ... Nicht einmal Mauersteine und Ziegel sind bei ihnen im Gebrauch: Sie verwenden für alles unbearbeitetes Holz ohne Schönheit oder Reiz ...‹

(1933–45) geprägt, die eine weitgehende Gleichschaltung nach dem Willen der NSDAP erreichte.

Godesberger Programm, 1959 auf einem Parteitag in Bad Godesberg beschlossenes Parteiprogramm der SPD, mit dem diese endgültig von marxistischen Positionen abrückte. Auf dieser Grundlage entwickelte sich die SPD in den Folgejahren von einer reinen Arbeiterpartei zur Volkspartei.

Goebbels, Joseph ['gœ...], nationalsozialistischer Politiker (* 1897, † 1945). Er baute ab 1926 die Berliner Parteiorganisation der NSDAP auf mit dem Auftrag, ›das rote Berlin für die NSDAP zu erobern‹. Als Minister für Volksaufklärung und Propaganda ab 1933 leitete er sehr erfolgreich die nationalsozialistische Propaganda. Es gelang ihm, bis weit in den Zweiten Weltkrieg hinein, in der Bevölkerung eine breite Unterstützung für die nationalsozialistische Politik zu erlangen. Von Hitler am 29. 4. 1945 testamentarisch zum Nachfolger als Reichskanzler ernannt, ermordete er wenige Stunden nach dessen Tod seine sechs Kinder und nahm sich gemeinsam mit seiner Frau das Leben.

⊕ In seiner Rede im Berliner Sportpalast vom 18. 2. 1943 rief Goebbels mit den Worten ›Wollt ihr den totalen Krieg?‹ zum totalen Krieg auf.

Goldene Bulle, *die* nach seiner goldenen Siegelkapsel (Bulle, von lateinisch ›bulla‹) benanntes wichtigstes Verfassungsgesetz des Heiligen Römischen Reichs, das bis zu dessen Ende 1806 in Geltung blieb. Das 1356 von Kaiser ↑ Karl IV. verkündete Reichsgesetz regelte besonders die deutsche Königswahl und die Stellung der sieben ↑ Kurfürsten, die allein mit Stimmenmehrheit den König wählen; daneben enthielt sie ein Verbot aller Bündnisse mit Ausnahme des ↑ Landfriedens sowie Regelungen zum Fehderecht.

Göring, Hermann nationalsozialistischer Politiker (* 1893, † 1946). Im Ersten Weltkrieg Jagdflieger, stellte Göring für die NSDAP eine wichtige Verbindung zur Reichswehr dar. Ab 1932 war er Reichstagspräsident, seit 1933 preußischer Ministerpräsident, seit 1935 Oberbefehlshaber der Luftwaffe und seit 1940 Reichsmarschall. Er gehörte zum engsten Führungskreis der Nationalsozialisten. 1946 wurde er bei den Nürnberger Prozessen zum Tode verurteilt und beging Selbstmord.

⊕ Göring galt als eitel, aber umgänglich, und war während des Dritten Reichs sehr populär.

Grafschaft, im Fränkischen Reich der Amtsbezirk eines Grafen. Vor allem Karl der Große überzog das Reich mit einem Netz von Grafschaften, wobei die Grafen als Beamte dem König verantwortlich und an seine Weisungen gebunden waren (Grafschaftsverfassung). Als Gebiete unmittelbarer Königshoheit verschwanden die Grafschaften im 11./12. Jh.; sie wurden zu Lehen und entwickelten sich im Besitz adliger Familien zum Objekt adliger Hausmachtpolitik. Der Titel Graf wurde so zum reinen Adelstitel.

Großdeutsche, in der Frankfurter Nationalversammlung 1848/49 eine Gruppierung, die ein geeintes Deutschland unter Einschluss Österreichs anstrebte. Dagegen erstrebten die Kleindeutschen ein von Preußen geführtes Deutschland ohne Österreich, wie es mit der Gründung des Deutschen Reichs 1871 verwirklicht wurde.

Großdeutsches Reich, im Zweiten Weltkrieg zeitweise offizielle Bezeichnung des Deutschen Reichs, das ab 1938 auch Österreich umfasste.

Der Große Kurfürst, eigentlich Markgraf Friedrich Wilhelm von Brandenburg (* 1620, † 1688). Er stärkte durch den Aufbau eines stehenden Heeres, den Ausbau der Landesverwaltung und eine rücksichtslose und erfolgreiche Außenpolitik die Stellung Brandenburg-Preußens, das er zu einem einheitlichen Staatswesen mit absolutistischer Regierung auszubauen bestrebt war. Dadurch legte er die Grundlagen für den Aufstieg Brandenburg-Preußens zur Großmacht im 18. Jahrhundert.

Gründerjahre, allgemein die der Reichsgründung 1870/71 folgenden Jahrzehnte; im engeren Sinn die Jahre 1871–73, als die von Frankreich gezahlten Kriegsentschädigungen (↑ Reparationen) im Deutschen Reich eine Wachstumseuphorie, verbunden mit übertriebener Spekulation hervorriefen. Schon bald führte jedoch ein allgemeiner Kurssturz zum Zusammenbruch zahlreicher Gründungen und zur großen Depression von 1873.

Grundherrschaft, Organisationsform des Grundbesitzes im Mittelalter und in der frühen Neuzeit, bei der der adlige, kirchliche oder königliche Grundherr über das Land und die Menschen, die es bewohnten und bearbeiteten (Grundholden), Herrschaft und Schutz ausübte. Die in unterschiedlichen Abhängigkeitsverhältnissen stehenden Grundholden schuldeten dem Grundherrn neben Treue ↑ Frondienste und

Abgaben (Grundlasten). Die ostdeutsche Grundherrschaft bezeichnet man als Gutsherrschaft.

Grundlagenvertrag, Grundvertrag, der Vertrag zwischen der Bundesrepublik Deutschland und der DDR vom 21. 12. 1972, der am 21. 6. 1973 in Kraft trat. In ihm vereinbarten beide Seiten gutnachbarliche Beziehungen ›auf der Grundlage der Gleichberechtigung‹, auf Gewalt zu verzichten und den Gebietsstand gegenseitig zu achten. Eine Reihe von Zusatzerklärungen und Protokollnotizen ergänzten den Vertrag und legten die unterschiedlichen Auffassungen der Vertragspartner zu Problemen wie der Staatsbürgerschaft und der nationalen Frage dar. Außerdem wurden in den Zusatzdokumenten u. a. Regelungen über den Warenaustausch, Reiseerleichterungen, Familienzusammenführung und der Beitritt der beiden deutschen Staaten zur UNO vereinbart.

Gegen den Grundlagenvertrag hatte die CDU/CSU-Opposition im Deutschen Bundestag das Bundesverfassungsgericht angerufen, das in seiner Entscheidung feststellte, dass der Vertrag nicht gegen das Wiedervereinigungsgebot des Grundgesetzes verstoße.

Gutenberg, Johann eigentlich Johann Gensfleisch zum Gutenberg, deutscher Buchdrucker (*um 1400, †1468). Gutenberg erfand den Buchdruck mit beweglichen Metalllettern, durch den das Vervielfältigen von Schriften, die zuvor von Hand abgeschrieben werden mussten, erheblich erleichtert wurde. Die Massenproduktion von Schriftgut förderte die Alphabetisierung der Gesellschaft und ermöglichte eine rasche Verbreitung von Ideen und Meinungen, wovon u. a. die Reformation profitierte.

Porträt **Johann Gutenbergs** von R. Gaywood nach einem zeitgenössischen Stich

Gutsherrschaft, ↑ Grundherrschaft.

> **Johann Gutenberg**
> ›Mehr als das Gold hat das Blei in der Welt verändert. Und mehr als das Blei in der Flinte das Blei im Setzkasten.‹
>
> Georg Christoph Lichtenberg über die Bedeutung des Buchdrucks

Habsburger, Herrschergeschlecht, das sich nach der Habsburg bei Brugg in der Schweiz nennt. Die Habsburger waren zunächst Grafen mit Besitzungen in der Schweiz und im Elsass. Als erster Habsburger wurde 1273 Rudolf von Habsburg deutscher König.

> **ⓘ HABSBURGER**
>
> **Du, glückliches Österreich, heirate!**
>
> Dieses Zitat bezieht sich darauf, dass die Habsburger, statt Kriege zu führen, es immer verstanden haben, ihr Reich und ihren politischen Einfluss durch geschickte Heiratspolitik zu vergrößern:
> ›Bella gerant alii, tu felix Austria nube!
> Nam quae Mars aliis, dat tibi regna Venus!‹
> (›Kriege führen lasse die anderen, du, glückliches Österreich, heirate!/Reiche schenkt dir Venus, wie anderen Gott Mars!‹)

Seit 1438 stellten die Habsburger, deren Hausmacht seit dem 14. Jh. vor allem in Österreich lag, bis zum Untergang des Heiligen Römischen Reichs 1806 (mit Ausnahme der Jahre 1742–45) alle Könige und Kaiser. Daneben war seit 1526 das Oberhaupt des Hauses zugleich König von Ungarn und von Böhmen. 1804 fassten die Habsburger ihre Besitzungen im Kaisertum Österreich zusammen, das sie bis 1918 regierten. Nebenlinien des Geschlechts beherrschten 1516–1700 Spanien und im 18. Jh. verschiedene italienische Territorien. ⓘ

Haithabu, von der Mitte des 8. Jh. bis 1050 bedeutender Handelsplatz im Norden Schleswig-Holsteins an der Handelsstraße zwischen Niederrhein und Ostsee. Heute ist Haithabu ein Wikinger-Museum.

Hallstein-Doktrin, seit 1955 bestehende und mit dem Grundlagenvertrag 1972 aufgegebene Politik der Bundesrepublik Deutschland, nach der die diplomatischen Beziehungen zu jenen Staaten abgebrochen wurden, die die DDR anerkannten. Diese auf den Diplomaten Walter Hallstein (*1901, †1982) zurückgehende Doktrin war Ausfluss des Alleinvertretungsanspruchs, der besagte, dass die Bundesrepublik als Rechtsnachfolgerin des Deutschen Reichs allein für ganz Deutschland sprechen und handeln könne.

Hambacher Fest, erste große Massenkundgebung für die Einheit und die Freiheit Deutschlands Ende

Mai 1832 auf dem Hambacher Schloss bei Neustadt an der Weinstraße. Das Hambacher Fest war der Höhepunkt der konstitutionellen Einheits- und Oppositionsbewegung, die sich als Folge der ↑ Julirevolution 1830 (Kapitel 1) neu gebildet hatte. Der ↑ Deutsche Bund reagierte auf das Hambacher Fest mit weiterer Unterdrückungspolitik (Verhaftungen, Beschneidung der Presse- und Versammlungsfreiheit).

Hanse, Zusammenschluss deutscher Kaufleute im Mittelalter, der dazu dienen sollte, Handelsinteressen gemeinsam zu vertreten und sich gegenseitig Schutz und Beistand zu gewähren. Die Hanse erstreckte sich über den ganzen Nord- und Ostseeraum und reichte weit ins Binnenland. Seit 1356 war sie ein förmliches Bündnis zahlreicher, besonders norddeutscher Handelsstädte. Auf dem Höhepunkt ihrer Macht im 14. und 15. Jh. kontrollierte sie den gesamten Ostseehandel. Durch die wachsende Macht der Anrainerstaaten von Ost- und Nordsee sowie der deutschen Territorialherren setzte seit Ende des 15. Jh. der Niedergang der Hanse ein.
🔴 Die einst wichtigen Hansestädte Lübeck, Rostock, Hamburg und Bremen führen die Bezeichnung ›Hansestadt‹ noch heute im amtlichen Namen.

Hausgut, der Gesamtbesitz einer (Fürsten-)Familie. Im Gegensatz zum ↑ Reichsgut bezeichnet Hausgut vor allem den erblichen Besitz des Geschlechts, das den König stellt. Auf dem Hausgut gründete sich die Hausmacht der mittelalterlichen Könige.

Hausmacht, im Mittelalter die Gebiete (Territorien), die im erblichen Besitz einer Fürstenfamilie waren. Nach dem Investiturstreit vereinigten die deutschen Könige aus dem Geschlecht der Salier ihr Hausgut mit dem nicht verliehenen Reichsgut (Lehen), das damit vor allem unter den Staufern Konrad III. (* 1039, † 1152, König ab 1138) und Friedrich I. Barbarossa zur Grundlage einer ausgedehnten Hausmachtpolitik wurde. Die Bildung einer starken Hausmacht war für die gewählten Könige wichtig, um sich gegen die Interessen der zu Landesherren aufgestiegenen Fürsten durchsetzen zu können.

Hausmeier, im Fränkischen Reich ursprünglich der Vorsteher des königlichen Haushalts. Seit etwa 600 auch Führer des kriegerischen Gefolges, wurden die Hausmeier Leiter der Staatsgeschäfte und entmachteten die Könige. Nach Absetzung des letzten Merowingerkönigs ließ sich 751 der Hausmeier ↑ Pippin III. zum König wählen. Er begründete damit die Dynastie der Karolinger, die das Amt des Hausmeiers abschaffte.

Heiliges Römisches Reich (Deutscher Nation), seit 1254 belegter Name des im 10. Jh. aus dem Deutschen Reich und den Königreichen Italien und Burgund zusammengefügten mitteleuropäischen Großreichs unter der Herrschaft der deutschen Könige. Seit der Kaiserkrönung ↑ Ottos I. 962 war es mit der Tradition des antiken Römischen Reichs verbunden und galt als dessen Fortsetzung. Die Hinzufügung ›Deutscher Nation‹ im 15. Jh. kennzeichnet den zunehmenden Verlust der Herrschaft über die nicht deutschen Reichsgebiete in Italien und Burgund. Seit 1512 war diese Hinzufügung offizieller Namensbestandteil des Reichs bis zu dessen Auflösung durch Kaiser Franz II. im Jahr 1806. Umgangssprachlich wird es auch oft als ›Altes Deutsches Reich‹ bezeichnet.

Hanse Rostock verdankt sein rasches Aufblühen dem Seehandel und der Zugehörigkeit zur Hanse. In dieser Zeit entstanden das Stadtbild prägende Bauten wie die Marienkirche (Mitte).

Heimatvertriebene, ↑ Vertriebene.

Heim ins Reich, Schlagwort der nationalsozialistischen Propaganda, mit dem der (angebliche) Wunsch der außerhalb des Deutschen Reichs lebenden deutschen Minderheiten nach Anschluss an das Deutsche Reich ausgedrückt werden sollte.

Heinemann, Gustav deutscher Politiker (* 1899, † 1976), war während der nationalsozialistischen Herrschaft führend in der Bekennenden Kirche tätig. 1945 wurde er Mitglied der CDU und 1949 Bundesinnenminister, trat aber 1950 wegen der Wiederaufrüstungspolitik Adenauers zurück. Nach seinem Austritt aus der CDU schloss sich Heinemann der SPD an. Als Bundesjustizminister (1966-69) betrieb er die Große Staatsrechtsreform, die Reform des Unehelichenrechts und die des politischen Strafrechts. Als Bundespräsident (1969-74) bemühte er sich vor allem um eine Aussöhnung der Deutschen mit ihren Nachbarn.

Heinrich der Löwe, Herzog von Sachsen und Bayern (*um 1129, †1195). Nach einem Ausgleich zwischen den rivalisierenden Geschlechtern der Staufer und Welfen stieg der Welfe Heinrich mit der Unterstützung des staufischen Kaisers Friedrich I. Barbarossa zum mächtigsten Reichsfürsten auf. Als er dem Kaiser aber 1176 die Waffenhilfe bei dessen Kampf gegen die oberitalienischen Städte verweigerte, ließ Friedrich 1180 die Reichsacht über ihn verhängen. Heinrich verlor seine Herzogtümer und musste ins Exil gehen. Er ist Gründer Münchens und Lübecks und trieb die deutsche Ostsiedlung stark voran.

Heinrich IV., Römischer Kaiser (*1050, †1106). Heinrich wurde 1056 deutscher König und 1085 Kaiser. Er führte während seiner Regierungszeit viele Kämpfe gegen Reichsfürsten und das Papsttum (↑Investiturstreit und ↑Gang nach Canossa).

Herrenrasse, Begriff der nationalsozialistischen Rassentheorie, die in den ↑Ariern, vor allem den Deutschen, eine den anderen Völkern und Rassen überlegene Rasse sah, die zum Herrschen über diese berufen sei.

Herzog [von althochdeutsch herizogo ›Heerführer‹], im Frankenreich der Merowinger ein mehreren Grafen übergeordneter königlicher Beamter. In einigen Gebieten des Fränkischen Reichs (Alemannien, Aquitanien, Bayern und Thüringen) konnten die Herzöge auf der Grundlage geschlossener Stämme zeitweise große Selbstständigkeit gewinnen und Stammesherzogtümer bilden. Unter den Karolingern wurden sie jedoch wieder königliche Beamte. Im 9./10. Jh. kam es im Ostfränkischen Reich zur Bildung neuer (›jüngerer‹) Stammesherzogtümer (Bayern, Böhmen, Sachsen, Schwaben), die im 12./13. Jh. untergingen. Später wurden Gebietsherzogtümer ohne Bezug zu den Stämmen geschaffen. Der Titel Herzog wurde zum höchsten deutschen Adelstitel.

Heuss, Theodor deutscher Politiker (*1884, †1963). Bereits in der Zeit der Weimarer Republik Abgeordneter des Reichstags, war Heuss 1948-49 als Vorsitzender der FDP Mitglied des Parlamentarischen Rats. 1949-59 war er der erste Bundespräsident der Bundesrepublik Deutschland. Seine Ehefrau Elly Heuss-Knapp (*1881, †1952) begründete das Müttergenesungswerk.

Hexenverfolgungen. Seit dem Mittelalter und besonders vom 14. bis 17. Jh. kam es zu Hexenverfolgungen, bei denen vor allem Frauen der Hexerei bezichtigt und zu Zehntausenden durch Verbrennen auf dem Scheiterhaufen hingerichtet wurden. Die Angeklagten wurden gefoltert, um Geständnisse zu erzwingen. Aber auch das Nichtablegen eines Geständnisses trotz Folter konnte zur Verurteilung führen, da es als Zeichen für übernatürliche Kräfte galt; die Beklagten waren also praktisch chancenlos. Die Hexenverfolgungen endeten im 18. Jahrhundert.

Hier stehe ich, ich kann nicht anders, Ausspruch Martin Luthers auf dem Wormser Reichstag 1521, mit dem er sich weigerte, seine Lehre zu widerrufen.

Himmler, Heinrich nationalsozialistischer Politiker (*1900, †1945). Himmler leitete als ›Reichsführer SS‹ (seit 1929), Chef der deutschen Polizei (seit 1936), Reichsinnenminister (seit 1943) und Oberbefehlshaber des Ersatzheeres (seit 1944) die nationalsozialistische Unterdrückungsmaschinerie. Er organisierte den Terror der Gestapo und war verantwortlich für die Errichtung der Konzentrationslager und die Massentötung der Juden. Kurz nach Kriegsende beging er Selbstmord.

Hindenburg, Paul von Beneckendorff und H. deutscher General und Politiker (*1847, †1934). Im Ersten Weltkrieg übernahm Hindenburg nach entscheidenden Siegen gegen Russland mit Erich Ludendorff 1916 die Oberste Heeresleitung. 1918 befürwortete er die deutsche Kapitulation und den Thronverzicht des Kaisers. 1925 und 1932 zum Reichspräsidenten gewählt, berief er 1933 nach langem Zögern Hitler als Führer der stärksten Partei zum Reichskanzler.

Hitler, Adolf nationalsozialistischer Politiker österreichischer Herkunft (*1889, †1945). Hitler lebte bis 1912 als Gelegenheitsarbeiter und Zeichner in Wien und kam 1913 nach München. Im Ersten Weltkrieg diente er als Soldat im deutschen Heer. Seit

Deutsche Geschichte **Hus**

1919 baute Hitler die NSDAP auf, deren Führung er 1921 übernahm. 1923 beteiligte er sich führend in München an einem Umsturzversuch (Hitlerputsch), nach dessen Scheitern er zu Festungshaft verurteilt wurde. Während der Haft schrieb er das Buch ›Mein Kampf‹, in dem seine politischen Ziele niedergelegt waren. In der Zeit der Weltwirtschaftskrise gelang es ihm, die NSDAP zur stärksten politischen Partei zu machen. Am 30. 1. 1933 wurde er von Reichspräsident Hindenburg zum Reichskanzler ernannt.

Adolf Hitler beim Parteitag in Nürnberg

Innerhalb weniger Monate errichtete er eine totalitäre Diktatur. Nach dem Tod Hindenburgs 1934 vereinigte er die höchsten Ämter in seiner Hand (›Führer und Reichskanzler‹). Seither betrieb er eine zunehmend aggressive Außenpolitik, die 1939 zum Zweiten Weltkrieg führte. In den von deutschen Truppen besetzten Gebieten wurde auf seine Befehle hin eine brutale Unterdrückungs- und Vernichtungspolitik durchgeführt, der Millionen von Menschen zum Opfer fielen. Er trägt die Hauptverantwortung für den Holocaust und das Euthanasieprogramm ebenso wie für die unmenschliche Kriegsführung. Hitler beging 1945 Selbstmord.

Hitler-Jugend, Abkürzung **HJ,** die nationalsozialistische Jugendorganisation 1926–45, die nach Beseitigung aller anderen Jugendverbände ab 1936 die alleinige deutsche ›Staatsjugend‹ darstellte.

🔸 Die HJ gliederte sich in das ›Deutsche Jungvolk‹ (die ›Pimpfe‹, Jungen, 10–14 Jahre), die ›Deutschen Jungmädel‹ (10–14 Jahre), die eigentliche HJ (Jungen, 14–18 Jahre) und den ›Bund Deutscher Mädel‹ (Abkürzung BDM, 14–18 Jahre).

Hitlerputsch, ↑ Hitler, Adolf.

Hitler-Stalin-Pakt, deutsch-sowjetischer Nichtangriffspakt von 1939. Der Pakt enthielt ein geheimes Zusatzprotokoll, in dem die beiden Diktatoren Mittelosteuropa in eine sowjetische (Finnland, Estland, Lettland, Ostpolen, Bessarabien) und eine deutsche (Westpolen, Litauen) Interessensphäre aufteilten. Er ermöglichte Hitler den Angriff auf Polen, ohne dabei ein sowjetisches Eingreifen befürchten zu müssen.

Hofer, Andreas Tiroler Freiheitskämpfer (* 1767, † 1810). Hofer führte den Aufstand gegen die bayerische Herrschaft in Tirol (1805–14) im Jahr 1809 an. Er wurde nach Erfolgen gegen bayerische und französische Truppen nach der Kapitulation Österreichs gegenüber Napoleon I. verraten und standrechtlich erschossen.

Hohenzollern, seit 1061 unter dem Namen Zollern nachweisbares schwäbisches Fürstengeschlecht, das durch den Aufstieg Brandenburg-Preußens zur Großmacht im 18. Jh. besondere Bedeutung erlangte. Seit 1417 waren die Hohenzollern Markgrafen von Brandenburg, seit 1525 auch Herzöge von Preußen. 1701 erreichte Friedrich I. (* 1657, † 1713) von Brandenburg-Preußen seine Erhebung zum König. Einen ersten Machthöhepunkt erlangte das Haus unter Friedrich II., dem Großen. Der Hohenzoller Wilhelm I. wurde 1871 der erste Deutsche Kaiser; dieses Amt blieb bis zu seiner Abschaffung 1918 in der Familie.

🔸 Der Name der Hohenzollern stammt von ihrer Stammburg Hohenzollern auf dem Zollerberg südlich von Hechingen in Baden-Württemberg.

Holocaust, *der* [von griechisch holokaustos ›völlig verbrannt‹], neuhebräisch **Schoah,** allgemein Bezeichnung für die Tötung einer großen Zahl von Menschen. Heute wird darunter vor allem die Ermordung von 6 Mio. europäischer Juden während der nationalsozialistischen Herrschaft verstanden.

Honecker, Erich deutscher Politiker (* 1912, † 1994), war nach 1933 in der kommunistischen Widerstandsbewegung tätig. Ab 1946 gehörte er zu den Führungskräften der SED, u. a. war er Vorsitzender der FDJ und wurde 1971 als Nachfolger Walter Ulbrichts der starke Mann der DDR (1971 Generalsekretär der SED, ab 1976 Vorsitzender des Staatsrats der DDR). Im Zuge des Umbruchs in der DDR (↑ Montagsdemonstrationen) wurde er 1989 gestürzt. Nach der deutschen Vereinigung lebte er bis 1992 in Moskau. In Deutschland vor Gericht gestellt (u. a. wegen der Todesschüsse an der Berliner Mauer), musste er 1993 wegen seines Gesundheitszustandes aus der Haft entlassen werden und konnte nach Chile ausreisen.

🔸 Honecker war einer der Hauptverantwortlichen für den Bau der Berliner Mauer und den Schießbefehl an der innerdeutschen Grenze.

Hussiten, die Anhänger des in Konstanz als Ketzer

verbrannten Kirchenreformers Jan Hus (* um 1370, † 1415) in Böhmen. In den Hussitenkriegen (1420–34) gelang es ihnen, sich gegen von Kaiser und Papst gesandte Kreuzzugsheere zu behaupten. Dabei wurden neben Böhmen auch Gebiete in Österreich, Ungarn, Bayern, Sachsen, Schlesien und Brandenburg verwüstet. Die Hussiten bestimmten das kirchliche und politische Leben in Böhmen bis zur Reformation weitgehend, sie wurden danach überwiegend Lutheraner.

Ich bin ein Berliner, ↑ Kennedy, John F. (Kapitel 1).

Interregnum, *das* [lateinisch ›Zwischenregierung‹], allgemein Bezeichnung für die Zeit zwischen dem Tod, der Absetzung oder Abdankung eines Herrschers und der Inthronisation seines Nachfolgers. In der deutschen Geschichte besonders die Zeit zwischen dem Tod Konrads IV. (* 1228, † 1254) und der Wahl Rudolfs von Habsburg 1273, in der die Reichsfürsten ihre Stellung gegenüber dem Königtum stark ausbauen konnten.

Investitur, *die* [lateinisch ›Einsetzung‹], im Lehnsrecht der aus germanischen Rechtsvorstellungen kommende symbolische Akt der Übertragung von ↑ Lehen, im römisch-katholischen Kirchenrecht die förmliche Einweisung in ein Kirchenamt. Als **Laieninvestitur** wurde die Einsetzung von kirchlichen Würdenträgern in ihre Ämter durch weltliche Fürsten bezeichnet, wodurch sich Letztere großen Einfluss auf die Kirche sicherten.

Investiturstreit, der Kampf des Papsttums gegen die Laieninvestitur (↑ Investitur) besonders im 11. Jahrhundert. Der auch in anderen europäischen Ländern geführte Kampf wurde im Heiligen Römischen Reich vor allem zwischen Papst ↑ Gregor VII. (Kapitel 1) und Kaiser ↑ Heinrich IV. ausgefochten. Der deutsche Investiturstreit endete 1122 mit dem Wormser Konkordat.

Joseph II., Römischer Kaiser (* 1741, † 1790), Sohn Kaiser Franz' I. (* 1708, † 1765, Kaiser ab 1745) und Maria Theresias. Er wurde 1765 Kaiser und 1780 auch Nachfolger seiner Mutter als österreichischer Herrscher. Neben Friedrich II., dem Großen, war er Hauptvertreter des aufgeklärten ↑ Absolutismus (Kapitel 1). Er betrieb in seinen Ländern umfassende Reformen, die zu einem rational verwalteten Zentralstaat führen sollten. Nach ihm wurde der Josephinismus, eine von Absolutismus und ↑ Aufklärung (Kapitel 8) geprägte Geisteshaltung, benannt.

Jugendbewegung, die gegen Ende des 19. Jh. entstandene Bewegung der Jugend, die aus der reglementierten ›Enge‹ und ›Zivilisiertheit‹ des bürgerlichen Lebens nach mehr Selbstbestimmung, Einfachheit und Naturverbundenheit strebte. Die Jugendbewegung suchte eine auf Freundschaft gegründete Gemeinsamkeit bei Wanderungen, im Gruppenleben und in der Gestaltung von Festen. Nach dem Ersten Weltkrieg zerfiel sie in zahlreiche, teilweise politisch bestimmte Gruppen.

Junge Pioniere, umgangssprachliche Bezeichnung für die 1948 gegründete ›Pionierorganisation Ernst Thälmann‹, die staatliche Kinderorganisation der DDR für 6- bis 12-Jährige. Ihre Aufgabe war es, bereits die Kinder im Sinn der SED zu erziehen.

Junker Jörg, Deckname Martin Luthers während seines Aufenthalts auf der Wartburg 1521/22, wo er das Neue Testament ins Deutsche übersetzte.

Kapp-Putsch, nach seinem Anführer Wolfgang Kapp (* 1858, † 1922) bezeichneter rechtsradikaler Umsturzversuch vom März 1920. Die Loyalität der Ministerialbürokratie gegenüber der gewählten Regierung, ein Generalstreik der Gewerkschaften und mangelnde Unterstützung durch die Reichswehr ließen den Putsch nach einigen Tagen scheitern.

Karl I., der Große, Römischer Kaiser (* 748, † 814). Seit 768 König der Franken, erweiterte Karl sein Reich durch Unterwerfung der Sachsen (772–805), Eroberung des Langobardenreichs in Italien (774), Errichtung der Spanischen Mark (seit 778) und Zer-

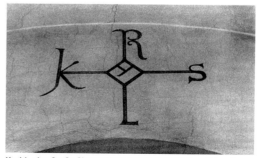

Karl I., der Große Signum Karls des Großen auf einer Urkunde; es besteht aus der eigenhändig gemalten Raute mit Winkel zwischen den Buchstaben des königlichen Monogramms (K R L S = Karolus), das vom Schreiber vorgeschrieben war.

Deutsche Geschichte

> ### KARL DER GROSSE
>
> **Der Karlspreis**
>
> Seit 1949 wird in Aachen jährlich der ›Internationale Karlspreis zu Aachen‹ vergeben. In Erinnerung an das von Karl dem Großen geschaffene christlich-abendländische Europa wird für Verdienste um die Förderung der europäischen Einigung eine Medaille mit dem Bild Karls des Großen verliehen. Preisträger sind u. a. Konrad Adenauer (1954), Winston Churchill (1955), Robert Schuman (1958), die Kommission der Europäischen Gemeinschaften (1969), Helmut Kohl (1988), Václav Havel (1991), Roman Herzog (1997), Tony Blair (1999), Bill Clinton (2000), der Euro (2002) und Angela Merkel (2008).

schlagung und teilweise Eingliederung des Awarenreichs im heutigen Ungarn (791–805). Zudem wurde Bayern durch die Absetzung des letzten selbstständigen Herzogs (788) dem Fränkischen Reich endgültig angeschlossen. Karl war seit 774 zugleich Schutzherr der Päpste.
Seine Krönung zum ›Römischen‹ Kaiser am 25. Dezember 800 in Rom begründete das abendländische Kaisertum. Karl gilt als eine der größten europäischen Herrschergestalten. Durch seine politische Konzeption (Verschmelzung von antikem Erbe, christlicher Religion und germanischer Gedankenwelt) bestimmte er die geschichtliche Entwicklung Europas maßgeblich.
🔴 Das Mittelalter sah in Karl dem Großen das Ideal des christlichen Herrschers, dessen Züge in Sage und Geschichtsschreibung verklärt wurden, z. B. im Rolandslied (↑ Roland, Kapitel 9).
🔴 Karl wurde in der Aachener Pfalzkapelle beigesetzt. Seit 1215 ruhen seine Gebeine im Karlsschrein. ℹ

Karl IV., Römischer Kaiser (* 1316, † 1378). Karl wurde 1346 Römischer König und 1355 Kaiser. Unhaltbare Positionen des Reichs in Italien und Burgund gab er auf, indem er nach seiner Anerkennung als König und Kaiser dort die tatsächlichen Machthaber zu Reichsvikaren ernannte und somit wenigstens formal an das Reich band. Er erließ 1356 die Goldene Bulle, errichtete 1348 in seiner böhmischen Residenzstadt Prag die erste Universität des Reichs und baute zielstrebig seine Hausmacht aus, was nach dem Aussterben seiner Familie im 15. Jh. besonders den Habsburgern als deren Erben zugute kam.

Karl V., Römischer Kaiser (* 1500, † 1558). Seit 1516 König von Spanien und Herr der Niederlande, wurde der Habsburger Karl V. 1519 zum Römischen König gewählt und 1530 zum Kaiser gekrönt. Seine Regierungszeit war geprägt vom Kampf mit Frankreich um die Vorherrschaft in Italien, von den Kriegen gegen die nach Südosteuropa vordringenden Türken und vom Bemühen, die ↑ Reformation zu unterdrücken. Während seiner Regierungszeit wurden 1519–21 Mexiko, 1532/33 Peru erobert und damit das spanische Kolonialreich in Amerika begründet. Letztlich scheiterte jedoch seine auf Stärkung der kaiserlichen Macht gerichtete Politik im Reich und veranlasste ihn, 1556 die Kaiserkrone niederzulegen.
🔴 Karl V. vereinte mit dem Heiligen Römischen Reich und dem spanischen Weltreich ein ›Reich, in dem die Sonne nie untergeht‹.

Das Kaisersiegel **Karls V.**

Karlsbader Beschlüsse, im August 1819 auf Konferenzen in Karlsbad gefasste Beschlüsse des Deutschen Bundes zur Unterdrückung der nationalen und liberalen Opposition, die das bestehende politische System kritisierte. Die Karlsbader Beschlüsse berechtigten den Deutschen Bund zu Eingriffen in einzelnen Gliedstaaten und blieben bis zur Märzrevolution 1848 gültig.

Karolinger, das nach Karl dem Großen benannte fränkische Herrschergeschlecht. Die Karolinger stiegen im 7./8. Jh. als ↑ Hausmeier der fränkischen Könige zu großer Macht auf. 751 setzte der Karolinger Pippin III. den letzten König aus der Familie der Merowinger ab und wurde selbst König der Franken. Angehörige seiner Familie regierten nach den Reichsteilungen des 9. Jh. in Italien bis 875, im Ostfränkischen Reich bis 911 und im Westfränkischen Reich (Frankreich) bis 987.

karolingische Renaissance [-rənɛˈsã:s], Bezeichnung für die Erneuerung der christlich-germanischen Kultur des Fränkischen Reichs durch Aufgreifen antiker Traditionen in Kunst, Literatur und Staatssymbolik unter Karl dem Großen. Sie wurde vor allem vom Hof Karls getragen, der viele der bedeutendsten Gelehrten seiner Zeit um sich scharte. Zur Hebung der Bildung im ganzen Reich wurden Bischofsschulen und Klöster gefördert; in der Folge erreichten abendländische Dichtung und Geschichtsschreibung einen ersten Höhepunkt.

Konzentrationslager und Vernichtungslager

Kirchenkampf, der Kampf des Nationalsozialismus gegen die christlichen Kirchen in seinem Machtbereich. Da der Versuch, die Kirchen gleichzuschalten, nicht vollständig glückte, sollte eine neuheidnische Ersatzreligion mit Parteifeiern an die Stelle des Christentums treten. Die Kirchen und ihre bekennenden Mitglieder hatten unter starken Benachteiligungen und Verfolgungen zu leiden (auch ↑ Bekennende Kirche).

Kleindeutsche, ↑ Großdeutsche.

Koalitionskriege ⇒ Kapitel 1.

Kollektivierung [zu lateinisch colligere ›sammeln‹], die Überführung von Privateigentum in Gemeinbesitz, vor allem in sozialistischen Staaten. Nach dem Vorbild der Sowjetunion (Zwangskollektivierungen unter Stalin 1929) wurde in den 1950er-Jahren auch in der DDR der landwirtschaftliche Besitz enteignet und ›**L**andwirtschaftlichen **P**roduktions**g**enossenschaften‹ (Abkürzung LPG) übergeben. Diese Kollektivierung wurde nach der deutschen Vereinigung 1990 rückgängig gemacht.

Konzentrationslager, Abkürzung **KZ**, ursprünglich Lager zur Festsetzung (Internierung) von Zivilpersonen während eines Krieges, z. B. spanische KZ auf Kuba 1895 und englische im Burenkrieg 1901.

Im nationalsozialistischen Deutschland baute die SS ein straff organisiertes, weit verzweigtes System von Konzentrationslagern auf, zunächst vor allem für politische Gegner wie Sozialdemokraten, Kommunisten, Gewerkschafter, kritische Intellektuelle und Geistliche. Später kamen andere Personengruppen hinzu, die aus rassischen, religiösen oder ›sozialen‹ Gründen zu ›Volksschädlingen‹ erklärt wurden, vor allem Juden, Zigeuner, Homosexuelle und Schwerverbrecher. Den Insassen der KZ wurde jegliche Achtung ihrer Menschenrechte verwehrt; sie waren der persönlichen Willkür des Lagerpersonals ausgeliefert und zahlreichen Foltern unterworfen. Viele von ihnen mussten grausame medizinische Versuche erdulden. Die Zahl der Opfer war sehr hoch. Das Ausmaß der Gräuel wurde durch Schweigegebote verschleiert. Im Zuge des Holocausts wurden seit 1941 KZ in den besetzten Gebieten Osteuropas in ↑ Vernichtungslager umgewandelt. 1945–50 wurden KZ von der sowjetischen Militärverwaltung als Internierungslager benutzt, in denen über die Hälfte der Häftlinge an Hunger oder Krankheiten starb.

KPD, Abkürzung für **K**ommunistische **P**artei **D**eutschlands. Die KPD entstand 1919 als linksrevolutionäre Partei durch Austritt streng marxistischer Politiker aus der SPD. Sie unternahm 1919–23 mehrere Revolutionsversuche. In den 1920er-Jah-

Deutsche Geschichte

ren geriet sie unter den Einfluss der ↑ Komintern (Kapitel 1). Von den Nationalsozialisten 1933 verboten, arbeitete sie im Untergrund weiter. In der sowjetischen Besatzungszone wurde die KPD 1946 mit der SPD zur SED verschmolzen, in der Bundesrepublik Deutschland 1956 als verfassungswidrig verboten. 1968 wurde hier die Deutsche Kommunistische Partei (DKP) als Nachfolgeorganisation gegründet.

Kraft durch Freude, ↑ Deutsche Arbeitsfront.

Kreisauer Kreis, 1942 entstandene christlich-konservative Gruppe der deutschen ↑ Widerstandsbewegung) um Helmuth James Graf von Moltke (* 1907, † 1945), benannt nach dessen Gut Kreisau in Niederschlesien.

Kristallnacht, ↑ Reichspogromnacht.

Kulturkampf, 1871 begonnener politischer Kampf der Reichsregierung unter Bismarck gegen den politischen und gesellschaftlichen Einfluss der katholischen Kirche. Die 1872/73 erlassenen antikatholischen Gesetze mussten später weitgehend wieder zurückgenommen werden; der Kulturkampf wurde so zu einer politischen Niederlage Bismarcks.

🟠 Die standesamtliche Trauung (Zivilehe) wurde im Verlauf des Kulturkampfs eingeführt.

Kurfürsten [von mittelhochdeutsch kur ›Wahl‹], im Heiligen Römischen Reich die seit dem Ende des 12. Jh. bis 1806 zur Wahl des Römischen Königs berechtigten Reichsfürsten. Die ↑ Goldene Bulle (1356) nennt sieben Kurfürsten: die drei rheinischen Erzbischöfe (von Köln, Mainz und Trier) sowie der Pfalzgraf bei Rhein (Kurpfalz), der Herzog von Sachsen, der Markgraf von Brandenburg und der König von Böhmen. 1623 erhielt Bayern die pfälzische Kurwürde, wofür die Pfalz 1648 mit einer achten Kur entschädigt wurde; beide fielen 1777 wieder zusammen. 1692 erhielt Hannover eine neunte Kur. 1803 wurden neue Kurfürstentümer gebildet. Das Kurfürstenamt wurde 1806 mit dem Ende des Heiligen Römischen Reichs bedeutungslos.

Kyffhäuser, *der* [ˈkɪf...], Bergrücken südlich des Unterharzes, im Bezirk Halle. Im Süden liegt die Barbarossahöhle, um die sich die Kyffhäusersagen ranken: Friedrich I. Barbarossa soll darin schlafen und auf seine Wiederkehr warten.

Lan

Laieninvestitur, ↑ Investitur.

Landesherrschaft, im Heiligen Römischen Reich die seit dem Hochmittelalter entstandene, vom Reichsoberhaupt anerkannte Herrschaftsgewalt der ↑ Reichsstände über ihr Land (Territorium) innerhalb des Reichs, dem allein Souveränität zukam. Grundlagen der Landesherrschaft waren besonders die Überlassung der ↑ Regalien der hohen Gerichtsbarkeit und der Wahrung des ↑ Landfriedens an die Reichsstände. Die Anerkennung der Landesherrschaft als volle Landeshoheit (jedoch ohne Souveränität) wurde im Westfälischen Frieden ausgesprochen.

Landfriede, im frühen und hohen Mittelalter Gesetz des Königs oder Kaisers zur Einschränkung des Fehdewesens, wobei bestimmte Personen (Geistliche, Frauen, Kaufleute, Bauern) und Sachen (Kirchen, Friedhöfe, Ackergeräte, Mühlen) unter Schutz gestellt wurden. Die Landfrieden galten in der Regel nur regional; der erste für das ganze Heilige Römische Reich geltende Landfriede (Reichslandfriede) wurde 1103 erlassen. Im späten Mittelalter schlossen Landesherrn und Städte Abkommen zur Eindämmung des Fehdewesens (Landfriedensbünde). Durch den **Ewigen Landfrieden** von 1495 wurde die Fehde im Heiligen Römischen Reich verboten.

Landsknechte, im 15. und 16. Jh. die zu Fuß kämpfenden Söldner im Heiligen Römischen Reich (›in kaiserlichen Landen‹). Sie wurden von einem Feldhauptmann als militärischem Führer und wirtschaftlichem Unternehmer angeworben und geführt. Der Landsknecht, der seine Waffen selbst stellen musste, erhielt einen festen Monatssold; ausstehender Sold bildete einen rechtmäßigen Grund zur Verweigerung des Dienstes. Im Verlauf des Dreißigjährigen Krieges wurden die Landsknechtsheere durch stehende Heere abgelöst.

Landstände, im Heiligen Römischen Reich den ↑ Reichsständen vergleichbare Gewalten auf der Ebene der ↑ Landesherrschaften. Die Landstände waren dem Landesherrn zu Rat und Hilfe verpflichtet; jede außerordentliche Hilfeleistung bedurfte ihrer Zustimmung, die der Landesherr auf Landtagen einholen musste. Dabei erwies sich das Steuerbewilligungsrecht als das wirkungsvollste Machtmittel der Landstände. Mit dem Aufbau des ↑ Absolutismus (Kapitel 1) versuchten die Landesherren mit

95

unterschiedlichem Erfolg, die Landstände auszuschalten. Die nach 1814 in den meisten deutschen Ländern erlassenen Verfassungen knüpften größtenteils an die Tradition der Landstände an.

Lange Kerls, ↑ Friedrich Wilhelm I.

Lebensraumideologie, Teil der nationalsozialistischen Weltanschauung, nach der dem deutschen Volk der zu seinem Gedeihen nötige Lebensraum fehle (›Volk ohne Raum‹). Sie bestimmte die Außenpolitik des nationalsozialistischen Deutschland und gipfelte im Krieg gegen die Sowjetunion.

Lehen, im Mittelalter und in der frühen Neuzeit ein geliehenes Gut, das ein gegenseitiges Treueverhältnis zwischen dem Leihenden (Lehnsherr) und dem Beliehenen (Lehnsmann) begründete. Lehen waren vor allem Grundbesitz, aber beispielsweise auch Ämter, Rechte und Einkünfte. Da die Lehen bereits seit dem 10./11. Jh. erblich geworden waren, verwischte sich zunehmend der Unterschied zwischen Lehen und Eigentum.

Lehnswesen, während des 8. Jh. im Fränkischen Reich entstandene Grundlage der mittelalterlichen und frühneuzeitlichen abendländischen Adelsgesellschaft. Das Lehnswesen beruhte darauf, dass der Lehnsherr dem Lehnsmann ein ↑ Lehen überließ und von diesem dafür Dienst- und Treuepflicht erlangte. Durch diese Art der Bindung, die sich von den Kaisern und Königen bis zum niederen Adel erstreckte, waren alle mittelalterlichen abendländischen Staaten geprägt. In der frühen Neuzeit verlor das Lehnswesen durch die Rolle des Bürgertums und Veränderungen im Heerwesen (Söldner- statt Ritterheere) an Bedeutung. Das Heilige Römische Reich blieb jedoch verfassungsrechtlich bis zu seinem Ende 1806 ein Lehnsstaat.

Leibeigenschaft, seit dem Mittelalter die persönliche Abhängigkeit eines zu ↑ Frondienst und Abgaben verpflichteten Bauern von seinem Grundherrn. In Süd- und Westdeutschland schon im späten Mittelalter abgemildert oder beseitigt, bildete die Leib-

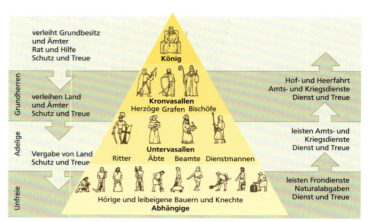

Lehnswesen Schema der Lehnspyramide

eigenschaft in Ostdeutschland bis zur Bauernbefreiung im 19. Jh. in der Form der Erbuntertänigkeit die Grundlage der Gutswirtschaft.

Limes, der [lateinisch ›Grenze‹], im Römischen Reich jede befestigte Reichsgrenze, vor allem in Germanien, Britannien, Nordafrika, Arabien und Mesopotamien. Neben dem **niedergermanischen Limes** am Niederrhein, der aus einer Reihe von Befestigungen entlang des Rheins bestand, bildete der **obergermanisch-rätische Limes** zwischen dem Rhein bei Neuwied und der Donau bei Regensburg die Reichsgrenze im heutigen Süddeutschland. Er entstand ab 85 n. Chr. als mit Palisaden, Wall, Wachttürmen und Kastellen versehene Befestigung und musste um 260 n. Chr. unter dem Ansturm der Alemannen aufgegeben werden. Danach war bis zum Untergang des Römischen Reichs auch in Süddeutschland der Rhein die Grenze.

Liudolfinger, ↑ Ottonen.

Locarnopakt, 1925 in Locarno vereinbarter Sicherheitsvertrag, durch den sich das Deutsche Reich, Frankreich und Belgien verpflichteten, die im Versailler Vertrag festgelegten deutschen Westgrenzen und die entmilitarisierte Rheinlandzone zu achten. Der Locarnopakt war ein Meilenstein zur Wiedereingliederung Deutschlands in die internationale Gemeinschaft nach dem Ersten Weltkrieg. 1936 erklärte Hitler den Pakt für hinfällig und marschierte im Rheinland ein.

Ludendorff, Erich General (* 1865, † 1937). Im Ersten Weltkrieg hatte Ludendorff in der Obersten Heeresleitung seit 1916 entscheidenden Einfluss auf die deutsche Kriegführung. Angesichts der Niederlage erfand er die ↑ Dolchstoßlegende. 1923 beteiligte er sich am Hitlerputsch. Er zählt zu den Wegbereitern des Nationalsozialismus.

Ludwig der Bayer, Römischer Kaiser (* um 1282, † 1347). Herzog Ludwig von Bayern wurde 1314 zum König gewählt und 1328 in Rom gegen den Willen des Papstes zum Kaiser erhoben. Seine Regierung war geprägt vom Konflikt mit den Päpsten um deren Einfluss auf die deutsche Königswahl. Es gelang Ludwig, zur Abwehr dieses Einflusses eine gemeinsame Front mit den ↑ Reichsständen zu bilden, auf deren Grundlage sein Nachfolger, Karl IV., die päpstlichen Ansprüche in der ↑ Goldenen Bulle ignorieren konnte. Durch eine rücksichtslose Hausmachtpolitik (↑ Hausmacht) geriet Ludwig gegen Ende seiner Regierungszeit in Isolation; seine Gegner wählten daher 1346 Karl IV. zum König, der sich jedoch erst nach Ludwigs Tod durchsetzte.

⊕ Sein Beiname ›der Bayer‹ stammt daher, dass die Päpste, die ihn exkommuniziert und für abgesetzt erklärt hatten, ihn nur als ›der Bayer‹ und nicht als Herzog, König oder Kaiser betitelten.

Lutheraner, zunächst die Anhänger Martin Luthers, heute die Mitglieder der lutherischen Kirchen, die sich besonders auf Luther berufen.

Luther, Martin Reformator (* 1483, † 1546). Luther sah die christlichen Grundsätze in seiner Zeit vielfach missachtet, z. B. durch Ablasshändler. Am 31. Oktober 1517 veröffentlichte er in Wittenberg 95 Thesen, in denen er dazu und zu anderen drängenden Fragen der Christenheit kritisch Stellung nahm, und löste dadurch die ↑ Reformation aus, die er in der Folge stark prägte und durch seine eigene, nur dem eigenen Gewissen und damit Gott verantwortliche, kompromisslose Haltung zum Erfolg führte. Er erkannte allein die Bibel als Richtschnur für christliches Handeln an und nicht die Lehrtradition der Kirche. Luther, der ursprünglich nur Reformen innerhalb der Kirche beabsichtigt hatte, wurde nun zur Auseinandersetzung mit der Kirche und dem Papst gezwungen. Über ihn wurde der ↑ Kirchenbann ausgesprochen, er wurde vor den Reichstag nach Worms (1521) geladen; dort lehnte er einen Widerruf seiner Lehre ab und verfiel der ↑ Reichsacht. Von Wittenberg aus wirkte Luther auch durch zahlreiche Schriften. Durch seine Bibelübersetzung beeinflusste er nachhaltig die Entwicklung der deutschen Sprache.

⊕ Luther heiratete 1525 die ehemalige Nonne Katharina von Bora (* 1499, † 1552), mit der er drei Söhne und drei Töchter hatte.

Martin Luther (Kupferstich von Lucas Cranach d. Ä.)

Luxemburg, Rosa Politikerin (* 1871, † 1919). Rosa Luxemburg war die führende Theoretikerin des linken Flügels der SPD. Im Ersten Weltkrieg mehrfach inhaftiert, wandte sie sich gegen die Politik des Burgfriedens und gründete 1917 mit Karl Liebknecht (* 1871, † 1919) den Spartakusbund zum Kampf gegen den Krieg. Im Januar 1919 nahm sie an einem Aufstand des Spartakusbundes in Berlin teil. Nach dessen Scheitern wurde sie von Freikorpsoffizieren ermordet.

⊕ Berühmt wurde ihre Anmerkung ›Freiheit ist immer Freiheit der Andersdenkenden‹.

Maria Theresia, Erzherzogin von Österreich (* 1717, † 1780) und Gemahlin Kaiser Franz' I. (* 1708, † 1765). Die Tochter Kaiser Karls VI. (* 1685, † 1740) wurde 1740 Erzherzogin von Österreich sowie Königin von Böhmen und Ungarn. Obwohl die weibliche Thronfolge in der ↑ Pragmatischen Sanktion geregelt worden war und internationale Anerkennung gefunden hatte, sah sich Maria Theresia im Österreichischen Erbfolgekrieg

(1740–48) einer Koalition von europäischen Staaten gegenüber, die ihr Teile ihres Besitzes streitig machte. Bis auf den Verlust Schlesiens, das zu Preußen kam, konnte sie sich und damit auch die österreichische Großmachtstellung behaupten; 1745 wurde ihr Ehemann Franz I. Stephan zum Kaiser gewählt, wodurch auch das Kaisertum in der Familie der Habsburger blieb. Trotz erfolgreicher Reformen im Innern, die die Leistungsfähigkeit ihrer Staaten stärkten, gelang es Maria Theresia nicht, Schlesien von Preußen zurückzugewinnen und Preußen als Großmacht zu vernichten.

✚ Der unter Maria Theresia erstmals geprägte Mariatheresientaler wurde eine besonders im Osmanischen Reich und in Ostafrika beliebte Handelsmünze; in Äthiopien war er bis 1945 gesetzliches Zahlungsmittel.

Mark, in karolingischer und ottonischer Zeit Bezeichnung für Grenzräume im Vorland des Reichs, die der militärischen Sicherung des Reichsgebiets dienten. Unter den Karolingern waren dies die Mark Friaul sowie die Spanische, Bretonische und Awarische Mark, die spätere bayerische Ostmark, aus der Österreich hervorging. Die Ottonen schufen die Elbmark, die sächsische Ostmark, die Mark Meißen und die Nordmark, aus der die Mark Brandenburg entstand, in der dieser Name noch heute fortlebt. Die Marken unterstanden Markgrafen, die aufgrund ihrer Machtbefugnisse zu herzogsähnlicher Stellung aufsteigen konnten.

Marktrecht, seit fränkischer Zeit verlieh der König das Recht, einen Markt abzuhalten (Marktregal); er garantierte auch den Marktfrieden, unter dem alle Teilnehmer am Marktgeschehen standen und der von eigenen Marktgerichten überwacht wurde. Im Zuge der Vergabe der Regalien an die Landesherren wurden neben dem König zunehmend auch Landesherren Marktherren. Etwa seit dem 11. Jh. wurde das Marktrecht ohne zeitliche Beschränkung für alle Bewohner des Marktortes und alle Besucher des Marktes gültig; es bildete so eine der wichtigsten Wurzeln des Rechts der in dieser Zeit neu entstehenden Städte.

Marschall Vorwärts, volkstümliche Bezeichnung für den preußischen Generalfeldmarschall ↑ Blücher. Der Ausdruck gründet sich auf dessen ungestümes Vorwärtsdrängen bei militärischen Unternehmungen.

Märzrevolution, die durch die französische Februarrevolution im März 1848 ausgelöste revolutionäre Bewegung in den Staaten des Deutschen Bundes. Sie war vor allem eine bürgerliche Revolution. In ihrem Verlauf kam es zur Bildung des ersten gesamtdeutschen Parlaments (Nationalversammlung) in der Paulskirche in Frankfurt am Main, das eine deutsche Verfassung ausarbeitete. Nachdem jedoch in Preußen und Österreich mit militärischer Gewalt die vorrevolutionäre Ordnung wieder hergestellt worden war, wurde auch die ↑ Frankfurter Nationalversammlung aufgelöst und die Revolution in Süddeutschland bis 1849 militärisch niedergeschlagen.

Mauerbau, umgangssprachliche Bezeichnung für den Bau der Berliner Mauer 1961.

Maximilian I., Römischer Kaiser (*1459, †1519). Durch seine Heirat mit Maria von Burgund (*1457, †1482) erwarb er die zum Heiligen Römischen Reich gehörenden Teile des Herzogtums Burgund für das Haus Habsburg. Ab 1486 war er Römischer (deutscher) König, ab 1508 Kaiser. Neben einer geschickten Hausmachtpolitik, die die Grundlage für die Großmachtstellung der Habsburger in den folgenden Jahrhunderten legte, trieb er auch die Reichsreform voran. Maximilian, der stark von der ritterlichen Kultur Burgunds geprägt war, gilt als ›letzter Ritter‹ unter den Königen.

Mediatisierung [zu lateinisch mediatus ›mittelbar‹], im Heiligen Römischen Reich die Aufhebung der reichsunmittelbaren Stellung weltlicher Reichsstände und ihre Unterwerfung unter die Landeshoheit eines anderen weltlichen Reichsstandes. Mediatisierungen waren seit dem Mittelalter üblich; in größerem Umfang erfolgten sie zwischen 1803 (Reichsdeputationshauptschluss) und 1806 (Rheinbundakte).

Mein Kampf, Titel der 1924 geschriebenen Programmschrift Adolf Hitlers, die bereits alle wesentlichen Inhalte seiner späteren Politik enthielt.

Merowinger, fränkisches Königsgeschlecht. Der Merowinger Chlodwig I. gründete gegen Ende des 5. Jh. das Fränkische Reich. Danach stammten alle fränkischen Könige bis 751 aus dem Haus der Merowinger, wobei es oft zu Reichsteilungen und Bruderkriegen kam. Seit dem 7. Jh. verloren die Merowinger ihre Macht schrittweise an ihre ↑ Hausmeier aus dem Geschlecht der Karolinger. Der Hausmeier

Pippin III. setzte 751 den letzten Merowingerkönig ab und erhob sich selbst zum König.

Metternich, Klemens Wenzel Reichsgraf, seit 1803 Fürst von Metternich-Winneburg, österreichischer Staatsmann (* 1773, † 1859). Metternich war ein entschiedener Gegner der Französischen Revolution und Napoleons I. Auf dem Wiener Kongress 1815 wirkte er führend an der Neuordnung Europas mit und sicherte Österreichs Vorherrschaft in Deutschland und Italien. Zur Erhaltung der 1815 errichteten staatlichen Ordnung und des Gleichgewichts der Mächte ging er die ↑ Heilige Allianz (Kapitel 1) ein. Die liberalen und nationalen Strömungen in den deutschen Staaten bekämpfte er mit polizeistaatlichen Mitteln, vor allem durch die Unterdrückung der Pressefreiheit (Karlsbader Beschlüsse 1819). Als Symbolfigur reaktionärer (rückschrittlicher) Politik wurde er während der Märzrevolution von 1848 gestürzt.

Ministerialen, im Mittelalter im Heiligen Römischen Reich die Oberschicht der unfreien Hofbediensteten von Fürsten. Seit dem 11. Jh. erhielten sie (zunächst nicht erbliche) Lehen und leisteten dafür ritterliche Dienste. Als Ministerialen der Könige (Reichsministerialen) wurden sie zur Stütze der Reichspolitik der Salier und Staufer, die auf eine Stärkung des Königtums abzielte. Bis zum 15. Jh. erlosch der Ministerialenstand, nachdem die ↑ Lehen erblich geworden waren und seine Angehörigen dem niederen Adel zugerechnet wurden.

Montagsdemonstrationen. Ab September 1989 entwickelten sich an den Montagen zunächst in Leipzig, dann auch in mehreren anderen Städten der DDR, ständig größer werdende Demonstrationen, bei denen die Teilnehmer Reformen und eine demokratische Erneuerung forderten. In Leipzig nahmen auf dem Höhepunkt der Montagsdemonstrationen Ende Oktober mehr als 300 000 Menschen teil, Anfang November in Ost-Berlin rund eine Million. Die friedlichen Demonstrationen erzwangen den Rücktritt der Staats- und Parteiführung. Ab Dezember tauchte die Forderung nach der deutschen Wiedervereinigung auf (›Deutschland, einig Vaterland‹). Mit dem zunehmenden Verfall der Machtstrukturen hörten die Montagsdemonstrationen allmählich auf.

Morgenthau-Plan, von dem amerikanischen Finanzminister Henry Morgenthau (* 1891, † 1967) stammende Denkschrift von 1944. Sie sah die Entwaffnung, Verkleinerung und Aufteilung Deutschlands vor sowie seine Zurückstufung zu einem Agrarland durch Zerschlagung seiner Industrie. Der Morgenthau-Plan beeinflusste 1945–47 die amerikanische Besatzungspolitik in Deutschland, verlor dann jedoch im Zeichen des Kalten Krieges an Bedeutung.

Münchener Abkommen, im September 1938 zwischen Deutschland, Italien, Großbritannien und Frankreich abgeschlossenes Abkommen, das ohne Beteiligung der Tschechoslowakei die Abtretung der sudetendeutschen Gebiete Böhmens an das Deutsche Reich verfügte. Das durch massive deutsche Kriegsdrohungen zustande gekommene Münchener Abkommen konnte die Kriegsgefahr entgegen den Hoffnungen der Westmächte nicht bannen, da Hitler viel weiter gehende Absichten hatte. Es wurde zum Inbegriff falscher Nachgiebigkeit gegenüber aggressiven Diktatoren.

Müntzer, Thomas deutscher Reformator (* um 1490, † 1525). Ursprünglich Anhänger Martin Luthers, entwickelte sich Müntzer zu einem radikalen ›Schwärmer‹, der von göttlichen Eingebungen überzeugt war und einen Gottesstaat auf Erden errichten wollte. Nachdem er sich in Sachsen nicht gegen Luther hatte durchsetzen können, ging er 1524 in die Reichsstadt Mühlhausen, wo er im folgenden Jahr zahlreiche seiner Vorstellungen ins Werk setzte. Im Mai 1525 schloss er sich im ↑ Bauernkrieg den aufständischen Bauern an. Nach deren Niederlage wurde er verhaftet und hingerichtet.

Nationale Front der DDR, Abkürzung **NF,** 1949 gegründeter politischer Zusammenschluss, der unter der Führung der SED die Blockparteien und die Massenorganisationen (FDGB, FDJ, Kulturbund) der DDR angehörten. Ziel war die Lenkung und Beeinflussung der Bevölkerung auf möglichst breiter Basis.

Nationale Volksarmee, Abkürzung **NVA,** die 1956 gegründeten Streitkräfte der DDR. Sie waren größtenteils aus der schon zuvor bestehenden **K**asernierten **V**olks**p**olizei (KVP) hervorgegangen. Die NVA war mit allen Truppenteilen dem Vereinigten Oberkommando des Warschauer Pakts unterstellt.

Nationalsozialismus, 1919 begründete nationalistisch-antisemitische Bewegung, die 1933 in Deutschland eine Diktatur errichtete und das Land bis 1945

99

in die größte Katastrophe seiner Geschichte führte. Der Nationalsozialismus bekämpfte radikal die Folgen der Niederlage Deutschlands im Ersten Weltkrieg und der Novemberrevolution (1918), die Bedingungen des Versailler Vertrags (1919), das parlamentarisch-demokratische System der Weimarer Republik, Kommunismus und Sozialismus, die demokratisch-liberale Ideenwelt, den politischen Katholizismus und lehnte besonders das Judentum ab.

Nationalsozialismus Mit großem Propagandaaufwand suchten die Nationalsozialisten vor allem auf Parteitagen ihrer Herrschaft ein kultisches Gepräge zu geben (Reichstag der NSDAP 1935 in Nürnberg).

Kennzeichen des 1933 errichteten nationalsozialistischen Führerstaats waren: Ausrottungspolitik gegen Juden, Behinderte, Zigeuner sowie andere Minderheiten gemäß der nationalsozialistischen Rassenpolitik; Errichtung eines Polizeistaats; Fortfall aller rechtsstaatlichen Garantien; Beseitigung der Parteien und Parlamente; Auflösung oder Gleichschaltung aller nicht nationalsozialistischen Organisationen; Gleichschaltung von Presse und Rundfunk; Unterdrückung der freien künstlerischen Tätigkeit; Kirchenkampf; Zerschlagung der Gewerkschaften; Ersetzung der Tarifverträge durch staatliche Tarifordnungen und Streikverbot; Errichtung eines Einheitsstaates unter Beseitigung der Eigenstaatlichkeit der Länder; Wiedereinführung der allgemeinen Wehrpflicht; massive Aufrüstung.

Der außenpolitische Weg führte über mehrere Etappen (Austritt aus dem Völkerbund 1933, Rheinlandbesetzung 1936, Anschluss Österreichs und des Sudetenlandes 1938) zum Zweiten Weltkrieg. Dieser brachte eine gesteigerte Schreckensherrschaft in Deutschland und den besetzten Gebieten und führte nach militärischen Anfangserfolgen zur Zerschlagung des Deutschen Reichs (1945).

nationalsozialistische Machtergreifung, umgangssprachliche Bezeichnung für die Ernennung Adolf Hitlers zum Reichskanzler am 30. 1. 1933.

Nibelungentreue, von dem deutschen Reichskanzler Bernhard von Bülow (*1849, †1929) 1909 geprägtes Schlagwort, das das Verhältnis des Deutschen Reichs zu Österreich-Ungarn beschrieb. Seit 1914 wird der Begriff im Sinn unbedingter Bündnistreue oder Hingabe an eine Führerpersönlichkeit gebraucht.

Norddeutscher Bund, der nach dem preußischen Sieg im Deutschen Krieg von 1866 gegründete Bundesstaat, der Preußen und 17 norddeutsche Kleinstaaten umfasste. Er ging 1871 im Deutschen Reich auf, dessen Kern er war.

Notverordnung, allgemein eine Verordnung mit Gesetzeskraft, die im Notfall aufgrund verfassungsmäßiger Ermächtigung von der Regierung oder dem Staatsoberhaupt erlassen werden kann. In der Weimarer Republik hatte der Reichspräsident das Recht, Notverordnungen zu erlassen. Die Reichsregierungen der Jahre 1930–33 regierten nur noch auf der Grundlage von Notverordnungen, da sie keine parlamentarischen Mehrheiten mehr hatten. Dadurch wurde der Parlamentarismus stark ausgehöhlt.

Novemberrevolution, Umsturz im Deutschen Reich im November 1918, der zum Sturz der Monarchien und zur Errichtung parlamentarischer Republiken führte. Die Novemberrevolution wurde vor allem von der SPD getragen. Durch ihre Zusammenarbeit mit der Armee verhinderte sie jedoch eine revolutionäre Umwälzung der gesellschaftlichen Verhältnisse, wie sie der Spartakusbund in Aufständen im Dezember 1918 und Januar 1919 durchsetzen wollte.

NSDAP, Abkürzung für **N**ationalsozialistische **D**eutsche **A**rbeiter**p**artei, 1919 als Deutsche Arbeiterpartei gegründete nationalistisch-antisemitische Partei unter der Führung Adolf Hitlers (seit 1921). Die NSDAP war die politische Plattform des ↑ Nationalsozialismus.

Nürnberger Gesetze, ↑ Rassengesetze.

Nürnberger Prozesse, die Gerichtsverfahren (1945–49) vor einem internationalen Militärtribunal und vor amerikanischen Militärgerichten in Nürnberg zur Aburteilung von nationalsozialistischen Verbrechen. Hauptanklagepunkte waren: Verbrechen gegen den Frieden (Führen eines Angriffskrieges), Kriegsverbrechen und Verbrechen gegen die Menschlichkeit, wie sie z. B. in den Konzentrationslagern begangen worden waren. Im Hauptverfahren wurden zwölf Angeklagte zum Tode, drei zu lebenslänglicher Haft und vier zu langen Gefängnisstrafen verurteilt; drei wurden freigesprochen; Hermann Göring beging Selbstmord. In zwölf Nachfolgeprozessen standen danach jeweils bestimmte politische, militärische oder wirtschaftliche Führungsgruppen im Mittelpunkt der Anklage.

Oder-Neiße-Linie, im Potsdamer Abkommen 1945 festgelegte deutsche Ostgrenze, durch die weite, vormals deutsche Gebiete an Polen fielen. Bis 1990 war die Oder-Neiße-Linie die Grenze Polens zur DDR, die diese 1950 im Görlitzer Abkommen anerkannt hatte. Seit 1990 ist sie die Grenze Polens zur Bundesrepublik Deutschland, die die Oder-Neiße-Linie endgültig erst im Zuge der deutsch-deutschen Vereinigung in einem Grenzvertrag mit Polen als Ostgrenze Deutschlands anerkannte.

ostelbisches Junkertum, der vor allem in den östlich der Elbe gelegenen Gebieten Preußens ansässige Landadel, der bis in die Zeit der Weimarer Republik durch seine starke Stellung in Beamtenschaft und Offizierskorps erheblichen politischen Einfluss ausübte. Seine konservative und gegenüber der parlamentarischen Demokratie ablehnende Haltung trug zum Scheitern der Weimarer Republik bei.

Österreichischer Erbfolgekrieg, ↑ Maria Theresia.

Ostfränkisches Reich, ↑ Fränkisches Reich.

Ostpolitik, die in den 1960er-Jahren eingeleitete und besonders in der Vertragspolitik der Regierung Brandt (1969–74) gipfelnde Außenpolitik der Bundesrepublik Deutschland vor allem gegenüber der Sowjetunion, Polen und der Tschechoslowakei. Die Ostpolitik, Teil der internationalen Entspannungspolitik, sollte zum Abbau des Ost-West-Konflikts beitragen und so das Zusammenleben beider deutscher Staaten erleichtern.

Otto I., der Große, Römischer Kaiser (*912, †973).

Ab 936 Römischer (deutscher) König, brach Otto die Macht der Stammesherzöge und machte die Bischöfe und Äbte der ↑ Reichskirche zu Stützen seiner Königsmacht (ottonisches Reichskirchensystem). Ab 951 war er auch König von Italien; der König von Burgund erkannte seine Lehnshoheit an. Nach Abwehr der Ungarneinfälle in der Schlacht auf dem Lechfeld bei Augsburg 955 dehnte er die deutsche Herrschaft nach Osten aus. 962 wurde Otto in Rom zum Kaiser gekrönt; seither blieb das Kaisertum an das deutsche Königtum gebunden und die Reichspolitik für Jahrhunderte nach Italien ausgerichtet.

Ottonen, nach seinem Begründer Graf Liudolf (†866) auch Liudolfinger genanntes deutsches Herrschergeschlecht, das von 919 bis 1024 die deutschen Könige stellte: Heinrich I. (*um 875, †936), Otto I., der Große, Otto II. (*955, †983), Otto III. (*980, †1002), Heinrich II., der Heilige (*973, †1024).

Panthersprung nach Agadir, die Zurschaustellung militärischer Macht seitens der deutschen Regierung durch die Entsendung des Kanonenboots ›Panther‹ 1911 nach Agadir in Marokko, um so die deutschen Interessen dort durchzusetzen. Dies löste die 2. Marokkokrise aus, die das Deutsche Reich international zunehmend isolierte.

Pariser Verträge, 1954 in Paris unterzeichnetes Vertragswerk, mit dessen In-Kraft-Treten 1955 das Besatzungsregime über die Bundesrepublik Deutschland endete. Gleichzeitig trat die Bundesrepublik der Westeuropäischen Union (WEU) und der NATO bei und erlaubte die Stationierung verbündeter Truppen auf ihrem Gebiet.

Parlamentarischer Rat, vor der Gründung der Bundesrepublik Deutschland von den Landtagen der Länder der drei westlichen Besatzungszonen gewählte Versammlung, die auf der Grundlage von Empfehlungen der Westmächte (Frankfurter Dokumente) das Grundgesetz erarbeitete. Dieses wurde am 8. 5. 1949 vom Parlamentarischen Rat verabschiedet, bedurfte aber danach noch der Zustimmung der Länderparlamente und der alliierten Militärgouverneure (in Kraft seit 24. 5. 1949).

Patrizier, vom Mittelalter bis ins 19. Jh. die Angehörigen der städtischen Oberschichten, die die Ratsmitglieder stellten und dem niederen Adel ebenbürtig waren. Das Patriziat war ein erblicher Stand, der aber auch vom Kaiser verliehen werden konnte.

Paulskirche, ↑ Frankfurter Nationalversammlung.

Petersberger Abkommen, im Hotel Petersberg bei Bonn Ende 1949 geschlossenes Abkommen zwischen der Bundesrepublik Deutschland und den drei Westmächten, das es der Bundesrepublik erlaubte, im Ausland Konsulate zu errichten und sich an internationalen Organisationen zu beteiligen. Es regelte außerdem die Beendigung der Demontage ↑ und betraf die künftige Gesetzgebung über die industrielle Entflechtung.

Pfalz, Königspfalz, im Mittelalter der Wohnsitz der reisenden Könige bzw. Kaiser und Tagungsort der Hofgerichte. Die mittelalterlichen (deutschen) Könige hatten keine feste Residenz, sondern reisten im Reich umher, wobei sie vor allem in den auf ↑ Reichsgut gelegenen Pfalzen wohnten.

🟠 Städte wie Aachen, Goslar und Gelnhausen sind aus solchen Pfalzen hervorgegangen.

Pfalzgraf, im Mittelalter mit richterlicher und Verwaltungsfunktion betrauter königlicher Würdenträger, der ursprünglich in einer Pfalz residierte.

🟠 Der Pfalzgraf bei Rhein wurde zum Namensgeber für das ehemalige deutsche Territorium und die heutige Landschaft Pfalz.

Pfälzischer Erbfolgekrieg, auch Orléansscher Krieg, 1688–97, Eroberungskrieg des französischen Königs ↑ Ludwig XIV. (Kapitel 1). Auslöser des Kriegs waren die unberechtigten Erbansprüche, die Ludwig XIV. beim Tod des kinderlosen pfälzischen Kurfürsten Karl II. (* 1651, † 1685) namens seiner Schwägerin Elisabeth Charlotte (›Liselotte von der Pfalz‹, * 1652, † 1722), einer Schwester des Verstorbenen, erhob. Dagegen bildete sich eine Allianz, der u. a. der Kaiser, England, die Niederlande, Schweden, Spanien, Savoyen sowie zahlreiche Reichsstände angehörten. 1689–93 verwüsteten französische Truppen die Pfalz. Letztlich musste sich Frankreich aber zurückziehen.

Pippin III., der Jüngere, fränkischer König (* um 715, † 768). Der Karolinger Pippin setzte als ↑ Hausmeier 751 den letzten fränkischen König aus der Dynastie der Merowinger ab und ließ sich selbst in Soissons zum König (Pippin I.) wählen. Dabei berief er sich auch auf päpstliche Unterstützung. 754 und 756 unternahm er zur Unterstützung von Papst Stephan II. († 757) zwei siegreiche Feldzüge nach Italien, deren Ergebnis die Begründung des Kirchenstaates (Pippinsche Schenkung) und der Schutzherrschaft der Frankenkönige über Rom war, die 800 zur Kaiserkrönung von Pippins Sohn, Karl dem Großen, führte.

Pfalz Ruine der Kaiserpfalz in Gelnhausen, im Hintergrund die Türme der Peterskirche

Platz an der Sonne, von dem späteren Reichskanzler Bernhard von Bülow (* 1849, † 1929) 1897 geprägter Begriff, mit dem er für das Deutsche Reich eine den anderen Großmächten vergleichbare Stellung auf kolonialpolitischem Gebiet forderte: ›Wir wollen niemand in den Schatten stellen, aber wir verlangen auch unseren Platz an der Sonne.‹

politische Brunnenvergiftung, Ausdruck des Reichskanzlers Otto von Bismarck, mit dem er in einer Reichstagsrede 1882 die bei Wahlen vorkommenden Lügen und Entstellungen bezeichnete.

Potsdamer Abkommen, am 2. August 1945 zwischen Großbritannien, der Sowjetunion und den USA auf einer Konferenz in Potsdam geschlossene Übereinkunft über ihr gemeinsames Vorgehen gegenüber dem besiegten Deutschland, der am 7. August auch Frankreich beitrat. Vereinbart bzw. bestätigt wurden u. a. Grundsätze der politischen und wirtschaftlichen Behandlung Deutschlands (Besatzungszonen, alliierter Kontrollrat, Nürnberger Prozesse, Entnazifizierung, Entwaffnung, Demontage), die Übertragung der Verwaltung der östlich der Oder-Neiße-Linie gelegenen deutschen Gebiete an die Sowjetunion und Polen und die Zwangsaussiedlung der Deutschen aus den osteuropäischen Staaten. Mit der deutschen Vereinigung 1990 endete die Wirksamkeit des Potsdamer Abkommens.

Prager Fenstersturz. Am 23. 5. 1618 warfen Teilnehmer eines Protestantentages zwei habsburgische Statthalter aus Protest gegen das Verbot der Versammlung aus einem Fenster der Prager Burg. Wie durch ein Wunder überlebten die beiden Opfer den Sturz aus 17 m Höhe. Das Ereignis zum Böhmischen Aufstand gegen die habsburgische Herrschaft, der den Dreißigjährigen Krieg einleitete.

Pragmatische Sanktion, allgemein ein Edikt oder Grundgesetz zur Regelung einer wichtigen Staatsangelegenheit. Bedeutendste Pragmatische Sanktion ist das Hausgesetz Kaiser Karls VI. (* 1685, † 1740) vom April 1713, mit dem er die habsburgischen Länder für unteilbar erklärte und die Erbfolge für den Fall des Aussterbens des habsburgischen Mannesstammes regelte. Die Pragmatische Sanktion, der die Landstände der habsburgischen Länder im Dezember 1724 endgültig zustimmten und die international garantiert wurde, ließ die weibliche Erbfolge in den habsburgischen Ländern zu. Trotz der internationalen Garantie kam es zum Österreichischen Erbfolgekrieg (1740-48).

Preußen, ehemaliger deutscher Staat, der von der französischen Grenze im Westen bis zur russischen Grenze im Osten, von Dänemark im Norden bis an den Main im Süden reichte. Der baltische Volksstamm der Preußen wurde im 13. Jh. vom ↑ Deutschen Orden unterworfen und zum Christentum bekehrt. Der so geschaffene Ordensstaat, seit 1525 ein weltliches Herzogtum, kam 1618 an die brandenburgische Linie der Hohenzollern (Brandenburg-Preußen), die 1701 auf seiner Basis das Königtum erlangten. Erweitert und durch Reformen gestärkt, stieg Preußen unter Friedrich II., dem Großen, zur europäischen Großmacht auf. Trotz anfänglicher Niederlagen gegen Napoleon I. ging Preußen 1815 gestärkt aus den Kriegen in der Folge der ↑ Französischen Revolution hervor. Im 19. Jh. wurde es zur deutschen Führungsmacht.

Im ↑ Deutschen Krieg von 1866 wurde unter preußischer Führung das Deutsche Reich gegründet (1871), dessen Kaiser der preußische König wurde. Preußen war mit Abstand der größte und mächtigste Einzelstaat dieses Reichs und beeinflusste weitgehend dessen Geschicke. Nach dem Zweiten Weltkrieg wurde Preußen von den Siegermächten aufgelöst.

preußische Reformen, zusammenfassende Bezeichnung für die 1807-12 in Preußen eingeleiteten Reformen, vor allem die Bauernbefreiung (↑ Agrarreform), die Städteordnung (kommunale Selbstverwaltung), die Heeresreform (allgemeine Wehrpflicht), die Gewerbeordnung (Gewerbefreiheit), die Judenemanzipation und die Einführung von Fachministerien in der Regierung.

preußischer Verfassungskonflikt, Konflikt zwischen der liberalen Mehrheit des preußischen Landtags und der Regierung 1861-66 um das Budgetrecht des Landtags. Der Landtag verweigerte die Mittel für eine nicht seinen Wünschen entsprechende Heeresreform. Der 1862 von König Wilhelm I. zum Ministerpräsidenten berufene Otto von Bismarck regierte daraufhin ohne verfassungsmäßige Bewilligung des Staatshaushalts. Nach dem preußischen Sieg im Deutschen Krieg von 1866 lenkte der Landtag ein und erklärte dies nachträglich für rechtens.

Prinz Eugen, österreichischer Feldherr (* 1663, † 1736). Der Prinz von Savoyen-Carignan trat 1683 in Wien in das kaiserliche Heer ein. Als Offizier im großen Türkenkrieg (1683-99) stieg er bis 1697 zum Oberbefehlshaber auf. Im Spanischen Erbfolgekrieg (1701-13) führte er die kaiserlichen Truppen; seit 1707 war er Reichsfeldmarschall. Den Türkenkrieg 1714-18 entschied er mit der Einnahme Belgrads für Österreich. Eugen gilt als fähigster Feldherr seiner Zeit und weitschauender Politiker, der die Idee der Staatsräson an die Stelle dynastischer Überlegungen setzte.

Als ›Prinz Eugen, der edle Ritter‹ fand er Eingang ins Volksliedgut.

Protektorat Böhmen und Mähren, die unter Bruch des Münchner Abkommens (1938) ihrer Souveränität beraubten und 1939 dem Deutschen Reich als Protektorat angegliederten Gebiete der Tschechoslowakei (›Resttschechei‹). Im Gegensatz dazu wur-

103

de die Slowakei zum unabhängigen Staat erklärt, der jedoch ebenfalls von Deutschland abhängig war.

Protestation, *die* auf dem Reichstag zu Speyer 1529 erfolgter Einspruch evangelischer Reichsstände gegen den Beschluss der altkirchlichen Mehrheit, kirchliche Reformen erneut zu verbieten. Begründet wurde die Protestation damit, dass in Gewissensfragen ein Mehrheitsbeschluss die Minderheit nicht binden könne.

✚ Seitdem heißen die evangelischen Christen auch Protestanten.

RAF, Abkürzung für ↑ **R**ote-**A**rmee-**F**raktion.

Rapallovertrag, 1922 geschlossener deutsch-sowjetischer Vertrag, in dem beide Seiten auf gegenseitige finanzielle Forderungen verzichteten und die Aufnahme diplomatischer Beziehungen vereinbarten. Der Rapallovertrag leitete eine Periode guter Beziehungen zwischen dem Deutschen Reich und der Sowjetunion ein.

Rassengesetze, die im nationalsozialistischen Deutschland ergangenen judenfeindlichen Gesetze. Das ›Gesetz zur Wiederherstellung des Berufsbeamtentums‹ von 1933 versperrte den Juden den Zugang zum öffentlichen Dienst (›Arierparagraf‹). Aus allen privaten und öffentlichen Verbänden wurden sie ausgeschlossen. Mit der ›Arisierung der Wirtschaft‹ (Berufsverbote, Enteignungen) wurden die Juden aus dem Wirtschaftsleben verdrängt. Höhepunkt waren die ›Nürnberger Gesetze‹ von 1935: Das ›Reichsbürgergesetz‹ entzog allen Juden das Bürgerrecht und das ›Gesetz zum Schutze des deutschen Blutes und der deutschen Ehre‹ verbot die Eheschließung (Rassenverrat) und den Geschlechtsverkehr (Rassenschande) von ›arischen‹ Deutschen mit Juden.

Räterepublik, ↑ Rätesystem (Kapitel 1).

Raubritter, im späten Mittelalter Ritter, die ihr standesgemäßes Leben aus wirtschaftlicher Not (durch den Verfall der Agrarpreise seit dem späten 14. Jh. bedingt) durch Raubzüge und Wegelagerei finanzierten, die sie als ↑ Fehden ausgaben.

Reaktionszeit, die Zeit zwischen dem Scheitern der Märzrevolution von 1848 und dem Beginn der ›Neuen Ära‹ in Preußen 1858. Sie war gekennzeichnet durch das staatliche Streben nach Wiederherstellung der vorrevolutionären Zustände und eine weitgehende Unterdrückung der seit 1848 entstandenen demokratischen und liberalen Parteien und Organisationen.

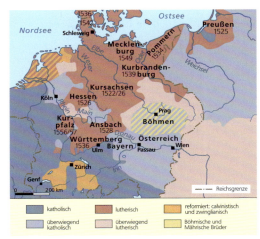

Reformation Die Konfessionen um 1555

Reformation, *die* [von lateinisch reformatio ›Umgestaltung‹], Bezeichnung für die 1517 von Martin ↑ Luther ausgelöste religiöse Bewegung, die zunächst nur eine Reform der Kirche anstrebte, dann aber zur Zerstörung der konfessionellen Einheit des Abendlandes führte, indem sich neue kirchliche Gemeinschaften (Konfessionen) bildeten und mit dem Protestantismus eine neue religiöse Haltung entstand. Die Reformation setzte sich vor allem im Heiligen Römischen Reich Deutscher Nation sowie in Nord- und Westeuropa dauerhaft durch. Sie beeinflusste über den religiösen Bereich hinaus die Neuzeit auch in politischer und kultureller Hinsicht entscheidend und gilt daher weithin als deren Beginn.

Regalien [von lateinisch regalis ›königlich‹], seit dem 11. Jh. Bezeichnung für die dem König zustehenden Hoheitsrechte, die dieser zur Nutzung vergeben konnte. Auf diese Weise wurden die Regalien zu einer der Grundlagen der ↑ Landesherrschaft. Die Regalien umfassten neben der Verfügung über hohe Ämter und das ↑ Reichsgut vor allem Herrschaftsrechte und finanziell nutzbare Rechte wie Zölle und Steuern. In Deutschland nutzen die Fürsten die Regalien für den Ausbau ihrer Landeshoheit.

Das Reich, in dem die Sonne nicht untergeht, beschreibende Bezeichnung für die Herrschaftsgebiete

Kaiser Karls V., die neben dem Heiligen Römischen Reich und Spanien auch Besitzungen in Südamerika und auf den Philippinen umfassten, sodass irgendwo in seinem Reich immer die Sonne schien.

Reichsacht, im Heiligen Römischen Reich die von Reichsgerichten verhängte Acht, durch die ein Rechtsbrecher aus dem Rechtsverband des Reichs ausgestoßen, für vogelfrei, ehrlos und rechtlos erklärt wurde. Danach durfte ihn jedermann straflos töten. Die Reichsacht konnte auch bei politischen Auseinandersetzungen eingesetzt werden, wie dies mit unterschiedlichem Erfolg 1180 bei Heinrich dem Löwen und 1521 bei Martin Luther geschah.

Reichsarbeitsdienst, Abkürzung **RAD,** ab 1935 der Arbeitseinsatz, zu dem alle (männlichen und weiblichen) Jugendlichen zwischen 18 und 25 Jahren verpflichtet waren. Er dauerte ein halbes Jahr und diente zunächst der Urbarmachung von Land (z. B. Trockenlegung von Mooren), dann jedoch zunehmend militärischen Zwecken (Bautruppe der Wehrmacht u. a. für den Bunkerbau).

Reichsdeputationshauptschluss, Beschluss der letzten außerordentlichen Reichdeputation (Ausschuss der Reichsstände) des Heiligen Römischen Reiches vom 25. 2. 1803, durch das die rechtsrheinischen weltlichen Landesherren für ihre im zweiten ↑ Koalitionskrieg an Frankreich verlorenen linksrheinischen Gebiete entschädigt wurden. Fast alle geistlichen Fürstentümer und Reichsstädte wurden der Landeshoheit unterworfen (↑ Mediatisierung). Als Folge entstanden wenige, von Frankreich abhängige Mittelstaaten. Der Reichsdeputationshauptschluss kann aufgrund der Schwere der erfolgten Änderungen im Reichsaufbau als Anfang vom Ende des Heiligen Römischen Reichs gelten.

Reichsgründung, umgangssprachliche Bezeichnung für die von Bismarck betriebene Schaffung des Deutschen Reichs von 1871.

Reichsgut, im Heiligen Römischen Reich der Grundbesitz des Reichs, der dem König zum Unterhalt seines Hofes und für die Regierungstätigkeit zur Verfügung stand. Da die Könige mitunter aus Geldmangel Reichsgut verpfändeten oder als Lehen ausgaben, war nur ein Teil des Reichsgutes unter unmittelbarer königlicher Verfügungsgewalt, während ein anderer Teil dem Reich sogar auf Dauer verloren ging und in die Gewalt der Landesherren kam.

Reichskammergericht, höchster unabhängiger Gerichtshof des Heiligen Römischen Reichs. 1495 im Zuge der Reichsreformbemühungen eingerichtet, hatte es seinen Sitz zunächst in Frankfurt am Main, ab 1527 in Speyer und ab 1693 bis zum Ende des Reichs 1806 in Wetzlar.
🔴 Am Reichskammergericht war auch Johann Wolfgang von Goethe 1772 tätig.

Reichskanzler, im Deutschen Reich 1871–1918 der vom Kaiser ernannte einzige Reichsminister, der die Politik und Verwaltung des Reichs leitete; 1919–33 der vom Reichspräsidenten ernannte und vom Vertrauen des Parlaments abhängige Leiter der Regierung, der die Richtlinien der Politik bestimmte. Nach dem Tod des Reichspräsidenten Paul von Hindenburg 1934 vereinigte Adolf Hitler das Amt des Reichskanzlers, das er seit Januar 1933 innehatte, mit dem des Reichspräsidenten (›Führer und Reichskanzler‹).

Reichskanzler, Erzkanzler, im Heiligen Römischen Reich das vom Erzbischof von Mainz als dem ranghöchsten Kurfürsten bekleidete Amt des Leiters der königlichen bzw. kaiserlichen Kanzlei. Seit 1559 leitete ein Reichsvizekanzler diese Reichskanzlei, wodurch das Amt des Reichskanzlers zum reinen Ehrenamt wurde.

Reichskirche, im Heiligen Römischen Reich die Gesamtheit der reichsunmittelbaren kirchlichen Institutionen, die von den Reichsbistümern und Reichsabteien über Stifte bis zu Pfarreien und Kapellen reichte. Als Instrument zur Regierung des Reichs wurde die Reichskirche vor allem unter den Ottonen herangezogen, die die wesentlichen Positionen in der Reichskirche mit ihren Vertrauensleuten besetzten (ottonisches Reichskirchensystem). Dieses System ging im ↑ Investiturstreit unter; danach erlangte die Reichskirche größere Unabhängigkeit vom Kaiser.

Reichskleinodien, im Heiligen Römischen Reich die Herrschaftszeichen der Könige und Kaiser. Die Reichskleinodien waren vor allem die Reichskrone aus dem 10. Jahrhundert, der Reichsapfel aus der Stauferzeit und das Zepter aus dem 14. Jahrhundert. Die von Heinrich II. erworbene Heilige Lanze gehört zu den Reichsheiligtümern.
🔴 Die Reichskleinodien werden heute in der Schatzkammer des Kunsthistorischen Museums in der Wiener Hofburg aufbewahrt; Kopien sind u. a.

Reichskleinodien Das Kaisersiegel Friedrichs II., auf dem der thronende Kaiser mit den wichtigsten Reichskleinodien – Krone, Reichsapfel und Zepter – dargestellt ist.

auf der Burg Trifels in der Pfalz, dem ursprünglichen Aufbewahrungsort, sowie in Nürnberg ausgestellt.

Reichspogromnacht, das Judenpogrom der Nationalsozialisten vom 9./10. November 1938, auch ironisierend als **Reichskristallnacht** bezeichnet (nach den in dieser Nacht zertrümmerten Schaufenstern). Jüdische Friedhöfe, Synagogen, Wohn- und Geschäftshäuser wurden zerstört. 91 Menschen fanden den Tod; mehr als 30 000 Juden wurden verhaftet und in Konzentrationslager gesperrt. Mit der Reichspogromnacht begann die gnadenlose Verfolgung der deutschen Juden.

Reichspräsident, in der Weimarer Republik das vom Volk direkt gewählte und mit weit reichenden Vollmachten ausgestattete Staatsoberhaupt des Deutschen Reichs.

Reichsreform, im 15. und 16. Jh. im Heiligen Römischen Reich unternommene Versuche einer Reform der Reichsverfassung, die den Reichsständen eine Mitwirkung bei der Regierung des Reichs und dem Reich eine funktionsfähige Verwaltung sichern sollten. Trotz einzelner Maßnahmen (wie z. B. der Einrichtung des Reichskammergerichts) scheiterten diese Bemühungen am Gegensatz zwischen Kaiser und Reichsfürsten, die beide um ihren Einfluss fürchteten.

Reichsritterschaft, im Heiligen Römischen Reich der meist aus den Kreisen der ↑ Ministerialen des Reichs und der Reichskirche stammende niedere reichsunmittelbare Adel, der keine Landesherrschaft ausübte und nicht Reichsstand war. Seit dem 14./15. Jh. in Ritterbünden organisiert, wurde die Reichsritterschaft 1542 in Ritterkreisen zusammengeschlossen. Sie zählte zu den treuesten Anhängern des Kaisertums, in dem sie eine Garantie der eigenen Reichsunmittelbarkeit sah. 1803–06 wurden die Reichsritter mediatisiert, das heißt größeren Landesherrschaften eingegliedert.

Reichsstädte, im Heiligen Römischen Reich die reichsunmittelbaren Städte, im Unterschied zu den Landstädten unter einem Landesherrn (↑ Landesherrschaft). Sie waren auf königlichem oder reichskirchlichem Land entstanden oder hatten im 13./14. Jh. ihre Freiheit gegen den Stadtherrn erkämpft (freie Städte). Seit 1489 waren sie auf den Reichstagen vertreten. Bis auf wenige Ausnahmen verloren die (freien) Reichsstädte ihre Unabhängigkeit mit dem Ende des Heiligen Römischen Reichs 1806. Nur die Freien Hansestädte Bremen und Hamburg konnten ihre Unabhängigkeit bis heute bewahren.

Reichsstände, im Heiligen Römischen Reich bis 1806 die direkt dem Kaiser als Reichsoberhaupt unterstellten Glieder des Reichs mit Sitz und Stimme auf den Reichstagen.

Reichstag, im Heiligen Römischen Reich die Versammlung der Reichsstände. Durch die Reichstage wurden im Zusammenwirken mit dem Kaiser die Reichsgesetze erlassen und die Reichssteuern erhoben. 1663 bis zum Untergang des Reichs 1806 war der Reichstag ein dauernd tagender Gesandtenkongress (›Immerwährender Reichstag‹) in Regensburg.
Reichstag hieß auch das Parlament des Deutschen Reichs 1871–1945. Das Reichtagsgebäude in Berlin wird ebenfalls kurz als Reichstag bezeichnet. ⓘ

Reichstagsbrand, die Zerstörung des Reichstagsgebäudes in Berlin durch Brandstiftung am 27. 2. 1933. Der Reichstagsbrand, dessen Hintergründe bis heute nicht eindeutig geklärt sind, wurde von Hitler ausgenutzt, um die wichtigsten Grundrechte außer Kraft zu setzen und so vor allem die kommunistische und sozialdemokratische Opposition auszuschalten.

reichsunmittelbar, im Heiligen Römischen Reich: direkt Kaiser und Reich unterstehend.

Reichsvikar, im Heiligen Römischen Reich der Verwalter der Herrschergewalt bei Interregnum, Regierungsunfähigkeit oder längerer Abwesenheit des Herrschers. Bereits unter den Staufern wurden Reichsvikare für Italien eingesetzt, unter Karl IV. auch für Burgund. Seit der Goldenen Bulle (1356) gab es für die deutschen Reichsgebiete zwei Reichsvikare, nämlich den Pfalzgrafen bei Rhein für den Süden und Westen und den Herzog von Sachsen für den Norden und Osten.

Reichswehr, die durch den Versailler Vertrag auf 115000 Mann begrenzten Streitkräfte (100000 Mann Heer und 15000 Mann Marine) des Deutschen Reichs 1919–35. Die Reichswehr, die nur aus Berufssoldaten bestand, unterstand dem Reichspräsidenten.

Reparationen, die dem Besiegten eines Krieges auferlegten Geld-, Sach- und Dienstleistungen zur Entschädigung der Sieger für erlittene Kriegsschäden. Die französischen Kriegsentschädigungen nach 1871 führten im Deutschen Reich in den 1870er-Jahren zu einem Wirtschaftsaufschwung (↑ Gründerjahre). Die aufgrund des Versailler Vertrags (1919) vom Deutschen Reich geforderten Reparationen belasteten die Weimarer Republik wirtschaftlich und politisch sehr und trugen zu ihrer Schwächung bei. Die deutschen Reparationen nach dem Zweiten Weltkrieg wurden vor allem durch Demontage von Industrieanlagen und Patentverwertungen erbracht.

Reunionen [französisch réunion ›Wiedervereinigung‹], die Annexionen Frankreichs zwischen 1679 und 1681 von Gebieten des Heiligen Römischen Reichs. Ludwig XIV. erhob Ansprüche auf alle Gebiete, die mit den vor allem 1648 an Frankreich gefallenen Gebieten in Verbindung gestanden hatten. Zur Durchsetzung seiner Ansprüche richtete er Reunionskammern ein. Betroffen waren das Elsass, pfälzische und rheinische Gebiete und Teile der südlichen spanischen Niederlande. 1681 besetzte er Straßburg ohne jeden Rechtsvorwand. Nach dem ↑ Pfälzischen Erbfolgekrieg gab Ludwig XIV. die annektierten Gebiete bis auf Straßburg und das Elsass zurück.

Rheinbund, 1806 geschlossener Bund von 16 süd- und westdeutschen Fürsten unter dem Schutz ↑ Napoleons I. (Kapitel 1), dessen Mitglieder sich vom Heiligen Römischen Reich lossagten. Daraufhin legte Kaiser ↑ Franz II. die Kaiserwürde nieder, womit das Reich aufhörte zu bestehen. Kern des Rheinbundes war ein Bündnis der Rheinbundstaaten mit Frankreich. Die Rheinbundstaaten wurden in der Folge auf Kosten kleinerer Reichsstände vergrößert. Bis 1811 schlossen sich alle deutschen Staaten außer Preußen, Österreich, Braunschweig und Kurhessen an. Nach den Niederlagen Napoleons in den Befreiungskriegen löste sich der Rheinbund 1813 auf.

> **ⓘ REICHSTAG**
>
> Das Reichstagsgebäude, kurz: Reichstag, in Berlin wurde 1884–94 von Paul Wallot (* 1841, † 1912) in den Formen der italienischen Hochrenaissance errichtet. Es war im Deutschen Reich 1894–1942 Sitz des deutschen Parlaments. Ein Teil des Gebäudes fiel 1933 dem Reichstagsbrand zum Opfer; 1945 wurde es durch Bombenangriffe stark beschädigt. 1961–72 wurde das Gebäude ohne Kuppel wieder aufgebaut. Am 3. 10. 1990 fand auf dem Platz vor dem Reichstagsgebäude die zentrale Feier zur Wiedererlangung der deutschen Einheit statt. Am 4. 10. 1990 trat der erste gesamtdeutsche Bundestag im Reichstagsgebäude zu einer konstituierenden Sitzung zusammen, am 20. 12. 1990 konstituierte sich hier das erste frei gewählte gesamtdeutsche Parlament. 1995–99 erfolgte der moderne Umbau mit neuer Glaskuppel durch den britischen Architekten Norman Foster (* 1935) zum Sitz des Deutschen Bundestags.
> In einer spektakulären Aktion verhüllten 1995 ↑ Christo und Jeanne-Claude (Kapitel 5) das Bauwerk.

Ritter, im Mittelalter zunächst die freien, zu Pferd kämpfenden Krieger, dann auch Ministerialen im Waffendienst. Sie leisteten ihren Herren gegen Überlassung von Grund und Boden als Lehen Reiterdienste in schwerer Rüstung. Seine höchste Blüte erlebte das Rittertum im Zeitalter der Kreuzzüge, als sich ein ritterliches Standesgefühl entwickelte und Ritterorden, z. B. der Deutsche Orden, gegründet wurden. Den Kern der ritterlichen Ethik bildeten die ›Zucht‹ und das ›Maßhalten‹ in allen Lebenslagen. Mit der Einführung der Feuerwaffen, dem Aufkommen der Söldnerheere und dem Erstarken des Bürgerstandes verloren die Ritter im Spätmittelalter ihre Bedeutung als Kriegerstand und zahlreiche Ritter gerieten in wirtschaftliche Not (↑ Raubritter). – Als grundbesitzender Adelsstand, nur dem König untertan (↑ Reichsritterschaft), konnte sich das Rittertum in veränderter Form bis 1806 behaupten.

➕ Knaben aus ritterlichem Geschlecht traten mit 7 Jahren bei der Frau eines Ritters in den Pagendienst, mit 14 Jahren wurden sie Knappen, mit 21 Jahren erhielten sie den ›Ritterschlag‹ (Schwertleite), durch den sie wehrhaft und mündig (volljährig) wurden.

Zu den Tugenden des **Ritters** gehört neben der Treue zum Herrn beim Waffendienst auch die respektvolle Haltung der Frau gegenüber, die Minne. Der Ritter im Kettenhemd ist zum Aufbruch gerüstet; er kniet vor der geliebten Herrin wie der Lehnsmann vor seinem Herrn (aus der Manessischen Handschrift, Anfang des 14. Jh.).

Röhm-Putsch, nationalsozialistische Bezeichnung für eine angebliche Verschwörung der Führung der SA unter Ernst Röhm (* 1887, † 1934) im Juni 1934 gegen Hitler. Der Röhm-Putsch diente als Vorwand für eine von der Reichswehr unterstützte Aktion von SS und Gestapo gegen die SA. Dabei wurde die das sozialistische Element innerhalb der NSDAP bildende SA-Führung zusammen mit zahlreichen anderen politisch missliebigen Personen ermordet.

Römischer Kaiser, in der Form ›Imperator Romanorum‹ (›Beherrscher der Römer‹) 962–1806 Titel des zum Kaiser gekrönten Oberhauptes des Heiligen Römischen Reichs. Seit Otto I., dem Großen, war der mittelalterliche und frühneuzeitliche Römische Kaiser immer der deutsche König.

Römischer König, in der Form ›Rex Romanorum‹ (›König der Römer‹) seit dem 11. Jh. bis 1806 Titel für den gewählten, aber noch nicht zum Kaiser gekrönten deutschen König.

Rote-Armee-Fraktion, Abkürzung **RAF,** eine linksextremistische terroristische Vereinigung, die nach ihren Anführern, Andreas Baader (* 1944, † 1977) und Ulrike Meinhof (* 1934, † 1976), auch **Baader-Meinhof-Gruppe** genannt wurde. Sie verübte vor allem Ende der 1960er- und in den 1970er-Jahren zahlreiche Anschläge gegen Personen und Einrichtungen, die für sie die ›kapitalistische‹, ›imperialistische‹ Gesellschaftsordnung repräsentierten. Der Kern der RAF entstammte der außerparlamentarischen Opposition (APO) und der Studentenbewegung. Die Aktivitäten der RAF führten zu einer Verschärfung der Sicherheitsgesetze und zum sogenannten Extremistenerlass für Bewerber im öffentlichen Dienst. Einzelne Aussteiger konnten zu Beginn der 1980er-Jahre in der DDR untertauchen. 1998 gab die RAF ihre Selbstauflösung bekannt.

➕ Zu den Opfern der RAF zählen u. a. der Präsident der Bundesvereinigung der Deutschen Arbeitgeberverbände e. V. Hans-Martin Schleyer (* 1915, † 1977), der Vorstandssprecher der Dresdner Bank Jürgen Ponto (* 1923, † 1977) und der Vorstandssprecher der Deutschen Bank Alfred Herrhausen (* 1930, † 1989).

Rudolf von Habsburg, Römischer König (* 1218, † 1291). Rudolf war der erste deutsche König aus dem Haus Habsburg. Seine Wahl 1273 beendete das ↑ Interregnum. Rudolf verlieh die Herzogtümer Österreich, Steiermark und Krain an seine Söhne und legte so den Grundstein für die Hausmacht der Habsburger im Südosten des Heiligen Römischen Reiches. Seine Bemühungen um die Kaiserkrönung scheiterten am Widerstand der Kurie.

Ruhrbesetzung, die französische Besetzung des Ruhrgebiets 1921 im Zuge der Auseinandersetzungen um die deutschen Reparationen nach dem Ersten Weltkrieg und der auf Vorherrschaft zielenden französischen Politik der Zeit. Diese wurde 1923 auf das gesamte Ruhrgebiet ausgedehnt. Der von der Reichsregierung ausgerufene passive Widerstand (Ruhrkampf) musste wegen wirtschaftlicher Er-

schöpfung des Deutschen Reichs im September 1923 abgebrochen werden. Nach Einigung über die Reparationsfrage räumten die französischen Truppen 1925 das Ruhrgebiet.
➕ Als Folge des Ruhrkampfes kam es in Deutschland zur Inflation und zur Einführung der Rentenmark.

SA, Abkürzung für **S**turm**a**bteilung, 1920 gegründete, ursprünglich vor allem aus Angehörigen von Freikorps bestehende nationalsozialistische Kampfgruppe, die seit 1921 in einen paramilitärischen Verband umgebildet wurde. Sie diente der NSDAP als Mittel zur Terrorisierung des politischen Gegners. 1933–34 bildete sie das stärkste revolutionäre Element des Nationalsozialismus. Nach der Ermordung ihrer Führer (↑ Röhm-Putsch) wandelte sich die SA zu einem der vormilitärischen Ausbildung dienenden Verband.

Saarfrage, die Frage der staatlichen Zugehörigkeit des 1919 aus Teilen der preußischen Rheinprovinz und der bayerischen Pfalz gebildeten Saargebietes (↑ Saarland, Kapitel 3).

Sachsen, germanischer Stamm in Norddeutschland. Die Sachsen wurden von Karl dem Großen in mehreren Kriegen (772–804) unterworfen, christianisiert und ins Fränkische Reich eingegliedert. Sie bildeten einen der sechs deutschen Stämme. Vom Ende des 9. Jh. bis 1180 bestand das Stammesherzogtum Sachsen.
➕ Der Name Niedersachsen deutet noch heute auf das sächsische Siedlungsgebiet hin.
➕ Das heutige Bundesland Sachsen liegt dagegen östlich des alten sächsischen Stammesgebiets und erhielt den Namen dadurch, dass die mittelalterlichen Markgrafen von Sachsen ihre Herrschaft nach Osten ausdehnten.

Sachsenspiegel, das älteste und bedeutendste deutsche Rechtsbuch des Mittelalters von dem sächsischen Ritter Eike von Repgow (* um 1180, † nach 1233), Anfang des 13. Jh. in niederdeutscher Sprache verfasst. Der Sachsenspiegel, der das Land- und Lehnsrecht der Sachsen zusammenfasste, erlangte gesetzesgleiches Ansehen. Er wurde als **Deutschenspiegel** um 1274/75 ins Oberdeutsche übersetzt und beeinflusste maßgeblich den zur selben Zeit entstandenen **Schwabenspiegel,** der das gesamte deutsche Recht darstellen wollte. Der Sachsenspiegel wirkte durch die deutsche Ostsiedlung auf weite Teile Polens, Russlands und Ungarns und blieb teilweise bis 1900 in Kraft.

Säkularisation, die [von lateinisch saecularis ›weltlich‹], die Einziehung oder Nutzung kirchlicher Hoheitsrechte oder Besitztümer durch den Staat. Im Heiligen Römischen Reich brachte die Reformation im 16. Jh. eine erste Welle der Säkularisation. Auch Joseph II. säkularisierte im Zuge seiner Reformen 1782 viele Klöster. Umfassend war jedoch erst die 1803 in der Folge des ↑ Reichsdeputationshauptschlusses durchgeführte Säkularisation, die beinahe alle reichsunmittelbaren geistlichen Herrschaften auflöste. Dadurch wurde die politische Macht des deutschen katholischen Klerus weitgehend gebrochen.

Salier, deutsches Herrschergeschlecht, das ursprünglich vor allem im Gebiet von Speyer und Worms Besitzungen hatte. Die Salier wurden nach dem Aussterben der ↑ Ottonen deren Nachfolger und stellten von 1024 bis 1125 die deutschen Könige: Konrad II. (* um 990, † 1039), Heinrich III. (* 1017, † 1056), Heinrich IV. (* 1050, † 1106) und Heinrich V. (* 1086, † 1125). Privaterben der Salier und ihre Nachfolger im Königtum waren die ↑ Staufer.

Schießbefehl, seit den 1960er-Jahren von der Führung der DDR an die Grenztruppen ergangener Befehl, den illegalen Grenzübertritt (›Republikflucht‹) nach Berlin (West) oder in die Bundesrepublik Deutschland notfalls durch Schusswaffengebrauch zu verhindern. Dem Schießbefehl fielen bis zur deutschen Vereinigung wahrscheinlich etwa 400 Menschen zum Opfer.

Schinderhannes, Beiname des Räuberhauptmanns Johann Wilhelm Bückler (* 1783, † 1803). Er führte ab 1800 eine Räuberbande, die vorwiegend im französisch besetzten Hunsrück ihr Unwesen trieb. Von der Bevölkerung teilweise gedeckt, konnte er erst im Juni 1802 gefasst werden. In einem Schauprozess zum Tode verurteilt, wurde er in Mainz hingerichtet. Bald nach seinem Tod setzte eine romantische Verklärung seiner Person ein.
➕ Carl Zuckmayer schrieb über sein Schicksal das Stück ›Schinderhannes‹ (1927).

Schlacht auf dem Lechfeld, ↑ Otto I., der Große.

Schlacht im Teutoburger Wald, ↑ Arminius.

Schlesische Kriege, drei Kriege zwischen Preußen

109

unter Friedrich II., dem Großen, und Österreich unter Maria Theresia um den Besitz Schlesiens. Die beiden ersten Schlesischen Kriege (1740–42 und 1744/45) waren Teile des Österreichischen Erbfolgekriegs und endeten mit der Erwerbung und Behauptung der größten Teile Schlesiens durch Preußen. Als dritter Schlesischer Krieg wird der Teil des ↑ Siebenjährigen Krieges bezeichnet, der in Europa stattfand, da Österreich ihn vor allem um den Wiedergewinn Schlesiens führte.

Schumacher, Kurt deutscher Politiker (*1895, †1952). Er war 1930–33 Reichstagsabgeordneter der SPD, 1933–45 in Konzentrationslagern. Von 1946 bis zu seinem Tod Vorsitzender der SPD, prägte er deren entschiedenen Antikommunismus.

Schwabenspiegel, ↑ Sachsenspiegel.

Schwedentrunk, im Dreißigjährigen Krieg zuerst von schwedischen Soldaten angewandte Foltermethode, bei der dem Gefolterten Jauche und Ähnliches durch den gewaltsam geöffneten Mund eingeflößt und anschließend der Körper zwischen Bretter gepresst wurde.

Schweizerische Eidgenossenschaft, ein 1291 gegen die Expansionsbestrebungen der Habsburger und Savoyens geschlossener ›Ewiger Bund‹ der drei reichsunmittelbaren Talschaften (›Waldstätte‹) Uri, Schwyz und Unterwalden, der sich bereits im 14. Jh. nach Siegen über habsburgische Ritterheere zur Eidgenossenschaft der ›Acht alten Orte‹ entwickelte, auf die dann der Name von Schwyz als Gesamtbezeichnung überging. Bis Ende des 15. Jh. löste sich die Eidgenossenschaft weitgehend aus dem Heiligen Römischen Reich, aus dem sie rechtlich, zum Bund der ›Dreizehn alten Orte‹ erweitert, im Westfälischer Frieden 1648 ausschied. Seither bildet die Schweiz einen unabhängigen Staat.

➕ Die Befreiungssagen um Wilhelm ↑ Tell (Kapitel 9) und den ersten Rütlischwur (um 1300) sind erst seit dem 15. Jh. belegt, wurden jedoch zum allgemeinen schweizerischen Gründungsmythos.

SED, Abkürzung für **S**ozialistische **E**inheitspartei **D**eutschlands. Sie entstand 1946 durch die von der sowjetischen Besatzungsmacht in ihrer Besatzungszone erzwungene Vereinigung von SPD und KPD. Das sozialdemokratische Element wurde bald weitgehend ausgeschaltet. Die SED wurde mit sowjetischer Hilfe die Staatspartei der DDR, bei ihr lagen die entscheidenden Machtpositionen. Ihre Herrschaft wurde 1989/90 durch die ↑ Montagsdemonstrationen beendet. Im Januar 1990 benannte sie sich nach einem Führungswechsel in ›Partei des Demokratischen Sozialismus‹ (PDS) um und gab sich ein neues Parteiprogramm.

Schweizerische Eidgenossenschaft

Siebenjähriger Krieg, 1756–63, der Krieg Österreichs gegen Preußen um den Besitz Schlesiens **(3. Schlesischer Krieg).** Preußen, das mit Großbritannien verbündet war, erlitt im Kampf gegen Österreich, das mit Frankreich und Russland verbündet war, nach anfänglichen Siegen bei Kunersdorf (1759) seine schwerste Niederlage, wurde aber durch das Ausscheiden Russlands aus dem Krieg gerettet und im Besitz von Schlesien bestätigt. Im Ergebnis festigte Preußen gegenüber Österreich seine Rolle als europäische Großmacht.

Gleichzeitig war der Siebenjährige Krieg ein britisch-französischer See- und Kolonialkrieg. Frankreich verlor nach bedeutenden englischen Siegen im Pariser Frieden (1763) seine wertvollsten Kolonialgebiete u. a. in Nordamerika (Kanada und Louisiana östlich des Mississippi), Afrika (Senegal, Gam-

Deutsche Geschichte — **Sta**

bia) und Indien an Großbritannien, das seine Führungsrolle als Kolonialmacht ausbauen konnte.
🞧 Preußens Sieg im Siebenjährigen Krieg trug wesentlich zum Mythos Friedrichs II., des Großen, als großer deutscher Herrscher bei.

Siebzehnter Juni 1953, Volksaufstand gegen die Partei- und Staatsführung der DDR, der sich aus einem Protest gegen die Erhöhung von Arbeitsnormen entwickelte und von Ost-Berlin aus auf zahlreiche Städte übergriff. Die Demonstranten forderten den Rücktritt der Regierung und freie Wahlen. Im Verlauf des 17. Juni schlugen sowjetische Truppen den Aufstand blutig nieder.
🞧 In der Geschichtsschreibung der DDR galt der Aufstand des Siebzehnten Juni als ›konterrevolutionärer, faschistischer Putsch(versuch)‹.

Siegermächte, umgangssprachliche Bezeichnung für die vier Staaten USA, Sowjetunion, Großbritannien und Frankreich, die die im Zweiten Weltkrieg siegreichen ↑ Alliierten (Kapitel 1) angeführt hatten. Die letzten Sonderrechte der Siegermächte in Deutschland erloschen erst 1990.

Soldatenkönig, ↑ Friedrich Wilhelm I.

Sozialistengesetz, das nach den Attentaten auf Kaiser Wilhelm I. von Otto von Bismarck 1878 durchgesetzte Ausnahmegesetz gegen die gemeingefährlichen Bestrebungen der deutschen Sozialdemokratie. Es ermächtigte u. a. die Polizei zur Auflösung sozialistischer Vereine und zur Beschlagnahme von sozialistischen Zeitungen und Schriften. 1890 lief es aus, ohne dass es den Aufstieg der Sozialdemokratie hätte verhindern können.

Spartakusbund [nach dem antiken Sklavenführer Spartacus], während des Ersten Weltkriegs aus entschiedenen Kriegsgegnern innerhalb der SPD entstandene Gruppierung, die eine radikale sozialistische Demokratie anstrebte. In der Novemberrevolution 1918 forderte der Spartakusbund das ↑ Rätesystem (Kapitel 1) und versuchte vergeblich, dieses in Aufständen im Dezember 1918 und Januar 1919 durchzusetzen. Aus dem Spartakusbund ging 1919 die ↑ KPD hervor.

Spiegelaffäre, die Durchsuchung der Redaktionsräume des Nachrichtenmagazins ›Der Spiegel‹ sowie die Verhaftung seines Herausgebers Rudolf Augstein (* 1923, † 2002) und eines Redakteurs im Oktober 1962 wegen eines verteidigungspolitischen Artikels (Vorwurf des Landesverrats und der Beamtenbestechung). Dieser Vorgang führte zu einer innenpolitischen Krise, bei der es um die Abwägung von Meinungsfreiheit und Staatssicherheit ging. Letztlich musste der Verteidigungsminister Franz Josef Strauß zurücktreten; ›Der Spiegel‹ sowie die beiden Verhafteten wurden vom Vorwurf des Landesverrats entlastet.

SS, Abkürzung für **S**chutz**s**taffel, eine 1925 zum persönlichen Schutz Adolf Hitlers gegründete militärähnliche Organisation der NSDAP, die sich seit der Ernennung Heinrich Himmlers zum ›Reichsführer SS‹ 1929 zu einem innenpolitischen und militärischen Kampfverband entwickelte. Durch ihre enge Zusammenarbeit mit der Gestapo wurde die SS zum Hauptträger des politischen Terrors im nationalsozialistischen Deutschland: Die SS-Totenkopfverbände waren für die Konzentrations- und Vernichtungslager verantwortlich; die SS-Verfügungstruppe trat als Waffen-SS neben die Wehrmacht. In den Nürnberger Prozessen wurde die SS zur ›verbrecherischen Organisation‹ erklärt.
🞧 Nach Himmlers Idee bildete die SS auf der Grundlage der biologischen Auslese einen ›Orden‹ mit Führungsanspruch (›Ariernachweis‹, Mindestgröße, eigene Symbolik wie schwarze Uniform und Sig-Rune, eigener Ehrenkodex).

Staatsrat, in der DDR ein Staatsorgan, das die Aufgaben des Staatsoberhaupts wahrnahm und dem zwischen den Sitzungen der Volkskammer auch die Rechte des Parlaments zufielen. Der Vorsitzende des Staatsrats war Staatsoberhaupt.

Städtebünde, im späten Mittelalter im Heiligen Römischen Reich häufige Zusammenschlüsse von Städten, die sich vor allem gegen die zunehmende Macht der Landesherren und gegen Ritterbünde richteten. Bedeutende Städtebünde waren u. a. die ↑ Hanse, der Rheinische Städtebund (1254–57, 1381–89) und der Schwäbische Städtebund (1376–89).

Stadtluft macht frei, ein mittelalterlicher Rechtsgrundsatz, der besagt, dass Bauern, die in die Stadt zogen, nach einer Aufenthaltsdauer von einem Jahr und einem Tag (›nach Jahr und Tag‹) zur Rechtsgemeinschaft der Stadt gehörten und so ihre Unfreiheit (Hörigkeit, Leibeigenschaft) abstreifen konnten. Sie wurden damit Freie.

Stahlpakt, 1939 geschlossener Freundschafts- und

Bündnisvertrag zwischen dem nationalsozialistischen Deutschland und dem faschistischen Italien, der sich besonders gegen die westlichen Demokratien richtete. Beide Mächte sicherten sich bei kriegerischen Verwicklungen gegenseitig vollen militärischen Beistand zu.

Staufer Mit der Hinrichtung des erst 16-jährigen Konradin in Neapel 1268 ging die Herrschaft der Staufer in Italien zu Ende. Die Miniatur aus der Manessischen Handschrift zeigt Konradin mit einem Gefährten auf der Falkenjagd (1. Hälfte des 14. Jh.)

Stalinnoten, Bezeichnung für vier diplomatische Vorstöße der Sowjetunion zur Lösung der ↑ deutschen Frage 1952. Der sowjetische Vorschlag zum Abschluss eines Friedensvertrages mit Deutschland wurde von den Westmächten mit Zustimmung Bundeskanzler Adenauers abgelehnt, da sie zunächst freie Wahlen in ganz Deutschland, die Bildung einer gesamtdeutschen Regierung und erst danach den Abschluss eines Friedensvertrages wünschten, wozu die Sowjetunion nicht bereit war. An diesen gegensätzlichen Positionen scheiterte der Vorstoß, an dessen Ernsthaftigkeit bis heute schwere Zweifel bestehen.

Stasi, *die* volkstümliche Bezeichnung für den Staatssicherheitsdienst (SSD) der DDR, die als Ministerium für Staatssicherheit (MfS) arbeitende politische Polizei. Die Stasi diente dem Schutz der ›sozialistischen Staats- und Gesellschaftsordnung‹ sowie der Spionage und Gegenspionage. Sie stand außerhalb der Kontrolle der Volkskammer und unterhielt ein engmaschiges Netz von Informanten und Spitzeln im In- und Ausland.
✚ 1989 umfasste die Stasi etwa 91 000 hauptamtliche und und etwa 171 000 inoffizielle Mitarbeiter (IM) in der DDR und vermutlich über 20 000 IM in der Bundesrepublik Deutschland.

Staufer, deutsches Herrschergeschlecht, das unter den Saliern im Königsdienst aufstieg und beim Tod des letzten Saliers deren Erbe antrat. 1138–1254 stellten die Staufer die deutschen Könige: Konrad III. (*1093, †1152), Friedrich I. Barbarossa, Heinrich VI. (*1165, †1197), Philipp von Schwaben (*um 1178, †1208), Friedrich II. und Konrad IV. (*1228, †1254). Diese Zeit war vom Gegensatz zwischen den Staufern und den konkurrierenden Welfen geprägt. Auf dem Höhepunkt ihrer Macht unter Heinrich VI. herrschten die Staufer von Norddeutschland bis nach Sizilien. Mit der Enthauptung des letzten Staufers Konradin (*1252, †1268) in Neapel starb das Geschlecht im Mannesstamm aus.
✚ Stammburg der Staufer ist die Burg Hohenstaufen auf dem gleichnamigen Randberg der Schwäbischen Alb nördlich von Göppingen. Sie wurde Ende des 11. Jh. erbaut und in den Bauernkriegen 1525 zerstört.

Stein, Heinrich Friedrich Karl Reichsfreiherr vom und zum deutscher Politiker (*1757, †1831), wurde 1807 leitender Minister in Preußen und begann mit dessen Neuorganisation durch innere Reformen (↑ preußische Reformen). Als Gegner Napoleons I. musste er Ende 1808 zurücktreten. 1812/13 und beim Wiener Kongress war er Berater des russischen Zaren Alexander I. (*1777, †1825), konnte aber die Wiederherstellung der vorrevolutionären politischen Verhältnisse nicht verhindern.

Strauß, Franz Josef deutscher Politiker (*1915, †1988), Mitbegründer der CSU (1945). Er wurde 1952 stellvertretender Vorsitzender und war ab 1961 bis zu seinem Tod Vorsitzender seiner Partei. Mehrfach Bundesminister, war er ab 1978 Ministerpräsident von Bayern. 1980 scheiterte er als Kanzlerkandidat der CDU/CSU. Strauß, der durch seinen autoritären Führungsstil und sein polarisierendes Auftreten starke Emotionen weckte, gehörte zu den prägenden Politikern der Bundesrepublik Deutschland.

🞤 Strauß löste 1962 die ↑ Spiegelaffäre aus.

Stresemann, Gustav deutscher Politiker (*1878, †1929). Als Reichskanzler (1923) und Außenminister (1923–29) prägte Stresemann maßgeblich die Außenpolitik der Weimarer Republik. Im Mittelpunkt stand dabei sein Bemühen, durch Verhandlungen mit den Siegermächten des Ersten Weltkriegs und vor allem mit Frankreich die Revision des Versailler Vertrags (Ende der Reparationen und der Besetzung des Rheinlands) zu erreichen. Obwohl als ›Erfüllungspolitiker‹ angegriffen, erzielte er dabei große Erfolge.

Gustav Stresemann

🞤 1926 erhielt er mit dem französischen Außenminister Aristide Briand den Friedensnobelpreis.

Studentenbewegung, Sammelbezeichnung für die in den 1960er-Jahren in verschiedenen Ländern vor allem Westeuropas und Nordamerikas auftretenden und Anfang der 1970er-Jahre wieder abklingenden Unruhen unter Studenten mit politischen Aktionen an den Hochschulen. In der Bundesrepublik Deutschland hatte die Studentenbewegung (›68er-Bewegung‹) vor allem den Protest gegen den ↑ Vietnamkrieg (Kapitel 1) und die ↑ Notstandsgesetze (Kapitel 3) zum Inhalt. Sie war Teil der ↑ APO.

Sudetenkrise, die kritische Zuspitzung der politischen Lage in Europa ab Mai 1937, hervorgerufen durch den von den Nationalsozialisten geforderten Anschluss der von Deutschen bewohnten Teile der Tschechoslowakei (Sudetengebiete) an das Deutsche Reich. Angesichts der Entschlossenheit Hitlers, die Angliederung auch militärisch zu erzwingen, kam es im September 1938 im ↑ Münchener Abkommen zur Abtretung der Sudetengebiete an Deutschland.

Tabakskollegium, nach dem reichlichen Tabakgenuss benannte, fast täglich stattfindende Abendgesellschaft des Königs Friedrich Wilhelm I. in Preußen, zu der sich neben engen Vertrauten des Königs auch am Hof absteigende prominente Gäste einfanden. Dabei wurde auf alle Formalitäten und jede Etikette verzichtet. Politische Bedeutung gewann das Tabakskollegium dadurch, dass einige Teilnehmer

österreichische Agenten waren, die den König im Sinne der österreichischen Politik zu beeinflussen versuchten.

Territorialherrschaft, ↑ Landesherrschaft.

Territorialstaat ⇒ Kapitel 3.

Thälmann, Ernst Politiker (*1886, †1944). Aus der SPD hervorgegangen, stieß Thälmann 1920 zur KPD, deren Vorsitzender er 1925 wurde. Unter seiner Führung wurde die KPD der Kommunistischen Partei der Sowjetunion unter Stalin gleichgeschaltet. 1924–33 Mitglied des Reichstags, kandidierte Thälmann 1925 und 1932 für das Amt des Reichspräsidenten. Seit 1933 in Konzentrationslagern, wurde er 1944 ermordet.

Thing, Ding, bei den Germanen die Volks-, Heeres- und Gerichtsversammlung, auf der alle Rechtsangelegenheiten des Stammes behandelt wurden. Im Fränkischen Reich entwickelte sich aus dem Thing die Gerichtsversammlung unter der Leitung des jeweils zuständigen Grafen. Obwohl das Thing teilweise bis ins 18. Jh. bestand, verlor es bereits im Mittelalter wesentlich an Bedeutung und wurde durch die Gerichtsversammlungen der Städte und Landesherrschaften verdrängt.

🞤 Noch heute heißt die Volksvertretung in Island Althing und in Dänemark Folketing.

🞤 Der Ausdruck ›dingfest machen‹ hat seinen Ursprung in der Tatsache, dass vor dem Thing Angeklagte zum Verfahren verhaftet wurden.

Thing Die altisländische Thingstätte befand sich in Thingvellir, einer lavabedeckten Ebene nordöstlich von Reykjavik.

Thüringer, germanischer Stamm im Raum beiderseits der Saale. Nach der Zerschlagung des thüringischen Königtums durch die Franken 531 wurden die

Thüringer größtenteils ins ↑ Fränkische Reich einbezogen, wo sie christianisiert wurden und zeitweilig ein Stammesherzogtum unter fränkischen Herzögen bildeten. Nach den Reichsteilungen des 9. Jh. gehörten sie zum Ostfränkischen Reich und bildeten einen der sechs deutschen Stämme.

Transitabkommen, Vertrag zwischen der Bundesrepublik Deutschland und der DDR von 1971/72, der als Teil des Viermächteabkommens den Personen- und Güterverkehr zwischen dem Bundesgebiet und Berlin (West) regelte. Es blieb bis zur deutschen Vereinigung 1990 Grundlage für den Berlinverkehr.

Trizone, im April 1949 erfolgte Erweiterung der ↑ Bizone durch den Anschluss der französischen Besatzungszone zu einem die drei westlichen Besatzungszonen Deutschlands umfassenden Wirtschaftsgebiet. Aus der Trizone ging im Mai 1949 die Bundesrepublik Deutschland hervor.

Ulbricht, Walter Politiker (* 1893, † 1973). Als Mitbegründer der KPD lebte Ulbricht 1938–45 im Exil in der Sowjetunion, wo er eine führende Position in der Exil-KPD erlangte. An der Spitze der ›Gruppe Ulbricht‹ begann er bereits im Mai 1945 mit dem Aufbau der kommunistischen Herrschaft in der sowjetischen Besatzungszone. 1946 war er einer der Hauptbeteiligten bei der Zwangsvereinigung von SPD und KPD zur SED. 1950–71 Generalsekretär der SED, wurde er 1960 Staatsoberhaupt der DDR. Er war für den Bau der Berliner Mauer (1961) verantwortlich und gehörte 1968 zu den schärfsten Gegnern des Prager Frühlings. Ulbricht hatte entscheidenden Anteil am Aufbau des Herrschaftssystems der SED in der DDR und an deren Einbeziehung in den Ostblock.

Ungarneinfälle, die Streif- und Beutezüge ungarischer Reiterheere im 9. und 10. Jh. vor allem in das entstehende Heilige Römische Reich. Sie führten vorübergehend zu Tributzahlungen des Reichs an die Ungarn und endeten mit der vernichtenden Niederlage der Ungarn gegen Otto I., den Großen, auf dem Lechfeld bei Augsburg 955.

Vernichtungslager, besondere Form der nationalsozialistischen Konzentrationslager, die ab 1941 von der SS vor allem in den besetzten Gebieten Osteuropas eingerichtet wurden. Sie dienten in erster Linie der systematischen Ermordung der europäischen Juden im Rahmen der geheimen ›Endlösung der Judenfrage‹, wie sie seit der ↑ Wannseekonferenz betrieben wurde.
➕ Berüchtigte Vernichtungslager gab es in Sobibór, Treblinka, Auschwitz und Majdanek.

> ℹ️ **VERSAILLER VERTRAG**
>
> **Teil VIII, Artikel 231 (Wiedergutmachungen)**
>
> ›Die alliierten und assoziierten Regierungen erklären, und Deutschland erkennt an, dass Deutschland und seine Verbündeten als Urheber für alle Verluste und Schäden verantwortlich sind, die die alliierten und assoziierten Regierungen und ihre Staatsangehörigen infolge des Krieges, der ihnen durch den Angriff Deutschlands und seiner Verbündeten aufgezwungen wurde, erlitten haben.‹

Versailler Vertrag [vɛrˈzajər -], Friedensvertrag (1919) zwischen dem Deutschen Reich und den Siegermächten des Ersten Weltkriegs, der für Deutschland große Gebietsabtretungen vor allem an Frankreich und Polen, den Verlust aller Kolonien, ein Anschlussverbot für Österreich, die Entmilitarisierung des Rheinlands, eine weitgehende Entwaffnung und drückende Reparationszahlungen enthielt. Die Revision des Versailler Vertrags, der von der deutschen Bevölkerung überwiegend als ungerechtes Diktat der Sieger empfunden wurde und Deutschland die alleinige Kriegsschuld zuwies, war das Hauptziel der deutschen Außenpolitik seit 1919. Seine Regelungen verhinderten einen Ausgleich zwischen Deutschland und den Siegern sowie eine dauerhafte Gesundung der deutschen Wirtschaft. Die nationalistische deutsche Rechte rechtfertigte mit ihm die Ablehnung der Weimarer Republik. ℹ️

Vertriebene, allgemein alle aus ihrer Heimat zwangsweise vertriebenen Personen; in engerem Sinn alle Deutschen, die infolge des Zweiten Weltkriegs aus ihren außerhalb der heutigen Bundesrepublik Deutschland gelegenen Wohnsitzen vertrieben wurden. Von den 1937 rund 16,6 Millionen in den Ostgebieten und außerhalb der Reichsgrenzen lebenden Deutschen wurde aufgrund des ↑ Potsdamer Abkommens der größte Teil bis 1947 unter Gewaltanwendung in die vier Besatzungszonen Deutschlands umgesiedelt.

Viermächteabkommen, auch als **Berlinabkommen** bezeichneter, 1971 ausgehandelter Vertrag zwischen den vier Siegermächten des Zweiten Weltkriegs über die politischen Bindungen von Berlin (West) an die Bundesrepublik Deutschland. Das Viermächteabkommen führte zu zahlreichen praktischen Verbesserungen, ohne den Status Berlins, das weiter unter der Hoheit der vier Mächte blieb, zu verändern. Es trat im Juni 1972 in Kraft.

Vogt, im Mittelalter der Schutzherr und Vertreter kirchlicher Einrichtungen (Klöster, Abteien) in weltlichen Angelegenheiten, besonders vor Gericht. Allmählich erlangten die Vögte die Stellung von Gerichtsherren. Durch Erwerb zahlreicher Vogteien erweiterten im späten Mittelalter viele Landesherren ihre Macht; die Vogtei wurde wichtiges Element beim Ausbau der Landesherrschaft.

Volk ohne Raum, ↑ Lebensraumideologie.

Volksgerichtshof, ab 1934 das höchste nationalsozialistische Gericht zur Aburteilung von Hoch- und Landesverrat. Der Volksgerichtshof war ein Sondergericht, das mit seinen drakonischen Strafen und die Beklagten entwürdigenden Verhandlungsformen zu einem Instrument nationalsozialistischen Terrors wurde.
🞧 Ende Januar 1985 erklärte der Deutsche Bundestag die Urteile des Volksgerichtshofs für nichtig.

Volkskammer, das Parlament der DDR. Die Volkskammer wurde auf fünf Jahre nach zuvor unter Kontrolle der SED aufgestellten Einheitslisten der Nationalen Front der DDR gewählt. Obgleich formal das höchste Machtorgan des Staats, bildete sie in Wirklichkeit nur ein Ausführungsorgan für die von der SED festgelegte Politik. Die einzige frei gewählte Volkskammer (März 1990 gewählt) vollzog den Beitritt der DDR zur Bundesrepublik Deutschland.

Vormärz, Bezeichnung für die Epoche der deutschen Geschichte zwischen 1815 (Wiener Kongress), oft auch zwischen 1830 (Julirevolution) und der Märzrevolution von 1848. Kennzeichnend für diese Zeit sind äußerer Friede und Ruhe im Innern, die durch reaktionäre Maßnahmen (Karlsbader Beschlüsse) erzwungen wurden. Dennoch entstand die liberale, demokratische und nationale Bewegung, getragen vom Bürgertum, das sich zunächst auf kulturellem und wirtschaftlichem Gebiet emanzipierte und schließlich nach politischer Mitsprache strebte.

Die Wacht am Rhein, 1840 erstmals veröffentlichtes patriotisches und frankreichfeindliches Lied, das im Deutsch-Französischen Krieg 1870/71 zum Kampf- und Siegeslied der deutschen Truppen wurde.
🞧 Der Titel des Gedichts ist auch ein Teil des Kehrreims:
›Lieb Vaterland, magst ruhig sein:
Fest steht und treu die Wacht am Rhein.‹

Währungsreform, allgemein die Neuordnung des Geldwesens eines Landes nach einer vollständigen Zerrüttung. Die deutsche Geschichte des 20. Jh. kennt als Folgen der beiden verlorenen Weltkriege zwei Währungsreformen. 1923 war der Wert der Mark auf ein Billionstel ihres Nennwerts gesunken. Mit der Rentenmark wurde eine Übergangswährung eingeführt und der Wert der Mark wieder gefestigt.
Die Währungsreform von 1948, mit der in den drei westlichen Besatzungszonen die Reichsmark durch die Deutsche Mark (DM) ersetzt wurde, war die Grundlage für den gleichzeitigen Übergang zur Marktwirtschaft und schuf die Voraussetzungen für das ›Wirtschaftswunder‹. Da in der sowjetischen Besatzungszone daraufhin eine Währungsreform mit einer eigenen Deutschen Mark (später Mark der DDR) durchgeführt wurde, bedeutete sie einen Schritt zur Vertiefung der deutschen Teilung.

Wallenstein, Albrecht Wenzel Eusebius von kaiserlicher Heerführer im Dreißigjährigen Krieg (* 1583, † 1634). Wallenstein, der sein Heer mit eigenen Mitteln aufstellte, führte 1625–30 und nach einer durch Druck der katholischen Reichsfürsten verursachten Unterbrechung 1632–34 mit großem Erfolg die kaiserlichen Truppen. Er stieg zum Her-

Wallenstein Die Ermordung des Herzogs von Friedland am 25. Februar 1634 in Eger durch kaiserliche Offiziere, die zwar eigenmächtig, aber letztendlich mit Billigung des Kaisers vorgingen (Kupferstich)

zog von Friedland (1625; deshalb auch ›der Friedländer‹ genannt), Fürsten von Sagan (1627/28) und Herzog von Mecklenburg (1627/29) auf. Verhandlungen mit den Kriegsgegnern seit 1632 brachten ihn in Gegensatz zum kaiserlichen Hof, woraufhin er geächtet und in Eger von kaisertreuen Offizieren ermordet wurde.

🟠 Wallenstein fasste seine Kriegspläne nur nach Rücksprache mit seinem Astrologen.

Wannseekonferenz, Tagung von Spitzenvertretern der obersten Reichs- und Parteibehörden des nationalsozialistischen Deutschland im Januar 1942 in Berlin. Die Teilnehmer besprachen Maßnahmen zur Ausrottung der Juden in den von deutschen Truppen besetzten Gebieten, vor allem die Errichtung von Vernichtungslagern (↑ Endlösung der Judenfrage).

🟠 Das Haus ›Am Großen Wannsee 56–58‹ in Berlin-Zehlendorf ist seit 1992 Gedenkstätte (›Haus der Wannseekonferenz‹).

Wartburg, ehemals landgräfliche Burg aus spätromanisch-staufischer Zeit auf einem Bergfelsen bei Eisenach. Hier lebte und wirkte 1211–27 die heilige Elisabeth von Thüringen. Martin Luther wurde nach der Verhängung der Reichsacht gegen ihn auf dem Reichstag zu Worms 1521–22 durch seinen Landesherrn Friedrich den Weisen von Sachsen (* 1463, † 1525) als ›Junker Jörg‹ auf der Wartburg versteckt. Während dieses zehn Monate dauernden Aufenthaltes übersetzte er u. a. das Neue Testament ins Deutsche. Die Wartburg war 1817 auch Schauplatz des Wartburgfestes.

🟠 Anfang des 13. Jh. soll auf der Wartburg der sagenhafte Sängerkrieg stattgefunden haben, ein Wettstreit berühmter Dichter wie Heinrich von Ofterdingen, Walther von der Vogelweide und Wolfram von Eschenbach, den Richard Wagner in seiner Oper ›Tannhäuser und der Sängerkrieg auf der Wartburg‹ (1845) künstlerisch gestaltete.

Wartburgfest, Fest der Burschenschaften auf der Wartburg in Thüringen 1817. Anlass war die 300-Jahr-Feier des Thesenanschlags Martin Luthers. Beim Wartburgfest wurden Forderungen nach Demokratie und nationaler Einheit erhoben, die zum Verbot der Burschenschaften und zur Verfolgung ihrer Anhänger in den Staaten des Deutschen Bundes führten.

Wehrmacht, 1935–45 Bezeichnung für die aus der Reichswehr hervorgegangenen deutschen Streit-

Wartburg Die Burganlage aus dem 11. Jh., aus nordöstlicher Richtung gesehen

kräfte (Heer, Marine, Luftwaffe), die aufgrund der allgemeinen Wehrpflicht rekrutiert wurden und Adolf Hitler als Oberbefehlshaber unterstanden.

Weimarer Republik, häufig gebrauchte Bezeichnung für das Deutsche Reich in der Zeit von 1919 bis 1933, nach der 1919 in Weimar tagenden verfassunggebenden Nationalversammlung. Die Weimarer Republik war ein demokratisch-parlamentarischer Bundesstaat, der, aus der Novemberrevolution hervorgegangen, das bismarcksche Reich fortsetzte. Staatsoberhaupt war der vom Volk gewählte Reichspräsident (1919–25 Friedrich Ebert, seit 1925 Paul von Hindenburg).

Die Weimarer Republik hatte die harten politischen und wirtschaftlichen Bedingungen des Versailler Vertrages zu erfüllen und war dadurch stark belastet, was das Anwachsen der nationalistischen Rechten und der kommunistischen Linken begünstigte, vor allem nachdem es im Gefolge der Weltwirtschaftskrise ab 1929 zur Massenarbeitslosigkeit kam. Die Radikalisierung des politischen Lebens und anhaltende wirtschaftliche Schwierigkeiten führten zu einer Staatskrise, die 1933 den Zusammenbruch der Weimarer Republik und die Errichtung der nationalsozialistischen Diktatur zur Folge hatte.

Weiße Rose, eine studentische Widerstandsgruppe an der Universität München, die 1942/43 in Flugblättern die nationalsozialistische Diktatur anprangerte und eine moralische Erneuerung Deutschlands forderte. Die Mitglieder, vor allem Hans (* 1918, † 1943) und Sophie Scholl (* 1921, † 1943), wurden vom Volksgerichtshof zum Tod verurteilt und hingerichtet.

Welfen, deutsches Adelsgeschlecht mit umfangreichem Besitz in Schwaben, Bayern und Sachsen, das mit Heinrich dem Löwen und Otto IV. (* 1177, † 1218) die Hauptgegenspieler der ↑ Staufer stellte. Danach spielten die Welfen in der Reichspolitik keine wesentliche Rolle mehr. Erst die lüneburgische Teillinie Calenberg erlangte nach dem Aufstieg zum Kurfürstentum Hannover 1692 erneut Bedeutung, die durch die Nachfolge auf den englischen Thron 1714 noch gesteigert wurde. Die Familie der Welfen existiert noch heute.

Westfälischer Friede, Bezeichnung für die Friedensschlüsse von Münster und Osnabrück vom 24. 10. 1648, mit denen der ↑ Dreißigjährige Krieg beendet wurde. Der Westfälische Friede bildete ein Reichsgrundgesetz des Heiligen Römischen Reiches, dessen Schwäche er zugleich offen legte. Seine Hauptinhalte sind: Abtretung von Gebieten an Frankreich und Schweden; Ausscheiden der Schweiz und der Niederlande aus dem Reich; Anerkennung des Kalvinismus als dritte Konfession unter dem Schutz des ↑ Augsburger Religionsfriedens; volle Landeshoheit für alle Reichsstände einschließlich des Bündnisrechts; Notwendigkeit der Zustimmung des Reichstags für die Außenpolitik des Reichs; Einführung einer achten Kurwürde (↑ Kurfürsten).

Widerstandsbewegung, allgemein die organisierte Auflehnung gegen eine diktatorische Herrschaft oder gegen eine Besatzungsmacht. Widerstandsbewegungen entstanden zwischen 1922 und 1945 gegen den Faschismus und den Nationalsozialismus und vor allem gegen die deutsche Besatzungsmacht in vielen Staaten Europas, z. B. die ›Résistance‹ in Frankreich.
In Deutschland selbst gehörten dem Widerstand u. a. Vertreter der politischen Linken (Kommunisten, Sozialdemokraten, Gewerkschaften), der evangelischen (›Bekennende Kirche‹) und katholischen Kirche, der Kreisauer Kreis, die ›Weiße Rose‹ und der Bund Deutscher Offiziere an. Nennenswerte Erfolge konnte die deutsche Widerstandsbewegung jedoch nicht erringen. Auch ihre spektakulärste Aktion, das durch Oberst Claus Schenk Graf von Stauffenberg (* 1907, † 1944) verübte Attentat vom 20. Juli 1944 auf Adolf Hitler und der damit verbundene Putschversuch konservativer Kreise des Widerstands in Verwaltung und Armee, scheiterte.

Wiedervereinigung, allgemein die Erneuerung der staatlichen Einheit eines geteilten Landes. Nach der 1949 vollzogenen Teilung Deutschlands in die DDR und die Bundesrepublik galt eine Wiedervereinigung unter Übertragung des jeweiligen politischen Systems auf den zu bildenden Gesamtstaat zunächst als Ziel beider Staaten. Die DDR rückte seit den 1960er-Jahren davon ab, während die Bundesrepublik daran festhielt. Am 3. 10. 1990 kam es zur deutschen Vereinigung durch Beitritt der DDR zur Bundesrepublik Deutschland. Dem Beitritt war der Abschluss des Einigungsvertrags vom 31. 8. 1990 vorausgegangen.

Wiedervereinigung Nachdem am Abend des 9. November 1989 die Grenze der DDR zu Berlin und zur Bundesrepublik Deutschland geöffnet wurde, feiern am nächsten Tag jubelnde Menschen auf der Berliner Mauer. Am 3. Oktober 1990 wurde die Wiedervereinigung besiegelt.

Wilhelm I., König von Preußen und deutscher Kaiser (* 1797, † 1888). Er war ab 1858 für seinen geisteskranken Bruder Friedrich Wilhelm IV. (* 1795, † 1861) Regent in Preußen (König seit 1861) und leitete die ›Neue Ära‹ ein. 1862 ernannte er im ↑ preußischen Verfassungskonflikt Otto von Bismarck zum Ministerpräsidenten, von dem er sich zeitlebens politisch leiten ließ. Am 18. Januar 1871 wurde er in Versailles zum deutschen Kaiser gekrönt, wodurch die (kleindeutsche) Einheit vollendet wurde (auch ↑ Großdeutsche).

Wilhelm II., deutscher Kaiser und König von Preußen (* 1859, † 1941). Wilhelm II. erzwang nach seinem Regierungsantritt 1888 den Rücktritt Bismarcks als Reichskanzler (1890). Seine Vorliebe für das Militärische und seine oft unbedachten Äußerungen erweckten – vor allem im Ausland – häufig den Anschein despotischer Neigungen und kriegerischer Absichten. Da er die außenpolitischen Gefahren nicht richtig einschätzte, wirkten sich seine Versuche, die deutsche Politik persönlich zu leiten (persönliches Regiment), negativ aus. Am Ende des Ersten Weltkriegs musste er abdanken und ging in die Niederlande ins Exil.

Wilhelm II., deutscher Kaiser und König von Preußen

Wilhelmstraße, seit 1706 Name einer Straße in Berlin, benannt nach dem preußischen König Friedrich Wilhelm I. In der Wilhelmstraße befanden sich seit dem 19. Jh. preußische Ministerien und 1871–1945 Reichsministerien, vor allem das Auswärtige Amt und die Reichskanzlei. Der Straßenname wurde daher oft synonym für das Auswärtige Amt und dessen Politik gebraucht.

Winterkönig, Beiname des Kurfürsten Friedrich V. von der Pfalz (* 1596, † 1632). Als Führer der Kalvinisten im Heiligen Römischen Reich wurde er 1619 im Zuge des böhmischen Aufstands gegen die habsburgische Herrschaft, der der Auftakt des Dreißigjährigen Kriegs war, von den böhmischen Landständen zum König gewählt. Der Beiname bezieht sich auf sein kurzes, nur einen Winter behauptetes Königtum in Böhmen (gewählt im August 1619, in Prag seit Oktober, gekrönt am 4. 11. 1619, geflohen am 8. 11. 1620 nach der Schlacht am Weißen Berg).

Wirtschaftswunder, Schlagwort für den unerwartet schnellen wirtschaftlichen Aufstieg in Westdeutschland nach 1948.

Wittelsbacher, nach der bei Aichach gelegenen Burg Wittelsbach benanntes bayerisches Fürstengeschlecht, das vom 12. Jh. bis 1918 die Herrscher besonders Bayerns, der Kurpfalz und zahlreicher geistlicher Territorien stellte und so die deutsche Geschichte prägte. Mit Ludwig IV., dem Bayern (* um 1281, † 1347), Ruprecht von der Pfalz (* 1352, † 1410) und Karl VII. Albrecht (* 1697, † 1745) waren Wittelsbacher deutsche Könige bzw. Kaiser.

Wormser Konkordat, 1122 zwischen Kaiser Heinrich V. (* 1086, † 1125) und päpstlichen Legaten in Worms getroffene Vereinbarung, die den ↑ Investiturstreit im Heiligen Römischen Reich beendete. Der Kaiser verzichtete auf das Recht, die geistlichen Würdenträger in ihre kirchlichen Ämter einzusetzen, behielt aber das Recht auf die vorherige Einsetzung in die zum Amt gehörenden weltlichen Rechte.

Zentrumspartei, kurz **Zentrum,** 1870 gegründete katholische politische Partei, deren Wählerschaft den überwiegenden Teil der deutschen Katholiken von weit rechts bis in die Arbeiterschaft hinein umfasste. Sie war im ↑ Kulturkampf ein Hauptgegner Bismarcks. In der Weimarer Republik hatte die Zentrumspartei in allen Reichsregierungen entscheidenden Einfluss. Von den Nationalsozialisten wurde sie wie alle anderen Parteien verboten. Nach dem Zweiten Weltkrieg ging sie in der CDU auf.

Zwanzigster Juli 1944, ↑ Widerstandsbewegung.

118

3 Politik

1 Weltgeschichte
2 Deutsche Geschichte
3 Politik
4 Wirtschaft

Untersuchungen, was Politik ist, gibt es seit der Antike. Die antiken Philosophen, unter ihnen Platon und Aristoteles, verstanden unter Politik eine Lehre von der rechten Ordnung des Gemeinschaftslebens. Der Mensch wird danach als Gemeinschaftswesen verstanden, das nur im Verband mit anderen zur Erfüllung seines wahren Wesens und zur Verwirklichung eines tugendhaften Lebens gelangen kann. Diese Auffassung galt auch noch für das Mittelalter.

Niccolò Machiavelli hingegen beschrieb Politik als Kunstlehre für Fürsten, die Macht im Staat zu erobern, zu mehren und zu erhalten oder die Stellung eines Staates unter anderen zu verbessern. Politik wurde damit zur Machttechnik, zu ihrem Hauptinhalt wurde der Machtgewinn.

Die Lehre von der Staatsräson bestimmte die Politik der Staaten bis in die Gegenwart. Der Wirtschaftshistoriker und Soziologe Max Weber beschrieb Politik als »Streben nach Machtanteil oder nach Beeinflussung der Machtverteilung«. Heute hat Politik vielfach eine Scharnierfunktion zwischen den verschiedensten Bereichen des staatlichen Handelns und greift tief in das Leben des Einzelnen ein.

Das staatliche Handeln und die wichtigsten Grundsätze in den verschiedenen Politikbereichen Außenpolitik, Innenpolitik, Kulturpolitik, Rechtspolitik und Sozialpolitik sind das Thema dieses Kapitels.

Abgeordnetenhaus, eine parlamentarische Vertretung, z. B. das Landesparlament in Berlin. In Ländern mit einem sogenannten ↑ Zweikammersystem ist das Abgeordnetenhaus die von den Bürgern direkt gewählte parlamentarische Vertretung, die zweite Kammer ist der ↑ Senat oder das ↑ Oberhaus.

ABM, Abkürzung für englisch ›Anti**b**allistic **M**issiles‹, Abfangraketen, das heißt Raketen, die anfliegende feindliche Raketen im Flug abfangen und zerstören sollen.
🞉 Im zweiten Golfkrieg um Kuwait (Januar/Februar 1991) wurden diese Waffensysteme eingesetzt.

ABM, ↑ **A**rbeits**b**eschaffungs**m**aßnahmen.

AKP-Staaten, Kurzbezeichnung für die rund 75 Entwicklungsländer in **A**frika, in der **K**aribik und im **P**azifik, die mit den Europäischen Gemeinschaften die ↑ Lomé-Abkommen geschlossen haben.

Amnesty International [ˈæmnəstɪ ɪntəˈnæʃnl], Abkürzung **ai,** 1961 in London gegründete international tätige Organisation zum Schutz der Menschenrechte. ai finanziert sich aus Spenden; die verschiedenen ai-Gruppen ›adoptieren‹ einen politischen Gefangenen und versuchen, diesem zu helfen, z. B. durch die Information der Öffentlichkeit über dessen Schicksal, durch Organisation von Postkarten- und Briefaktionen.
🞉 1976 erhielt ai den Friedensnobelpreis.

Anarchismus, *der* eine politische Ideologie, die die Abschaffung der staatlichen Autorität und letztlich des Staates selbst fordert. An seine Stelle sollen der individuelle Wille und die freiwillige Zusammenarbeit der Menschen treten.

Annan, Kofi ghanaischer Politiker (* 1938), wurde 1996 zum Generalsekretär der UNO gewählt. Nach seinem Studium der Wirtschaftswissenschaften trat er 1962 in den Dienst der UNO. 1983 wurde Annan Budgetdirektor für Finanzdienstleistungen der UNO, 1990 Controller für Programmplanung, Budget und Finanzen und stieg 1993 zum stellvertretenden Generalsekretär für die friedenserhaltenden Missionen auf.

Kofi Annan

🞉 Annan erhielt 2001 zusammen mit den Vereinten Nationen den Friedensnobelpreis.

Anstalt des öffentlichen Rechts, eine öffentlich-rechtliche Verwaltungseinrichtung, die aufgrund eines Gesetzes gegründet wird und bestimmte öffentliche Verwaltungsaufgaben unter der Aufsicht des Staates erfüllt, z. B. Rundfunkanstalten oder die kommunalen Sparkassen. Die Anstalt des öffentlichen Rechts hat eine eigene Rechtspersönlichkeit (↑ juristische Person).

Antarktisvertrag, ein 1959 unterzeichnetes und 1961 in Kraft getretenes internationales Abkommen, das die Rechtsverhältnisse für das Südpolargebiet regelt. Danach ist die Antarktis ein internationaler Gemeinschaftsraum zur ausschließlich friedlichen Nutzung. Der Vertrag verbietet das Anlegen von Militärstützpunkten, Waffenprobungen, Kernexplosionen und die Ablagerung von Atommüll.
🞉 Der Antarktisvertrag war der erste internationale Vertrag, der die Kernwaffenerprobung einschränkte.

Antisemitismus ⇒ Kapitel 1.

Apartheid, *die* [afrikaans ›Gesondertheit‹], die Politik der Rassentrennung in Südafrika, die seit 1948 gesetzlich verankert war und die Vorherrschaft der aus Europa stammenden weißen Minderheit gegenüber der farbigen Mehrheitsbevölkerung (Bantu, Mischlinge, Asiaten) sichern sollte. Sie beinhaltete getrennte Wohngebiete, Schulen und Kirchen, das Verbot von Mischehen und die Beschränkung des Wahlrechts auf einen Teil der Bevölkerung. Mit dem In-Kraft-Treten einer neuen Verfassung wurde sie 1993 abgeschafft.

Appeasement, *das* [əˈpiːzmənt; englisch ›Beschwichtigung‹], eine Politik des ständigen Nachgebens gegenüber der Machtpolitik vor allem totalitärer Staaten, um einen Krieg zu vermeiden.
🞉 Das klassische Beispiel der Appeasementpolitik ist die von der britischen Regierung 1933–39 verfolgte Politik des Ausgleichs gegenüber dem nationalsozialistischen Deutschland, die 1938 mit dem Abschluss des ↑ Münchener Abkommens (Kapitel 2) ihren Höhepunkt fand.

Arabische Liga, 1945 gegründete Vereinigung arabischer Staaten und der Palästinensischen Befreiungsorganisation (PLO) zur politischen und wirtschaftlichen Zusammenarbeit und zur friedlichen Beilegung innerarabischer Konflikte.

Arafat, Jasir palästinensischer Politiker (*1929, †2004). Er kämpfte als Führer der Palästinensischen Befreiungsbewegung (PLO) für einen unabhängigen Staat Palästina. 1993/94 erreichte er eine Teilautonomie für die Palästinenser im Gazastreifen und in der Stadt Jericho. 1996 wurde er zum Präsidenten (›Rais‹) des Palästinensischen Autonomierats gewählt.
➕ Arafat erhielt 1994 zusammen mit den israelischen Politikern Itzhak Rabin (*1922, †1995) und Shimon Peres (*1923) den Friedensnobelpreis.

Arbeiter, heute vorwiegend in Gewerbe und Industrie Beschäftigte mit überwiegend körperlicher Tätigkeit. Im 19. Jh. waren die Arbeiter eine vergleichsweise geschlossene Gruppe (›Arbeiterklasse‹) mit einer eigenen Kultur, der ↑ Arbeiterbewegung (Kapitel 1). Durch soziale Verbesserungen nach dem Ersten und Zweiten Weltkrieg verringerten sich die Unterschiede zu den Angestellten (z. B. wurden die wöchentliche Lohnzahlung auf monatliche Gehaltszahlung umgestellt und die Kündigungsfristen angeglichen). Unterschiede zwischen Arbeitern und Angestellten bestehen heute nur noch in wenigen versicherungs- und arbeitsrechtlichen Bestimmungen.

Arbeitgeberverbände, freiwillige Vereinigungen von Arbeitgebern, meist Unternehmen, in der Rechtsform des eingetragenen Vereins. Als Verhandlungs- und Vertragspartner der Gewerkschaften vertreten sie die sozialpolitischen Belange ihrer Mitglieder; bei ihnen liegt auch die Tarifhoheit für den jeweiligen Wirtschaftszweig.

Arbeitsbeschaffungsmaßnahmen, Abkürzung **ABM,** Leistungen der Bundesanstalt für Arbeit zur Schaffung von Arbeitsplätzen. ABM-Stellen, das heißt von der Arbeitsverwaltung finanzierte Arbeitsplätze für Arbeitslose, werden meist von Kommunen und Verbänden eingerichtet und sind auf zwei Jahre befristet. In dieser Zeit soll der Arbeitslose wieder in den Arbeitsprozess eingegliedert werden. Bevorzugt zu fördern sind Arbeiten, durch die Dauerarbeitsplätze geschaffen werden.

Arbeitslosenversicherung, Zweig der Sozialversicherung, dem die Sicherung von Arbeitsplätzen und die Zahlung finanzieller Leistungen an Arbeitslose zukommt. Versicherungsträger ist die Bundesanstalt für Arbeit in Nürnberg.

ARD, Abkürzung für **A**rbeitsgemeinschaft der öffentlich-rechtlichen **R**undfunkanstalten der Bun**d**esrepublik **D**eutschland, der Zusammenschluss der zehn Landesrundfunkanstalten sowie der Bundesrundfunkanstalt Deutsche Welle.

Aristokratie, *die* [griechisch ›Herrschaft der Besten‹], eine Staatsform, bei der ein durch vornehme Geburt, bestimmte Funktionen (Priester, Krieger) oder durch Besitz bevorrechteter Stand die Staatsgewalt innehat. Nach der Staatstheorie des griechischen Philosophen Aristoteles steht die Aristokratie zwischen der Monarchie und der Demokratie (auch ↑ Adel, Kapitel 1).

ASEAN, Abkürzung für englisch ›**A**ssociation of **S**outh **E**ast **A**sian **N**ations‹, eine 1967 gegründete ›Vereinigung Südostasiatischer Staaten‹ zur Förderung der wirtschaftlichen, politischen, sozialen und kulturellen Zusammenarbeit. Mitgliedstaaten sind: Brunei, Burma, Indonesien, Kambodscha, Laos, Malaysia, die Philippinen, Singapur, Thailand und Vietnam.

Asyl, *das* [griechisch asylon ›Unverletzliches‹], Zufluchtsort für Verfolgte.
➕ Im Mittelalter boten die Kirchen Asyl: Wer sich in einen kirchlichen Raum flüchten konnte, durfte von der staatlichen Gewalt nicht festgenommen werden, solange er sich dort aufhielt.

Asylrecht, das Recht eines politisch Verfolgten, in der Bundesrepublik Deutschland Schutz vor Verfolgung durch seinen Heimatstaat zu erhalten. Es ist in Artikel 16 a des Grundgesetzes festgeschrieben. Auf

Jasir Arafat (rechts) und der israelische Ministerpräsident Itzhak Rabin (links) schließen am 13. 9. 1993 unter der Ägide von US-Präsident Clinton in Washington das Gaza-Jericho-Abkommen über die Autonomieregelungen für die Palästinenser in den besetzten Gebieten.

ein Asylrecht kann sich nicht berufen, wer über einen ›sicheren Drittstaat‹ einreist, in dem die Anwendung des ›Abkommens über die Rechtsstellung der Flüchtlinge und der Konvention zum Schutze der Menschenrechte und Grundfreiheiten‹ sichergestellt ist. Zuständig für die Anerkennung als politisch Verfolgter ist das Bundesamt für die Anerkennung ausländischer Flüchtlinge in Zirndorf (Bayern).

🞢 Das Asylrecht in der Bundesrepublik wurde in Erinnerung an das Dritte Reich beschlossen, als viele Deutsche vor den Nationalsozialisten fliehen mussten.

Atomwaffen, Kernwaffen, Sammelbezeichnung für alle Arten von Sprengkörpern, deren Zerstörungskraft auf Kernspaltung oder Kernfusion beruht. Die bei der Explosion frei werdende Energie bewirkt in einem Umkreis von mehreren Kilometern eine Explosionsdruckwelle (Gebäudeschäden), Wärmestrahlung (alles Brennbare geht in Flammen auf), radioaktive Strahlung (tödlich für biologisches Leben) und radioaktive Verseuchung.

🞢 Die bisher einzigen Abwürfe von Atombomben waren die auf Hiroshima und Nagasaki 1945.

atomwaffenfreie Zone, auch kernwaffenfreie Zone, ein Gebiet, in dem aufgrund internationaler Verträge keine Atomwaffen hergestellt, stationiert oder gelagert werden dürfen. Für Mitteleuropa schlug der polnische Außenminister Adam Rapacki 1957/58 eine solche Zone vor (↑ Rapacki-Plan, Kapitel 1), was aber Deutschland und die USA ablehnten.

🞢 Die erste atomwaffenfreie Zone (seit 1959/61) war die Antarktis (↑ Antarktisvertrag).

Atomwaffensperrvertrag, auch Kernwaffensperrvertrag, Kurzbezeichnung für den ›Vertrag über die Nichtverbreitung nuklearer Waffen‹ vom 1. 7. 1968. Der Vertrag wurde von den drei Atommächten Großbritannien, Sowjetunion und USA geschlossen und trat am 5. 3. 1970 in Kraft, nachdem ihn zahlreiche weitere Staaten unterzeichnet hatten. Die Internationale Atomenergie-Organisation (IAEO) in Wien kontrolliert die Einhaltung der Bestimmungen.

Attaché, *der* [ata'ʃe; französisch ›Zugewiesener‹], Diplomat, der einer Botschaft oder einem Konsulat für eine fachlich spezialisierte Aufgabe zugeteilt ist, z. B. Handels-, Kultur-, Presse-, Militärattaché.

Ausbürgerung, die Entziehung der Staatsbürgerschaft gegen den Willen des Betroffenen. Die Verfassungen vieler Staaten sehen eine Ausbürgerung dann vor, wenn ihr Staatsangehöriger in die Dienste einer fremden Macht tritt (z. B. Österreich, Schweiz) oder Landesverrat begeht. In der Bundesrepublik Deutschland verbietet das Grundgesetz (Artikel 16) die Ausbürgerung, jedoch kann jemand auf eigenen Antrag hin aus der Staatsbürgerschaft entlassen werden.

Ausländer, Personen, die eine andere Staatsangehörigkeit als die ihres Aufenthaltslandes besitzen. In der Bundesrepublik Deutschland ist Ausländer, wer nicht die deutsche Staatsbürgerschaft besitzt, anerkannter Flüchtling oder Vertriebener ist. Ausländer benötigen für ihre Einreise und ihren Aufenthalt in Deutschland eine Aufenthaltsgenehmigung. Lebt der Ausländer seit mindestens acht Jahren rechtmäßig in der Bundesrepublik, kann ihm eine unbefristete Aufenthaltserlaubnis erteilt werden. Um in der Bundesrepublik zu arbeiten, benötigen Ausländer eine Arbeitserlaubnis. Bürger aus Mitgliedstaaten der EU sind Inländern gleichgestellt.

Ausländerbeauftragter, eine Dienststelle der Bundesregierung oder auch einer Gemeinde, die dafür zu sorgen hat, dass Ausländer nicht benachteiligt werden. Der Ausländerbeauftragte des Bundes wird von der Regierung ernannt.

Auslandsdeutsche, Deutsche, die im Ausland leben. Als Auslandsdeutsche gelten auch jene Menschen, die in Polen, der ehemaligen Sowjetunion, der ehemaligen Tschechoslowakei, Ungarn, Rumänien, Jugoslawien und China geboren wurden und ihre Abstammung von Deutschen nachweisen können.

Aussiedler, diejenigen deutschen Staats- oder Volkszugehörigen, die nach Abschluss der allgemeinen Vertreibungsmaßnahmen, das heißt etwa ab 1951, und vor dem 1. Juli 1990 oder danach im Wege des Aufnahmeverfahrens vor dem 1. Januar 1993 die früheren deutschen Ostgebiete, Danzig, Estland, Lettland, Litauen, die ehemalige Sowjetunion, Polen, die ehemalige Tschechoslowakei, Ungarn, Rumänien, Bulgarien, Jugoslawien, Albanien oder China verlassen haben. Das Bundesvertriebenengesetz bezeichnet die seit dem 1. Januar 1993 gekommenen Aussiedler als Spätaussiedler. Zwischen 1950 und 1992 wurden 2 849 324 Aussiedler aufgenommen.

Auswärtiges Amt, Abkürzung **AA,** offizielle Bezeichnung für das Bundesministerium des Auswärtigen, die Zentralbehörde der Bundesrepublik Deutschland für die auswärtigen Angelegenheiten; an seiner Spitze steht der Außenminister. Dem Auswärtigen Amt unterstehen die Botschaften der Bundesrepublik Deutschland im Ausland.

Autokratie, *die* [griechisch ›Selbstherrschaft‹], eine Sonderform der Monarchie, bei der der Herrscher (Autokrator) die unumschränkte Staatsgewalt auf sich vereinigt. Kontroll- und Mitspracherechte von Institutionen gibt es nicht. – Der Autokratie vergleichbar ist heute die Präsidialdiktatur.
➕ Autokratien waren das Herrschaftssystem des oströmisch-byzantinischen Kaisers, der Absolutismus und die ›Selbstherrschaft‹ der russischen Zaren (Kaiser).

autonome Gebiete, autonome Regionen, Staatsteile, die in bestimmten Sachbereichen (z. B. Kulturverwaltung) mit dem Recht der Selbstbestimmung (Verwaltung, Gesetzgebung und Rechtsprechung) ausgestattet sind. Sie werden oft zum Schutz von Minderheiten eingerichtet und berücksichtigen z. T. auch historische Gegebenheiten (z. B. in Italien und Spanien).

Autonomie, *die* [griechisch ›Selbstständigkeit‹], das Recht eines Gemeinwesens auf Selbstorganisation und Selbstbestimmung. In einem Bundesstaat kennzeichnet Autonomie die rechtliche Stellung der Gliedstaaten zum Gesamtstaat.

Autonomiebewegungen, nationale, oft parteipolitisch organisierte Gruppen, deren Programme und Aktionen darauf ausgerichtet sind, eine größere Selbstständigkeit (Autonomie) von Teilen eines Staates, von Völkern oder Volksgruppen zu sichern oder durchzusetzen. Autonomiebewegungen sind eine Folge des Willens zu nationaler Eigenentwicklung, sie sind aber häufig verbunden mit einer Übersteigerung des Nationalbewusstseins. Sie sammeln sich im Widerstand gegen die Tendenz moderner Nationalstaaten, nationale und ethnische Minderheiten dem Staatsvolk anzugleichen.

Autonomiestatut, die vom Gesamtstaat erlassenen schriftlich fixierten Regelungen über die Autonomie z. B. eines Gliedstaates oder einer Region.
➕ Autonomiestatute hat z. B. Spanien für einige seiner Provinzen (u. a. Katalonien, Galizien) erlassen.

Baden-Württemberg, Land der Bundesrepublik Deutschland, das 1952 durch den Zusammenschluss der südwestdeutschen Länder Baden, Württemberg-Baden und Württemberg-Hohenzollern entstand.

Balkanisierung, die Zerstückelung einer Region oder eines Landes in mehrere kleine politische Einheiten, die instabil sind und untereinander oft Spannungen haben.
➕ Der Begriff bezog sich ursprünglich auf die Auflösung des Osmanischen Reiches vor dem Ersten Weltkrieg, besonders seiner Gebiete auf dem Balkan.

Bananenrepublik, abwertende Bezeichnung vor allem für kleinere lateinamerikanische Staaten, die vom Früchteexport wirtschaftlich abhängig sind und in denen deshalb internationale Fruchthandelsgesellschaften politischen Einfluss besaßen.
➕ Der Begriff entstand in den 1950er-Jahren und bezog sich auf die Aktivitäten der großen US-amerikanischen Gesellschaft United Fruits Company.

Ban Ki Moon [-mun], **Ban Ki-moon,** südkoreanischer Diplomat und Politiker (* 1944), 2004–2006 südkoreanischer Außen- und Handelsminister; am 13. 10. 2006 durch die UN-Generalversammlung für eine fünfjährige Amtsperiode ab 1. 1. 2007 zum UN-Generalsekretär gewählt.

Bayern, das flächenmäßig größte Land der Bundesrepublik Deutschland. Im 6. Jh. nahmen die germanischen Baiern (Bajuwaren) das Land zwischen Lech, Donau und Alpen in Besitz. 1180 erhielten die Wittelsbacher das Herzogtum Baiern, das sie durch geschickte Politik zu einem geschlossenen Territorium ausbauen konnten; 1214 kam die rheinische Pfalz hinzu. 1623 erhielt der bayerische Herzog die pfälzische Kurwürde, 1628 kam die Oberpfalz an Bayern. 1806 nahmen die Herzöge den Königstitel an und verdoppelten nahezu das Gebiet des Herzogtums durch die Auflösung des ›Heiligen Römischen Reichs Deutscher Nation‹ und die Säkularisation. 1871 trat Bayern dem neu entstandenen Deutschen Reich bei, 1919 wurde es als Folge der Novemberrevolution 1918 zum Freistaat und damit zur Republik erklärt. Nach 1945 wurde die bayerische Pfalz abgetrennt und dem Land Rheinland-Pfalz zugeschlagen.
➕ Der bayerische Landtag lehnte 1949 als einziges Länderparlament das Grundgesetz ab.

Beamte, alle die Beschäftigten im öffentlichen

> **Beamte**
> ›Mit schlechten Gesetzen und guten Beamten lässt sich immer noch regieren. Bei schlechten Beamten aber helfen uns die besten Gesetze nichts.‹
> Otto von Bismarck

Dienst, die hoheitliche Aufgaben wahrnehmen. Dazu gehören u. a. Richter, Polizisten, Zollangehörige, Beschäftigte in den Ministerien. Beamte stehen in einem besonderen öffentlich-rechtlichen Dienst- und Treueverhältnis, sie haben kein Streikrecht, sind unkündbar und werden von ihrem Dienstherren (Staat, Bundesland, Gemeinde) versorgt (Anspruch auf Gehalt und Pension). Für Verletzung ihrer Amtspflichten haftet ihr Dienstherr. Beamte müssen auch in ihrem Privatleben dafür sorgen, dass ihr Ansehen keinen Schaden leidet; bei Straftaten werden in einem Disziplinarverfahren dienstrechtliche Konsequenzen geprüft.

🟠 Ein Berufsbeamtentum in dieser Form gibt es nur in Deutschland. Manche Berufe im öffentlichen Dienst werden von Beamten ausgeübt, obwohl keine hoheitlichen Aufgaben damit verbunden sind, z. B. sind Lehrer an öffentlichen Schulen Beamte.

Beamte Dass das Beamtentum bereits in der Antike eine bedeutende Rolle spielte, zeigt ein Relief aus dem 6. Jahrhundert v. Chr. in der Audienzhalle der altpersischen Königsresidenz in Persepolis. Die Beamten waren tragende Kraft des Zentralstaates.

Befreiungsbewegungen, ein Sammelbegriff für den organisierten Widerstand, der die Ablösung einer Kolonialherrschaft, eines diktatorischen Regimes oder die Loslösung eines Teilstaats vom Gesamtstaat anstrebt. Nationale Befreiungsbewegungen entstanden vor allem nach dem Zweiten Weltkrieg in den Ländern der Dritten Welt; sie genießen, obwohl sie oft keine territoriale Herrschaft ausüben, eine gewisse internationale Anerkennung.

Beneluxstaaten, Kurzwort für die 1948 in Kraft getretene Zollunion (seit 1960 auch Wirtschaftsunion) zwischen Belgien, Luxemburg und den Niederlanden.

Berlin, Hauptstadt und zugleich Stadtstaat der Bundesrepublik Deutschland. Berlin, 1432 aus der Vereinigung der beiden Ortschaften Berlin und Cölln entstanden, war ab 1470 ständiger Regierungssitz der brandenburgischen Kurfürsten und später der preußischen Könige. 1871–1945 war es Hauptstadt des Deutschen Reichs.
Im Zweiten Weltkrieg wurde die Stadt stark zerstört, 1945 von sowjetischen Truppen erobert und nach dem Krieg, in vier Sektoren geteilt, von den Alliierten gemeinsam verwaltet. In der Folgezeit versuchte die Sowjetunion die alleinige Kontrolle über Berlin zu erlangen (1948–49 ↑ Berliner Blockade; 1948 Verdrängung des Senats in den Westteil der Stadt), was schließlich zur Teilung führte; 1948–90 war die Stadt politisch in Berlin (West) und Berlin (Ost) gespalten. Seit 1961 trennte die ↑ Berliner Mauer (Kapitel 2) die beiden Teile der Stadt. 1992 wurde Berlin vom Deutschen Bundestag zur Hauptstadt und zum Regierungssitz bestimmt.

Berufsverbände, die vorwiegend auf freiwilliger Basis gebildeten Zusammenschlüsse von Einzelpersonen mit dem Ziel, gemeinsame berufliche, wirtschaftliche oder auch kulturelle Interessen zu wahren und nach außen zu vertreten. Man unterscheidet nach Branchen organisierte Berufsverbände (z. B. die Innungen, die Fach- und Wirtschaftsverbände), regional organisierte Berufsverbände (z. B. die Handwerkskammern, Industrie- und Handelskammern) und fachlich und regional organisierte Berufsverbände (z. B. Arbeitgeberverbände).

bilateral [lateinisch], die politischen Beziehungen zwischen zwei Staaten betreffend.

blockfreie Staaten, Staaten, die sich im Ost-West-Konflikt als neutral bezeichnet haben und weder dem Ostblock noch dem Westblock angehören wollten. Die Gruppe der blockfreien Staaten trat 1961 erstmals zusammen und gewann vor allem in der UNO an politischem Gewicht. Ein dauerhaftes geschlossenes Handeln war ihnen nicht möglich.

Boykott, *der* Maßnahmen, durch die auf einen Dritten, den Boykottierten, wirtschaftlicher, politischer oder sozialer Druck ausgeübt werden soll, um ein bestimmtes Verhalten zu erzwingen. Im zwi-

Politik — **Bun**

schenstaatlichen Bereich beruht ein Boykott meist auf Sanktionen der UNO.

➕ Die Bezeichnung Boykott geht vermutlich auf den englischen Gutsverwalter Charles C. Boykott (*1832, †1897) zurück, der wegen seiner Rücksichtslosigkeit gegen irische Landpächter 1880 durch die irische Landliga zum Verlassen Irlands gezwungen wurde.

➕ Boykotts wurden z. B. gegen Südafrika wegen seiner Apartheidpolitik, gegen Irak wegen der Besetzung Kuwaits und gegen Serbien wegen des Krieges in Bosnien-Herzegowina verhängt.

> ### ⓘ BUNDESADLER
>
> Schon in den frühen Hochkulturen Ägypten und Mesopotamien sah man im Adler den Vogel der Könige und Götter. Bei den Griechen war er das Symbol des Göttervaters Zeus und in Rom als Zeichen Jupiters Sinnbild der kaiserlichen Macht. Hier wurde er zum Reichssymbol, das die römischen Legionen als Feldzeichen mit sich führten. Nach Deutschland kam der römische Adler mit der Kaiserkrönung Karls des Großen (800) und wurde auf dem Zepter und an Bauten, später auch auf Siegeln und Münzen abgebildet. Im Heiligen Römischen Reich wurde er zum Reichsadler, der bis 1806 das Hoheitssymbol des Reiches blieb. Mit der Gründung des Deutschen Reiches 1870/71 wurde der einköpfige Adler zum Staatswappen und 1950 übernahm ihn die Bundesrepublik Deutschland als Bundesadler.

Brandenburg, Land der Bundesrepublik Deutschland. 1134 erschloss Albrecht der Bär das Land der deutschen Ostsiedlung und der Christianisierung und nannte sich seit 1157 ›Markgraf von Brandenburg‹. Im 13. Jh. erfolgte der Aufstieg der Markgrafen zu Kurfürsten, 1417 erhielten die Hohenzollern die Markgrafschaft Brandenburg. 1539 wurde die Reformation eingeführt. 1618 erwarben die Kurfürsten das Herzogtum Preußen als polnisches Lehen. Der ↑ Große Kurfürst (Kapitel 2) war der eigentliche Begründer des brandenburgisch-preußischen Staates. Unter Friedrich II., dem Großen, erfolgte die Ausdehnung der Bezeichnung ›Preußen‹ auf Brandenburg. Nach 1945 verlor Brandenburg die Gebiete östlich der Oder an Polen, 1952 wurde es aufgelöst und in die Bezirke Potsdam, Frankfurt und Cottbus aufgeteilt. Im Zuge der Vereinigung der beiden deutschen Staaten wieder errichtet, trat Brandenburg am 3. Oktober 1990 der Bundesrepublik Deutschland bei.

Bremen, das kleinste Land und Stadtstaat in der Bundesrepublik Deutschland, bestehend aus den Städten Bremen und Bremerhaven. Bremen wurde 787 Bischofssitz, 845 Sitz eines Erzbischofs. Ab 1358 Mitglied der Hanse, wurde die Stadt 1541 bzw. 1646 Reichsstadt, die ihre Unabhängigkeit wahren konnte. Seit 1815 ist Bremen Freie Hansestadt.

Budgetrecht [byˈdʒe...], das Recht, die Höhe der Steuern und der Staatsausgaben zu bewilligen. In Demokratien ist das Budgetrecht eines der wichtigsten Rechte des Parlaments gegenüber der Exekutive (Regierung).

Bundesadler, das Wappenzeichen der Bundesrepublik Deutschland: ein Adler mit gespreizten Flügeln. ⓘ

Bundesadler

Bundesamt für Verfassungsschutz, die zum Geschäftsbereich des Bundesministeriums des Inneren gehörende Bundesoberbehörde, die für den Schutz der freiheitlich-demokratischen Grundordnung in der Bundesrepublik Deutschland zuständig ist. Sie darf nur aufklären, besitzt aber keinerlei polizeiliche Befugnisse. Die Bundesländer verfügen über eigene Landesämter für Verfassungsschutz.

Bundesbank. Die **D**eutsche **B**undesbank (Abkürzung DB) ist die Notenbank (Zentralbank) der Bundesrepublik Deutschland mit Sitz in Frankfurt am Main. Sie ist seit dem 1. Januar 1999 eine von elf nationalen Zentralbanken im Europäischen System der Zentralbanken (ESZB), an dessen Spitze die ↑ Europäische Zentralbank steht. Die Bundesbank verwaltet die Währungsreserven der Bundesrepublik, sorgt für die bankmäßige Abwicklung des Zahlungsverkehrs im Inland und mit dem Ausland und trägt zur Stabilität der Zahlungs- und Verrechnungssysteme bei. Sie wird vom Vorstand, der aus dem Präsidenten, dem Vizepräsidenten und sechs weiteren Mitgliedern besteht, geleitet. Präsident, Vizepräsident und zwei Vorstandsmitglieder werden auf Vorschlag der Bundesregierung bestellt, die übrigen vier Mitglieder auf Vorschlag des Bundesrats im Einvernehmen mit der Bundesregierung.

125

Bundesgerichtshof, das oberste Bundesgericht der Bundesrepublik Deutschland.

Bundesgrenzschutz, Abkürzung **BGS,** Sonderpolizei der Bundesrepublik Deutschland. Der BGS untersteht dem Bundesminister des Innern, er ist zuständig für den Schutz von Bundeseinrichtungen und der Grenzen. Seit 1992 obliegt ihm auch die Sicherheit des Bahnverkehrs. Er gliedert sich in Grenzschutzkommandos. Eine besondere Stellung nimmt die 1972 zur Bekämpfung des Terrors gebildete Grenzschutzgruppe 9 (GSG 9) ein. Auf Anforderung der Länder kann der BGS auch in den Bundesländern tätig werden.

🟠 1977 befreite die GSG 9 in Mogadischu (Somalia) die von Terroristen genommenen Geiseln einer Flugzeugentführung.

Bundeskanzler, in Deutschland der Leiter der Bundesregierung. Er schlägt dem Bundespräsidenten die Bundesminister zu Ernennung oder Entlassung vor, legt die Richtlinien der Politik fest (Richtlinienkompetenz) und trägt gegenüber dem Bundestag die Verantwortung dafür. Er wird vom Deutschen Bundestag auf Vorschlag des Bundespräsidenten gewählt. Meist stellt die Partei, die bei der Bundestagswahl die meisten Stimmen erlangt hat, den Bundeskanzler. Er kann nur gestürzt werden, indem der Bundestag mehrheitlich einen neuen Bundeskanzler wählt (›konstruktives Misstrauensvotum‹).

Die Bundeskanzler der Bundesrepublik Deutschland

Konrad Adenauer (CDU)	1949–63
Ludwig Erhard (CDU)	1963–66
Kurt Georg Kiesinger (CDU)	1966–69
Willy Brandt (SPD)	1969–74
Helmut Schmidt (SPD)	1974–82
Helmut Kohl (CDU)	1982–98
Gerhard Schröder (SPD)	1998–2005
Angela Merkel (CDU)	seit 2005

Bundeskanzleramt, der Amtssitz des Bundeskanzlers und zugleich die Regierungszentrale, in der die gesamte Politik der Bundesrepublik Deutschland koordiniert wird.

Bundesländer, die einzelnen Gliedstaaten der Bundesrepublik Deutschland. Sie verfügen über eigene Kompetenzen.

Bundesminister, die Mitglieder der Bundesregierung, die an der Spitze eines Bundesministeriums stehen. Sie werden auf Vorschlag des Bundeskanzlers vom Bundespräsidenten ernannt.

Bundesnachrichtendienst, Abkürzung **BND,** der für die Berichterstattung aus dem Ausland zuständige Geheimdienst der Bundesrepublik Deutschland. Der BND hat seinen Sitz in Pullach bei München und untersteht dem Bundeskanzleramt.

Die Bundespräsidenten der Bundesrepublik Deutschland

Theodor Heuss	1949–59
Heinrich Lübke	1959–69
Gustav Heinemann	1969–74
Walter Scheel	1974–79
Karl Carstens	1979–84
Richard von Weizsäcker	1984–94
Roman Herzog	1994–99
Johannes Rau	1999–2004
Horst Köhler	seit 2004

Bundespräsident, das Staatsoberhaupt der Bundesrepublik Deutschland. Der Bundespräsident wird von der Bundesversammlung auf fünf Jahre gewählt und kann nur einmal wiedergewählt werden. Er vertritt den Bund völkerrechtlich und beglaubigt die diplomatischen Vertreter. Er fertigt die Bundesgesetze aus und verkündet sie, wobei ihm mindestens ein Prüfungsrecht zusteht, ob die Gesetze verfassungsgemäß zustande gekommen sind. Er schlägt dem Bundestag den Bundeskanzler zur Wahl vor, ernennt und entlässt ihn auf Vorschlag des Bundestages. Er ernennt und entlässt ferner die Bundesminister auf Vorschlag des Bundeskanzlers sowie die Bundesrichter, Bundesbeamten, Offiziere und Unteroffiziere, sofern nichts anderes bestimmt ist. Der Bundespräsident hat für den Bund das Begnadigungsrecht.

Bundespresseamt, Amt der Bundesregierung, das für deren Unterrichtung mit Nachrichten aus dem Ausland sorgt, andererseits aber auch ›Sprachrohr‹ der Bundesregierung ist.

Bundesrat, die Vertretung der Bundesländer bei der Bundesregierung. Mithilfe des Bundesrats nehmen die Länder an der Gesetzgebung des Bundes teil. Jedes Bundesland verfügt im Bundesrat über mindestens drei Stimmen, die einheitlich abgegeben werden müssen. Im Gegensatz zu den Abgeordneten des Bundestages haben die Mitglieder des Bundesrats kein freies Mandat, sondern sind an die Weisungen ihrer Länderregierungen gebunden.

Bundesregierung, das oberste Organ der Bundesrepublik Deutschland. Die Bundesregierung besteht aus dem Bundeskanzler und den Bundesministern. Diese werden auf Vorschlag des Bundeskanzlers vom Bundespräsidenten ernannt und entlassen. Die Richtlinien der Bundespolitik bestimmt der Bundeskanzler (Kanzlerprinzip). Im Rahmen dieser Richtlinien leitet jeder Minister sein Ressort selbstständig und eigenverantwortlich (Ressortprinzip). Politische Fragen von grundlegender Bedeutung, vor allem Gesetzesvorlagen, werden von der Bundesregierung gemeinsam beschlossen (Kollegialprinzip).

Bundesstaat, Staatsform, bei der mehrere Gliedstaaten (in der Bundesrepublik Deutschland die Bundesländer) einen Gesamtstaat (Bund) bilden. Die einzelnen Gliedstaaten behalten ihre Eigenstaatlichkeit (auch ↑ Föderalismus), übertragen aber einen (großen) Teil ihrer Staatsgewalt auf den Gesamtstaat. Bundesstaaten sind z. B. die Bundesrepublik Deutschland, Österreich, die Schweiz und die USA.

Bundestag, das Parlament der Bundesrepublik Deutschland, als Vertretung der Bürgerinnen und Bürger das höchste Organ der Bundesrepublik Deutschland. Er wird für vier Jahre in allgemeinen, gleichen und geheimen Wahlen gewählt. Seine Mitglieder besitzen ein freies Mandat und sind nur ihrem Gewissen verpflichtet. Der Bundestag beschließt über die Gesetzesvorlagen der Bundesregierung und besitzt als wichtigste Rechte das Haushaltsbewilligungsrecht und das Recht auf Kontrolle der Bundesregierung. Diese ist dem Bundestag rechenschaftspflichtig. Der Bundestag wählt den Bundeskanzler und – als Teil der ↑ Bundesversammlung – auch den Bundespräsidenten.

Bundesverfassungsgericht, neben dem Bundestag und der Bundesregierung ein Organ der Bundesrepublik Deutschland, zugleich das höchste Bundesgericht, dessen Entscheidungen auch vom Bundes-

Bundestag Blick auf das Berliner Reichstagsgebäude, das als Sitz des Bundestages 1995–99 umgestaltet (Architekt Sir Norman Foster) und am 19. 4. 1999 eröffnet wurde

tag beachtet werden müssen und Gesetzeskraft besitzen. Die Richter des Bundesverfassungsgerichts werden für zwölf Jahre vom Bundestag und vom Bundesrat gewählt. Das Gericht besteht aus zwei Senaten mit jeweils acht Richtern.

Bundesversammlung, die alle fünf Jahre zur Wahl des Bundespräsidenten zusammentretende Versammlung. Ihr gehören alle Bundestagsabgeordneten und eine gleiche Anzahl von Mitgliedern, die von den Landtagen gewählt werden, an.

Bundeswehr, die Streitkräfte der Bundesrepublik Deutschland, deren Aufgabe es ist, die Bundesrepublik gegen äußere Bedrohungen zu schützen und zu

> **ⓘ BUNDESWEHR**
>
> Der Kerngedanke des in den 1950er-Jahren entwickelten und im Soldatengesetz (SG) für verbindlich erklärten Leitbildes ist, dass der Soldat die gleichen staatsbürgerlichen Rechte wie jeder andere Staatsbürger hat und diese Rechte nur im Rahmen des militärischen Dienstes durch gesetzlich begründete Pflichten beschränkt werden.
> Vom Soldaten der Bundeswehr wird verlangt, der Bundesrepublik Deutschland zu dienen, Recht und Freiheit zu verteidigen sowie die freiheitlich-demokratische Grundordnung im Sinne des Grundgesetzes anzuerkennen und für ihre Erhaltung einzutreten.

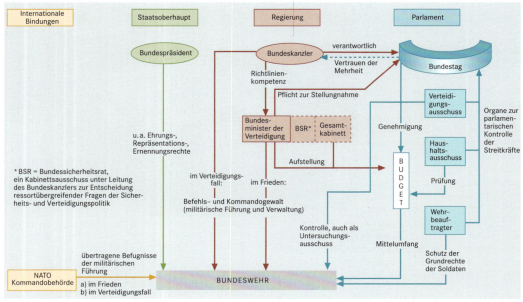

Die Einbindung der **Bundeswehr** in das politische System der Bundesrepublik Deutschland und in die NATO

verteidigen. Sie gliedert sich in die Teilstreitkräfte Heer, Marine und Luftwaffe und setzt sich aus Wehrpflichtigen, Soldaten auf Zeit und Berufssoldaten zusammen. Das Kommando über die Bundeswehr hat im Frieden der Bundesminister der Verteidigung, im Kriegsfall geht die Kommandogewalt auf den Bundeskanzler über. Die Bundeswehr darf nur im Rahmen des Grundgesetzes eingesetzt werden; Einsätze im Rahmen von UNO-Aktionen zur Friedenssicherung sind möglich. Ein Teil des Heeres untersteht dem Kommando der NATO.

● Die Bundeswehr wurde nach dem Zweiten Weltkrieg als Freiwilligenarmee gegründet und 1956 in eine Wehrpflichtarmee umgewandelt.

● Seit 2002 ist in der Bundeswehr auch für Frauen der Dienst mit der Waffe möglich.

Bündnis 90/Die Grünen, Partei der Bundesrepublik Deutschland, die sich Anfang 1980 unter dem Namen ›Die Grünen‹ durch Zusammenschluss regionaler Gruppen (›grüne Listen‹, ›bunte Listen‹, ›alternative Listen‹) bildete. Mit ihren Grundwerten ›ökologisch – sozial – basisdemokratisch – gewaltfrei‹ strebte sie eine umwelt- und sozialverträgliche Produktionsweise an und forderte eine aktive Friedenspolitik. Die Grünen waren 1983–90 im Deutschen Bundestag vertreten.

1993 fusionierte die Partei mit der aus der Bürgerbewegung der DDR hervorgegangenen Partei ›Bündnis 90‹ zur Partei Bündnis 90/Die Grünen. Nach der Bundestagswahl vom 12. 9. 1998 bildet sie eine Koalition mit der SPD bis 2005.

Bürgerinitiative, Zusammenschluss von Bürgern, um gemeinsame Interessen – auch gegen den Willen der etablierten Parteien – durchzusetzen.

Bürgermeister, in den meisten Bundesländern der oberste Repräsentant und Beamte einer Gemeinde (Stadt oder Dorf). In Großstädten und sogenannten Großen Kreisstädten heißt der oberste Repräsentant Oberbürgermeister. In Bundesländern mit der sogenannten Norddeutschen Ratsverfassung ist der Bürgermeister der ehrenamtliche Leiter des Gemeindeparlaments. In Süddeutschland ist der Bürgermeister auch Vorsitzender des (ehrenamtlich tätigen) Stadtrats (Gemeindeparlament) und der Verwaltung (auch ↑ Gemeindeverfassungen).

In den Stadtstaaten Berlin (Regierender Bürgermeister), Bremen und Hamburg (Erster Bürgermeister) entspricht die Stellung des Bürgermeis-

Politik

ters der eines Ministerpräsidenten eines Bundeslandes.

Bürgerrechte, im Unterschied zu den ↑ Menschenrechten die Rechte, die dem Einzelnen als Angehörigem einer Gemeinde oder eines Staates zustehen und meist in der Verfassung festgelegt sind, u. a. Versammlungsfreiheit, Berufsfreiheit, Freizügigkeit, Wahlrecht, staatlicher Schutz im In- und Ausland. Die Bürgerrechte sind an die Staatsangehörigkeit gebunden.

Bürgerrechtsbewegung, organisierte Bemühungen, um Menschen- und Bürgerrechte durchzusetzen. Bürgerrechtsbewegungen setzten sich u. a. in den USA seit 1910 für Rechtsgleichheit der Farbigen und Beseitigung von Rassenvorurteilen ein, in Südafrika für die Rechte der schwarzen Mehrheit und in Nordirland für die politisch-soziale Gleichstellung der katholischen Minderheit.
Die seit den 1970er- und 1980er-Jahren in der DDR und in den osteuropäischen Staaten entstandenen oppositionellen Gruppen, die auch als Bürgerrechtsbewegung oder als ›Bürgerbewegung‹ bezeichnet wurden (u. a. ›Charta 77‹ in der Tschechoslowakei), waren wesentlich am politischen Umsturz 1989/90 beteiligt.

Bush, George Walker, amerikanischer Politiker (Republikanische Partei, * 1946); 1995–2000 Gouverneur von Texas, Januar 2001– Januar 2009 der 43. Präsident der USA; unter ihm Steuersenkungsprogramme, Forcierung des Aufbaus eines Raketenabwehrsystems (NMD); nach Terroranschlägen auf die USA 2001 Bildung einer internationalen Antiterrorkoalition und anschließende Militäraktion in Afghanistan, 2003 Militärintervention in Irak (↑ Golfkriege, Kapitel 1).

Chancengleichheit [ˈʃãːsən...], gesellschaftspolitische Forderung, dass – neben der Gleichstellung vor dem Gesetz – alle Menschen die gleichen Bildungs- und Lebenschancen haben sollen. Dies betrifft vor allem den Zugang zu Bildungseinrichtungen, die Gleichberechtigung von Mann und Frau, die Arbeits- und Wohnbedingungen.

Chauvinismus, *der* [ʃovi...], eine extreme Form des Nationalismus, die nur die Rechte der eigenen Nation sieht und die Rechte anderer Nationen missachtet.
⊕ Der Begriff geht zurück auf die Gestalt des Chauvin, eines prahlerischen Rekruten in dem Lustspiel ›Die dreifarbige Kokarde‹ (1831).

⊕ Heute wird ein übertriebenes männliches Selbstwertgefühl und der Überlegenheitsanspruch des Mannes in der Gesellschaft polemisch als ›männlicher Chauvinismus‹ bezeichnet.

Christlich-Demokratische Union, Abkürzung **CDU,** politische Partei in der Bundesrepublik Deutschland, die nach dem Zweiten Weltkrieg als Sammlungsbewegung ehemaliger Politiker der ↑ Zentrumspartei (Kapitel 2), nationalkonservativer Parteien und christlicher Gewerkschafter gegründet wurde. Im 1947 beschlossenen Ahlener Programm standen noch soziale Fragen und die Vergesellschaftung von Schlüsselindustrien im Vordergrund. Unter dem Einfluss Ludwig Erhards und Konrad Adenauers setzte sich eine Politik der Wiederbelebung privatwirtschaftlicher Tätigkeit durch. 1949 wurde die CDU gemeinsam mit der CSU stärkste politische Kraft in der Bundesrepublik. Sie stellte bis 1966 in Koalitionen mit kleineren Parteien, meist mit der FDP, die Bundesregierung. 1966–69 schloss sie mit der SPD eine große Koalition, um die ↑ Notstandsgesetze im Parlament durchbringen zu können. Nachdem die CDU 1969–82 in der parlamentarischen Opposition gestanden hatte, konnte sie – bedingt durch den Koalitionswechsel der FDP – in einem konstruktiven ↑ Misstrauensvotum die SPD-geführte Regierung von Bundeskanzler Helmut Schmidt ablösen und bis 1998 regieren. Eine ↑ Parteispendenaffäre (1999/2000) stürzte die CDU in eine existenzielle Krise.
Unter Bundeskanzler Adenauer vollzogen sich die Aussöhnung mit Frankreich, der Beitritt zum Verteidigungsbündnis der NATO und die Wiedererlangung der Souveränität. Wirtschaftlich stieg die Bundesrepublik zu einem der reichsten Wirtschaftsstaaten der Welt auf. Unter Helmut Kohl gelang die Vereinigung der beiden deutschen Staaten Bundesrepublik Deutschland und DDR. Mit Angela Merkel (* 1954) wurde 2000 erstmals eine Frau Parteivorsitzende. Sie ist seit 2005 Kanzlerin einer Großen Koalition.
Die CDU tritt für den freien Wettbewerb als wirtschaftliches Lenkungsinstrument, den Mittelstand und die Vermögensbildung durch die Arbeitnehmer ein, um diesen den Zugang zum Privateigentum zu ermöglichen. Sie hält fest an Ehe und Familie als tragenden Elementen der Gesellschaft.

Christlich-Soziale Union, Abkürzung **CSU,** 1945 in Bayern gegründete christliche Partei. Sie stimmt innen- und außenpolitisch weitgehend mit der

Christlich-Demokratischen Union überein und bildet seit dem Zusammentreten des 1. Deutschen Bundestages 1949 mit dieser eine Fraktionsgemeinschaft. Die CSU hat sich auf Bayern als Verbreitungsgebiet beschränkt, wo sie seit 1962 allein regiert. In ihrem Programm betont sie stärker als die CDU die christlichen und konservativen Züge. Hervorgehoben wird die Notwendigkeit menschenwürdiger Lebensbedingungen und die Bindung an sittliche und religiöse Werte. Wirtschaftspolitisch fördert die CSU den gewerblichen Mittelstand und die Landwirtschaft. In der Bundespolitik betont die CSU vor allem den föderativen Aufbau der Bundesrepublik Deutschland und die Eigenständigkeit des Freistaats Bayern.

CIA [siːaɪˈeɪ], Abkürzung für **C**entral **I**ntelligence **A**gency, die 1947 gegründete oberste Behörde des amerikanischen Geheimdienstes. Ihr Auftrag ist es, sicherheitsrelevante Informationen im Ausland zu beschaffen, zu koordinieren und auszuwerten. In die Kritik geriet der CIA wegen seiner häufigen Versuche, direkt oder indirekt in die innenpolitischen Vorgänge fremder Staaten einzugreifen (z. B. Staatsstreiche, politische Morde, Verminen fremder Seehäfen).

Clinton, William (Bill) Jefferson, amerikanischer Politiker (Demokratische Partei, * 1946); 1979–1981 und 1983–1993 Gouverneur von Arkansas, 1993 bis 2001 der 42. Präsident der USA; im Februar 1999 Freispruch in einem Amtsenthebungsprozess. Seine Ehefrau Hillary Rodham Clinton (* 1947) war 2001 bis 2008 Senatorin für New York und ist seit 2009 Außenministerin der USA.

Commonwealth (of Nations), *das* [ˈkɔmənwelθ əv ˈneɪʃnz; englisch ›Gemeinwohl (der Staaten)‹], Bezeichnung für eine Staatengemeinschaft, die aus dem früheren britischen Kolonialreich, dem ↑ Britischen Empire (Kapitel 1), hervorgegangen ist. Durch das Westminsterstatut von 1931 wurde das Empire zum Commonwealth umgewandelt. Es umfasst heute über 50 unabhängige, gleichberechtigte und in freier Vereinigung verbundene Staaten (›Members of the Commonwealth‹), in denen der britische Monarch entweder Staatsoberhaupt ist und durch einen Generalgouverneur vertreten wird oder lediglich symbolisch als Haupt des Commonwealth anerkannt ist. Eigenständige Hoheitsorgane besitzt das Commonwealth nicht; die alle zwei Jahre stattfindenden Konferenzen der Staats- und Regierungschefs (Commonwealth-Konferenzen) dienen der Klärung gemeinsamer Probleme.

Cortes [spanisch, eigentlich ›Reichsstände‹], das aus dem Abgeordnetenhaus und dem Senat bestehende Parlament in Spanien.
➕ Bis Anfang des 19. Jh. waren die Cortes auf der gesamten Pyrenäenhalbinsel, zeitweise auch in Sardinien, die Versammlung der Landstände. Ab 1812 in Spanien und 1822 in Portugal (bis 1911) wurde Cortes zur Bezeichnung der Volksvertretungen.

Datenschutz, alle Maßnahmen, die dem Schutz des Einzelnen vor Beeinträchtigung seiner Privatsphäre durch unbefugte Erhebung, Speicherung, Verwendung und Weitergabe seiner persönlichen Daten dienen. Die rechtliche Grundlage des Datenschutzes bildet das Bundesdatenschutzgesetz (BDSG) von 1990, dessen Einhaltung von Datenschutzbeauftragten überwacht wird. Nach diesem Gesetz haben die Bürger das Recht, bestimmte Daten (z. B. bei Behörden) einzusehen und falsche Daten berichtigen, sperren oder löschen zu lassen.

Datenschutzbeauftragter, die mit der Überwachung des Datenschutzes betraute Person. Der Bundestag wählt für die Überwachung der Bundesbehörden einen Datenschutzbeauftragten, der jährlich Bericht zu erstatten hat. Ähnliche Regelungen gelten für die Datenschutzbeauftragten der Bundesländer. In Privatunternehmen muss ein Datenschutzbeauftragter bestellt werden, wenn persönliche Daten der Beschäftigten automatisch gespeichert werden.

Formen der Demokratie	
direkte Demokratie	Die Bürger stimmen in wichtigen politischen Angelegenheiten unmittelbar ab
repräsentative Demokratie	Die Bürger wählen Abgeordnete, die im Parlament stellvertretend für sie entscheiden
präsidiale Demokratie	Der Präsident als oberste Spitze des Staates wird von der Bevölkerung gewählt
parlamentarische Demokratie	Das Parlament wählt den Regierungschef

Demokratie, *die* [griechisch ›Volksherrschaft‹], eine Staatsform, in der die Staatsgewalt vom Volk ausgeht. Zu den Grundlagen der modernen Demokratie gehört die ↑ Gewaltenteilung.

DEUTSCHER GEWERKSCHAFTSBUND

Die im DGB zusammengeschlossenen Einzelgewerkschaften:

ver.di (Dienstleistungsgewerkschaft)
IG Bauen-Agrar-Umwelt
IG Bergbau, Chemie, Energie
TRANSNET Gewerkschaft GdED
Gewerkschaft Erziehung und Wissenschaft
IG Metall
Gewerkschaft Nahrung-Genuss-Gaststätten
Gewerkschaft der Polizei

Mit der Verfassung von 1787 erhielten die Vereinigten Staaten, mit der Verfassung von 1791 Frankreich als erste Staaten eine demokratische Ordnung in Form einer repräsentativen Demokratie.

Demonstrationsrecht, das Recht, seine Meinung durch eine Veranstaltung (Versammlung, Kundgebung, Umzug) unter freiem Himmel kundzutun; es ist im Grundgesetz (Artikel 8) verankert.

Deutsche Angestellten-Gewerkschaft, Abkürzung **DAG,** seit 1945 bestehender Gewerkschaftsverband für Angestellte mit Sitz in Hamburg. Er ging 2001 in die neu gegründete Vereinte Dienstleistungsgewerkschaft ›ver.di‹ ein.

Deutscher Gewerkschaftsbund, Abkürzung **DGB,** der gewerkschaftliche Dachverband der acht Einzelgewerkschaften in der Bundesrepublik Deutschland mit Sitz in Düsseldorf. Er vereinigt die Mitgliedsgewerkschaften zu einer wirkungsvollen Einheit und vertritt ihre gemeinsamen Interessen. Oberstes Organ des DGB ist der Bundeskongress (›Parlament der Arbeit‹), der in der Regel alle vier Jahre zusammentritt und aus den Delegierten der Einzelgewerkschaften besteht. Zwischen den Tagungen des Bundeskongresses ist der 100-köpfige Bundesausschuss das höchste Gremium. Der Bundesvorstand besteht aus den fünf Mitgliedern des Geschäftsführenden Vorstandes und den acht Vorsitzenden der Einzelgewerkschaften.

Deutschlandlied, seit 1922 die Nationalhymne Deutschlands. Der Text stammt von August Heinrich Hoffmann von Fallersleben (1841), die Melodie (1797, die spätere Kaiserhymne ›Gott erhalte Franz den Kaiser‹) von Joseph Haydn. Die dritte Strophe ist die offizielle Hymne der Bundesrepublik Deutschland.

Deutsch-Polnischer Vertrag, auch **Warschauer Vertrag,** am 7. 12. 1970 zwischen der Bundesrepublik Deutschland und der Volksrepublik Polen geschlossener Vertrag, der feststellte, dass die Oder-Neiße-Grenze (↑ Oder-Neiße-Linie, Kapitel 2) die polnische Westgrenze ist, und die Unverletzlichkeit der bestehenden Grenzen der Vertragspartner bekräftigte.

Deutsch-Sowjetischer Vertrag, auch **Moskauer Vertrag,** am 12. 8. 1970 in Moskau geschlossener Vertrag, der die Bundesrepublik Deutschland und die Sowjetunion verpflichtete, in ihren gegenseitigen Beziehungen auf Gewaltanwendung und -drohung zu verzichten und keine territorialen Forderungen zu erheben. Er erkannte die nach 1945 geschaffenen politischen Verhältnisse in Europa an und führte die Bundesrepublik Deutschland aus der

Deutschlandlied Eigenhändige Niederschrift des ›Liedes der Deutschen‹ von August Heinrich Hoffmann von Fallersleben (1841)

DEUTSCHLANDLIED

Die dritte Strophe des Deutschlandliedes lautet:

›Einigkeit und Recht und Freiheit für das deutsche Vaterland!
Danach lasst uns alle streben brüderlich mit Herz und Hand!
Einigkeit und Recht und Freiheit sind des Glückes Unterpfand.
Blüh' im Glanze dieses Glückes, blühe deutsches Vaterland!‹

Frontstellung gegen die Sowjetunion heraus. Er bot die Grundlage für den Abschluss der übrigen ↑ Ostverträge.

DGB, Abkürzung für ↑ **D**eutscher **G**ewerkschafts**b**und.

Diktatur, *die* die auf Dauer angelegte unbeschränkte Herrschaft eines Einzelnen oder einer Partei, oft mit dem Ziel, die gesellschaftlichen Verhältnisse und Anschauungen der Bürger vollständig umzugestalten. Die Diktatur ist verbunden mit der Unterdrückung der Opposition, der Aufhebung der Gewaltenteilung, der Ausschaltung oder Behinderung der Öffentlichkeit bei der Kontrolle politischer Macht sowie der weitgehenden Einschränkung der verfassungsmäßigen Grund- und Mitwirkungsrechte der Bürger.

➕ In der römischen Republik war der Diktator ein Beamter, der in Notzeiten mit unbeschränkten Vollmachten ausgestattet wurde, um Gefahren für den Staat abzuwenden. Seine Amtszeit war auf höchstens sechs Monate beschränkt.

Diplomatie, *die* die Pflege der internationalen Beziehungen, das heißt alle Tätigkeiten, die der Vorbereitung außenpolitischer Entscheidungen und ihrer Durchführung auf friedlichem Wege dienen.

Downing Street [ˈdaʊnɪŋ ˈstriːt], nach dem englischen Diplomaten Sir George Downing (* 1624, † 1684) benannte Straße zwischen Whitehall und Saint James' Park in London (Westminster), an der das Schatzamt, das Auswärtige Amt und der offizielle Wohnsitz des Premierministers (›Nr. 10‹) liegen.

Dritte Welt, Bezeichnung für die wirtschaftlich unterentwickelten Staaten Afrikas, Asiens und Lateinamerikas. Gemeinsam sind ihnen u. a. die koloniale Vergangenheit, wirtschaftliche und soziale Unterentwicklung, hohes Bevölkerungswachstum und übergroße Verschuldung (auch ↑ Entwicklungsländer, Kapitel 4).

➕ Dritte Welt war ursprünglich Bezeichnung für die Länder, die während der Zeit des ↑ Kalten Krieges (Kapitel 1) als ›blockfreie Staaten‹ keinem der beiden Militärblöcke der westlichen und östlichen Staatenwelt (der ›ersten‹ und ›zweiten‹ Welt) zugerechnet wurden.

Dschihad, *der* [arabisch], im Islam der allumfassende Einsatz für die Sache Gottes (Allahs), der für den Muslim die Pflicht, nach seinen Möglichkeiten zur Verbreitung des Islam beizutragen und dessen Herrschaftsgebiet zu verteidigen oder zu vergrößern, beinhaltet. In diesem Sinn wird Dschihad besonders als ›heiliger Krieg‹ gegen die Gegner des Islam verstanden.

Duma, *die* auch Staatsduma, das Unterhaus im Zweikammerparlament Russlands.

EFTA, Abkürzung für **E**uropean **F**ree **T**rade **A**ssociation, *die* ›Europäische Freihandelsassoziation›, ein 1960 in Stockholm gegründeter handelspolitischer Zusammenschluss, dem zurzeit Island (seit 1970), Liechtenstein (seit 1991), Norwegen und die Schweiz angehören. Seit 1994 bilden EFTA (mit Ausnahme der Schweiz) und EG einen gemeinsamen Europäischen Wirtschaftsraum (EWR).

EG, Abkürzung für **E**uropäische **G**emeinschaften, gemeinsame Bezeichnung für die im Rahmen der europäischen Einigungsbewegung nach dem Zweiten Weltkrieg entstandene Europäische Wirtschaftsgemeinschaft (EWG), die Europäische Gemeinschaft für Kohle und Stahl (EGKS) und die Europäische Atomgemeinschaft (EURATOM). Seit In-Kraft-Treten des Maastrichter Vertrages (1993) bilden die EG (zusammen mit der Europäischen Wirtschafts- und Währungsunion) die ›erste Säule‹ der ↑ Europäischen Union. Die Abkürzung EG steht seither sowohl für diese Gemeinschaft als auch für die drei ursprünglichen Gemeinschaften.
Gemeinsame Organe der EG sind das Europäische Parlament, der Ministerrat (Rat der Europäischen Union), die Europäische Kommission, der Europäische Gerichtshof und der Europäische Rechnungshof.
Die EG wurden aufgrund der Römischen Verträge von 1957 von sechs westeuropäischen Staaten (Belgien, Deutschland, Frankreich, Italien, Luxemburg, Niederlande) gegründet. 1973 traten Dänemark, Großbritannien und Irland bei, 1981 kam Griechenland hinzu und 1986 schlossen sich Spanien und Portugal an. Seit 1995 gehören Finnland, Österreich und Schweden den EG an, 2004 wurden Polen, Ungarn, die Tschechische und die Slowakische Republik, Estland, Lettland, Litauen, Slowenien, Malta und Zypern in die Gemeinschaft aufgenommen, 2007 Bulgarien und Rumänien.

EGKS, Abkürzung für **E**uropäische **G**emeinschaft für **K**ohle und Stahl, auch **Montanunion,** 1952 gegründete europäische Behörde für die Kohle- und Stahlpolitik der Mitgliedsstaaten. Die EGKS war von den Siegermächten des Zweiten Weltkriegs, vor allem von Frankreich, dafür gedacht, den Ruhrbergbau zu kontrollieren. Sie entwickelte sich aber schnell zu einer Behörde, die die Kohle- und Industriepolitik der Mitgliedsländer koordinierte und damit zu einem Motor der europäischen Einigung wurde.

Einbürgerung, ein staatlicher Hoheitsakt, mit dem einem ↑ Ausländer die inländische Staatsangehörigkeit verliehen wird. Voraussetzungen dafür sind u. a. der Aufenthalt und Wohnsitz im Inland, ein unbescholtener Lebenswandel und die Fähigkeit, seinen Lebensunterhalt allein verdienen zu können.

Emanzipation, *die* [lateinisch ›Freilassung‹], die Befreiung aus rechtlicher, sozialer oder politischer Abhängigkeit.

➕ Ursprünglich verstand man unter Emanzipation die Entlassung aus einem rechtlichen Gewaltverhältnis, so z. B. im römischen Recht, wo die Ehefrau und die Kinder unter der Gewalt des Hausherrn standen, der sie auch rechtlich vertrat und für sie haftete, da sie als vermögensunfähig galten.

Enteignung, der Übergang von Privatbesitz, vor allem von Grundstücken, in den Besitz der öffentlichen Hand gegen eine angemessene Entschädigung. Die Enteignung ist nur dann zulässig, wenn Verkaufsverhandlungen ergebnislos geblieben sind, das öffentliche Wohl dies erfordert und die Enteignung aufgrund eines Gesetzes erlaubt ist.

Entspannungspolitik, allgemein eine Politik, die sich um den Abbau von Konflikten zwischen Staaten bemüht und neue Spannungen vermeiden will. Im engeren Sinn Bezeichnung für das politische Bemühen, die Spannungen abzubauen, die zwischen dem westlichen Machtblock um die USA und dem östlichen Machtblock um die Sowjetunion als Folge des Kalten Krieges aufgetreten waren. Mittel der Entspannungspolitik waren u. a. die Vereinbarungen über Rüstungskontrolle und die Intensivierung der wirtschaftlichen und kulturellen Beziehungen.

Erziehungsgeld, eine staatliche Leistung an Mütter oder Väter, die zeitweise ihre Berufstätigkeit aufgeben, um ihre Kinder zu erziehen.

Erziehungsurlaub, ein allen Arbeitnehmern, die Erziehungsgeld erhalten, in den ersten drei Lebensjahren eines Kindes zustehender Urlaub. Während der Zeit des Erziehungsurlaubs darf dem Arbeitnehmer nicht gekündigt werden.

ETA, Abkürzung für **E**uzkadi **ta A**zkatasuna [›Baskenland und Freiheit‹], eine 1959 gegründete terroristische baskische Untergrundorganisation.

EU, Abkürzung für ↑ Europäische Union.

EURATOM, Abkürzung für **Eur**opäische **Atom**gemeinschaft, eine zusammen mit der EWG durch die Römischen Verträge 1957 errichtete überstaatliche Organisation, die für eine einheitliche Atomenergiepolitik und die Einhaltung von Sicherheitsstandards zuständig ist; sie ist Teil der EG.

Europäische Gemeinschaft, Abkürzung **EG,** seit 1993 Name der Europäischen Wirtschaftsgemeinschaft (↑ EWG).

Europäische Gemeinschaften, ↑ EG.

Europäische Kommission, eines der wichtigsten Organe der EG. Es besteht aus 20 Mitgliedern, die von den Regierungen der EU-Staaten für jeweils fünf Jahre ernannt werden, aber völlig unabhängig sind und keinen Weisungen der nationalen Regierungen unterliegen. Die Europäische Kommission hat das Recht, dem Rat der EG Vorschläge zu machen, gleichzeitig ist sie ausführendes Organ für die Beschlüsse des Rats. Sie vertritt auch dem Rat und den Mitgliedsländern gegenüber die EG.

Europäische Konvention zum Schutze der Menschenrechte und Grundfreiheiten, ein Vertrag von 1950 (in Kraft seit 1953), der u. a. folgende Rechte verbrieft: Recht auf Leben, Verbot von Folter, Sklaverei und Zwangsarbeit, Recht auf Freiheit und Sicherheit, Rechte des Angeklagten, Gewissens- und Religionsfreiheit, Verbot der Ausweisung eigener Staatsangehöriger. Die Konvention ist unmittelbar anwendbar und in den Mitgliedsländern nationales Recht.

Europäischer Gerichtshof, das europäische Organ mit Sitz in Luxemburg, das die Einhaltung des Gemeinschaftsrechts der EG überwacht.

Europäischer Gerichtshof für Menschenrechte, ein internationales Gericht mit Sitz in Straßburg, das die Einhaltung der Europäischen Konvention zum Schutze der Menschenrechte und Grundfreiheiten überwacht.

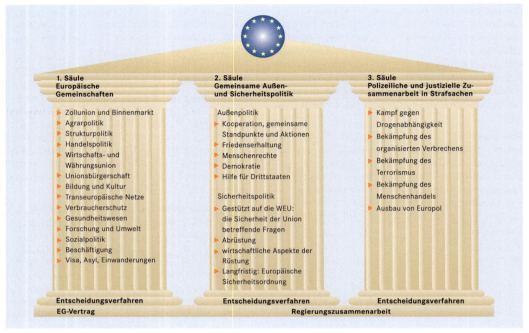

Die drei Säulen der **Europäischen Union**

Europäischer Rat, die zweimal jährlich stattfindende Gipfelkonferenz der Staats- und Regierungschefs der EU-Staaten.

Europäischer Wirtschaftsraum, Abkürzung **EWR,** der wirtschaftliche Zusammenschluss (1994) der Mitgliedstaaten der ↑ EG und der ↑ EFTA (mit Ausnahme der Schweiz) zur Schaffung eines großen europäischen Binnenmarkts. Durch den Vertrag gelten auch für die EFTA-Mitglieder die ›Vier Freiheiten‹ (freier Verkehr von Waren, Dienstleistungen, Kapital und Personen) des Europäischen Binnenmarktes.

Europäisches Parlament, die gemeinsame parlamentarische Versammlung der EG mit Sitz in Straßburg. Sie entstand aus den parlamentarischen Versammlungen von EWG, EURATOM und EGKS. Seit 1979 wird das Europäische Parlament direkt in den Mitgliedstaaten gewählt. Die Zahl der Sitze eines Mitgliedslandes orientiert sich an der Bevölkerungszahl des Landes. Das Europäische Parlaments besitzt kontrollierende und beratende Befugnisse und beschließt den EG-Haushalt.

Europäische Union, Abkürzung **EU,** der am 1. 11. 1993 mit dem In-Kraft-Treten des Maastrichter Vertrags gegründete politische und wirtschaftliche Zusammenschluss der Mitgliedstaaten der Europäischen Gemeinschaften (↑ EG). Ziele der EU sind u. a. die Förderung des sozialen und wirtschaftlichen Fortschritts durch einen Raum ohne Binnengrenzen und eine Wirtschafts- und Währungsunion, eine gemeinsame Außen- und Sicherheitspolitik der Mitgliedsstaaten, zu der zu einem späteren Zeitpunkt auch eine gemeinsame Verteidigungspolitik gehören soll, und die Einführung einer Unionsbürgerschaft zur Stärkung der Bürgerrechte der Angehörigen der Mitgliedstaaten.

Grundlage der EU sind die um die ↑ Europäische Wirtschafts- und Währungsunion ergänzten EG (›erste Säule‹), die ↑ Gemeinsame Außen- und Sicherheitspolitik (›zweite Säule‹) und die Zusammenarbeit der Mitgliedstaaten in den Bereichen Justiz und Inneres, mit dem Ziel, einen gemeinsamen Raum der Freiheit, Sicherheit und des Rechts zu schaffen, in dem die Unionsbürger ein hohes Maß an Sicherheit genießen (›dritte Säule‹).

Europäische Wirtschafts- und Währungsunion, Abkürzung **EWWU,** nach dem Maastrichter Vertrag (1993) der stufenweise zu realisierende wirtschaftliche und währungspolitische Zusammenschluss der Europäischen Gemeinschaften. Einheitliche Zahlungseinheit in der EWWU ist seit dem 1. Januar 1999 der ↑ Euro (Kapitel 4). Für die Geldpolitik ist seither die Europäische Zentralbank zuständig.

Europäische Zentralbank, Abkürzung **EZB,** die auf der Basis des Vertrags über die Europäische Wirtschafts- und Währungsunion 1998 gegründete Zentralbank der Europäischen Union. Sie bildet zusammen mit den nationalen Zentralbanken das Europäische System der Zentralbanken (ESZB) und ist für die einheitliche Geld- und Währungspolitik der Euro-Zone zuständig. Die EZB ist von den Organen der EU und den Regierungen unabhängig, sie hat das ausschließliche Recht, Banknoten auszugeben, und ist gegenüber der EU-Kommission, dem EU-Parlament und dem Europäischen Rat rechenschaftspflichtig. Ihr Direktorium wird vom Europäischen Rat bestimmt. Sitz der EZB ist Frankfurt am Main.

Europarat, die 1949 gegründete internationale Vereinigung europäischer Staaten mit dem Ziel, den wirtschaftlichen und sozialen Fortschritt der Mitgliedsländer zu fördern. Eines der wichtigsten Abkommen ist die 1950 abgeschlossene ↑ Europäische Konvention zum Schutze der Menschenrechte und Grundfreiheiten. Dem Europarat gehören zurzeit 44 Mitgliedsländer an.

EWG, Abkürzung für **E**uropäische **W**irtschafts**g**emeinschaft, die durch die Römischen Verträge 1957 zwischen Belgien, der Bundesrepublik Deutschland, Frankreich, Italien, Luxemburg und den Niederlanden begründete Gemeinschaft zum Zweck der wirtschaftlichen Zusammenarbeit. Durch den 1993 in Kraft getretenen Maastrichter Vertrag zur Gründung der EU wurde der EWG-Vertrag um Vorschriften ergänzt, die über die rein wirtschaftliche Zusammenarbeit hinausgehen; die EWG wurde daher in **Europäische Gemeinschaft** (Abkürzung EG) umbenannt. Sie ist in die Europäischen Gemeinschaften integriert und deren wichtigste Teilorganisation.

EWWU, Abkürzung für ↑ **E**uropäische **W**irtschafts- und **W**ährungs**u**nion.

Exekutive, *die* [von lateinisch exsequi ›ausführen‹], die vollziehende Gewalt, also die gesamte Staatstätigkeit mit Ausnahme der gesetzgebenden (Legislative) und der Recht sprechenden Gewalt (Judikative). Die Exekutive sind in erster Linie die staatlichen Behörden der Verwaltung.

Extremismus, *der* [zu lateinisch extremus ›der Äußerste‹], eine politische Haltung, die Unbedingtheit und Ausschließlichkeit in den politischen Zielsetzungen (Radikalismus) mit der Infragestellung des Rechtsstaatsprinzips und des gesellschaftlichen Pluralismus verbindet und Gewalt als Mittel der Politik nicht ausschließt. Es gibt Rechts- und Linksextremismus.

extremistische Parteien, Parteien, die als radikal und antidemokratisch angesehen werden; dazu zählen in der Bundesrepublik Deutschland vor allem die Parteien des rechten Spektrums wie die Nationaldemokratische Partei Deutschlands (NPD), Die Republikaner (REP) und die Deutsche Volksunion (DVU) sowie im linken Spektrum die sogenannte Kommunistische Plattform innerhalb der ehemaligen PDS. Extremistische Parteien dürfen vom Verfassungsschutz beobachtet werden.

EZB, Abkürzung für ↑ **E**uropäische **Z**entral**b**ank.

Familienlastenausgleich, staatliche Förderung der Familien, u. a. durch Kindergeld und Kinderfreibeträge. Familien mit Kindern sollen dadurch in ihren Einkommen mit kinderlosen Familien gleichgestellt werden.

Feminismus, *der* [zu lateinisch femina ›Frau‹], eine Richtung der Frauenbewegung, die die Befreiung der Frau von gesellschaftlicher Diskriminierung und Unterdrückung durch die Veränderung gesellschaftlicher Verhältnisse anstrebt. Der Feminismus will nicht nur die wirtschaftliche Unabhängigkeit der Frau vom Mann sichern, sondern auch ihre soziale, politische und psychische Unabhängigkeit sowie die Abschaffung der Arbeitsteilung nach Geschlecht, vor allem in der Familie.

Finanzausgleich, die Verteilung der gesamten öffentlichen Einnahmen auf die ↑ Gebietskörperschaften in einer Weise, dass diese ihre Aufgaben erfüllen können. Der Finanzausgleich wird als ›vertikaler‹ Finanzausgleich z. B. zwischen Bund und Ländern durchgeführt, damit die Länder die ihnen zukommenden Aufgaben erfüllen können. Die Bun-

> **FLÜCHTLINGE**
>
> **Nach der Genfer Flüchtlingskonvention ist ein Flüchtling eine Person,**
>
> ›[...] die sich aus begründeter Furcht vor Verfolgung wegen rassischer, religiöser und politischer Gründe, der Zugehörigkeit zu einer bestimmten sozialen Gruppe oder wegen ihrer Nationalität außerhalb ihres Heimatstaates befindet und nicht dessen Schutz genießen kann, oder wegen solcher Furcht sich dem Schutz dieses Landes nicht unterstellen will [...]‹.

desländer ihrerseits gleichen ihre unterschiedliche Finanzkraft untereinander im ›horizontalen‹ Finanzausgleich aus. In den Kreisen erfolgt der Ausgleich über die Kreisumlage, die die Gemeinden zu bezahlen haben.

Flüchtlinge, Menschen, die aufgrund von Kriegen, politischen Zwangsmaßnahmen oder anderen existenzgefährdenden Notlagen gezwungen sind, ihre Heimat vorübergehend oder auf Dauer zu verlassen.

Föderalismus, *der* [zu lateinisch foedus ›Bündnis‹], ein Gestaltungsprinzip von Staaten, das der übergeordneten Gewalt (z. B. der Bundesregierung) nicht mehr Regelungsbefugnisse gegenüber den nachgeordneten Gewalten (z. B. Landesregierungen) einräumt, als im Interesse des Gesamtstaates notwendig ist. Föderalistische Staatenverbindungen sind vor allem Staatenbund und Bundesstaat.

Fraktion, *die* [von lateinisch fractio ›Bruch‹], der Zusammenschluss der Angehörigen einer Partei oder von mehreren in ihrer Zielrichtung grundsätzlich gleich gerichteten Parteien im Parlament.

Frankfurter Schule, Bezeichnung für den Kreis von Sozial- und Kulturwissenschaftlern um Max Horkheimer und das 1930–59 von diesem geleitete Frankfurter ›Institut für Sozialforschung‹ (1933/34 in Genf, dann in New York; 1950 von Horkheimer und Theodor W. Adorno in Frankfurt wieder gegründet) sowie für die hier entwickelten, von Karl Marx und Sigmund Freud bestimmten soziologisch-philosophischen Lehren, die kritische Theorie. Die Frankfurter Schule spielte vor allem seit den 1960er-Jahren eine Rolle auf gesellschaftskritischer, wissenschaftstheoretischer und pädagogischer Ebene im Rahmen des Neomarxismus.

Frauenbeauftragte, Frauen, die die Aufgabe haben, die Benachteiligung von Frauen im öffentlichen Leben aufzudecken und abzubauen. Frauenbeauftragte sind meistens in ›Gleichstellungsstellen‹ bei Kommunen und öffentlichen Arbeitgebern (z. B. Universitäten) eingesetzt. Zu ihren Aufgaben gehören u. a. die Prüfung von Gesetzesvorhaben und die Erstellung von Frauenförderplänen.

Frauenbewegung, die organisierte Form des Kampfes um die politische, soziale und kulturelle Gleichstellung der Frau. Sie wurde getragen von den ↑ Suffragetten (Kapitel 1) seit Mitte des 19. Jh. und stand oft im Zusammenhang mit anderen Reformbestrebungen. 1918 wurde in Deutschland das Hauptanliegen der Frauenbewegung, das Frauenwahlrecht, erreicht. In der Bundesrepublik Deutschland entstanden seit Ende der 1960er-Jahre neue Frauengruppen, die gegen die gesellschaftliche Vorrangstellung des Mannes kämpfen (↑ Feminismus).

Frauenhaus, in Deutschland eine Einrichtung, in der Frauen, die von Männern körperlich und seelisch misshandelt wurden, vorübergehend (mit ihren

Die Forderung nach dem Frauenstimmrecht war ein zentrales Ziel der **Frauenbewegung,** deren radikale Aktivistinnen in Großbritannien Suffragetten genannt wurden; im Bild Emmeline Pankhurst, die achtmal wegen Vergehens gegen die öffentliche Ordnung, Brandstiftung und anderer Straftaten zu Gefängnis verurteilt wurde.

Kindern) wohnen können und Beratung und Hilfe erfahren.

Freie Demokratische Partei, Abkürzung **FDP,** politische Partei, die 1948 aus einem Zusammenschluss nationalliberaler und liberal-demokratischer Gruppen entstand. Die FDP ist seit ihrer Gründung im Deutschen Bundestag vertreten und war an fast allen Bundesregierungen beteiligt. 1949–56, 1961–66 und 1982–98 bildete sie mit der CDU/CSU bürgerliche Koalitionen, 1969–82 war sie mit der SPD in der sozialliberalen Koalition verbunden. Sie versteht sich als politische Organisation des Liberalismus und tritt für die freie Marktwirtschaft ein. Gemeinsam mit der SPD setzte die FDP nach einer personellen und programmatischen Erneuerung eine neue Ostpolitik und damit die Ostverträge durch.

freies Mandat, das Mandat eines Abgeordneten, der seine Entscheidungen nur nach seinem Gewissen zu treffen braucht und nicht an die Vorgaben seiner Wähler gebunden ist.

freiheitlich-demokratische Grundordnung, der Kernbestand der staatlichen Ordnung in Deutschland. Die freiheitlich-demokratische Grundordnung ermöglicht unter Ausschluss jeglicher Gewaltherrschaft eine rechtsstaatliche Herrschaftsordnung auf der Grundlage des Selbstbestimmungsrechts. Grundlegende Prinzipien sind u.a. Achtung vor den ↑ Menschenrechten, Volkssouveränität (↑ Souveränität), Gewaltenteilung, Verantwortlichkeit der Regierung gegenüber dem Parlament, Gesetzmäßigkeit der Verwaltung, Unabhängigkeit der Gerichte und Mehrparteiensystem.

Frieden [von althochdeutsch fridu ›Schutz‹, ›Sicherheit‹], Zustand eines verträglichen und gesicherten Zusammenlebens von Menschen auf verschiedenen Ebenen. Da Frieden ohne ein Minimum an Ordnung und Einvernehmen nicht lange bestehen kann, ist der Begriff eng mit dem des Rechts verknüpft, der seinerseits Freiheit voraussetzt. Frieden ist stets ein geschaffener Zustand nichtkriegerischer Beziehungen zwischen Staaten (›äußerer Frieden‹). Im internationalen Leben ist Frieden der Normalzustand, der seinen Ausdruck in gegenseitigen diplomatischen Beziehungen, im Abschluss und der Durchführung von Staatsverträgen, in Handels-, Kultur- und Rechtsbeziehungen und im gegenseitigen Schutz der Staatsangehörigen findet. Der Frieden wird durch Krieg unterbrochen und klassischerweise durch einen Friedensvertrag wieder hergestellt. Nach der UNO-Satzung ist jede Verletzung des Friedens untersagt. Bereits die Gefahr einer kriegerischer Auseinandersetzung oder sonstiger Gewalthandlungen löst als Friedensbedrohung die in der Charta vorgesehenen Maßnahmen aus (Abwehr einer Gewaltmaßnahme nur in begrenztem Umfang, Sanktionen).

Friedensbewegung, im 19. Jh. entstandene politisch uneinheitliche Bewegung meist ohne feste Organisationsstruktur, die für Abrüstung und friedliches Zusammenleben der Völker eintritt. Nach ihrem Scheitern vor dem Ersten und Zweiten Weltkrieg lebte die Friedensbewegung zu Beginn der 1980er-Jahre in zahlreichen westlichen Ländern neu auf. In der DDR wurde sie 1989 zu einem Kristallisationspunkt der Opposition gegen die SED-Herrschaft.
🔴 Eine bedeutende Vertreterin der Friedensbewegung vor dem Ersten Weltkrieg war Bertha von Suttner.

Friedensnobelpreis, von dem schwedischen Industriellen Alfred Nobel (* 1833, † 1896) gestiftete, hoch angesehene internationale Auszeichnung für besondere Leistungen um die Erhaltung des Friedens. Die Preisträger werden vom norwegischen Parlament gewählt. Der Preis selbst wird im Dezember jeden Jahres vom norwegischen König überreicht.
🔴 Den ersten Friedensnobelpreis erhielt 1901 der Schweizer Henry Dunant.

GASP, Abkürzung für die ↑ **G**emeinsame **A**ußen- und **S**icherheits**p**olitik der Europäischen Union.

Gebietskörperschaft, Körperschaft des öffentlichen Rechts, deren Gebietshoheit einen räumlich abgegrenzten Teil des Staatsgebiets und dessen Bewohner umfasst. Die wichtigsten Gebietskörperschaften sind die Gemeinden und Landkreise.

Gemeinde, Kommune, Körperschaft des öffentlichen Rechts auf gebietlicher Grundlage (Gebietskörperschaft). Im Rahmen des staatlichen Verwaltungsaufbaus Deutschlands ist sie im Verhältnis zum Bund und zu den Ländern mit eigenen Rechten ausgestattet. Sie hat die ihr vom Grundgesetz (Artikel 28) garantierte Befugnis, alle Angelegenheiten der örtlichen Gemeinschaft im Rahmen der Gesetze selbstständig und eigenverantwortlich wahrzuneh-

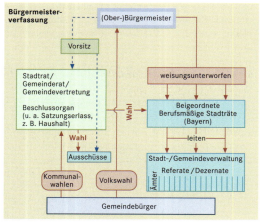
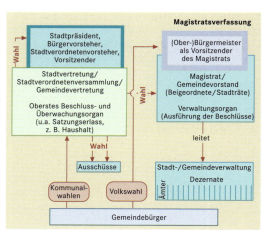

Gemeinde Grundtypen der Gemeindeverfassung in Deutschland

men (»Selbstverwaltungsgarantie«). Zu diesen Gesetzen gehört die G.-Ordnung, die die Grundzüge der G.-Organisation regelt. Sie wird als Gesetz vom Landesgesetzgeber erlassen. In den Schranken der G.-Ordnung legt die G. die Einzelheiten ihrer Verfassung und Organisation (z. B. Errichtung von Ausschüssen) in einer Hauptsatzung fest.

Grundform der G. ist die Einheits.-G, die jedoch in Ortsteile, Ortschaften oder Bezirke untergliedert sein kann. Sie ist entweder kreisangehörig oder, wie bei den kreisfreien Städten, kreisfrei.

Der Bürgermeister ist als Hauptverwaltungsbeamter und Leiter der G.-Verwaltung in die G.-Vertretung eingegliedert und kraft Amtes ihr Vorsitzender (süddeutsche Ratsverfassung). Die nach 1945 zeitweilig eingeführte norddeutsche Ratsverfassung (Nordrhein-Westfalen, Niedersachsen; hier gab es neben dem Rat mit dem ehrenamtlichen Bürgermeister einen hauptamtlichen G.- bzw. Stadtdirektor) wurde nach 1990 abgeschafft. Die direkte Volkswahl des Bürgermeisters ist seit 1993 in allen Bundesländern eingeführt.

➕ Die 1990 der Bundesrepublik beigetretenen Bundesländer Brandenburg, Mecklenburg-Vorpommern, Sachsen, Sachsen-Anhalt und Thüringen beschlossen 1991 eine gemeinsame Kommunalverfassung.

Gemeinsame Außen- und Sicherheitspolitik, Abkürzung **GASP,** die im Maastrichter Vertrag von 1993 begründete ›zweite Säule‹ der Europäischen Union. Ziel der GASP ist es, in Fragen der Außen- und Sicherheitspolitik eng zusammenzuarbeiten und und gemeinsame Aktionen in jenen Bereichen durchzuführen, in denen gemeinsame Interessen bestehen.

Gemeinschaft Unabhängiger Staaten, ↑ GUS.

Generationenvertrag, Bezeichnung für die vor allem der Rentenversicherung zugrunde liegende ›Solidarität zwischen den Generationen‹ in der Form, dass die jeweils Erwerbstätigen zur Finanzierung der Einkommen der nicht mehr Erwerbstätigen beitragen.

Genfer Konventionen, auch Rotkreuz-Konventionen genannt, vier internationale Abkommen über die Behandlung von Kranken und Verwundeten zu Lande und zur See (I. und II. Genfer Abkommen), über die Behandlung von Kriegsgefangenen (III. Genfer Abkommen) und den Schutz von Zivilpersonen (IV. Genfer Abkommen). Diese vier Genfer Abkommen sind für den Kriegsfall geltendes Völkerrecht; sie wurden 1949 ausgehandelt und 1977 ergänzt. Die Bundesrepublik Deutschland trat ihnen 1954 bei.

Genfer Flüchtlingskonvention, ein 1951 geschlossenes Abkommen, das die Anerkennung von Flüchtlingen und ihr Aufenthaltsrecht im Zufluchtsland regelt. Es sieht u. a. vor, dass Flüchtlinge nicht in ein Land, in dem ihr Leben oder ihre politischen Freiheitsrechte gefährdet wären, ausgewiesen werden dürfen.

Gesellschaftsvertrag, die Vorstellung einer gemeinsamen, freien Übereinkunft der Bürger einer Gesellschaft, mit der sie dem Staat die Herrschaft übertragen und die Herrschaftsform begründen. Das Gedankenspiel der Staatsbildung durch einen Vertrag freier Individuen ist Teil der Theorien von Thomas Hobbes, John Locke und Jean-Jacques Rousseau.

gesetzgebende Gewalt, die ↑ Legislative.

Gesetzgebung, die staatliche Rechtsetzung, soweit sie im Erlass von formellen Gesetzen besteht. In der Bundesrepublik Deutschland ist die Zuständigkeit zur Gesetzgebung zwischen dem Bund und den Ländern aufgeteilt.
Das Gesetzgebungsverfahren sieht vor, dass Bundesgesetze nur erlassen werden können, soweit dem Bund die ausschließliche oder konkurrierende Gesetzgebungskompetenz zusteht oder der Bund ermächtigt ist, Rahmenvorschriften zu erlassen. Die rechtswirksam beschlossenen (Bundes-)Gesetze werden vom Bundespräsidenten ausgefertigt und vom Bundeskanzler sowie vom zuständigen Bundesminister gegengezeichnet. Nach der Verkündigung im Bundesgesetzblatt tritt das Gesetz zu dem in ihm bestimmten Zeitpunkt in Kraft.

Gewaltenteilung, die Aufteilung der Staatsgewalt auf drei Teilgewalten zur Verhinderung von Machtmissbrauch und zur rechtsstaatlichen Sicherung der bürgerlichen Freiheiten: Exekutive (vollziehende Gewalt), Legislative (Gesetzgebung), Judikative (Rechtsprechung).
Die Gewaltenteilung wurde zur Grundlage aller demokratischen Staatsverfassungen. Als Vater der neuzeitlichen Gewaltenteilungslehre gilt Montesquieu.

Glasnost [russisch ›Öffentlichkeit‹], von Michail Gorbatschow geprägtes Schlagwort, das in der Sowjetunion die Bestrebung bezeichnete, mithilfe der Medien den Entscheidungsprozess in Partei und Staat durchsichtiger zu machen. Die Bevölkerung sollte damit die Möglichkeit erhalten, Entscheidungen besser zu durchschauen und Mitspracherechte wahrzunehmen (auch ↑ Perestroika).

Gleichgewicht der Macht ⇒ Kapitel 1.

Green Card, die [griːn kɑːd; englisch ›grüne Karte‹], in den USA Bezeichnung für eine unbeschränkte Aufenthalts- und Arbeitserlaubnis für Ausländer; in Deutschland nichtamtliche Bezeichnung für die Arbeitserlaubnis, die befristet ausländischen Fachkräften der Informations- und Kommunikationstechnologie erteilt wird.

ⓘ GRUNDGESETZ

In der Aula der Pädagogischen Akademie in Bonn wurde am 23. Mai 1949 das Grundgesetz verkündet und unterzeichnet, das der Parlamentarische Rat in neunmonatiger Arbeit geschaffen hatte. Dieser Tag gilt als Gründungsdatum der Bundesrepublik Deutschland.
Das Grundgesetz folgt dem Prinzip der repräsentativen Demokratie: Über Sachfragen stimmen die Abgeordneten des Parlaments (Bundestag) als die gewählten Vertreter des Volkes ab; der Bundestag wählt den Regierungschef (Bundeskanzler) mit absoluter Mehrheit. Auch das Staatsoberhaupt (Bundespräsident) wird nicht vom Volk direkt, sondern von einem Repräsentativorgan (Bundesversammlung) gewählt.

Grundgesetz, Abkürzung **GG,** die am 8. 5. 1949 vom Parlamentarischen Rat beschlossene, am 23. 5. 1949 verkündete und am 24. 5. 1949 in Kraft getretene Verfassung der Bundesrepublik Deutschland, das ›Grundgesetz für die Bundesrepublik Deutschland‹.
Der Artikel 1.1 des Grundgesetzes lautet: ›Die Würde des Menschen ist unantastbar. Sie zu achten

Grundgesetz
Artikel 20 – Die Grundsätze des deutschen Staates

(1) Die Bundesrepublik Deutschland ist ein demokratischer und sozialer Bundesstaat.
(2) Alle Staatsgewalt geht vom Volke aus. Sie wird vom Volke in Wahlen und Abstimmungen und durch besondere Organisationen der Gesetzgebung, der vollziehenden Gewalt und der Rechtsprechung ausgeübt.
(3) Die Gesetzgebung ist an die verfassungsmäßige Ordnung, die vollziehende Gewalt und die Rechtsprechung sind an Gesetz und Recht gebunden.
(4) Gegen jeden, der es unternimmt, diese Ordnung zu beseitigen, haben alle Deutschen das Recht zum Widerstand, wenn andere Abhilfe nicht möglich ist.

und zu schützen ist Verpflichtung aller staatlichen Gewalt.‹

GUS, Abkürzung für **G**emeinschaft **U**nabhängiger **S**taaten, ein 1991 gegründeter lockerer Staatenbund, dem die ehemaligen Sowjetrepubliken Russland, die Ukraine, Weißrussland, Aserbaidschan, Armenien, Georgien, Kasachstan, Kirgisien, Moldawien, Tadschikistan, Turkmenistan und Usbekistan angehören. Mit Bildung der GUS wurde die UdSSR offiziell aufgelöst.

Hamburg, Bundesland und Stadtstaat in der Bundesrepublik Deutschland. Seit dem 13. Jh. war Hamburg Mitglied der Hanse, gegen Ende des 16. Jh. beerbte es Antwerpen als Stapelplatz Nordeuropas. 1815 trat Hamburg dem Deutschen Bund und 1888 dem Deutschen Zollverband bei. Im Zweiten Weltkrieg wurde die Stadt stark zerstört.

Havel, Václav [ˈhavɛl], tschechischer Schriftsteller und Politiker (* 1936), gehörte seit der Niederschlagung des ↑ Prager Frühlings 1968 zu den Gegnern der kommunistischen Staatsführung, die ihn mit Veröffentlichungs- und Aufführungsverbot sowie Inhaftierung verfolgte. 1989 erzwang er an der Spitze einer Massenbewegung demokratische Reformen und wurde zum Staatspräsidenten der Tschechoslowakei gewählt. Im Sommer 1992 legte Havel sein Amt nieder, da sich die Tschechoslowakei in zwei souveräne Staaten auflöste. 1993 bis 2003 war er Präsident der Tschechischen Republik.
Havel deckt in seinen Grotesken die Sinnlosigkeit der mechanisierten menschlichen Beziehungen in der Gesellschaft auf (›Das Gartenfest‹, 1964). 1989 erhielt er den Friedenspreis des Deutschen Buchhandels.

Hessen, Land der Bundesrepublik Deutschland. Seit dem 1. Jh. n. Chr. war Hessen Siedlungsland der Chatten, im 8. Jh. erfolgte die Christianisierung durch Bonifatius. 1130 wurde das Land mit der Landgrafschaft Thüringen vereint, aber nach dem Thüringischen Erbfolgekrieg (1256–64) wieder abgetrennt. Die Landgrafschaft Hessen wurde 1292 Reichsfürstentum. 1526 wurde die Reformation eingeführt, 1567 erfolgte die Teilung in die Linien Hessen-Darmstadt, Hessen-Kassel, Hessen-Marburg und Hessen-Rheinfels. Hessen-Kassel erhielt 1803 die Kurwürde; Hessen-Darmstadt wurde 1806 Großherzogtum. Im deutsch-österreichischen Krieg 1866 schlossen sich die hessischen Fürstentümer Österreich an und wurden nach der Niederlage dem preußischen Staat eingegliedert (Hessen-Kassel in die preußische Provinz Hessen-Nassau) oder zu Gebietsabtretungen gezwungen (Hessen-Darmstadt). Bis 1918 gehörte Hessen-Darmstadt als Bundesstaat zum Deutschen Reich. 1918 wurde der Großherzog abgesetzt und Hessen zum ›Volksstaat‹ erklärt. Nach dem Zweiten Weltkrieg bildeten die Alliierten das Land Hessen neu aus dem größten Teil von Hessen-Darmstadt und der preußischen Provinz Hessen-Nassau. Die darmstädtische Provinz Rheinhessen und der nassauische Kreis Montabaur wurden dem neu gebildeten Land Rheinland-Pfalz zugeschlagen.

Ideologie, *die* eine Theorie mit weltanschaulichem Charakter. Sie beruht auf Ideen, die alles das ausschließen, was nicht den gesetzten gesellschaftlichen und politischen Zielen dient.

Immunität, *die* [zu lateinisch *immunis* ›frei (von Leistungen)‹], Schutz für Diplomaten fremder Staaten vor Strafverfolgung durch die Gerichte des Gastlandes und für parlamentarische Abgeordnete. Abgeordnete dürfen nur dann gerichtlich verfolgt werden, wenn das Parlament dies genehmigt, es sei denn, sie werden auf frischer Tat ertappt oder im Lauf des folgenden Tages festgenommen.

Impeachment, *das* [ɪmˈpiːtʃmənt; von englisch *to impeach* ›anklagen‹], der Antrag einer parlamentarischen Körperschaft auf Amtsenthebung und Bestrafung. In der amerikanischen Bundesverfassung ist ein Impeachment ein Verfahren, mit dem der Präsident, der Vizepräsident und Beamte des Bundes bei persönlichen Amtsvergehen aus dem Amt entfernt werden können. Das Repräsentantenhaus entscheidet mit einfacher Mehrheit über die Anklageerhebung; als Gerichtshof fungiert dabei der Senat unter dem Vorsitz des Präsidenten des Obersten Bundesgerichts.
➕ 1974 trat der amerikanische Präsident Richard M. Nixon im Zusammenhang mit der ↑ Watergate-Affäre (Kapitel 1) zurück, um einem Impeachment zuvorzukommen.

imperatives Mandat, ein Mandat, bei dem der Abgeordnete sein Abstimmungsverhalten nach den Instruktionen seiner Wähler zu richten hat; z. B. unterliegen die Mitglieder des Bundesrates bei ihren Abstimmungen den Weisungen ihrer Landesregierungen.

Indemnität, *die* [lateinisch ›Schadloshaltung‹], der Schutz des parlamentarischen Abgeordneten vor gerichtlicher Verfolgung aufgrund seiner Äußerungen oder seiner Abstimmung im Parlament.

innere Führung, das Prinzip der Menschenführung in der Bundeswehr. Es geht davon aus, dass die gesellschaftliche Integration der Soldaten in einer freiheitlichen Demokratie notwendig ist. Leitbild der inneren Führung ist der ›Staatsbürger in Uniform‹, dessen staatsbürgerliche Rechte mit seinen Pflichten als Soldat in Einklang gebracht werden sollen.
🔸 Die Konzeption der inneren Führung entwickelte Wolf Graf von Baudissin (* 1907, † 1993).

Internationaler Gerichtshof, Abkürzung **IGH,** eines der Hauptorgane der UNO mit Sitz in Den Haag. Er entscheidet in Streitfällen, wenn zwei oder mehr Staaten eine Streitsache vor ihn tragen. Dabei richtet er sich nach dem Völkerrecht. Für andere Organe der UNO ist er gutachterlich tätig.

Internationaler Gerichtshof Zusammensetzung des Gerichts und zusammenfassende Darstellung der Verfahrensvarianten

Internationaler Währungsfonds ⇒ Kapitel 4.

Internationales Kriegsverbrechertribunal, internationaler Gerichtshof in Den Haag zur Verfolgung von Verletzungen des humanitären Völkerrechts sowie von Verbrechen gegen die Menschlichkeit, von Völkermord und Kriegsverbrechen.

Intifada, *die* [arabisch ›sich erheben‹], Aufstand der palästinensischen Araber im Gazastreifen und im Westjordanland gegen die israelische Besatzungsmacht. Die erste Intifada, getragen von der islamistischen Terrororganisation Hamas, begann 1987; sie führte zur Errichtung der palästinensischen Selbstverwaltung. Die zweite Intifada, nach dem Ausgangsort Al-Aksa-Intifada genannt, deren Träger neben der Hamas die Palästinensische Befreiungsbewegung Al-Fatah wurde, dauert seit 2000 an und führte zu einer erneuten Eskalation des Nahostkonflikts.

IWF, Abkürzung für ↑ **I**nternationaler **W**ährungs**f**onds (Kapitel 4).

Judikative, *die* [zu lateinisch iudicare ›Recht sprechen‹], der Teil der Staatsgewalt, dem die Rechtsprechung obliegt (auch ↑ Gewaltenteilung).

Junta, *die* [ˈxunta; spanisch ›Versammlung‹], in Spanien und Lateinamerika ein Ausschuss, der Regierungsaufgaben wahrnimmt; heute allgemein eine durch Staatsstreich an die Macht gekommene Gruppe von Offizieren (›Militärjunta‹), die die Regierungsgewalt als Diktatur ausübt.

juristische Person, eine Personenvereinigung (Unternehmen oder Anstalt des öffentlichen Rechts), der das Gesetz eine eigene Rechtspersönlichkeit zubilligt. Sie kann also Rechte ausüben, die normalerweise nur eine (natürliche) Person wahrnehmen kann.

Kapitalismus, *der* eine Wirtschafts- und Gesellschaftsordnung der Neuzeit, in der nicht nur die wirtschaftlichen, sozialen und politischen Verhaltensweisen und Beziehungen der Menschen, sondern auch deren Organisation und Institutionen wesentlich von den Interessen derjenigen bestimmt werden, die über das Kapital verfügen. Als Merkmale gelten: 1. Privateigentum an Produktionsmitteln (Maschinen, Kapital); 2. Ausrichtung aller wirtschaftlichen Vorgänge am Prinzip der Gewinnmaximierung; 3. Produktion für einen Markt, wobei Angebot und Nachfrage den Preis bestimmen; 4. Gegensatz von Kapital und Arbeit. Man unterscheidet den Frühkapitalismus (etwa ab 1500), den Hochkapitalismus (ab Ende des 18. Jh.) und den Spätkapitalismus (ab Ende des 19. Jh.).

Kinderfreibetrag, in die Lohnsteuerkarte einzutragender Betrag, um den die zu zahlende Einkommensteuer gekürzt wird. Kinderfreibeträge können auch halbiert werden, z. B. wenn die Ehe geschieden ist und ein gemeinsames Sorgerecht vereinbart ist.

Kindergeld, staatliche Leistung im Rahmen des Familienlastenausgleichs. Das Kindergeld wird bei der Familienkasse des Arbeitsamts beantragt. Es beträgt für das erste, zweite und dritte Kind jeweils

154 Euro, für das vierte sowie jedes weitere Kind 179 Euro monatlich.

Klassenkampf, nach marxistischer Vorstellung das Austragen der Gegensätze zwischen den Herrschenden und den Beherrschten. Im Klassenkampf werden die Widersprüche einer Gesellschaft bis zur Lösung auf einer neuen gesellschaftlichen Entwicklungsstufe ausgetragen. Als letzter Klassenkampf gilt die proletarische Revolution: Die aus ihr hervorgehende Diktatur des Proletariats diene der Vorbereitung der ›klassenlosen Gesellschaft‹.

klassenlose Gesellschaft, nach marxistischer Lehre das Endziel des ↑ Klassenkampfes. Sie ist dadurch gekennzeichnet, dass das Privateigentum an Produktionsmitteln aufgehoben ist und die Arbeiter nicht mehr ausgebeutet werden.

Knesset, *die* das Parlament des Staates Israel.

Koalition, *die* [lateinisch], ein zweckgerichtetes und zeitlich befristetes Bündnis zwischen unabhängigen Partnern. Dies waren zunächst Allianzen unabhängiger Staaten, seit 1918 bezeichnet man die Bündnisse politischer Parteien als Koalitionen.

Koalitionsfreiheit, das jedem zustehende Grundrecht, zur Wahrung und Förderung der Arbeits- und Wirtschaftsbedingungen Vereinigungen (›Koalitionen‹) zu bilden. Zu diesen Vereinigungen gehören die Gewerkschaften und die Arbeitgeberverbände.
➕ Das Grundrecht ist in Artikel 9 GG festgelegt.

Kohl, Helmut deutscher Politiker, (* 1930), war 1982–98 Bundeskanzler der Bundesrepublik Deutschland. Er trat 1947 der CDU bei und war 1963–69 Fraktionsvorsitzender seiner Partei und 1969–76 Ministerpräsident von Rheinland-Pfalz. Im Zuge eines von der CDU/CSU- und der Mehrheit der FDP-Fraktion getragenen Misstrauensvotums wurde er im Oktober 1982 zum Nachfolger Helmut Schmidts als Bundeskanzler gewählt. Gemeinsam mit dem französischen Staatspräsidenten François Mitterrand (* 1916, † 1996) trieb er die europäische Einigung voran. Nach dem politischen Umbruch in der DDR 1989 erkannte er die Chance einer Vereinigung der beiden deutschen Staaten, für die er sich nachdrücklich einsetzte und die er gemeinsam mit dem damaligen Außenminister Hans Dietrich Genscher außenpolitisch absicherte (↑ Zwei-plus-vier-Vertrag).

➕ Kohl war ab 1. Oktober 1996 der am längsten regierende Bundeskanzler der Bundesrepublik Deutschland, auch als Parteivorsitzender übertraf er die Amtszeit Konrad Adenauers.
➕ Kohl war 1998 der erste amtierende Bundeskanzler in der Geschichte der Bundesrepublik Deutschland, der bei Bundestagswahlen abgewählt wurde.
➕ Sein Eingeständnis, Barspenden angenommen zu haben, die nicht ordnungsgemäß in den Rechenschaftsberichten der CDU verbucht wurden, löste eine zweite ↑ Parteispendenaffäre aus.

Kollegialorgan [zu lateinisch collegium ›(Amts)genossenschaft‹], ein Gremium, dessen Mitglieder gleichberechtigt sind und das nur in seiner Gesamtheit Entscheidungen treffen kann. Kollegialorgane sind z. B. die einzelnen Kammern oder Senate der Gerichte, der Magistrat einer Stadt oder der Betriebsrat.

kollektive Sicherheit, vertraglich vereinbarte internationale Ordnung, in der Gewaltanwendung untersagt und der Schutz jedes einzelnen Staates einer umfassenden oder regionalen Staatenorganisation übertragen ist. Maßnahmen zur Schaffung eines Systems kollektiver Sicherheit sind z. B. Nichtangriffsverträge, Rüstungskontrolle, internationale Schiedsgerichtsbarkeit.

Kommunismus, *der* [zu lateinisch communis ›allen gemeinsam‹], ein politisch-ideologischer Begriff mit mehreren Bedeutungen: 1. die gedankliche Vorstellung einer Gesellschaft, in der das Privateigentum an Produktionsmitteln in Gemeineigentum überführt wird; 2. die Gesamtheit der wirtschaftlichen und politischen Lehren, die mit dem Ziel einer kommunistischen Gesellschaft auf der Grundlage der von K. Marx und F. Engels aufgestellten Theorien von W. I. Lenin und seinen Nachfolgern umgeformt wurden; 3. die politischen Herrschaftssysteme, die diese Lehren in die Praxis umsetzten. Nach marxistischer Auffassung ist der Kommunismus eine Gesellschaftsform, die sich nach dem notwendigen Zusammenbruch des Kapitalismus, der Revolution des Proletariats und dem Übergangsstadium des ↑ Sozialismus herausbildet. In ihr soll der Mensch zu einer allseitigen Entfaltung seiner Fähigkeiten in einer herrschafts- und klassenlosen Gesellschaft kommen.

In diesen Vorstellungen ist der Kommunismus an

Politik

wirtschaftlichen Überfluss und den revolutionären Gesellschaftsumsturz gebunden. Lenin setzte sich für eine Partei aus Berufsrevolutionären zur Durchführung der Revolution ein. Seit der ↑ Oktoberrevolution 1917 (Kapitel 1) wird unter Kommunismus auch ein Herrschaftssystem unter Führung einer kommunistischen Partei verstanden.

Kongress, *der* das aus Repräsentantenhaus und Senat bestehende Parlament in den USA. Beide Häuser haben fest umrissene Zuständigkeiten in der Gesetzgebung und der Verwaltung.

Konservatismus, *der* eine Haltung, die dem Bestehenden und seiner Bewahrung den Vorzug gibt. Neuerungen betrachtet der Konservatismus eher kritisch und vorsichtig; Veränderungen sollen das Bestehende stützen und nicht revolutionär umgestalten.

konstruktives Misstrauensvotum, ↑ Misstrauensvotum.

Konvention, *die* [zu lateinisch convenire ›zusammenkommen‹], ein völkerrechtlicher Vertrag zwischen mehreren Staaten, z. B. die Europäische Konvention zum Schutze der Menschenrechte und der Grundfreiheiten.

Körperschaft des öffentlichen Rechts, eine mitgliedschaftlich organisierte Institution des öffentlichen Rechts. In der Regel ist die Körperschaft des öffentlichen Rechts rechtsfähig, das heißt, sie kann unter ihrem Namen vor Gericht verklagt werden und selbst Klage erheben. Sie hat in der Regel auch hoheitliche Befugnisse. Körperschaften des öffentlichen Rechts sind u. a. Gebietskörperschaften und gemeindliche Zweckverbände (z. B. Abwasserverbände).

Krankenkasse, im Rahmen der Sozialversicherung geschaffenes Unternehmen, das den Versicherungsschutz und damit die Bezahlung der Krankheitskosten übernimmt (Krankenversicherung).

KSZE, Abkürzung für **K**onferenz über **S**icherheit und **Z**usammenarbeit in **E**uropa, eine Konferenz sämtlicher europäischer Staaten zur grundsätzlichen Regelung von Fragen der europäischen Sicherheit, der Zusammenarbeit in Wirtschaft, Technik und Umwelt, Fragen der Sicherheit und Zusammenarbeit im Mittelmeerraum sowie Fragen in humanitären Angelegenheiten. Sie ging 1995 in der Organisation für Sicherheit und Zusammenarbeit in Europa (OSZE) auf.

Kultushoheit, die Befugnis der Bundesländer, die kulturellen Angelegenheiten, also vor allem die Schulpolitik, in eigener Kompetenz zu regeln. Zur Abstimmung ihrer Politik nutzen die Länder die Kultusministerkonferenz. Der Bundesregierung steht ein Mitwirkungsrecht nur in der Hochschulpolitik zu.

Kultusministerkonferenz, Kurzbezeichnung für die ›Ständige Konferenz der Kultusminister der Länder in der Bundesrepublik Deutschland‹. Die Kultusministerkonferenz verfügt über ein Sekretariat in Bonn; sie ist zuständig für die Zusammenarbeit der Bundesländer auf kulturellem Gebiet, vor allem im Schul- und Hochschulwesen. Die Beschlüsse der Kultusministerkonferenz sind allerdings nicht bindend für die Bundesländer.
➕ Die Kultusministerkonferenz wurde gegründet, um die Schulpolitik der Bundesländer untereinander abzustimmen und die Gleichwertigkeit von Schulabschlüssen zu prüfen.

kumulieren, die Möglichkeit des Wählers, bei Wahlen mehrere Stimmen (meist bis zu drei) auf einen Kandidaten zu vereinigen. Kumulieren ist dort möglich, wo bei der Wahl so viele Stimmen abgegeben werden können, wie Parlamentssitze zu vergeben sind. Dies ist vor allem bei Kommunalwahlen in verschiedenen Bundesländern der Fall, z. B. in Baden-Württemberg.

KVAE, Abkürzung für **K**onferenz über **V**ertrauensbildung und **A**brüstung in **E**uropa, als Folge der ↑ KSZE in Madrid beschlossene Verhandlungen über Rüstungskontrolle.

Länderfinanzausgleich, der finanzielle Ausgleich von Steuermitteln zwischen den einzelnen Bundesländern, um einheitliche Lebensbedingungen herzustellen. Er wird auch ›horizontaler Finanzausgleich‹ genannt (↑ Finanzausgleich).

Landesregierung, die vom Parlament eines Bundeslandes (Landtag) gewählte Regierung eines Bundeslandes. Sie wird geleitet vom Ministerpräsidenten und ist dem Landtag verantwortlich.

Landesvertretung, die am Sitz der Bundesregierung eingerichteten Dienststellen der Bundesländer. Sie werden von einem Bevollmächtigten, meist im

Rang eines Landesministers, geleitet. Über die Landesvertretungen sichern die Bundesländer ihre Zusammenarbeit mit der Bundesregierung und nehmen Einfluss auf die Gesetzgebung des Bundes.
🞥 Nach den Sitzungen des Bundeskabinetts informiert ein Vertreter der Bundesregierung die Bevollmächtigten der Länder über die Beschlüsse.

Landkreis, eine Gebietskörperschaft, die die überörtlichen Aufgaben wahrnimmt, die von den kreisangehörigen Gemeinden nicht geleistet werden können. Die Landkreise in der Bundesrepublik sind einerseits kommunale Behörden, andererseits aber auch staatliche Verwaltungsbehörden mit Aufgaben z. B. in der Kommunalaufsicht.
🞥 Organe des Landkreises sind der Landrat und der Kreistag als gewählte Vertretung der kreisangehörigen Bürgerschaft.

Landrat, der oberste Verwaltungsbeamte eines Landkreises in den meisten Bundesländern.
🞥 In Niedersachsen und Nordrhein-Westfalen ist der Landrat der Vorsitzende des Kreistages, oberster Verwaltungsbeamter ist hier der Oberkreisdirektor. In Baden-Württemberg, Bayern und Rheinland-Pfalz ist er zugleich Vorsitzender des Kreistags.

Landtag, das Parlament eines Bundeslandes; in Berlin ist der Landtag das Abgeordnetenhaus, in Bremen und Hamburg entspricht ihm die Bürgerschaft. Die Landtage haben das Recht der Gesetzgebung und der Haushaltsfeststellung

Lastenausgleich, nach dem Zweiten Weltkrieg in der Bundesrepublik Deutschland geschaffene gesetzliche Möglichkeit, einen Vermögensausgleich zwischen Geschädigten und Nichtbetroffenen zu schaffen. Vor allem Vertriebenen und Flüchtlingen gab der Lastenausgleich die Hilfen zur Eingliederung.
🞥 Der Lastenausgleich war die größte Vermögensumverteilung in der europäischen Geschichte.

Legislative, *die* [zu lateinisch legislatio ›Gesetzgebung‹], die gesetzgebende Gewalt im Rechtsstaat; sie wird meistens mit dem Parlament gleichgesetzt (auch ↑ Gewaltenteilung).

Liberalismus, *der* eine politische Richtung, die die Würde des einzelnen Menschen, sein unverzichtbares Recht auf Freiheit, Humanität und Toleranz in den Mittelpunkt stellt.

Linkspartei, Die Linke, politische Partei, im Juli 2005 durch Umbenennung hervorgegangen aus der ↑ Partei des Demokratischen Sozialismus (PDS); 2007 Fusion mit der Wahlalternative Arbeit und soziale Gerechtigkeit (WASG) zur neuen Partei »Die Linke«; 2005–07 bestand bereits eine gemeinsame Bundestagsfraktion unter Vorsitz von Gregor Gysi und Oskar Lafontaine.

Lobby, *die* [ˈlɔbɪ; englisch ›Vorhalle‹], ursprünglich die Wandelhalle im Parlamentsgebäude (im britischen Unterhaus), wo die Abgeordneten mit Außenstehenden verhandeln können. Die Bezeichnung wurde dann auch auf die Vertreter der Interessenverbände (Lobbyisten) übertragen, die versuchen, die Politik zu beeinflussen.

Lomé-Abkommen, vier nach dem Ort der Unterzeichnung, der Hauptstadt Togos, benannte Abkommen zwischen der EU- und den AKP-Staaten über die entwicklungspolitische Zusammenarbeit beider Ländergruppen.
Im neuen Partnerschaftsabkommen, das 2000 in Cotonou (Benin) unterzeichnet wurde, werden die Beziehungen mit den AKP-Staaten neu geregelt. Bestandteil dieses Abkommens ist erstmals auch der Grundsatz verantwortlicher Regierungsführung.

Maastrichter Vertrag, der im Jahr 1992 in Maastricht (Niederlande) abgeschlossener Vertrag (seit 1993 in Kraft), der die EG zur ↑ Europäischen Union erweitert.

Magistrat, *der* in den Bundesländern mit der sogenannten Magistratsverfassung für die Kommunen (auch ↑ Gemeindeverfassungen) der eigentliche Gemeindevorstand. Er ist ein ↑ Kollegialorgan und steht der Vertretung der Bürgerschaft, dem Gemeindeparlament, als ›Stadtregierung‹ gegenüber.
🞥 Die Magistratsverfassung war die traditionelle Organisationsform der preußischen Städte und wurde schon in der steinschen Städteordnung 1808 angewendet.

Marxismus, *der* Sammelbezeichnung für die Lehren von Karl Marx und Friedrich Engels sowie alle theoretischen und politischen Positionen, die sich bemühen, diese Lehren zu interpretieren, weiterzuentwickeln oder in die Praxis umzusetzen.
Der Marxismus gliedert sich 1. in den dialektischen Materialismus (dies ist die Deutung der Welt und ihrer Entwicklung), 2. in den historischen Materialismus (die Interpretation der Entwicklung der

menschlichen Gesellschaft), 3. in die politische Ökonomie (die Deutung der gesellschaftlichen und wirtschaftlichen Strukturen und Entwicklungen, vor allem des Kapitalismus) und 4. in den wissenschaftlichen Sozialismus, der die Theorie der künftigen (sozialistischen) Gesellschaft und ihrer revolutionären Herbeiführung darstellt.

Mecklenburg-Vorpommern, Bundesland der Bundesrepublik Deutschland. Seit Karl dem Großen gerieten die Elb- und Ostseeslawen in ein Tributverhältnis zunächst zum Fränkischen, dann zum Heiligen Römischen Reich. Heinrich der Löwe konnte Mecklenburg dauerhaft dem deutschen Kulturreich eingliedern. 1229 wurde das Land in die Fürstentümer Mecklenburg, Parchim, Rostock und Werle geteilt, aber bis 1471 wieder in der Hand der Fürsten von Mecklenburg vereinigt, die 1348 die sächsische Lehnshoheit abstreifen und Reichsunmittelbarkeit erlangen konnten. 1701 bildeten sich die Linien Mecklenburg-Schwerin und Mecklenburg-Strelitz. Beide mecklenburgischen Herzöge traten 1808 dem Rheinbund bei. 1866/67 mussten sie auf preußischen Druck hin dem Norddeutschen Bund, 1868 dem Deutschen Zollverein beitreten. 1918 erhielten die mecklenburgischen Staaten republikanische Verfassungen, 1934 vereinten die Nationalsozialisten die beiden Länder Mecklenburg-Schwerin und Mecklenburg-Strelitz zum Land Mecklenburg mit Regierungssitz in Schwerin.
1945 wurde das Land Mecklenburg-Vorpommern aus Mecklenburg und dem westlich der Oder gelegenen Teil der preußischen Provinz Vorpommern gebildet. 1952 wurde das Land in die Bezirke Rostock, Schwerin und Neubrandenburg aufgeteilt, aber im Zuge der Umwälzung in der DDR 1990 wieder errichtet. Am 3. 10. 1990 trat Mecklenburg-Vorpommern der Bundesrepublik Deutschland bei.

Menschenrechte, die Freiheitsrechte oder Grundfreiheiten, die jedem Menschen zustehen: das Recht auf Gleichheit, auf Unversehrtheit, auf Meinungs- und Glaubensfreiheit, auf Widerstand gegen Unterdrückung. Diese Rechte werden nicht vom Staat verliehen, sondern gelten ihm als vorgegebene überstaatliche Rechte; sie sind zu unterscheiden von den ↑ Bürgerrechten, die gemäß der Verfassung verliehen werden.

➕ Die Menschenrechte sind in den ersten Artikeln des Grundgesetzes für die Bundesrepublik Deutschland aufgeführt.

Merkel, Angela deutsche Politikerin (* 1954), Diplomphysikerin. Arbeitete 1978–90 an der Akademie der Wissenschaften in Berlin (Ost); im Herbst 1989 war sie Mitbegründerin des »Demokratischen Aufbruchs« (DA), wurde im April 1990 stellvertretende Regierungssprecherin von Ministerpräsident L. de Maizière, im August 1990 Mitglied der CDU. 1990 wurde sie Mitglied des Bundestags, am 17. 1. 1991 Bundesministerin für Frauen und Jugend. 1991–98 war sie stellvertretende Bundesvorsitzende der CDU, 1993–2000 Landesvorsitzende der CDU in Mecklenburg-Vorpommern und 1994–98 Bundesministerin für Umwelt, Naturschutz und Reaktorsicherheit.
1998 bis April 2000 war sie CDU-Generalsekretärin, seither ist sie als erste Frau Bundesvorsitzende der CDU. Im Oktober 2002 wurde sie auch zur Vorsitzenden der CDU/CSU-Bundestagsfraktion gewählt. Nach den vorgezogenen Bundestagswahlen vom 18. 9. 2005 wurde Merkel am 22. 11. 2005 an der Spitze einer Großen Koalition von CDU/CSU und SPD erste Bundeskanzlerin Deutschlands. In diesem Amt wurde sie durch die Bundestagswahlen am 27. 9. 2009 bestätigt; sie steht nun einer Koalition von CDU/CSU und FDP vor.
Merkel erhielt 2008 den Internationalen Karlspreis.

Milošević, Slobodan [ˈmilɔʃəvic], serbischer Politiker (* 1941, † 2006), war 1990–2002 Vorsitzender der Sozialistischen Partei Serbiens, 1989–97 Präsident Serbiens und 1997–2000 der Bundesrepublik Jugoslawien. Im Rahmen seiner großserbischen Politik betrieb er die Aufhebung der Autonomie des Kosovo und unterstützte im jugoslawischen Bürgerkrieg (1991–95) die Serben in Kroatien und in Bosnien und Herzegowina. 2002–06 musste er sich vor dem Internationalen Strafgericht in Den Haag wegen Verbrechen gegen die Menschlichkeit, Kriegsverbrechen in Bosnien und Herzegowina, Kroatien und im Kosovo sowie Völkermord verantworten.

Ministerpräsident, in vielen Staaten Bezeichnung für den Regierungschef. In Deutschland der vom Landesparlament gewählte Leiter einer Landesregierung. In den Stadtstaaten Berlin, Bremen und Hamburg entspricht dem Ministerpräsidenten der Regierende Bürgermeister (Berlin), Senatspräsident (Bremen) und Erste Bürgermeister (Hamburg).

Misstrauensvotum, in Staaten mit parlamentarischer Regierung ein Mehrheitsbeschluss des Parla-

Mit

> **ⓘ MISSTRAUENSVOTUM**
>
> In Deutschland gab es am 17. 4. 1972 ein konstruktives Misstrauensvotum der CDU/CSU-Opposition unter Rainer Barzel (*1924) gegen Bundeskanzler Willy Brandt, das knapp scheiterte. Das einzige erfolgreiche konstruktive Misstrauensvotum in der Geschichte der Bundesrepublik Deutschland am 1. 10. 1982 markiert den Koalitionswechsel der FDP von der SPD zur CDU/CSU; Helmut Kohl (CDU) löste Helmut Schmidt (SPD) als Bundeskanzler ab.

ments, der der Regierung, dem Regierungschef oder einem Minister das Vertrauen entzieht und damit dessen Rücktritt erzwingt. In Deutschland ist in Artikel 67 des Grundgesetzes das **konstruktive Misstrauensvotum** als einzige Möglichkeit, die amtierende Bundesregierung zu stürzen, vorgesehen. Der Bundestag muss einen Nachfolger für den amtierenden Bundeskanzler wählen und den Bundespräsidenten ersuchen, den Kanzler zu entlassen. Der Bundespräsident muss diesem Ersuchen stattgeben und den neu Gewählten zum Bundeskanzler ernennen. Diese Form wurde gewählt, um auszuschließen, dass das Misstrauensvotum von wechselnden Mehrheiten missbraucht werden kann. ⓘ

Mitbestimmung, die Beteiligung von Arbeitnehmern an wirtschaftlichen Entscheidungen der Unternehmen. Die Mitbestimmung reicht von reinen Informationsrechten für die Arbeitnehmer bis zur echten Mitsprache und Mitentscheidung im Vorstand oder Aufsichtsrat der Unternehmen. Nach dem Mitbestimmungsgesetz von 1976 setzen sich die Aufsichtsräte der Unternehmen mit mehr als 2 000 Beschäftigten aus der gleichen Anzahl von Vertretern der Aktionäre und der im Betrieb Beschäftigten zusammen.
Das Gesetz regelt die Vertretung der Arbeitnehmer sehr genau: Von den im Betrieb vertretenen Gewerkschaften werden zwei (bei einem 20-köpfigen Aufsichtsrat drei) Vertreter entsandt; die übrigen Sitze verteilen sich auf die Gruppen der Angestellten, Arbeiter und leitenden Angestellten entsprechend ihrem Anteil an der Gesamtbelegschaft. Jeder Gruppe steht mindestens ein Sitz im Aufsichtsrat zu.

➕ Forderungen nach Mitbestimmung gab es bereits im Entwurf einer Gewerbeordnung der Frankfurter Nationalversammlung 1848.

➕ In Preußen bestand 1880–87 ein Volkswirtschaftsrat aus 75 Mitgliedern, von denen 15 Handwerker sein mussten.

➕ In der Weimarer Republik 1920–33 gab es den Reichswirtschaftsrat, der aber keinen nennenswerten Einfluss ausüben konnte.

Moratorium, *das* [zu spätlateinisch moratorius ›säumend‹], im zwischenstaatlichen Verkehr der vertraglich vereinbarte oder staatlich angeordnete Aufschub (Stundung) der Erfüllung fälliger Verbindlichkeiten.

Mutterschaftsurlaub, früher ein der Mutter für die Erziehung ihres Kindes zustehender Urlaub, heute durch den ↑ Erziehungsurlaub ersetzt.

Nahostkonflikt, der mit unterschiedlicher Schärfe ausgetragene Konflikt zwischen den arabischen Völkern, besonders den Palästinensern, und Israel. Der jüdische Staat Israel wurde 1948 aufgrund eines Beschlusses der UNO-Generalversammlung vom 29. 11. 1947 gegründet, nachdem wegen der Judenverfolgung durch das nationalsozialistische Deutschland eine große Zahl europäischer Juden in Palästina – damals britisches Mandatsgebiet – Zuflucht gesucht hatte. Ihre Landnahme brachte sie

Nahostkonflikt Am 14. Mai 1948 proklamierte David Ben Gurion im Stadtmuseum von Tel Aviv den Staat Israel mit den Worten: ›Gleich allen anderen Völkern ist es das natürliche Recht des jüdischen Volkes, seine Geschicke unter eigener Hoheit selbst zu bestimmen.‹

mit den dort wohnenden Arabern in Konflikt. Seit der Staatsgründung, die zahlreiche Palästinenser zum Verlassen ihrer Heimat zwang, kam es mehrfach mit den angrenzenden Staaten Libanon, Jordanien, Syrien, Ägypten zu Kriegen (1948, 1956, 1967, 1973, 1982), aus denen Israel jeweils siegreich hervorging. Trotz zahlreicher Abkommen blieb der Nahostkonflikt bisher ungelöst.

Nation, *die* [von lateinisch natio, nationis ›das Geborenwerden‹, ›Volk(sstamm)‹], eine politische Gemeinschaft, gekennzeichnet durch das Bewusstsein der politischen und/oder kulturellen Eigenständigkeit, das Bewusstsein einer als gemeinsam empfundenen Geschichte, Tradition, Religion, Kultur und Sprache oder eines gemeinsamen Wohngebiets sowie den Willen zur Zusammengehörigkeit. Der seit der Französischen Revolution in den Vordergrund getretene westeuropäische (französische) Nationsbegriff begreift Nation als eine historisch geformte Willensgemeinschaft, die in der Einheit des Staatswesens hervortritt.

Nationaldemokratische Partei Deutschlands, ↑ extremistische Parteien.

> **Nationalismus**
> ›In latenter oder manifester Form ist der Nationalismus eines der mächtigsten, wenn nicht das mächtigste Glaubenssystem des 19. und 20. Jahrhunderts.‹
> Norbert Elias (›Studien über die Deutschen‹, 1989)

Nationalismus, *der* eine auf die Nation als obersten Wert bezogene Ideologie, die die Angehörigen einer Nation miteinander verbindet und sie von der andersstaatlichen Umwelt abgrenzt. Der übersteigerte Nationalismus (Chauvinismus), wie er vor allem in der Zeit zwischen den Weltkriegen auftrat, erhebt die eigene Nation über alle anderen und setzt sich über deren Rechte und Interessen hinweg.

NATO, *die* Abkürzung für englisch **N**orth **A**tlantic **T**reaty **O**rganization [›Nordatlantische Vertragsorganisation‹], ein 1949 in Washington (D. C.) von Belgien, Dänemark, Frankreich, Großbritannien, Island, Italien, Kanada, Luxemburg, den Niederlanden, Norwegen, Portugal und den USA geschlossenes Verteidigungsbündnis mit Sitz in Brüssel. Vor dem Hintergrund des nach 1945 einsetzenden Ost-West-Konflikts sollte der Pakt der als Bedrohung empfundenen militärischen Präsenz der Sowjetunion in Europa ein Gegengewicht entgegensetzen. 1952 traten Griechenland und die Türkei, 1955 die Bundesrepublik Deutschland und 1982 Spanien bei. Nach dem Ende des Ost-West-Konflikts kamen 1999 Polen, die Tschechische Republik und Ungarn, 2009 Kroatien und Albanien hinzu. Frankreich zog sich 1966, Griechenland 1974–81 aus den gemeinsamen militärischen Stäben zurück. Oberstes Organ der NATO ist der Nordatlantikrat, dem die Fachminister der Vertragsstaaten angehören; seine Beschlüsse müssen einstimmig gefasst werden. Vorsitzender ist der Generalsekretär. Mit dem 1997 gegründeten Euro-Atlantischen Partnerschaftsrat sucht die NATO die Zusammenarbeit mit der GUS, mit anderen ehemaligen Ostblockländern sowie weiteren nicht zum Bündnis gehörenden OSZE-Mitgliedern.

➕ Nach den Terroranschlägen vom 11. September 2001 in New York und Washington rief die NATO am 2. Oktober 2001 für den Kampf gegen den internationalen Terrorismus erstmals in ihrer Geschichte den Bündnisfall aus.

Neonazis, die heutigen Anhänger der nationalsozialistischen Weltanschauung (↑ Nationalsozialismus, Kapitel 2).

Niedersachsen, Bundesland der Bundesrepublik Deutschland. Das Land Niedersachsen wurde von den Besatzungsmächten am 1. November 1946 aus der ehemaligen preußischen Provinz Hannover, den Ländern Braunschweig, Oldenburg, Schaumburg-Lippe und Lippe-Detmold neu gebildet. Am 1. Januar 1947 kamen Teile des Landgebiets von Bremen hinzu.

Nordrhein-Westfalen, Bundesland der Bundesrepublik Deutschland. Nach dem Zweiten Weltkrieg bildete die britische Militärregierung aus dem Nordteil der preußischen Rheinprovinz (die Regierungsbezirke Aachen, Düsseldorf und Köln) und der Provinz Westfalen ein neues Land, das sie 1947 um (Lippe-)Detmold erweiterten. Aufgrund der Bodenschätze (Kohle) und der im Ruhrgebiet konzentrierten Stahlindustrie sah sich die Landesregierung mit den Demontageplänen der Alliierten und der Internationalisierung des Ruhrgebiets konfrontiert. 1949 wurde das Ruhrstatut unterzeichnet, im selben Jahr trat das Land der neu gegründeten Bundesrepublik bei.

Nord-Süd-Konflikt, Bezeichnung für die Gegensätze, die sich aus dem wirtschaftlich-sozialen und politisch-kulturellen Entwicklungsgefälle zwischen den Industriestaaten der nördlichen Erdhalbkugel und den überwiegend auf der südlichen Erdhalbkugel gelegenen Entwicklungsländern Afrikas, Asiens und Lateinamerikas ergeben (›Nord-Süd-Gefälle‹). Seit den 1970er-Jahren suchen die Staaten der Dritten Welt im Rahmen des im UN-System und auf zahlreichen Konferenzen geführten Nord-Süd-Dialogs über die Forderung nach einer neuen Weltwirtschaftsordnung den Nord-Süd-Konflikt zu entschärfen. Trotz erster Ansätze, den außenwirtschaftlichen Beziehungen zwischen Industrie- und Entwicklungsländern eine neue Qualität zu geben (etwa im Lomé-Abkommen), bleibt der Nord-Süd-Konflikt ein globales Problem mit einer Vielzahl von Einzelkonflikten (Verschärfung der Schuldenkrise, Verknappung der natürlichen Ressourcen, Anwachsen der Flüchtlingsströme).

Notstandsgesetze, zusammenfassende Bezeichnung für die 1968 vom Deutschen Bundestag verabschiedeten verfassungsändernden Gesetze, die Besatzungsvorbehalte aus dem ↑ Deutschlandvertrag (Kapitel 2) mit den westlichen Alliierten ablösten. Die Gesetze umfassen u. a. die Sicherstellung der Ernährung, der Wasser- und Energieversorgung und regeln das Gesetzgebungsverfahren im Verteidigungsfall, wenn Bundesregierung und Bundestag nicht mehr ordnungsgemäß zusammentreten können.

NPD, Abkürzung für **N**ationaldemokratische **P**artei **D**eutschlands.

Oberhaus, in Ländern mit Zweikammerparlament die Kammer, die im Unterschied zum Unterhaus nicht oder nur teilweise aus allgemeinen Wahlen hervorgeht. In Großbritannien das ›House of Lords‹, die zweite Parlamentskammer, in der der Adel vertreten ist.

Oberstadtdirektor, der leitende Verwaltungsbeamte einer Großstadt in Niedersachsen und Nordrhein-Westfalen; er wird durch das Gemeindeparlament gewählt. In Landkreisen wird entsprechend ein Oberkreisdirektor gewählt (auch ↑ Gemeindeverfassung).

OECD, Abkürzung für englisch **O**rganization for **E**conomic **C**ooperation and **D**evelopment [›Organisation für wirtschaftliche Zusammenarbeit und Entwicklung‹], ein Zusammenschluss der westlichen Industrieländer. Er strebt die Zusammenarbeit bei allgemeinen wirtschafts- und währungspolitischen Fragen, der Entwicklungshilfe und der Handelspolitik an. Die OECD wurde 1960 als Nachfolgeorganisation der Organization for European Economic Cooperation (OEEC; ›Organisation für europäische wirtschaftliche Zusammenarbeit‹) gegründet. Ihr gehören alle Mitgliedsstaaten der EU und der EFTA an sowie Australien, Japan, Kanada, Neuseeland, die Türkei und die USA; inzwischen auch Schwellenländer (Mexiko seit 1994, Süd-Korea 1997) und ehemalige Ostblockländer (Tschechische Republik 1995, Ungarn und Polen 1996 sowie die Slowakei 2000).

öffentliche Hand, die als Verwalter öffentlichen Vermögens, Träger von Versorgungsunternehmen und Unternehmer auftretende öffentliche Verwaltung.

öffentlicher Dienst, der Dienst der ↑ Beamten, Angestellten und Arbeiter bei Bund, Ländern, Gemeinden und anderen Körperschaften des öffentlichen Rechts. Nicht im öffentlichen Dienst stehen die Beschäftigten bei privatrechtlich organisierten Unternehmen der öffentlichen Hand.

öffentliches Recht, alles das, was nicht zum Privatrecht zählt. Das öffentliche Recht ist dadurch gekennzeichnet, dass hier der Staat mit einseitigen hoheitlichen Akten dem Bürger in einem Über- und Unterordnungsverhältnis gegenübersteht, z. B. mit dem Steuerbescheid des Finanzamtes oder polizeilichen Auflagen. Zum öffentlichen Recht zählen eine ganze Reihe von Rechtsgebieten, u. a. das Völkerrecht, das Verfassungsrecht, das Verwaltungsrecht und das Strafrecht. Für Streitigkeiten im öffentlichen Recht sind in der Regel die Verwaltungsgerichte zuständig, bei Strafsachen die ordentlichen Gerichte.

➕ Die Unterscheidung zwischen Privatrecht und öffentlichem Recht bildete sich mit der Entstehung des modernen Territorialstaates im Absolutismus heraus. Im modernen Sozialstaat gewann dann das öffentliche Recht zunehmend an Bedeutung.

Ombudsmann, *der* [schwedisch ›Treuhänder‹], eine von der Volksvertretung bestellte Vertrauensperson, die im Interesse des Rechtsschutzes des Einzelnen, aber auch zur Unterstützung des Parlaments die Arbeit der Verwaltung kontrolliert.

➕ In der Bundesrepublik Deutschland wurden nach dem schwedischen Vorbild die Ämter des Wehrbeauftragten und des Ausländerbeauftragten geschaffen.

OPEC, Abkürzung für englisch **O**rganization of the **P**etroleum **E**xporting **C**ountries [›Organisation Erdöl exportierender Staaten‹], 1960 gegründete Organisation mit dem Ziel, die Rohölpreise durch Regulierung der Fördermengen zu stabilisieren. Mitglieder sind Algerien, Ecuador, Irak, Iran, Katar, Kuwait, Libyen, Nigeria, Saudi-Arabien, Venezuela und die Vereinigten Arabischen Emirate (Gabun schied 1996, Indonesien 2009 aus). Die Preispolitik der OPEC führte zu Beginn der 1970er- und 1980er-Jahre in den westlichen Industrienationen zu Wirtschaftskrisen und war eine der Ursachen für die ↑ Schuldenkrise der Dritten Welt.

Opposition, *die* [lateinisch ›das Entgegensetzen‹], die Gruppen oder Meinungsträger, die der Regierung sowohl im Parlament als auch außerhalb gegenüberstehen. Die Opposition spielt in parlamentarischen Systemen (›parlamentarische Opposition‹) eine wichtige Rolle als Kontrolleur und Kritiker der Regierung. Im Parlament hat sie u. a. das Recht, Untersuchungsausschüsse einzuberufen. Der Vorsitzende der größten Oppositionsfraktion im Parlament wird oft als ›Oppositionsführer‹ bezeichnet.

Ostverträge, zusammenfassende Bezeichnung für die Verträge, die die sozialliberale Koalition zu Beginn der 1970er-Jahre im Rahmen ihrer ↑ Entspannungspolitik abgeschlossen hat. Im Einzelnen sind dies der Deutsch-Sowjetische Vertrag (Moskauer Vertrag), der Deutsch-Polnische Vertrag (Warschauer Vertrag) und der Vertrag mit der Tschechoslowakei (Prager Vertrag, 1973).

Ost-West-Konflikt, die Gegensätze, die nach dem Zweiten Weltkrieg unter den Siegermächten aufbrachen und zu einer weltpolitischen Polarisierung in ein westliches Lager unter Führung der USA und ein östliches, von der UdSSR beherrschtes Lager (Ostblock) führten (›Kalter Krieg‹). Höhepunkte des Ost-West-Konflikts waren die Koreakriege und die verschiedenen Berlinkrisen. Er wurde durch die Entspannungspolitik überwunden.

panaschieren, bei der Verhältniswahl die Möglichkeit des Wählers, Kandidaten aus verschiedenen Wahlvorschlägen (Listen) auf seinem Stimmschein zusammenzustellen und zu wählen.

Parlament, *das* [französisch parlement ›Unterhaltung‹, ›Erörterung‹], seit dem 19. Jh. die Bezeichnung für die Volksvertretungen, deren Mitglieder für eine bestimmte Zeit gewählt werden; es kann aus einer oder zwei Kammern bestehen. Die wichtigsten Kompetenzen des Paralements sind die Gesetzgebungskompetenz, die Haushaltsautonomie und die Kontrolle von Regierung und Verwaltung. Das deutsche Parlament ist der Bundestag. Die Volksvertretungen der Länder heißen Landtag, Abgeordnetenhaus (Berlin) oder Bürgerschaft (Bremen, Hamburg). Der Bundesrat ist kein Parlament sondern ein Vertretungsorgan der Länder

➕ Das älteste noch existierende Parlament ist das 930 gegründete ›Althing‹ in Island.

Parlamentarischer Staatssekretär, ein nicht beamteter Staatssekretär, der zugleich Mitglied des Bundestages sein muss und den zuständigen Bundesminister bei dessen Regierungsaufgaben vor allem gegenüber dem Parlament, der Fraktion und der Öffentlichkeit unterstützt.

Partei des Demokratischen Sozialismus, Abkürzung **PDS,** die Nachfolgepartei der Sozialistischen Einheitspartei Deutschlands (↑ SED, Kapitel 2). Sie wurde im Dezember 1989 in Berlin als SED-PDS gegründet, um einerseits die Kontinuität zur SED und andererseits die angestrebten Reformen nach außen zu dokumentieren. Am 4. 2. 1990 erfolgte die Umbenennung in PDS. Die PDS verstand sich als linke sozialistische Partei mit besonderem Blick auf die Probleme der neuen Länder (2005 aufgegangen in der ↑ Linkspartei).

> ℹ️ **PARTEIEN**
>
> **Weltanschauungsparteien** orientieren sich an übergeordneten moralischen, philosophischen oder religiösen Zielen (z. B. konservative, liberale, sozialistische, christlich-konfessionelle Parteien).
> **Interessenparteien** suchen die besonderen Interessen einer Gruppe zu vertreten (z. B. Arbeiterpartei).
> **Volksparteien** wollen die vielen unterschiedlichen Interessen in der Bevölkerung bündeln und zu einem gemeinsamen politischen Willen zusammenführen.

Parteien, politische Vereinigungen, die durch programmatische Aussagen und Propaganda (Wahlwerbung, Parteiprogramme) die Regierung in einem Staat zu erringen, behaupten und kontrollieren suchen. In der Bundesrepublik Deutschland ist in Artikel 21 des Grundgesetzes festgelegt, dass die politischen Parteien an der politischen Willensbildung der Bevölkerung mitzuwirken haben. Wie sich die Parteien zu organisieren haben, wie die Kandidaten für die Wahlen aufzustellen sind, wie sie sich finanzieren, bestimmt das Parteiengesetz von 1967. Verstoßen politische Parteien gegen die freiheitlich-demokratische Grundordnung, dürfen sie nicht einfach von der Regierung verboten werden, sondern das Bundesverfassungsgericht muss die Verfassungswidrigkeit feststellen. Den Antrag muss die Bundesregierung, der Bundestag oder der Bundesrat stellen (›Parteienprivileg‹).

Parteienfinanzierung, die Deckung der laufenden Kosten der Arbeit politischer Parteien. Wie sich die politischen Parteien zu finanzieren haben, legt das Parteiengesetz fest: 1. Mitgliedsbeiträge, 2. Spenden, 3. die staatliche Wahlkampfkostenerstattung. Nach dem Parteiengesetz (in der Fassung vom 31. 1. 1994) müssen die politischen Parteien die Herkunft ihrer Geldmittel offen legen. Spenden über 10 000 € sind mit dem Namen des Spenders zu veröffentlichen. Zur Deckung der Wahlkampfkosten erhalten die Parteien 0,85 € für jede bei den vorherigen Wahlen erzielte Stimme. Voraussetzung ist allerdings ein Stimmenanteil von mindestens 0,5 % der Stimmen. Teilweise versuchen die politischen Parteien die Vorschriften zu umgehen (↑ Parteispendenaffären).

Parteienprivileg, ↑ Parteien.

Parteispendenaffären, zwei innenpolitische Affären in der Bundesrepublik Deutschland. Seit Mitte der 1970er-Jahre wurde bekannt, dass Parteien Spenden aus der Wirtschaft, u. a. vom Flick-Konzern, illegal über gemeinnützige Organisationen an sich selbst weitergeleitet hatten, wodurch die Spender große Steuerersparnisse erlangten. Im Zuge dieser 1. Parteispendenaffäre (›Flick-Affäre‹) musste Bundestagspräsident Rainer Barzel (* 1924) 1984 zurücktreten, und neben Spitzenmanagern der Industrie wurden auch die früheren Bundesminister Hans Friderichs (* 1931) und Otto Graf Lambsdorff (* 1926) 1987 gerichtlich belangt.
Die 2. Parteispendenaffäre entstand Ende 1999, als der ehemalige Schatzmeister der CDU, Walther Leisler Kiep (* 1925) im Zuge von gegen ihn geführten Ermittlungen die Existenz ›schwarzer Kassen‹ bei der CDU zugab, auf die nur der ehemalige Parteivorsitzende, der damalige Bundeskanzler Helmut Kohl, Zugriff hatte. Dieser räumte ein, dass er von anonymen Spendern rund 2 Mio. DM Barspenden erhalten und damit gegen das Parteiengesetz verstoßen hatte, verweigerte aber die Nennung der Spendernamen. Auch der neue CDU-Bundesvorsitzende, Wolfgang Schäuble (* 1942), musste einräumen, dass er eine Barspende in beträchtlicher Höhe angenommen hatte. Im Zuge der Aufklärung wurde auch bekannt, dass die CDU in Hessen noch während der Beratungen über das Parteiengesetz von 1994 Geld ins Ausland transferiert hatte, um die Vorschriften zur Offenlegung ihrer Finanzierung zu umgehen. Der Rückfluss des Geldes geschah durch angebliche Spenden und Vermächtnisse Verstorbener. Beide Affären führten zu einer Glaubwürdigkeitskrise der deutschen Parteien.

Pazifismus, *der* [zu lateinisch pax ›Friede‹], eine Grundhaltung, die bedingungslose Friedensbereitschaft fordert und jede Gewaltanwendung kompromisslos ablehnt (auch ↑ Friedensbewegung).
🔴 Eine bedeutende Pazifistin vor dem Ersten Weltkrieg war Bertha von Suttner.

PDS, Abkürzung für **P**artei **d**es **D**emokratischen **S**ozialismus.

Pentagon, *das* [griechisch ›Fünfeck‹], Name des 1941–43 auf fünfeckigem Grundriss errichteten Gebäudekomplexes des amerikanischen Verteidigungsministeriums in Arlington (Virginia).
🔴 Im Zusammenhang mit dem Terroranschlag auf das World Trade Center in New York lenkten am 11. September 2001 islamistische Selbstmordattentäter ein entführtes amerikanisches Passagierflugzeug in den Gebäudekomplex, dessen Westflügel dabei völlig zerstört wurde.

Perestroika, *die* [russisch ›Umbau‹], Schlagwort für die mit der Öffnung der Medien (Glasnost) ab 1985 von Michail Gorbatschow verfolgte Strategie gesellschaftlicher Reformen bei den politischen und wirtschaftlichen Institutionen (auch ↑ Glasnost).

PISA, Abkürzung für englisch **P**rogramme for **I**nternational **S**tudent **A**ssessment, in den Jahren 2000 bis 2006 von 32 Staaten durchgeführte Vergleichsstudie der Leistungen 15-jähriger Schüler und Schülerinnen in den Bereichen, Lesen, Mathematik und Naturwissenschaften. Die PISA-Studie zielt auf das mathematische und naturwissenschaftliche Grundverständnis der Schüler ab sowie auf ihre Fähigkeit, Texte zu erfassen und fächerübergreifend in größere

Zusammenhänge zu stellen. Die Wiedergabe von reinem Faktenwissen tritt dabei in den Hintergrund.

Plebiszit, *das* [zu lateinisch plebs ›Volk‹], ↑ Volksabstimmung.

Pogrom, *das* [russisch], ursprünglich Bezeichnung für mit Plünderungen und Mord verbundene Judenverfolgungen im zaristischen Russland, später allgemein für Ausschreitungen gegen nationale, religiöse oder rassische Minderheiten (z. B. ↑ Reichspogromnacht).

Politik, *die* [zu griechisch politike techne ›Kunst der Staatsverwaltung‹], ursprünglich das den Staat und seine inneren Zustände Betreffende. Heute versteht man darunter das staatliche Handeln und seine wichtigsten Grundsätze in verschiedenen Bereichen (z. B. Außen-, Innenpolitik).

politische Beamte, Beamte, die bei der Ausübung ihres Amtes in ständiger Übereinstimmung mit den grundsätzlichen politischen Ansichten und Zielen der Regierung sein müssen. Sie können jederzeit und ohne Angabe von Gründen in den einstweiligen Ruhestand versetzt werden. Zu den politischen Beamten gehören u. a. die Staatssekretäre und Ministerialdirektoren.

politische Gefangene, aus politischen, rassischen oder religiösen Gründen Verfolgte, denen friedliche oder gewaltsame oppositionelle Tätigkeiten vorgeworfen werden. Zu den politischen Gefangenen zählen auch Inhaftierte, die aufgrund ihrer Zugehörigkeit zu nationalen Minderheiten verfolgt werden. Die Gefangenenhilfsorganisation ↑ Amnesty International versucht, ihnen zu helfen.

politisches System, ein Grundbegriff der Politikwissenschaft, der die Gesamtheit aller an der politischen Willensbildung und -durchsetzung beteiligten Institutionen, Personen und Vorgänge bezeichnet.

Polizeistaat, ursprünglich der das gesamte Leben reglementierende Staat des ↑ Absolutismus (Kapitel 1). Heute versteht man unter Polizeistaat eine auf der Polizei, vor allem der politischen Polizei, beruhende Herrschaft ohne rechtliche Sicherungen für den Bürger.

Pressefreiheit, ein Grundrecht, das nicht nur die freie Meinungsverbreitung durch Presse, Rundfunk und Film, sondern auch die Presse als Institution und besonders die Informationsbeschaffung schützt. Das Grundrecht ist verbürgt in Artikel 5 des Grundgesetzes und auch in der Europäischen Konvention zum Schutze der Menschenrechte und Grundfreiheiten verankert.

Privatrecht, auch Zivilrecht genanntes Rechtsgebiet, das die Beziehungen der Bürger als Privatpersonen untereinander regelt. Dazu gehören z. B. das Bürgerliche Gesetzbuch und das Handelsrecht. Im Privatrecht sind die Personen einander gleichgeordnet, im öffentlichen Recht dagegen treten staatliche Organe mit ihrer Amtsgewalt dem Bürger gegenüber. Privatrechtliche Streitigkeiten werden von den ordentlichen Gerichten entschieden.

Putsch [von schweizerisch bütsch ›heftiger Stoß‹, ›Zusammenprall‹], Umsturz oder Umsturzversuch zur Übernahme der Staatsgewalt, durchgeführt von (meist militärischen) Gruppen, die – anders als beim Staatsstreich – vorher nicht Teilhaber der Staatsgewalt waren.

Quotenregelung, ein Verfahren, mit dessen Hilfe durch festgelegte Prozentsätze bei der Besetzung von Funktionen eine bestimmte Zusammensetzung (z. B. nach ethnischer Zugehörigkeit oder Geschlecht) von Gremien erreicht werden soll.

Radikalismus, *der* [zu lateinisch radix ›Wurzel‹], Bezeichnung für politisch-soziale Theorien oder auf sie bezogene Bewegungen, die die bestehenden politischen, sozialen und wirtschaftlichen Verhältnisse grundlegend (›von der Wurzel her‹) verändern wollen. Häufig wird von radikalen Gruppen Gewalt zur Durchsetzung ihrer Ziele angewendet. Radikalismus gibt es sowohl bei der politischen Rechten als auch bei der Linken. Eine scharfe Abgrenzung zum ↑ Extremismus ist problematisch.
➕ Ursprünglich wurden Demokraten, die zur Zeit des monarchischen Absolutismus für Volkssouveränität eintraten, als Radikale bezeichnet.

Rau, Johannes deutscher Politiker (* 1931, † 2006). Rau war 1952 an der Gründung der Gesamtdeutschen Volkspartei beteiligt und trat 1957 zur SPD über. 1958–99 war er Mitglied des Landtags (1967 bis 1977 Fraktionsvorsitzender), 1970–78 Minister für Wissenschaft und Forschung in Nordrhein-Westfalen und 1978–98 dort Ministerpräsident (seit 1995 in Koalition mit Bündnis 90/Die Grünen). 1982–99 war er zudem stellvertretender Bundesvorsitzender der SPD. 1999–2004 war er Bundespräsident.

Rechnungshof, Finanzkontrollbehörde für die Haushalte der öffentlichen Verwaltungen im Bund und in den Ländern. Für den Bund ist der Bundesrechnungshof zuständig, die Bundesländer verfügen über eigene Landesrechnungshöfe. Die Städte, Kreise und Gemeinden werden von den Regierungspräsidien und den Gemeindeprüfungsanstalten geprüft.

Rechtsstaat, ein Staat, dessen Staatstätigkeit zum einen auf die Verwirklichung von Recht ausgerichtet und zum anderen durch die Rechtsordnung begrenzt ist. Die Rechtsstellung des Einzelnen ist durch garantierte Rechte (z. B. Grundrechte) gesichert. Die Staatsgewalt ist an Recht und Gesetz gebunden und die staatlichen Maßnahmen können durch Gerichte überprüft werden.

Regierender Bürgermeister, ↑ Ministerpräsident.

Regierungsbezirk, eine Zwischenstufe in der Verwaltung eines Bundeslandes: der Amtsbezirk des Regierungspräsidiums, an dessen Spitze der Regierungspräsident steht.

Rentenversicherung, Zweig der Sozialversicherung, der durch Geldleistungen (Rente) an die aufgrund ihres Alters nicht mehr im Arbeitsleben Stehenden für deren Lebensunterhalt sorgt.

Repräsentantenhaus, Bezeichnung für die direkt gewählten Abgeordneten in den USA. Repräsentantenhaus und Senat bilden gemeinsam den Kongress. Das Repräsentantenhaus bewilligt das Budget.

Repräsentativsystem, ein politisches System, bei dem das Volk durch Repräsentation, also durch gewählte Volksvertreter (in der Regel das Parlament), an der Staatsgewalt teilhat.

Republik, *die* [von lateinisch res publica ›Gemeinwesen‹, ›Staat‹], eine Staatsform, bei der – im Gegensatz zur Monarchie – das Volk Träger der Staatsgewalt ist. In der politischen Realität umfasst der Begriff ›Republik‹ sowohl Demokratien als auch Diktaturen.
In der Antike gab es Republiken aristokratischer und demokratischer Prägung. Im Mittelalter waren aristokratische Republiken verbreitet (Venedig, die Niederlande in der Zeit der Generalstaaten, die Kantone der Schweiz bis 1798). Neben den verschiedenen Formen der parlamentarisch-demokratischen Republik bildete sich im 20. Jh. auch der Typus der Räterepublik (↑ Rätesystem, Kapitel 1) und der Volksrepublik heraus.

Rheinland-Pfalz, Land der Bundesrepublik Deutschland, das 1946 von den Siegermächten aus der bayerischen Pfalz, aus Rheinhessen, Teilen der preußischen Rheinprovinz und der preußischen Provinz Hessen-Nassau gebildet wurde. Es trat 1949 der Bundesrepublik Deutschland bei.

Robertson, George [ˈrɔbətsn], britischer Politiker (* 1946), gehörte 1973–79 dem Scottish Executive Committee der Labour Party an und stand 1987/88 an dessen Spitze. 1992 rückte er als Minister für Schottland in das Labour-Schattenkabinett auf, wurde 1997 Verteidigungsminister und war 1999 bis 2003 Generalsekretär der NATO.

Saarland, Land der Bundesrepublik Deutschland. Das Saarland wurde aufgrund des Versailler Vertrags aus Teilen der preußischen Rheinprovinz und der bayerischen Pfalz gebildet und für 15 Jahre als ›Saargebiet‹ dem Völkerbund unterstellt. 1935 wurde es nach einer Volksabstimmung wieder dem Deutschen Reich eingegliedert. 1946 gliederte Frankreich das Saarland aus seiner Besatzungszone aus und erweiterte es um Teile von Rheinland-Pfalz. Ziel der französischen Politik war die dauerhafte Loslösung des Saarlands von Deutschland und der wirtschaftliche Anschluss an Frankreich (Saarfrage). Das Saarstatut von 1954 wurde in einer Volksabstimmung abgelehnt; aufgrund des Saarvertrages von 1956 wurde das Saarland zum 1. Januar 1957 Teil der Bundesrepublik Deutschland.

Sachsen, Land der Bundesrepublik Deutschland. Kernland des heutigen Sachsen war die Mark Meißen, deren Markgrafen aus dem Hause Wettin 1423 das Kurfürstentum Sachsen-Wittenberg erwarben. 1485 teilte sich das Haus Wettin in die albertinische und die ernestinische Linie. Letztere verlor durch viele Erbteilungen bis 1547 ihre politische Bedeutung. Mit August I., dem Starken, erlangten Albertiner 1697 für einige Zeit die polnische Königskrone. 1806 trat Sachsen dem Rheinbund bei und wurde Königreich. Als Verbündeter Napoleons musste Sachsen beim Wiener Kongress 1815 über die Hälfte des Landes an Preußen abtreten, das daraus die preußische Provinz Sachsen bildete. 1918 wurde Sachsen zum Freistaat erklärt, nach dem Zweiten Weltkrieg wurde es ein Land der DDR. 1952 in die Bezirke Chemnitz (später Karl-Marx-Stadt), Dres-

Politik   **Sel**

den und Leipzig aufgeteilt, wurde es 1990 wieder errichtet und trat am 3. 10. 1990 der Bundesrepublik Deutschland bei.

Sachsen-Anhalt, Land der Bundesrepublik Deutschland. Sachsen-Anhalt entstand 1947 aus der ehemaligen preußischen Provinz Sachsen und dem Land Anhalt. Schon 1952 erfolgte die Auflösung in die Bezirke Halle und Magdeburg. 1990 wurde das Land im Zuge der Umwälzungen in der DDR neu errichtet; gemeinsam mit den übrigen neu gebildeten Ländern trat es am 3. 10. 1990 der Bundesrepublik Deutschland bei.

Schengener Abkommen, Bezeichnung für zwei nach dem luxemburgischen Ort Schengen benannte Abkommen (1985 und 1990) zwischen Belgien, Deutschland, Frankreich, Luxemburg und den Niederlanden über den schrittweisen Abbau der Grenzkontrollen sowie über eine gemeinsame Sicherheits- und Asylpolitik. Das Schengener Abkommen trat am 26. März 1995 in Kraft. Inzwischen sind alle Mitgliedsstaaten der EU beigetreten, Ausnahmen gelten für Irland und Großbritannien; weitere Mitglieder sind Norwegen und die Schweiz. Um die Zusammenarbeit der Polizeibehörden zu sichern und die internationale Kriminalität einzudämmen, wurden Zusatzvereinbarungen geschlossen und die Errichtung eines Computerfahndungssystems vorgesehen.

Schleswig-Holstein, das nördlichste Bundesland der Bundesrepublik Deutschland. 1386 erwarb das Haus Schauenburg in Holstein auch das Herzogtum Schleswig als dänisches Lehen. Unter der Bedingung, dass Schleswig und Holstein ›auf ewig ungeteilt‹ blieben, wählte man 1460 den Dänenkönig Christian I. (* 1426, † 1481) zum Herzog, der als Herzog von Holstein damit zugleich Reichsfürst wurde. Seit 1815 war Holstein, nicht aber Schleswig, Mitglied des Deutschen Bundes. Als der dänische König Schleswig von Holstein trennen und Dänemark eingliedern wollte, erhoben sich 1848 die Schleswig-Holsteiner, unterlagen aber im Deutsch-Dänischen Krieg (1848–50). 1864 erreichte Bismarck ein gemeinsames deutsch-österreichisches Vorgehen; im Deutsch-Dänischen Krieg 1864 wurden die Dänen besiegt und mussten Schleswig-Holstein abtreten, das 1866 als Folge des Deutschen Krieges preußisch wurde. 1920 kam nach einer Volksabstimmung aufgrund des Versailler Vertrags Nordschleswig nördlich der Flensburger Förde an Dänemark. 1946 wurde aus der preußischen Provinz das Land Schleswig-Holstein gebildet, das 1949 der Bundesrepublik Deutschland beitrat.

Schröder, Gerhard deutscher Politiker (* 1944), Jurist. Er war 1978–80 Vorsitzender der Jungsozialisten (Jusos), 1980–86 und wieder seit 1998 Mitglied des Bundestages und 1990–98 Ministerpräsident von Niedersachsen. Als Bundeskanzler (1998–2005) bemühte er sich um innenpolitische, vor allem sozialpolitische Reformen. 1999–2004 war er auch Bundesvorsitzender der SPD.

Schuldenkrise, Bezeichnung für die krisenhafte Entwicklung im internationalen Finanzsystem seit 1982, als sich eine Reihe von Entwicklungsländern nicht mehr in der Lage sah, ihre bei Industrieländern aufgenommenen Kredite vereinbarungsgemäß zu tilgen und die fälligen Zinsen zu zahlen. Ausgelöst wurde die Schuldenkrise durch die großzügige Kreditvergabe der Industrieländer und den Preisverfall für Rohstoffe, verbunden mit einer drastischen Erhöhung der Erdölpreise.

Schwarz-Rot-Gold, die deutschen Nationalfarben.
- Die Farbgebung entstand in den ↑ Befreiungskriegen (Kapitel 2) angeblich von den Uniformen des Lützow'schen Freikorps: schwarze Uniform mit goldenen Knöpfen und roten Aufschlägen.
- Die Jenaische Burschenschaft setzte auf dem Wartburgfest 1817 ihre Tracht in Schwarz und Rot, mit Gold durchwirkt, und ihre gleichfarbige Fahne für die gesamte Burschenschaft durch.
- 1848/49 erklärte die Frankfurter Nationalversammlung Schwarz-Rot-Gold zu den Bundesfarben.

Schwellenländer, Bezeichnung für die Entwicklungsländer, die aufgrund ihrer wirtschaftlichen Kraft an der ›Schwelle‹ zum Industrieland stehen.
- Als **Schwellenmächte** bezeichnet man jene Staaten, die nicht über Atomwaffen verfügen, ihre Kerntechnologie aber so weit entwickelt haben, dass sie in der Lage sind, Atomwaffen herzustellen.

Sejm, *der* [polnisch ›Versammlung‹], die zweite Kammer des polnischen Parlaments. Parlamentspräsident ist der Sejmmarschall.

Selbstbestimmungsrecht der Völker, im Völkerrecht ein Grundrecht der Staaten, das vor allem die schwächeren Staaten vor Übergriffen stärkerer Staaten schützen soll.

153

➕ Ende des 19. Jh. hatte der Begriff der Selbstbestimmung in Europa Bedeutung für die Lösung der zahlreichen Nationalitätenfragen in Österreich-Ungarn und im russischen Zarenreich.

Senat und Repräsentantenhaus in den USA bilden zusammen den Kongress; Tagungsort ist das 1793 erbaute Kapitol in Washington (D. C.)

Senat, *der* [von lateinisch senatus, dem nach der Verfassung der römischen Republik höchsten Staatsorgan des Römischen Reichs], in einigen Staaten mit Zweikammersystem Bezeichnung für eine Kammer des Parlaments. In den USA z. B. ist der Senat die Vertretung der Bundesstaaten.
In der Bundesrepublik Deutschland Bezeichnung für die Landesregierungen der Stadtstaaten Berlin, Bremen und Hamburg.
Als Senat werden auch die kollegialen Spruchkörper höherer Gerichte, z. B. beim Bundesverfassungsgericht, den Obersten Gerichtshöfen des Bundes und bei den Oberlandesgerichten, bezeichnet.
➕ Die Formel ›Senatus Populusque Romanus‹ (›Senat und Volk von Rom‹) war in der Abkürzung **SPQR** die offizielle Bezeichnung für die römische Republik auf Feldzeichen, Gebäuden u. a.; sie betonte, vor allem fremden Völkern gegenüber, das Zusammenwirken von Senat und Volk.

Separatismus, *der* [zu lateinisch separare ›trennen‹], das Bestreben, einen Teil des Staatsgebiets abzuspalten, um einen neuen Staat zu gründen oder ihn an einen anderen Staat anzuschließen.
➕ Während der Zeit der Weimarer Republik gab es Bestrebungen, das Rheinland vom Deutschen Reich abzutrennen und eine Rheinische Republik zu gründen.

Sicherheitsrat, auch Weltsicherheitsrat genanntes Organ der ↑ UNO. Er besteht aus fünf ständigen Mitgliedern (China, Frankreich, Großbritannien, Russland, USA) und zehn nicht ständigen Mitgliedern, die für zwei Jahre von der Vollversammlung gewählt werden. Vorrangige Aufgabe des Sicherheitsrats ist die Beilegung von internationalen Streitigkeiten auf friedlichem Weg.

Sorgerecht, auch **elterliche Sorge,** das Recht und die Pflicht der Eltern, für die Person und das Vermögen ihrer minderjährigen Kinder zu sorgen. Dabei haben die Eltern bei ihren Entscheidungen die wachsende Fähigkeit des Kindes zu selbstständigem Handeln zu berücksichtigen. Das Sorgerecht steht während der Ehe dem Vater und der Mutter gleichermaßen zu; bei einer Scheidung legt das Familiengericht fest, welcher der Elternteile das Sorgerecht erhält.

Souveränität, *die* [zu mittellateinisch superanus ›überlegen‹, ›darüber befindlich‹], die höchste Hoheitsgewalt im Staat nach innen und außen. Äußere Souveränität bedeutet die Handlungsfähigkeit und Unabhängigkeit eines Staates in internationalen Beziehungen. Mit innerer Souveränität wird die Staatsgewalt als rechtlich höchste Gewalt im Staat gekennzeichnet, die von keiner anderen Gewalt abhängig ist.
➕ Geschichtlich hat sich die Souveränität des Volkes gegenüber der Souveränität der Fürsten schrittweise durchgesetzt (Volkssouveränität). Nach dem Grundgesetz der Bundesrepublik Deutschland geht die Staatsgewalt vom Volke aus.

Sozialdemokratische Partei Deutschlands, Abkürzung **SPD,** die älteste deutsche politische Partei. Sie hat ihre Wurzeln in der ↑ industriellen Revolution (Kapitel 1). Die Erkenntnis der Arbeiter, dass eine eigene politische Organisation notwendig sei, um ihre Forderungen nach einem menschenwürdigen Dasein durchzusetzen, führte 1863 zur Gründung des Allgemeinen Deutschen Arbeitervereins (ADV) durch Ferdinand Lassalle (*1825, †1864). 1875 schloss sich der ADV mit der von Wilhelm Lieb-

Politik

knecht (* 1826, † 1900) und August Bebel geführten Sozialdemokratischen Arbeiterpartei zur Sozialistischen Arbeiterpartei zusammen; 1890 nahm die Partei den Namen Sozialdemokratische Partei Deutschlands an.
Die SPD wurde trotz der Unterdrückung durch das Sozialistengesetz zur stärksten Partei des Kaiserreichs. Im Ersten Weltkrieg stellte sie sich zunächst hinter die Regierung und nahm dafür 1917 die Abspaltung der Unabhängigen Sozialdemokratischen Partei (USPD) in Kauf. Nach dem Ersten Weltkrieg wurde die SPD zur Mitgestalterin der Weimarer Verfassung und gehörte auch der sogenannten Weimarer Koalition an, die die verschiedenen Regierungen der Weimarer Zeit trug, konnte aber keinen wesentlichen Einfluss mehr auf die Regierungspolitik ausüben. 1933 lehnte die Reichstagsfraktion das ↑ Ermächtigungsgesetz (Kapitel 2) ab, kurze Zeit später wurde sie wegen ihrer Gegnerschaft zum ↑ Nationalsozialismus (Kapitel 2) verboten; der Parteivorstand ging ins Exil.
1945 in den Besatzungszonen wieder aufgebaut, wurde sie 1946 in der Sowjetischen Besatzungszone mit der ebenfalls wieder gegründeten Kommunistischen Partei zur Sozialistischen Einheitspartei Deutschlands (SED) verschmolzen. In Westdeutschland konnte sie sich neu formieren und stellte 1949–66 die parlamentarische Opposition im Deutschen Bundestag. 1966 ging sie mit der CDU eine große Koalition ein, 1969–82 koalierte sie mit der FDP; 1998–2005 regierte sie in einer Koalition mit Bündnis 90/Die Grünen.
Trotz ihrer Traditionsverbundenheit vollzog die SPD im Lauf ihrer Geschichte grundlegende Wandlungen ihrer Programme und Konzepte. In der Anfangszeit marxistisch geprägt, verfocht sie die Ideen vom Klassenkampf und vom revolutionären Umsturz. Um die Jahrhundertwende löste sie sich von diesen Ideen und vollzog die Umorientierung zu einer Reformpolitik innerhalb eines parlamentarisch-demokratischen Systems (Revisionismus). Seinen endgültigen Niederschlag fand diese Entwicklung im Godesberger Programm 1957 mit der Anerkennung der sozialen Marktwirtschaft und der Westorientierung der Bundesrepublik Deutschland.
Im Rahmen der großen Koalition 1966–69 ermöglichte sie die Verabschiedung der ↑ Notstandsgesetze, in der sozialliberalen Koalition unter den Bundeskanzlern Willy Brandt und Helmut Schmidt setzte sie Akzente in der Ostpolitik und erreichte die Aufnahme der Bundesrepublik in die UNO als Folge der Ostverträge.

sozialer Wohnungsbau, der durch zinsfreie oder verbilligte Baudarlehen und nicht rückzahlbare Zuschüsse unterstützte Bau von Miet- und Eigentumswohnungen für Menschen mit geringem Einkommen im Rahmen der sozialen Wohnraumförderung. Die Wohnungen im sozialen Wohnungsbau unterliegen einer Mietpreisbindung; Belegungskontrollen und die Festlegung von Einkommenshöchstgrenzen sollen einen Missbrauch verhindern.
🔴 Der soziale Wohnungsbau wurde mit dem Wohnungsbaugesetz von 1950 eingeführt und sollte vor allem die Wohnungsnot nach dem Zweiten Weltkrieg schnell beseitigen.

Sozialhilfe, die staatliche Fürsorge, die Bund und Länder finanzieren. Gesetzliche Grundlagen sind das Bundessozialhilfegesetz und das Sozialgesetzbuch. Träger der Sozialhilfe sind die Städte und Gemeindeverbände mit ihren Sozialämtern. Die Sozialhilfe soll dann eingreifen, wenn Eigenhilfe und freie Wohlfahrtspflege mit den Wohlfahrtsverbänden nicht mehr greifen. Es besteht Anspruch auf die ›Hilfe zum Lebensunterhalt‹ (Kosten für Ernährung, Kleidung, Wohnung) und die ›Hilfe in besonderen Lebenslagen‹ (z. B. Hilfen in besonderen Notlagen, für Schwangere, Altenhilfe).

Sozialismus, *der* [zu lateinisch *socialis* ›gemeinschaftlich‹], eine als Gegenmodell zum Kapitalismus entwickelte politische Lehre. Ihre wichtigsten Ziele sind soziale Gleichheit und Gerechtigkeit und eine nach diesen Prinzipien organisierte Gesellschaftsordnung. In der marxistischen Theorie ist der Sozialismus das Übergangsstadium von der kapitalistischen zur kommunistischen Gesellschaftsformation.
Der Sozialismus entwickelte sich vor allem seit Beginn des 19. Jh. im Zusammenhang mit der Entfaltung der industriellen Produktionsweise und des kapitalistischen Wirtschaftssystems sowie dem immer größer werdenden ›Klassengegensatz‹ zwischen Unternehmern und Arbeitern. Vorformen gab es (vor allem in Frankreich) bereits im 18. Jh. (›Frühsozialismus‹). Seine wesentliche Ausgestaltung erhielt der Sozialismus jedoch seit 1840 durch Friedrich Engels und Karl Marx (auch ↑ Marxismus).
🔴 Der ›real existierende Sozialismus‹ in den kommunistischen Staaten war ein umfassendes Herr-

schaftssystem der kommunistischen Parteien mit einer staatlich gelenkten Wirtschaft.

Sozialstaat, ein Staat, der gemäß seiner Verfassung soziale Sicherheit, Chancengleichheit und Gerechtigkeit anstrebt. Im Gegensatz zum ↑ Wohlfahrtsstaat ist die Existenzsicherung jedoch an die Leistungsfähigkeit und die besondere Lage jedes einzelnen Bürgers gekoppelt.

Staatsbürger in Uniform, ↑ innere Führung.

Staatsminister, Bezeichnung der Minister in einigen deutschen Bundesländern, z. B. in Bayern, Sachsen und in Hessen. In der Bundesregierung ist Staatsminister der Amtstitel einiger parlamentarischer Staatssekretäre mit besonderen Aufgaben, z. B. im Bundeskanzleramt.

Staatsräson, *die* [-rɛzɔ̃], Bezeichnung für den höheren Anspruch eines besonderen Staatsinteresses gegenüber den Interessen des Bürgers. Gerechtfertigt wird diese Haltung damit, dass mit dem Staatswohl eine über dem Einzelinteresse stehende Zielsetzung verfolgt werde, die dem Wohl des Einzelnen erst die Existenzmöglichkeit schaffe.
🟠 Die Idee der Staatsräson wurde erstmals von Niccolò Machiavelli in seinem Werk ›Der Fürst‹ (1532) formuliert.

Staatssekretär, die Amtsbezeichnung des nach dem Minister ranghöchsten Beamten in einem Ministerium. Die Staatssekretäre (bis zu drei in einem Ministerium) vertreten den Minister in allen Ressortfragen, außer in Regierungsgeschäften (hier ist der parlamentarische Staatssekretär der Vertreter).

Staatsstreich, ein gewaltsamer Umsturz der Verfassung durch die Inhaber der Regierungsgewalt oder deren gewaltsame Vertreibung durch andere hohe Staatsfunktionäre (z. B. Militär).
🟠 Durch den Staatsstreich Napoleons III. wurde die französische Republik 1852 in ein Kaiserreich umgewandelt.

Stadtrat, je nach der Gemeindeverfassung entweder Bezeichnung für die gewählte Vertretung der Bürgerschaft einer Gemeinde und Titel des gewählten Bürgervertreters (z. B. in Baden-Württemberg) oder Amtsbezeichnung des vom Gemeindeparlament gewählten Magistratsmitglieds (z. B. in Hessen).

strukturschwache Gebiete, Regionen, die eine einseitige Wirtschaftsstruktur aufweisen, wie z. B. das allein auf den Kohlenbergbau und die Schwerindustrie ausgerichtete Ruhrgebiet oder das Saarland. In vielen Fällen sind vor allem ländliche Gebiete strukturschwach, weil sie zu den Ballungszentren eine Randlage haben und weil Verkehrswege und -mittel sowie Arbeitsplätze für die überwiegende Zahl der Arbeitsfähigen fehlen.

Strukturwandel, die meist langsame, manchmal aber auch schnell und abrupt vor sich gehende Änderung der Wirtschaftsstruktur einer Region. Schnelle Strukturwandel sind meist durch die wirtschaftliche Entwicklung erzwungen und werden dann durch staatliche Hilfen unterstützt.
🟠 Die Kohlekrise in den 1960er-Jahren erzwang eine Änderung der einseitigen Wirtschaftsstruktur des Ruhrgebiets zu vom Bergbau unabhängigeren Unternehmen.

Territorialstaat, ein Staat, der ein räumlich und verwaltungsmäßig fest umschriebenes Gebiet umfasst. Der Territorialstaat löste in Europa ab dem Mittelalter den ↑ Personenverbandsstaat (Kapitel 1) ab. Er ist ein charakteristisches Merkmal moderner Staatlichkeit.

Terrorismus, *der* [zu lateinisch terror ›Schrecken‹], die politisch motivierte Gewaltanwendung vor allem durch revolutionäre oder extremistische Gruppen und Einzelpersonen. Mit auf hervorragende Vertreter des herrschenden Systems oder bestimmte Bevölkerungsgruppen gezielten oder auch wahllos die Bevölkerung treffenden direkten Aktionen will der Terrorismus die Hilflosigkeit des Regierungs- und Polizeiapparats gegenüber solchen Aktionen bloßstellen.

Thüringen, Bundesland der Bundesrepublik Deutschland. 531 eroberten die Franken und Sachsen das Königreich Thüringen der Hermunduren. Ab Mitte des 11. Jh. bis 1247 beherrschten die fränkischen Ludowinger (seit 1130 als Landgrafen) das Land, das nach ihrem Aussterben 1263 an die Wettiner fiel. Bei der wettinischen Landesteilung kam es an die ernestinische Linie und wurde aufgrund der Erbgesetze immer weiter aufgeteilt. 1918 wurden sämtliche thüringischen Länder zu Freistaaten und vereinigten sich 1920 zum Land Thüringen; Coburg kam dabei zu Bayern. Nach dem Zweiten Weltkrieg fiel Thüringen in die Sowjetische Besatzungszone und wurde 1949 der DDR eingegliedert. 1952 löste die DDR das Land in die Bezirke Erfurt, Gera und

Politik — **UNO**

Suhl auf. 1990 erfolgten die Wiedererrichtung und der Beitritt Thüringens zur Bundesrepublik Deutschland.

Totalitarismus, *der* eine Herrschaftsordnung, die alle gesellschaftlichen und persönlichen Lebensbereiche bestimmend erfasst und reglementiert. Der totalitäre Staat verlangt nicht nur – wie die Diktatur – politische Unterwerfung, sondern sucht seinen Einfluss auf alle Lebensbereiche des Bürgers (Erziehung, Beruf, Freizeit, Familie u. a.) auszudehnen und seinem Verfügungsanspruch zu unterwerfen. Träger dieser Ideologie ist eine politische Bewegung, eine Partei oder eine Person, die, im Rahmen eines ›neuen Wertesystems‹ weltanschaulich begründet, durch Bevormundung der Bevölkerung und Terrormaßnahmen regiert.

⊕ Der Begriff wurde 1923 von einem italienischen Liberalen geprägt und auf das faschistische Italien Benito Mussolinis angewandt. Später bezog man ihn auch auf die UdSSR unter Stalin und das nationalsozialistische Deutschland.

Übersiedler, Bezeichnung für Deutsche, die aus der DDR bzw. Berlin (Ost) in die Bundesrepublik umgesiedelt sind und das Aufnahmeverfahren nach dem Aufnahmegesetz durchlaufen haben.

> **UNO**
>
> **Die Charta der Vereinten Nationen beginnt mit den Worten:**
>
> ›Wir, die Völker der Vereinten Nationen – fest entschlossen, künftige Generationen von der Geißel des Kriegs zu bewahren …, den sozialen Fortschritt und einen besseren Lebensstandard in größerer Freiheit zu fördern … – haben beschlossen, in unserem Bemühen um die Erreichung dieser Ziele zusammenzuwirken.‹

Umsiedler, Bezeichnung für Menschen, die aufgrund der während des Zweiten Weltkriegs geschlossenen zwischenstaatlichen Verträge aus außerdeutschen oder während des gleichen Zeitraums aufgrund von Maßnahmen deutscher Dienststellen aus den von der deutschen Wehrmacht besetzten Gebieten umgesiedelt worden sind.

UN, ↑ UNO.

UNCTAD, Abkürzung für englisch **U**nited **N**ations **C**onference on **T**rade **a**nd **D**evelopment [›Konferenz der Vereinten Nationen für Handel und Entwicklung‹], die alle vier Jahre stattfindende Welthandelskonferenz, eine Unterorganisation der UNO, die sich um die Neuordnung der wirtschaftlichen Beziehungen zwischen Industrie- und Entwicklungsländern bemüht.

UNESCO, Abkürzung für englisch **U**nited **N**ations **E**ducational, **S**cientific and **C**ultural **O**rganization [›Organisation der Vereinten Nationen für Erziehung, Wissenschaft und Kultur‹], die Sonderorganisation der UNO zur Förderung der allgemeinen Bildung; Sitz Paris. Eine neue Aufgabe ist der Schutz des Weltkulturerbes.

UNICEF, Abkürzung für englisch **U**nited **N**ations **I**nternational **C**hildren's **E**mergency **F**und [›Internationales Kinderhilfswerk der Vereinten Nationen‹], die Sonderorganisation der UNO für die Fürsorge für die Kinder in den Entwicklungsländern; Sitz New York.

UNICEF (Emblem)

UNO, Abkürzung für englisch **U**nited **N**ations **O**rganization, auch **UN,** Abkürzung für **U**nited **N**ations, die **Vereinten Nationen,** eine überstaatliche Organisation zur Erhaltung des Weltfriedens und zur Förderung der internationalen Zusammenarbeit. Sie wurde 1945 in San Francisco als Nachfolgeorganisation des Völkerbundes gegründet; ihr Sitz ist New York. Heute gehören der UNO alle Staaten der Erde (mit Ausnahme von Taiwan, der Vatikanstadt und der Schweiz) an.

Grundlage der Arbeit der UNO ist die ›Charta der Vereinten Nationen‹, in der u. a. der Verzicht auf Gewaltanwendung in den internationalen Beziehungen und der Schutz der Menschenrechte festgeschrieben wurden. Grundsätze der UNO sind u. a. die souveräne Gleichheit und Nichtdiskriminierung der Mitglieder, das Selbstbestimmungsrecht, das Gewalt-

Die Generalsekretäre der UNO	
Trygve Halvdan Lie (Norwegen)	1946–53
Dag Hammarskjöld (Schweden)	1953–61
Sithu U Thant (Birma)	1961–71
Kurt Waldheim (Österreich)	1971–81
Javier Pérez de Cuéllar (Peru)	1982–91
Boutros Boutros Ghali (Ägypten)	1992–96
Kofi Annan (Ghana)	1997–2006
Ban Ki Moon (Süd-Korea)	seit 2007

verbot in den internationalen Beziehungen und die Pflicht, Streitigkeiten friedlich beizulegen. Zur Aufrechterhaltung des Friedens kann die UNO in Krisengebieten bewaffnete Streitkräfte (›Blauhelme‹) einsetzen.
Die wichtigsten Organe der UNO sind das geschäftsführende Sekretariat, geleitet vom Generalsekretär, der für fünf Jahre von der Vollversammlung gewählt wird, und der ↑ Sicherheitsrat. Hauptorgan der Rechtsprechung ist der ↑ Internationale Gerichtshof in Den Haag. Daneben bestehen eine Reihe von Unter- und Sonderorganisationen wie GATT, UNCTAT, UNESCO und UNICEF. Für die politisch Verfolgten und Flüchtlinge bedeutsam ist das Amt des Flüchtlingskommissars der UNO.

Wichtige Friedensmissionen der UNO

Unterhaus, in Großbritannien das ›House of Commons‹, die parlamentarische Vertretung der Bürger.

Verband, in den Rechtswissenschaften ein Zusammenschluss von Personen oder Unternehmen, um gemeinsame Interessen zu verfolgen. Bedeutende Verbände sind die verschiedenen Arbeitgeberverbände in der Industrie und die Berufsverbände.

Verein, Zusammenschluss von Personen, um gemeinsame kulturelle, soziale u. a. Interessen in der Freizeit zu verfolgen; die größten Vereine sind Sport- und Gesangvereine. Die rechtlichen Vorschriften für die Vereine sind im Vereinsgesetz zusammengefasst. Mit der Eintragung ins Vereinsregister wird der Verein zur juristischen Person und darf die Bezeichnung ›eingetragener Verein‹ oder den Zusatz ›e. V.‹ führen.

Vereinte Nationen, ↑ UNO.

Verfassung, Konstitution, die Grundordnung einer juristischen Person, besonders die eines Staates. Sie ist der Inbegriff der geschriebenen oder ungeschriebenen grundlegenden Rechtssätze über Organisation und Funktionsweise der Staatsgewalt sowie über die Rechtsstellung des Einzelnen. Die Verfassung der Bundesrepublik Deutschland ist das ↑ Grundgesetz.

Verfassungsorgane, die in der Verfassung vorgesehenen obersten Staatsorgane. Im Grundgesetz der Bundesrepublik Deutschland sind dies: Bundestag, Bundesrat, Gemeinsamer Ausschuss, Bundespräsident, Bundesversammlung, Bundesregierung und Bundesverfassungsgericht.

Verfassungsschutz, zum einen die Gesamtheit aller Gesetze, Einrichtungen und Maßnahmen zum Schutz der freiheitlich-demokratischen Grundordnung in Deutschland. Zum anderen bezeichnet Verfassungsschutz das Bundesamt und die Landesämter für Verfassungsschutz. Ihre Aufgaben sind u. a. das Sammeln und Auswerten von Nachrichten über Bestrebungen, die freiheitlich-demokratische Grundordnung zu zerstören, über geheimdienstliche Tätigkeiten für eine fremde Macht und gewaltsame Bestrebungen gegen auswärtige Belange in der Bundesrepublik Deutschland. Sie wirken außerdem an den Überprüfungen von Geheimnisträgern (z. B. Offiziere, höhere Ministerialbeamte) mit.
⊕ Die parlamentarische Kontrolle über das Bundesamt für Verfassungsschutz unterliegt einem besonderen Ausschuss des Deutschen Bundestages.

verfassungswidrige Organisationen, Sammelbezeichnung für die vom Bundesverfassungsgericht verbotenen Parteien oder Vereinigungen. Als **verfassungsfeindliche Organisationen** bezeichnet man jene Parteien und Vereinigungen, die aus politischen Gründen nicht für verfassungswidrig erklärt und verboten werden, um z. B. politische Untergrundarbeit zu verhindern. Gleichwohl sollen die Mitglieder solcher Organisationen von einer Beschäftigung im öffentlichen Dienst fern gehalten werden.

Vertrauensfrage, in parlamentarischen Regierungssystemen der Antrag des Regierungschefs an das Parlament, ihm das Vertrauen auszusprechen; bei Ablehnung erfolgt in der Regel der Rücktritt der Regierung und/oder Auflösung des Parlaments. Die Verneinung der Vertrauensfrage kommt politisch meist einem ↑ Misstrauensvotum gleich. Wenn in Deutschland die vom Bundeskanzler gestellte Vertrauensfrage nicht von der Mehrheit der Mitglieder des Bundestages bejaht wird, kann der Bundespräsident den Bundestag auf Vorschlag des Bundeskanzlers binnen 21 Tagen auflösen.

Vertriebene, Bezeichnung für Personen, die als deutsche Staatsangehörige oder deutsche Volkszugehörige ihren Wohnsitz in den früheren deutschen Ostgebieten östlich der Oder-Neiße-Linie oder in den Gebieten außerhalb der Grenzen des Deutschen Reichs nach dem Gebietsstand vom 31. 12. 1937 hatten und diesen im Zusammenhang mit den Ereignissen des Zweiten Weltkriegs durch Ausweisung oder Flucht verloren haben.

Vierte Welt, Bezeichnung für die am wenigsten entwickelten Länder der Erde (englisch: Least developed Countries), die am stärksten von Hunger, Armut, Auslandsverschuldung u. a. betroffen sind.
➕ Der Begriff wurde auf der Rohstoffkonferenz der UNO 1974 geprägt.

Volksabstimmung, auch Plebiszit, Abstimmung der Wahlberechtigten über politische Sachfragen im Unterschied zur Wahl (die sich auf Personalentscheidungen bezieht). Im Grundgesetz der Bundesrepublik Deutschland ist eine Volksabstimmung nur für die Neugliederung des Bundesgebietes vorgesehen.

Volksbegehren, Initiative des Volkes, die zu einer Volksabstimmung führen soll.

Volkssouveränität, ↑ Souveränität.

Wahl, in Staaten, Vereinen, Gebiets- und anderen Körperschaften vorgesehenes Verfahren, um repräsentative Entscheidungsorgane auf Zeit zu bestellen. Gewählt werden z. B. Bundes- und Landtagsabgeordnete, Stadt- und Kreisräte, Vereinsvorstände, Betriebs- und Personalräte. Sie erhalten ihren Auftrag und ihre Legitimation durch ihre Wähler, die in einem vorher festgelegten Verfahren ihren Willen äußern. Die Summe der Einzelentscheidungen führt zur Gesamtentscheidung, zur Wahl. Durch Wahlen werden die Interessen der gesellschaftlichen Gruppen eines Volkes deutlich gemacht und im Idealfall auch durch die Regierung in politische Entscheidungen umgesetzt. ℹ

> ℹ **WAHL**
>
> **Wahlgrundsätze**
>
> **1. Allgemeines Wahlrecht:** Das Wahlrecht muss allen Staatsbürgern ohne Ansehen ihres Geschlechts, ihres Besitzes, ihrer Bildung, ihres Berufs oder ihres Glaubens zustehen.
> **2. Unmittelbares Wahlrecht:** Das Volk wählt seine Vertreter direkt. Dabei sollen Wahlergebnis und Mandatsverteilung einzig vom Wahlakt der Bürger abhängen.
> **3. Gleiches Wahlrecht:** Jeder Bürger gibt die gleiche Anzahl von Stimmen ab.
> **4. Geheime Wahl:** Niemand darf zur Preisgabe seiner Wahl gezwungen werden.

Wahldelikte, Straftaten im Zusammenhang mit Wahlen. Strafbar sind Wahlbehinderung, Wahlfälschung, Verletzung des Wahlgeheimnisses, Wählernötigung, Wählertäuschung, Wählerbestechung und Abgeordnetenbestechung.

Warschauer Vertrag, ↑ Deutsch-Polnischer Vertrag.

Wehrbeauftragter, nach dem Vorbild des schwedischen ↑ Ombudsmanns vom Deutschen Bundestag gewählter Beauftragter, der das Parlament bei der Kontrolle der Streitkräfte unterstützt. Er legt dem Bundestag jährlich einen Bericht über seine Tätigkeit vor, seine Amtszeit beträgt fünf Jahre. Der Wehrbeauftragte kann von allen militärischen Dienststellen und vom Bundesministerium der Verteidigung Akteneinsicht und Auskünfte verlangen und alle Einheiten und Dienststellen unangemeldet aufsuchen. Die Soldaten können sich jederzeit an ihn wenden und Missstände aufzeigen.

Wehrdienstverweigerung, das Grundrecht jedes Wehrpflichtigen, den Dienst mit der Waffe zu verweigern. Um als Wehrdienstverweigerer anerkannt zu werden, muss der Wehrpflichtige einen ausführlich begründeten schriftlichen Antrag an die Wehrersatzbehörden, das Kreiswehrersatzamt, stellen. Die Behörde leitet den Antrag an das Bundesamt für Zivildienst, das den Wehrpflichtigen über die Anerkennung informiert und ihm einen Platz für die Ableistung des Zivildienstes zuweist.

Wehrpflicht, die Verpflichtung jedes wehrfähigen Bürgers, Wehrdienst zu leisten. In Deutschland besteht für männliche Staatsbürger die allgemeine Wehrpflicht, die im Frieden vom vollendeten 18. bis zum 45. Lebensjahr reicht, im Verteidigungsfall sowie bei Offizieren und Unteroffizieren bis zum 60. Lebensjahr.

Weißes Haus, englisch **White House,** der Amts- und Wohnsitz der Präsidenten der USA in Washington (D. C.), in übertragenem Sinn auch Bezeichnung für die Exekutive der USA. Es ist das älteste Amtsgebäude der Stadt und wurde 1792 in klassizistischem Stil erbaut und 1814 weiß verputzt.

WEU, Abkürzung für **W**esteuropäische **U**nion, eine 1954 gegründete Verteidigungsorganisation, der als Vollmitglieder Großbritannien, Frankreich, die Beneluxstaaten, Deutschland, Italien, Spanien, Portugal und Griechenland angehören; Sitz ist Brüssel. Im Falle eines bewaffneten Angriffs gegen ein Mitglied sind alle Vollmitglieder zu bedingungslosem Beistand verpflichtet. Die WEU versteht sich als europäischer Pfeiler der NATO und als verteidigungspolitische Komponente der Europäischen Union (EU) im Rahmen der Gemeinsamen Außen- und Sicherheitspolitik (GASP) sowie der Europäischen Sicherheits- und Verteidigungspolitik (ESVP). 1999 bis 2003 wurde die WEU schrittweise in die EU integriert, als Gremium blieb sie jedoch erhalten.

Widerstandsrecht, das Recht zum Widerstand, wenn durch den Staat besonders geschützte Verfassungsprinzipien verletzt werden. Das Grundgesetz schützt die Prinzipien der Demokratie, des Sozialstaats, der bundesstaatlichen Gliederung, der Gewaltenteilung und des Rechtsstaats. Gegen jeden, der diese Ordnung beseitigen will, haben alle Deutschen das Recht zum Widerstand, wenn andere Abhilfe nicht möglich ist.

Wohlfahrtsstaat, ein Staat, dessen Ziel es ist, die materielle Wohlfahrt (›Daseinsvorsorge‹) seiner Bürger zu fördern.
➕ Schweden galt lange Zeit als Musterbeispiel eines modernen Wohlfahrtsstaates.
➕ Ursprünglich war mit Wohlfahrtsstaat der Staat des Absolutismus gemeint, der, um das Wohl seiner Bürger besorgt, eine Fülle von Verordnungen und Reglementierungen erließ. Gegen diesen ›Polizeistaat‹ wandte sich der ↑ Liberalismus.

Wohlfahrtsverbände, private Organisationen, die die Wohlfahrtspflege der öffentlichen Hand ergänzen, besonders die in der Bundesarbeitsgemeinschaft der Freien Wohlfahrtspflege zusammengeschlossenen großen Verbände Diakonisches Werk der Evangelischen Kirche in Deutschland, Deutscher Caritasverband, Zentralwohlfahrtsstelle der Juden in Deutschland, Arbeiterwohlfahrt, Deutsches Rotes Kreuz und Deutscher Paritätischer Wohlfahrtsverband.

ZDF, Abkürzung für **Z**weites **D**eutsches **F**ernsehen, durch den Staatsvertrag der Länder vom 6. 6. 1961 gegründete Rundfunkanstalt des öffentlichen Rechts. Sie nahm am 1. 4. 1963 den Sendebetrieb auf; Sitz ist Mainz.

Zivildienst, der anstelle des Wehrdienstes zu leistende Ersatzdienst eines anerkannten Kriegsdienstverweigerers. Der Zivildienst kann bei sozialen Einrichtungen wie Krankenhäusern oder Altenheimen, bei Wohlfahrtsverbänden oder im Rahmen des Umweltschutzes bei Umweltschutzverbänden abgeleistet werden. Der Zivildienst ist etwas länger als der Wehrdienst, da der Wehrpflichtige nach seinem Wehrdienst noch zu Wehrübungen eingezogen werden kann.

Zweikammersystem, ein politisches System, bei dem die gesetzgebende Körperschaft, das Parlament, aus zwei Kammern oder Häusern besteht. Die eine Kammer wird direkt von den Bürgern gewählt (Abgeordnetenhaus, Repräsentantenhaus oder Unterhaus), die zweite Kammer (Senat, Oberhaus) ist die Vertretung der Gliedstaaten oder z. B. auch des Adels. Beide Parlamentskammern haben fest umrissene Aufgaben und Kompetenzen bei der Gesetzgebung.

Zwei-plus-vier-Vertrag, der Vertrag vom 12. 9. 1990 zwischen den vier Siegermächten des Zweiten Weltkriegs Frankreich, Großbritannien, Sowjetunion und USA einerseits sowie der Deutschen Demokratischen Republik und der Bundesrepublik Deutschland andererseits. Der Vertrag stellte die volle Souveränität Deutschlands über seine inneren und äußeren Angelegenheiten wieder her. Ferner enthält er Erklärungen über den Gebietsstand Deutschlands (vor allem über die Endgültigkeit der Oder-Neiße-Grenze), die Personalstärke der Bundeswehr und die Stationierung der alliierten bzw. sowjetischen Streitkräfte.

4 Wirtschaft

1
Weltgeschichte
2
Deutsche
Geschichte
3
Politik
4
Wirtschaft

Unsere Erfahrung, dass die Mittel zur Befriedigung unserer Bedürfnisse nicht unbegrenzt vorhanden sind, sondern ihre Knappheit sorgfältige Auswahl und sparsamen Umgang erfordert, zwingt uns zu ökonomischem Handeln. Dies geschieht in dem Lebensbereich, in dem bei der Herstellung wirtschaftlicher Güter auch die Mittel zu ihrem Erwerb entstehen, in der Wirtschaft.

Dieses Handeln in Abhängigkeit seines gesellschaftlichen Umfeldes zu erkennen und zu beschreiben, ist Gegenstand der Wirtschaftswissenschaften: Die Volkswirtschaftslehre untersucht die Bedingungen der Produktion, der Entstehung und Verteilung des Einkommens sowie dessen Verwendung, die Funktionen des Marktes und der Preise. Sie analysiert die wirtschaftlichen Abhängigkeiten zwischen dem Einzelnen und der Allgemeinheit, entwickelt die Instrumente für die Wirtschaftspolitik und untersucht die Abhängigkeit des wirtschaftlichen Handelns von der Gesellschafts- und Wirtschaftsordnung.

Somit liefert sie auch die Grundlagen für die Betriebswirtschaftslehre, die sich mit der praktischen Anwendung allgemeiner wirtschaftstheoretischer Erkenntnisse am wichtigsten Ort wirtschaftlichen Handelns, dem Betrieb, befasst. Die Organisation von Produktion und Absatz, die Erfassung und Abrechnung wirtschaftlicher Daten in Kalkulation und Bilanz, die Entwicklung von Management-, Produkt- oder Marketingstrategien sind Beispiele für Forschung und Lehre auf diesem Gebiet.

Abgaben, alle Geldleistungen an die öffentliche Hand, z. B. Steuern, Gebühren oder Beiträge.

Abschreibung, Geldbetrag, der die Wertminderung eines Gutes erfasst, die vor allem durch seine Nutzung im Laufe der Zeit eintritt.

Absetzung für Abnutzung, Abkürzung **AfA,** steuerrechtliche Bezeichnung für Abschreibung: Die über die Nutzungsdauer eines Gutes verteilten Anschaffungskosten können als Werbungskosten oder Betriebsausgaben bei der Ermittlung der steuerpflichtigen Einkünfte abgezogen werden.

Abs, Hermann Josef (* 1901, † 1994), einer der bedeutendsten deutschen Bankiers nach dem Zweiten Weltkrieg. Als Leiter vor allem der Delegation zur Londoner Schuldenkonferenz, die der Regelung der deutschen Auslandsschulden diente, schuf er die Grundlagen für die Wiedergewinnung des ausländischen Vertrauens in Deutschland und damit wichtige Voraussetzungen für den deutschen Wiederaufbau. Er war ab 1938 Vorstand der Deutschen Bank AG.

AKTIE

Die unterschiedlichen Aktien:

Inhaberaktie, das verbriefte Mitgliedschaftsrecht kann vom Inhaber der Aktie geltend gemacht werden.
Namensaktie, eine Aktie, die auf einen Namen lautet, der im Aktienbuch der Gesellschaft eingetragen sein muss.
Stammaktie, die übliche, mit allen Rechten ausgestattete Aktie.
Vorzugsaktie, eine Aktie, die Vorrechte, vor allem bei der Gewinnverteilung, gewährt, jedoch kein Stimmrecht besitzt.
Belegschaftsaktie, von einer Aktiengesellschaft mit einem Preisnachlass an die Mitarbeiter ausgegebene Aktie.

Abwertung, der Rückgang des Außenwerts einer Währung: Der Wechselkurs der Währung sinkt, das heißt, eine Einheit der inländischen Währung ist weniger Einheiten der fremden Währung wert. Gegensatz: Aufwertung.

Agio, *das* [ˈaːdʒo; italienisch], auch Aufgeld, Preisaufschlag; der Ausgabebetrag, der über den Nennwert eines Wertpapiers hinausgeht; Gegensatz: Disagio.

Aktie der Bibliographisches Institut & F.A. Brockhaus AG

Aktie, Anteil am Grundkapital einer Aktiengesellschaft in Höhe eines Nominalbetrags von mindestens 1 Euro und die Urkunde, die die Rechte des Inhabers (Stimmrecht in der Hauptversammlung, Recht auf Dividende) verbrieft.

Aktiengesellschaft, Abkürzung **AG,** Kapitalgesellschaft, deren Kapital (Grundkapital) mindestens 50 000 Euro betragen muss und in Anteile (Aktien) aufgeteilt ist. Ihre Gesellschafter (Aktionäre) haften nur bis zur Höhe ihrer Einlage für die Verbindlichkeiten der AG.

Aktienindex, Kennziffer, die über die Veränderung der Aktienkurse, z. B. an einem Börsentag, Auskunft gibt; in Deutschland u. a. ↑ DAX®, XETRA-DAX® und NEMAX®.

Aktienkurs, der Preis, zu dem eine Aktie gehandelt wird.

Aktiva, die Vermögenswerte eines Unternehmens (wie Gebäude, Maschinen oder Forderungen), die auf der Aktivseite der ↑ Bilanz erfasst sind; Gegensatz: Passiva.

Allfinanz, die Strategie von Kreditinstituten und Versicherungen, den Kunden sämtliche Finanzdienstleistungen aus einer Hand anzubieten. Banken vertreiben also auch Versicherungen und Bausparverträge und vermitteln Immobilien, während Versicherungen auch Bankleistungen vermitteln.

Amortisation, *die* [französisch, eigentlich ›Abtötung‹], die Deckung der Anschaffungskosten einer Investition aus ihren Erträgen. Mit der Amortisationsrechnung kann man beurteilen, ob eine Investition vorteilhaft ist oder nicht: Je kürzer die

Wirtschaft   Arb

Amortisationsdauer ist, desto geringer ist das Investitionsrisiko.
Als Amortisation bezeichnet man auch die planmäßige Rückzahlung eines Darlehens.

Angebot, die Gesamtmenge der Güter und Dienstleistungen, die auf einem Markt zum Verkauf stehen.

Angebotspolitik, eine Wirtschaftspolitik, die die Stärkung des Angebots in den Mittelpunkt stellt, weil sie davon ausgeht, dass Beschäftigung und Wachstum vor allem von den Investitionen und diese wiederum von den Gewinnen abhängig sind. Steuersenkungen z. B. sollen die Gewinnerwartung erhöhen, sodass mehr Investitionen getätigt werden. Damit steigen die Beschäftigung und auch das Angebot, was zugleich preisdämpfend wirkt, also Inflationstendenzen entgegenwirkt. Gegensatz ist der Keynesianismus.
✚ Angebotspolitik wurde u. a. in den USA unter Präsident Ronald Reagan (›Reaganomics‹) sowie in Großbritannien unter Premierministerin Margaret Thatcher (›Thatcherism‹) betrieben.

Angebot und Nachfrage. Auf dem freien Markt bestimmen die Beziehungen zwischen diesen Größen den Preis eines Gutes. So führt steigende Nachfrage zunächst zu einem höheren Preis, dann aber zu einer Vergrößerung des Angebots, da die Anbieter mit höheren Gewinnen rechnen. Hierdurch wird der Wettbewerb angeregt und der Preis fällt wieder, sodass der Markt zu einem (neuen) Gleichgewicht von Angebot und Nachfrage geführt wird.

Anlagevermögen, das zu langfristiger Nutzung in einer Unternehmung bestimmte Vermögen wie Grundstücke oder Maschinen.

Anleihe, die langfristige Kreditaufnahme am inoder ausländischen Kapitalmarkt durch Unternehmen oder die öffentliche Hand. Zur Verbriefung der Forderungen werden Anleihepapiere, z. B. Schuldverschreibungen, Pfandbriefe oder Obligationen, ausgegeben. Diese Wertpapiere sind mit festen Zinsen ausgestattet.

Annuität, *die* [zu lateinisch annus ›Jahr‹], die jährliche Zahlungsrate zur Abtragung einer Geldschuld, die aus einem Zins- und einem Tilgungsanteil besteht. Da sich der geschuldete Betrag durch die Tilgung vermindert, sinkt der Zinsanteil an der Annuität immer stärker, je näher das Ende der Laufzeit rückt.

Arbeit, jede auf Wertschöpfung gerichtete menschliche Tätigkeit. Da Güter nicht ohne sie herzustellen sind, gilt die Arbeit als ein wichtiger Produktionsfaktor.

Arbeitgeber, Sammelbegriff für alle (Unternehmen, der Staat), die Arbeitnehmer im Arbeitsverhältnis beschäftigen.

Arbeitnehmer, Sammelbegriff für Angestellte und Arbeiter, also alle nicht selbstständigen Erwerbspersonen.

Arbeitskampf, Auseinandersetzung zwischen den Tarifparteien mit dem Ziel, die eigene Position in Verhandlungen über die Tarifverträge zu verbessern. Mittel des Arbeitskampfes sind vor allem Streik und Aussperrung.

Arbeitskosten, ↑ Personalkosten.

Arbeitslosengeld, Zahlungen der Arbeitslosenversicherung an Arbeitslose für eine Dauer von längstens 32 Monaten.

Arbeitslosenhilfe, Zahlungen der Arbeitslosenversicherung an Arbeitslose, die kein Arbeitslosengeld mehr erhalten.

Arbeitslosigkeit, Beschäftigungslosigkeit der arbeitsfähigen und arbeitswilligen Erwerbspersonen. Sie kann mehrere Ursachen haben: konjunkturelle, wenn sich die Wirtschaft in einer Abschwungsphase befindet; saisonale, wenn Jahreszeiten einen ungünstigen Einfluss auf die Beschäftigung haben, z. B. der Winter auf die Bauindustrie; strukturelle, wenn sich die Nachfrage nach Arbeit langfristig qualitativ verändert, z. B. mehr Computerfachleute und weniger Textilfacharbeiter gesucht werden.

Arbeitsteilung, die Verteilung von Tätigkeiten oder Produktionen zwischen Personen, Betrieben oder Volkswirtschaften, die besonders geeignet sind, diese Aufgaben zu übernehmen. Arbeitsteilung ist die Voraussetzung für leistungsorientiertes Wirtschaften.

Arbeitszeit, in Stunden gemessene Zeit, die für die Erwerbstätigkeit innerhalb eines Zeitraums (z. B. Tag, Woche, Jahr) aufgebracht wird. Sie wird durch Tarifvertrag und Gesetz (Feiertage) geregelt und ist ein wichtiger Maßstab zur Beurteilung der internationalen Wettbewerbsfähigkeit eines Landes. Das Verhältnis zwischen der jährlichen Arbeitszeit und

163

Auf   Wirtschaft

wirtschaftlichen Leistungen wie Umsatz oder Wertschöpfung gibt die Produktivität der Arbeit wieder.

Aufsichtsrat, das gesetzlich vorgeschriebene Kontrollorgan bei einer Genossenschaft, einer KGaA (Kommanditgesellschaft auf Aktien) und einer Aktiengesellschaft sowie einer GmbH mit mehr als 500 Beschäftigten. Der Aufsichtsrat hat den Vorstand zu berufen bzw. abzuberufen, zu beraten und zu überwachen sowie den Jahresabschluss zu prüfen.

Aufwand, die Ausgaben eines Unternehmens für die während einer Abrechnungsperiode verbrauchten Güter; Gegensatz: Ertrag.

Aufwertung, die Erhöhung des Außenwertes einer Währung: Der Wechselkurs der Währung steigt, das heißt, eine Einheit der inländischen Währung ist mehr Einheiten der fremden Währung wert. Gegensatz: Abwertung

Ausfuhr, ↑ Export.

Außenhandel, der Austausch von Gütern zwischen einem Land und allen übrigen Ländern der Welt. Als Ausdruck der internationalen Arbeitsteilung fördert er den allgemeinen Wohlstand (auch ↑ Import und ↑ Export).

🟠 Deutschland ist mit einem Anteil von etwa 10 % am Welthandel nach den USA der zweitgrößte Handelspartner in der Weltwirtschaft.

Aussperrung, ein Mittel des Arbeitskampfes: Die Arbeitnehmer werden vom Arbeitgeber an der Aufnahme ihrer Arbeit gehindert, wenn ein Streik ausgebrochen ist oder droht. Während der Aussperrung ruht das Arbeitsverhältnis, es wird aber nach Beendigung des Arbeitskampfes fortgesetzt; Kündigungen wegen Streik oder Aussperrung sind nicht möglich.

Baisse, *die* [ˈbɛːsə; französisch], ein andauernder Kursrückgang an der Börse; Gegensatz: Hausse.

Banken, Unternehmen, die Geld als Einlagen annehmen, Darlehen gewähren, den Zahlungsverkehr für ihre Kunden abwickeln und u. a. mit Wertpapie-

Die Skyline von Frankfurt am Main wird von den Hochhäusern der **Banken** beherrscht.

ren und Devisen handeln. In Deutschland sind die Bedingungen der Bankgeschäfte durch das Gesetz über das Kreditwesen geregelt, in dem auch die Bankenaufsicht bestimmt ist, zuständig ist die Bundesanstalt für Finanzdienstleistungsaufsicht. Im Zuge der Finanzmarktkrise sind zahlreiche Banken in Schwierigkeiten geraten und wurden vom Staat finanziell unterstützt, da sie »systemrelevant« sind.

Bankgeheimnis, die Verpflichtung der Banken und ihrer Angestellten, grundsätzlich keine Informationen weiterzugeben, die sie über die Geschäftsbeziehungen und Vermögensverhältnisse ihrer Kunden erhalten haben.

Bausparkasse, privates oder öffentlich-rechtliches Kreditinstitut, das auf der Grundlage eines Bausparvertrages Darlehen zum Erwerb oder zur Renovierung von Wohnimmobilien gewährt.

Beitragsbemessungsgrenze, in der gesetzlichen Renten-, Arbeitslosen-, Kranken- und Pflegeversicherung die gesetzlich festgelegte Höchstgrenze, bis zu der das monatliche Bruttoarbeitsentgelt des Versicherten zur Beitragsleistung herangezogen wird. Sie wird jährlich von der Bundesregierung entsprechend der allgemeinen Bemessungsgrundlage in der Rentenversicherung neu festgesetzt.

Beschäftigung, die Auslastung eines Betriebes;

auch die Anzahl der beschäftigten Erwerbspersonen eines Landes während einer bestimmten Zeit.

beschränkte Haftung, Verantwortlichkeit für die Übernahme eines Vermögensschadens nur bis zu einer bestimmten Höhe. Die Beschränkung der Haftung z. B. in einer GmbH oder Aktiengesellschaft auf die Höhe der Einlage schützt das Privatvermögen des Anlegers im Fall der Insolvenz oder der Liquidation des Unternehmens.

Betrieb, Unternehmen oder Teil eines Unternehmens mit der Aufgabe, Güter oder Dienstleistungen für den Bedarf Dritter zu produzieren.

Betriebsrat, gewähltes Organ und Interessenvertretung der Belegschaft eines Betriebes der privaten Wirtschaft gegenüber der Betriebsleitung.

> **Betriebsrat**
> ›Arbeitgeber und Betriebsrat arbeiten unter Beachtung der geltenden Tarifverträge vertrauensvoll und im Zusammenwirken mit den im Betrieb vertretenen Gewerkschaften und Arbeitgebervereinigungen zum Wohl der Arbeitnehmer und des Betriebs zusammen.‹
> § 2, Absatz 1 Betriebsverfassungsgesetz

Bilanz, *die* [italienisch ›Gleichgewicht der Waage‹], die auf einen bestimmten Tag, den Bilanzstichtag, bezogene Gegenüberstellung der Aktiva (Vermögen) und Passiva (Eigen- und Fremdkapital) eines Unternehmens. Zusammen mit der Gewinn-und-Verlust-Rechnung (Erfolgsbilanz) bildet die Bilanz den Gesamtabschluss des Rechnungswesens eines Unternehmens für ein Geschäftsjahr (Jahresabschluss).

blanko [zu italienisch bianco ›weiß‹, das heißt unbeschrieben], unvollständig ausgefertigt, z. B. ein Schriftstück oder Dokument. Der Blankoscheck ist zwar unterschrieben, aber wesentliche Erfordernisse (z. B. Schecksumme) sind noch nicht eingetragen.

Bluechip, *der* [ˈbluːtʃɪp; englisch ›blaue Spielmarke‹], amerikanische Bezeichnung für die Spitzenwerte des Aktienmarktes, das heißt für Aktien erstklassiger Unternehmen (vergleichbar den deutschen Standardwerten).
⊕ Der Ausdruck wurde von den Spielchips der Kasinos übernommen, wo blaue Chips besonders teuer sind.

ⓘ BÖRSE

Die Anfänge der Börse reichen in das Altertum zurück, als sich der Handel an den Schiffsanlegestellen, auf dem Markt und in den umliegenden Hallenbauten (Basiliken) abwickelte. In neuerer Zeit wurde aus den ursprünglich formlosen Zusammenkünften eine rechtlich geregelte Einrichtung, teils durch staatliche Gesetzgebung, teils durch Gewohnheitsrecht und Selbstverwaltung. Die Bezeichnung Börse tritt zum ersten Mal im 16. Jh. auf. Die erste internationale Börse war die von Antwerpen (1531). Die bedeutendsten Börsen sind heute die Wertpapierbörsen an den international wichtigsten Börsenplätzen New York, Tokio, London, Frankfurt am Main und Zürich. Der Weltaktienmarkt wird von den USA dominiert.

Böckler, Hans deutscher Gewerkschafter (* 1875, † 1951), war ab 1949 Vorsitzender des DGB. Böckler war maßgeblich am Wiederaufbau der deutschen Gewerkschaften und deren Zusammenschluss im DGB nach dem Zweiten Weltkrieg beteiligt. Als Verfechter der Mitbestimmung vertrat er in den Jahren nach der Währungsreform eine maßvolle Lohnpolitik und trug damit wesentlich zur Entwicklung des Wirtschaftswunders bei.

Bonität [lateinisch bonitas ›Güte‹], die Güte eines Schuldners, das heißt seine Fähigkeit, aufgenommene Kredite einschließlich der Zinsen vereinbarungsgemäß zurückzahlen zu können.

Börse, Markt zum Handel mit Wertpapieren, Devisen und Waren. Sie ist durch Gesetze über die Bör-

Börse Gebäude der Neuen Börse in Frankfurt am Main, Zentrale der Deutschen Börse AG

Börse — Wirtschaft

senaufsicht geregelt, die bestimmen, welche Titel oder Sachen zum Börsenhandel zugelassen sind und wer diesen durchführt.

⊕ Der Name Börse leitet sich angeblich von einer Brügger Kaufmannsfamilie van der Burse ab, vor deren Haus sich Kaufleute zu Geschäftszwecken getroffen haben sollen; der Familienname wird mit niederländisch beurs = Geldbeutel (von lateinisch bursa = Ledersack) in Verbindung gebracht. ⓘ

Börsenkrach, der plötzliche und unerwartete starke Verfall von Börsenkursen.

⊕ Der New Yorker Börsenkrach vom 25. 10. 1929 (›Schwarzer Freitag‹) war der Beginn einer lang andauernden Weltwirtschaftskrise.

⊕ Die 2007/08 aufgetretene Finanzmarktkrise ließ die Börsen weltweit abstürzen und löste eine Weltwirtschaftskrise aus.

Briefkurs, der Kurs an der Wertpapierbörse, zu dem zwar Angebot besteht, aber keine Nachfrage vorliegt (Brief = Angebot); auch der Kurs, zu dem Banken Devisen verkaufen. Gegensatz: Geldkurs.

Broker, *der* [ˈbrəʊkə; englisch], der Börsenmakler; er ist berechtigt, die Kauf- und Verkaufsaufträge an den Wertpapierbörsen auszuführen.

Bruttosozialprodukt, frühere Bezeichnung für Bruttonationaleinkommen (↑ Inlandsprodukt).

Buchführung, die lückenlose Aufzeichnung aller Veränderungen der Vermögenswerte des Eigen- und Fremdkapitals, der Aufwendungen und Erträge sowie der Kosten und Leistungen während eines Berichtszeitraums. Bei der **doppelten Buchführung** werden die jeweiligen Geldwerte sowohl auf der Sollseite (links) eines Kontos als auch auf der Habenseite (rechts) eines Gegenkontos verbucht.

Buchgeld, auch **Giralgeld,** Guthaben bei Banken, über die jederzeit verfügt werden kann.

Call, *der* [kɔːl; englisch], eine ↑ Option zum Kauf, z. B. von Aktien oder Devisen.

Cashflow, *der* [ˈkæʃfləʊ; englisch ›Bargeldfluss‹], Begriff der Finanzanalyse, der den Zahlungsmittelüberschuss angibt, der in einer Periode erwirtschaftet wurde.

Charts [tʃɑːts, englisch], grafische Darstellungen des bisherigen Kursverlaufs und des Umsatzvolumens von einzelnen börsennotierten Aktien oder von Aktienindizes. Bei der Chartanalyse wird unterstellt, dass der Kursverlauf bestimmte Regelmäßigkeiten aufweist, die es ermöglichen, die weitere Entwicklung aus dem bisherigen Verlauf zu schließen.

Computerbörse [kɔmˈpjuːtə(r)...], die Abwicklung von Börsengeschäften mithilfe elektronischer Einrichtungen (auch ↑ XETRA®).

Corporate Identity, *die* [ˈkɔːpərɪt aɪˈdentɪtɪ; englisch ›Unternehmensidentität‹], das einheitliche, unverwechselbare Firmenbild, in dem sich das Selbstverständnis des Unternehmens hinsichtlich Leistungsangebot und Arbeitsweise widerspiegelt.

DAX®, Abkürzung für **D**eutscher **A**ktieninde**x**, ein 1988 eingeführter Aktienindex, der die Kurse von 30 ausgewählten deutschen Aktien (Standardwerten) erfasst und während eines Börsentags fortlaufend an der Frankfurter Wertpapierbörse errechnet wird.

Defizit, *das* [lateinisch deficit ›es fehlt‹], jeder Fehlbetrag, der bei einem Vergleich zwischen Einnahmen und Ausgaben entsteht, z. B. in einem öffentlichen Haushalt oder der Zahlungsbilanz.

Deflation, *die* ein über längere Zeit anhaltendes Absinken der Preise, das eine Kaufkraftsteigerung des Geldes bedeutet. Bei längerem Anhalten kann die Deflation zu einem Rückgang der Konjunktur führen (auch ↑ Inflation).

Depot, *das* [deˈpoː; französisch], bei einer Bank zur Verwahrung und Verwaltung hinterlegte Wertgegenstände oder -papiere.

Depression, *die* die Abschwungsphase (Tiefstand) im ↑ Konjunkturzyklus, die u. a. durch hohe Arbeitslosigkeit und geringe Investitionstätigkeit gekennzeichnet ist.

Deutsche Bahn AG, Abkürzung **DB AG,** privates Unternehmen des Eisenbahnwesens, das zum 1. 1. 1994 im Zuge der Bahnreform gegründet wurde und die Bundesanteile an der Deuschen Bundesbahn übernahm. Unternehmenssitz ist Berlin.

Deutsche Bundesbank, die deutsche Notenbank, ↑ Bundesbank (Kapitel 3).

Deutscher Gewerkschaftsbund ⇒ Kapitel 3.

Devisen, Guthaben und Forderungen, z. B. Schecks, die auf eine fremde Währung lauten und nur im Ausland ausbezahlt werden (auch ↑ Sorten).

Wirtschaft

Devisenkurs, ↑ Wechselkurs.

Dienstleistungen, wirtschaftliche Tätigkeiten, die spezielle Leistungen erbringen wie z. B. die Abwicklung des Zahlungsverkehrs durch eine Bank oder die Verkaufsleistung im Einzelhandel.
Im Unterschied zu den Sachgütern sind Dienstleistungen ›unsichtbare Güter‹, die vergänglich (nicht lagerfähig) und standortgebunden (nicht transportfähig) sind; sie werden gleichzeitig produziert und verbraucht.
➕ In modernen, arbeitsteiligen Industriegesellschaften überwiegt der Dienstleistungssektor (›Dienstleistungsgesellschaften‹).

Disagio, *das* [dis'a:dʒo; italienisch], Abschlag, um den der Preis oder Kurs hinter dem Nennwert eines Wertpapiers oder der Parität einer Geldsorte zurückbleibt; Gegensatz: Agio.

Diskont, *der* [italienisch], der Abzug von Zinsen beim Ankauf einer noch nicht fälligen Forderung, insbesondere von Wechseln, durch Banken.

Diskontsatz, Zinssatz, zu dem die Zinsen für die Restlaufzeit beim Ankauf eines noch nicht fälligen Wechsels durch die Deutsche Bundesbank festgesetzt werden. Der Diskontsatz zählte zu den ↑ Leitzinsen.

Dividende, *die* [lateinisch ›das zu Verteilende‹], Anteil am Reingewinn einer Aktiengesellschaft, der je Aktie jährlich an die Aktionäre ausgeschüttet wird.

Dow-Jones-Aktienindex, *der* [daʊˈdʒəʊnz -], aus dem Durchschnitt der Aktienkurse ausgewählter umsatzstarker Unternehmen an der New York Stock Exchange gebildeter Aktienindex, zu dem traditionell 30 Industrie-, 20 Transport- und 15 Versorgungsunternehmen gehören. Unter dem Dow-Jones-Index wird sowohl der Gesamtindex für alle drei Gruppen (**Composite Average**) verstanden als auch die Subindizes für jede der drei Gruppen: der **Industrial Average,** dem stets eine besondere Aufmerksamkeit zuteil wird, der **Transportation Average** und der **Utility Average.**
➕ Der Dow-Jones-Index wurde nach den amerikanischen Wirtschaftsjournalisten Charles Henry Dow (* 1851, † 1902) und Edward Jones (* 1856, † 1920) benannt.
➕ Der Index wird seit 1928 in seiner heutigen Form errechnet: Summe der täglichen Schlusskurse geteilt durch die Zahl der enthaltenen Aktien.

Dow Jones EURO STOXX 50® [daʊˈdʒəʊnz-], Index, der sich aus 50 Aktienwerten von Unternehmen aus Ländern der Europäischen Währungsunion zusammensetzt. Er wurde Anfang 1998 von der Deutschen Börse AG, der Pariser Börse und der Schweizer Börse sowie dem Unternehmen Dow Jones eingeführt.

Dumping, *das* [ˈdʌmpɪŋ; zu englisch to dump ›hinwerfen‹, ›verschleudern‹], der Export einer Ware zu einem Preis, der unter dem Inlandpreis liegt, um damit einen ausländischen Markt zu erobern.

ECU, *der* Abkürzung für englisch **E**uropean **C**urrency **U**nit [›Europäische Währungseinheit‹], eine künstliche Währung im ↑ Europäischen Währungssystem, die mit der Einführung des Euro abgeschafft wurde.

Effekten, Wertpapiere wie Aktien oder Anleihen.

Effektivverzinsung, die tatsächliche Höhe eines Zinssatzes, in dem alle sonstigen Bedingungen der Verzinsung, z. B. im Fall von Anleihen der Kurs, bei Darlehen u. a. Laufzeit, Auszahlungsbetrag, Nebenkosten und Tilgungsmodalitäten berücksichtigt werden.

Eigenkapital, der Teil des in ein Unternehmen investierten Kapitals, der auf den oder die Eigentümer entfällt; Gegensatz: Fremdkapital.

Einfuhr, ↑ Import.

Einkommen, alle Einnahmen in Geld- oder Sachform, die eine Person, ein Haushalt oder ein Unternehmen während einer bestimmten Zeit, z. B. eines Jahres, hat und die aus Arbeitsleistung (Lohn oder Gehalt), aus Vermögen (Dividende), aus Unterstützung (Sozialhilfe) oder als Pension entstehen.

Einlagen, Geldmittel, die in ein Unternehmen oder eine Bank, in der Regel gegen Zinsen, eingebracht werden.

Embargo, *das* [zu spanisch embargar ›behindern‹], ein aus politischen Gründen verfügtes Handelsverbot mit bestimmten Ländern oder bestimmten Waren.
➕ Das vom Sicherheitsrat der Vereinten Nationen gegen Irak verhängte Handelsembargo soll der Durchsetzung von Völkerrechtsnormen dienen.

Emission, *die* [lateinisch], die Ausgabe von Wertpapieren durch private Unternehmen, öffentliche Körperschaften (z. B. Gemeinden) und Banken. Die

KAPITEL 4

167

Aussteller heißen Emittenten. Der **Emissionskurs** ist der Kurs, zu dem neu ausgegebene Wertpapiere den Anlegern zum Kauf angeboten werden.

Entwicklungshilfe, die Gesamtheit aller staatlichen und privaten Maßnahmen, die von Industrieländern und internationalen Organisationen (Weltbank) zur wirtschaftlichen und sozialen Förderung von Entwicklungsländern getroffen werden.

Entwicklungsländer, Staaten, deren Entwicklungsstand im Vergleich zu dem der Industriestaaten deutlich niedriger ist. Charakteristisch für sie sind vor allem niedriges Pro-Kopf-Einkommen (Bruttosozialprodukt je Einwohner), geringe Arbeitsproduktivität, hohe Arbeitslosen- und Analphabetenquote, mangelhafte Infrastruktur und ein hoher Anteil landwirtschaftlicher Erwerbstätigkeit sowie die Abhängigkeit von Rohstoffexporten und damit vom Preisniveau des Weltmarktes (auch ↑ Dritte Welt, Kapitel 3).

Ergänzungsabgabe, Zuschlag auf die Einkommen- und Körperschaftsteuer, die vollständig dem Bund zusteht, z. B. der seit 1995 erhobene ›Solidaritätszuschlag Deutsche Einheit‹.

Erhard, Ludwig ⇒ Kapitel 2.

ERP-Mittel, zinsgünstige Kredite zur Unterstützung des Mittelstands und für Umweltaufgaben aus dem ERP-Sondervermögen des Bundes. Die Mittel entstammen dem Europäischen Wiederaufbauprogramm (englisch **E**uropean **R**ecovery **P**rogram), das 1948 auf Initiative des amerikanischen Außenministers George C. Marshall (* 1880, † 1959) als Hilfsprogramm für den Aufbau Europas nach dem Zweiten Weltkrieg eingerichtet wurde. Dieser sogenannte **Marshallplan** umfasste rund 13 Milliarden $, wovon die Bundesrepublik Deutschland rund 3,3 Milliarden erhielt und lediglich 1,1 Milliarden zurückzahlen musste. Aus dem Rest wurde das ERP-Sondervermögen gebildet, dessen Mittel zur Vergabe zinsgünstiger Kredite an die deutsche Wirtschaft eingesetzt werden.

Ertrag, die von einem Unternehmen in einer bestimmten Periode, z. B. einem Jahr, durch Erstellung von Gütern erwirtschafteten Einnahmen; Gegensatz: Aufwand.

Ertragsgesetz, der erstmals von dem britischen Wirtschaftswissenschaftler David Ricardo beschriebene Zusammenhang zwischen Aufwand und Ertrag: Nicht jeder zusätzliche Aufwand führt zu einer Erhöhung des Ertrags im gleichen Umfang, sondern im Gegenteil, von einem bestimmten Punkt an, zu dessen Verminderung.

Erwerbspersonen, alle abhängig Beschäftigten und Selbstständigen, die eine Erwerbstätigkeit ausüben oder suchen.

Erwerbsquote, Anteil der Erwerbspersonen an der Bevölkerung eines Landes.

	Währungseinheiten für 1 Euro		Euro für 100 Währungseinheiten	
Belgischer Franc	40,3399	bfr	2,47894	€
Deutsche Mark	1,95583	DM	51,1292	€
Finnmark	5,94573	Fmk	16,8188	€
Französischer Franc	6,55957	FF	15,2449	€
Irisches Pfund	0,787564	Ir£	126,974	€
Italienische Lira	1936,27	Lit	0,516457[1]	€
Luxemburgischer Franc	40,3399	lfr	2,47894	€
Holländischer Gulden	2,20371	hfl	45,3780	€
Österreichischer Schilling	13,7603	S	7,26728	€
Portugiesischer Escudo	200,482	Esc	0,498798	€
Spanische Peseta	166,386	Pta	0,601012	€

[1] Für 1000 Italienische Lira

Die am 31. 12. 1998 unwiderruflich festgelegten Umrechnungskurse des **Euro**

Euro, Abkürzung **EUR,** Zeichen **€,** die Einheitswährung in der Europäischen Union. Der Euro wurde nach In-Kraft-Treten der dritten Stufe der Europäischen Wirtschafts- und Währungsunion am 1. Januar 1999 in den Staaten der Euro-Zone eingeführt und im bargeldlosen Zahlungsverkehr verwendet. Am 1. Januar 2002 wurden auf Euro lautende Banknoten und Münzen ausgegeben und nach dem 30. Juni 2002 verloren die nationalen Banknoten und Münzen ihre Eigenschaft als gesetzliche Zahlungsmittel.

🔴 Es gibt Banknoten zu 5, 10, 20, 50, 100, 200 und 500 Euro und Münzen zu 1 und 2 Euro sowie zu 1, 2, 5, 10, 20 und 50 Cent; 1 Euro = 100 Cent.

Euromarkt, internationaler Finanzmarkt, auf dem Finanztransaktionen in Auslandswährungen durchgeführt werden (z. B. Euro-Yen-Markt).

Europäisches Währungssystem, Abkürzung **EWS,** 1979 in Kraft getretenes Wechselkurssystem der EG-Länder mit dem Ziel, Preise und Wechselkurse zu stabilisieren und über eine gemeinsame Währungspolitik zu einer gemeinsamen Wirtschafts- und Finanzpolitik zu gelangen. Kernstück des EWS bildete die Europäische Währungseinheit (ECU). Mit Beginn der Endstufe der Europäischen Wirtschafts- und Währungsunion hörte das EWS am 1. 1. 1999 in seiner bisherigen Form auf zu existieren. Der ECU wurde im Verhältnis 1 : 1 auf den Euro umgestellt.

Europäische Wirtschafts- und Währungsunion ⇒ Kapitel 3.

Euro-Zone, das Gebiet der 16 Staaten (2009), in denen der Euro gesetzliches Zahlungsmittel ist: Belgien, Deutschland, Finnland, Frankreich, Griechenland, Irland, Italien, Luxemburg, Malta, Niederlande, Österreich, Portugal, Slowakische Republik, Slowenien, Spanien und Zypern.

EWR, Abkürzung für **E**uropäischer **W**irtschafts**r**aum, 1994 in Kraft getretene Vereinbarung zwischen ↑ EFTA (Kapitel 3) und ↑ EG (Kapitel 3) über die Schaffung eines gemeinsamen Binnenmarktes.
➕ Mit einer Bevölkerung von rund 375 Millionen Menschen ist der EWR der weltgrößte Markt von hoch industrialisierten Ländern.

Existenzminimum, steuerrechtlich der Mindestbetrag an Geldmitteln, den eine Person zum Leben benötigt.

Export, *der* auch **Ausfuhr,** die Lieferung von Waren, Dienstleistungen und Kapital in das Ausland. Der Export ist Teil des Außenhandels.

Exportbeschränkungen, alle staatlichen Maßnahmen, durch die Exporte eingeschränkt oder verhindert werden sollen, z. B. ein Embargo.

Festgeld, verzinsliche Geldanlage bei einer Bank mit kurzer Laufzeit (mindestens ein Monat).

Finanzpolitik, alle Maßnahmen der öffentlichen Hand, die wirtschaftspolitischen Zielen dienen, z. B. Konjunkturbelebung oder Umverteilung.

fixe Kosten, alle Kosten, die unabhängig von der Herstellungsmenge sind, z. B. Mieten; Gegensatz: variable Kosten.

Fonds, *der* [fɔ̃; französisch], für einen bestimmten Zweck verfügbares Sondervermögen. So wurden z. B. 1990–94 im Fonds ›Deutsche Einheit‹ Geldmittel für die neuen Bundesländer bereitgestellt (auch ↑ Investmentfonds).

Ford, Henry, amerikanischer Industrieller (* 1863, † 1947), der als Begründer der industriellen Massenfertigung die Herstellung von Automobilen auf dem Fließband und unter Anwendung extremer Arbeitsteilung einführte. Die damit erreichte Verringerung der Stückkosten ermöglichte niedrige Preise und somit einen großen Absatz.
➕ Von dem Modell T (›Tin Lizzy‹) wurden zwischen 1908 und 1927 mehr als 15 Millionen Stück verkauft.

Franchise, *das* [ˈfræntʃaɪz; englisch ›Konzession‹], eine Form der Kooperation zwischen rechtlich selbstständigen Unternehmen. Dabei überlässt der Franchisegeber gegen Entgelt und mit weitgehender Weisungsbefugnis dem Franchisenehmer z. B. das Recht, einen bestimmten Firmennamen zu benutzen oder bestimmte Markenartikel zu vertreiben.

Freibetrag, im Steuerrecht Betrag, der vom steuerpflichtigen Einkommen abgezogen werden kann, z. B. der Kinderfreibetrag.

freier Markt, ein Markt, auf dem sich der Preis für ein Gut nur aufgrund der Nachfrage durch den Wettbewerb zwischen den Anbietern bildet; es besteht also weder ein Monopol, noch beeinflussen staatliche Eingriffe die Preisbildung.

Freihandel, der Austausch von Gütern und Dienstleistungen auf Auslandsmärkten, ohne dass der Staat, z. B. durch die Erhebung von Zöllen, eingreift. Die Idee des Freihandels setzte sich im 19. Jh. vor allem in Großbritannien durch, das an ihr bis 1932 festhielt, während die meisten anderen europäischen Staaten zumindest zeitweise die gegenläufige Politik der Schutzzölle betrieben. Der Freihandel war eine Hauptforderung des Wirtschaftsliberalismus.

Freiverkehr, der Handel mit Wertpapieren, die an der Börse nicht notiert werden.

Fremdkapital, die Schulden eines Unternehmens, deren Höhe sich aus der Differenz zwischen den Vermögenswerten (Anlage- und Umlaufvermögen auf der Aktivseite) und dem Eigenkapital (auf der Passivseite) ergibt. Fremdkapital steht einem Unternehmen nur für eine bestimmte Zeit zur Verfügung, z. B. als Darlehen.

Friedenspflicht, die Verpflichtung der Tarifpartner, während der Laufzeit eines Tarifvertrags Arbeitskampfmaßnahmen zu unterlassen, also nicht zu streiken oder auszusperren.

Friedman, Milton, amerikanischer Wirtschaftswissenschaftler (* 1912, † 2006). Friedman begründete die Wirtschaftstheorie des Monetarismus, die Geldwertstabilität und Wirtschaftswachstum von der Änderung der Geldmenge abhängig macht. Auf ihr baut die ↑ Angebotspolitik auf.

Fusion, *die* [lateinisch ›das Schmelzen‹], der Zusammenschluss zweier oder mehrerer bisher unabhängiger Unternehmen zu einem neuen, rechtlich und wirtschaftlich einheitlichen Unternehmen. Das Bundeskartellamt in Berlin sowie die Europäische Kommission üben eine Fusionskontrolle aus, um Kartelle zu verhindern.

Futures [ˈfjuːtʃəz; englisch, Plural von future ›Zukunft‹], Sammelbezeichnung für standardisierte Terminkontrakte, die an Börsen gehandelt werden. Sie dienen der Spekulation, aber auch der Absicherung von Wechselkurs-, Aktienkurs- oder Zinsänderungsrisiken.

G 7, Bezeichnung für die sieben führenden westlichen Industriestaaten USA, Japan, Deutschland, Großbritannien, Frankreich, Kanada und Italien. Die Staats- und Regierungschefs der G-7-Staaten treffen sich seit 1975 jährlich zum **Weltwirtschaftsgipfel,** auf dem neben globalen Wirtschafts-, Entwicklungs- und Währungsfragen auch wirtschaftlich relevante Sonderprobleme der Weltpolitik erörtert werden. Seit 1997 nimmt auch der Präsident Russlands an den Weltwirtschaftsgipfeln teil **(G 8).** Die Aufnahme Russlands als Vollmitglied in den Kreis der G-8-Staaten steht noch aus (2009).

Garantie, *die* die schriftliche Zusicherung, dass einem Ereignis bestimmte Handlungen folgen. Ein Hersteller z. B. garantiert, dass er Fehler, die innerhalb einer festgelegten Frist an seinem Produkt auftreten und die nicht durch den Kunden verursacht wurden, beseitigt, oder eine Bank sichert die Zahlung einer Schuldsumme zu.

Gates, Bill [geɪts], amerikanischer Computerfachmann und Unternehmer (* 1955). Gates, der bereits als Schüler Computerprogramme entwickelt und vermarktet hatte, gründete 1975 die Firma Microsoft Corp. und baute sie mit einem ausgeprägten Gespür für Marktentwicklungen zu einem weltweit führenden Softwareunternehmen aus.

GATT, Abkürzung für englisch **G**eneral **A**greement on **T**ariffs and **T**rade [›Allgemeine Übereinkunft über Zölle und Handel‹], internationales Handelsabkommen mit dem Ziel, Handelshemmnisse zu beseitigen. Es wurde 1996 durch die ↑ WTO abgelöst.

Gebrauchsgüter, ↑ Verbrauch.

Geld, ein Gut, mit dem andere Güter gekauft werden können (Tauschmittel), in dessen Einheiten (z. B. ein Euro) die Preise berechnet werden (Recheneinheit) und dessen Wert sich aus der Kaufkraft ergibt. Muss ein Gläubiger Geld für die Rückzahlung einer Schuld annehmen, ist es auch gesetzliches Zahlungsmittel.

> **Geld**
> ›Also kam man überein, beim Tausch gegenseitig eine Sache zu geben und zu nehmen, die selbst nützlich und im täglichen Verkehr handlich war, wie Eisen, Silber usw. Zuerst bestimmte man sie einfach nach Größe und Gewicht, schließlich drückte man ein Zeichen auf, um sich das Abmessen zu ersparen.‹
> Aristoteles (›Politika‹) über die Entstehung des Geldes

Geldkurs, Kurs an der Wertpapierbörse, zu dem zwar Nachfrage besteht, aber kein Angebot vorliegt (Geld = Nachfrage); auch der Kurs, zu dem Banken Devisen ankaufen. Gegensatz: Briefkurs.

Geldmenge, der Bestand an sofort verfügbaren Geldmitteln (Bar- und Buchgeld) in einer Volkswirtschaft.
⊕ Die Änderung der Geldmenge beeinflusst die Kaufkraft des Geldes und wird deswegen von der Zentralbank reguliert.

Geldpolitik, die Gesamtheit der Maßnahmen vor allem der Zentralbank, die der Steuerung des Geldumlaufs und der Kreditversorgung einer Volkswirtschaft dienen, z. B. Steuerung der Geldmenge, Änderung der Leitzinsen (Diskont- und Lombardsatz), An- oder Verkauf von Devisen zur Beeinflussung des Wechselkurses.

Geldschöpfung, die Vermehrung der Geldmenge

entweder durch zusätzliche Ausgabe von Banknoten und Münzen durch den Staat oder durch Kreditgewährung des Bankensystems.

🞡 Setzt der Staat die ›Notenpresse‹ zur Zahlung seiner Schulden ein, dann vermehrt er die Geldmenge, ohne dass zusätzliche Güter entstehen, das heißt, er verursacht eine Inflation.

Geldwert, die ↑ Kaufkraft des Geldes.

Gemeinkosten, der Aufwand bei der Herstellung eines Gutes, der sich diesem nicht direkt zurechnen lässt, z. B. Mietkosten für ein Fabrikgebäude.

Gemeinnützigkeit, der rechtliche Sonderstatus einer Vereinigung, z. B. Genossenschaft, die nicht auf Gewinnerzielung ausgerichtet ist, sondern dem Allgemeinwohl dient. Mit ihm können Steuervorteile verbunden sein wie z. B. im Fall gemeinnütziger Baugesellschaften.

Genossenschaft, Gesellschaft mit dem Ziel, einem gemeinsamen Interesse der Gesellschafter (›Genossen‹) zu dienen. Beispiele sind die Volksbanken als Kreditgenossenschaften oder landwirtschaftliche Absatz- und Einkaufsgenossenschaften. Die Genossenschaft ist eine juristische Person; Rechtsform ist seit 1973 die ›eingetragene Genossenschaft‹ (eG).

🞡 Begründer des Genossenschaftswesens waren Friedrich Wilhelm Raiffeisen und Hermann Schulze-Delitzsch.

Geschäftsbericht, der Bericht eines Unternehmens oder eines Konzerns zur Erläuterung des Jahresabschlusses (Bilanz sowie Gewinn-und-Verlust-Rechnung) und zur Darstellung der wirtschaftlichen Lage (Lagebericht).

Gesellschaft, Vereinigung von Personen oder auch Gesellschaften mit dem Ziel, einen gemeinschaftlichen Zweck auf der Grundlage eines Gesellschaftsvertrags zu erreichen (auch ↑ Kapitalgesellschaft, ↑ Personengesellschaft).

Gesellschaft mit beschränkter Haftung, Abkürzung **GmbH**, ↑ Kapitalgesellschaft, deren Gesellschafter am Stammkapital von mindestens 25 000 Euro mit mindestens 100 Euro beteiligt sind und deren Haftung auf die Höhe ihrer Einlage beschränkt ist.

Gewerbe, wirtschaftliche Tätigkeit, die auf Dauer angelegt ist und auf eigene Rechnung, eigene Verantwortung und eigenes Risiko selbstständig erfolgt. Sie richtet sich auf Gewinnerzielung und ist Teil des allgemeinen kaufmännischen Lebens.

Gewerbefreiheit, das dem Einzelnen zustehende Recht, im Rahmen der gesetzlichen Bestimmungen ein Gewerbe zu betreiben.

🞡 Gewerbefreiheit ist ein typisches Merkmal einer Marktwirtschaft.

Gewerkschaft, Vereinigung von Arbeitnehmern mit dem Zweck, deren Interessen gegenüber den Arbeitgebern zu vertreten. Die deutschen Gewerkschaften sind im ↑ Deutschen Gewerkschaftsbund (Kapitel 3) zusammengeschlossen.

Gewinn, Zweck der wirtschaftlichen Tätigkeit, der erreicht ist, wenn die Aufwendungen geringer sind als der Ertrag.

Gewinn-und-Verlust-Rechnung, Abkürzung **GuV**, die Gegenüberstellung sämtlicher Aufwendungen und Erträge eines Unternehmens während eines Geschäftsjahres. Sie dient der Ermittlung des Gewinns.

Giralgeld [ʒi...], ↑ Buchgeld.

Giro, *das* [ˈʒiːro; italienisch ›Kreis‹], die Überweisung von Geld im bargeldlosen Zahlungsverkehr.

Globalisierung, Bezeichnung für die zunehmende Entstehung weltweiter Märkte für Waren, Kapital und Dienstleistungen sowie die damit verbundene internationale Verflechtung der Volkswirtschaften.

GmbH, Abkürzung für ↑ **G**esellschaft **m**it **b**eschränkter **H**aftung.

Greenspan, Alan [ˈgriːnspæn], amerikanischer Wirtschaftsfachmann (*1926), 1987–2006 Vorsitzender der amerikanischen Notenbank. Er wurde vor allem für seine entschiedene Antiinflationspolitik bekannt.

Grenzkosten, die zusätzlichen Kosten, die bei der Herstellung einer zusätzlichen Gütereinheit entstehen (auch ↑ Ertragsgesetz).

Grenznutzen, der zusätzliche Nutzen, der aus dem Verbrauch einer zusätzlichen Gütereinheit resultiert (auch ↑ Ertragsgesetz).

Grundschuld, Belastung eines Grundstücks zugunsten eines Gläubigers zur Absicherung von dessen Geldforderung. Die Grundschuld wird im Grundbuch vermerkt.

Haftung, Verantwortlichkeit für die Übernahme eines Vermögensschadens.

Handelsbilanz, die Darstellung der Aus- und Einfuhr von Gütern im Rahmen der Zahlungsbilanz eines Landes. Die Handelsbilanz eines Unternehmens ist eine Bilanz, die nach handelsrechtlichen, aber ohne Berücksichtigung der steuerlichen Vorschriften erstellt wurde.

Handelshemmnis, jede Einschränkung des internationalen Freihandels, z. B. durch Zölle, Einfuhr- und Ausfuhrverbote, Mengenbeschränkung oder durch Sanktionen, aber auch durch unterschiedliche Rechts- oder Kulturkreise und Wirtschaftsordnungen.

Handelsregister, beim Amtsgericht geführtes Verzeichnis aller Vollkaufleute. Im Handelsregister eingetragen werden auch die Personengesellschaften sowie die Kapitalgesellschaften GmbH und Aktiengesellschaft mit ihren Besitz- und Vertretungsverhältnissen.

Harmonisierung, im weiteren Sinn Bezeichnung für die Abstimmung konjunktur-, finanz-, sozial- und außenwirtschaftspolitischer Maßnahmen verschiedener Staaten im Sinne einer gemeinsamen Wirtschaftspolitik. Im engeren Sinn die Angleichung der Rechts- und Verwaltungsvorschriften innerhalb der Europäischen Union, besonders mit Blick auf die Vollendung der Europäischen Wirtschafts- und Währungsunion.

Haushalt, jede wirtschaftlich selbstständige Einheit, die über eigene Einkünfte verfügt und ihre Ausgaben bestimmt, also der Privathaushalt oder ein öffentlicher Haushalt.

Hausse, *die* [hoːs; französisch ›Erhöhung‹], andauernder Kursanstieg an Börsen, im Gegensatz zur Baisse.

Holding, *die* [ˈhəʊldɪŋ; von englisch to hold ›halten‹], Gesellschaft mit dem alleinigen Zweck, Beteiligungen an anderen Gesellschaften zu halten. Sie stellt also z. B. keine Güter her.

Homo oeconomicus, *der* [lateinisch], Begriff der klassischen Nationalökonomie: ein ausschließlich nach wirtschaftlichen Zweckmäßigkeitserwägungen handelnder Mensch.

Humankapital, die wirtschaftlich nutzbaren Fähigkeiten und Kenntnisse Einzelner oder von Personengruppen, die entweder natürlich vorhanden sind (Begabung) oder durch Ausbildung erworben wurden.

Hypothek, *die* [griechisch ›Unterpfand‹], die Belastung eines Grundstücks zur Sicherung einer Geldforderung, die mit diesem Grundstück verbunden ist, also z. B. bei seinem Erwerb entstanden ist.

Import, *der* auch **Einfuhr,** der Bezug von Waren, Dienstleistungen und Kapital aus dem Ausland. Der Import ist Teil des Außenhandels.

Importbeschränkungen, staatliche Maßnahmen (z. B. Zölle, Mindestpreise, Mengenbegrenzung) zur Begrenzung von Importen mit dem Ziel, den Binnenmarkt zu schützen.

Importquote, Anteil des Imports am Inlandsprodukt. Die Importquote zeigt den Umfang der Abhängigkeit eines Landes vom Ausland an.

Index, *der* [lateinisch ›Verzeichnis‹], statistischer Messwert, der die Veränderungen bestimmter wirtschaftlicher Größen wie der Preise im Lebenshaltungskostenindex oder der Kurse im DAX® ausdrückt.

Industrieländer, Länder, die über eine arbeitsteilige Wirtschaft mit hoher Produktivität, ein hohes Pro-Kopf-Einkommen, hohes Bildungsniveau, ausreichende Kapitalbildung und konvertible Währungen verfügen und rege außenwirtschaftliche Beziehungen unterhalten.

Inflation, *die* [lateinisch ›das Sichaufblasen‹], Preiserhöhungen, die bei länger dauerndem Überschuss der Nachfrage über das Angebot entstehen und die zu einem Verlust von Kaufkraft führen.
🔴 Eine der schlimmsten Inflationen herrschte in Deutschland 1922/23.

Inhaberpapier, Wertpapier, das den Besitzer ohne Nachweis der Verfügungsberechtigung zur Ausübung aller verbrieften Rechte berechtigt (z. B. Pfandbriefe, Obligationen, Inhaberaktien, Lotterielose) im Unterschied zur Namensaktie, bei der das Recht am Wertpapier nur dem namentlich genannten Eigentümer zusteht.

Inlandsprodukt, der zusammengefasste Wert aller Waren und Dienstleistungen, die innerhalb einer abgeschlossenen Periode (z. B. Jahr, Quartal) in einer

Volkswirtschaft produziert wurden. Erfasst wird dabei die im Inland erbrachte Wirtschaftsleistung, unabhängig davon, ob sie durch Inländer oder Ausländer erstellt wurde (›Inlandskonzept‹). In der Regel wird das Inlandsprodukt als **Bruttoinlandsprodukt** zu Marktpreisen ausgewiesen. Zieht man davon die gesamtwirtschaftlichen Abschreibungen ab, erhält man das **Nettoinlandsprodukt**.

Ein dem Inlandsprodukt eng verwandtes Konzept ist das **Nationaleinkommen,** das bis zur Einführung des Europäischen Systems Volkswirtschaftlicher Gesamtrechnungen als Sozialprodukt bezeichnet wurde. Im Unterschied zum Inlandsprodukt erfasst das Nationaleinkommen die Wirtschaftsleistung aller Inländer, unabhängig davon, ob die Leistung im Inland oder im Ausland erstellt wurde (›Inländerkonzept‹).

Input, *der* [englisch ›Eingabe‹], Bezeichnung für alle Güter und Leistungen, die bei der Herstellung von Gütern verwendet werden.

Insidergeschäfte [ˈɪnsaɪdə...; englisch ›Eingeweihter‹], Wertpapiergeschäfte, bei denen Personen, die aufgrund ihrer Stellung zur Wahrung der Vertraulichkeit verpflichtet sind, vertrauliche oder nicht öffentlich zugängliche, erheblich kursrelevante Informationen, z. B. über Unternehmensfusionen, zum eigenen Vorteil ausnutzen. Insidergeschäfte sind in Deutschland seit 1994 strafbar.

Insolvenz, *die* die Zahlungsunfähigkeit. Im **Insolvenzverfahren** werden alle Vermögenswerte eines zahlungsunfähigen (insolventen) Schuldners zur gemeinschaftlichen Befriedigung der Gläubiger verwertet.

Internationaler Währungsfonds, Abkürzung **IWF,** Organisation der Vereinten Nationen, der über 180 Länder angehören, mit Sitz in Washington. Ziel des IWF ist es, den Welthandel zu fördern, die Währungen international zu stabilisieren und Devisenkredite an Entwicklungsländer zu gewähren.
🔴 Wegen seiner strengen Kreditpolitik, die die Entwicklungsländer belastet und deren Wirtschaft erheblich beeinflusst, wird der IWF teilweise heftig kritisiert.

Inventar, *das* [lateinisch], der Bestand eines Unternehmens an Vermögen und Verbindlichkeiten an einem bestimmten Tag. Inventar nennt man auch die Einrichtungsgegenstände.

Investition, *die* [zu lateinisch investire ›ausstatten‹], jede Verwendung von Geldvermögen, die nicht dem unmittelbaren Verbrauch dient, sondern auf die Erhaltung, Erweiterung oder Verbesserung des Bestandes an Produktionsmitteln ausgerichtet ist, z. B. Kauf von Maschinen, Errichtung von Fabrikgebäuden, Erwerb von Beteiligungen.

Investitionsgüter, im Gegensatz zu Verbrauchsgütern solche Güter, die langfristig genutzt werden können, z. B. Maschinen.

Investmentfonds, Kapitalanlagegesellschaft, die die ihr von ihren Kunden anvertrauten Gelder getrennt von ihrem eigenen Vermögen in Wertpapieren oder Immobilien anlegt. Die Kunden erhalten ein Investmentzertifikat, in dem das Miteigentum am Fondsvermögen verbrieft ist.

Jahreswirtschaftsbericht, Bericht der Bundesregierung zur wirtschaftlichen Lage und Entwicklung.

Jobsharing, *das* [ˈdʒɔbʃeərɪŋ; englisch ›Arbeitsplatzteilung‹], eine Form der Teilzeitarbeit, bei der sich zwei oder mehrere Beschäftigte einen Arbeitsplatz teilen.

Joint Venture, *das* [ˈdʒɔɪnt ˈventʃə; englisch ›Gemeinschaftsunternehmen‹], Zusammenarbeit von Unternehmen, die gemeinsam einen wirtschaftlichen Zweck verfolgen, den ein Partner allein nicht erreichen kann.
🔴 Joint Ventures werden oft in Entwicklungsländern vereinbart. Dabei stellt z. B. der eine Partner Marktkenntnisse, Grundstücke und Arbeitskräfte zur Verfügung, der andere Partner bringt Kapital, seine Erfahrung (Know-how) und Technik ein.

Junk-Bond, *der* [ˈdʒʌŋk...; englisch ›Ramschanleihe‹], ein mit hohem Risiko behaftetes Wertpapier, das deshalb hoch verzinst ist; entstanden in den USA zur Finanzierung der Übernahme von Unternehmen mit dem Zweck, später Teile mit hohen Gewinnen zu veräußern.

Kalkulation, *die* Erfassung sämtlicher Kosten, die bei der Herstellung eines Gutes entstehen (werden). Sie ist Grundlage des Angebotspreises.

Kapital, neben Arbeit und Boden einer der Produktionsfaktoren, die zur Erzeugung des Inlandsprodukts dienen. Kapital werden auch die Sach- und Finanzmittel genannt, die einem Unternehmen zur Verfügung stehen. Außerdem bezeichnet man die

Passiva, die in der Bilanz dem Vermögen gegenüberstehen, als Kapital.

Kapitalflucht, der Abzug von Kapital aus einem Markt oder einem Land, wenn diese als unsicher angesehen werden.

Kapitalgesellschaft, Gesellschaft mit eigener Rechtspersönlichkeit (↑ juristische Person, Kapitel 3), bei der die Kapitalbeteiligung und nicht z. B. die Mitarbeit im Vordergrund der Mitgliedschaft steht. Die Haftung der Gesellschafter ist auf die Höhe ihrer Einlage beschränkt. Kapitalgesellschaften sind die Aktiengesellschaft, die GmbH und die Kommanditgesellschaft auf Aktien (KGaA).

kapitalintensiv, ein Gut, zu dessen Herstellung mehr Kapital als Arbeit erforderlich ist.

Kapitalismus ⇒ Kapitel 3.

Kapitalmarkt, Markt für langfristige Kredite und Kapitalanlagen (z. B. Anleihen). Er ist entweder als Börse organisiert oder ein freier Kapitalmarkt.

Kartell, *das* Zusammenschluss von Unternehmen zum Zweck der Marktbeherrschung, wobei die Unternehmen selbstständig bleiben.
🟠 Kartelle sind in Deutschland grundsätzlich verboten und werden nur in Ausnahmefällen vom Bundeskartellamt oder der Europäischen Kommission genehmigt.

Kassageschäft, ein Börsengeschäft, das sofort zu erfüllen ist; Gegensatz: Termingeschäft.

Käufermarkt, Markt, auf dem die Nachfrage geringer ist als das Angebot, was zu Preissenkungen führen kann; Gegensatz: Verkäufermarkt.

Kaufkraft, die Menge von Gütern, die für eine bestimmte Menge von Geld gekauft werden kann.

Kaufmann, jeder, der ein Gewerbe selbstständig betreibt (Istkaufmann) sowie jeder, dessen Unternehmen als Handelsgewerbe gilt, das heißt, wenn die Firma des Unternehmens im Handelsregister eingetragen ist (Kannkaufmann).

Keynes, John Maynard [keɪnz], britischer Wirtschaftswissenschaftler, Diplomat, Publizist und Unternehmer (* 1883, † 1946). Keynes war 1915 Berater des britischen Schatzamts, dessen Delegation zu den Versailler Friedensverhandlungen er leitete; ab 1920 beriet er die britische Regierung in Wirtschafts- und Währungsfragen. Mit seinem Hauptwerk ›Die allgemeine Theorie der Beschäftigung, des Zinses und des Geldes‹ (1936) begründete er eine neue Richtung der Volkswirtschaftslehre als moderne Wirtschaftstheorie.

Keynesianismus, *der* [keɪnz...], auf John Maynard Keynes zurückgehende Wirtschaftspolitik, die den Grund für wirtschaftliche Krisen in einer zu geringen Nachfrage sieht. Werde diese z. B. durch öffentliche Nachfrage wie den Straßenbau angeregt, so erfolge durch den Multiplikatoreffekt eine Belebung der Nachfrage insgesamt und damit eine Erholung der Konjunktur. Gegensatz: Angebotspolitik.

Kommanditgesellschaft [französisch commandite ›Geschäftsanteil‹], Abkürzung **KG,** Gesellschaft zum Betrieb eines Handelsgewerbes unter gemeinschaftlicher Firma ohne eigene Rechtspersönlichkeit (↑ juristische Person, Kapitel 3) mit zwei Arten von Gesellschaftern: den Vollhaftern (Komplementären), die persönlich haften, und den Teilhaftern (Kommanditisten), deren Haftung auf die Höhe ihrer Einlagen beschränkt ist.

Kommanditgesellschaft auf Aktien, Abkürzung **KGaA,** Gesellschaft mit eigener Rechtspersönlichkeit (↑ juristische Person, Kapitel 3) und mit einem in Aktien zerlegten Grundkapital, für deren Schulden mindestens ein Gesellschafter persönlich und unbeschränkt haftet, während die übrigen Gesellschafter mit Aktien am Grundkapital beteiligt sind.

Kommunalanleihen, von Städten, Gemeinden oder Gemeindeverbänden ausgegebene Anleihen. Sie dienen der Finanzierung von Investitionen der öffentlichen Hand.

Konjunktur, *die* [mittellateinisch ›Verbindung‹], die allgemeine wirtschaftliche Lage eines Landes, besonders im Hinblick auf Wachstum und Beschäftigung.

Konjunkturpolitik, ↑ Wirtschaftspolitik.

Konjunkturzyklus, der Zeitraum, in dem die wirtschaftliche Entwicklung vier Phasen durchläuft: einen Aufschwung bis zu ihrem Höchststand (Boom) sowie einen Abschwung (Rezession) bis zu ihrem erneuten Tiefststand (Depression).

Konkurs, *der* [lateinisch concursus ›das Zusammenlaufen (der Gläubiger)‹], nach früherem Recht die Zwangsvollstreckung in das gesamte Vermögen des wirtschaftlich zusammengebrochenen Schuldners. An ihre Stelle trat 1999 das Insolvenzverfahren (↑ Insolvenz).

Konsum, *der* [lateinisch], ↑ Verbrauch.

Konvertibilität, *die* [zu lateinisch convertere ›umwenden‹], die Möglichkeit, eine Währung ohne Beschränkungen gegen eine andere umzutauschen und diese dann zu verwenden. Konvertibilität ist eine wesentliche Voraussetzung für den freien internationalen Güter- und Zahlungsverkehr.

Konzern, Zusammenschluss mehrerer rechtlich selbstständiger und selbstständig bleibender Unternehmen zu einer wirtschaftlichen Einheit, die unter einheitlicher Leitung, oft einer Holding, steht.

Kosten, in Geld bewerteter Einsatz von Gütern und Dienstleistungen zur Herstellung eines Gutes.

Kredit, *der* [lateinisch ›das leihweise Anvertraute‹], die zeitlich begrenzte Überlassung von Geld gegen Zahlung eines Zinses.

Krupp, Alfred deutscher Unternehmer (* 1812, † 1887), baute die 1811 von seinem Vater Friedrich (* 1787, † 1826) gegründete Gussstahlfabrik zur größten der Welt aus. Er führte neue Technologien (z. B. das Bessemerverfahren zur Stahlherstellung) ein und erlangte Weltruf mit einer Reihe von hochwertigen Stahlprodukten und seiner Waffenproduktion. Seine vorbildlichen Sozialleistungen (Kranken- und Pensionskassen, Werkswohnungen, Krankenhäuser, Konsumanstalt) waren richtungweisend für die deutsche Sozialpolitik im 19. Jahrhundert.

Alfred Krupp

🔴 Der Konzern Friedr. Krupp AG Hoesch-Krupp mit Sitz in Essen ist heute ein Technologie-Unternehmen, an dem die gemeinnützige Krupp-Stiftung wesentlich beteiligt ist.

Kupon, *der* [ku'pɔŋ; französisch], ein Aktien als Dividendenschein oder festverzinslichen Wertpapieren als Zinsschein beigefügtes Dokument, gegen dessen Vorlage Banken die Dividende oder den Zins auszahlen.

Kurs, der Preis von Wertpapieren, Devisen und Waren, die an der Börse gehandelt werden. Er wird täglich im Kurszettel festgestellt und veröffentlicht. Der Begriff Börsenkurs wurde offiziell durch die Bezeichnung ›Börsenpreis‹ ersetzt.

Kurszettel, eine regelmäßig (börsentäglich) erscheinende Aufstellung über die Preise von Wertpapieren, bestimmten Waren oder Rohstoffen.

Kurzarbeit, die vorübergehende Verringerung der betriebsüblichen Arbeitszeit um mindestens 10%. Sind die Gründe für die Kurzarbeit wirtschaftlich unvermeidbar, hat der Arbeitnehmer Anspruch auf Kurzarbeitergeld. Zweck von Kurzarbeit ist die Erhaltung der Arbeitsplätze, wenn wegen Auftragsmangel nicht genug Arbeit vorhanden ist.

Lagebericht, von einer Kapitalgesellschaft zusätzlich zum Jahresbericht (Bilanz und Gewinn-und-Verlust-Rechnung) zu erstellender Bericht über die tatsächlichen Verhältnisse des Unternehmens. Dabei ist auch auf die Risiken der künftigen Entwicklung einzugehen.

Länderfinanzausgleich, der vom Grundgesetz vorgeschriebene Ausgleich zwischen steuerstarken und steuerschwachen Bundesländern bei der Verteilung des Steueraufkommens.

Landesbanken, regionale öffentlich-rechtliche Kreditinstitute, die als Universalbanken die einzelnen Bundesländer mit Krediten versorgen, z. B. Hessische Landesbank. Sie gehören zur Sparkassenorganisation.

Leasing, *das* ['li:zɪŋ; englisch to lease ›vermieten‹], eine besondere Vertragsform der Vermietung von meist hochwertigen Gütern (z. B. Maschinen, Kraftfahrzeuge), bei der dem Leasingnehmer gegen eine fest vereinbarte Rate die Nutzung des Wirtschaftsgutes gestattet wird.

Lebenshaltungskosten-Index, Kennziffer für den Geldaufwand eines Haushalts für Ernährung, Wohnung, Heizung, Kleidung, Verkehrsmittel, aber auch für kulturelle Bedürfnisse. Seine Änderungen spiegeln die Änderungen der Kaufkraft wider.

Leitwährung, eine Währung, die auf internationalen Geld-, Devisen-, Kapital- und Rohstoffmärkten gegenüber anderen Währungen eine herausragende Rolle spielt. An ihr orientieren sich deshalb andere Länder in ihrer Geldpolitik.

🔴 Bis zum Zweiten Weltkrieg nahm das britische Pfund die Rolle einer weltweiten Leitwährung ein, nach dem Zweiten Weltkrieg wurde es vom US-Dollar abgelöst.

Leitzins, ein Zinssatz, an dessen Höhe sich andere Zinssätze ausrichten. Die Anhebung oder Senkung des Leitzinses durch die Zentralbank signalisiert deren geldpolitischen Kurs.

Liquidation, *die* [lateinisch ›das Flüssigmachen‹], die Auflösung eines Unternehmens vor allem durch Verkauf aller Vermögenswerte.

Liquidität, die Fähigkeit eines Unternehmens, seine Zahlungsverpflichtungen rechtzeitig zu erfüllen.

List, Friedrich deutscher Wirtschaftswissenschaftler und Politiker (* 1789, † 1846). List war ein Vorkämpfer für die Aufhebung der innerdeutschen Zölle und damit für den ersten ›gemeinsamen Markt‹ innerhalb des zersplitterten Deutschland im 19. Jh. (Deutscher Zollverein). Auf ihn geht die Schutzzolltheorie zurück, nach der Ländern für die Anfangszeit ihrer wirtschaftlichen Entwicklung Schutz vor höher entwickelten Ländern gewährt werden soll.

Friedrich List

Lizenz, *die* [lateinisch ›Erlaubnis‹], die Erlaubnis, das Recht eines anderen zu nutzen, z. B. Güter nach einem patentierten Verfahren herzustellen. Dafür ist meist eine Lizenzgebühr zu bezahlen.

Lohn, Entgelt für Arbeit, das entweder auf einen bestimmten Zeitraum (Zeitlohn) oder auf eine bestimmte Leistung (Akkord-, Stück- oder Leistungslohn) bezogen gezahlt wird.

Lohnnebenkosten, ↑ Personalkosten.

Lohn-Preis-Spirale, die Wirkung von Preiserhöhungen auf Lohnforderungen und umgekehrt: Verringern Preiserhöhungen die Kaufkraft, führt dies zu Lohnerhöhungen. Sind diese höher als der Produktivitätsfortschritt, ergeben sich wiederum Preiserhöhungen, was schließlich zu einer ↑ Inflation führt.

Lohnquote, der prozentuale Anteil sämtlicher Einkommen aus unselbstständiger Arbeit am Volkseinkommen.

Lombardsatz, einer der Leitzinsen, über die die Deutsche Bundesbank verfügte.

Makler, Person, die ein Geschäft gegen Zahlung einer Provision vermittelt oder nachweist.

Makroökonomie, der Bereich der Wirtschaftswissenschaft, der sich mit volkswirtschaftlichen Gesamtgrößen (Inlandsprodukt, Beschäftigung, Investition) befasst.

Malthus, Thomas britischer Wirtschaftswissenschaftler (* 1766, † 1834), der vor allem durch seine pessimistische Bevölkerungslehre bekannt wurde. Er führte das menschliche Elend seiner Zeit auf das Anwachsen der Bevölkerung zurück, die stets die Tendenz zeige, schneller als der Nahrungsmittelspielraum zu wachsen.

Management, *das* ['mænɪdʒmənt; zu englisch to manage ›handhaben‹, ›leiten‹], das Ausüben von Leitungs- und Führungsfunktionen. Es umfasst die Bestimmung der Unternehmensziele und die Entscheidung über den einzuschlagenden Weg, um diese Ziele zu erreichen. Als Management bezeichnet man auch alle Personen, die in einem Unternehmen Leitungsaufgaben haben.

Management-Buy-out, *das* ['mænɪdʒmənt baɪ-'aʊt], die Übernahme eines Unternehmens durch dessen leitende Angestellte.

Marketing, *das* [zu englisch to market ›Handel treiben‹], alle für den Absatz eines Gutes erforderlichen Unternehmensentscheidungen wie Festsetzung des Preises, Produktgestaltung oder Werbung.

Markt [zu lateinisch mercatus ›Handel‹, ›(Jahr)markt‹], allgemein der Platz, an dem sich Käufer und

Marktformen			
Anbieter	Nachfrager		
	viele kleine	wenige mittlere	ein großer
viele kleine	vollständige Konkurrenz (Polypol)	Nachfrageoligopol (Oligopson)	Nachfragemonopol (Monopson)
wenige mittlere	Angebotsoligopol (Oligopol)	zweiseitiges Oligopol	beschränktes Nachfragemonopol
ein großer	Angebotsmonopol (Monopol)	beschränktes Angebotsmonopol	zweiseitiges Monopol

Verkäufer zu Handelszwecken treffen, z. B. der Marktplatz. In den Wirtschaftswissenschaften bezeichnet man als Markt das Zusammentreffen von Angebot und Nachfrage, die durch den Preis ausgeglichen werden.

Marktwirtschaft, Wirtschaftsordnung, in der Art und Umfang der Produktion und die Verteilung der Produktionsergebnisse primär über den Markt gesteuert werden. Dort wird entschieden, welche Gütermengen von wem hergestellt werden, welcher Preis sich aus Angebot und Nachfrage bildet und wie die Einkommen auf Selbstständige und Unselbstständige verteilt werden. Im klassischen Idealmodell einer **freien Marktwirtschaft** führt das auf persönlichen Vorteil gerichtete ökonomische Verhalten der Einzelnen über freie Konkurrenz zugleich zum höchsten Wohlstand für die Gesellschaft. Eine besondere Form ist die in Deutschland eingeführte ↑ soziale Marktwirtschaft.

Meistbegünstigung, eine Vereinbarung im internationalen Handel, wonach ein Land einem anderen alle handelspolitischen Vorteile einräumt, die einem anderen (dritten) Staat bereits zugestanden wurden. Sie verhindert die Benachteiligung einzelner Staaten im internationalen Handel.

Merkantilismus ⇒ Kapitel 1.

Mikroökonomie, der Bereich der Wirtschaftswissenschaft, der sich mit den wirtschaftlichen Aktivitäten der Unternehmen und der privaten Haushalte befasst.

Mindestreserven, ein bestimmter Anteil ihrer Kundeneinlagen, den Banken zinslos bei der Zentralbank unterhalten müssen.

Mitbestimmung ⇒ Kapitel 3.

Monetarismus, *der* [zu lateinisch moneta ›Münze‹, ›Münzstätte‹], auf Milton Friedman zurückgehende Konzeption, welche die Geldpolitik in den Mittelpunkt der wirtschaftspolitischen Steuerung stellt und Wachstum und Beschäftigung eines Landes von der Entwicklung der Geldmenge abhängig macht.

Monopol, *das* [griechisch ›Alleinverkauf‹], Marktform, bei der nur ein Anbieter (Monopolist) auf einem bestimmten Markt auftritt.
➕ In Deutschland liegt z. B. das Branntweinmonopol beim Staat; andere Staatsmonopole, wie z. B. das Fernmeldemonopol, wurden aufgehoben.

multinationale Unternehmen, Konzerne, deren Tochtergesellschaften in mehreren Ländern, oft weltweit, tätig sind.

mündelsicher, Form der Kapitalanlage in besonders sicheren Wertpapieren, z. B. Pfandbriefen.

Nachbörse, Börsengeschäft, das nach Ende der offiziellen Börsenzeit (als Teil des Freiverkehrs) zwischen Banken abgewickelt wird.

Nachfrage, die Gesamtmenge der Güter und Dienstleistungen, die Käufer (Nachfrager) auf einem Markt abnehmen wollen.

NASDAQ [Abkürzung für englisch **N**ational **A**ssociation of **S**ecurities **D**ealers **A**utomated **Q**uotations System], ein seit 1971 betriebenes elektronisches Kursinformations- und Handelssystem mit Sitz New York. Die NASDAQ, eine reine Computerbörse, gilt als wichtigster Markt für Technologiewerte.

Nationaleinkommen, ↑ Inlandsprodukt.

Neckermann, Josef deutscher Unternehmer (* 1912, † 1991). Er gilt als typischer Vertreter des Konkurrenzgedankens zum Nutzen des Verbrauchers, denn mit seinem Versandhaus, einem Reiseunternehmen und einer Fertighausgesellschaft ermöglichte Neckermann neuen, vor allem sozial schwächeren Käuferschichten den Kauf ansonsten relativ teurer Güter und Dienstleistungen.
➕ Neckermann, der als Dressurreiter mehrere Olympia-Medaillen gewann, war Initiator der Deutschen Sporthilfe.
➕ ›Neckermann macht's möglich‹ – dieser Werbeslogan des Versandhausunternehmens aus den 1960er-Jahren wurde zum geflügelten Wort.

Nennwert, der auf Münzen, Banknoten oder Wertpapieren angegebene Wert (Betrag in Geldeinheiten). Bei Aktien bezeichnet er den Anteil am Grundkapital, bei Anleihen die Höhe der Forderung des Inhabers gegen den Emittenten. Nennwerte weichen häufig von Kurswerten ab.

Neuer Markt, 1997 eröffnetes Handelssegment der Deutschen Börse AG, das es Anlegern ermöglichte, gezielt in Aktien junger, wachstumsorientierter Unternehmen aus Zukunftsbranchen (z. B. Biotechnologie, Multimedia) zu investieren. Diese Unternehmen hatten damit die Möglichkeit, Risikokapital zu erhalten. Der Neue Markt wurde Ende 2003 eingestellt.

New Economy, *die* [njuː ɪˈkɔnəmɪ; englisch ›neue Wirtschaft‹], Wirtschaftsbereich, der vor allem neue, innovative und wachstumsorientierte Unternehmen aus Zukunftsbranchen (z. B. Biotechnologie, Informationstechnologie, Telekommunikation, Multimedia) umfasst. Charakteristisch sind u. a. forschungsintensive Produkte, flache Hierarchien und neue Formen des Marktverhaltens.

Nikkei-Index, Kursindex der Tokioter Börse, der auf den Kursen von 225 Aktien basiert.

Nominallohn, in Währungseinheiten angegebener Lohn ohne Berücksichtigung seiner Kaufkraft; Gegensatz: Reallohn.

Nominalzins, der auf den Nennwert einer Verbindlichkeit, vor allem einer Schuldverschreibung, bezogene Zinssatz. Wird die Schuldverschreibung zu einem unter (über) dem Nennwert liegenden Preis erworben, so ist die tatsächliche Verzinsung (Effektivverzinsung) der eingesetzten Mittel höher (niedriger) als der Nominalzins.

No-Name-Produkte [ˈnəʊneɪm-; englisch no name ›kein Name‹], Verbrauchsgüter, die ohne Hinweis auf einen Hersteller in meist einfacher Verpackung und zu niedrigen Preisen angeboten werden. In Abgrenzung von Markenartikeln werden sie auch als ›weiße Marken‹ bezeichnet.

Notenbank, ↑ Zentralbank.

Notierung, die Feststellung des amtlichen Börsenpreises für Wertpapiere, Devisen und Waren.

Nullkupon-Anleihe, ↑ Zerobond.

Nullwachstum, Zustand einer Volkswirtschaft, in dem die wichtigen Bestandsgrößen wie Bevölkerung oder Kapital dadurch gleich bleiben, dass Zugänge durch Abgänge ausgeglichen werden.
➕ Die Forderung nach Nullwachstum wurde im Rahmen der Diskussion über die Zukunft der Erde erhoben, die das Gutachten ›Die Grenzen des Wachstums‹ für den Club of Rome 1972 ausgelöst hat.

Nummernkonto, Bankkonto, das ausschließlich unter einer Nummer geführt wird, sodass Namen und Anschrift des Inhabers den Bankmitarbeitern nicht bekannt sind.
➕ In Deutschland sind Nummernkonten nicht erlaubt.

Nutzen, die Fähigkeit eines Gutes, zur Bedürfnisbefriedigung beizutragen.

Obligation, *die* [lateinisch ›Verpflichtung‹], die ↑ Schuldverschreibung.

Obligo, *das* die Haftung, die sich aus der Ausstellung oder Übertragung eines Wechsels ergibt.
➕ ›Ohne Obligo‹ werden Auskünfte gegeben, wenn deren Inhalt nicht verbürgt werden kann.

offene Handelsgesellschaft, Abkürzung **OHG,** Personengesellschaft, deren Gesellschafter unbeschränkt, das heißt mit ihrem gesamten Vermögen, für die Verbindlichkeiten der Gesellschaft einzeln haften.

Offenmarktpolitik, ein Mittel der Geld- und Kreditpolitik, mit dem das Geld- und Kreditvolumen reguliert werden kann. Die Zentralbank kauft (verkauft) festverzinsliche Wertpapiere und erhöht (senkt) damit die Geldmenge bei den privaten Kreditinstituten.

öffentlicher Sektor, der Wirtschaftsbereich des Staates; Gegensatz: privater Sektor.

Offshoregeschäft [ˈɔfʃɔː...; englisch off shore ›vor der Küste‹], Bezeichnung für jede wirtschaftliche Tätigkeit außerhalb nationaler Grenzen mit dem Zweck, nationalen Beschränkungen auszuweichen.

Ökonomie, *die* [griechisch ›Haushaltung‹], die Wirtschaftswissenschaft (↑ Makroökonomie, ↑ Mikroökonomie); auch die wirtschaftliche Struktur eines bestimmten Gebietes.

ökonomisches Prinzip, ↑ Wirtschaftlichkeitsprinzip.

Oligopol, *das* [griechisch], Marktform, bei der einige wenige Anbieter einer Vielzahl von Nachfragern gegenüberstehen, z. B. wenige Automobilfabriken der Vielzahl der Autokäufer.

Option, *die* [lateinisch ›freier Wille‹, ›Belieben‹], das Recht, aber nicht die Verpflichtung, gegen die Zahlung einer Prämie ein Geschäft zu tätigen, z. B. ein Wertpapier innerhalb einer bestimmten Frist zu einem vorher festgelegten Kurs zu kaufen (Kaufoption, englisch: Call) oder zu verkaufen (Verkaufsoption, englisch: Put).

Ordnungspolitik, die Gesamtheit aller wirtschaftspolitischen Maßnahmen, die den rechtlichen Ordnungsrahmen gestalten, in dem der Wirtschaftsprozess abläuft, z. B. die Eigentumsverteilung oder die Wettbewerbsbedingungen.

Output, *der* ['aʊt...; englisch ›Ausstoß‹], das Ergebnis des Herstellungsprozesses in Form von Gütern oder Dienstleistungen, das nach der Menge (Stück) oder in Geld gemessen wird. Der Output enthält neben den ›gewollten‹ auch ›unerwünschte‹ Ergebnisse (z. B. Abfall, Abgase, Abwasser).

Outsourcing, *das* ['aʊtsɔːsɪŋ; Kunstwort aus englisch **out**side **resour**ces us**ing** ›Nutzung externer Ressourcen‹], die Auslagerung von Leistungen, die bisher im Unternehmen selbst erstellt wurden, an externe Auftragnehmer. Dadurch sollen Kosten gesenkt und die Marktposition des Unternehmens verbessert werden.

Parität, *die* [von lateinisch paritas ›Gleichheit‹], das im Wechselkurs zum Ausdruck kommende Wertverhältnis zwischen zwei oder mehreren Währungen.

parkinsonsches Gesetz, von dem britischen Soziologen Cyril Northcote Parkinson (* 1909, † 1993) ironisch formulierte Feststellung, dass die bürokratische Arbeit in Unternehmen und Behörden so lange ausgedehnt werde, bis sie die zur Verfügung stehende Zeit ausfülle. Diese eigendynamische Tendenz zur Selbstaufblähung führe dazu, dass sich die Verwaltungen zunehmend mit sich selbst beschäftigten und die Arbeit immer komplizierter und ineffizienter (Leerlauf) werde.

Passiva, die Vermögensteile eines Unternehmens, die auf der Passivseite der ↑ Bilanz ausgewiesen werden: Eigenkapital, Rückstellungen und Verbindlichkeiten; Gegensatz: Aktiva.

Pensionsgeschäft [pã...], eine besondere Form des Wertpapiergeschäfts: Wertpapiere werden vom Besitzer (Pensionsgeber) an einen Dritten (Pensionsnehmer) zu einem im Voraus festgelegten Termin und Preis verkauft (›in Pension gegeben‹), mit der Absprache, dass der Pensionsgeber die Papiere zu einem späteren Zeitpunkt zurückkaufen muss. Die Deutsche Bundesbank nutzt Pensionsgeschäfte im Rahmen ihrer ↑ Offenmarktpolitik, um Einfluss auf die Geldmenge der Banken zu nehmen.

Performance, *die* [pəˈfɔːməns; englisch ›Darstellung‹], die Entwicklung des Wertes einer Kapitalanlage. Sie wird meist auf einen bestimmten Zeitraum bezogen und in Prozent ausgedrückt. Wenn man die Wertentwicklung in Beziehung zum Kapitaleinsatz setzt, ergibt sich daraus die Rendite.

Personalkosten, die Gesamtheit der Kosten, die durch den Einsatz der Arbeit als Produktionsfaktor entstehen. Das sind Löhne und Gehälter sowie die Lohnnebenkosten, die durch Gesetz vorgeschriebenen Arbeitgeberanteile für die Sozialversicherung und die durch Tarifvertrag vereinbarten Leistungen wie Urlaubs- oder Weihnachtsgeld. Die Personalkosten gelten als ein wichtiges Merkmal für die internationale Wettbewerbsfähigkeit eines Landes.

Personengesellschaft, Gesellschaft, die von natürlichen Personen betrieben wird, die unbeschränkt für die Verbindlichkeiten haften. Im Gegensatz zu Kapitalgesellschaften besitzt sie keine eigene Rechtspersönlichkeit, erlischt also mit Ausscheiden eines Gesellschafters.

Peterprinzip ⇒ Kapitel 11.

Pfandbrief, von öffentlich-rechtlichen Banken und Hypothekenbanken ausgegebene Anleihe, die mit bestimmter Laufzeit und festen Zinsen ausgestattet ist. Pfandbriefe sind besonders risikoarme Wertpapiere und gelten deshalb als mündelsicher.

Planwirtschaft, Wirtschaftsordnung, in der eine zentrale Planungsbehörde entsprechend den allgemeinen Zielvorgaben der Staatsführung Volkswirtschaftspläne (vor allem für Produktion und Investitionen) erstellt und in Einzelpläne aufschlüsselt, die dann von nachgeordneten Stellen (Fachministerien, Betrieben) weiter ausgearbeitet werden (auch ↑ Sozialismus, Kapitel 3).

Portfolio, *das* [italienisch], der Bestand an Anlagen in Form von Wertpapieren oder Wechseln, der von Privatpersonen, Unternehmen oder Banken gehalten wird.

Preis, der Betrag, der beim Kauf einer Ware bezahlt werden muss; er bezeichnet das Austauschverhältnis von Wirtschaftsgütern. In der Marktwirtschaft bestimmt seine Höhe z. B. die Menge von Angebot und Nachfrage und entscheidet damit, welche Güter gewinnbringend hergestellt werden können.

Preisabsprachen, ungesetzliche Vereinbarungen

Pri   **Wirtschaft**

zwischen Wettbewerbern, z. B. um sich bei der Bewerbung um öffentliche Aufträge reihum Preisvorteile einzuräumen, das heißt, zu vereinbaren, wer jeweils das günstigste Angebot abgeben und damit den Auftrag erhalten soll.

Primerate, *die* ['praɪmreɪt; englisch], Zinssatz, zu dem amerikanische Großbanken kurzfristige Kredite an erstklassige Kunden vergeben. Die Primerate ist der Leitzins in den USA.

privater Sektor, im Gegensatz zum öffentlichen Sektor der Wirtschaftsbereich der privaten Haushalte und Unternehmen.

Produkthaftung, die Haftung eines Herstellers für Personen- und Sachschäden, die durch ein fehlerhaftes Produkt bei dessen normaler Benutzung entstehen. Als Mittel des Verbraucherschutzes gilt die Produkthaftung auch dann, wenn den Hersteller keine Schuld an der Fehlerhaftigkeit trifft.

Produktionsfaktoren, alle Güter und Leistungen, die zur Herstellung anderer Güter und Leistungen eingesetzt werden.
➕ Arbeit, Kapital und Boden werden als die primären Produktionsfaktoren bezeichnet, wobei Boden auch für Natur steht, das heißt, auch die Rohstoffe oder das Klima umfasst.

Produktivität, die Ergiebigkeit des Wirtschaftsprozesses, ausgedrückt als Verhältnis zwischen seinem mengenmäßigen Ertrag und dem hierfür notwendigen Aufwand.
➕ Die Arbeitsproduktivität beschreibt das Produktionsergebnis eines Landes pro Kopf der Erwerbstätigen oder pro Arbeitsstunde. Sie ist ein wichtiger Maßstab für die internationale Wettbewerbsfähigkeit eines Landes.

Profitcenter, *das* ['prɔfɪtsentə; englisch], selbstständiger und eigenverantwortlicher Teilbereich in einem Unternehmen mit gesondertem Erfolgsausweis.

Protektionismus, *der* [zu lateinisch protectio ›Beschützung‹], alle staatlichen Eingriffe in den Außenhandel, die dem Schutz der inländischen Wirtschaft vor der ausländischen Konkurrenz dienen, z. B. Zölle oder Importbeschränkungen.

Provision, *die* [von lateinisch provisio ›Vorsorge‹], Entgelt für eine Dienstleistung, die von Maklern oder Banken erbracht wird, z. B. für eine Kreditgewährung, den Kauf von Wertpapieren oder die Vermögensverwaltung.

Put, *der* [englisch], eine ↑ Option zum Verkauf, z. B. von Aktien oder Devisen.

Qualitätsmanagement, *das* [...mænɪdʒmənt], alle Maßnahmen zur Sicherung der wesentlichen Eigenschaften der Produkte eines Unternehmens. Hierzu gehört es ebenso, die Planung des Produktangebots auf die Bedürfnisse der Kunden auszurichten, wie Fehler bei der Herstellung der Produkte zu vermeiden. Durch Qualitätsmanagement soll die Stellung des Unternehmens im Wettbewerb gesichert und verbessert werden.

Quellensteuer, eine Form der Einkommensteuer, die Einkünfte am Ort ihrer Entstehung (der ›Quelle‹) besteuert, z. B. wird die Lohnsteuer im Unternehmen erhoben, dem Arbeitnehmer also nur der Nettolohn ausbezahlt.
➕ Die Einführung einer Quellensteuer auch für anonyme Einkünfte, z. B. ↑ Tafelgeschäfte, soll zu größerer Steuergerechtigkeit führen. In Deutschland wird deshalb seit Januar 1993 die Zinsbesteuerung direkt bei den Banken vorgenommen.

Rabatt, *der* [italienisch], Preisnachlass oder Mengenzuschlag (Mengenrabatt), der dem Käufer auf einen geforderten Preis gewährt wird.

Raiffeisen, Friedrich Wilhelm deutscher Sozialreformer (* 1818, † 1888), Begründer des auf solidarischer Selbsthilfe beruhenden ländlichen Genossenschaftswesens. Dessen gegenwärtig bestehende Gliederung in örtliche Genossenschaften, überregionale Zentralkassen und einen Revisionsverband geht auf ihn zurück. Bei seinem Tod bestanden bereits 423 Raiffeisen-Vereine.
➕ Das landwirtschaftliche Genossenschaftswesen gilt als Vorbild für eine Wirtschaftspolitik in Entwicklungsländern, die auf ›Hilfe zur Selbsthilfe‹ zielt.

Rating, *das* ['reɪtɪŋ; englisch ›Bewertung‹], Klassifizierung von internationalen Schuldnern entsprechend ihrer Kreditwürdigkeit.

Rationalisierung [zu französisch rationaliser ›vernunftgemäß gestalten‹], in Wirtschaft und Verwaltung die zweckmäßige (›rationale‹) Gestaltung von Arbeitsabläufen mit dem Ziel, das Verhältnis zwischen Aufwand und Erfolg zu verbessern. Im Mittelpunkt von Rationalisierungsmaßnahmen steht meist die menschliche Arbeitskraft.

Reallohn, der um die Höhe der Geldentwertung verminderte Nominallohn.

Rechnungshof, unabhängige Behörde, die das Finanzgebaren der öffentlichen Hand hinsichtlich seiner Sparsamkeit und Wirtschaftlichkeit überprüft. Der Bundesrechnungshof ist gegenüber der Bundesregierung selbstständig und weisungsfrei. In den Ländern bestehen Landesrechnungshöfe.

Rendite, *die* [lateinisch rendita ›Einkünfte‹], der jährliche Ertrag einer Kapitalanlage; im engeren Sinn ihre Effektivverzinsung.

Rentabilität, das Verhältnis von Gewinn zu eingesetztem Kapital eines Unternehmens.

Rente, eine regelmäßige Geldleistung auf der Grundlage von vorher erworbenen Rechten, z. B. durch Beiträge zur gesetzlichen Sozialversicherung oder zu einer Lebensversicherung.

Reservewährung, eine international starke Währung, in der die Zentralbanken anderer Länder vorzugsweise ihre Währungsreserven halten.
⊕ Neben dem US-Dollar sind der japanische Yen und das britische Pfund Reservewährungen.

Ressourcen [rə'sʊrsən; französisch], im weiteren Sinn alle Güter, die bei der Herstellung anderer Güter verbraucht werden, im engeren Sinn die Rohstoffe, die als natürliche Ressourcen nicht unbegrenzt vorhanden sind.

Rezession, *die* [lateinisch ›das Zurückgehen‹], Abschwung der Konjunktur. Die wirtschaftlichen Tätigkeiten sind rückläufig: Güternachfrage, Güterproduktion, Investitionen und Gewinne sinken, während die Zahl der Arbeitslosen und Kurzarbeiter sowie der Unternehmensinsolvenzen ansteigt.

Ricardo, David [rɪ'kɑːdəʊ], britischer Wirtschaftswissenschaftler (* 1772, † 1823), begründete, auf den Arbeiten von Adam Smith aufbauend, die klassische Volkswirtschaftslehre. Wichtig sind dabei vor allem

Rationalisierung Einsparung menschlicher Arbeitskraft durch den Einsatz von Schweißrobotern; nur noch wenige Menschen überwachen diese Halle im Wolfsburger Volkswagenwerk, in der Rohkarosserien hergestellt werden.

seine Formulierung des Ertragsgesetzes und seine Außenhandelstheorie. Karl Marx baute seine Mehrwertlehre auf Ricardo auf.

Risikokapital, Wagniskapital, englisch **Venture-Capital,** eine Form des Eigenkapitals, das im Unterschied zum Fremdkapital für die Kapitalgeber keinen rechtlich fixierten festen Anspruch auf Rückzahlung oder Zinszahlung einschließt. Dies ist vor allem für innovative Unternehmen mit investitionsbedingten hohen Anfangsverlusten von Bedeutung, da keine zusätzlichen Aufwendungen für Zinsen entstehen. Wegen des hohen Verlustrisikos und mangelnder Sicherheiten sind allerdings nur wenige Anleger bereit, ihr Geld als Eigenkapital bereitzustellen.

Rockefeller, John Davison amerikanischer Unternehmer (* 1839, † 1937). Er beherrschte mit seinem Ölunternehmen ›Standard Oil Trust‹ seit 1882 95% des Raffineriegeschäfts der USA. Die Gewinne, die er aus seinen Unternehmen zog, machten ihn zum damals reichsten Mann der Erde. Rockefeller gründete u. a. die Universität Chicago (1890) und verschiedene Stiftungen, in die er über 500 Mio. Dollar einbrachte.

Röpke, Wilhelm deutscher Wirtschaftswissenschaftler (* 1899, † 1966), Hauptvertreter des Neoliberalismus. Er erarbeitete die wissenschaftlichen Grundlagen für die soziale Marktwirtschaft.

Sacheinlagen, Einlagen in ein Unternehmen, die nicht in Geld, sondern als Sachwerte, z. B. Gebäude oder Grundstücke, erbracht werden.

Sachverständigenrat, Kurzbezeichnung für den 1963 gegründeten ›Sachverständigenrat zur Begutachtung der gesamtwirtschaftlichen Entwicklung‹, ein aus fünf Wirtschaftswissenschaftlern, den ›fünf Weisen‹, bestehendes Gremium, das einmal im Jahr die gesamtwirtschaftliche Entwicklung beurteilt und hierüber ein Gutachten erstellt. Die Regierung ist verpflichtet, in ihrem Jahreswirtschaftsbericht auf dieses Gutachten einzugehen.

🟠 Die ›fünf Weisen‹ werden auf Vorschlag der Bundesregierung vom Bundespräsidenten bestellt.

Sanierung [zu lateinisch sanare ›gesund machen‹], alle finanziellen und organisatorischen Maßnahmen, die dazu dienen, die Wirtschaftlichkeit eines Unternehmens wieder herzustellen und damit seinen Fortbestand zu sichern.

Schattenwirtschaft, alle nicht im Inlandsprodukt erfassten wirtschaftlichen Vorgänge. Dazu gehören Nachbarschaftshilfe und Eigenarbeit ebenso wie ↑ Schwarzarbeit und die wirtschaftlichen Ergebnisse anderer, zum Teil strafbarer Handlungen (z. B. Drogen- oder Waffenschmuggel).

🟠 In Deutschland geht man derzeit von einem Anteil der Schattenwirtschaft von ungefähr 16,5 % am Inlandsprodukt aus (1975 waren es noch rund 6 %).

Schatzanweisung, Schuldverschreibung der öffentlichen Hand. Verzinsliche Schatzanweisungen sind mittelfristige Papiere (Laufzeit 1–7 Jahre); sie werden zu einem bestimmten Termin fällig und sind wie festverzinsliche Anleihen mit Zinsscheinen ausgestattet. Bei den unverzinslichen Schatzanleihen (U-Schätze) liegt der Ausgabekurs unter dem Rückzahlungsbetrag, wobei die Differenz die Zinsvergütung für die Laufzeit (bis zu 24 Monate) darstellt.

Scheck, schriftliche Anweisung an eine Bank, aus dem Girokonto des Ausstellers einen bestimmten Betrag auszuzahlen. Trägt der Scheck den Vermerk ›nur zur Verrechnung‹ (Verrechnungsscheck), darf das Geld nur dem Konto des Empfängers gutgeschrieben werden.

Schiller, Karl deutscher Wirtschaftswissenschaftler und Politiker (*1911, †1994), Verfechter des Keynesianismus. Schiller war 1966–72 Bundeswirtschafts-

> **ⓘ SCHWARZER FREITAG**
>
> Am Freitag, dem 24. 9. 1869, wurden durch Manipulationen amerikanischer Spekulanten auf dem Goldmarkt viele Anleger ruiniert.
> Mit Freitag, dem 9. 5. 1873, wird der Beginn der großen Depression nach den Gründerjahren verbunden.
> Am Freitag, dem 13. 5. 1927, traten infolge einer Änderung der Devisenbewirtschaftung starke Kursverluste an den deutschen Effektenbörsen ein.
> Am Freitag, dem 25. 10. 1929 kam es zu Kursstürzen an der New-Yorker Börse. Dieser ›Schwarze Freitag‹ war der Beginn der Weltwirtschaftskrise.

minister und ab 1971 gleichzeitig Finanzminister. Als Initiator des Stabilitätsgesetzes (1967) und Begründer der ›konzertierten Aktion‹ (eines freiwilligen Zusammentretens aller wichtigen Wirtschaftsbeteiligten) hat er wichtige Grundlagen für die Wirtschaftspolitik Deutschlands geschaffen.

Schlichtung, zwischen den Tarifpartnern vereinbartes Verfahren im Rahmen der Tarifautonomie: Ein gemeinsam ernannter Schlichter erarbeitet Kompromisse, die zur Überwindung der Streitpunkte vorgelegt werden.

Schuldverschreibung, Obligation, Urkunde, die ein Leistungsversprechen des Ausstellers, meist die Zahlung einer bestimmten Geldsumme nebst laufenden Zinsen, verbrieft.

Schulze-Delitzsch, Hermann deutscher Sozialpolitiker (*1808, †1883). Er gründete ab 1849 auf Selbsthilfe basierende Genossenschaften, darunter die Kreditgenossenschaften (Volksbanken) für Kleingewerbetreibende, und schloss 1859 die ihm nahe stehenden Genossenschaften zum ›Allgemeinen Verband der deutschen Erwerbs- und Wirtschaftsgenossenschaften‹ zusammen.

Schumpeter, Joseph Alois österreichischer Wirtschaftswissenschaftler (*1883, †1950), einer der einflussreichsten Volkswirtschaftler des 20. Jahrhunderts. In seiner Theorie der wirtschaftlichen Entwicklung misst Schumpeter dem Unternehmer eine zentrale Rolle im Ablauf von Konjunkturen zu. Die Veränderungen würden durch ›dynamische Unternehmer‹ hervorgerufen, die Innovationen durchsetzten, Pioniergewinne erzielten und den

Wirtschaft SOZ

Konjunkturaufschwung herbeiführten. Dieser Prozess ›schöpferischer Zerstörung‹ (ältere Verfahren werden wertlos) ermögliche Wachstum und technischen Fortschritt.

Schwarzarbeit, wirtschaftliche Tätigkeit, die über die Nachbarschaftshilfe hinausgeht, ohne dass bei ihrer Entlohnung Steuern und Sozialversicherungsbeiträge abgeführt werden. Schwarzarbeit wird als Ordnungswidrigkeit geahndet; sie ist Teil der ↑ Schattenwirtschaft.

Schwarzer Freitag, Bezeichnung für einen Tag, an dem die Aktienkurse erheblich sinken (Kurssturz).

Schweinezyklus, Bezeichnung für zyklische Angebots- und Preisschwankungen auf dem Schweinemarkt, die auch auf derartige Erscheinungen an anderen Märkten übertragen wird: Hohe Preise für Schlachtschweine regen zu gesteigerter Aufzucht an. Das gesteigerte Angebot nach der Aufzuchtperiode führt zu fallenden Preisen und zur Einschränkung der Produktion. Nach der nächsten Aufzuchtperiode ergibt sich aufgrund des eingeschränkten Angebots wiederum ein Preisanstieg usw.

Shareholder-Value, *das* [ˈʃeəhəʊldə ˈvæljuː; englisch], im engeren Sinn das Aktionärsvermögen, das dem auf das Eigenkapital bezogenen Barwert der erwarteten zukünftigen Einzahlungen entspricht. Im weiteren Sinn ein Konzept der Unternehmensführung, das mittel- bis langfristig die Maximierung des Unternehmenswerts im Interesse der Aktionäre (dauerhaft hohe Dividende und Kurssteigerung) verlangt.

Sichteinlage, bei einer Bank unterhaltenes Guthaben, über das jederzeit verfügt werden kann.

Skonto, *der* oder *das* [italienisch], prozentualer Abzug vom Rechnungsbetrag, der bei sofortiger oder kurzfristiger Barzahlung gewährt wird.

Smith, Adam [smɪθ], britischer Philosoph und Wirtschaftswissenschaftler (*1723, †1790). Smith entwickelte ein einheitliches System der liberalen Wirtschaftslehre und gilt vor allem durch seine Arbeitswerttheorie als Begründer der klassischen Nationalökonomie. Er sah die menschliche Arbeit und Arbeitsteilung als Quellen des Wohlstands. Voraussetzung für die Arbeitsteilung ist für ihn ein funktionierender Markt, auf dem der Wettbewerb den Marktpreis über Angebot und Nachfrage ausgleicht.

Adam Smith

> **ADAM SMITH**
>
> **Die unsichtbare Hand**
>
> Adam Smith betrachtete die menschliche Arbeit und Arbeitsteilung als Quellen des Wohlstandes. Mit zunehmender Arbeitsteilung werde zunächst eine Steuerung von Erzeugung und Verbrauch notwendig. Sie werde erreicht, wenn sich das wohlverstandene Selbstinteresse als grundlegende Kraft der wirtschaftlichen Entwicklung in einer freien, von keinerlei Markteingriffen des Staates gehemmten Wirtschaft und Gesellschaft entfalten könne. Der freie Wettbewerb führe dann zu einer Harmonie des sozialen und wirtschaftlichen Lebens – erhalten und geleitet von der ›invisible hand‹ (›unsichtbaren Hand‹), die die egoistischen Motive (Gewinnstreben) in soziale Taten (Beschäftigung, Einkommen) umwandle.

Sonderausgaben, private Ausgaben, die vom steuerpflichtigen Einkommen abgezogen werden können, z. B. die gezahlte Kirchensteuer, Steuerberatungskosten und gezahlte Renten.

Sonderziehungsrechte, Buchgeld des ↑ Internationalen Währungsfonds, das zu den nationalen Währungsreserven der Mitgliedsländer gerechnet wird und damit für Zahlungen verwendet werden kann.

Sorten, ausländisches Bargeld.

soziale Marktwirtschaft, die in Deutschland 1948 eingeführte Wirtschaftsordnung. Sie lässt gegenüber der freien ↑ Marktwirtschaft staatliche Eingriffe zu, um sozial unerwünschte Ergebnisse der Marktwirtschaft zu korrigieren. So sollen z. B. kleine und mittlere Unternehmen gegen Kartelle geschützt werden. Daneben tritt der Staat als Träger einer die Marktwirtschaft ergänzenden Sozialpolitik auf: Er sorgt für die soziale Absicherung der Arbeitnehmer und stellt selbst zahlreiche lebenswichtige Güter bereit, die die Möglichkeiten der Privatinitiative übersteigen, z. B. im öffentlichen Verkehr und in der Bildung.

Den Begriff der sozialen Marktwirtschaft prägte

der Staatssekretär im Wirtschaftsministerium Alfred Müller-Armack (* 1901, † 1978), der auch an der Formulierung der theoretischen Grundlagen beteiligt war.

Sozialismus ⇒ Kapitel 3.

Sozialplan, die im Arbeitsrecht vorgesehene schriftliche Einigung zwischen Arbeitgeber und Betriebsrat über den Ausgleich oder die Milderung wirtschaftlicher Nachteile, die den Arbeitnehmern als Folge einer (beabsichtigten) Betriebsänderung oder -stilllegung entstehen.

Sozialprodukt, das durch die inländischen Wirtschaftseinheiten insgesamt erzielte Einkommen. Der Begriff wurde mit der Anpassung (ab 1999) an das Europäische System Volkswirtschaftlicher Gesamtrechnungen durch ›Nationaleinkommen‹ (↑ Inlandsprodukt) ersetzt.

Sozialversicherung, Bezeichnung für die Gesamtheit der gesetzlichen Pflichtversicherungen für Arbeiter und Angestellte: Krankenversicherung, Pflegeversicherung, Unfallversicherung, Rentenversicherung und Arbeitslosenversicherung.

Spareckzins, der Zinssatz, den Banken auf Sparguthaben zahlen, die für mindestens drei Monate angelegt werden. An ihm orientieren sich die Zinssätze für Spareinlagen mit besonders vereinbarter Kündigungsfrist (Leitzins).

Sparkasse, öffentlich-rechtliches Kreditinstitut, dessen Hauptaufgabe ursprünglich die Verwaltung von Spargeldern war. Die Sparkassen betreiben heute alle Bankgeschäfte. Träger sind Gemeinden, Städte und Kreise, die als Gewährsträger für die Verbindlichkeiten haften.

Spekulation, *die* [lateinisch ›Betrachtung‹], das Kaufen oder Verkaufen von Gütern in der Erwartung, aufgrund zukünftiger Preisänderungen einen (hohen) Gewinn zu erzielen. Wegen der Ungewissheit über die zukünftige Entwicklung sind Spekulationen mit einem hohen Risiko behaftet.

Spesen, vom Arbeitgeber erstattete oder vom steuerpflichtigen Einkommen abzugsfähige Aufwendungen und Auslagen, die bei der Erledigung eines Geschäfts (z. B. Geschäftsreise) entstehen.

Spotmarkt [englisch spot ›Flecken‹], eine internationale Warenbörse, an der Geschäfte gegen sofortige Bezahlung und Lieferung abgeschlossen werden, z. B. der Rotterdamer Spotmarkt für Rohöl.

Staatsausgaben, die Gesamtheit der Ausgaben der öffentlichen Hand einschließlich der Sozialversicherungsträger, gegliedert u. a. in Allgemeine Dienste (politische Führung und Zentralverwaltung, auswärtige Angelegenheiten, Verteidigung, öffentliche Sicherheit und Ordnung, Rechtsschutz), Gesundheit und Sport, soziale Sicherung.

Staatseinnahmen, die Gesamtheit der Einnahmen der öffentlichen Hand aus Steuern, Abgaben, Gebühren und Beiträgen, Anleihen und Einkünften der staatlichen Unternehmen.

Staatsverschuldung, die Gesamtschulden der öffentlichen Hand zur Deckung von Haushaltsdefiziten. Eine hohe Staatsverschuldung belastet den Staatshaushalt durch hohe Zins- und Rückzahlungsbeiträge. Damit vermindert sich die Möglichkeit, andere staatliche Aufgaben, z. B. im Rahmen der Sozialpolitik, zu erfüllen. Da eine hohe Kapitalaufnahme außerdem zu Zinssteigerungen führen kann, vermindert sich durch die Staatsverschuldung die Bereitschaft zur Durchführung privater Investitionen, was sich wiederum negativ auf die Beschäftigung auswirken kann.

Stabilitätspolitik, eine Wirtschaftspolitik, die sich an den Zielen der Preis-, Beschäftigungs-, Wechselkurs- und Wachstumsstabilität ausrichtet. Seit 1969 ist die Bundesregierung gesetzlich zur Stabilitätspolitik verpflichtet, die sich auf die gleichzeitige Realisierung des ›magischen Vierecks‹ richtet: Preisstabilität, Vollbeschäftigung, ausgeglichene Zahlungsbilanz und angemessenes Wachstum. Heute wird die Erfüllung dieser Ziele unter Beachtung der ökologischen Belange gefordert.

Stagflation, *die* [zu **Stagnation** und **Inflation** gebildet], der Stillstand der wirtschaftlichen Entwicklung bei gleichzeitiger Unterbeschäftigung und Inflation.

Stagnation, *die* [zu lateinisch stagnare ›stehen machen‹], der Stillstand der wirtschaftlichen Entwicklung.

Standardwerte, die Aktien großer, bekannter Unternehmen (Publikumsgesellschaften), welche die Grundlage für Aktienindizes (↑ DAX®) bilden. Ihre

Wirtschaft

Kursentwicklung gilt als repräsentativ für das Börsengeschehen.

Standort, der geografische Ort, an dem Produktionsfaktoren eingesetzt, z. B. Güter produziert werden.

Steuerflucht, die Verlagerung von Einkommen, Vermögen und Gewinnen in Länder, in denen keine oder nur niedrige Steuern erhoben werden (›Steueroasen‹). Von Steuerflucht spricht man auch, wenn der Wohnsitz oder Unternehmenssitz mit dem Ziel der Steuerersparnis ins Ausland verlegt wird.

Steuerhinterziehung, Steuern hinterzieht derjenige, der durch unvollständige oder unrichtige Angaben die rechtzeitige Festsetzung der Steuern in voller Höhe vorsätzlich verhindert. Steuerhinterziehung wird bestraft.

Steuern, von der öffentlichen Hand gesetzlich auferlegte Zwangsabgaben, die von Privaten oder Unternehmungen ohne direkte Gegenleistung zu leisten sind. Sie dienen dazu, den Finanzbedarf der öffentlichen Körperschaften zu decken.
Die **direkten Steuern** werden beim Steuerpflichtigen direkt erhoben, z. B. Einkommen-, Lohn-, Gewerbe-, Grund- und Erbschaftsteuer. Die **indirekten Steuern** werden beim Kauf von Waren erhoben und sind im Preis enthalten, z. B. Umsatz-, Mineralöl- und Tabaksteuer.

Steueroasen, Länder, in denen keine oder nur sehr niedrige Steuern auf Einkommen und Vermögen erhoben werden.
Die OECD-Staaten versuchen seit den 1990er-Jahren, Steuerflucht durch Verlagerung von Einkommen in Steueroasen durch koordinierte Maßnahmen zu unterbinden.

Steuerprogression, ein Verfahren der Steuerfestsetzung, wonach höhere Einkommen höher besteuert werden als niedrige. Die Steuerprogression ist ein Instrument der Anpassung der Besteuerung an die Leistungsfähigkeit der Steuerpflichtigen.

Steuerquote, der Anteil der Steuereinnahmen am Bruttoinlandsprodukt. Die Steuerquote dient der Darstellung der Belastung einer Volkswirtschaft durch die Besteuerung.

Streik [zu englisch to strike, eigentlich ›schlagen‹, ›abbrechen‹], die gemeinsame, planmäßige Arbeitsniederlegung durch eine größere Zahl von Arbeitnehmern als Mittel des gewerkschaftlichen Arbeitskampfes mit dem Ziel, verbesserte Arbeitsbedingungen zu erreichen. Der Streik darf sich nur gegen die andere Tarifvertragspartei richten. Nach Ende des Streiks sind die Streikenden wieder zu beschäftigen.
Wilde Streiks sind Streiks, die unabhängig von den Gewerkschaften, meist gegen deren Willen, durchgeführt werden.

➕ Auch die nur teilweise Verweigerung der Arbeitsleistung (›Bummelstreik‹) oder der ›Dienst nach Vorschrift‹, bei dem der Arbeitsablauf durch eine übertrieben genaue Befolgung von Vorschriften verzögert oder zum Erliegen gebracht werden soll, sind Streiks.

Strukturpolitik, die wirtschaftspolitischen Maßnahmen des Staates zur Verbesserung der wirtschaftlichen Lage benachteiligter Gewerbe (z. B. Kohlebergbau, Landwirtschaft) oder Gebiete (z. B. ostdeutsche Länder).

Stückelung, die Aufteilung einer Wertpapieremission auf die Nennwerte der einzelnen auf Teilbeträge lautenden Wertpapiere, bei Aktien z. B. 5 Euro.

Subvention, *die* [lateinisch ›Hilfeleistung‹], die Unterstützung des privaten Sektors durch öffentliche Mittel ohne wirtschaftliche Gegenleistung. Sie erfolgt direkt als Geldleistung oder indirekt als Steuervergünstigung.
Zu den ältesten Begründungen für Subventionen zählen die Sicherung der inländischen Versorgung und die Verringerung der Abhängigkeit von (kostengünstigeren) Auslandsproduktionen. Eine solche Versorgungssicherheit hat jedoch gewöhnlich einen hohen Preis, weil sie den Verzicht auf die Vorteile der internationalen Arbeitsteilung und auf die Versorgung mit kostengünstigeren Produkten anderer Volkswirtschaften bedeutet. Noch schwerer wiegt die grundsätzliche Kritik: Subventionen greifen in den wettbewerblichen ›Ausleseprozess‹ ein, stören die marktwirtschaftliche Preisbildung und beeinflussen die volkswirtschaftlich sinnvolle Wanderung der Ressourcen in die jeweils nach dem Urteil des Marktes beste Verwendung.

➕ Da der Begriff ›Subventionen‹ wertbeladen ist, werden in der Praxis meist andere Ausdrücke verwendet, wie ›Zuschüsse‹, ›Fördermittel‹, ›Zuweisungen‹, ›Zulagen‹, ›Prämien‹, ›Anpassungs- und Überbrückungsmaßnahmen‹, ›Hilfen‹ oder (vor allem innerhalb der EU) ›Beihilfen‹.

Tafelgeschäft, Wertpapiergeschäft zwischen einer Bank und einer Privatperson, bei dem die Wertpapiere gegen Barzahlung direkt ausgehändigt werden. Es erfolgt keine Buchung der Kunden über Konten oder Depots, die Anonymität des Anlegers bleibt also gewahrt.

Tantieme, *die* [tã...; französisch], eine Gewinn- oder Umsatzbeteiligung, die Vorstands- und Aufsichtsratsmitgliedern sowie leitenden Angestellten eines Unternehmens gewährt wird; auch die Vergütung, die ein Künstler für die Wiedergabe seines Werkes erhält.

Tarifautonomie, in Deutschland das auf dem Grundgesetz (Koalitionsfreiheit) aufbauende Recht der Tarifpartner, ohne staatliche Einwirkung Verträge über Arbeitsentgelte und -bedingungen abzuschließen.

Tarifhoheit, die Freiheit der Tarifpartner, die Löhne und Gehälter ohne staatliche Beteiligung eigenverantwortlich auszuhandeln.

Tarifpartner, Gewerkschaften und Arbeitgeberverbände, welche Tarifverträge abschließen.

Tarifvertrag, der schriftliche Vertrag zwischen Arbeitgebern und Gewerkschaften (Tarifparteien), der alle Rechte und Pflichten von Arbeitgebern und Arbeitnehmern innerhalb eines öffentlichen oder privaten Erwerbszweiges regelt. Neben Arbeitsplatz- und Rationalisierungsschutzbedingungen werden vor allem die Höhe von Löhnen und Gehältern, die Dauer der Wochenarbeitszeit und die Länge des Jahresurlaubs im Tarifvertrag geregelt.

● In Deutschland sind die Bestimmungen des Tarifvertrags Mindestbedingungen, von denen nur zugunsten des Arbeitnehmers abgewichen werden darf.

Taxkurs, der geschätzte Kurs eines Wertpapiers, für das kein Börsenkurs ermittelt werden konnte, weil keine Kauf- und Verkaufaufträge vorlagen.

technischer Fortschritt, die Veränderungen und Neuerungen in der Technik, die sich in der Anwendung von neuem technischem Wissen, in verbesserten oder neuartigen Methoden, Arbeitsabläufen, Fertigungsverfahren, Produkten u. a. niederschlagen. Im Rahmen der Diskussion um die Grenzen des Wachstums, um Technikbewertung und Umweltpolitik ist die Forderung nach einer kritischen Beobachtung, Bewertung, Kontrolle und Steuerung des technischen Fortschritts in das öffentliche Bewusstsein gerückt (Technikfolgenabschätzung).

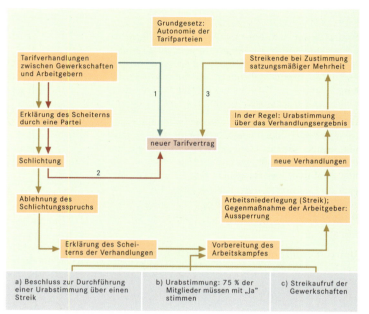

Tarifvertrag

Telefonhandel, der Handel mit Wertpapieren außerhalb der Börsen. Für Telefonwerte gibt es keine amtlich festgestellten Kurse; sie zählen deshalb zu den nicht notierten Werten.

Termingeschäft, Börsengeschäft, bei dem der Preis bei Abschluss festgelegt wird, die Erfüllung jedoch zu einem späteren Termin erfolgt; Gegensatz: Kassageschäft.

Tilgung, die Rückzahlung einer Geldschuld entweder in einem einzigen Betrag (nach Ablauf der vertragsmäßig vorgesehenen Laufzeit oder nach Kündigung) oder in Teilbeträgen (Tilgungsraten).

Transferleistungen, Zahlungen der öffentlichen

Wirtschaft

Hand an Private (Sozialleistungen, z. B. Sozialversicherungen, Kindergeld, Ausbildungsbeihilfen) oder Unternehmen (Subventionen), denen keine marktmäßige Gegenleistung entspricht. Die Entwicklungshilfeleistungen der Industrieländer, die Leistungen der EG-Länder zur Bestreitung der Gemeinschaftsaufgaben oder die Strukturhilfen für Ostdeutschland sind ebenfalls Beispiele für Transferleistungen.

Überflussgesellschaft, auf den Amerikaner John Kenneth Galbraith (* 1908) zurückgehender Begriff für moderne Industriegesellschaften, die durch den Überfluss an Konsum- und Investitionsgütern geprägt sind. Mit diesem Begriff wird darauf verwiesen, dass die moderne Industrie zu viel produziert und diese Produktion nur dann aufrechterhalten kann, wenn beim Verbraucher ständig neue Bedürfnisse (nach ›überflüssigen‹ Waren) geweckt werden.

Überziehung, die Beanspruchung eines Bankkontos über den Guthabenstand oder den Kreditrahmen hinaus. Der über das Guthaben hinausgehende Betrag ist ein Überziehungskredit. Er ist meist mit einem erhöhten Zinssatz zu bezahlen.

Ultimo, *der* [aus italienisch (a di) ultimo ›am letzten (Tag)‹], allgemein der letzte Tag des Monats; im Bank- und Börsenwesen der letzte Geschäftstag eines Monats.

Umlaufvermögen, diejenigen Vermögenswerte eines Unternehmens, die, wie Vorräte oder Forderungen, nur kurzfristig im Unternehmen verbleiben; Gegensatz: Anlagevermögen.

Umsatz, der geldmäßige Wert der abgesetzten Erzeugnisse oder der erbrachten Leistungen; eine der wesentlichen betrieblichen Kennzahlen.

Umverteilung, die staatliche Korrektur von Marktergebnissen, die im Widerspruch zu den Zielen der Gesellschaftspolitik stehen. So bewirkt z. B. eine Steuerprogression eine Umverteilung zugunsten niedriger Einkommen.

Umweltökonomie, eine wirtschaftswissenschaftliche Fachrichtung, die sich mit den Wechselwirkungen zwischen wirtschaftlichem Handeln und der Qualität der natürlichen Umwelt befasst und das Gut Umweltqualität in die ökonomische Betrachtung und Analyse einbezieht. Ihr Ziel ist es vor allem, ein Gleichgewicht zwischen dem Umfang der Produktion (bei gegebener Produktionstechnik) und der Umweltbelastung zu ermitteln.

unlauterer Wettbewerb, jedes Marktverhalten eines Unternehmens, das, z. B. durch Lockvogelwerbung, gegen die ›guten Sitten‹ und bestehende Gesetze verstößt, um sich einen Vorsprung vor den Konkurrenten zu verschaffen.

Valuta, *die* [italienisch, zu lateinisch valere ›gelten‹, ›wert sein‹], Bezeichnung für das gesetzliche Zahlungsmittel eines Landes (Währungsgeld), meist auf ausländische Währungen angewandt.

variable Kosten, alle Kosten, die sich mit der Erhöhung der Herstellungsmenge verändern, wie z. B. Rohstoff- und Lohnkosten; Gegensatz: fixe Kosten.

Venture-Capital *das* [ˈventʃəˈkæpɪtl; englisch], ↑ Risikokapital.

Verbindlichkeiten, die Schulden eines Unternehmens, die in der Bilanz auf der Passivseite ausgewiesen sind.

Verbrauch, Konsum, jede Verwendung des Einkommens der privaten Haushalte zum Erwerb von Waren und Dienstleistungen, die der Bedürfnisbefriedigung dienen. Verbrauchsgüter (z. B. Nahrungsmittel) sind nach einmaliger Verwendung aufgebraucht, während Gebrauchsgüter (z. B. Waschmaschinen, Kühlschränke) nur abgenutzt werden.

Verbraucherschutz, sämtliche rechtlichen Vorschriften, die den Verbraucher vor Schäden bewahren sollen, z. B. die Warnung vor dem Rauchen auf Zigarettenpackungen oder die Preisauszeichnungspflicht.

Vergleich, die Einigung eines Schuldners, der unverschuldet in finanzielle Schwierigkeiten geraten ist, mit seinen Gläubigern. Durch einen Vergleich soll der Konkurs vermieden werden.

Verkäufermarkt, Markt, auf dem das Angebot geringer ist als die Nachfrage, was eine Preiserhöhung auslösen kann; Gegensatz: Käufermarkt.

Verlust, Jahresfehlbetrag in der Gewinn-und-Verlust-Rechnung, der sich ergibt, wenn die Erträge niedriger ausgefallen sind als die Aufwendungen.

Vermögen, alle in Geld bewerteten, dauerhaften Wirtschaftsgüter im Eigentum von Privatpersonen oder Unternehmen (z. B. Immobilien, Wertpapiere, Bargeld). In der Betriebswirtschaftslehre die auf der

Aktivseite der Bilanz ausgewiesenen Vermögensgegenstände (Anlage-, Umlaufvermögen); nach Abzug der Schulden ergibt sich das Reinvermögen.

Versicherung, Zusammenschluss Einzelner zu einer Gefahrengemeinschaft mit dem Zweck des Risikoausgleichs im Fall eines Schadens. Unterschieden werden die Individualversicherung (private Feuer-, Haftpflicht-, Hausrat-, Lebens-, Unfallversicherung u. a.) und die Sozialversicherung (gesetzliche Kranken-, Pflege-, Renten- und Arbeitslosenversicherung). Die Höhe der regelmäßig zu zahlenden Prämien richtet sich nach der Wahrscheinlichkeit des versicherten Schadens.

Volatilität [zu lateinisch volatilis ›fliegend‹, ›flüchtig‹], Maß für die Schwankungen der Preise bzw. Kurse bestimmter Basiswerte (z. B. Aktien, Anleihen, Devisen, Rohstoffe, Zinssätze) oder auch ganzer Börsenmärkte. Die Volatilität einer Aktie misst die relative tägliche Kursänderung im Verhältnis zur durchschnittlichen Veränderung des Kurses derselben Aktie in einem bestimmten Zeitraum (meist 30 oder 250 Tage).

Volksbanken, Kreditgenossenschaften, die wesentlich für den gewerblichen Mittelstand tätig sind. Sie bieten als Universalbanken alle üblichen Bank- und Finanzdienstleistungen an. Seit 1972 sind die Volksbanken mit den Raiffeisenbanken und den Sparda-Banken im Bundesverband der Deutschen Volksbanken und Raiffeisenbanken e. V. zusammengeschlossen.
➕ Der Sozialpolitiker Hermann Schulze-Delitzsch gründete 1850 die erste Volksbank als ›Vorschußverein‹ in Delitzsch.

Volkseinkommen, die Summe aller den inländischen Wirtschaftssubjekten aus dem In- und Ausland in einer Periode zufließenden Einkommen.

Volkswirtschaft, die Gesamtheit wirtschaftlicher Tätigkeit Privater, der Unternehmen und der öffentlichen Haushalte in einem Wirtschaftsraum (Land) mit einheitlicher Währung und einheitlichem Wirtschaftssystem.

Volkswirtschaftslehre, Bereich der Wirtschaftswissenschaften, der sich mit gesamtwirtschaftlichen Zusammenhängen, z. B. Sparen und Investieren, und dem Verhalten der Einzelwirtschaften (Haushalte, Unternehmen) beschäftigt. Ihr Zweck ist, Grundlagen für die Wirtschaftspolitik zu liefern.

Vollbeschäftigung, Zustand einer Volkswirtschaft, bei dem alle arbeitsfähigen Arbeitswilligen zu den bestehenden Löhnen eine ›zumutbare‹ Beschäftigung gefunden haben.

Vorbörse, Wertpapiergeschäfte, die vor Beginn der offiziellen Börsenzeit abgewickelt werden. Der vorbörsliche Handel erfolgt meist telefonisch (Telefonhandel) zwischen Banken.

Vorstand, das leitende Organ bei einer Aktiengesellschaft und anderen juristischen Personen.

Währung, die Geldeinheit, das gesetzliche Zahlungsmittel eines Landes.

Währungsreform, die völlige Neuordnung der Geldordnung eines Landes, wie sie z. B. nach lang anhaltender Inflation erforderlich ist.
➕ In den drei westlichen Besatzungszonen wurde mit der Währungsreform 1948 die Deutsche Mark eingeführt.

Währungsreserven, die von der zentralen Währungsbehörde (Zentralbank) eines Landes gehaltenen Bestände (Reserven) an Gold, Devisen und Sonderziehungsrechten.

Wall Street, *die* [ˈwɔːlstriːt], die Banken- und Börsenstraße in New York nahe der Südspitze der Insel Manhattan, deren Name im übertragenen Sinn als Bezeichnung für die New-Yorker Börse und das Finanzzentrum der USA verwendet wird.
➕ Die Wall Street verläuft auf einem 1652 angelegten Schutzwall, der um die älteste Siedlung führte.

Wandelanleihen, Anleihen von Aktiengesellschaften, die dem Inhaber ein zukünftiges Umtauschrecht in Aktien einräumen und bis zu diesem Zeitpunkt einen Anspruch auf Zins- und Rückzahlung verbriefen.

Warenbörse, Börse, an der bestimmte Waren gehandelt werden, z. B. Getreide, Rohöl oder Metalle.

Wechsel, die schriftliche Verpflichtung des Ausstellers, innerhalb eines angegebenen Zeitraums einen bestimmten Geldbetrag an den berechtigten Inhaber zu zahlen. Wechsel sind Wertpapiere.

Wechselkurs, Devisenkurs, Preis einer Auslandswährung, der in der Inlandswährung ausgedrückt wird, z. B. 1 US-Dollar kostet 0,98 Euro. Die Höhe des Wechselkurses bestimmt maßgeblich Export und Import eines Landes: Niedrige Wechselkurse bedeuten hohe Auslandspreise und damit Exporterschwernis.

Wirtschaft

Die New Yorker Börse (New York Stock Exchange, NYSE) in der **Wall Street**

Wechselkurspolitik, Wirtschaftspolitik der Zentralbanken mit dem Ziel, die Wechselkurse zu beeinflussen. Wechselkurse können sich frei, also durch die Bedingungen von Angebot und Nachfrage, auf den Devisenmärkten bilden oder fest sein, das heißt, einseitig oder durch Absprachen mit anderen Zentralbanken festgesetzt werden.

Weltbank, Kurzform für ›Internationale Bank für Wiederaufbau und Entwicklung‹, eine 1945 gegründete Sonderorganisation der Vereinten Nationen mit Sitz in Washington (D.C.). Ihr Ziel ist die Unterstützung der zurzeit 183 Mitgliedsländer durch Förderung von Investitionsvorhaben durch Garantien oder Kredite.

Welteke, Ernst deutscher Volkswirtschaftler (*1942), war 1991–95 Minister für Wirtschaft, Verkehr und Technologie sowie 1994–95 Finanzminister in Hessen und 1995–99 Präsident der Hessischen Landeszentralbank. Von 1999 bis 2004 war er Präsident der Deutschen Bundesbank.

Weltwirtschaftsgipfel, ↑ G 7.

Werbungskosten, die Aufwendungen eines Unselbstständigen zur Erwerbung, Sicherung und Erhaltung seiner Einnahmen (z. B. Bewerbungskosten, Ausgaben für Arbeitskleidung oder Beiträge zu Berufsverbänden), die steuermindernd geltend gemacht werden können.

Wertpapier, Urkunde, die ihrem Inhaber bestimmte Rechte einräumt, z. B. Gläubigerrechte bei Anleihen oder Gesellschafterrechte bei Aktien.

Wertschöpfung, die jährliche Summe aller Löhne, Gehälter, Zinsen, Mieten, Pachten und Gewinne, also die Einkünfte der Produktionsfaktoren eines Landes. Sie entspricht dem Nettoinlandsprodukt (↑ Inlandsprodukt).

Wettbewerb, auch Konkurrenz genanntes Grundprinzip der Marktwirtschaft: der dauernde ›Kampf‹ der Anbieter um den Nachfrager, des Arbeiters um den Arbeitsplatz, des Unternehmers um den Gewinn. Wettbewerbsinstrumente sind vor allem der Preis, aber auch die Qualität der Güter oder Werbung.

Wirtschaftlichkeitsprinzip, Grundsatz des optimalen wirtschaftlichen Handelns: Mit gegebenen Mitteln (z. B. Gütern) soll ein möglichst großer Erfolg (Nutzen, Gewinn) erzielt werden, oder ein vorgegebenes Ziel (z. B. ein bestimmtes Wohlstandsniveau) soll mit möglichst geringem Aufwand (z. B. Einsatz von Produktionsfaktoren) erreicht werden.

Wirtschaftskreislauf, vom menschlichen Blutkreislauf abgeleitetes Bild, das die Ströme beschreibt, in denen Güter und Geld ununterbrochen zwischen Einzelnen, Unternehmen, Staat und Ausland ausgetauscht werden.

Wirtschaftsordnung, der Rahmen, der allen wirtschaftlichen Aktivitäten innerhalb eines Landes gesetzlich vorgegeben ist. Seine Grundformen sind die Marktwirtschaft und die ›Zentralverwaltungswirtschaft‹ (Planwirtschaft).

Wirtschaftspolitik, alle staatlichen Maßnahmen zur Durchsetzung einer Wirtschaftsordnung und der ihr zugrunde liegenden gesellschaftlichen Ziele. Hierzu gehören z. B. die Geldpolitik der Zentralbank und die Konjunkturpolitik.

Wirtschaftsprüfer, öffentlich ernannte Personen oder Gesellschaften, die zur Prüfung der Jahresabschlüsse von Kapitalgesellschaften berechtigt sind und in der Regel auch steuerberatend tätig werden.

Wirtschaftswunder, Bezeichnung für den schnellen Aufstieg der westdeutschen Wirtschaft nach dem Zweiten Weltkrieg. Zu seiner Entwicklung

beigetragen haben die Währungsreform, der Marshallplan, der Wiederaufbau der zerstörten Produktionsstätten nach modernsten Gesichtspunkten und die Einführung der sozialen Marktwirtschaft.
➕ Als ›Vater des Wirtschaftswunders‹ gilt Ludwig ↑ Erhard (Kapitel 2).

Wohlfahrtsstaat, politischer Begriff zur Charakterisierung eines Staats, der die Sicherung der materiellen Wohlfahrt der Bürger (Daseinsvorsorge) zu seiner umfassenden Aufgabe macht.
➕ Als ›Versorgungsstaat‹ wird der Wohlfahrtsstaat oft negativ bewertet, weil er dazu neigt, Sicherheit und staatlich definierte Wohlfahrt über die persönliche Freiheit zu stellen.

WTO, Abkürzung für englisch **W**orld **T**rade **O**rganization [›Welthandelsorganisation‹], Sonderorganisation der UNO zur Gewährleistung eines freien Welthandels. Sie trat 1995 in Kraft und löste 1996 das ↑ GATT ab.

XETRA®, Abkürzung für englisch e**x**change **e**lectronic **tra**ding [›elektronischer Börsenhandel‹], ein 1997 eingeführtes elektronisches Handelssystem für alle an der Frankfurter Wertpapierbörse notierten Wertpapiere.

Zahlungsbilanz, nach den Grundsätzen der doppelten Buchführung erfolgende Darstellung sämtlicher das Ausland berührender Wirtschaftsaktivitäten eines Landes. Sie unterteilt sich in die Handelsbilanz, die den Import und Export von Waren erfasst, die Dienstleistungsbilanz zur Darstellung der ›unsichtbaren‹ Leistungen wie Transport, Tourismus, Versicherungsleistungen sowie die Übertragungsbilanz für Leistungen ohne Gegenleistung wie Gastarbeiterüberweisungen oder Entwicklungshilfe. Die Kapitalbilanz erfasst sämtliche Auslandsguthaben und -schulden, die Devisenbilanz zeigt die Währungsreserven der Zentralbank.

Zehnergruppe, auch Zehnerklub oder G 10, 1962 im Rahmen des Internationalen Währungsfonds gegründetes Gremium der zehn wichtigsten Industriestaaten (USA, Deutschland, Frankreich, Großbritannien, Italien, Japan, Kanada, Niederlande, Belgien und Schweden; seit 1984 auch die Schweiz). Die Zehnergruppe ist eines der einflussreichsten Beratungsgremien für Fragen der internationalen Währungsordnung und -politik.

Zentralbank, auch Notenbank, Bank, die das Recht zur Ausgabe von Banknoten hat und Träger der Geld-, Kredit- und Währungspolitik ist. Wichtigste Aufgabe jeder Zentralbank ist es, den Geldwert und die Währung stabil zu halten (auch ↑ Europäische Zentralbank, Kapitel 3).

Zerobond, *der* [ˈzeːro...; zu französisch zéro ›null‹], **Nullkuponanleihe,** eine langfristige Anleihe, für die während der Laufzeit keine Zinsen gezahlt werden. Stattdessen werden Zerobonds weit unter dem Nennwert verkauft und zum Kurs von 100 (Nennwert) zurückgezahlt. Damit tritt der Kursgewinn an die Stelle des Zinsertrages.

Zins [von lateinisch census ›Steuerkataster‹, ›Vermögen‹], der Preis, der für die zeitlich befristete Überlassung von Kapital gezahlt wird.

Zinseszins, der Zins auf Zinsen, der anfällt, wenn der Zins für eine Periode bei Fälligkeit nicht ausbezahlt, sondern dem Kapital zugeschlagen wird.

Zinssatz, Höhe der Zinsen, ausgedrückt in Prozenten vom Kapital. ⓘ

> **ⓘ ZINSSATZ**
>
> Die Höhe der Zinsen hängt ab vom Kapital k, dem Zinsfuß p (bezogen auf ein Jahr = p. a.) und den Zinstagen t (für ein Jahr werden 360 Zinstage angenommen).
> Die Zinsen berechnen sich bei der einfachen Zinsrechnung nach der Zinsformel
> $z = k \cdot p \cdot t \cdot 100 / 360$, also Zinszahl ($k \cdot t / 100$) geteilt durch Zinsdivisor ($360 / p$).
> Wird z. B. ein Kapital von 1 250 € für 120 Tage mit 6 % p. a. verzinst, dann errechnet sich die Zinszahl (1 250 · 120) / 100 = 1 500, der Zinsdivisor 360 / 6 = 60, und die Zinsen betragen 1 500 / 60 = 25 €.

5 Kunst und Musik

5
Kunst und
Musik
6
Literatur
7
Sprichwörter und
Redensarten

Das Begriffspaar »Kunst und Musik« provoziert bei näherem Hinsehen die Frage, ob es zwischen »Kunst« und »Musik« Unterschiede in der Weise gibt, wonach Musik keine Form der Kunst sei. Nichts liegt diesem Kapitel jedoch ferner, als die Musik, eine der ältesten Ausdrucksformen menschlichen Geistes und Empfindens, begrifflich aus dem Kreis der Künste zu entfernen. Vielmehr soll der Leser auf die Spannweite des Kapitels aufmerksam gemacht werden: Es widmet sich nicht nur dem durch das Sehen Wahrnehmbaren, sondern auch dem, was wir durch unser Gehör verarbeiten und als Kunst erkennen.

Seit der Wende vom 18. zum 19. Jahrhundert wird Kunst als Gegensatz zu Handwerk und Wissenschaft begriffen. Nach heutigem Verständnis ist die Kunst in die Teilbereiche Literatur, Musik, darstellende Kunst (also Schauspiel- und Tanzkunst) sowie bildende Kunst (Malerei, Grafik, Kunsthandwerk, Architektur, Bildhauerkunst) gegliedert. Der Literatur ist in diesem Werk schon wegen ihres Umfangs und ihrer stofflichen Eigenheit ein eigenes Kapitel (6) gewidmet. Die Stichwortauswahl für die verbliebenen Bereiche legt ihren Schwerpunkt auf die bildende Kunst und die Musik: Dieses Kapitel soll zu einem Gang durch die »schönen Künste« einladen, durch eine Welt, in die es den Menschen seit jeher zog – jenseits des Alltäglichen.

abstrakte Kunst, die gegenstandslose Kunst, eine Stilrichtung in der Malerei und plastischen Kunst des 20. Jh., die sich von der traditionellen Darstellung körperlicher Gegenstände abwendet und – vom Dinglichen gelöst – die Beziehung von Form und Farbe in den Vordergrund stellt. ⓘ

> ⓘ **ABSTRAKTE KUNST**
>
> **Zum Wesen der Form**
>
> ›Die Form selbst, wenn sie auch ganz abstrakt ist und einer geometrischen gleicht, hat ihren inneren Klang, ist ein geistiges Wesen mit Eigenschaften, die mit dieser Form identisch sind.‹
>
> Wassily Kandinsky (›Über das Geistige in der Kunst‹, 1912)

adagio [aˈdaːdʒo; italienisch ›gemächlich‹, ›bequem‹], musikalische Tempovorschrift: langsam.

Aida, Oper von Giuseppe Verdi: Die äthiopische Königstochter Aida liebt den ägyptischen Feldherrn Radames, der ihr militärische Geheimnisse der Ägypter offenbart und hierfür eines qualvollen Todes sterben soll; er wird lebend in eine Grabkammer eingeschlossen. Aida flieht, kehrt aber zurück, um mit ihm zu sterben.
✚ Die Uraufführung, ursprünglich zur Eröffnung des Suezkanals (1869) geplant, fand am 24. 12. 1871 in Kairo statt.

Akkord, *der* [französisch, zu accorder ›in Einklang bringen‹], in der Musik der sinnvolle Zusammenklang von mindestens drei Tönen verschiedener Tonhöhe.

Akropolis, *die* [griechisch ›Oberstadt‹], altgriechische Bezeichnung für die Burg einer Stadt; am bekanntesten ist die Akropolis von Athen als befestigter und ausgebauter höchster Punkt des alten Athen mit dem weithin sichtbaren Parthenontempel. Sie war Mittelpunkt des religiösen und städtischen Lebens.

Akt, die nach einem unbekleideten Modell (zu Studienzwecken) gefertigte Darstellung des menschlichen Körpers. Nach der an der menschlichen Anatomie nur wenig interessierten mittelalterlichen Malerei kehrte erst das 15./16. Jh. zu den bereits in der Antike gesetzten Grundlagen der wirklichkeitsnahen Abbildung des bloßen menschlichen Körpers zurück.

Alhambra, *die* [arabisch ›die Rote‹], im 13./14. Jh. von den islamischen Beherrschern im spanischen Granada erbaute Burg, die zu den bedeutendsten Leistungen des islamischen Schlossbaus zählt. Sehr bekannt ist der Löwenhof, in dessen Mitte ein aus steinernen Löwen gebildeter Brunnen steht.

Allegorie, *die* [griechisch ›das Anderssagen‹], die verstandesmäßig fassbare bildliche Darstellung eines abstrakten Begriffs oder Sachverhalts, z. B. die Gerechtigkeit als Frauengestalt mit verbundenen Augen, die in den Händen eine Waage und ein Schwert hält.

Alt, *der* [lateinisch altus ›hoch‹, ›hell‹], heute in der Musik vorwiegend die Bezeichnung für die tiefere der beiden Frauen- oder Knabenstimmen; im 15./16. Jh. wurde auch die hohe Männerstimme (Contratenor altus) Alt genannt.

Altdorfer, Albrecht deutscher Maler und Grafiker (* um 1480, † 1538), seit 1526 Stadtbaumeister in Regensburg. In seiner Kunst verbinden sich erzählende Fantasie und die genaue Wiedergabe von Details mit einem der Romantik verwandten Naturgefühl. Von ihm stammt eines der frühesten reinen Landschaftsbilder der europäischen Kunst.

andante [italienisch ›gehend‹], musikalische Tempovorschrift: weder schnell noch langsam, vielmehr gleichmäßig, gelassen im Vortrag. Das Andante ist ein musikalischer Satz von ruhiger Bewegung.

Appassionata, ↑ Beethoven, Ludwig van.

Aquarell, *das* [zu lateinisch aqua ›Wasser‹], das mit Wasserfarben gemalte Bild. Charakteristisch sind weiche, fließende Konturen sowie das Durchscheinen des Malgrundes. Der Arbeitsgang verläuft immer von den hellen zu den dunklen Partien. Aquarellmalerei findet sich schon in altägyptischen Totenbüchern und chinesischen Rollbildern; sie war im 19. Jh. sehr beliebt und eine oft angewandte Technik des Expressionismus.

Arabeske, *die* [italienisch ›arabische (Verzierung)‹], vor allem an Bauten der griechisch-römischen Antike und des Klassizismus eine rankenförmige, in sich symmetrisch aufgebaute Verzierung.
In der Musik seit dem 19. Jh. ein Musikstück, das durch reiches Umspielen der Melodie gekennzeichnet ist.

Arie, *die* [italienisch ›Melodie‹], ein in sich ge-

Kunst und Musik | **Bal**

schlossenes Sologesangsstück mit Instrumentalbegleitung, meist Teil eines größeren Musikwerks (vor allem einer Oper), aber als Konzertarie auch selbstständig. Arien sind im Unterschied zum Rezitativ melodisch.

Armstrong, Louis [ˈaːmstrɔŋ], amerikanischer Jazztrompeter und -sänger (* 1901, † 1971), einer der bedeutendsten Trompeter des klassischen Jazz. Er spielte die Trompete mit meisterhafter Virtuosität und war ebenso berühmt wegen seiner rauen Gesangstimme (besonders mit ›Hello Dolly‹).
➕ Sein Spitzname ›Satchmo‹ ist eine Abkürzung von ›satchel mouth‹, was im amerikanischen Slang ›Quadratschnauze‹ bedeutet.

Art déco, *der* oder *das* [aːrdeˈko; Kurzform von französisch art décoratif ›dekorative Kunst‹], Stilbezeichnung für Kunsthandwerk, Malerei, Plastik und Architektur der 1920er- und 1930er-Jahre. Im Artdéco-Stil leben Elemente des Jugendstils fort; charakteristisch ist eine geometrische Struktur, gemischt mit anderen, z. B. pflanzlichen Ornamenten.

Ave-Maria, *das* [lateinisch ›Gegrüßet seist Du, Maria‹], der Gruß des Engels (daher auch ›Englischer Gruß‹) an Maria; seit dem 11. Jh. Volksgebet. Berühmte Vertonungen zum Ave-Maria stammen u. a. von Johann Sebastian Bach und Charles Gounod (* 1818, † 1893).
➕ Eine berühmte Darstellung des ›Englischen Grußes‹ von Veit Stoß (1517/18) hängt in der Sankt-Lorenz-Kirche in Nürnberg.

Bach, deutsche Musikerfamilie des 17. und 18. Jahrhunderts. Am bekanntesten ist der Komponist **Johann Sebastian Bach** (* 1685, † 1750), der seine musikalische Ausbildung von seinem Bruder Johann Christoph Bach (* 1671, † 1721) erhielt. Zunächst Kirchenorganist, später u. a. Organist und Kapellmeister an den Höfen von Sachsen-Weimar und Anhalt-Köthen, wurde Bach schließlich Kantor (kirchlicher Vorsänger) der Thomaskirche in Leipzig, wo er bis zu seinem Tod blieb.
Bachs Musik bildet den abschließenden Höhepunkt der Musik des Barock. Sein umfangreiches Gesamtwerk umfasst – mit der Ausnahme von Oper und Ballett – alle musikalischen Gattungen seiner Zeit. Aus ihm ragen die Orgelwerke (darunter die Toccata d-Moll) und die etwa 30 ›Weimarer Kirchenkantaten‹ (u. a. ›Weinen, Klagen, Sorgen, Zagen‹) heraus, in der Instrumentalmusik die ›Brandenburgischen Konzerte‹, als Klaviermusik die Stücke für das ›Wohltemperierte Klavier‹, die ›Englischen‹ und ›Französischen Suiten‹. Kirchenmusikalische Höhepunkte sind neben anderem seine Passionen (vor allem die ›Matthäuspassion‹) und das ›Weihnachtsoratorium‹.
➕ Bachs Werk galt seinen Zeitgenossen als schwierig und zu gelehrt. Nach seinem Tod wurde seine Musik vernachlässigt und erst wieder stärker beachtet, nachdem Felix Mendelssohn Bartholdy die Matthäus-Passion 1829 in Berlin wieder aufführte.
➕ Aus den beiden Ehen J. S. Bachs entstammen 20 Kinder; einige von ihnen wurden ihrerseits bedeutende Komponisten: Wilhelm Friedemann (* 1710, † 1784), Carl Philipp Emanuel (* 1714, † 1788), Johann Christoph Friedrich (* 1732, † 1795) und Johann Christian (* 1735, † 1782).

Baldung, Hans genannt Grien [›der Grüne‹, wohl wegen seiner Jugend], * 1484/85, † 1545; Schüler Albrecht Dürers. Er schuf neben religiösen Werken allegorische und mythologische Darstellungen. Seine ausdrucksstarken Holzschnitte gehören zu den besten Leistungen der deutschen Grafik. Sein Hauptwerk ist der Hochaltar des Münsters in Freiburg i. Br. (1512/16).

Ballett, *das* [zu italienisch ballo ›Tanz‹], der künstlerische Bühnentanz. Er setzt Melodie und Rhythmus in tänzerische Bewegung um und kann eine dramatische Handlung darstellen oder auch ein tänzerisches Spiel ohne jede Handlung sein. Stationen des europäischen Balletts waren das Paris Ludwigs XIV. (1661 Gründung der Königlichen Tanzakademie), Wien zur Mitte des 18. Jh. (in diese Zeit fällt die Entwicklung des Spitzentanzes) und das kaiserliche Sankt Petersburg Ende des 19. Jh. (mit dem kaiserlichen Ballettmeister Marius Petipa, * 1818, † 1910). Im 20. Jh. gaben George Balanchine (* 1904, † 1983), Martha Graham (* 1894, † 1991), Mary Wigman, John Cranko (* 1927, † 1973), John Neumaier (* 1942) und Hans von Manen (* 1932) mit ihren ↑ Choreografien dem Ballett neue Impulse.
Bekannte Ballettstücke sind ›Giselle‹ (Musik von Adolphe Charles Adam [* 1803, † 1856]), ›Schwanensee‹, ›Nussknacker‹, ›Dornröschen‹ (alle von Peter Tschaikowsky), ›Feuervogel‹, ›Petruschka‹, ›Sacre du Printemps‹ (alle von Igor Strawinsky).
Zu den berühmtesten Tänzern zählen Anna Pawlowa, Vaclav Nijinskij, Isadora Duncan und Rudolf Nurejew.

Der Barbier von Sevilla [- se'vilja], Oper von Gioacchino Rossini (Uraufführung 1816), in deren Mittelpunkt Figaro steht, ein gewiefter Bursche, der seinem ehemaligen Herrn (Graf Almaviva) hilft, gegen dessen Konkurrenten (Bartolo) die Hand seiner Liebsten (Rosine) zu gewinnen. Der Oper diente das gleichnamige Lustspiel des französischen Schriftstellers Pierre de Beaumarchais (* 1732, † 1799) als Vorlage.

⊕ Der Stoff wurde auch von Mozart in in der Oper ›Die Hochzeit des Figaro‹ vertont.

Bariton, *der* [italienisch, zu griechisch barytonos ›volltönend‹], die zwischen Tenor und Bass gelegene mittlere Männerstimme.

Barlach, Ernst deutscher Bildhauer und Dichter (* 1870, † 1938). In seinen strengen und schnörkellosen Bildwerken aus Holz und Bronze zeigt Barlach das Bild des einfachen, gefühlsmäßig ergriffenen, bodenständigen Menschen. Dazu mag ihn seine Reise durch Russland (1906) angeregt haben.

Barock, *der* oder *das* in der bildenden Kunst und Musik ein Epochenbegriff, der das 17. Jh. und den Beginn des 18. Jh. umspannt. Wesentliche Stilmerkmale in der Kunst sind Bewegtheit, Unterordnung der Einzelheit unter das Ganze und besondere Lichteffekte. Charakteristisch in der Musik sind der Generalbass (die auf einer durchlaufenden Bassstimme aufgebaute Akkordbegleitung jeder Komposition) und das konzertierende Prinzip (die Gegenüberstellung verschiedener Klanggruppen, z. B. von Solisten und Orchester).
Herausragende Künstler waren Johann Sebastian Bach, Antonio Vivaldi, Georg Friedrich Händel (Musik), Giovanni Lorenzo Bernini, Johann Balthasar Neumann (Architektur), André Le Nôtre (* 1613, † 1700; Gartenkunst) und vor allem die Maler Peter Paul Rubens und Rembrandt.

Basie, Count [kaʊnt 'beɪsɪ], eigentlich William Basie, amerikanischer Jazzpianist und Bandleader (* 1904, † 1984). Die von ihm geleitete Band war stilistisch dem Swing verpflichtet und wurde vor allem durch ihre rhythmische Intensität bedeutend.

Basilika, *die* [griechisch ›königliche (Halle)‹], ein spätestens seit dem Anfang des 2. Jh. v. Chr. im Römischen Reich entstandener Bautypus: eine lang gestreckte Halle, die weltlichen Zwecken (Märkte, Gerichtsverhandlungen u. Ä.) diente. Im Zuge der Christianisierung übernahmen die Christen den Grundtyp der Basilika als Bauform für ihre Kirchengebäude. Am Ende der antiken Basilika befand sich ein halbrunder, nach innen offener Raum (als Platz für den Richter, den Herrscher oder sein Standbild), aus dem sich der Chor christlicher Kirchen entwickelte.

Bass [von italienisch basso ›niedrig‹], die tiefste Männerstimme; bei Instrumentenfamilien ist Bass die Bezeichnung für die tiefsten Vertreter, z. B. Bassgeige, Bassposaune.

Bauhaus, von dem Architekten Walter Gropius (* 1883, † 1969) 1919 in Weimar gegründete und 1925 nach Dessau verlegte Schule mit Werkstätten für Handwerk, Architektur und bildende Künste. Gedanklich lag der Bauhaus-Bewegung die Forderung nach der Einheit aller bildenden Künste unter Führung der Baukunst und der Betonung des handwerklich-technischen Könnens als Grundlage künstlerischen Schaffens zugrunde. Neben Gropius zählen u.a. Lionel Feininger (* 1871, † 1956), Oskar Schlemmer (* 1888, † 1943) und Ludwig Mies van der Rohe (* 1886, † 1969) zu den bedeutendsten Bauhaus-Künstlern.

Bayreuther Festspiele, von Richard Wagner 1872 gegründete, in Bayreuth stattfindende Sommerfestspiele mit Aufführungen seiner Musikdramen in dem 1872–75 erbauten Festspielhaus. Erste Aufführungen waren 1876 ›Der Ring des Nibelungen‹ und 1882 ›Parsifal‹.

Beatles [bi:tlz]. Als Symbol des Umbruchs im Empfinden und Leben ihrer Zeit zählen die vier Musiker der britischen Beatgruppe ›The Beatles‹ (George Harrison, * 1943, † 2001; John Lennon, * 1940, † 1980; Paul McCartney, * 1942; Ringo Starr, * 1940) schon zu den Klassikern der Musikgeschichte des 20. Jahrhunderts. Bis sich die Gruppe 1970 trennte, war sie überaus erfolgreich mit Songs wie ›I Want to Hold Your Hand‹, ›Hey Jude‹, ›Help‹, ›All You Need is Love‹, ›Yesterday‹; die Kompositionen stammten meist von Lennon und McCartney.

Beckmann, Max deutscher Maler (* 1884, † 1950), der in seinen späteren, von den ↑ Fauves beeinflussten Bildern (darunter zahlreiche Selbstporträts) in kantiger, wuchtiger Aufdringlichkeit unverhohlene Zeitkritik übte. Dies führte nach der Machtergreifung Hitlers zur Entlassung aus seinem Lehrauftrag

Kunst und Musik — Beu

und zur Auswanderung in die Niederlande und die USA.

Beethoven, Ludwig van (* 1770, † 1827), neben Mozart und Haydn (dessen Schüler Beethoven war) einer der großen drei Komponisten der ›Wiener Klassik‹. In seinen Werken lebt eine musikalische Empfindungssprache, die von Ruhe und Innigkeit, Derbheit, Trotz und Kraft geprägt ist. Zu seinen berühmtesten Werken zählen neben der Oper ›Fidelio‹ und den Klaviersonaten (z. B. die ›Mondscheinsonate‹, die ›Appassionata‹) die 3. (›Eroica‹), die 5. (›Schicksalssinfonie‹) und die 9. Sinfonie (nach dem Text ›Ode an die Freude‹ von Schiller). Schon als junger Mann schwerhörig, wurde Beethoven 1819 völlig taub.

🞧 Beethovens Musik löste bei seinen Zeitgenossen nicht nur Zustimmung aus: Robert Schumann sagte beim Anhören der 5. Sinfonie: ›Mir wird so angst‹, und Goethe soll es für ein Glück gehalten haben, dass der taube Beethoven seine Musik nicht zu hören brauchte.

Ludwig van Beethoven Karikatur von Arpad Schmidhammer (1857–1921), »O Freunde, nicht diese Töne«

Bellini, Giovanni italienischer Maler (* zwischen 1430 und 1435, † 1516), begründete gemeinsam mit seinem Bruder Gentile (* um 1430, † 1507) die venezianische Malerschule der Frührenaissance, aus der im 16. Jh. so berühmte Meister wie Tizian hervorgehen sollten.

Bellini, Vincenzo italienischer Opernkomponist (* 1801, † 1835), der mit seinen ausdrucksvoll-melodischen Werken (›Norma‹, 1831) einer der Hauptvertreter der italienischen romantischen Oper ist.

Belvedere, *das* [italienisch ›schöne Aussicht‹], allgemein ein hoch gelegener Aussichtspunkt in Parkanlagen. Bedeutende, reich ausgeschmückte Gebäudekomplexe hierfür befinden sich u. a. in Rom (Gartenpalast im Vatikan, 15. Jh.), Prag, Wien oder Potsdam (hier nach der französischen Übersetzung ›Bellevue‹ genannt).

Berlioz, Hector [bɛrˈljoːz], französischer Komponist (* 1803, † 1869), war in Paris Mittelpunkt eines romantischen Künstlerkreises, zu dem u. a. Victor Hugo, Alexandre Dumas (Vater) und Honoré de Balzac gehörten. Aus seinen Arbeiten (Opern, Orchesterwerke, Kantaten, Messen) ragen die ›Symphonie fantastique‹ (1830) und die ›Symphonie funèbre et triomphale‹ (1840) heraus.

Bernini, Giovanni Lorenzo (* 1598, † 1680), schmückte als Baumeister das barocke Rom mit Platzanlagen (u. a. Kolonnaden auf dem Petersplatz) und Brunnen (u. a. Vierströmebrunnen auf der Piazza Navona). Die Übergänge zu seinem bildhauerischen Schaffen (u. a. ›Apoll und Daphne‹) sind dabei fließend, wie der Bronzebaldachin über dem Hauptaltar oder die Papstgräber in der Peterskirche beweisen.

Bernstein, Leonhard [ˈbəːnstaɪn], amerikanischer Komponist, Dirigent und Pianist (* 1918, † 1990). Sein größter Erfolg war das Musical ›West side story‹ (1957), eine in New York spielende Geschichte, die Elemente des alten Stoffs von ›Romeo und Julia‹ (Shakespeare) enthält.

🞧 Bernsteins Ruhm als einer der bekanntesten Dirigenten des 20. Jh. begann mit einem Zufall: Für den erkrankten Bruno Walter (* 1876, † 1962) dirigierte er 1943 die New Yorker Philharmoniker mit so viel Bravour, dass man sich seinen Namen fortan merken musste.

Beuys, Joseph [bɔis], deutscher Künstler (* 1912, † 1986). Beuys, der als einer der bedeutendsten Künstler der Nachkriegszeit gilt, suchte in seinen Werken u. a. seine Vorstellung von den Gegensätzen zwischen Kälte und Wärme, Werden und Erstarrung, Schöpferkraft und Vernunft darzustellen. Die verwendeten Materialien sollten dies ausdrücken,

z. B. Filz (Isolation), Fett (Wärme), Kupfer (Leiter). Seinem gesamten künstlerischen Schaffen liegt die Suche nach dem verlorenen ›ganzen‹ Menschen zugrunde, in dem Natur und Kultur, Mythos und Wissenschaft wieder eins werden.

Biedermeier, *das* Bezeichnung für die zwischen 1815 (Ende der Napoleonischen Kriege) und 1848 (Revolutionsjahr) liegende Stilepoche (besonders in Mode, Malerei und Wohnkultur) in Deutschland. Die Maler des Biedermeier bevorzugten Themen aus dem Privatleben und detaillierte Naturbetrachtung; besonders bekannt ist Carl Spitzweg mit humoristisch gefärbten Genreszenen.
➕ Namengebend war die von Ludwig Eichrodt (* 1827, † 1892) geschaffene treuherzig-spießbürgerliche Figur des ›Gottlieb Biedermeier‹.

Bizet, Georges [bi'ze], französischer Komponist (* 1838, † 1875). Nachdem seine frühen Opernwerke wenig Beachtung gefunden hatten, gelang ihm mit der Suite ›L'Arlésienne‹ (1872) der Durchbruch; am bekanntesten wurde seine Oper ›Carmen‹ (1872).

Blasinstrumente, eine Gruppe von Musikinstrumenten, bei denen die in einem festen Körper eingeschlossene Luft zum Klingen gebracht (z. B. Flöte, Oboe, Fagott, Klarinette, Saxophon, Trompete, Posaune, Horn) oder die Außenluft unmittelbar in Schwingung versetzt wird (z. B. Harmonium, Mundharmonika). Die Unterscheidung zwischen Holz- und Blechblasinstrumenten ist insoweit irreführend, als Flöten- und Rohrblattinstrumente (z. B. Saxophon) auch aus Metall gefertigt werden.

Blauer Reiter, Name eines Künstlerkreises, der 1911 in München von Wassily Kandinsky und Franz Marc ins Leben gerufen wurde. Der Name sollte den Aufbruch zu einer neuen, geistigen Kunst symbolisieren. Dem Kreis gehörten u. a. auch Alexej von Jawlensky (* 1864, † 1941), Gabriele Münter (* 1877, † 1962) und Paul Klee an.

Blues, *der* [bluːz], die um 1900 entstandene Form des weltlichen Lieds der Schwarzen in Nordamerika, im Gegensatz zu ihrem religiösen Lied, dem Negrospiritual (↑ Spiritual). Es war ursprünglich ein improvisiertes Lied, das vom Leben und den Problemen der Schwarzen handelte. Später entwickelte sich daraus auch eine instrumentale Musizierform, die eine entscheidende Rolle bei der Entstehung des Jazz spielte.

Bogart, Humphrey amerikanischer Schauspieler (* 1899, † 1957), weltbekannt für die Darstellung hartgesottener Charaktere, z. B. als Kapitän Queeg in ›Die Caine war ihr Schicksal‹ (1954) oder als Rick Blaine in ›Casablanca‹ (1942; zusammen mit Ingrid Bergmann, * 1915, † 1982).

Boheme, *die* [bo'ɛm; französisch], seit dem 19. Jh. Bezeichnung für das unkonventionelle Milieu der Künstler. Besonders um die Wende zum 20. Jh. spielte die Boheme in Paris, Berlin und München eine wichtige Rolle.
➕ Henri Murgers (* 1822, † 1861) Künstlerroman ›Szenen aus dem Leben der Bohème‹ (1851) bildete die Vorlage für die Oper ›La Bohème‹ (1896) von Giacomo Puccini.

Bolschoi-Theater, *das* ›Große Akademische Theater‹, 1776 in Moskau gegründet. Berühmt ist sein Ballettensemble, das Bolschoi-Ballett.

Bosch, Hieronymus eigentlich Bosch van Aken, nach seinem Geburtsort 's Hertogenbosch benannter niederländischer Maler (* 1453, † 1516). In seinen detailgenauen Darstellungen (u. a. ›Garten der Lüste‹, ›Heuwagen-Triptychon‹) entspinnt sich eine bizarre Traumwelt voller Fabelwesen, die der Symbolik des Surrealismus vorgreift.

Botticelli, Sandro [botti'tʃɛlli], italienischer Maler (* 1445, † 1510), in dessen Werken (u. a. ›Geburt der Venus‹) ein noch gotischer Zug zum Schönlinigen und Gezierten vorherrscht.

Brahms, Johannes deutscher Komponist (* 1833, † 1897), trat bereits als Zehnjähriger als Pianist öffentlich auf. In seinen Kompositionen verbinden sich die Stil- und Ausdrucksmittel seiner Zeit mit denen der Klassik und des Barock. Sie zeigen sangliche Melodik und Reichtum in Rhythmik und Harmonik. Die Kammermusik und das strophische Lied haben bei Brahms zentrale Bedeutung. Außerdem schrieb er Sinfonien, Klavierwerke und das Chorwerk ›Ein deutsches Requiem‹ (1868).

Brandenburger Tor, von Carl Gotthard Langhans (* 1732, † 1808) 1788/91 im frühklassizistischen Stil erbautes Torgebäude in Berlin, gekrönt von einer von Gottfried Schadow (* 1764, † 1850) 1789/94 geschaffenen bronzenen Quadriga (Streitwagen mit vier Pferden, gelenkt von einer Siegesgöttin).
➕ Das unmittelbar an der Grenzlinie zwischen Ost- und West-Berlin im Sperrbezirk an der Berliner

Kunst und Musik **Car**

Mauer gelegene Tor war das bekannteste Symbol der Teilung Deutschlands.

Brandenburgische Konzerte, ↑ Bach, Johann Sebastian.

Bratsche, der deutsche Name für die Viola. Aus ihr entwickelte sich im 16. Jh. die gesamte heutige Violinfamilie, in der sie den Platz des Altinstruments, klanglich zwischen Geige und Violoncello, einnimmt. Die Bratsche ist größer als die Geige, wird aber wie diese gespielt. Ihre Stimme wird mit einem speziellen Schlüssel, dem Alt- oder Bratschenschlüssel, notiert.

Die Brücke, expressionistisch orientierte deutsche Künstlervereinigung, die 1905 in Dresden u. a. von Ernst Ludwig Kirchner (* 1880, † 1938), Erich Heckel (* 1883, † 1970) und Karl Schmidt-Rottluff (* 1884, † 1976) gegründet wurde. Ihr gehörten auch Max Pechstein (* 1881, † 1955) und Emil Nolde an. Stilistisch verband die Maler eine intensive Farbgebung und eine gewisse eckige Steifheit der Formen. 1913 löste sich die Gruppe auf.

Bruckner, Anton österreichischer Komponist (* 1834, † 1896), eine der herausragenden Musikerpersönlichkeiten des 19. Jahrhunderts. Aus seinen gewaltigen, farbenprächtigen Tonschöpfungen sprechen tiefe Religiosität und inniges Naturgefühl. 1868 wurde er als Hoforganist und Professor nach Wien berufen. Sein Schaffen umfasst elf Sinfonien, Messen, ein ›Requiem‹ und ein ›Te Deum‹ sowie zahlreiche kleinere Werke, darunter Motetten, Psalmen, Hymnen.

Bruegel, Pieter, der Ältere [ˈbrøːxəl], niederländischer Maler (* um 1525/30, † 1569), der in detailreichen Szenen das alltägliche Leben der ländlichen Bevölkerung schilderte (daher auch ›Bauernbruegel‹ genannt).
➕ Auch Bruegels Söhne Pieter Bruegel der Jüngere (* 1564, † 1638), genannt ›Höllenbruegel‹, und Jan Bruegel der Ältere (* 1568; † 1625), genannt ›Blumenbruegel‹, waren bedeutende Maler.

Burgtheater, als ›Theater nächst der Burg‹ 1741 von Kaiserin Maria Theresia gegründetes Theater in Wien, das in der Mitte des 19. Jh. die führende Rolle unter den deutschsprachigen Bühnen errang.
➕ Seit 1926 wird der Burgtheaterring einem Mitglied des Burgtheaters oder einem Dramatiker als Auszeichnung verliehen.

Cage, John [keɪdʒ], amerikanischer Komponist (* 1912, † 1992). Seine neuartig-experimentellen Kompositionen beruhen auf Klängen und Geräuschen aller Art, auf Verfremdungen (präpariertes Klavier) und Zufallsbildungen; sie benutzen oft Grafiken und Spielanweisungen statt Noten. Cage gab wesentliche Anstöße zur Überwindung der seriellen Musik und zur Abkehr vom traditionellen Begriff des Kunstwerks. ⓘ

ⓘ JOHN CAGE
Stille

Das berühmte Klavierstück ›4'33"‹ von John Cage aus dem Jahr 1952 gibt im Titel die Aufführungsdauer an: vier Minuten, 33 Sekunden. Aber während der gesamten Dauer ist kein Ton Musik zu hören. Auf dem Notenblatt des Pianisten steht ›tacet‹, also jener Begriff, der einzelnen Orchesterspielern anzeigt, dass sie aussetzen sollen, während andere weiterspielen. Da es aber hier der Solist ist, der aussetzt, passiert überhaupt nichts. Die ›Musik‹ besteht aus den zufälligen Geräuschen im Konzertsaal oder von der Straße. ›Für mich war es als eine Möglichkeit gedacht, das zu hören, was es zu hören gab‹, sagte Cage über dieses Stück.

Callas, Maria, eigentlich Maria Anna Cecilia Sofia Kalogeropoulos, griechische Sängerin (* 1923, † 1977), Sopranistin. Sie verfügte über ein ungewöhnlich breites Gesangsrepertoire und war auch wegen der dramatischen Dichte ihrer Rollengestaltung (u. a. als Norma, Lucia di Lammermoor, La Traviata, Tosca) berühmt.

Capriccio, *das* [kaˈpritʃo; italienisch ›Laune‹, ›Einfall‹], scherzhaftes, launiges Musikstück, ein Stück in besonders einfallsreicher Art und freier Form (z. B. das ›Capriccio italien‹ von Peter Tschaikowsky, das 1880 nach einer Italienreise entstand).

Caravaggio [karaˈvaddʒo], eigentlich Michelangelo Merisi, italienischer, nach seinem Geburtsort benannter Maler (* 1571, † 1610), dessen ruheloser Lebenswandel sich mit einer neuartigen, den Barock vorwegnehmenden Kunstauffassung verbindet. Caravaggios naturnahe Bilder (u. a. ›Amor als Sieger‹, um 1596) begründeten wegen ihrer Hell-Dunkel-Effekte und der kühnen, oft das Menschliche des dar-

KAPITEL 5

197

Caravaggio Der Lautenspieler (um 1596)

gestellten Heiligen betonenden Komposition eine grundlegende Umwälzung in der Malerei.

Carmen, Oper von Georges Bizet (1875), nach der gleichnamigen Novelle von Prosper Mérimée (* 1803, † 1870); in und bei Sevilla, 1820: Der unbescholtene Sergeant Don José verfällt der Zigeunerin Carmen und zieht mit ihr und einer Schmugglerbande in die Berge. Doch schon bald verliebt sich Carmen in den Torero Escamillo und verlässt José. Während eines Stierkampfes versucht dieser, sie zurückzuerobern. Doch Carmen weist ihn ab. Während der Stier in der Arena stirbt, tötet José Carmen.
➕ Besonders populär wurde die zündende Ouvertüre mit Escamillos ›Auf in den Kampf, Torero‹.

Carnegie Hall [ˈkɑːnəgɪ hɔːl], die von dem amerikanischen Industriellen Andrew Carnegie (* 1835, † 1919) gestiftete Konzerthalle in New York mit ausgezeichneter Akustik.

Caruso, Enrico italienischer Sänger (* 1873, † 1921), wurde als bester Operntenor seiner Zeit gefeiert.

Casals, Pablo spanischer Cellist (* 1876, † 1973), dessen Spiel von technischer Perfektion und hoher Musikalität gekennzeichnet war. Als Gegner General Francos emigrierte er zunächst nach Frankreich, später ließ er sich in Puerto Rico nieder.

Cellini, Benvenuto [tʃelˈliːni], in Frankreich und vor allem in Florenz tätiger Goldschmied und Bildhauer (* 1500, † 1571). Sein ›Perseus‹ (1545–54) bildet den Einstieg in die manieristische Skulptur. Berühmt wurde auch sein für den französischen König Franz I. (* 1494, † 1547) geschaffenes ›Salzfass‹ (1539–43).
➕ Cellinis abenteuerliche Autobiografie übersetzte Goethe ins Deutsche (1803).
➕ Hector Berlioz schrieb über das Leben Cellinis die Oper ›Benvenuto Cellini‹ (1838).

Cello, *das* [ˈtʃɛ...], Kurzform von **Violoncello,** Musikinstrument, das Bassinstrument der Familie Viola da Bracchio (↑ Viola). Es wird beim Spielen mit den Knien gehalten, durch einen Stachel auf dem Boden gestützt.

Cembalo, *das* [ˈtʃɛm...], ein Tasteninstrument, das in seinem Erscheinungsbild einem Konzertflügel ähnelt. Die Tonerzeugung erfolgt durch Anzupfen von dünnen, parallel verlaufenden Messing-, Bronze- oder Stahlsaiten unterschiedlicher Länge und Stärke, die über einen Resonanzboden mit Stegen gespannt sind. Im Gegensatz zum Klavier ist die Lautstärke nicht durch die Anschlagstärke beeinflussbar. Klangveränderungen erreicht man durch verschiedene Register, die durch Pedale zugeschaltet oder durch eine zweite Tastatur bedient werden.
➕ Das Cembalo entstand im 14. Jh. und erlebte seine Blütezeit im Barock.

Cézanne, Paul [seˈzan], französischer Maler (* 1839, † 1906), der sich ab Ende der 1870er-Jahre mit seinen Stillleben und Landschaften eine am Farbwert orientierte Malerei schuf, die als Vorläufer zur Abstraktion gilt. Durch die Betonung geometrischer Formen in den Kompositionen hatte Cézanne auch Einfluss auf die Kubisten.
➕ Für Pablo Picasso war Cézanne in Bezug auf die eigene und die Malerei seiner Freunde ›unser aller Vater‹.

Chagall, Marc [ʃaˈgal], Maler und Grafiker russischer Herkunft (* 1887, † 1985). In seinen farbenfrohen, meist heiteren Bildern verschmelzen Traumvisionen mit Motiven russischer Märchen und Erinnerungen an das russisch-jüdische Leben seiner Heimat. Er schuf auch Bibelillustrationen und Entwürfe für Glasfenster (z. B. Fraumünster in Zürich, Sankt Stephan in Mainz).

Chanson, *das* [ʃãˈsõ; französisch ›Lied‹], in der Gegenwart ein witziges, häufig freches, mitunter auch leicht sentimentales oder melancholisches Lied. Bekannte Chansonsänger(innen) waren oder sind:

Charles Aznavour (* 1924), Gilbert Bécaud (* 1927), Georges Brassens (* 1921, † 1981), Jacques Brel (* 1929, † 1978), Juliette Gréco (* 1927), Ives Montand (* 1921, † 1991); André Heller (* 1946), Hildegard Knef (* 1925, † 2002), Reinhard Mey (* 1942), Helen Vita (* 1928), Hanne Wieder (* 1929, † 1990).

Chaplin, Charles [ˈtʃæplɪn], genannt Charlie, britischer Filmkomiker, -autor, -regisseur und -produzent (* 1889, † 1977). Durch die Verkörperung der Figur des Vagabunden mit abgetragenem schwarzem Anzug, Melone und durchgetretenen Schuhen, der unschuldig in Gefahr gerät und auf abenteuerlich-groteske Weise gerade noch davonkommt, ging er in die Filmgeschichte ein. Filme u. a.: Goldrausch (1925), Lichter der Großstadt (1931), Moderne Zeiten (1936).

Charles Chaplin als Diktator Hynkel in der filmischen Satire ›Der große Diktator‹ (1940)

➕ Seine Tochter ist die Filmschauspielerin Geraldine Chaplin (* 1944).

Chopin, Fryderyk (französisch Frédéric) [ʃɔˈpɛ̃], polnischer Komponist und Pianist (* 1810, † 1849), wegen seines früh entwickelten Talents beim Klavierspielen als Wunderkind gefeiert. Chopin schrieb ausschließlich Werke für Klavier oder Werke, in denen dem Klavier zentrale Bedeutung zukommt. Rhythmen und viele seiner Melodien sind von der polnischen Volksmusik beeinflusst, z. B. Mazurken, Polonaisen. Chopin war einer der größten Meister des lyrischen Klavierstücks, dessen romantischer Stil die Klaviermusik bis ins 20. Jh. beeinflusst hat.

➕ 1838 reiste er mit der Dichterin George Sand (* 1804, † 1876) zur Besserung seines Lungenleidens nach Mallorca.

Chor [griechisch ›Tanzplatz‹], in der Musik eine Gruppe von Sängern, die gemeinsam ein Lied vortragen. Ein Chor kann einstimmig (alle singen die gleiche Melodie) oder mehrstimmig sein. Ein sechsstimmiger Chor z. B. ist in folgende Stimm(lagen) eingeteilt: Sopran, Mezzosopran, Alt, Tenor, Bariton, Bass.
In der Architektur ursprünglich der Raum für Sänger und Priester im Inneren altchristlicher und mittelalterlicher Kirchen, später allgemein übertragen auf den das Kirchenhauptschiff meist im Osten abschließenden Teil des Kirchenraumes mit Hochaltar und Chorgestühl.

Choreografie, *die* [zu griechisch choreia ›Tanz‹], ursprünglich die Tanzschrift zur Aufzeichnung von Bewegungsabläufen (Stellung, Haltung, Richtung); seit dem 18. Jh. die vom Choreografen festgelegte künstlerische Gestaltung eines Balletts.

Christo und Jeanne-Claude [- ʒanˈkloːd], amerikanisches Künstlerehepaar bulgarischer bzw. französischer Herkunft: Christo, eigentlich Christo Jawatschew (* 1935) und Jeanne-Claude (* 1935) verpacken Gegenstände, umhüllen Gebäude (z. B. den Reichstag in Berlin, 1995) und Brücken mit Gewebe und verändern Landschaften durch Folien. Durch die zeitweilige Veränderung des Objekts ermöglichen sie neue Erfahrungen der Wahrnehmung.

Collage, *die* […ʒə; französisch, zu coller ›kleben‹], ein Bild, das auf eine Fläche geklebten Stücken von Papier, Stoff, Holz u. Ä. besteht. Das Prinzip der Collage geht auf die ›Papiers collés‹ (geklebte Papiere) von Georges Braque (* 1882, † 1963) und Pablo Picasso zurück.

Così fan tutte [italienisch ›So machen es alle (Frauen)‹], komische Oper von Mozart; Libretto von Lorenzo da Ponte (* 1749, † 1838); Uraufführung 1790; Neapel um 1720: Zwei Offiziere (Ferrando und Guglielmo) sind von der Treue ihrer Verlobten (Fiordiligi und Dorabella) so überzeugt, dass sie auf die Wette des Spötters Alfonso, der weibliche Treue grundsätzlich infrage stellt, eingehen und die Frauen auf die Probe stellen.

Countrymusic, *die* [ˈkʌntrɪmjuːzɪk; englisch ›ländliche Musik‹], auch **Country and Western,** aus dem Südosten und Südwesten der USA (besonders aus Nashville im US-Bundesstaat Tennessee) stammende Volksmusik; die sie begleitenden Texte greifen – zunehmend auch sozialkritisch – die Höhen und Tiefen des Alltags auf. Bekannte Interpreten sind Hank Williams (* 1923, † 1953), Jonny Cash (* 1932, † 2003) und Jimmie Rodgers (* 1897, † 1933).

Cranach, Lucas, der Ältere ein aus dem oberfränkischen Kronach (daher sein Name) stammender Maler und Grafiker (* 1472, † 1553). Der enge Freund Luthers und Anhänger der Reformation schuf seit 1505 in Wittenberg bedeutende Porträts und Szenen mit mythologischem und alttestamentarischem Hintergrund (Wiedergabe weiblicher Aktfiguren). Von ihm stammen auch Holzschnitte zur Bibel und zu den Reformationsschriften.

➕ Arbeiten aus der Werkstatt Cranachs erkennt man an einer kleinen geflügelten Schlange, dem Wappentier des Künstlers.

crescendo [krɛˈʃɛndo; italienisch ›wachsend‹], musikalische Vortragsbezeichnung für das allmähliche Anwachsen der Tonstärke.

Dadaismus, *der* kurz **Dada,** Kunstströmung um 1920, die die besonders durch den Ersten Weltkrieg fragwürdig gewordene überlieferte bürgerliche Kultur lächerlich machen wollte und die bestehenden Kunsttraditionen provokativ ablehnte. Für die beteiligten Künstler (u. a. Hugo Ball, * 1886, † 1927; Hans Arp, * 1886, † 1966; Kurt Schwitters, * 1887, † 1948) bildete Dada meist eine Durchgangsphase zum Surrealismus oder zur Neuen Sachlichkeit.

Dalí, Salvador spanischer Maler (* 1904, † 1989), der sich in seinen häufig durch die Psychoanalyse angeregten Werken (u. a. ›Die brennende Giraffe‹, 1935) zu surrealistisch überhobenen Halluzinationen bekannte, in seiner Malerei jedoch die gegenständliche, handwerklich saubere Darstellungsweise und Motivwahl älterer Meister bevorzugte.

David, Jacques-Louis französischer Maler (* 1748, † 1825), der nicht nur den Umschwung vom Rokoko zum Klassizismus (›Der Schwur der Horatier‹, 1784) vollzog, sondern nach glühender Anteilnahme an der Französischen Revolution von 1789 auch den Wechsel ins Lager Napoleons (›Kaiserkrönung‹, 1806/07) nicht versäumte.

Davis, Miles [ˈdeɪvɪs], amerikanischer Jazztrompeter und Komponist (* 1926, † 1991), der viele Facetten des Jazz, vom Modern Jazz bis zum Rockjazz, beherrschte; er schrieb: ›Birth of the cool‹, ›Kind of blue‹, ›Bitches brew‹, ›We want Miles‹.

Debussy, Claude [dəbyˈsi], französischer Komponist (* 1862, † 1912), gilt als Hauptmeister des musikalischen Impressionismus. Seine Kompositionen zeichnen sich durch feinste Unterschiede in den Klangfarben und verschwimmende Klänge aus; hervorzuheben sind die Orchesterwerke ›Vorspiel zum Nachmittag eines Fauns‹ (1892) und ›Das Meer‹ (1903/05) sowie das Bühnenwerk ›Pelléas et Mélisande‹ (1902).

Degas, Edgar [dəˈga], französischer Maler (* 1834, † 1917), der mit Vorliebe scharf beobachtete Szenen aus Ballett, Pferderennbahn oder mit sich ankleidenden Damen wählte, häufig in Pastelltechnik ausgeführt. Fast erblindet, modellierte er in seinen letzten Lebensjahren rund 150 Statuetten von Tänzerinnen und Reitern in Wachs.

Delacroix, Eugène [dəlaˈkrwa], französischer Maler (* 1798 † 1863), dessen Tier- und Historienbilder (u. a. ›Die Freiheit führt das Volk‹, 1830) und Reiseskizzen aus dem Orient die französische Romantik begründeten und in ihrer Behandlung von Licht und Farbe dem Impressionismus Impulse gaben.

Der Freischütz, romantische Oper von Carl Maria von Weber (Uraufführung 1821); Ort und Zeit: Böhmen, nach 1648. Der Jägerbursche Max muss beim traditionellen Probeschießen bestehen, will er Agathe zur Frau und das Forstrevier ihres Vaters erhalten. Kaspar, ein anderer Jäger, verleitet ihn dazu, bei der berüchtigten Wolfsschlucht sieben treffsichere Kugeln zu gießen, wobei die siebente Unheil bringt; beim Probeschießen wird Kaspar von ihr getroffen.

Marlene Dietrich im Film ›Die Frau, nach der man sich sehnt‹ (1929)

Dietrich, Marlene, eigentlich Maria Magdalena von Losch, Filmschauspielerin und Sängerin (* 1901, † 1992), wurde weltbekannt in der Rolle der Lola und mit dem Lied ›Ich bin von Kopf bis Fuß auf Liebe eingestellt‹ aus dem Film ›Der blaue Engel‹ (1930,

Kunst und Musik — **Dür**

nach dem Roman ›Professor Unrat‹ von Heinrich Mann). Als Gegnerin des Nationalsozialismus lebte sie seit den 1930er-Jahren in den USA (1937 amerikanische Staatsbürgerin), zuletzt in Paris.

Dirigent [zu lateinisch dirigere ›leiten‹], Leiter eines Chors, eines Orchesters oder der Aufführung eines musikalischen Bühnenwerks. Der Beruf des Dirigenten gewann erst seit dem 18. Jh. Profil. Zu den großen internationalen Dirigenten des 20. Jh. zählen u. a.: Claudio Abbado (* 1933), Ernest Ansermet (* 1883, † 1969), Daniel Barenboim (* 1942), Sir Thomas Beecham (* 1879, † 1961), Leonard Bernstein, Karl Böhm (* 1894, † 1981), Pierre Boulez (* 1925), Sergiu Celebidache (* 1912, † 1996), Sir Colin Davis (* 1927), Wilhelm Furtwängler, Herbert von Karajan (* 1908, † 1989), Otto Klemperer (* 1885, † 1973), Zubin Mehta (* 1936), Arthur Nikisch (* 1855, † 1922), Sir Georg Solti (* 1912, † 1997), Arturo Toscanini, Bruno Walter (* 1876, † 1962), Simon Rattle (* 1955).

Disney, Walt [ˈdɪznɪ], amerikanischer Filmproduzent und Trickfilmzeichner (* 1901, † 1966). Er ist der ›Vater‹ von ›Mickymaus‹ (1928 entstanden), ›Donald Duck‹, ›Bambi‹ und ›Pluto‹. Seit 1934 stellte Disney auch Farbfilmserien her und drehte Spielfilme, u. a. den Dokumentarfilm ›Die Wüste lebt‹ (1953). Er gründete 1955 den Vergnügungspark ›Disneyland‹ (bei Los Angeles); es folgten 1971 in Florida ›Disney World‹ und 1992 ›Euro-Disneyland‹ bei Paris.

Dissonanz, *die* [zu lateinisch dissonare ›misstönen‹], in der Musik ein aus zwei oder mehr Tönen bestehender Klang, der im Gegensatz zur Konsonanz eine Spannung enthält und nach Auflösung strebt.

Dixieland, *der* [ˈdɪksɪlænd], ein um 1890 in den Südstaaten der USA durch weiße Musiker geschaffener Jazzstil. Der Rhythmus ist gewöhnlich schnell und erlaubt improvisierte Einlagen einzelner Instrumente.
🞤 Dixieland oder kurz Dixie ist der volkstümliche Name der Südstaaten der USA.

Dix, Otto deutscher Maler (* 1891, † 1969), stellt in oft altmeisterlicher, neuromantischer, scheinbar wirklichkeitsgetreuer Pinselführung die Welt der 1920er-Jahre dar: den Schock des Kriegserlebnisses, die von den Massenvernichtungswaffen entstellten Kriegskrüppel, die Halbwelt der ›goldenen Zwanziger‹; schuf auch Porträts berühmter Zeitgenossen.

documenta, *die* internationale Ausstellung aktueller Kunst, die seit 1955 alle vier oder fünf Jahre in Kassel stattfindet und sich das Ziel setzt, das Kunstschaffen der Gegenwart zu dokumentieren und zu interpretieren.

Donatello italienischer Bildhauer (* um 1385, † 1466), der durch das Studium der antiken Bildwerke die mittelalterlichen Skulpturenschemata überwand: So modellierte er neben der ersten neuzeitlichen umschreitbaren Vollfigur (›David‹) u. a. das erste Reiterdenkmal der Frührenaissance (›Gattamelata‹, in Padua).

Don Giovanni [- dʒoˈvanni], Oper von Mozart, Text von Lorenzo da Ponte (* 1749, † 1838); Uraufführung 1787. Im Mittelpunkt der im Spanien des 17. Jh. spielenden Oper steht das Leben des skrupellosen Frauenverführers Don Giovanni, der schließlich den Lohn für seine Taten erhält: Der Komtur, den er getötet hatte, erscheint als ›steinerner Gast‹ bei einem Gastmahl und rächt die Ehre seiner Tochter, indem er Don Giovanni in den Schlund der Hölle wirft.

Dreigroschenoper, Stück mit Musik von Bertolt Brecht (Musik von Kurt Weill, * 1900, † 1950) nach der ›Bettleroper‹ des englischen Dichters John Gay (* 1685, † 1732); Uraufführung 1928.
🞤 Der Eröffnungssong der ›Dreigroschenoper‹, die ›Moritat von Mackie Messer‹, beginnt mit den Worten ›Und der Haifisch, der hat Zähne‹. In ihm klingt im Bild vom Haifisch schon eines der Hauptthemen der Oper an, nämlich das der skrupellosen Geschäftemacherei und rücksichtslosen Machtausübung.

Duett, *das* [zu italienisch duo ›zwei‹], Komposition für zwei Singstimmen, meist mit Instrumentalbegleitung. In derselben Bedeutung wird der Begriff ›Duo‹ gebraucht, der darüber hinaus aber auch eine Komposition für zwei Instrumente bezeichnet sowie die beiden Instrumentalisten meint, die die Komposition spielen.

Duncan, Isadora [ˈdʌŋkən], amerikanische Tänzerin (* 1878, † 1927). Ihre emotional-expressiven Interpretationen tanzte sie barfüßig, nur mit einer losen Tunika bekleidet.

Dürer, Albrecht deutscher Maler und Grafiker

(* 1471, † 1528), in dessen Schaffen sich spätgotisches Herkommen (Holzschnittfolge der ›Apokalypse‹) und die auf zwei Italienreisen (1494/95, 1505/07) erfahrene Renaissance fruchtbar vermischen. Sich vom spätmittelalterlichen Handwerkertum lösend, spricht aus seinen Werken (u. a. Kupfersticheinzelblätter, etwa ›Ritter, Tod und Teufel‹, Landschaftsaquarelle sowie Porträts und Selbstporträts) ein neues schöpferisches Selbstbewusstsein.

Dvořák, Antonín [ˈdvɔrʒaːk], tschechischer Komponist (* 1841, † 1904). Er schuf zahlreiche Werke, die sich durch Formkraft und großen melodischen Reichtum auszeichnen, z. B. die Sinfonie ›Aus der neuen Welt‹ (1893).

Dyck, Anthonis van [dɛjk], 1620 nach England ausgewanderter flämischer Maler (* 1599, † 1641), der am dortigen Königshof in künstlerischer Anlehnung an Rubens zum gefeierten Porträtmaler (u. a. ›Karl I. mit Reitknecht und Page‹) wurde.

El Greco [spanisch ›der Grieche‹], Künstlername des auf Kreta geborenen Malers Domenikos Theotokopulos (* um 1541, † 1614). Er wird dem Manierismus zugerechnet. Kennzeichnend für seinen Malstil sind zarte, lang gestreckte Körperformen, durch die die dargestellten Personen entkörperlicht, durchgeistigt wirken. Die Farben sind kalt, fahl oder unwirklich leuchtend.

Ellington, Duke [ˈelɪŋtən], eigentlich Edward Kennedy Ellington, amerikanischer Jazzpianist und -komponist (* 1899, † 1974), Mitbegründer des modernen Orchesterjazzstils; populär wurden u. a. ›Mood indigo‹, ›Satin doll‹, ›Sophisticated lady‹ und ›Don't get around much anymore‹.

Empire, das [ãˈpiːr; französisch ›Kaiserreich‹], bereits ein Jahrzehnt vor der Kaiserkrönung Napoleons I. (1804) einsetzende Spielart des Klassizismus in Frankreich. Von hier aus verbreitete sich der prunkvolle, an antiken Motiven angelehnte Stil (Innenraumdekoration, Kunsthandwerk, Mode) bis etwa 1830 über Europa.

Die Entführung aus dem Serail [- zeˈraj], Singspiel von Mozart (Uraufführung 1782). Die Handlung führt nach Kleinasien in die Mitte des 16. Jh.: Im Landhaus des Selim Bassa befindet sich die an ihn von Seeräubern verkaufte Constanze; Belmonte, ihr Verlobter, versucht, sie aus dem Serail (Harem) des Selim Bassa zu befreien, was zunächst am Aufseher Osmin scheitert; Selim Bassa erweist sich jedoch schließlich als großmütig und gibt sie frei.

Eremitage, die [...ʒə], auf mehrere, im 18. und 19. Jh. erbaute Gebäudekomplexe verteiltes Museum in Sankt Petersburg mit einer bedeutenden Gemäldegalerie.

Ernst, Max deutscher Maler, Grafiker und Plastiker (* 1891, † 1976), in dessen Werk sich Züge des Dadaismus und Surrealismus widerspiegeln. Für seine absichtlich absurden, häufig beklemmenden Arbeiten bediente sich Ernst, der seit 1922 meist in Frankreich lebte, neuer Techniken, etwa des Zusammenklebens (Collage) oder Durchreibens (Frottage) ursprünglicher Materialien.

Eroica [italienisch ›die Heldische‹], Name der 1803/04 entstandenen Sinfonie Nr. 3 Es-Dur Opus 55 von Ludwig van Beethoven, zu Ehren von Napoleon Bonaparte komponiert. Der republikanisch gesinnte Beethoven zerriss jedoch die Widmung, als er von Napoleons Kaiserkrönung erfuhr.

Escorial, der die im Auftrag Philipps II. von Spanien (* 1527, † 1598) seit 1563 in strenger, festungsähnlicher Gliederung erbaute, klösterliche Residenz und Grablege der spanischen Könige, rund 60 km von Madrid entfernt.

Etüde, die [französisch ›Studium‹], eine Komposition, mit der man bestimmte spieltechnische Schwierigkeiten üben kann.

Expressionismus, der [zu lateinisch expressio ›Ausdruck‹], Strömung in Literatur und Malerei zwischen 1880 und 1920. Nicht die Wiedergabe der sinnlich erfahrbaren Umwelt, sondern das geistige wie seelische Empfinden des Künstlers bestimmt den Schaffensprozess. Angeregt von exotischen und mittelalterlichen Kunstwerken, durchzieht eine aufgewühlte Grellheit in Farbe, Form und Sprache die Kunstproduktion, was auch ein Aufbegehren gegen die gesellschaftliche Erstarrung an der Jahrhundertwende bedeutete. Zu den bedeutendsten Vertretern zählen u. a. Emil Nolde, Ernst Ludwig Kirchner (* 1880, † 1938), Ernst Barlach und Wilhelm Lehmbruck (* 1881, † 1919).

Eyck, Jan van [ɛik], niederländischer Maler (* um 1390, † 1441), der sich als erster Künstler außerhalb Italiens von den Zwängen der mittelalterlichen, noch ganz von den kirchlichen Erwartungen domi-

Kunst und Musik

nierten Kunst zu befreien begann, ohne deren Überlieferung aufzugeben. Diese neue, kritisch-rationale Weltanschauung äußert sich bereits in seinem ›Genter Altar‹, besonders jedoch in seinen Porträts.

Fagott, *das* das tiefste Holzblasinstrument, ein Doppelrohrblattinstrument. Die sehr lange Schallröhre des Fagotts ist geteilt, nebeneinander angebracht und durch ein u-förmig gebohrtes Unterstück, den ›Stiefel‹, verbunden; ein Teil, der ›Flügel‹, ist kürzer; an ihm befindet sich ein s-förmiges Metallanblasröhrchen; die längere Röhre trägt das Schallstück.

Fauves [fo:v; französisch ›Wilde‹], Malergruppe um Henri Matisse, die sich am Beginn des 20. Jh. entschieden vom bestehenden Kunstgeschmack abkehrte. Hierbei bediente sie sich eines großflächigen, ungestümen Auftrags leuchtender, meist unvermischter Farben.

Fidelio, Oper von Ludwig van Beethoven, die in einem Staatsgefängnis im spanischen Sevilla Ende des 18. Jh. spielt: Fidelio (in Wahrheit Leonore), die als Gefängnishilfe verkleidete Frau eines aus politischen Gründen unschuldig Eingekerkerten (Florestan), will ihren Mann befreien. Kurz vor dem Eintreffen eines Gefängnisinspizienten versucht der Gefängnisgouverneur (Pizarro), Florestan zu töten, was Fidelio mutig verhindert. Bald darauf werden die Gefangenen freigelassen.

● Fidelio ist Beethovens einzige Oper; in ihr drückt sich sein Glaube an die Menschheit aus. Die Oper wurde zwischen 1805 und 1814 in jeweils geänderten Fassungen (ur)aufgeführt (teilweise auch als ›Leonore‹). Die Ouvertüren der Fassungen sind als ›Leonorenouvertüren‹ bekannt.

Fitzgerald, Ella [fɪtsˈdʒerəld], amerikanische Jazzsängerin (*1918, †1996); bekannt für die Klarheit und Fülle ihrer Stimme und ihre Fähigkeit, die Werke unterschiedlicher Komponisten zu interpretieren.

Flöte, Blasinstrument, meist aus Holz oder Metall mit Blaslöchern und bei der Querflöte mit durch Klappen verschließbaren Tonlöchern.

● Die Flöte ist eines der ältesten Musikinstrumente.

Forellenquintett, 1819 entstandenes Quintett für Klavier, Violine, Viola, Violoncello und Kontrabass A-Dur, Opus 114, von Franz Schubert, benannt nach dem Variationensatz (Andantino) über Schuberts Lied ›Die Forelle‹.

forte [italienisch ›fest‹, ›stark‹], musikalische Vortragsbezeichnung: stark, laut; fortissimo, sehr stark; mezzoforte, mittelstark; fortepiano, laut und sofort wieder leise.

Das **Forum Romanum** in Rom

Forum Romanum, *das* das Zentrum des öffentlichen Lebens im antiken Rom, ein seit dem 6. Jh. v. Chr. mit Tempeln, Heiligtümern, Markt- und Amtsgebäuden, Basiliken und Ehrenmalen überbauter Versammlungsplatz. Es verfiel im Mittelalter und wurde erst durch Ausgrabungen des 19. Jh. erschlossen.

Fotografie, *die* [zu griechisch phos ›Licht‹ und graphein ›schreiben‹]. Die ersten brauchbaren Fotografien waren die nach dem Franzosen Louis Daguerre (*1787, †1851) benannten ›Daguerreotypien‹ (1837), von denen allerdings keine Abzüge hergestellt werden konnten. Die Fotografie erlaubt nicht nur eine dokumentarische Aufzeichnung des Wirklichen, sondern auch eine in Konkurrenz zu Malerei und Grafik tretende Verfremdung des Sichtbaren

(Arrangement, Entwicklungsverfahren, Montagen, Collagen). Neben der Ideenvermittlung geriet die Porträt-, Landschafts- oder Genrefotografie rasch zu einer eigenständigen künstlerischen Ausdrucksform.

Fresko, *das* [italienisch ›frisch‹, das heißt, auf den frischen Putz aufgetragen], um 1300 in Italien (vor allem von Giotto) vervollkommnete Maltechnik, bei der die Farben auf den noch feuchten Kalkbewurf einer Wand aufgetragen werden. Berühmt sind vor allem die Fresken von Michelangelo in der Sixtinischen Kapelle in Rom.

Friedrich, Caspar David deutscher Maler der Romantik (* 1774, † 1840). Reiseeindrücke (u. a. durchs Riesengebirge) prägten Friedrichs rein empfindsame, stimmungsvolle Idyllen nach der Natur. Die neuen Inhalte romantischen Erlebens sind Spiegelungen einer Gefühlswelt, deren Vorstellungen um Werden und Vergehen kreisen.

Fries, in der Baukunst ein bandartiger Streifen, der die Wandfläche gliedert, schmückt oder abschließt.

Fuge, eine mehrstimmige Instrumentalkomposition, in der ein musikalischer Einfall (Thema) in verschiedener Form mehrmals wiederkehrt: Eine Stimme beginnt mit dem Thema (Subjekt) in der Grundtonart, der Tonika. Darauf setzt als Beantwortung eine zweite Stimme mit dem Thema auf der fünften Tonstufe der Grundtonart, der Quinte, ein, während die erste Stimme eine Gegenstimme (Kontrasubjekt) dazu ausbildet. Wenn alle Stimmen das Thema ausgeführt haben, ist die erste Durchführung (Exposition) beendet. Danach folgen noch mindestens zwei weitere Durchführungen. Zwischen den einzelnen Durchführungen stehen oft freie Zwischensätze, in denen jedoch ebenfalls das Thema oder die Gegenstimme weitergeführt wird.

🔴 Einen Höhepunkt in der Entwicklung dieser musikalischen Form bilden die Fugen Johann Sebastian Bachs.

Furtwängler, Wilhelm deutscher Dirigent und Komponist (* 1886, † 1954), leitete ab 1922 das Leipziger Gewandhausorchester, später die Bayreuther Festspiele, ab 1933 die Berliner Staatsoper. Im Konflikt mit den Nationalsozialisten gab er vorübergehend alle Ämter auf. Als Dirigent z. B. der Berliner Philharmoniker, der Wiener Staatsoper und der Salzburger Festspiele errang er weltweites Ansehen.

Garbo, Greta schwedisch-amerikanische Filmschauspielerin (* 1905, † 1990), die in ihren Filmen (z. B. ›Mata Hari‹, 1932; ›Königin Christine‹, 1934) außergewöhnliche, aristokratische Gestalten darstellte. ›Die Göttliche‹, wie sie bald genannt wurde, galt als einer der schönsten und geheimnisvollsten Stars, ein Mythos, den sie auch durch ihren frühen Rückzug vom Filmgeschäft pflegte.

Greta Garbo

Gauguin, Paul [goˈgɛ̃], französischer Maler und Grafiker (* 1848, † 1903), der nach der Hinwendung zur Kunst seit den 1880er-Jahren ein unstetes Wanderleben (u. a. in der Bretagne, in Südfrankreich zusammen mit van Gogh, in der Südsee) führte. Berühmt wurde er durch seine ganz der Fläche und einer gesteigerten Farbigkeit hingegebenen Südseebilder.

Geige, deutscher Name der Violine, eines Streichinstruments aus der Familie der Viola da Braccio (Armgeige). Die Geige besteht aus einem hohlen hölzernen Schallkörper und dem Geigenhals. Der Stimmstock, im Innern des Schallkörpers, überträgt die Schwingungen der Decke auf den Boden. Auf dem Geigenhals befindet sich das Griffbrett, über das vier Saiten vom Saitenhalter über den Steg zu den vier Wirbeln laufen, die zum Stimmen dienen. Mit dem Bogen wird die Geige zum Klingen gebracht.

🔴 Die heutige Form der Geige entstand im 16. Jh.; ihre höchste Vollendung erreichte sie durch die Geigenbauer des 17. und 18. Jh. in Oberitalien (die Familien Amati und Guarneri, Antonio Stradivari) und Südtirol (Jakob Stainer, * 1617, † 1683).

Genre, *das* [ˈʒɑ̃ːrə; französisch ›Gattung‹], die Wiedergabe von dem alltäglichen Leben entnommenen Bildmotiven. Die Anfänge der Genremalerei liegen in der frankoflämischen Malerei des 15. Jh. (Stundenbücher des Herzogs Johann von Berry); besonderer Beliebtheit erfreute es sich in der niederländischen Malerei des 17. Jh. und der französischen Malerei des 18. Jh. (u. a. François Boucher, * 1703, † 1770; Jean Honoré Fragonard, * 1732, † 1806).

Gershwin, George [ˈɡəːʃwɪn], amerikanischer Komponist (* 1898, † 1937), der in seinen Kompositionen Stilelemente des Jazz, der Unterhaltungsmusik und der klassischen europäischen Musik verband. Zu seinen bekanntesten Werken gehören die Oper ›Porgy und Bess‹ (1935, darin ›Summertime‹), die ›Rhapsody in blue‹ (1924) und das Orchesterwerk ›Ein Amerikaner in Paris‹ (1928).

Gewandhaus, auch **Tuchhalle,** das in zahlreichen Orten im späten Mittelalter errichtete Haus der Tuchmacherzunft, das neben Lager- und Verkaufsräumen auch Räume für gesellige Veranstaltungen bot. Berühmt sind z. B. die Gewandhäuser der Städte in Flandern (u. a. in Brügge).
➕ Das Gewandhausorchester Leipzig spielte seit 1781 im Festsaal des Leipziger Gewandhauses; seit 1981 spielt es im Neuen Gewandhaus.

Giotto di Bondone [ˈdʒotto -], italienischer Maler und Dombaumeister in Florenz (* wohl 1267, † 1337). In der Verarbeitung und Weiterentwicklung antiker, frühchristlicher, byzantinischer und gotischer Stilmerkmale legte Giottos Malerei den Grundstein für die Überwindung der mittelalterlich befangenen Kunst. Seine Werke (u. a. Fresken der Arena-Kapelle in Padua, um 1305) bestechen durch die neuartige Bewegtheit, Körperlichkeit und Selbstständigkeit der abgebildeten Menschen.

Gluck, Christoph Willibald deutscher Komponist (* 1714, † 1787), einer der Erneuerer des Musiktheaters im Zeitalter des Barock. Er beseitigte die Auswüchse des Ziergesangs und die unnatürliche Starrheit im Aufbau der damaligen Opern, indem er die bisher getrennten Einzelformen wie Rezitativ, Arie, Ballett und Chor zu großen, ineinander fließenden Szenen verband.
➕ Seine wichtigste Oper ›Orfeo ed Euridice‹ (1762) berichtet von dem Gang des sagenhaften griechischen Sängers Orpheus in die Unterwelt.

Gobelin, *der* [gobəˈlɛ̃], nach der Pariser Färberfamilie Gobelin (königliche Manufaktur seit 1662) benannter Wandbehang; ein in der Regel gewirkter, nicht gewebter Bildteppich. Entwürfe (›Kartons‹) für die Produktion stammten aus der Hand berühmter Künstler, u. a. von Raffael und Goya.

Gogh, Vincent van [gɔx], niederländischer Maler (* 1853, † 1890), als Autodidakt zu einem den Impressionismus überwindenden Stil fand. Er schuf ausdrucksstarke Bilder in kräftigen, leuchtenden Farben, u. a. Sonnenblumenbilder, Porträts, Selbstbildnisse und südliche Landschaften. Bis zu seinem Freitod durchlebte van Gogh Krankheiten und Krisen (Selbstverstümmelung durch Abschneiden eines Ohres, zeitweiliger Aufenthalt in der Heilanstalt von Saint Rémy); seine ungestüme Schaffenskraft wurde davon jedoch ebenso wenig gebrochen wie durch seine ärmlichen, im Misserfolg des Verkaufs seiner Gemälde begründeten Lebensumstände.

Vincent van Gogh Hütten (1890)

Gospel, *der* oder *das* [englisch ›Evangelium‹], eine Form des religiösen Liedes der schwarzen Nordamerikaner. Der Gospelsong entstand ursprünglich im Gottesdienst während der Auslegung des Evangeliums durch den Prediger aus spontanen Zurufen der Gemeindemitglieder. Er wird solistisch und im Chor dargeboten, wobei die für die afroamerikanische Volksmusik und den Jazz typischen Ruf-Antwort-Muster (Vorsänger und Chor) wichtig sind.

Gotik, Stilepoche der abendländischen Kunst. Der Begriff entstand in der Renaissance und war zunächst abwertend gemeint (Goten = Barbaren). Ursprungsgebiet der Gotik war das französische Kronland um Paris, wo noch vor der Mitte des 12. Jh. der die Romanik ablösende Stil vor allem in Kirchenbauten seinen Ausdruck fand. Spätestens zu Beginn des 16. Jh. war die Gotik überlebt; ihre Formen tauchten (als Neugotik) in späteren Jahrhunderten wieder auf.
➕ Ein wesentliches Kennzeichen gotischer Baukunst ist der Spitzbogen.
➕ Von den zahlreichen bedeutenden Bauten sind die Kathedralen in Laon, Paris (Notre-Dame), Chartres, Reims und Amiens, das Straßburger Münster, der Kölner Dom, der Stephansdom in

Wien, der Veitsdom in Prag und die Kathedrale in Canterbury hervorzuheben.

Goya y Lucientes, Francisco de [ˈgoja i luˈθientes], spanischer Maler und Grafiker (*1746, †1828), der in schonungsloser Offenheit das Anmutige (Entwürfe für Teppiche, ›Die bekleidete Maja‹ und ›Die nackte Maja‹, beide 1797) neben das vom eigenen Schicksal der späteren Gehörlosigkeit und den Gräueln im Spanien des ausgehenden 18. Jh. geprägte Düstere (›Schwarze Malereien‹ in seinem spanischen Alterssitz) zu stellen wusste. Seine angespannte, geistige Wachheit zeigt sich auch in den zahlreichen Porträts (u. a. ›Familie Karls IV.‹) und grafischen Serien, die etwa die Schrecken des Krieges oder die fantasiereiche Vorstellungswelt des Künstlers thematisieren.

Grafik, die [griechisch ›Schreibkunst‹], Bezeichnung für alle auf Papier als Bildträger aufgebrachten künstlerischen Erzeugnisse, vor allem Druckgrafik (u. a. Holzschnitt, Kupferstich, Lithografie, Radierung) und Zeichnung.

Greco, El Maler, ↑ El Greco.

gregorianischer Gesang, der einstimmige Gesang in lateinischer Sprache, der im Wechsel von einem einzigen Sänger und dem Chor im Gottesdienst der katholischen Kirche gesungen wird. Er hat seinen Ursprung in der Musik der Mittelmeerländer und wird seit der Zeit Papst Gregors I. (um 600) gepflegt.

Gründgens, Gustav deutscher Schauspieler, Regisseur und Theaterleiter (*1899, †1963). Nachdem seine Inszenierungen bereits in den 1920er-Jahren Aufsehen erregt hatten, durchlebte Gründgens eine der glanzvollsten, aber auch umstrittensten Karrieren in der deutschen Theatergeschichte (u. a. Intendant am Staatlichen Schauspielhaus Berlin 1934–37; Generalintendant des Preußischen Staatstheaters 1937–45; seit 1947 Leitung des Düsseldorfer, 1955–63 des Hamburger Deutschen Schauspielhauses). Seine Inszenierungen von Goethes ›Faust‹, in denen er selbst den ›Mephisto‹ verkörperte, sind bis heute Maßstab geblieben.

Gotik Die Kathedrale Notre-Dame in Paris (1163 begonnen) wurde zum Vorbild vieler späterer Kirchen der französischen Gotik.

Grünewald, seit dem 17. Jh. geläufiger Name für den im 20. Jh. mit Mathias Gothart Nithart (*um 1480, †1528) identifizierten Maler und Baumeister. Die Werke (u. a. Isenheimer Altar) des von der spätgotischen Malerei (Hans Holbein der Ältere) angeregten, in Mitteldeutschland tätigen Meisters leben von ihrer leuchtenden Farbigkeit, ihren bizarren Motiven und einer kompositorischen Angespanntheit (vor allem in der Wiedergabe von Körpern und Händen), nicht zuletzt aber auch von Grünewalds rätselhaft gebliebener Biografie.

Haley, Bill [ˈheɪlɪ], amerikanischer Rockmusiker (*1927, †1981). Sein 1954 erschienener Titel ›Rock around the clock‹ gab der Rockmusik den Namen und war weltweit so erfolgreich, dass er ihr zum Durchbruch verhalf.

🔴 Bill Haleys Markenzeichen war die pomadisierte Stirnlocke.

Händel, Georg Friedrich Komponist, der, 1685 in Halle (Saale) geboren, nach fast 40-jährigem Aufenthalt in England 1759 in London starb. Ähnlich dem Werk Johann Sebastian Bachs gilt das Schaffen Händels als Gipfel und Abschluss der musikalischen Ausdrucksmittel des Spätbarock. Unter seinen Werken ragen die Opern (z. B. ›Xerxes‹, 1738), die Oratorien, unter ihnen ›Der Messias‹ (mit dem berühmten ›Halleluja‹), sowie die Instrumentalwerke, z. B. sechs Concerti grossi, hervor. Zu den beliebtesten Werken Händels zählen die ›Feuerwerksmusik‹ und die ›Wassermusik‹.

Kunst und Musik — **Hol**

➕ Händel wurde in der Londoner Westminsterabtei beigesetzt. Sein Nachlass befindet sich im Britischen Museum.

Harfe, ein seit dem 3. vorchristlichen Jahrtausend bekanntes Saiteninstrument mit 47 Saiten, das mit den Fingerkuppen beider Hände gezupft wird. Die heute allgemein verwendete Doppelpedalharfe wurde 1811 erstmals in Paris gebaut. Sie ist in Ces-Dur gestimmt.

Harmonie, *die* [von griechisch harmonia, eigentlich ›Fügung‹], der wohltönende Zusammenklang mehrerer Töne oder Akkorde; als Teilgebiet der Musikwissenschaft befasst sich die Harmonielehre mit den harmonischen Verbindungen von Tönen und Akkorden im musikalischen Satz.

Haydée, Marcia [aɪˈdeː], brasilianische Tänzerin und Ballettdirektorin (* 1937), Primaballerina des Stuttgarter Balletts; sie kreierte viele Hauptrollen in Choreografien von John Cranko (* 1927, † 1973).

Haydn, Joseph Komponist (* 1732, † 1809), der älteste der Wiener Klassiker; er wurde Hofkomponist des Fürsten Nikolaus Joseph Esterházy (* 1714, † 1790) in Eisenstadt, wo die meisten seiner Werke entstanden. Nach dem Tod des Fürsten und der Auflösung der Kapelle übersiedelte er nach Wien. Konzertreisen führten ihn auch nach England.
Haydn komponierte über 100 Sinfonien, darunter die ›Sinfonie mit dem Paukenschlag‹ und die ›Abschiedssinfonie‹ sowie Streichquartette, z. B. das ›Kaiserquartett‹, dessen Thema im langsamen Satz später für das ›Deutschlandlied‹, heute Nationalhymne der Bundesrepublik Deutschland, verwendet werden sollte. Viel gespielt sind auch die beiden Oratorien ›Die Schöpfung‹ und ›Die Jahreszeiten‹.
➕ Der Komponist Johann Michael Haydn (* 1737, † 1806) ist sein Bruder.

Hendrix, Jimi amerikanischer Musiker (* 1942, † 1970). Vom schwarzen Blues kommend, spielte er auf der Gitarre mit Kühnheit, großem Einfallsreichtum und Hingabe. Hendrix, der als eine der schillerndsten Persönlichkeiten der Popmusik galt, starb durch Missbrauch von Drogen.

Hindemith, Paul deutscher Komponist (* 1895, † 1963), Bahnbrecher der modernen Musik; war 1915–23 Konzertmeister der Oper in Frankfurt am Main und lebte 1937–53 in den USA. Er schrieb u. a. die Opern ›Cardillac‹ (1926) und ›Mathis der Maler‹ (1934/35) sowie Sinfonien und zahlreiche Instrumentalkonzerte.

h-Moll-Messe, Messe in h-Moll für Soli, Chor und Orchester von Johann Sebastian Bach; entstanden zwischen 1724 und 1749 (auch ↑ Messe).

Die Hochzeit des Figaro, Figaros Hochzeit, Oper von Mozart (Uraufführung 1786), Text von Lorenzo da Ponte (* 1749, † 1838) nach der Vorlage von Pierre de Beaumarchais (* 1732, † 1799), die auch Gioacchino Rossini für den ›Barbier von Sevilla‹ benutzte. In Form einer Komödie verteilt die Oper kräftige Seitenhiebe auf die feudale Ordnung des späten 18. Jh., was Mozart bereits in der temperamentvollen Ouvertüre zum Ausdruck bringt. Im Mittelpunkt stehen der Kammerdiener Figaro und seine Braut, die Zofe Susanna, auf die ausgerechnet an deren Hochzeitstag der Graf Almaviva ein Auge geworfen hat.

Hoffmanns Erzählungen, Oper von Jacques Offenbach, Text nach Motiven von E. T. A. Hoffmann; Uraufführung 1881. Hoffmann, ein Dichter, erzählt in weinseligem Zustand zwischen Wachen und Träumen seinen studentischen Kameraden von seinen Liebesabenteuern mit Olympia (einer in Wirklichkeit genial konstruierten Puppe), mit der Kurtisane Giulette und mit Antonia. Eine andere Frau, Stella, die ihm Quelle der Inspiration war, verliert er an seinen Rivalen Lindorf.

Holbein, Hans, der Jüngere deutscher Maler (* 1497/98, † 1543), der sich vom noch ganz dem spätgotischen Herkommen verhafteten Schaffen seines Vaters, Hans Holbein des Älteren (* um 1465, † 1524), löste und einer bestechend präzisen Malerei zum Durchbruch verhalf. Nach Aufenthalten in der Schweiz, Italien und Frankreich lebte Holbein nach 1532 in England und wurde Hofmaler König Heinrichs VIII. Am Londoner Hof entstand dann die Mehrzahl seiner sachlich exakten Bildnisse, die zusammen mit der ›Holzschnittfolge zum Totentanz‹ (um 1525) seinen Ruhm begründeten.

Holzblasinstrumente, Kurzform Holz, die Gruppe der Flöten- und Rohrblattinstrumente, die im modernen Orchester der Gruppe der Blechblasinstrumente gegenübersteht und sich von ihr hinsichtlich der Art der Tonerzeugung und der Spielweise unterscheidet. Ursprünglich aus Holz, sind die Holzblasinstrumente heute meist aus Metall.

207

Holzschnitt, die älteste Variante des Hochdrucks, bei der der Entwurf des Zeichners mit Schneidegeräten aus einem Holzstock herausgearbeitet wird, sowie der Abzug von der eingefärbten Vorlage selbst. Der Holzschnitt entwickelte sich um etwa 1450 in Mitteleuropa bei großer Nachfrage nach Buchillustrationen und massenhaft verbreitbaren Andachtsbildern. Nachdem der Kupferstich die Blüte des Holzschnittes (Dürer, Baldung) beendet hatte, erlebte dieser seit Ende des 19. Jh. eine Wiederentdeckung im Expressionismus (Edvard Munch) sowie durch HAP Grieshaber (* 1909, † 1981).

Horn, Blasinstrument mit gekrümmten, sich konisch erweiterndem Schallrohr. Heute versteht man unter Horn nur noch das Waldhorn; es ist im Klang das farbigste der Blechblasinstrumente, aber schwierig zu spielen.

Horowitz, Vladimir amerikanischer Pianist ukrainischer Herkunft (* 1903, † 1989), begann seine internationale Karriere unter Arturo Toscanini (dessen Tochter er heiratete). Er bevorzugte Werke der Romantik, die er in glänzender Technik sehr persönlich interpretierte.

Hundertwasser, Friedensreich eigentlich Friedrich Stowasser, österreichischer Maler und Grafiker (* 1928, † 2000), der in Fortsetzung des Jugendstils mit schönlinigen, bunten Arbeiten (darunter auch ökologischen Aktionen oder Buchgestaltungen) hervortrat.

Hymne, *die* [griechisch ›Gefüge‹ (von Tönen)], auch Hymnus, feierlicher, meist religiöser Lob- und Preisgesang.

Ikone, *die* [russisch, zu griechisch eikon ›Bild‹], das aus der Tradition der spätantiken Porträtmalerei erwachsene Kultbild der Ostkirchen.

Impressionismus, *der* [zu französisch impression ›Eindruck‹], um 1860 in Frankreich ausgebildete Stilrichtung der Malerei, deren Anliegen es war, alltägliche Motive möglichst unmittelbar in ihrer momentanen Ansicht (Freilichtmalerei) festzuhalten. Der Impressionismus bediente sich einer raschen, die Farbe dick auftragenden Pinselführung. Als Künstler rechnet man zum Impressionismus u. a. Claude Monet, Camille Pissarro (* 1831, † 1903), in Deutschland neben Max Liebermann (* 1847, † 1935) vor allem Lovis Corinth (* 1858, † 1925) und Max Slevogt (* 1868, † 1932).

Die Bezeichnung ›Impressionismus‹ geht auf das in der ersten gemeinsamen Ausstellung 1874 gezeigte Bild ›Impression, soleil levant‹ (›Impression – Sonnenaufgang‹, 1872) von Claude Monet zurück.

Impressionismus Claude Monet, ›Weiße Seerosen‹ (1899)

Intervall, *das* [lateinisch ›Zwischenraum‹], der Abstand zwischen zwei Tönen, die man als Unterschied in der Tonhöhe hören kann. Intervalle werden nach der Zahl der Notenstufen, die sie umfassen, benannt. Ein Intervall ist z. B. die Oktave.

Isenheimer Altar, das heute in Colmar bewahrte, für das Antoniterkloster Isenheim im Elsass gestiftete Hauptwerk Grünewalds (1513–15) mit Abbildungen aus dem Leben des heiligen Antonius und zur Passion Christi.

Jazz [dʒæz], ein Musikstil, der Ende des 19./Anfang des 20. Jh. in den Südstaaten der USA entwickelt wurde, und zwar von Nachfahren der als Sklaven aus Afrika verschleppten Schwarzen; diese brachten aus ihrer Heimat Lieder mit, die sie bei der Arbeit, bei Festen und anderen Anlässen sangen. Viele dieser Lieder nahmen die Form des ↑ Blues an, religiös-kirchliche Lieder prägten sich als Negrospiritual (↑ Spiritual) aus; zusammen mit dem ↑ Ragtime verschmolzen diese Einflüsse zum neuen Musikstil des New-Orleans-Jazz, der nur von schwarzen Musikern gespielt wurde. Aus dieser ältesten Form des Jazz entstanden dann meh-

Kunst und Musik   **Kan**

rere neue Stilrichtungen (z. B. Dixieland-Jazz, Chicago-Jazz, Swing, Cool Jazz, Modern Jazz, Bebop, Free Jazz), die auch von Weißen gespielt werden.
Ein Hauptmerkmal des Jazz ist die Improvisation, das heißt, die Musiker spielen nicht nach Noten, sondern sie erfinden beim Spielen immer neue rhythmische und melodische Veränderungen eines meist vorgegebenen Themas. Immer erklingen zwei verschiedenartige Rhythmen gleichzeitig, was dem Jazz eine große innere Spannung verleiht. Die Rhythmusgruppe schlägt einen gleich bleibenden Grundrhythmus, den Beat, und die Melodiegruppe improvisiert dazu einen freien, vorwärts treibenden Rhythmus, den Offbeat. Den hierdurch entstehenden Effekt nennt man Swing. Im Laufe der Zeit entwickelten sich aus den kleinen Musikergruppen große Orchester, die Bigbands (z. B. unter Duke Ellington, Count Basie, und Glenn Miller, * 1904, † 1944), und es profilierten sich bekannte Solisten wie Louis Armstrong, Benny Goodman (* 1909, † 1986) und Ella Fitzgerald.

Jugendstil, Kunstrichtung zwischen 1890 und 1910, die in Deutschland nach der entsprechend aufgemachten Zeitschrift ›Jugend‹ benannt wurde (in Frankreich ›Art nouveau‹, in England ›Modern Style‹, in Österreich ›Sezessionsstil‹). Charakteristisch waren ein neues Naturstudium und eine daraus gewonnene, pflanzlich berührte Ornamentik, handwerkliche Sorgfalt bei der Verarbeitung der meist kostbaren Materialien sowie die Anlehnung an die japanische Kunst, den Spätimpressionismus und die Ideen des englischen Kunsthandwerkers und Sozialreformers William Morris (* 1834, † 1896), der sich für eine künstlerische Formgebung auch bei alltäglichen Gebrauchsgegenständen einsetzte. Bedeutende Vertreter waren Gustav Klimt (* 1862, † 1918), Henry van de Velde (* 1863, † 1957), Louis Comfort Tiffany (* 1848, † 1933) oder Peter Behrens (* 1868, † 1940).

⊕ Ein Zentrum des deutschen Jugendstils war die Mathildenhöhe in Darmstadt.

Jazz Noch heute wird New Orleans im amerikanischen Bundesstaat Louisiana als Zentrum des Jazz angesehen (Auftritt einer Jazz-Band in der Preservations Hall, dem Mekka des traditionellen Jazz im French Quarter).

Kaiserquartett, ↑ Haydn, Joseph.

Kammermusik, Instrumental- und Vokalmusik für eine kleine Gruppe von Solisten (z. B. Duo, Trio, Quartett), im Unterschied zu Orchester- und Chormusik. Die Bezeichnung stammt von dem um 1560 in Italien geprägten Begriff ›musica da camera‹ (= Musik für die Kammer, das heißt für einen kleinen Saal an fürstlichen Höfen).

Kampanile, *der* Campanile [italienisch], ein frei neben der Kirche stehender Glockenturm, vor allem in Italien.

Kandinsky, Wassily russischer Maler (* 1866, † 1944), der nach 1922 am ↑ Bauhaus wirkte. Kandinsky gehört zu den bedeutendsten Kunsttheoretikern des 20. Jh. (u. a. Mitbegründer des ›Blauen Reiters‹, Grundlegung der abstrakten Malerei). Sein malerisches Schaffen wird nach 1910 zunehmend von gegenstandslosen Form- und Farbharmonien geleitet.

Kanon, *der* [griechisch], ein Lied oder Instrumentalstück, in dem zwei, drei oder mehr Stimmen dieselbe Melodie singen oder spielen, wobei die Stimmen nacheinander in einem festgelegten Abstand, meist auf derselben Tonhöhe, einsetzen.

Kantate, *die* [italienisch, zu cantare ›singen‹], größeres Gesangswerk, das aus Chören, Einzelgesän-

209

gen, Duetten, Terzetten usw. besteht. Die Kantate entstand um 1600 in Italien neben der Oper als Bühnenstück mit weltlichem Inhalt. In Deutschland wurde sie zu einer Hauptform der evangelischen Kirchenmusik, in der das Wort der Bibel und bekannte Kirchenlieder verarbeitet wurden.
➕ Viele Kirchenkantaten stammen von Johann Sebastian Bach.

Karikatur, *die* [italienisch ›Übertreibung‹], zeichnerische Groteske, die sich mit ›spitzer Feder‹ der Abweichung vom Normalen bedient, um gesellschaftliche Zustände anzuprangern. Zum Selbstzweck erhoben Künstler der Neuzeit (William Hogarth, * 1697, † 1764; Honoré Daumier, * 1808, † 1879; George Grosz, * 1893, † 1959) die verzerrten Sticheleien, die vielfach in speziellen Zeitschriften erschienen.

> ℹ️ **KASTRATEN**
>
> **Farinelli**
>
> Einer der berühmtesten Kastraten, der Italiener Farinelli (* 1705, † 1782), feierte in ganz Europa große Erfolge. Die Beweglichkeit seiner Stimme und ihr Umfang müssen außergewöhnlich gewesen sein. Um seine Stimme angemessen nachzuahmen, hat der Regisseur Gérard Corbiau für seinen Film ›Farinelli‹ zwei Stimmen miteinander gemischt: die einer Frau und die eines Mannes.
>
> Auch eine Oper gibt es über ihn: ›Farinelli oder Die Macht des Gesanges‹ von Siegfried Matthus wurde 1998 in Karlsruhe uraufgeführt.

Kastraten [zu lateinisch castrare ›entmannen‹], als Kind kastrierte Sänger, die in der Gesangskunst lange Zeit eine große Rolle spielten. Ihr durch die Brustresonanz und Lungenkraft des Erwachsenen verstärkter Knabenalt oder -sopran ergab einen eigentümlich faszinierenden Klang und ermöglichte eine außerordentliche Virtuosität. In der Oper wurden noch bis Anfang des 19. Jh. Frauenrollen mit Kastraten besetzt. ℹ️

Kathedrale, *die* Hauptkirche am Sitz eines Bischofs; in Italien und Deutschland auch Dom genannt. Obwohl der Begriff epochenübergreifend gebraucht werden kann, hat er sich im umgangssprachlichen Gebrauch mit den Kirchenbauten der Gotik verbunden, die ein Abbild des Jenseits darstellen sollten.

Kindertotenlieder, Zyklus von fünf Orchesterliedern von Gustav Mahler, entstanden 1901–04 nach Gedichten von Friedrich Rückert (* 1788, † 1866).

Klarinette, *die* ein Holzblasinstrument, bei dem der Ton durch ein einfaches Rohrblatt erzeugt wird, das an dem schnabelförmigen Mundstück befestigt ist. Die Klarinette zeichnet sich durch die Fähigkeit zu feinsten Abwandlungen der Klangfarbe aus. Eine Variante ist das Saxophon.

Klassizismus, *der* die von der wissenschaftlichen Beschäftigung mit der antiken Kunst angeregte europäische Stilepoche zwischen 1750 und 1840. Als Gegenreaktion auf das Rokoko bemühte sich der Klassizismus in Architektur (u. a. Karl Friedrich Schinkel: Altes Museum, Berlin), Malerei (u. a. Jean Auguste Dominique Ingres, * 1780, † 1867) und Skulptur (Antonio Canova, * 1757, † 1822; Gottfried Schadow, * 1764, † 1850) um eine Reinigung und Vereinfachung der Formen. Im weiteren Sinne wird der Begriff auch für Stilrichtungen innerhalb der gesamten Kunstgeschichte gebraucht, die sich an antike Vorbilder anlehnen.

Klavier [zu lateinisch clavis ›Schlüssel‹, ›Taste‹], **Pianoforte, Hammerklavier,** Sammelbezeichnung für Saiteninstrumente, bei denen die Saiten mit filzummantelten Holzhämmerchen angeschlagen werden. Diese werden über eine komplizierte Mechanik durch den Druck der Tasten in Bewegung gesetzt. Die Stahlsaiten sind in aufsteigender Tonfolge von links nach rechts über sieben Oktaven angeordnet. Wegen des starken Zuges von rund 200 kN (entspricht einem Gewicht von 20 000 kg) sind sie in einem Stahlrahmen über den hölzernen Resonanzboden gespannt. Beim Klavier stehen die Saiten senkrecht zur Tastatur, während sie beim Flügel waagerecht in Richtung der Tasten liegen. Diese sind aufgeteilt in die weißen für die Töne der C-Dur-Tonleiter und der (natürlichen) a-Moll-Tonleiter sowie die dazwischenliegenden kürzeren, aber erhöhten schwarzen Tasten für die Halbtöne, die für die anderen Tonarten benötigt werden. Das Neue am Klavier war die Möglichkeit, durch Pedale Unterschiede in der Lautstärke zu bewirken.

Klee, Paul schweizerischer Maler (* 1879, † 1940), der in seinem Schaffen (u. a. als Meister am Bauhaus) auf eine poetische wie schöpferisch gezielte Weise Stilrichtungen des 20. Jh. fruchtbar vereinigt; so finden sich Berührungspunkte zum abstrakten

Expressionismus, zu einem grafisch bestimmten Konstruktivismus und zur naiven Malerei.

Klezmer, *die* oder *der* [ˈklɛsmər; jiddisch], die traditionelle Instrumentalmusik der Juden Osteuropas, die zu Hochzeiten und anderen Festen gespielt wurde. Sie gelangte mit der Auswanderung vieler Juden zwischen 1882 und 1924 nach Amerika, vor allem New York, und ist seit den 1980er-Jahren auch in Europa wieder populär. Die Klezmerensembles setzen sich üblicherweise aus Klarinette, Hackbrett, Geige, Bratsche, Violoncello, Kontrabass, Blechblasinstrumenten und kleiner Trommel zusammen.

Klimt, Gustav österreichischer Maler (*1862, †1918), einer der Hauptvertreter des Wiener Sezessionsstils (↑ Jugendstil).

Koda, *die* [italienisch ›Schwanz‹], der als zusammenfassendes, steigerndes oder ausklingendes Glied gefasste Schlussteil einer Komposition.

Kokoschka, Oskar österreichischer Maler und Dichter (*1886, †1980), in dessen farbintensiven Bildern der Übergang vom Jugendstil zum Expressionismus sichtbar wird. In seinem Bild ›Die Windsbraut‹ thematisiert er 1914 seine Liebesbeziehung zu Alma Mahler (*1879, †1964), der Frau des Komponisten Gustav Mahler.

Kollwitz, Käthe deutsche Grafikerin und Bildhauerin (*1867, †1945), die sich in Nachfolge zu Realismus und Symbolismus in menschlich einfühlsamen Werken u. a. ›Der Weberaufstand‹ und ›Krieg‹ häufig sozialkritischen Themen oder der Mutter-Kind-Beziehung widmete.

Käthe Kollwitz
(um 1910)

Kölner Dom, über älteren Vorgängerbauten seit 1248 errichtete, aber in ihren meisten Baugliedern erst 1880 vollendete, größte Kirche Deutschlands. Nach dem Vorbild der gotischen Kathedralen Frankreichs geplant, birgt das Innere des Kölner Doms eine Vielzahl kostbarer Kunstschätze, darunter u. a. das größte mittelalterliche Chorgestühl Deutschlands oder den Reliquienschrein (um 1200) mit den mutmaßlichen Gebeinen der Heiligen Drei Könige.

Koloratur, *die* [italienisch ›Ausmalung‹], reiche Auszierung der Gesangstimme mit einer Reihe umspielender Töne, die zusammenhängend auf einer Textsilbe ausgeführt werden, besonders bei Arien.

Kolosseum, *das* das 80 n. Chr. eingeweihte, größte Amphitheater der Antike (über 50 000 Plätze), Schauplatz von Gladiatorenkämpfen und Tierhetzen; seit der Christenverfolgung Stätte des frühen Märtyrertums in Rom.

Konsonanz, *die* [lateinisch consonare ›zusammenklingen‹], in der Musik ein aus zwei oder mehr Tönen bestehender Klang mit Reihe- und Entspannungscharakter, im Gegensatz zur Dissonanz. Man unterscheidet vollkommene und unvollkommene Konsonanzen. Der Begriff der Konsonanz ist weder in verschiedenen Musikkulturen derselbe noch zu allen Zeiten innerhalb einer Musikkultur gleich bleibend.

Kontrabass, kurz Bass, das mit etwa 2 m Höhe größte Streichinstrument; seine vier Saiten werden in den Quarten EADG gestimmt.

Kontrapunkt, *die* [lateinisch punctus contra punctum ›Note gegen Note‹], in der Komposition von Musik die Kunst, mehrere Stimmen gleichzeitig so anzuordnen, dass sie gut zusammenklingen, dabei aber auch ihre melodische Selbstständigkeit voll bewahren. Meist werden zu einer gegebenen Melodie eine oder mehrere selbstständige Stimmen erfunden. Zu den anspruchsvollen Formen des Kontrapunkts gehören der Kanon und die Fuge.
🟠 Ein Meister des Kontrapunkts war Johann Sebastian Bach.

Konzert, *das* [von lateinisch concertare ›wetteifern‹], allgemein jede öffentliche Aufführung von Musikwerken. Im engeren Sinn eine wie eine Sonate aufgebaute Komposition für ein Soloinstrument und Orchester. Beim Concerto grosso (italienisch ›großes Konzert‹) sind zwei oder drei Soloinstrumente dem Orchester gegenübergestellt.

Kreml, *der* der meist auf einer Anhöhe gelegene, festungsartig abgeschlossene Kernbereich mittelalterlicher russischer Städte, der Sitz der weltlichen und geistlichen Macht.
🟠 Am bedeutendsten ist der Kreml in Moskau, der häufig gleichbedeutend mit der sowjetischen bzw. russischen Regierung gebraucht wird.

Kubismus, *der* [zu lateinisch cubus ›Würfel‹], eine

um 1910 in Frankreich von Picasso und Georges Braque (*1882, †1963) entwickelte Strömung in Malerei und Plastik. Die sichtbare Wirklichkeit wird, einer Äußerung Paul Cézannes zufolge, auf die Grundformen Kubus, Kegel und Kugel zurückgeführt; im analytischen Kubismus erfolgt daher die Zersplitterung der Formen zu geometrischen Mustern, die im synthetischen Kubismus (auch als Collagen) zu einem mehransichtigen, die perspektivischen Gesetzmäßigkeiten aufhebenden Werk zusammengefügt werden.

Kunst, der Begriff leitet sich von ›können‹ ab und bedeutete ursprünglich ›Fertigkeit‹, ›Handwerk‹. Von dieser Bedeutung begann er sich im 16. Jh. zu lösen und wird seit dem 18. Jh. im heutigen Sinne verstanden. Kunst umfasst Dichtung (Literatur) und Musik sowie die bildende (Architektur, Bildhauerei, Malerei, Grafik, Zeichnung) und darstellende Kunst (Tanz, Theater, Pantomime und Filmkunst).

Kunst der Fuge, das letzte Werk Johann Sebastian Bachs (1749/50), wahrscheinlich für Cembalo geschrieben. Es enthält 14 drei- bis vierstimmige, ›Contrapunctus‹ benannte Fugen und vier Kanons über ein Thema und seine Veränderungen.
➕ Die unvollendete letzte Fuge beginnt im 3. Thema mit der Tonfolge b-a-c-h.

Kunsthistorisches Museum, hervorgegangen aus den Sammlungen des habsburgischen Herrscherhauses, beherbergt es in Wien in einem Neubau des ausgehenden 19. Jh. eine bedeutende Gemäldegalerie sowie die Schatzkammern, in denen die Reichskleinodien ausgestellt sind.

Laokoon, eine wohl aus dem 1. Jh. v. Chr. stammende, 1506 in Rom ausgegrabene Marmorgruppe, die außerordentlich fruchtbar auf die neuzeitliche Kunst gewirkt hat. Sie zeigt den Tod des trojanischen Priesters ↑ Laokoon (Kapitel 9) und seiner beiden Söhne, wie sie wegen seiner Warnung vor dem Untergang Trojas von zwei Schlangen erwürgt werden.

largo [italienisch], musikalische Tempovorschrift: breit, langsam; gewichtiger und im Allgemeinen langsamer als adagio. – Als Satzüberschrift bezeichnet Largo ein Musikstück in diesem Tempo.
➕ Das berühmte Largo von Händel aus der Oper ›Xerxes‹ (1738) ist eigentlich ein Larghetto (also im Zeitmaß weniger langsam und gewichtig).

La Traviata, Oper von Giuseppe Verdi (Uraufführung 1853) nach dem Roman ›Die Kameliendame‹ von Alexandre Dumas (Sohn). Sie spielt im Paris des 19. Jh. und handelt von der Edelkurtisane Violetta Valery, in die sich Alfred Germont verliebt. Beide finden zwar zueinander, aber Violetta, an Schwindsucht erkrankt, stirbt.

Le Corbusier [ləkorby'zje], eigentlich Charles-Éduard Jeanneret-Gris, französisch-schweizerischer Architekt (*1887, †1965), der unter Verwendung von Stahlbeton in großzügigen wie schlichten Blöcken gefasste, die Statik scheinbar aufhebende Gebäude errichtete (z. B. große Wohneinheiten in Marseille, 1947–52, in Berlin, 1957). Er war nach 1920 für Jahrzehnte die beherrschende Figur der modernen Architektur. Eines seiner bekanntesten Werke wurde die Wallfahrtskirche Notre-Dame-du-Haut in Ronchamp (1950–54).

Lehár, Franz österreichischer Komponist (*1870, †1948), dessen Operetten, besonders ›Die lustige Witwe‹ (1905, darin: ›Heut geh' ich ins Maxim‹), ›Der Zarewitsch‹ (1927), ›Das Land des Lächelns‹ (1929, darin: ›Immer nur lächeln‹, ›Dein ist mein ganzes Herz‹), ihn zu einem der erfolgreichsten Komponisten seines Fachs machten.

Leonardo da Vinci [- 'vintʃi], italienischer Künstler (*1452, †1519), gilt wegen der Vielseitigkeit seines von Neugier besessenen Schaffens (Malerei, Baukunst, Technik, Anatomie) als Inbegriff des neuzeitlichen Menschen, als Universalgenie schlechthin. Seine Suche nach umfassendem Wissen fand ihren Niederschlag in zahlreichen Experimenten (Öffnung von Leichen), Skizzen und Schriften, die er als Linkshänder in Spiegelschrift aufzuzeichnen pflegte. Er war tätig in Mailand (›Abendmahl‹ in Santa Maria delle Grazie), Florenz, Rom und – auf Einladung des französischen Königs Franz I. – seit 1517 auf dem Landschlösschen Cloux. Zu seinen berühmtesten Gemälden gehören die ›Mona Lisa‹ und die ›Heilige Anna Selbdritt mit Johannes dem Täufer‹.
➕ In praktischer Anwendung aufgefundener Gesetzmäßigkeiten konstruierte Leonardo auch Geräte und Maschinen, u. a. Stechheber, Druckpumpen, Seildreh- und Bohrmaschinen, Drehbänke, Brennspiegel, Spinn- und Tuchschermaschinen, Fallschirme, Taucherglocken, Kräne und Schleudern.

Leonorenouvertüren, ↑ Fidelio.

Libretto, *das* [italienisch ›kleines Buch‹], Textbuch und der Text selbst zu musikalisch-szenischen Werken wie Opern, Operetten, Musicals.

Liebermann, Max deutscher Maler (* 1847, † 1935), der sich auf Studienreisen nach Holland und Frankreich eine impressionistische Darstellungsweise aneignete. Wegen seiner jüdischen Abstammung wurde das Werk Liebermanns (vor allem Genre-, Porträtmalerei), der 1920–33 als Präsident der Preußischen Akademie der Künste amtierte, von den Nationalsozialisten verfemt.

Leonardo da Vinci Madonna mit Kind (1490/91)

Liszt, Franz von (seit 1859), deutsch-ungarischer Pianist und Komponist (* 1811, † 1886), dessen Kompositionsstil besonders von der französischen Romantik beeinflusst ist; seine Klavierkompositionen (u. a. ›Ungarische Rhapsodien‹) sind von meisterhafter Technik. Der als Klaviervirtuose gefeierte Liszt gilt auch als Schöpfer der ›sinfonischen Dichtung‹, einer engen Verbindung von Musik und poetischem Text.

Religiös gesinnt, nahm er nach 1858 die niederen Weihen eines katholischen Geistlichen (Abbé) an.

Aus seiner Verbindung mit der Comtesse d'Agoult (* 1805, † 1876) ging Cosima (* 1837, † 1930), die spätere Frau Richard Wagners, hervor.

Lithografie, *die* [zu griechisch lithos ›Stein‹ und graphein ›schreiben‹], der Steindruck, das älteste Flachdruckverfahren, bei dem als Druckform eine 6–15 cm dicke Platte aus kohlensaurem Kalkschiefer verwendet wird. Das Verfahren wurde 1798 von Alois Senefelder (* 1771, † 1834) erfunden und schon bald zu künstlerischen Arbeiten benutzt. Bedeutende lithografische Arbeiten stammen u. a. von Henri de Toulouse-Lautrec.

Auch ein in diesem Verfahren hergestelltes grafisches Blatt wird Lithografie (oder kurz: Litho) genannt.

Lochner, Stefan um 1400–10 wohl im Bodenseeraum geborener, seit etwa 1442 in Köln (›Dreikönigsaltar‹, ›Muttergottes in der Rosenlaube‹) tätiger und dort 1451 verstorbener Maler; Hauptmeister der Kölner Malerschule, dessen Bilder von juwelenhafter Brillanz sind.

Lohengrin, Oper von Richard Wagner (Uraufführung 1850); Handlung: Lohengrin, Ritter des Heiligen Grals, betritt in einem von einem Schwan gezogenen Boot das Geschehen. Er streitet für Elsa, die des Brudermords bezichtigt ist, unter der Bedingung, dass sie niemals nach seinem Namen und seiner Herkunft fragt. Elsa bricht ihr Versprechen. Darauf zieht Lohengrin sich zurück; sein Abschied verhindert die Erlösung von Elsas Bruder, der in einen Schwan verwandelt wurde. Allein Lohengrins Gebet erreicht dies; Elsa stirbt.

Im 1. Akt der Oper beschwört Lohengrin Elsa: ›Nie sollst du mich befragen noch Wissens Sorge tragen, woher ich kam der Fahrt, noch wie mein Nam' und Art.‹

Lortzing, Albert deutscher Komponist (* 1801, † 1851), der vor allem in Anlehnung an Carl Maria von Weber die deutsche romantische Oper neu belebte. Zu seinen bekanntesten Werken zählen ›Zar und Zimmermann‹ (1837), ›Der Wildschütz‹ (1842), ›Undine‹ (1845) und ›Der Waffenschmied‹ (1846).

Louvre, *der* [lu:vr], das ehemalige Stadtschloss der französischen Könige am rechten Seineufer in Paris; es wurde um 1200 begonnen. Seine Galerie wurde 1793 als Museum der Öffentlichkeit zugänglich gemacht. Heute beherbergt der Louvre eine der bedeu-

Ansicht des **Louvre** in Paris nach der 1984–97 unter der Leitung von Ieoh M. Pei ausgeführten Modernisierung und Erweiterung; links die als zentraler Eingang dienende Stahl-Glas-Pyramide (1989 eröffnet)

tendsten Gemälde- und Kunstsammlungen der Welt (u. a. die ›Mona Lisa‹ von Leonardo da Vinci und die Statue der ›Venus von Milo‹).

Die Macht des Schicksals, Oper von Giuseppe Verdi (Uraufführung 1862), die in Italien und Spanien im 18. Jh. spielt: Gegen den Willen ihrer Familien wollen sich Leonore und Alvaro verbinden; als sie fliehen wollen, erschießt Alvaro unbeabsichtigt Leonores Vater. Auf der Flucht verlieren sie sich; Leonore findet im Kloster Aufnahme, Alvaro wird Soldat. Als solcher rettet er Leonores Bruder Carlos das Leben. Ohne um ihre Identität zu wissen, schließen sie Freundschaft. Als Carlos Alvaros Vergangenheit erfährt, will er ihn töten. Alvaro flieht und gelangt in das Kloster, in dem Leonore lebt. Carlos spürt sie dort auf und ersticht seine Schwester.

Madame Butterfly [maˈdam ˈbʌtəflaɪ], Oper von Giacomo Puccini (Uraufführung 1904): Im Japan des beginnenden 20. Jh. heiraten nach Landessitte der amerikanische Marineleutnant Linkerton und die Geisha Cho-Cho-San, genannt Butterfly. Linkerton nimmt die Heirat nicht ernst. Nach Amerika zurückgekehrt, heiratet er erneut. Butterfly, die ein Kind von ihm hat, glaubt weiter an seine Treue. Als Linkerton den Sachverhalt aufdeckt und Butterfly um ihr gemeinsames Kind bittet, geht sie darauf ein, nimmt Abschied und ersticht sich.

Madrigal, *das* eine seit Anfang des 14. Jh. in Italien anzutreffende Gattung gesungener volkssprachlicher Lyrik; im 16. Jh. entwickelte es sich zum meist fünfstimmigen weltlichen Kunstlied. Im 17. Jh. Bezeichnung für ein einstimmiges Instrumentalstück.

Madrigalchöre nennt man seit dem 20. Jh. Chöre mit kleiner Besetzung.

Mahler, Gustav österreichischer Komponist und Dirigent (* 1860, † 1911), Schüler Anton Bruckners. Seine Werke gehören der Übergangszeit von Spätromantik und Avantgarde an und haben auf die Vertreter der Neuen Musik, u. a. Arnold Schönberg, Alban Berg (* 1885, † 1935) und Anton Webern (* 1883, † 1945), gewirkt. Er schrieb u. a. zehn Sinfonien und Lieder (›Kindertotenlieder‹, ›Lieder eines fahrenden Gesellen‹, Lieder auf Texte von ›Des Knaben Wunderhorn‹).

Mandoline, *die* ein der Laute verwandtes Zupfinstrument, dessen birnenförmiger Korpus jedoch wesentlich kleiner ist; sie ist mit vier Doppelsaiten bespannt, die wie bei der Violine in G-D-A-E gestimmt sind. Diese werden vom Spieler mit einem Kunststoffplättchen (Plektron) in schnellen Hin-und-Her-Bewegungen angerissen, wobei der charakteristisch helle Tremoloklang entsteht.

Manet, Édouard [maˈnɛ], französischer Maler (* 1832, † 1883). Er bereitete in eindringlicher Auseinandersetzung mit der europäischen Kunst der Neuzeit (vor allem seine 1863 entstandene ›Olympia‹) den Impressionisten den Weg. Sein farblich bahnbrechendes Schaffen (u. a. ›Das Frühstück im Freien‹, ›Erschießung Kaiser Maximilians von Mexiko‹) wurde von den meisten Zeitgenossen abschätzig beurteilt.

Manierismus, *der* Stilbegriff für die Kunst zwischen Renaissance und Barock, also etwa zwischen 1520 und 1600. Kennzeichen waren Überlängen und

Kunst und Musik **Men**

Verdrehungen der Figuren, eine kühle, gesucht grelle Farbigkeit, die Auflösung der ausgeglichenen Komposition, die Freude an überreichem Dekor und geistreichen Überraschungen. Wichtige Vertreter waren u. a. der späte Michelangelo, El Greco und Tintoretto (*1518, †1594).

Marc, Franz deutscher Maler (*1880, †1916), der zusammen mit Wassily Kandinsky den ↑ Blauen Reiter gründete. In Anlehnung u. a. an August Macke (*1887, †1914) wandte sich seine Ausdrucksweise nach 1910 einem von kristallinen Formen und reinen, symbolkräftigen Farben bestimmten Expressionismus zu. Das besondere Interesse von Marc galt dem Tier als Sinnbild des geheimnisvollen Lebens der Natur (u. a. ›Die großen blauen Pferde‹, 1911).

Marseillaise, *die* [marsɛˈjɛːzə], seit 1795 die französische Nationalhymne. Sie wurde 1792 von Claude Joseph Rouget de Lisle (*1760, †1836), der zu dieser Zeit Kapitän des Pionierkorps der Garnison Straßburg war, als ›Kriegslied der Rheinarmee‹ komponiert. Ein Freiwilligenbataillon aus Marseille übernahm sie als Marschlied und sang sie am 30. 7. 1792 bei seinem Einzug in Paris.

Matisse, Henri [maˈtis], französischer Maler (*1869, †1954), der nach impressionistischen Versuchen um 1905 zu einer intensiven, in flächigen Kontrasten gegeneinander gesetzten Farbmalerei fand (↑ Fauves). Eine zunehmende Vereinfachung der Form kennzeichnet besonders seine Stillleben. Neben Picasso war Matisse die herausragende Gestalt in der europäischen bildenden Kunst des 20. Jahrhunderts.

Seit einem Aufenthalt in Marokko liebte Matisse Orangen, die zeit seines Lebens als Motiv immer wieder in seinen Bildern erscheinen.

Matthäuspassion, ↑ Bach, Johann Sebastian.

Die Meistersinger von Nürnberg, Oper von Richard Wagner (Uraufführung 1868): Bei einem Meistersingen wird Eva von ihrem Vater als Preis ausgelobt. Walther von Stolzing will an diesem Wettbewerb teilnehmen und bittet um Aufnahme in die Meistersingerzunft, wird aber abgewiesen. Ein Vermittlungsversuch des Meisters Hans Sachs scheitert; Beckmesser, der selbst Eva gewinnen will, behält die Oberhand; am Ende versagt jedoch sein gesanglicher Vortrag; Walther gelingt hingegen eine vollkommene Darbietung; er erringt den Sieg und gewinnt Eva.

Mausoleum, *das* [griechisch], ein monumentaler Grabbau. Die Bezeichnung geht zurück auf das berühmte Grabmal des persischen Königs Mausolos (†353 v. Chr.) in Halikarnassos, das zu den sieben Weltwundern zählt.

Ein berühmtes Mausoleum ist der Tadsch Mahal bei Agra (Indien), den der Mogulkaiser Schah Dschahan (1628–58 auf dem Thron) für seine Lieblingsfrau Mumtaz-Mahal (†1631) errichten ließ.

Marseillaise
›Allons, enfants de la patrie,
le jour de gloire est arrivé!
Contre nous la tyrannie,
l'étandart sanglant est levé!
Entendez-vous dans les campagnes
mugir ces féroces soldats?
Ils viennent jusque dans nos bras
égorger nos fils, nos compagnes!
(Refrain)
Aux armes, citoyens!
Formez vos bataillons!
Marchons! Marchons!
Qu'un sang impur
abreuve nos sillons!‹

Meistersang, die von den Meistersingern zunftmäßig betriebene Liedkunst des 15. und 16. Jahrhunderts. Die Meistersinger waren vor allem in Städten sesshafte Dichter-Handwerker, die in Singschulen eine zunftmäßige Organisation hatten. Es galt eine feststehende Rangordnung: Schüler, Singer, Dichter, Meister. Wichtige Meistersingerschulen gab es in Nürnberg, Augsburg, Mainz und Straßburg. Einer der bedeutendsten Meistersinger war Hans ↑ Sachs (Kapitel 6).

Mendelssohn Bartholdy, Felix deutscher Komponist (*1809, †1847), einer der bedeutendsten Vertreter der deutschen Romantik. Seine große Begabung zeigte sich schon als Kind; bereits 1826 schrieb er die Ouvertüre zu Shakespeares ›Ein Sommernachtstraum‹. Nach mehrjährigen Reisen (Deutschland, Italien, Frankreich und England) wurde er u. a. Leiter der Gewandhauskonzerte in Leipzig. Zu seinen bedeutendsten Werken gehören Konzertouvertüren, Sinfonien (darunter die ›Schottische‹ und die

Men

›Italienische‹), das Violinkonzert e-Moll, sowie die Oratorien ›Paulus‹ und ›Elias‹.
➕ Felix Mendelssohn Bartholdy war ein Enkel des Philosophen Moses Mendelssohn (* 1728, † 1786). Seine Schwester Fanny Hensel (* 1805, † 1847) komponierte ebenfalls und war eine bekannte Pianistin. Beim Übertritt vom jüdischen zum protestantischen Glauben hatte ihr Vater dem Familiennamen den Zusatz ›Bartholdy‹ gegeben.

Menuett, *das* ein Hof- und Gesellschaftstanz im $^3/_4$-Takt, der um 1650 in Frankreich entstand und sich in ganz Europa verbreitete.

Menuhin, Yehudi amerikanischer Violinist und Dirigent (* 1916, † 1999), gelangte bereits als Kind zu Weltruhm. In seinem weit gespannten Repertoire nahm auch die neue Musik einen wichtigen Platz ein. Er rief die Festspiele in Gstaad und Windsor ins Leben und verstand sich als ›musikalischer Botschafter des Friedens‹.

Menzel, Adolph von deutscher Grafiker und Maler (* 1815, † 1905), der in seinem auf Hell-Dunkel-Wirkung abzielenden Stil und seinen alltäglich-realistischen Motiven (u. a. ›Eisenwalzwerk‹) dem Impressionismus zuarbeitete. Besonders bekannt sind seine Illustrationen und Gemälde zur Geschichte Preußens zur Zeit Friedrichs II., des Großen.

Merian, Matthäus, der Ältere schweizerischer Kupferstecher und Buchhändler (* 1593, † 1650). Von überragender kulturgeschichtlicher Bedeutung sind seine etwa 2100 europäischen Städteansichten und Karten.
➕ Seine Tochter Sibylla Merian (* 1647, † 1717) malte und stach realistische Insekten- und Blumenbilder von wissenschaftlich-künstlerischem Wert.

Messe, in der Musik die geistliche Komposition als Vertonung der feststehenden liturgischen Bestandteile des Gottesdienstes; in der Barockzeit löste sich die Messe musikalisch zunehmend von ihrer liturgischen Zweckbestimmung, das konzertante Element trat in den Vordergrund.
➕ Bekannte Messen sind z. B. die ›h-Moll-Messe‹ von Johann Sebastian Bach oder die ›Missa solemnis‹ von Ludwig van Beethoven.

Messias, Oratorium von Georg Friedrich Händel (Uraufführung 1742), Text nach der Bibel und dem ›Common Prayer Book‹ von Charles Jennens.

Kunst und Musik

Metropolitan Opera [metrə'pɔlɪtn 'ɔpərə], das bekannteste Opernhaus der USA, meist kurz die ›Met‹ genannt; es wurde 1883 in New York eröffnet und befindet sich seit 1966 im Lincoln Center.

Mezzosopran, um die Mitte des 18. Jh. eingeführte Frauenstimmlage zwischen Sopran und Alt.

Michelangelo [mikeˈlandʒelo], eigentlich Michelangelo Buonarroti, italienischer Künstler (* 1475, † 1564), als Bildhauer, Maler, Baumeister und Dichter vielleicht einer der vielseitigsten Künstler überhaupt. In seinem Schaffen verbinden sich das Studium der Antike, der Hochrenaissance und des Manierismus; kraftvollste Monumentalität steht neben quälendem Ringen um die Verwirklichung der vollkommenen Schönheit. Er schuf als Bildhauer u. a. den Figurenschmuck für die Grabmäler Papst Julius' II. (* 1443, † 1513) und der Medici sowie sechs Pietà-Gruppen. Sein malerisches Hauptwerk befindet sich in der Sixtinischen Kapelle des Vatikan: die mit biblischen Szenen ausgemalte Decke (1509–12) und das Fresko ›Das Jüngste Gericht‹ (1534–41) an der Altarwand. Das bedeutendste architektonische Werk ist die Kuppel der Peterskirche in Rom (Bauleitung ab 1546).
➕ Michelangelos wohl berühmtestes Werk ist der ›David‹ (1501–04), ein Marmorstandbild vor dem Palazzo Vecchio, das zum Wahrzeichen der Stadt Florenz wurde (das Original befindet sich heute im Museum).

Miró, Joan (* 1893, † 1983). Der spanische Künstler verband nach längeren Aufenthalten in Paris seit 1920 Elemente des Surrealismus, der abstrakten wie naiven Malerei zu unverwechselbar unbeschwert-buntem Stil (z. B. Keramikwandbilder für das UNESCO-Gebäude in Paris, 1955–58).

Missa solemnis [lateinisch ›feierliche Messe‹], im 19. Jh. gebräuchliche Bezeichnung für groß angelegte orchestrale Vertonungen der feststehenden Gesänge einer Messe; besonders bekannt die ›Missa solemnis‹ in D-Dur Opus 123 für vier Solostimmen, Chor, Orchester und Orgel (1819/23) von Ludwig van Beethoven.

Mona Lisa, Porträt der Gattin des florentinischen Edelmanns Francesco del Giocondo (daher auch ihr Beiname ›la Gioconda‹), ausgeführt um 1503/06 von Leonardo da Vinci. Das Bild offenbart deutlich Leonardos Streben nach einer ›rauchigen‹ Lichtführung; es ist eines der populärsten Bildnisse der Kunstgeschichte.

Mondscheinsonate, Klaviersonate von Ludwig van Beethoven (1801); sie verdankt ihren Namen wohl einem Musikkritiker, den der ruhige erste Satz an den Mondschein erinnerte, der sich in Wasserwellen spiegelt.

Monet, Claude [moˈnɛ], französischer Maler (* 1840, † 1926), der nach Anfängen als Karikaturist und unter dem Einfluss William Turners und Édouard Manets zum bekanntesten Vertreter des Impressionismus wurde. Sein Interesse am farbwandelnden Spiel des Lichts ließ ihn mehrere Motive (u. a. Seerosen, Heuhaufen, Fassaden) aus dem gleichen Blickwinkel, aber zu verschiedenen Tageszeiten abbilden.

Monteverdi, Claudio italienischer Komponist (* 1567, † 1643). Seine Oper ›Orfeo‹ (1607) markiert den eigentlichen Beginn der Gattung Oper. Lebendige Führung der Singstimme, eindringliche Monologe, dramatisch akzentuierte Ensembles und Chöre, farbige Orchestergestaltung sind Merkmale seines Opernstils. Seine Spätwerke (u. a. ›Die Krönung der Poppaea‹, 1642) galten bis ins 18. Jh. als verbindliches Vorbild für die Oper.

Moore, Henry [mʊə], englischer Bildhauer und Zeichner (* 1898, † 1986), den frühgeschichtliche Skulpturen (Ägypten) zu meist liegenden, häufig grob und vereinfachend bearbeiteten Plastiken anregten.

Motette, *die* [italienisch], eine der wichtigsten Gattungen mehrstimmiger Vokalmusik der abendländischen Musikgeschichte. Im ausgehenden 15. Jh. vollzog sich eine bis heute gültig gebliebene Bindung der Motette an die Kirchenmusik; bedeutende Komponisten waren Giovanni Pierluigi da Palestrina (* um 1525, † 1594), Orlando di Lasso (* 1532, † 1594), Heinrich Schütz (* 1585, † 1672) und Johann Sebastian Bach.

Mozart, Wolfgang Amadeus deutscher Komponist (* 1756, † 1791), der mit Haydn und Beethoven zu den Großen der ↑ Wiener Klassik gehört. Mozarts früh zutage tretende Begabung wurde vom Vater Leopold Mozart (* 1719, † 1787) planmäßig gefördert. Mit drei Jahren spielte er Klavier, mit fünf Jahren komponierte er seine ersten Stücke und trat als Wunderkind mit seiner Schwester Maria Anna (›Nannerl‹, * 1751, † 1829) an europäischen Höfen auf.

Ein Konflikt mit seinem Dienstherrn, dem Erzbischof von Salzburg, führte 1781 zur Übersiedlung nach Wien, wo in rascher Folge seine Meisterwerke entstanden. 1782, im Jahr seiner Heirat mit Konstanze Weber (* 1763, † 1843) aus Mannheim, komponierte er das Singspiel ›Die Entführung aus dem Serail‹, 1785 die Oper ›Die Hochzeit des Figaro‹, 1787 die Oper ›Don Giovanni‹ sowie das Orchesterstück ›Eine kleine Nachtmusik‹, 1788 die drei großen Sinfonien in Es-Dur, g-Moll und C-Dur (›Jupiter‹). 1790 entstand die Oper ›Così fan tutte‹, der 1791 ›Die Zauberflöte‹ folgte. Während der Arbeit am ›Requiem‹, einer Totenmesse, ist Mozart gestorben; sein Grab auf dem Sankt Marxer Friedhof in Wien ist nicht mehr festzustellen.

Auszug aus dem Notenskizzenbuch des achtjährigen **Wolfgang Amadeus Mozart**

Mozart verbindet in seiner Musik klangliche Farbigkeit mit formaler Strenge. Die Instrumentalmusik, im galanten Stil des Rokoko begonnen, vertiefte er durch den Reichtum der Melodik und formale Differenzierung. Aus der Übernahme italienischer Formelemente entwickelte er seine Oper, für die dramatischer Aufbau und Individualität der Personenzeichnung kennzeichnend sind.

🟠 Die Werke Mozarts sind in dem von Ludwig Ritter von Köchel (* 1800, † 1877) herausgegebenen Köchelverzeichnis (Abkürzung KV) erfasst.

Munch, Edvard [mʊŋk], norwegischer Maler und Grafiker (* 1863, † 1944), der nach Aufenthalten in Frankreich und Deutschland nach 1890 einen Brückenschlag zwischen impressionistischer Sehweise, expressionistischer Aussagekraft und der Formmelodie des Jugendstils vollzog. In seinen psychologisch bis ins Übersteigerte verdichteten Arbeiten (u. a. ›Der Schrei‹, 1893) wiederholen sich Motive (Angst, Tod, Geschlechterkampf), die auch im literarischen Schaffen seiner skandinavischen Zeitgenossen (u. a. August Strindberg) behandelt werden.

Museumsinsel, Berliner Museumszentrum auf einer Insel zwischen Spree, Kupfergraben und Lustgarten: Altes und Neues Museum, Bodemuseum, Pergamonmuseum und Alte Nationalgalerie.

Musical [ˈmjuːzɪkəl], eine volkstümliche Form des amerikanischen Musiktheaters, die um 1900 am New Yorker Broadway entstand. Im Musical verschmelzen Elemente von Operette, Revue, Varieté und Ballett, gelegentlich auch der Oper. Außerdem verwendet das Musical Mittel der amerikanischen Popmusik, des Jazz und der Tanz- und Unterhaltungsmusik. Motive und Stoffe stammen aus der Weltliteratur, auch Probleme des Alltags und aktuelle politische und gesellschaftliche Themen werden behandelt.

➕ Populäre Musicals sind z. B. ›Porgy and Bess‹ (1935, George Gershwin), ›Kiss me Kate‹ (1948, Cole Porter, * 1891, † 1964), ›My fair lady‹ (1956, Frederick Loewe, * 1904, † 1988), ›West side story‹ (1957, Leonard Bernstein), ›Hello Dolly‹ (1964, Jerry Herman, * 1933), ›Fiddler on the roof‹ (1964, deutsch ›Anatevka‹, Jerry Louis Bock, * 1928), ›Hair‹ (1967, Galt McDermot, * 1928), ›Jesus Christ Superstar‹ (1971) und ›Cats‹ (1982, beide Andrew Lloyd Webber, * 1948).

My fair lady [maɪ ˈfɛə ˈleɪdɪ], Musical von Frederick Loewe (* 1904, † 1988; nach Texten von Alan Jay Lerner, * 1918), das auf dem Drama ›Pygmalion‹ von George Bernard Shaw beruht.

➕ Sehr populär wurde die Melodie ›I could have danced all night‹.

naive Malerei, Laienkunst, die nicht in die Abfolge kunstgeschichtlicher Stilrichtungen einzuordnen ist. Im Unterschied zur meist handwerklich betriebenen, auf Überlieferungen beruhenden Volkskunst wird die naive Malerei völlig durch die Person des Künstlers bestimmt, der sich dem Malen meist nur neben dem Beruf widmet. Die Bilder nehmen den Betrachter besonders durch die fröhliche Buntheit der Farben und die Unbefangenheit und Schlichtheit der Darstellung für sich ein. Bekannte naive Maler sind der Franzose Henri Rousseau (* 1844, † 1910) und die amerikanische Farmersfrau Grandma Moses (* 1860, † 1961).

Neue Sachlichkeit, Stilrichtung der deutschen Malerei der 1920er-Jahre. Als Gegenströmung zum Expressionismus stellte sie gegen dessen Auflösung der Formen eine fast beschwörerische Gegenständlichkeit des oft flächig Abgebildeten. Nennenswerte Vertreter waren neben Otto Dix u. a. Christian Schad (* 1894, † 1982) und Georg Schrimpf (* 1889, † 1938).

Johann Balthasar Neumann Treppenhaus in der Würzburger Residenz (1735–53)

Neumann, Johann Balthasar deutscher Baumeister (* 1687, † 1753), der mit seinen Kirchen (u. a. Vierzehnheiligen; Neresheim) und Palastanlagen (u. a. Würzburger Residenz, mit dem berühmten Treppenhaus) vor allem in Franken das Idealbild bewegter barocker Raumerlebnisse hinterließ.

Neunte Sinfonie, die letzte Sinfonie von Ludwig van Beethoven (in d-Moll, 1822/24), mit dem Schlusschor nach der ›Ode an die Freude‹ von Friedrich von Schiller.

Neuschwanstein, Schloss bei Füssen im Allgäu, das zwischen 1868 und 1886 im neuromanischen Stil für den bayrischen, romantisch-träumerisch veranlagten König Ludwig II. errichtet wurde.

Nijinskij, Vaclav [niˈʒinski], russischer Tänzer und Choreograf (*1889, †1950), gefeierter Tänzer und wegweisender Choreograf, der zusammen mit Sergej Diaghilew (*1872, †1929) zum Weltruhm der ›Ballets Russes‹ beitrug.

🟠 Auch seine Schwester Bronislawa Nijinska (*1892, †1972) war eine berühmte Tänzerin und Choreografin.

Nocturne, *das* oder *die* [nɔkˈtyrn; französisch ›nächtlich‹], italienisch **Notturno,** deutsch **Nachtstück,** in der Musik des 18. Jh. ein der Serenade ähnliches Instrumentalwerk oder ein ständchenartiges Gesangsstück, das in dieser Form auch in nächtlichen Opernszenen vorkommt.

Nolde, Emil, eigentlich Emil Hansen, deutscher Maler und Grafiker (*1867, †1956), bedeutender Vertreter des Expressionismus, der seit 1904 unter dem Namen seines Geburtsortes (Nolde, bei Tondern) signierte. Sein reiches, farbkräftiges Werk umfasst in Leinwand und Holzschnitt die stürmische Natur seiner norddeutschen Heimat, Groteskes, aber auch religiöse Motive.

Notenschlüssel, Zeichen der Notenschrift, die am Anfang der Notenzeile stehen und festlegen, welche Tonhöhe die einzelnen Linien haben. Es gibt drei Arten von Notenschlüsseln: G-Schlüssel (auch Violinschlüssel), F-Schlüssel (auch Bassschlüssel) und C-Schlüssel.

Nurejew, Rudolf Tänzer und Choreograf russischer Herkunft (*1938, †1993), klassischer Tänzer von außergewöhnlicher Virtuosität.

Nußknackersuite, Musik von Peter Tschaikowsky zum Ballett ›Der Nußknacker‹ (1892). Um die märchenhafte Erzählung komponierte Tschaikowsky eine Orchestermusik von brillanter Artistik, die von Anfang an sehr beliebt war. Besonders bekannt hieraus ist der ›Blumenwalzer‹.

Oboe, *die* [von französisch haubois, eigentlich ›helles, lautes Holz‹], Holzblasinstrument, das aus einer etwa 60 cm langen, konisch gebohrten, dreiteiligen Schallröhre aus Ebenholz besteht, die sich unten zum Schallbecher erweitert. Der Klang der Oboe ist etwas herb, leicht scharf, aber sehr tragend.

🟠 Die Oboe übernimmt meist die Melodieführung der Holzbläsergruppe des Orchesters. Ihr Vorläufer ist die Schalmei, eine tiefer klingende Abart das Englischhorn.

Offenbach, Jacques französischer Komponist deutscher Herkunft (*1819, †1880), stieg unter Napoleon III. mit seinen satirischen, dem Geschmack der Zeit entsprechenden Werken, besonders den Operetten ›Orpheus in der Unterwelt‹ (1858), ›Die schöne Helena‹ (1864) und ›Pariser Leben‹ (1866), zu einem erfolgreichen Komponisten auf. Sein Alterswerk ist die Oper ›Hoffmanns Erzählungen‹ (1881).

Oktave, *die* [lateinisch ›die Achte‹], ein Intervall im Abstand von acht Notenstufen. Oktave ist auch die Gesamtheit der Töne, die innerhalb dieses Intervalls liegen.

Oper [von italienisch opera (in musica) ›(Musik)werk‹], im westlichen Kulturkreis ein musikalisches Schauspiel, in dem entweder nur gesungen wird oder gesungene mit gesprochenen Partien abwechseln. Als Vorläufer der Oper können bereits die musikalischen Inszenierungen der Antike oder die Triumphaufzüge, Masken- und Trauerspiele der Renaissance betrachtet werden. Ihre Geburtsstunde erlebte sie um 1600 in Florenz. Die erste bedeutende Oper war ›Orfeo‹ (1607) des Italieners Claudio Monteverdi; 1637 eröffnete in Venedig das erste Opernhaus. Gegenüber der Vorherrschaft der italienischen Oper (getragen von Komponisten wie Monteverdi und Alessandro Scarlatti, *1660, †1725) konnte sich im späten 17. Jh. zunächst nur in Frankreich eine eigenständige Operntradition entwickeln, besonders durch Jean-Baptiste Lully (*1632, †1687), der das Musikleben Frankreichs zur Zeit Ludwigs XIV. beherrschte.

Der anfangs nur von tragischen Stoffen aus der antiken Götter- und Heldenwelt bestimmten ›ernsten Oper‹ (italienisch ›opera seria‹) erwuchs im 18. Jh. eine Konkurrenz in der ›komischen Oper‹ (›opera buffa‹), die meist Themen aus dem bürgerlichen Alltagsleben behandelte. Die Oper des 18. Jh. erreichte ihren Höhepunkt in den Werken von Christoph Willibald Gluck und Wolfgang Amadeus Mozart.

Zu den herausragenden Opernkomponisten des 19. und 20. Jh. zählen Richard Wagner, Giuseppe Verdi, Giacomo Puccini und Richard Strauss.

Operette, *die* [italienisch ›kleine Oper‹], musikalisches Bühnenwerk mit gesprochenem Dialog, mit

Opu

leichter, an komischen Szenen reicher Handlung, die von liedhaften Formen mit ausgeprägtem Tanzcharakter unterbrochen wird. Die Blütezeit der Operette waren die zweite Hälfte des 19. und die ersten Jahrzehnte des 20. Jh. mit Komponisten wie Johann Strauss, Jacques Offenbach, Emmerich Kálmán (* 1882, † 1953; ›Csárdásfürstin‹, 1915; ›Gräfin Mariza‹, 1924), Franz Lehár und Paul Lincke (* 1866, † 1946; ›Frau Luna‹, 1899).

Opus, *das* [lateinisch ›Arbeit‹, ›Werk‹], allgemein: das künstlerische Werk; in der Musik ein einzelnes Werk, eine einzelne Komposition. Mit den Opuszahlen werden die Werke eines Komponisten gezählt. Meist wird das Wort dann ›op.‹ abgekürzt, z. B. die 9. Sinfonie von Beethoven op. 125.

Oratorium, *das* [lateinisch ›Betsaal‹], Komposition für Einzelstimmen, Chor und Orchester mit meist religiösem Inhalt, die in ihrem Aufbau der Oper ähnelt. Die Handlung wird jedoch nicht szenisch dargestellt, sondern geht allein aus den gesungenen Texten hervor. Die ersten Oratorien wurden im 17. Jh. in Italien in Betsälen aufgeführt.
● Bedeutende Oratorien komponierten Bach, Händel und Haydn sowie später Felix Mendelssohn Bartholdy, Franz Liszt und Arthur Honegger (* 1892, † 1955).

Orchester, *das.* Im Altgriechischen war ›orchestra‹ der ›Tanzplatz‹ des Chores. Danach wird seit der Entstehung der Oper auch im modernen Theater der Raum vor der Bühne, in dem die Musiker sitzen, Orchester oder Orchesterraum genannt. Von diesem Raum ging der Name über auf die Musiker als Gruppe, die – meist unter der Leitung eines Dirigenten – auf verschiedenen Instrumenten musizieren. ⓘ

Orff, Carl deutscher Komponist (* 1895, † 1982), dessen Bühnenwerke, z. B. die ›Carmina Burana‹ (1937), ›Der Mond‹ (1939) und ›Die Kluge‹ (1943), durch die Einheit von Sprache, Musik und Bewegung gekennzeichnet sind. Sein pädagogisch orientiertes ›Schulwerk‹ fördert Zusammenspiel und Improvisation durch rhythmisch prägnante Klangstücke.

Orgel [von griechisch organon ›Werkzeug‹], ein Musikinstrument. Es wird im Wesentlichen aus drei Elementen gebildet: dem Spieltisch, dem Pfeifenwerk und dem Windwerk. Der Spieltisch besteht aus mehreren übereinander liegenden Tastaturen (wie beim Klavier), die hier ›Manuale‹ genannt werden, und einer Tastatur für die Füße, den Pedalen. Jeder Taste ist ein Ton zugeordnet, der von einer Pfeife erzeugt wird. Die Vielfalt der Orgel zeigt sich darin, dass es je nach ihrer Größe bis über 100 im Klang verschiedene Pfeifenreihen gibt, die man ›Register‹ nennt. Diese können nach Belieben kombiniert werden.
Das Windwerk ist der technische Teil der Orgel, der die Luft erzeugt, die, von der Tastatur ausgelöst, in die Pfeifen geleitet wird.
● Der bedeutendste Komponist für dieses Instrument ist Johann Sebastian Bach.

> ### ⓘ ORCHESTER
>
> **Die Besetzung des modernen großen Sinfonieorchesters**
>
> **Streicher:** 12–16 erste Geigen, 10–14 zweite Geigen, 8–12 Bratschen, 8–12 Celli, 6–8 Kontrabässe.
> **Holzbläser:** 1 Piccoloflöte, 3 große Flöten, 3 Oboen, 1 Englischhorn, 3 Klarinetten, 1 Bassklarinette, 3 Fagotte, 1 Kontrafagott.
> **Blechbläser:** 6 Hörner, 4 Trompeten, 4 Posaunen, 1 Basstuba.
> **Schlagzeug:** 4 Pauken, kleine und große Trommel, Becken, Triangel, Xylophon, Glockenspiel u. a.
> Hinzu kommen je nach Bedarf: 1–2 Harfen, Klavier, Orgel, Celesta u. a.

● Die älteste noch spielbare Kirchenorgel stammt aus dem 14. Jh.; sie steht in Sitten (Kanton Wallis, Schweiz).
● Berühmte deutsche Orgelbauer waren u. a. Gottfried (* 1683, † 1753) und Andreas (* 1678, † 1734) Silbermann sowie Arp Schnitger (* 1648, † 1719).

Oscar, volkstümliche Bezeichnung für eine vergoldete Statuette (25,6 cm hoch), die als Filmpreis seit 1929 jährlich für ›beste‹ Leistungen u. a. in folgenden Kategorien vergeben wird: Film, Regie, Haupt- und Nebendarsteller, Drehbuch, Kamera, Schnitt, Musik, Ausstattung, Kostüme, Maske, bester nicht englischsprachiger Film.

Ouvertüre, *die* [uvɛr...; französisch ›Eröffnung‹], Orchestervorspiel, besonders zu Bühnenwerken (Oper, Ballett, Schauspiel) oder Oratorien, dann auch zur Suite; im 19. Jh. auch eine eigenständige Komposition (Konzertouvertüre).

Palladio, Andrea italienischer Baumeister (*1508, †1580), der in Vicenza (u. a. Villa Capra, genannt ›La Rotonda‹, um 1550) und Venedig wirkte. Seine an den antiken Bauregeln orientierten Entwürfe leiten von der Renaissance zum Barock über.

Pantheon, in der Antike ein allen Göttern geweihtes Heiligtum. Am bekanntesten ist das im 2. Jh. n. Chr. unter Kaiser Hadrian (*76, †138) in Rom als Kuppelrundbau errichtete Pantheon, das 609 zu einer christlichen Kirche geweiht wurde (Begräbnisstätte bedeutender Italiener).

🟠 Ein Panthéon genannter Bau, Ende des 18. Jh. als Kirche errichtet, befindet sich auch in Paris.

Parsifal, Oper von Richard Wagner (Uraufführung 1882). Parsifal verkörpert die Figur des edlen Unwissenden, des reinen Toren, der gegen das Zauberreich des Ritters Klingsor um die Entsühnung Kundrys (sie verlachte den leidenden Christus und steht unter Klingsors Bann) kämpft. Dies, die Erkenntnis seiner eigenen Sendung und seine Krönung zum Gralskönig sind Thema des Werks (auch ↑ Parzival, Kapitel 9).

Partitur, *die* [italienisch, ›Einteilung‹], die schriftliche Festlegung eines vielstimmigen Musikwerks, in der alle Sing- und Instrumentalstimmen in Notenschrift so aufgezeichnet sind, dass die gleichzeitig erklingenden Noten untereinander stehen.

Pas de deux, *der* [paˈdø; französisch ›Schritt von Zweien‹], im Ballett der Tanz zu zweit, meist derjenige der Ballerina und ihres Partners.

Pastell, *das* [italienisch pastello ›Farbstift‹], ein mit Pastellfarben gemaltes Bild. Die Pastellfarben werden aus einer Farbpaste in Stiftform gepresst und getrocknet. Da die Farbteilchen nur leicht auf der Oberfläche des Zeichenpapiers haften, können sie mit dem Finger zu feinsten Übergängen verrieben werden. Die zarten und duftigen Pastellfarben entsprachen besonders dem Geschmack des Rokoko. Bedeutende Leistungen der Pastellmalerei stammen von Édouard Manet und Edgar Degas.

Pastorale, *das,* auch *die* [zu lateinisch pastor ›Hirt‹], in der Kunst das Schäferstück, die Schäferszene; in der Musik eine vom Schäferspiel des Sprechtheaters ausgehende Operngattung sowie ein im 17. und 18. Jh. beliebter, das Schalmeispiel von Hirten nachahmender Instrumentalsatz.

🟠 Beethovens 6. Sinfonie, die ›Sinfonia pastorale‹ (1808), von ihm in einem Skizzenbuch als ›Erinnerung an das Landleben‹ bezeichnet, steht in der Tradition vergleichbarer Pastoralsinfonien.

Pauke, ein Schlaginstrument, das aus einem großen halbkugeligen Kupfer- oder Messingkessel besteht, der mit gegerbtem Fell überzogen ist. Ein Eisenreifen mit acht Schrauben spannt das Fell und reguliert die Tonhöhe. Geschlagen wird die Pauke mit Filz-, Hartfilz-, Holz- oder Lederschlägeln.

Paukenschlag-Sinfonie, die Sinfonie Nr. 94 in G-Dur von Joseph Haydn, Teil einer Reihe von sechs Sinfonien, die Haydn für seinen Londoner Aufenthalt (1791) komponierte. Das Andante ›Mit dem Paukenschlag‹ gab der Sinfonie ihren populären Namen (in England heißt sie ›The surprise‹, Die Überraschung).

Pawlowa, Anna russische Tänzerin (*1881, †1931). Die scheinbar zerbrechliche und schwerelose Ballerina wurde noch zu Lebzeiten wegen ihrer großen Ausstrahlungskraft und außergewöhnlichen stilistischen Sensibilität zur Legende; unsterblich wurde sie durch ihre Rolle als ›sterbender Schwan‹.

Perspektive, *die* [von lateinisch perspicere ›hindurchsehen‹], die zeichnerische Darstellung von Körpern auf Bildflächen, so wie der Betrachter die Gegenstände tatsächlich sieht. In Spätantike und Mittelalter gingen die antiken Kenntnisse über die perspektivischen Darstellungen verloren. Wichtige Figuren wurden nun grundsätzlich größer dargestellt als weniger wichtige (man spricht hier von ›Bedeutungsperspektive‹). Der Durchbruch zur mathematisch darstellbaren Zentralperspektive gelang in der Theorie um 1400 in Italien und wurde von Masaccio (*1401, †1429; ›Dreifaltigkeitsfresko‹, 1427) erstmals malerisch umgesetzt. Der Kubismus verband mehrere perspektivische Wirklichkeiten zu einer neue Sichtweise.

Peterskirche, die über der vermuteten Grabstelle des Apostels Petrus in Rom errichtete größte Kirche der Christenheit, die Hauptkirche des Papstes. Die Gestalt des unter Papst Julius II. (*1443, †1513) seit 1506 in Angriff genommenen Neubaus (nach Plänen Bramantes, *1444, †1514) wurde bis zu seiner Weihe 1626 durch zahlreiche Baumeister abgewandelt. Die Ausstattung besorgten u. a. Michelangelo (Kuppel) und Bernini.

Peter und der Wolf, sinfonisches Märchen von Ser-

Neue **Pinakothek** in München (1846–53, im Zweiten Weltkrieg zerstört); Aufnahme von Franz Hanfstaengl (1855; München Stadtmuseum)

gej Prokofjew (* 1900, † 1971) für Sprecher und kleines Orchester (Uraufführung 1936).

piano [italienisch], musikalische Vortragsbezeichnung: leise, sanft; Varianten sind: pianissimo: sehr leise; fortepiano: laut und sofort wieder leise.

Picasso, Pablo spanischer, nach 1904 hauptsächlich in Frankreich lebender Maler, Grafiker und Bildhauer (* 1881, † 1973), der wohl bedeutendste Wegbereiter und Vertreter der modernen Kunst. In Auseinandersetzung mit afrikanischer Kunst und dem Werk Cézannes schuf Picasso um 1907 nach der impressionistisch beeinflussten ›blauen‹ (1901/04) und der ›rosa‹ (1904/06) Periode die für sein späteres Schaffen grundlegende Stilrichtung des Kubismus (zusammen mit Georges Braque, * 1882, † 1963). Das Schlüsselbild hierzu sind seine ›Jungen Frauen von Avignon‹ (1906/07); herausragend auch das Antikriegsbild ›Guernica‹ (1937), das nach einem Luftangriff deutscher Bomber auf das gleichnamige baskische Städtchen entstand. Ein immer wiederkehrendes Motiv war der Stierkampf. Nach dem Zweiten Weltkrieg entstanden eine große Anzahl bemalter Keramiken, daneben vereinzelt auch plastische Werke.
➕ Um die Erbschaftssteuer abzugelten, gelangte ein Teil des Nachlasses Picassos in den Besitz des französischen Staates und wurde der Öffentlichkeit 1985 in einem eigens eingerichteten Museum (in Paris) übergeben.

piccolo [italienisch ›klein‹], in Wortverbindungen, z. B. Piccoloflöte, der jeweils kleinste Typ bestimmter Musikinstrumente.

Pinakothek, *die* im antiken Griechenland ursprünglich der Aufbewahrungsort von Weihgeschenktafeln; seit der Renaissance auch Bezeichnung für Gemäldesammlungen, so die Alte und die Neue Pinakothek in München (beide im 19. Jh. erbaut).

Plastik, *die* die Bildhauerkunst. Sie umfasst alle Verfahrensweisen, die durch allmähliche Anstückung formbarer Materialien (Ton, Gips, Wachs, Porzellan) den Entstehungsprozess eines Werkes bestimmen, bzw. die von diesen Modellen genommenen Metallabgüsse. Ein anderes Verfahren der Bildhauerkunst ist die Skulptur, bei der die endgültige Form durch Abtragen von außen nach innen erarbeitet wird.

Polka, *die* [tschechisch, eigentlich ›Polin‹], böhmischer Rundtanz in lebhaftem $^3/_4$-Takt. Nach 1830 europäischer Gesellschaftstanz.

Polonaise, *die* [...ˈnɛːzə; französisch ›polnischer (Tanz)‹], ruhiger, paarweise geschrittener Tanz im $^3/_4$-Takt, oft als Einleitung von Bällen, wobei die Paare in beliebig langer Kolonne in verschiedenen Touren und Figuren durch die Festräume schreiten. – In der Kunstmusik ein einzelner Satz oder Bestandteil der Suite.

Pop-Art, *die* [englisch, gekürzt aus popular art ›volkstümliche Kunst‹], Strömung der zeitgenössischen Kunst, die um 1950 in den USA und England als Bewegung gegen die gegenstandslose (abstrakte) Kunst entstand. Sie reflektiert in ihren Motiven und künstlerischen Verfahren die moderne Industriegesellschaft, Konsum, Massenproduktion und Reklame und stellt aus alltäglichen Gegenständen und Aussagen der Werbung, des Massenkonsums (z. B. Konservendosen) oder der Unterhaltung (z. B. Comics) durch Verfremdung und Nachahmung (Fotomontagen, Vergrößerung, Reihung) neuartige, oft parodisierende Objekte her. Bekannte Vertreter sind u. a. Andy Warhol, Roy Lichtenstein (* 1923, † 1997), Robert Rauschenberg (* 1925, † 2008) und George Segal (* 1924, † 2000).

Porgy und Bess, Oper von George Gershwin (Uraufführung 1935). Bess, eine leichtlebige junge Frau, zieht es vor, statt mit dem Rauschgifthändler Sporting Life mit Porgy, einem Krüppel, zusammenzuleben. Als Crown, ein früherer Liebhaber von Bess, diese entführen will, ersticht Porgy ihn. Gleichwohl macht Bess sich mit Sporting Life auf und davon und wird von Porgy gesucht.

Porträt [-ˈtrɛː; französisch], die künstlerische Darstellung eines Menschen, meist Brust- oder Kopfbild (in Malerei, Plastik, Grafik, Fotografie). Porträts lassen die Ähnlichkeit mit einem bestimmten Menschen erkennen, müssen aber nicht naturalistisch sein.

Posaune, großes Blechblasinstrument, dessen Schallröhre in drei parallel laufende Stränge gebogen ist. Das Mittelstück der Posaune ist stufenlos ausziehbar, wodurch sie gleichmäßig alle Töne ohne Ventile oder Grifflöcher hervorbringen kann.

Postmoderne, bezeichnet eine in der Philosophie des 19. Jh. (F. Nietzsche) begründete, seit den 1960er-Jahren begrifflich umstrittene Kulturtheorie: Die als ›modern‹ bezeichnete Periode sei abgelaufen, erschöpft und müsse überwunden, durch einen neuen Aufbruch ersetzt werden. In der gegenwärtigen Baukunst wendet sich eine nachmoderne Strömung gegen die zweckgerichtete, gleichförmige Architektur des 20. Jahrhunderts.

Prado, das aus den Sammlungen der spanischen Könige hervorgegangene, 1819 eröffnete spanische Nationalmuseum (Museo del Prado) für Malerei und Bildhauerkunst in Madrid (benannt nach dem Park Prado de San Jerómino).

Premiere, *die* [prəˈmi̯eːrə; französisch ›die Erste‹], die erste Aufführung eines Bühnenstücks, einer Oper (auch von Neuinszenierungen) oder eines Films.

Presley, Elvis [ˈpresli], amerikanischer Rocksänger und Gitarrist (* 1935, † 1977), der ›König des Rock'n' Roll‹, der seine Lieder mit Hüftschwung und Schmollmund vortrug und damit das Publikum teils begeisterte, teils schockierte. Er blieb, auch nach seinem großen Comeback (ab 1969), eine Legende, eine Symbolfigur für die Musik der 1950er-Jahre.

➕ Zu seinen bekanntesten Liedern zählen ›Heartbreak hotel‹, ›Love me tender‹, ›Don't be cruel‹, ›It's now or never‹.

➕ Presley leistete 1958–60 seinen Wehrdienst in dem oberhessischen Städtchen Friedberg ab.

Elvis Presley Filmplakat zu ›Love me tender‹

Programmmusik, eine Form der Instrumentalmusik, durch die der Komponist ein ›Programm‹, das heißt ein Thema außerhalb der Musik, z. B. ein Gedicht oder ein Gemälde, gestaltet. Meist ist dieses Programm als Titel der Komposition vorangestellt und lenkt so die Fantasie des Zuhörers in eine bestimmte Richtung. Zur Programmmusik gehören Werke wie ›Die Moldau‹ von Smetana oder die Sinfonie Nr. 6, die ›Pastorale‹, von Beethoven.

Puccini, Giacomo [put'tʃiːni], italienischer Komponist (*1858, †1924), dessen Opern ›La Bohème‹, ›Tosca‹ und ›Madame Butterfly‹ neben denen von Giuseppe Verdi zu den am häufigsten aufgeführten Opern zählen. Ihre Musik zeichnet sich durch großen Melodienreichtum aus; sie gibt die Gefühle der handelnden Personen mit den Mitteln des musikalischen Impressionismus wieder.

Quartett, *das* [italienisch, zu lateinisch quartus ›der Vierte‹], in der Musik eine Komposition für vier Instrumente oder vier Singstimmen; auch Bezeichnung für eine Gruppe von vier Instrumentalisten oder Sängern.

Querflöte, Blasinstrument aus der Gruppe der Flöten, das aus einer dreiteiligen, zylindrisch gebohrten Schallröhre aus Metall (Silber) besteht, die an einem Ende offen ist. Das andere Endstück enthält seitlich das Anblaseloch, auf dessen Rand der Bläser die Luft durch die Lippen leitet. Ihr silbriger, schwebender Klang hat die Querflöte zu einem bevorzugten Orchester- und Soloinstrument gemacht.

Quintett, *das* [italienisch, zu lateinisch quintus ›der Fünfte‹], in der Musik Bezeichnung sowohl für eine Komposition für fünf Instrumente oder fünf Singstimmen als auch für eine Gruppe von fünf Instrumentalisten oder Sängern.

Radierung [zu lateinisch radere ›schaben‹], von Hand betriebenes Tiefdruckverfahren mittels beschichteter geätzter Druckplatte (eine Weiterentwicklung des Kupferstichs), wobei die Zeichnung mit einer spitzen Nadel seitenverkehrt auf den Grund gegraben wird. Beim Druck presst sich die Platte tief in das angefeuchtete Papier und nutzt rasch ab. Neben dem Verfahren bezeichnet Radierung auch das in ihm hergestellte grafische Blatt.
Die Radierung kam Anfang des 16. Jh. auf; bereits Dürer fertigte Eisenradierungen; herausragende Arbeiten stammen von Jacques Callot (*1592/93, †1635), Rembrandt, Giovanni Battista Piranesi (*1720, †1778), Goya und Picasso.

Raffael, eigentlich Raffaello Santi, italienischer Maler und Baumeister (*1483,†1520), einer der bedeutendsten Künstler der Hochrenaissance, seit 1514 Bauleiter der Peterskirche. Zu seinen Hauptwerken zählen die Fresken (u.a. ›Die Schule von Athen‹) in den Prunkgemächern (Stanzen) des Vatikans, die Fresken in der Villa Farnesina (u.a. ›Triumph der Galatea‹), die ›Sixtinische Madonna‹ (heute in Dresden, Gemäldegalerie) und andere Madonnenbilder sowie Porträts. Seine ausgewogenen Kompositionen gelten in ihren subtilen Beziehungsgefügen als Inbegriff klassischer Vollkommenheit.

Ragtime, *der* [ˈrægtaɪm; englisch ›zerrissener Takt‹], ein Ende des 19. Jh. im Mittelwesten der USA entstandener afroamerikanischer Klaviermusikstil, der als Vorläufer des ↑ Jazz gilt.

Ravel, Maurice [raˈvɛl], französischer Komponist (*1875, †1937), neben Debussy der bedeutendste Vertreter des musikalischen Impressionismus. Sein Werk lässt neben Einflüssen von Debussy, Chopin und Liszt auch solche barocker Cembalomusik erkennen. Ravel lebte wegen einer Krankheit sehr zurückgezogen. In der Öffentlichkeit trat der hervorragende Pianist und Dirigent nur als Interpret eigener Werke in Erscheinung. Weltberühmt ist sein ›Boléro‹ (1928).

Relief, *das* [französisch ›das Hervorheben‹], ein Werk der Bildhauerkunst, dessen Figuren nicht frei im Raum stehen, sondern an eine Fläche (einen Hintergrund) gebunden sind, aus der sie hervortreten. Nach dem Grad der Erhebung über den Grund unterscheidet man das Flachreliefs vom nahezu vollplastisch gearbeiteten Hochrelief.

Rembrandt, eigentlich Rembrandt Harmensz. van Rijn, niederländischer Maler (*1606, †1669), der Hauptmeister der niederländischen Barockmalerei

Rembrandt Danae (1636)

und einer der bedeutendsten Künstler seiner Zeit. Er beschäftigte sich in seinen effektvollen Gemälden, Stichen und Zeichnungen vorwiegend mit biblischen Inhalten (›Samsons Blendung‹) und Porträts (›Anatomie des Dr. Tulp‹; ›Nachtwache‹; zahlreiche Selbstporträts), bei denen die Lichtführung eine bedeutende Rolle spielt (Hell-Dunkel-Malerei). In seinen letzten Lebensjahren fand er zu seinem ganz von erdigen Farben und einer locker, fast fahrigen Pinselführung bestimmten Spätstil.

➕ Rembrandt unterhielt in Leiden und Amsterdam Werkstätten mit einer großen Zahl an Schülern, denen viele ursprünglich Rembrandt selbst zugeschriebene Werke (u. a. ›Der Mann mit dem Goldhelm‹) zugewiesen werden müssen.

Renaissance, *die* [rənɛˈsãːs, französisch], im Italien des frühen 15. Jh. entstandener und bis etwa 1525 reichender Stil, der sich an der Formensprache der Antike ausrichtete (daher der Name: Renaissance bedeutet ›Wiedergeburt‹ [der antiken Kunst]). Geistig erstrebte sie eine Verbindung zwischen christlicher Glaubensüberlieferung und der in ihrem Zeitalter entdeckten neuen Wertschätzung des einzelnen Menschen. Demgemäß waren religiöse Hinwendung und Betonung des weltlich-selbstständigen Einzelmenschen zwei Pole, die sich auch in der Kunst wieder finden. Bedeutende Künstler der Epoche: Brunelleschi (* 1377, † 1446), Donatello, Ghiberti (* 1378, † 1455), Leonardo da Vinci, Michelangelo und Dürer.

Renoir, Auguste [rəˈnwaːr], französischer Maler (* 1841, † 1919), dessen tonige Freilichtmalerei noch den Einfluss des Realismus erkennen lässt, gleichzeitig mit Claude Monet aber die charakteristische, strichartige Pinselschrift des Impressionismus herausbildet. Renoir malte neben Porträts und Landschaftsbildern zahlreiche weibliche Akte. In seinen letzten Lebensjahren entstanden Bronzeplastiken.

➕ Sein Sohn Jean Renoir (* 1894, † 1979) war ein bekannter Filmregisseur.

Requiem, *das* die Totenmesse in der katholischen Kirche, die mit den lateinischen Worten ›Requiem aeternam dona eis, Domine‹ (›Die ewige Ruhe gib ihnen, Herr!‹) beginnt. Bis zum Ende des 16. Jh. haben fast alle (vor allem italienische) Komponisten Requiems komponiert. Im 18. Jh. schufen neben anderen auch Haydn zwei und Mozart ein (unvollendet gebliebenes) Requiem. Oft aufgeführt wird auch das Requiem von Johannes Brahms (›Ein deutsches Requiem‹, 1861–69).

Rezitativ, *das* [italienisch, zu recitare ›vorlesen‹], eine Gesangsform in der Oper, die in Rhythmus und Tonfall dem normalen Sprechen angepasst ist (also eine Art Sprechgesang). Das Rezitativ wird, wie die Arie, von einem einzelnen Sänger (einem Solisten) vorgetragen und von Instrumenten begleitet.

Rheingold, ↑ Der Ring des Nibelungen.

Rhythmus, *der* [griechisch ›Takt‹], der zeitliche Ablauf in der Musik; er wird durch die Aufeinanderfolge von langen und kurzen Tönen, ihr Verhältnis nach Gewicht und Betonung und die Geschwindigkeit des Ablaufs bestimmt.

Riemenschneider, Tilman deutscher Bildschnitzer (* 1460, † 1531), der erstmals auf die bis um 1500 gebräuchliche Bemalung von Statuen verzichtete. Seine Altäre (u. a. in Münnerstadt, Rothenburg ob der Tauber und Creglingen) sind mit ihren schwermütigen Figuren noch ganz der Spätgotik verhaftet.

➕ Riemenschneider, der nach seiner Zeit als Bürgermeister in Würzburg 1520/21 seine Parteinahme im Bauernkrieg zugunsten der Aufständischen mit Kerker und Folter bezahlen musste, war bis zur Auffindung seines Grabsteins im 19. Jh. völlig in Vergessenheit geraten.

Rigoletto, Oper von Giuseppe Verdi (Uraufführung 1851). Mantua im 16. Jh.: Rigoletto ist der Hofnarr des Herzogs von Mantua, eines Weiberhelden. Als Rigolettos Tochter Gilda, die der Herzog begehrt, entführt wird, beschließt Rigoletto, ihn töten zu lassen. Bei dem Mordanschlag findet stattdessen Gilda den Tod.

Der Ring des Nibelungen, Operntetralogie (›Ein Bühnenfestspiel, aufzuführen in drei Tagen und einem Vorabend‹) von Richard Wagner (erste Gesamtaufführung 1876), bestehend aus den Werken ›Das Rheingold‹, ›Die Walküre‹, ›Siegfried‹ und ›Götterdämmerung‹. Der Ring ist eine Allegorie (bildnishafte Darstellung) und handelt vom Kampf zwischen Nibelungen, Zwergen, Riesen und Göttern; der Stoff stammt aus der germanischen Götter- und Heldensage (↑ Edda, ↑ Nibelungenlied, Kapitel 6).

Rodin, Auguste [rɔˈdɛ̃], französischer Bildhauer (* 1840, † 1917), dessen Werke (u. a. ›Der Denker‹; ›Der Kuss‹) in Auseinandersetzung mit der Kunst der Gotik und der Michelangelos entstanden. Mit den ›Bürgern von Calais‹ (1884–86) entwickelte Rodin erstmals einen Denkmalstyp, der auf heldenhafte Verklärung der Figuren verzichtet.

Rokoko, *das* eine Stilrichtung der Kunst am Ausgang des Barock (etwa zwischen 1720 und 1780), die das gefällige, spielerisch leichte Dekor betonte und auf das barocke Pathos verzichtete. Bedeutende Bauwerke entstanden u. a. von Dominikus Zimmermann (*1685, †1766; Wieskirche) oder im Auftrag Friedrichs II., des Großen, von Preußen (Schloss Sanssouci, Neues Palais, als Beispiele des ›friderizianischen Rokoko‹).
In der bildenden Kunst gefielen Giovanni Battista Tiepolo (*1696, †1770; Freskenmalereien im Würzburger Schloss) oder die galanten Entwürfe der Franzosen Jean Antoine Watteau, François Boucher (*1703, †1770) und Jean Honoré Fragonard (*1732, †1806). Bedeutend sind auch die Leistungen des Rokoko auf dem Gebiet des Kunsthandwerks (Gobelins, Seidentapeten, Porzellan sowie Möbel) und der Gartengestaltung.

The Rolling Stones [θə ˈrəʊlɪŋ ˈstəʊnz], britische Rockgruppe, die 1962 durch Mick Jagger (*1943), Brian Jones (*1942, †1969), Keith Richards (*1943), Bill Wyman (*1936) und Charlie Watts (*1941) gegründet wurde. Gigantische Konzerte und ein provozierendes Image sind Kennzeichen dieser Gruppe.
✚ Ihren Gruppennamen (deutsch ›Die rollenden Steine‹) gaben sie sich nach einem Titel des amerikanischen Bluessängers und -gitarristen Muddy Waters (*1915, †1983).

Romanik *die* [zu lateinisch romanus ›römisch‹], der der karolingischen Kunst nachfolgende Stil des Mittelalters (950–1200) vor der Gotik. In der Architektur überwiegt eine ›bauklotzartige‹, an römischen Vorbildern orientierte, die Wandfläche betonende Anordnung der Bauglieder; zur Geltung kommen besonders beim Kirchenbau die unterirdisch unter dem Ostchor angelegte Krypta, die Wölbung der Decke (als Tonne oder als Kreuzgrat), ein Stützenwechsel zwischen Säule und Pfeiler, umlaufende Galerien und schlichte Formen der Wandgliederung (u. a. bei den ›Kaiserdomen‹ zu Worms, Speyer und Mainz).
Der Bildhauerkunst gelingt der Durchbruch zur monumentalen, jedoch noch an die Architektur (vor allem Kirchenportale, u. a. in Bamberg oder an der

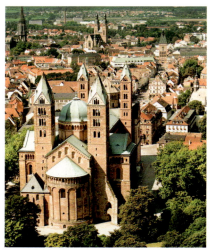

Romanik Der ›Kaiserdom‹ in Speyer, Ansicht von Osten

›Goldenen Pforte‹ zu Freiberg, um 1230) gebundenen Vollfigur. Von der Malerei haben sich im Wesentlichen Glasfenster und christliche Buchillustrationen erhalten.

Romantik, *die* aus der Ablehnung gegen den strengen, vernunftmäßig erfassten Klassizismus erwachsene Stilrichtung in der ersten Hälfte des 19. Jh., die sich der Geschichte (vor allem des Mittelalters), der Offenbarung durch Natur und Religion und dem Volksleben zuwandte. In der Architektur äußerte sich die Romantik im neugotischen Bauen (Parlamentsgebäude in London, 1840–70) und in der Wiederentdeckung und -errichtung mittelalterlicher Denkmäler (u. a. Kölner Dom); in der Malerei sind Delacroix, Philipp Otto Runge (*1777, †1810) und Caspar David Friedrich zu erwähnen.

Rondo, *das* [italienisch ›rund‹], rundläufig angelegte musikalische Form, deren Kernstück ein Hauptsatz von meist heiterer Art ist, der im Laufe des Musikstücks immer wiederkehrt.

Der Rosenkavalier, Oper von Richard Strauss, Text von Hugo von Hofmannsthal, Uraufführung 1911. Ort und Zeit der Handlung: Wien zur Zeit Maria Theresias. Baron Ochs will Sophie, die Tochter eines Neureichen, heiraten. Seine Cousine, die Feldmarschallin Fürstin Werdenberg, bringt ihren Geliebten, den Grafen Octavian, als Brautwerber ins Spiel. Sophie und Octavian verlieben sich ineinan-

Kunst und Musik — **Sch**

der. Ochs muss von der Heirat Abstand nehmen, nachdem er sich bei einem Stelldichein mit dem als ›Mariandl‹ verkleideten Octavian blamiert hat. Der Weg einer Heirat von Octavian und Sophie ist frei.

Rossini, Gioacchino italienischer Komponist (* 1792, † 1868), der sich vor allem auf dem Gebiet der komischen Oper auszeichnete. Sein Meisterwerk ›Der Barbier von Sevilla‹ (1816) begründete seinen Ruhm. Es folgten u. a. ›Aschenbrödel‹ (1817), ›Die diebische Elster‹ (1817) und ›Wilhelm Tell‹ (1829). Rossini komponierte auch Kirchenmusik, u. a. Messen (›Petite messe solennelle‹, 1863) und ein ›Stabat mater‹ (1932).

Rubens, Peter Paul flämischer Maler (* 1577, † 1640), der nach der Rückkehr von einem Italienaufenthalt in Antwerpen eine viel beschäftigte Werkstatt unterhielt, in der in Figur und Farbe sinnlich wie üppig gehaltene barocke Werke (u. a. ›Kreuzabnahme‹, Jagdbilder) entstanden und von eigens ausgebildeten Grafikern durch gestochene Wiedergaben verbreitet wurden.
⊕ Rubens war auch ein gefragter Diplomat; für diese Tätigkeit wurde er in den spanischen und in den englischen Ritterstand erhoben.

Rubinstein, Arthur amerikanischer Pianist polnischer Herkunft (* 1887, † 1982), bedeutender Interpret der Werke Fryderyk Chopins und spanischer Komponisten, aber auch der Wiener Klassik und Franz Schuberts.

Salzburger Festspiele, seit 1920 alljährlich im Juli/August in Salzburg stattfindende Festspiele mit Opern-, Konzert- und Schauspielaufführungen (vor allem Hugo von Hofmannsthals ›Jedermann‹).

Sankt Gallen, ehemalige Benediktinerabtei im gleichnamigen schweizerischen Kanton, im 9.–11. Jh. eine der bedeutendsten Pflegestätten deutscher Kunst (Buchmalerei) und Geisteskultur. Die Anlage wurde 830–837 nach einem erhaltenen Plan (um 820 auf der Reichenau gezeichnet) erbaut; die barocken Bauten (u. a. Stiftskirche) entstanden ab 1755.

Sanssouci [sɑ̃suˈsi; französisch ›sorgenfrei‹], Sommerschloss des preußischen Königs Friedrich II. in Potsdam; erbaut 1745–47 (zum Teil nach den Entwürfen des Königs) durch Georg Wenzeslaus von Knobelsdorff (* 1699, † 1753).

Satz, in der Musik das selbstständige Stück eines ›mehrsätzigen‹ Instrumentalwerkes (z. B. der 1., 2., 3. usw. Satz einer Sinfonie, einer Sonate) oder die Art, in der ein Tonstück ausgearbeitet ist, z. B. schlichter, kunstvoller, zwei-, drei-, vierstimmiger Satz oder Vokal-, Instrumental-, Orchestersatz.

Säule, meist frei stehende architektonische Stütze, die sich in Basis (Fuß), Schaft und Kapitell (Kopf) untergliedert. Seit der altgriechischen Baukunst bestehen die drei klassischen **Säulenordnungen:** dorisch (Fehlen der Basis, deutliche Schwellung des Schaftes), ionisch (Kapitell mit schneckenförmig eingerollten Enden), korinthisch (Kapitell in Form von Blättern).

Saxophon, *das* ein Blasinstrument aus Metall, das in acht Größen (vom Sopranino in Es oder F bis zum Subkontrabass in B oder C) gebaut wird und heute besonders im Jazz verbreitet ist.
⊕ Seinen Namen verdankt das Saxophon seinem Erfinder, dem Brüsseler Instrumentenbauer Antoine-Josef Sax (* 1814, † 1894).

Scala, das 1776–78 in Mailand erbaute Opernhaus (›Teatro alla Scala‹), das als eines der ›großen Häuser‹ der Opernwelt gilt.

Scherzo, *das* [ˈskɛrtso; italienisch ›Scherz‹], Tonstück von heiterem Charakter, (meist dritter) Satz in Sinfonie, Sonate und Kammermusik.

Schicksalssinfonie, Bezeichnung für Beethovens 5. Sinfonie, benannt nach dem Motto, das Beethoven dem tragenden Motiv des 1. Satzes gegeben haben soll: ›So klopft das Schicksal an die Pforten‹.

Schinkel, Karl Friedrich deutscher Architekt (* 1781, † 1841). Seine Hauptwerke sind Höhepunkte des Klassizismus, in Berlin u. a. die Neue Wache (1816–18; seit 1993 Zentrale Gedenkstätte Deutschlands) und das Alte Museum (1824–30), in Potsdam die Nicolaikirche (1830–37).

Schlaginstrumente, Musikinstrumente, deren Töne durch Anschlag entstehen; sie bilden neben den Streichinstrumenten und den Blasinstrumenten die dritte Gruppe im Orchester. Man zählt dazu vor allem die Pauken, die Trommeln, die Becken, das Triangel, die Celesta, das Xylophon und den Gong.

Schönberg, Arnold österreichischer Komponist (* 1874, † 1951), der bedeutendste Vertreter des musikalischen Expressionismus. Er knüpfte in seinen ersten Werken noch an den Spätstil Richard Wag-

227

ners und Gustav Mahlers an, um dann zwischen 1908 und 1921 eine eigene, atonale Klangsprache zu entwickeln. Zur Grundlage seines Spätwerks wurde die um 1900 entwickelte ↑ Zwölftonmusik.

Schönbrunn, nach Plänen von Johann Bernhard Fischer von Erlach (* 1692, † 1766) errichtetes, für Kaiserin Maria Theresia 1744–49 umgebautes Wiener Schloss mit ausgedehnten Parkanlagen.

Robert und Clara Schumann

Schongauer, Martin deutscher Maler und Kupferstecher (* zwischen 1435 und 1450, † 1491). Neben den wenigen erhaltenen Gemälden (darunter die Wandfresken des Jüngsten Gerichts im Breisacher Münster und die ›Madonna im Rosenhag‹ in der Dominikanerkirche in Colmar) beanspruchen vor allem seine rund 100 kleinformatigen, häufig als Vorlagen benutzten Kupferstiche einen hohen Rang.

Die Schöpfung, Oratorium von Joseph Haydn (1798), Text nach dem religiösen Epos ›Paradise lost‹ (deutsch ›Das verlorene Paradies‹) des englischen Dichters John Milton (* 1608, † 1674).

Schubert, Franz österreichischer Komponist (* 1797, † 1828), gehört zu den großen Komponisten zwischen Wiener Klassik und Romantik. Im Mittelpunkt seines Schaffens steht das Lied: Seine mehr als 600 Lieder (Zyklen ›Die schöne Müllerin‹, 1824; ›Die Winterreise‹, 1827) zeichnen sich durch schlichte Melodieführung und kunstvolle Begleitmusik aus. Bekannte Werke sind ferner das Streichquartett ›Der Tod und das Mädchen‹ (1817), das ›Forellenquintett‹ (1819) und die ›Unvollendete‹ (1822; Sinfonie in h-Moll).

🟢 Schubert stand im Mittelpunkt geistvoll-fröhlicher Zusammenkünfte mit Freunden, der ›Schubertiaden‹, an denen u. a. der Schriftsteller Franz Grillparzer (* 1791, † 1872) und der Maler Moritz von Schwind (* 1804, † 1871) teilnahmen.

Schumann, Robert deutscher Komponist (* 1810, † 1856), der vor allem durch seine bald schwärmerischen, bald temperamentvollen Klavierwerke und stimmungsvollen Lieder die musikalische Romantik entscheidend geprägt hat. 1840 heiratete er die Pianistin Clara Wieck (* 1819, † 1896), eine der großen Künstlerinnen ihres Fachs im 19. Jahrhundert. Nach Ausbruch eines Gehirnleidens starb er in einer Heilanstalt. Neben seinen Klavierwerken, u. a. ›Kinderszenen‹, und den Liedern (Zyklen ›Dichterliebe‹ und ›Liederkreis‹) sind seine Sinfonien (darunter ›Die Rheinische‹) hervorzuheben.

Schwanensee. Mit seiner Komposition des Balletts ›Schwanensee‹ (1877) schuf Peter Tschaikowsky eine der reizvollsten Ballettmusiken. Sie umfasst u. a. einen berühmten Walzer, den ›Schwanentanz‹ und den ungarischen Tanz, erfüllt von Csardasrhythmen.

Serenade, *die* [italienisch, zu sereno ›heiter‹], eine Komposition mit ständchenhaftem Charakter für kleine vokale, instrumentale oder gemischte Besetzung.

🟢 Besonders kunstvolle Serenaden schrieb Mozart, z. B. ›Haffner-Serenade‹ (1776) und ›Eine kleine Nachtmusik‹ (1787).

sieben Weltwunder, Bezeichnung für Bauten und Kunstwerke des Altertums, die durch ihre außerordentliche Größe und Pracht besondere Bewunderung erregten. Die Beschränkung auf sieben Werke hängt damit zusammen, dass die Zahl Sieben als vollkommene oder heilige Zahl auch in der Antike eine herausragende Rolle gespielt hat.

Sinfonie, Symphonie, *die* [griechisch ›das Zusammenklingen‹], im 18. Jh. entstandene Form der Komposition für großes Orchester, neben Sonate und Streichquartett eine Hauptgattung der Instrumentalmusik. Die klassische Sinfonie, die sich Ende des 18. Jh. vor allem durch Joseph Haydn herausbildete, hat gewöhnlich vier Sätze. Die in der Wiener Klassik übliche Satzfolge ist: Allegro, Andante oder Adagio, Scherzo (bei Haydn und Mozart Menuett) mit Trio, Allegro.

Sixtinische Kapelle, unter Papst Sixtus IV. (* 1414, † 1484) erbaute päpstliche Hauskapelle im Vatikan.

Kunst und Musik **Sti**

> **DIE SIEBEN WELTWUNDER**
>
> 1. die ägyptischen Pyramiden von Giseh (die als Einziges der Weltwunder noch erhalten sind);
> 2. die Hängenden Gärten der Semiramis in Babylon;
> 3. der Tempel der Artemis in Ephesos;
> 4. das Kultbild des Zeus in Olympia, eine 12 m hohe Statue des Bildhauers Phidias (* um 490 v. Chr.);
> 5. das Grabmonument des persischen Königs Mausolos (›Mausoleum‹) in Halikarnassos;
> 6. der Koloss von Rhodos, eine 32 m hohe Bronzestatue an der Hafeneinfahrt von Rhodos, die den griechischen Sonnengott Helios darstellte;
> 7. der über 120 m hohe Leuchtturm der ehemaligen Insel Pharus bei Alexandria.

An der Ausmalung waren u. a. Michelangelo und Botticelli beteiligt.

⊕ In der Sixtinischen Kapelle versammeln sich nach dem Tod des Papstes die wahlberechtigten Kardinäle, um aus ihrer Mitte einen Nachfolger zu wählen.

Skulptur, ↑ Plastik.

Smetana, Bedřich (Friedrich) tschechischer Komponist (* 1824, † 1884). Seine Musik ist gekennzeichnet durch leidenschaftliche Wärme und volkstümliche Lyrik, deren Verbindung die erste bedeutsame Leistung der nationalen Schulen des 19. Jh. im Gefolge von Franz Liszt war. Er schuf u. a. die Oper ›Die verkaufte Braut‹ und den Zyklus von sechs sinfonischen Dichtungen ›Mein Vaterland‹, darunter ›Die Moldau‹. Smetana war seit 1874 taub; 1882 fiel er in geistige Umnachtung.

Solo, *das* [italienisch ›allein‹], meist eine besonders anspruchsvolle Einzelstimme mit oder ohne Begleitung; auch für ein Einzelinstrument ohne Begleitung geschriebenes Stück. Der vortragende Künstler ist der ›Solist‹.

Sonate, *die* bedeutete ursprünglich ›Klingstück‹ (italienisch ›sonata‹), womit jede Form von Instrumentalmusik gemeint war. Heute versteht man darunter eine Komposition für ein oder zwei Instrumente. Die klassische Sonate bildete sich im 18. Jh. heraus, sie besteht aus drei oder vier Sätzen, die nach bestimmten Gesetzen aufgebaut sind.

Sopran, *der* die höchste Tonlage der menschlichen Singstimme und zwar von Frauen- und Knabenstimmen. Zwischen Sopran und Alt liegt der ›Mezzosopran‹.

Spinett, *das* Vorläufer des ↑ Cembalos, bei dem die Saiten noch quer zur Tastatur lagen.

Spiritual [ˈspɪrɪtjʊəl], auch **Negrospiritual** [ˈniːgrəʊ...], das religiöse Lied der Schwarzen in Nordamerika, im Gegensatz zum weltlichen Lied, dem Blues. Es entstand im 18. Jh., als die Negersklaven geistliche Lieder in den ihnen vertrauten Rhythmen setzten und biblische Themen behandelten, die ihre eigene Situation berührten, z. B. das Thema der Befreiung im ›Auszug aus Ägypten‹ (Exodus). Ein bekanntes Spiritual ist z. B. ›Go down Moses‹.

Spitzweg, Carl (* 1808, † 1885), Apotheker, der sich selbst zum Maler ausbildete. In meist kleinformatigen Bildern schildert er mit Witz und Humor das Leben von Kleinbürgern und Sonderlingen der Biedermeierzeit (›Der arme Poet‹, ›Der Liebesbrief‹).

staccato [italienisch, zu staccare ›trennen‹], eine musikalische Vortragsweise, bei der aufeinander folgende Töne nicht gebunden, sondern deutlich voneinander getrennt werden.

Stephansdom, gotische Kathedrale in Wien (1304–1511) mit nur einem ausgeführten Turm und einem mit bunt glasierten Ziegeln bedeckten Steildach; im Inneren u. a. das Grabmal Kaiser Friedrichs III. von Nikolaus Gerhaert von Leyden (* 1420/30, † 1473), einem der bedeutendsten Neuerer der Bildhauerkunst des 15. Jahrhunderts.

Stillleben, französisch **Nature morte** [›tote Natur‹], die Darstellung unbelebter Gegenstände, z. B. Früchte, Blumen, erlegte Tiere, Geräte, in einer vom Maler gewählten künstlerischen Anordnung. Stillleben treten erstmals am Beginn des 16. Jh. auf und erreichen ihre Blüte im 17. Jh.; je nach dem dargestellten Inhalt werden Blumen-, Küchen- oder Jagdstücke unterschieden.

Stimmlagen, die Tonhöhenbereiche der menschlichen Singstimme.

Stimmlagen	
Sopran	a - c' / f'
Alt	a - f'
Tenor	A - c'
Bariton	A - e' / g'
Bass	E - d' / f'

Stoß, Veit deutscher Bildhauer und Kupferstecher (* 1447/48, † 1533), einer der berühmtesten Holzschnitzer der Spätgotik. Er arbeitete vor allem in Krakau (Hochaltar der Marienkirche, der größte erhaltene Flügelaltar der deutschen Spätgotik) und Nürnberg (dort u. a. in Sankt Lorenz der ›Englische Gruß‹).

Stradivari, Antonio italienischer Geigenbauer (* 1644, † 1737), der als der größte Meister seines Fachs gilt. Er entwickelte das Geigenmodell seines Lehrers Nicola Amati (* 1596, † 1684) zur Vollendung.
🞣 Von seinen Instrumenten sind noch etwa 650 erhalten und als echt anerkannt.

Strauß, Wiener Musikerfamilie, die dem Wiener Walzer zu weltweitem Ruhm verhalf. Vater Johann Strauß (* 1804, † 1849) wurde 1835 Hofballdirektor. Von seinen zahlreichen Kompositionen (darunter über 150 Walzer) ist besonders der ›Radetzkymarsch‹ bekannt.
Sein ältester Sohn Johann Strauß (* 1825, † 1899) ging als ›Walzerkönig‹ in die Musikgeschichte ein. Von seinen Werken, die sich durch rhythmischen Schwung, sangliche Melodik und vorzügliche Instrumentation auszeichnen, wurden die Walzer ›An der schönen blauen Donau‹ und ›Kaiserwalzer‹ sowie seine Operette ›Die Fledermaus‹ besonders populär. Auch seine Brüder Josef Strauß (* 1827, † 1870) und Eduard Strauß (* 1835, † 1916) waren bekannte Orchesterleiter und Komponisten von Tanzmusik.

Strauss, Richard deutscher Komponist (* 1864, † 1949). Seine Werke stehen in der Tradition der Spätromantik und verbinden farbige Instrumentation und differenzierte Harmonik. Aus seinem Schaffen sind die sinfonischen Dichtungen ›Don Juan‹ und ›Till Eulenspiegels lustige Streiche‹, ›Also sprach Zarathustra‹ sowie die Opern ›Salome‹ (1901), ›Der Rosenkavalier‹ (1911) und ›Arabella‹ (1933) hervorzuheben.

Strawinsky, Igor russischer Komponist (* 1882, † 1971), der neben Arnold Schönberg zu den bedeutendsten Vertretern der Musik des 20. Jh. gehört. In seinen Kompositionen zeigen sich neben- und nacheinander verschiedene

Igor Strawinsky

stilistische Entwicklungen und Prägungen (alte Musik, Folklore, Jazz u. a.). Seine Werke, u. a. das Ballett ›Der Feuervogel‹ (1910), die Tanzburleske ›Petruschka‹ (1911) und das kultische Tanzspiel ›Le sacre du printemps‹ (1913), sind durch elementare Rhythmik geprägt.

Streichinstrumente, eine Gruppe von Musikinstrumenten, bei denen zur Tonerzeugung eine oder mehrere Saiten durch einen Bogen angestrichen werden, vor allem Geige, Bratsche, Violoncello, Kontrabass und Gambe sowie viele außereuropäische Volksinstrumente.

Suite, *die* ['sviːtə; französisch ›Folge‹], eine mehrteilige Instrumentalkomposition, die aus einer Folge von Tänzen oder tanzartigen Sätzen gegensätzlicher Art und Bewegung, aber meist gleicher Tonart besteht, vor allem aus Allemande, Courante, Sarabande und Gigue. Nach 1750 wurde die Suite von der Sinfonie abgelöst.
In der bildenden Kunst eine Folge thematisch verbundener Werke, meist grafischer Blätter, z. B. Picassos ›Suite Vollard‹.

Surrealismus, *der* Richtung der modernen Literatur und Kunst, die um 1920 in Paris entstand und unter dem Einfluss von Sigmund Freud und der Psychoanalyse das Unbewusste, Übersinnliche und Visionäre zu gestalten suchte, u. a. Yves Tanguy (* 1900, † 1955), René Magritte (* 1898, † 1967) und Salvador Dalí (auch ⇒ Kapitel 6).

Swing, ↑ Jazz.

Symbolismus, *der* eine in der bildenden Kunst nur inhaltlich fassbare Richtung, die sich einer vernunftmäßig nachvollziehbaren Sichtweise entzieht und symbolische, im Erahnen liegende Deutungen bevorzugt. Im 18. Jh. als Antithese zur Aufklärung entstanden, erlebte er seine Blüte im 19. Jh. mit Gustave Doré (* 1832, † 1883), Max Klinger (* 1857, † 1920), Arnold Böcklin (* 1827, † 1901) und Ferdinand Hodler (* 1853, † 1918).

Tannhäuser und der Sängerkrieg auf der Wartburg, romantische Oper von Richard Wagner (1845); Ort und Zeit der Handlung: Hörselberg, Waldtal und die Wartburg bei Eisenach; Anfang des 13. Jh. In dieser Oper treffen die festgefügte Welt des christlichen Mittelalters (symbolisiert durch den Pilgerchor) und die sinnlich-heidnische (personifiziert durch die Göttin Venus) aufeinander. Zwischen

ihnen soll sich Tannhäuser entscheiden, den die fromme Elisabeth erlöst.
➕ Der Tannhäuser war ein mittelhochdeutscher Dichter des 13. Jh., der in den Handschriften ›der tannhûser‹ genannt wird; seine Herkunft ist unbekannt. Von ihm sind sechs Leiche sowie Minnelieder und Sangspruchdichtung überliefert.

Tempo, in der Musik die Geschwindigkeit, mit der ein Stück gespielt werden soll. Es wird festgelegt durch **Tempobezeichnungen** wie adagio (langsam) andante (gleichmäßig, gelassen), allegro (schnell, heiter) oder presto (schnell).

Tenor, *der* die hohe Männerstimme.

Thema, in der Musik ein durch seine Gestalt und Stellung in einem Werk erkennbarer, in sich geschlossener musikalischer Gedanke. Ein Thema ist im Allgemeinen rhythmisch und melodisch, oft auch harmonisch einprägsam.

Tizian, eigentlich Tiziano Vecellio, italienischer Maler (* um 1477[?], † 1576), einer der bedeutendsten Meister der italienischen Hochrenaissance. Kennzeichnend für seine oft großformatigen Gemälde (u. a. ›Himmelfahrt Mariae‹, ›Venus von Urbino‹; meisterhaft beobachtende Porträts, u. a. ›Karl V. sitzend‹) sind die ›blühenden‹, tief leuchtenden Farben, die (barocke Wirkungen vorwegnehmenden) reich bewegten Figuren sowie die eindringliche Menschenschilderung. Er war einer der gefragtesten Porträtisten seiner Zeit in Europa.

Tonleiter, eine stufenweise angeordnete Abfolge von Tönen, die vom 1. Ton, dem Grundton, bis zu seiner Oktave, dem 8. Ton reicht. Der Grundton gibt der Tonleiter den Namen, z. B. C-Dur-Tonleiter oder e-Moll-Tonleiter. In der europäischen Musik werden vor allem Dur- und Molltonleitern verwendet. Sie unterscheiden sich in ihrem Klang, da ihre Halbtonschritte verschieden angeordnet sind.

Tosca, Oper von Giacomo Puccini (Uraufführung 1900); Rom, im Juni 1800: Tosca ist die Geliebte des Malers Cavaradossi, der den flüchtigen Staatsgefangenen Angelotti verborgen hält. Der Polizeichef möchte von Tosca das Versteck Angelottis erfahren und sie gleichzeitig erobern. Als sie mitansehen muss, wie der verhaftete Maler gefoltert wird, verrät sie das Versteck. Cavaradossi wird zum Tode verurteilt, aber kurz darauf ersticht Tosca den Polizeichef. Am Morgen der Exekution erscheint Tosca auf der Engelsburg (der Exekutionsstätte) und stürzt sich von der Burg, als man sie wegen der Tötung des Polizeichefs verhaften will.

Toscanini, Arturo italienischer Dirigent (* 1867, † 1957), der vor allem an der Mailänder Scala gewirkt und wichtige amerikanische Orchester (u. a. New Yorker Philharmoniker) geleitet hat. Sein Prinzip der ›Werktreue‹ beeinflusste den Dirigierstil des 20. Jh. nachhaltig.

Toulouse-Lautrec, Henri de [tuluzloˈtrɛk], französischer Grafiker und Maler (* 1864, † 1901), der als gesellschaftlicher und künstlerischer Außenseiter das Nachtleben der Pariser Halbwelt festhielt. Indem er für die Kabarette (u. a. Moulin Rouge) Plakate entwarf, gab er der Kunst des Lithografierens wesentliche Impulse.
➕ Toulouse-Lautrec wurde infolge zweier Beinbrüche (1878 und 1879) zum Krüppel; er erreichte als Erwachsener nur eine Körpergröße von rund eineinhalb Metern.

Trio, *das* [zu italienisch tre ›drei‹], eine Komposition für drei Instrumente; auch drei zusammen spielende Musiker; ferner der Mittelteil von Tanzsätzen in Suite, Sonate oder Sinfonie.

Triptychon, *das* [zu griechisch triptychos ›dreifach‹], dreiteiliges Tafel- oder Altarbild, besonders der dreiteilige, aus einem Mittelstück und zwei beweglichen, beidseitig bemalten oder geschnitzten Flügeln bestehende Flügelaltar der mittelalterlichen Kunst. – Bild S. 232

Tristan und Isolde, Oper von Richard Wagner (Uraufführung 1865): Die irische Königstochter Isolde soll Tristans Onkel, König Marke, heiraten. Da sie Tristan liebt (und dieser sie), beschließt sie, mit Tristan zu sterben. Ihre Dienerin stellt jedoch statt des Todestranks einen Liebestrank her. Auf einer bretonischen Burg wird Isolde von Tristan erwartet. Als sie eintrifft, stirbt Tristan in ihren Armen; verzweifelt über seinen Tod stirbt auch Isolde.

Trompete, das Sopraninstrument der Blechblasinstrumente; es wird in verschiedenen Größen gebaut und wie das Horn mit einem Kesselmundstück angeblasen.

Troubadour, *der* [ˈtruːbaduːr; zu altprovenzalisch trobar ›dichten‹], provenzalischer Dichter-Sänger des 12. und 13. Jahrhunderts. Die Troubadoure, meist ritterlichen Standes, schufen Texte und Weisen ihrer Lieder und trugen sie meist selbst an den Fürstenhöfen Südfrankreichs vor. Im Mittelpunkt der Troubadourdichtung, die stark auf die Dichtung der deutschsprachigen Minnesänger einwirkte, stand die Verehrung einer meist unerreichbaren Frau.

🟠 Unter den 460 namentlich bekannten Troubadouren gab es auch 20 dichtende Frauen, die ›Trobairitz‹.

Der Troubadour [- ˈtruːbaduːr], Oper von Giuseppe Verdi (Uraufführung 1853): Die Titelfigur ist als Kind seinem Vater, dem Grafen Luna, von einer Zigeunerin entführt worden, die damit den Tod ihrer Mutter, den Luna verschuldet hatte, rächen wollte. Herangewachsen, ohne je seine wahre Herkunft zu erfahren, gerät der Troubadour Manrico wegen einer Frau (Leonore) in heftigen Streit mit seinem natürlichen Bruder, dem anderen Sohn des Grafen, der ihn hinrichten lässt.

Tschaikowsky, Peter russischer Komponist (* 1840, † 1893), durch den die russische Musik Weltgeltung erlangte. Von seinen zahlreichen Werken sind die Ballette ›Schwanensee‹, ›Dornröschen‹, ›Der Nußknacker‹, sechs Sinfonien (darunter die ›Pathétique‹) sowie die Oper ›Eugen Onegin‹ hervorzuheben. Er trat auch als gefeierter Dirigent in Erscheinung.

Tuba, *die* das Bassinstrument der Blechblasinstrumente. Die Tuba ist ein besonders großes Horn, das der Spieler vor sich stellen muss; ihr Ton ist voll. Eine zum Umhängen gebaute (Kontrabass-)Tuba nennt man ›Helikon‹ (z. B. in der Militärmusik verwendet).

Turner, William [ˈtəːnə], englischer Maler (* 1775, † 1851), der mit seiner atmosphärischen Landschaftsmalerei eine Zwischenstellung zwischen der französischen Malerei des 17. Jh. und der Moderne (Impressionismus, Abstrakte) einnimmt.

Uffizien, nach 1560 von Giorgio Vasari (* 1511, † 1574) in Florenz errichtetes Gebäude, das ursprünglich der staatlichen Verwaltung diente (daher der Name: italienisch uffizio heißt ›Amt‹, ›Amtsraum‹) und heute als Museum eine der bedeutendsten Sammlungen vor allem der italienischen Malerei beherbergt.

Triptychon Verkündigungsaltar von Jean Bellegambe (1517)

Die Unvollendete, Name der Sinfonie Nr. 7 in h-Moll (1822) von Franz Schubert, in zwei Sätzen (der dritte ist nur fragmentarisch überliefert).

Variation, *die* [lateinisch ›Veränderung‹], in der Musik die Veränderung einer Melodie, z. B. durch Verzierungen, einen anderen Rhythmus, Takt oder eine andere Tonart.

Velázquez, Diego Rodriguez da Silva y [beˈlaθkεθ], spanischer Maler (* 1599, † 1660), dessen reifer Stil mit einer stark aufgelockerten Pinselführung entscheidenden Einfluss auf die Kunst des 19. Jh. (Goya, Impressionismus) ausübte. Während seiner Karriere am Madrider Hof erwies er sich nicht nur als glänzender Porträtist, sondern auch als Meister der mehrschichtigen Kompositionen (u. a. ›Las Meninas‹ mit Selbstporträt; ›Die Übergabe von Breda‹).

Verdi, Giuseppe italienischer Opernkomponist (* 1813, † 1901). Mit seiner gegen die österreichische Fremdherrschaft gerichteten Freiheitsoper ›Nabucco‹ gelang ihm 1842 ein triumphaler Durchbruch; allein der darin enthaltene ›Chor der Gefangenen‹ musste auf Verlangen des begeisterten Publikums bei der Uraufführung dreimal wiederholt werden. Unter seinen 26 Opern ragen ›Rigoletto‹ (1851), ›Der Troubadour‹ (1853), ›La Traviata‹ (1853), ›Ein Maskenball‹ (1859), ›Die Macht des Schicksals‹ (1862), ›Don Carlos‹ (1867) und ›Aida‹ (1871) heraus. Spätwerke sind ›Otello‹ (1887) und ›Falstaff‹ (1893). Verdis Opern sind geprägt durch großartige Menschendarstellung, mitreißende Dramatik und überquellenden melodischen Reichtum.

Vermeer, Jan in Delft geborener niederländischer Maler (* 1632, † 1675), einer der bedeutendsten niederländischen Maler des 17. Jahrhunderts. Sein Werk, von dem nur 35 Bilder als eigenhändige Arbeiten gesichert sind, besteht vor allem aus Interieurs (Innenraumdarstellungen) mit wenigen Figuren; ihre Komposition ist ausgewogen mit klarer Lichtverteilung und konzentrierter Farbgebung.

Vernissage, *die* [vɛrni'sa:ʒə; französisch], die Eröffnung einer Ausstellung mit Werken eines lebenden bildenden Künstlers.
🟠 Die Veranstaltung zur Beendigung einer Kunstausstellung nennt man ›Finissage‹ (zu französisch fin ›Ende‹).

Versailles [vɛr'zaj], unter Ludwig XIV. von Frankreich 1661–89 errichtete größte europäische Schlossanlage mit Vorbildcharakter für die höfischen Palastbauten des Absolutismus.
🟠 Im Spiegelsaal des Schlosses wurde am 18. Januar 1871 Wilhelm I. von Preußen zum Deutschen Kaiser ausgerufen.
🟠 1919 wurde im Schloss von Versailles der Friedensvertrag unterzeichnet, der den Ersten Weltkrieg formell beendete.

Viola, *die* zum einen die ↑ Bratsche, zum anderen Sammelname für zwei Familien von Streichinstrumenten: die in Kniehaltung gespielte Viola da Gamba (italienisch gamba ›Bein‹) und die Viola (oder Lira) da Braccio (italienisch braccio ›Arm‹), die in Armhaltung gespielt wird.

Violine, ↑ Geige.

Violoncello [...'tʃɛllo; Verkleinerungsform von Violone, dem Bassinstrument der Violinfamilie], ↑ Cello.

Vivaldi, Antonio italienischer Komponist des Spätbarock (* 1678, † 1741), der auch als Geiger großes Ansehen genoss. Er pflegte vor allem die Gattung des Konzerts, die ihm manche wichtige Neuerung verdankt. Berühmt sind ›Die vier Jahreszeiten‹ (1725). Bedeutendes leistete er auch auf dem Gebiet der Kirchenmusik und der Oper. Johann Sebastian Bach wurde von ihm beeinflusst.
🟠 Vivaldi, der 1703 zum Priester geweiht wurde, hatte wegen seiner Haarfarbe den Spitznamen ›Der rote Priester‹.

Wagner, Richard deutscher Komponist (* 1813, † 1883), einer der wirkungsvollsten Musiker seiner Zeit; er ist der Schöpfer des ›Musikdramas‹, bei dem die Dichtung das Ursprüngliche ist (die Texte zu seinen Werken schrieb Wagner selbst), die geschlossenen Formen der Oper in der ›unendlichen Melodie‹ aufgehen und das Orchester den Hauptanteil am musikalischen Geschehen erhält. Kennzeichnend sind auch die Technik des wiederkehrenden musikalischen ›Leitmotivs‹ und der einer Sprachmelodie folgende Sprechgesang. ›Der fliegende Holländer‹, ›Tannhäuser‹ und ›Lohengrin‹ bedeuten den Höhepunkt der romantischen Oper; erst die folgenden Werke verwirklichen die Idee eines musikalischen ›Gesamtkunstwerks‹ im Sinn einer Vereinigung aller Künste ganz: ›Der Ring des Nibelungen‹, ›Tristan und Isolde‹, ›Die Meistersinger von Nürnberg‹ und ›Parsifal‹.

Richard Wagner (Gemälde von Franz von Lenbach)

🟠 Zeit seines Lebens wurde Wagner von Gläubigern verfolgt, bis er in König Ludwig II. von Bayern einen großzügigen Förderer fand. 1872 ließ er sich zusammen mit seiner Frau Cosima (* 1837, † 1930), einer Tochter von Franz Liszt, in Bayreuth nieder, wo 1876 das Festspielhaus eingeweiht wurde.

Walzer, ein deutscher Dreh-Paartanz im $^3/_4$-Takt; der Name kam Ende des 18. Jh. auf. Obwohl er (weil sich die Paare ›zu nahe‹ kamen) anfänglich als ›unschicklich‹ kritisiert wurde, eroberte er schnell die Ballsäle der ganzen Welt. Seine Blütezeit hatte er als ›Wiener Walzer‹ besonders durch den ›Walzerkönig‹ Johann Strauß (Sohn).

Warhol, Andy ['wɔ:hɔ:l], eigentlich Andrew Warhola, amerikanischer Maler und Grafiker (* 1928, † 1987), führender Vertreter der Pop-Art. Typisch sind seine Siebdruckserien, in denen er Werbeklischees und Idole der amerikanischen Massenkultur vergrößerte, in Variationen reproduzierte und nebeneinander reihte, z. B. Elvis Presley und Marilyn Monroe.

Wartburg ⇒ Kapitel 2.

Watteau, Antoine [va'to], französischer Maler (* 1684, † 1721), der in duftigen Farben ein Bild der eleganten (französischen) Gesellschaft des frühen 18. Jh. zeichnete. In flüchtiger Malweise bereitete Watteau mit der Darstellung ›galanter Feste‹ (u. a. ›Aufbruch nach Kythera‹), den Parklandschaften und den oft melancholischen Szenen der damals beliebten italienischen Komödie das ↑ Rokoko vor.

Weber, Carl Maria von deutscher Komponist (* 1786, † 1826), herausragender Opernkomponist der Frühromantik. Mit seiner Oper ›Der Freischütz‹ wurde er zum Schöpfer der deutschen romantischen Oper, die vor dem Hintergrund der Freiheitskriege gegen Napoleon I. dem erwachenden deutschen Nationalbewusstsein künstlerischen Ausdruck gab.

Weihnachtsoratorium, ein 1734 von Johann Sebastian Bach aus verschiedenen Teilen (auch aus umgestalteten Partien weltlicher Kantaten) zusammengestelltes Werk, das zur Aufführung an den drei Weihnachtstagen, dem Neujahrs- und dem Dreikönigsfest bestimmt war.

Wiener Klassik, musikalische Stilperiode, die das auf Wien konzentrierte Schaffen Haydns, Mozarts und Beethovens umfasst. Der Begriff Klassik bezieht sich hier auf die überragende musikgeschichtliche Bedeutung eines Stil, dessen Merkmale Ausgewogenheit, Klarheit, Einfachheit und Universalität sind.

Wigman, Mary deutsche Tänzerin, Choreografin und Tanzpädagogin (* 1886, † 1973), wurde zur Wegbereiterin des deutschen Ausdruckstanzes, indem sie ihre oft von Trauer gekennzeichneten Empfindungen in tänzerische Bewegung umsetzte.

Die Winterreise, ein 1827 entstandener Liederzyklus von Franz Schubert zu Gedichten von Wilhelm Müller (1822/23).

Woodstock [ˈwʊdstɔk]. Bei Woodstock im Bundesstaat New York, USA, fand vom 15. bis 17. 8. 1969 ein Freiluft-Rockfestival von bis dahin nicht gekannten Ausmaßen statt: zwischen 300 000 und 500 000 Zuschauer, 32 Bands und viele berühmte Interpreten, u. a. Joan Baez, Jimi Hendrix, The Who, Crosby, Stills, Nash & Young, Janis Joplin, Santana, Joe Cocker. Mit Wahlsprüchen wie ›Flowerpower‹ und ›Peace 'n' Love‹ wurde Woodstock zum Synonym für eine ganze auf kulturell-politische Erneuerung hoffende Hippiegeneration.

Zar und Zimmermann, romantische Oper von Albert Lortzing, Uraufführung 1837. Sie spielt in Saardam (Holland) am Ende des 17. Jahrhunderts. Auf einer Werft arbeiten zwei Russen: Peter Michailow und Peter Iwanow, ein junger Deserteur. Um sie entspinnt sich eine amüsante Verwechslungskomödie, die mit der Abreise Peter Michailows, bei der er sich als Zar Peter I. zu erkennen gibt, endet.

Die Zauberflöte, Oper von Mozart (Text von Emmanuel Schikaneder, * 1751, † 1812), Uraufführung 1791. Pamina, die Tochter der Königin der Nacht, ist vom Mohren Monostatos entführt worden und wird im Palast des Sarastro gefangen gehalten; sie soll von Tamino befreit werden. Er wird von Papageno, einem lustigen Menschen im Federkleid, begleitet. Zu ihrem Schutz erhält Tamino eine Zauberflöte und Papageno ein Glöckchenspiel.

✚ Die Zauberflöte, Mozarts letzte Oper, gilt als erste wirkliche deutsche Volksoper.

Zille, Heinrich deutscher Zeichner (* 1858, † 1929), zeichnete mit ausgeprägtem Sinn für Situationskomik und viel Humor, aber auch mit bissiger Ironie und Sozialkritik Szenen aus seinem ›Milljöh‹, das heißt der Welt der Berliner Arbeiter um die Jahrhundertwende.

Zwinger, 1711–28 am Dresdener Schloss von Matthäus Daniel Pöppelmann (* 1662, † 1736) erbaute Barockanlage für Hoffeste. In dem angrenzenden Museumsbau, den Gottfried Semper (* 1803, † 1879) 1847–54 errichtete, befindet sich eine Gemäldegalerie.

Zwölftonmusik, von dem Komponisten Arnold Schönberg Anfang des 20. Jh. entwickelte und von seinen Schülern Alban Berg (* 1885, † 1935) und Anton Webern (* 1883, † 1945) übernommene ›Methode der Komposition mit 12 nur aufeinander bezogenen Tönen‹. Zwölf Ganz- oder Halbtöne der Tonleiter bilden eine Grundreihe und stellen das Motiv dar. Die Reihenfolge dieser Töne wird nun im Verlauf der Komposition nach bestimmten Regeln verändert. Die Zwölftonmusik ist ›atonal‹, da bei ihr die Tonarten keine Rolle spielen.

6 Literatur

5
Kunst und
Musik
6
Literatur
7
Sprichwörter und
Redensarten

Wenn wir von Literatur sprechen, so denken wir dabei meist an die »schöne« Literatur, also an Texte, die uns in das Reich erdachter Wirklichkeiten entführen. Der Dichter Jean Paul spricht von der Poesie als einem »fliegenden Schiff«, das uns aus einem finsteren Winter plötzlich über ein glattes Meer vor eine in voller Blüte stehende Küste führt. Gerade in diesem Bild werden die beiden Bestandteile der schönen Literatur gut erkennbar: die Aufhebung der Naturgesetze und der Alltagswelt durch eine fantasievolle Vorstellung und die Übermittlung dieser Vorstellung durch ein einsichtiges Bild.

Damit soll allerdings nicht gesagt sein, dass Literatur nur die Wunscherfüllungen unserer Tagträume vermitteln kann. Zur Literatur gehört nämlich auch der Anspruch, dass sie uns neu sehen lehrt, dass sie uns eine andere Seite der Wirklichkeit zeigt als diejenige, die uns vertraut ist. Sie kann uns in das Innenleben von Personen führen und macht uns so auch mit Ängsten, Bedrohungen und Gefahren bekannt.

Um Literatur in ihren Zusammenhängen erschließen zu können, muss man geschichtliche Zusammenhänge, literarische Fachbegriffe, aber auch literarische Werke und diejenigen kennen, die Literatur machen und gemacht haben. Hierfür soll das folgende Kapitel eine hilfreiche Quelle der Information sein.

Die Abenteuer des braven Soldaten Schwejk, Roman (1921–23) des tschechischen Schriftstellers Jaroslav Hašek (*1883, †1923). In grotesk-satirischer Weise werden die Unmenschlichkeit des Ersten Weltkriegs und die Überlebensstrategien des verschmitzten Helden, des Hundehändlers Schwejk, dargestellt.

Abenteuerroman, Roman, in dem der Held in eine Folge von Abenteuern verwickelt wird, die er schließlich besteht. Abenteuerromane dienen der Unterhaltung, aber auch der Belehrung und der Information. Zu den frühen Abenteuerromanen gehören Ritter- und Schelmenromane. Bekannte Abenteuerromane sind u. a. ›Robinson Crusoe‹, ›Lederstrumpf‹, ›Die drei Musketiere‹.

absurdes Theater, nach dem Zweiten Weltkrieg entstandene Form des Theaters, das die Sinnlosigkeit und das Unlogische der menschlichen Existenz zeigt. Autoren sind Samuel Beckett (›Warten auf Godot‹), Eugène Ionesco, Harold Pinter (*1930) und Peter Handke.

Académie française [- frã'sɛz], eine 1635 in Paris gegründete nationale Einrichtung mit der Aufgabe, auf die Reinheit der französischen Sprache zu achten und die französische Literatur zu pflegen.
➕ Ihre 40 Mitglieder heißen ›Die Unsterblichen‹.

Aeneis, Heldenepos des römischen Dichters Vergil über die mythische Gestalt des Äneas, dessen Flucht aus Troja, die Überfahrt nach Italien und die Anfänge der römischen Geschichte.

Aischylos griechischer Dichter (*525 v. Chr., †456 v. Chr.), der als Begründer der Tragödie als literarischer Kunstform gilt. Von seinen rund 90 Tragödien blieben nur sieben vollständig erhalten, darunter ›Die Perser‹, ›Sieben gegen Theben‹ und die ›Orestie‹.

Akademie, *die* ursprünglich die um 385 v. Chr. von Platon in Athen gegründete Philosophenschule. Seit der Renaissance bezeichnet der Begriff ›Akademie‹ Gesellschaften, Vereinigungen oder Institutionen zur Förderung von Wissenschaft, Literatur und Kunst.

Akt, Handlungsabschnitt eines Bühnenstücks. Theaterstücke der deutschen Klassik bestehen aus fünf Akten, denen eine bestimmte Aufgabe (Exposition, Steigerung, Höhepunkt und Umschwung, fallende Handlung sowie Lösung und Abschluss der Handlung) zukommt.

Alexandriner, nach dem altfranzösischen Alexanderroman benannter Vers. Der Alexandriner ist ein 12- oder 13-silbiger Jambus mit einem Pauseneinschnitt (Zäsur) nach der sechsten Silbe.
➕ Beispiel: ›Ich weiß nicht, was ich will, ich will nicht, was ich weiß‹ (Martin Opitz).

Alice im Wunderland [...s(ə)-], Kinderbuch (1865) des englischen Schriftstellers Lewis Carroll (*1832, †1898). Bei der Verfolgung eines weißen Kaninchens gelangt die kleine Alice in ein Wunderland, in dem sie merkwürdigen Figuren begegnet und in dem alle Naturgesetze auf dem Kopf stehen.
➕ Lewis Carroll, der an der Universität Oxford Mathematik lehrte, hat das Buch zur Unterhaltung für die Kinder eines Kollegen geschrieben.

Almanach, *der* ursprünglich ein Jahreskalender mit belehrenden und unterhaltenden Zusatztexten, dann Bezeichnung für ein Jahrbuch oder eine Sammlung mit informativen und/oder schöngeistigen Texten.

Der alte Mann und das Meer, Erzählung (1952) von Ernest Hemingway, die in der Schilderung des Kampfes eines alten Fischers mit einem riesigen Fisch eine Parabel von der moralischen Unbesiegbarkeit des wahren Helden darstellt.

Anapäst, *der* [griechisch], dreiteiliger Versfuß, bei dem auf zwei kurze (unbetonte) Silben eine lange (betonte) folgt, z. B. beim Wort Anapäst selbst.
➕ Beispiel: ›Wie mein Glück, ist mein Lied‹ (Friedrich Hölderlin).

Andersch, Alfred deutscher Schriftsteller (*1914, †1980), bedeutender Nachkriegsautor, Mitbegründer der Gruppe 47. In seinen Romanen thematisiert er Leben und Widerstand im nationalsozialistischen Deutschland. Wichtige Romane sind ›Die Kirschen der Freiheit‹ (1952), ›Sansibar oder der letzte Grund‹ (1957).

Andersen, Hans Christian dänischer Dichter (*1805, †1875), schrieb hauptsächlich Märchen, die auch für Erwachsene bestimmt waren. Sie erschienen ab 1835 und wurden bis heute in etwa 80 Sprachen übersetzt. Bekannt sind vor allem ›Des Kaisers neue Kleider‹, ›Das hässliche Entlein‹ und ›Die Prinzessin auf der Erbse‹.

Anekdote, *die* [griechisch ›nicht Herausgegebenes‹], eine kurze (ursprünglich mündlich überlieferte) Erzählung, die eine Begebenheit schildert, die für eine Person oder eine Gesellschaftsschicht charakteristisch ist und oft mit einer überraschenden, manchmal witzigen Wendung endet. Der Inhalt einer Anekdote muss nicht wahr, aber geschichtlich möglich sein.

Angry young men [ˈæŋgrɪ ˈjʌŋ ˈmen; englisch ›zornige junge Männer‹], Bezeichnung für eine Gruppe jüngerer gesellschaftskritischer Schriftsteller in England nach dem Zweiten Weltkrieg. Im deutschen Sprachraum ist vor allem John Osborne (* 1929, † 1994) mit dem Roman ›Blick zurück im Zorn‹ bekannt geworden.

Anna Karenina, Roman von Lew Tolstoj (1878), der ein vielschichtiges Bild der russischen Oberschicht in einer vom Niedergang der Werte gekennzeichneten Zeit zeichnet. Der Versuch der Heldin (durch einen Ehebruch) aus den vorgegebenen familiären Bahnen auszubrechen, scheitert. Sie nimmt sich das Leben.

Hans Christian Andersen

Anouilh, Jean [aˈnuj], französischer Dramatiker (* 1910, † 1987). Er gilt als einer der Wegbereiter des modernen Theaters, für das er zahlreiche griechische Mythen bearbeitete.

🟠 Bei der Uraufführung seiner ›Antigone‹ 1944 in Paris sahen viele Zuschauer in der Figur der Antigone ein Symbol des Widerstands gegen die deutsche Besatzung.

Anthologie, *die* [griechisch ›Blütenlese‹], Sammlung von literarischen Texten, vor allem von Gedichten, Kurzprosa oder von Romanausschnitten, die jeweils unter verschiedenen Aspekten ausgewählt sein können, so z. B. zur Vermittlung eines Überblicks über das Schaffen eines oder mehrerer Autoren oder zur Charakteristik einer literarischen Epoche oder einer Literaturgattung.

Antigone ⇒ Kapitel 9.

Aphorismus, *der* [griechisch], kurzer, geistreicher, sprachlich treffender Ausdruck, der häufig eine Lebensweisheit oder eine besondere Einsicht vermittelt und zum kritischen Nachdenken anregen will. Bekannte Aphoristiker sind Georg Christoph Lichtenberg, Arthur Schopenhauer und Karl Kraus (* 1874, † 1936).

Arbeiterliteratur, zum Ende des 19. Jh. im Zusammenhang mit der Industrialisierung entstandene Literatur, die sich zumeist sozialkritisch mit der Lebens- und Arbeitssituation von Arbeitern beschäftigt, später auch von Arbeitern selbst geschrieben wurde.

Aristophanes griechischer Komödiendichter (* um 445 v. Chr., † um 385 v. Chr.), Vollender und bedeutendster Repräsentant der alten attischen Komödie. Von seinen etwa 40 Stücken sind elf erhalten, darunter ›Die Vögel‹, ›Lysistrata‹ und ›Die Frösche‹.

🟠 Aristophanes geriet mehrfach in Konflikt mit der Obrigkeit, weil er auch Politikern ihre Schwächen vorhielt.

Der Archipel GULAG, dokumentarisch-literarischer Bericht (3 Bände, 1973–75) von Aleksandr Solschenizyn über die Straflager in der UdSSR nach 1918.

aristotelisches Drama, Bezeichnung für ein innerlich streng strukturiertes Drama, das die von Aristoteles in seiner Poetik geforderten Merkmale der Einheitlichkeit der Handlung des Raumes und der Zeit aufweist. Gegen diese typische geschlossene Form entwickelte Bertolt Brecht das ›epische‹ (offene) Theater.

Arnim, Familienname des Schriftstellerehepaares der Romantik Achim von Arnim (* 1781, † 1831) und

Art

Bettina von Arnim (* 1785, † 1859). Während Achim von Arnim zusammen mit Clemens Brentano, einem Bruder Bettinas, die Volksliedersammlung ›Des Knaben Wunderhorn‹ herausgab (1806–08), wurde Bettina von Arnim durch ›Goethes Briefwechsel mit einem Kinde‹ und durch ›Das Armenbuch‹ bekannt.

Artes liberales [lateinisch], die in der griechischen Antike festgelegten sieben ›freien Künste‹, die später die Grundlage der mittelalterlichen Bildungsordnung bildeten und deren Kenntnis die allgemeinen geistigen Fähigkeiten des Menschen kultivieren sollten: Grammatik, Dialektik, Rhetorik, Arithmetik, Geometrie, Musik und Astronomie.

Artusdichtung, mittelalterliche Versepik, in deren Mittelpunkt der sagenhafte britannische König ↑ Artus (Kapitel 9) mit seiner Tafelrunde von vorbildlichen Rittern steht. Artusgestalt und arthurische Sagenstoffe sind durch die Jahrhunderte hindurch lebendig geblieben und erleben immer wieder Zeiten intensiver literarischer Rezeption, so z. B. im 19. Jh. durch Mark Twain.

Äsop griechischer Dichter, der um 600 v. Chr. gelebt haben soll. Unter seinem Namen wurden zahlreiche Fabeln (›äsopische Fabeln‹) überliefert, die eine wichtige Quelle der europäischen Fabeldichtung geworden sind.

Asterix, Titelheld der gleichnamigen französischen Comicserie (seit 1959) von René Goscinny (* 1926, † 1977) und dem Zeichner Albert Uderzo (* 1927). – Die abenteuerliche Handlung spielt um 50 v. Chr. Der listige Gallier Asterix, sein Freund Obelix, der Hund Idefix und die Gallier ihres aufsässigen Dorfes setzen sich mithilfe eines Zaubertranks gegen die römische Besatzung Galliens immer wieder erfolgreich zur Wehr.
➕ ›Die spinnen, die Römer!‹, ist die stehende Redewendung des etwas einfältigen Obelix, dem das Verhalten der Römer oft unverständlich bleibt.

Aufklärung ⇒ Kapitel 8.

Aus dem Leben eines Taugenichts, romantische Novelle (1826) von Joseph Freiherr von Eichendorff. In kunstvoller Verbindung von Erzählung und Gedicht wird die Suche nach dem Glück als Reise in das Traumland Italien geschildert.

Austen, Jane [ˈɔstɪn], englische Schriftstellerin (* 1775, † 1817), parodierte die modische Schauerliteratur und die empfindsamen Romane ihrer Zeit und schildert mit ironischer Distanz die enge, oft selbstgerechte Welt des gehobenen Landadels und des bürgerlichen Mittelstandes. Bekannt sind vor allem die Romane ›Gefühl und Verstand‹ (1811), ›Stolz und Vorurteil‹ (1813) und ›Emma‹, die auch verfilmt wurden.

Autobiografie, die literarische Darstellung des eigenen Lebens oder einzelner Lebensphasen. Berühmte Autobiografien sind die ›Bekenntnisse‹ des heiligen Augustinus und Goethes ›Aus meinem Leben. Dichtung und Wahrheit‹.

Autor, *der* der Verfasser eines Werkes der Kunst, der Musik oder der Literatur.

Avantgarde, *die* [avãˈgard, französisch], ursprünglich die Vorhut einer Armee, bezeichnet heute die Vorkämpfer (›Avantgardisten‹) einer neuen Idee oder einer neuen Richtung in Literatur, Musik und bildender Kunst. Kulturhistorisch wichtig war die Avantgardebewegung während und nach dem Ersten Weltkrieg.
➕ Dadaismus, Surrealismus und Futurismus waren ursprünglich avantgardistische Strömungen.

Bachmann, Ingeborg österreichische Schriftstellerin (* 1926, † 1973), trat zunächst mit sprachlich prägnanten Gedichten hervor, die, wie auch ihr Roman ›Malina‹ (1971), von der Ungesichertheit der menschlichen Existenz, von Zweifeln gegenüber der Liebe und Problemen der Sprachgestaltung handeln.
➕ ›Malina‹ wurde 1990 von Werner Schroeter (* 1945) verfilmt.

Baldwin, James [ˈbɔːldwɪn], afroamerikanischer Schriftsteller (* 1924, † 1987), der in Harlem aufwuchs und 1948–58 in Frankreich lebte. Er schildert in seinen Werken die Folgen des Rassismus und insbesondere die Lage von Homosexuellen. Ein bekannter Roman ist ›Giovannis Zimmer‹ (1956).

Ballade, *die* [von italienisch ballata ›Tanzlied‹], erzählendes Gedicht, das für den öffentlichen Vortrag bestimmt ist; die Stoffe stammen häufig aus der Geschichte und aus Sagen. Verfasser von Balladen sind u. a. François Villon, Johann Wolfgang von Goethe, Friedrich von Schiller; moderne Balladen verfassten u. a. Erich Kästner und Bertolt Brecht. Als Balladensänger trat z. B. Wolf Biermann (* 1936) hervor.

Balzac, Honoré de [balˈzak], französischer Schriftsteller (*1799, †1850), der als einer der Begründer des gesellschaftskritischen Realismus im modernen französischen Roman gilt. In seiner rund 90 Titel umfassenden Romanreihe ›Die menschliche Komödie‹ (1829–54) stellte er Leidenschaften und Machtstreben der Menschen vor dem Hintergrund der sozialen und politischen Umwälzungen seiner Zeit dar. Bekannt sind vor allem ›Eugenie Grandet‹ (1833) und ›Vater Goriot‹ (1835).
➕ Aus Geltungsbedürfnis und einer Vorliebe für den Adel legte er sich das Adelsprädikat ›de‹ selbst zu.

Honoré de Balzac (Büste von Auguste Rodin)

Barock, *der* oder *das* europäischer Kunststil von etwa 1600 bis zum Anfang des 18. Jh., der erst Mitte des 19. Jh. als Ausdruck einer eigenständigen Epoche verstanden wurde, die von starken Gegensätzen geprägt war. Für die barocken Dichter bestimmten die Gegenkräfte Leben und Tod, Zeit und Unendlichkeit, Weltfreude und religiöse Ekstase das menschliche Dasein, über die sie in einer kräftigen, bilderreichen Sprache schrieben (auch ⇒ Kapitel 5).
➕ Zur deutschsprachigen barocken Literatur gehören die Dramen Daniel Casper Lohensteins (*1635, †1683), die Gedichte von Andreas Gryphius (*1616, †1664) und die Romane Christoffels von Grimmelshausen.

Baudelaire, Charles [boˈdlɛːr], französischer Dichter (*1821, †1867), der vor allem innere Erfahrungen und das Leben in der Großstadt Paris zu Themen seiner Lyrik machte. Berühmt wurde er durch seine Gedichtsammlung ›Die Blumen des Bösen‹ (1857), ein Ausgangswerk moderner Lyrik. Baudelaire gilt als Vorläufer des literarischen Symbolismus.

Beatgeneration [ˈbiːtdʒənəreɪʃən], Bezeichnung für eine Gruppe amerikanischer Schriftsteller, die in den 1950er-Jahren auftrat und ihre individualistische und anarchistische Orientierung mit einer scharfen Ablehnung der gesellschaftlichen Konventionen verband.
➕ Bekannte Vertreter sind vor allem Jack Kerouac (*1922, †1969) und Allen Ginsberg (*1926, †1997).

Beauvoir, Simone de [boˈvwaːr], französische Schriftstellerin (*1908, †1986), trat mit Romanen und kulturhistorischen Untersuchungen hervor, in deren Zentrum die Emanzipation der Frau steht. Ihr Hauptwerk ist ›Das andere Geschlecht‹ (1949).
➕ Sie war die Lebensgefährtin Jean-Paul Sartres, der ihr schriftstellerisches Schaffen entscheidend prägte.

Becker, Jurek deutscher Schriftsteller (*1937, †1997), berichtet in seinem autobiografisch geprägten Roman ›Jakob der Lügner‹ (1969) von den Schwierigkeiten deutsch-jüdischer Identität vor dem Hintergrund des Holocaust.
➕ Becker wuchs im Getto von Lodz und in Konzentrationslagern auf.

Beckett, Samuel irischer Schriftsteller (*1906, †1989), der in englischer und französischer Sprache schrieb. Das Theaterstück ›Warten auf Godot‹ (1952), eines der wichtigsten Werke des ↑ absurden Theaters, machte Beckett berühmt. Weitere Werke sind ›Endspiel‹ (1957), ›Das letzte Band‹ (1961) und ›Atem‹ (1969). Beckett erhielt 1969 den Nobelpreis für Literatur.

Beecher Stowe, ↑ Stowe, Harriet Beecher.

Bei geschlossenen Türen, Stück von Jean-Paul Sartre (1945). Drei Personen kommen in einem Hotelzimmer zusammen und machen in einer scheinbar ausweglosen Situation die Erfahrung, einander heillos ausgeliefert zu sein.
➕ Das Stück trug wesentlich zur Verbreitung existenzialistischer Ideen bei.

Belletristik, *die* [zu französisch belles-lettres ›schöne Wissenschaften‹], die schöngeistige Literatur, vor allem Erzählungen und Romane, im Unterschied zur wissenschaftlichen Literatur und zur Sach- und Fachliteratur.

Bellow, Saul [ˈbeləʊ], amerikanischer Schriftsteller (* 1915, † 2005), der in seinen Romanen und Novellen die Konfliktsituationen des jüdischen Intellektuellen in der modernen Stadtgesellschaft beschreibt. Er schrieb auch Erzählungen und Dramen. Bellow erhielt 1976 den Nobelpreis für Literatur.

Benn, Gottfried deutscher Schriftsteller (* 1886, † 1956), praktizierte als Arzt. Seine zunächst expressionistischen Gedichte und Novellen verbinden sachlich distanzierte Sichtweisen mit gefühlsbetont rauschhaften Elementen. Zu seinen bekanntesten Werken gehören ›Kleine Aster‹ und ›Verlorenes Ich‹.

Berlin Alexanderplatz, Roman von Alfred Döblin über den Außenseiter Franz Biberkopf, der versucht, in der Unübersichtlichkeit der modernen Großstadt zu überleben.
🔴 Der Roman wurde 1980 von Rainer Werner Fassbinder (* 1945, † 1982) verfilmt.

> **Die blaue Blume**
> Zu Beginn des Romanfragments ›Heinrich von Ofterdingen‹ von Novalis erfährt der junge Dichter Heinrich von Ofterdingen durch einen fremden Reisenden von der wunderbaren Blume. Von nun an richtet sich sein ganzes Verlangen darauf, sie zu finden:
> ›Die blaue Blume sehn ich mich zu erblicken. Sie liegt mir unaufhörlich im Sinn, und ich kann nichts anderes dichten und denken.‹

Bernhard, Thomas österreichischer Schriftsteller (* 1931, † 1989), stellt in seinem Werk Menschen und Natur als der Krankheit, dem Tod und dem Verfall unterworfen dar. Viel gespielte Stücke von ihm sind ›Die Jagdgesellschaft‹ (1974), ›Minetti‹ (1977) und ›Heldenplatz‹ (1988).

Bibel ⇒ Kapitel 10.

Der Biberpelz, Komödie von Gerhart Hauptmann (1893), welche die Verwicklungen um den Diebstahl eines Biberpelzes mit Milieustudien und Gesellschaftssatire verbindet.

Bibliografie, *die* [griechisch ›Bücherbeschreibung‹], Verzeichnis von Büchern und Schriften zu einem bestimmten Thema oder Autor mit näheren Angaben, z. B. über Verfasser, Titel, Erscheinungsjahr und -ort. Bibliografische Angaben stehen häufig am Ende von Werken und nennen die Bücher, die der Autor benutzt hat oder die dem Leser nützlich sein können.

Biedermeier, *das* ursprünglich Spottname für den behaglichen, unpolitischen Lebensstil von Teilen des deutschen Bürgertums zwischen 1815 und 1848. Die Dichtung des Biedermeier ist gekennzeichnet durch Streben nach Harmonie und Idylle, aber auch durch genaues Beobachten. Biedermeierliche Züge finden sich u. a. bei Adalbert Stifter, Eduard Mörike und Annette von Droste-Hülshoff (auch ⇒ Kapitel 5).

Das Bildnis des Dorian Gray [- greɪ], Roman von Oscar Wilde (1891): Die Titelfigur scheitert bei dem Versuch, das eigene Leben als Kunstwerk zu gestalten.
🔴 Der Roman ist ein wichtiges Beispiel für die Überbetonung eines künstlerischen Weltentwurfs in der Literatur des ›Fin de Siècle‹.

Biografie, *die* [griechisch ›Lebensbeschreibung‹], die wissenschaftliche oder literarische Darstellung der Lebensgeschichte eines Menschen. Biografien gibt es schon seit der Antike.
🔴 Golo Mann (* 1909, † 1994) schrieb die berühmte Biografie Wallensteins; zahlreiche Biografien verfasste Stefan Zweig.

Blankvers, reimloser Jambus mit fünf betonten und fünf unbetonten Silben.
🔴 Beispiel: ›Die Menschen fürchtet nur, wer sie nicht kennt‹ (Goethe).

Die blaue Blume, das Symbol der Dichtung in Novalis' Romanfragment ›Heinrich von Ofterdingen‹ (1802), das zum Symbol der romantischen Sehnsucht nach einer Wiederverzauberung der Welt wurde. ⓘ

Die Blechtrommel, Roman von Günter Grass (1959), der ein realistisches und zugleich groteskes Bild der kleinbürgerlichen Welt vor allem im Danzig der Jahre 1933–45 entwirft, gesehen mit den Augen des zwergwüchsigen Oskar Matzerath, der sich mithilfe einer Kindertrommel bemerkbar macht.

Die Blumen des Bösen, Gedichtsammlung von Charles ↑ Baudelaire.

Blut-und-Boden-Dichtung, Sammelbezeichnung für eine von den Nationalsozialisten geförderte Literaturrichtung, deren Ziel die Verherrlichung von Rasse, Volk, Heimat und Bauerntum war.

Boccaccio, Giovanni [bokˈkattʃo], italienischer Dichter (* 1313, † 1375). Sein Hauptwerk ist das ›Decamerone‹ (1348–53), eine Sammlung von 100 Novellen, in denen die Freude am irdischen Leben zum Ausdruck kommt und damit eine Abkehr vom Lebensgefühl des Mittelalters vollzogen wird.
➕ Boccaccio veranlasste die erste vollständige Übersetzung Homers ins Lateinische.

Boheme ⇒ Kapitel 5.

Böll, Heinrich deutscher Schriftsteller (* 1917, † 1985), schrieb zunächst über Krieg und Nachkriegszeit (Erzählungen »Der Zug war pünktlich«, 1949; »Wo warst du, Adam?« 1951; Romane »Und sagte kein einziges Wort«, 1953; »Haus ohne Hüter«, 1954), begleitete als Chronist und Kritiker seit 1949 die gesellschaftliche Entwicklung der Bundesrepublik Deutschland und setzte sich mit dem Katholizismus auseinander (Romane »Ansichten eines Clowns«, 1963, »Billard um halb zehn«, 1959; Gruppenbild mit Dame«, 1971). Viele Werke sind satirisch angelegt, so die Erzählungen »Doktor Murkes gesammeltes Schweigen« (1958) und »Ende einer Dienstfahrt« (1966).
Die späten Werke, (»Die verlorene Ehre der Katharina Blum«, Erzählung, 1974; »Fürsorgliche Belagerung«, 1979 und »Frauen vor Flußlandschaft«, 1985, Romane) zeichnen ein zunehmend düsteres Bild der Gesellschaft. Mit seiner umfangreichen Publizistik war er ein unbequemer Mahner. B. war 1971–74 Präsident des internationalen P.E.N.-Clubs. 1967 erhielt er den Georg-Büchner-Preis, 1972 den Nobelpreis für Literatur.

Heinrich Böll

Borchert, Wolfgang deutscher Schriftsteller (* 1921, † 1947), gestaltete in den expressiven dramatischen Szenen des Dramas ›Draußen vor der Tür‹ (1947) die Situation der Kriegsheimkehrer. Seine Kurzerzählungen behandeln Menschenschicksale der Kriegs- und Nachkriegszeit.

Borges, Jorge Luis [ˈbɔrxes], argentinischer Schriftsteller (* 1899, † 1986), schrieb fantastische Erzählungen, die insbesondere Probleme der Zeit, des Zufalls und der Identität behandeln.

Boulevardkomödie [bulˈvaːr...], Bezeichnung für

Bertolt Brecht (links) in einer Regiebesprechung am Berliner Ensemble (rechts Ernst Busch)

publikumswirksame Gesellschaftskomödien, die um 1900 zunächst in Privattheatern an den Pariser Boulevards gespielt wurden.

Brecht, Bertolt deutscher Schriftsteller und Regisseur (* 1898, † 1956), hatte seinen ersten großen Erfolg 1928 mit der ›Dreigroschenoper‹ (Musik von Kurt Weill, * 1900, † 1950), einer Verspottung der bürgerlichen Gesellschaft. Nach 1933 entstanden in der Emigration seine Hauptwerke ›Leben des Galilei‹ (1938/39) und ›Mutter Courage‹ (1939), für die er die Konzeption des ↑ epischen Theaters entwarf. Brecht, der sich bereits in den 1920er-Jahren dem Marxismus zugewandt hatte, lebte nach dem Zweiten Weltkrieg in Berlin (Ost), wo er die Theatergruppe ›Berliner Ensemble‹ gründete und zu Weltruhm führte.

Brentano, Clemens deutscher Dichter (* 1778, † 1842), Hauptvertreter der deutschen literarischen Romantik, gab mit Achim von Arnim die Liedersammlung ›Des Knaben Wunderhorn‹ (1806–08) heraus.

Briefroman, Romanform, die aus einer Folge von Briefen, Tagebucheinträgen oder anderen Dokumenten eines oder mehrerer fingierter Verfasser besteht, ohne erzählende Verbindungstexte.
➕ Wichtige Briefromane der europäischen Literatur sind Samuel Richardsons (* 1689, † 1761) Romane ›Geschichte der Pamela, oder die belohnte

Tugend eines Frauenzimmers‹ (1740) und ›Clarissa Harlowe‹ (1748), Friedrich Hölderlins ›Hyperion‹, Goethes ›Die Leiden des jungen Werthers‹ und ›Die gefährlichen Liebschaften‹ (1782) von Choderlos de Laclos (* 1741, † 1803).

Brontë [ˈbrɔntɪ], englische Schriftstellerinnen: **Charlotte Brontë,** Pseudonym Currer Bell (* 1816, † 1855), beschrieb in ›Jane Eyre‹ (1847) den Leidensweg einer englischen Gouvernante, die als junge Frau um persönliche Selbstständigkeit kämpft. Ihre Schwester, **Emily Jane Brontë,** Pseudonym Ellis Bell (* 1818, † 1848), schrieb den bekannten Roman ›Die Sturmhöhe‹ (1847). Literarisch weniger erfolgreich war die dritte Schwester, **Anne Brontë** (* 1820, † 1849, Pseudonym Acton Bell).

Manuskript zur Bildgeschichte ›Max und Moritz‹ von **Wilhelm Busch**

Die Brüder Karamasow, Roman von Fjodor Dostojewskij (1879–80): Am Schicksal der vier Brüder, von denen einer für die Ermordung des Vaters zur Rechenschaft gezogen werden soll, gestaltet Dostojewskij den Zusammenbruch der alten Ordnung und die existenzialistische und atheistische Grunderfahrung des modernen Menschen.

Bücherverbrennung, die religiös oder politisch motivierte öffentliche Verbrennung verfemter Bücher.
🞤 Am 10. 5. 1933 wurden in verschiedenen deutschen Städten Bücher von Autoren verbrannt, die die Nationalsozialisten als Juden, Pazifisten oder politische Gegner verfolgten, u. a. von Sigmund Freud, Erich Kästner, Heinrich Mann und Kurt Tucholsky.

Büchner, Georg deutscher Dichter (* 1813, † 1837). Er gestaltete in seinen Werken die Einsamkeit des Individuums und nahm Elemente des epischen Theaters vorweg. Wichtig sind ›Leonce und Lena‹ (1836), ›Dantons Tod‹ (1835), ›Woyzeck‹ (1836) und die Erzählung ›Lenz‹.
🞤 Unter dem Motto ›Friede den Hütten, Krieg den Palästen‹ gab er 1834 (zusammen mit Friedrich Ludwig Weidig, * 1791, † 1837) die sozialrevolutionäre Flugschrift ›Der Hessische Landbote‹ heraus.

Die Buddenbrooks, Roman von Thomas Mann (1901), der Höhepunkte und Verfall der hanseatischen Kaufmannsfamilie Buddenbrook schildert und damit zugleich ein Bild vom Niedergang der bürgerlichen Welt am Ende des 19. Jh. zeichnet.

bürgerliches Trauerspiel. Während das vorhergehende klassische Theater nur Adlige als Helden der Tragödie akzeptierte, zeigt das im 18. Jh. aufkommende bürgerliche Trauerspiel Konflikte und tragische Verwicklungen im bürgerlichen Milieu und mit bürgerlichen Figuren. Dadurch trug es zur Vermittlung bürgerlicher Werte bei.
🞤 Als erstes wichtiges bürgerliches Trauerspiel in Deutschland gilt Gotthold Ephraim Lessings ›Miss Sara Sampson‹ (1755).

Burleske, *die* derbkomisches, manchmal zum Teil improvisiertes kleines Stück; heute häufiger Schnurre, Posse oder Schwank genannt.
🞤 Frühe Burlesken schrieb Carlo Goldoni (* 1707, † 1793).

Busch, Wilhelm deutscher Maler und Dichter (* 1832, † 1908), Schöpfer humorvoller und handlungsreicher Bildergeschichten, in denen er die Schwächen seiner Mitmenschen wie Spießbürgertum, Bequemlichkeit und Scheinmoral aufdeckt. Bekannt wurden vor allem ›Max und Moritz‹ (1865) und ›Die fromme Helene‹ (1872).
🞤 In Hannover gibt es ein Wilhelm-Busch-Museum.

Byron, George Gordon Noel [ˈbaɪərən], genannt **Lord Byron,** englischer Dichter (* 1788, † 1824), Vertreter der Romantik, der gleichermaßen durch seine Gedichte wie durch sein Leben als Dandy bekannt wurde.

🟠 Byron starb im griechischen Unabhängigkeitskrieg gegen die Türken.
🟠 Goethe setzte ihm im ›Faust‹ in der Gestalt des Euphorion ein Denkmal.

Calderón de la Barca, Pedro spanischer Dramatiker (* 1600, † 1681), schrieb als Hofdramatiker über 200 Schauspiele (darunter ›Das Leben ein Traum‹, 1636), die vom Weltbild des Katholizismus geprägt sind und zu den Höhepunkten der spanischen Barockliteratur gehören.

Calvino, Italo italienischer Schriftsteller (* 1923, † 1985), schrieb sowohl politisch-engagierte als auch märchenhaft-fantastische Werke, u. a. ›Der Baron auf den Bäumen‹ (1957).

Camus, Albert [kaˈmy:], französischer Schriftsteller (* 1913, † 1960), schildert, vom Existenzialismus beeinflusst, die Verantwortlichkeit des Menschen in einer als absurd empfundenen Welt. Zu seinen bekanntesten Werken gehören ›Der Fremde‹ (1942) und ›Die Pest‹ (1947). 1957 erhielt er den Nobelpreis für Literatur.

Canetti, Elias Schriftsteller spanisch-jüdischer Herkunft (* 1905, † 1994), schrieb in deutscher Sprache. Sein Hauptwerk, der Roman ›Die Blendung‹ (1935) steigert den Konflikt zwischen Geist und Wirklichkeit (›Kopf‹ und ›Welt‹) bis zum Äußersten. Daneben wurden vor allem seine autobiografischen Werke bekannt. 1981 erhielt Canetti den Nobelpreis für Literatur.

Canterbury tales [ˈkæntəbərɪ teɪlz, ›Canterbury-Erzählungen‹], ↑ Chaucer, Geoffrey.

Carmina Burana, bedeutende Sammlung vorwiegend weltlicher lateinischer Lieder des Mittelalters aus dem 13. Jh., die sich bis 1803 im Kloster Benediktbeuern (daher der Name: lateinisch carmina ›Lieder‹, Beuern wurde zu burana latinisiert) befand.
🟠 Einige Lieder verwendete der Komponist Carl Orff für sein gleichnamiges szenisches Oratorium (1937).

Casanova, Giovanni Giacomo italienischer Abenteurer und Schriftsteller (* 1725, † 1798), der vor allem durch seine ausführlich auf amouröse Abenteuer eingehenden ›Memoiren‹, die auch als kulturgeschichtliche Quelle Bedeutung haben, bekannt wurde. Casanova wurde zur Hauptgestalt zahlreicher literarischer Werke, in denen einzelne seiner Abenteuer (den Memoiren entnommen oder frei erfunden) im Mittelpunkt der Handlung stehen, u. a. das Drama ›Der Abenteurer und die Sängerin‹ (1899) von Hugo von Hofmannsthal.

Celan, Paul deutscher Dichter jüdischer Herkunft (* 1920, † 1970). Vom Symbolismus und Surrealismus beeinflusst, entwickelte Celan eine chiffren- und metaphernreiche Lyrik, in der es in verrätselter Sprache um die Erfahrung des Holocaust geht. Sein bekanntestes Gedicht ist ›Todesfuge‹ (1952).

Cervantes Saavedra, Miguel de spanischer Dichter (* 1547, † 1616), Verfasser des ↑ Don Quijote de la Mancha; schrieb auch ernste Schauspiele und Komödien. Seine zwölf ›Exemplarischen Novellen‹ (1613) handeln von Liebe, Abenteuern und Alltagsfragen.

Chaucer, Geoffrey [ˈtʃɔːsə], englischer Dichter (* um 1340, † 1400), nahm am Hundertjährigen Krieg teil und reiste nach Frankreich und Italien. Durch sein Hauptwerk ›Canterbury tales‹ (›Canterbury-Erzählungen‹), das ein wirklichkeitsnahes Panorama des englischen Lebens am Ausgang des Mittelalters entwirft, verschaffte er dem Englischen als Literatursprache Geltung.

Christie, Agatha englische Schriftstellerin (* 1890, † 1976), schrieb über siebzig erfolgreiche Kriminalromane, besonders um den Detektiv Hercule Poirot und die Amateurkriminalistin Miss Jane Marple, die zum Teil verfilmt wurden.
🟠 Ihr Stück ›Die Mausefalle‹ (als Roman 1949) wird seit 1952 ununterbrochen in London aufgeführt.

Cicero, Marcus Tullius ⇒ Kapitel 1.

Claudius, Matthias deutscher Dichter (* 1740, † 1815), der 1771–76 den ›Wandsbecker Bothen‹ herausgab. Er wurde vor allem durch seine volksliedhafte Lyrik bekannt. Sein Gedicht ›Der Mond ist aufgegangen‹ wurde u. a. von Franz Schubert vertont.

Comics [englisch, gekürzt aus comic strips ›komische Streifen‹], gezeichnete Bildergeschichten, die als Fortsetzungen in Zeitschriften oder in Heftform erscheinen. Sie entstanden Ende des 19. Jh. in den USA. Die Dialoge der Personen stehen in Sprechblasen.

⊕ Berühmte Comicfiguren sind u. a. Mickey Mouse, Donald Duck, Asterix, Obelix und die Peanuts.

Commedia dell'Arte, *die* [italienisch ›Berufslustspiel‹ (da sie von Berufsschauspielern aufgeführt wurde)], im 16. Jh. entstandene italienische Stegreifkomödie mit humorvollen Dialogen, mimischen Scherzen, Tanz- und Musikeinlagen sowie Zauberkunststücken. Die Haupthandelnden waren komische Charaktere in stets gleicher Maske, u. a. Arlecchino, Colombina, Pantalone, der Capitano, der Dottore.

Conrad, Joseph englischer Schriftsteller polnischer Herkunft (* 1857, † 1924), befuhr als Kapitän vor allem die südlichen Weltmeere. Seine Romane spielen meist in fremden Kulturen und beschreiben Menschen in schicksalhaften Entscheidungssituationen. Bekannte Werke sind ›Der Nigger vom Narzissus‹ (1897) und ›Lord Jim‹ (1900).

Cooper, James Fenimore [ˈkuːpə], amerikanischer Schriftsteller (* 1789, † 1851), wurde durch seine Lederstrumpf-Romane bekannt, in die er eigene Erfahrungen mit dem Leben der Siedler, Trapper und Indianer aufnahm, u. a. ›Der letzte Mohikaner‹ (1826) und ›Der Pfadfinder‹ (1840).

Corneille, Pierre [kɔrˈnɛj], französischer Schriftsteller (* 1606, † 1684), wurde mit ›Der Cid‹ (1637; nach einer spanischen Vorlage, ↑ El Cid) zum Begründer des klassischen französischen Dramas. Die Helden seiner Tragödien sind Willensmenschen, die den Widerstreit zwischen Pflicht und Leidenschaft heroisch überwinden.
⊕ 1670 unterlag er in einem Theaterwettstreit seinem Rivalen Jean Racine.

Courths-Mahler, Hedwig [ku...], deutsche Schriftstellerin (* 1867, † 1950), schrieb mehr als 200 Unterhaltungsromane, in denen sie breiten Bevölkerungsschichten den Wunschtraum eines erfüllten Lebens in einer vornehmen Scheinwelt vor Augen stellte. Ein charakteristischer Roman ist ›Die Bettelprinzeß‹ (1914).

Dadaismus, kurz **Dada,** literarisch-künstlerische Bewegung, die die besonders durch den Ersten Weltkrieg fragwürdig gewordene überlieferte bürgerliche Kultur lächerlich machen wollte, um dadurch einen Akt der Besinnung und Reinigung in Gang zu setzen. Für die beteiligten Künstler, u. a. der Schriftsteller Hugo Ball (* 1886, † 1927) sowie Hans Arp (* 1886, † 1966) und Kurt Schwitters (* 1887, † 1948), bildete Dada meist eine Durchgangsphase zum Surrealismus oder zur Neuen Sachlichkeit.

Dadaismus Hugo Ball beim Vortrag seines Lautgedichts ›Karawane‹ im ›Cabaret Voltaire‹ 1916

Daktylus, *der* [griechisch ›Finger‹ (wegen der Dreigliedrigkeit, die sowohl dem Finger als auch dem Versmaß eigen ist)], dreiteiliger Versfuß, bei dem auf eine lange (betonte) Silbe zwei kurze (unbetonte) Silben folgen, z. B. die Wörter Wasserfall oder Daktylus.

Dante Alighieri [- aliˈgjɛːri], italienischer Dichter (* 1265, † 1321), führte wegen seiner Teilnahme an politischen Kämpfen der Zeit ein unstetes Wanderleben. Sein Hauptwerk ›Die Göttliche Komödie‹ (begonnen um 1311) schildert die visionäre Wanderung des Dichters durch das Jenseits, von der Hölle über den Läuterungsberg zum Paradies, und gibt in Begegnungen und Gesprächen ein umfassendes Bild seiner Zeit. Indem er es nicht in lateinischer Sprache, sondern in toskanischer Mundart schrieb, schuf er die Grundlage für die italienische Literatursprache.

🞤 Seine Jugendliebe zu Beatrice (* 1266, † 1290) gestaltete Dante auf poetische Weise in ›Das neue Leben‹.

Dantons Tod [dã'tõs -], Drama von Georg Büchner (1835). Es gestaltet das Scheitern des Revolutionsführers Georges Danton in der Französischen Revolution und entwirft ein pessimistisches Bild von den Möglichkeiten des Menschen, verändernd in die Geschichte einzugreifen.

Das Decamerone, Novellensammlung von Giovanni Boccaccio (entstanden 1348–53), eine Sammlung von 100 ernsten und humorvollen Novellen, die sich sieben Damen und drei Herren an zehn Tagen (Decamerone, ›Zehntagewerk‹) auf einem Landgut bei Florenz zur Zeit der Pest von 1348 erzählen. Hauptthema ist die Liebe.

🞤 Einzelne Novellen dienten als Vorlagen für andere literarischer Werke; so übernahm Lessing das Motiv von den ›Drei Ringen‹ in sein Drama ›Nathan der Weise‹.

Defoe, Daniel [dɪ'fəʊ], englischer Schriftsteller (* 1660, † 1731), wandte sich als Journalist gegen politische und religiöse Unfreiheit. Erst im Alter von 60 Jahren schrieb er seinen ersten Roman ↑ Robinson Crusoe. Auch seine folgenden Werke (z. B. ›Moll Flanders‹, 1722) sind Abenteuerromane.

Deutschstunde, Roman von Siegfried Lenz (1968), enthält die Erinnerungen des zwanzigjährigen Siggi Jepsen an die Zeit des Nationalsozialismus und die Schuldverstrickungen seines Vaters. Der Roman behandelt auch die Fortdauer autoritärer Einstellungen nach 1945.

Dialog, *der* [griechisch ›Unterredung‹], in Frage und Antwort, Rede und Gegenrede geführtes Gespräch zwischen zwei oder mehreren Personen, neben dem Monolog ein wichtiges Gestaltungsmittel des Dramas. Dialoge werden auch in der erzählenden Literatur und in philosophischen Texten verwendet.

🞤 Wichtige philosophische Dialoge schrieb Platon.

Dichtung und Wahrheit, Untertitel der Autobiografie Goethes ›Aus meinem Leben‹ (drei Teile, 1811–14; vierter Teil 1833). In einer Mischung aus Erfindung und Beschreibung berichtet Goethe in poetischer Form über den eigenen Lebensweg und die Erfahrungen seiner Zeit bis zur Reise nach Italien 1786.

Dickens, Charles englischer Schriftsteller (* 1812, † 1870), stammte aus ärmlichen Verhältnissen. Zu seinen bekanntesten Werken, von denen viele zunächst als Fortsetzungsromane in Zeitschriften erschienen, gehören ›Die Pickwickier‹ (1837), ›Oliver Twist‹ (1838) und ›David Copperfield‹ (1849/50). Seine Kritik an sozialen Missständen, für die er die Form des sozialen Romans prägte, war Anstoß für verschiedene soziale Reformen.

Diderot, Denis [didə'ro], französischer Schriftsteller und Philosoph (* 1713, † 1784), Wortführer der Aufklärung, Herausgeber und Mitarbeiter der großen französischen Enzyklopädie (erschienen 1751–80). Er schrieb philosophische Abhandlungen, Dialoge, Schauspiele sowie Romane und Erzählungen.

Döblin, Alfred deutscher Schriftsteller (* 1878, † 1957), lebte seit 1912 als Facharzt für Nervenkrankheiten in Berlin. Er trat zunächst mit expressionistisch geprägten Novellen und Romanen hervor. Bekannt wurde er vor allem durch seinen Roman ›Berlin Alexanderplatz‹ (1929).

Doktor Jekyll und Mr. Hyde [-'dʒi:kɪl - 'mɪstə 'haɪd], Erzählung von Robert Louis Stevenson (1886), die erste tiefenpsychologisch begründete Darstellung einer Persönlichkeitsspaltung in der modernen Literatur: Der angesehene Bürger Dr. Jekyll führt ein Doppelleben, indem er sich zeitweise in den bösartigen Mr. Hyde verwandelt und so verschiedene Untaten begeht.

Doktor Schiwago, Roman von Boris Pasternak, zuerst 1957 italienisch erschienen. Er schildert anhand einer Liebesgeschichte die gesellschaftliche Entwicklung der Sowjetunion von der Oktoberrevolution bis zum Ende der Stalinzeit.

🞤 Die Verfilmung (1966) durch David Lean (* 1908, † 1991) wurde ein Welterfolg.

Dokumentarliteratur, Sammelbezeichnung für literarische Texte und Stücke, die zumeist in politischer und gesellschaftskritischer Absicht Originalmaterial verarbeiten und aufbereiten.

🞤 Beispiele sind Heinar Kipphardts (* 1922, † 1982) ›In der Sache Robert J. Oppenheimer‹ (1964) und Peter Weiss' ›Die Ermittlung‹ (1965).

Don Carlos, Drama von Schiller (1787), das den Konflikt zwischen dem Streben nach bürgerlicher Freiheit und den Interessen des Machtstaates am Scheitern des Prinzen Don Carlos schildert.

Don   Literatur

Don Quijote und Sancho Pansa als Figuren des Cervantes-Denkmals in Madrid

● Giuseppe Verdi schrieb danach 1867 eine Oper.

Don Juan [- ˈxuan], Gestalt der europäischen Dichtung, Frauenverführer, Sinnbild unstillbarer sinnlicher Leidenschaft. Älteste Bearbeitung ist das Drama (1613) von Tirso de Molina (* 1571?, † 1648). Bekannt wurde der Stoff in der Bearbeitung von Molière (1665) und vor allem durch die Oper ↑ Don Giovanni (Kapitel 5) von Mozart.

Don Quijote [dɔŋkiˈxɔte], Titelheld des satirischen Ritterromans ›Der sinnreiche Junker Don Quijote von la Mancha‹ von Miguel de Cervantes Saavedra (1605/15). Der Roman schildert die Abenteuer des verarmten Adligen Don Quijote und seines Dieners Sancho Pansa, die ein nicht mehr der Zeit entsprechendes Leben als Ritter und Knappe führen wollen und so zum Gespött der Leute werden.
● Berühmt wurde der Kampf des ›Ritters von der traurigen Gestalt‹ gegen die Windmühlen.

Dos Passos, John Roderigo [dɔs ˈpæsəus], amerikanischer Schriftsteller (* 1896, † 1970), trug mit der Montagetechnik und den erzählerischen Neuerungen seines Hauptwerks ›Manhattan Transfer‹ (1925) zur Begründung des modernen Romans bei.

Dostojewskij, Fjodor Michajlowitsch russischer Schriftsteller (* 1821, † 1881), gestaltet die seelischen Konflikte und sozialen Spannungen der Menschen seiner Zeit vor allem an Außenseitern wie Verarmten, Kranken und Spielern. Zu seinen Hauptwerken gehören die Romane ›Schuld und Sühne‹ (1866), ›Der Idiot‹ (1868) und ›Die Brüder Karamasow‹ (1879–80).
● Wegen der Teilnahme an frühsozialistischen Aktionen wurde Dostojewskij 1849 zum Tode verurteilt und auf dem Richtplatz zu vier Jahren Verbannung begnadigt. Die Leidenszeit in Sibirien schilderte er in den ›Aufzeichnungen aus einem Totenhaus‹ (1860–62).

Doyle, Arthur Conan [dɔil], englischer Schriftsteller (* 1859, † 1930), wurde mit seinen Kriminalromanen um den genialen Amateurdetektiv Sherlock Holmes und seinen Freund Dr. Watson weltberühmt.

Drama, *das* [griechisch ›Handlung‹], literarische Großform, bei der eine in sich abgeschlossene Handlung mithilfe von Rede, Gegenrede (Monolog, Dialog) und szenischer Aktion von Figuren auf der Bühne dargestellt wird. Nach ihrem Ausgang lassen sich Dramen in Tragödien, Komödien und andere Spielarten dieser Gattungen, z. B. Tragikomödien, einteilen.
● Das Drama entstand in der griechischen Antike aus rituellen und spielerischen Elementen des Dionysoskults.

drei Einheiten, in der französischen Klassik unter Berufung auf Aristoteles aufgestellte Forderung an den Aufbau dramatischer Werke: keine Nebenhandlungen zu zeigen und den Schauplatz des Geschehens nicht zu verändern; ferner soll die im Spiel gezeigte Zeit der Aufführungsdauer des Stückes ent-

Fjodor Michajlowitsch Dostojewskij (Gemälde von Wassilij Perow)

sprechen; also: Einheit der Handlung, des Ortes und der Zeit.

Die drei Musketiere, 1844 erschienener Roman von Alexandre Dumas (Vater), der von den Abenteuern dreier Musketiere am französischen Königshof des 17. Jh. berichtet. Der Held d'Artagnan meistert mit seinen Freunden zahlreiche gefährliche Situationen und Duelle im Kampf der Krone gegen den Staatsminister Richelieu.

> **Drama**
> ›Die dramatische Form ist die einzige, in welcher sich Mitleid und Furcht erregen lässt; wenigstens können in keiner anderen Form diese Leidenschaften auf einen so hohen Grad erregt werden.‹
> Gotthold Ephraim Lessing (›Hamburgische Dramaturgie‹, 1768/69)

Droste-Hülshoff, Annette von deutsche Dichterin (* 1797, † 1848), deren in strenger Form geschriebene Werke Landschaftserfahrungen und religiöse Empfindungen behandeln. Bekannt wurde neben den Balladen vor allem das packend geschriebene Sittengemälde ›Die Judenbuche‹ (1842), in dem religiöse, psychische und soziale Erscheinungen kunstvoll zu einer Kriminalnovelle verbunden sind.

Das Dschungelbuch, erster Teil der Erzählungen aus dem Dschungel von Rudyard Kipling (1894; der zweite Teil ›Das neue Dschungelbuch‹ erschien 1895). Die Geschichte des indischen Jungen Mowgli, der im Dschungel mit zahlreichen Tieren aufwächst, wurde vor allem als Kinderbuch berühmt und u. a. von Walt Disney 1967 verfilmt.

Dumas, Alexandre (Vater) [dy'ma], französischer Schriftsteller (* 1802, † 1870), schrieb vor allem historische Abenteuerromane, u. a. ›Die drei Musketiere‹ (1844) und ›Der Graf von Monte Christo‹ (1845/46). – Sein Sohn **Alexandre Dumas (Sohn)** (* 1824, † 1895) wurde mit Gesellschaftsdramen bekannt. Sein größter Erfolg war der Roman ›Die Kameliendame‹ (1848), der die Vorlage für Giuseppe Verdis Oper ↑ La Traviata (Kapitel 5) bildet.

Dürrenmatt, Friedrich schweizerischer Schriftsteller (* 1921, † 1991), schildert in seinen Stücken mit humoristischen und grotesken Mitteln gesellschaftliche und moralische Widersprüche im Verhältnis des Menschen zur Welt, so in ›Die Ehe des Herrn Mississippi‹ (1952), ›Der Besuch der alten Dame‹ (1956) und ›Die Physiker‹ (1962).
Er schrieb auch spannende Kriminalgeschichten, z. B. ›Der Richter und sein Henker‹ (1952).

Eco, Umberto italienischer Kunstphilosoph und Schriftsteller (* 1932), wurde vor allem bekannt mit dem Roman ›Der Name der Rose‹ (1980), der, mit den Strukturen der Detektivgeschichte spielend, die Welt des 14. Jh. als Gleichnis aktueller Verwirrungen entwirft.

Edda, Name zweier Werke der altisländischen Literatur: zum einen eine Sammlung von etwa 30 Liedern aus dem 8. bis 11. Jh. (ältere Edda oder Liederedda) und zum anderen ein Kommentar zur altnordischen Dichtung und Mythologie aus dem 13. und 14. Jh. (jüngere Edda). Die Liederedda enthält Stoffe der nordischen und der germanischen Sagenwelt, Götter- und Heldenlieder; u. a. treten hier die Helden des Nibelungenliedes auf.

Effi Briest, Roman von Theodor Fontane (1895), erzählt die Geschichte des Ehebruchs der Effi Briest und zeigt daran den Widerspruch von gesellschaftlichen Konventionen und individuellem Streben nach Glück.

Eichendorff, Joseph Freiherr von deutscher Dichter (* 1788, † 1857), einer der Hauptvertreter der deutschen Romantik. Neben seinen Gedichten, die häufig von Naturerfahrungen und Sehnsucht handeln, wurde vor allem die Novelle ›Aus dem Leben eines Taugenichts‹ (1826) bekannt.
Viele seiner Gedichte wurden vertont, z. B. ›Wem Gott will rechte Gunst erweisen‹.

Ein Sommernachtstraum, Komödie von William Shakespeare (um 1595), die unter Einbeziehung märchenhafter und mythologischer Figuren die Vermählung des Helden Theseus mit der Amazonenkönigin Hippolyta zum Anlass einer Verwechslungskomödie nimmt und Fragen der Liebe, Treue und des Begehrens behandelt.
Der Sommernachtstraum erlebte mehrfach musikalische Bearbeitungen; am bekanntesten ist die Bühnenmusik von Felix Mendelssohn Bartholdy.

El Cid, volkssprachliches Epos (entstanden im 12. oder 13. Jh.) um die historische Gestalt des ›Cid‹, das den Hintergrund der spanischen Reconquista (Befreiung Spaniens von den Arabern) zur Gestaltung eines christlichen Ritterideals nutzt.

247

Ele   **Literatur**

➕ Cid war der Ehrenname (von arabisch sayyid ›Herr‹) des spanischen Heerführers Rodrigo Díaz de Vivar (* um 1043, † 1099), der sich in den Kämpfen gegen die Mauren (Araber) auszeichnete und zur legendären Symbolgestalt der spanischen Reconquista wurde.
➕ Eine wichtige Bearbeitung des Stoffes stammt von Pierre Corneille (1637).

Elektra ⇒ Kapitel 9.

Eliot, T. S. (Thomas Stearns) [ˈeljət], amerikanisch-englischer Dichter (* 1888, † 1965), beschäftigte sich in Lyrik und Drama mit der Bedeutung christlicher Vorstellungen in der Gegenwart. Als sein bedeutendstes lyrisches Werk gilt ›Das wüste Land‹ (1922). 1948 erhielt er den Nobelpreis für Literatur.

elisabethanisches Theater, bezeichnet die Blütezeit des englischen Theaters in der Regierungszeit Elisabeths I. William Shakespeare und Christopher Marlowe (* 1564, † 1593) waren seine Vertreter.
➕ In dieser Zeit war das ›Globe Theatre‹ das wichtigste und auch von Shakespeare für seine Aufführungen benutzte Theater Londons.

Émile oder Über die Erziehung [eˈmil -], Erziehungsroman von Jean-Jacques Rousseau (1762). Die dort vertretenen Erziehungsvorstellungen, u. a. die Förderung der natürlichen Anlagen des Kindes, revolutionierten die pädagogischen Auffassungen der Zeit.

Emilia Galotti, Trauerspiel von Gotthold Ephraim Lessing (1772), in dem die Titelfigur, eine Vertreterin bürgerlicher Moral, den Freitod wählt, um nicht die Mätresse eines Adligen werden zu müssen.

engagierte Literatur [ãgaˈʒi:...], Sammelbegriff für jegliche Literatur, die in einem politischen, gesellschaftlichen oder religiösen Sinn Stellung bezieht und entsprechende Veränderungen bewirken will.

Enzensberger, Hans Magnus deutscher Schriftsteller (* 1929), trat mit zeitkritischer Lyrik (›Verteidigung der Wölfe‹, 1957), gesellschaftskritischen Essays sowie als Herausgeber von Zeitschriften und Bucheditionen hervor.

Enzyklopädisten, eine Gruppe von Schriftstellern und Wissenschaftlern um Denis Diderot und Jean Le Ronde d'Alembert (* 1717, † 1783), die – der Aufklärung verpflichtet – das gesamte Wissen der Zeit alphabetisch und praxisbezogen darstellen wollten und dazu die 1751–80 erschienene Enzyklopädie (›Encyclopédie ou Dictionnaire raisonné des sciences, des arts et des métiers‹) in 35 Bänden vorlegten (wobei ihnen rund 200 Personen zuarbeiteten).
➕ Voltaire schrieb in dieser Enzyklopädie die Artikel ›esprit‹ (Geist) und ›histoire‹ (Geschichte).

Epigramm, *das* kurzes, treffendes Spott- oder Sinngedicht.
➕ Martin Opitz (* 1597, † 1639) hat das Epigramm in die deutsche Literatur eingeführt.

Epik, *die* die erzählende (epische) Dichtung in Prosa oder Versen; neben Lyrik und Dramatik eine der drei literarischen Gattungen. Großformen der Epik sind Epos und Roman; zu den Kleinformen gehören u. a. Novelle, Kurzgeschichte, Legende, Sage, Märchen sowie Anekdote und Erzählung.

episches Theater, von Bertolt Brecht entwickelte Spielform, die den Zuschauer nicht in die Illusion der Theaterwelt einbinden, sondern zum gesellschaftsverändernden Handeln aktivieren möchte. Hierzu dienen alle Mittel, die auf den Spielcharakter des Theaters aufmerksam machen: Songs, Erzähler, Verfremdungseffekte.
➕ Brecht: ›Während des Zuschauens darf dem Zuschauer die Zigarre nicht ausgehen.‹

Epos, *das* [griechisch ›Wort‹, ›Erzählung‹], eine Großform der erzählenden Dichtung (Epik) in gleichartig gebauten Versen oder Strophen, die meist aus mehreren Teilen besteht. Charakteristisch sind eine Leitfigur oder ein Leitgedanke und die ausführliche, zum Teil stilisierte Schilderung (epische Breite) des Geschehens. Das Epos behandelt vor allem sagenhafte und geschichtliche Stoffe. Das älteste bekannte Epos ist das babylonische ↑ Gilgamesch-Epos. Die ältesten europäischen Epen sind die ›Ilias‹ und die ›Odyssee‹.

Erzählung, Sammelbegriff für alle Formen des Erzählens; im engeren Sinn eine Untergattung der Epik, wobei die Erzählung kürzer und einfacher strukturiert ist als ein Roman, aber länger und komplexer als eine Kurzgeschichte. Im Unterschied zur Novelle gibt es für die Erzählung keinen festen Bauplan, vielmehr sind die Grenzen gegenüber anderen epischen Formen fließend.

Essay, *der* oder *das* [ˈɛse; englisch ›Versuch‹], eine kürzere in Prosa verfasste literarische Abhandlung in stilistisch anspruchsvoller und subjektiver Form.

● Michel de Montaigne schrieb nach antiken Vorbildern die ersten, noch heute lesenswerten Essays der Neuzeit.

Eugen Onegin, Versroman von Aleksandr Puschkin (1825–32), der Lebensleere und Liebeshändel des Dandys Eugen Onegin schildert. Der Roman gilt als der erste bedeutende psychologisch-gesellschaftskritische Roman der russischen Literatur.
● Peter Tschaikowsky schrieb danach eine Oper (1879).

Eulenspiegel, Held eines Schwankromans aus dem 16. Jh. Viele seiner Streiche richten sich gegen Bauern, Bürger, weltliche und geistliche Herren. Eulenspiegel deckt den Widerspruch von Sein und Schein auf, indem er oftmals die bildhaften Aussagen der Sprache wörtlich nimmt.
● Ein historischer Eulenspiegel soll um 1350 in Mölln (wo man seit dem 16. Jh. seinen Grabstein zeigt) gestorben sein.

Euripides nach Aischylos und Sophokles der jüngste der drei großen athenischen Tragödiendichter (*485/484 v. Chr., †406 v. Chr.). Im Mittelpunkt seiner Dramen stehen nicht mehr die Götter, sondern Menschen im Widerstreit der Gefühle und Leidenschaften. Bekannt sind die Iphigenie-Dramen sowie ›Medea‹ und die ›Troerinnen‹.

Exilliteratur, Literatur, die während eines (meist aus politischen, rassistischen oder religiösen Gründen) erzwungenen oder freiwilligen Exils entstand. Während des Nationalsozialismus lebten u. a. Thomas und Heinrich Mann, Lion Feuchtwanger (*1884, †1958), Bert Brecht und Stefan Zweig und im Exil.

existenzialistische Literatur, literarische Werke, welche die problematisch gewordene Existenz des Menschen zum Thema haben. Einer der Vorläufer im 19. Jh. war Fjodor Dostojewskij. Im 20. Jh. wurden in der Existenzphilosophie und im Existenzialismus die Sinnleere und Absurdität des Daseins zum Hauptthema. Vertreter dieser Gattung waren Jean-Paul Sartre, Jean Anouilh, Simone de Beauvoir und Albert Camus.

Expressionismus, *der* künstlerische Bewegung, vor allem in der bildenden Kunst des frühen 20. Jh., die nicht in erster Linie die äußere Wirklichkeit, sondern den elementaren Gefühlen und seelischen Empfindungen Ausdruck verleihen wollte. In der Literatur führte der Expressionismus, der für gesellschaftliche Erneuerung eintrat, zur radikalen Aufsprengung herkömmlicher Literaturformen (auch ⇒Kapitel 5).
● Gottfried Benn, Else Lasker-Schüler (*1869, †1945), Alfred Döblin und Ernst Barlach sind bedeutende Vertreter des Expressionismus.

Fabel, lehrhafte Erzählung in Vers oder Prosa, in der Tiere, gelegentlich auch Pflanzen menschliche Eigenarten verkörpern und so über menschliche Eigenschaften und Schwächen aufklären.
● Als ›Vater‹ der europäischen Fabel gilt Äsop; im 17. Jh. hat der Franzose Jean de La Fontaine Fabeln in Versen verfasst. Ein bekannter deutscher Fabeldichter ist Gotthold Ephraim Lessing.

Fallada, Hans deutscher Schriftsteller (*1893, †1947). In seinen sozialkritischen Romanen ›Kleiner Mann, was nun‹ (1932) und ›Wer einmal aus dem Blechnapf frißt‹ (1934) schildert er im Stil der Neuen Sachlichkeit mit genauer Beobachtungsgabe das Milieu der ›kleinen Leute‹.

Farce, *die* [ˈfarsə; französisch], kurzes, derbkomisches Bühnenstück, das meist in Versen abgefasst ist.

Farm der Tiere, satirischer Roman von George Orwell (1945), der den Aufstand der Tiere gegen die Knechtschaft auf einem Bauernhof, die Errichtung einer Demokratie und schließlich den Umschlag der Freiheit in eine neue Diktatur schildert.
● Ein häufig zitierter Satz aus diesem Roman ist: ›Alle Tiere sind gleich, aber einige Tiere sind gleicher als andere.‹

Faulkner, William [ˈfɔːknə], amerikanischer Schriftsteller (*1897, †1962). In seinem künstlerisch anspruchsvollen Romanwerk stellt Faulkner den Niedergang des alten Südens der USA und den wachsenden Einfluss skrupelloser Aufsteiger dar. Wichtige Werke sind ›Licht im August‹ (1932) und ›Absalom, Absalom‹ (1936). 1950 erhielt Faulkner den Nobelpreis für Literatur.

Faust, durch Sage und zahlreiche dichterische Bearbeitungen bekannter Gelehrter, der seine Seele dem Teufel verschreibt, um mit dessen Hilfe Wissen und Macht zu erlangen. Am Anfang der Faustliteratur steht das 1587 in Frankfurt am Main gedruckte Volksbuch ›Historia von D. Johann Fausten‹. Besondere Bedeutung erlangte die Dramatisierung des

249

Fel | Literatur

Stoffes durch Goethe (›Urfaust‹, 1772–75; ›Faust‹ 1. Teil, 1808, 2. Teil, 1832). Anders als in den frühen Bearbeitungen verfällt hier Fausts Seele am Ende nicht dem Teufel, sondern wird von Engeln gerettet. ⓘ

Felix Krull, Titelfigur des (unvollendet gebliebenen) Romans ›Bekenntnisse des Hochstaplers Felix Krull‹ von Thomas Mann (Teildruck 1922, endgültige Ausgabe 1954). Felix Krull erzählt hierin von seinen verschiedenen Lebensstationen, wobei Mann die Perspektive des Schelms zu einem satirisch-ironischen Blick auf die menschlichen Lebensverhältnisse nutzt.

Feuilleton, *das* [fœjə'tɔ̃; französisch, zu feuille ›Blatt‹, ›Druckbogen‹], Teil der Zeitung, in dem das kulturelle Leben in Skizzen, Essays und Kritiken behandelt wird; enthält auch belletristische Texte.

Fielding, Henry englischer Schriftsteller (* 1707, † 1754), trug mit seinem Bildungsroman ›Tom Jones‹ (1749) zur Entwicklung des modernen realistischen Romans bei, für den er eine besondere, ironische Erzählweise entwickelte.

Fin de Siècle, *das* [fɛ̃d'sjɛkl; französisch ›Ende des Jahrhunderts‹], Bezeichnung für die Zeit des ausgehenden 19. Jh., die in Gesellschaft, Kultur und Kunst von einer pessimistischen Grundströmung geprägt war.

Flaubert, Gustave [flo'bɛːr], französischer Schriftsteller (* 1821, † 1880), schrieb in ausgefeilter Sprache und mit erzählerischer Distanz Romane, die die innere Gefühlswelt komplizierter Charaktere und

Faust Titelvignette einer Ausgabe (1636) des Dramas ›The tragical history of Doctor Faustus‹ von Christopher Marlowe

den Verlust sozialer und politischer Illusionen schildern. Sein Roman ›Madame Bovary‹ löste 1857 einen Skandal aus. Weitere wichtige Werke sind ›Salambô‹ (1862) und ›Lehrjahre des Gefühls‹ (1869).
➕ Flaubert erkrankte 1846 an einem Nervenleiden, das ihn zwang, sich in seine heimatliche Normandie zurückzuziehen.

Die Fliegen, Stück von Jean-Paul Sartre (1943); es schildert das Problem der Selbstverantwortlichkeit des Menschen an der Figur des Orest, der in der griechischen Mythologie als Rächer seines Vaters erneut Schuld auf sich geladen hat.

Fontane, Theodor deutscher Schriftsteller (* 1819, † 1898), einer der großen Realisten des 19. Jahrhunderts. Er schrieb zunächst Gedichte (›Herr von Ribbeck‹) und Balladen (u. a. ›Archibald Douglas‹, ›John Maynard‹). Es folgten die ›Wanderungen durch die Mark Brandenburg‹ (1862–82) und nach 1876 die realistischen Erzählungen und Romane, in denen er gesellschaftliche Probleme und Schicksale meisterhaft darstellt und ein kritisches Zeitbild der preußischen Gesellschaft vermittelt (u. a. ›Effie Briest‹, 1895; ›Der Stechlin‹, 1899).

Theodor Fontane

Frank, Anne (* 1929, † 1945), schrieb als Kind einer

> ⓘ **FAUST**
>
> **Der historische Faust**
>
> Die Faust-Sage geht zurück auf Dr. Johannes (oder Georg) Faust, der um 1480 in Knittlingen (Enzkreis) geboren wurde und nach 1507 wahrscheinlich in Heidelberg Theologie studierte. Er stand in Verbindung mit humanistischen Gelehrtenkreisen und hatte anscheinend Kenntnisse auf dem Gebiet der Naturphilosophie. Als Arzt, Astrologe und Schwarzkünstler zog er durch Deutschland, wurde aber fast überall nach kurzen Aufenthalten wieder ausgewiesen. Sein plötzlicher, möglicherweise gewaltsamer Tod (1536 oder kurz vor 1540) gab Anstoß zu der Sage, der Teufel habe ihn geholt.

1933 emigrierten und 1942 in Amsterdam untergetauchten deutsch-jüdischen Familie ein Tagebuch über ihre Erlebnisse im Hinterhausversteck bis zu ihrer Entdeckung 1944; sie starb im Konzentrationslager Bergen-Belsen.

Frankenstein, Titelfigur des gleichnamigen Romans (1818) von Mary Wollstonecraft-Shelley (* 1797, † 1851): Als Schöpfer eines Monsters fällt Frankenstein seinem eigenen Werk zum Opfer. Die Geschichte von der Dämonie menschlicher Naturbeherrschung wurde häufig bearbeitet.
➕ Bekannt wurde die Verfilmung (1931) mit Boris Karloff (* 1887, † 1969).

Frauenliteratur, mit der Frauenbewegung Ende der 1960er-Jahre aufgekommene Bezeichnung für literarische Texte, die, von Frauen geschrieben, sich mit der Lebenssituation von Frauen beschäftigen und Gleichberechtigung einfordern.
➕ Simone de Beauvoir, Doris Lessing und Alice Schwarzer (* 1942) sind bekannte Autorinnen der Frauenliteratur.

Der Fremde, Erzählung von Albert Camus (1942), in der die Hauptfigur Meursault unerwartet einen Menschen erschießt und in einer gleichgültigen Stimmung die Vollstreckung des Todesurteils erwartet. Gezeigt wird darin die Absurdität der Welt und der menschlichen Existenz.

> **Freude schöner Götterfunken**
> Freude schöner Götterfunken,
> Tochter aus Elysium,
> Wir betreten feuertrunken,
> Himmlische, dein Heiligtum.
> Deine Zauber binden wieder,
> Was die Mode streng geteilt,
> Alle Menschen werden Brüder,
> Wo dein sanfter Flügel weilt.
> Anfang der Ode ›An die Freude‹ von Friedrich Schiller

Freude, schöner Götterfunken, Anfangsvers der Ode ›An die Freude‹ von Friedrich Schiller (1786).
➕ Der Text wurde von Ludwig van Beethoven als Chorsatz im Schlusssatz seiner 9. Sinfonie vertont.
➕ 1986 wurde die Melodie der Ode ›An die Freude‹ zur Europahymne erhoben.

Fried, Erich österreichischer Schriftsteller (* 1921, † 1988), emigrierte 1938 nach London, wo er bis zu seinem Tod lebte. Er wurde vor allem mit politischen Gedichten (›und vietnam und‹, 1966), aber auch mit seinen ›Liebesgedichten‹ (1979) und kritischen Stellungnahmen zum Zeitgeschehen bekannt.

Frisch, Max schweizerischer Schriftsteller (* 1911, † 1991). Frisch zeigt den modernen Menschen in seiner Abhängigkeit von verschiedenen Weltanschauungen. Bekannte Romane sind ›Stiller‹ (1954) und ›Homo Faber‹ (1957); wichtige Dramen sind ›Herr Biedermann und die Brandstifter‹ (1958) und ›Andorra‹ (1961).
➕ ›Homo Faber‹ wurde 1991 von Volker Schlöndorff (* 1939) verfilmt.

Die Früchte des Zorns, Roman von John Steinbeck (1939). Er erzählt die Geschichte armer Wanderarbeiter aus Oklahoma, die unter den bestehenden Macht- und Besitzverhältnissen keine Chance haben. Der Roman gilt als Inbegriff sozialkritischer Literatur.
➕ John Ford (* 1895, † 1973) verfilmte den Roman 1940.

Frühlings Erwachen, Drama von Frank Wedekind (1891), das die Unterdrückung sexueller Erfahrungen von Jugendlichen durch die bürgerliche Moral behandelt.

Futurismus, *der* künstlerische, politische und literarische Bewegung, die vor dem Ersten Weltkrieg den Bruch mit der traditionellen Kultur forderte und Technik, Geschwindigkeit und Krieg verherrlichte.
➕ Das ›Manifest des Futurismus‹ von Filippo Tommaso Marinetti (* 1876, † 1944) erschien am 20. 2. 1909 in der Pariser Tageszeitung ›Le Figaro‹.

Ganghofer, Ludwig deutscher Schriftsteller (* 1855, † 1920), schrieb populäre bayerische Gebirgsromane (›Edelweißkönig‹, 1886; ›Das Schweigen im Walde‹, 1899), für die naiv-herzliche Frömmigkeit, idealisierende Lebensbejahung und sentimentale Liebesgeschichten charakteristisch sind.

García Lorca, Federico spanischer Dichter (* 1898, † 1936). Seine Lyrik kreist um das Bild eines mythischen Andalusien. Die Dramen (u. a. ›Bernarda Albas Haus‹, 1945) verbinden Elemente der klassischen Tragödie mit denen des spanischen Volkstheaters zu großer Bühnenwirksamkeit. Häufige Motive

sind Liebe und Tod sowie Freiheit und Unterdrückung.
🞧 García Lorca wurde kurz nach Beginn des Bürgerkriegs von Gegnern der Republik ermordet.

García Márquez, Gabriel [- ˈmarkes], kolumbianischer Schriftsteller (*1927), gilt mit seinen Romanen ›Hundert Jahre Einsamkeit‹ (1967), ›Herbst des Patriarchen‹ (1975) und ›Die Liebe in den Zeiten der Cholera‹ (1985) als der bekannteste Erzähler lateinamerikanischer Geschichte und Gegenwart. Er erhielt 1982 den Nobelpreis für Literatur.

Gattungen, die drei Grundformen des literarischen Ausdrucks: Epik, Lyrik, Dramatik, die jeweils eigene formale Eigenschaften und spezielle Darstellungsabsichten haben. Epik zeigt die Breite der Welt im Verhältnis zu einem Helden, die Dramatik setzt einen Konflikt in Szene; in der Lyrik werden innere Erfahrungen ausgesprochen. Die Wesensmerkmale der einzelnen Gattungen, lyrisch, episch, dramatisch, sind nicht immer starr geschieden, sondern können einander durchdringen.

Der Geizige, Komödie von Molière (1668), gestaltet die Auswüchse menschlicher Charakterschwächen am Beispiel des Geizes der Neureichen.

Georg-Büchner-Preis, wichtigster deutscher Literaturpreis, der 1923 zur Erinnerung an den Dichter Georg Büchner gestiftet wurde: Er wird seit 1951 alljährlich von der Deutschen Akademie für Sprache und Dichtung (Darmstadt) verliehen.
🞧 Preisträger waren u. a. Gottfried Benn (1951), Max Frisch (1958), Günter Grass (1965), Heinrich Böll (1967), Christa Wolf (1980), Friedrich Dürrenmatt (1986), Wolf Biermann (1991), Adolf Muschg (1994), Sarah Kirsch (1996), Elfriede Jelinek (1998), Arnold Stadler (1999), Volker Braun (2000), Elfriede Mayröcker (2001), Brigitte Kronauer (2005).

George, Stefan deutscher Dichter (*1868, †1933), bedeutendster Vertreter des Symbolismus in Deutschland. Er schrieb formstrenge Gedichte, in denen seine Forderungen nach Überhöhung und Vergeistigung der Kunst zum Ausdruck kommen.
🞧 George sammelte in München einen Kreis junger Künstler und Wissenschaftler um sich (›George-Kreis‹).

Ghostwriter, der [ˈgəʊstraɪtə; englisch ›Geisterschreiber‹], Autor, der für eine andere Person, z. B. Politiker oder berühmte Sportler, Reden, Artikel, Bücher (vor allem Memoiren) und Ähnliches schreibt und nicht als Verfasser in Erscheinung tritt.

Gilgamesch-Epos, babylonisches Epos, das in über 3 000 Versen die Abenteuer des sagenhaften Herrschers von Uruk, Gilgamesch, besingt. Es schildert auch, ähnlich der Noah-Geschichte der Bibel, eine Sintflut. Der Stoff wurde zwischen dem 1. und 3. Jahrtausend v. Chr. überliefert.

Das Glasperlenspiel, Roman von Hermann Hesse (1943), der die Entwicklung und Reifung des Josef Knecht in einer geistig-wissenschaftlichen Gemeinschaft schildert. Als höchste Stufe der Erkenntnis gilt die Fähigkeit zur Teilnahme am Glasperlenspiel.

Der Glöckner von Notre-Dame [-dam], Roman von Victor Hugo (1831). Die im spätmittelalterlichen Paris spielende Liebes- und Abenteuergeschichte verbindet die Darstellung des Hässlichen (in der Gestalt des Glöckners Quasimodo) und Erhabenen und gilt als wichtigster historischer Roman der französischen Romantik.

Goethe, Johann Wolfgang von deutscher Dichter (*1749, †1832), studierte zunächst die Rechte und war später u. a. als Geheimer Rat im Dienst des Herzogs Karl August (*1757, †1828) von Weimar tätig. Goethe begann als Dichter des Sturm und Drang (›Urfaust‹, 1772–75; ›Götz von Berlichingen‹, 1773;

Johann Wolfgang von Goethe Porträt (1791; Kupferstich von Johann Heinrich Lips)

Literatur   Gra

›Die Leiden des jungen Werthers‹, 1774). Nach 1780 wandte er sich, u.a. unter dem Einfluss Charlotte von Steins (*1742, †1827), dem Ideal klassischer Formen zu (›Iphigenie auf Tauris‹, 1787). Diese Richtung wurde durch die Italienreise 1786–88 und die Freundschaft mit Schiller ab 1794 verstärkt. Bis zu Schillers Tod 1805 schufen beide das Leitbild der Weimarer Klassik. In dieser Zeit entstanden u.a. zahlreiche Balladen (z.B. ›Der Zauberlehrling‹, 1797), das Schauspiel ›Torquato Tasso‹ (1790), ›Wilhelm Meisters Lehrjahre‹ (1795/96) und ›Faust‹ (1808, 1. Teil). Wichtige Werke seiner Altersepoche sind u.a. ›Die Wahlverwandtschaften‹ (1809), die Autobiografie ›Aus meinem Leben. Dichtung und Wahrheit‹ (1811–14; 1833), das lyrische Hauptwerk ›West-östlicher Divan‹ (1819) und ›Faust‹ (1832, 2. Teil).

➕ Goethe trieb auch naturwissenschaftliche Studien, u.a. auf den Gebieten der Pflanzenkunde und der Farbenlehre.

➕ Sein Geburtshaus kann in Frankfurt am Main, Großer Hirschgraben 23, besichtigt werden; in Weimar bewohnte er das Haus am Frauenplan.

Gogol, Nikolaj Wassiljewitsch russischer Schriftsteller (*1809, †1852), stellt in seinen Werken in grotesker Übertreibung gesellschaftliche Missstände und deformierte Charaktere dar. Wegen der genauen Schilderung des Alltäglichen gilt Gogol als Vorläufer des Realismus. Sein Hauptwerk ist der Roman ›Die toten Seelen‹ (1842); daneben schuf er Erzählungen, u.a. ›Taras Bulba‹ (1835), ›Die Nase‹ (1835) und ›Der Mantel‹ (1842). Ein Meisterwerk der russischen Bühnenliteratur ist die Komödie ›Der Revisor‹ (1836).

Golem, *der* in der jüdischen Mystik ein stummer, künstlicher Mensch aus Lehm, den fromme Meister bauen. Der Stoff wurde u.a. von den Romantikern (Achim von Arnim, E.T.A. Hoffmann) bearbeitet.

➕ Die Romanfassung (1915) von Gustav Meyrink (*1868, †1932) wurde mehrfach verfilmt.

Gordimer, Nadine [ˈgɔːdɪmə], südafrikanische Schriftstellerin englischer Sprache (*1923), tritt für die Gleichstellung der nichtweißen Bevölkerungsgruppen ein und schildert in ihren zahlreichen Romanen die Probleme des Zusammenlebens der verschiedenen Rassen in Südafrika. 1991 erhielt sie den Nobelpreis für Literatur.

Gorkij, Maksim russischer Schriftsteller (*1868, †1936), einer der Begründer des sozialistischen Realismus, z.B. im Schauspiel ›Nachtasyl‹ (1902).

➕ Gorkij (russisch ›der Bittere‹) hieß eigentlich Aleksej Maksimowitsch Peschkow.

Die Göttliche Komödie, Epos von Dante Alighieri (entstanden etwa 1311–21). Das Gedicht schildert in 14 230 Versen die Wanderung des Dichters durch die drei Reiche des Jenseits: Hölle, Läuterungsberg und Paradies. Auf diesem Weg wird Dante u.a. von dem römischen Dichter Vergil und seiner Jugendliebe Beatrice geleitet und führt mit den Seelen großer Verstorbener philosophische, theologische und politische Gespräche.

➕ Der französische Bildhauer Auguste Rodin hat das Epos im ›Höllentor‹, einem monumentalen Werk mit mehr als 200 Figuren, gestaltet.

> ### ⓘ GÖTZ VON BERLICHINGEN
>
> **Leck mich am Arsch!**
>
> Dieses berühmte ›Götzzitat‹ lautet bei Goethe etwas anders. In einer Szene im dritten Akt, in der Götz dem Hauptmann des Reichsheers durch einen Trompeter voller Wut etwas bestellen lässt, heißt es wörtlich: ›Vor Ihro Kaiserliche Majestät hab' ich, wie immer, schuldigen Respekt. Er aber, sag's ihm, er kann mich im Arsch lecken.‹
> Erfunden hat Goethe diese Redensart allerdings nicht, sie war schon seit etwa 1500 bekannt.

Götz von Berlichingen, Drama von Goethe (1773), in dem der Titelheld als kraftvoller Held im Sinne des Sturm und Drang erscheint.

➕ Der fränkische Reichsritter Götz von Berlichingen (*1480, †1562) führte im Bauernkrieg die Aufständischen im Odenwald an, verließ sie aber vor der Entscheidungsschlacht. Im Kampf verlor er seine rechte Hand, was ihm den Beinamen ›Ritter mit der eisernen Hand‹ eintrug. ⓘ

Der Graf von Monte Christo, 1845/46 erschienener Abenteuerroman von Alexandre Dumas (Vater); er schildert die Geschichte des Seemanns Edmond Dantès, der, von Freunden verraten, 14 Jahre unschuldig im Kerker verbringt und nach einer abenteuerlichen Flucht Rache übt.

Grass, Günter deutscher Schriftsteller und Grafiker (*1927), wurde vor allem mit zeitkritischen, oft

253

grotesk-satirischen Romanen und Erzählungen bekannt. Der Roman ›Die Blechtrommel‹ (1959) bildet mit der Erzählung ›Katz und Maus‹ (1961) und dem Roman ›Hundejahre‹ (1963) die ›Danziger Trilogie‹. Weitere Romane sind u. a. ›Der Butt‹ (1977), ›Die Rättin‹ (1986) und ›Ein weites Feld‹ (1999). 1999 erhielt Grass den Nobelpreis für Literatur.

Grimm. Die Brüder Jakob (* 1785, † 1863) und Wilhelm Grimm (* 1786, † 1849), deutsche Sprach- und Literaturwissenschaftler, sammelten auf ihren Reisen durch Deutschland Märchen, die sie in der Sammlung ›Kinder- und Hausmärchen‹ (1812–15) herausgaben. Sie begründeten das ›Deutsche Wörterbuch‹ (erst 1960 abgeschlossen).

Grimmelshausen, Johann Jakob Christoffel von deutscher Schriftsteller (* 1622, † 1676), nahm als Jugendlicher am Dreißigjährigen Krieg teil und verarbeitete seine Erlebnisse später in dem 1669 erschienenen Roman ›Der Abentheuerliche Simplicissimus Teutsch‹ (↑ Simplicissimus).

Groteske, *die* Bezeichnung für Dichtungen, in denen, ähnlich wie beim schwarzen Humor, Komisches, Grausiges, Lächerliches und Schreckliches in enger Verbindung miteinander auftreten und so darauf hinweisen, dass sich die Welt oder die Gesellschaft in Unordnung befinden.
🟠 Friedrich Dürrenmatts ›Der Besuch der alten Dame‹ ist in diesem Sinne eine Groteske.

Der grüne Heinrich, Roman von Gottfried Keller (1854/55; 2. Fassung 1879/80); er schildert Herkunft und Entwicklung des Kunstmalers Heinrich Lee und seinen erfolglosen Kampf um Anerkennung.

Gruppe 47, eine 1947 gegründete literarische Werkstatt, in der viele bedeutende Autoren der westdeutschen Nachkriegsliteratur (u. a. Heinrich Böll, Günter Grass, Ingeborg Bachmann, Uwe Johnson) ihre Werke vorstellten. Die Gruppe 47 hatte großen Einfluss auf das literarische Leben der Bundesrepublik Deutschland; 1977 löste sie sich auf.

Gullivers Reisen, satirischer Reiseroman von Jonathan Swift (1726); er schildert die fantastischen Erlebnisse des Schiffsarztes Lemuel Gulliver bei den Liliputanern, den Riesen, den Wissenschaftlern auf einer fliegenden Insel und bei den weisen Pferden. Swift kritisiert damit indirekt die Zustände im England seiner Zeit.

Hamlet, Titelfigur der um 1600 entstandenen Tragödie ›Hamlet, Prinz von Dänemark‹ von William Shakespeare: Der Geist seines ermordeten Vaters, des Königs von Dänemark, erscheint Hamlet und fordert ihn zur Rache an seinen Mördern, Hamlets Onkel und Mutter, auf. Hamlet führt diesen Auftrag nach langem Zögern schließlich aus, findet jedoch in einem Zweikampf selbst den Tod.
🟠 Der Hamlet-Stoff geht auf eine alte dänische Sage zurück.
🟠 ›Etwas ist faul im Staate Dänemark‹ und ›Sein oder Nichtsein, das ist hier die Frage‹ sowie Hamlets letzte Worte ›Der Rest ist Schweigen‹ sind bekannte Zitate aus Shakespeares Tragödie.

Hammett, Samuel Dashiell [ˈhæmɪt], amerikanischer Kriminalschriftsteller (* 1894, † 1961), der selbst mehrere Jahre als Detektiv tätig war. In seinen Kriminalromanen, die sich durch Realismus, Gesellschaftskritik und Gewaltdarstellung auszeichnen, müssen sich ›hartgesottene‹ Detektivfiguren (u. a. Sam Spade) im Verbrechermilieu der Großstadt bewähren.
🟠 Einer der bekanntesten Romane, ›Der Malteser Falke‹ (1930), wurde 1941 mit Humphrey Bogart verfilmt.

Handke, Peter österreichischer Schriftsteller (* 1942), wurde zunächst mit Sprachexperimenten (u. a. ›Die Publikumsbeschimpfung‹, 1966) bekannt. In späteren Werken spielen die Einsamkeit, die Probleme zwischenmenschlicher Kommunikation und die Bedeutung der Kunst eine wichtige Rolle (u. a. ›Die linkshändige Frau‹, 1976).

Härtling, Peter deutscher Schriftsteller (* 1933), schrieb neben Lyrik und Kinderbüchern vor allem Romane und Erzählungen (›Hölderlin‹, 1976; ›Schubert‹, 1992; ›Schumanns Schatten‹, 1996), in denen er historische Prozesse und individuelle historische Erfahrungen vergegenwärtigt.

Hauff, Wilhelm deutscher Schriftsteller (* 1802, † 1827). Er schrieb den historischen Roman ›Lichtenstein‹ (1826) sowie Novellen und Zeitsatiren. Bekannt wurde er vor allem durch seine Märchen, u. a. ›Zwerg Nase‹, ›Das kalte Herz‹, ›Kalif Storch‹ und ›Das Wirtshaus im Spessart‹.

Hauptmann, Gerhart deutscher Dichter (* 1862, † 1946), verhalf mit seinem Drama ›Vor Sonnenaufgang‹ (1889), in dem er die soziale Realität schonungslos wiedergibt, dem Naturalismus in Deutschland zum Durchbruch. In seinem Hauptwerk ›Die Weber‹ (1892) schildert er den Weberaufstand von 1844. Bedeutend sind ferner u. a. die Diebskomödie ›Der Biberpelz‹ (1893) und die Tragikomödie ›Die Ratten‹ (1903). 1912 erhielt er den Nobelpreis für Literatur.

Gerhart Hauptmann

Der Hauptmann von Köpenick, Schauspiel von Carl Zuckmayer (1930); es gestaltet die historische Geschichte der Besetzung des Rathauses in Berlin-Köpenick am 16. 10. 1906 durch den arbeitslosen Schuhmacher Wilhelm Voigt (* 1849, † 1922), der in Hauptmannsuniform den Bürgermeister verhaftete und die Stadtkasse beschlagnahmte.

🟠 Das Schauspiel wurde häufig verfilmt; populär in der Rolle des Hauptmanns wurde Heinz Rühmann.

Abb. 223. Heines Bildnis im 29. Jahre, gezeichnet von

Heinrich Heine

Havel, Václav ⇒Kapitel 1.

Hebbel, Christian Friedrich deutscher Dramatiker (* 1813, † 1863). Hauptthema seines Werkes ist das tragische Verhältnis zwischen Ich und Welt, das besonders in Übergangszeiten und an großen Persönlichkeiten deutlich wird (›Judith‹, 1841; ›Agnes Bernauer‹, 1852).

Hebel, Johann Peter deutscher Dichter (* 1760, † 1826), schrieb schlichte, naturverbundene Gedichte in alemannischer Mundart sowie humoristische und besinnliche Geschichten (›Schatzkästlein des rheinischen Hausfreundes‹, 1811).

Heimatroman, Roman, der vor allem die Welt der Bauern und das dörfliche Milieu im bewussten Gegensatz zur Welt der Großstadt und der Industrie idealisierend darstellt. Ludwig Ganghofer schrieb zahlreiche Heimatromane.

🟠 Kritische Heimatromane stammen u. a. von Gerd Fuchs (* 1932; ›Schinderhannes‹, 1986) und Anna Wimschneider (* 1919, † 1993; ›Herbstmilch‹, 1981).

Heine, Heinrich deutscher Dichter (* 1797, † 1856), lebte ab 1831 in Frankreich. 1835 wurden seine politischen und zeitkritischen Schriften in Deutschland verboten. Heines Werk umfasst u. a. Liebeslyrik, Lieder, Balladen, Reiseskizzen und Novellen. Neben den Gedichten (›Buch der Lieder‹, 1827) wurde vor allem das satirische Versepos ›Deutschland. Ein Wintermärchen‹ (1844), eine Satire über die Missstände in Deutschland, bekannt. ℹ

Heldensage, stilisierte Geschichtsüberlieferung, in deren Mittelpunkt ein Held steht, dessen Schicksal häufig mit Ereignissen aus der Vor- und Frühgeschichte eines Volkes (Städtegründungen, Kriege, Völkerwanderung) verbunden ist. In der Heldendichtung erfährt die Heldensage ihre Literarisierung.

🟠 Bekannte Figuren der keltischen Heldensagen, greifbar vor allem im höfischen Roman, aber auch in modernen Adaptionen, sind König Artus und die Helden seiner ›Tafelrunde‹.

Hemingway, Ernest [ˈhemɪŋweɪ], amerikanischer Schriftsteller (* 1899, † 1961). Thema seiner in knappem, sachlichem Stil geschriebenen Werke ist die Bewährung des Einzelnen in Abenteuer und Gefahr; als Grundlage dienten häufig eigene Erlebnisse. Zu seinen Hauptwerken gehören die Romane ›Fiesta‹

ℹ HEINRICH HEINE

›Nachtgedanken‹

Obwohl Heinrich Heine Deutschland freiwillig verlassen hatte, kommt seine Liebe zum ›wirklichen Deutschland‹ in seiner Lyrik immer wieder zum Ausdruck. Besonders bekannt wurde das Gedicht ›Nachtgedanken‹, dessen erste Strophe lautet:

›Denk ich an Deutschland in der Nacht,
Dann bin ich um den Schlaf gebracht,
Ich kann nicht mehr die Augen schließen,
Und meine heißen Tränen fließen.‹

(1926) und ›Wem die Stunde schlägt‹ (1940) sowie die Erzählung ›Der alte Mann und das Meer‹ (1952). 1954 erhielt Hemingway den Nobelpreis für Literatur.

Herder, Johann Gottfried von deutscher Dichter und Philosoph (* 1744, † 1803), beeinflusste mit seinen kunsttheoretischen und geschichtsphilosophischen Gedanken und mit seinen Untersuchungen über die Ursprünge der Sprache und Kultur der Völker (›Stimmen der Völker in Liedern‹, 1807) die deutsche und europäische Geistesgeschichte, vor allem den Sturm und Drang, und war ein Wegbereiter von Klassik und Romantik.

Hermeneutik ⇒ Kapitel 8.

Der Herr der Fliegen, Roman (1954) von William Golding (* 1911, † 1993); er schildert am Beispiel einer Internatsgeschichte die Entwicklung eines Terrorsystems, in dem das menschliche Zusammenleben in einen Kampf ums Dasein umschlägt.

Der Herr der Ringe, Romantrilogie von John Ronald Reuel Tolkien (1954/55), der ein Fantasiereich entwirft, dessen Bewohner, die Hobbits, eine eigens für sie erfundene Sprache besitzen. Im Zentrum steht der Kampf zwischen Gut und Böse.
● Verfilmt von Peter Jackson (2001–03).

Hesse, Hermann deutscher Schriftsteller (* 1877, † 1962). Sein Werk ist durch den Gegensatz Geist–Leben sowie durch den Bezug auf die Romantik und die indische Philosophie geprägt. ›Der Steppenwolf‹ (1927) wurde zum Kultbuch mehrerer Generationen. Weitere Werke sind ›Narziss und Goldmund‹ (1930) und ›Das Glasperlenspiel‹ (1943). Hesse erhielt 1946 den Nobelpreis für Literatur.

Hexameter, *der* ein Vers mit sechs Versfüßen (meist Daktylen) ohne Endreim.
● Homers Epen sind in Hexametern geschrieben.

Heym, Stefan deutscher Schriftsteller (* 1913, † 2001), lebte seit 1952 in Berlin (Ost) und beschäftigte sich u. a. mit den Erfahrungen des Ost-West-Verhältnisses. Seine Romane ›Fünf Tage im Juni‹ (1974) und ›Collin‹ (1979) konnten nur im Westen erscheinen.

Highsmith, Patricia [ˈhaɪsmɪθ], amerikanische Schriftstellerin (* 1921, † 1995). Im Mittelpunkt ihrer erfolgreichen Kriminalromane (u. a. ›Der talentierte Mr. Ripley‹, 1955) steht das psychologische Interesse an Tätern und Opfern.

Hildebrandslied, das älteste, nur bruchstückhaft in 68 stabgereimten Langzeilen erhaltene germanische Heldenlied, das Anfang des 9. Jh. in Fulda aufgezeichnet wurde. Erzählt wird die Geschichte von Hildebrand, dem Waffenmeister Dietrichs von Bern, der mit seinem Herrn das Land verlassen hat und bei seiner Rückkehr nach 30 Jahren seinem Sohn Hadubrand begegnet. Dieser weigert sich, in dem ›alten Hunnen‹ seinen Vater zu erkennen. Um seine Ehre zu verteidigen, stellt sich Hildebrand einem Zweikampf. Der Schlussteil fehlt.

Hildesheimer, Wolfgang deutscher Schriftsteller (* 1916, † 1991), veröffentlichte Erzählungen (›Lieblose Legenden‹, 1952), Romane (›Masante‹, 1973) und Dramen, in denen es häufig um das Problem der Identität in einer absurden Welt geht. In seiner Mozart-Biografie versucht er, durch Entmythologisierung eine neue Sicht auf den Komponisten zu öffnen.

Hochhuth, Rolf deutscher Schriftsteller (* 1931); setzt sich mit der Frage von Schuld und Verantwortung des Menschen in der Geschichte auseinander, insbesondere während des Nationalsozialismus. Bekannt wurde vor allem seine Anklage gegen Papst Pius XII. (* 1876, † 1958) wegen seiner Zurückhaltung zur Zeit der nationalsozialistischen Judenmorde (›Der Stellvertreter‹, 1963).

Hoffmann, E. T. A. (Ernst Theodor Amadeus), deutscher Dichter, Komponist, Maler und Zeichner (* 1776, † 1822), schrieb Romane, Erzählungen und Märchen, in denen eine normale Alltagswelt mit einer fantastischen Geisterwelt verbunden ist. Bekannt wurden ›Die Elixiere des Teufels ...‹ (1815–16) und ›Lebens-Ansichten des Katers Murr ...‹ (1819–21). Hoffmanns Werk übte großen Einfluss auf die Weltliteratur aus (u. a. auf Honoré de Balzac, Nikolaj Gogol, Charles Dickens und Edgar Allan Poe).
● Seinen Vornamen Amadeus legte Hoffmann sich aus Verehrung für Mozart zu.
● Jacques Offenbach lässt in seiner Oper ›Hoffmans Erzählungen‹ (1881) den Dichter selbst auftreten und drei seiner fantastischen Geschichten erzählen.

höfische Dichtung, Sammelbegriff für Dichtung, die im 12. und 13. Jh. an Fürstenhöfen entstand oder sich thematisch und formal an der höfisch-ritterlichen Kultur orientierte. Thematisch befasste sich die mittelhochdeutsche höfische Dichtung mit den ritterlichen Idealen des Mittelalters: êre, triuwe, milk, staete, mâze, zuht, minne.

Hofmannsthal, Hugo von österreichischer Dichter (* 1874, † 1929), trat mit Gedichten und Erzählungen hervor, die impressionistische und neuromantische Züge verbinden. Er schrieb Komödien und erneuerte mit ›Jedermann‹ (1911) das mittelalterliche Mysterienspiel.

🞥 Für den Komponisten Richard Strauss schrieb er die Texte zu den Opern ›Der Rosenkavalier‹ (1911) und ›Frau ohne Schatten‹ (1916).

Hölderlin, Friedrich deutscher Dichter (* 1770, † 1843), wurde vom Ideal der griechischen Antike und von den Ideen der Französischen Revolution beeinflusst; schrieb in Übernahme antiker Versformen bedeutende Gedichte, ferner den lyrischen Briefroman ›Hyperion‹ sowie das Dramenfragment ›Der Tod des Empedokes‹. Für viele moderne Lyriker wurde Hölderlin zur Leitfigur.

🞥 Seit 1807 lebte er – geistig verwirrt – im Tübinger ›Hölderlinturm‹.

Homer, griechischer Dichter, nach der Überlieferung der älteste Dichter des Abendlandes; er lebte im 8. Jh. v. Chr. im ionischen Kleinasien. Die alten Griechen schrieben ihm die Verfasserschaft der ›Ilias‹ und der ›Odyssee‹ zu, die am Anfang der großen epischen Dichtungen des Abendlandes stehen. In ihnen ist eine jahrhundertealte, bis in die mykenische Zeit zurückreichende Überlieferung zusammengefasst und die Götterwelt erhielt die für alle Griechen gültige Ordnung. ⓘ

Horaz römischer Dichter, eigentlich Quintus Horatius Flaccus (* 65 v. Chr., † 8 v. Chr.), gilt mit seinen Oden als Schöpfer der lateinischen Lyrik; schrieb auch bedeutende Satiren in Versen.

Hörspiel, dramatische Literaturform, die in den 1920er-Jahren eigens für den Rundfunk entwickelt wurde und nur mit akustischen Mitteln arbeitet. Bedeutende Verfasser von Hörspielen nach 1945 sind Günther Eich (* 1907, † 1972) und seine Frau Ilse Aichinger (* 1921) sowie Dieter Wellershoff (* 1925).

Horváth, Ödön von österreichischer Schriftsteller (* 1901, † 1938), schrieb im Rückgriff auf das Wiener Volksstück zeit- und moralkritische Bühnenstücke (›Geschichten aus dem Wiener Wald‹, 1931) und Prosawerke.

> ### ⓘ HOMER
>
> Für die Griechen war Homer der Schöpfer ihres Götter- und Menschenbildes. Die Frage, ob es Homer wirklich gegeben hat oder ob seine Epen nicht aus einzelnen Dichtungen allmählich zuammengewachsen sind, wurde lange diskutiert. Heute wird sie im Allgemeinen zugunsten des Dichters entschieden, denn die kunstvolle Komposition der Epen ist ohne eine schriftliche Literatur nicht denkbar.
> Die beiden unter seinem Namen überlieferten Epen ›Ilias‹ und ›Odyssee‹ wurden wahrscheinlich in der 2. Hälfte des 8. Jahrhunderts v. Chr. dichterisch gestaltet; man ist aber der Ansicht, dass die ›Odyssee‹ jünger ist.

Huckleberry Finn [ˈhʌklbərɪ -], Titelgestalt des Romans ›Die Abenteuer und Fahrten des Huckleberry Finn‹ (1884) von Mark Twain. Erzählt werden die Erlebnisse des außerhalb gesellschaftlicher Bindungen lebenden Huckleberry Finn, des Freundes von Tom Sawyer, während einer Floßfahrt auf dem Mississippi.

Hugo, Victor [yˈgo], französischer Schriftsteller (* 1802, † 1885), gilt mit seinen Dramen und Romanen (›Der Glöckner von Notre Dame‹, 1831) als wichtigster französischer Autor des Übergangs von der Romantik zum Realismus und vertrat in seinem Roman ›Die Elenden‹ (1862) demokratische Vorstellungen.

> ### Horaz
> ›Dulce et decorum est pro patria mori‹
>
> (›Süß und ehrenvoll ist es, fürs Vaterland zu sterben‹). Diesen Satz aus dem dritten Buch der Oden des Horaz findet man noch heute häufig auf Heldengedenktafeln.

Huxley, Aldous Leonard [ˈhʌkslɪ], englischer Schriftsteller (* 1894, † 1963), schrieb seit 1921 satirische Romane, vor allem ›Schöne neue Welt‹ (1932), in dem er in Form einer Antiutopie auf die Gefahren der modernen Technik und Unterhaltungsindustrie aufmerksam macht.

Hyperion, Briefroman (1797–99) von Friedrich Hölderlin, schildert in den Briefen des Emigranten Hyperion die Sehnsucht nach einem Leben in Freiheit und nach den Idealen der griechischen Antike.

Ibsen, Henrik norwegischer Dramatiker (*1828, †1906), war mit seinen gesellschafts- und moralkritischen Stücken (›Peer Gynt‹, 1867; ›Nora oder Ein Puppenheim‹, 1879; ›Hedda Gabler‹, 1890) einer der Wegbereiter des Naturalismus in Deutschland und Skandinavien.

Der Idiot, Roman von Fjodor Dostojewskij (1868). Im Mittelpunkt steht die unglückliche Liebe des von seiner Umwelt als ›Idiot‹ angesehenen Fürsten Myschkin und damit die Leiden eines christusgleichen ›reinen‹ Helden in einer von Ehrgeiz und Rachsucht bestimmten Welt.

Idylle, *die* [griechisch ›Hirtengedicht‹], ausschnitthafte dichterische Darstellung beschaulich-unschuldsvoller Szenen, die häufig mit Bezugnahme auf ein idealisiertes Land- und Hirtenleben Bilder eines harmonischen Daseins vermitteln.

Ilias, das älteste erhaltene Großepos der europäischen Literatur, das dem griechischen Dichter Homer zugeschrieben wird, aus dem 8. Jh. v. Chr.; es berichtet in 16 000 Versen über die 50 entscheidenden Tage in der zehnjährigen Belagerung Trojas (auch ↑ Trojanischer Krieg, Kapitel 9).

Impressionismus, *der* um 1870 in der französischen Malerei aufgekommene künstlerische Bewegung (⇒Kapitel 5). In der Literatur zwischen 1890 und 1910 ging es vor allem um die genaue Wiedergabe persönlicher Eindrücke und seelischer Regungen.
➕ Charles Baudelaire, Paul Verlaine (*1844, †1896), Rainer Maria Rilke und Arthur Schnitzler sind Vertreter des literarischen Impressionismus.

Im Westen nichts Neues, Roman von Erich Maria Remarque (1929), der Kriegserfahrungen aus dem Ersten Weltkrieg aus der Perspektive der einfachen Soldaten schildert; er gilt als einer der wichtigsten Antikriegsromane des Jahrhunderts.

innerer Monolog, Erzähltechnik, mit der besonders im modernen Roman die Gedanken, Eindrücke und Assoziationen einer Figur wiedergegeben werden. Die Darstellung folgt dabei den Sprüngen des Bewusstseins und nicht den kausalen oder grammatikalischen Vorgaben der Sprache.
➕ Eine wichtige Rolle spielt der innere Monolog im ›Ulysses‹ von James Joyce (1922).

Ionesco, Eugène [jɔnɛsˈko], französischer Dramatiker rumänischer Herkunft (*1909, †1994), gilt mit seinen Stücken ›Die kahle Sängerin‹ (1953), ›Die Stühle‹ (1954) und ›Die Nashörner‹ (1959) als führender Vertreter des absurden Theaters.

Iphigenie ⇒Kapitel 9.

Ironie, *die* [griechisch ›Verstellung‹], literarisches Mittel, um versteckten Spott oder Kritik zu äußern, indem etwas gesagt wird und zugleich das Gegenteil des Gesagten gemeint wird.
➕ Ironie wird häufig in satirischer Absicht benutzt, so etwa wenn Jean Paul in seiner ›Bittschrift aller deutschen Satiriker‹ (1783) das Publikum dazu auffordert, mehr Unsinniges zu tun, damit die Satiriker nicht zu verhungern brauchten.

Szene aus dem 1929/30 entstandenen Film ›**Im Westen nichts Neues**‹ nach der Romanvorlage von Erich Maria Remarque

Jahrmarkt der Eitelkeit, Roman (1848) von William Thackeray (*1811, †1863), schildert am Beispiel des Lebenswegs zweier Frauen die Gesellschaft und das moralische Fehlverhalten in der viktorianischen Epoche.

Jambus, *der* Versfuß, der aus einer kurzen (unbetonten) und einer langen (betonten) Silbe besteht.
➕ Beispiel: ›Befiehl Du Deine Wege.‹

James, Henry [dʒeɪmz], amerikanisch-britischer Schriftsteller (*1843, †1916), verfasste psychologisch-realistische Romane und Erzählungen, die häufig die problematischen Begegnungen unbefangener Amerikaner mit der etablierten europäischen Gesellschaft zum Thema haben. Die Struktur seiner Romane wird von der Benutzung der ›Standpunkttechnik‹ bestimmt, die den Leser das Geschehen aus dem Blickwinkel einer Romanfigur erleben lässt (u. a. ›Die Drehung der Schraube‹, 1898).

Jandl, Ernst österreichischer Schriftsteller (* 1925, † 2000). Er wurde mit seinen der konkreten Poesie zugerechneten Lautgedichten bekannt, die zugleich auch politische und gesellschaftskritische Bedeutung haben; bekannte Gedichtsammlung: ›Laut und Luise‹ (1966).

Jean Paul [ʒã -], deutscher Dichter (* 1763, † 1825), einer der bedeutendsten Schriftsteller der Goethezeit. Er schrieb empfindsam-aufklärerische und satirisch gefärbte Romane und Erzählungen, u. a. ›Siebenkäs‹ (1796/97), ›Flegeljahre‹ (1804/05) und ›Dr. Katzenbergers Badereise‹ (1809).
⊕ Jean Paul hieß eigentlich Johann (französisch Jean) Paul Friedrich Richter.

Jedermann, von Hugo von Hofmannsthal 1911 erneuertes Mysterienspiel um einen reichen Mann, an den plötzlich der Tod herantritt, Freunde und Reichtum verlassen ihn. Nur die Allegorien ›guter Glaube‹ und ›gute Werke‹ begleiten ihn vor Gottes Richterstuhl.
⊕ Im Rahmen der Salzburger Festspiele wird der ›Jedermann‹ alljährlich auf dem Domplatz in Salzburg aufgeführt.

Jelinek, Elfriede österreichische Schriftstellerin (* 1946), behandelt in der Form experimenteller Prosa vor allem die gesellschaftliche und wirtschaftliche Unterdrückung der Frau und die Ausbeutung erotischer Gefühle in den Massenmedien. 2004 erhielt Jelinek den Nobelpreis für Literatur.
⊕ Besonders kontrovers wurde ihr Roman ›Lust‹ (1989) diskutiert.

Jenseits von Eden, Roman von John Steinbeck (1952), schildert mit Bezug auf das Alte Testament (›Kainsmotiv‹) das Leben dreier Generationen der aus Irland nach Kalifornien eingewanderten Familien Trask und Hamilton von der Mitte des 19. Jh. bis zum Ende des Ersten Weltkriegs.
⊕ Der Roman wurde 1955 mit James Dean (* 1931, † 1955) verfilmt.

Jesuitendrama, lateinisches Drama der Jesuiten, das zwischen 1550 und 1650 als Mittel der Gegenreformation die Festigung des katholischen Glaubens zum Ziel hatte. Die Stoffe stammten aus der Bibel, der Kirchengeschichte und aus Heiligenlegenden.

Johnson, Uwe deutscher Schriftsteller (* 1934, † 1984), stellt in seinen zum Teil umfangreiches Dokumentarmaterial verarbeitenden Romanen das Leben unter den Bedingungen der deutschen Teilung und vor dem Hintergrund der Erfahrung des Nationalsozialismus dar, u. a. in ›Mutmaßungen über Jakob‹ (1959).

Joyce, James Augustine Aloysius [dʒɔɪs], irischer Schriftsteller (* 1882, † 1941), brach in seinem Roman ›Ulysses‹ (1922) mit der traditionellen Romanform, indem er mythologische Muster aufnahm und die Erzähltechniken des Bewusstseinsstroms und des ›inneren Monologs‹ einsetzte. Berichtet wird über die Odyssee des jüdischen Annoncenverkäufers Leopold Bloom durch Dublin an einem einzigen Tag, dem 16. Juni. Joyce gilt auch mit seinen anderen Werken, u. a. ›Dubliner‹ (1914), als wichtiger Vertreter des modernen Erzählens.
⊕ Der 16. Juni, der ›Bloomsday‹, wird inzwischen als Dubliner Feiertag gefeiert.

Die Jungfrau von Orleans [- ɔrle'ã], Drama von Friedrich von Schiller (1801), das an der historischen Gestalt der französischen Nationalheldin Jeanne d'Arc das Spannungsverhältnis von individueller Verantwortung und politischem Machtstreben behandelt (auch ⇒ Kapitel 1).

Kabale und Liebe, bürgerliches Trauerspiel von Friedrich von Schiller (1784), das an einer Liebesgeschichte das Aufeinandertreffen von bürgerlicher Wertorientierung und adligem Macht- und Genussstreben zeigt.

Kabarett, Bezeichnung für die ursprünglich auf einer kleinen Bühne dargebotene Kunstform, die vor allem mit Texten, Liedern und Sketchen in satirischer, literarischer, meist kritischer Weise politische und gesellschaftliche Zustände thematisiert. In Deutschland machen u.a. Dieter Hildebrandt (* 1927), Hanns Dieter Hüsch (* 1925), die ›Münchner Lach- und Schießgesellschaft‹ und die ›Leipziger Pfeffermühle‹ Kabarett.
⊕ Als erstes Kabarett gilt das 1881 in Paris eröffnete ›Chat noir‹.

Kafka, Franz österreichischer Schriftsteller (* 1883, † 1924), Sohn einer deutsch-jüdischen Kaufmannsfamilie aus Prag. Kafka stellt in seinen Erzählungen (›Das Urteil‹, 1912; ›Die Verwandlung‹, 1916) und Romanen (›Das Schloß‹, 1926; ›Amerika‹, 1927) den Menschen in seiner Unsicherheit und Lebensangst angesichts einer rätselhaften, undurchschaubaren Welt dar. Sein Roman ›Der Prozeß‹ (1924) beschreibt die Geschichte eines Angestellten, der von einem unsichtbaren Gericht zum Tode verurteilt wird, ohne dass er erfährt, welche Schuld ihm zur Last gelegt wird.

➕ Eine rätselhafte, unheimlich wirkende Schreibweise oder Erfahrung wird ›kafkaesk‹ genannt.

Franz Kafka (Aquarell von Michael Mathias Prechtl; 1977)

Kalendergeschichte, ursprünglich eine volkstümliche, oft anekdotische Geschichte als Zugabe auf einem Kalenderblatt, später eine selbstständige Gattung, die vor allem der Unterhaltung, aber auch der moralischen Belehrung diente. Kalendergeschichten schrieben u. a. Johann Peter Hebel (›Schatzkästlein des rheinischen Hausfreundes‹, 1811) und Bertolt Brecht (›Kalendergeschichten‹, 1949).

Kamasutra, *das* altindisches (4. Jh.) Lehrbuch der Liebeskunst. An den ›Städter‹, dem es zu verfeinertem Lebensgenuss verhelfen soll, gerichtet, wird die Beherrschung der Liebeskunst als eines der obersten hinduistischen Lebensziele neben Gelderwerb und religiösem Streben dargestellt. Daneben enthält es wertvolle Informationen zur Kulturgeschichte.

Kästner, Erich deutscher Schriftsteller (* 1899, † 1974), wandte sich in Gedichten und dem Roman ›Fabian‹ (1931/32) mit Kritik und Witz gegen die spießbürgerliche Moral, den Militarismus und den Faschismus. Daneben schrieb er spannende Jugendbücher, die auch verfilmt wurden, u. a. ›Emil und die Detektive‹ (1929), ›Pünktchen und Anton‹ (1931), ›Das fliegende Klassenzimmer‹ (1933) und ›Das doppelte Lottchen‹ (1949).

Katharsis, *die* [griechisch ›Reinigung‹], Zentralbegriff der antiken Poetik des Aristoteles. Danach führt die mit Schrecken und Jammer endende Tragödie im Zuschauer zu einer Bewegung der Gefühle, die als ›Reinigung‹ bezeichnet wird.

Keller, Gottfried schweizerischer Schriftsteller (* 1819, † 1890), schrieb neben vielen Gedichten vor allem erzählerische Werke, die sich durch Fantasie und Humor, Menschenkenntnis und realistische Darstellungskunst auszeichnen. Zu seinen wichtigsten Werken gehören die Novellensammlung ›Die Leute von Seldwyla‹ (1856–74, darin ›Kleider machen Leute‹) und der Entwicklungsroman ›Der grüne Heinrich‹ (1854/55).

Kipling, Joseph Rudyard englischer Schriftsteller (* 1865, † 1936). Kipling, der von der politischen und kulturellen Mission der Kolonialmächte überzeugt war, stellt in seinen Gedichten und Erzählungen die Lebensweise und die Kultur- und Sozialkonflikte im kolonialisierten Indien dar. Besonders populär wurden seine Geschichten aus dem Dschungel (›Das Dschungelbuch‹). 1907 erhielt er den Nobelpreis für Literatur.

Klassik, Bezeichnung für eine Epoche und deren Kunst, die von den Nachfolgern als vorbildlich und normbildend anerkannt wird. Zunächst bezog sich der Begriff auf die griechische Kunst des 5. und 4. Jh. v. Chr. Klassische Epochen der Literatur sind z. B. in England das Zeitalter Elisabeths I. (›elisabethanisches Theater‹) und in Deutschland die Zeit Goethes und Schillers (›Weimarer Klassik‹).

➕ In der Musik gibt es z. B. die Epoche der ↑ Wiener Klassik (Kapitel 5).

Der kleine Prinz. Das Märchen (1943) des französischen Schriftstellers Antoine de Saint-Exupéry erzählt die Reise des kleinen Prinzen durch das Weltall und berichtet von seinen Gesprächen mit den Bewohnern verschiedener Sterne. Thema des Buches ist die Aufhebung der Einsamkeit durch die Erfahrung von Liebe und Freundschaft.

Kleist, Heinrich von deutscher Dichter (* 1777, † 1811), steht mit seinem dramatischen Werk, zu dem das Lustspiel ›Der zerbrochene Krug‹ (1808) und das Schauspiel ›Prinz Friedrich von Homburg‹ (1810) gehören, zwischen Klassik und Romantik. Auch seine Novellen, u. a. ↑ Michael Kohlhaas, zeugen von seiner großen Sprachkunst und handeln u. a. von der zerstörerischen Macht der zwischenmenschlichen Gewalt.

Klopstock, Friedrich Gottlieb deutscher Dichter (* 1724, † 1803), schrieb feierliche, ausdrucksstarke Oden in antiken Versmaßen über Natur, Liebe, Freundschaft und religiöse Themen. Als sein Hauptwerk gilt die Versdichtung ›Der Messias‹ (1748–73).

Des Knaben Wunderhorn, Sammlung deutscher Lieder vom Mittelalter bis zum 18. Jh., die von Achim von Arnim und Clemens Brentano herausgegeben wurde. ℹ️

Koeppen, Wolfgang deutscher Schriftsteller (* 1906, † 1996), schrieb vor allem zeitkritische Romane, die sich durch eine souveräne Handhabung moderner dichterischer Mittel auszeichnen. Seine Romantrilogie ›Tauben im Gras‹ (1951), ›Das Treibhaus‹ (1953) und ›Der Tod in Rom‹ (1954) setzt sich mit dem Weiterleben der Einstellungen auseinander, die zum Nationalsozialismus geführt hatten.

Komödie, auch **Lustspiel,** ein Drama, das einen oft nur scheinbar vorhandenen Konflikt auf heitere und unterhaltsame Art löst. Die Komödie entwickelte sich in der griechischen Antike. Der berühmteste Komödiendichter jener Zeit war Aristophanes. In der Neuzeit haben u. a. Shakespeare, Calderón de la Barca und Molière die Form der Komödie geprägt. In neuerer Zeit trägt sie zum Teil groteske oder absurde Züge, z. B. bei Samuel Beckett.

Koran ⇒ Kapitel 8.

Krebsstation, Roman von Aleksandr Solschenizyn (1968), der das Leben in einem im asiatischen Teil der Sowjetunion gelegenen Krankenhaus schildert. Er stellt sowohl die verschiedenen Reaktionsweisen einzelner Personen auf die Bedrohung durch den Tod dar als auch die Entwertung des Individuums im Stalinismus.

DES KNABEN WUNDERHORN

Die Gedanken sind frei

Diese viel zitierte Aussage bildet die Anfangszeile und den Kehrreim eines Liedes aus der Sammlung ›Des Knaben Wunderhorn‹:

›Die Gedanken sind frei,
Wer kann sie erraten,
Sie fliehen vorbei
Wie nächtliche Schatten.
Kein Mensch kann sie wissen,
Kein Jäger erschießen.‹

Der Kreidekreis, chinesisches Singspiel (um 1300), das den Streit zweier Frauen um ein Kind behandelt. Der Richter erkennt die wahre Mutter daran, dass diese beim Versuch, das Kind aus einem Kreidekreis herauszuziehen, auf die Anwendung von Gewalt verzichtet. Bertolt Brecht bearbeitete das Motiv in seinem Stück ›Der kaukasische Kreidekreis‹ (1948).

Krieg und Frieden, Roman von Lew Tolstoj (1868–69), der das Schicksal dreier Familien vor dem Hintergrund der Napoleonischen Kriege (zwischen 1805 und 1812) schildert. In einem Panorama zahlreicher Figuren werden politische und philosophische Fragestellungen der Zeit angesprochen.

Kriminalliteratur, meist Romane oder Erzählungen, die ein Verbrechen und dessen Aufklärung, häufig durch einen Detektiv als Helden, schildern. Edgar Allen Poe schrieb mit ›Der Doppelmord in der Rue Morgue‹ (1841) eine der ersten Kriminalerzählungen. ›Klassische‹ Autoren sind Arthur Conan Doyle, Agatha Christie, Patricia Highsmith, Raymond Chandler (* 1888, † 1959), Dashiell Hammett und Georges Simenon.
Bekannte Detektive sind Sherlock Holmes, Miss Marple, Hercule Poirot, Philip Marlowe und Kommissar Maigret.

Kundera, Milan tschechischer Schriftsteller (* 1929), setzt sich in Dramen, Romanen und Erzählungen mit Problemen der sozialistischen Gesellschaft auseinander. Sein Roman ›Die unerträgliche Leichtigkeit des Seins‹ (1984) behandelt die Möglichkeiten individueller Liebeserfahrung.

Kunze, Reiner deutscher Schriftsteller (* 1933), bekannt durch hintergründig-ironische Gedichte und zahlreiche Kinderbücher. 1977 musste er wegen seiner oppositionellen Haltung (›Die wunderbaren Jahre‹, 1976) die Deutsche Demokratische Republik verlassen.

Kurzgeschichte, Kurzform der Erzählung, die sich auf einen wichtigen Ausschnitt aus dem Leben einer Person oder eines Geschehens konzentriert; Merkmale sind offener Anfang und offener Schluss, die Verwendung von Symbolen und eine nur andeutende Erzählweise. Die Kurzgeschichte entwickelte sich zunächst in den USA (›Shortstory‹) und war in der deutschen Literatur nach dem Zweiten Weltkrieg sehr beliebt.
Wolfgang Borchert, Günther Eich (* 1907, † 1972), Heinrich Böll, Siegfried Lenz und Gabriele Wohmann sind bekannte Autoren von Kurzgeschichten.

La Fontaine, Jean de [lafɔn'tɛn], französischer Dichter (* 1621, † 1695), wurde vor allem durch seine ›Fabeln‹ (u. a. ›Der Fuchs und der Rabe‹) berühmt, für die er antike Fabeln, u. a. des Äsop, und orientalische Märchen als Vorlage benutzte.

Lagerlöf, Selma schwedische Schriftstellerin

(* 1858, † 1940), verfasste religiöse, fantasievolle und heimatverbundene Erzählungen (z. B. ›Gösta Berling‹, 1891) sowie Kinderbücher (›Wunderbare Reise des kleinen Nils Holgersson mit den Wildgänsen‹, 1906/07).
➕ 1909 erhielt Selma Lagerlöf den Nobelpreis für Literatur und 1914 wurde sie als erste Frau in die Schwedische Akademie der Wissenschaften aufgenommen.

L'art pour l'art, *das* [la:rpurˈlaːr; französisch ›die Kunst um der Kunst willen‹], von dem französischen Philosophen Victor Cousin (* 1792, † 1867) stammende Formel für eine um die Mitte des 19. Jh. vor allem in Frankreich verbreitete Kunsttheorie: Kunst ist Selbstzweck, sie genügt sich selbst; sie ist Gestaltung des Schönen; sie ist befreit von allen moralischen, politischen oder sonstigen Zielsetzungen. Bedeutende Vertreter waren Charles Baudelaire und Oscar Wilde.

Lear [lɪə], ein sagenhafter König von Britannien; er wird von seiner älteren Tochter, der er vorzeitig sein Reich vererbt hat, verstoßen und kann es erst mithilfe der verkannten jüngsten Tochter zurückgewinnen. Der Stoff wurde von William Shakespeare in dem Schauspiel ›König Lear‹ (um 1605 entstanden) gestaltet, das bei ihm jedoch tragisch endet.

Lederstrumpf, Titelfigur der gleichnamigen Geschichten von James Fenimore Cooper.

Legende, volkstümliche, lehrhafte Erzählung aus dem Leben eines Heiligen, bei der die Darstellung des vorbildlichen, gottgefälligen Lebens und die vollbrachten Wunder im Mittelpunkt stehen.

Die Leiden des jungen Werthers, Briefroman von Goethe (1774), der die Briefe und darin die Geschichte der unglücklichen Liebe Werthers zu Charlotte enthält. Der empfindsame Ton, die neuartige, schwärmerische Schilderung der Natur und die unbedingte, im Tod endende Liebessehnsucht lösten über Deutschland hinaus ein ›Werther-Fieber‹ (Freitodwelle) aus.

Das Lied von der Glocke, Ballade von Friedrich Schiller (1799). Schiller schildert die Geschichte der Glocke, um daran den Zivilisationsprozess und seine Gefährdungen durch Natur und menschliche Gewalt (Krieg, Revolution) darzustellen.
➕ Bekannt ist sein idealistisches Bild der bürgerlichen Familienordnung in den Versen: ›Der Mann muss hinaus ins feindliche Leben ...‹; ›Und drinnen waltet die züchtige Hausfrau ...‹.

Lem, Stanisław polnischer Schriftsteller (* 1921, † 2006), einer der bekanntesten Science-Fiction-Autoren der Gegenwart. Lem verbindet in seiner Prosa wissenschaftlich fundierte Darstellungen einer utopischen Zukunft mit überzeitlicher philosophischer Problematik der menschlichen Existenz. Wichtige Werke sind ›Solaris‹ (1961), ›Robotermärchen‹ (1964) und ›Also sprach Golem‹ (1978).

Lenz, Siegfried deutscher Schriftsteller (* 1926), schrieb Dramen, Hörspiele und Romane, in denen er realistisch und anschaulich Konflikte der Kriegs- und Nachkriegszeit schildert und Menschen in der Auseinandersetzung mit der deutschen Geschichte zeigt. International bekannt wurde der Roman ›Deutschstunde‹ (1968).

Lessing, Gotthold Ephraim deutscher Dichter (* 1729, † 1781), war als Begründer des deutschen bürgerlichen Trauerspiels (›Miss Sara Sampson‹, 1755) und mit seinen kunsttheoretischen Schriften der bedeutendste Vertreter der deutschen Aufklärung. Bis heute aufgeführt werden vor allem seine Stücke ›Minna von Barnhelm‹ (1767), ›Emilia Galotti‹ (1772) und ›Nathan der Weise‹ (1779).

Der letzte Mohikaner, zweiter Teil der Lederstrumpfgeschichten von James Fenimore Cooper (1826).

Lichtenberg, Georg Christoph deutscher Physiker und Schriftsteller (* 1742, † 1799). In seinen ab 1764 geführten, erst nach seinem Tod veröffentlichten Tagebüchern (›Sudelbücher‹) finden sich zahllose Notizen und literarisch bedeutende Aphorismen, die neben seinen wissenschaftlichen und kulturellen Abhandlungen die Bedeutung seines Werks ausmachen. ℹ

Limerick, seit etwa 1820 nachweisbare englische Gedichtform, die durch Wiederholung von Klangfiguren komisch-groteske Wirkung erzielt.
➕ Benannt nach der irischen Stadt Limerick, die in einem frühen Limerick erwähnt wird.

Lindgren, Astrid schwedische Schriftstellerin (* 1907, † 2001), hatte großen Erfolg mit ihren fantasievollen Kinder- und Jugendbüchern um Pippi Langstrumpf (1945–48), Kalle Blomquist (1946 bis 1953), Karlsson vom Dach (1955–68), Michel aus

Lönneberga (1963–86) und Ronja Räubertochter (1981).

Literatur, *die* [lateinisch ›Sprachkunst‹], im weiteren Sinn die Gesamtheit sprachlicher Texte, im engeren Sinn belletristische Texte bzw. kultur- und geistesgeschichtliche Texte, in einem speziellen Sinn fachbezogene Texte (Fachliteratur). Je nach kulturellem Verständnis und Interesse können ›hohe‹ und ›triviale‹, Sach- und belletristische, fiktionale (Dichtung) und nichtfiktionale, Unterhaltungs- und Gebrauchsliteratur unterschieden werden.

London, Jack [ˈlʌndən], amerikanischer Schriftsteller (* 1876, † 1916), schrieb vor allem Tiergeschichten und Abenteuerromane, denen oft eigene Erlebnisse zugrunde liegen, vor allem ›Der Seewolf‹ (1904), der das Bild des tragisch scheiternden Übermenschen schildert, und ›Wolfsblut‹ (1905), die Geschichte einer Freundschaft zwischen Tier und Mensch in Alaska zur Zeit des Goldrauschs.

GEORG CHRISTOPH LICHTENBERG

Einige Aphorismen

›Die Fliege, die nicht geklapt sein will, setzt sich am sichersten auf die Klappe selbst.‹
› Mir tut es allemal weh, wenn ein Mann von Tugend stirbt, denn die Welt hat dergleichen nötiger als der Himmel.‹
›Gott schuf den Menschen nach seinem Bilde, sagt die Bibel, die Philosophen machen es gerade umgekehrt, sie schaffen Gott nach dem ihrigen.‹

Lostgeneration, *die* [lɔstʒenəˈreiʃn; englisch ›verlorene Generation‹], Bezeichnung für eine Gruppe junger amerikanischer Schriftsteller im Paris der Zwanzigerjahre, deren Werke durch Pessimismus, Desillusion und Verlust des Fortschrittsglaubens infolge des Ersten Weltkrieges bestimmt sind.
🟠 Ernest Hemingway greift die Bezeichnung im Motto der Erstausgabe seines Romans ›In einem anderen Land‹ (1929) auf: ›Wir sind alle eine verlorene Generation.‹ Sein Roman ›Fiesta‹ (1926) gilt als eines der bedeutendsten Werke der Lostgeneration.

Lumpazivagabundus, Posse (›Der böse Geist Lumpazivagabundus‹, 1835) von Johann Nepomuk Nestroy, das die Gesellschaft der Donaumonarchie verspottet; ein wichtiges Stück des Wiener Volkstheaters.

Limericks
Eine alte Dame aus Plauen
beschloss einst, ganz sittsam zu bauen.
Sie erbaute im Moos
zwei getrennte Klos
für Spatzenmänner und -frauen.

Ein seltsamer Alter aus Aachen,
der baute sich selbst einen Nachen;
umschiffte die Welt,
kam heim ohne Geld
beherrschte jedoch siebzehn Sprachen.

Lustspiel, andere Bezeichnung für Komödie.

Lyrik, *die* [von griechisch lyrikos ›zum Spiel der Lyra gehörend‹], neben Dramatik und Epik die dritte literarische Gattung. Sie umfasst vor allem Formen der gebundenen (Gedichte), aber in der modernen Lyrik auch der ungebundenen Rede. In der Lyrik kommt vor allem das unmittelbare Erleben (Gefühle) bildhaft und konzentriert zur Sprache.

Lysistrate, Figur der griechischen Mythologie, Titelfigur der Komödie des Aristophanes (411 v. Chr.), in der die athenischen Frauen auf Anraten der Lysistrate sich ihren Männern verweigern, bis diese den Peloponnesischen Krieg beendet haben.

Macbeth [mækˈbeθ], Drama von William Shakespeare, entstanden um 1608. Es schildert das Schicksal des schottischen Königs Macbeth, der durch den Mord an seinem Vorgänger auf den Thron gelangt und, von Wahnvorstellungen verfolgt, ein Schreckensregiment führt.
🟠 Der historische Macbeth (* um 1005, † 1057), der einer schottischen Hochadelsfamilie entstammte, tötete am 14. 8. 1040 König Duncan I. von Schottland.

Madame Bovary [maˈdam bovaˈri], Roman von Gustave Flaubert (1857), erzählt den Ehebruch und Freitod einer Frau aus dem kleinstädtischen Bürgertum, die sich in ihre Gefühle verstrickt und an der nüchternen Umwelt zerbricht.
🟠 Der Roman, der bei seinem Erscheinen einen Skandal auslöste, gilt heute als wichtiger Roman des französischen Realismus.

Der Malteser Falke, Kriminalroman von Dashiell Hammett (1930), in dessen Mittelpunkt der ›hartgesottene‹ Detektiv Sam Spade steht. Die Aufklärung eines Mordes verwickelt den Detektiv in die Jagd nach dem ›Malteser Falken‹, einer angeblich wertvollen Statue.

🞤 Der Roman wurde 1941 mit Humphrey Bogart verfilmt.

Thomas Mann

Manessische Liederhandschrift, die größte und schönste der mittelhochdeutschen Liedersammlungen. Sie enthält auf 425 großformatigen Pergamentblättern 140 Gedichtsammlungen, die zwischen der Mitte des 12. Jh. und etwa 1300 entstanden sind. Sie ist im 14. Jh. wohl in Zürich entstanden, mutmaßlich auf der Grundlage einer Sammlung von Liederbüchern, die der Züricher Patrizier Rüdiger Manesse anlegen ließ, und wird heute in Heidelberg aufbewahrt (daher auch ›Große Heidelberger Liederhandschrift‹ genannt). Sie enthält u. a. zahlreiche Strophen Walthers von der Vogelweide.

Mann, Heinrich deutscher Schriftsteller (* 1871, † 1950), der ältere Bruder von Thomas Mann. Er verfasste neben Essays und Streitschriften gegen den Obrigkeitsstaat und den Militarismus vor allem gesellschaftskritische Romane wie ›Professor Unrat‹ (1905) und ›Der Untertan‹ (1918) sowie den historischen Roman über den französischen König Heinrich IV. (2 Bände, 1935, 1938).

Mann, Klaus deutscher Schriftsteller (* 1906, † 1949), der älteste Sohn von Thomas Mann. Er gründete mit seiner Schwester Erika (* 1905, † 1969) und deren Ehemann Gustav Gründgens 1925 ein Theaterensemble, schrieb im Sinne der ›Lostgeneration‹ eine Autobiografie ›Kind dieser Zeit‹ (1932) und arbeitete ab 1933 im Exil gegen den Faschismus. Bekannt wurde vor allem sein 1936 veröffentlichter Schlüsselroman ›Mephisto. Roman einer Karriere‹ (↑ Mephisto).

Mann, Thomas deutscher Schriftsteller (* 1875, † 1955), einer der bedeutendsten Erzähler des 20. Jh., schilderte in seinen Romanen und Erzählungen vor allem den Glanz und Niedergang der bürgerlichen Welt. Bekannte Werke sind ›Die Buddenbrooks‹ (1901), ›Der Tod in Venedig‹ (1912) und ›Der Zauberberg‹ (1924). Im Exil nach 1933 schrieb er u. a. die Romane ›Joseph und seine Brüder‹ (1933–43) und ›Dr. Faustus‹ (1947), eine Deutung der geistigen und kulturellen Voraussetzungen des Faschismus. 1954 erschien der Schelmenroman ›Bekenntnisse des Hochstaplers Felix Krull‹. 1929 erhielt Thomas Mann den Nobelpreis für Literatur.

Manuskript, *das* [lateinisch ›eigenhändig Geschriebenes‹], hand- oder maschinenschriftlicher Text als Vorlage für den Setzer; auch Handschrift, handschriftliches Buch der Antike.

Märchen, volkstümliche Erzählung, in der die Grenze zwischen Wirklichem und Wunderbarem aufgehoben ist. Volksmärchen, deren Verfasser unbekannt sind, wurden mündlich weitergegeben. Kunstmärchen sind durch einen Autor geprägt.

🞤 Die Brüder Jakob und Wilhelm Grimm gaben 1812–15 ihre Sammlung von Volksmärchen unter dem Titel ›Kinder- und Hausmärchen‹ heraus. Bekannte Autoren von Kunstmärchen sind Hans Christian Andersen und Wilhelm Hauff.

Maria Stuart [- ˈstjuət], Trauerspiel von Schiller (1800), zeigt an der Geschichte der schottischen Königin ↑ Maria Stuart (Kapitel 1), die um ihre Ansprüche auf den englischen Thron kämpft und im Auftrag ihrer Gegenspielerin Elisabeth I. hingerichtet wird, die Verstrickung der Menschen in die Geschichte, deren Verlauf sie mit moralischen Ansprüchen allein nicht verändern können.

Mark Twain [mɑːk ˈtweɪn], eigentlich Samuel Langhorne Clemens, amerikanischer Schriftsteller (* 1835, † 1910), einer der bedeutendsten Vertreter des amerikanischen Realismus; schrieb Romane, Reportagen und Erzählungen, die humoristisch-satirisch das Leben am Mississippi schildern. Bekannt wurden vor allem ›Die Abenteuer Tom Sawyers‹ (1876) und ›Die Abenteuer und Fahrten des Huckleberry Finn‹ (1884).

Max und Moritz, illustrierte Verserzählung von Wil-

Literatur

helm Busch (1865), die die sieben Streiche der beiden Buben Max und Moritz bis zu ihrem Tod in der Mühle schildert.

May, Karl deutscher Schriftsteller (* 1842, † 1912). In seinen spannenden Abenteuer- und Reiseerzählungen, die vor allem im Vorderen Orient und in Nordamerika spielen, trat er im Kampf gegen das Böse für Gerechtigkeit und christliche Ideen ein. Zu seinen Hauptwerken gehören ›Durch die Wüste‹ (1892), ›Winnetou‹ (1893–1910) und ›Der Schatz im Silbersee‹ (1894).

🔸 Karl May hat die Länder, die er beschrieb, nie besucht. Erst nach der Veröffentlichung seiner Bücher konnte er in den Orient und nach Amerika reisen.

🔸 Seit 1952 finden in Bad Segeberg jährlich die Karl-May-Festspiele statt.

Melville, Herman [ˈmɛlvɪl], amerikanischer Schriftsteller (* 1819, † 1891), fuhr als Matrose zur See und wurde mit exotischen Reisebüchern populär. Sein bekanntestes Werk ist heute der Roman ›Moby Dick oder Der weiße Wal‹ (1851), der symbolhaft am Kampf des Kapitäns Ahab mit dem Wal unter biblisch-philosophischen und realistischen Gesichtspunkten die Auflehnung des Menschen gegen Natur und Schicksal schildert.

Mephisto, Figur des verführerischen Teufels aus der Faustsage, die in Goethes ›Faust‹ als Gegenspieler Gottes den Gelehrten zum Teufelspakt überredet und ihm bei seinen Taten zur Seite steht.

🔸 Klaus Mann schrieb mit ›Mephisto. Roman einer Karriere‹ (1936) eine Abrechnung mit der Korrumpierbarkeit der Künstler im Nationalsozialismus.

Metapher, *die* [griechisch ›Übertragung‹], bildhafter Ausdruck, bei dem ein Wort (oder eine Wortgruppe) aus seinem bekannten Bedeutungsbereich in einen anderen übertragen wird, z. B. das ›Haupt‹ der Familie.

Metamorphosen, episches Sagengedicht von Ovid (entstanden 1 v. Chr. bis etwa 10 n. Chr.), ein Kranz von Sagenerzählungen über Verwandlungen von Menschen in Tiere, Pflanzen u. a., von der Weltschöpfung bis zur Vergöttlichung Caesars. Die ›Metamorphosen‹ wurden – neben der Bibel – zur wichtigsten literarischen Quelle der europäischen bildenden Kunst.

🔸 Picasso schuf eine Illustration zu den ›Metamorphosen‹.

Mod

Meyer, Conrad Ferdinand schweizerischer Dichter (* 1825, * 1898), trat vor allem durch historische Novellen und Erzählungen hervor (z. B. ›Das Amulett‹, 1873; ›Die Hochzeit des Mönchs‹, 1884), in denen er die Welt der italienischen Renaissance und des Mittelalters lebendig werden ließ. Er schrieb auch Balladen (›Die Füße im Feuer‹) und formvollendete Gedichte.

Michael Kohlhaas, Held der gleichnamigen Erzählung von Heinrich von Kleist (1810), der für ein erlittenes Unrecht zunächst auf dem Rechtsweg Wiedergutmachung fordert, dann aber nach dem Scheitern dieses Versuchs den Glauben an die Staatsordnung verliert und einen Privatkrieg beginnt.

🔸 In Cölln bei Berlin lebte Anfang des 16. Jh. der Pferdehändler Hans Kohlhase, dem zwei Pferde als angeblich gestohlen beschlagnahmt wurden. Nachdem er sich gegen dieses Unrecht in jahrelangen Prozessen gewehrt hatte, wurde er zum Räuber. 1540 wurde er in Berlin gerädert.

Miller, Arthur amerikanischer Schriftsteller (* 1915, † 2005), der mit seinen sozial- und zeitkritischen Theaterstücken weltbekannt wurde. ›Der Tod des Handlungsreisenden‹ (1949) stellt das Scheitern des ›amerikanischen Traums‹, der Vorstellung von Glück und Erfolg für jedermann, dar.

🔸 Er war 1956–60 mit Marilyn Monroe verheiratet.

Minna von Barnhelm, Lustspiel von Gotthold Ephraim Lessing (1767), das in Deutschland am Ende des Siebenjährigen Krieges spielt. Mithilfe einer List gelingt es Minna, ihren Verlobten Major Tellheim, dessen Ehrbegriff nach dem Verlust seines Besitzes einer Verbindung entgegensteht, wiederzugewinnen.

Minnesang, die an Höfen geübte ritterliche Liedkunst des Mittelalters, die auf die Liebeslyrik der französischen Troubadoure und Trouvères zurückgeht. Thema der kunstvoll aufgebauten Lieder ist die unerfüllte Liebe des Ritters zu einer meist verheirateten, höher gestellten Frau (hohe Minne).

🔸 Bekannte deutsche Minnesänger sind Oswald von Wolkenstein und Walther von der Vogelweide.

Moby Dick, Roman von Herman ↑ Melville.

Moderne, Bezeichnung für die künstlerischen Strömungen Ende des 19. Jh., die sich auf die Zeiterfahrung eines gesellschaftlichen und weltanschaulichen Umbruchs beziehen.

🟠 Zur Moderne gehören Symbolismus, Naturalismus und Jugendstil.

Molière [mɔlˈjɛːr], eigentlich Jean-Baptiste Poquelin, französischer Dichter (* 1622, † 1673). Seine Komödien wollen Missstände der Zeit und menschliche Schwächen, z. B. Adelsehrgeiz der Neureichen, gelehrtes Gehabe unwissender Ärzte und religiöse Heuchelei, aufdecken. Seine Hauptwerke sind ›Tartuffe‹ (1664), ›Der Menschenfeind‹ (1667), ›Der Geizige‹ (1668) und ›Der eingebildete Kranke‹ (1673).

Molière

🟠 Molière, der zunächst mit einer Theatertruppe über Land gezogen war, bevor er durch die Gunst Ludwigs XIV. ein eigenes Theater erhielt, Begründer des modernen Theaters in Frankreich.

Monolog, *der* [griechisch monologos ›allein redend‹], im Drama eine meist längere Rede, die eine Person in der Art eines Selbstgesprächs hält (auch ↑ innerer Monolog).

Montage, *die* [-ˈtaːʒə, französisch], aus der Filmtechnik übernommenes Verfahren, sprachlich, stilistisch und inhaltlich verschiedene Textteile zusammenzufügen, sodass dadurch ein neuartiger Eindruck entsteht.

🟠 In der Lyrik wurde die Montage u. a. von Gottfried Benn, im Roman von Alfred Döblin und im Drama von Peter Weiss verwendet.

moralische Wochenschriften, im 18. Jh. aus England übernommene Form von Zeitschriften, die im Geist der Aufklärung moralische, religiöse und erzieherische Fragen der Zeit für ein bürgerliches Publikum behandelten und u. a. für Bildung und gesellschaftliche Anerkennung von Frauen eintraten.

Moravia, Alberto italienischer Schriftsteller (* 1907, † 1990), schrieb Romane und Erzählungen, die unter dem Blickwinkel eines psychologischen Realismus ein gesellschaftskritisches Sittenbild des italienischen Bürgertums geben.

Morgenstern, Christian deutscher Schriftsteller (* 1871, † 1914), wurde durch seine witzigen Sprachgrotesken bekannt, die vor allem in den ›Galgenliedern‹ (1905) gesammelt wurden.

Mörike, Eduard deutscher Dichter (* 1804, † 1875).

Seine lyrischen Gedichte, von denen einige von Robert Schumann und Johannes Brahms vertont wurden, sind von Naturgefühl, Frömmigkeit und märchenhaft romantischen Vorstellungen, später aber auch vom Realismus geprägt. In seinem Roman ›Maler Nolten‹ (1832) stellt er die Desillusionierung des romantischen Künstlerideals in den Vordergrund.

Die Möwe, Drama von Anton Tschechow (1896), gestaltet die Stimmung in einem russischen Landhaus, die von unerfüllter Sehnsucht, Eifersucht und Langeweile geprägt ist. Am Ende wählt der Sohn der Hausbesitzerin den Freitod.

Müller, Heiner deutscher Schriftsteller und Dramatiker (* 1929, † 1995), steht einerseits in der Tradition des von Bertolt Brecht begründeten epischen Theaters, andererseits ist er dem Theater des Absurden und den Vorstellungen Antonin Artauds (* 1896, † 1948) von einem Theater der Grausamkeit verbunden. In seinen Theaterstücken und zahlreichen Bearbeitungen werden Gewalttätigkeit und Sinnlosigkeit der Geschichte und des menschlichen Handelns in den Vordergrund gestellt.

Müller, Herta, rumäniendeutsche Schriftstellerin, * 1953; lebt seit 1987 in der Bundesrepublik Deutschland. Durch ihr Werk gilt sie als Chronistin des Alltagslebens in einer Diktatur, seine Themen sind allgegenwärtige Bedrohung, Bespitzelung, Angst, Flucht, Exil. 2009 erhielt sie den Nobelpreis für Literatur für ihre Werke, in denen sie »Landschaften der Heimatlosigkeit« gezeichnet habe.

Münchhausen. Um die Gestalt des Offiziers Karl Friedrich Hieronymus Freiherr von Münchhausen (* 1720, † 1797), der ein abenteuerliches Leben führte und der ›Lügenbaron‹ genannt wurde, ranken sich zahlreiche fantastische Erzählungen.

🟠 Bekannt ist Münchhausens Ritt auf der Kanonenkugel.

Mundartdichtung, Dichtung, die im Unterschied zur hochsprachlichen Literatur in einer Mundart verfasst ist. Neben traditionellen Formen (z. B. bäuerliches Volkstheater) findet sich Mundartdichtung auch in zeitgenössischen Texten (neues Regionalbewusstsein, Liedermacher).

🟠 Fritz Reuter (* 1810, † 1874), Johann Nepomuk Nestroy, Ludwig Thoma, Oskar Maria Graf (* 1894, † 1967) und Franz Xaver Kroetz (* 1946) sind Verfasser von Mundartdichtung.

Musil, Robert Edler von österreichischer Schriftsteller (* 1880, † 1942). Sein Roman ›Die Verwirrungen des Zöglings Törleß‹ (1906), eine Darstellung der Pubertätsproblematik, ist zugleich eine Analyse autoritärer Gruppenstrukturen. Sein Hauptwerk ›Der Mann ohne Eigenschaften‹ (1930–43) schildert am Beispiel der untergehenden Donaumonarchie den Zerfall der Werte, die Auflösung der menschlichen Persönlichkeit und das Aufkommen politischer Weltanschauungen als deren Ersatz.

Mutter Courage und ihre Kinder [- kuˈraːʒə -], Stück von Bertolt Brecht (1939), zeigt anhand der Lebensgeschichte der Titelfigur, die in den Verwirrungen des Dreißigjährigen Kriegs versucht, sich und ihre Kinder durchzubringen, die Klugheit, List und Anpassungsbereitschaft der ›kleinen Leute‹.

Nathan der Weise, Drama von Gotthold Ephraim Lessing (1779); es spielt zur Zeit der Kreuzzüge in Jerusalem und fordert zur religiösen Toleranz auf, so wie sie von dem Juden Nathan verkörpert wird.

Naturalismus, *der* literarische Strömung etwa zwischen 1870 und 1900, deren Ziel eine möglichst genaue Wiedergabe der Natur und der gesellschaftlichen Wirklichkeit war. Bevorzugte Themen waren der soziale Alltag und das Milieu der kleinen Leute.
➕ Der Naturalismus entstand in Frankreich (Émile Zola).

Négritude, *die* [negriˈtyd], schwarzafrikanische künstlerische Bewegung, die im Paris der 1930er-Jahre entstand und vor allem mit der Forderung nach kultureller und politischer Eigenständigkeit besonders der französischsprachigen Länder Afrikas verbunden war.
➕ Vertreter waren Léopold Sédar Senghor und Aimé Césaire (* 1913). In der bildenden Kunst waren Pablo Picasso und Georges Braque (* 1882, † 1963) von der Négritude beeinflusst.

Neruda, Pablo chilenischer Lyriker (* 1904, † 1973). Sein umfangreiches Versepos ›Der große Gesang. Canto general‹ (1950, vertont von Mikis Theodorakis) behandelt Realität, Geschichte und Utopie Lateinamerikas. 1971 erhielt Neruda den Nobelpreis für Literatur.
➕ Neruda wurde zur Symbolfigur des Widerstands gegen den Militärputsch vom 11. 9. 1973 (Pinochet-Diktatur).

Nestroy, Johann Nepomuk österreichischer Dichter (* 1801, † 1862), Hauptvertreter des Wiener Volkstheaters. Er kritisierte in seinen über 80 volkstümlichen Schauspielen, Possen und Zauberstücken soziale und politische Zustände und verspottete die Gesellschaft. Sein bekanntestes Werk ist ›Der böse Geist Lumpazivagabundus‹ (1835).
➕ Nestroy trat auch als Schauspieler in seinen eigenen Stücken auf.

Neue Sachlichkeit, künstlerische Strömung der 1920er-Jahre, die im Unterschied zum Expressionismus eine nüchterne und tatsachengenaue Darstellung der Wirklichkeit anstrebte. Literarische Formen waren das Dokumentationstheater (Erwin Piscator, * 1893, † 1966), die Reportage (Egon Erwin Kisch, * 1885, † 1948) und gesellschaftskritische Romane (Hans Fallada, Erich Kästner).

Neunzehnhundertvierundachtzig, 1984, gesellschaftskritisch-utopischer Roman von George Orwell (1949). Er zeichnet das Schreckensbild eines totalen Überwachungsstaats, in dem das Individuum bis in die intimsten Bereiche verwaltet und beherrscht wird. Ein fiktiver Parteiführer, der ›Große Bruder‹, dessen Bild allgegenwärtig ist, scheint mit seinen Augen jedem überallhin zu folgen.
➕ ›Big Brother is watching you‹ – der Große Bruder beobachtet dich – ist ein viel zitierter Satz aus diesem Roman.

Nibelungenlied, um 1200 im Donauraum entstandenes Epos in mittelhochdeutscher Sprache. Der erste Teil handelt vom Werben Siegfrieds um Kriemhild, die burgundische Königstochter, und seine Ermordung durch Hagen von Tronje. Im zweiten Teil wird vom Untergang der Burgunder am Hof des Hunnenkönigs Etzel berichtet; historische Ereignisse als Hintergrund sind besonders für diesen Teil deutlich. In allen vollständigen Handschriften schließt sich ›Die Klage‹ an, eine Totenklage der Überlebenden um die gefallenen Helden.
➕ Richard Wagner schrieb über diesen Stoff das Musikdrama ›Der Ring des Nibelungen‹ (1876).

Nobelpreis für Literatur, von Alfred Nobel gestifteter, seit 1901 verliehener internationaler Preis für Literatur.
➕ Die wichtigsten deutschsprachigen Preisträger waren Gerhart Hauptmann (1912), Thomas Mann (1929), Hermann Hesse (1946), Nelly Sachs (1966), Heinrich Böll (1972), Elias Canetti (1981) und Günter Grass (1999).

Nora oder Ein Puppenheim, Drama von Henrik Ibsen (1879), das den Ausbruch Noras aus der bürgerlichen Ehe zeigt. Mit diesem Stück, das zu den wichtigen Dramen des Naturalismus gehört, vertrat Ibsen das Recht der Frau auf Eigenständigkeit und kritisierte Scheinmoral und Lebenslügen.

No-Spiel [japanisch no ›das Können‹], im 14. Jh. entstandene Gattung des klassischen japanischen Theaters. Das streng stilisierte No-Spiel vereint bei der Darstellung vor allem mythischer Stoffe Gesang, Pantomime und Tanz.

Nouveau Roman, *der* [nu'vo rɔ'mã; französisch ›neuer Roman‹], eine in den 1950er-Jahren vor allem von französischen Autoren entwickelte experimentelle Romanform, die auf das Erzählen einer Geschichte und die Darstellung eines Charakters verzichtet und stattdessen unpersönliche Wahrnehmungsweisen der Wirklichkeit zeigt und das Interesse auf die Form und die Schreibweise des Textes lenkt.

Novalis, eigentlich Georg Philipp Friedrich Freiherr von Hardenberg, deutscher Dichter (* 1772, † 1801), gilt mit den ›Hymnen an die Nacht‹ (1800) und dem Roman ›Heinrich von Ofterdingen‹ (1802) als Hauptvertreter der Romantik.
➕ Novalis verwendete das Symbol der ↑ blauen Blume als Sehnsuchtssymbol der Romantik.

Novelle, *die* [italienisch ›kleine Neuigkeit‹], eine kürzere Erzählung in Prosa (selten in Versform), die in straffer, knapper Form, beschränkt auf einen Geschehnisausschnitt, ein in sich abgeschlossenes Ereignis gestaltet, das in dramatischer Zuspitzung einen Wendepunkt birgt. Die Handlungsführung ist meist einsträngig und strenger gebaut als in einer Erzählung.

Ode, *die* [griechisch ›Gesang‹], feierliches Gedicht, das sich vom Lied durch eine strengere Form unterscheidet. Ursprünglich waren Oden gesungene Teile griechischer Trauerspiele.

Odyssee, dem Homer zugeschriebenes Epos aus dem 8. Jh. v. Chr., das die zehnjährige Irrfahrt des ↑ Odysseus (Kapitel 9) nach dem Fall Trojas und seine Heimkehr schildert.

Oliver Twist, Roman von Charles Dickens (1838), der an der Geschichte des Findelkinds Oliver Twist, das im Armenhaus aufwächst, Kinderarbeit, Kriminalität und soziales Elend im Alltag der unteren Gesellschaftsschichten seiner Zeit schildert.

O'Neill, Eugene Gladstone [əʊ'niːl], amerikanischer Dramatiker (* 1888, † 1953), zeigt in seinen Bühnenstücken menschliche Grundkonflikte und Zeiterfahrungen in einer pessimistischen Sichtweise. Bekannt wurden vor allem ›Trauer muss Elektra tragen‹ (1931) und ›Der Eismann kommt‹ (1946). 1936 erhielt O'Neill den Nobelpreis für Literatur.

Onkel Toms Hütte, Roman von Harriet Beecher Stowe (1852), schildert in sentimentaler Weise die Lebens- und Leidensgeschichte des schwarzen Sklaven Tom und trug damit zur öffentlichen Kritik an der Sklaverei bei.

Orwell, George ['ɔːwəl], eigentlich Eric Arthur Blair, englischer Schriftsteller (* 1903, † 1950), schrieb Essays, Sozialreportagen und Romane, die sich in gesellschaftskritischer Absicht mit dem Kolonialismus, der kapitalistischen Ausbeutung, dem Elend der Arbeitslosen und den Gefahren totalitärer Herrschaft auseinandersetzen, u. a. ›Farm der Tiere‹ (1945) und ›1984‹ (1949).

Oswald von Wolkenstein, Liederdichter und -komponist des Spätmittelalters (* um 1377, † 1445). Erhalten sind etwa 130 vorwiegend weltlichen Lieder mit Melodien, die von alltäglichen Erfahrungen, Politischem, Erotik und Reiseabenteuern handeln. Sein literarisches und musikalisches Werk gehört zu den bedeutendsten zwischen Mittelalter und Renaissance.
➕ Bekannt wurde Dieter Kühns (* 1935) Biografie ›Ich Wolkenstein‹ (1977).

Othello, der dunkelhäutige Held der gleichnamigen Tragödie von William Shakespeare (1604). Aufgrund der Intrigen seines Adjutanten Jago tötet Othello in blinder Eifersucht seine Frau Desdemona. Als er ihre Unschuld erkennen muss, begeht er Selbstmord. Der Stoff wurde als Oper u. a. von Gioacchino Rossini (1816) und Giuseppe Verdi (1887) bearbeitet und häufig verfilmt.

Ovid eigentlich Publius Ovidius Naso, römischer Dichter (* 43 v. Chr., † etwa 17 n. Chr.); bekannt sind seine ›Ars amatoria‹, ein Lehrgedicht über die ›Liebeskunst‹, und die ›Metamorphosen‹, die die Verwandlung von Menschen in Tiere und Pflanzen behandeln und zugleich eine Sammlung der antiken Mythen darstellen.

Parabel, *die* [griechisch ›Gleichnis‹], lehrhafte Erzählung, die eine allgemeine sittliche Wahrheit durch eine als Gleichnis zu deutende Begebenheit veranschaulicht.
🟠 Beispielhaft ist die Parabel von den drei Ringen in Lessings ›Nathan der Weise‹ (1779).

Parodie, *die* [griechisch, eigentlich ›Nebengesang‹], verspottende oder kritische Nachahmung einer als bekannt vorausgesetzten Vorlage. Die Parodie übernimmt oft die äußere Form, verbindet damit aber den gegenteiligen Inhalt.
Als Parodie auf die beliebten Ritterromane, die nicht mehr in seine Zeit passten, schrieb Cervantes seinen weltberühmten Roman ›Don Quijote de la Mancha‹.

Parzival, einer der Helden aus den Sagen um König ↑ Artus (Kapitel 9) und Hauptgestalt des höfischen Epos ›Parzival‹ von Wolfram von Eschenbach.

Pasternak, Boris Leonidowitsch russischer Schriftsteller (* 1890, † 1960). Obwohl zunächst als Lyriker bedeutend, fand er erst durch den Roman ›Doktor Schiwago‹ (1957), der auch Kritik an der Sowjetunion enthielt, weltweite Anerkennung.
🟠 1958 erhielt Pasternak den Nobelpreis für Literatur, den er unter politischem Druck wieder zurückgeben musste. Pasternak war bis zu seinem Tod in der UdSSR offiziell verfemt.

Paz, Octavio [pas], mexikanischer Schriftsteller (* 1914, † 1998), schrieb, vom Surrealismus beeinflusst, Gedichte sowie Essays, die sich besonders mit Geschichte, Mythologie, Kultur und Politik Mexikos und Lateinamerikas beschäftigen. Bekannt wurde vor allem ›Das Labyrinth der Einsamkeit‹ (1950). 1990 erhielt Paz den Nobelpreis für Literatur.

P.E.N. 1921 in England gegründete internationale Schriftstellervereinigung, die für die weltweite Verbreitung aller Literatur und für den ungehinderten Gedankenaustausch auch in Krisen- und Kriegszeiten eintritt.
🟠 Die Abkürzung P.E.N. steht (vereinfacht) für Poeten, Essayisten, Novellisten.

Die Pest, Roman von Albert Camus (1947), schildert eine Pestkatastrophe in der algerischen Stadt Oran und zeigt die verschiedenen Möglichkeiten der Menschen, mit den Erfahrungen von Leid, Tod und Verantwortung umzugehen.
🟠 Camus' Position, auch dann zu helfen, wenn das allgemeine Unglück damit nicht beseitigt wird, kommt in der Figur des Arztes Rieux zum Ausdruck.

Petrarca, Francesco italienischer Dichter und Humanist (* 1304, † 1374), der durch seine Lyrik entscheidend zur Entwicklung der italienischen Volkssprache beitrug. Zusammen mit Dante und Boccaccio zählt er zu den großen Dichtern Italiens.

Francesco Petrarca

Philologie, *die* [griechisch], die Wissenschaft von der Erforschung von Texten, im weiteren Sinn von der Behandlung von Kulturen aufgrund ihrer mündlich oder schriftlich überlieferten literarischen Texte. Sie umfasst das gesamte Spektrum der alten und neueren Sprachen und Literaturen. Zum Beispiel ist die Romanistik die Beschäftigung mit den romanischen Sprachen (Französisch, Italienisch, Spanisch u. a.) und Literaturen.

Die Abenteuer des Pinocchio [- piˈnɔkjo], Kinderbuch (1883) des italienischen Schriftstellers Carlo Collodi (* 1826, † 1890). Die Holzpuppe Pinocchio wird von einer Fee zum Leben erweckt und in Abenteuern über Gut und Böse belehrt.
🟠 Immer, wenn Pinocchio lügt, wird seine Nase länger.

Pippi Langstrumpf, Kinderbuchserie (1945–48) der schwedischen Schriftstellerin Astrid Lindgren. Sie erzählt von dem eigenwilligen Mädchen Pippi, das mit seinen Tieren allein in der Villa ›Kunterbunt‹ lebt und die vielfältigsten Abenteuer besteht.
🟠 Die Pippi-Geschichten, die Astrid Lindgren eigentlich nur für ihre Tochter erfunden hatte, wurden in viele Sprachen übersetzt.

Plagiat, *das* [von lateinisch plagium ›Menschenraub‹], Bezeichnung für geistigen Diebstahl, besonders an künstlerischen Werken, auch für die Verletzung des Urheberrechts.

Plot, *der* oder *das* [englisch], Kern, Zusammenhang einer Handlung in einem Roman oder einer Erzählung.

Poe, Edgar Allan [pəʊ], amerikanischer Schriftsteller (* 1809, † 1849), gilt als einer der Begründer der Kurzgeschichte (›Der Untergang des Hauses

269

Poe

Usher‹, 1840), für die er eine eigenständige Theorie entwickelte. Neben zahlreichen fantastischen und unheimlichen Geschichten schrieb er auch Gedichte.
Mit Romanen wie ›Der Doppelmord in der Rue Morgue‹ (1841) begründete Poe auch die Gattung der modernen Detektivgeschichte.

Poesie, *die* allgemein die Dichtkunst, Dichtung, im engeren Sinne die Dichtung in Versen im Unterschied zur Prosa.
🞣 Die Lehre vom Wesen und den Formen der Dichtung heißt Poetik.

Postmoderne, zentraler Begriff der Kulturtheorie, der der Annahme Ausdruck verleiht, die als ›modern‹ bezeichnete Periode sei abgelaufen, müsse überwunden werden oder enthalte selber schon Elemente ihrer Aufhebung. Er setzte sich in den 1950er- und 1960er-Jahren als literaturkritischer Begriff vor allem in Amerika durch, zunächst in negativer Sicht als Bruch mit den avantgardistischen Errungenschaften der Moderne, dann in positiver Sicht als eine Fortsetzung der in der Moderne erreichten Positionen.
🞣 Umberto Ecos ›Der Name der Rose‹ und Christoph Ransmayrs (* 1954) ›Die letzte Welt‹ wurden als postmoderne Literatur bezeichnet.

Primärliteratur, die dichterischen oder philosophischen Texte, die Gegenstand einer Interpretation sein können im Unterschied zur Sekundärliteratur.

Professor Unrat, satirischer Roman von Heinrich Mann (1905), erzählt die Geschichte eines Gymnasialprofessors im wilhelminischen Kaiserreich, der dem vermuteten unmoralischen Verhalten seiner Schüler nachspürt, dabei selbst in Kontakt mit dem Nachtmilieu kommt und sich schließlich in eine Tänzerin verliebt, was ihn seinen Ruf kostet.
🞣 Der Roman wurde 1930 von Josef von Sternberg mit Marlene Dietrich unter dem Titel ›Der blaue Engel‹ verfilmt.

Prolog, *der* [lateinisch ›Vorrede‹], Einleitung eines dramatischen Werkes (Schauspiel, Hörspiel, Film), die von einer oder mehreren Personen szenisch dargestellt oder erzählend vorgetragen werden kann. Der Prolog dient u. a. zur Begrüßung des Publikums oder gibt Hinweise zum Verständnis der Handlung.

Prosa, *die* die freie, ungebundene, durch keine formalen Mittel gekennzeichnete Schreib- oder Redeweise des Alltags, aber auch künstlerischer und wissenschaftlicher Texte.

Protagonist, *der* [griechisch ›erster Kämpfer‹], Hauptdarsteller im Drama; ursprünglich in der griechischen Tragödie der erste Schauspieler, der dem Chor gegenübertritt.

Proust, Marcel [pruːst], französischer Schriftsteller (* 1871, † 1922), schrieb den siebenteiligen Romanzyklus (1913–27) ›Auf der Suche nach der verlorenen Zeit‹, der den Versuch darstellt, mithilfe der menschlichen Erinnerung die Vergänglichkeit des Lebens in der Kunst aufzuhalten.

Pseudonym, *das* [griechisch], angenommener Name (Deckname, Künstlername) vor allem bei Schriftstellern und Künstlern. Gründe, ein Pseudonym anzunehmen, können der Schutz vor Angriffen, Standesrücksichten, aber auch künstlerische Überlegungen sein.

Puschkin, Aleksandr Sergejewitsch russischer Dichter (* 1799, † 1837), der als Schöpfer der russischen Literatursprache und einer eigenständigen russischen Literatur gilt. Er schrieb lyrische Gedichte, Verserzählungen und Versromane (vor allem ›Eugen Onegin‹, 1825–32) sowie Dramen (u. a. die historische Tragödie ›Boris Godunow‹, 1825). Ab 1830 wandte er sich mehr der Prosa zu (›Pique Dame‹, 1834; ›Die Hauptmannstochter‹, 1836).
🞣 Puschkin starb an den Folgen eines Duells.
🞣 Sein Urgroßvater war der Mohr Peters des Großen, ein Geschenk des Sultans an den Zaren.

Pygmalion ⇒ Kapitel 9.

Quo vadis? Roman (1895/96) des polnischen Schriftstellers Henryk Sienkiewicz (* 1846, † 1916). Er schildert die Anfänge des Christentums im Rom unter der Herrschaft des Kaisers Nero und ist als Parabel für die Unbeugsamkeit der polnischen Bevölkerung nach der Teilung Polens auf dem Wiener Kongress (1814/15) zu lesen.
🞣 Sienkiewicz erhielt 1905 den Nobelpreis für Literatur.

Rabelais, François [raˈblɛ], französischer Dichter (* zwischen 1483 und 1494, † 1553). Sein satirisch-burleskes Prosawerk ›Gargantua und Pantagruel‹ (1532–64) verbindet märchenhafte und utopische Elemente mit Kritik an der Kirche und der Universitätsausbildung seiner Zeit, denen er das menschliche

Literatur

Streben nach Wissen und das Bildungsideal der Humanisten gegenübergestellt.

Racine, Jean [ra'sin], französischer Dichter (* 1639, † 1699), neben Corneille der wichtigste Vertreter des klassischen französischen Dramas. Bekannte Stücke sind ›Andromache‹ (1668) und ›Phädra‹ (1677).

Die Ratten, Tragikomödie von Gerhart Hauptmann (1911), schildert das kleinbürgerlich-proletarische Milieu in einer Berliner Mietskaserne und deren Bewohner, für deren Verwahrlosung die Ratten ein Symbol sind.

Die Räuber, Schauspiel von Schiller (1781) aus der Zeit des Sturm und Drang. Im Zentrum steht das rebellische Aufbegehren Karl Moors, der, vom Wunsch getrieben, die Welt zu verbessern, zum Verbrecher wird und sich schließlich der weltlichen Justiz stellt.

Realismus, *der* Darstellung in der Literatur und Kunst, die sich um eine wirklichkeitsgetreue Wiedergabe der Welt im Kunstwerk bemüht. Besonders in der 2. Hälfte des 19. Jh. galt der Realismus als eine Leitvorstellung der europäischen Literatur, aus der sich dann der Naturalismus entwickelte.

🔸 Wichtige realistische Romane schrieben Honoré de Balzac, Charles Dickens und Theodor Fontane.

Reim, Gleichklang zweier oder mehrerer Silben (vom letzten betonten Vokal an: Leben/schweben); ein sprachliches Kunstmittel, das dank seiner Einprägsamkeit, seiner stimmungserzeugenden Musikalität sowie wegen seiner Eignung, den strophischen Aufbau zu gliedern, in der Literatur vieler Völker erscheint.

🔸 Als Hilfsmittel für Dichter dienen Sammlungen miteinander reimender Wörter (Reimlexika). ⓘ

Reineke Fuchs, Tierepos, das eine Parodie des höfischen Lebens mit der Schilderung gesellschaftlicher Konflikte und menschlicher Schwächen verbindet. Neben dem Fuchs als Titelhelden treten der Löwe als König und der Wolf Isegrim als der Widersacher des Fuchses auf.

🔸 Populär wurde der Stoff in der Fassung ›Reineke de Vos‹ von 1498, auf den sich Goethe in seiner Bearbeitung von 1794 stützte.

Reise um die Welt in 80 Tagen, Roman von Jules

Reim: die bekanntesten Formen		
Name	**Beschreibung**	**Beispiel**
männlicher (einsilbiger, stumpfer) Reim	fällt auf eine einzige und betonte Silbe	Jahr - Gefahr; Mut - Blut
weiblicher (zweisilbiger, klingender) Reim	fällt auf zwei Silben	Jahren - Gefahren; Leben - Reben
reicher (dreisilbiger, gleitender) Reim	fällt auf drei oder mehr Silben	Bilderwand - Schilderrand
Anfangsreim	fällt auf die Anfangswörter zweier Verse	Krieg! ist das Losungswort/Sieg! und so klingt es fort
Endreim	fällt auf die letzten Wörter zweier Verse (die häufigste Form des Reims)	Der Nebel drückt die Dächer schwer,/ Und durch die Stille braust das Meer
Binnenreim	fällt auf zwei Wörter innerhalb einer Verszeile	Schnaube, Winterwind, entlaube
reiner Reim	ungerundeter Vokal fällt auf ungerundeten Vokal, gerundeter auf gerundeten	gießen - fließen, süßen - grüßen
unreiner Reim	ungerundeter Vokal fällt auf gerundeten (oder umgekehrt)	siegen - lügen
rührender Reim	die reimenden Wörter sind völlig gleich, haben aber verschiedene Bedeutung	klingen - Klingen
Stabreim	Anlaute mehrerer aufeinander folgender Wörter gleichen einander	Stock und Stein
Schüttelreim	vertauscht die anlautenden Konsonanten reimender Silben oder Wörter	Wenn der Wind in Wipfeln geht, Trost dir von den Gipfeln weht.

> **REIM**
>
> **Das ästhetische Wiesel**
>
> Ein Wiesel
> saß auf einem Kiesel
> inmitten Bachgeriesel.
> Wißt ihr
> weshalb?
> Das Mondkalb
> verriet es mir
> im Stillen:
> Das raffinierte Tier
> tat's um des Reimes willen.
> Christian Morgenstern

Verne (1872). Aufgrund einer Wette reist Phileas Fogg, begleitet von seinem Diener Paspartout und dem Geheimpolizisten Fix um die Welt. Vernes mit Witz und Gesellschaftskritik verbundene Sicht der technischen Errungenschaften seiner Zeit trug zum Erfolg des Romans bei.

Remarque, Erich Maria [rəˈmark], eigentlich Erich Paul Remark, deutscher Schriftsteller (*1898, †1970), errang mit seinem Antikriegsroman ›Im Westen nichts Neues‹ (1929) Welterfolg. Themen seiner späteren Werke sind vor allem Emigrantenschicksale, z. B. im Roman ›Arc de Triomphe‹ (1946).

Renaissance, *die* [rənɛˈsãːs; französisch ›Wiedergeburt‹], im 19. Jh. aufgekommene Bezeichnung für die kulturgeschichtliche Epoche vom Anfang des 14. Jh. bis etwa 1600, die sich selbst als Zeit der Erneuerung der antiken Bildung, Kunst und Kultur verstand (Humanismus), dann auch für den kulturellen Zustand der Übergangszeit vom Mittelalter zur Neuzeit, besonders in Italien.
● Berühmte Dichter der Renaissance waren in Italien Dante Alighieri, Francesco Petrarca und Giovanni Boccaccio; in England auch noch William Shakespeare und in Frankreich François Rabelais.

Rezension, *die* [lateinisch ›Musterung‹], die kritische Betrachtung und Wertung eines literarischen oder wissenschaftlichen Werkes, Theaterstücks oder Films. Rezensionen stehen meist im Feuilleton einer Zeitung und in Fachzeitschriften.

Rhetorik, *die* [griechisch ›Redekunst‹], zum einen die Lehre von den Möglichkeiten, mithilfe der öffentlichen Rede andere zu beeinflussen, zum anderen die Lehre von den Mitteln der wirkungsvollen, sprachlichen Gestaltung eines Textes.
● Die Rhetorik wurde in Griechenland im 5. Jh. v. Chr. begründet und spielte im Mittelalter als eine der sieben freien Künste (Artes liberales) eine wichtige Rolle. Ein berühmter Rhetoriker war Cicero.
● Als rhetorische Frage wird eine Frage bezeichnet, die keine Antwort erwartet, sondern nur die eigene Aussage nachdrücklich betonen soll.

Rilke, Rainer Maria österreichischer Dichter (*1875, †1926), gilt mit seinem lyrischen Werk (›Die Weise von Liebe und Tod des Cornets Christoph Rilke‹, 1906; ›Duineser Elegien‹, 1923) und seinem Roman ›Aufzeichnungen des Malte Laurids Brigge‹ (1910), in dem er eigene Großstadterfahrungen aus seiner Pariser Zeit verarbeitete, als einer der Wegbereiter der modernen Literatur.

Rimbaud, Arthur [rɛ̃ˈbo], französischer Dichter (*1854, †1891). In seiner Lyrik, vor allem in ›Das trunkene Schiff‹ (1883), gestaltete er die kompromisslose Sehnsucht nach Freiheit und beeinflusste mit seiner bildhaften Sprache nachhaltig den französischen Symbolismus und Surrealismus.
● Im Alter von zwanzig Jahren gab Rimbaud das Schreiben auf und führte ein unstetes Wanderleben.

> **REISE UM DIE WELT IN 80 TAGEN**
>
> Das Vorbild für die Figur des Phileas Fogg in Jules Vernes Roman ›Reise um die Erde in 80 Tagen‹ war der amerikanische Kaufmann George Train (*1829, †1904): Er reiste 1870 von New York nach San Francisco, mit einem Segelschiff ging es dann weiter nach Japan, und von dort gelangte er über Hongkong, Saigon und Singapur durch den Suezkanal nach Marseille. In Lyon nahm er sich dann einen Privatzug zur Kanalküste, setzte nach Großbritannien über und erwischte in Liverpool gerade noch ein Schiff, das ihn wieder nach New York brachte.

Ringelnatz, Joachim deutscher Schriftsteller und Maler (*1883, †1934), wurde durch seine Gedichte bekannt, die hintergründigen Humor, antibürgerlichen Protest und wehmütigen Sarkasmus verbinden.
● Über den Humor sagte er: ›Humor ist der Knopf, der verhindert, daß uns der Kragen platzt.‹

Robinson Crusoe [-ˈkruːsəʊ], Held des gleichnamigen Romans von Daniel Defoe (1719/20). Robinson wird nach einem Schiffbruch auf eine einsame Insel verschlagen, wo er 28 Jahre lang lebt. Der Roman erzählt, wie er sein Überleben sichert, Ackerbau und Viehzucht betreibt und wie er in ›Freitag‹ einen Gefährten findet, den er vor Kannibalen rettet und zum Christentum erzieht.

➕ Defoes Roman geht auf die Erlebnisse des schottischen Matrosen Alexander Selkirk zurück, der von 1704 bis 1709 auf einer menschenleeren Insel lebte.

Joachim Ringelnatz

In einem seiner skurrilen Gedichte fordert Ringelnatz uns auf, das Staunen über die uns umgebende Welt nicht zu verlernen und auch in alltäglichen Dingen das Besondere zu erkennen. Es beginnt:
›Überall ist Wunderland.
Überall ist Leben.
Bei meiner Tante im Strumpfenband
Wie irgendwo daneben.‹

Rolandslied, ältestes, wohl zwischen 1075 und 1100 entstandenes französisches Heldenepos (auch ↑ Roland, Kapitel 9).

Roman, ein größeres erzählendes Prosawerk. Von der Novelle oder der Erzählung unterscheidet sich der Roman durch seinen größeren Umfang, vor allem aber durch die Vielschichtigkeit der Form und des Inhalts. Der Roman gestaltet keine Einzelereignisse, sondern Zusammenhänge, meist breite Ausschnitte aus dem Leben einer oder mehrerer Personen; oft umspannt er einen ganzen Lebenslauf oder sogar das Leben mehrerer Generationen.

➕ Das Wort Roman geht auf die altfranzösische Bezeichnung ›romanz‹ für volkssprachliche Literatur zurück.

Romantik, *die* geistige, künstlerische Strömung in Europa, vor allem in Deutschland, die der Nüchternheit und Zweckgerichtetheit einer durchrationalisierten Weltsicht Fantasie und Gefühl für eine ›Wiederverzauberung‹ der Welt entgegensetzen wollte. Hauptgesichtspunkte der Romantik waren die Wiederentdeckung des Mittelalters, die Aufwertung der Volkskultur und die Sehnsucht nach der Wiederkehr einer harmonischen Welt. Bevorzugte Literaturform war das Märchen.

➕ Bedeutende romantische Dichter waren Ludwig Tieck, Novalis, Clemens Brentano und Joseph Freiherr von Eichendorff.

➕ Zum Symbol der Romantik wurde die ↑ blaue Blume.

Romeo und Julia, Tragödie von Shakespeare (entstanden um 1595), schildert die Liebe von Romeo und Julia, die zwei miteinander verfeindeten Veroneser Familien (den Montagues und den Capulets) angehören. Die Feindschaft ihrer Familien treibt sie schließlich in den Tod.

➕ Auf dem Stoff basiert u. a. Bernsteins Musical ›West side story‹ (1957).

Roth, Joseph österreichischer Schriftsteller (* 1894, † 1939), schrieb sozialkritische Werke und schildert in seinem bekanntesten Roman ›Radetzkymarsch‹ (1932) beispielhaft den Untergang der Donaumonarchie.

Rowling, Joanne Kathleen englische Schriftstellerin (* 1965), Verfasserin der Harry-Potter-Romanreihe für Kinder und Jugendliche, die die reale Welt mit einer Welt der Magie und des Zaubers verbindet (u. a. ›Harry Potter und der Stein der Weisen‹, 1997; ›Harry Potter und die Heiligtümer des Todes‹, 2007).

Sachs, Hans deutscher Meistersinger und Dichter (* 1494, † 1576). Er schuf zahlreiche Spruchgedichte, Meisterlieder und Fastnachtsspiele, in denen sich die Lebensansichten des städtischen Handwerkertums im 16. Jh. spiegeln.

➕ ›Hans Sachs‹ nannte Richard Wagner eine Figur in seiner Oper ›Die Meistersinger von Nürnberg‹ (1868).

Hans Sachs

Sade, Donatien Alphonse François Marquis de [sad], französischer Schriftsteller (* 1740, † 1814), schildert in seinen Werken eine Welt voller Grausamkeiten (›Sadismus‹) und sexueller Ausschweifungen.

➕ Der Marquis de Sade verbrachte 27 Jahre seines Lebens in Haft oder in Nervenheilanstalten.

Sage, Sammelbegriff für Erzählungen, die wie das Märchen oft von wunderbaren, übernatürlichen Ereignissen handeln, vielfach aber auf einen bestimmten historischen Ort, eine bestimmte Person oder eine bestimmte Zeit Bezug nehmen.

Saint-Exupéry, Antoine de [sɛ̃tɛgsypeˈri], französischer Schriftsteller (*1900, †1944), verbindet die Schilderung eigener Flugabenteuer mit seinen Vorstellungen von der Notwendigkeit eines menschlichen Verhaltens auch in einer von Technik und Krieg bestimmten Welt. Bekannt wurden der Roman ›Nachtflug‹ (1931) und das Märchen ›Der kleine Prinz‹ (1943).
🞢 Saint-Exupéry, der als Pilot am Zweiten Weltkrieg teilnahm, kam bei einem Aufklärungsflug über dem Mittelmeer ums Leben.

Salon, *der* im Frankreich des 17. Jh. entstandene Geselligkeitsform, bei der Künstler, Literaten und Philosophen im Salon einer adligen oder bürgerlichen Dame zusammentrafen und Fragen des Geschmacks, der Etikette und des gesellschaftlichen Lebens erörterten. Die Salons wurden dabei immer wieder zu Keimzellen politischer, wissenschaftlicher und literarischer Entwicklungen.
🞢 Zum Beispiel verkehrten im Salon der Marquise Du Deffand (*1697, †1780) die Philosophen Montesquieu und Voltaire; um 1800 traf sich bei Rahel Varnhagen von Ense (*1771, †1858) das literarische Berlin.

Sancho Pansa, der rundliche Knappe des Ritters ↑ Don Quijote, der im Gegensatz zum Idealismus seines Herrn die Forderungen des Magens und des Geldbeutels vertritt.

Sand, George [sɑ̃:d], französische Schriftstellerin (*1804, †1876), schrieb u. a. romantisch-idealistische Liebesromane, in denen sie das Thema der Liebe und die Emanzipation der Frau behandelte.
🞢 George Sand, die eigentlich Aurore Dupin hieß, war u. a. mit Frédéric Chopin befreundet.

Sappho [ˈzapfo], griechische Lyrikerin um 600 v. Chr., deren Gedichte aufgrund ihrer musikalischen Sprache und lebendigen Weltsicht schon in der Antike zum allgemeinen Bildungsschatz gehörten.

Sartre, Jean-Paul französischer Philosoph und

Salon Abendliche Zusammenkunft am Weimarer Musenhof. In der Mitte Anna Amalia, Mutter des regierenden Herzogs, dritter von links Goethe, ganz rechts Herder (Aquarell von Georg Melchior Kraus, um 1795, Weimar, Goethe-Nationalmuseum)

Schriftsteller (*1905, †1980), führender Vertreter des Existenzialismus, der sich in seinen philosophischen (u. a. ›Das Sein und das Nichts‹, 1943) und literarischen Werken (›Die Fliegen‹, 1943; ›Bei geschlossenen Türen‹, 1945) mit dem Thema der Freiheit des Einzelnen auseinandersetzt.
🞢 Sartre war der Lebensgefährte von Simone de Beauvoir.
🞢 1964 lehnte Sartre den ihm zuerkannten Nobelpreis für Literatur ab.

Satire, *die* literarische Form, die durch Spott, Ironie, Parodie oder Übertreibung bestimmte Personen, Anschauungen, Ereignisse oder Zustände kritisieren oder lächerlich machen will.
🞢 Im 19. und 20. Jh. wurde die Satire z. B. von Heinrich Heine, Heinrich Mann und Karl Kraus (*1874, †1936) sowie in kabarettistischen Texten verwendet.

Schäferroman, eine im 16. und 17. Jh. vor allem von der höfischen Gesellschaft getragene literarische Form. Im Schäferroman wird vom utopisch-idyllischen Leben der Hirten und ihren Liebesabenteuern berichtet.

Die Schatzinsel, Abenteuerroman von Robert Louis Stevenson (1883); er schildert die Suche nach einem Piratenschatz in der Südsee und wurde vor allem als Jugendbuch bekannt.

Schauspiel, im weitesten Sinn gleichbedeutend mit Drama. Im engeren Sinn ist Schauspiel ein Drama, das sich von der Tragödie durch den glücklichen Ausgang, von der Komödie durch den Ernst von Thema und Stimmung unterscheidet, z. B. Schillers ›Wilhelm Tell‹ oder Goethes ›Iphigenie auf Tauris‹.

Schelmenroman, eine Romanform, in der ein zumeist zur Schicht der Unterprivilegierten gehörender Ich-Erzähler seine vielfältigen Abenteuer auf dem Weg zum Glück schildert und dabei einen satirischen Blick auf die Gesellschaft freigibt. Der Schelmenroman entstand im Spanien des 16. Jahrhunderts.
⊕ Bekannte Schelmenromane sind z. B. ›Simplicissimus‹ (1669) und ›Felix Krull‹ (1954).

Schildbürger, die Bewohner der fiktiven Stadt Schilda im Volksbuch ›Die Schildbürger‹ (1598), das deren sprichwörtliche Torheiten und Narrenstreiche erzählt. So versuchen sie z. B. in ihr Rathaus Sonnenlicht in Säcken hineinzutragen, weil sie vergessen hatten, Fenster einzubauen. Die Schwanksammlung über die Schildbürger ist eine Bearbeitung des ›Lalebuchs‹ (erster Druck 1597).
⊕ Als Vorbild für Schilda gilt heute vielfach die Stadt Schildau bei Torgau in Sachsen.

Schiller, Friedrich von deutscher Dichter (*1759, †1805), trat zunächst mit den Stücken ›Die Räuber‹ (1781) und ›Kabale und Liebe‹ (1784) als Dichter des Sturm und Drang in Erscheinung. Es folgte das republikanische Trauerspiel ›Die Verschwörung des Fiesko zu Genua‹ (1783) und dann als erstes klassisches Drama ›Don Carlos‹ (1787). Nach seiner Übersiedlung nach Weimar 1799 begründete er zusammen mit Goethe die ›Weimarer Klassik‹ und trat vor allem mit Balladen (›Lied von der Glocke‹, 1799) und Dramen hervor: ›Wallenstein‹ (1800 Druck der Trilogie), ›Maria Stuart‹ (1801), ›Die Jungfrau von Orleans‹ (1801) und ›Wilhelm Tell‹ (1804). Gemeinsam ist ihnen die Kunst des Dramatikers, in packenden, ausgewogenen Dialogen mit spannungsvollen Höhepunkten lebendige Charaktere zu gestalten, die sein Ideal von Wahrhaftigkeit und Sittlichkeit verkörpern. Schiller galt besonders im 19. Jh. als der bedeutendste Dichter des deutschen Bürgertums.
⊕ In seinem Geburtsort Marbach am Neckar befindet sich das Schiller-Nationalmuseum/Deutsches Literaturarchiv, eine der wichtigsten Sammelstellen deutscher Literatur.
⊕ Schillers Gedicht ›An die Freude‹ wurde von Beethoven vertont (9. Sinfonie).

Friedrich von Schiller (Gemälde von Gerhard von Kügelgen, 1808/09)

Der Schimmelreiter, Novelle von Theodor Storm (1888), schildert den Aufstieg des begabten Hauke Haien zum Deichgrafen und sein Scheitern an der Trägheit seiner Umwelt und an den Naturgewalten. Nach der Sage erscheint der Schimmelreiter noch heute als Vorbote gewaltiger Sturmfluten.

Schlegel, Friedrich von deutscher Dichter (*1772, †1829), wurde vor allem als Verfasser des philosophisch-autobiografischen Romans ›Lucinde‹ (1799), in dem es ihm um die subjektive Sittlichkeit und Freiheit in den Beziehungen zwischen Mann und Frau geht, sowie durch seine literarischen Aufsätze und Aphorismen bekannt. Schlegel war als Ästhetiker, Literaturtheoretiker und -historiker, als Kritiker und Dichter fruchtbarer Anreger und geistiger Mittelpunkt der Frühromantik.
⊕ Sein Bruder August Wilhelm von Schlegel (*1767, †1845) war ein bedeutender Sprach- und Literaturwissenschaftler, der u.a. 17 Dramen von Shakespeare übersetzte.

Schlüsselroman, Roman, bei dem auf reale Geschehnisse und Personen versteckt angespielt wird.
⊕ Beispiele sind Klaus Manns ›Mephisto. Roman

einer Karriere‹ (1936) und Robert Musils ›Mann ohne Eigenschaften‹ (1930–43).

Schmidt, Arno deutscher Schriftsteller (*1914, †1979), wurde mit experimentellen, sprachspielerischen, häufig schwer zugänglichen Prosatexten bekannt. Als Hauptwerk gilt der Roman ›Zettels Traum‹ (1970).

Schnitzler, Arthur österreichischer Schriftsteller (*1862, †1931), schilderte mit psychologischem Feingefühl und in sozialkritischer Perspektive die Charaktere und die Doppelmoral in der österreichischen Gesellschaft am Ende des 19. Jahrhunderts. Bekannt wurde vor allem das Theaterstück ›Reigen‹ (1900).

Schuld und Sühne, Roman von Fjodor Dostojewskij (1866): Der aus armen Verhältnissen stammende Student Raskolnikoff tötet eine Wucherin, um sein Studium zu finanzieren, und rechtfertigt diese Tat durch seinen Glauben an den weltlichen Fortschritt. Nach der Tat bricht er zusammen, und durch den Aufenthalt in einem Straflager sowie durch die Liebe Sonjas erkennt er, dass er durch Sühne von seiner Schuld frei werden kann.

Schwank, seit dem 15. Jh. literarischer Begriff für scherzhafte Erzählungen in Vers und Prosa; seit dem 19. Jh. auch lustiges Schauspiel mit Situations- und Typenkomik.

Schwejk, ↑ Die Abenteuer des braven Soldaten Schwejk.

Science-Fiction, *die* [ˈsaɪənsˈfɪkʃən], Bezeichnung für literarische Formen, die zukünftige Entwicklungen, wie sie aufgrund wissenschaftlicher Erkenntnisse durchaus möglich wären, behandeln. Der Einsatz von Robotern, Reisen in den Weltraum und außerirdische Lebewesen stehen dabei oft im Vordergrund.
🔴 Jules Verne ist einer der Väter dieses Genres.

Scott, Sir Walter schottischer Dichter (*1771, †1832), wurde vor allem mit historischen Romanen berühmt. In ›Ivanhoe‹ (1820) schildert er den Kampf des gleichnamigen Ritters für seinen König Richard Löwenherz gegen dessen verräterischen Bruder Johann zur Zeit der Kreuzzüge.

Seghers, Anna deutsche Schriftstellerin (*1900, †1983), schildert in ihrem in der Emigration geschriebenen Hauptwerk ›Das siebte Kreuz‹ (1942) die Flucht von sieben Häftlingen aus einem KZ, von denen einer nicht wieder eingefangen werden kann. Sein Überleben wird zum Symbol des Widerstands gegen den Nationalsozialismus.
🔴 Anna Seghers lebte ab 1947 in Berlin (Ost).

Sekundärliteratur, im allgemeinen Sinn die Forschungsliteratur, das heißt wissenschaftliche Untersuchungen, Interpretationen und Kommentare über bestimmte Autoren, Werke, Themen, Formen oder Epochen.

Senghor, Léopold Sédar [sɛ̃ˈgɔːr], senegalesischer Politiker und Schriftsteller (*1906, †2001), führender Vertreter der ↑ Négritude und einer der bekanntesten schwarzafrikanischen Schriftsteller, der sich in seinem Werk für die Verbindung europäischer und afrikanischer Traditionen einsetzt.

Shakespeare, William [ˈʃeɪkspɪə], englischer Schriftsteller (*1564, †1616), einer der bedeutendsten Dramatiker und Dichter des Abendlandes. Sein Werk wird meist in vier Schaffensperioden eingeteilt: 1. Verserzählungen und frühe historische Dramen (›Richard III.‹, 1593); 2. weitere historische Dramen, Komödien (›Ein Sommernachtstraum‹, um 1595; ›Wie es euch gefällt‹, um 1599) und die romantische Tragödie ›Romeo und Julia‹ (um 1595). Den Übergang zur 3., sogenannten ›dunklen Periode‹ bildet die Tragödie ›Julius Cäsar‹ (1599). Dazu gehören auch ›Hamlet‹ (um 1600), ›Othello‹ (1604), ›König Lear‹ (um 1605) und ›Macbeth‹ (um 1608). Zur 4. Periode gehören ›Der Sturm‹ (1611) und ›Das Wintermärchen‹ (1611). Bis heute ist Shakespeare einer der meistgespielten Bühnenautoren geblieben. ⓘ

Shaw, George Bernard [ʃɔː], irischer Schriftsteller (*1856, †1950), dessen Werk durch die Kritik an überkommenen gesellschaftlichen Verhaltensweisen und persönlichen Vorurteilen, durch beißenden Spott und ironischen Sprachwitz gekennzeichnet ist. Bekannt wurden die Stücke ›Pygmalion‹ (1912) und ›Die heilige Johanna‹ (1923).
🔴 1925 bekam Shaw den Nobelpreis für Literatur.

Sherlock Holmes [ˈʃɔːlək ˈhəʊmz], der scharfsinnige Privatdetektiv in den Kriminalromanen von Arthur Conan Doyle.

Simenon, Georges [simˈnɔ̃], belgischer Schriftsteller (*1903, †1989), schrieb mehr als 200 Romane. Weltbekannt wurde er mit seinen 76 psychologisch

Literatur

> **ⓘ WILLIAM SHAKESPEARE**
>
> Über das Leben des berühmtesten englischen Schriftstellers ist nur wenig bekannt, aber so viel lässt sich sagen: Er stammte wohl aus einer relativ wohlhabenden Familie, besuchte die Lateinschule in Stratford-upon-Avon und heiratete 1582 die acht Jahre ältere Ann Hathaway, mit der er drei Kinder hatte. Ab 1589 dürfte er sich in London aufgehalten haben. Spätestens seit 1594 gehörte er der Theatergruppe der ›Chamberlain's Men‹ (ab 1603 ›King's Men‹) an, bei der er während seiner gesamten Theaterkarriere blieb. Von 1599 an war er Teilhaber am ›Globe Theatre‹, ab 1608 am ›Blackfriars Theatre‹. Um 1610/12 zog er sich als wohlhabender Mann an seinen Geburtsort Stratford-upon-Avon zurück.

fundierten Kriminalromanen um die Gestalt des kleinbürgerlich-gutmütigen Kommissars Maigret.

Simplicissimus, eine politisch-satirische Wochenschrift, 1896 in München gegründet, 1967 eingestellt.

➕ Mitarbeiter waren u. a. Frank Wedekind und Ludwig Thoma, als Zeichner Olaf Gulbransson (*1873, †1958) und Thomas Theodor Heine (*1867, †1948).

Simplicissimus, Titelfigur des Romans ›Der Abentheuerliche Simplicissimus Teutsch‹ (1669) von Johann Jakob Christoffel von Grimmelshausen, in dem die Lebensgeschichte des Bauernjungen Simplicissimus erzählt wird, der mit zehn Jahren nach einem Überfall auf den Bauernhof seiner Pflegeeltern in die Wirren des Dreißigjährigen Kriegs verstrickt wird. Aus dem einfältigen Jungen wird ein gewitzter und kluger Mann, der sich zuletzt als Einsiedler aus der Verlogenheit der Welt zurückzieht.

Singer, Isaac Bashevis amerikanischer Schriftsteller jiddischer Sprache (*1904, †1991), schildert in seinen Romanen die Welt des osteuropäischen Judentums vor dem Holocaust und das Leben jüdischer Einwanderer in New York: ›Der Zauberer von Lublin‹ (1960), ›Jakob der Knecht‹ (1962) und ›Verloren in Amerika‹ (1976–81). Seine Erzählung ›Yentl‹ wurde von Barbra Streisand (*1942) verfilmt. 1978 erhielt Singer den Nobelpreis für Literatur.

Solschenizyn, Aleksandr Issajewitsch russischer Schriftsteller (*1918, †2008), verbrachte die Jahre 1945–53 im Arbeitslager und wurde 1974 aus der Sowjetunion ausgewiesen. Solschenizyn setzte sich in seinem Werk (›Ein Tag im Leben des Iwan Denissowitsch‹, 1962; ›Krebsstation‹, 1968) kritisch mit der Stalinzeit auseinander. ›Der Archipel GULAG‹ (1973–75) ist ein literarischer Dokumentarbericht über die sowjetischen Straflager. 1970 erhielt Solschenizyn den Nobelpreis für Literatur.

Sonett, *das* [italienisch ›Klinggedicht‹], in Italien im 13. Jh. entwickelte strenge Form des lyrischen Gedichts; es besteht aus 14 Zeilen, die gewöhnlich in zwei vierzeilige (Quartette) und zwei dreizeilige (Terzette) Strophen gegliedert sind.

Sophokles, griechischer Tragödiendichter (*um 497/496 v. Chr., †406/405 v. Chr.), lebte zur Zeit des Perikles in Athen. Von seinen über hundert Dramen sind sieben erhalten, darunter ›Antigone‹, ›König Ödipus‹ und ›Elektra‹. Sophokles rückte die einzelne Person in den Vordergrund und zeigte an ihrem Schicksal die furchtbare Macht der Götter.

Sophokles

sozialistischer Realismus, Bezeichnung für eine Methode beziehungsweise ein Programm der künstlerischen Gestaltung und der Kritik in Literatur, bildender Kunst, Architektur, Musik und Film, nach der der Künstler die Realität anhand lebensnaher Themen unter der Blickrichtung des Sozialismus darstellen soll. Wichtig war dabei in den literarischen Werken ein positiver Held, der die Möglichkeit bot, sich mit dem Sozialismus zu identifizieren. Der Begriff tauchte erstmals 1932 im Zusammen-

hang der sowjetischen Literaturdiskussion über die dem Sozialismus angemessene ›schöpferische Methode‹ auf.
🞧 Ein Beispiel ist Maksim Gorkijs Roman ›Die Mutter‹.

Steinbeck, John Ernst amerikanischer Schriftsteller (* 1902, † 1968), schilderte in seinen Romanen und Erzählungen das Leben von besitzlosen und umhergetriebenen Menschen aus der amerikanischen Unterschicht. Die soziale Anklage in seinen Werken, verbunden mit dem Glauben an das Gute in diesen Menschen, machte Steinbeck zu einem Anwalt der Armen. Bekannt sind ›Die wunderlichen Schelme von Tortilla Flat‹ (1935), ›Die Früchte des Zorns‹ (1939) und ›Jenseits von Eden‹ (1952). 1962 erhielt Steinbeck den Nobelpreis für Literatur.

Stendhal [stɛ̃'dal], französischer Schriftsteller (* 1783, † 1842), schrieb Romane, in denen er psychologisch fundiert die Zerrissenheit des Menschen angesichts sich auflösender Traditionen schildert. Bekannt sind die Romane ›Rot und Schwarz‹ (1830) und ›Die Kartause von Parma‹ (1839) sowie die psychologisch-historische Studie ›Über die Liebe‹ (1822).
🞧 Stendhal, der eigentlich Marie Henri Beyle hieß, wählte sein Pseudonym nach dem Geburtsort des Antikenforschers Johann Joachim Winckelmann (* 1717, † 1768), dem brandenburgischen Stendal.

Sterne, Laurence [stə:n], englischer Dichter (* 1713, † 1768), schrieb mit seinem Hauptwerk ›Das Leben und die Ansichten Tristram Shandys‹ (1759–67) einen humoristischen Roman, der in Form der fiktiven Autobiografie in skurriler Weise die Frage der menschlichen Zeiterfahrung behandelt.
🞧 Der Roman löste in Europa eine Mode des ›Shandyismus‹ aus, die bestimmte Sprech- und Verhaltensweisen der Romanfiguren nachahmte.

Stevenson, Robert Louis [ˈstiːvnsn], schottischer Schriftsteller (* 1850, † 1894), lebte ab 1890 auf der Südseeinsel Samoa. Er wurde bekannt mit spannenden Südsee- und Abenteuerromanen, z.B. ›Die Schatzinsel‹ (1883), und hatte mit der Erzählung ›Der seltsame Fall des Doktor Jekyll und des Herrn Hyde‹ (1886) großen Erfolg.

Stifter, Adalbert österreichischer Dichter (* 1805, † 1868), unternahm in seinen Werken ›Der Nachsommer‹ (1857) und ›Witiko‹ (1865–67) den Versuch, den Erfahrungen einer schnelllebigen Moderne eine Welt überzeitlicher Werte und Traditionen entgegenzusetzen.

Storm, Theodor deutscher Dichter (* 1817, † 1888), schrieb neben Gedichten von wehmutsvoller Grundstimmung vor allem Novellen, die historische Ereignisse und Figuren sowie landschaftliche Stimmungen schildern, darunter ›Immensee‹ (1851), ›Viola Tricolor‹ (1874), ›Pole Poppenspäler‹ (1875) und ›Der Schimmelreiter‹ (1888).

Stowe, Harriet Beecher [stəʊ], amerikanische Schriftstellerin (* 1811, † 1896), erlangte mit ihrem gegen die Sklaverei gerichteten Roman ›Onkel Toms Hütte‹ (1852) Weltruhm.

Strauß, Botho deutscher Schriftsteller (* 1944). In seinen Stücken (u.a. ›Trilogie des Wiedersehens‹, 1976), Erzählungen und Romanen zeigt Strauß die Oberflächlichkeit der eingefahrenen gesellschaftlichen Wahrnehmungs- und Verhaltensweisen und möchte an deren Stelle den Blick auf das Wesentliche lenken.

Strindberg, August schwedischer Dichter (* 1849, † 1912), war mit seinen Bühnenwerken (›Meister Olof‹, 1878; ›Fräulein Julie‹, 1888; ›Der Totentanz‹, 1901; ›Gespenstersonate‹, 1907) einer der einflussreichsten Vertreter des Naturalismus. Mit seiner Sozialkritik und seiner Darstellung des Kampfes der Geschlechter erregte Strindberg Anstoß.

Der Struwwelpeter, Bilderbuch (1845) des Frankfurter Arztes Heinrich Hoffmann (* 1809, † 1894), der dieses Buch für seinen Sohn verfasste. Es enthält in zehn Bildergeschichten die Grundregeln bürgerlicher Moral und warnt vor deren Verletzung durch Androhung grausamer Strafen. Bekannte Figuren sind neben dem Struwwelpeter Hans Guck in die Luft, der Suppenkaspar und der Zappelphilipp.

Der Sturm, Komödie von William Shakespeare (1611): Der aus Mailand vertriebene Herzog Prospero bringt mithilfe eines durch seine Zauberkräfte erregten Sturms seine Feinde dazu, ihm seinen Besitz zurückzugeben. Der ›Sturm‹, der als Shakespeares letztes Stück gilt, lässt in seiner Rätselhaftigkeit unterschiedliche Deutungen zu.

Sturm und Drang, eine geistige Bewegung in Deutschland etwa von der Mitte der 60er- bis Ende der 80er-Jahre des 18. Jh., die nach dem Schauspiel ›Sturm und Drang‹ (1776) von Friedrich Maximilian von Klinger (*1752, †1831) benannt ist. Ihr Ausgangspunkt war eine jugendliche Revolte gegen den Rationalismus der Aufklärung. Die jungen Dichter pochten auf die Freiheit und Originalität des Einzelnen, auf Schöpferkraft, Gefühl und Fantasie; im Zentrum der künstlerischen Produktion wollten sie das ›Genie‹ (deswegen auch ›Geniezeit‹ genannt) sehen.
➕ Goethes ›Götz von Berlichingen‹ (1773), ›Die Leiden des jungen Werthers‹ (1774) und Schillers ›Die Räuber‹ (1781) stehen im Zeichen des Sturm und Drang.

Surrealismus, *der* eine nach dem Ersten Weltkrieg zunächst in Frankreich einsetzende literarische und künstlerische Bewegung, die darauf zielte, in poetischen Verfahren Rausch, Träume und freie Gedankenassoziationen als Quellen künstlerischer Produktion zu nutzen (auch ⇒ Kapitel 5).
➕ André Breton (*1896, †1966) schrieb die Manifeste des Surrealismus und 1928 den Roman ›Nadja‹.

Swift, Jonathan irischer Schriftsteller (*1667, †1745), publizierte zahlreiche satirische Schriften (u. a. ›Die Tuchhändlerbriefe‹, 1724), in denen er die Sache der Iren vertrat. Sein Roman ›Gullivers Reisen‹ (1726), der gekürzt zu einem beliebten Jugendbuch wurde, ist ein Meisterwerk der utopischen Satire.

Symbol, *das* [griechisch], Zeichen, dem eine Bedeutung zugrunde liegt, die über seine sichtbare Erscheinung hinausweist. So ist z. B. die Rose ein Symbol der Liebe.

Symbolismus, *der* literarische Strömung Ende des 19. Jh., die als Reaktion auf den Naturalismus in Frankreich entstand. Im Mittelpunkt stehen die künstlerische Gestaltung der Sprache und die Verwendung von Symbolen.
➕ Vertreter des literarischen Symbolismus waren in Frankreich Charles Baudelaire und in Deutschland Stefan George und Hugo von Hofmannsthal.

Szene, kleinere, besonders gegliederte Einheit eines Dramas, Films oder eines Hörspiels; auch Bezeichnung für den Schauplatz einer Handlung.

Tacitus, Publius (?) Cornelius römischer Geschichtsschreiber (*um 55 n. Chr., †nach 116 n. Chr.), war Prätor und Konsul in Rom. In seinen ›Annalen‹ und ›Historien‹ schrieb er eine Geschichte der römischen Kaiserzeit; sein kurz ›Germania‹ genanntes Werk beschreibt in idealisierender Weise die Lebensformen der Germanen und stellt diese den ›verdorbenen‹ Sitten der Römer gegenüber.

Das Tagebuch der Anne Frank, ↑ Frank, Anne.

Theater, *das* [griechisch ›Schaustätte‹], die Gesamtheit aller Arten szenischer Darstellung eines Geschehens, die für Zuschauer bestimmt sind, sowie der Ort der Aufführung und die dazu gehörigen technischen Einrichtungen. Neben dem Theater im engeren Sinne als Sprechtheater mit Schauspielern gibt es weitere Formen des Theaters: Musik- und Tanztheater, Pantomime und Puppenspiel.
➕ Die Geschichte des europäischen Theaters beginnt mit religiösen und kultischen Darstellungen im antiken Griechenland.

Thoma, Ludwig Pseudonym Peter Schlemihl, deutscher Schriftsteller (*1867, †1921), schrieb u. a. Satiren für den ›Simplicissimus‹. Populär wurden seine volkstümlich humoristischen Erzählungen wie ›Die Lausbubengeschichten‹ (1905) und ›Der Münchner im Himmel‹ (1911).

Thriller, *der* [ˈθrɪlə; von englisch to thrill ›zittern machen‹], Bezeichnung für Filme, Theaterstücke oder Erzählungen, die mithilfe besonderer Effekte Spannung und Nervenkitzel erzeugen.

Tieck, Ludwig deutscher Dichter (*1773, †1853), wurde vor allem mit seinen romantischen Märchen, dem Briefroman ›Geschichte des Herrn William Lovell‹ (1795/96), der Komödie ›Der gestiefelte Kater‹ (1797) und dem Künstlerroman ›Franz Sternbalds Wanderungen‹ (1798) bekannt.

Ludwig Tieck (Zeichnung von Franz Krüger)

Der Tod in Venedig, Erzählung von Thomas Mann (1912), schildert die letzten Tage und den Tod des Künstlers Gustav von Aschenbach in Venedig. In der von einer Choleraseuche heimgesuchten Stadt verliebt sich der Künstler in den Knaben Tadzio, der für ihn zugleich die Erfahrung der Schönheit im Angesicht der Vergänglichkeit verkörpert.

Tol   Literatur

🔵 Die Verfilmung (1970) durch Luchino Visconti (* 1906, † 1976) gilt als ein Meisterwerk.

Tolkien, John Ronald Reuel englischer Schriftsteller (* 1892, † 1973), wurde als Romanautor vor allem durch die fantastisch-mythologische Trilogie ›Der Herr der Ringe‹ (1954–55) bekannt.

Tolstoj, Lew (Leo) Nikolajewitsch Graf russischer Schriftsteller (* 1828, † 1910), ein Meister der Darstellung menschlicher Verhaltensweisen und Charaktere. Tolstoj schrieb u. a. die Romane ›Krieg und Frieden‹ (1868–69) und ›Anna Karenina‹ (1878) sowie zahlreiche Erzählungen und Novellen, u. a. ›Die Kreutzersonate‹ (1891). Seine religiösen und sozialen Anschauungen (Lehre der Gewaltlosigkeit, Kritik am gesellschaftlichen Unrecht) wurden auch in seinen theoretischen Werken deutlich.

🔵 Kurz vor seinem Tod verließ er seine Familie, um in asketischer Einsamkeit zu leben.

Tom Sawyer [- ˈsɔːjə], Titelgestalt des Romans ›Die Abenteuer Tom Sawyers‹ (1876) von Mark Twain. Der Roman schildert einige Monate im Leben des Lausbuben Tom in Sankt Petersburg am Mississippi, seine Konflikte mit der Erwachsenenwelt (›Tante Polly‹), seine Liebe zu Becky und seine Freundschaft mit Huckleberry Finn.

🔵 Das Buch war eine Parodie auf die damaligen Jugendbücher vom ›guten Jungen‹ und wurde selbst zu einem Klassiker der Jugendliteratur.

Topos, *der* [griechisch ›Ort‹], in der Literaturwissenschaft Bezeichnung für eine formelhafte literarische Wendung oder ein festes Bild.

🔵 Topoi sind z. B. die bildhaften Aussagen von der Welt als Theater oder dem Leben als Reise.

Die toten Seelen, Roman von Nikolaj Wassiljewitsch Gogol (1842), der ein grotesk-satirisches Bild der gesellschaftlichen Verhältnisse im Russland seiner Zeit entwirft. Da nach dem geltenden Gesetz auch verstorbene Leibeigene (›Tote Seelen‹) noch verpfändet werden konnten, unternimmt der Kollegienassessor Tschitschikow eine Reise durch die russische Provinz mit der Absicht, möglichst viele dieser Schuldverschreibungen aufzukaufen. Dabei treten die unterschiedlichsten Gutsbesitzertypen in karikierter Weise in Erscheinung.

Tragikomödie, dramatische Gattung, in der sich komische und tragische Elemente wechselseitig durchdringen, sodass Grauen in Lachen und Lachen in Grauen umschlägt und die Erfahrung des Grotesken entsteht.

🔵 Zeitgenössische Tragikomödien verfassten Friedrich Dürrenmatt, Max Frisch und Thomas Bernhard.

Lew Tolstoj in seinem Arbeitszimmer (Zeichnung von Leonid Ossipowitsch Pasternak)

Tragödie, *die* [griechisch ›Trauerspiel‹], dramatische Gattung, in der ein Held in einem schicksalhaften, ausweglosen (›tragischen‹) Konflikt unterliegt. Die Tragödie entwickelte sich aus kultischen Chorgesängen im antiken Griechenland und verarbeitete ursprünglich meist Stoffe aus der Mythologie. Aischylos, Sophokles und Euripides schrieben die ersten bedeutenden Tragödien.

Traven, B. deutschsprachiger Schriftsteller (* 1882 (?) oder 1890 (?), † 1969), schrieb erfolgreiche sozialkritische Romane, die von einem leidenschaftlichen Protest gegen Unmenschlichkeit, Krieg und Gewalt gekennzeichnet sind, u. a. ›Das Totenschiff‹ (1926) und ›Der Schatz der Sierra Madre‹ (1927).

🔵 Travens Identität ist bis heute nicht geklärt. Als gesichert gilt, dass er zwischen 1917 und 1921 unter dem Pseudonym Ret Marut die sozialistische Zeitschrift ›Der Ziegelbrenner‹ herausgab und an der Münchner Räterepublik beteiligt war.

Tristan, Held des mittelhochdeutschen Versepos ›Tristan und Isold‹ (um 1210) von Gottfried von Straßburg (⇒ Kapitel 9).

Trivialliteratur, abwertende Bezeichnung für Literatur, die sowohl in der sprachlichen als auch in der inhaltlichen Gestaltung nicht den jeweiligen Normen ›hoher‹ Literatur entspricht.

Trochäus, *der* Versfuß, der aus einer langen (betonten) und einer kurzen (unbetonten) Silbe besteht.
🔸 Beispiel: ›Freude, schöner Götterfunken‹.

Troubadour ⇒ Kapitel 5.

Tschechow, Anton Pawlowitsch russischer Schriftsteller (* 1860, † 1904), schildert in zahlreichen Novellen und Kurzgeschichten die Welt des russischen Kleinbürgertums, der Intellektuellen und des niedergehenden Gutsadels. In den Theaterstücken ›Die Möwe‹ (1896), ›Onkel Wanja‹ (1897), ›Drei Schwestern‹ (1901) und ›Der Kirschgarten‹ (1904) stehen das Neben- und Gegeneinander von Seelenlagen und Stimmungen der Figuren im Mittelpunkt.

Tucholsky, Kurt deutscher Journalist und Schriftsteller (* 1890, † 1935), prangerte in satirischen Artikeln und Gedichten Militarismus, Nationalismus, Korruption und die antidemokratischen Bestrebungen an. Bekannt sind auch seine Geschichten ›Rheinsberg‹ (1912) und ›Schloß Gripsholm‹ (1931). 1933 wurden seine Bücher in Deutschland verboten.
🔸 Tucholsky schrieb auch unter den Pseudonymen Kaspar Hauser, Peter Panter, Theobald Tiger und Ignaz Wrobel.

Twain, Mark ↑ Mark Twain.

Uhland, Ludwig deutscher Dichter (* 1787, † 1862), gehörte dem spätromantischen schwäbischen Dichterkreis an und schrieb vor allem Balladen sowie schlichte, volkstümliche Gedichte, von denen einige zu Volksliedern wurden.

Der Untertan, Roman von Heinrich Mann (1918), schildert am Lebensweg des Unternehmersohnes Dietrich Häßling die Unterwürfigkeit des deutschen Bürgertums gegenüber Adel und Militarismus im wilhelminischen Kaiserreich. Der Roman ist eine der bedeutendsten Satiren in der deutschen Literatur des 20. Jahrhunderts.
🔸 Er wurde 1951 von Wolfgang Staudte (* 1906, † 1984) verfilmt.

Utopie, *die* [griechisch ›Nirgendort‹] literarische Darstellung einer erfundenen idealen Staats- und Gesellschaftsordnung. Während die älteren Utopien meist vorhandene gesellschaftliche Zustände kritisieren, behandeln die Utopien seit dem 19. Jh. auch technisch-naturwissenschaftliche Probleme.
🔸 Als Vorbild der literarischen Utopie gilt Platons ›Staat‹; 1516 erschien der Staatsroman ›Utopia‹ von Thomas Morus.

Vargas Llosa, Mario [ˈbarγas ˈʎosa], peruanischer Schriftsteller (* 1936), der mit seinen zum Teil sozialkritischen Romanen zu den wichtigsten Vertretern der zeitgenössischen lateinamerikanischen Literatur gehört. Bekannt wurden ›Die Stadt und die Hunde‹ (1962), ›Das grüne Haus‹ (1965) und ›Lob der Stiefmutter‹ (1988).

Verfremdungseffekt, Bezeichnung für die von Bertolt Brecht im epischen Theater eingesetzten Effekte, die beim Publikum eine Identifikation mit dem Bühnengeschehen verhindern (Songs, sichtbare Bühnentechnik).

Vergil römischer Dichter (* 70 v. Chr., † 19 v. Chr.), war mit Kaiser Augustus befreundet. Sein Hauptwerk ist das Heldenepos ›Aeneis‹, das zum Nationalepos der Römer wurde.

Die verlorene Ehre der Katharina Blum, Erzählung von Heinrich Böll (1974), schildert den Fall der Katharina Blum, die sich in einen von der Polizei als Terroristen gesuchten Mann verliebt und ihm zur Flucht verhilft, und die Zerstörung ihres Lebens durch die Machenschaften der Sensationspresse.
🔸 Der Roman wurde 1975 von Volker Schlöndorff (* 1939) verfilmt.

Verne, Jules [vɛrn], französischer Schriftsteller (* 1828, † 1905), schrieb Zukunftsromane, in denen er technische Erfindungen vorwegnahm. Mit ihnen gehört er zu den Begründern der Science-Fiction-Literatur. Zu seinen bekanntesten Büchern gehören ›Reise nach dem Mittelpunkt der Erde‹ (1864), ›20 000 Meilen unter'm Meer‹ (1870) und ›Reise um die Welt in 80 Tagen‹ (1873).

Vers, rhythmische Einheit im Gedicht, Epos oder Drama, oft rhythmisch wiederum untergliedert, wobei der Versfuß (z. B. Jambus, Trochäus, Daktylus, Anapäst) die kleinste Einheit ist. Verse können – müssen aber nicht – mit einem Reim enden.

Villon, François [viˈjɔ̃], französischer Dichter (* 1431, ab 1463

François Villon in einem Holzschnitt aus der Ausgabe seiner Werke von 1489

Vom Literatur

verschollen), schrieb freche, ironische und sozialkritische Balladen, die vom Vagabundenleben, von Tod, Vergänglichkeit, vom Hass und von der Liebe handeln. Sein Hauptwerk ist ›Das große Testament‹ (1456).

➕ Bertolt Brecht hat einige der Lieder Villons in die ›Dreigroschenoper‹ aufgenommen.

Vom Winde verweht, Roman (1936) der amerikanischen Schriftstellerin Margaret Mitchell (*1900, †1949). Sie schildert darin die Geschichte und Erfahrungen einer Familie in den Südstaaten der USA im und nach dem Sezessionskrieg.

➕ Der Roman wurde mehrfach verfilmt, vor allem 1939 mit Clark Gable (*1901, †1960) und Vivien Leigh (*1913, †1967).

Die Wahlverwandtschaften, Roman von Goethe (1809), schildert die verwickelte Liebesgeschichte zwischen Eduard, seiner Frau Charlotte und den beiden hinzukommenden Figuren, dem Hauptmann und der Pflegetochter Ottilie, in Entsprechung zu einem naturwissenschaftlichen Experiment. Goethe überträgt die Vorgänge chemischer Prozesse auf das Feld der Gefühle und thematisiert so das Verhältnis von Natur und Kultur.

Wallenstein, historische Figur (⇒ Kapitel 2) aus dem Dreißigjährigen Krieg. Schiller gestaltete das Schicksal des Feldherrn Albrecht von Wallenstein in der Dramentrilogie ›Wallensteins Lager‹, ›Die Piccolomini‹ und ›Wallensteins Tod‹ (1800).

Walser, Martin deutscher Schriftsteller (*1927), schildert in seinen Werken neben Ehe- und Beziehungsproblemen, in denen er den Zustand der Gesellschaft widergespiegelt sieht (›Ehen in Philippsburg‹, 1957; ›Ein fliehendes Pferd‹, 1978), die Erfahrungswelt der Mittelschicht aus der Sicht von Versagern. Der Roman ›Die Verteidigung der Kindheit‹ (1991) thematisiert Identität und Geschichte der Deutschen.

Walther von der Vogelweide, mittelhochdeutscher Dichter (*um 1170, †um 1230), herausragender Vertreter des Minnesangs, der daneben politische Dichtungen verfasste. Er führte als fahrender Sänger ein unstetes Wanderleben.

Warten auf Godot [- gɔˈdo], Schauspiel von Samuel Beckett (1952), eines der wichtigsten Werke des absurden Theaters. Es zeigt die beiden Landstreicher Vladimir und Estragon, die die Zeit des letztlich er-

Walther von der Vogelweide (Miniatur aus der Weingartner Liederhandschrift, um 1330)

folglosen Wartens auf den ihnen unbekannten Godot mit Clownerien und Sprachspielen verbringen, und stellt so die mögliche Sinnlosigkeit menschlicher Existenz dar.

Die Weber, Schauspiel von Gerhart Hauptmann (1892), das die Not der Weber in Schlesien und ihren Aufstand im Jahr 1844 zum Thema hat. Wegen der darin enthaltenen Sozialkritik wurde eine öffentliche Aufführung erst 1894 erlaubt. ›Die Weber‹ sind ein wichtiges Werk des Naturalismus.

Wedekind, Frank deutscher Schriftsteller (*1864, †1918), wandte sich in seinen Dramen (›Frühlings Erwachen‹, 1891; ›Der Erdgeist‹, 1895) und in seinen satirisch gefärbten Balladen gegen die erstarrten bürgerlichen Moralvorstellungen.

➕ Wegen Majestätsbeleidigung in dem Gedicht ›Palästinafahrt‹ wurde Wedekind 1899/1900 zu einer Festungshaft verurteilt.

Weimarer Klassik, die von der Zusammenarbeit Schillers und Goethes geprägte Richtung der deutschen Literatur.

Weiss, Peter deutscher Schriftsteller und Maler (*1916, †1982), schrieb experimentelle Prosa und politisch engagierte Theaterstücke, u.a. ›Die Ermittlung‹ (1965). Aufsehen erregte sein Roman ›Die Ästhetik des Widerstands‹ (1975–81).

Weltliteratur, Sammelbezeichnung für die Gesamtheit der über alle Zeiten gültigen Werke der Literatur und Dichtung aller Völker und Kulturen.
➕ Goethe prägt diesen Begriff im Gespräch mit seinem Sekretär Johann Peter Eckermann (*1792, †1854) am Neujahrstag des Jahres 1827.

Western, *der* [englisch], Bezeichnung für Filme und Romane, die, zumeist aus der Sicht der Weißen, Ereignisse aus der Eroberung des amerikanischen ›Wilden Westens‹ im 19. Jh. schildern.

West-östlicher Divan, Gedichtsammlung von Goethe (1819), Ergebnis seiner Beschäftigung mit den Formen orientalischer Dichtung. Das Buch ›Suleika‹ spiegelt die erotische Beziehung Goethes zu Marianne von Willemer (*1784, †1860) wider.

Whitman, Walt [ˈwɪtmən], amerikanischer Dichter (*1819, †1892), einer der bedeutendsten amerikanischen Dichter des 19. Jh., vor allem durch die Gedichtsammlung ›Grashalme‹ (1855).

Wie es euch gefällt, Komödie von William Shakespeare (1599), zeigt vor dem Hintergrund einer Schäfergeschichte die verschiedenen Auffassungen von der Liebe und verhilft mithilfe einer Intrige der ›natürlichen‹ und ›zivilisierten‹ Vorstellung, die mit den beiden Helden Rosalinde und Orlando verbunden ist, zur Anerkennung.

Wieland, Christoph Martin deutscher Dichter (*1733, †1813), begründete mit der ›Geschichte des Agathon‹ (1766/67) den bürgerlichen Bildungsroman in Deutschland und schrieb zahlreiche weitere Werke, u.a. den humoristischen Roman ›Die Abderiten‹ (1774). Wieland verbindet die Verspieltheit des Rokoko mit bürgerlich aufklärerischer Gesinnung. Er übersetzte zahlreiche antike Autoren ins Deutsche.

Wiener Volkstheater, Bezeichnung für das vom Ende des 18. bis Mitte des 19. Jh. in der Wiener Vorstadt gespielte Theater, das Elemente des Volkstheaters und der Commedia dell'Arte mit gesellschaftskritischer Satire verband. Bekannte Autoren sind Ferdinand Raimund (*1790, †1836) und Johann Nepomuk Nestroy.
➕ Eine beliebte komische Figur ist ›Hanswurst‹.

Wilde, Oscar [waɪld], englischer Schriftsteller (*1854, †1900), wurde vor allem mit seinem Roman ›Das Bildnis des Dorian Gray‹ (1891), der Erzählung ›Das Gespenst von Canterville‹ (1887) und der Tragödie ›Salome‹ (1893) bekannt. In seinen Lustspielen (›Ein idealer Gatte‹, 1899) verspottet Wilde die Moralvorstellungen der englischen Gesellschaft.
➕ Wilde wurde 1895 wegen Homosexualität zu zwei Jahren Zuchthaus verurteilt. Die Erfahrungen dieser Zeit verarbeitete er in der ›Ballade vom Zuchthaus in Reading‹ (1898).
➕ Typisch für Wilde, der für eine ausgesprochen extravagante Lebensführung bekannt war, ist der Ausspruch: ›Man umgebe mich mit Luxus, auf alles Notwendige kann ich verzichten.‹

Wilhelm Meisters Lehrjahre, Roman von Goethe (1795/96), schildert den Bildungsweg und die Liebeserfahrungen des jungen, theaterbegeisterten Wilhelm, der auf seiner Reise durch Deutschland ein zunehmend realistisches Bild von sich und der Welt gewinnt und sich am Ende unter dem Eindruck der Liebe Nathalies zu einem praktisch-tätigen Arzt entwickelt.

Wilhelm Tell, Schauspiel von Schiller (1804), zeigt den schweizerischen Nationalhelden Tell aus der Zeit des Kampfes um die Unabhängigkeit der Schweiz. Im Zentrum des Dramas steht Tells Apfelschuss, der, als Zeichen der Demütigung gedacht, zum Ausdruck der Befreiung wird.
➕ Das Schauspiel enthält eine Reihe sprichwörtlich gewordener Redensarten, wie ›Es ist noch kein Meister vom Himmel gefallen‹.

Williams, Tennessee [ˈwɪljəmz], amerikanischer Dramatiker (*1911, †1983), beschreibt in ›Die Glasmenagerie‹ (1944) eine Frau, die sich aus Angst vor der Wirklichkeit in eine Traumwelt zurückgezogen hat. Auch ›Endstation Sehnsucht‹ (1947) und ›Die Katze auf dem heißen Blechdach‹ (1955) sind von der Psychoanalyse beeinflusst und thematisieren Lebenslügen als Flucht aus der Wirklichkeit.

Wohmann, Gabriele deutsche Schriftstellerin (*1932). Hauptthemen ihrer Werke (›Abschied für länger‹, 1965; ›Paulinchen war allein zu Haus‹, 1974;

›Aber das war noch nicht das Schlimmste‹, 1995) sind die Unfähigkeit der Menschen zur Kommunikation, die Unterdrückung und Abhängigkeit in der Familie und die Bedeutung menschlicher Fehler.

Wolf, Christa deutsche Schriftstellerin (* 1929), stellt in ihren Werken u. a. die Gesellschaft der DDR und ihre Veränderungen dar (›Nachdenken über Christa T.‹, 1968; ›Leibhaftig‹, 2002). Ihr Roman ›Der geteilte Himmel‹ (1963) behandelt das Schicksal eines Paares im geteilten Deutschland. Die Erzählung ›Kassandra‹ (1983) gilt als wichtiges Werk der neueren feministischen Literatur.

Wolfram von Eschenbach, deutscher Dichter (* um 1170/80, † 1220). Seine Werke gelten als Höhepunkt der in mittelhochdeutscher Sprache geschriebenen Dichtung der Stauferzeit. Sein Hauptwerk ist das Epos ›Parzival‹ (1200–10). Die subjektive Erzählweise Wolframs von Eschenbach ist für die Zeit ungewöhnlich.

Wolkenstein, ↑ Oswald von Wolkenstein.

Woolf, Virginia [wʊlf], englische Schriftstellerin (* 1882, † 1941), beschreibt in ihren Romanen und Erzählungen vor allem die Erfahrungswelten von Frauen mithilfe des inneren Monologs. Wichtige Werke sind u. a. ›Mrs. Dalloway‹ (1925), ›Die Fahrt zum Leuchtturm‹ (1927) und ›Orlando‹ (1928).

Virginia Woolf

Yeats, William Butler [jeɪts], irischer Dichter (* 1865, † 1939), verband in seiner Lyrik, die auf irische und keltische Mythen zurückgriff, Einflüsse des Symbolismus mit spirituellen Erfahrungen. Er erhielt 1923 den Nobelpreis für Literatur.

Der Zauberberg, Roman von Thomas Mann (1924), schildert den Aufenthalt Hans Castorps in einem Schweizer Sanatorium, den dieser zu einer Bestandsaufnahme der abendländischen Kultur und ihrer teils wissenschaftlichen, teils irrationalen Traditionen nutzt.

➕ Der Roman wurde 1981 von Hans Werner Geißendörfer (* 1941) verfilmt.

Zensur, *die* [lateinisch ›Prüfung‹], Maßnahmen, mit denen eine staatliche oder religiöse Autorität Veröffentlichungen kontrolliert, verändert oder verbietet. Zensur dient vor allem der Verhinderung einer nichtkonformen, oppositionellen Meinungsbildung.

Der zerbrochene Krug, Lustspiel von Heinrich von Kleist (1808). Das im dörflichen Milieu spielende Stück, das die Gerichtsverhandlung um einen zerbrochenen Krug zeigt, an deren Ende der ermittelnde Richter selbst als Täter entlarvt wird, enthält neben Schwankelementen deutliche Kritik am Rechtssystem der Zeit und verweist u. a. auf das Zerbrechen der alten Ordnung.

Zitat, *das* [zu lateinisch citare ›herbeirufen‹], wörtlich übernommene Stelle aus einem anderen Text, der in der Regel als Quelle angegeben werden muss.

Zola, Émile [zoˈla], französischer Schriftsteller (* 1840, † 1902), begründete mit seinem Roman ›Nana‹ (1880) den Naturalismus. Im Mittelpunkt seines Hauptwerks, des 20-teiligen Romanzyklus ›Die Rougon-Marcquart‹ (1871–93), steht die Frage nach der Rolle von Vererbung und Milieu im Leben des Menschen; Zola gibt damit ein mit wissenschaftlicher Exaktheit entworfenes umfassendes Zeitgemälde der französischen Gesellschaft.

➕ 1898 setzte er sich mit einem offenen Brief für den unschuldig verurteilten Hauptmann Dreyfus ein (auch ↑ Dreyfusaffäre, Kapitel 1).

➕ Zola war ein enger Jugendfreund des Malers Paul Cézanne.

Zuckmayer, Carl deutscher Schriftsteller (* 1896, † 1977), schrieb expressionistisch beeinflusste Stücke, in denen sich Gesellschafts- und Kulturkritik verbinden und lyrische und derbe Elemente mischen, u. a. ›Der fröhliche Weinberg‹ (1925), ›Schinderhannes‹ (1927), ›Der Hauptmann von Köpenick‹ (1930). In ›Des Teufels General‹ (1946) unternahm er den Versuch einer Aufarbeitung des Nationalsozialismus.

Carl Zuckmayer

Zweig, Stefan österreichischer Schriftsteller (* 1881, † 1942), wurde vor allem mit Novellen, in denen er sich u. a. mit der inneren Zerrissenheit des modernen Menschen auseinandersetzt (›Verwirrung der Gefühle‹, 1927; ›Schachnovelle‹, 1942), sowie groß angelegten Biografien bekannt.

7 Sprichwörter und Redensarten

4
Wirtschaft
5
Kunst und Musik
6
Literatur
7
Sprichwörter und Redensarten

Sprichwörter und Redensarten bilden einen wichtigen Bestandteil unserer Sprache. So wie jeder Mensch bestimmte charakteristische Eigenschaften besitzt, besitzt auch jede Sprache ihre eigenen Redensarten. Es sind feste Wortgruppen, deren einzelne Wörter man nicht beliebig verändern oder austauschen darf. Denn ihre Bedeutung ergibt sich nur aus der vollständigen Wortgruppe, nicht aus der Bedeutung der Einzelwörter.

Viele Redensarten sind schon sehr alt und gehen auf Bräuche und Vorstellungen zurück, die wir gar nicht mehr kennen. Wenn wir trotzdem verstehen, was gemeint ist, wenn z.B. jemand »auf den Busch klopft«, »mit etwas hinter dem Berge hält« oder »den Stab über jemandem bricht«, so nur, weil uns diese Redensarten vertraut sind, weil wir sie als Teil unserer Muttersprache gelernt haben.

Sprichwörter dagegen sind leichter zu verstehen. Sie formulieren allgemein gültige Erfahrungen, stellen Verhaltensregeln auf und warnen vor Fehlverhalten, z.B. »man soll den Tag nicht vor dem Abend loben« oder »wer einmal lügt, dem glaubt man nicht, und wenn er auch die Wahrheit spricht«. Sie sind Ausdruck einer allgemein verständlichen Philosophie, die von Generation zu Generation weiterlebt.

ad absurdum [lateinisch]. Etwas ›ad absurdum führen‹ heißt, die Widersinnigkeit oder Nichthaltbarkeit, z. B. einer Behauptung, nachweisen.

nach Adam Riese, richtig gerechnet. Diese Redensart geht auf den berühmten deutschen Rechenmeister Adam Ries (* 1492, † 1559) zurück.

Adel verpflichtet, eine höhere gesellschaftliche Stellung verpflichtet zu Verhaltensweisen, die von anderen nicht unbedingt erwartet werden. Der Ausspruch stammt aus dem Französischen (›noblesse oblige‹) und findet sich in den ›Maximes et réflexions sur différents sujets de morale et de politique‹ (1808) von Pierre M. G. Duc de Lévis.

Advocatus Diaboli [lateinisch ›Anwalt des Teufels‹] nennt man jemanden, der um der Sache willen mit seinen Argumenten die Gegenseite vertritt, ohne ihr selbst anzugehören.

Alma Mater, *die* [lateinisch ›nährende Mutter‹, meist scherzhaft gebrauchte Bezeichnung für die Universität und die Hochschule.

Alter Ego, *das* [lateinisch ›das andere Ich‹] nennt man einen sehr guten, vertrauten Freund.

Alter schützt vor Torheit nicht, auch alte Menschen begehen noch Dummheiten. – In Shakespeares Tragödie ›Antonius und Kleopatra‹ (1623) sagt Kleopatra zu Antonius: ›Wenn mich das Alter auch nicht schützt vor Torheit, doch wohl vor Kindischsein‹.

Am deutschen Wesen soll die Welt genesen. Dieser Satz des deutsch-national gesinnten Dichters Emanuel Geibel (* 1815, † 1884) bezieht sich auf die Einigung Deutschlands unter der Führung Preußens. Er wurde jedoch in der Folgezeit häufig zur Forderung erhoben und bis in den Nationalsozialismus hinein als Schlagwort gebraucht.

bei jemandem gut (schlecht) angeschrieben sein, bei ihm in gutem (schlechtem) Ansehen stehen. Die Redewendung geht auf die Bibel (Buch Exodus) zurück, wo von einem Buch die Rede ist, in das der Herr die Gerechten einschreibt und aus dem er die Sünden tilgt.

das A und O, die Hauptsache, das Wichtigste, der Kernpunkt. Ursprünglich verstand man darunter den Anfang und das Ende, nach dem ersten (Alpha) und dem letzten (Omega) Buchstaben des griechischen Alphabets. Nach der Offenbarung des Johannes spricht Gott: ›Ich bin das A und O ...‹

Die Axt im Haus erspart den Zimmermann, jemand, der im Umgang mit Handwerkszeug geschickt ist, braucht für vieles nicht die Hilfe eines Fachmanns. Das Sprichwort ist ein Zitat aus Schillers Drama ›Wilhelm Tell‹ (1804).

mit etwas hinter dem Berge halten, etwas Wichtiges verschweigen.
Die Redensart ist seit dem Dreißigjährigen Krieg bekannt und stammt aus der militärischen Fachsprache: Man stellte die Geschütze in Deckung hinter einem Berg auf, wo sie vom Gegner nicht gesehen werden konnten, und setzte sie dann in einem günstigen Augenblick ein.

biblisches Alter, ein sehr hohes Alter, nach den Angaben in der Bibel über das Alter der Patriarchen.
⊕ Besonders alt – nämlich 969 Jahre – soll Methusalem geworden sein.

kein Blatt vor den Mund nehmen, offen seine Meinung sagen. Die Redensart geht auf eine alte Sitte im Theater zurück, nach der die Schauspieler sich Blätter vor den Mund hielten, um später nicht für ihre Äußerung zur Rechenschaft gezogen zu werden.

ein unbeschriebenes Blatt, noch unerfahren, ohne Kenntnisse; eine Redensart, die auf Aristoteles zurückgeht: ›Wie auf einer Tafel, auf der in Wirklichkeit nichts geschrieben steht‹.

ins Bockshorn jagen, in die Enge treiben, einschüchtern. Die Redensart taucht erstmals um 1500 im ›Narrenschiff‹ von Sebastian Brant (* 1457, † 1521) auf.

böhmische Dörfer, unbekannte, unverständliche Dinge. Die seit Ende des 16. Jh. belegte Redewendung erklärt sich daraus, dass viele tschechische Ortsnamen in Böhmen für die Deutschen, die Tschechisch nicht beherrschten, fremd klangen und nur schwer auszusprechen waren. So schreibt z. B. Hans Jakob Christoffel von Grimmelshausen in seinem ›Simplicissimus‹(1668): ›Es waren mir nur Böhmische Dörffer, und alles ein gantz unverständliche Sprache.‹

den Braten riechen, merken oder ahnen, dass etwas Unangenehmes auf einen zukommt; eine sehr alte Redensart, die schon bei dem römischen Dichter Horaz nachzulesen ist. Auch Luther verwendet

Sprichwörter und Redewendungen — Gle

sie, z. B. in ›An die Ratsherren‹ (1524): ›... der Teuffel roch den braten wol.‹

die Bretter, die die Welt bedeuten, so nennt Schiller in seinem Gedicht ›An die Freude‹ (1803) die Bühne.

ein Buch mit sieben Siegeln, etwas Unverständliches, nicht Durchschaubares. Die Redensart stammt aus der Bibel (Offenbarung des Johannes) und wird z. B. von Goethe in seinem ›Faust‹ zitiert: ›Mein Freund, die Zeiten der Vergangenheit sind uns ein Buch mit sieben Siegeln.‹

auf den Busch klopfen, früher schlugen Jäger mit Stangen auf die Büsche des Unterholzes, um das Wild aufzuscheuchen. Wenn heute ›jemand auf den Busch klopft‹, so spielt er auf etwas an, um etwas anderes, das er wissen möchte, zu erfahren.

Business as usual [ˈbɪznɪz əz ˈjuːʒʊəl; englisch ›die Geschäfte gehen ihren normalen Gang‹], Ausdruck, der sich auf eine Lage bezieht, in der es entweder nichts Besonderes zu vermelden gibt oder in der Geschehnisse ohne Auswirkung auf den üblichen Verlauf der Dinge geblieben sind.
➕ Bekannt wurde dieser Ausdruck besonders durch Winston Churchill, der auf einem Bankett am 9. November 1914 sagte: The maxim of the British people is ›Business as usual‹ (Die Maxime des britischen Volkes ist ›die Geschäfte gehen ihren normalen Gang‹). Er bezog sich damit auf die Ereignisse des Ersten Weltkriegs und deren Einfluss auf das britische Wirtschaftsleben.

coram publico [lateinisch], öffentlich, vor aller Augen.

Cum grano salis [lateinisch ›mit einem Körnchen Salz‹], mit Einschränkungen, nicht ganz wörtlich.

mit jemandem unter einer Decke stecken, mit ihm gemeinsame Sache machen, die gleichen, oft schlechten Ziele verfolgen. Ursprünglich bedeutete die Redensart ›mit jemandem verheiratet sein‹, nach dem Brauch, die Jungvermählten nach der Eheschließung ins Brautgemach zu geleiten und sie mit einer Decke zuzudecken.

Deus ex Machina, der [lateinisch ›Gott aus der Maschine‹], unerwarteter, im richtigen Moment auftauchender Helfer in einer Notlage. – Im antiken Theater schwebten die Götter an einer kranähnlichen Flugmaschine auf die Bühne.

ein Dorn im Auge, ein Ärgernis. Die Redensart geht auf die Bibel zurück (4. Buch Mose): ›Wenn ihr aber die Bewohner des Landes nicht vor euch her vertreibet, so werden euch die, die ihr übrig lasst, zu Dornen in euren Augen werden.‹

drakonisch, sehr streng, hart, grausam. So galten die Gesetze des altgriechischen Gesetzgebers Drakon (7. Jh. v. Chr.), weil er sie ›mit Blut und nicht mit Tinte schrieb‹, wie Plutarch berichtet.

das Ei des Kolumbus, eine überraschend einfache Lösung; nach einer älteren Anekdote, die später auf Kolumbus übertragen wurde, demonstrierte dieser die Lösung des Problems, ein Ei aufrecht hinzustellen, dadurch, dass er es durch Eindrücken auf der Spitze stehen ließ.

Eulen nach Athen tragen geht auf einen Ausspruch in einer Komödie des Aristophanes zurück. Wer Eulen nach Athen trug, tat etwas gänzlich Überflüssiges, denn die Eule, mit dem die Stadtgöttin Athene dargestellt wurde, war schon längst in Athen heimisch.

sich mit fremden Federn schmücken, die Verdienste anderer als die eigenen ausgeben, sich mit den Verdiensten anderer brüsten. Diese alte Redensart, die in Europa weit verbreitet ist, geht auf die Fabel ›Die Krähe und die Pfauen‹ des lateinischen Dichters Phaedrus (1. Jh. n. Chr.) zurück, in der sich eine Krähe mit ausgefallenen Pfauenfedern schmückt.

Man muss die Feste feiern, wie sie fallen, man soll sich keine gute Gelegenheit entgehen lassen, z. B. um ein Fest zu feiern. Aus der Berliner Lokalposse ›Graupenmüller‹ (1870) von Hermann Salingré (* 1833, † 1879).

Einem geschenkten Gaul schaut man nicht ins Maul, mit einem Geschenk soll man, so wie es ist, zufrieden sein. Wenn man allerdings ein Pferd kaufen will, so sollte man ihm ins Maul schauen, denn am Zustand der Zähne lässt sich sein Alter abschätzen. Schon der Kirchenvater Hieronymus (* 337, † 420) kannte das Sprichwort: ›Noli equi dentes inspicere donati‹: Prüfe nicht die Zähne eines geschenkten Gauls.

Gelobt sei, was hart macht, aus ›Also sprach Zarathustra‹ von Friedrich Nietzsche.

Gleich und gleich gesellt sich gern, Menschen mit

287

gleicher Gesinnung und gleichen (oft zweifelhaften) Absichten schließen sich gern zusammen. Schon in der ›Odyssee‹ von Homer steht: ›Ein Halunke führt da den anderen, wie eben stets ein Gott den Gleichen zum Gleichen gesellt.‹ Und Cicero schreibt: ›Nach einem alten Sprichwort aber tun sich Gleiche und Gleiche sehr gern zusammen.‹

etwas an die große Glocke hängen, etwas, meist etwas Privates oder Vertrauliches überall herumerzählen, ausposaunen. Früher ging der Gemeindediener mit einer Glocke durch den Ort und verlas seine Bekanntmachungen. Vor allem Schuldner, die ihre Schuld nicht bezahlen konnten, wurden zur Strafe ›verläutet.‹

jedes Wort auf die Goldwaage legen, sich sehr vorsichtig, übergenau ausdrücken. Eine sehr alte Redewendung, die schon im Alten Testament vorkommt (Buch Sirach): ›Die Weisen wägen ihre Worte mit der Goldwaage.‹

das Gras wachsen hören. Wenn jemand an kleinsten und häufig auch eingebildeten Anzeichen zu erkennen glaubt, wie eine Entwicklung verlaufen wird, so sagt man spöttisch: Er hört das Gras wachsen. Die Redewendung geht auf die jüngere ›Edda‹ zurück, wo über Heimdall, den Wächter der Götter, berichtet wird: ›Er bedarf weniger Schlaf als ein Vogel und sieht bei Nacht ebenso gut wie bei Tage hundert Meilen weit. Er kann auch hören, dass das Gras auf der Erde und die Wolle auf den Schafen wächst, sowie überhaupt alles, was einen Laut von sich gibt.‹

Gretchenfrage, eine Frage, die eine heikle, oft auf das Gewissen bezogene Problematik anschneidet; nach der Frage, die Gretchen an Faust richtet: ›Nun sag, Heinrich, wie hast dus mit der Religion?‹ (Goethe, ›Faust‹).

Wer andern eine Grube gräbt, fällt selbst hinein, wer andern schaden will, schadet sich dadurch oft nur selbst. Nach der Bibel (7. Psalm): ›Er hat eine Grube gegraben und ist in die Grube gefallen, die er selbst gemacht hat.‹

Was ein Häkchen werden will, krümmt sich beizeiten, ↑ Früh übt sich, was ein Meister werden will.

jemanden auf Händen tragen, jemanden, dem man sehr zugetan ist, sehr verwöhnen, alles für ihn tun. In der Bibel (91. Psalm) wird berichtet, dass Gott seinen Engeln befohlen habe, ›dass sie dich behüten auf allen deinen Wegen, dass sie dich auf (den) Händen tragen und du deinen Fuß nicht an einen Stein stoßest.‹

jemandem das Handwerk legen, seinem üblen Treiben ein Ende setzen. Die Redewendung bezog sich ursprünglich auf einen Handwerker, der sich gegen Vorschriften der Zunft verging und der dafür mit dem Verbot, sein Handwerk weiter auszuüben, bestraft wurde.

unter die Haube bringen, ein Mädchen verheiraten; früher trugen verheiratete Frauen als Zeichen ihrer Würde eine Haube.

seine Haut zu Markte tragen, sich voll für jemanden oder etwas einsetzen und sich dabei selbst gefährden; nach der Vorstellung von der Haut als dem allerletzten Eigentum, das man einsetzt.

Das Hemd ist mir näher als der Rock, der eigene Vorteil ist mir wichtiger als der Vorteil der anderen; nach dem ähnlich lautenden Ausspruch ›Tunica propior pallio est‹ in der Komödie ›Trinummus‹ des römischen Dichters Plautus (* um 250, † 184 v. Chr.).

wie der Herr, sos Geschert, die negativen Eigenschaften eines Vorgesetzten, der Eltern usw. lassen sich auch an den Untergebenen, Kindern usw. feststellen, oder: so wie der Besitz, so ist auch der Besitzer. Nach dem satirischen Roman ›Satyrica‹ des römischen Schriftstellers Petronius Arbiter (1. Jh. n. Chr.): ›Qualis dominus, talis est servus‹: Welcher Art der Herr, solcher Art auch sein Diener.

Wem das Herz voll ist, dem geht der Mund über, wenn jemand von etwas sehr angetan, berührt, begeistert ist, dann muss er es auch zum Ausdruck bringen. Dieses Sprichwort, das Luther in seiner Bibelübersetzung verwendet, ist schon älter und findet sich 1515 im ›Evangelibuch‹ des Johann Geiler von Kaysersberg (* 1445, † 1510): ›Wes das hertz vol ist, des loufft der mund über.‹

im siebenten Himmel sein, über die Maßen glücklich sein; nach der aus der jüdischen Tradition stammenden Vorstellung, dass der siebente und oberste Himmel der Sitz Gottes sei.

Hinz und Kunz, alle möglichen Leute, jedermann. Die Redewendung entstand schon im Mittelalter und bezieht sich auf die damals sehr häufigen Vornamen Hinz (Heinrich) und Kunz (Konrad).

Hochmut kommt vor dem Fall, der Hochmütige wird über kurz oder lang zu Fall kommen. Das Sprichwort geht auf die Bibel zurück (Buch der Sprichwörter) und wurde früher übersetzt als: Stolzer Mut kommt vor dem Fall.

sich in die Höhle des Löwen wagen, zu jemandem, den man fürchtet, hingehen und ihm ein Anliegen vortragen. In einer Fabel des Äsop fragt ein kranker Löwe den Fuchs, warum er nicht zu ihm in die Höhle komme. Der Fuchs antwortet: ›Ich träte schon ein, wenn ich nicht sähe, dass so viele Spuren hinein-, keine aber hinausführen.‹
➕ Daraus entwickelte sich auch die Redensart: ›Vestigia terrent‹: Die Spuren schrecken.

auf dem Holzweg sein, im Irrtum sein, fehlgehen, da Holzwege vielfach nirgendwohin führen, sondern einfach im Wald enden.

Honi soit qui mal y pense [ɔˈni ˈswa kimaliˈpãs; französisch ›verachtet sei, wer Arges dabei denkt‹], Devise des britischen Hosenbandordens, der seine Stiftung (1348) durch Eduard III. angeblich einem Zwischenfall verdankt, bei dem der König das einer Gräfin entfallene Strumpfband aufhob. Heute verwendet man das Zitat in der Bedeutung: Nur ein Mensch, der etwas Übles denkt, wird hierbei etwas Anstößiges finden.

Etwas geht aus wie das Hornberger Schießen, etwas, um das viel Aufhebens gemacht wird, endet ohne Ergebnis. Die Redewendung geht auf einen mündlich überlieferten Schildbürgerstreich zurück, der sich im 16. Jh. ereignet haben soll: Nachdem die Bürger von Hornberg ihr ganzes Pulver beim Empfang des erwarteten Herzogs verschossen hatten, stellte sich heraus, dass lediglich sein vorausgesandtes Gefolge begrüßt worden war. Die Ankunft des Herzogs vollzog sich dann in aller Stille. Nach einer anderen Überlieferung übten die Bürger von Hornberg so oft das Salutschießen zur Begrüßung eines Fürsten, dass sie bei dessen Ankunft keine Munition mehr übrig hatten.
➕ In der Stadt Hornberg im Ortenaukreis, Baden-Württemberg, findet jedes Jahr ein Fest statt, das an das ›Hornberger Schießen‹ erinnert.

auf den Hund kommen, in schlechte Verhältnisse geraten, sehr heruntergekommen. Die Redensart geht wohl darauf zurück, dass früher in der Rangfolge der Tiere, die Fuhrwerke zogen, der Hund nach Pferd und Esel an letzter Stelle stand. Nach einer anderen Deutung war früher in den Innenboden von Geldkästen ein Hund eingraviert, dessen Umrisse natürlich erst sichtbar wurden, wenn das Geld verbraucht, man also ›auf den Hund‹ gekommen war.

vor die Hunde gehen, verkommen, zugrunde gehen. Diese aus dem 17. Jh. stammende Redewendung kommt wohl aus der Jägersprache und bezieht sich auf krankes oder schwaches Wild, das Jagdhunden leicht zum Opfer fällt.

in vino veritas [lateinisch], im Wein liegt Wahrheit, das heißt, es ist wahrscheinlicher, dass jemand die Wahrheit sagt, wenn er etwas Alkohol getrunken hat, als wenn er nüchtern ist.

die Kastanien aus dem Feuer holen, für einen anderen eine unangenehme Sache erledigen und sich dabei selbst in Gefahr bringen.
Nach einer Tierfabel, die besonders durch den französischen Dichter Jean de La Fontaine (* 1621, † 1695) bekannt wurde (›Der Affe und die Katze‹): Ein Affe will geröstete Kastanien essen und überlegt sich, dass es ihm wohl wehtun würde, wenn er die Kastanien ohne Zange aus dem Feuer holen müsste. Also packt er eine Katze und benutzt deren Vorderbeine wie eine Zange zum Herausnehmen der Kastanien.

die Katze aus dem Sack lassen, über eine Absicht, einen Plan, den man bisher absichtlich verschwiegen hat, sprechen. Solange der Sack verschlossen ist, weiß man nicht, was drin ist. Öffnet man ihn aber, so weiß jeder, woran er ist. Die Katze kann dann nicht mehr als Hase verkauft werden.

die Katze im Sack kaufen, etwas kaufen, ohne sich vorher von der Qualität überzeugt zu haben. Eine alte, in vielen europäischen Sprachen vorkommende Redewendung. So wird z. B. im Volksbuch ›Till Eulenspiegel‹ (1510/11) von einer Katze im Sack erzählt, die als Hase verkauft wurde.

etwas auf dem Kerbholz haben, etwas Unerlaubtes, eine Straftat begangen haben, etwas ausgefressen haben. Das ›Kerbholz‹, dessen Gebrauch seit dem Mittelalter überliefert ist, war ein Stock, auf dem Lieferungen und Arbeitsleistungen aufgezeichnet wurden. Meist bestand es aus zwei Teilen: einem für den Schuldner und dem anderen für den Gläubiger. Bei der Abrechnung wurden dann die Teile aufeinander gelegt, wobei sich die Kerben genau entsprechen mussten.

das Kind mit dem Bad ausschütten, übereilt mit dem Schlechten auch das Gute verwerfen. Sebastian Franck (* 1499, † 1543) erklärt 1541 diese Redewendung: ›Wenn man den rechten Brauch und Missbrauch miteinander aufhebt und ein Gespött daraus macht, das heißt Zaum und Sattel mit dem Pferd zum Schinder führen, heißt, das Kind mit dem Bade ausschütten. Das Kind soll man baden und von seinem Wuste säubern, darnach das Bad ausschütten und das Kind aufheben und einwickeln.‹

mit Kind und Kegel, mit der gesamten Familie. Kegel oder ›kekel‹ bedeutete im Mittelhochdeutschen ›uneheliches Kind‹.

Mit jemandem ist nicht gut Kirschen essen, mit ihm ist nicht gut auszukommen. Diese Redensart geht auf eine ältere zurück: Mit hohen Herren ist nicht gut Kirschen essen, sie spucken einem die Kerne ins Gesicht. Sie stammt aus einer Zeit, wo es Kirschbäume nur in den Gärten von Klöstern oder Adligen gab, und warnt davor, mit launischen und übermütigen Herren vertraulich zu verkehren.

Kleider machen Leute, gepflegte, gute Kleidung fördert das Ansehen. Titel einer Novelle (1874) des Schweizer Schriftstellers Gottfried Keller.

einen Korb bekommen, eine ablehnende Antwort auf ein Angebot, vor allem auf einen Heiratsantrag erhalten. – Die Redewendung bezieht sich darauf, dass in früheren Zeiten Frauen gelegentlich ihren Liebhaber in einem Korb zu sich hochziehen ließen. War der Liebhaber nicht genehm, so bekam er einen Korb mit brüchigem Boden, sodass er auf die Erde zurückfiel, oder man ließ den Korb auf halber Höhe hängen und gab so den Liebhaber dem Gespött der Leute preis.

in der Kreide stehen, Schulden haben. – Früher wurden in Wirtshäusern die Schulden der Gäste mit Kreide auf einer schwarzen Tafel notiert, also ›angekreidet‹. Wenn ein Wirt ›mit doppelter Kreide‹ schrieb, so bedeutete dies, dass er Schulden doppelt aufschrieb oder zu hohe Preise verlangte.

Krethi und Plethi, alle möglichen Leute, allerlei Gesindel, ↑ Hinz und Kunz. Die Redensart wurde durch die luthersche Bibelübersetzung bekannt und bezieht sich auf die ›Kreter und Philister‹ in der Söldnertruppe König Davids.

das Kriegsbeil begraben, einen Streit beenden. Das Kriegsbeil war eine Waffe der nordamerikanischen Indianer. Wenn ein Krieg beendet war, wurde als Zeichen dafür das Kriegsbeil begraben.

Krokodilstränen weinen, Rührung und Mitgefühl vortäuschende Tränen vergießen; nach einer seit dem Mittelalter weit verbreiteten Sage, dass Krokodile wie Kinder weinen, um ihre Opfer anzulocken.

In der Kürze liegt die Würze, eine knappe Darstellung ist oft treffender als eine ausführliche; nach Shakespeare (›Hamlet‹): ›Weil Kürze denn des Witzes Seele ist, … fass ich mich kurz.‹

durch die Lappen gehen, entkommen. – Die Redewendung stammt aus der Jägersprache: Bei Treibjagden wurden früher Stofflappen zwischen den Bäumen aufgehängt, um das Wild im Jagdrevier zurückzuhalten. Meist scheuten die Tiere vor diesen Lappen zurück, aber es kam auch vor, dass das Wild durchbrach, also ›durch die Lappen ging‹.

jemandem den Laufpass geben, ihn wegschicken, die Beziehungen zu ihm abbrechen. – Der ›Laufpass‹, oder älter ›Laufzettel‹, wurde früher den Soldaten bei ihrer Entlassung aus dem Militärdienst ausgestellt.

jemandem eine Laus in den Pelz setzen, ihm Ärger, Schwierigkeiten bereiten. – Diese Redewendung hatte früher einen ganz anderen Sinn: Flöhe in einen Pelz zu setzen, bedeutete, etwas völlig Überflüssiges tun (etwa wie ↑ Eulen nach Athen tragen), denn Läuse waren natürlich schon vorher im Pelz. Im ›Narrenschiff‹ (1494) schrieb Sebastian Brant: ›Es ist nit not, dass man Leuß in den Pelz werf, sie wachsen wol on das darin.‹

leben und leben lassen, man sollte sich selbst, aber auch den anderen etwas gönnen bzw. jedem seine eigene Lebensart zugestehen. In Schillers Drama ›Wallensteins Lager‹ (1798) behauptet einer der Personen (ein Jäger), dass dies sein Motto sei.

jemandem auf den Leim gehen, auf seine Tricks hereinfallen, hereingelegt werden; nach den mit Leim bestrichenen Ruten, die schon im Mittelalter zum Vogelfang verwendet wurden.

alles über einen Leisten schlagen, alles mit dem gleichen Maßstab messen, alles ohne Rücksicht auf wesentliche Unterschiede gleich behandeln. – Die seit dem 16. Jh. belegte Redewendung bezieht sich auf die Arbeit eines schlechten Schusters, der nicht

Sprichwörter und Redewendungen

genau Maß nimmt, sondern seine Schuhe nach feststehenden hölzernen Modellformen, den ›Leisten‹, anfertigt.

jemandem die Leviten lesen, ihn wegen eines tadelnswerten Verhaltens nachdrücklich zur Rede stellen, ihn zurechtweisen. – Die Redewendung geht auf das dritte Buch Moses ›Levitikus‹ der Bibel zurück, das die Vorschriften für die Leviten, das heißt die Priester, enthält.

sein Licht nicht unter den Scheffel stellen, seine Leistungen, Verdienste nicht aus Bescheidenheit verbergen. – Im Matthäusevangelium heißt es: ›Man zündet auch nicht ein Licht an und setzt es unter einen Scheffel, sondern auf einen Leuchter, so leuchtet es allen, die im Hause sind. Also lasst euer Licht leuchten vor den Leuten, dass sie eure guten Werke sehen.‹

Wo viel Licht, ist auch viel Schatten, wo es viel Positives gibt, gibt es auch viel Negatives. Das Sprichwort geht auf Goethes Drama ›Götz von Berlichingen‹ (1773) zurück: Weislinger wünscht Götz, dass er mit seinem Sohn viel Freude haben möge; darauf antwortet Götz: ›Wo viel Licht ist, ist starker Schatten.‹

Liebe macht blind. Der griechische Philosoph Platon sagt in seinem Werk ›Die Gesetze‹: ›... denn der Liebende wird blind in Bezug auf den Gegenstand seiner Liebe.‹

sich auf seinen Lorbeeren ausruhen, sich nach einem Erfolg nicht mehr anstrengen. – Nach einem Brief der Königin Luise von Preußen (* 1776, † 1810) vom April 1808 an ihren Vater, den Herzog Karl von Mecklenburg-Strelitz (* 1741, † 1816): ›Wir sind eingeschlafen auf den Lorbeeren‹ (sie meinte, den ›Lorbeeren‹ Friedrichs II., des Großen).

Löwenanteil, der größte und beste Anteil von etwas; nach der Fabel ›Der Löwe, der Esel und der Fuchs‹ von Äsop, in der sich der Löwe nach einer gemeinsamen Jagd mit dem Esel und dem Fuchs mit dem Recht des Stärkeren den größten Teil der Beute nimmt.

Wer einmal lügt, dem glaubt man nicht, und wenn er auch die Wahrheit spricht. Sinngemäß war das Sprichwort schon in der Antike bekannt. Im Deutschen ist es 1642 in der Fabel ›Lügen Lohn‹ von Andreas Tscherning (* 1611, † 1659) belegt.

Lunte riechen, eine drohende Gefahr schon im Voraus bemerken. – Die Ende des 18. Jh. belegte Redewendung bezieht sich auf den scharfen Geruch einer glimmenden Zündschnur, der ›Lunte‹, mit der Geschützladungen entzündet wurden. Er verriet oftmals den Standort eines verborgenen Geschützes.

seinen Mantel nach dem Wind hängen, sich zum eigenen Vorteil immer der herrschenden Meinung anpassen. – Die Redewendung bedeutete ursprünglich – durchaus noch nicht negativ –, dass ein Wanderer gut daran tat, seinen Mantel an die Seite zu hängen, aus der der Wind kam.

durch Mark und Bein gehen, als besonders unangenehm und quälend laut empfunden werden. – Nach der Bibel: ›Denn das Wort Gottes ist ... schärfer denn ein zweischneidiges Schwert und dringt durch, bis es schneidet Seele und Geist, auch Mark und Bein.‹

Matthäi am Letzten. Wenn bei jemandem ›Matthäi am Letzten‹ ist, so ist er finanziell am Ende und hat das Schlimmste zu erwarten. – Die Redewendung stammt aus Luthers Katechismus (4. Kapitel), wo die Taufe behandelt wird: ›Da unser Herr Jesus Christus spricht Matthäi am Letzten: Gehet hin in alle Welt.‹ Wie und wann die heutige Bedeutung entstanden ist, lässt sich nicht mit Sicherheit sagen.

einem das Maul stopfen, ihn durch etwas zum Schweigen bringen. – Nach einer Fabel des Phädrus (1. Jh. n. Chr.), in der ein Dieb versucht, dem bellenden Hofhund ein Stück Brot ins Maul zu stecken, damit er aufhört zu bellen. Auch in Luthers Bibelübersetzung kommt die Wendung vor, z. B. ›... und aller Bosheit wird das Maul gestopft werden‹.

Früh übt sich, was ein Meister werden will. Wenn man etwas ›meisterhaft‹ beherrschen will, muss man schon in der Jugend anfangen, sich darum zu bemühen. Das Sprichwort ist ein Zitat aus dem Drama ›Wilhelm Tell‹ (1804) von Schiller. Den gleichen Sinn hat auch: ›Was ein Häkchen werden will, krümmt sich beizeiten.‹

Etwas steht auf des Messers Schneide, etwas wird sich bald so oder so entscheiden. Eine sehr weit verbreitete Wendung, die auf die ›Ilias‹ von Homer zurückgeht.

deutscher Michel ⇒ Kapitel 2.

Milchmädchenrechnung, Erwartung, die auf Illusionen, unlogischen Berechnungen, Trugschlüssen beruht. Nach der Fabel ›Das Milchmädchen und der Milchtopf‹ des französischen Dichters Jean de La Fontaine, in der ein Milchmädchen Geld aus dem Verkauf der Milch erträumt, Pläne macht, vor Freude hüpft und so die Milch verschüttet.

aus einer Mücke einen Elefanten machen, etwas stark übertreiben, maßlos aufbauschen. Eine Redewendung, die schon dem griechischen Schriftsteller Lukian (* etwa 120, † nach 180) bekannt war.

Gottes Mühlen mahlen langsam, für sein unrechtes, böses Tun wird man schließlich doch von Gott gestraft; nach dem Anfang eines Gedichts (›Göttliche Rache‹) von Friedrich von Logau (* 1604, † 1655):
›Gottes Mühlen mahlen langsam,
mahlen aber trefflich klein,
ob aus Langmut er sich säumet,
bringt mit Schärf' er alles ein.‹

Jeder ist sich selbst der Nächste, jeder denkt zuerst an sich selbst; nach Cicero: ›Proximus sum egomet mihi‹, ich bin mir selbst der Nächste.

jemanden an der Nase herumführen, ihn bewusst täuschen, irreführen, ›nasführen‹; bezieht sich wohl auf die Tierbändiger, die Tiere, z. B. Bären, an einem durch die Nase gezogenen Ring herumführten.

sich an der eigenen Nase fassen, statt andere zu kritisieren, den Fehler bei sich selbst suchen und erkennen. Die Redensart geht wohl auf einen alten Rechtsbrauch zurück, nach dem sich jemand, der verurteilt war, eine Schmähung oder Beleidigung zu widerrufen, an der Nase zu fassen hatte.

Noblesse oblige [nɔˈblɛs ɔˈbliːʒ], ↑ Adel verpflichtet.

sich etwas hinter die Ohren schreiben, sich etwas gut merken. Nach einem alten Rechtsbrauch wurden besonders bei Grenzfestlegungen Knaben hierfür an den Ohren gezogen oder geohrfeigt, damit sie sich der Bedeutung des Aktes bewusst wurden und sich noch lange daran erinnerten.

wie ein Ölgötze dasitzen oder dastehen, steif, teilnahms- und verständnislos sein. Der Ausdruck geht vielleicht auf die ›Ölberggötzen‹ zurück, die volkstümliche Bezeichnung für die häufig bildlich dargestellten schlafenden Jünger Jesu auf dem Ölberg.

unter dem Pantoffel stehen, als Ehemann von seiner Frau beherrscht werden, ein ›Pantoffelheld‹ sein. Der Schuh bzw. der Fuß galt im alten deutschen Recht als Symbol der Herrschaft. So setzte z. B. der Sieger dem Besiegten den beschuhten Fuß auf den Nacken. Schon sehr früh gingen diese Vorstellungen auch in die Hochzeitsbräuche über.

Papier ist geduldig, schreiben oder drucken kann man alles – dass es auch stimmt, ist damit noch lange nicht gesagt; nach Cicero: ›Epistula non erubescit‹, ein Brief errötet nicht.

Perlen vor die Säue werfen, etwas Wertvolles Leuten geben, die es nicht zu schätzen wissen. – Die Redewendung stammt aus der Bibel: ›Ihr sollt das Heiligtum nicht den Hunden geben, und eure Perlen sollt ihr nicht vor die Säue werfen, auf dass sie dieselbigen nicht zertreten mit ihren Füßen und sich wenden und euch zerreißen.‹

das Pferd beim Schwanze aufzäumen, eine Aufgabe verkehrt, das heißt mit einem dem Arbeitsablauf entgegengesetzten Arbeitsgang beginnen. Eine alte Redensart, die wir z. B. im ›Simplicissimus‹ von Grimmelshausen finden.

von der Pike auf dienen, einen Beruf von Grund auf erlernen. Die Pike, ein Spieß, war die Waffe des Fußvolkes. Die ursprüngliche Bedeutung der Redewendung war daher: als gemeiner Soldat (mit der Pike) beginnen, so z. B. in den ›Teutschen Gedichten‹ (1686) von Heinrich Mühlpfort (* 1639, † 1681): ›Bist von der Picken auf zum Hauptmanns-Stand gestiegen.‹

die Platte putzen, sich davonmachen, unbemerkt verschwinden. – Ausdruck aus der deutschen Gaunersprache, dem Rotwelschen, der auf die hebräischen Wörter p'lat ›Flucht‹ und puz ›sich zerstreuen‹ zurückgeht.

von Pontius zu Pilatus laufen, in einer Angelegenheit viele Wege machen müssen, von einer Stelle zur anderen geschickt werden. – Diese in Europa weit verbreitete Redewendung geht auf die Bibel zurück: Jesus wurde von dem damaligen römischen Statthalter Pontius Pilatus zu König Herodes (* 20 v. Chr., † nach 39 n. Chr.) geschickt und von diesem zurück zu Pontius Pilatus. Das eigentliche ›von Herodes zu Pontius Pilatus‹ wurde dabei volkstümlich als Witzwort umgeformt.

potemkinsche Dörfer, etwas Vorgetäuschtes, in Wirklichkeit gar nicht Existierendes. – Fürst Grigorij Aleksandrowitsch Potemkin (oder: Potjomkin, *1739, †1791), Günstling und politischer Berater der Kaiserin Katharina II., der Großen, von Russland, eroberte 1783 die Krim und war dann mit der Kolonisation der neu erworbenen Gebiete betraut. Als die Kaiserin 1787 eine Reise auf die Krim machte, soll Potemkin an ihrem Reiseweg Dörfer errichtet haben, deren Häuser nur aus gemalten Fassaden bestanden, um so einen Wohlstand vorzutäuschen, den es noch nicht gab.

jemanden an den Pranger stellen, ihn öffentlich bloßstellen, der allgemeinen Verachtung preisgeben. – Der Pranger war im Mittelalter eine Säule oder ein Pfahl, an dem Straftäter angekettet und so der allgemeinen Verachtung ausgesetzt wurden.

Der Prophet gilt nichts in seinem Vaterland, jemandes Fähigkeiten werden von seiner Umgebung oft nicht erkannt, gewürdigt. – Das in dieser Form nach Goethes Schauspiel ›Götz von Berlichingen‹ (1773) zitierte Sprichwort geht auf die Bibel (Matthäusevangelium) zurück: ›Ein Prophet gilt nirgends weniger als in seinem Vaterland und im eigenen Hause.‹ Sinngemäß dichtete schon Euripides: ›Für eine wackere Tat dürftest du wohl kaum das Vaterland zum Zeugen nehmen.‹

Wenn der Berg nicht zum Propheten kommen will, muss der Prophet zum Berge gehen, einer muss den ersten Schritt tun. – Von dem türkischen Volksweisen Nasreddin Hodscha, der im 13. Jh. gelebt haben soll, erzählt man sich folgende Anekdote: Nasreddin, der gerne als Heiliger gelten wollte, wurde gefragt, welches Wunder er vollbringen könne. Er antwortete, dass ein Baum auf seinen Befehl zu ihm kommen werde. Natürlich misslang dieses Experiment. Als Nasreddin daraufhin wegging und gefragt wurde, wohin er gehen wolle, antwortete er: ›Die Propheten und die Heiligen sind nicht hochmütig und verblendet. Kommt der Palmbaum nicht zu mir, so gehe ich zu ihm.‹

als Prügelknabe dienen, für fremde Verfehlungen die Schuld auf sich nehmen und bestraft werden. – Ein ›Prügelknabe‹ war früher angeblich ein Knabe von einfachem Stand, der zusammen mit einem Fürstensohn erzogen wurde und die Prügel bezog, die diesem zugedacht war.

bis in die Puppen, sehr lange. – Diese aus Berlin stammende Redewendung bezieht sich auf die im Berliner Tiergarten, der im 18. Jh. noch weit von der Stadt entfernt lag, aufgestellten Statuen (›Puppen‹). Bis in die Puppen gehen bedeutete also ursprünglich: sehr weit gehen müssen.

Quod licet Jovi, non licet bovi [lateinisch ›was Jupiter erlaubt ist, ist nicht dem Ochsen erlaubt‹], Wortspiel mit Sprichwortcharakter: Was dem Höhergestellten zugebilligt, nachgesehen wird, wird beim Niedrigerstehenden beanstandet.

das fünfte Rad am Wagen, jemand, der in einer Gruppe überflüssig ist, die Harmonie der Gruppe stört. – Eine sehr alte Redewendung, die schon im 11. Jh. in der ›Fecunda Ratis‹ des Egbert von Lüttich (um 972) belegt ist: ›Wer uns lästig ist, der ist uns das fünfte Rad am Wagen.‹

jemandem den Rang ablaufen, ihn überflügeln, übertreffen. Eigentlich bedeutete dies: jemanden überholen, indem man ihm beim Laufen eine Kurve (mittelhochdeutsch ranc ›Krümmung‹) auf geradem Wege abschneidet.

Auf Regen folgt Sonnenschein, auf schlechte Zeiten folgen immer auch wieder gute. Das schon im 12. Jh. bekannte Sprichwort, ist in den ›Sprichwörtern‹ (1541) von Sebastian Franck (*1499, †1543) aufgeführt. Vielleicht geht es auf die Bibel (Buch Tobias) zurück: ›Nach dem Ungewitter lässest du die Sonne wieder scheinen.‹

roter Faden, der leitende, verbindende Grundgedanke: Symbol gewordenes Zitat aus Goethes ›Wahlverwandtschaften‹ (1809); bezieht sich auf die Tatsache, dass die Taue der englischen Marine von einem roten Faden durchzogen war, durch den sie als Besitz der Krone kenntlich waren.

den Rubikon überschreiten, unumkehrbar einen entscheidenden Schritt tun, ↑ Caesar (Kapitel 1).

Ruhe ist die erste Bürgerpflicht, eine Redewendung, die zur Beschwichtigung in Situationen allgemeiner Aufregung verwendet wird. – Am 17. 10. 1806, drei Tage nach der Niederlage Preußens in der Schlacht bei Jena, ließ der Minister Friedrich Wilhelm Graf von Schulenburg-Kehnert (*1742, †1815) einen Aufruf in den Straßen Berlins anbringen: ›Der König hat eine Bataille verloren. Jetzt ist Ruhe die erste Bürgerpflicht ...‹

Den Sack schlägt man, den Esel meint man, man tadelt jemanden, meint aber in Wirklichkeit jemand anderen. Das Sprichwort geht auf eine Sentenz des römischen Satirikers Petronius Arbiter (1. Jh. n. Chr.) zurück: ›Qui asinus non potest, stratum caedit‹: Wer den Esel nicht (schlagen) kann, schlägt den Packsattel.

zur Salzsäule erstarren, so sehr fassungslos, entsetzt, sprachlos sein, dass man innehält und unbeweglich dasteht. Eine auf das 1. Buch Mose zurückgehende Redensart: ›Und sein (Lots) Weib sah hinter sich und ward zur Salzsäule‹ (sie hatte sich nach der brennenden Stadt Sodom umgeschaut).

auf Sand gebaut haben, sich auf etwas sehr Unsicheres eingelassen haben, nach dem biblischen Gleichnis von dem ›törichten Manne, der sein Haus auf dem Sand baute‹, sodass es durch Regen und Wind zerstört wurde.

das schwarze Schaf, jemand, der in einer Gemeinschaft unangenehm auffällt und von ihr als Außenseiter betrachtet wird; nach der Bibelstelle (1. Buch Mose): ›Ich will heute durch alle deine Herden gehen und aussondern alle gefleckten und bunten Schafe und alle schwarzen Schafe und die bunten und gefleckten Ziegen.‹

sein Schäfchen ins Trockene bringen, sich einen großen Gewinn, Vorteil verschaffen. Ursprünglich bedeutete die Redewendung wohl: seine Schafe auf eine höher gelegene, trockene Weide bringen, um sie vor dem in sumpfigen Gebieten lebenden, eine gefährliche Krankheit auslösenden Leberegel zu schützen.

Schildbürgerstreich, Handlung, deren eigentlicher oder ursprünglicher Zweck in törichter Weise verfehlt wird. – Die Einwohner des sächsischen Städtchens Schilda(u) sind mit ihren närrischen Taten die Helden des bekannten Schwankbuches ›Die Schiltbürger‹ (1598).

etwas im Schilde führen, heimlich etwas planen, das sich gegen jemanden oder etwas richtet. Die Redewendung bezieht sich auf die Ritter, die bei Turnieren Abzeichen und Wahlspruch auf ihrem Schild führten.

Bei ihm ist Schmalhans Küchenmeister, bei ihm geht es sehr knapp zu, es muss sogar mit dem Essen gespart werden; nach der Vorstellung eines dünnen Kochs, der selbst nicht genug zu essen hat (ein Koch muss gut genährt, also dick sein).

Jeder ist seines Glückes Schmied, man hat sein Schicksal selbst in der Hand. Das Sprichwort geht auf einen Ausspruch des römischen Konsuls Appius Claudius (3. Jh. v. Chr.) zurück. Der Komödiendichter Plautus (* um 250, † 184 v. Chr.) nimmt den Gedanken auf, billigt die Fähigkeit, sein Schicksal zu gestalten, aber nur dem Weisen zu: ›Sapiens ipse fingit fortunam‹, der Weise schafft sich sein Glück selbst.

die Gelegenheit beim Schopfe fassen, einen einmaligen, günstigen Augenblick schnell entschlossen ausnutzen; nach dem im griechischen Mythos als Gott verehrten Kairos (der Name bedeutet ›der günstige Augenblick‹), der als Davonfliegender dargestellt wird, weil man meist die gute Gelegenheit erst zu ergreifen sucht, wenn sie schon vorüber ist.

jemandem etwas in die Schuhe schieben, ihm die Schuld an etwas zuschieben. – Wenn früher die fahrenden Gesellen etwas gestohlen hatten und fürchteten, durchsucht zu werden, schoben sie in der gemeinsamen Unterkunft das Gestohlene in die Schuhe eines anderen, sodass dieser in Verdacht geriet.

wie Schuppen von den Augen fallen, plötzlich etwas klar sehen, erkennen. – In der Bibel (Apostelgeschichte) wird von dem blinden Saulus erzählt, der im Auftrag Gottes von Ananias geheilt und bekehrt wird: ›Und alsbald fiel es von seinen Augen wie Schuppen, und er ward wieder sehend.‹

auf Schusters Rappen, zu Fuß, eigentlich mithilfe der Schuhe, denn früher nannte man die schwarzen Schuhe scherzhaft die ›Rappen des Schusters‹.

Eine Schwalbe macht noch keinen Sommer, ein einzelnes positives Anzeichen, ein positiver Einzelfall lässt noch nicht auf eine endgültige Besserung der Situation schließen. Das Sprichwort war schon in der Antike bekannt. Äsop erzählt in seiner Fabel ›Der verschwenderische Jüngling und die Schwalbe‹: Ein junger Mann brachte sein Erbe schnell durch. Als er am Ende des Winters eine Schwalbe sah, verkaufte er seinen Mantel, weil er dachte, dass nun der Frühling gekommen sei und es warm würde. Aber dann kamen noch einmal kalte Tage und die erste Schwalbe erfror.

schwarz auf weiß, schriftlich, sodass man sich darauf verlassen kann, eigentlich: mit schwarzer Tinte (oder Druckerschwärze) auf weißes Papier geschrieben. Goethe verwendet diese Redewendung im ›Faust‹: ›Denn, was man schwarz auf weiß besitzt, kann man getrost nach Hause tragen.‹

Sic transit gloria mundi [lateinisch], so vergeht der Ruhm der Welt. Seit dem 12. Jh. gab es bei der Papstkrönung den folgenden Brauch: Wenn der neue Papst zu seiner Krönung in die Peterskirche einzog, wurde dreimal ein Büschel Werg verbrannt und dazu jedes Mal gesprochen: ›Pater sancte, sic transit gloria mundi‹; Heiliger Vater, so vergeht der Ruhm der Welt.

ein Silberstreifen am Horizont, eine sich andeutende positive Entwicklung, Anlass zur Hoffnung. Wohl nach einem Ausspruch des deutschen Politikers Gustav Stresemann.

sine ira et studio [lateinisch ›ohne Hass und Eifer‹], sachlich, objektiv, ohne Parteilichkeit und Vorurteil: So wollte Tacitus Geschichte schreiben.

nach uns die Sintflut, was (nach uns) danach kommt, ist gleich, die Konsequenzen sind uns gleichgültig; nach einem Ausspruch (französisch: après nous le déluge) der Madame de Pompadour (*1721, †1764), der Mätresse Ludwigs XV. von Frankreich, nach dem Sieg Friedrichs II., des Großen, über die Franzosen bei Roßbach (1757).

den Spieß umdrehen, nachdem man angegriffen worden ist, seinerseits auf dieselbe Weise, mit denselben Mitteln angreifen; eigentlich: den Spieß des Gegners gegen diesen selbst wenden.

Spießbürger, engstirniger Mensch, der sich nur an den gesellschaftlichen Konventionen und dem Urteil anderer orientiert. Ursprünglich war ein Spießbürger wohl einfach ein mit einem Spieß bewaffneter Bürger; später bezeichnete man damit spöttisch einen altmodischen Wehrbürger, der statt des modernen Gewehrs noch den Spieß trug.

Spinne am Morgen bringt Kummer und Sorgen, Spinne am Abend erquickend und labend. Das Sprichwort bezog sich ursprünglich auf das (textile) Spinnen: Musste man schon morgens spinnen, wies das auf materielle Not hin, während das Spinnen am Abend ein geselliges Vergnügen war.

sich die Sporen verdienen, die ersten Erfolge für sich verbuchen können. – Das Tragen von Sporen war im Mittelalter ein Vorrecht der Ritter, das sie sich noch vor dem Ritterschlag verdienen mussten.

die Spreu vom Weizen trennen, Wertvolles von Wertlosem trennen; nach einer Stelle im Matthäusevangelium: ›... er wird seine Tenne fegen und den Weizen in seine Scheune sammeln; aber die Spreu wird er verbrennen mit unauslöschlichem Feuer.‹

der springende Punkt, der Kernpunkt einer Sache, von dem ihre Verwirklichung abhängt. Die Redensart, die auch lateinisch (›punctum saliens‹) verwendet wird, stammt aus dem Griechischen. Man stellte sich vor, dass sich im Weißen des Vogeleis ein Blutfleck als hüpfender Punkt befinde, der das Herz des werdenden Vogels sei.

den Stab über jemandem brechen, jemanden wegen seines Verhaltens verurteilen. – Der Gerichtsstab war früher das Sinnbild der Gerichtsbarkeit, die vom Herrscher verliehen wurde. Wurde ein Todesurteil gefällt, so zerbrach man unmittelbar vor der Hinrichtung über dem Kopf des Verurteilten diesen Stab zum Zeichen, dass das Urteil nun unwiderruflich sei.

wider den Stachel löcken, etwas, was als Einschränkung der persönlichen Freiheit empfunden wird, nicht hinnehmen und sich ihm widersetzen. Diese Redewendung findet sich in der lutherschen Bibelübersetzung, wo von der Bekehrung des Saulus die Rede ist: ›Es wird dir schwer werden, wider den Stachel zu lecken.‹ Dabei hatte Luther wohl den Verdacht, dass die Bibelleser das Wort ›lecken‹ nicht verstehen würden, denn er vermerkt am Rand als Erklärung: ›lecken‹ das ist springen, hupfen.

bei der Stange bleiben, eine begonnene Sache nicht aufgeben, sondern zu Ende führen. Die Redewendung geht wohl auf die Fahnenstange zurück, die früher den Truppen im Kampf vorangetragen wurde und um die die Soldaten sich immer wieder sammelten.

jemandem die Stange halten, für ihn eintreten und fest zu ihm stehen, ihn nicht im Stich lassen. Im Mittelalter konnte im gerichtlich festgelegten Zweikampf der Unterlegene vom Kampfrichter mit einer Stange geschützt werden.

aus dem Stegreif, ohne Vorbereitung, improvisiert. Das Wort ›Stegreif‹ bedeutete im Althochdeutschen (stegareif) ›Steigbügel‹; die Redewendung meinte also: ohne vom Pferd abzusteigen.

der Stein des Anstoßes, die Ursache der Verärgerung. Die Redewendung stammt aus der Bibel (z. B. Jesaja): ›So wird er ein Heiligtum sein, aber ein Stein des Anstoßes und ein Feld des Ärgernisses den beiden Häusern Israel.‹

bei jemandem einen Stein im Brett haben, seine besondere Gunst genießen, gut bei ihm angeschrieben sein. Ursprünglich bedeutete die seit Anfang des 16. Jh. belegte Redewendung wohl: einen Spielstein bei bestimmten Brettspielen im Feld des Gegners stehen haben und durch einen geschickten Spielzug die Anerkennung des Gegners finden.

der Stein der Weisen, die Lösung aller Rätsel. Die Alchimisten glaubten, dass es eine magische Substanz, nämlich den Stein der Weisen (lateinisch: Lapis philosophorum), gebe, der unedle Metalle in edle, vor allem in Gold, verwandeln könne.

gegen den Strom schwimmen, sich der herrschenden Meinung widersetzen, sich nicht anpassen; im wörtlichen Sinn: mit großer Anstrengung und wenig Erfolg gegen die Strömung schwimmen. Diese sehr alte Redewendung stammt aus der Bibel (Buch Jesus Sirach): ›Schäme dich nicht, zu bekennen, wo du gefehlt hast, und strebe nicht wider den Strom.‹

ein Sturm im Wasserglas, große Aufregung um eine ganz nichtige Sache. Die Redewendung geht auf einen Ausspruch des französischen Staatsphilosophen Montesquieu zurück, der so die Wirren in der Zwergrepublik San Marino bewertete.

Sündenbock, jemand, auf den man seine Schuld abwälzt, dem man die Schuld an etwas zuschiebt. Das 3. Buch Mose berichtet, dass am Versöhnungstag dem Hohepriester als ›Sühneopfer‹ für die Sünde des Volkes zwei Böcke übergeben wurden, von denen der eine dem Herrn geopfert wurde. Der andere wurde mit den Sünden des jüdischen Volkes beladen und in die Wüste gejagt.
✚ Auf diesen Brauch geht noch eine andere Redewendung zurück: ›jemanden in die Wüste schicken‹, jemanden, mit dem man unzufrieden ist, entlassen.

Tabula rasa machen, unnachsichtig aufräumen, rücksichtslos Ordnung, Klarheit schaffen. Tabula rasa war im Lateinischen eine Schreibtafel, die man abschaben (von lateinisch radere kommt auch ›rasieren‹) und daher wieder beschreiben konnte.

Man soll den Tag nicht vor dem Abend loben, man soll erst den Ausgang von etwas abwarten, bevor man urteilt. Das Sprichwort ist ein Zitat aus Schillers Drama ›Die Piccolomini‹ (1810).

etwas aufs Tapet bringen, etwas zur Sprache bringen. Das Tapet war früher die meist grüne Decke auf einem Konferenztisch, dann auch der Konferenztisch selbst. Die Redewendung bedeutete also ›etwas auf einer Konferenz zur Sprache bringen‹.

wie von der Tarantel gestochen, sich in plötzlicher Erregung wild, wie besessen gebärden. Die Tarantel ist eine im Mittelmeergebiet heimische, in Erdlöchern lebende große, giftige Spinne, deren Biss sehr schmerzhaft ist. Man glaubte, dass dieser Biss eine Krankheit hervorruft, die sich in heftigen Zuckungen äußert.

den Teufel durch Beelzebub austreiben, ein kleineres Übel durch ein größeres beseitigen (auch ↑ Beelzebub, Kapitel 10).

den Teufel an die Wand malen, ein Unglück dadurch heraufbeschwören, dass man darüber spricht. Dieser Redensart liegt der Volksglaube zugrunde, dass man ein Unglück durch bloßes Erwähnen des Teufels herbeirufen könne.

der Teufel ist los, es gibt Streit, Aufregung, Lärm; nach der Bibel (Offenbarung des Johannes): ›Und wenn tausend Jahre vollendet sind, wird der Satanas los werden aus seinem Gefängnis ...‹

in Teufels Küche kommen, in eine äußerst schwierige Lage geraten; nach einem im Mittelalter lebendigen Volksglauben hatte der Teufel eine Küche, in der Hexen (daher auch: Hexenküche) und Zauberer ihre Zaubertränke zusammenbrauten.

ein ungläubiger Thomas, ↑ Thomas (Kapitel 10).

Tohuwabohu, völliges Durcheinander, Wirrwarr, Chaos. Luther übersetzt am Anfang der Genesis (1. Buch Mose) das hebräische tohû wa vuhû mit ›Wüste und Öde‹.

kurz vor Toresschluss, im letzten Augenblick, gerade noch rechtzeitig. Gemeint waren die Stadttore, die früher jeden Abend geschlossen wurden. In Leipzig z. B. musste bis 1824 jeder, der ›nach Toresschluss‹ noch in die Stadt wollte, einen ›Torgroschen‹ entrichten.

Steter Tropfen höhlt den Stein, durch ständige Wiederholung erreicht man schließlich sein Ziel. Das aus dem Lateinischen stammende Sprich-

Sprichwörter und Redewendungen   **Win**

wort (›gutta cavat lapidem‹) findet sich z. B. bei Ovid.

vor seiner eigenen Tür kehren, statt andere zu kritisieren, sich um seine eigenen Angelegenheiten kümmern.

zwischen Tür und Angel, in Eile, ohne genügend Zeit zu haben. Die Redensart wird schon von dem österreichischen Dichter Peter Suchenwirt in der 2. Hälfte des 14. Jh. verwendet:

›Ein Sprichwort ist lang gesait:
Wer zwischen tüer und angel
Stöszt seinen Vinger unverzait,
der gewint an frewden mangel.‹

das kleinere Übel, etwas, was so übel ist wie etwas anderes, aber weniger Nachteile oder unangenehme Folgen mit sich bringt. Schon im ›Protagoras‹ des Platon sagt Sokrates: ›Von zwei Übeln wird niemand das größere wählen, wenn er das kleinere wählen kann.‹

ein notwendiges Übel, etwas, von dem man genau weiß, dass es übel ist, das sich aber nicht umgehen lässt; nach dem griechischen Komödiendichter Menander (* 342, † 293 v. Chr.): ›Heiraten ist, wenn man's bei Licht besieht, ein Übel, aber ein notwendiges Übel.‹ An einer anderen Stelle heißt es ebenfalls bei Menander: ›Der Arzt für alle notwendigen Übel ist die Zeit.‹

Alles verstehen, heißt alles verzeihen, etwas, wofür man Verständnis hat, lässt sich leichter verzeihen. In ihrem Buch ›Corinne ou l'Italie‹ (1807) schreibt Madame de Staël (* 1766, † 1817): ›... Denn alles verstehen, macht sehr nachsichtig.‹

Vorschusslorbeeren, Lob, das jemand im Voraus, schon vor vollendeter Tat bekommt. – Der Ausdruck stammt aus dem Gedicht ›Plateniden‹ von Heinrich Heine, wo er über die ›Dichterfürsten‹ Schiller, Goethe, Lessing und Wieland sagt:

›Wollten keine Ovationen
Von dem Publico auf Pump,
Keine Vorschuss-Lorbeerkronen,
Rühmten sich nicht keck und plump.‹

den Wald vor lauter Bäumen nicht sehen, etwas, was man sucht, nicht sehen, obwohl es in unmittelbarer Nähe liegt; auch: über zu vielen Einzelheiten das größere Ganze nicht erfassen. Die Redewendung wurde durch den Dichter Christoph Martin Wieland geprägt:
›Die Herren dieser Art blend 't oft zu vieles Licht; sie sehn den Wald vor lauter Bäumen nicht‹ (›Musarion‹, 1768).

Wandalismus, auch Vandalismus, blinde Zerstörungswut. Das Wort wurde 1794 durch den Bischof der französischen Stadt Blois, Henri Grégoire (* 1750, † 1831), geprägt und bezieht sich auf die angebliche Zerstörung von Kunstwerken durch das germanische Volk der Vandalen, als diese im Jahr 455 für kurze Zeit Rom besetzten.

jemandem nicht das Wasser reichen können, ihm an Fähigkeiten, Leistungen nicht annähernd gleichkommen. Nach einer höfischen Sitte wurde den Teilnehmern an einem Mahl vor dem Essen von knienden Edelknaben eine Schüssel gehalten und Wasser über die Hände gegossen.

mit allen Wassern gewaschen sein, aufgrund von praktischen Erfahrungen sich nicht so leicht überraschen oder überrumpeln lassen, sondern diese Erfahrungen schlau für seine Ziele einsetzen. – Ursprünglich bezog sich diese Redewendung auf weit gereiste Seeleute, also auf Personen, die mit allen Wassern der Meere vertraut waren.

kein Wässerchen trüben können, harmlos, ungefährlich sein, nichts Böses tun können. – Die Redewendung geht auf eine Fabel von Äsop zurück, in der ein Wolf aus einem Bach trinkt und dabei weiter unten ein Lamm bemerkt, das ebenfalls aus dem Bach trinkt. Er frisst das Lamm, weil es ihm das Wasser getrübt habe, obwohl das Lamm eingewendet hatte, dass es das Wasser gar nicht trüben konnte, da es nicht bergauf fließe.

der Weisheit letzter Schluss, die höchste Weisheit, Erkenntnis, die ideale Lösung, die Lösung aller Probleme. Nach Goethe, ›Faust‹, bekennt Faust am Ende seines Lebens: ›Das ist der Weisheit letzter Schluss: Nur der verdient sich Freiheit wie das Leben, Der täglich sie erobern muss.‹

die Welt aus den Angeln heben wollen, aus dem Gleichgewicht bringen, grundsätzlich verändern wollen; nach einem Ausspruch des griechischen Mathematikers Archimedes: ›Gib mir einen Punkt, wo ich hintreten kann, und ich bewege die Erde.‹

Wind von etwas bekommen, von etwas, was man

KAPITEL 7

297

eigentlich nicht erfahren sollte, auf irgendeine Weise doch Kenntnis erhalten. Die seit dem 17. Jh. geläufige Wendung stammt aus der Jägersprache: Der Jäger muss vermeiden, dass das Wild ›Wind‹, das heißt Witterung, von ihm bekommt und flieht.

in den Wind reden, mit seinen Worten kein Gehör finden. Luther verwendet diese Redensart in seiner Bibelübersetzung (1. Korintherbrief): ›So ihr nicht eine deutliche Rede gebet, wie kann man wissen, was geredet ist? Denn ihr werdet in den Wind reden.‹

ein Wolf im Schafspelz, jemand, der sich harmlos gibt und freundlich tut, dabei aber böse Absichten hegt und sehr gefährlich ist. Die Redewendung stammt aus der Bibel (Matthäusevangelium): ›Sehet euch vor vor den falschen Propheten, die in Schafskleidern zu euch kommen, inwendig aber sind sie reißende Wölfe.‹

im Wolkenkuckucksheim leben, eingesponnen in einer Fantasiewelt von völliger Realitätsferne leben, nach der von Vögeln in der Luft gebauten Stadt in der Komödie ›Die Vögel‹ des griechischen Dichters Aristophanes (* um 445, † 385 v. Chr.).

geflügelte Worte, bekannte, viel zitierte Aussprüche. Der Ausdruck ist eine Lehnübersetzung aus dem Griechischen (›épea pteróenta‹) von Homer häufig in seiner ›Odyssee‹ verwendet. Er meint damit Worte, die von Göttern und Menschen gesprochen wurden und ›wie auf Flügeln‹ das Ohr der Menschen erreichten.

ein frommer Wunsch, etwas, was schön wäre, zu haben oder zu erreichen, was sich aber nicht verwirklichen lassen wird; nach lateinisch ›pia desideria‹ (fromme Wünsche), dem Titel einer Schrift des belgischen Jesuiten Hugo (* 1588, † 1639).

mit der Wurst nach der Speckseite werfen, mit kleinem Einsatz, kleinen Geschenken etwas Großes zu erreichen versuchen. Die Redewendung findet sich erstmals bei dem mittelhochdeutschen Dichter Konrad von Würzburg (* um 1230, † 1287).

jemanden in die Wüste schicken, ↑ Sündenbock.

jemandem ein X für ein U vormachen, ihn auf plumpe Weise täuschen, übervorteilen. – Im Mittelalter wurden die Zahlen mit römischen Zahlzeichen geschrieben: V bedeutete 5 und wurde gleichzeitig für den Buchstaben U geschrieben, X war 10. Wörtlich bedeutete die Redensart also: aus einer V (5) eine X (10) machen, z. B. beim Anschreiben von Schulden.

die Zeichen der Zeit, die augenblickliche, bestimmte zukünftige Entwicklungen betreffende Lage, Situation.

das Zeitliche segnen, sterben; heute auch: schadhaft werden, entzweigehen; nach der alten Sitte, dass ein Sterbender, also jemand, der von der irdischen Welt, vom ›Zeitlichen‹, Abschied nahm, Gottes Segen für alles, was er hinterließ, erbat.

jemandem etwas am Zeug flicken, ihm etwas Nachteiliges nachsagen, im eigentlichen Sinn: sich an seinem Zeug, das heißt seiner Kleidung, zu schaffen machen, sie in Ordnung bringen. Die seit der Mitte des 18. Jh. bekannte Redewendung findet sich z. B. in dem Gedicht ›Der Kaiser und der Abt‹ von Gottfried August Bürger (* 1747, † 1794): ›Der Kaiser will gern mir am Zeug was flicken,
Und hat mir drei Nüss' auf die Zähne gepackt.‹

ein alter Zopf, eine überholte Ansicht, ein längst überlebter Brauch. Nach der bei der scharnhorstschen Reform der preußischen Armee abgeschafften und als Symbol der Restauration geltenden Haartracht der Soldaten Friedrich Wilhelms I.

Wer zuerst kommt, mahlt zuerst, wer zuerst da ist, hat ein Vorrecht gegenüber dem später Kommenden. Die Redensart geht auf einen im ›Sachsenspiegel‹ (um 1230) des Eike von Repkow aufgezeichneten Rechtsgrundsatz zurück.

Der Zweck heiligt die Mittel, für einen guten Zweck sind alle Mittel erlaubt. Dieser Satz, der häufig fälschlicherweise den Jesuiten als Quintessenz ihrer Moral zugeschrieben wird, scheint eher auf eine Schrift des englischen Philosophen Thomas Hobbes zurückzugehen: ›... weil dem das Recht, zu einem Zweck zu streben, nichts hilft, dem man das Recht versagt, die nötigen Mittel anzuwenden, so folgt daraus, dass, da jeder Selbsterhaltungsrecht hat, auch jeder berechtigt ist, alle Mittel anzuwenden und jede Handlung vorzunehmen, ohne die er sich selbst nicht erhalten kann.‹

auf keinen grünen Zweig kommen, keinen Erfolg, kein Glück haben, es zu nichts bringen. – Die Redewendung, die wohl den ›grünen Zweig‹ als Sinnbild des Wachsens und Gedeihens sieht, ist seit dem Ende des 15. Jh. belegt.

8 Religion und Philosophie

8
Religion und Philosophie
9
Mythen, Sagen, Märchen
10
Die Bibel

Seit Tausenden von Jahren beschäftigt die Menschen aller Kulturen die Frage, wer wir eigentlich sind, woher wir kommen und wie wir uns verhalten sollen. In Mythen und Ritualen gab man erste Antworten und brachte im Laufe der Zeit die verschiedensten Religionen und philosophischen Systeme hervor. Immer aber blieb es das Ziel, nicht nur die Welt, das heißt die Lebensbedingungen der eigenen Sippe, des Volkes oder der ganzen Menschheit zu erklären, sondern den Mitmenschen auch Orientierungshilfen und Verhaltensregeln zu geben.

Diese doppelte Zielsetzung findet sich in den magischen Formen des Schamanismus ebenso wie in den großen Weltreligionen, in der Astrologie ebenso wie in der modernen Erkenntnistheorie. Doch auch in Theologie und Philosophie hat das Bestreben, den Menschen ihre Lebenswelt zu erklären und ihnen gleichzeitig eine Orientierung zu geben, eine Gemeinsamkeit: indem sie das Handeln des Menschen lenken möchten, unterscheiden sie sich von den anderen Wissenschaften, die nur zeigen wollen, wie die Welt beschaffen ist.

Im folgenden Kapitel soll mit den bedeutendsten Persönlichkeiten und den wichtigsten Begriffen verschiedener Kulturen dargestellt werden, in welcher Weise Menschen schon immer versuchten, diese Aufgabe zu lösen.

Abe — Religion und Philosophie

Abendmahl, die Feier, die im evangelischen Gottesdienst zum Gedächtnis an das letzte Mahl Jesu mit seinen Jüngern, bei dem er ihnen Brot und Wein als seinen Leib und sein Blut reichte, abgehalten wird.

Ablass ⇒ Kapitel 2.

Absolution, *die* [lateinisch ›Freisprechung‹], die Lossprechung von Sünden durch den Priester.

Advent, *der* [lateinisch ›Ankunft‹], die Zeit der Vorbereitung auf das Fest der Geburt Christi und auf seine endzeitliche Wiederkunft.

➕ Die Adventszeit ist von zahlreichen Bräuchen geprägt, z. B. Adventskranz, Adventssingen, Weihnachtsmärkte.

Agnostizismus, *der* [griechisch], die Überzeugung, dass die Frage nach Gott unlösbar sei, dass es also für die Menschen nicht feststellbar ist, ob es Gott gibt oder nicht. Ein Agnostiker erkennt dieser Frage meist auch keine Bedeutung für das Zusammenleben der Menschen zu.

Ahnenkult, die Verehrung der Vorfahren, die bei vielen Naturvölkern, aber auch in China oder Japan gepflegt wird. Da man glaubt, dass die toten Ahnen in der Familie weiterwirken, sollen sie meist durch Opfer und Gastmähler freundlich gestimmt werden.

Allah [arabisch ›der Gott‹], im Islam der eine Gott. Er gilt als Schöpfer und Erhalter der Welt und ist Richter der Menschen am Jüngsten Tag. Ihm allein gebühren Anbetung und Ergebung (arabisch ›islam‹) der Menschen.

Altkatholiken, eine christliche Gemeinschaft, die sich von der katholischen Kirche nach der Verkündung des Dogmas der Unfehlbarkeit des Papstes durch das 1. Vatikanische Konzil (1870) abgespalten hat und von da an den Papst nicht mehr anerkennt.

anglikanische Kirche, die Vereinigung der christlichen Kirchen Englands, die der geistlichen Leitung des Erzbischofs von Canterbury unterstehen. Weltliches Oberhaupt ist der englische Monarch. Die anglikanische Kirche lehnt zwar wie die evangelischen Kirchen die Autorität des Papstes ab, ähnelt in ihrer Liturgie aber der katholischen Kirche und hat wie diese Bischöfe, die sich in der Nachfolge der zwölf Apostel sehen.
Die anglikanische Kirche entstand 1534, als sich ↑ Heinrich VIII. (Kapitel 1) vom Papst lossagte, der es abgelehnt hatte, seine Ehe mit Katharina von Aragon zu annullieren.

Abendmahl (Gemälde von Tintoretto, 1592/94)

Antithese, eine Gegenbehauptung, die einer ersten Aussage (These) entgegengestellt wird; auf These, Antithese und Synthese beruht das System der ↑ Dialektik.

a priori [lateinisch ›vom Früheren her‹], Grundbegriff der Logik und Erkenntnistheorie: eine Erkenntnis oder Beweismethode, die aus voraussetzungsloser, in sich gegründeter Einsicht geschieht; Gegensatz: **a posteriori** [lateinisch ›vom Späteren her‹], eine Erkenntnis, die durch Erfahrung gewonnen wird.

Aristoteles, griechischer Philosoph (*384, †322 v. Chr.), Schüler Platons und Lehrer Alexanders des Großen. Aristoteles, der ein sehr vielseitiger Denker war, gliederte die Philosophie in einen theoretischen und einen praktischen Teil. Die Metaphysik, die sich mit dem Seienden als solchem (den Dingen, insofern sie ›sind‹) befasst, zählte er wie auch die Naturphilosophie zur

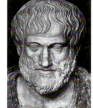

Aristoteles

Religion und Philosophie   **Ave**

theoretischen Philosophie. Die praktische Philosophie (Ethik, Politik) zielt dagegen auf das, was sein soll, das richtige Handeln. Hinzu kommt die Logik als Lehre vom richtigen Denken und Schließen. Das Wesen der Dinge sah er als sie gestaltendes und zielgerichtet formendes Prinzip in ihnen selbst begründet, nicht in einem jenseitigen Prinzip. In seiner Ethik gibt Aristoteles lebensnahe Richtlinien für das tugendhafte Handeln, worin er den Weg sah, das höchste Ziel menschlichen Lebens, die Glückseligkeit, zu erreichen.

Wie sein Lehrer Platon bestimmte Aristoteles maßgeblich die Entwicklung der abendländischen Philosophiegeschichte.

Aschermittwoch, der erste Tag der siebenwöchigen Fastenzeit vor Ostern. Nach der Lebensfreude der Fastnachtstage wird den Gläubigen in der katholischen Aschermittwochmesse mit Asche ein Kreuz auf die Stirn gezeichnet; der Priester spricht dazu die Worte Gottes an Adam: ›Gedenke, Mensch, dass du Staub warst und wieder zu Staub wirst.‹

Askese, *die* [griechisch ›Übung‹], eine entsagungsvolle Lebensführung von Menschen, die durch Wachen, Beten oder Fasten Buße tun und Gottes Gnade erlangen möchten.

> **Aristoteles**
>
> ›Staunen veranlasste zuerst wie noch heute die Menschen zum Philosophieren ... Wer aber fragt und staunt, hat das Gefühl der Unwissenheit... Um also der Unwissenheit zu entkommen, begannen sie zu philosophieren.‹
>
> Aristoteles über den Ursprung der Philosophie

Ästhetik, *die* [griechisch], ein Teilgebiet der Philosophie, bei dem die Frage nach der Erfahrung des Schönen und seiner Beziehung zu Wirklichkeit und Wahrheit im Vordergrund steht. Ein wichtiger Vertreter der Ästhetik war Immanuel Kant.

Atheismus, *der* [zu griechisch atheos ›ohne Gott‹], eine Haltung, bei der die Existenz eines oder mehrerer Götter jenseits der erfahrbaren Welt geleugnet wird (auch ↑ Agnostizismus).

Aufklärung, im 17. Jh. einsetzende europäische Geistesbewegung, die einen Einschnitt in der Geschichte des Denkens markierte, indem sie in der Vernunft das eigentliche Wesen des Menschen sah.

> **Aufklärung**
>
> ›Aufklärung ist der Ausgang des Menschen aus seiner selbst verschuldeten Unmündigkeit. Unmündigkeit ist das Unvermögen, sich seines Verstandes ohne Leitung eines anderen zu bedienen. Selbst verschuldet ist diese Unmündigkeit, wenn die Ursache derselben nicht am Mangel des Verstandes, sondern der Entschließung und des Mutes liegt, sich seiner ohne Leitung eines anderen zu bedienen. Sapere aude! Habe Mut, dich deines eigenen Verstandes zu bedienen! ist also der Wahlspruch der Aufklärung...‹
>
> Immanuel Kant: ›Beantwortung der Frage: Was ist Aufklärung‹ (1784)

Sie suchte die Kultur von kirchlicher Bevormundung und Aberglauben zu befreien, erstrebte Toleranz und glaubte an den steten Fortschritt der Menschheit durch Gestaltung des Lebens nach vernünftigen Grundsätzen und durch wissenschaftliche Forschung. Politisch führte die Aufklärung zum aufgeklärten Absolutismus und bereitete die Französische Revolution vor.

⊕ Wichtige Vertreter der Aufklärung waren John Locke, Gotthold Ephraim Lessing, Immanuel Kant, Jean-Jacques Rousseau und Voltaire. Eine kritische Neubewertung nahmen Theodor Adorno und Max Horkheimer (* 1895, † 1973) vor.

Augustinus, einer der wichtigsten Kirchenväter (* 354, † 430 n. Chr.). Nach seiner Bekehrung zum Christentum (387) wirkte er als Priester, später als Bischof von Hippo Regio in Nordafrika. Seine autobiografischen ›Bekenntnisse‹ und seine Schriften, vor allem ›Über den Gottesstaat‹, hatten überragende Bedeutung für das religiöse Denken des Mittelalters.

auserwähltes Volk, im Alten Testament Bezeichnung für das Volk Israel. Im Buch Genesis heißt es, dass Gott Abraham versprach, seine Nachkommen zu beschützen und zahlreich werden zu lassen wie die Sterne des Himmels. Die Juden, die bis heute ihre Abstammung von Abraham herleiten, betrachten sich daher als das auserwählte Volk.

Ave-Maria, *das* das wichtigste Mariengebet der katholischen Kirche, das auch Bestandteil des Rosenkranzes ist. Seine Worte geben den Gruß des Engels Gabriel wieder (daher: Englischer Gruß), der Maria

301

verkündete, sie werde den Messias gebären. Das Ave-Maria beginnt mit den Worten: ›Gegrüßet seist du, Maria, voll der Gnaden, der Herr ist mit dir‹ (auch ⇒ Kapitel 5).

Axiom, *das* [griechisch ›was für wichtig erachtet wird‹], ein philosophischer oder mathematischer Lehrsatz, der formallogisch nicht weiter zu begründen ist und unmittelbar einleuchtet, z. B. ›Das Ganze ist größer als einer seiner Teile‹.

Bahai-Religion, eine religiöse Gemeinschaft, die von Mirza Husain Ali (* 1817, † 1892), genannt ›Herrlichkeit Gottes‹ (Baha Ullah), in Persien gegründet wurde. Die Bahai möchten die Vereinigung der Menschheit in einer Weltgemeinschaft verwirklichen, in der alle trennenden Schranken beseitigt sind.

Baptisten [griechisch ›Täufer‹], eine der wichtigsten christlichen Gemeinschaften in den USA, im 17. Jh. entstanden. Grundlage ihres Glaubens ist allein die Bibel, die jeder Gläubige sich selbst erschließen soll. Der Name der Baptisten verweist auf die Erwachsenentaufe, die durch Untertauchen vollzogen und als Zeichen einer bewussten Entscheidung für Christus verstanden wird.

Beichte, eines der ↑ Sakramente der katholischen Kirche: ein Schuldbekenntnis des Gläubigen, das vor einem Beichtvater abgelegt wird, der darauf die Absolution, die Zusage der Vergebung der Sünden, erteilt. Er verpflichtet sich, das Beichtgeheimnis zu wahren. In den evangelischen Kirchen existiert die Beichte als ein allgemeines Sündenbekenntnis im Gottesdienst.

Bekennende Kirche ⇒ Kapitel 2.

Benediktiner, die Angehörigen des nach der Regel des Benedikt von Nursia lebenden katholischen Mönchsordens. Nach ihrem Grundsatz ›Ora et labora‹ (›Bete und arbeite‹) lebend, zählten die Benediktiner im Mittelalter zu den wichtigsten theologischen und kulturellen Lehrern des Abendlandes.

Bibel ⇒ Kapitel 10.

Bischof, die Bezeichnung der meisten christlichen Kirchen für ein Leitungsamt, mit dem die Aufsicht über die Gemeinden einer Region verbunden ist. Die Bischöfe in der anglikanischen, der katholischen Kirche und den Ostkirchen sind berechtigt, Priester zu weihen. Sie gelten als direkte Nachfolger der zwölf Apostel.

Buddha [Sanskrit ›der Erwachte‹], Ehrentitel des Siddharta Gautama (* um 560, † um 480 v. Chr.), der die nach ihm Buddhismus genannte Weltreligion stiftete. Im Bewusstsein von Alter, Krankheit und Tod erkannte Buddha mit 29 Jahren die Sinnlosigkeit seines bisherigen Lebens; er verließ sein fürstliches Elternhaus im nepalesischen Himalaja und zog fort, um in der Fremde Wahrheit und Erlösung zu suchen. Unter einem Feigenbaum bei Bodh Gaya (Nordindien) meditierend, erlangte er schließlich die Erleuchtung. Er zog nun durch Indien, wo er seine Lehre verkündete und die buddhistische Mönchsgemeinde, den Sangha, begründete.

Buddhismus, *der* eine Weltreligion, die im 6. oder 5. Jahrhundert v. Chr. von Buddha in Vorderindien gestiftet wurde. Sie hat die Vervollkommnung des Menschen zum Ziel. Die Buddhisten glauben an die Vergeltung aller guten und bösen Taten (Karma) und daran, dass alle Wesen dem Kreislauf der Wiedergeburten (Samsara) unterliegen. Letztes Ziel ist das Nirwana, die Erleuchtung durch Überwindung von Nichtwissen und Erlöschen aller Lebensgier und damit zugleich Befreiung aus dem Kreislauf des Wiedergeborenwerden-Müssens; denn das Leben gilt als leidvoll.
➕ Es gibt zwei Hauptrichtungen des Buddhismus, den Mahayana-Buddhismus, wozu der Zen-Buddhismus gehört, und den Hinayana-Buddhismus. Der Buddhismus ist vor allem in den asiatischen Ländern verbreitet. ⓘ

> ⓘ **BUDDHISMUS**
>
> **Die erste der ›vier edlen Wahrheiten‹ beschreibt das Leben als eine Abfolge von Leiden:**
>
> ›Geburt ist Leiden, Alter ist Leiden, Krankheit ist Leiden, Tod ist Leiden ... mit Unliebem vereint, von Lieben getrennt zu sein ist Leiden.‹

Chassidismus, *der* [x...; zu hebräisch hasîd ›Frommer‹], eine mystische Strömung innerhalb des Judentums, die die Liebe Gottes betont und eine Verinnerlichung des religiösen Lebens anstrebt. Sie wurde in Osteuropa durch Israel Ben Eliezer (* 1698, † 1759), genannt Baal Schem Tov, begründet.
➕ Die Angehörigen des Chassidismus trugen

Buddhismus Beim Höhlentempel Gal Vihare in Polonnaruwa (Sri Lanka) wurde die 15 m lange liegende Figur des sterbenden Buddha aus dem Felsen gehauen, links steht Buddhas Lieblingsschüler Ananda.

schwarze Kleidung, schwarze Hüte und lange Schläfenlocken, heute Zeichen der orthodoxen Juden.

Christentum, eine der Weltreligionen, die sich aus dem Judentum entwickelt hat und sich auf Jesus Christus als Leitgestalt bezieht. Sie beruht auf der Bibel als dem geoffenbarten Wort Gottes. Nach christlichem Glauben ist Jesus der verheißene Messias, der Sohn Gottes (↑ Dreifaltigkeit). Er verkündete das Reich Gottes und brachte den Menschen durch sein Tun, insbesondere seine Bewährung bis in den Tod, das Heil. An ihn knüpfen die Christen ihre Hoffnung auf Auferstehung.
Die verbindlichen Glaubenssätze des Christentums sind im ↑ Credo zusammengefasst; daneben eint das ↑ Vaterunser (Kapitel 10), das Gebet, das Jesus selbst lehrte, die Christen der verschiedenen Kirchen und religiösen Gemeinschaften.

Christi Himmelfahrt, das christliche Fest zehn Tage vor Pfingsten, an dem der Aufnahme Christi in den Himmel gedacht wird (auch ↑ Himmelfahrt, Kapitel 10).

Christus Würdename des Jesus von Nazareth.

Christus ist das griechische Wort für hebräisch ›Messias‹ und bedeutet ›der Gesalbte‹.

Cogito ergo sum, ↑ Ich denke, also bin ich.

Credo, *das* [lateinisch ›ich glaube‹], das nach diesem Anfangswort benannte christliche Glaubensbekenntnis. Es wird im Gottesdienst gebetet und enthält die für alle Christen verbindlichen Glaubenssätze.
➕ Auf Deutsch beginnt es: ›Ich glaube an Gott, den Vater, Schöpfer des Himmels und der Erde, und an Jesus Christus, seinen eingeborenen Sohn, unsern Herrn, empfangen durch den Heiligen Geist, geboren von der Jungfrau Maria.‹

Dalai-Lama, das Oberhaupt des tibetischen Lamaismus, politisches und religiöses Oberhaupt der Tibeter (auch ↑ Tibetfrage, Kapitel 1).

Deduktion, *die* [lateinisch ›das Ableiten‹], die Methode der Schlussfolgerung, die, von allgemeinen Behauptungen ausgehend, Einzelerscheinungen zu erklären versucht. Ihr Gegensatz ist die Induktion.

Derwisch, *der* islamischer Mystiker und Asket.

Des

Die Derwische leben in Armut und versuchen durch geistige Versenkung, aber auch durch Musik und Tanz die mystische Vereinigung mit Allah zu erreichen.

Descartes, René [de'kart], französischer Philosoph (* 1596, † 1650), der die Grundlagen menschlicher Erkenntnis festzustellen versuchte. Sein Satz ›Cogito ergo sum‹ (›Ich denke, also bin ich‹) bezeichnet den Punkt, vor dem auch der radikalste Zweifel Halt machen müsse. Von dieser Gewissheit aus gelangte Descartes zu bahnbrechenden Erkenntnissen in Philosophie und Mathematik. Materie (Welt, Körper) und Geist (Denken, Seele) sah er als vollkommen voneinander unabhängige Substanzen an – eine Auffassung, die bis heute Einfluss auf unser Denken ausübt.

Determinismus, *der* die Vorstellung, dass alles Geschehen auf der Welt und auch das menschliche Handeln durch Naturgesetzlichkeiten oder göttlichen Willen vollkommen vorbestimmt sind. Der Determinismus widerspricht damit der Lehre von der Willensfreiheit.

Dialektik, *die* [griechisch ›Unterredung‹], in der griechischen Philosophie die Kunst, Widersprüche im Wechselgespräch aufzulösen. Später erklärte Hegel die Dialektik zur absoluten Methode menschlichen Erkennens; dabei wird einer These eine Antithese (Entgegensetzung) gegenübergestellt und der Widerspruch zwischen beiden zu einer Synthese vermittelt und aufgehoben. Von Karl Marx wurde diese Methode schließlich im Materialismus zur Erklärung gesellschaftlichen Wandels übernommen.

Dogma, *das* [griechisch ›Lehrsatz‹], eine von Gott geoffenbarte und von der Kirche verkündete christliche Glaubenswahrheit. Die Leugnung eines Dogmas bedeutet die Trennung von der kirchlichen Gemeinschaft. Die evangelischen Kirchen erkennen die Dogmen der katholischen Kirche nach der Reformation, insbesondere das Dogma der ↑ Unfehlbarkeit des Papstes, nicht an.

Dominikaner, ein von Dominikus (*um 1170, † 1221) 1216 nach dem Vorbild der Franziskaner gegründeter Bettelorden. Seine Aufgabe bestand in der Predigt und der Bekehrung der Ketzer (↑ Häresie). Die Dominikaner waren führend in der Inquisition tätig. Einer ihrer berühmtesten Gelehrten war Thomas von Aquin.

➕ Die Ordenstracht der Dominikaner besteht aus einem weißen Gewand und einem schwarzen Mantel.

Dreifaltigkeit, lateinisch **Trinität,** die christliche Vorstellung vom Wesen Gottes. Danach erscheint der eine Gott in drei Personen: Gottvater, Gottsohn und Heiliger Geist, die alle von Anbeginn der Zeit waren und doch nur ein Wesen bilden. Der Glaube an die Dreifaltigkeit wird im Credo festgehalten.

Dualismus, *der* [zu lateinisch duo ›zwei‹], die theologisch-philosophische Vorstellung, dass die Welt aus zwei Stoffen oder Prinzipien besteht, die sich entweder ausschließen (z. B. Gut–Böse, Geist–Stoff) oder einander ergänzen (z. B. Yin–Yang in der chinesischen Philosophie). – Auch ↑ Monismus.

Empirismus *der* [von griechisch empiria ›Erfahrung‹], bezeichnet die erkenntnistheoretische Annahme, dass jegliche menschliche Erkenntnis auf Erfahrung beruhe, im Gegensatz zum ↑ Rationalismus.

Enzyklika, *die* [griechisch ›allgemeiner Rundbrief‹], ein Schreiben des Papstes an die Katholiken der ganzen Welt, das die Stellungnahmen der katholischen Kirche zu den Fragen der Zeit enthält, ohne dass darin unfehlbare Lehrautorität zum Ausdruck kommt.

➕ Die amtliche Erstfassung einer Enzyklika ist meist in lateinischer Sprache verfasst; sie erhält ihren Namen nach ihren Anfangsworten.

Epikur, griechischer Philosoph (* 341 v. Chr., † 270 v. Chr.). Er sah den Sinn des Lebens im diesseitigen Glück, das jedoch weniger in der Erfüllung körperlicher Begierden als in einem maßvollen, heiteren und sorgenfreien Dasein liege. Seine Anhänger heißen ›Epikureer‹.

Erasmus von Rotterdam, niederländischer Humanist und Theologe (* 1466 oder 1469, † 1536), der bedeutendste Vertreter des europäischen ↑ Humanismus. Er veröffentlichte die Sprichwortsammlung ›Adagia‹ (1500) und bekämpfte die Rückständigkeit der scholastischen Theologie. 1516 gab er die erste griechische Druckausgabe des Neuen Testaments heraus, die zur Grundlage von Luthers Bibelübersetzung wurde.

Erbsünde, die Sünde, die nach christlicher Vorstellung durch den Ungehorsam Adams und Evas in die

Religion und Philosophie — **Fra**

Welt gebracht wurde und durch die Zeugung von Mensch zu Mensch weitergegeben wird. Durch den Tod am Kreuz und die Auferstehung erlöste Jesus die Menschen von der Macht der Sünde; seitdem wird die Erbsünde durch die Taufe aufgehoben. Frei von ihr war nach katholischer Lehre neben Jesus nur Maria.

Erkenne dich selbst, griechisch **gnothi seauton,** lateinisch **Nosce te ipsum,** Inschrift über dem Eingang des heute zerstörten Apollontempels in Delphi, die einem der sieben Weisen (Thales von Milet oder Chilon aus Sparta) zugeschrieben wird. Die Erkenntnis, nur ein Mensch zu sein, sollte die Ehrfurcht vor der Gottheit steigern.

Erkenntnistheorie, eine zentrale Disziplin der Philosophie, die sich mit der Möglichkeit menschlicher Erkenntnis beschäftigt. Sie versucht, die Fragen zu klären, was wir überhaupt wissen können und wie wir dabei vorgehen müssen; wichtige Vertreter der neueren Erkenntnistheorie waren J. Locke, G. W. Leibniz und I. Kant.

Ethik, *die* [griechisch ›Sitte‹], der Bereich der Philosophie, der sich mit der rechten Lebensführung beschäftigt. In der Ethik wird versucht, zunächst das Wesen des Menschen zu bestimmen, um dann Regeln des menschlichen Handelns aufstellen und überprüfen zu können. Bedeutende Vertreter der Ethik waren Aristoteles und I. Kant.

Eucharistie, *die* [griechisch ›Danksagung‹], das katholische Sakrament der Verwandlung von Brot und Wein in Leib und Blut Jesu. Auch das gemeinsame Mahl der Kommunion wird oft Eucharistie genannt (auch ↑ Abendmahl und ↑ Wandlung).

Evangelische Kirche in Deutschland, Abkürzung **EKD,** der Zusammenschluss der verschiedenen aus der Reformation hervorgegangenen Landeskirchen. Ihr gehören vor allem die lutherischen, unierten und reformierten Kirchen in Deutschland an, die sich in Organisation und Liturgie teilweise unterscheiden (auch ↑ Protestantismus).

Existenzphilosophie, eine philosophische Richtung des 20. Jh., die, anknüpfend an Denker wie S. Kierkegaard, von der konkreten Existenz des einzelnen Menschen spricht. Von menschlichen Erfahrungen wie ›Angst‹, ›Scheitern‹ und ›Tod‹ aus versucht die Existenzphilosophie, den Grund des Daseins zu erhellen; dies geschieht unter Verweis auf die menschliche Freiheit, durch die ein jeder sich selbst finden, aber auch verlieren kann. Wichtige Vertreter dieser Richtung waren M. Heidegger, J.-P. Sartre und A. Camus.

Fasten, eine in vielen Religionen geübte Form der Askese. Zur Buße oder als Vorbereitung zu heiligen Handlungen enthält sich der Gläubige dabei bestimmter oder aller Speisen. In der katholischen Kirche gibt es vor Ostern eine Fastenzeit mit Aschermittwoch und Karfreitag als wichtigsten Fastentagen. Im Islam fasten die Gläubigen im Monat Ramadan täglich vom Morgengrauen bis zur Abenddämmerung.

Fatalismus, *der* der Glaube an den unabänderlichen Einfluss des Schicksals (lateinisch ›fatum‹) oder einer göttlichen Macht auf das Leben (auch ↑ Kismet und ↑ Prädestination).

Fegefeuer [zu mittelhochdeutsch vegen ›reinigen‹], die Stätte, an der nach traditioneller katholischer und ostkirchlicher Vorstellung die Seelen gereinigt werden. Anders als in der Hölle, wo die ewigen Sündenstrafen verbüßt werden, sollen die Erlösten hier ihre zeitlichen Sündenstrafen ableisten.

Firmung [von lateinisch firmare ›bestärken‹], eines der Sakramente der katholischen Kirche. Sie geht auf die Apostelgeschichte zurück und bedeutet die Aufnahme des meist jugendlichen Firmlings als vollgültiges Mitglied in die Gemeinde. Sie wird gespendet, indem der Bischof durch Handauflegen den Heiligen Geist auf den Firmling herabruft (auch ↑ Konfirmation).

Franziskaner, die Mitglieder eines Bettelordens, der von Franz von Assisi als ›Orden der Minderen Brüder‹ gegründet und 1223 vom Papst anerkannt wurde. Die Franziskaner sind der Armut verpflichtet und kümmern sich vor allem um die Seelsorge und die Unterstützung der Bedürftigen; ihre Tracht besteht aus einer einfachen braunen Kutte mit Kapuze und weißem Strick als Gürtel.

Franz von Assisi, ein Heiliger der katholischen Kirche (* 1182, † 1226), der nach einem ausgelassenen Leben als reicher Kaufmannssohn beschloss, in Armut zu leben und durch die Gründung des Ordens der Franziskaner die Kirche von innen zu reformieren versuchte. Seine tiefe Frömmigkeit und Liebe zur Schöpfung drückte sich in der Predigt vor den Vögeln und dem Sonnengesang, dem Lied an Bruder

305

Sonne und Schwester Mond, aus. Am Ende seines Lebens erschien ihm Christus, von dem er die Wundmale des Gekreuzigten an seinem Körper empfing. Wegen seines einfachen Lebens genießt Franz von Assisi, der Schutzpatron Italiens, auch bei den Gläubigen anderer Konfessionen hohes Ansehen.

Freimaurer, eine Gemeinschaft auf christlicher Grundlage, die 1717 gegründet wurde. In Achtung vor der Menschenwürde treten die Freimaurer für Toleranz, Hilfsbereitschaft und Brüderlichkeit ein. Ihr Ziel ist es, den Tempel Gottes in sich selbst zu errichten, das heißt in den Schriften ›Lehrling‹, ›Geselle‹ und ›Meister‹ die sittliche Vollkommenheit zu erreichen.

➕ Viele bekannte Persönlichkeiten waren Freimaurer, darunter König Friedrich II., der Große, Goethe und Mozart.

Fronleichnam [mittelhochdeutsch ›Leib des Herrn‹], das Hochfest des Leibes und Blutes Christi, das als Fest des Sakraments der Eucharistie in der katholischen Kirche am zweiten Donnerstag nach Pfingsten begangen wird. Dabei wird der Leib Christi im verwandelten Hostienbrot in Prozessionen durch die Straßen getragen.

➕ Das Fronleichnamsfest wurde anlässlich einer Vision der heiligen Juliana von Lüttich 1246 in Lüttich eingeführt und 1264 für die ganze Kirche vorgeschrieben.

Gebet, die Hinwendung an Gott mit Worten des Dankes, der Bitte und des Lobes. Oft werden Gebete durch Gesten wie Händefalten, Niederknien oder durch Gegenstände wie Gebetsteppich, Gebetsmühle oder Rosenkranz unterstützt.

Gebetsmühle, ein im tibetischen Lamaismus verwendeter Zylinder, dessen Inneres Papierstreifen mit kurzen heiligen Texten enthält. Die Gebetsmühle wird in kreisende Bewegung versetzt und soll so das Aufsagen der Gebete ersetzen.

➕ Besonders verbreitet ist die magische Gebetsformel ›Om mani padme hum‹, mit der man den Segen des Avalokiteshvara, des Schutzpatrons Tibets, erbittet.

Gegenreformation, die katholische Erneuerung im 16. Jh. als Antwort auf die ↑ Reformation. Um die Macht des Papsttums zu stärken, wurden auf dem Konzil von Trient (1545–63) das Ablasswesen und die Heiligenverehrung eingeschränkt sowie die Liturgie reformiert. Daneben gründete Ignatius von Loyola den Orden der Jesuiten, um die Kirche in den theologischen Auseinandersetzungen mit den Reformatoren zum Erfolg zu führen.

➕ Mit Gegenreformation wird auch speziell die Rückgewinnung protestantischer Gebiete in Deutschland bezeichnet (⇒ Kapitel 2).

Gnade, die nicht zu verdienende Güte Gottes, im Judentum auch die Bevorzugung der Nachkommen Abrahams, Isaaks und Jakobs, des ›auserwählten Volkes‹. Nach christlicher Vorstellung besteht die Gnade in der Zuneigung Gottes, die der gläubige Mensch trotz seiner Sünden nicht verliert.

Gott, philosophischer und theologischer Begriff für das Unbedingte, Unverfügbare oder Eindeutige, das der Mensch inmitten seiner Zweideutigkeit und Bedingtheit erfährt oder erschließt. Gott wird häufig als der Welt zugrunde liegendes Prinzip gedeutet oder im Christentum als personhafte Macht verstanden. Die göttliche Macht verteilt sich im Polytheismus auf mehrere Götter, die einander auch bekämpfen können; im Monotheismus dagegen stellt sie sich in einem einzigen Gott dar.
Eng verwandt mit dem Wort Gott ist der Begriff der Transzendenz (das Überschreiten) für das Überschreiten von vorgegebenen Grenzen. In einer Welt, in der allein das zählt, was gemessen und begründet werden kann, wird die Möglichkeit von Gotteserfahrungen fraglich.

➕ Der römische Schriftsteller Plinius überlieferte den Satz: ›Es ist Gott dem Menschen, wenn der eine dem anderen hilft‹ (auch ↑ Gott ist die Liebe, Kapitel 10).

Götze, die abschätzige Bezeichnung für die Götter fremder Kulturen aus der Sicht des Monotheismus. Sie werden entweder als dem wahren Gott gegenüber machtlos, als Mächte des Bösen oder als Hirngespinste abgetan.

Gründonnerstag, der Tag vor Karfreitag, an dem in der katholischen Kirche die Erinnerung an das Letzte Abendmahl im Mittelpunkt steht.

Guru ⇒ Kapitel 11.

Hadsch, *der* die Pilgerfahrt nach Mekka zur Kaaba, die jeder Muslim mindestens einmal im Leben unternehmenn soll.

➕ Nach dem Besuch der heiligen Stätten darf sich der Pilger ›Hadschi‹ nennen.

Hallelujah, Aufruf zum Lob Gottes in der jüdisch-christlichen Tradition; er kommt aus dem Hebräischen und bedeutet ›Preiset Jahwe!‹.

Häresie, *die* [griechisch ›Wahl‹], in den christlichen Kirchen Bezeichnung für eine religiöse Überzeugung, die der offiziellen Lehrmeinung nicht oder nur teilweise entspricht; sie wurde im Mittelalter auch als Ketzerei bezeichnet. So wurde auch Luther von der katholischen Kirche als Häretiker bekämpft.

Hedonismus, *der* [zu griechisch hedone ›Vergnügen‹], eine Einstellung, die das private Glück der körperlichen und geistigen Lusterfüllung als höchstes Ziel ansieht. Zu vermeiden dagegen sind Unlust und Schmerz. In der Antike stand Epikur dem Hedonismus nahe.

Hegel, Georg Wilhelm Friedrich deutscher Philosoph (* 1770, † 1831), der in der Tradition der Aufklärung steht. Das Weltganze, die Totalität aller materiellen und geistigen Dinge, sah Hegel als vernünftig an. In seinem Hauptwerk ›Phänomenologie des Geistes‹ (1807) stellte er der materiellen Welt den absoluten Geist, den er mit Gott gleichsetzte, gegenüber und verstand die Weltgeschichte als fortschreitende Entfaltung des Geistes. Diese Entwicklung erkannte er in Kunst, Religion und Philosophie, also in den Erscheinungsformen des Geistes und glaubte, sie werde im sich wiederholenden Dreischritt der Dialektik ihr Ziel in Gestalt des absoluten Geistes (absolutes Wissen) erreichen.

Georg Wilhelm Friedrich Hegel

Heidegger, Martin (* 1889, † 1976), der bedeutendste deutsche Vertreter des philosophischen Existenzialismus. In seinem Hauptwerk ›Sein und Zeit‹ (1927) beschrieb er das Grundmotiv des Daseins des Menschen als die Frage nach dem Sinn von ›Sein‹. Später wandte er sich gegen das technisch-wissenschaftliche Denken der Moderne und stellte, in Auseinandersetzung mit der abendländischen Philosophie, die ›Seinsvergessenheit‹ der Metaphysik, das heißt das Versäumnis, das Sein zu denken, als verhängnisvoll heraus.

➕ Heidegger hatte insbesondere großen Einfluss auf das Denken protestantischer Theologen und die moderne französische Philosophie; in neuester Zeit wurde ihm seine Nähe zum Nationalsozialismus vorgeworfen.

Heiden, eine Bezeichnung, die im Christentum für alle verwendet wurde, die nicht die Taufe empfangen haben; sie ist heute durch den Begriff Nichtchristen ersetzt.

Heilige, Menschen, die Gott besonders nahe stehen und vom Papst heilig gesprochen werden können. Zunächst wurden nur die Märtyrer als Heilige verehrt, später auch Christen, die ein besonders frommes Leben geführt hatten. Nach katholischer und ostkirchlicher Vorstellung können die Heiligen bei Gott für die Menschen eintreten und werden in Notlagen dazu angerufen. Im Protestantismus dagegen gelten Heilige lediglich als vorbildliche Christen.

➕ Allerheiligen, das katholische Fest zum Gedächtnis aller Heiligen, wird am 1. November gefeiert.

Heilige Drei Könige ⇒ Kapitel 10.

Heiliges Jahr, auch **Jubeljahr, Anno Santo,** in der katholischen Kirche ein Jahr, das der inneren Erneuerung dienen soll; erstmals 1300, seit 1475 alle 25 Jahre begangen. Das Jubeljahr wird am Weihnachtsfest mit dem Öffnen der Heiligen Pforte in der Peterskirche durch den Papst eingeleitet und durch ihre Vermauerung wieder beschlossen.

Hermeneutik, *die* [zu griechisch hermeneuein ›erklären‹], die Kunst der Auslegung und die philosophische Lehre vom geschichtlichen Verstehen. Die Hermeneutik ist dementsprechend die Kunst der Auslegung philosophischer, juristischer, aber auch literarischer Schriften. Die Frage, wie wir Dinge verstehen können, die wir nicht kennen, führt zu dem sogenannten ›hermeneutischen Zirkel‹: Der Mensch versteht nur das, was er schon weiß, und kann nur das wissen, was er einmal verstanden hat. – Bild S. 308

Hildegard von Bingen, deutsche Mystikerin (* 1098, † 1150), Benediktinerin, die in ihrem Hauptwerk, der mystischen Glaubenslehre ›Scivias‹ (deutsch ›Wisse die Wege‹), in stark prophetischer Sprache eine eigene Theologie und Anthropologie entwickelte. Daneben verfasste sie u. a. auch naturkundliche Abhandlungen und geistliche Lieder.

Hinduismus, *der* eine der Weltreligionen, die vor allem in Indien verbreitet ist. Ihr Ziel ist die Erlösung des Menschen und damit die Beendigung des Kreis-

Hildegard von Bingen war eine der größten deutschen Mystikerinnen; sie hatte bereits in ihrer Kindheit Visionen, die sie ab 1141 in lateinischer Sprache niederschrieb.

laufs der Wiedergeburten (Seelenwanderung), dem jeder Mensch unterliegt; dabei kann er je nach seiner Lebensführung, der moralischen Qualität seiner guten oder bösen Taten als Mitglied einer der vier Kasten oder auch als Tier wieder auf die Welt kommen. Die wichtigsten unter den zahlreichen Göttern des Hinduismus sind Brahma als der Schöpfer, Wischnu als der Erhalter und Schiwa als der Zerstörer; als heilige Schriften gelten die Weden und die Upanischaden. Ein Merkmal hinduistischer Frömmigkeit ist das Heilighalten der Kuh.

Hobbes, Thomas [hɔbz], englischer Philosoph (* 1588, † 1679), der sich in seinem Hauptwerk ›Leviathan‹ mit den Entstehungsbedingungen der menschlichen Gesellschafts- und Staatsordnung beschäftigte. Nach seiner Meinung herrscht im ursprünglichen Naturzustand ein Kampf aller gegen alle; die Menschen müssen daher mittels eines gegenseitigen Vertrags alle Gewalt dem Staat übertragen, damit er seine Bürger voreinander schützen kann.

✚ Von Hobbes stammt die Erkenntnis ›homo homini lupus est‹: Der Mensch (ist) dem Menschen ein Wolf, was so viel bedeutet wie: Der Mensch ist der gefährlichste Feind des Menschen.

Hugenotten ⇒ Kapitel 1.

Humanismus ⇒ Kapitel 1.

Hume, David [hjuːm], englischer Vertreter der Erkenntnistheorie bzw. des Empirismus (* 1711, † 1776). Er führte in seiner Untersuchung über den menschlichen Verstand sämtliche Gedanken und Vorstellungen auf sinnliche Eindrücke zurück und glaubte, dass alles Wissen nur auf wiederholter Erfahrung beruhe.

Hutten, Ulrich Reichsritter von deutscher Humanist (* 1488, † 1523), stand zunächst im Dienst des Mainzer Erzbischofs. Seit 1519 trat er für Luther ein und wurde zum Gegner des Papsttums. Er verfasste den zweiten Teil der ›Dunkelmännerbriefe‹, einer fingierten Briefsammlung ungenannter Autoren, in denen u. a. die mittelalterliche Gelehrsamkeit verspottet wird. Mit Franz von Sickingen (* 1481, † 1523) verband er sich zur Fehde gegen den Mainzer Erzbischof. Nach der Niederlage im Reichsritteraufstand (1521) floh Hutten zu Zwingli in die Schweiz.

Ich denke, also bin ich, lateinisch **Cogito ergo sum,** Grundsatz der Philosophie René Descartes': Wenn mir auch alles, so seine Überlegung, was ich um mich herum wahrnehme, nur vorgegaukelt werden könnte, so ist doch die Tatsache, dass ich denke und an all dem zweifeln kann, ein Beweis dafür, dass ich selbst keine Einbildung bin, sondern wirklich existiere.

Ich weiß, dass ich nichts weiß, Satz, der den radikalen Zweifel des Sokrates an der menschlichen Weisheit ausdrückt. Alles, was wir wissen können, ist nach seiner Meinung, dass wir im Grunde nichts wissen.

Idealismus, *der* eine philosophische Strömung, die im Gegensatz zum ↑ Materialismus steht. Der Idealismus vertritt die Ansicht, dass alle Dinge der Welt nur aufgrund von Nichtmateriellem (wie Ideen, Geist, Weltseele oder Gott) existieren. Dementsprechend soll auch das Handeln der Menschen sich nicht an den Verhältnissen der Welt, sondern an den allgemein gültigen Vorstellungen orientieren. Bedeutende Vertreter des Idealismus waren Immanuel Kant und Friedrich Wilhelm Hegel.

Idee, ein Begriff, der von Platon geprägt wurde. Er

Religion und Philosophie | Jud

verstand darunter die ewigen, nichtsinnlichen Urbilder oder Muster, denen alle Erscheinungen der Welt, seien es Dinge wie ein Tisch, Eigenschaften wie die Tapferkeit oder Werte wie das Gute nachgebildet sind. Der Kirchenvater Augustinus sah sie als die Gedanken Gottes bei der Erschaffung der Welt an; in der modernen Erkenntnistheorie gelten die Ideen dagegen als die Vorstellungen, die sich die Menschen von der sie umgebenden Welt bilden.

Ignatius von Loyola, spanischer Heiliger (*1491, †1556), der 1534 den katholischen Orden der Jesuiten gründete. Er leistete damit einen erheblichen Beitrag zur Neuordnung der Kirche in der ↑ Gegenreformation.

Induktion, *die* [lateinisch ›das Hineinführen‹], die Methode der Schlussfolgerung, die von Einzelerscheinungen (dem Besonderen) ausgeht und versucht, aus diesen Beobachtungen auf allgemeine Sachverhalte oder Gesetzmäßigkeiten zu schließen. Ihr Gegensatz ist die Deduktion.

Inkarnation, *die* [lateinisch ›Fleischwerdung‹], in verschiedenen Religionen die irdische Gestaltwerdung eines göttlichen Wesens. Der Hauptpunkt des christlichen Glaubens bedeutet, dass Gott in Jesus Fleisch annahm, also Mensch wurde, um die Menschen von der Sünde zu erlösen.

Inquisition ⇒ Kapitel 1.

Islam [arabisch ›Hingabe‹ (an Gott)], die jüngste der Weltreligionen, die auf die Verkündigung des arabischen Propheten Mohammed im 7. Jh. n. Chr. zurückgeht. Sie ist niedergelegt in der heiligen Schrift, dem Koran. Der Glaube an den alleinigen Gott Allah gründet sich auch auf die Verkündigungen Jesu und der jüdischen Propheten.

ⓘ ISLAM

Die fünf Grundpflichten der Gläubigen:

Schahada, das Aussprechen des Glaubensbekenntnisses: ›Es gibt keinen Gott außer Gott, und Mohammed ist der Gesandte Gottes‹;
Salat, das fünfmal täglich zu verrichtende Gebet;
Sakat, das Pflichtalmosen für soziale, karitative und missionarische Zwecke;
Saum, das Fasten im Monat Ramadan;
Hadsch, die Wallfahrt nach Mekka einmal im Leben

In der Lehre Mohammeds vereinigen sich altarabische und jüdisch-christliche Gedanken sowie orientalische Gottesvorstellungen. Grundlegend für den islamischen Glauben ist die Überzeugung, dass es nur einen Gott gibt. Allah ist der Schöpfer und Erhalter aller Dinge, Richter, der alles vorherbestimmt; er ist allmächtig, allwissend und barmherzig. Der Gläubige soll sich frei dazu entscheiden, sich in Allahs Willen (Kismet) zu fügen. Das Heil, die Auferstehung von den Toten und ein Leben im Paradies erwarten die Gläubigen nach dem Tod. Die Ungläubigen verfallen den ewigen Höllenstrafen.
⊕ Der Islam ist in zwei Glaubensrichtungen, die der Sunniten und die der Schiiten, gespalten und eine der am weitesten verbreiteten Religionsgemeinschaften. ⓘ

Islamismus, *der* im westlichen Sprachgebrauch Bezeichnung für den islamischen ↑ Fundamentalismus (Kapitel 11).

Jesuiten, die Mitglieder der ›Societas Jesu‹ (Abkürzung SJ), eines katholischen Ordens, der 1534 von Ignatius von Loyola gegründet wurde. Seine Aufgaben waren vor allem die geistige Auseinandersetzung mit dem Protestantismus in der Gegenreformation, die Mission, die Seelsorge und die Lehrtätigkeit. Die Jesuiten sind neben dem Gehorsam gegenüber ihrem Ordensgeneral in besonderer Weise auch dem Papst verpflichtet; wegen ihrer unnachgiebigen Haltung in Glaubensfragen wurden sie von vielen Seiten angefeindet und waren selbst von der katholischen Kirche zeitweilig verboten.

Jesus Christus, die zentrale Gestalt des Christentums, die als Sohn Gottes und als der Messias gilt, der die Menschen erlösen sollte (auch ↑ Jesus, Kapitel 10).

Jom Kippur, *der* der Versöhnungstag, einer der höchsten jüdischen Feiertage, den die Gläubigen durch strenges Fasten und das feierliche Bekennen ihrer Sünden begehen.
⊕ Jom Kippur wird am 15. Tischri (September/Oktober) begangen; an ihm begann 1973 der 4. israelisch-arabische Krieg (Jom-Kippur-Krieg).

Jubeljahr, ↑ Heiliges Jahr.

Judentum, eine der Weltreligionen, die Religion der Nachfahren Abrahams und Jakobs; sie gründet sich auf die Thora (›Gesetz‹), die fünf alttestamentlichen Bücher, als deren Verfasser Moses gilt. Ihr Kern ist

Kaa

Judentum Für die Lesung im Gottesdienst wird die Thorarolle in der Synagoge im Thoraschrein aufbewahrt; vor dem Schrein befindet sich ein Thoravorhang. Der abgebildete Vorhang besteht aus rotem Seidensamt mit Applikationen sowie Gold- und Silberstickerei (Berlin-Potsdam 1832, mit Teilen aus dem 17./18. Jh.).

der Glaube an den einen Gott, der mit den Juden, dem ↑ auserwählten Volk, einen Bund geschlossen hat und dessen Gebote von ihnen deshalb eingehalten werden müssen. Die Lehre des Judentums wird im Talmud zusammengefasst, der aus der Tätigkeit der Rabbiner, der geistlichen Lehrer, hervorging. Die Juden heiligen den Sabbat (Samstag) und kennen die Beschneidung sowie eine Reihe von Reinheitsvorschriften und Speisegeboten.
🔴 Die wichtigsten Feste des Judentums sind das Passahfest, das Laubhüttenfest sowie Jom Kippur.
🔴 Aus dem Judentum gingen sowohl das Christentum als auch der Islam hervor.

Kaaba, *die* [arabisch ›Würfel‹], das wichtigste Heiligtum des Islam. Bei ihren Gebeten wenden sich die Muslime der Kaaba, die sich in Mekka im Mittelpunkt der Großen Moschee befindet, zu, und einmal in ihrem Leben unternehmen sie eine Pilgerfahrt, bei der sie die Kaaba siebenmal umschreiten müssen.
🔴 Die Kaaba ist ein mit einem schwarzen Tuch bedecktes Steingebäude von 12 m Länge, 10 m Breite und 15 m Höhe; an ihrer südöstlichen Ecke ist in

1 m Höhe ein als heilig geltender Meteorit eingemauert.

Kalvinismus, *der* die von Johannes Calvin geprägte reformatorische Richtung des Christentums. Sie zeichnet sich vor allem durch ihre Auserwähltheitslehre aus, die häufig in weltlichen Erfolgen (z. B. Reichtum) ein Zeichen göttlicher Gnade sah. Daneben ist der Kalvinismus von einfachem Leben und strengen Moralvorstellungen geprägt. Er verbreitete sich seit der 2. Hälfte des 16. Jh. besonders in Südwestdeutschland, den Niederlanden, Frankreich (Hugenotten), England (Puritaner) und Nordamerika.

Kanonisation, *die* [zu griechisch kanonizein ›in den Kanon aufnehmen‹], die Heiligsprechung in der katholischen Kirche. Sie erfolgt in einem festgesetzten kirchlichen Verfahren durch den Papst.

Kant, Immanuel deutscher Philosoph (* 1724, † 1804), der mit seinem Werk ›Kritik der reinen Vernunft‹ (1780) die moderne Philosophie und philosophische Kritik begründete. Durch eine Untersuchung des menschlichen Erkenntnisvermögens kam Kant zu der Einsicht, dass wir über Gott, Welt und Seele nichts Sicheres wissen können, die Existenz Gottes und die Unsterblichkeit der Seele aber als Voraussetzungen des Handelns notwendig sind. In der praktischen Philosophie (Ethik und Moralphilosophie) stellte er den ›kategorischen Imperativ‹ auf, die Regel, dass jeder Mensch so handeln soll, dass seine Grundsätze auch allgemeine Gesetze einer Gesellschaft sein könnten. Bedeutend ist auch die Forderung, dass niemand sich selbst oder den anderen Menschen nur als Mittel zu den eigenen Zielen gebrauchen dürfe, sondern immer auch zugleich als Zweck an sich ansehen müsse.

> **Immanuel Kant**
> ›Kant ist der vorzüglichste, ohne allen Zweifel. Er ist auch derjenige, dessen Lehre sich fortwirkend erwiesen hat und in unsere deutsche Kultur am tiefsten eingedrungen ist.‹
> Goethe über Kant (1827)

Kardinal, *der* [kirchenlateinisch cardinalis (episcopus) ›wichtigster (Geistlicher)‹], der nach dem Papst höchste kirchliche Würdenträger. Die Kardinäle sind in der Regel Bischöfe, die vom Papst zu besonderen Aufgaben, von denen die Papstwahl die wichtigste ist, berufen werden.

Religion und Philosophie   **Kir**

● Äußeres Zeichen der Kardinalswürde ist der Kardinalspurpur.

Karfreitag, der Freitag vor Ostern, der in Erinnerung an die Kreuzigung Jesu feierlich begangen wird. In den evangelischen Kirchen gilt der Karfreitag als der höchste Feiertag des Jahres.

Karma, *das* [Sanskrit ›Tat‹], die Lehre von der Vergeltung aller menschlichen Taten, die im Zusammenhang mit dem Glauben an die Seelenwanderung im Buddhismus und im Hinduismus Bedeutung hat. Sie besagt, dass der Mensch durch seine Handlungen bestimmt, in welcher Daseinsform er wiedergeboren wird: Alle guten Taten führen zu glücklichen Verhältnissen in einer zukünftigen Existenz, böse Taten bedingen eine schlechte Wiedergeburt (z. B. in äußerster Armut oder, wie die Inder glauben, sogar als Tier).

Katechismus, *der* [griechisch ›Unterricht‹], ein Lehrbuch für den Religionsunterricht, das in Form von Frage und Antwort die wichtigsten christlichen Lehren zusammenstellt.

kategorischer Imperativ, die moralphilosophische Regel, die Immanuel Kant aufstellte, um den Menschen eine moralische Begründung ihres Handelns zu geben. Er lautet: ›Handle so, dass die Maxime deines Willens jederzeit zugleich als Prinzip einer allgemeinen Gesetzgebung gelten könnte.‹

Kathedrale, eine meist besonders große und prachtvolle Kirche, die immer auch Sitz (griechisch ›kathedra‹) eines Bischofs ist. In Deutschland werden die Kathedralen oft Dom genannt.

katholische Kirche [griechisch katholikos ›alle betreffend‹, ›allgemein‹], die christliche Gemeinschaft, die ihrem Selbstverständnis nach direkt auf Jesus zurückgeht. Sie wird vom Papst geleitet, der sich als Nachfolger des Apostels Petrus und Stellvertreter Gottes versteht und Oberhaupt des Vatikans und des Kirchenstaates ist; ihm unterstehen die Bischöfe, die die ihnen untergebenen Priester und Gemeinden leiten. Die katholische Kirche betrachtete sich traditionellerweise immer als die Gemein-

katholische Kirche Die Peterskirche in Rom ist die Grabkirche des Apostels Petrus und Hauptkirche des Papstes.

schaft, die allein die Menschen zur Erlösung führen kann, gesteht in heutiger Zeit aber auch den anderen Kirchen und selbst anderen Religionen zu, dass sie zum Heil beitragen können. Von den anderen christlichen Gemeinschaften, die ihren Alleinvertretungsanspruch nicht anerkennen, wird sie meist römisch-katholische Kirche genannt (auch ↑ Altkatholiken).

Kierkegaard, Sören [ˈkɪrɡəɡɔːr], dänischer Philosoph und Theologe (* 1813, † 1855). Er stützte sein Denken auf die Erfahrung der menschlichen Existenz und gilt als Vorläufer der Existenzphilosophie. Nach seiner Ansicht ist das menschliche Leben durch Angst und Verzweiflung bestimmt, die nur durch die Gnade Gottes aufgehoben werden können.

Kirche, das Gebäude, das als Haus Gottes angesehen wird und zur Feier der Gottesdienste dient. Übertragen versteht man darunter auch die christlichen Gemeinschaften, die sich zumeist in einzelnen Glaubenssätzen unterscheiden, sich aber alle auf Jesus als zentralen Bezugspunkt berufen. Neben der katholischen Kirche gibt es die evangelischen Kirchen, die anglikanische Kirche, die Ostkirchen und verschiedene Freikirchen.

Kirchenväter, die Theologen des frühen Christentums, die als Begründer der kirchlichen Lehre angesehen werden. In der katholischen Kirche gelten ihre Werke als Teil der Offenbarung Gottes. Ein bedeutender Kirchenvater war Augustinus.

311

Kismet, *das* [türkisch-arabisch ›Zugeteiltes‹], im Islam Bezeichnung für das dem Menschen von Allah zugeteilte, unabänderliche Schicksal, in das der Gläubige sich willig fügt (auch ↑ Fatalismus).

Klagemauer, der einzige Überrest des jüdischen Tempels von Jerusalem, der im Jahre 70 n. Chr. von den Römern zerstört wurde. Die Klagemauer ist der heiligste Ort des Judentums und eine besondere Stätte des Gebets.

Klerus, *der* [griechisch], Bezeichnung für die Geistlichen der katholischen Kirche, die sich durch die Priesterweihe von den übrigen Gläubigen, den Laien, unterscheiden.

Kloster, ein von der Außenwelt abgeschirmter Bezirk, in dem Männer (Mönche) oder Frauen (Nonnen) leben, die sich ganz dem Dienste Gottes weihen. Klöster spielen in der katholischen Kirche und den Ostkirchen seit dem 3. Jh. eine große Rolle, sind aber auch im Buddhismus und Islam zu finden.

Kommunion, *die* [lateinisch ›Gemeinschaft‹], das gemeinsame Mahl des zum Leib Christi verwandelten Brotes, neben der Wandlung der wichtigste Teil der katholischen Messe (auch ↑ Abendmahl).

Konfession, *die* [lateinisch], das Bekenntnis zu einer der christlichen Kirchen, die daher oft auch selbst Konfessionen genannt werden.

Konfirmation, *die* [lateinisch ›Befestigung‹], in den evangelischen Kirchen die Aufnahme der jungen Christen mit etwa 14 Jahren als vollgültige Mitglieder der Gemeinde. In einem feierlichen Gottesdienst werden sie dabei auch erstmals zum Abendmahl zugelassen (auch ↑ Firmung).

Konfuzius chinesischer Philosoph (* 551, † 479 v. Chr.), der moralische Grundsätze für das Leben der Menschen aufstellte. Seine vor allem in China verbreitete und dieses Land bis heute tief prägende Lehre wird als **Konfuzianismus** bezeichnet.
➕ Im Konfuzianismus gibt es fünf Haupttugenden: gegenseitige Liebe, Rechtschaffenheit, Weisheit, Sittlichkeit und Aufrichtigkeit.

Konklave, *das* [lateinisch ›verschließbarer Raum‹], die Versammlung der Kardinäle, die zur Papstwahl an einem von der Außenwelt abgeschlossenen Ort im Vatikan abgehalten wird.

Konzil ⇒ Kapitel 1.

> ### ℹ️ KONKLAVE
> **Habemus Papam**
>
> Mit diesen Worten wird, einem kirchlichen Ritus entsprechend, der neue Papst der Öffentlichkeit präsentiert. Die vollständige, seit dem 15. Jh. überlieferte Formel lautet:
> ›Annuntio vobis magnum gaudium: Papam habemus.‹ (›Ich verkündige euch eine große Freude: Wir haben einen Papst.‹).

Koran, *der* [arabisch ›Lesung‹], das heilige Buch des ↑ Islam. Es enthält, in 114 Suren (Abschnitte) aufgeteilt, die Botschaft Gottes (Allahs), die dieser durch den Propheten Mohammed den Menschen offenbart hat.

koscher [jiddisch ›einwandfrei‹], das Wort, mit dem im Judentum alle Speisen bezeichnet werden, die nach den Vorschriften der Thora erlaubt sind.

Krishna [...ʃ...], ein indischer Gott, in dem nach hinduistischer Vorstellung der Gott Wischnu wieder geboren wurde. Die Verehrung Krishnas steht im Mittelpunkt der Hare-Krishna-Bewegung.

Kurie, *die* [lateinisch], die Gesamtheit der kirchlichen Behörden, durch die der Papst die katholische Kirche leitet. Sie hat ihren Sitz im Vatikan.

Lamaismus, *der* die tibetische Sonderform des Buddhismus. Der geistliche Führer des Lamaismus ist der Dalai-Lama.

Laubhüttenfest, das jüdische Erntedankfest, ein Herbstfest, an dem in Erinnerung an den Auszug aus Ägypten Hütten aus Zweigen errichtet werden.

Leibniz, Gottfried Wilhelm deutscher Mathematiker und Philosoph (* 1646, † 1716), der als der letzte deutsche Universalgelehrte gilt. Er war eigentlich Jurist; auf seinen verschiedenen Reisen trat er mit den bedeutendsten Gelehrten seiner Zeit in Verbindung. Er verknüpfte seine mathematisch-naturwissenschaftlichen Erkenntnisse mit der Theologie seiner Zeit. Etwa gleichzeitig mit Isaac Newton begründete Leibniz die Differenzial- und Integralrechnung und entwickelte das binäre Zahlensystem. 1675 konnte er die erste Rechenmaschine vorführen. Leibniz dachte sich die Natur nicht aus ›toten Atomen‹, sondern aus unendlich vielen kleinen geistigen Einheiten, den Monaden (griechisch ›Einheiten‹), zusammengesetzt. Die auf seine Anregung hin gegründete preußische Akademie der Wissenschaften wählte Leibniz zu ihrem Präsidenten auf Lebenszeit.

Litanei, *die* [lateinisch ›Bittgesang‹], ein Wechselgebet oder -gesang, bei dem die Anrufungen des Vorbeters mit einer gleich bleibenden Bittformel (›Erhöre uns‹, ›Bitte für uns‹) beantwortet werden. Am bekanntesten ist die Allerheiligenlitanei, in der die Heiligen um Schutz und Beistand angerufen werden.

Liturgie, *die* [griechisch ›öffentlicher Dienst‹], die Regelung der Formen, in denen sich der Gottesdienst der christlichen Kirchen vollzieht. Man versteht darunter einerseits die Gebete, andererseits die religiösen Handlungen, die Priester und Gläubige ausführen.

Locke, John [lɔk], englischer Philosoph (*1632, †1704) und bedeutender Vertreter der Erkenntnistheorie des Empirismus. Er behauptete, dass der Mensch nicht mit bestimmten Vorstellungen geboren werde, sondern sich diese erst im Laufe seines Lebens durch Erfahrung erwerbe. In seiner Staatstheorie nahmen die Menschenrechte und die Forderung nach Teilung staatlicher Gewalten breiten Raum ein, wodurch er spätere Verfassungsentwürfe (vor allem der USA und Frankreichs) nachhaltig beeinflusste.

Logik, *die* [griechisch ›Kunst des Denkens‹], eine Disziplin u. a. der Philosophie, die die Kunst des vernünftigen Denkens erstrebt; als solche ist sie die Lehre vom folgerichtigen (also logischen) Denken und Argumentieren über Gegenstände und Sachverhalte eines oder mehrerer Sachgebiete. Die in der Logik entwickelten Begründungsweisen sind Deduktion und Induktion.

➕ Als Begründer der Logik gilt Aristoteles.

lutherische Kirchen, die evangelischen Kirchen, die aus der Reformation hervorgingen und der Lehre Martin Luthers verpflichtet sind. Sie betonen die Erlösung allein durch die Gnade Gottes und unterscheiden sich von anderen evangelischen Kirchen in der Überzeugung, dass beim Abendmahl Brot und Wein tatsächlich in Leib und Blut Christi verwandelt werden.

Luther, Martin ⇒ Kapitel 2.

Luzifer [lateinisch ›Lichtbringer‹], ein anderer Name des ↑ Teufels.

Machiavelli, Niccolò [makja'vɛlli], italienischer Schriftsteller und Staatsphilosoph (*1469, †1527) zur Zeit der Renaissance. Er entwarf in seinem Hauptwerk ›Der Fürst‹ (1532) Grundgedanken neuzeitlicher Politik: Wesen und Selbstzweck des Staates sei die Macht. Zum Erhalt der Macht und für das Staatswohl gestand er den Herrschenden zu, die allgemeinen Regeln der Moral zu übertreten.

Niccolò Machiavelli

Mantra, *das* [Sanskrit ›Spruch‹], eine heilige oder magische Formel des Buddhismus, deren ständige Wiederholung zur Erleuchtung führen soll.

Märtyrer [griechisch-lateinisch, eigentlich ›Zeuge‹], vor allem im Christentum Bezeichnung für Menschen, die für ihren Glauben den Tod auf sich nehmen (›Blutzeugen‹).

Marxismus ⇒ Kapitel 3.

Materialismus, *der* philosophische Lehre, die im Gegensatz zum Idealismus steht. Im Materialismus werden nur die messbaren und fühlbaren Dinge der Welt als wirklich angesehen und das Vorhandensein übernatürlicher Ideen, Gottes oder einer unsterblichen Seele geleugnet. Als Grundlage des menschlichen Handelns werden daher auch nur die tatsächlichen Lebensverhältnisse und keine unbeweisbaren Vorstellungen von der Menschennatur zugelassen. Eine große Rolle spielt der Materialismus im Marxismus.

Mekka, Stadt im Westen von Saudi-Arabien, in der Mohammed geboren wurde und in der ein vorislamisches Heiligtum, die ↑ Kaaba, verehrt wird. Mekka ist die heiligste Stadt des Islam und darf von Nichtmuslimen nicht betreten werden. Die Muslime dagegen wenden sich ihr beim Gebet zu und sind verpflichtet, einmal in ihrem Leben den Hadsch, die Pilgerfahrt nach Mekka, zu unternehmen.

Melanchthon, Philipp deutscher Humanist und Reformator (*1497, †1560), der eigentlich P. Schwartzerdt hieß. Er lehrte als Professor für Griechisch an der Universität Wittenberg und war ab 1519 Mitarbeiter Martin Luthers. Melanchthon schuf u. a. mit dem ›Augsburger Bekenntnis‹ (1530) die grundlegenden Bekenntnisschriften des Protestantismus

Mes

und baute das evangelische Landeskirchensystem auf.

Messias, im Juden- und im Christentum der Gesalbte Gottes, der als Heiland die Menschen erlösen soll. Während die Juden aber die Ankunft des Messias noch erwarten, ist er für die Christen schon in der Person Jesu Christi gekommen.

Metaphysik [griechisch ›das, was hinter der Physik steht‹], Zentraldisziplin der Philosophie, die sich mit allem beschäftigt, was über die sinnlich erfahrbare Welt hinausgeht. Dazu gehören vor allem die Fragen nach Gott, der Wahrheit, der Unsterblichkeit der Seele und der Freiheit des Menschen. In der neueren Philosophie war es vornehmlich der Philosoph Immanuel Kant, der die Metaphysik einer umfassenden Kritik unterzog, um sie auf eine vernunftgemäße Grundlage zu stellen.

Mission, *die* [lateinisch ›Entsendung‹], die Bekehrung der Heiden zum wahren Glauben. Im Christentum und im Islam gibt es einen göttlichen Missionsauftrag, den das Judentum dagegen nicht kennt.

Mohammed [arabisch ›der Gepriesene‹], der Gründer des Islam (*um 570, †632 n. Chr.), der von den Muslimen als Prophet verehrt wird. Er wurde in Mekka geboren und legte dort die an ihn durch den Erzengel Gabriel ergangenen Offenbarungen im Koran nieder. Da er in seiner Heimatstadt nicht anerkannt wurde, wanderte er nach Medina aus, wo er den überwiegenden Rest seines Lebens verbrachte und eine große Anhängerschaft gewann. Von hier aus bekehrte er die arabischen Stämme und einte sie auch politisch. Mohammed sah sich als Erneuerer der Religion Abrahams und als Nachfolger von Moses und Jesus Christus, die er als Propheten anerkannte.

➕ Mohammed: ›Siehe mein Gebet, meine Verehrung und mein Leben ... gehören Allah, dem Herrn der Welten ... ich bin der erste der Muslime.‹

Mönchtum, eine Lebensform in religiösen Gemeinschaften, deren Angehörige eine vom Weltlichen geschiedene Lebensform wählen und ihr Leben in den Dienst Gottes stellen. Das Mönchtum spielt im Buddhismus und Hinduismus eine große Rolle; daneben wird es im Islam und Christentum gepflegt. In die christlichen Orden werden Nonnen und Mönche erst nach dem Noviziat, einer Zeit der Prüfung, und nach dem Gelöbnis von Armut, Keuschheit und Gehorsam aufgenommen.

Monismus, *der* [zu griechisch monos ›allein‹], die theologisch-philosophische Vorstellung, nach der das Wesen der Welt aus einem einzigen Stoff (Substanz) oder einer einzigen Macht besteht (auch ↑ Dualismus).

Monotheismus, *der* [zu griechisch monos ›einzig‹ und theos ›Gott‹], der Glaube an einen einzigen, persönlich gedachten Gott, der von der Welt verschieden ist. Monotheistische Religionen sind das Judentum, das Christentum und der Islam (auch ↑ Polytheismus).

Montesquieu, Charles [mɔ̃tɛsˈkjø], Baron de la Brède et de Montesquieu, französischer Schriftsteller und Staatsphilosoph (*1689, †1755). Sein Hauptwerk ›Vom Geist der Gesetze‹ (1748), eines der wichtigsten Werke der französischen Aufklärung, wirkte wesentlich auf die Verfassung der Französischen Revolution und die der USA sowie – darüber hinaus – durch die Lehre von der Gewaltenteilung auf die moderne Demokratie.

Mormonen, die Anhänger der ›Kirche Jesu Christi der Heiligen der letzten Tage‹. Diese christliche Gemeinschaft wurde 1830 von Joseph Smith (*1805, †1844) gegründet, der von einem Engel namens Moroni das heilige Buch Mormon empfangen haben will. Die Mormonen empfangen die ›Glaubenstaufe‹; sie sollen nach strengen moralischen Grundsätzen leben und auf Genussmittel verzichten.

➕ Die Mormonen gründeten 1847 den Staat Utah mit der Hauptstadt Salt Lake City, wo sie 1853/59 einen Tempel aus weißem Granit errichteten. Auf der Spitze dieses Tempels soll Jesus Christus in der Endzeit erscheinen und ein 1000-jähriges Reich in Amerika errichten.

➕ Die bei den Mormonen 1843 eingeführte Polygamie wurde 1890 abgeschafft.

Morus, Thomas latinisierter Name des englischen Staatsmannes Sir Thomas More (*1477 oder 1478, †1535). Thomas Morus war ab 1529 Staatskanzler und unterstützte die Kirchenpolitik Heinrichs VIII., lehnte aber eine englische Staatskirche entschieden ab und trat deshalb 1532 zurück. Aufgrund seiner Weigerung, den geforderten Suprematseid auf den König zu leisten, wurde er zum Tod verurteilt und enthauptet. Thomas Morus schrieb den Roman

Religion und Philosophie — ort

›Utopia‹ (1516), in dem er nach der besten Staatsform suchte, und begründete damit die literarische Gattung der Utopie.

Moschee, *die* der Kultbau des Islam, in dem die Gläubigen zu den Gebeten zusammenkommen.

Muslim [arabisch ›der sich Gott unterwirft‹], auch **Moslem,** Selbstbezeichnung der Anhänger des Islam.
➕ Die Bezeichnung ›Mohammedaner‹ lehnen die Muslime ab, weil ihr Glaube auf die von Mohammed überbrachte Offenbarung Gottes, nicht aber auf den Propheten als ihren menschlichen Überbringer gerichtet ist.

Mystik, *die* [zu griechisch mystikos ›geheimnisvoll‹], eine besondere Form der Frömmigkeit, die in vielen Religionen zu finden ist. Jenseits von alltäglichem Bewusstsein und verstandesmäßiger Erkenntnis zielt Mystik auf die persönliche Erfahrung göttlicher Gegenwart.

Nietzsche, Friedrich deutscher Philosoph und Schriftsteller (* 1844, † 1900). Er beschäftigte sich – wie Arthur Schopenhauer – mit der Bedeutung der Kunst für das Leben und mit der Frage nach der Möglichkeit objektiver Erkenntnis und der Begründbarkeit der Moral. Nietzsche kam zu dem Schluss, dass Gott tot sei und dass der ›Übermensch‹, für ihn der Mensch der Zukunft, sich rücksichtslos seine Ziele und seinen Sinn selbst setzen solle. Sein bekanntestes Werk ist ›Also sprach Zarathustra‹ (1883–91).
➕ Nietzsche hatte großen Einfluss auf Philosophen wie Martin Heidegger und Schriftsteller wie Rainer Maria Rilke, Thomas Mann und Hermann Hesse.
➕ ›Gelobt sei, was hart macht!‹, ist ein bekanntes Zitat aus ›Also sprach Zarathustra‹.

Nihilismus, *der* [zu lateinisch nihil ›nichts‹], eine philosophische Haltung, die von der Sinnlosigkeit (Nichtigkeit) der Welt und des menschlichen Lebens überzeugt ist.
➕ Nachhaltige Wirkung erzeugte der Nihilismus Ende des 19. Jh. durch Friedrich Nietzsche, der ihn auf die Formel brachte: ›Gott ist tot!‹

Nikolaus, Heiliger, ein Bischof von Myra (Griechenland), der wahrscheinlich im 4. Jh. lebte. Um seine Gestalt ranken sich zahlreiche Legenden. Unter anderem ist er der Schutzheilige der Kinder; an seinem Fest, am 6. Dezember, legt er ihnen Geschenke in die bereitgestellten Schuhe. In protestantischen Ländern wurde aus ihm der Weihnachtsmann, der am Heiligabend kommt und die Kinder beschenkt.

Nirwana, *das* [Sanskrit, eigentlich ›das Erlöschen‹], Zustand der Erlösung, der im Buddhismus angestrebt wird. Er bedeutet das Erlöschen der Lebensgier und kann schon auf Erden durch Meditation erreicht werden. Nach einem vollkommenen Leben aber ist Nirwana das Ende des Kreislaufs der Wiedergeburten und das Eintauchen in das ewige, göttliche Sein.

Nonne, Angehörige eines (Frauen-)Ordens, die ihr Leben unter feierlichen Gelübden dem Dienst Gottes weiht (↑ Mönchtum).

Okkultismus, *der* [zu lateinisch occultus ›verborgen‹], der Glaube an geheime Mächte der Welt, die nicht wissenschaftlich nachgewiesen werden können. Im Okkultismus spielen Geister eine große Rolle, mit denen man in Verbindung treten kann, um Nachrichten aus dem Jenseits zu erhalten oder Einfluss auf andere Menschen zu gewinnen.

Ökumene, *die* [griechisch ›die bewohnte (Erde)‹], Bezeichnung für die Gesamtheit aller christlichen Kirchen. Die ökumenische Bewegung bemüht sich um die Annäherung zwischen den evangelischen Kirchen und der katholischen Kirche.

Ontologie, *die* [zu griechisch on ›Sein‹], die Lehre vom Sein und den allgemeinsten Seinsbegriffen. Die von dem Philosophen Christian Wolff (* 1679, † 1754) entwickelte klassische Ontologie (1730) beschäftigte sich vor allem mit den mannigfachen Seinsbedeutungen und Seinsbestimmungen. Im Unterschied zu Kant war es vornehmlich Hegel, der die Ontologie zu einer zentralen philosophischen Grundwissenschaft ausbaute.

Orden, eine religiöse Lebensgemeinschaft der katholischen Kirche, deren Angehörige sich ganz in den Dienst Gottes stellen. Es gibt Frauen- und Männerorden sowie Laien- und Priesterorden; alle Ordensleute müssen die Gelübde der Armut, der Keuschheit und des Gehorsams ablegen, die Mitglieder der Priesterorden empfangen außerdem die Priesterweihe.

orthodox, das griechische Wort für ›rechtgläubig‹.

Ost

Mit dieser Bezeichnung setzen sich meist konservative religiöse Strömungen gegen Erneuerungsbewegungen ab. So nennen sich der Chassidismus und die Ostkirchen orthodox, da sie nach ihrem Verständnis die reine Lehre vertreten.

Ostern, das christliche Fest, an dem die Auferstehung Jesu gefeiert wird. Es fällt auf das jüdische Passahfest, an dem Christus gekreuzigt wurde, und ist in der katholischen Kirche und den Ostkirchen der höchste Feiertag.
➕ Der Brauch der Ostereier, die ein altes Fruchtbarkeitssymbol sind, geht auf germanische Frühlingsfeiern zurück, mit denen Ostern schon früh verbunden wurde.

Ostkirchen, zusammenfassende Bezeichnung für die christlichen Kirchen, die auf dem Gebiet des Oströmischen Reichs entstanden. Die meisten, wie die griechisch-orthodoxe und die russisch-orthodoxe Kirche, erkennen den Führungsanspruch des Papstes nicht an, sondern werden von Patriarchen geleitet. In ihren Glaubenssätzen unterscheiden sie sich nur wenig von der katholischen Kirche, legen aber besonderen Wert auf eine feierliche Liturgie.

Palmsonntag, der Sonntag vor Ostern, an dem des triumphalen Einzugs Jesu in Jerusalem gedacht wird (auch ↑ Hosanna, Kapitel 10).
➕ In Erinnerung an die Palmzweige, die zu seiner Begrüßung auf die Straße gelegt wurden, werden im katholischen Palmsonntagsgottesdienst geweihte Buchsbaumzweige an die Gläubigen verteilt.

Pantheismus, *der* die religiöse Überzeugung, dass Gott oder die göttliche Macht in der Welt (das heißt der schöpferischen Natur) zu finden ist. Der Monotheismus dagegen lehrt, dass Gott außerhalb der Welt existiert.
➕ Obwohl der Begriff selbst im 18. Jh. geprägt wurde, ist der Pantheismus der Sache nach die älteste Form des Gottesglaubens.

Papst [von lateinisch papa ›Vater‹], das Oberhaupt der katholischen Kirche und des Vatikanstaates, als Bischof von Rom der Nachfolger des Apostels Petrus. Der Papst wird als Vertreter Jesu Christi angesehen; er gibt in Enzykliken die katholische Lehrmeinung zu Fragen der Welt bekannt und ist ermächtigt, unfehlbare Glaubenssätze zu verkünden (↑ Unfehlbarkeit des Papstes). Von den anderen christlichen Kirchen wird der Führungsanspruch des Papstes jedoch nicht anerkannt.
➕ Seit dem 11. Jh. besteht der Brauch, dass der gewählte Papst seinen bürgerlichen Namen ablegt und einen eigenen Papstnamen annimmt.
➕ Ehrentitel und Anrede des Papstes ist ›Heiliger Vater‹.

Paradies, der Garten, in dem nach der Erschaffung der Welt Adam und Eva frei von Sorgen lebten. Nach ihrem Sündenfall vertrieb Gott sie in die Welt, wo sie ein Leben in Mühsal führen mussten.
Auch viele andere Religionen kennen die Vorstellung vom Paradies als einer Stätte (bzw. einem Zustand) der Ruhe, des Friedens und des Heils am Anfang und Ende aller Zeiten, die mit Begriffen wie Insel (Gefilde) der Seligen, Jenseits, ↑ Nirwana, goldenes Zeitalter oder, im Märchen, Schlaraffenland umschrieben wird.
➕ Als Paradies wird auch die Vorhalle an frühchristlichen Basiliken und an Kirchen des Mittelalters bezeichnet.

Passah, ein jüdisches Fest (⇒ Kapitel 10).

Pastor, das lateinische Wort für ›Hirte‹, mit dem besonders im nördlichen Deutschland katholische und evangelische Priester bezeichnet werden.

Patriarch, *der* [griechisch ›Sippenoberhaupt‹], Titel der obersten Geistlichen der orthodoxen Kirchen (auch ⇒ Kapitel 10).

Pfingsten, das christliche Fest, an dem sieben Wochen nach Ostern daran erinnert wird, wie am jüdischen Erntedankfest der Heilige Geist über Maria und die Jünger Jesu ausgegossen wurde (auch ⇒ Kapitel 10).

Philosophie, *die* [griechisch ›Liebe zur Weisheit‹], nach der Auffassung von Sokrates und Platon das Streben nach Weisheit (Erkenntnis). Den Inhalt der Philosophie bildet die Beantwortung der Grundfragen: Was ist der Grund und Ursprung der Dinge? (Vorsokratiker) – Was bin ich? (Sokrates) – Was kann ich wissen, was soll ich tun, was darf ich hoffen? (Immanuel Kant). Die Philosophie fragt nach dem Zusammenhang der Dinge in der Welt, sucht die Aussagen der einzelnen Wissenschaften in einer Gesamtschau zusammenzufassen und untersucht die Möglichkeit menschlicher Erkenntnis. ⓘ

Pietismus, *der* [zu lateinisch pietas ›Frömmig-

PHILOSOPHIE

Die fünf klassischen Disziplinen:

Logik, die Wissenschaft von der Struktur, den Formen und Gesetzen des Denkens sowie vom folgerichtigen Schließen
Erkenntnistheorie, die Lehre von den Ursprüngen, Voraussetzungen, Bedingungen, Methoden, Zielen und Grenzen des begründeten Wissens
Ethik, die Lehre vom sittlichen Verhalten des Menschen
Ästhetik, die Wissenschaft von den Gesetzen der Kunst und des Schönen
Metaphysik, die Wissenschaft von den hinter der sinnlich erfahrbaren Welt liegenen Urgründen und letzten Zusammenhängen des Seins

keit‹], eine Bewegung des deutschen Protestantismus im 17. und 18. Jh., die vor allem die Bekehrung des Einzelnen, seine Abkehr von der Sünde und sein persönliches Verhältnis zu dem väterlichen Gott betont. Der Pietismus bewirkte eine innere Erneuerung der Gemeinden und ein verstärktes soziales Engagement der Kirche.

Platon, griechischer Philosoph (*428, †348 v. Chr.), Schüler des Sokrates und Lehrer des Aristoteles. Platon suchte nach Allgemeinbegriffen, nach dem, was verschiedenen Dingen der gleichen Art (z. B. gerechten Handlungen, auch Dingen wie den Tischen oder den Hunden) gemeinsam ist. All diese Allgemeinbegriffe – Platon nennt sie die ›Ideen‹ – haben ein selbstständiges Sein außerhalb der einzelnen Dinge. So ist beispielsweise eine gerechte Handlung ›gerecht‹ durch ihre Teilhabe an ihrem Urbild, der ›Idee der Gerechtigkeit‹. Es gibt also einerseits die Ideen, die unsichtbar, ewig und vollkommen sind, andererseits die vielen sinnlich wahrnehmbaren Dinge, die sich wandeln und vergänglich sind. Die höchste Stelle im Reich der Ideen nimmt die Idee des Guten ein. Tugend fasste Platon zugleich als Erkenntnis auf. Ungerechtes Handeln beruht demzufolge auf mangelndem Verständnis von Gerechtigkeit.
Platon hat fast alle seine Werke in Dialogform ver-

Platon

fasst; meist wird das Gespräch durch Sokrates geführt. Ein wichtiger Dialog ist ›Der Staat‹, in dem er seine Ideenlehre darlegt.
● Das Denken Platons wurde wie das seines Schülers Aristoteles bahnbrechend für die gesamte Philosophiegeschichte des Abendlandes.

Pluralismus, *der* [zu lateinisch pluralis ›zu mehreren‹], eine ethische Grundhaltung, die es gutheißt, dass verschiedene Werte und Überzeugungen nebeneinander bestehen und miteinander konkurrieren.

Polytheismus, *der* der Glaube an mehrere oder viele Götter, die oft für verschiedene Lebensbereiche zuständig sind und auch miteinander im Streit liegen können, im Gegensatz zum ↑ Monotheismus. Der Polytheismus findet sich in den frühen Hochkulturen und im Hinduismus.

Positivismus, *der* die Überzeugung, dass wahre Aussagen nur aufgrund überprüfbarer Voraussetzungen gemacht werden können. Damit werden die Metaphysik oder bloße Gedankengrundsätze (z. B. dass ›der Mensch frei geboren sei‹) abgelehnt.

Prädestination, *die* [lateinisch ›Vorherbestimmung‹], die Vorstellung, dass das menschliche Leben und die Erlösung der Seele von Gott oder göttlichen Mächten vorherbestimmt werden. Diese Ansicht wird im Islam (↑ Kismet) und in der Lehre des Reformators Johannes Calvin vertreten.

Pragmatismus, *der* die Lehre, die im Handeln des Menschen sein innerstes Wesen erblickt und das Denken allein an seiner Dienlichkeit für die Bewältigung praktischer Aufgaben bemisst.

Priester, ursprünglich eine geheiligte Person, die als Vermittler zwischen den Menschen und den göttlichen Mächten dient. In der katholischen Kirche werden zu Priestern nur Männer geweiht, die Ehelosigkeit (↑ Zölibat) geloben müssen. In den evangelischen Kirchen sind auch Frauen zugelassen; die Pflicht zu Ehelosigkeit besteht nicht.

profan [lateinisch ›ungeweiht‹], nicht dem Gottesdienst dienend, nicht heilig; weltlich.

Protestantismus, *der* Bezeichnung für die Gesamtheit der aus der Reformation hervorgegangenen Kirchen. Kern des Protestantismus ist die Gnadenlehre, die Auffassung, dass der Mensch sündig ist und nur aufgrund seines Glaubens von Christus durch die Gnade Gottes erlöst werden kann. Unterschiede bestehen allerdings zwischen den einzelnen Kirchen in der Frage, ob sich beim Abendmahl Brot und Wein wirklich in Leib und Blut Jesu verwandeln.

➕ Protestantismus ist ursprünglich ein politischer Begriff, der 1529 entstand, als auf dem 2. Reichstag von Speyer 19 evangelische Reichsstände gegen den Beschluss protestierten, am Wormser Edikt von 1521 festzuhalten.

Puritanismus, *der* eine Reformbewegung der anglikanischen Kirche, die im 16. Jh. in England entstand. Die Puritaner wandten sich gegen den Prunk der anglikanischen Kirche und strebten die Reinheit (lat. puritas) der Kirche und ein einfaches, sittenstrenges Leben an, dessen Erfüllung Arbeit und Beruf war. Viele von ihnen wanderten nach Amerika aus (auch ↑ Pilgerväter, Kapitel 1).

Quäker, die Anhänger einer von George Fox (* 1624, † 1691) in England begründeten religiösen Gemeinschaft. Sie selbst nannten sich ›Gesellschaft der Freunde‹ (der Name Quäker, englisch ›Zitterer‹, war ursprünglich ein Spottname). Die Quäker lehnen eine organisierte Kirche, Sakramente, Priestertum und festgelegte Glaubenssätze ab. Da sie in England verfolgt wurden, wanderten viele nach Nordamerika aus, wo der Quäker William Penn (* 1644, † 1718) 1681 den Staat Pennsylvania gründete.

➕ Die Quäker zeichnen sich durch ihre umfangreiche soziale Hilfstätigkeit aus; 1947 erhielt ein englisch-amerikanischer Quäkerverband dafür den Friedensnobelpreis (u. a. für die ›Quäkerspeisungen‹ der Not leidenden Bevölkerung nach dem Zweiten Weltkrieg).

Rabbiner [von Rabbi, hebräisch ›mein Meister‹, ›mein Lehrer‹], die geistlichen Lehrer der jüdischen Gemeinden. Sie haben die Autorität in der Auslegung des Gesetzes. Rabbiner nennt man heute auch die Leiter der jüdischen Gemeinden; diese sind in Rabbinaten zusammengeschlossen, die ein Oberrabbiner leitet.

Ramadan, *der* [arabisch ›der heiße Monat‹], der heilige Monat des Islam, in dem die Gläubigen täglich von Sonnenaufgang bis Sonnenuntergang fasten müssen. Den Abschluss des Ramadan bildet das Fest des Fastenbrechens (Bairam).

Rationalismus, *der* eine Überzeugung, der zufolge die Welt wesentlich dem Verstand oder der Vernunft (lateinisch ›ratio‹) gemäß, das heißt von logisch gesetzmäßiger Beschaffenheit sei. Anders als der Empirismus, der alle Erkenntnis letztlich durch menschliche Sinneserfahrung begründet sieht, nimmt der Rationalismus an, dass es von der Erfahrung unabhängige Vernunftwahrheiten gibt; deren Erkenntnis nimmt einen höheren Rang ein als die Sinneserfahrung, da diese wie die Sinnesdinge veränderlich ist.

➕ Ein strenger Rationalismus wurde von René Descartes und Gottfried Wilhelm Leibniz vertreten, der Empirismus dagegen von John Locke und David Hume.

Reformation Mit der Verhängung der Reichsacht über Martin Luther auf dem Wormser Reichstag 1521 war die Frühphase der Reformation beendet, die Ausbreitung der Reformation konnte damit jedoch nicht verhindert werden (Lutherdenkmal in Worms von Ernst Friedrich August Rietschel; 1858 begonnen, von Schülern 1868 vollendet).

Realismus, *der* eine Richtung der Philosophie, die davon ausgeht, dass die Welt und alle Dinge völlig unabhängig von unserem Denken existieren. Das bedeutet entweder, dass wir sie doch erkennen können so, wie sie sind. Es ist aber auch möglich, dass die Dinge – wie bei Platon – nur als Ideen außerhalb der erfahrbaren Welt wirklich sind oder dass wir die Welt, wie sie eigentlich ist, durch den Schleier unserer Vorstellung oft nur undeutlich erkennen können. Die zweite Überlegung führt zu dem, was in der Kunst Realismus genannt wird: die Überzeugung, dass nur die Welt, wie wir sie vor uns haben, wirklich und darstellenswert und daher ästhetisch erfahrbar ist (auch ⇒ Kapitel 6).

Reformation, *die* [lateinisch ›Erneuerung‹], theologische Bewegung des 16. Jh., die von Martin Lu-

Religion und Philosophie — **Sch**

ther durch seine Kritik an Missständen der katholischen Kirche ausgelöst wurde. Dabei strebte er zunächst nur die Erneuerung der Kirche an, drang damit aber nicht durch und wählte deshalb mit anderen Reformatoren den Weg der Spaltung, der zur Bildung der evangelischen Kirchen führte.

Reinkarnation [re-in...], ↑ Wiedergeburt.

Relativismus, *der* eine Richtung der Erkenntnistheorie. Sie besagt, dass wir nicht die Dinge an sich erkennen können, sondern nur, wie sie zueinander stehen und wie sie von unserem Standpunkt aus erscheinen. Dies führt zu der Einsicht, dass auch alle Werte und Normen nur in Abhängigkeit von den jeweiligen Umständen gültig sind.

Religion, *die* [lateinisch religio ›Gottesfurcht‹], zusammenfassende Bezeichnung für die heiligen kultischen Handlungen und Glaubenssätze, die ausgeführt und befolgt werden müssen, will man den Schutz und die Hilfe der Götter erlangen. Je nachdem, ob ein oder mehrere Götter verehrt werden, unterscheidet man zwischen monotheistischen und polytheistischen Religionen. Von Offenbarungsreligionen spricht man, wenn diese den Menschen von Gott selbst verkündet wurden (auch ↑ Weltreligionen).

Reliquie, *die* [lateinisch ›Überrest‹], die Asche oder Gebeine von Heiligen oder Märtyrern oder Teile von Gegenständen aus ihrem Besitz (z. B. Kleidung), die als fassbares Zeichen ihrer Verehrung dienen.

Requiem, *das* die katholische Messe für Verstorbene (Toten-, Seelenmesse), die mit den Worten ›Requiem aeternam dona eis, Domine‹ (›Die ewige Ruhe gib ihnen, Herr‹) beginnt (auch ➯ Kapitel 5).

Rosenkranz, eine Gebetsfolge der katholischen Kirche, die an Maria gerichtet ist. Dabei werden anhand einer Perlenschnur, die ebenfalls Rosenkranz genannt wird, in festgelegtem Wechsel Vaterunser und Ave-Maria gebetet.

Rousseau, Jean-Jacques [ru'so], französischer Schriftsteller und Philosoph (* 1712, † 1778), ein bedeutender Vertreter der Aufklärung. Er entwickelte die Vorstellung vom einfachen und heilen Naturzustand des Menschen, aus dem dieser durch den ›Gesellschaftsvertrag‹ (1762) und die Entwicklung politischer Einrichtungen heraustrat (auch ↑ Gesellschaftsvertrag, Kapitel 3). Auch mit seinem Erziehungsprogramm, das er in dem Buch ›Émile, oder Über die Erziehung‹ (1762) darlegte, übte er großen Einfluss auf die Nachwelt aus.

Sakrament, *das* [lateinisch ›Weihe‹], Bezeichnung für die heiligen Handlungen der christlichen Kirchen, die als Zeichen der Gnade den Segen Gottes gewähren. In der katholischen Kirche und den Ostkirchen sind dies die Taufe, die Firmung, das Bußsakrament und die Eucharistie; daneben die Eheschließung, die Krankensalbung und die Priesterweihe. Die evangelischen Kirchen kennen nur die Taufe und die Eucharistie als Sakramente an, da nur sie Jesus selbst eingesetzt wurden.

Sartre, Jean-Paul französischer Schriftsteller und Philosoph (* 1905, † 1980), der mit dem Werk ›Das Sein und das Nichts‹ (1943) ein Hauptvertreter des Existenzialismus, der französischen Form der Existenzphilosophie, wurde. Das Thema seiner engagierten Bücher wie ›Der Ekel‹ (1938) und ›Die Fliegen‹ (1943) waren die menschliche Freiheit und der Abscheu vor der Sinnlosigkeit des Lebens; seine politischen Aktivitäten brachten ihn in die Nähe des Marxismus, zu dem er jedoch stets kritischen Abstand bewahrte.

➕ Den ihm angetragenen Nobelpreis lehnte Sartre ab.

Schamane, *der* [tungusisch], ein Mensch mit großen magischen Kräften, der sich mithilfe von Tanz, Musik und Drogen in Rauschzustände versetzt, um Seelenreisen zu unternehmen und Verbindung mit Verstorbenen und Geistern aufzunehmen. Die Schamanen wirken als Priester und Heiler.

Scharia, *die* [arabisch ›Weg zur Tränke‹], das religiös begründete, auf Offenbarung zurückgeführte Recht des Islam, das die kultischen Pflichten, die ethischen Normen und die Rechtsgrundsätze für alle Lebensbereiche umfasst. Die Scharia beruht auf dem Koran und wird durch die Sunna, die Gesamtheit der von Mohammed überlieferten Aussprüche, Entscheidungen und Verhaltensweisen, ergänzt.

Schiiten, die kleinere der beiden Hauptrichtungen des Islam (etwa 10 % der Muslime), die heute vor allem in Irak und Iran vertreten ist. Von den Sunniten trennten sie sich, weil sie die Nachfahren Mohammeds und nicht die Kalifen, die gewählten Führer,

319

als rechtmäßige Nachfolger des Propheten (Imame) ansehen.

Schintoismus, *der* [japanisch shintō ›Weg der Götter‹], die ursprüngliche Religion Japans, die vor allem durch Naturverehrung und Ahnenkult gekennzeichnet ist. Die Gebete und kultischen Handlungen werden an Schreinen im Freien vollzogen. An der Spitze der Götter steht die Sonnengöttin Amaterasu, von der sich das bis heute regierende Herrscherhaus und der jeweilige Kaiser (Tenno) herleiten; dieser ist auch das Oberhaupt des Schintoismus.

Schisma ⇒ Kapitel 1.

Schintoismus Torii des Itskushima-Schreins vor der Insel Miyajima (südwestlich von Hiroshima)

Scholastik, *die* [lateinisch ›Schulwissenschaft‹], zusammenfassende Bezeichnung für die europäische Philosophie im Mittelalter. Die Hauptfragen der Scholastik waren, ob wir die Wahrheit eher durch vernünftiges Erkennen oder durch religiösen Glauben erfassen können und ob die Wirklichkeit in den einzelnen Dingen oder in ihren Namen liege, also die allgemeinen Begriffe das Wirkliche seien (auch ↑ Idee). Die Scholastiker lösten sich zwar vom Einfluss der Kirche, folgten aber stets geistigen Autoritäten, vor allem Aristoteles; ihr wichtigster Vertreter war Thomas von Aquin.

Schopenhauer, Arthur deutscher Philosoph (* 1788, † 1860), der mit seinem Hauptwerk ›Die Welt als Wille und Vorstellung‹ Künstler und Philosophen wie Richard Wagner, Friedrich Nietzsche und Thomas Mann beeinflusste. Nach seiner Auffassung existiert die Welt, wie wir sie erleben, nur in unserer Vorstellung; gleichzeitig aber sind wir und die Welt die Produkte eines blinden göttlichen Willens. So hat die Weltgeschichte keinerlei Sinn, und auch das Leid der Menschen kann nur in einem Zustand der Bewusstseinslosigkeit, ähnlich dem Nirwana des Buddhismus, aufgehoben werden.

Sekte, meist abwertend gebrauchte Bezeichnung für eine Glaubensgemeinschaft, die sich von einer Mutterreligion abgespalten hat.

sieben Weise, eine Gruppe griechischer Staatsmänner und Philosophen des 8. und 7. Jh. v. Chr. (u. a. Thales von Milet), denen Sinnsprüche wie ›Erkenne dich selbst!‹ und ›Nichts im Übermaß!‹ zugeschrieben werden.

Skeptizismus, *der* eine philosophische Richtung, die alles Denken und Handeln nur auf Behauptungen und Schlüssen aufbaut, die mit kritischem Zweifel geprüft worden sind. Der Skeptizismus richtet sich in Erkenntnistheorie und Ethik gegen kirchliche Vorschriften und Glaubenssätze und bestimmte die europäische Aufklärung.

Sokrates, einer der bedeutendsten griechischen Philosophen (* um 470, † 399 v. Chr.). Er lehrte in Athen, wo man ihn beschuldigte, gottlos zu sein und die Jugend zu verderben. Schließlich wurde er zum Tod durch Gift (den ›Schierlingsbecher‹) verurteilt. Sokrates selbst hinterließ keine Schriften, von seinem Schüler Platon aber wissen wir, dass er das vermeintliche Wissen der anderen Menschen mit seinen beharrlichen Fragen in Zweifel zog und sie durch Anregung zum Nachdenken zu gültigeren Erkenntnissen führte. Er selbst war überzeugt, nichts zu wissen. Sein Denken bedeutete für die Antike einen geistigen Einschnitt: Fortan sprach man von den Denkern, die vor ihm lebten, als den ›Vorsokratikern‹.

Sokrates

🟢 Sokrates war mit Xanthippe verheiratet, die – wohl zu Unrecht – als Inbegriff eines zänkischen Eheweibes galt.

Sophisten [zu griechisch sophos ›geschickt‹, ›klug‹], Bezeichnung für eine Gruppe griechischer Philosophen des 5. und 4. Jh. v. Chr., die als Wanderlehrer gegen Geld unterrichteten. Sie beschäftigten sich vor allem mit der Ethik, bei der sie zwischen der Natur des Menschen und seiner Abhängigkeit von den Regeln der Gesellschaft unterschieden, und vertraten die zweifelnde Grundhaltung des Skeptizismus.
🟢 Der Philosoph Platon warf ihnen vor, nicht nach der Wahrheit zu suchen, sondern die Menschen nur überreden zu wollen; deshalb hat heute das Wort Sophist einen negativen Klang.

Spinoza, Baruch de [spi'no:za:], niederländischer Philosoph (* 1632, † 1677), der aus einer aus Portugal eingewanderten jüdischen Familie stammte. Sein Hauptwerk ist die ›Ethik. Nach geometrischer Methode dargestellt‹ (1677). Demzufolge ist Gott mit der Natur identisch, da er die einzige, unteilbare, unendliche Substanz sei. Gott und Natur seien eine einzige Seinsweisen, aus der alle anderen Seinsweisen notwendigerweise folgen. Spinoza wurde oft missverstanden, u. a. hat man seine Lehre des Atheismus bezichtigt. Sein Denken beeinflusste u. a. Lessing und Goethe.

Stoiker, eine nach ihrem Versammlungsort, einer Säulenhalle (griechisch ›stoa‹) in Athen benannte Philosophenschule, die um 300 v. Chr. von Zenon von Kition in Athen gegründet wurde. Sie trat für eine ethische Grundhaltung ein, die den Menschen befähigt, die Wechselfälle des Lebens gelassen zu ertragen. In römischer Zeit waren die Philosophen Seneca der Ältere (* um 4 v. Chr., † 65 n. Chr.), der Lehrer Kaiser Neros, Epiktet (* um 50, † 138 n. Chr.) und Kaiser Mark Aurel (* 121, † 180) bedeutende Stoiker.
🟢 Die Redewendung ›etwas mit stoischer Ruhe ertragen‹ bezieht sich auf die Geisteshaltung der Stoiker.

Strukturalismus, *der* eine Richtung der modernen französischen Sprachphilosophie und Ethnologie. Sie führt sowohl die Sprachen als auch die Mythen und Kulthandlungen verschiedenster Völker auf Regeln und Strukturen zurück, die allen gemeinsam sind.

Sünde, unheilvolles Leben ohne Gott bzw. das Übertreten der göttlichen Gebote. Sünden können durch Buße gesühnt oder durch die Gnade Gottes vergeben werden. Nach katholischer Lehre gibt es lässliche Sünden, die der Mensch bereuen und wieder gutmachen kann, sowie Todsünden, die nicht vergeben werden und zur ewigen Verdammnis führen. Die evangelischen Kirchen sehen den Menschen als Sünder, der nur durch Gottes Gnade gerettet werden kann.

Sunniten, die größere der beiden Hauptrichtungen des Islam (etwa 90% der Muslime). Anders als die Schiiten erkennen sie die ersten vier frei gewählten Kalifen nach Mohammed als dessen rechtmäßige Nachfolger an. Ihr Glaube stützt sich neben dem Koran auf die Sunna, die überlieferte Wegweisung des Propheten, ferner auf die übereinstimmende Meinung der Gemeinschaft.

Sure, *die* ↑ Koran.

Synagoge, *die* [griechisch ›Versammlung‹], die Versammlungsstätte der jüdischen Gemeinde zu Gebet und Auslegung der Schrift. Die Gebetsrichtung weist nach Jerusalem.

Synode, *die* [griechisch ›(beratende) Versammlung‹], in den christlichen Kirchen allgemein die Versammlung meist hoher kirchlicher Amtsträger.

Synthese, *die* [griechisch], der zusammenfassende, letzte logische Schritt der dialektischen Methode (↑ Dialektik).

Talmud, *der* [hebräisch ›Lehre‹], die nachbiblischen heiligen Schriften des Judentums, die die Thora, das Gesetz Mose, auslegen. Der Talmud enthält die jüdischen Gesetze (Mischna) und die Lehren der Rabbiner.

Taoismus, eine philosophisch-religiöse Lehre in China, deren Ziel die Übereinstimmung des menschlichen Denkens und Handelns mit dem Tao ist. Tao bedeutet ›der Weg‹ und gilt als die Natur, die andauernd, ohne zu handeln, die Welt hervorbringt.

Taufe, ein allen christlichen Kirchen gemeinsames Sakrament, das durch Untertauchen oder Begießen des Kopfes mit Wasser vollzogen wird. Der Täufling wird dadurch in die christliche Gemeinschaft aufgenommen, von Sünden und der Erbschuld gereinigt und kann so am Erlösungswerk Jesu teilhaben. In den meisten Kirchen wird die Taufe daher gleich nach der Geburt gespendet; einige Kirchen wie die Baptisten vollziehen jedoch nur die Erwachsenentaufe.

Te Deum, der feierliche Lob-, Dank- und Bittgesang der römischen Kirche; er beginnt mit den Worten ›Te Deum laudamus‹ (›Dich, Gott, loben wir‹) beginnt.

Teleologie, *die* [zu griechisch telos ›Zweck‹], die Lehre von der Zweckmäßigkeit bzw. Zweckdienlichkeit der Natur. Aristoteles meinte, dass allen Wesen ein Ziel innewohne, das sie nach Vollendung streben lässt. Kant entwickelte in seiner Spätphilosophie eine teleologische Theorie der Natur, um besondere Phänomene der Natur hinreichend erklären zu können.

Tempel Der vorzüglich erhaltene sogenannte Poseidontempel von Paestum (Unteritalien) in dorischer Bauordnung wurde um die Mitte des 5. Jh. v. Chr. von griechischen Kolonisten erbaut.

Tempel, in vielen Religionen der geweihte Wohnsitz der Gottheit, ein Kultbau, in dem die Opfer und heiligen Handlungen vollzogen werden.

Teufel, der Gegenspieler Gottes, auch Satan oder Luzifer genannt, der über die Hölle herrscht und die Menschen in die ewige Verdammnis stürzen will. Er verkörpert das Böse und war der Legende nach ein Engel, der sich gegen Gott auflehnte und deshalb verbannt wurde. Viele Religionen kennen böse Geister und Dämonen, die in ähnlicher Weise das Schlechte in die Welt bringen.

Thales von Milet griechischer Philosoph (1. Hälfte des 6. Jh. v. Chr.). Da er als Erster versucht habe, die Entstehung der Welt vernunftmäßig zu erklären, nannte Aristoteles ihn den ›Ahnherrn‹ der Philosophie. Er zählt zu den sieben Weisen und ist durch den nach ihm benannten geometrischen Satz bekannt.

Theologie, *die* [griechisch ›Lehre von den Göttern‹], die Wissenschaft, die sich mit den Bedingungen und Inhalten besonders des christlichen Glaubens beschäftigt, dabei aber von der Wahrheit der göttlichen Offenbarung ausgeht. Zu ihren Aufgaben gehören die Auslegung der Bibel, die Formulierung der Glaubenssätze und der christlichen Moral sowie die Erforschung der Kirchengeschichte.

These, *die* [griechisch], eine Behauptung (die noch bewiesen werden muss), der erste logische Schritt der dialektischen Methode (↑ Dialektik).

Thomas von Aquin, der bedeutendste Theologe und Philosoph des Mittelalters (* 1225, † 1274). Er verband die Philosophie des Aristoteles mit der Theologie und beschäftigte sich in seinem Hauptwerk ›Summa theologica‹ (1267–73) mit dem Aufbau der Welt und der Frage, inwieweit der Mensch am göttlichen Wesen teilhat und wie er es erkennen kann.

Thora, *die* [hebräisch ›Lehre‹, ›Gesetz‹], jüdische Bezeichnung für die ersten fünf Bücher des Alten Testaments, die fünf Bücher Mose, die als Mosaisches Gesetz das Kernstück des jüdischen Glaubens bilden.

Totem, *das* [indianisch], Bezeichnung für Pflanzen oder Tiere (seltener Naturerscheinungen), die in magischen Kulturen als Vorfahren des Stammes gelten und für seinen Schutz sorgen. Sie werden meist durch Tabus, wie etwa das Jagdverbot, geschützt.

Transzendenz, *die* [lateinisch ›das Überschreiten‹], die Überschreitung der Grenze zwischen zwei Bereichen oder Gebieten im Sinne eines Hinausgehens über die Grenzen der Erfahrungswelt. Transzendenz bezeichnet demzufolge das Übersinnliche, welches die Grenzen des sinnlich Fassbaren überschreitet.

Trinität, ↑ Dreifaltigkeit.

U

Umma, *die* [arabisch ›Volk‹, ›Gemeinschaft‹], im Islam die Gemeinschaft der Muslime; im Sprachgebrauch des Korans die aus Muslimen, Nichtmuslimen und Tieren bestehende Weltgemeinschaft.

Unbefleckte Empfängnis, das 1854 erlassene Dogma der katholischen Kirche, nach dem auch Maria, die Mutter Jesu, frei von der Erbsünde war.

Unfehlbarkeit des Papstes, das Dogma der katholischen Kirche, nach dem der Papst dank seines göttlichen Auftrags ermächtigt ist, unfehlbare Glaubenssätze zu verkünden, wenn er als oberster Hirte und Lehrer der Kirche ›ex cathedra‹ (also vom Lehrstuhl Petri herab) Lehraussagen verkündet. Es wurde 1870 erlassen und führte zur Abspaltung der Altkatholiken.

➕ Nur ein einziges Mal haben die Päpste bisher von dieser Befugnis Gebrauch gemacht, und zwar 1950, als Pius XII. die Himmelfahrt Marias zum Dogma erhob.

Upanischaden, die heiligen Schriften des Hinduismus; sie gehören zu den ↑ Weden und handeln vom Ursprung der Welt, dem Kreislauf der Wiedergeburten und der Erlösung.

Utilitarismus, *der* [zu lateinisch utilis ›nützlich‹], eine Grundhaltung der Ethik, nach der nur der Nutzen einer Handlung darüber entscheidet, ob diese gut oder schlecht ist. Ziel des Utilitarismus ist es, das größtmögliche Glück einer möglichst großen Zahl von Menschen zu verwirklichen.

Vatikan, *der* die Residenz des Papstes auf dem Vatikanhügel (Monte Vaticano) in Rom, um die sich die ↑ Vatikanstadt (Kapitel 14) gruppiert; auch Bezeichnung für die oberste Behörde der katholischen Kirche.

Voltaire [vɔl'tɛ:r], eigentlich François Marie Arouet, französischer Schriftsteller und Philosoph (* 1694, † 1778), ein bedeutender Vertreter der Aufklärung. Wegen seines unermüdlichen Einsatzes gegen die Macht der Kirche, das Unrecht der Justiz und für die bürgerlich-liberale Gesellschaft verbrachte er fast sein ganzes Leben im Exil, einige Jahre auch bei Friedrich II., dem Großen, in Potsdam. Bekannt wurde er durch zahlreiche Streitschriften, seine Geschichtsphilosophie und den Roman ›Candide‹ (1759).

➕ Durch auch skrupellose Geschäfte reich und unabhängig geworden, erwarb Voltaire 1758 in der Nähe des Genfer Sees ein Schloss und ein Dorf. Hier lebte er als Grundherr, ließ Land kultivieren, Sümpfe trockenlegen und siedelte im Dorf eine Uhrenindustrie an, die rasch aufblühte.

Vulgata, *die* [lateinisch], die auf den Kirchenlehrer Hieronymus (* 347, † 419/410) zurückgehende lateinische Bibelübersetzung, die später verbindlich wurde.

Wahrheit, Kriterium für die allgemein gültige Erkenntnis. Erkenntnis ist nur dann allgemein gültig und folglich wahr, wenn sie unter Bedingungen zustande kommt, die jedermann bestätigen kann. Die Philosophen haben aber immer wieder betont, dass es eine letzthin gültige und absolute Wahrheit nicht geben kann, weil sie stets als Wahrheit wandelbar und unabgeschlossen ist.

➕ Es war u. a. Platon, der stets darauf hinwies, dass die Frage nach der Wahrheit eine ständige Suche beinhalte.

Wallfahrt, eine aus religiösen Motiven unternommene Wanderung oder Fahrt zu einem heiligen Ort, die als Buße oder zur Erfüllung eines Gelübdes unternommen wird. Wallfahrten spielen in der katholischen Kirche eine große Rolle (z. B. nach Rom, Lourdes, Fátima, Santiago de Compostela). Im Islam ist den Gläubigen der Hadsch, die Pilgerfahrt nach Mekka, vorgeschrieben.

Wandlung, der wichtigste Teil der katholischen Messfeier, in dem sich die Verwandlung von Brot und Wein in Leib und Blut Jesu vollzieht.

Weden, die heiligen Schriften des Hinduismus, die ältesten Schriften der indischen Literatur, die auch einen großen Einfluss auf die indische Philosophie hatten. Zu den späten Schriften der Weden gehören die ↑ Upanischaden. ℹ

ℹ WEDEN

Nach seiner Verwendung im Gottesdienst wurde das wedische Schrifttum in vier Weden gegliedert:

Rigweda, Hymnen an die Götter,
Samaweda, Weda der Lieder,
Jadschurweda, Opfersprüche,
Atharwaweda, Zauberlieder.

Weihnachten, das christliche Fest, mit dem am 25. Dezember die Geburt Jesu gefeiert wird. Am Vorabend, dem Heiligabend, beginnen die Feiern mit Gottesdiensten, Festessen und dem Austausch von Geschenken.

Weltreligionen, Religionen, die mit ihrer Botschaft allgemeine Geltung beanspruchen, weltweite Mission betreiben und/oder einen größeren Teil der Weltbevölkerung erfassen. Weltreligionen im engeren Sinn sind der Buddhismus, das Christentum und der Islam, im weiteren Sinne nach seinem Anteil an der Weltbevölkerung auch der Hinduismus und nach seiner weltweiten Verbreitung das Judentum.

Wiedergeburt, lateinisch **Reinkarnation,** die Vorstellung von der Rückkehr der Seele nach dem Tod in ein neues Leben. Sie spielt eine wichtige Rolle im Hinduismus und im Buddhismus, wo der Mensch als Lohn oder zur Strafe für seine früheren Taten als Tier oder Mensch wieder geboren wird. Jeder durchläuft eine große Zahl von Existenzen, bis er die Befreiung vom Kreislauf des Wieder-geboren-Werdens, das heißt Erlösung, erreichen kann (auch ↑ Karma).

Willensfreiheit, die Freiheit des Menschen, sich in seinem Leben für das Gute oder das Böse zu entscheiden. Die Lehre von der Willensfreiheit steht damit im Gegensatz zur Prädestinationslehre, nach der das menschliche Leben durch die göttliche Vorsehung bestimmt wird.

Wissen ist Macht, ein Ausspruch des englischen Philosophen Francis Bacon (* 1561, † 1626). Er wollte damit sagen, dass nur die Vermehrung der wissenschaftlichen Erkenntnisse die Beherrschung der Natur und das Glück der Menschen ermöglichen könne.

Wittgenstein, Ludwig österreichischer Philosoph (* 1889, † 1951), der in England lehrte. In seinen Hauptwerken ›Tractatus logico-philosophicus‹ (1921) und ›Philosophische Untersuchungen‹ (1945) untersuchte er mit den Mitteln der Logik die Frage, inwieweit die Welt in der Sprache und den Aussagen der Menschen enthalten sein kann.
➕ Von Wittgenstein stammt der Satz: ›Worüber man nicht sprechen kann, darüber muss man schweigen‹.

Wodu, *der,* ein auf Haiti verbreiteter religiöser Geheimkult, in dem sich der Glaube an Naturgeister afrikanischer Herkunft mit der Verehrung der katholischen Heiligen vermischt. Diese werden mithilfe der Magie angerufen, damit sie den Feinden Unheil zufügen.

Yin und Yang (Symbol)

Yin und Yang, im chinesischen Denken die beiden Wirkungsmächte der Welt, die einander nicht ausschließen, sondern ergänzen (↑ Dualismus). Yin, das passive, und Yang, das aktive Prinzip, sind daher auch in jedem Menschen stets beide vorhanden.

Zen, *das* [zɛn; japanisch], die in Japan vorherrschende Form des Buddhismus. Im Zen-Buddhismus wird die Erleuchtung durch strenge Meditationsübungen gesucht. Auch Tätigkeiten wie Bogenschießen, Zeichnen, Gartengestaltung, Teezeremonie und Kalligrafie werden in meditativer Haltung geübt.

Zeugen Jehovas, eine religiöse Gemeinschaft, die sich auf die Bibel stützt und diese in ihrem Sinn auslegt. Die Zeugen Jehovas bezeugen ihren Glauben in steter Missionsarbeit und leben in der Erwartung der bevorstehenden Wiederkehr Jesu, der das Tausendjährige Reich des Friedens errichten werde.

Zisterzienser, 1098 in Cîteaux (in Burgund) gegründeter Orden, der unter dem Abt Bernhard von Clairvaux rasch großen Aufschwung nahm. Die Zisterzienser betonten Innerlichkeit und Einfachheit, das Studium der Bibel und legten großen Wert auf die praktische Arbeit (Landkultivierung).

Zölibat, *der* [von lateinisch coelebs ›ehelos‹], das Gelöbnis der Ehelosigkeit, das die katholischen und zum Teil die orthodoxen Priester bei ihrer Weihe ablegen. Die evangelischen Kirchen lehnen die Verpflichtung ihrer Pfarrer zur Ehelosigkeit ab.
➕ Der Zölibat wurde in der katholischen Kirche erst von Papst Innozenz II. 1139 durchgesetzt.

9 Mythen, Sagen, Märchen

8
Religion und
Philosophie
9
Mythen, Sagen,
Märchen
10
Die Bibel

In dem Roman »Schwere Zeiten« von Charles Dickens sagt Mister Gradgrind, dass jede Erziehung sich auf Tatsachen, Tatsachen und nochmals Tatsachen gründen müsse. Das mag gewiss richtig sein, aber daneben sollten die Menschen auch Mythen kennen. Solange die Geschichte nicht auch die Lebendigkeit von Mythen besitzt, wird sie für die Kultur nicht fruchtbar. Denn die Mythen, die wir gemeinsam besitzen, vermitteln uns Werte und Ziele und liegen Traditionen zugrunde.

Der Begriff Mythos bedeutet im Griechischen »Wort«, »Rede«, »Erzählung«, »Sage«, »Fabel«. Die meisten dieser »Erzählungen« versuchen, unsere Welt zu deuten, zu erklären. Sie handeln vom Anfang der Welt und von ihrem Ende, vom Entstehen der Götter und von ihren Taten, vom Werden und Vergehen der Natur im Wechsel der Jahreszeiten, von Tag und Nacht; sie kreisen um wichtige Ereignisse im menschlichen Leben wie Geburt, Ehe, Krankheit und Tod; sie behandeln Liebe und Hass, Treue und Verrat, Strafe und Vergeltung; sie berichten von den Ursprüngen der Stämme und Völker und von den Taten ihrer Helden.

Mythen gibt es in allen Völkern und Kulturen. Ihr Ursprung liegt meist im Dunkeln: Wir erben sie als Teil unserer Kultur. Zur abendländischen Kultur gehört der Mythos von der Gründung der Stadt Rom durch Romulus und Remus ebenso wie der vom Untergang der germanischen Götter in der »Götterdämmerung«.

Achilles, in der griechischen Mythologie der tapferste der griechischen Helden vor Troja. Um ihn unverwundbar zu machen, hatte ihn seine Mutter Thetis in das Wasser des Flusses der Unterwelt, Styx, getaucht. Nur die Ferse, an der sie ihn hielt, blieb verwundbar. Während des Trojanischen Krieges zieht sich Achilles nach einem Streit mit König Agamemnon gekränkt vom Kampf zurück, greift jedoch wieder ein, als die Trojaner die Oberhand gewinnen, und besiegt Hektor. Er selbst wird durch einen vom Gott Apoll gelenkten Pfeil des Paris an der Ferse getroffen und stirbt.

⊕ Unter ›Achillesferse‹ versteht man in übertragenem Sinn eine verwundbare Stelle oder eine besondere Schwäche bei einem Menschen.

Adonis, in der griechischen Mythologie ein schöner Jüngling, der Geliebte der Göttin Aphrodite.

⊕ Einen ›Adonis‹ nennt man (meist ironisch) einen gut aussehenden und gut gebauten jungen Mann.

Agamemnon, der König von Mykene und Führer der Griechen gegen Troja. Er opfert seine Tochter Iphigenie der Göttin Artemis, damit diese der griechischen Flotte für ihre Fahrt nach Troja günstige Winde schicke. Als er als Sieger aus dem Trojanischen Krieg nach Hause zurückkehrt, wird er von seiner Frau Klytämnestra und deren Liebhaber ermordet.

Aladins Wunderlampe, Märchen aus ›Tausendundeiner Nacht‹: Die Geschichte von Aladin, der mit seiner Wunderlampe einen Geist befreit und zahlreiche Widersacher überwindet, gehört zum Märchenbestand zahlreicher Literaturen.

Ali Baba und die 40 Räuber, Märchen aus ›Tausendundeiner Nacht‹, das in bildreichen Episoden vom Kampf des Ali Baba gegen die Räuber und von seinem Sieg berichtet.

⊕ Besonders bekannt ist das Zauberwort ›Sesam öffne dich!‹, mit dem Ali Baba die Felsentür zu einer Höhle öffnen kann, in der die Räuber ihren Goldschatz verborgen haben.

Amazonen, in der griechischen Mythologie ein Volk kriegerischer Frauen. Sie kommen jedes Frühjahr mit Männern benachbarter Völkerschaften zusammen; von den empfangenen Kindern ziehen sie nur die Mädchen auf und bilden sie zum Kampf heran. Um im Kampf besser mit Pfeil und Bogen umgehen zu können, schneiden sich die Amazonen ihre rechte Brust ab oder brennen sie aus.

⊕ Der größte Fluss Südamerikas, der Amazonas, wurde so benannt, weil man glaubte, dass an seinen Ufern kriegerische Frauenstämme lebten.

Ambrosia, die Speise der griechischen Götter, die ihnen ewige Jugend und Unsterblichkeit verleiht (auch ↑ Nektar).

Amor, der römische Gott der Liebe, der dem griechischen Gott Eros entspricht.

Äneas, einer der tapfersten Helden der Trojaner im Trojanischen Krieg, Sohn des Anchises und der Aphrodite. Nach dem Fall Trojas rettet er seinen Vater und seinen Sohn Ascanius aus der brennenden Stadt und segelt nach Sizilien. Durch einen Sturm wird er nach Karthago verschlagen, wo Dido ihn vergeblich zum Bleiben zu überreden versucht. Nach siebenjähriger Irrfahrt gelangt er schließlich nach Italien und heiratet Lavinia, die Tochter des Königs Latinus. Sein Sohn gründet die Stadt Alba Longa, die Mutterstadt Roms.

⊕ Äneas ist der Held der Dichtung ›Aeneis‹ von Vergil.

Antigone, der griechischen Sage nach die Tochter des Ödipus, des Königs von Theben, den sie in die Verbannung begleitet. Nach Theben zurückgekehrt, bestattet sie gegen das Verbot König Kreons ihren Bruder Polyneikes, der im Zweikampf gegen ihren anderen Bruder gefallen ist. Zur Strafe lässt Kreon sie lebendig einmauern, worauf Antigone sich selbst den Tod gibt.

⊕ Der Antigonestoff hat immer wieder Dramatiker beschäftigt, so bereits in der Antike ↑ Sophokles (Kapitel 6), in neuerer Zeit u. a. Jean Anouilh (1942).

Aphrodite, die griechische Göttin der Liebe und der Schönheit, die aus dem Schaum (griechisch ›aphros‹) des Meeres entstanden sein soll, Gemahlin des Hephaistos, den sie mit Ares betrügt. Die Odyssee erzählt, wie Hephaistos das ehebrecherische Liebespaar überrascht und in einem kunstvollen Netz fängt. Die Götter stimmen darauf ihr ›homerisches Gelächter‹ an. Der trojanische Prinz Paris überreicht ihr als der schönsten Göttin den Apfel der Zwietracht. Bei den Römern entsprach ihr die Göttin Venus.

⊕ Die wohl berühmteste Darstellung der Göttin ist die ›Aphrodite von Melos‹ auch ›Venus von Milo‹ genannt (2. Jh. v. Chr.), jetzt im Louvre in Paris.

Apoll, der griechische und römische Gott des Lichts und der Dichtung, Führer der Musen; Sohn des Zeus und der Leto, Zwillingsbruder der Artemis. Er ist die Verkörperung des griechischen Ideals der strahlenden Schönheit und vertritt Recht, Ordnung und Frieden.
➕ Apoll war der Herr mehrerer Orakelstätten, vor allem des Orakels in Delphi.

Ares, der griechische Gott des Krieges, Sohn des Zeus und der Hera, Vater des Eros und der Penthesilea. Seine Begleiter sind Eris (Streit), Deimos (Schrecken) und Phobos (Furcht). Die Römer setzten ihm den Mars gleich.

Tempel des **Apoll** in Delphi

Argonauten, in der griechischen Mythologie die Gefährten des Jason, die auf dem Schiff ›Argo‹ nach Kolchis am Schwarzen Meer segeln, um das Goldene Vlies zu erobern.

Argus, in der griechischen Mythologie ein Riese mit hundert Augen, von denen einige immer wach bleiben. Hera bestellt ihn aus Eifersucht zum Wächter über Io, die Geliebte des Zeus, die dieser in eine weiße Kuh verwandelt hat. Um Zeus zu helfen, spielt Hermes eine Melodie, die alle Augen des Argus einschlafen lässt, und tötet ihn.
➕ Argus gab den ›Argusaugen‹ als scharf beobachtenden, sehr wachsamen Augen ihren Namen.

Ariadne, Tochter des kretischen Königs Minos. Sie hilft Theseus im Kampf mit dem Minotaurus, indem sie ihm ein Wollknäuel, den ›Ariadnefaden‹, gibt, mit dessen Hilfe er wieder aus dem Labyrinth herausfindet. Ariadne flieht mit Theseus, wird aber von ihm auf der Insel Naxos zurückgelassen. Dort findet Dionysos sie und macht sie zu seiner Frau.
➕ Richard Strauss behandelt diesen Stoff in seiner Oper ›Ariadne auf Naxos‹ (1912) nach dem Text von Hugo von Hofmannsthal.

Artemis, die griechische Göttin der Jagd, die Herrin der freien Natur und Spenderin des Lebens, eine Tochter des Zeus und der Leto und Zwillingsschwester Apolls. Artemis zieht mit ihren Nymphen durch die Natur und beschützt das wilde Getier. Meist wird sie mit Bogen, Pfeil und Köcher abgebildet. Die Römer nannten die Göttin Diana.

Artus, sagenhafter König der keltischen Briten, der zum Mittelpunkt eines in vielen Versionen erzählten Sagenkreises wurde: Artus, ein Zögling des Zauberers Merlin, gewinnt den Thron, nachdem er das Schwert ›Excalibur‹ aus einem Stein gezogen hat, was viele andere vor ihm vergeblich versucht hatten. Die an seinem Hof in Camelot als ›König Artus' Tafelrunde‹ versammelten Ritter wurden zum Ideal mittelalterlichen Rittertums; die bekanntesten sind Gawein, Iwein, Erec, Lanzelot, Galahad und Parzival. Während eines Kriegszuges gegen Rom wird Artus von seinem Neffen Modred, dem er sein Land und seine Frau Guinevere anvertraut hat, um beides betrogen. Im Zweikampf mit Modred tödlich verwundet, wird er auf die Insel Avalon entrückt, von wo er einst zum Ruhme seines Volkes wiederkehren soll.
➕ Ob Artus wirklich gelebt hat, ist in der Forschung umstritten. Vorbild für den Sagenkreis scheint ein britannischer Heerführer gewesen zu sein, der um 500 die eindringenden Sachsen besiegte.

Aschenputtel, Aschenbrödel, Hauptfigur eines Märchens, das in vielen Fassungen aus allen Kontinenten überliefert ist. In Deutschland kennt man das Märchen vor allem aus der Sammlung der Brüder Grimm: Aschenputtel, von der Stiefmutter und den

Ase

Stiefschwestern schlecht behandelt, erhält wundersame Hilfe von der verstorbenen Mutter und von Vögeln. Sie tanzt in kostbaren Kleidern mit einem Prinzen, der vergeblich versucht, sie festzuhalten. Beim Tanzen verliert sie einen Schuh, den der Prinz an sich nimmt. Durch eine Schuhprobe wird sie entdeckt und heiratet schließlich den Prinzen.

🞥 Über diesen Stoff schrieb Gioacchino Rossini die Oper ›La Cenerentola‹ (1817). Walt Disney drehte 1950 den Film ›Cinderella‹ (wie das Märchen im Englischen heißt).

Asen, in der germanischen Sagenwelt das gewaltigste Göttergeschlecht. Sein Wohnsitz, Asgard, liegt im Mittelpunkt der Welt. Die Asen werden von Chaosungeheuern bedroht und gehen in der Götterdämmerung zugrunde. Einige Götter, darunter Baldur, kehren danach in eine neue, friedliche Welt zurück.

🞥 Zu den Asen gehören u. a. Wotan, Donar, Tyr, Baldur und Loki.

Asgard, der Sitz der ↑ Asen.

Äskulap, griechisch **Asklepios,** im griechischen Götterglauben der Gott der Heilkunde, ein Sohn des Apoll. Ursprünglich war Äskulap ein Heros, der von dem Zentaur Cheiron zum Arzt ausgebildet wurde. Zeus tötet ihn aus Zorn, weil er einen Toten wieder zum Leben erweckt hatte.

🞥 Zeichen des Gottes ist der ›Äskulapstab‹, ein von der heiligen Schlange umringelter Stab, der später zum Sinnbild des Ärzteberufes wurde.

Athene, die griechische Göttin der Weisheit, die die griechischen Städte vor Feinden schützt und ihren inneren Frieden bewahrt. Athene ist zugleich Göttin des Krieges und des Friedens. Sie ist eine Tochter des Zeus und soll dem Haupt ihres Vaters bereits in voller Rüstung entsprungen sein. Als die ›Jungfräuliche‹ (griech. Parthenos) ging sie kein Liebesverhältnis ein. Ihre Zeichen sind Schild, Speer und Helm sowie die Eule als der klügste Vogel. Bei den Römern hieß die Göttin Minerva.

🞥 Athene war die Schutzgöttin der Stadt Athen, die nach ihr benannt ist. Ihr wurde der bedeutendste Tempel auf der Akropolis, der Parthenon, erbaut.

Atlantis, sagenhafter Inselstaat, von dem Platon berichtet, dass er im Atlantischen Ozean ›außerhalb der Säulen des Herakles‹ (westlich von Gibraltar), gelegen habe und nach einem Erdbeben im Meer versunken sei. Zahlreiche Forscher haben sich seither mit der Frage beschäftigt, ob Atlantis überhaupt existiert hat und wo es lag.

Atlas, in der griechischen Mythologie ein für seine Stärke berühmter Titan, Bruder des Prometheus und Vater der Plejaden und Hesperiden. Nachdem Zeus die Titanen besiegt hat, muss Atlas die Säulen stützen, die, wie Homer berichtet, ›die Erde und den Himmel auseinander halten‹. Nach einer späteren Sage wird er von Perseus mithilfe des Hauptes der Medusa in das nach ihm benannte ›Atlasgebirge‹ in Nordwestafrika versteinert.

🞥 Atlas heißt in der Anatomie der oberste, den Kopf tragende Halswirbel.

Augiasställe, in der griechischen Mythologie die riesigen, 30 Jahre nicht ausgemisteten Rinderställe des Königs von Elis, Augias. Herakles erhält als sechste Arbeit die Aufgabe, diese Ställe an einem Tag zu reinigen. Er löst sie, indem er zwei Flüsse durch die Augiasställe hindurchleitet.

Aurora, lateinischer Name für ↑ Eos, die griechische Göttin der Morgenröte.

B

Bacchus, der römische Gott des Weines und der Fruchtbarkeit, der dem griechischen Gott ↑ Dionysos entspricht.

Baldur, in der germanischen Mythologie der Gott des Lichtes und der Fruchtbarkeit, Verkörperung alles Guten und Gerechten, Sohn Odins und der Frija. Da von seinem Leben das Schicksal der Götter abhängt, nimmt Frija allen Wesen und Dingen den Eid ab, Baldur nicht zu verletzen. Loki erfährt, dass allein die Mistel nicht vereidigt ist, und gibt diese als Wurfgeschoss dem Hödr, einem blinden Bruder Baldurs, der ihn damit tötet. So kommt es zum Untergang der Götter in der Götterdämmerung. Nach der Erneuerung der Welt kehrt Baldur zurück und bewohnt in Frieden die Sitze der Götter.

Blaubart, Titel eines Märchens aus der Sammlung von Charles Perrault (1697): Ritter Blaubart bringt hintereinander seine sechs Ehefrauen um, weil sie gegen sein Verbot, ein bestimmtes Zimmer zu betreten, verstoßen. Auch die siebente Frau öffnet die Tür zu diesem Raum und entdeckt darin die Leichen ihrer Vorgängerinnen. Sie wird jedoch von ihren Brüdern gerettet.

Blocksberg, Name von Bergen, vor allem des Brockens im Harz, die nach dem Volksglauben in der

Walpurgisnacht als Versammlungsort von Hexen und Unholden gelten.

Brunhild, auch **Brünhild,** in der germanischen Sagenwelt eine Frau mit riesenhaften, zauberischen Kräften, die nur durch übermenschliche Taten bezwungen werden kann. Das ›Nibelungenlied‹ erzählt, dass Siegfried im Schutz der Tarnkappe Brunhild besiegt und sie dadurch für Gunther, den Burgunderkönig, zur Frau gewinnt. Auch die Brautnacht verbringt er mit ihr, legt aber ein Schwert zwischen sich und Brunhild. Als Siegfrieds Frau, Kriemhild, dieses Geheimnis später bei einem Streit mit Brunhild preisgibt, lässt Brunhild Siegfried durch Hagen von Tronje ermorden. Sie selbst nimmt sich das Leben.

Camelot [französisch kam'lo], sagenhafter Ort, an dem König Artus Hof gehalten haben soll.

Castor und Pollux, ↑ Dioskuren.

Ceres, die römische Göttin des Wachstums der Ackerfrüchte. Sie entsprach der griechischen Göttin Demeter.

Charon, in der griechischen Mythologie der Fährmann, der die Toten über den Styx, den Fluss der Unterwelt, fährt. Als Fährlohn legte man den Toten eine Münze, das ›Charonsgeld‹, unter die Zunge.

Charybdis, Seeungeheuer der griechischen Mythologie, das an einer Meerenge gegenüber der ↑ Skylla haust. Es schlürft dreimal am Tag das Wasser ein und speit es wieder aus und bedroht so die Vorüberfahrenden.

Circe, eine Zauberin der griechischen Mythologie, Tochter des Sonnengottes Helios. Sie verwandelt alle Fremden durch Zaubertrank in Schweine, so z. B. die Gefährten des Odysseus auf ihrem Heimweg von Troja.

Dädalus, griechisch **Daidalos** [›der Kunstfertige‹], ein begabter Handwerker, Erfinder und Baumeister, der das Labyrinth erbaut, in dem König Minos von Kreta den Minotaurus gefangen hält. Als er bei Minos in Ungnade fällt und selbst festgehalten wird, konstruiert Dädalus Flügel, um damit zusammen mit seinem Sohn Ikarus zu entfliehen. Ihm gelingt die Flucht, aber sein Sohn kommt der Sonne zu nahe, sodass das Wachs, das die Flügel zusammenhält, schmilzt und Ikarus bei der nach ihm benannten Insel Ikaria ins Ägäische Meer stürzt.

Damokles, ein Höfling des Tyrannen von Syrakus. Als Damokles dessen Glück immer wieder überschwänglich pries, ließ dieser ihm köstliche Speisen vorsetzen, zugleich aber über ihm an einem dünnen (Rosshaar-)Faden ein Schwert aufhängen als Symbol für die im Genuss ständig liegende Gefahr.
⊕ Noch heute steht daher der Begriff ›Damoklesschwert‹ sprichwörtlich für eine drohende Gefahr.

Delphi, eine griechische Kultstätte am Fuß des Parnass, in der sich ein Tempel des Apoll befand. Hier beantwortete die Priesterin Pythia durch das ↑ Orakel Fragen von Rat Suchenden, wobei Apoll ihr die Antwort eingab.

Demeter, die griechische Göttin des Wachstums und der Fruchtbarkeit, Tochter des Kronos und der Rhea. Als Hades ihre Tochter Persephone raubt, zieht sie sich trauernd zurück und lässt die Saat absterben, sodass die Erde verödet und auch den olympischen Göttern keine Gaben mehr dargebracht werden können. Erst die Zusicherung des Zeus, dass Persephone von nun an zwei Drittel bei ihr im Olymp und ein Drittel bei ihrem Mann Hades in der Unterwelt verbringen dürfe, versöhnt die Göttin. Bei den Römern hieß die Göttin Ceres.

Diana, die römische Göttin der Jagd, die der griechischen Göttin Artemis entspricht.

Dido, Gestalt der römischen Mythologie, Prinzessin von Tyros in Phönizien. Sie flieht vor ihrem Bruder Pygmalion nach Afrika und gründet dort Byrsa, die spätere Burg von Karthago. Vergil erzählt in seiner ›Aeneis‹, dass sie den aus Troja entkommenen Äneas aufnimmt und sich in ihn verliebt. Als Äneas sie auf Befehl Jupiters verlässt, nimmt sie sich aus Verzweiflung das Leben.

Dietrich von Bern (mit Bern ist das heutige Verona gemeint), eine Gestalt der germanischen Heldendichtung, die den Ostgotenkönig Theoderich den Großen († 526), den Begründer der Gotenherrschaft in Italien, verkörpert. Dietrich von Bern erscheint in zahlreichen Epen als Idealgestalt des Rittertums.

Dionysos, der griechische Gott des Weines und der Fruchtbarkeit, ein Sohn des Zeus und der Semele, der meist mit einem von Efeu und Reben umkränzten Stab dargestellt wird. Seine Begleiter sind Natur-

Dionysos Mosaik ›Dionysos und die Nymphe Akme‹ im Haus des Dionysos in Paphos, Zypern. Ikarios bringt den Wein herbei, Akme kostet ihn.

dämonen wie Silene, Satyrn und Nymphen. Die Römer setzten ihm den Bacchus gleich.

Dioskuren, in der griechischen Mythologie die Zwillingsbrüder Kastor (lateinisch Castor) und Polydeukes (lateinisch Pollux), Söhne des Zeus und der Leda, Brüder der Helena und der Klytämnestra. Kastor war als Pferdebändiger, Polydeukes als Faustkämpfer bekannt. Sie galten als ritterliche Beschützer der Kampfspiele und wurden als Helfer in der Schlacht und als Retter in Seenot verehrt. Als Kastor getötet wird, lässt Zeus die Zwillinge, um sie nicht zu trennen, abwechselnd je einen Tag in der Unterwelt und im Olymp verbringen.

Donar, altnordisch Thor, der höchste germanische Gott neben Odin. Er wurde als Gott des Donners, der Winde und Wolken verehrt. Die Bauern riefen ihn um gute Ernten an. Er galt als schützender und helfender Gott, dem wegen seiner außerordentlichen Kraft die Aufgabe zufiel, die Welt der Götter gegen Riesen und Ungeheuer zu verteidigen. Seine Attribute sind der Hammer ›Mjöllnir‹ und ein von Böcken gezogener Wagen.

➕ Von Donar leitet sich der Donnerstag (ursprünglich Donarstag) ab.

Dornröschen, ein Märchen, das in Frankreich schon seit dem 14. Jh. bekannt ist und in Deutschland durch die Brüder Grimm aufgezeichnet wurde: Die Königstochter Dornröschen wird von einer bösen Fee verwünscht, sticht sich an einer vergifteten Spindel und fällt mit allen Bewohnern des Schlosses in einen hundertjährigen Zauberschlaf. Als die Zeit verstrichen ist, dringt ein Prinz durch die hohe Dornenhecke, die zwischenzeitlich um das Schloss gewachsen war, und weckt Dornröschen durch einen Kuss aus ihrem Schlaf.

Einhorn, ein pferdeähnliches Fabeltier mit einem geraden, spitzen Horn in der Mitte der Stirn. Es galt als Symbol der Keuschheit und wurde so zum Attribut der Jungfrau Maria.

Elektra, eine Gestalt der griechischen Mythologie, Tochter des Agamemnon, Schwester der Iphigenie und des Orest, den sie zur Rache an den Mördern ihres Vaters treibt.

Mythen, Sagen, Märchen **Fre**

➕ Ihr Schicksal wird von Aischylos, Sophokles und Euripides sowie später auch von Gerhart Hauptmann literarisch verarbeitet; Richard Strauss schrieb 1909 die Oper ›Elektra‹ nach einem Text von Hugo von Hofmannsthal.

Eros Pompeo Battoni, ›Venus und Cupido‹ (1785)

Elysium, *das* in der griechischen Mythologie die Insel der Seligen, ein Land am Westrand der Erde, wohin auserwählte Helden entrückt werden, ohne den Tod zu erleiden; später auch der Ort der Frommen und Gerechten in der Unterwelt.

Eos, die griechische Göttin der Morgenröte und des Tages, Mutter der Winde und Sterne, Schwester des Helios (Sonne) und der Selene (Mond). Sie fährt jeden Morgen mit ihren Rossen aus der Tiefe des Meeres herauf und eilt dem Helios bei seiner Fahrt über den Himmel voran. Bei den Römern entspricht ihr die Göttin Aurora.

Erinnyen, die Rachegöttinnen der griechischen Mythologie, die man sich ursprünglich als die nach Rache verlangenden Seelen von Ermordeten vorstellte, für die kein Verwandter die Rache vollziehen konnte. Sie leben im Tartarus, aus dem sie aufsteigen, um ihre Opfer zu peinigen.

Eris, die griechische Göttin des Streits. Als sie zu einer Hochzeit nicht geladen wird, wirft sie aus Zorn darüber einen Apfel mit der Aufschrift ›der Schönsten‹ unter die Gäste; sie entfesselt dadurch einen Streit zwischen den Göttinnen Hera, Athene und Aphrodite, in dessen Verlauf der trojanische Prinz Paris zum Schiedsrichter bestimmt wird.

Eros, der griechische Gott der Liebe, nach vielen Quellen ein Sohn des Ares und der Aphrodite. Er wird häufig als Knabe abgebildet, der mit seinen Pfeilen Liebe erweckt. Die Römer setzten ihm den Amor gleich.
➕ Von seinem Namen leiten sich Wörter wie Erotik, erotisch ab.

Europa, eine Gestalt der griechischen Mythologie: Europa wird von Zeus, der die Gestalt eines Stiers angenommen hat, über das Meer nach Kreta entführt. Aus der Verbindung von Zeus und Europa geht König Minos hervor.

Eurydike, Gestalt der griechischen Sagenwelt (↑ Orpheus).

Faunus, der altrömische Naturgott, als dessen Wohnung man sich die Wälder und Berge dachte. Er galt als Schirmherr der Herden und wurde dem griechischen Gott Pan gleichgestellt.
➕ Nach der Gemahlin des Faunus, der Feld- und Waldgöttin Fauna, bezeichnet man die Tierwelt eines bestimmten Gebietes als ›Fauna‹.

Flora, die römische Göttin des blühenden Getreides und der Blumen.
➕ Nach ihr wird die Pflanzenwelt eines bestimmten Gebietes als ›Flora‹ bezeichnet.

Fortuna, die römische Schicksals- und Glücksgöttin. Sie gilt als Symbol der Willkür und Wechselhaftigkeit des Lebens und wird meist mit Füllhorn, Steuerruder und Glücksrad dargestellt.

Frau Holle, Märchen der Brüder Grimm: Frau Holle ist die Hüterin der Häuslichkeit, die fleißige Mädchen belohnt und die faulen bestraft. Wenn sie ihre Betten ausschüttelt, schneit es.

Freyja, in der altnordischen Mythologie die Ur- und Erdmutter aus dem Göttergeschlecht der Wanen, Göttin der Liebe und der Fruchtbarkeit.

Frija, altnordisch Frigg, die germanische Göttin der Fruchtbarkeit und der Ehe, Gemahlin Odins und Mutter Baldurs.
➕ Nach ihr ist der Freitag, im Althochdeutschen ›friadag‹, benannt.

Furien, die römischen Rachegöttinnen, die den griechischen Erinnyen gleichgesetzt wurden.
➕ Hiervon abgeleitet ist die Bezeichnung ›Furie‹ für eine rasende, wütende Frau.

Gäa, die griechische Erdgöttin, die ›Urmutter Erde‹, die alles Sterbliche hervorbringt und wieder in sich aufnimmt. Sie erzeugt aus sich selbst den Himmel (Uranos), die Berge und das Meer (Pontos) und wird, von Uranos befruchtet, Mutter der Titanen und Zyklopen.

Der gestiefelte Kater, ein weit verbreitetes Märchen: Ein armer Bursche erbt von seinem Vater einen klugen Kater, der listig Reichtümer vortäuscht und seinem Herrn die Gunst des Königs und schließlich die Hand seiner Tochter verschafft.

Giganten, in der griechischen Mythologie wilde Riesen, die unversöhnlichen Gegner der olympischen Götter. Von diesen werden sie in einer großen Schlacht, der ›Gigantomachie‹, geschlagen.

Goldenes Vlies, in der griechischen Mythologie das goldene Fell eines Widders, das von den Argonauten geraubt wird.

Gordischer Knoten ⇒ Kapitel 1.

Gorgonen, Fabelwesen der griechischen Mythologie, geflügelte, Grauen erregende Wesen mit Schlangenhaaren, deren Anblick versteinernd wirkt. Sie heißen: Stheno, Euryale und Medusa, die als einzige sterblich ist. Aus dem Leib der Medusa, die sich in Pferdegestalt mit Poseidon vereinigt, gehen die Pferde Pegasus und Chrysaor hervor. Medusas Kopf schlug Perseus ab.

Götterdämmerung, falsche Übersetzung von isländisch ›Ragnarök‹ (›Götterschicksal‹), in der germanischen Mythologie der Untergang der Götter im Kampf gegen die Riesen und Dämonen, die von Utgard her gegen das von Göttern und Menschen bewohnte Midgard anrücken. Die Erde sinkt ins Meer und das Weltall vergeht in Rauch und Feuer. Aber nach dem Untergang wird eine neue grünende Erde aus dem Meer emporsteigen und Baldur wird aus dem Totenreich Hel in eine friedliche Welt zurückkehren.

➕ Richard Wagner schrieb über diesen Stoff sein Musikdrama ›Götterdämmerung‹ (↑ Ring des Nibelungen, Kapitel 5).

Gral, in der mittelalterlichen Dichtung ein geheimnisvoller heiliger Gegenstand, der als Schale, Kelch oder Stein beschrieben wird. Seinem Besitzer verleiht er Glückseligkeit und ewige Jugend, aber nur der dazu Vorherbestimmte kann ihn finden.
➕ Richard Wagner gestaltet die Gralssage in seinen Werken ↑ Lohengrin und ↑ Parsifal (Kapitel 5).

Grazien, die drei römischen Göttinnen der jugendlichen Anmut und der Lebensfreude.
➕ Von den Grazien leiten sich Wörter wie Grazie (Anmut, Liebreiz) und graziös (anmutig) ab.

Gunther, eine Gestalt der germanischen Sage: Im Nibelungenlied ist er der König der Burgunder, Bruder der Kriemhild und Gatte der Brunhild, ein schwacher König, der an der Ermordung seines Schwagers Siegfried mitschuldig ist.

Hades, der griechische Gott der Unterwelt, Sohn des Kronos und der Rhea, Bruder von Poseidon und Zeus, mit denen er nach dem Sieg über die Titanen die Weltherrschaft teilt: Zeus erhält Himmel und Erde, Poseidon das Meer und Hades die Unterwelt, wo er als Gott der Toten wirkt. Später bezeichnete der Name Hades das Totenreich selbst.

Hagen von Tronje, im Nibelungenlied Gefolgsmann des Burgunderkönigs Gunther. Er rächt die Kränkung seiner Herrin Brunhild in der Brautnacht durch den Mord an Siegfried und wird später von Kriemhild getötet.

Hänsel und Gretel, ein Märchen der Brüder Grimm: Die Kinder werden aus Not von ihren Eltern im Wald ausgesetzt. Sie gelangen zu dem Kuchenhaus einer Hexe, die sie fressen will, aber sie können sie täuschen, und Gretel gelingt es schließlich, die Hexe in den Ofen zu stoßen.

Hans im Glück, ein Märchen der Brüder Grimm: Hans erhält als Lohn einen Goldklumpen und tauscht diesen gegen ein Pferd, dieses wiederum gegen eine Kuh ein. Nach mehreren weiteren Tauschgeschäften besitzt er schließlich nur noch einen Schleifstein, der ihm in einen Brunnen fällt. Nun hat er gar nichts mehr, ist aber trotzdem glücklich.

Hektor, Sohn des Königs Priamus von Troja und der

Mythen, Sagen, Märchen — Hes

tapferste Held der Trojaner im Trojanischen Krieg. Er wird von Achilles getötet.

Hel, in der nordischen Mythologie eines der Todesreiche, das unter den Wurzeln der Weltesche Yggdrasil gelegen ist und in dem die Todesgöttin Hel herrscht.

Helena, nach der griechischen Mythologie die schönste Frau der Welt, eine Tochter des Zeus und der Leda, Gemahlin des Königs Menelaos von Sparta. Ihre Entführung durch den trojanischen Prinzen Paris löst den Trojanischen Krieg aus. Nach der Eroberung Trojas wird sie von Menelaos, der wegen ihrer Schönheit seine Rache vergisst, wieder als Frau angenommen und nach Sparta zurückgeführt.

Helios, der griechische Sonnengott, Bruder der Selene (Mond) und der Eos (Morgenröte). Er erhebt sich jeden Morgen von seinem Palast am Ostrand der Erde, um seinen mit vier Feuer schnaubenden Rossen bespannten Wagen über den Himmel in das dunkle Land der Hesperiden am Westrand der Erde zu lenken. Von dort kehrt er schlafend in einem goldenen Nachen über den Okeanos in den Osten zurück. Bei den Römern entsprach ihm der Gott Sol.

Hephaistos, der griechische Gott des Erdfeuers und Schutzgott der Schmiede, auch der Künste und des Handwerks, der mit seinen Gehilfen, u.a. den Zyklopen, in einer unterirdischen Schmiede wirkt. Ihm wurde der römische Gott Vulcanus gleichgesetzt.

Hera, griechische Göttin, die älteste Tochter des Kronos und der Rhea, Schwester und Gemahlin des Zeus. Sie galt als Beschützerin der Ehe und der Hochzeitsbräuche und wurde von den Frauen auch als Geburtsgöttin angerufen. Homer beschreibt sie als eifersüchtige, zänkische Frau, deren Verhalten gegenüber den zahlreichen Kindern des Zeus mit sterblichen Frauen von Missgunst bestimmt ist. Die Römer setzten ihr die Göttin Juno gleich.

Herakles, lateinisch Hercules, einer der größten Heroen der griechischen Mythologie, ein Sohn des Zeus, der durch dessen eifersüchtige Gemahlin Hera verfolgt wird. So schickt sie dem Neugeborenen Schlangen in die Wiege, die dieser sofort erwürgt. Schließlich erhält er durch das Orakel in Delphi den Auftrag, im Dienst des Königs von Mykene zwölf Arbeiten zu vollbringen. Nach seinem Tod wird Herakles unter die Unsterblichen aufgenommen. *i*

Hermes, der griechische Gott des sicheren Geleits, Götterbote und Beschützer der Wanderer, Hirten und Kaufleute, ein Sohn des Zeus. Gleich nach seiner Geburt betätigt sich Hermes als Erfinder, Händler und Dieb. Er ist versehen mit Reisehut oder Flügelhelm, Flügelschuhen und dem Heroldsstab, der ursprünglich ein Zauberstab war, dessen Berührung Träume, Segen und Reichtum bringt. Die Römer setzten ihm den Merkur gleich.

Heros, in der griechischen Mythologie ein zwischen Göttern und Menschen stehender Held, ein Halbgott, der im Leben große Taten vollbringt und nach seinem Tod die Fähigkeit erlangt, wie die Götter den Menschen aus eigener Macht zu helfen.

Hesperiden [zu griechisch hespera ›Abend‹, ›Westen‹], in der griechischen Mythologie Nymphen, die im äußersten Westen im Göttergarten jenseits des Okeanos zusammen mit einem hundertköpfigen Drachen den Baum mit den goldenen Äpfeln hüten, das Hochzeitsgeschenk der Gäa an Zeus und Hera. Herakles gewinnt die Äpfel, nachdem er den Drachen besiegt und getötet hat.

Hestia, die griechische Göttin des heiligen Herdes und Herdfeuers als Schutz bietendem Mittelpunkt des Hauses und – in übertragenem Sinn – auch des Staates, eine Tochter des Kronos und der Rhea. Bei den Römern entsprach ihr die Vesta.

ⓘ HERAKLES

Die zwölf ›Arbeiten‹ des Herakles:

1. Er erlegt den Nemeischen Löwen.
2. Er tötet die neunköpfige Lernäische Schlange (die Hydra).
3. Er fängt die windschnelle Kerynitische Hischkuh.
4. Er fängt den Erymanthischen Eber.
5. Er tötet die Stymphalischen Vögel.
6. Er reinigt an einem Tag die Ställe des Königs Augias.
7. Er bändigte den Kretischen Stier.
8. Er bringt die Menschen fressenden Rosse des Diomedes zu Eurystheus.
9. Er erbeutet den Gürtel der Amazonenkönigin Hippolyte.
10. Er bezwingt die Rinder des dreileibigen Riesen Geryoneus.
11. Er raubt die goldenen Äpfel der Hesperiden.
12. Er entführt den Höllenhund Zerberus aus der Unterwelt.

Hor Mythen, Sagen, Märchen

Horus, altägyptischer Gott, der als Falke verehrt wurde, ursprünglich wohl ein Himmelsgott; Sohn der Isis und des Osiris. Jeder Pharao galt als seine Verkörperung und führte den Namen ›Horus‹ in seinem Titel.

Hydra, in der griechischen Mythologie eine riesige Schlange mit mehreren Köpfen, der für jeden Kopf, der ihr abgeschlagen wird, zwei neue nachwachsen. Herakles kann die Hydra erst töten, als sein Gefährte Iolaos die Halsstümpfe mit Holzscheiten ausgebrannt hat.

Ikarus, Gestalt der griechischen Mythologie, ↑ Dädalus.

Iphigenie, Tochter des Agamemnon, Schwester der Elektra und des Orest. Sie wird von ihrem Vater der Göttin Artemis geopfert, um der griechischen Flotte für ihre Fahrt nach Troja günstige Winde zu sichern. Von der Göttin entführt, muss Iphigenie auf Tauris den Tempeldienst versehen. Später gelingt ihr zusammen mit ihrem Bruder Orest die Flucht nach Attika.
Der Stoff wurde u. a. von Goethe bearbeitet, um den Sieg der Humanität über die Rachegötter zu zeigen.

Isis, eine ägyptische Göttin, Schwester und Gemahlin des Osiris. Sie wird meist mit dem Schriftzeichen des Herrscherthrons auf dem Kopf, häufig auch mit Kuhgehörn und Sonnenscheibe, dargestellt.

Isolde, eine keltische Sagengestalt, ↑ Tristan.

Janus, der römische Gott der öffentlichen Türen und Tore, Gott des Eingangs und des Ausgangs, später Gott des Anfangs. Er wurde meist mit zwei Gesichtern, die – wie die beiden Seiten der Tür – nach außen und nach innen schauen, sowie mit Schlüssel und Pförtnerstab dargestellt.
🟠 Nach Janus, dem als Gott des Anfangs der erste Monat des Jahres heilig war, wurde der Monat Januar, im Lateinischen Ianuarius, benannt.

Jason, Held der griechischen Mythologie, Sohn eines thessalischen Königs, dessen Halbbruder sich der Herrschaft bemächtigt. Dieser sendet Jason nach Kolchis, das Goldene Vlies zu erobern. So macht sich Jason mit dem Schiff ›Argos‹ und mit 50 Gefährten, den Argonauten, auf den Weg, und nach zahlreichen Abenteuern und mithilfe von Medea, der zauberkundigen Tochter des Königs von Kolchis, gelingt es ihm, das Goldene Vlies zu rauben.

Juno, die bedeutendste römische Göttin, Gemahlin des Jupiter. Bei den Griechen entspricht ihr die Hera.
🟠 Nach Juno wurde der Monat Juni, im Lateinischen Iunius, benannt.

Jupiter Das Kultbild aus dem Jupiterheiligtum auf dem Kapitol, dem Haupttempel des römischen Staates, stellt Jupiter, Juno und Minerva (›kapitolinische Trias‹) dar.

Jupiter, der mächtigste römische Gott, Sohn des Saturn und Gemahl der Juno, Bewahrer des römischen Staates. Er erhält die menschliche Ordnung und gilt als Schwurzeuge und Schützer der Ehe. Jupiter wurde dem griechischen Gott Zeus gleichgesetzt.
🟠 Nach ihm ist der größte Planet unseres Sonnensystems benannt.

Justitia, römische Göttin, die Vermenschlichung der Gerechtigkeit. Sie wird meist mit den Attributen Schwert und Waage dargestellt.

Kassandra, eine Seherin aus der griechischen Mythologie, Tochter des Priamus. Apoll verleiht ihr die Gabe der Weissagung, belastet sie aber, als Kassandra seine Liebe zurückweist, mit einem Fluch: Kassandra solle zwar immer die Wahrheit prophezeien, aber niemand soll ihr je Glauben schenken. So sagt sie den Untergang Trojas voraus und warnt vergeblich vor dem ›Trojanischen Pferd‹.
🟠 Unbeachtete Warnungen heißen daher ›Kassandrarufe‹.

334

Mythen, Sagen, Märchen — Lor

Kentauren, andere Schreibung von ↑ Zentauren.

Kriemhild, Gestalt des Nibelungenliedes: Sie wird mit Siegfried verheiratet, nachdem dieser ihrem Bruder, dem Burgunderkönig Gunther, bei der Brautwerbung um Brunhild geholfen hat. Während eines Streits mit Brunhild verrät Kriemhild dieses Geheimnis. Hagen von Tronje rächt den vermeintlichen Verrat und ermordet Siegfried. Kriemhild heiratet daraufhin den Hunnenkönig Etzel (Attila) und übt furchtbare Rache an ihren Brüdern und Hagen. Sie selbst wird von Hildebrand, dem Waffenmeister Dietrichs von Bern, getötet.

Kronos, ein Titan der griechischen Mythologie, Sohn des Uranos und der Gäa, durch seine Schwester Rhea Vater von Hestia, Demeter, Hera, Hades, Poseidon und Zeus. Kronos entmannt seinen Vater mit einer Sichel und folgt ihm in der Herrschaft. Da er nach einer Weissagung seinerseits durch eines seiner Kinder entthront werden soll, verschlingt er alle bis auf Zeus, der von Rhea gerettet wird, indem sie Kronos einen Stein zum Verschlingen gibt. Von diesem wird er gezwungen, die verschlungenen Geschwister wieder herauszugeben. Er wird entthront und mit den Titanen in den Tartarus geworfen. Später begnadigt Zeus ihn und macht ihn zum Herrscher über die Insel der Seligen.

Labyrinth, *das* in der griechischen Mythologie ein riesiger Irrgarten auf der Insel Kreta, der von Dädalus erbaut wurde. Hier hält König Minos den Minotaurus gefangen. Die Flucht aus dem Labyrinth gelingt Theseus, nachdem er den Minotaurus besiegt hat, und dem in Ungnade gefallenen und dort gefangen gehaltenen Dädalus selbst, der mit seinem Sohn Ikarus mithilfe von selbst konstruierten Flügeln entflieht.

🔴 Labyrinth heißt bei Menschen und Wirbeltieren auch das Innenohr, das sowohl Hörorgan als auch Gleichgewichtsorgan und Organ des Drehsinns ist.

Lanzelot, Ritter der Tafelrunde des sagenhaften Königs Artus, der in Liebe zu Guinevere, der Gemahlin des Königs, entbrennt.

Laokoon, ein trojanischer Priester des Apoll. Als die Trojaner das hölzerne Pferd der Griechen entdecken, warnt Laokoon, dieses Pferd in die Stadt zu bringen (›Was es auch sei, ich fürchte die Griechen, selbst wenn sie Geschenke bringen‹). Da sendet der Gott Poseidon, der die Griechen unterstützt, zwei riesige Schlangen, die Laokoon und seine beiden Söhne erwürgen. Die Trojaner deuten dies als Strafe der Göttin Athene und holen unter Jubel das Trojanische Pferd in die Stadt (auch ↑ Trojanischer Krieg).

🔴 Den Tod des Laokoon und seiner Söhne haben die antiken Bildhauer Hagesander, Polydoros und Athanodoros in einer Marmorgruppe dargestellt (›Laokoon-Gruppe‹, heute in den Vatikanischen Sammlungen). Ihr Wiederauffinden (1506 in Rom) hat die abendländische Kunst nachhaltig beeinflusst. Die Gruppe galt als ›klassisches‹ Werk der Antike.

Leda, die Gemahlin des Spartanerkönigs Tyndareus, Geliebte des Zeus, der sich ihr in der Gestalt eines Schwans nähert. Aus dieser Begegnung gehen Helena und die Dioskuren Kastor und Polydeukes hervor.

Leto, eine Titanin, die als Geliebte des Zeus Mutter von Apoll und Artemis wird. Sie muss vor Heras Eifersucht über die Erde irren, bevor sie ihre Kinder auf der Insel Delos zur Welt bringen kann.

Lohengrin, mittelalterlicher Sagenheld, Sohn des Parzival, der auf Geheiß des Königs Artus in einem von einem Schwan gezogenen Schiff der bedrängten Herzogin Elsa von Brabant zu Hilfe kommt. Er muss sie jedoch nach kurzer, glücklicher Ehe wieder verlassen, als sie die verbotene Frage nach seiner Herkunft stellt.

🔴 Richard Wagner schrieb nach diesem Stoff die Oper ↑ Lohengrin (Kapitel 5).

Loki, eine Gestalt der altnordischen Götterwelt. Loki ist der listenreiche Helfer der Götter, aber auch ihr Feind. Als Stute gebiert er Odins Ross Sleipnir. Mit der Riesin Angurboda erzeugt er drei dämonische Wesen, die Midgardschlange, die Todesgöttin Hel und den Wolf Fenrir, der beim Weltenende die Sonne verschlingt.

Loreley, fast senkrechter Schieferfelsen am rechten Ufer des Rheins bei Sankt Goarshausen. Unter dem Eindruck einer Rheinreise schuf Clemens Brentano die Fantasiegestalt eines zauberhaft schönen Mädchens, das die Männer anzieht und ihnen Unglück bringt. Um diesem Fluch zu entgehen, stürzt es sich von einem Felsen in den Rhein. Heinrich Heine beschrieb die Loreley in seinem volkstümlichen Ge-

335

LORELEY

›Ich weiß nicht, was soll es bedeuten,
Daß ich so traurig bin;
Ein Märchen aus uralten Zeiten,
Das kommt mir nicht aus dem Sinn.‹

Erste Strophe von Heinrich Heines Gedicht von der Loreley

dicht (1824) als Wasserfrau, die auf dem Felsen sitzt und die Schiffer ins Verderben zieht.

Luna, die römische Göttin des Mondes, die teils in Verbindung mit dem Sonnengott Sol verehrt wurde. Sie entspricht der griechischen Göttin Selene.
● Aus dem römischen ›Tag der Mondgöttin Luna‹ wurde im Französischen der lundi und im Deutschen der Montag.

Mars, der römische Gott des Krieges, der auch als Schützer des Wachstums und der Fluren verehrt wurde. Als Vater der Zwillinge Romulus und Remus ist er der Ahnherr des römischen Volkes und ein Hauptgott Roms. Er wurde dem griechischen Gott Ares gleichgesetzt.
● Nach Mars sind der Monat März und der Planet Mars benannt.

Medea, in der griechischen Mythologie die zauberkundige Tochter des Königs von Kolchis, die dem Führer der Argonauten, Jason, hilft, das Goldene Vlies zu erobern. Als Jason die korinthische Königstochter Glauke zur Frau begehrt und Medea verstößt, tötet sie die Prinzessin, deren Vater und ihre eigenen Kinder aus der Ehe mit Jason.
● Franz Grillparzer schrieb über den Stoff die Trilogie ›Das goldene Vließ‹ (1822).

Medusa, eine der drei ↑ Gorgonen.

Menelaos, der König von Sparta, jüngerer Bruder des Agamemnon und Gemahl der Helena; einer der tapfersten Helden vor Troja.

Merkur, der römische Gott des Handels und Gewerbes. Bei den Griechen hieß der Gott Hermes.
● Nach ihm ist Merkur, der sonnennächste aller Planeten, benannt.

Merlin, in den Sagen um König Artus ein Zauberer und Wahrsager, der Ratgeber von Artus. Er stammt aus der Verbindung eines Teufels mit einer Jungfrau und beendet sein Leben im Wald von Brocéliande, wo er von der Fee Viviane in ewigem Schlaf gehalten wird.

Midgard, in der germanischen Mythologie der im Mittelpunkt der Welt gelegene Lebensraum der Menschen, der von der Midgardschlange, einem unheilvollen, von Loki abstammenden Wesen, umgeben ist. Außerhalb, in Utgard, wohnen die Riesen, unterhalb liegt die Unterwelt Hel und über der Erde Asgard, das Land der Götter.

Minerva, die römische Göttin des Handwerks, der Weisheit und der schönen Künste. Sie schützt zusammen mit Jupiter und Juno die Stadt Rom und den römischen Staat. Die drei Götter wurden als ›Kapitolinische Trias‹ im Jupitertempel auf dem Kapitol in Rom verehrt. Minerva wurde später der griechischen Göttin Athene gleichgesetzt.

MUSEN

Die neun Musen

Kalliope, Muse der epischen Dichtung
Melpomene, Muse der tragischen Dichtung
Thalia, Muse der komischen Dichtung
Euterpe, Muse des Flötenspiels
Terpsichore, Muse der Chorlyrik und des Tanzes
Erato, Muse der Liebesdichtung
Polyhymnia, Muse der Hymnendichtung
Klio, Muse der Geschichtsschreibung
Urania, Muse der Sternkunde.

Minos, in der griechischen Mythologie ein König in Knossos auf Kreta, Sohn des Zeus und der Europa. Als er einen von Poseidon aus dem Meer gesandten Stier nicht opfert, lässt der Gott das Tier rasend werden und die Gemahlin des Minos, Pasiphae, in Liebe zu ihm entbrennen. Aus dieser Verbindung stammt der Minotaurus. Das Einfangen des rasenden ›Kretischen Stieres‹ ist die 7. Arbeit des Herakles.

Minotaurus, in der griechischen Mythologie ein Ungeheuer mit Menschenleib und Stierkopf, das von König Minos in Knossos auf Kreta im Labyrinth gefangen gehalten wird. Das tributpflichtige Athen muss jährlich sieben Jünglinge und sieben Jungfrauen schicken, die dem Ungeheuer zum Fraß vorgeworfen werden. Erst Theseus gelingt es mithilfe der Ariadne, den Minotaurus zu besiegen.

Morpheus, der römische Gott des Schlafes und der Träume, der allerdings nur aus den Werken des Ovid bekannt ist. Nach ihm wurde das Rauschgift Morphium benannt.

Musen, die Göttinnen der Künste und Wissenschaften, die man sich singend und tanzend im Gefolge des Apoll vorstellte. Die Anrufung der Musen gehörte seit Homer zur Tradition der antiken Dichtkunst. ⓘ

Mythologie, *die* [griechisch ›das Erzählen von Götter- und Sagengeschichten‹], die Gesamtheit der mythischen Überlieferungen, also der Sagen, Dichtungen und Erzählungen von Göttern, Heroen und anderen Gestalten und Geschehnissen aus der vorgeschichtlichen Zeit eines Volkes.

Narziss, ein schöner Jüngling, der die Liebe der Nymphe Echo verschmäht und von der Göttin Aphrodite dadurch bestraft wird, dass er sich in Liebe nach seinem eigenen Spiegelbild verzehrt und schließlich in eine Narzisse verwandelt wird.

Nektar, in der griechischen Mythologie der Trank der Götter, der ihnen ewige Jugend und Unsterblichkeit verleiht (auch ↑ Ambrosia).

Nemesis, griechische Göttin, die als Personifikation des sittlichen Rechtsgefühls und der gerechten Vergeltung aufgefasst wurde.
➕ Noch heute versteht man unter Nemesis die ›ausgleichende, strafende Gerechtigkeit‹.

Neptun, der römische Gott der Gewässer, der dem griechischen Meeresgott Poseidon gleichgesetzt wurde.
➕ Nach Neptun ist der achte Planet unseres Sonnensystems benannt.

Nestor, in der griechischen Mythologie ein König von Pylos in Messenien/Peloponnes. Er nahm in hohem Alter am Trojanischen Krieg teil, in dem er sich als weiser Ratgeber auszeichnete.
➕ Nach ihm wird ein kluger Ratgeber oder auch der Altangesehenste eines Wissenschaftszweiges ›Nestor‹ genannt.

Nibelungen, im ↑ Nibelungenlied (Kapitel 6) zunächst die ursprünglichen Besitzer eines großen Schatzes (Hort), der von Zwerg Alberich gehütet wird, sowie deren nach König Nibelunc benannte Untertanen, im zweiten Teil des Liedes auch die Burgunden.

Nike, die griechische Göttin des Sieges, der die römische Göttin Victoria entspricht.

Nixen, germanische Wassergeister, die in der Gestalt von Pflanzen, Tieren oder Menschen auftreten können.

Nornen, die Schicksalsgottheiten der altnordischen Mythologie: Urd (das Gewordene), Verdandi (das Seiende) und Skuld (das Werdende). Sie verweilen am Fuß der Weltesche Yggdrasil und bestimmen bei der Geburt eines Menschen dessen Schicksal und Lebensdauer.

Nymphen, in der griechischen Mythologie anmutige weibliche Naturgeister, die als Spenderinnen von Fruchtbarkeit und als Geburtsgöttinnen verehrt wurden: Die Najaden leben im Wasser, vor allem in Quellen, die Oreaden auf den Bergen, die Dryaden in Bäumen, die Nereiden und Okeaniden im Meer.

Odin, auch **Wotan,** germanischer Gott, der oberste Gott der Asen, Herr und König über Götter und Menschen, Künder der höchsten Weisheit, Lenker von Kriegsgeschick und Todesschicksal. Seine Gemahlin ist Frija, seine Söhne sind Baldur und Donar, seine Dienerinnen und Botinnen die Walküren. Er reitet das gewaltige achtbeinige Pferd Sleipnir. Als dem Gott des Krieges sind ihm die Tiere des Schlachtfeldes, Rabe und Wolf, zugeordnet. Seine beiden Raben Hugin (Gedanke) und Munin (Gedächtnis) fliegen aus, um die Welt zu durchforschen; zurückgekehrt raunen sie ihm ins Ohr, was sie erfahren haben.

Ödipus, Gestalt der griechischen Mythologie, Sohn des Königs von Theben, Laios, und der Iokaste. Da das Orakel in Delphi seinem Vater geweissagt hat, er werde durch die Hand seines eigenen Sohnes sterben, wird Ödipus gleich nach der Geburt ausgesetzt. Korinthische Hirten finden das Kind und nehmen es auf. Als Ödipus später seinerseits das Orakel wegen seiner Herkunft befragt und die Auskunft erhält, er werde seinen Vater töten und seine Mutter heiraten, verlässt er Korinth. Auf dem Weg nach Theben begegnet er seinem Vater Laios, den er nicht erkennt und in einem Streit erschlägt. Vor Theben löst er das Rätsel der Sphinx und befreit damit die Stadt von dem Ungeheuer. Als Dank erhält er den Thron und die Hand der verwitweten Königin, seiner Mutter Iokaste. Als eine Pest ausbricht und das Orakel die Bestrafung des Mörders von Laios fordert, wird die Wahrheit offenbar. Iokaste erhängt sich und Ödipus sticht sich beide Augen aus. Aus Theben vertrieben, irrt er, nur von seiner Tochter Antigone begleitet, in

Ody   Mythen, Sagen, Märchen

der Fremde umher, bis er schließlich bei Athen einen friedvollen Tod findet.
🟠 Siegmund Freud entwickelte in der Psychoanalyse für eine bestimmte menschliche Beziehungskonstellation die Bezeichnung ↑ Ödipuskomplex (Kapitel 11).

Odysseus, König von Ithaka, Gemahl der Penelope, einer der Helden des Trojanischen Krieges, der sich durch Listenreichtum auszeichnet. Auf seinen Rat bauen die Griechen das hölzerne Pferd, mit dessen Hilfe sie in die Stadt Troja gelangen und sie schließlich erobern. Auf seiner langen Heimfahrt nach Ithaka, die zehn Jahre dauert, besteht Odysseus viele gefährliche Abenteuer (↑ Circe, ↑ Sirenen, ↑ Skylla und ↑ Charybdis).
🟠 Homer erzählt die Geschichte von der Heimfahrt des Odysseus in seiner ›Odyssee‹.

Okeanos, in der griechischen Mythologie ein Sohn des Uranos und der Gäa, Vater der Okeaniden (↑ Nymphen). Okeanos war die göttliche Verkörperung des die Erdscheibe ringförmig umfließenden Stromes, später des Weltmeers, des ›Ozeans‹.

Olymp, Gebirgsmassiv in Griechenland, an der Grenze zu Makedonien. Der Olymp galt in der Antike als Sitz der ›olympischen Götter‹.
🟠 Die zwölf olympischen Götter sind: Zeus, Hera, Poseidon, Demeter, Apollon, Artemis, Ares, Aphrodite, Hermes, Athene, Hephaistos und Hestia.

Olympia, antike Kultstätte des Zeus und der Hera in der Landschaft Elis im Nordwesten der Halbinsel Peloponnes. Hier fanden in der Antike alle vier Jahre zu Ehren des Zeus die Olympischen Spiele statt.
🟠 Im Zeustempel befand sich eine 12 m hohe Statue des Zeus aus Gold und Elfenbein, die zu den sieben Weltwundern gehörte.

Orakel, *das* [lateinisch ›Sprechstätte‹], Stätte, an der z. B. durch Seherinnen oder Priester Weissagungen verkündet wurden; auch die Weissagung selbst wird als Orakel bezeichnet. Orakel gab es in fast allen alten Religionen und Kulturen. Eines der berühmtesten ist das Orakel von Delphi.

Orest, Sohn des Agamemnon und der Klytämnestra, Bruder von Elektra und Iphigenie. Orest rächt die Ermordung seines Vaters, indem er seine Mutter und deren Geliebten tötet.

Orion, in der griechischen Mythologie ein schöner Jäger aus Böotien von riesenhafter Gestalt, Sohn des Poseidon. Von Eos zum Geliebten erwählt, wird er im Auftrag der neidischen Göttin Artemis getötet. Daraufhin versetzt ihn Zeus zusammen mit den Plejaden als Sternbild an den Himmel.
🟠 Der Orion, ein Sternbild der Äquatorzone, ist im Winter am Abendhimmel zu sehen.

Orkus, in der römischen Mythologie das Reich der Toten, die Unterwelt, und dessen Herrscher, der Gott des Todes.

Orpheus, thrakischer Sänger und Leierspieler, der durch seine Kunst auch wilde Tiere, Bäume und Steine bezaubert. Als seine Gemahlin Eurydike stirbt, bittet er die Götter der Unterwelt, sie ihm zurückzugeben. Diese entsprechen der Bitte, stellen jedoch eine Bedingung: Orpheus darf sich vor Erreichen der Oberwelt nicht nach Eurydike umsehen. Aber Orpheus verstößt gegen dieses Gebot und verliert so seine Frau für immer.
🟠 Dieser Stoff lieferte die Vorlage für zahlreiche Bearbeitungen in Literatur, Kunst und Musik, z. B. für die Oper ›Orpheus und Eurydike‹ von Christoph Willibald Gluck.

Osiris, ägyptischer Gott, Bruder und Gemahl der Isis. Der Totengott Osiris wird meist mit ungegliedertem Körper wie eine Mumie, mit Krummstab und Geißel dargestellt.

Pan, der griechische Gott der Herden und des Wildes, Beschützer der Hirten und Jäger, Sohn des Hermes und einer Nymphe. Er erscheint im Gefolge des Dionysos oder als Anführer der Satyrn. Durch sein plötzliches Auftreten in der sommerlichen Stille des Mittags versetzt er einsame Wanderer in ›panischen‹ Schrecken. Die Römer setzten ihm den Gott Faunus gleich.
🟠 Auf der Flucht vor ihm soll die Nymphe Syrinx in ein Schilfrohr verwandelt worden sein, aus dem Pan dann eine Hirtenflöte, die ›Panflöte‹ oder Syrinx, herstellte.

Pandora, eine schöne, verführerische Frau. Sie erhält von Zeus, der die Menschen für den Raub des Feuers durch Prometheus bestrafen will, ein Gefäß, die ›Büchse der Pandora‹, in dem alle Übel der Welt eingeschlossen sind. Als Pandora es öffnet, fliegen die Übel heraus und verbreiten sich über die gesamte Erde; nur die Hoffnung bleibt in dem Gefäß zurück.

Mythen, Sagen, Märchen

Paris Frans Floris, ›Das Urteil des Paris‹ (1560/61)

Paris, trojanischer Prinz, Sohn des Priamus und der Hekabe, Bruder Hektors. In dem von der Göttin der Zwietracht, ↑ Eris, heraufbeschworenen Streit zwischen Hera, Athene und Aphrodite um die Frage, welche von ihnen die Schönste sei, wird er zum Schiedsrichter ausgewählt und überreicht den ›Apfel der Zwietracht‹ an Aphrodite, die ihm die schönste Frau (Helena) versprochen hatte. Dieses ›Urteil des Paris‹ führt zum Trojanischen Krieg, als Paris später Helena entführt.

➕ Noch heute erinnert unser ›Zankapfel‹, also etwas, um das man sich streitet, an diese Geschichte, die schon Hesiod (um 700 v. Chr.) erwähnt.

Parnass, Gebirge in Mittelgriechenland, das in der Antike als Sitz Apolls und der Musen galt. An seinem Fuß liegt Delphi.

➕ In übertragenem Sinn spricht man vom Parnass als dem ›Reich der Dichtkunst‹.

Parzival, ein Held der Sagen um König Artus und Hauptgestalt des Romans ›Parzival‹ von Wolfram von Eschenbach: Parzival wächst nach dem Tod seines Vaters mit seiner Mutter Herzeloyde in einer einsamen Waldsiedlung auf und erhält dann durch seinen Onkel Gurnemanz eine ritterliche Erziehung. Nach manchen Abenteuern wird er in König Artus' Tafelrunde aufgenommen und schließlich, nachdem er in verschiedenen Entwicklungsstufen die Reife für dieses Amt erlangt hat, König der Gralsburg.

➕ Richard Wagner bearbeitete den Stoff in der Oper ↑ Parsifal (Kapitel 5).

Pegasus, in der griechischen Mythologie ein aus dem Rumpf der Medusa entsprungenes Flügelross. Es wurde von Bellerophon gezähmt und, als es ihn abwarf, als Sternbild an den Himmel versetzt.

➕ Das Sternbild Pegasus kann man in unseren Breiten am Abendhimmel in der Nähe des Himmelsäquators sehen.

➕ In der neuzeitlichen Kunst lebt Pegasus als Musen- oder Dichterross fort.

Penelope, die Gemahlin des Odysseus, die sich während der langen Abwesenheit ihres Gatten einer immer zudringlicher werdenden Werbung zahlreicher Freier ausgesetzt sieht. Schließlich fügt sie sich in das Unvermeidliche und verheißt ihre Hand demjenigen, der den schweren, zurückgebliebenen Bogen des Odysseus meistern kann. Aber nur der unerkannt heimgekehrte Odysseus selbst vermag den Bogen zu spannen, tötet die Freier und gibt sich Penelope zu erkennen.

Penthesilea, die Königin der Amazonen, Tochter des Ares. Sie kommt im Trojanischen Krieg den Trojanern zu Hilfe und wird im Zweikampf von Achilles getötet.

➕ Heinrich von Kleist machte sie zur Hauptfigur seines Trauerspiels ›Penthesilea‹ (1808).

Phönix, Fabelwesen der Antike, das schon im alten Ägypten als heiliger Vogel verehrt wurde. Die Legende berichtet, dass der Phönix, wenn er sein Ende nahen fühle, sich selbst verbrenne und dass aus seiner Asche ein neuer Phönix entstehe.

➕ ›Wie ein Phönix aus der Asche steigen‹ bedeutet in übertragenem Sinn: in nicht mehr erwarteter Weise verjüngt und neu belebt zurückkehren.

Plejaden, die sieben Töchter des Atlas. Auf der Flucht vor den Nachstellungen des Jägers Orion werden die jungfräulichen Plejaden von Zeus – ebenso wie Orion – als Siebengestirn an den Himmel versetzt.

➕ Die Plejaden sind ein offener Sternhaufen im Sternbild ›Stier‹, von denen man etwa sieben der über 300 Sterne mit bloßem Auge als ›Siebengestirn‹ erkennen kann.

Pluton, lateinisch **Pluto,** griechischer Gott, ursprünglich Gott des Reichtums, den die Menschen aus dem Nährboden für die Pflanzen und aus den Bodenschätzen gewinnen. Man vermutete daher seinen Wohnsitz unter der Erde; später wurde er zum Gott der Unterwelt und Herrscher über die Seelen der Verstorbenen.

339

➕ Nach Pluto ist der kleinste Planet (2006 zum Zwergplaneten herabgestuft) benannt.

Poseidon, der griechische Gott des Meeres, Sohn des Kronos und der Rhea, Bruder des Zeus und des Hades, dem bei der Aufteilung der Welt unter den Brüdern das Meer zufiel. Er wird meist mit Dreizack, Fisch und Delphin dargestellt. Die Römer setzten ihm den Neptun gleich.

Priamus, Priamos, Gestalt der griechischen Mythologie; der letzte König von Troja, Vater von 50 Söhnen, darunter Hektor und Paris, sowie von ebenso vielen Töchtern, darunter Kassandra. Er fand im Trojanischen Krieg, den er als Greis erlebte, den Tod.

Prometheus, ein Titan, Wohltäter der Menschen und Kulturbringer. Er entwendet Zeus das Feuer, um es den Menschen auf die Erde zu bringen. Als Strafe sendet Zeus die Pandora zu den Menschen. Prometheus selbst lässt er an einen Felsen schmieden, wo ihm ein Adler täglich die Leber zerfleischt, die dann nachts wieder nachwächst. Er wird schließlich von Herakles befreit.

Pygmalion, sagenhafter König von Kypros (Zypern), der sich in eine von ihm gefertigte Statue einer Jungfrau verliebt. Auf seine Bitten haucht die Göttin Aphrodite der Statue Leben ein und Pygmalion vermählt sich mit ihr.
➕ George Bernard Shaw verarbeitete das Thema in seinem Stück ›Pygmalion‹ (1913), das wiederum die Grundlage für das Musical ↑ My fair lady (Kapitel 5) war.

Ragnarök, ↑ Götterdämmerung.

Ran, germanische Meeresgöttin und Herrscherin über das Totenreich der Ertrunkenen. Sie lockt die Seefahrer in die Tiefe und sammelt in einem Netz die Ertrunkenen, die sie dann in ihrem Meerespalast bewirtet.

Remus, ↑ Romulus.

Rhea, in der griechischen Mythologie eine Tochter des Uranos und der Gäa, Schwester und Gemahlin des Kronos, Mutter von Demeter, Hades, Hera, Hestia, Poseidon und Zeus. Als Kronos alle seine Kinder verschlingt, rettet sie den Zeus, indem sie Kronos statt des Kindes einen in Windeln gewickelten Stein gibt.

Robin Hood [ˈrɔbɪn ˈhʊd], sagenhafter englischer Volksheld. Als angelsächsischer Adliger von Normannen um seinen Besitz betrogen, lebte er als Gesetzloser mit einer Schar Getreuer in den Wäldern um Nottingham (Sherwood Forest). Er beraubte die Reichen und beschenkte die Armen und wurde so zum Symbol des angelsächsischen Widerstands gegen den normannischen Adel und Klerus.
➕ Seit dem 16. Jh. wurde der Stoff in der Literatur vielfach bearbeitet, im 20. Jh. auch mehrmals verfilmt.

Roland, Gestalt aus dem Sagenkreis um Karl den Großen, der bekannteste seiner zwölf Palladine. Roland, der Held des ›Rolandsliedes‹, gerät als Führer der Nachhut auf dem Rückzug Karls über die Pyrenäen bei Roncesvalles in einen Hinterhalt und fällt nach heldenhaftem Kampf als Letzter seiner Getreuen.
➕ Historisch geht Roland auf Hruotlant, den Markgrafen der Bretonischen Mark, zurück, der 778 im Kampf gegen die Basken bei Roncesvalles fiel.
➕ Rolandssäulen, die wohl die städtischen Privilegien versinnbildlichen, gibt es in vielen norddeutschen Städten, z. B. in Bremen.

Romulus, der sagenhafte Gründer und erste König Roms, Sohn des Mars und der Vestalin Rhea Silvia, Zwillingsbruder des Remus. Die Brüder werden nach der Geburt im Tiber ausgesetzt, jedoch gerettet und von einer Wölfin gesäugt und dann von einem Hirten aufgezogen. Bei der Gründung der Stadt Rom, der Romulus auf Geheiß der Götter seinen Namen geben soll, erschlägt Romulus seinen Bruder, als dieser sich über den neugezogenen Befestigungsring lustig macht.
➕ Die Kapitolinische Wölfin, eine Bronzestatue auf dem Kapitol in Rom, galt als ›Mater Romanorum‹ (Mutter der Römer).

Rotkäppchen, ein Märchen, das u. a. von den Brüdern Grimm aufgezeichnet wurde: Ein kleines Mädchen mit roter Kappe, das seine kranke Großmutter im Wald besuchen will, trifft unterwegs den Wolf, der ihm vorauseilt und die Großmutter frisst. Als Rotkäppchen ankommt, liegt er mit den Kleidern der Großmutter in deren Bett und verschlingt das ahnungslose Mädchen. Kurz darauf werden Rotkäppchen und die Großmutter von einem Jäger gerettet, indem dieser dem Wolf den Bauch aufschneidet.

Rübezahl, deutsche Sagengestalt, Berggeist und Herr des Riesengebirges. Er erscheint als Berg-

Mythen, Sagen, Märchen **Sol**

männlein, Mönch, Riese oder in Tiergestalt. Er neckt die Wanderer und führt sie in die Irre, hütet die Bergschätze, beschenkt Arme und sendet, wenn man ihn neckt, Unwetter.

Rumpelstilzchen, Titelfigur eines Märchens der Brüder Grimm: Ein Zwerg hilft einer jungen Königin, Stroh zu Gold zu verspinnen, und verlangt als Lohn dafür ihr erstes Kind, falls sie seinen Namen, der Rumpelstilzchen lautet, nicht erraten kann. Als sie den Namen doch herausfindet, tötet Rumpelstilzchen sich selbst.

Saturn, der römische Gott des Landbaues, Vater des Jupiter. Von diesem vertrieben, gelangt er nach Latium, wo er von Janus freundlich aufgenommen wird. Er entspricht dem griechischen Gott Kronos.
🔸 Nach Saturn ist der zweitgrößte Planet unseres Sonnensystems benannt.

Satyrn, in der griechischen Mythologie Fruchtbarkeitsdämonen aus dem Gefolge des Dionysos oder von Pan angeführt, meist als Mischgestalten mit Pferdeohren und -schweifen, wild tanzend dargestellt.

Scheherazade [...'zade], die Erzählerin der Märchen in ›Tausendundeiner Nacht‹.

Schlaraffenland, Märchenland, in dem Milch und Honig fließen und die gebratenen Tauben dem Trägen in den Mund fliegen. Faulheit ist hier die höchste Tugend, Fleiß das schlimmste Laster.

Schneewittchen, Märchen der Brüder Grimm: Ein Mädchen wird wegen seiner Schönheit von seiner Stiefmutter gehasst und verfolgt. Es entflieht und verbirgt sich im Wald bei den sieben Zwergen. Die böse Stiefmutter aber befragt ihren Zauberspiegel: ›Spieglein, Spieglein an der Wand, wer ist die Schönste im ganzen Land?‹ Der Spiegel antwortet ihr, das sei Schneewittchen, und verrät ihren Aufenthaltsort. Daraufhin verkleidet sich die Königin, besucht Schneewittchen und gibt ihr einen vergifteten Apfel zu essen. Schneewittchen fällt darauf in einen todesähnlichen Schlaf, bis ein Prinz kommt, sie aus ihrem Schlaf weckt und zur Frau nimmt.

Selene, die griechische Mondgöttin, Schwester des Helios (Sonne) und der Eos (Morgenröte). Sie wird meist mit einer Mondsichel auf dem Kopf oder hinter den Schultern dargestellt. Bei den Römern entspricht ihr die Göttin Luna.

Semele, eine Gestalt der griechischen Mythologie: Semele, die schöne Tochter des thebanischen Königs Kadmos, die von Zeus geliebt wird, folgt dem tückischen Rat der eifersüchtigen Hera und bittet Zeus, sich ihr in seiner wahren Gestalt zu offenbaren. Als ihr der Gott unter Blitz und Donner erscheint, verbrennt sie. Zeus rettet ihren gemeinsamen, noch ungeborenen Sohn Dionysos, indem er ihn in seinen Schenkel einnäht und austrägt.

Siegfried, germanische Sagengestalt im Mittelpunkt des Nibelungenliedes: Siegfried wirbt um Kriemhild, die Schwester des Burgunderkönigs Gunther. Er erhält sie aber erst, nachdem er Brunhild, die Königin von Island, mithilfe einer Tarnkappe anstelle Gunthers in Kampfspielen überwunden hat. Als Brunhild dies von Kriemhild erfährt, veranlasst sie Hagen von Tronje, Siegfried auf einer Jagd zu ermorden.
🔸 Richard Wagner verarbeitet den Siegfried-Stoff in seinem Musikdrama ›Der Ring des Nibelungen‹.

Sirenen, Fabelwesen der griechischen Mythologie, die durch ihren betörenden Gesang vorüberfahrende Seeleute auf ihre Insel lockten und sie töteten.
🔸 Wer heute Sirenen heulen hört, denkt sicher nicht mehr an einen ›betörenden Gesang‹.

Sisyphus, in der griechischen Mythologie der Gründer und erste König Korinths. Zur Strafe für seine Verschlagenheit – er überlistete sogar den Tod – muss Sisyphus für alle Ewigkeit in der Unterwelt einen Felsblock einen steilen Berg hinaufwälzen, aber bevor er den Gipfel erreicht, rollt der Stein wieder ins Tal und Sisyphus beginnt seine Arbeit von neuem.
🔸 Unter einer ›Sisyphusarbeit‹ versteht man eine sinnlose, nie ans Ziel führende schwierige Arbeit.

Skylla, in der Odyssee ein Ungeheuer, das in der Höhle einer Meeresklippe gegenüber der ↑ Charybdis haust und den vorüberfahrenden Seeleuten auflauert, um sie zu fressen.
🔸 Die Wendung ›zwischen Skylla und Charybdis‹ bezeichnet eine Situation, in der man von zwei Übeln eines wählen muss.

Sleipnir, in altnordischer Mythologie das achtbeinige graue Pferd Odins.

Sol, der römische Sonnengott, der dem griechischen Gott Helios entspricht.

Sphinx, ein Fabelwesen der griechischen Mythologie mit geflügeltem Löwenrumpf und Mädchenkopf. Sie haust auf einem Felsen bei Theben und tötet jeden, der ihr Rätsel nicht lösen kann. Als Ödipus das Rätsel löst, stürzt sich die Sphinx in die Tiefe. Im alten Ägypten war die Sphinx eine Mischgestalt mit Löwenkörper und Menschenkopf. Sie verkörperte die Königsmacht und war daher Wächterin an Tempeleingängen.

➕ Die älteste ägyptische Sphinx steht in Giseh; sie ist 20 m hoch und 73,5 m lang.

Sphinx und Chephrenpyramide in Giseh

Styx, in der griechischen Mythologie ein Fluss der Unterwelt, bei dem die Götter ihre unverbrüchlichen Eide schwören.

> ℹ️ **SPHINX**
>
> **Das Rätsel der Sphinx**
>
> ›Es gibt auf der Erde ein Zweifüßiges und ein Vierfüßiges und genauso genannt ein Dreifüßiges. Als einziges Wesen ändert es seine Gestalt. Wenn es sich mit den meisten Füßen fortbewegt, ist seine Schnelligkeit am geringsten.‹
> Gemeint ist der Mensch, der als Kind auf Händen und Füßen kriecht, als Erwachsener auf zwei Beinen geht und als Greis einen Stock zu Hilfe nimmt.

Tantalus, Sohn des Zeus und Ahnherr des frevlerischen Geschlechts der Tantaliden, zu dem u. a. Agamemnon und Orest gehören. Um die Allwissenheit der Götter zu prüfen, lädt Tantalus sie an seine Tafel und setzt ihnen das Fleisch seines Sohnes Pelops vor. Dafür muss er in der Unterwelt ewige Qualen erleiden: In einem See stehend, über seinem Kopf köstliche Früchte, kann er dennoch Hunger und Durst niemals stillen, denn Wasser und Früchte weichen zurück, wenn er sie zu erreichen versucht.

➕ ›Tantalusqualen‹ leidet man, wenn man etwas Ersehntes in greifbarer Nähe hat, es aber dennoch nicht erreichen kann.

Tartarus, in der griechischen Mythologie der von einer dreifachen Mauer umgebene tiefste Teil der Unterwelt, in den Zeus seine Gegner, vor allem die Titanen, stürzte. Hier büßten u. a. Tantalus und Sisyphus für ihre Frevel.

Tausendundeine Nacht, eine orientalische Geschichten-und-Märchen-Sammlung mit über 300 Erzählungen, deren Anfänge bis ins 10. Jh. zurückgehen. Nach der Übersetzung im 18. Jh. wurde das Werk auch in Europa bekannt. Zu den Geschichten, die Scheherazade dem König von Samarkand erzählt, gehören u. a. ›Aladins Wunderlampe‹ und ›Ali Baba und die vierzig Räuber‹.

Tell, schweizerische Sagengestalt und Nationalheld der Schweiz. Wilhelm Tell, ein Jäger und Meisterschütze aus Ur, wird von dem habsburgischen Landvogt Geßler gezwungen, mit einer Armbrust einen Apfel vom Kopf seines Sohnes zu schießen. Der Schuss gelingt, aber kurz darauf tötet Tell den verhassten Landvogt in der Hohlen Gasse bei Küssnacht und gibt damit das Zeichen zur Erhebung gegen die habsburgische Herrschaft.

➕ Friedrich Schiller schrieb über diese Sage das Drama ↑ Wilhelm Tell (Kapitel 6).

Theseus, Nationalheld der Athener. In der Argolis geboren und erzogen, zieht er als Jüngling nach Athen und besteht auf dem Weg sechs Abenteuer, durch die er Land und Leute von sechs Plagen befreit. Später tötet er den ↑ Minotaurus.

Thor, germanischer Gott, ↑ Donar.

Titanen, in der griechischen Mythologie das von den göttlichen Erstahnen Uranos (Himmel) und Gäa (Erde) abstammende zweite Göttergeschlecht (u. a. Kronos und Rhea). Es unterliegt in einem gewaltigen Kampf, der ›Titanomachie‹, den olympischen Göttern unter der Führung des Zeus.

Tristan, Gestalt der keltischen Mythologie: Tristan wirbt in Irland für seinen alternden Onkel Marke, den König von Cornwall, um Isolde. Bei der Rückkehr nach Cornwall trinken beide versehentlich von dem Liebestrank, der für Marke und Isolde bestimmt ist, und sind nun für immer in Liebe verbunden.
🞧 Der Stoff wurde in der Literatur häufig behandelt. Richard Wagner gestaltete ihn in seinem Musikdrama ↑ Tristan und Isolde (Kapitel 5).

Trojanischer Krieg, nach der griechischen Sage die zehnjährige Belagerung der kleinasiatischen Stadt ↑ Troja (Kapitel 1) durch die Griechen unter der Führung des Agamemnon. Anlass ist die Entführung der Helena, der Gemahlin des Königs Menelaos von Sparta, durch den trojanischen Prinzen Paris. Als es den Griechen nach langem, wechselvollem Kampfgeschehen nicht gelingt, die Stadt einzunehmen, schlägt Odysseus im zehnten Jahr der Belagerung eine List vor: Danach fahren die griechischen Schiffe scheinbar weg, lassen aber ein großes hölzernes Pferd, das ›Trojanische Pferd‹, zurück, in dessen Bauch sich die tapfersten griechischen Helden verbergen. Trotz der Warnung des Laokoon und der Kassandra bringen die Trojaner das Pferd als Weihegeschenk an die Göttin Athene in die Stadt. In der Nacht steigen die Krieger heraus, zerstören die Stadt und töten die meisten Trojaner. Nur Äneas gelingt es, mit einigen Getreuen zu fliehen und die trojanischen Stadtgötter nach Italien zu retten.
🞧 Einen Bericht über den Trojanischen Krieg gibt Homer in seinem Epos ›Ilias‹ (Troja wurde von den Griechen auch ›Ilion‹ genannt).

Troll, im nordischen Volksglauben ein männlicher oder weiblicher Dämon oder Kobold in Riesen- oder Zwergengestalt. Trolle, die ihr Aussehen ständig verändern können, sind den Menschen feindlich gesinnt und behexen sie mit Krankheiten. Sie fürchten das Tageslicht, weil sie hierdurch ihre Kraft verlieren.

Tyr, germanischer Gott, ↑ Ziu.

Uranos, in der griechischen Mythologie die Personifikation des Himmels, Sohn und Gemahl der Gäa (Erde) und mit ihr Vater der Titanen und Zyklopen. Als er seine Kinder aus Hass in den Schoß der Erde zurückstößt, wird er auf Betreiben Gäas von Kronos, seinem jüngsten Sohn, entmannt. Aus den hierbei auf die Erde fallenden Blutstropfen gebar Gäa die Erinnyen und die Giganten.
🞧 Nach Uranos ist der von der Sonne aus gerechnet siebte Planet unseres Sonnensystems, Uranus, benannt.

Utgard, in der germanischen Mythologie das außerhalb des menschlichen Lebensraums gelegene Reich der Riesen und Dämonen.

Vampir, nach einem vor allem in Südosteuropa verbreiteten Volksglauben ein Toter, der nachts unverwest aus seinem Grab steigt und den Lebenden das Blut aussaugt.
🞧 Der wohl bekannteste Vampir ist Graf Dracula, die Titelgestalt des 1897 erschienenen Romans des irischen Schriftstellers Bram Stoker. Das historische Vorbild ist ein Fürst der Walachei, der im 15. Jh. gelebt hat und den Beinamen ›der Pfähler‹ trug, weil er seine Feinde grausam hinrichten ließ.

Venus [lateinisch ›Anmut‹], die römische Göttin der Liebe, die der griechischen Göttin Aphrodite entspricht. Sie soll, wie Aphrodite, aus dem Schaum des Meeres entstanden sein.
🞧 Sie wird von Malern häufig dargestellt; besonders bekannt ist ›Die Geburt der Venus‹ von Botticelli. Die berühmte ›Venus von Milo‹ stellt ↑ Aphrodite dar.
🞧 Nach der Venus ist der von der Sonne aus gerechnet zweite Planet, das nach Sonne und Mond hellste Gestirn am Himmel benannt. – Bild S. 344

Vesta, die römische Göttin des häuslichen Herdes und des Herdfeuers, das in einem Tempel am Fuß des Palatins in Rom von ihren Dienerinnen, den Vestalinnen, gehütet wurde und den Bestand des Staates symbolisierte. Ihr entspricht die griechische Göttin Hestia.

Victoria, die römische Siegesgöttin, die als jungfräuliche Hüterin des Reiches galt. Sie entspricht der griechischen Göttin Nike.

Vulcanus, der römische Gott des Feuers, der später als kunstfertiger Schmied dem griechischen Gott Hephaistos gleichgesetzt wurde.

Venus François Boucher, ›Toilette der Venus‹

🟠 Von Vulcanus haben die Vulkane ihren Namen.

Walhall, in der nordischen Mythologie eines der Totenreiche, in das Odin die gefallenen Krieger beruft, die sich hier für den Kampf am Tage der Götterdämmerung bereithalten.

Walküren, in der nordischen Mythologie die Botinnen des Odin, die über die Schlachtfelder reiten, in den Kampf eingreifen und die gefallenen Krieger nach Walhall bringen, wo sie sie mit Met bewirten.

🟠 Die Oper ›Die Walküre‹ ist der ›zweite Tag‹ des ›Ring des Nibelungen‹ von Richard Wagner.

Walpurgisnacht, die Nacht vor dem 1. Mai, dem Tag der heiligen Walburga, in der nach altem Volksglauben die Hexen zu ihren Tanzplätzen fliegen und Menschen, Vieh und Äckern Unheil zufügen können.

Wanen, in der germanischen Mythologie ein uraltes Göttergeschlecht, das in den Tiefen der Erde und des Meeres wohnt und den Menschen Gedeihen und Fruchtbarkeit beschert. Nach einem Krieg mit den Asen, dem ›Wanenkrieg‹, herrscht Einigkeit zwischen den beiden Göttergeschlechtern.

Werwölfe, im Volksglauben Menschen, die sich nachts in Wölfe verwandeln und Menschen und Haustiere töten.

Wotan, germanischer Gott, ↑ Odin.

Yggdrasil, in der nordischen Mythologie die Weltesche, ein immergrüner Baum, der im Mittelpunkt der Welt steht. Das Beben des Baumes ist ein erstes Zeichen des Weltuntergangs.

Zentauren, auch **Kentauren,** Fabelwesen der griechischen Mythologie, meist heimtückische Wesen mit Pferdeleib und menschlichem Oberkörper. Bei einem Fest der thessalischen Lapithen vergreifen sich die Zentauren an den Frauen ihrer Gastgeber, und es kommt zum Kampf, den die Lapithen schließlich gewinnen können.

Zerberus, in der griechischen Mythologie der dreiköpfige Höllenhund, der den Eingang zum Hades bewacht und keinen der Eingetretenen wieder herauslässt. Zerberus konnte nur zweimal überwunden werden: von Orpheus durch die Macht des Gesangs und von Herakles, der das Ungeheuer als 12. Arbeit zu bezwingen hat.

Zeus, der höchste Gott der Griechen, Sohn des Kronos und der Rhea, der mithilfe seiner Brüder Hades und Poseidon die Herrschaft der Titanen stürzt und mit ihnen die Weltherrschaft teilt: Hades wird Herr über die Unterwelt, Poseidon über das Meer und Zeus über Himmel und Erde. Sein Sitz ist der Olymp, wo er mit seiner Gemahlin Hera den größten und schönsten Götterpalast bewohnt. Zeus, der ›Vater der Götter und Menschen‹ und oberster Garant der kosmischen Ordnung, hat auch sehr menschliche Züge: Zahlreich sind seine Begegnungen mit menschlichen Geliebten und die daraus hervorgegangenen Kinder, und seine eifersüchtige, ewig zänkische Gemahlin Hera hintergeht er mit immer neuen Listen. Die Römer setzten ihm den Jupiter gleich.

🟠 Das berühmteste Heiligtum des Zeus war der Tempel in Olympia mit der Zeusstatue des Phidias, die als eines der sieben Weltwunder galt.

Ziu, auch **Tyr,** der germanische Gott des Krieges und des Zweikampfes, Beschützer von Fürstentum und Herrscheramt.

Zyklopen, auch **Kyklopen,** in der griechischen Mythologie die drei Söhne des Uranos und der Gäa, die für Zeus die Donnerkeile schmieden. Sie haben nur ein Auge, das mitten auf der Stirn sitzt.

10 Die Bibel

8
Religion und
Philosophie
9
Mythen, Sagen,
Märchen
10
Die Bibel

Die Bibel gilt als das am weitesten verbreitete und am häufigsten übersetzte Buch überhaupt; Juden wie Christen bezeichnen sie als ihre Heilige Schrift: Für die Juden umfasst sie ausschließlich das, was die Christen das Alte Testament nennen. Das Christentum, das aus dem Judentum hervorging, übernahm die jüdische Bibel als den ersten Teil der Heiligen Schrift und fügte das Neue Testament hinzu.

Mit den aus ihr abgeleiteten und auf sie zurückgeführten Traditionen bildete die Bibel den Grundstein der christlichen Kultur Europas. Die ethischen Grundsätze des Neuen Testaments, wie sie in den Gleichnissen Jesu, etwa im Gleichnis vom barmherzigen Samariter, bildhaft umschrieben oder in der Bergpredigt ausdrücklich dargelegt werden, sind zu Grundannahmen unseres sozialen Handelns geworden.

Darüber hinaus ist ein Verständnis der europäischen Geschichte, Literatur und Kunst ohne Kenntnisse der Bibel nicht möglich. Die Texte der Bibel, z.B. die Erzählungen von Adam und Eva, von Abraham und seinem Sohn Isaak, von Joseph und seinen Brüdern oder auch das Hohe Lied (das Lied der Lieder) gehören zur Weltliteratur und können auch ohne gläubige Haltung gelesen werden.

Gerade im deutschsprachigen Raum ist die Bibel durch die Bibelübersetzung Martin Luthers aus dem Jahre 1522 wichtig geworden: Auf ihrer Grundlage hat sich die neuhochdeutsche Schriftsprache entwickelt.

Abraham und Isaak, die ersten beiden Patriarchen des Alten Testaments. Wie es im Buch Genesis heißt, schloss Gott einen Bund mit Abraham, befahl ihm, seine Heimat zu verlassen, und versprach, seinen Nachfahren, den Israeliten, das Gelobte Land zu geben. Außerdem sagte Gott ihm zu, den Bund auch mit seinem Sohn Isaak aufrechtzuerhalten. Später aber prüfte er ihn, indem er ihm befahl, Isaak als Brandopfer darzubringen. Gehorsam legte Abraham den Sohn auf einen Altar und ergriff ein Messer, um ihn zu töten. Da erschien ein Engel des Herrn und hinderte ihn daran: Weil Abraham seinen Glauben gezeigt habe, werde das Opfer des eigenen Sohnes nicht mehr von ihm verlangt.

➕ Sowohl die Juden als auch die Araber leiten ihre Abstammung von Abraham her, die Juden über Isaak, die Araber über seinen zweiten Sohn Ismael. Abrahams Gehorsam gegenüber Gott machte aus ihm ein Vorbild des Glaubens für Juden wie für Christen. Paulus nennt ihn den ›Vater der Gläubigen‹.

➕ Die Redensart ›wie in Abrahams Schoß‹, also sicher und geborgen, stammt aus dem Evangelium des Lukas.

Adam und Eva, die beiden ersten Menschen. Das Buch Genesis berichtet, dass Gott Adam erschuf, indem er aus dem Staub des Ackerbodens einen Menschen formte und ihm Leben einhauchte; danach schuf er aus Adams Rippe Eva. Gott überließ den beiden den Garten Eden und erlaubte ihnen, die Früchte aller Bäume außer denen des Baumes der Erkenntnis zu essen. Adam und Eva lebten glücklich, bis Satan in Gestalt einer Schlange Eva aufforderte, auch die verbotene Frucht zu nehmen. Beide aßen davon: Sogleich erkannten sie ihre Nacktheit und schämten sich. Wegen ihres Ungehorsams vertrieb sie Gott aus dem Paradies in die Welt, wo Eva unter Schmerzen Kinder gebären und Adam im Schweiße seines Angesichts den Lebensunterhalt erwerben musste. Die schlimmste Folge ihres Ungehorsams aber war der Tod. Nach ihrer Vertreibung gebar Eva zunächst Kain und Abel, später noch Seth und andere Söhne und Töchter; so wurden beide die Stammeltern der Menschheit.

Ihren Ungehorsam, den Grund ihrer Vertreibung aus dem Garten Eden, bezeichnet man als Sündenfall; von ihm leitet die Kirche die Lehre von der Erbsünde ab.

➕ Nach der Legende, dass ein Teil des Apfels, der verbotenen Frucht also, Adam im Hals stecken blieb, wird der Kehlkopf des Mannes Adamsapfel genannt.

ägyptische Plagen die zehn Katastrophen, die Gott nach dem Buch Exodus über Ägypten kommen ließ, damit der Pharao den Israeliten den Auszug aus Ägypten ins Gelobte Land gestatte. Sie bestanden u. a. in der Verseuchung des Wassers, in Hagelschlag, Krankheiten, Finsternis und Heuschreckenschwärmen. Die zehnte und schlimmste Plage war der Tod aller Erstgeborenen durch den Engel des Herrn; erst danach ließ der Pharao die Israeliten ziehen (auch ↑ Passah).

Altes Testament, der erste Teil der Bibel – für die Juden die Bibel schlechthin –, der vom Alten Bund, der Heilsgeschichte des Volkes Israel, handelt. Er berichtet bis zu Ereignissen im 2. Jh. v. Chr. Christen sehen die Vorhersagen der alttestamentlichen Propheten in Jesus erfüllt. Das Leben Jesu wird im zweiten Teil der Bibel, dem Neuen Testament, beschrieben (auch ↑ Bibel).

Am Anfang war das Wort, die Anfangsworte des Johannesevangeliums. Mit ihnen wird auf den Beginn des Buches Genesis, den Schöpfungsbericht, angespielt, wo es heißt: ›Am Anfang erschuf Gott Himmel und Erde.‹

Antichrist, eine Person, die im Neuen Testament als Feind Jesu Christi erwähnt wird (1. Brief des Johannes). Er soll vor dem Jüngsten Tag erscheinen und viele Jünger Christi verführen. Der Antichrist wurde oft mit dem apokalyptischen Drachen der Offenbarung gleichgesetzt, den Gott vor dem endgültigen Sieg vernichten wird.

Apokalypse, *die* [griechisch ›Enthüllung‹], eine andere Bezeichnung des neutestamentlichen Buches der ↑ Offenbarung.

➕ Unter Apokalypse wird auch der Jüngste Tag am Ende der Zeit und allgemein eine endgültige Katastrophe verstanden.

apokalyptische Reiter, vier Gestalten aus dem Buch der Offenbarung. Sie sind die Sinnbilder der Übel, die am Ende der Zeit über die Welt kommen sollen. Die erste Gestalt, die auf einem weißen Pferd reitet, bringt die Eroberung, die zweite, auf einem roten Pferd, den Krieg, die dritte, auf einem schwarzen, den Hunger und die letzte, auf einem bleichen Pferd, den Tod.

Die Bibel | **Aus**

Apokryphen [zu griechisch apokryphos ›heimlich‹, ›versteckt‹], religiöse Schriften, die nicht unter die Bücher der Bibel aufgenommen wurden. So erkennt die katholische Kirche sieben Bücher des Alten Testaments an, die Juden und Protestanten nicht zur Heiligen Schrift zählen, aber dennoch zur geistlichen Erbauung empfehlen.

Darstellung der Zwölf **Apostel** auf einer byzantinischen Ikone

Apostel [griechisch ›Sendboten‹], diejenigen, die von Jesus oder der Gemeinde berufen sind, das Evangelium zu verkünden; nach dem Lukasevangelium berief Jesus zwölf Männer zu seinen Aposteln. Zu ihnen gehörten Simon Petrus, Johannes, Thomas, Andreas, Philippus, Bartholomäus, Jakobus der Ältere, Thaddäus, Simon, Matthäus, Jakobus der Jüngere und Judas Iskariot, dessen Platz nach seinem Verrat Matthias einnahm. Paulus, der nicht zu den Zwölfen gehörte, sah sich zur Verkündigung des Christentums berufen und gilt darum auch als Apostel.

Apostelgeschichte, ein Buch des Neuen Testaments. In ihm wird von Ereignissen nach der Himmelfahrt Christi wie der Herabkunft des Heiligen Geistes am Pfingstfest, dem Gemeindeleben der ersten Christen und den Missionsreisen des Paulus berichtet.

Ararat, ein Berg im Armenischen Hochland. Der biblische Text von der Landung der Arche Noah auf dem Ararat (1. Mose 8, 4) bezieht sich nicht auf den Berg, sondern auf das Land Ararat, dessen Lage aber nicht bekannt ist (auch ↑ Noah und die Sintflut).

auf dem Wasser wandeln, eines der Wunder Jesu: Um die Jünger, die er in einem Schiff auf dem See Genezareth vorausgeschickt hatte, einzuholen, ging Jesus über das Wasser. Als er sie erreichte, wollte Petrus ihm entgegenkommen, versank aber in den Wellen, weil er sich fürchtete. Jesus rettete ihn und sagte: ›Du Kleingläubiger, warum hast du gezweifelt?‹

Auferstehung, der Sieg Jesu über den Tod, ein zentraler Glaubensinhalt des Christentums. Die Evangelien berichten, dass Jesus nach seiner Kreuzigung im Grabe lag, am dritten Tag danach von den Toten auferstand und lebendig seinen Jüngern erschien. Dies wird von den Christen an Ostern gefeiert.
➕ Der Auferstehungsglaube beinhaltet die Hoffnung, dass alle Christen wie Jesus den Tod überwinden werden.

Auge um Auge, Zahn um Zahn, das Rechtsprinzip, nach dem Gleiches mit Gleichem vergolten werden soll. So soll, wer einem anderen ein Auge aussticht, mit einem eigenen büßen. Im Buch Exodus heißt es: ›Du sollst geben Leben für Leben, Auge für Auge, Zahn für Zahn, Hand für Hand, Fuß für Fuß.‹ Jesus bezieht sich in der Bergpredigt auf dieses Prinzip, fordert aber, keine Vergeltung zu suchen, sondern ›auch die andere Wange hinzuhalten‹.

A und O, der Anfang und das Ende. A und O stehen für Alpha und Omega, den ersten und den letzten Buchstaben des griechischen Alphabets. In der Offenbarung sagt Gott: ›Ich bin das A und das O, der Anfang und das Ende‹, und meint damit, dass er von Anbeginn der Zeiten war und bis zu ihrem Ende sein wird.

Auszug aus Ägypten, die Rückkehr der Israeliten ins Gelobte Land, nachdem sie – wie das Buch Genesis berichtet – seit der Zeit Josephs und seiner Brüder in Ägypten gelebt hatten. Das Buch Exodus erzählt, wie der Pharao, gezwungen durch die zehn ägyptischen Plagen, sie freiließ, wie Gott sie dann führte, indem er tags in einer Wolkensäule und nachts in einer Feuersäule vor ihnen herzog, und wie er ihnen den Durchzug durchs Rote Meer ermöglichte. Außerdem ernährte sie Gott in der Wüste mit Manna und ließ Wasser aus einem Felsen fließen; auf dem Berg Sinai erschien er schließlich dem Moses und übergab ihm die Zehn Gebote. Doch da sich die Israeliten unentwegt beklagten und in ihrem Glauben schwankten, mussten sie vierzig Jahre lang durch die Wüste ziehen, bevor sie das Gelobte Land erreichten.

Baal, ein orientalischer Fruchtbarkeitsgott, der im Alten Testament als der oberste der falschen Götzen genannt wird. Auch das Goldene Kalb, das die Israeliten beim Auszug aus Ägypten anbeteten, stellte wohl diesen Gott dar.

Babel, ↑ Babylon und ↑ Turmbau zu Babel.

Babylon, die Hauptstadt des babylonischen Reichs, von dem Israel im 6. Jh. v. Chr. erobert wurde. Ein Teil der Israeliten wurde nach Babylon verschleppt, wo sie ein in ihren Augen verdorbenes Leben vorfanden. Erst nach der Eroberung Babylons durch die Perser durften die Israeliten nach Hause zurückkehren; dieser Abschnitt der jüdischen Geschichte wird ›Babylonische Gefangenschaft‹ genannt.
➕ Auch heute noch kann ein Ort ausschweifenden und sündigen Lebens als ›Sündenbabel‹ bezeichnet werden (›Babel‹ ist der biblische [hebräische] Name von Babylon).

barmherziger Samariter, in einem Gleichnis Jesu der Einzige, der einem Juden, der ausgeraubt und halbtot auf der Straße liegen gelassen worden war, zu Hilfe kam. Jesus erzählt, dass ein Priester auf dem Weg zum Tempel und ein Levit achtlos an dem Mann vorübergingen und sich erst ein Samariter seiner erbarmte. Diese Hilfsbereitschaft war umso erstaunlicher, als Juden und Samariter miteinander verfeindet waren.
Das Gleichnis dient als Antwort auf die Frage, wer denn unser Nächster sei. Der jüdische Gesetzeslehrer, der danach gefragt hatte, musste daraufhin zugeben, dass der verachtete Samariter allein das göttliche Gebot der Nächstenliebe befolgt hat.
➕ Übertragen wird ein Mensch ein barmherziger Samariter genannt, der anderen und vor allem Fremden Hilfe erweist.
➕ Der Arbeiter-Samariter-Bund Deutschlands e. V. ist eine Organisation der freien Wohlfahrtspflege.

Baum der Erkenntnis, der Baum im Garten Eden, von dem Adam und Eva nicht essen durften. Als sie dennoch die verbotene Frucht nahmen, erkannten sie, dass sie nackt waren, und wurden zur Strafe aus dem Paradies vertrieben (auch ↑ Sündenfall).

Beelzebub, im Alten Testament der Stadtgott von Ekron im Land der Philister, als Baal Zebub (›Herr der Fliegen‹) verspottet; im Neuen Testament der Oberste der Dämonen.
➕ Die Redensart ›den Teufel mit dem Beelzebub austreiben‹ bedeutet so viel wie ›ein Übel durch ein anderes zu heilen versuchen‹.

Belsazar, im Alten Testament ein babylonischer König, der bei einem Fest die heiligen Geräte des Tempels von Jerusalem schändete. Daraufhin erschien an der Wand das ↑ Menetekel, eine Schrift, die der Prophet Daniel als Drohung Gottes deutete; bald darauf wurde Belsazar von seinen Dienern umgebracht.
➕ Der historische Belsazar, Sohn des letzten babylonischen Königs, lebte im 6. Jh. v. Chr. und unterlag 539 als Befehlshaber der babylonischen Truppen dem Perserkönig Kyros II. Nach dieser Niederlage wurde er ermordet.

Bergpredigt, die erste öffentliche Predigt Jesu (Matthäus 5–7), in der die zentralen Aussagen seiner Lehre gemacht werden. Jesus befiehlt darin seinen Jüngern, noch gerechter zu sein, als es das mosaische Gesetz verlangt, und sagt: ›Seid vollkommen, wie euer Vater im Himmel vollkommen ist.‹
Die Bergpredigt beginnt mit den Seligpreisungen. Sie enthält außerdem das Vaterunser, die goldene Regel ›Was du nicht willst, das man dir tu, das füg auch keinem andern zu‹ und die Aufforderungen, auch die andere Wange hinzuhalten, wenn man geschlagen wird, und keine Perlen vor die Säue zu werfen. Daneben findet sich das Gleichnis von den falschen Propheten, die wie Wölfe im Schafspelz sind, und andere bekannte Aussprüche wie ›Liebet eure Feinde‹, ›Niemand kann zwei Herren zugleich dienen‹, ›Du kannst nicht Gott und dem Mammon dienen‹, ›Bitte, und es wird dir gegeben‹ und ›An ihren Früchten sollt ihr sie erkennen‹.

Bethlehem, der Ort in der Nähe Jerusalems, in dem Jesus nach dem Matthäus- und dem Lukasevangelium geboren wurde.
➕ Als Geburtsstätte gilt Jesu nach der Legende eine Grotte, über der Konstantin der Große 326–335 eine Basilika bauen ließ.

Die Bibel

Bibel, die Heilige Schrift des Christentums, die als das den Menschen geoffenbarte Wort Gottes gilt. Sie besteht aus dem Alten Testament, das die heiligen Bücher der Juden mit der Geschichte des von Gott erwählten Volkes enthält, und dem Neuen Testament, das vom Leben und Wirken Jesu und der Apostel berichtet.

Die Juden unterteilen die Bibel in drei Teile: in das Gesetz oder die Thora, das sind die ersten fünf Bücher der Bibel (Genesis, Exodus, Leviticus, Numeri, Deuteronomium), die Propheten (darunter befinden sich das Buch Jesaja und das Buch Jeremia) und die Schriften, wozu das Buch der Psalmen, das Hohelied oder das Buch Hiob gehören. Das Neue Testament der Christen gliedert sich in die vier Evangelien nach Matthäus, Markus, Lukas und Johannes, in die Apostelgeschichte, die Briefliteratur, dazu gehören z. B. die Briefe des Paulus oder die Johannesbriefe. und die Offenbarung des Johannes.

Nicht nur zwischen Juden und Christen, auch unter den christlichen Kirchen gibt es verschiedene Auffassungen vom Inhalt des Alten Testaments: 39 Bücher werden von allen zu den heiligen Schriften gerechnet, einige christliche Kirchen aber nehmen daneben Bücher und Buchteile in die Bibel auf, die von anderen nur als Apokryphen bezeichnet werden. Einig sind sich die Christen dagegen in den 27 Büchern des Neuen Testaments, die für die Juden allerdings nicht als Wort Gottes gelten. Die alten Schriften im Umfeld der Bibel, die aber nicht darin aufgenommen wurden, bezeichnet man als Pseudepigrafen.

Die für die katholische Kirche gültige Fassung der Bibel geht auf die ›Vulgata‹ genannte Bibelübersetzung des heiligen Hieronymus zurück, die auf dem Konzil von Trient 1546 für verbindlich erklärt wurde. In den evangelischen Kirchen ist die ›Lutherbibel‹, also die Übersetzung Martin Luthers, maßgeblich.

Bittet, so wird euch gegeben, eine der Lehren Jesu aus der ↑ Bergpredigt. Er fährt fort: ›Suchet, so werdet ihr finden, klopfet an, so wird euch aufgetan.‹ Damit will er sagen, dass Gott den Not Leidenden

Bibel: Altes Testament

Vulgata	Lutherbibel
Genesis	1. Buch Mose
Exodus	2. Buch Mose
Levitikus	3. Buch Mose
Numeri	4. Buch Mose
Deuteronomium	5. Buch Mose
Josua	Buch Josua
Richter	Buch der Richter
Ruth	Buch Ruth
1 Samuel	1. Buch Samuel
2 Samuel	2. Buch Samuel
1 Könige	1. Buch von den Königen
2 Könige	2. Buch von den Königen
1 Chronik	1. Buch der Chronik
2 Chronik	2. Buch der Chronik
Esdras	Buch Esra
Nehemias	Buch Nehemia
Tobias (Tobit)	–
Judith	–
Esther	Buch Esther
1 Makabäer	–
2 Makabäer	–
Psalmen	Psalter
Job (Hiob)	Buch Hiob
Sprüche (Proverbia)	Sprüche Salomos

Vulgata	Lutherbibel
Prediger (Ecclesiastes)	Prediger Salomo
Hohes Lied (Canticum canticorum)	Hohelied Salomos
Buch der Weisheit (Sapientia)	–
Jesus Sirach (Ecclesiasticus)	–
Isaias	Jesaja
Jeremias	Buch Jeremia
Klagelieder (Threni)	Klagelieder Jeremias
Baruch	–
Ezechiel	Hesekiel
Daniel	Daniel
Oseas (Hosea)	Hosea
Joel	Joel
Amos	Amos
Abdias	Obadja
Jonas	Jona
Michäas	Micha
Nahum	Nahum
Habakuk	Habakuk
Sophonias	Zephanja
Aggäus	Haggai
Zararias	Sacharja
Malachias	Maleachi

Bibel: Neues Testament

Vulgata	Lutherbibel
Matthäusevangelium	Evangelium des Matthäus
Markusevangelium	Evangelium des Markus
Lukasevangelium	Evangelium des Lukas
Johannesevangelium	Evangelium des Johannes
Apostelgeschichte	Apostelgeschichte des Lukas
Römerbrief	Brief des Paulus an die Römer
1. und 2. Korintherbrief	1. und 2. Brief des Paulus an die Korinther
Galaterbrief	Brief des Paulus an die Galater
Epheserbrief	Brief des Paulus an die Epheser
Philipperbrief	Brief des Paulus an die Philipper
Kolosserbrief	Brief des Paulus an die Kolosser
1. und 2. Thessalonicherbrief	1. und 2. Brief des Paulus an die Thessalonicher
1. und 2. Thimotheusbrief	1. und 2. Brief des Paulus an Timotheus
Titusbrief	Brief des Paulus an Titus
Philemonbrief	Brief des Paulus an Philemon
Hebräerbrief	Brief des Paulus an die Hebräer
Jakobusbrief	Brief des Jakobus
1. und 2. Petrusbrief	1. und 2. Brief des Petrus
1., 2. und 3. Johannesbrief	1., 2. und 3. Brief des Johannes
Judasbrief	Brief des Judas
Geheime Offenbarung	Offenbarung des Johannes

alles gibt, was sie benötigen, wenn sie nur das Vertrauen haben, darum zu bitten.

brennender Dornbusch, nach dem Buch Exodus ein Busch, in dem sich Gott Moses offenbarte. Gott forderte ihn auf, vom Pharao die Freilassung der Israeliten aus der Knechtschaft in Ägypten zu verlangen und dann ins Gelobte Land zu führen. Bei der Erscheinung Gottes ›brannte der Dornbusch in Feuer und der Dornbusch wurde nicht verbrannt‹. Aus ihm heraus sprach Gott zu Moses: ›Ich bin der Gott deines Vaters, der Gott Abrahams, der Gott Isaaks und der Gott Jakobs.‹ Als Moses ihn nach seinem Namen fragte, sagte er: ›Ich bin, der ich bin‹ (auch ↑ Jahwe).

Bund, eine Übereinkunft zwischen Gott und den Israeliten, in der er ihnen seinen Schutz versprach und als Gegenleistung die Erfüllung seiner Gesetze forderte (↑ Zehn Gebote). Im Alten Testament schloss Gott einen Bund mit Noah, Abraham und Moses. Er gelobte dem Noah, die Welt nie wieder durch eine Flut zu zerstören, und versprach Abraham, ihn zum Stammvater eines großen Volkes zu machen, wenn er in das Land gehe, das Gott ihm zeigen werde. Schließlich versprach er noch Moses, die Israeliten ins Gelobte Land zurückzuführen.
Im Neuen Testament ist mit dem Abendmahl Jesu ein Neuer Bund besiegelt, der als Aufhebung bzw. Vollendung des Alten Bundes gedeutet wird.

Bundeslade, das wichtigste Heiligtum der Israeliten: ein großer Kasten, in dem die Tafeln mit den Zehn Geboten aufbewahrt wurden. Statuen von Cherubim bedeckten sie mit ihren Flügeln. Die Israeliten führten sie auf ihrem Zug durch die Wüste mit sich und stellten sie im Bundeszelt (Stiftshütte) auf. David brachte die Bundeslade nach Jerusalem und Salomo stellte sie im Allerheiligsten des Tempels auf.

Cherubim, eine Gruppe von Engeln. Im Alten Testament wird in der Vision des Propheten Ezechiel beschrieben, wie Gott über den Cherubim thront, die ihn tragen. Nach dem Sündenfall bewachen die Cherubim das Paradies mit Flammenschwertern.

Christen, die Jünger und Nachfolger Jesu. In der Apostelgeschichte wird erwähnt, dass sie erst einige Zeit nach dem Tod Jesu Christen genannt wurden.

Christus, ein Titel Jesu. Christus ist die griechische Übersetzung des hebräischen ›Messias‹ und bedeutet ›der Gesalbte‹ (↑ Jesus).

Dämonen, dunkle Mächte, die das Werk des Teufels unterstützen und bei den Menschen Unheil anrichten.

Daniel, ein Prophet Israels. Während der Gefangenschaft der Israeliten in Babylon betete er trotz ausdrücklichen Verbots weiter zu seinem Gott; zur Strafe wurde er in eine Löwengrube geworfen, in der ihn die Tiere zerreißen sollten. Gott aber schickte einen Engel, der ihn beschützte, und so kam er am nächsten Tag unversehrt aus der Grube und wurde zum Ratgeber des Königs ernannt. Später deutete er dem babylonischen König Belsazar das ↑ Menetekel.

David, ein König der Israeliten im Alten Testament. In seiner Kindheit war David ein Hirte und erbat sich in einem Krieg von König Saul die Erlaubnis, mit dem Philister Goliath kämpfen zu dürfen. Obwohl er viel kleiner war als der gewaltige Goliath, tötete er ihn, indem er ihn mit einem Stein seiner Schleuder an der Stirn traf. König Saul vertraute ihm daraufhin den Befehl über das Heer an, wurde später aber missgünstig und versuchte, ihn zu töten. Mehrere Jahre verbrachte David auf der Flucht, wurde aber nach Sauls Tod König der Israeliten und blieb trotz gelegentlicher Fehltritte in der Gunst Gottes.

Viele der Psalmen werden David zugeschrieben, der für sein Harfenspiel berühmt war. Zu seinen Nachkommen, dem Haus David, gehörten Salomo und die nachfolgenden Könige; auch Joseph, der Mann Marias, stammte nach dem Matthäus- und Lukasevangelium aus dem Hause David.

➕ Der historische König David regierte Israel von etwa 1004/03 bis 965/964 v. Chr.; sein Nachfolger war Salomo.

Dornenkrone, ein Kranz aus Dornenranken, den die römischen Soldaten Jesus vor der Kreuzigung aufs Haupt setzten. Danach beugten sie das Knie vor ihm, verspotteten ihn und sagten: ›Heil dir, König der Juden!‹

dreißig Silberlinge, der Lohn, den Judas für seinen Verrat an Jesus erhielt. Als er seine Tat bereute, brachte er das Geld, den ›Judaslohn‹, in den Tempel und gab es den Hohepriestern zurück; sie kauften dafür einen Acker, der dann als Begräbnisstätte für Fremde diente.

Durchzug durchs Rote Meer, nach dem Buch Exodus die wunderbare Rettung der Israeliten beim Auszug aus Ägypten. Gott trennte nämlich das Wasser, sodass sie trockenen Fußes durch das Meer ziehen konnten, und ließ dann den nachfolgenden Pharao mit seinem Heer in den zurückwogenden Fluten ertrinken.

Elias, auch **Elija,** ein Prophet des Alten Testaments. Er bekämpfte den Götzendienst, den Fruchtbarkeitskult des Baal, und wurde deshalb verfolgt. Am Ende seines Lebens wurde Elias auf einem Feuerwagen in den Himmel entrückt.

Emmaus, Dorf in der Nähe Jerusalems. Wie im Lukasevangelium erzählt wird, wanderten zwei der Jünger Jesu voll Trauer über seinen Tod nach Emmaus. Auf dem Weg begegneten sie dem Auferstandenen, erkannten ihn aber nicht. Erst als sie abends zu Tische saßen, er das Brot brach und das Dankgebet sprach, sahen sie, dass es Jesus war.

Engel [von griechisch angelos ›Bote‹], die Wesen, die mit Gott im Himmel leben und ihm dienen. In den biblischen Geschichten treten Engel oft in menschlicher Gestalt auf, um Gottes Botschaften zu überbringen, die Menschen zu führen, zu beschützen (›Schutzengel‹) oder nach dem Willen Gottes zu bestrafen. Nach der antiken Vorstellung sollen die Teufel der Hölle Engel gewesen sein, die einst abtrünnig geworden waren.

Erbsünde, die Sünde, die Adam und Eva in die Welt brachten, als sie von den verbotenen Früchten des Baumes der Erkenntnis aßen. Sie ist ein Inbegriff der sündigen Natur des Menschen, die durch die Zeugung weitergegeben wird. Frei von ihr war nach katholischer Lehre neben Jesus auch seine Mutter Maria. Erbsünde ist kein biblischer Begriff, sondern entstammt der kirchlichen Lehre.

Erlösung, die Befreiung und Errettung aus Not, Verderben, Sünde und Tod. Sie ist neben der Erwartung des Messias der zentrale Inhalt der Bibel. Im Alten Testament umfasst Erlösung den Auszug der Israeliten aus dem Sklavenhaus Ägypten. Sie wird im Neuen Testament durch Jesus Christus erlangt, der den Menschen, die ihm nachfolgen, durch seinen freiwilligen Opfertod den Bereich des Lebens eröffnet. Erlösung ist hier auch Gegenstand der Hoffnung, da sie erst mit der Wiederkunft Christi abgeschlossen sein wird.

Die Ersten werden die Letzten sein, und die Letzten werden die Ersten sein, ein Wort Jesu aus dem Evangelium des Matthäus. Er erklärt damit seine Botschaft vom Reich Gottes: Die Ordnung der Welt wird von Gott umgekehrt. Vor den Erfolgreichen und Angesehenen werden die Gerechten, die im Leben um des Glaubens willen Leid erfuhren, die Erlösung erlangen.

Esau, ↑ Jakob und Esau.

Esther, eine Israelitin, die wegen ihrer Schönheit vom König der Perser zur Königin gemacht wird. Im Buch Esther des Alten Testaments wird erzählt, wie sie mit der Hilfe ihres Onkels eine Verschwörung verhindert, die den Tod aller Israeliten zum Ziel hat.

Eva, die erste Frau, erschaffen aus einer Rippe Adams (auch ↑ Adam und Eva und ↑ Schöpfung).

Evangelium, *das* [griechisch ›Heilsbotschaft‹], die frohe Kunde von der Erlösung des Menschen. Die ersten vier Bücher des Neuen Testaments, die von Jesu Leben und Wirken berichten, werden daher Evangelien genannt; als ihre Verfasser gelten Matthäus, Markus, Lukas und Johannes.
🞥 Die aus der Reformation entstandenen Kirchen nennen sich evangelisch, da ihre Glaubenssätze vor allem auf den Evangelien beruhen.

Exodus, das zweite Buch des Alten Testaments. Es berichtet von Moses, vom Auszug der Israeliten aus Ägypten, ihrem Zug durch die Wüste und der Übergabe der Zehn Gebote an Moses.
🞥 Mit dem griechischen Wort Exodus, das ›Auszug‹ bedeutet, wird auch oft eine Massenflucht bezeichnet.

An ihren Früchten sollt ihr sie erkennen, eine Mahnung Jesu in der ↑ Bergpredigt. Er rät damit seinen Jüngern, die wahren Propheten von den falschen an ihren Werken zu unterscheiden.

Garten Eden, der Paradiesgarten, in dem Adam und Eva nach Gottes Willen ohne Mühsal leben sollten. In ihm wuchs der Baum der Erkenntnis, von dessen Früchten sie nicht essen durften. Als sie gegen dieses Verbot verstießen, wurden sie von Gott aus dem Garten Eden vertrieben.
🞥 Allgemein wird ein Ort des ungetrübten Glücks auch Garten Eden genannt.

Geben ist seliger denn nehmen, Wort Jesu, das nach der Apostelgeschichte Paulus anführt, um die Menschen aufzufordern, sich der Schwachen und Bedrückten anzunehmen.

Geburt Jesu, die Menschwerdung Gottes, die jährlich an Weihnachten gefeiert wird. Die Evangelien nach Matthäus und Lukas berichten, dass sich Joseph und die hochschwangere Maria in ihre Heimatstadt Bethlehem begaben, als der römische Kaiser Augustus eine Volkszählung angeordnet hatte. Dort aber fanden sie keine Unterkunft und mussten in einem Stall übernachten, wo Maria ihren Sohn Jesus zur Welt brachte. Die Hirten der Gegend, denen ein Engel die Geburt des Messias verkündet hatte, kamen, um das Kind zu sehen und anzubeten. Außerdem ging in der Nacht ein Stern auf, der die drei Weisen herbeiführte.
🞥 Nach der Geburt Jesu richtet sich unsere Zeitrechnung. Durch eine Unschärfe in der Berechnung des genauen Datums im 6. Jh. ist das tatsächliche Datum der Geburt Jesu 6–7 Jahre vor dem Beginn unserer Zeitrechnung anzusetzen.

Gelobtes Land, das Land, das Gott den Nachkommen Abrahams bestimmt hatte; es wird auch Land Kanaan, Palästina genannt oder das ›Land‹, in dem Milch und Honig fließen. Nach dem Auszug aus Ägypten mussten die Israeliten allerdings erst die dort ansässigen Philister besiegen, bevor sie das Gelobte Land in Besitz nehmen konnten.

Genesis, das erste Buch des Alten Testaments. Es beginnt mit der Schöpfung und berichtet dann von Adam und Eva, dem Sündenfall, Kain und Abel, Noah und der Sintflut, vom Bund Gottes mit Abraham sowie von Jakob und Esau und Joseph und seinen Brüdern.
🞥 Das griechische Wort Genesis bedeutet ›Ursprung‹ oder ›Anfang‹; es ist das erste Wort des Alten Testaments, das folgendermaßen beginnt: ›Am Anfang erschuf Gott Himmel und Erde.‹

gewogen und zu leicht befunden, die Deutung des Wortes ›tekel‹ (gewogen), das Gott als Warnung bei Belsazars Festmahl an die Wand geschrieben hatte (↑ Menetekel).

Gib dem Kaiser, was des Kaisers ist, und Gott, was Gottes ist, die Antwort Jesu auf die Frage seiner Gegner, ob es für die Juden, die damals zum Römischen Reich gehörten, recht sei, Steuern zu zahlen. Er nahm eine römische Münze, die das Bildnis des Kaisers trug, und wies darauf hin, dass man das Geld dem Kaiser zurückgeben solle, daneben aber Gott gegenüber die religiösen Pflichten erfüllen müsse.
🞥 Die Antwort ist so zu verstehen, dass man zwischen weltlichem und göttlichem Anspruch unterscheiden und jedem das ihm Gebührende zukommen lassen muss.

Glaube, Liebe, Hoffnung, die drei christlichen Haupttugenden. Sie werden von Paulus im 1. Korintherbrief angeführt: ›Nun aber bleibt Hoffnung, Glaube, Liebe, diese drei; aber die größte unter ihnen ist die Liebe.‹

Gleichnis, Bezeichnung für die Geschichten, die Jesus im Neuen Testament erzählt, um seine Lehre darzustellen; in ihnen werden religiöse Wahrheiten durch Erfahrungen aus der Natur und dem Leben der Zuhörer veranschaulicht. Die zwei bekanntesten

Gleichnisse sind das Gleichnis vom barmherzigen Samariter und das Gleichnis vom verlorenen Sohn.
➕ Auch andere Religionsstifter wie Buddha oder Mohammed verwendeten Gleichnisse, um ihre Lehre zu verdeutlichen.

Goldenes Kalb, ein Götzenbild, das die Israeliten anbeteten, während Gott auf dem Berg Sinai Moses die Zehn Gebote übergab. Als Moses vom Berg herabkam, zerschlug er voll Zorn die Gesetzestafeln und ließ das Kalb zerstören (auch ↑ Baal).
➕ Eine Sache, die zu Unrecht verehrt oder höher geschätzt wird, als sie es verdient, nennt man daher oft ein Goldenes Kalb.

Golgatha, auch **Golgota,** der Name des Ortes, an dem Jesus gekreuzigt wurde. Golgatha kommt aus dem Hebräischen und bedeutet so viel wie ›Schädelstätte‹; ihm entspricht die aus dem Lateinischen abgeleitete Bezeichnung Kalvarienberg.

Goliath, ein riesenhafter Krieger der Philister, der von ↑ David besiegt wird.

Gott ist die Liebe, zentraler Satz aus dem ersten Johannesbrief, in dem es weiter heißt: ›... und wer in der Liebe bleibt, bleibt in Gott.‹ Er kann als Zusammenfassung der Botschaft Jesu angesehen werden.

Guter Hirte, ein Bild, das Jesus für sich selbst gebraucht. Er sagt: ›Ich bin der gute Hirte; der gute Hirte gibt sein Leben hin für die Schafe‹, und: ›Ich bin der gute Hirte und kenne die Meinen, und die Meinen kennen mich.‹ Das Bild vom Guten Hirten findet sich schon im 23. Psalm (auch ↑ Der Herr ist mein Hirte).
➕ Die Bezeichnung Pastor, die in den christlichen Kirchen verwendet wird, ist das lateinische Wort für ›Hirte‹.

Heilige Drei Könige, ursprünglich die Magier oder Weisen, von denen Matthäus berichtet, dass sie, von einem Stern aus dem Osten (›Morgenland‹) geführt, zur Anbetung des Jesuskindes gekommen seien. Als Gaben brachten sie Gold, Weihrauch und Myrrhe. Die spätere Legende machte sie zu Königen und gab ihnen die Namen Kaspar (Caspar), Melchior und Balthasar.
➕ Am ›Dreikönigstag‹, der am 6. Januar gefeiert wird, ist es üblich, mit Kreide das Dreikönigszeichen (C + M + B) an die Haustüren zu schreiben.

Heilige Drei Könige Guido da Siena, ›Anbetung der Könige‹ (1275–80)

Heiliger Geist, im Alten Testament die Leben spendende Gegenwart Gottes, die in der Geschichte erfahren werden kann. Jesu Wirken wird im Neuen Testament als ein Leben aus dem Geist Gottes, ein Leben in freiheitlicher Vollmacht beschrieben. Im Neuen Testament verspricht Jesus den Aposteln, er werde ihnen den Heiligen Geist senden, was dann am Pfingstfest eintrat. Der Heilige Geist wird in der Gemeinschaft der Christen sichtbar (auch ↑ Dreifaltigkeit, Kapitel 8).

Herodes, Name mehrerer jüdischer Könige: **Herodes der Große** (* 73, † 4 v. Chr.) war ein starker, aber auch rücksichtsloser Herrscher. Von ihm berichtet die Bibel, er habe den ›Kindermord von Bethlehem‹ befohlen, dem Jesus zum Opfer fallen sollte, da Weissagungen von ihm als neuem König der Juden kündeten. Maria, Joseph und der kleine Jesus entzogen sich dem Massaker durch die Flucht nach Ägypten. – Sein Sohn **Herodes Antipas,** der bis 39 n. Chr., also zur Zeit Jesu regierte, ließ Johannes den Täufer enthaupten.

Himmel, in der antiken Vorstellung der über dem sichtbaren Himmel gelegene Sitz Gottes und der Engel, in den Maria und die Märtyrer gleich nach ihrem Tod aufgenommen wurden. Als Ort der Glückseligkeit wird er auch mit dem Paradies gleichgesetzt.

> **Der Herr ist mein Hirte**
> ›Der Herr ist mein Hirte, nichts wird mir fehlen.
> Er lässt mich lagern auf grünen Auen
> und führt mich zum Ruheplatz am Wasser.
> Er stillt mein Verlangen;
> er leitet mich auf rechten Pfaden,
> treu seinem Namen.
> Muss ich auch wandern in finsterer Schlucht,
> ich fürchte kein Unheil;
> denn du bist bei mir,
> dein Stock und dein Stab geben mir Zuversicht.
> Du deckst mir den Tisch
> vor den Augen meiner Feinde.
> Du salbst mein Haupt mit Öl,
> und füllst mir reichlich den Becher.
> Lauter Güte und Huld werden mir folgen mein Leben lang,
> und im Hause des Herrn darf ich wohnen
> für lange Zeit.‹
>
> Der 23. Psalm

Himmelfahrt, die Entrückung Jesu in den Himmel. Wie Lukas berichtet, verweilte Jesus nach der Auferstehung noch eine Zeit lang auf der Erde und erschien mehrfach seinen Jüngern. Schließlich aber führte er sie in die Nähe von Bethanien, wo er vor ihren Augen in den Himmel entschwand (auch ↑ Maria).
➕ Das Alte Testament berichtet von der Entrückung des Elias.

Hiob, ein Mann, dessen Glauben mit Gottes Einwilligung vom Satan auf die Probe gestellt wurde. Im Buch Hiob des Alten Testaments wird erzählt, dass er einer der glücklichsten Menschen war. Aufgrund einer Wette mit Gott durfte Satan Hiobs Besitz zerstören, er tötete seine Kinder und bedeckte Hiob mit Geschwüren am ganzen Körper. Doch selbst im größten Elend verfluchte dieser Gott nicht, sondern sagte: ›Der Herr hat es gegeben, der Herr hat es genommen; der Name des Herrn sei gepriesen.‹ Hiob zweifelte nicht an Gottes Gerechtigkeit, stellte ihn mutig zur Rede, und schließlich tat Gott ihm seine Weisheit kund. Als Lohn für seinen Glauben heilte ihn Gott und gab ihm das Doppelte von dem, was er zuvor hatte.
➕ Nach den Meldungen, durch die Hiob von seinen Schicksalsschlägen erfuhr, werden schlechte Nachrichten ›Hiobsbotschaften‹ genannt.

Der Herr ist mein Hirte, die Anfangsworte des 23. Psalms. Dieser wohl bekannteste Psalm des Alten Testaments wird oft bei Beerdigungen verlesen, um den Glauben an Gottes Schutz zu bekennen.

Hochzeit zu Kana, eine Hochzeit, bei der Jesus sein erstes Wunder wirkte. Da der Wein ausgegangen war, bat Maria ihren Sohn um Hilfe; Jesus lehnte zwar zunächst ab, befahl dann aber den Dienern, die Krüge mit Wasser zu füllen: Als man es daraufhin kostete, war das Wasser zu Wein geworden.

Hohepriester, Hoherpriester, das Oberhaupt der Priesterschaft des Jerusalemer Tempels. Die Hohepriester (zur Zeit Jesu waren es ausnahmsweise zwei), Schriftgelehrten und Ältesten des Volkes werden in den Evangelien als die Hauptgegner Jesu hingestellt und für seinen Tod verantwortlich gemacht. Mit der Zerstörung des Tempels (70 n. Chr.) erlosch auch das Amt des Hohepriesters.
➕ Als erster Hoherpriester im Alten Testament gilt Aaron, der Bruder des Moses.

Hohes Lied Salomos, eine Sammlung von Liebes- und Hochzeitsgedichten, die Salomo zugeschrieben wurde und auch ›Lied der Lieder‹ heißt. Die Gedichte mit ihren erotischen Inhalten wurden oft übertragen gedeutet, etwa als Ausdruck der Beziehung Gottes zu seinem Volk, zu seiner Kirche oder zu Maria.

Hölle, das Reich Satans und der Dämonen, in das die Verdammten nach dem Jüngsten Gericht verbannt werden und wo ›Heulen und Zähneknirschen‹ sein wird.

Hosanna, der Ruf, mit dem Jesus noch wenige Tage vor seiner Kreuzigung beim Einzug in Jerusalem begrüßt wurde. Als er kam, legten die Menschen Palmzweige und ihre Kleider auf die Straße und riefen: ›Hosanna! Gepriesen sei, der da kommt im Namen des Herrn und der der König Israels ist.‹
➕ Der Ruf Hosanna kommt aus dem 118. Psalm (Vers 25) und bedeutet: Ach, Herr, hilf doch! Er wird auch als Lobpreis Gottes verwendet.

Ich wasche meine Hände in Unschuld, Redewendung, die auf den 73. Psalm (Vers 13) zurückgeht. Bekannt wurde sie durch die Geste des Pontius Pilatus, der sich mit den Worten ›Ich bin unschuldig an seinem Blute‹ die Hände wusch, als er Jesus den Juden zur Kreuzigung übergab.

Ihr könnt nicht Gott dienen und dem Mammon, Lehre Jesu aus der Bergpredigt. Das hebräische Wort ›Mammon‹ bedeutet Reichtum; Jesus will damit sagen, dass der Mensch sich zwischen Gott und den weltlichen Gütern entscheiden muss.

Ihr werdet sein wie Gott! Verheißung der Schlange an Adam und Eva: Wer von den Früchten des verbotenen Baumes der Erkenntnis isst, wird sein wie Gott und gut und böse erkennen.

INRI, die Abkürzung der lateinischen Inschrift, die Pontius Pilatus am Kreuz Jesu anbringen ließ. Sie lautet: **I**esus **N**azarenus **R**ex **I**udaeorum (›Jesus von Nazareth, König der Juden‹).

Isaak, einer der Patriarchen des Alten Testaments, der Sohn Abrahams und Vater Jakobs und Esaus (auch ↑ Abraham und Isaak).

Israel, das heißt ›Gotteskämpfer‹, war der Name, den Jakob erhielt, nachdem er mit Gott gekämpft und seinen Segen bekommen hatte. Als später nach dem Tod Salomos das Reich in zwei Teile zerfiel, wurde der südliche Juda und der nördliche Israel genannt.

Israeliten, die Nachfahren Jakobs. Nach dem Buch Genesis begründen seine zwölf Söhne die Stämme Israels (auch ↑ Joseph und seine Brüder).

Jahwe, auch **Jehova,** der Name Gottes, den er nannte, als er zu Moses aus dem brennenden Dornbusch sprach. Er bedeutet ›Ich bin, der ich bin‹ oder ›Ich bin, der da ist‹. Den Juden ist der Name Gottes heilig, er wird aus Ehrfurcht mit ›Mein Herr‹ umschrieben.

Jakobsleiter, eine Leiter, die Jakob im Traum sah, als er das Erstgeburtsrecht seines Bruders und den Segen seines Vaters erhalten hatte. Engel stiegen daran hinauf und hinab, und Gott, der an ihrem oberen Ende stand, versprach Jakob seinen Schutz und erneuerte den Bund, den er mit Abraham geschlossen hatte.

Jakob und Esau, die beiden Söhne Isaaks. Als Älterem stand Esau das Erstgeburtsrecht und der Segen des Vaters zu. Aus Hunger aber überließ er das eine seinem Bruder Jakob für ein Linsengericht und wurde beim Tode des Vaters von Jakob und der Mutter Rebecca auch um den Segen betrogen. Der Streit zwischen den Brüdern endete, als Jakob mit Gott kämpfte und den Segen Gottes sowie den Namen Israel erhielt.

➕ Allgemein bedeutet der Ausdruck ›etwas für ein Linsengericht verkaufen‹ einen schlechten Handel machen.

Jehova, ↑ Jahwe.

Jeremia, ein Prophet des Alten Testaments. Das gleichnamige Buch enthält die Geschichte seines Lebens und seine Klagen über die Schlechtigkeit der Israeliten. Daneben kündigte er einen neuen Bund an, den Gott mit den Menschen schließen wolle; der christliche Glaube sieht diesen in Jesus erfüllt.

Jerusalem, die alte Hauptstadt der Israeliten, die Juden, Christen und Muslimen heilig ist. Der Name bedeutet ›Stadt des Friedens‹; außerdem wurde Jerusalem auch ›die hohe Stadt‹ oder nach dem Berg, auf dem die Festung stand, ›Zion‹ genannt. Hier befand sich der Tempel Israels, den König Salomo erbaut hatte. Jerusalem war auch Schauplatz vieler Ereignisse im Leben Jesu. – Bild S. 356

➕ Jerusalem ist heute wieder Hauptstadt Israels.

> **Jahwe**
> ›Ich bin Jahwe, dein Gott, der dich aus Ägypten herausgeführt hat, aus dem Sklavenhaus. Du sollst neben mir keine anderen Götter haben ... Denn ich, der Herr, dein Gott, bin ein eifersüchtiger Gott.‹
> Exodus, 20, 2-5

Jesaja, einer der großen Propheten des Alten Testaments, der das Kommen des Messias voraussagte. In dem gleichnamigen Buch sind die ihm zugeschriebenen Prophezeiungen gesammelt, darunter die vom Gottesknecht, der als Erwählter Gottes den Völkern das Licht bringen soll. Nach christlichem Glauben erfüllte sich dies in Jesus.

Jesus, nach christlichem Glauben Gottes Sohn, der Messias, der die Menschheit von der Sünde erlöst und ihr das Heil bringt; für Juden und Muslime war Jesus einer der Propheten. Nach den Evangelien wurde er von Maria durch den Heiligen Geist empfangen. Geboren wurde er in einem Stall in Bethlehem und wuchs bei Maria und ihrem Mann Joseph in Nazareth auf. Als Zwölfjähriger überraschte er die Schriftgelehrten durch seine Kenntnis des mosaischen Gesetzes; später erwählte er zwölf Apostel, mit denen er durch Palästina zog, um zu predigen (↑ Bergpredigt), Kranke zu heilen und Wunder zu wirken (↑ wunderbare Brotvermehrung). Viele Jünger folgten ihm, doch er machte sich auch Feinde, da er sich als Messias bezeichnete und das jüdische Gesetz nicht streng einhielt. Schließlich wurde Jesus von Judas verraten, vom römischen Statthalter Pontius Pilatus verurteilt und gekreuzigt. Nach christlichem Glauben erstand er nach drei Tagen von den Toten auf, erschien mehrfach seinen Jüngern und fuhr auf in den Himmel, von wo er am Jüngsten Tag wiederkehren soll. Die christlichen Kirchen bekennen ihn als ganz Mensch und ganz Gott (auch ↑ Evangelium, ↑ Kreuzigung, ↑ Auferstehung und ↑ Himmelfahrt).

Die Klagemauer in **Jerusalem,** heilige Stätte der Juden und Ort der Klage über die Zerstörung des Tempels, stammt zum Teil noch aus der Zeit Herodes' des Großen

🟠 Im Buddhismus wird Jesus, der die Liebe zu seinen Mitmenschen über sein eigenes Leben stellte, als ›Bodhisattva‹ (Heiliger) verehrt.

Johannes (der Evangelist), der ›Lieblingsjünger‹ Jesu. Die kirchliche Überlieferung hält ihn für den Verfasser des letzten, des Johannesevangeliums, dreier Briefe und des Buches der Offenbarung. Nach dem Johannesevangelium stand er mit Maria beim Tod Jesu unter dem Kreuz. Mit den Worten ›Siehe, deine Mutter‹ vertraute Jesus ihm Maria an, die er daraufhin bei sich aufnahm.

Johannes (der Täufer), ein Prophet, der als Einsiedler in der Wüste lebte. Er bezeichnete sich als die ›Stimme des Rufers in der Wüste‹ und wies auf das Kommen des Messias hin; zum Zeichen der Erneuerung taufte Johannes die Menschen, unter ihnen auch Jesus, im Jordan (↑ Taufe Jesu). Als er jedoch die Ehe des Herodes, des Königs von Galiläa, für unrechtmäßig erklärte, wurde er gefangen genommen und auf Verlangen Salomes, der Stieftochter des Königs, enthauptet.

Johannesevangelium, eines der vier Evangelien, das von dem Apostel Johannes verfasst sein soll. Es unterscheidet sich von den anderen Evangelien darin, dass die Bergpredigt oder das Teilen von Brot und Wein beim letzten Abendmahl nicht erwähnt sind. Dagegen konzentriert es sich auf die philosophisch-theologische Bedeutung der Sendung Jesu: Schon der erste Satz ›Am Anfang war das Wort‹ ist eine Anspielung auf den Beginn des Buches Genesis.

Jonas und der Wal, eine Geschichte des Alten Testaments, die im Buch Jonas erzählt wird: Jonas (auch: Jona) war ein Israelit, den Gott zum Propheten berufen hatte; er aber stieg auf ein Schiff und wollte fliehen. Da ließ Gott voll Zorn einen Sturm aufkommen, und als die Seeleute merkten, dass Jonas die Ursache war, warfen sie ihn ins Meer; durch einen großen Fisch aber, der ihn verschlang, wurde Jonas vor dem Ertrinken bewahrt. Als er schließlich nach drei Tagen wieder ans Land ausgespien wurde, nahm er dankbar über seine Rettung den Auftrag Gottes an.

Joseph, der Mann Marias. Nach dem Bericht der Evangelien zogen beide gemeinsam Jesus auf, den Maria durch den Heiligen Geist empfangen hatte. Joseph war Zimmermann; Jesus wurde daher auch ›Sohn des Zimmermanns‹ genannt.

Joseph und seine Brüder, die zwölf Söhne Jakobs,

von denen sich die zwölf Stämme Israels herleiten. Unter ihnen war, wie das Buch Genesis berichtet, Joseph der Lieblingssohn Jakobs. Als er seinen Brüdern erzählte, in einem Traum sei er von ihnen als der Vornehmste verehrt worden, planten sie voll Hass einen Anschlag gegen ihn. Sie verkauften ihn als Sklaven nach Ägypten und gaben vor, er sei von einem wilden Tier getötet worden. In Ägypten deutete Joseph dem Pharao dessen beunruhigende Träume und wurde von ihm aus Dankbarkeit zum zweiten Herrscher gemacht. Als später in Israel eine Hungersnot herrschte, schickte Jakob seine Söhne nach Ägypten, um Getreide zu kaufen. Joseph erkannte seine Brüder, als er mit ihnen verhandelte, und verzieh ihnen, da sie ihre Tat bereuten.

➕ Die Namen der zwölf Söhne Jakobs sind Ruben, Simeon, Levi, Juda, Dan, Naphtali, Gad, Ascher, Issachar, Sebulon, Benjamin und Joseph.

➕ Über die biblische ›Josephsgeschichte‹ schrieb Thomas Mann die Romantrilogie ›Joseph und seine Brüder‹ (1933–43).

Josua, der Anführer der Israeliten, der sie nach Moses' Tod in das Gelobte Land brachte. Durch ihn wurde auch die Stadt Jericho erobert; siebenmal zog er mit dem Heer unter Trompetenschall und Kriegsgeschrei um sie herum: Da stürzten die Mauern zusammen und Josua konnte die Stadt einnehmen.

Judas Iskariot, derjenige unter den Aposteln, der Jesus für dreißig Silberlinge an die Hohenpriester verriet. Als er mit den Knechten ihm und den anderen im Garten Gethsemane begegnete, küsste er Jesus und zeigte damit, wen sie gefangen nehmen sollten. Am nächsten Tag aber brachte er das Geld zurück und erhängte sich, getrieben durch sein schlechtes Gewissen.

➕ Ein Verräter, zumal der eines Freundes, wird deshalb auch ein Judas genannt, sein Lohn der ›Judaslohn‹. Unter einem ›Judaskuss‹ versteht man eine geheuchelte Freundschaftsbezeugung.

Juden, eine andere Bezeichnung der Israeliten, abgeleitet von Juda, einem der zwölf Stämme Israels. Im 6. Jh. v. Chr. verlor auch der Staat Juda seine Unabhängigkeit. Im 2. Jh. v. Chr. wurden die Juden, die zuvor schon 800 Jahre unter Besatzungsmächten leben mussten, weitgehend aus ihrem Land vertrieben.

Judith, eine israelitische Witwe, die, wie das apokryphe Buch Judith des Alten Testaments berichtet, ihre Heimatstadt vor dem babylonischen Heer bewahrte. Nur von einer Dienerin begleitet, wagte sie sich ins Lager der Feinde und betörte den Anführer Holofernes durch ihre Schönheit. In der Nacht aber schlug sie ihm den Kopf ab und kehrte damit in die Stadt zurück.

➕ Das Thema von Judith und Holofernes hat bedeutende Künstler beschäftigt, z. B. Donatello, der eine beeindruckende Plastik (heute in Florenz) schuf.

Jünger, die Männer und Frauen, die Jesus nachfolgten und seine Lehren weitergaben. Eine besondere Stellung nahmen die zwölf Jünger ein, die als Erste berufen worden waren (↑ Apostel).

Jüngster Tag, der Tag, an dem der Messias wiederkehren soll, um die Lebenden und die Toten zu richten und den endgültigen Sieg des Guten über das Böse herbeizuführen. Der Ankündigung Jesu entsprechend, erwarteten die Jünger diese Wiederkehr noch innerhalb ihrer Generation.

Jüngstes Gericht, das Gericht, das der Messias bei

Jesus Pompeo Battoni, ›Die Heilige Familie‹ (1470)

seiner Wiederkehr am Ende der Zeit über die Lebenden und die Toten halten soll. Wie in den Evangelien und in der Offenbarung angekündigt wird, soll es Kriege und ›Gräuel der Verwüstung‹ geben, bevor Christus unter Trompetenschall kommen und die Menschen richten wird.

Kain und Abel, die Söhne Adam und Evas, die nach der Vertreibung aus dem Paradies geboren wurden. Als die beiden einmal Gott Opfer darbrachten und Kain sah, dass das Opfer Abels von Gott angenommen wurde, sein eigenes aber nicht, erschlug er aus Neid seinen Bruder. Auf die Frage Gottes, wo Abel sei, antwortete Kain: ›Ich weiß es nicht; bin ich der Hüter meines Bruders?‹ Zur Strafe musste er daraufhin sein Leben lang durch die Welt irren, von Gott gezeichnet durch ein Mal, das ›Kainsmal‹, damit ihn niemand töte, denn sein Tod hätte seine Strafe verkürzt.

Kalvarienberg, ↑ Golgatha.

Königin von Saba, eine orientalische Königin, die für ihre Schönheit und ihren Reichtum berühmt war. Wie im 1. Buch der Könige berichtet wird, kam sie zu König Salomo, stellte seine Weisheit auf die Probe und beschenkte ihn reich mit Gold und Edelsteinen.

Kreuzigung, die nach römischem Gesetz für Sklaven und nichtrömische Freie vorgesehene, verächtlichste Todesstrafe, die an Jesus am Vorabend des jüdischen Passahfestes vollstreckt wurde. Da Jesus sich, wie die Evangelien berichten, als Sohn Gottes bezeichnet hatte, lieferten ihn die Juden nach dem Verrat des Judas an Pontius Pilatus aus, damit dieser ihn zum Tode verurteile. Pilatus konnte zwar keine Schuld feststellen, ließ ihn aber dennoch von seinen Soldaten misshandeln; diese setzten ihm eine Dornenkrone auf und verspotteten ihn. Als Jesus daraufhin freigelassen werden sollte, verlangte das Volk seine Hinrichtung; Pontius Pilatus willigte ein, und Jesus musste sein Holzkreuz auf den Hügel Golgatha tragen, wo er zwischen zwei Verbrechern gekreuzigt wurde. Kurz vor seinem Tod flehte er zu Gott: ›Vater, vergib ihnen, denn sie wissen nicht, was sie tun‹, und verschied nach dem Bericht des Johannesevangeliums mit den Worten: ›Es ist vollbracht.‹ Nach dem Markusevangelium waren Jesu letzte Worte: ›Mein Gott, mein Gott, warum hast du mich verlassen.‹

Lamm Gottes, der Ausdruck, mit dem Johannes der Täufer auf Jesus hinwies und auf dessen Kreuzigung anspielte. Wie für die Israeliten mit der Schlachtung eines Lammes der Auszug aus der Sklaverei in Ägypten begann, so bedeutete für die frühen Christen der Tod Jesu, des Gotteslammes, den Beginn einer neuen Heilszeit.

das Land, in dem Milch und Honig fließen, im Buch Exodus eine Umschreibung für das Gelobte Land, in das Gott die Nachkommen Abrahams bringen wollte.

Lazarus, ein Freund Jesu, der vier Tage im Grab lag und von ihm wieder zum Leben erweckt wurde. Die Erweckung des Lazarus war das erstaunlichste Wunder, mit dem sich Jesus als Herr über Leben und Tod erwies.

das letzte Abendmahl, das traditionelle Passahmahl, das Jesus mit den Aposteln in der Nacht vor seinem Tod feierte. Dabei nahm er das Brot, brach es und verteilte es mit den Worten: ›Nehmt und esst, dies ist mein Leib.‹ Dann gab er ihnen einen Becher voll Wein und sagte: ›Trinkt alle daraus; denn das ist mein Blut.‹ Dies tat er in Vorahnung seines Opfertodes am Kreuz und forderte die Apostel auf, das Mahl stets in Erinnerung an ihn zu feiern.

➕ Sowohl die katholische Eucharistie als auch das evangelische Abendmahl werden hiervon abgeleitet; unterschiedliche Auffassungen bestehen jedoch in der Frage, ob sich Brot und Wein wirklich in Leib und Blut Jesu verwandeln oder damit nur an ihn erinnert werden soll. Im Johannesevangelium werden bei dem Abschiedsmahl Jesu Brot und Wein nicht erwähnt.

➕ Das letzte Abendmahl wurde künstlerisch oft dargestellt; am berühmtesten ist die Darstellung des Leonardo da Vinci in Mailand.

Levi, einer der Söhne Jakobs (↑ Joseph und seine Brüder). Da die Priester Israels aus dem Stamm Levi kamen, wird das Buch des Alten Testaments, das die kultischen Vorschriften enthält, Levitikus genannt.

➕ ›Jemandem die Leviten lesen‹ bedeutet, oft verbunden mit Vorhaltungen, einem Menschen eindringlich zu zeigen, wie er sich zu verhalten habe.

Leviathan, ein Ungeheuer, das im Buch Jesaja erwähnt wird und dort für die Mächte des Chaos und der Unterwelt steht.

Die Bibel **Mar**

➕ Leviathan heißt auch das Hauptwerk des Philosophen Thomas ↑ Hobbes (Kapitel 8), das von der Macht des Staates über seine Bürger handelt.

Liebe deinen Nächsten wie dich selbst, das zentrale Gebot des Christentums. Es erscheint nicht nur in den Evangelien, sondern auch bereits im Alten Testament. Es wird im Gleichnis vom barmherzigen Samariter erläutert.

> **Liebet eure Feinde**
> ›Ihr habt gehört, dass gesagt wurde: Du sollst deinen Nächsten lieben und deinen Feind hassen. Ich aber sage euch: Liebet eure Feinde, segnet die, die euch verfluchen, tut Gutes denen, die euch hassen und bittet für die, die euch verachten und verfolgen, damit ihr Kinder eures Vaters im Himmel seid. Denn er lässt die Sonne aufgehen über Bösen und Guten und lässt regnen über Gerechte und Ungerechte.‹
> Matthäus 5

Liebet eure Feinde, ein Gebot Jesu aus der Bergpredigt.

Lied der Lieder, eine andere Bezeichnung für das Hohe Lied Salomos.

die Lilien auf dem Felde, ein Beispiel, mit dem Jesus in der Bergpredigt seine Jünger davon abzubringen versucht, sich um ihr Auskommen zu sorgen. Dort heißt es: ›Warum sorgt ihr euch um die Kleidung? Seht die Lilien auf dem Felde, wie sie wachsen: Sie arbeiten nicht, sie spinnen nicht. Aber ich sage euch: Selbst Salomo in all seiner Pracht war nicht gekleidet wie eine von ihnen.‹

Linsengericht, ↑ Jakob und Esau.

Lot, der Neffe Abrahams, mit dem er in das Land Kanaan aufbrach. Als Gott die Städte Sodom und Gomorrha zerstören wollte, beschloss er, Lot und seine Familie, die sich dort niedergelassen hatten, zu schonen. Die Engel Gottes befahlen ihnen, zu fliehen, ohne sich umzuwenden, doch Lots Frau drehte sich um und wurde in eine Salzsäule verwandelt.
➕ Von dieser Erzählung leitet sich die Redensart ›zur Salzsäule erstarren‹ her.

Lukasevangelium, eines der vier Evangelien des Neuen Testaments. Es erzählt ausführlicher als die anderen von der Geburt und Kindheit Jesu und wird daher gewöhnlich im Weihnachtsgottesdienst verlesen.

Luzifer, ein Name des Herrschers der Dämonen (↑ Teufel, Kapitel 8).
➕ Der Legende nach war Luzifer ein Engel (lateinisch ›Lichtbringer‹), der sich gegen Gott auflehnte und deshalb in die Hölle verbannt wurde.

Manna, *das* das Brot, das den Israeliten von Gott gegeben wurde, als sie beim Auszug aus Ägypten in der Wüste hungerten. Da sie mutlos waren und sich nach den ›Fleischtöpfen Ägyptens‹ zurücksehnten, tat Gott als Zeichen seiner Fürsorge dieses Wunder.

Maria, die Frau Josephs und Mutter Jesu, den sie nach christlichem Glauben als Jungfrau durch den Heiligen Geist empfing, wie ihr vom Engel Gabriel verkündet worden war. Sie begleitete das Wirken ihres Sohnes bis zu seinem Tod am Kreuz. Dem Bericht der Apokryphen zufolge wurde sie nach ihrem Tod in den Himmel aufgenommen und dort zur Himmelskönigin gekrönt.
➕ Wegen ihrer Liebe und Demut wird sie vor allem von katholischen und orthodoxen Christen verehrt, die auf ihre Macht, bei Gott für die Menschen einzu-

Maria Giovanni Battista Cima, ›Die Verkündigung‹ (1495)

Maria Magdalena, eine Jüngerin Jesu, die er von Dämonen befreit hatte und der er nach seiner Auferstehung erschien. Auch in der Ehebrecherin, die von ihm davor bewahrt wurde, gesteinigt zu werden, und in Maria, der Schwester des Lazarus, sieht man Maria Magdalena.

Markusevangelium, eines der vier Evangelien des Neuen Testaments. Es weist große Übereinstimmungen mit den Evangelien nach Lukas und Matthäus auf und wird als das älteste der vier angesehen.

Matthäusevangelium, eines der vier Evangelien des Neuen Testaments. Es legt vor allem dar, wie sich die Prophezeiungen des Alten Testaments in Jesus erfüllten. Wichtige Teile des Matthäusevangeliums sind die Bergpredigt und die Ankündigungen vom Ende der Welt.

Mein Gott, mein Gott, warum hast du mich verlassen? Die Worte aus dem 22. Psalm, die Jesus bei seinem Tode ausrief. Dieser Aufschrei aus tiefster Verzweiflung mündet im Psalm jedoch in das Lob der Macht und Gerechtigkeit Gottes.

Menetekel, die Schrift, die Gott als Drohung dem babylonischen König ↑Belsazar erscheinen ließ. Der Prophet Daniel deutete die Worte ›mene tekel u-parsin‹ (gezählt, gewogen, geteilt) als Ankündigung des Untergangs seines Reiches.
● Oft wird daher das Anzeichen einer Katastrophe Menetekel genannt.

Der Mensch lebt nicht vom Brot allein, nach Lukas die Antwort Jesu an den Versucher Satan. Jesus hatte vierzig Tage in der Wüste gefastet, als der Satan ihn auf die Probe stellte und sagte: ›Wenn du der Sohn Gottes bist, befiehl diesen Steinen zu Brot zu werden.‹ Jesus aber entgegnete ihm ein Wort des Alten Testaments: ›Der Mensch lebt nicht vom Brot allein, sondern von jedem Wort, das aus dem Munde Gottes kommt.‹

Messias [hebräisch ›Gesalbter‹], im Alten Testament der von Gott verheißene Erlöser. Das Neue Testament sieht diese Weissagung in Jesus Christus (›Christus‹ ist das griechische Wort für ›Messias‹) erfüllt.

Methusalem, nach dem Buch Genesis ein Nachfahre Adams, der mit 969 Jahren so alt wurde wie kein anderer.
● Oft wird daher ein würdiger alter Mann als Methusalem bezeichnet.

Moloch, eine altorientalische Gottheit, der Kinder durch Feuertod geopfert wurden.
● Heute wird das Wort Moloch im Sinne einer grausamen Macht, die immer neue Opfer fordert und alles zu verschlingen droht, gebraucht.

mosaisches Gesetz, das Gesetz, das Gott den Israeliten gab, als er sich Moses auf dem Berg Sinai offenbarte. Man versteht darunter die Zehn Gebote und die anderen Vorschriften der ersten fünf Bücher des Alten Testaments.
● Von den Juden werden diese Bücher ›Thora‹ (= das Gesetz) genannt.

Michelangelos Sitzfigur des **Moses** vom Wandgrab Papst Julius' II. in San Pietro in Vincoli in Rom (Entwurf 1513–16, vollendet 1545)

Moses, der bedeutendste Prophet und Gesetzgeber der Israeliten im Alten Testament. Nach dem Buch Exodus wurde Moses in Ägypten geboren, wo sein Volk in Unterdrückung lebte. Da der Pharao befohlen hatte, alle männlichen Kinder der Israeliten zu töten, wurde er als Säugling am Ufer des Nils in ei-

nem Weidenkorb verborgen; dort fand ihn die Tochter des Pharaos und nahm ihn bei sich auf.
Als Moses älter war, erschlug er einen Ägypter, der einen Israeliten misshandelte, und musste fliehen. Da sprach in der Fremde Gott aus einem brennenden Dornbusch und befahl ihm, zurückzukehren und sein Volk aus der Knechtschaft zu befreien. Doch der Pharao wollte die Israeliten nicht ziehen lassen; erst nachdem Gott die zehn ägyptischen Plagen geschickt hatte, gab er nach. So konnte Moses sein Volk durch das Rote Meer und die Wüste führen. Auf dem Berg Sinai empfing er die Zehn Gebote; doch da auch er an Gottes Wort gezweifelt hatte, durfte er das Gelobte Land nicht betreten, sondern starb, als es nach vierzig Jahren der Wanderung erreicht wurde.

Nazareth, die Heimatstadt von Jesus, Maria und Joseph. Oft wird Jesus daher auch ›Jesus von Nazareth‹ oder ›der Nazarener‹ genannt.

Neues Testament, der zweite Teil der Bibel, in dem vor allem das Leben und Wirken Jesu und der Apostel berichtet wird. Nach christlichem Glauben enthält es den Neuen Bund, der den Alten Bund zwischen Gott und den Israeliten auf alle Menschen ausdehnt.

Niemand kann zwei Herren dienen, ein Wort Jesu aus der Bergpredigt. Er will damit sagen, dass die Nachfolge Gottes es ausschließt, nach irdischen Reichtümern zu streben (auch ↑ Ihr könnt nicht Gott dienen und dem Mammon).

Noah und die Sintflut, eine Geschichte aus dem Buch Genesis. Dort heißt es, die Schlechtigkeit der Menschen sei einst so groß gewesen, dass Gott beschlossen habe, seine Schöpfung zu vernichten. Mit Noah und seiner Familie aber, den einzigen Gerechten, hatte er Mitleid und befahl ihnen, ein Schiff, die Arche, zu bauen und von allen Tieren ein Paar mit hineinzunehmen. Darauf regnete es vierzig Tage und Nächte lang, bis die Welt überflutet und alle Lebewesen umgekommen waren. Als die Arche schließlich auf dem Berg Ararat aufgesetzt hatte, schickte Noah eine Taube aus, die ihm anzeigen sollte, wie weit das Wasser zurückgegangen sei; beim zweiten Ausflug brachte sie einen Ölzweig und kam beim dritten nicht wieder. Da stiegen alle aus der Arche; Gott aber ließ einen Regenbogen als Zeichen seines Bundes erscheinen und versprach, nie wieder eine solche Flut zu schicken.

➕ Erzählungen über eine urzeitliche Flut, die alles Leben auf der Erde vernichtete, mit einem Helden, der oft auf wunderbare Weise überlebt, gibt es in den Überlieferungen vieler Völker, u. a. bei Sumerern, Griechen und Indern.

Offenbarung, das letzte Buch des Neuen Testaments, auch ›Apokalypse‹ genannt. Als Autor gilt der Apostel Johannes, dem auch eines der vier Evangelien zugeschrieben wird. In der Offenbarung werden die Ereignisse der letzten Tage der Welt enthüllt: wie Christus bei seiner Wiederkehr das Böse besiegen und nach dem Tausendjährigen Reich das himmlische Jerusalem errichten wird (auch ↑ Jüngster Tag und ↑ Jüngstes Gericht).

Ostern, ↑ Auferstehung.

Paradies, griechische Bezeichnung für den Garten Eden, in dem Adam und Eva ursprünglich lebten (auch ↑ Kapitel 8).

Passah [hebräisch ›Vorübergang‹], auch **Pessach, Pascha,** ein jüdisches Fest, das zur Erinnerung an den Auszug aus Ägypten gefeiert wird. Als letzte der ägyptischen Plagen ließ Gott alle Erstgeborenen im Land durch seinen Engel töten. Damit aber die Israeliten geschont würden, befahl er ihnen, ein Lamm zu schlachten, es zu braten und zu essen, mit seinem Blut aber die Türpfosten zu bestreichen, damit der Engel dies als Zeichen erkenne, das Haus zu schonen und weiterzuziehen. Das Fest beginnt mit der Opferung eines Lammes; in der Passahwoche dürfen die Juden nur ungesäuertes Brot essen in Erinnerung an die Eile des Auszugs, da für ein Durchsäuern des Teigs keine Zeit geblieben war.

➕ Auch das letzte Abendmahl war ein Passahmahl; Jesus, der am folgenden Tag gekreuzigt wurde, wird als das Passahlamm bezeichnet, das geopfert wurde, um die Menschen vom Tode zu erlösen.

Patriarchen, die Stammväter der Israeliten im Alten Testament. Zu ihnen gehören Abraham, Isaak und Jakob sowie dessen zwölf Söhne (↑ Joseph und seine Brüder).

➕ Heute tragen die Oberhäupter der verschiedenen Ostkirchen sowie einige katholische Bischöfe, z. B. von Venedig, den Titel Patriarch. Der Papst trägt den Ehrentitel ›Patriarch des Abendlandes‹.

Paulus, jüdischer Name Saulus, der ›Apostel der Heiden‹, neben dem Apostel Petrus die bedeutendste Persönlichkeit der frühen Kirche. Die Apostelge-

361

Pet   **Die Bibel**

schichte berichtet, dass Paulus, der aus einer strenggläubigen jüdischen Familie stammte, ein erbarmungsloser Verfolger der Christen war. Auf einem Ritt nach Damaskus wurde er durch eine Christuserscheinung zum Christentum bekehrt (›Damaskuserlebnis‹). Paulus, wie er sich nun nannte, predigte, unternahm weite Reisen und stand seinen Gemeinden in Briefen bei. Um 60 n. Chr. wurde er in Rom wegen seines Glaubens verurteilt und enthauptet.

Paulus verkündete vor allem Nichtjuden das Evangelium und erreichte, dass sie nicht erst zum Judentum übertreten mussten, um Christen zu werden. Durch die philosophisch-theologischen Überlegungen in seinen Briefen gelang es ihm, das Christentum auch in der griechisch-römischen Welt heimisch zu machen. Von den 13 Paulusbriefen sind wahrscheinlich nur sieben von dem Apostel selbst geschrieben: 1. Thessalonicher-, Galater-, 1. und 2. Korinther-, Philipper-, Philemon- und Römerbrief.

➕ Als ›Damaskuserlebnis‹ bezeichnet man ein Erlebnis, das jemanden dazu bringt, sich von Grund auf zu ändern.

Petrus, die herausragende Gestalt unter den zwölf Aposteln. Nach dem Matthäusevangelium berief Jesus den Fischer Simon als einen der Ersten und nannte ihn Petrus (= Fels), weil er auf ihm seine Kirche errichten und ihm die Schlüssel des Himmels übergeben wollte. Petrus wollte Jesus von seinem Opfertod abhalten (↑ Weg von mir, Satan) und verleugnete ihn dreimal. Nach der Auferstehung gab Jesus ihm den Auftrag, der Hirte seiner Herde zu sein. Der Legende nach wurde Petrus mit dem Kopf nach unten gekreuzigt (um 65 n. Chr.); über seinem Grab wurde die Peterskirche in Rom errichtet.

➕ Die katholische Kirche führt die Reihe der Päpste auf Petrus als ersten Bischof von Rom zurück; im Volksglauben gilt er als der Torhüter des Himmels, der auch das Wetter auf der Erde bestimmt.

Pfingsten, das jüdische Fest der Weizenernte, an dem der Heilige Geist über die ersten Christen kam. Nach der Himmelfahrt Jesu trafen sich die Jünger an diesem Fest, da ›erschienen ihnen Zungen wie von Feuer, die sich zerteilten, und es setzte sich eine auf jeden unter ihnen. Und sie wurden alle mit dem Heiligen Geist erfüllt und fingen an in Zungen zu reden, wie der Geist ihnen zu sprechen eingab‹. Wegen des Festes waren Menschen aus den verschiedensten Ländern dort, von denen sich viele taufen ließen. Pfingsten wird 50 Tage nach Ostern gefeiert.

Pharisäer, die Angehörigen einer religiösen Gruppe im Judentum, die als schriftgelehrte Laien das mosaische Gesetz in allen Klauseln streng befolgten. Sie treten im Neuen Testament als Gegner Jesu auf und werden von ihm beschuldigt, unredlich und scheinheilig zu sein.

➕ Auch heutzutage werden selbstgerechte Heuchler oft als Pharisäer bezeichnet.

Philister, das Seevolk, das von den Israeliten bei ihrem Einzug ins Gelobte Land zunächst nicht völlig vertrieben wurde. Erst David gelang der Sieg über die Philister.

➕ Von den Philistern (griechisch Palaistinoi) leitet sich der Name ›Palästina‹ ab.

Pilatus, Pontius der römische Statthalter von Judäa (26–36 n. Chr.), der Jesus zum Tode verurteilte. Den Evangelien zufolge wollte er Jesus freilassen, übergab ihn aber unter dem Druck des Volkes den Juden zur Kreuzigung. Zuvor jedoch wusch er sich die Hände zum Zeichen seiner Unschuld und ließ ein Schild mit der Aufschrift ›Jesus von Nazareth, König der Juden‹ am Kreuz anbringen (auch ↑ Ich wasche meine Hände in Unschuld und ↑ INRI).

Prophet, *der* [zu griechisch prophanai ›vorhersagen‹], Erwählter Gottes, der die Menschen zu gerechtem Handeln aufruft und Gottes Willen verkündet. Meist drohten die Propheten den Israeliten Strafen für ihre Schlechtigkeit an, mahnten zur Umkehr und weckten die Hoffnung auf das Kommen des Messias. Das Alte Testament kennt neben den vier großen Propheten (Jesaja, Jeremia, Hesekiel/Ezechiel und Daniel) zwölf ›kleine Propheten‹. Das Neue Testament sieht in der Prophetie eine Gabe des Heiligen Geistes.

➕ Die zwölf ›kleinen Propheten‹ sind: Hosea, Joel, Amos, Obadija, Jona, Micha, Nahum, Habakuk, Zaphanja, Haggai, Sacharja und Maleachi.

➕ Auch der Islam erkennt die Propheten des Judentums und des Christentums an. Er sieht aber in Mohammed den endgültigen Propheten (das ›Siegel der Propheten‹), durch den Gottes Offenbarung – die Religion Abrahams – unverfälscht vermittelt wurde.

Psalmen, Buch des Alten Testaments, das aus 150 Gebeten besteht. Darunter finden sich Loblieder Gottes, Klagen, Bitten um die Errettung aus Gefahr oder um die Vernichtung der Feinde; zum Teil werden sie dem König David zugeschrieben.

Reich Gottes, der Hauptinhalt der Botschaft Jesu. In seinen Gleichnissen wollte Jesus das Reich Gottes beschreiben, als dessen letzter Verkünder er sich verstand. Seine Wunder, Dämonenaustreibungen und Heilungen sollten das Reich Gottes schon auf Erden greifbar machen: Das Reich Gottes scheint in echter Mitmenschlichkeit auf.

Richtet nicht, auf dass ihr nicht gerichtet werdet, eine der Lehren Jesu an seine Jünger in der Bergpredigt. Er will damit sagen, dass es uns nicht zusteht, über die Sünden anderer zu urteilen, da auch wir nicht vollkommen sind.

Ruth, eine Nichtisraelitin, die nach dem Tod ihres jüdischen Mannes mit ihrer Schwiegermutter nach Bethlehem zog und dort erneut heiratete. Ihr Sohn wurde der Großvater des Königs David. Ruth ist nach christlichem Glauben ein Beispiel dafür, dass Gott auch den Heiden seine Gnade gewährt, wenn sie sich zu ihm bekennen.

Saba, antikes Königreich auf der arabischen Halbinsel (auch ↑ Königin von Saba).

Sabbat, der wöchentliche Ruhetag der Juden, der ausschließlich dem Gebet und der Besinnung dienen soll. Die Sabbatruhe ist das dritte der Zehn Gebote und wird auf die Schöpfung zurückgeführt, bei der Gott am siebten Tage ruhte.
Der Sabbat, der siebte Tag der jüdischen Woche, ist unser Samstag; zur Erinnerung an die Auferstehung Jesu am Tage nach dem Sabbat wurde der Sonntag, der erste Tag der Woche, zum christlichen Ruhetag.

Salome, der Legende nach die Stieftochter des Herodes Antipas, des Königs von Galiläa. Sie verlangte als Lohn für ihren Tanz vor ihm das Haupt Johannes' des Täufers, der die Ehe ihrer Mutter Herodias mit Herodes für unrecht erklärt hatte.

Salomo, König von Juda und Israel (965–926 v.Chr.), Sohn und Nachfolger Davids. Er war berühmt für seine Weisheit und Gerechtigkeit; das Hohe Lied verweist auf ihn als Verfasser. Salomo errichtete den ↑ Tempel in Jerusalem und machte Jerusalem zum religiösen und politischen Zentrum.
➕ Als ›salomonisches‹ Urteil bezeichnet man eine besonders weise Entscheidung. Nach der Sage soll Salomo beim Streit zweier Mütter um ein Kind zum Schein befohlen haben, dieses in zwei Teile zu zerschneiden; die falsche Mutter verriet sich, indem sie, ohne Mitleid mit dem Kind zu haben, einwilligte.

Samson, auch **Simson,** ein mit übermenschlicher Kraft ausgestatteter Israelit, der gegen die Philister kämpfte. Er wurde von seiner Frau Delila verraten, die seine Locken, das Geheimnis seiner Stärke, abschnitt und dann die Philister herbeirief. Diese nahmen ihn gefangen und blendeten ihn; doch als sein Haar nachgewachsen war, brachte er bei einem Festmahl den Saal zum Einsturz und tötete sich mit all seinen Feinden.

Satan, der Gegenspieler Gottes, der die Menschen dazu verführt, dessen Gebote zu übertreten. So sieht man in der Schlange, die Eva aufforderte, die verbotene Frucht zu essen, den Satan; außerdem überredete er David zu der Volkszählung, durch die er die Gunst Gottes verlor, und stürzte Hiob ins Unglück, damit er Gott verfluche. Auch Jesus wurde vom Satan versucht (↑ Der Mensch lebt nicht vom Brot allein); er fuhr in Judas Iskariot, als dieser den Plan fasste, Jesus zu verraten. Satan, der Versucher der Menschen, gilt als Herr über die Unterwelt und wird vor allem im Mittelalter Luzifer genannt.

Schlange, das Tier, in dessen Gestalt der Versucher Eva drängte, die verbotene Frucht zu essen. Im Neuen Testament wird die Schlange mit dem Teufel und Satan gleichgesetzt.

Schöpfung, die Erschaffung der Welt in sieben Tagen, wie sie zu Beginn des Buches Genesis, am Anfang der Bibel, beschrieben wird. Sie beginnt mit den Worten: ›Am Anfang erschuf Gott Himmel und Erde. Die Erde aber war wüst und wirr, und Finsternis lag über dem Abgrund. Und der Geist Gottes schwebte über den Wassern. Und Gott sprach: Es werde Licht, und es ward Licht.‹ Nach den Pflanzen und Tieren schuf Gott Adam und Eva; am siebten Tage ruhte Gott (↑ Sabbat). Im zweiten Schöpfungsbericht, im zweiten Kapitel des Buches Genesis, schafft Gott zuerst den Menschen und danach erst den Garten Eden, seinen Lebensraum, und die Pflanzen und Tiere.

Schutzengel, ein Engel, der für die Sicherheit des ihm anvertrauten Menschen sorgt. Die Vorstellung vom Schutzengel kommt aus dem alttestamentlichen Buch Tobit, in dem der Engel Raphael Tobits Sohn Tobias auf seiner Reise begleitet und beschützt.

Seht, welch ein Mensch!, lateinisch **Ecce, homo!**

[wörtlich ›Siehe da, der Mensch‹], nach dem Johannesevangelium die Aussage von Pontius Pilatus beim Anblick Jesu, als dieser ihm nach seiner Geißelung vorgeführt wird.
🞊 Ein Ecce-Homo-Bild zeigt den leidenden Christus, sein schmerzverzerrtes Antlitz mit der Dornenkrone.

Seligpreisungen, die Verheißungen am Beginn der Bergpredigt, darunter: ›Selig sind die geistig Armen, denn ihrer ist das Himmelreich‹, ›Selig sind die Barmherzigen, denn sie werden Barmherzigkeit erlangen‹ und ›Selig sind die Friedfertigen, denn sie werden Söhne Gottes heißen‹.

Sinai, der Berg, den Moses bestieg, um die Gesetzestafeln zu empfangen. Gott erschien ihm in einer Rauchwolke unter Donner, Blitz und Hörnerschall; die Israeliten aber, die am Fuße des Berges warteten, wurden in ihrem Glauben schwach und machten sich als Götzen das Goldene Kalb.

Sodom und Gomorrha, die beiden Städte, die Gott wegen ihrer Schlechtigkeit durch Feuer und Schwefel vernichtete. Nur Lot und seine Familie blieben verschont; Lots Frau aber, die sich auf der Flucht umdrehte, erstarrte zur Salzsäule.

Staub bist du und sollst wieder zu Staub werden, die Worte im Buch Genesis, die Gott zu Adam sprach, als er ihn und Eva aus dem Paradies vertrieb. Er wies damit Adam darauf hin, dass er, der aus dem Staub des Bodens erschaffen wurde, jetzt zur Strafe dem Tod ausgeliefert sei.

Die Stimme des Rufers in der Wüste, ein Ausdruck aus dem Buch Jesaja, der auf Johannes den Täufer bezogen wird. So heißt es im Matthäusevangelium: ›Die Stimme eines Rufers in der Wüste: Bereitet den Weg des Herrn, machet seine Straßen gerade.‹ Dieser Rufer soll Johannes gewesen sein, der mit seinem Wirken das Kommen Jesu vorbereitete.

Sündenfall, der Ungehorsam Adams und Evas gegenüber Gott. Als sie die verbotene Frucht des Baumes der Erkenntnis gegessen hatten, wurden sie von Gott zur Strafe aus dem Garten Eden vertrieben und so der Macht des Todes ausgeliefert.
🞊 Nach christlicher Lehre lastet dieses Vergehen, von dem im Buch Genesis berichtet wird, als Erbsünde auf allen Menschen, wird aber durch die Taufe aufgehoben.

Taufe Jesu, der Beginn des öffentlichen Wirkens Jesu. Wie Matthäus berichtet, kam Jesus zu Johannes dem Täufer, um sich von ihm im Jordan taufen zu lassen; da schwebte der Geist Gottes als Taube auf ihn herab und vom Himmel ertönte eine Stimme: ›Dies ist mein geliebter Sohn, an dem ich mein Wohlgefallen habe.‹

Tempel, allgemein ein Kultbau besonders der antiken Welt. Der Tempel von Jerusalem ist das religiöse Zentrum des Judentums. Er wurde um 960 v. Chr. von Salomo errichtet, um die Bundeslade mit den Tafeln der Zehn Gebote, die Moses empfangen hatte, aufzunehmen. Später zerstört, wurde der Tempel durch Herodes den Großen prachtvoll erneuert, von den Römern im Jahre 70 n. Chr. aber wieder zerstört; von ihm blieb nur die Westwand, die ›Klagemauer‹, übrig, heute ein heiliger Ort der Juden.

Thomas, der Apostel, der die Auferstehung Jesu bezweifelte und erst dann daran glauben wollte, wenn er seine Finger in die Wunden gelegt hätte. Als Jesus daraufhin den Aposteln wieder erschien, forderte er ihn auf, seine Wunden zu berühren. Thomas tat dies und bekannte seinen Glauben, doch Jesus erwiderte: ›Weil du mich gesehen hast, hast du geglaubt; selig sind die, die nicht sehen und doch glauben.‹
🞊 Daher nennt man einen Menschen, der beharrlich etwas bezweifelt, was alle für wahr halten, einen ›ungläubigen Thomas‹.

Thora, *die* [hebräisch ›Gesetz‹, ›Weisung‹], im engeren Sinn die ersten fünf Bücher der Bibel (Genesis, Exodus, Levitikus, Numeri und Deuteronomium), im weiteren Sinn das Gesetz, das Gott Mose geoffenbart hat und das den Juden aufgetragen ist (↑ Talmud, Kapitel 8).

Turmbau zu Babel. Wie im Buch Genesis erzählt wird, wollten die Nachkommen Noahs, um selbst wie Gott zu sein, einen Turm errichten, der bis an den Himmel reichen sollte. Gott aber verhinderte seine Vollendung, indem er ihre Sprache so verwirrte, dass sie sich nicht mehr verstehen konnten. Von da an trennten sich die Völker mit ihrer jeweils eigenen Sprache.
🞊 Der griechische Name von Babel ist Babylon; ein unverständliches Sprachendurcheinander wird daher auch ›babylonische Sprachverwirrung‹ genannt.

Die Bibel

Vaterunser, das Gebet, das Jesus seine Jünger in der Bergpredigt lehrte.
Das Vaterunser, auch Herrengebet genannt, wird mit nur geringen Unterschieden in allen christlichen Kirchen und Gemeinschaften gebetet.

Vater, vergib ihnen, denn sie wissen nicht, was sie tun! Eines der letzten Worte Jesu vor seinem Tode. Er bat damit für die um Vergebung, die ihn verurteilt und ans Kreuz geschlagen hatten.

verbotene Frucht, die Frucht des Baumes der Erkenntnis, von dem Adam und Eva nicht essen durften. Die verbotene Frucht wird später oft als Apfel dargestellt, der auch ein Symbol des Lebens, der Liebe und der Fruchtbarkeit ist.

Verkündigung, Mitteilung einer göttlichen Botschaft, nach dem Lukasevangelium die Erscheinung des Engels Gabriel bei Maria. Er trat ein mit den Worten: ›Gegrüßet seist du, voll der Gnaden, der Herr ist mit dir‹, und verkündete ihr, Gott habe sie erwählt, als Jungfrau seinen Sohn zu gebären, der Sohn des Höchsten genannt werden wird; ihm solle sie den Namen Jesus geben. Maria erschrak, erwiderte aber dem Engel: ›Siehe, ich bin die Magd des Herrn, mir geschehe nach deinem Wort.‹ Die Worte des Engels bilden den Anfang des Ave-Maria, eines wichtigen Gebetes der katholischen Kirche.
➕ Berühmt ist die Darstellung des ›Englischen Grußes‹ von Veit Stoß in der Nürnberger Kirche Sankt Lorenz.

Das **Vaterunser** im Codex Argenteus; das von dem westgotischen Bischof Wulfila ins Gotische übersetzte Evangelium ist als Handschrift des 6. Jh. erhalten. Wulfila schuf für seinen Text eine eigene Schrift in Anlehnung an das griechische Alphabet.

> **Das Vaterunser**
> ›Unser Vater im Himmel, dein Name werde geheiligt, dein Reich komme, dein Wille geschehe, wie im Himmel, so auf der Erde.
> Gib uns heute das Brot, das wir brauchen.
> Und erlass uns unsere Schulden, wie auch wir sie unseren Schuldnern erlassen haben.
> Und führe uns nicht in Versuchung, sondern rette uns vor dem Bösen.‹

verlorener Sohn, Gestalt in einem Gleichnis Jesu, mit dem er zeigt, wie groß Gottes vergebende Gnade und Huld ist. Es erzählt, wie ein Sohn von seinem Vater sein Erbe forderte und in die Fremde ging, wo er alles verschwendete. Als er dann aus Not nicht einmal mehr zu essen hatte, beschloss er, zum Vater zurückzukehren, um bei ihm als Knecht zu dienen. Doch als dieser ihn sah, ließ er vor Freude ein Fest bereiten. Sein Bruder, der dies sah, ärgerte sich darüber, doch der Vater wies ihn zurecht: ›Du solltest fröhlich sein und dich freuen; denn dieser dein Bruder war tot und ist lebendig geworden, er war verloren und ist wiedergefunden worden.‹

Viele sind berufen, aber nur wenige sind auserwählt, Schlusswort aus einem Gleichnis Jesu. In ihm wurde ein Mann, der zwar eingeladen war, doch in unwürdiger Kleidung kam, bei einem Hochzeitsmahl nicht eingelassen. Es will sagen, dass das Reich Gottes nur mit ganzem persönlichem Einsatz zu erlangen ist.

Die andere Wange hinhalten, ein Wort aus der Bergpredigt, ↑ Auge um Auge, Zahn um Zahn.

Was du nicht willst, das man dir tu, das füg auch keinem andern zu, Lebensregel aus dem Buch Tobit. In etwas anderer Form greift Jesus sie in der Bergpredigt auf: ›Alles nun, was ihr wollt, dass es euch die Menschen tun, das sollt ihr ihnen tun.‹
➕ Dieses Gebot, das auch in anderen Kulturen zu finden ist, wird oft die ›goldene Regel‹ genannt.

🟢 Immanuel Kant nahm diese Forderung in anderer Form im von ihm formulierten ↑ kategorischen Imperativ (Kapitel 8) auf.

Weg von mir, Satan!, die Antwort Jesu an den Satan, der ihm alle Reiche der Welt versprach, wenn er ihn anbeten würde. Ein zweites Mal wies er damit Petrus zurecht, als dieser ihn von seinem Entschluss, sich gefangen nehmen und kreuzigen zu lassen, abbringen wollte.

Wer ohne Sünde ist, werfe den ersten Stein, die Antwort Jesu an die Pharisäer, die eine Frau zu ihm brachten, die beim Ehebruch ergriffen worden war. Sie fragten ihn, was mit ihr zu tun sei, da doch das mosaische Gesetz befehle, sie zu steinigen. Jesus antwortete nur: ›Wer von euch ohne Sünde ist, der werfe den ersten Stein.‹ Da gingen die Pharisäer auseinander, und schließlich sagte Jesus zu der Frau: ›Auch ich verurteile dich nicht, gehe und sündige nicht mehr.‹

🟢 In der Ehebrecherin, die nicht mit Namen genannt wird, sieht man meist Maria Magdalena.

Wolf im Schafspelz, ein Bild für die Propheten, vor denen Jesus in der Bergpredigt warnt: ›Hütet euch vor den falschen Propheten, die in Schafskleidern zu euch kommen; inwendig aber sind sie räuberische Wölfe.‹

Wunder, unerwartete Ereignisse der Heilung und Errettung oder auch unbegreifbare Veränderungen der Natur, die in der Bibel als von Gott gewirkt beschrieben werden. Die Menschen der Antike waren wundergläubig und rechneten mit einem Hereinbrechen des Jenseits ins Diesseits. Die Wundererzählungen werden heute psychologisch verstanden oder als Sinnbilder aufgefasst, die die Größe, Macht und Schönheit des erfahrenen Gottes beschreiben sollen. Das erstaunlichste Wunder berichtet das Johannesevangelium: die Erweckung des Lazarus, der schon vier Tage tot war.

wunderbare Brotvermehrung, ein Wunder Jesu. Die Jünger wollten die fünftausend Menschen, vor denen er an einem einsamen Ort gepredigt hatte, abends wegschicken, da nichts zu essen vorhanden war. Jesus aber nahm die fünf Brote und zwei Fische, die ein Knabe bei sich hatte, segnete sie, teilte sie und ließ sie den Leuten geben. Alle wurden dabei satt und von den Resten konnten noch zwölf Körbe gefüllt werden.

Zehn Gebote, die zehn Vorschriften, die den Kern des mosaischen Gesetzes bilden. Sie wurden Moses auf dem Berg Sinai von Gott übergeben.

der Zehnte, der zehnte Teil des jährlichen Ertrags, der von den Israeliten als heiliges Eigentum Gottes gefordert wurde.

🟢 Die Kirche übernahm dies im 5. Jh. zum Unterhalt des Klerus (Kapitel 8).

Die Zehn Gebote
1. Du sollst keine fremden Götter neben mir haben.
2. Du sollst den Namen deines Gottes nicht entehren.
3. Du sollst den Sabbat heiligen.
4. Du sollst Vater und Mutter ehren.
5. Du sollst nicht töten.
6. Du sollst nicht die Ehe brechen.
7. Du sollst nicht stehlen.
8. Du sollst kein falsches Zeugnis ablegen gegen deinen Nächsten.
9. Du sollst nicht verlangen nach deines Nächsten Frau.
10. Du sollst nicht verlangen nach deines Nächsten Haus, seinem Feld, seinem Sklaven, seiner Sklavin, seinem Rind oder seinem Esel.

Zion, der Berg, auf dem die Festung Jerusalems, Davids Palast und später der Tempel standen. Nach ihm wird Jerusalem auch die Stadt Zion und die jüdische Bewegung, die die Besiedlung Palästinas zum Ziel hatte, Zionismus (↑ Zionistische Bewegung, Kapitel 1) genannt.

zwölf Stämme Israels, die Nachkommen der zwölf Söhne Jakobs, die nach dem Auszug aus Ägypten das Gelobte Land in Besitz nahmen (auch ↑ Joseph und seine Brüder).

11 Psychologie, Soziologie, Anthropologie, Ethnologie

**11
Psychologie,
Soziologie, Anthropologie, Ethnologie
12
Medizin und
Gesundheit
13
Die Wissenschaft
vom Leben**

Der Soziologe Norbert Elias bezeichnete Psychologie, Soziologie, Anthropologie und Ethnologie als »Menschenwissenschaften«. Dass die Frage nach dem Menschen ins Zentrum modernen Denkens rückte, wird von dem Philosophen Odo Marquardt auf drei historisch wichtige »Kränkungen« des menschlichen Bewusstseins zurückgeführt: Erstens haben Kopernikus und Galilei mit der Entdeckung, dass die Erde nicht der Mittelpunkt des Universums ist, den Menschen aus dem Zentrum der Welt vertrieben. Zweitens verlor der Mensch seine Stellung als »Krone der Schöpfung« mit den wissenschaftlichen Erkenntnissen von Charles Darwin, der den Menschen in den Prozess einer natürlichen Evolution einordnete. Drittens war es Sigmund Freud, der mit seiner Einsicht »wir sind nicht Herr im eigenen Hause« das menschliche Selbstverständnis, zivilisiert und vernünftig zu sein, infrage stellte. Alle »Menschenwissenschaften« bieten auch im 20. Jahrhundert bei der Frage nach dem Wesen des Menschen in erster Linie eine Fülle unterschiedlicher Erklärungsmodelle, deren Antworten nicht als unumstößliche Dogmen zu verstehen sind.

Die in diesem Kapitel aufgeführten Stichwörter machen bekannt mit dem Leben und Werk bedeutender Forscher und Forscherinnen und informieren über wichtige Fachbegriffe.

Aborigines [æbɔˈrɪdʒiniːz; englisch], die jeweils erstbekannten Einwohner, die Urbevölkerung eines Landes; im engeren Sinn die ersten Einwohner Australiens vor der Ankunft der Weißen. Die etwa 30 000 unmittelbaren Nachfahren der Aborigines leben heute vorwiegend als Jäger und Sammler in Reservationen.

Aborigines Ein australischer Ureinwohner auf der Jagd in einem Sumpfgebiet bei Darwin (Nordküste)

Abwehr-, Verdrängungsmechanismus, in der Psychoanalyse eine (häufig unbewusste) Reaktionsweise des ↑ Ichs, mit der versucht wird, peinliche oder unerträgliche Vorstellungen und Wünsche so weit von sich fern zu halten, dass Konflikte mit der Umwelt oder dem Gewissen vermieden werden können.

Adoleszenz, *die* [zu lateinisch adolescere ›heranwachsen‹], Reifezeit, die Phase des Übergangs von der Kindheit zum Erwachsenen, vor allem auch die sexuelle Reife (Pubertät) und die damit verbundene Ausbildung der Geschlechterrollen.

Adorno, Theodor W. deutscher Soziologe und Musiktheoretiker (* 1903, † 1969), der durch die von ihm und Max Horkheimer (* 1895, † 1973) vertretene kritische Theorie der Gesellschaft (↑ Frankfurter Schule, Kapitel 3) die Studentenbewegung beeinflusste. Bedeutend war auch seine mit Horkheimer formulierte ›Dialektik der Aufklärung‹ (1944).

Aggression, *die* [lateinisch ›Angriff‹], das Angriffs- und Drohverhalten, das beim Menschen im Unterschied zum Tier nicht nur durch Instinkte gesteuert wird, sondern auch auf bestimmte Umweltbedingungen oder Lernprozesse zurückgeführt werden kann.

Akkulturation, ↑ Assimilation.

Altruismus, *der* [zu lateinisch alter ›der andere‹], Selbstlosigkeit, die Haltung eines Menschen, bei dem im Gegensatz zum Egoismus das Wohl der anderen im Mittelpunkt des eigenen Interesses steht.

Amnesie, *die* [zu griechisch mnesis ›Erinnerung‹], zeitlich begrenzte Erinnerungs- oder Gedächtnisstörung, die u. a. durch einen Schock oder eine sonstige Belastung hervorgerufen werden kann.

Amok [malaiisch ›Wut‹], eine plötzliche Geistesgestörtheit, die mit aggressivem Bewegungsdrang verbunden ist und beim Amokläufer dazu führen kann, dass er wahllos andere Menschen, häufig dann auch sich selbst, tötet. Amoklaufen wurde zuerst bei malaiischen Eingeborenen beobachtet.

anale Phase [zu lateinisch anus ›After‹], nach Sigmund Freud die zweite Phase der Sexualentwicklung (etwa 2. bis 4. Lebensjahr), in der sich das frühkindliche Erleben auf die Lustempfindungen konzentriert, die mit den Ausscheidungsvorgängen und -organen verknüpft sind.

Das andere Geschlecht, kulturhistorisches Werk der französischen Schriftstellerin Simone de Beauvoir (* 1908, † 1986), erschienen 1949, in dem vor allem die Mechanismen der Unterdrückung der Frau im Verlauf der Geschichte untersucht werden.

Angst, allgemein ein Gefühl der Beklemmung und Bedrohung, das im Unterschied zur Furcht durch keine besondere Erscheinung hervorgerufen wird, sondern ein Lebensgefühl beschreibt, z. B. Lebensangst.

Animismus, *der* [zu lateinisch anima ›Seele‹], Bezeichnung für die Vorstellungswelt oder den Glauben bestimmter Kulturen, wonach z. B. Tiere, Pflanzen, aber auch Felsen oder Flüsse eine Seele haben und deshalb in besonderer Weise geachtet oder verehrt werden.

Anthropologie, *die* [zu griechisch anthropos ›Mensch‹], die wissenschaftliche Erforschung des Menschen, seines Verhaltens und seiner Entwicklung als Gattung in Hinblick auf seine Umwelt unter biologischen, philosophischen oder sozial-kulturellen Aspekten.

Anthroposophie, *die* [griechisch, eigentlich ›Menschenweisheit‹], von Rudolf Steiner (* 1861, † 1925) Anfang des 20. Jh. begründete Weltanschauungslehre, die den Menschen, die Natur, alles Geschehen als Ausdruck des Geistigen auffasst; sie bildet die Grundlage der ›anthroposophischen Erziehung‹ in ↑ Waldorfschulen.

antiautoritäre Erziehung, eine in den 1960er-Jahren entstandene Erziehungskonzeption, wonach Kindern durch den Verzicht auf elterliche Machtausübung eine freie Entfaltung der Persönlichkeit ermöglicht werden soll.

Antisemitismus ⇒ Kapitel 1.

Apathie, *die* [griechisch ›Unempfindlichkeit‹], ein Zustand extremer Teilnahmslosigkeit und Gleichgültigkeit eines Menschen, der meist in Verbindung mit bestimmten psychischen Störungen oder infolge eines Schocks auftritt.

Archäologie, *die* [griechisch], Altertumskunde, die Wissenschaft, die sich mit der Erforschung des Altertums, z. B. der ägyptischen Hochkultur oder der griechisch-römischen Antike, beschäftigt und das Leben jener Zeit anhand von Kunst- und Baudenkmälern, Bodenfunden und Schriftquellen erforscht.

Archetyp, *der* [griechisch ›Urbild‹], eine angenommene erste Form, von der sich andere Formen ableiten lassen. In der Psychologie Carl Gustav Jungs sind Archetypen Bilder und Symbole, die bei allen Menschen unbewusst vorhanden sind und die in Träumen, Märchen und in der Mythologie zum Ausdruck kommen, z. B. das Tier, die Mutter, das Kind.

Arendt, Hannah amerikanische Soziologin und Politologin deutscher Herkunft (* 1906, † 1975). Sie erforschte die Entstehungsbedingungen totalitärer Staaten, vor allem des Nationalsozialismus, sowie die politisch-sozialen Hintergründe des Antisemitismus.

Armut, ein Zustand, in dem der Mensch entweder so wenig besitzt, dass sein Leben gefährdet ist (objektive Armut, z. B. Hunger) oder aber so wenig, dass er nicht wie andere am gesellschaftlichen Leben teilnehmen kann (subjektive Armut, z. B. kein Geld für neue Kleidung, Reisen).

Assimilation, *die* [lateinisch ›Ähnlichmachung‹], der Prozess der Anpassung eines Menschen an die Lebensweise und vor allem die Kultur einer bestimmten Gruppe (Akkulturation), durch die Übernahme von Werten, Vorstellungen und Verhaltensweisen, z. B. die Anpassung von Einwanderern an die Gegebenheiten des Gastlandes.

Asyl ⇒ Kapitel 3.

Auswanderung, Emigration, der Fortzug von Personen aus ihrem Heimatland, meist aus wirtschaftlichen oder politischen Gründen. Im 19. Jh. wanderten z. B. viele Deutsche, Iren und Italiener in die USA aus.

Autismus, *der* [zu griechisch autos ›selbst‹], in der Psychiatrie Bezeichnung für einen Zustand extremer Selbstbezogenheit und Insichgekehrtheit. Der frühkindliche Autismus gilt heute als angeborene Entwicklungsstörung der Wahrnehmungsverarbeitung.

Autorität, *die* [lateinisch ›Ansehen‹], Ansehen, Überlegenheit einer Person, Gruppe oder Institution, die (im Unterschied zur Macht) auf der Zustimmung der ihr unterstellten Menschen beruht. Autorität entsteht entweder aus der Einsicht in die Fähigkeiten einer Person (persönliche Autorität, z. B. eines Arztes) oder durch die Anerkennung der Rechtsbefugnis einer Institution (abstrakte Autorität, z. B. eines Richters).

Begabung, in der Pädagogik Bezeichnung für die individuellen Voraussetzungen für eine bestimmte Leistung. Begabungen sind also Fähigkeiten, die der Einzelne mitbringt und die dann in einem Lernprozess entwickelt werden oder aber bei fehlenden Lernanreizen verkümmern. Als eine besondere Form der Begabung gilt die Intelligenz.

Behaviorismus, *der* [bihevjə...; von englisch behaviour ›Verhalten‹], Forschungsrichtung der Psychologie, die Anfang des 20. Jh. von John Broadus Watson (* 1878, † 1958) begründet wurde. Es gehört zu den Grundannahmen des Behaviorismus, dass der Mensch lernt, indem er auf bestimmte Reize in bestimmter Weise reagiert, sein Verhalten also nach äußeren Bedingungen ausrichtet (auch ↑ Konditionierung).

Bigamie, *die* [griechisch-lateinisch ›Doppelehe‹], das Eingehen einer weiteren Ehe trotz Bestehens einer früher geschlossenen Ehe. Bigamie ist laut Ehegesetz verboten und nach dem Strafgesetz strafbar.

Bildung, in der Pädagogik Bezeichnung für den Vorgang und das Ergebnis der Formung von geistigen, kulturellen und sozialen Fähigkeiten des Menschen. Im Gegensatz zur Erziehung wird Bildung dabei als Prozess begriffen, der sich über die gesamte Lebensdauer erstreckt.

Bisexualität, die gleichzeitige Ausrichtung des sexuellen Interesses auf beide Geschlechter.

Bulimie ⇒ Kapitel 12.

Bürgertum, in der industriellen Gesellschaft die zumeist durch das Leben in Städten geprägte, eher besitz- und bildungsorientierte Mittelschicht. Das traditionell zwischen Arbeiterschaft und Adel angesiedelte Bürgertum gewann vor allem im 19. Jh. durch selbst erwirtschafteten Besitz (Besitzbürgertum) und einen hohen Grad an Bildung (Bildungsbürgertum) an Macht und war die Grundlage für die Entstehung der heutigen bürgerlichen Gesellschaft.

Bürokratie, *die* die organisierte Verwaltung eines Staates, die hierarchisch gegliedert und in einzelne Zuständigkeitsbereiche unterteilt ist; in einem abwertenden Sinn ist damit auch die Herrschaft der Verwaltung in einem Staat (›Beamtenstaat‹) gemeint.

Charisma, *das* [ˈça:...; griechisch ›Gnadengabe‹], eine meist als übernatürlich oder außeralltäglich empfundene Ausstrahlung oder Kraft, durch die sich eine Person aus einer Gruppe heraushebt. Häufig schreibt man politischen oder religiösen Führern Charisma zu.

Clan, *der* [englisch] **Klan,** Verwandtschaftsverband, der mehrere Großfamilien umfassen kann. In der keltischen Tradition Schottlands bezogen sich alle Mitglieder eines Clans auf einen gemeinsamen Stammvater, dessen Namen sie trugen, z. B. MacDonald.

Cro-Magnon-Mensch [kromaˈŋɔ̃], nach seiner Fundstelle in Frankreich benannter Menschentyp, der vor etwa 30 000 Jahren lebte und eine Frühform des heutigen Menschen darstellt. Seine heute noch erhaltenen Höhlenmalereien geben Auskunft über seine Lebensweise.

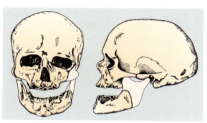

Schädel des **Cro-Magnon-Menschen** (Zeichnungen nach Wilhelm Gieseler)

Demografie, *die* [griechisch ›Volksbeschreibung‹], die zahlenmäßige Beschreibung einer Bevölkerung hinsichtlich bestimmter Merkmale, wie z. B. Geburten- und Sterberaten, Altersaufbau einer Gesellschaft oder räumliche Verteilungen, mit dem Zweck, daraus Hinweise auf zukünftige Entwicklungen zu gewinnen.

Demoskopie *die* [griechisch ›Volksbetrachtung‹], die Erforschung von Einstellungen und Meinungen in der Bevölkerung durch Befragung (u. a. Interviews, Fragebogen, Telefonbefragungen) genau umrissener Bevölkerungsgruppen. So wird z. B. in der Wählerforschung die Zufriedenheit mit bestimmten Politikern und Parteien ermittelt.

Depression, *die* [lateinisch ›das Niederdrücken‹], in der Psychologie Bezeichnung für einen Zustand tiefer Traurigkeit und Interesselosigkeit. Äußere Anzeichen sind z. B. Gewichtsverlust, Schlafstörungen sowie der Rückgang zwischenmenschlicher Kontakte. Man unterscheidet endogene (körperlich bedingte) und exogene (auf äußere Einflüsse zurückgehende) Depressionen.

Deprivation, *die* [lateinisch ›Beraubung‹], allgemein der Mangel, Entzug oder die Entbehrung einer bestimmten Sache, z. B. bei sozialer Deprivation der Mangel an liebevoller Zuwendung, bei sensorischer Deprivation der Mangel an Sinneseindrücken (z. B. Geräuschen). Je nach Art und Dauer führt Deprivation zu individuell unterschiedlichen neurotischen Verhaltensstörungen.

Psychologie, Soziologie, ... **Eth**

Doppelmoral, die Haltung eines Menschen, der bei anderen etwas als unmoralisch verurteilt, sich selbst aber heimlich das Verbotene erlaubt. Doppelmoral spielt vor allem im sexuellen Bereich eine wichtige Rolle.

Durkheim, Émile [dyrˈkɛm], französischer Soziologe (* 1858, † 1917), wollte soziale Sachverhalte wie Tatsachen durch Erfahrung und Beobachtung erforschen und begründete damit die Soziologie als ›Erfahrungswissenschaft‹. Für das soziale Verhalten des Menschen ist aus seiner Sicht das Kollektivbewusstsein einer Gesellschaft ausschlaggebend, das den Einzelnen durch Normen und Sanktionen festlegt.
➕ Er erhielt 1896 die erste Professur für Sozialwissenschaft in Frankreich.

Ego, *das* [lateinisch ›ich‹], ↑ Ich.

Egozentrik, *die* [zu lateinisch ego ›ich‹ und centrum ›Mittelpunkt‹], Ichbezogenheit, eine Haltung, bei der ein Mensch die eigene Person nicht nur in seinem Tun, sondern auch in seinem Denken in den Mittelpunkt stellt und daher unfähig ist, die Sichtweisen anderer zu verstehen.
➕ Egozentrik ist typisch für die Welt des Kleinkindes.

Einwanderung, Immigration, der Zuzug von Personen in ein anderes Staatsgebiet mit der Absicht, dort zu bleiben.
➕ Die Einwanderung wird in den meisten Ländern durch Gesetze geregelt.

Elias, Norbert deutscher Soziologe (* 1897, † 1990). Er brachte in seinem Hauptwerk ›Der Prozess der Zivilisation‹ (1939) die Entstehung bestimmter, psychisch bedingter sozialer Verhaltensmuster in Zusammenhang mit der kulturellen Entwicklung der Gesellschaft seit dem Mittelalter und beeinflusste damit maßgeblich die moderne Soziologie.

Elite, *die* [französisch ›Auslese‹], eine Gruppe, die innerhalb einer Gesellschaft aufgrund ihres Standes, ihrer sozialen Stellung oder ihrer Leistungsfähigkeit und -bereitschaft besonders herausgehoben ist und deshalb über besondere Macht-, Einfluss- und Konsumanteile verfügt.

Emanzipation ⇒ Kapitel 3.

Entfremdung, zunächst das Fremdwerden gegenüber einer Sache oder einer Umgebung, z. B. auch der Familie, allgemeiner auch das fehlende Gefühl der Zugehörigkeit und sozialen Sicherheit des Menschen in den Lebens- und Arbeitsverhältnissen der modernen Industriestaaten.

Erbe-Umwelt-Diskussion, die innerhalb der Sozialwissenschaften, z. B. der Psychologie, geführte Diskussion um die Frage, ob das Verhalten und das Wesen des Menschen eher von der Umwelt (über Anpassung und Lernprozesse) oder durch die Erbanlagen (Gene) bestimmt werden.

Erziehung, die Unterstützung und Förderung des heranwachsenden Menschen durch die Familie oder bestimmte Erziehungsinstitutionen, z. B. die Schule. Allgemeines Ziel der Erziehung ist es, den Heranwachsenden zu einem selbstständigen und selbstverantwortlichen Leben in der Gesellschaft zu befähigen.

Es, in der Psychoanalyse Sigmund Freuds Bezeichnung für die Summe der Triebe und Bedürfnisse im Menschen, die der bewussten Kontrolle entzogen sind (auch ↑ Ich).

Eskimo [Algonkin ›Schneeschuhflechter‹], in ihrer eigenen Sprache **Inuit** [›Menschen‹], Bevölkerungsgruppe, die in den arktischen Regionen Alaskas, Kanadas und Grönlands lebt und sich traditionellerweise von Jagd und Fischfang ernährt, heute allerdings auch modernen Einflüssen unterliegt.

Establishment, *das* [ɪsˈtæblɪʃmənt; englisch], abwertend gebrauchte Bezeichnung aus der Studentenbewegung für jene Gruppe von Menschen in einer Gesellschaft, die unter den bestehenden Bedingungen über politischen, ökonomischen und sozialen Einfluss verfügen und deshalb an keiner Veränderung interessiert sind.

Ethnie, *die* [von griechisch ethnos ›Volk‹], Gruppe von Menschen, die derselben Kultur angehören, z. B. dieselbe Sprache sprechen, ohne unbedingt eine staatliche Einheit zu bilden.

Ethnologie *die* [zu griechisch ethnos ›Volk‹], die Völkerkunde; sie erforscht vor allem die Lebensweise und Kultur der sogenannten Naturvölker in den nicht industrialisierten Staaten außerhalb Europas.

Ethnozentrismus, *der* eine Haltung, bei der die eigene Kultur und Gesellschaft gegenüber anderen als überlegen oder als alleiniger Maßstab angenommen wird.

Euthanasie, *die* [griechisch ›schöner Tod‹], Sterbehilfe für unheilbar Kranke mit dem Ziel, deren Leiden zu verkürzen. Als aktive Sterbehilfe (›Tötung auf Verlangen‹) ist Euthanasie in fast allen Ländern strafbar.
🞧 Die Nationalsozialisten verwendeten den Begriff Euthanasie bewusst irreführend für die systematische Tötung von nach nationalsozialistischer Auffasssung ›lebensunwertem Leben‹. Diesem sogenannten ›Euthanasie-Programm‹ fielen zwischen 1940 und 1945 etwa 130 000 behinderte Kinder und Erwachsene zum Opfer.

Evolution, *die* [lateinisch], in der Biologie die Entwicklung der Lebewesen von einfachen zu höheren Lebensformen, z. B. die Entwicklung des Menschen aus dem Tierreich.

Exotismus, *der* [zu griechisch exotikos ›fremd‹], Haltung, bei der das jeweils Fremde (Kulturen, Landschaften und Menschen) eine besondere Anziehungskraft und Wertschätzung besitzt .

Extraversion, *die* [lateinisch ›Außenwendung‹], in der Psychologie die Grundeinstellung von Menschen, die ihr Verhalten vor allem von den Reaktionen anderer abhängig machen. Extravertierte Menschen sind aufgeschlossen und kontaktfreudig. Gegensatz: Introversion.

Familie [lateinisch ›Hausgenossenschaft‹], in der Soziologie die kleinste soziale Einheit einer Gesellschaft, die all jene Menschen umfasst, die miteinander verwandt sind und in einem gemeinsamen Haushalt leben. Es gibt verschiedene Formen, z. B. die Kernfamilie (Eltern und Kinder), die Ein-Eltern-Familie (ein Elternteil und Kinder) oder die Großfamilie (Eltern, Kinder und z. B. Großeltern). Der Familie kommt als erstem und wichtigstem Bezugspunkt des Kindes besondere Bedeutung zu.

Feldforschung, vor allem in der Ethnologie und Sozialforschung verwendete Methode, bei der die Lebensweise einer sozialen Gruppe durch länger andauernde Teilnahme am Alltag der jeweiligen Menschen erforscht wird.

Feminismus ⇒ Kapitel 3.

Fetisch, *der* [portugiesisch ›Zaubermittel‹], ein Gegenstand, dem übernatürliche Kraft zugeschrieben wird und der deshalb verehrt wird.

Fetischismus, *der* in der Psychologie Bezeichnung für die Ausrichtung der sexuellen Lustempfindung auf bestimmte Gegenstände.

Folklore, *die* [englisch, eigentlich ›Wissen des Volkes‹] die Gesamtheit der volkstümlichen Überlieferungen, z. B. Lieder, Märchen, Trachten oder Bräuche.

Freizeit, der Teil der Zeit, der dem arbeitenden Menschen nach Erledigung seiner beruflichen Pflichten frei zur Verfügung steht.

Fremdenfeindlichkeit, griechisch **Xenophobie,** feindselige Einstellungen und Handlungen gegenüber Menschen, die z. B. wegen ihrer Religionszugehörigkeit oder ihrer Staatsangehörigkeit (Ausländerfeindlichkeit) als ›fremd‹ empfunden werden. Die Ursachen der Fremdenfeindlichkeit sind meist in bestimmten Ängsten oder Problemen der betreffenden Personen zu suchen.
🞧 In der Bundesrepublik Deutschland kam es in den 1990er-Jahren vermehrt zu fremdenfeindlichen Handlungen, z. B. zu Brandanschlägen auf Asylantenwohnheime.

freudscher Fehler, Fehlleistung, z. B. in der Wortwahl (›freudscher Versprecher‹), die auf einen verdrängten Wunsch oder ein unterdrücktes Gefühl zurückzuführen ist.

Freud, Sigmund österreichischer Arzt und Begründer der Psychoanalyse (* 1856, † 1939). Er erweiterte die Psychologie durch Einbeziehung des Unbewussten und neue Einsichten in die Triebdynamik; nach Freud können psychische Krankheiten und Störungen auf nicht verarbeitete negative Erlebnisse in der Kindheit, vor allem in der kindlichen Sexualentwicklung, zurückgeführt werden.

Fröbel, Friedrich deutscher Pädagoge (* 1782, † 1852), begründete und verbreitete die Idee des Kindergartens und entwickelte zahlreiche Spielzeuge (›Fröbel-Bausteine‹) und Spiele, durch die sowohl kindliche Fähigkeiten als auch das Gemeinschaftsgefühl gefördert werden sollten.

Friedrich Fröbel

Fromm, Erich deutscher Psychoanalytiker (* 1900, † 1980), Begründer der humanistischen Psychoanalyse. Er beschäftigte sich vor allem mit der Bedeutung der Gesellschaft für die psychische Entwicklung des Menschen. Bekannt wurde er auch durch sein Buch ›Die Kunst des Liebens‹ (1950).

Fundamentalismus, *der* [zu lateinisch fundamentum ›Grundlage‹], eine geistige Haltung, die durch starres Festhalten an bestimmten religiösen oder politischen Grundsätzen gekennzeichnet ist. In diesem Sinn bezeichnet man eine Richtung im Protestantismus als fundamentalistisch, die sich auf die Bibel als unmittelbares Wort Gottes, das in allen Einzelheiten wörtlich zu verstehen sei, beruft.
Als islamischer Fundamentalismus (oder Islamismus) wird eine Strömung im Islam bezeichnet, deren Vertreter die Rückkehr zum ursprünglichen Islam und die wörtliche Befolgung der Vorschriften des Korans und des islamischen Gesetzes (Scharia) fordern.

Gallup, George Horace [ˈgæləp], amerikanischer Sozialwissenschaftler (* 1901, † 1984), der nachwies, dass durch bestimmte Formen der Meinungsumfrage (Gallup-Methode) die Einstellungen, Meinungen oder Gewohnheiten von Menschen in einer Gesellschaft ermittelt werden können.

Gedächtnis, die Fähigkeit, Erfahrungen und Gelerntes zu speichern und sich bei Bedarf daran zu erinnern. Man unterscheidet Ultrakurzzeit- (6–10 Sekunden), Kurzzeit- (1–2 Stunden) und Langzeitgedächtnis (Tage bis Jahre).

Gehirnwäsche, eine Form der Folter, bei der durch den Einsatz bestimmter Mittel (z. B. Drogen, Schlafentzug, Dauerverhöre) der Wille eines Menschen gebrochen werden soll, damit dieser z. B. von seiner bisherigen politischen Einstellung ablässt oder ein ›Geständnis‹ ablegt.

genitale Phase [zu lateinisch genus ›Geschlecht‹], die nach Sigmund Freud in der Pubertät einsetzende, letzte Phase der menschlichen Sexualentwicklung, in der sich das sexuelle Interesse von der eigenen Person weg auf andere zu richten beginnt.

Genozid, *der* [griechisch-lateinisch ›Völkermord‹], die Vernichtung einer bestimmten religiösen, politischen oder nationalen Gruppe durch Tötung (vor allem in Konzentrationslagern) mit dem Ziel, die Gruppe als Gesamtheit auszulöschen. Ein Genozid größten Ausmaßes war im 20. Jh. die ›Judenvernichtung‹ durch die Nationalsozialisten (auch ↑ Holocaust).

Gerontologie *die* [zu griechisch geron ›Greis‹], Forschungsrichtung, die vor allem die körperlichen, seelischen und sozialen Folgen des Alterns untersucht.

Geschlechterrolle, ↑ Rolle.

Geschlechtsumwandlung, medizinische Maßnahmen zur Änderung des Geschlechts eines Menschen durch Verabreichung bestimmter Sexualhormone sowie durch operative Eingriffe.

Gesellschaft, Bezeichnung für eine Gruppe von Menschen, die unter denselben politischen und sozialen Bedingungen leben, oft auch gleichbedeutend mit der Bevölkerung eines Landes in Hinblick auf die dort herrschenden Rangordnungen und die Macht- und Geldverteilung.

Gettos, zunächst die behördlich erzwungenen, räumlich abgetrennten Wohnviertel der Juden in vielen Städten seit dem Mittelalter, zuerst (1531) für Venedig belegt; in der modernen Soziologie sind damit auch die schlechten Lebensbedingungen bestimmter Minderheiten in einer Gesellschaft, z. B. durch Armut oder niedriges Bildungsniveau, gemeint.

Gruppe, eine Anzahl von Menschen, die durch soziale Kontakte über einen längeren Zeitraum miteinander verbunden sind und durch gemeinsame Ziele oder Interessen ein Zusammengehörigkeitsgefühl entwickelt haben.

Gruppendynamik, die in einer Gruppe vorhandenen Beziehungen, z. B. Zu- und Abneigung, und die damit verbundenen Abhängigkeiten und Führungsrollen. Die Beschäftigung mit der Gruppendynamik soll die Verständigung zwischen den Mitgliedern verbessern und damit auch die Leistungsfähigkeit einer Gruppe erhöhen.

Gruppentherapie, psychotherapeutische Behandlungsmethode, bei der Menschen unter Anleitung eines Therapeuten lernen sollen, in einer Gruppe über ihre Probleme zu reden, Vertrauen aufzubauen und die Hilfe anderer anzunehmen. Die Gruppentherapie eignet sich z. B. zum Abbau sozialer Ängste.

Guru, *der* [Sanskrit ›ehrwürdiger Lehrer‹], in Indien der geistliche Führer hinduistischer Religionsgemeinschaften; allgemein auch ein Idol, jemand, der von seiner Anhängerschaft verehrt wird.

Habermas, Jürgen deutscher Sozialphilosoph (* 1929), der sich in seinen zahlreichen Schriften vor allem mit der Begründung und Regelung der politischen Entscheidungsverfahren in bürgerlich-liberalen Gesellschaften beschäftigt, wobei er in der Tradition des Marxismus die unterschiedlichen Chancen der Menschen aufgrund sozialer und ökonomischer Ungleichheit berücksichtigt.

Hackordnung, in Tiergesellschaften die Rangordnung der einzelnen Tiere, z. B. bei Hühnern. Der Begriff kann auch auf das menschliche Zusammenleben übertragen werden.

Halluzination, *die* [lateinisch] Sinnestäuschung, bei der jemand glaubt, eine Wahrnehmung gemacht zu haben, ohne dass dies tatsächlich möglich war. Halluzinationen können u. a. durch Drogen und mangelnde Ernährung hervorgerufen werden.

Heterosexualität, die Ausrichtung des sexuellen Interesses eines Menschen auf das jeweils andere Geschlecht.

Hierarchie, *die* [griechisch ›heilige Herrschaft‹], in der Soziologie Bezeichnung für die Rangordnung innerhalb einer Gruppe, wobei die jeweils Ranghöheren über mehr Macht, z. B. Entscheidungsbefugnisse, und Autorität verfügen.

Hippies [zu amerikanisch hip ›eingeweiht‹], eine Mitte der 1960er-Jahre zunächst in den USA aufgekommene Jugendbewegung, die unter dem Motto ›love and peace‹ (Liebe und Frieden) passiv-friedlich gegen die Werte der Leistungs- und Konsumgesellschaft protestierte und mit ihrer Musik, durch Drogenkonsum und ein offenes Liebesleben bürgerliche Tabus brechen wollte.
➕ Das Symbol der Hippies war die Blume. Der Protest der ›Blumenkinder‹ wurde deshalb auch als ›Flowerpower‹ bezeichnet.

Homo erectus [lateinisch ›aufgerichteter Mensch‹], die frühen Vorfahren der Gattung Mensch, die vor 1,5 Millionen bis 30 000 Jahren lebten. Sie besaßen einfache Steinwerkzeuge, verfügten über das Feuer und kannten vermutlich eine gesprochene Sprache.

Homo faber [lateinisch ›der Mensch als Verfertiger‹], beschreibt als feststehender Begriff, dass der Mensch sein Überleben mithilfe von Techniken (z. B. Werkzeugen) sichert und dadurch seine Umwelt verändert.

Homo sapiens [lateinisch ›wissender Mensch‹], in der Biologie Bezeichnung für die heutige Form der Menschen, im Gegensatz zu seinen Früh- oder Vorformen (z. B. Cro-Magnon-Mensch, Neandertaler). Der erste Homo sapiens lebte vor rund 120 000 Jahren.

Homosexualität, die Ausrichtung des sexuellen Interesses eines Menschen auf Menschen des jeweils gleichen Geschlechts; homosexuelle Beziehungen zwischen Frauen werden auch als lesbische Liebe bezeichnet.

Indianer Diese Indianerin aus dem Navajo-Stamm lebt, wie etwa die Hälfte der heutigen Indianer der USA, in einer Indianerreservation.

Hypnose, *die* [zu griechisch hypnos ›Schlaf‹], ein Verfahren, mit dessen Hilfe Menschen in einen tranceähnlichen Schlaf versetzt werden, der sie für die Anweisungen des Hypnotiseurs empfänglich macht. Menschen können dadurch z. B. in einer Therapie ihr Unbewusstes zum Sprechen bringen.

Hypochonder, *der* [griechisch], jemand, der zwanghafte Angst davor hat, krank zu sein; eingebildeter Kranker.

Hysterie, *die* [griechisch], Bezeichnung für eine seelische Krankheit oder ein Verhalten, bei dem sich ein psychischer Konflikt in einer körperlichen Erscheinung (Schreikrampf, Lähmung, zeitweiliges Erblinden) äußert, ohne dass es dafür organische Ursachen gibt.

Psychologie, Soziologie, ...   Kan

➕ Sigmund Freud begann seine Untersuchung der seelischen Krankheiten mit Studien zur Hysterie.

Ich, lateinisch Ego, im Allgemeinen das sich selbst bewusste Zentrum des Denkens, Fühlens und Handelns eines Menschen. In der Psychologie Sigmund Freuds ist das Ich eine der insgesamt drei psychischen Instanzen (Ich, Es, Über-Ich) und hat die Aufgabe, zwischen triebhaften Neigungen (Es) und moralischen Ansprüchen (Über-Ich) zu vermitteln.

Identität, die Übereinstimmung einer Person mit sich selbst. Identität bezeichnet den subjektiv empfundenen Zustand der Ausgewogenheit und Beständigkeit des ↑ Ichs, der z. B. durch schmerzhafte Erlebnisse gestört werden und zu Identitätskrisen führen kann.

Ideologie ⇒ Kapitel 3.

Indianer, Sammelbezeichnung für die Ureinwohner Nordamerikas. Die Bezeichnung geht auf Christoph Kolumbus zurück, der bei seiner Landung in Amerika irrtümlich glaubte, Indien erreicht zu haben. Die Zahl der Indianer betrug damals rund 15 Millionen und liegt heute aufgrund der Verfolgung im 19. Jh. und ihrer schlechten sozialen Lage bei weniger als 2 Millionen.
➕ Die Bezeichnung ›Rothäute‹ bezieht sich nicht auf die Hautfarbe, sondern auf die häufig rote Körperbemalung.

Initiation, die [lateinisch ›Einweihung‹], die rituelle Einführung in eine neue Lebensphase oder bestimmte Gruppe durch festgelegte Handlungen (Initiationsriten), wie z. B. Beschneidung, Hochzeitsbräuche oder auch die Regeln bei der Aufnahme in einen Geheimbund.

Intellektuelle, Menschen, die aufgrund ihrer (meist akademischen) Bildung und ihrer geistigen Tätigkeit eine herausragende Stellung in der Gesellschaft einnehmen, z. B. Wissenschaftler, Schriftsteller, Künstler.

Intelligenzquotient, Abkürzung **IQ**, Maß für die geistige Leistungsfähigkeit eines Menschen nach der Formel: Intelligenzalter zu Lebensalter mal 100; dabei entspricht ein Wert von 100 einem durchschnittlichen IQ. Allerdings kann der IQ nur bedingt zuverlässig durch Intelligenztests ermittelt werden.

Introversion, *die* [lateinisch ›Wendung nach in-

Intelligenzquotient	
IQ	**Intelligenz**
über 140	hervorragend (›genial‹)
120–139	sehr gut (›talentiert‹)
110–119	gut (›intelligent‹)
90–109	mittelmäßig (›normal begabt‹)
80–89	gering (›lernbehindert‹)
70–79	sehr gering (›geistig behindert‹)
unter 69	äußerst gering (›debil‹)

nen‹], die Haltung eines Menschen, dessen Aufmerksamkeit vor allem auf die eigene Innenwelt gerichtet ist und der deshalb verschlossen wirkt. Den Gegensatz bildet Extraversion.

Inzest, *der* [lateinisch ›Blutschande‹], Bezeichnung für eine sexuelle Beziehung zwischen engen Verwandten, z. B. zwischen Vater und Tochter oder zwischen Geschwistern. Ein Verbot von Inzestbeziehungen (Inzesttabu) findet sich in fast allen Gesellschaften.

Jäger-und-Sammler-Gesellschaften, Naturvölker auf einfachster Wirtschaftsstufe, bei der in der Regel die Männer der Jagd nachgehen, die Frauen Nahrungsmittel (Früchte, Pflanzenteile, Eier, Insekten u. a. Kleintiere) sammeln. Erst vor etwa 10 000 Jahren ermöglichten Ackerbau und Viehzucht ein sesshaftes Leben; heute leben noch wenige Gruppen, zumeist am Rande von Wüsten oder im tropischen Regenwald, als Jäger und Sammler.

Jung, Carl Gustav schweizerischer Psychologe (* 1875, † 1961), Schüler von Sigmund Freud. Jung sah in Männern ein weibliches Prinzip (anima) und in Frauen ein männliches Prinzip (animus) wirken, unterschied Persönlichkeitsformen nach Introversion und Extraversion und ging von einem kollektiven, das heißt allen Menschen gemeinsamen Unbewussten aus, das sich in Symbolen und Archetypen, z. B. im Traum, zeige.

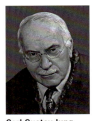
Carl Gustav Jung

Kannibalismus, *der* der Verzehr von Menschenfleisch durch Menschen, beruht als Ritual bei Naturvölkern auf dem Glauben, z. B. durch das Essen des Herzens die eigene Tapferkeit und Kraft zu stärken. Davon zu unterscheiden ist der Kannibalismus infolge extremer Hungersnot.

375

Kaste, Bezeichnung für eine bestimmte, von anderen abgegrenzt lebende soziale Gruppe. Eine Kastenordnung existierte z. B. in Indien, wo durch Geburt die Zugehörigkeit zu einer bestimmten Kaste festgelegt war, was z. B. über Möglichkeiten der Berufswahl oder der Eheschließung entschied.

> **KASTE**
>
> Ursprünglich gab es in Indien vier Hauptkasten:
> **Brahmanen,** Priester
> **Kschatrija,** Krieger
> **Waischja,** Bauern und Handwerker
> **Schudra,** Knechte
> Außerhalb dieser Kasten befindet sich die Masse der rechtlosen Parias.

Kavaliersdelikt, eine nach dem Gesetz kriminelle Handlung, die innerhalb bestimmter Gesellschaftsschichten oder Gruppen aber nicht als unehrenhaft gilt.
⊕ So gilt z. B. Steuerhinterziehung bei manchen als Kavaliersdelikt.

Kinsey, Alfred Charles ['kɪnzɪ], amerikanischer Zoologe und Sexualforscher (* 1894, † 1956), veröffentlichte u. a. den ›Kinsey-Report‹ (1948 und 1953), eine Untersuchung zum Sexualverhalten der US-Amerikaner.
⊕ Die Liberalisierung der Sexualmoral in der westlichen Welt seit den 1960er-Jahren geht u. a. auf die Forschungen Kinseys zurück.

Klasse, bezeichnet in der Soziologie eine Gruppe von Menschen mit ähnlichem Lebensstandard und Bildungsgrad. Wenn die Mitglieder dieser Gruppe ein Zusammengehörigkeitsgefühl und ein gemeinsames Bewusstsein ihrer Stellung innerhalb der Gesellschaft entwickeln, spricht man von Klassenbewusstsein.
Aus marxistischer Sicht sind Gesellschaften, die auf dem Privatbesitz der Produktionsmittel beruhen, dadurch in mehrere Klassen geteilt (Klassengesellschaften), wobei zwischen den beiden wichtigsten ein Klassenkampf um die Macht geführt wird.

Der ›kleine Unterschied‹ und seine großen Folgen, Streitschrift der feministischen Autorin Alice Schwarzer (* 1942), erschienen 1975. Das Buch, das die Benachteiligung der Frauen in der Gesellschaft aufzeigt und kritisiert, wurde zu einem Anstoß für die neue Frauenbewegung.

Kleptomanie, *die* [zu griechisch kleptein ›stehlen‹], ein psychisch bedingter, zwanghafter Drang zum Stehlen ohne Bereicherungsabsicht.

kognitive Entwicklung, die Entwicklung bestimmter, für das Lernen wichtiger Voraussetzungen und Fähigkeiten beim Kind, z. B. Sprache, räumliches Vorstellungsvermögen.

Kommunikation, *die* [lateinisch ›Mitteilung‹, ›Unterredung‹], der Austausch von Informationen zwischen zwei Partnern durch Zeichen aller Art (Worte, Symbole, Körperhaltung, Mimik usw.). Kommunikation findet z. B. in einem Gespräch zwischen zwei Menschen statt.

Komplex, *der* [lateinisch ›Verknüpfung‹], in der Psychologie die Verbindung bereits gemachter Erfahrungen und Empfindungen zu einer Vorstellung. Diese bestimmt in der Folge (häufig unbewusst) das Bild, das jemand von sich selbst hat und anderen durch sein Verhalten vermittelt. So mag ein Mensch mit einem Minderwertigkeitskomplex niemals die Erfahrung machen, als gleichwertig anerkannt zu werden, weil sein Selbstbild und seine Wahrnehmung durch das Gefühl der Minderwertigkeit geprägt sind und er Reaktionen anderer dementsprechend falsch einschätzt.

Konditionierung, in der Lernpsychologie das Antrainieren bestimmter Verhaltensweisen als Antwort auf bestimmte Signale durch Belohnung oder Strafe.
⊕ Das bekannteste Experiment zur Konditionierung wurde mit ›Pawlows Hunden‹ durchgeführt; dabei wurde zunächst vor dem Verteilen des Futters eine Glocke geläutet, nach kurzer Zeit reagierten die Hunde auf den Ton der Glocke (Signal) wie sonst nur auf den Geruch des Futters mit vermehrter Speichelproduktion (konditionierter Reflex).

Konformismus, *der* [zu lateinisch conformis ›gleichförmig‹], das Verhalten eines Menschen, der sich den Maßstäben und Meinungen der Mehrheit anpasst, um nicht aufzufallen, keine Nachteile zu erleiden oder sich stark zu fühlen.

Korruption, *die* [zu lateinisch corrumpere ›verderben‹], Vorgang, bei dem politische oder behördliche Entscheidungen nicht nach sachlichen Gesichtspunkten getroffen werden, sondern danach, wie sich für die Beteiligten persönlich der größte Gewinn erzielen lässt.

Kultur, *die* [lateinisch ›Pflege‹ (von Geist und Körper)], Begriff, der die Vorstellungen, Tätigkeiten, Gegenstände und Organisationsformen umfasst, die von den Menschen hervorgebracht werden und nicht einfach in der Natur vorhanden sind. Dabei werden materielle Kultur (Werkzeuge, Gebäude, Fahrzeuge) und ideelle Kultur (Sprache, Religion, Kunst) unterschieden.

Latenzperiode, in der Psychoanalyse die zwischen dem Abschluss der frühkindlichen Sexualentwicklung und dem Einsetzen der Pubertät, also zwischen dem 6. und etwa 10./12. Lebensjahr, liegende Zeit, in der der Sexualtrieb eine untergeordnete Rolle spielt.

Lernen, der Erwerb, die Aneignung von Kenntnissen oder die Übernahme eines neuen Verhaltens aufgrund gemachter Erfahrungen.

lesbische Liebe, die sexuelle Beziehung zwischen zwei Frauen (↑ Homosexualität).

Lévi-Strauss, Claude Gustave [levi'stro:s], französischer Ethnologe und Kulturphilosoph (* 1908), übertrug sprachwissenschaftliche Methoden auf die Erforschung außereuropäischer, vorindustrieller Kulturen und vertritt die Gleichrangigkeit des ›wilden Denkens‹ mit dem europäisch-zivilisierten.

Libido, *die* [lateinisch ›Lust‹, ›Begierde‹], in der Psychoanalyse die psychische Energie der Triebe, die auf Lustgewinn zielen, z. B. des Sexualtriebs.

Lorenz, Konrad österreichischer Verhaltensforscher (* 1903, † 1989), erforschte vor allem die Zusammenhänge zwischen natürlichen (angeborenen) Anlagen und Umwelteinflüssen bei Tieren. Besonders bekannt wurden seine Untersuchungen an Graugänsen.
➕ 1973 erhielt Lorenz den Nobelpreis für Medizin.

Luhmann, Niklas deutscher Soziologe (* 1927, † 1998), bedeutender Vertreter der Systemtheorie, der vor allem das Verhältnis zwischen bestimmten Teilbereichen der Gesellschaft (z. B. Rechtssystem, Massenmedien) und der Gesellschaft als Ganzem untersucht.

Lustprinzip, in der Psychoanalyse die Gesamtheit der psychischen Aktivitäten, die darauf zielen, Lust zu gewinnen und Unlust zu vermeiden.

Magie, *die* [griechisch ›Zauberei‹], Sammelbezeichnung für bestimmte, meist symbolische oder ritualisierte Handlungen und Praktiken, mit deren Hilfe Menschen versuchen, ihre Umwelt in ihrem Sinne zu beeinflussen und zu verändern, ohne dass zwischen den Mitteln und Zwecken ein im modernen naturwissenschaftlichen Sinn verstandenes Ursache-Wirkung-Verhältnis besteht.

Mainstream, *der* ['meɪnstriːm; englisch ›Hauptstrom‹], die in einer Gesellschaft oder Gruppe oder zu einer bestimmten Zeit vorherrschende Meinung, Tendenz oder das, was dem durchschnittlichen Geschmack der Mehrheit entspricht.

Manie, *die* [griechisch mania ›Raserei‹], allgemein jede Art von Raserei oder Wahn, bezeichnet auch den inneren Zwang, etwas Bestimmtes zu tun; in der Psychologie ein Zustand heftiger seelischer, körperlicher Erregung, der durch übersteigerte Heiterkeit, Betätigungsdrang und Selbstüberschätzung gekennzeichnet ist, wie z. B. beim Größenwahn.

Manipulation, die verdeckte Lenkung oder Beeinflussung eines Menschen, oft mit dem Ziel, gegen seine eigenen Interessen zu handeln. Eine extreme Form der Manipulation ist die Gehirnwäsche.

manische Depression, eine Gemütskrankheit, die dadurch gekennzeichnet ist, dass Zeiten der Manie (im Sinne von Hochstimmung) und Zeiten der Depression (Niedergeschlagenheit) einander ablösen.

Mannheim, Karl deutscher Soziologe ungarischer Herkunft (* 1893, † 1947), begründete die soziologische Erforschung der Welt- und Gesellschaftsbilder sowie der Wissensvorräte der verschiedenen gesellschaftlichen Gruppen (Wissenssoziologie).

Masochismus, psychisch-sexuelle Einstellung, bei der sexuelle Lust nur durch das Erleiden von Misshandlungen und körperlichen Schmerzen erfahren werden kann.
➕ Der Begriff geht auf eine Schrift von 1870 des österreichischen Schriftstellers Leopold Ritter von Sacher-Masoch (* 1836, † 1895) zurück.

Massenmedien, diejenigen Medien (Vermittler von Informationen), die sich wie Hörfunk, Fernsehen, Film oder Zeitung an ein großes, im Einzelnen nicht überschaubares (Massen-)Publikum wenden.

Matriarchat, *das* [griechisch-lateinisch ›Mutterherrschaft‹], Gesellschaftsordnung, in der die Frau (besonders die Mutter) eine hervorragende Stellung einnimmt.

Mead, George Herbert [miːd], amerikanischer Philosoph und Sozialpsychologe (* 1863, † 1931), begründete den ›symbolischen Interaktionismus‹, eine sozialpsychologische Forschungsrichtung, die davon ausgeht, dass der Mensch seine Umwelt über Symbole (z. B. Sprache, Handlungen) kennen lernt und auf diese reagiert und es im Verlauf dieser Wechselbeziehung zur Ausbildung von Identität und zur Übernahme sozialer Rollen kommt.

Melancholie Albrecht Dürer bestimmte die geflügelte ›Melancholia‹ (1514), die Gemütsverfassung, die als Quelle genialer geistiger Leistungen angesehen wurde, allegorisch durch ihre Attribute: Das Zahlenquadrat dient zu magisch-gnostischen Heilsspekulationen, das Lamm verheißt Erlösung auf dem Weg des Wissens.

Melancholie, *die* [griechisch, eigentlich ›Schwarzgalligkeit‹], Gemütsstimmung, die durch Gleichgültigkeit, Traurigkeit und Schwermut gekennzeichnet ist.

Melting Pot, *der* [englisch ›Schmelztiegel‹], aus den USA stammende Bezeichnung für eine Stadt oder Region, in der Menschen verschiedener Herkunftsländer zusammenleben und sich dabei gegenseitig so beeinflussen, dass es zur Annäherung der Lebensweise kommen kann.

Messie [zu englisch mess »unaufgeräumt«] *der,* ein Mensch, dem es aus verschiedenen Gründen schwerfällt, in seinem privaten Wohnbereich (dauerhaft) eine äußere »Grundordnung« herzustellen und/oder aufrechtzuerhalten, sodass dieser in den Augen anderer oft »chaotisch« wirkt.

Midlifekrise [mɪdˈlaɪf...; englisch], krisenhafte Phase etwa in der Mitte des Lebens, in der sich Menschen kritisch mit ihrem bisherigen Leben auseinandersetzen, bestehende Verbindungen abbrechen und eine Neuorientierung suchen.

Migration, *die* [lateinisch ›Wanderung‹], die Wanderungsbewegungen von Menschen und sozialen Gruppen, die ihre Heimat verlassen (Emigration) oder auf Dauer in ein anderes Land einwandern (Immigration). Unterschieden werden im Allgemeinen innergesellschaftliche Migration (Binnenmigration) von zwischengesellschaftlicher bzw. zwischenstaatlicher und Überseemigration (Außenmigration).

Mill, John Stuart englischer Philosoph (* 1806, † 1873), forderte für die Sozialwissenschaften die Übernahme naturwissenschaftlich exakter Methoden, vor allem die Anbindung der Theorie an die Erfahrung und an die vorhandenen Tatsachen (Positivismus).

Mitscherlich, Alexander deutscher Psychoanalytiker (* 1908, † 1982), beschäftigte sich vor allem mit den Problemen von Identität und Krankheit unter den Bedingungen der Industriegesellschaft und mit den sozialpsychologischen Folgen des Nationalsozialismus.

Mobilität [zu lateinisch mobilis ›beweglich‹], Begriff aus der sozialwissenschaftlichen Fachsprache, der zum einen die räumliche Bewegung des Menschen (z. B. Umzug in eine andere Stadt, Auswanderung, Pendeln, Reisen) und zum anderen die Veränderung seiner Stellung innerhalb der Gesellschaft (z. B. sozialer Auf- und Abstieg) bezeichnet.

Monogamie, *die* [griechisch ›Einehe‹], das eheliche Zusammenleben eines Mannes und einer Frau im Gegensatz zur Bigamie (Doppelehe) und Polygamie (Vielehe).

Montessori, Maria italienische Ärztin und Pädago-

Psychologie, Soziologie, ...

gin (* 1870, † 1952), beschäftigte sich vor allem mit den Möglichkeiten der Förderung der geistigen Entwicklung von Kindern durch den Einsatz bestimmter Spielzeuge. Die ›Montessori-Kindergärten‹ arbeiten noch heute mit dem von ihr entwickelten Anschauungsmaterial, das sich vor allem für die Förderung geistig zurückgebliebener Kinder eignet. 1907 übertrug sie ihre Methode auf normal begabte Kinder; die ›Montessori-Schulen‹ sind heute international anerkannt.

motorische Entwicklung, die Entwicklung der körperlichen Fähigkeiten und Bewegungsabläufe beim Heranwachsen des Kindes, z. B. Greifen, Sitzen, Gehen oder Turnen.

multikulturelle Gesellschaft, eine Gesellschaft, in der Menschen zusammenleben, die unterschiedlichen Kulturen, Religionen und Sprachgemeinschaften angehören und deshalb unterschiedliche Lebensgewohnheiten haben, ohne dass sie sich zwangsläufig zu einer gleichartigen Gesellschaft entwickeln müsste. Zur multikulturellen Gesellschaft gehört die Forderung, dass die verschiedenen Gruppen gegenseitig Toleranz und Anerkennung üben.

Mythologie ⇒ Kapitel 9.

Narzissmus, zunächst die auf den eigenen Körper und die eigene Person gerichteten erotischen Regungen, im weiteren Sinn die Selbstliebe.
➕ Der Begriff geht auf die Gestalt des ↑ Narziss (Kapitel 9) in der griechischen Mythologie zurück.

Neandertaler, eine altsteinzeitliche Menschenform, die zwischen 300 000 und 40 000 v. Chr. weite Teile der Alten Welt besiedelte. Die Neandertaler waren Sammler und Jäger. Die neuere Forschung sieht in ihnen nicht die direkten Vorfahren des heutigen Menschen, sondern die Vertreter einer ausgestorbenen Seitenlinie.
➕ Der Name bezieht sich auf das Neandertal bei Düsseldorf, in dem 1856 die ersten Knochen gefunden wurden. ℹ️

Nell-Breuning, Oswald von katholischer Theologe und Sozialwissenschaftler (* 1890, † 1991), begründete die katholische Soziallehre, die sich um reformerische Lösungen der sozialen Frage bemüht.

Nepotismus, *der* [zu lateinisch nepos ›Enkel‹, ›Neffe‹], umgangssprachlich auch Vetternwirtschaft, die Bevorzugung von Verwandten oder Freunden bei der Vergabe von Stellen oder sonstigen Zuwendungen.

Neurose, *die* [zu griechisch neuron ›Nerv‹], Sammelbezeichnung für psychische Störungen des Erlebens und Verhaltens, die ohne erkennbare körperliche Ursache auftreten, die aber meist auf einschneidende Erfahrungen im Lebenslauf der Betreffenden zurückgeführt werden können.

Nomaden, Gesellschaften oder Menschengruppen, die ihre Herden im Familienverband mitsamt dem Hausrat auf ständiger Wanderschaft zu unterschiedlichen Weiden begleiten.

nonverbale Kommunikation, der Austausch von Informationen ohne eine gesprochene Sprache, also z. B. durch Blicke, Körperhaltung, Gesichtsmimik oder Gesten.

Nymphomanie, *die* [zu griechisch nymphe ›Klitoris‹], abnorm gesteigerter Geschlechtstrieb bei Frauen.

Obsession, *die* [lateinisch ›Belagerung‹], eine Vorstellung, von der jemand zwanghaft besessen ist, Zwangsvorstellung.
➕ Eine Obsession ist z. B. die Verfolgungsangst.

Obszönität, eine Äußerung, Darstellung oder Handlung, die das in einer Gesellschaft vorhandene Scham- und Sittlichkeitsempfinden verletzt. Im Einzelfall ist die Obszönität eines Sachverhalts häufig umstritten, z. B. in Bezug auf Pornografie oder auf Darstellungen in der Kunst.

Ödipuskomplex, umstrittenes Modell aus der Psychoanalyse Sigmund Freuds. Danach gibt es in der Entwicklung von Jungen eine Zeit, die von dem Wunsch nach einer sexuellen Beziehung mit der

---

ℹ️ **NEANDERTALER**

Die Neandertaler verfügten über eine recht hoch entwickelte Werkzeugtechnik, die nach der Fundstelle Le Moustier in der Dordogne als ›Moustérien‹ bezeichnet wird. Sie ist durch eine Reihe von spezialisierten, gut bearbeiteten Steinwerkzeugen charakterisiert, die als Messer, Spitzen und Schaber dienten. Ihre Anfänge reichen mehr als 150 000 Jahre zurück, die jüngsten Zeugnisse sind knapp 30 000 Jahre alt.

Mutter und einem Rivalitätsgefühl gegenüber dem Vater geprägt ist.
🟠 Der Name bezieht sich auf die Gestalt des ↑ Ödipus in der griechischen Mythologie (Kapitel 9).

orale Phase [zu lateinisch os ›Mund‹], in der Psychoanalyse die erste Phase der menschlichen Sexualentwicklung, zwischen der Geburt und dem ersten Lebensjahr, in der der Mund als Zentrum der Nahrungsaufnahme auch den Mittelpunkt des Lustempfindens und der Welterfahrung bildet.

Organisation, der Aufbau oder die innere Ordnung eines größeren Ganzen. Durch Organisation werden z. B. die Verteilung der Entscheidungsbefugnisse, die Arbeitsaufteilung und die Weitergabe von Informationen geregelt.
🟠 Organisationen wie Parteien, Verbände und Gewerkschaften stellen das Bindeglied zwischen dem Einzelnen und der Gesellschaft dar.

Pädagogik, *die* [griechisch ›Kinderführung‹], die Gesamtheit aller Handlungen, die die ↑ Erziehung betreffen, sowie die diesen Handlungen zugrunde liegenden Theorien (Erziehungswissenschaft).

Päderast, *der* [griechisch ›Knaben Liebender‹], ein Mann, dessen erotisch-sexuelle Orientierung auf Jungen, besonders vor und in der Pubertät, gerichtet ist.

Paranoia, *die* [griechisch ›Wahnsinn‹], Geistesstörung, die dadurch gekennzeichnet ist, dass jemand ein in sich schlüssiges Wahnsystem aufgebaut hat, daneben aber scheinbar völlig realitätsbezogen handelt.
🟠 Eine Form der Paranoia ist z. B. der religiöse Wahn, also wenn jemand glaubt, der Erlöser der Welt zu sein.

Parapsychologie, die Erforschung von übersinnlichen Erscheinungen mithilfe moderner naturwissenschaftlicher Methoden. In das Gebiet der Parapsychologie fällt u. a. die Erforschung von Geistererscheinungen, Hellsehen und Telepathie.

Parkinson-Gesetz [ˈpɑːkɪnsn -], von dem britischen Historiker Cyril Parkinson (* 1909, † 1993) aufgestellte ironische Regel über das Wachstum der Bürokratie: Die bürokratische Arbeit in Behörden und Unternehmen wird so lange ausgedehnt, bis sie die zur Verfügung stehende Zeit ausfüllt. Daraus folgt, dass die Verwaltungen sich zunehmend mit sich selbst beschäftigen und die Arbeit immer komplizierter und ineffizienter wird.

Auf dem Gut ›Neuhof‹ bei Birr (Kanton Aargau) machte **Heinrich Pestalozzi** zum ersten Mal den Versuch, seine pädagogischen Überlegungen in einer ›Erziehungsanstalt für arme Kinder‹ in der Praxis anzuwenden.

Parsons, Talcot [ˈpɑːsnz], amerikanischer Soziologe (* 1902, † 1979), untersuchte die Formen, Wirkungen und Regeln des menschlichen Handelns, insbesondere in bestimmten Bereichen (Systemen) der modernen Industriegesellschaft.

Patriarchat, *das* [griechisch ›Väterherrschaft‹], eine Gesellschaftsform, in der der Mann eine bevorzugte Stellung in Staat und Familie innehat und in der die männliche Linie bei der Erbfolge und der sozialen Stellung ausschlaggebend ist.

Pawlows Hunde, sprichwörtlich gewordene Bezeichnung für die Versuchstiere, mit denen der russische Physiologe Iwan Petrowitsch Pawlow (* 1849, † 1936) den Vorgang der ↑ Konditionierung erforschte.

Peergroup, *die* [ˈpɪəɡruːp; englisch], aus der Jugendsoziologie stammender Begriff für die Gruppe der Gleichaltrigen, die nach der Pubertät zunehmend die Stelle der Familie bei Fragen der Orientierung ablöst und so einen wichtigen Bezugsrahmen für Jugendliche darstellt.

Penisneid, nach Sigmund Freud ein Stadium in der Sexualentwicklung des Mädchens, in dem das ›Fehlen‹ des Penis als Benachteiligung erlebt werde.
🟠 An der Idee des Penisneids wird vor allem kritisiert, dass diese die unterschiedliche Bewertung der Geschlechter als naturgegeben darstellt.

Pestalozzi, Johann Heinrich schweizerischer Pädagoge und Sozialreformer (*1746, †1827), auf den die Forderung nach einer ›Volksschule‹ zurückgeht, die allen Menschen ein gewisses Maß an Bildung ermöglichen soll. Pestalozzi schuf damit die Grundlage für eine Einführung der Schulpflicht für Kinder. Seine Überlegungen waren maßgeblich für die Entwicklung des Erziehungs- und Bildungswesens in vielen Ländern Europas.

Peterprinzip, ein Grundsatz, mit dem der kanadische Bildungsforscher Laurence J. Peter (*1919, †1990) das Auftreten von Unfähigkeit in der Berufswelt erklärt: ›In einer (Büro-)Hierarchie besteht die Tendenz, dass jeder Angestellte so lange aufsteigt, bis er eine Stufe erreicht hat, für die er nicht mehr kompetent ist.‹

Phallussymbol, ein Zeichen, das durch sein Aussehen an das erigierte männliche Glied (Phallus) erinnern soll und in vielen kulturellen und kultischen Handlungen u. a. auf Fruchtbarkeit und Kraft verweist.
➕ In der psychoanalytischen Traumdeutung gelten z. B. Kirchtürme oder Bleistifte als Phallussymbole und werden als Hinweis auf sexuelles Verlangen verstanden.

Phobie, *die* [zu griechisch phobos ›Furcht‹], in der Psychologie Bezeichnung für eine unangemessene, unbegründbare Angst vor bestimmten Tieren, Gegenständen oder Situationen.
➕ Bekannte Beispiele sind die Agoraphobie (Platzangst), die Klaustrophobie (Furcht vor Aufenthalten in geschlossenen Räumen) oder die Arachnophobie (Angst vor Spinnen). Und wer Angst vor Menschen hat, leidet unter Sozio- oder Anthropophobie.

Piaget, Jean [pjaˈʒɛ], schweizerischer Psychologe (*1896, †1980), beschäftigte sich mit der frühkindlichen Entwicklung. Seine Untersuchungen zur kognitiven Entwicklung und zur Moralentwicklung bei Kindern beeinflussten auch die Pädagogik.

Pillenknick, der zu Anfang der 1960er-Jahre in der Bevölkerungsstatistik feststellbare Geburtenrückgang als Folge der Einführung und wachsenden Verbreitung der ›Antibabypille‹.

Pluralismus, bezeichnet in der Soziologie die rechtlich verankerte Möglichkeit der Vielfalt von Meinungen und Interessen, wie z. B. Religionszugehörigkeit oder politische Haltung, innerhalb einer demokratischen Gesellschaft.

Polygamie, *die* [griechisch ›Vielehe‹], eine Form der Ehe, in der entweder ein Mann mit mehreren Frauen (Polygynie) oder eine Frau mit mehreren Männern (Polyandrie) zur gleichen Zeit verheiratet ist.
Polygamie ist heute in den meisten Staaten verboten und strafbar.

Pornografie, *die* [griechisch, eigentlich ›Hurenbeschreibung‹], die Darstellung oder Beschreibung sexueller Handlungen mit dem Ziel, einen Menschen sexuell zu erregen.

postindustrielle Gesellschaft, eine Gesellschaftsform, die nach Meinung verschiedener Soziologen und Zukunftsforscher auf die Industriegesellschaft folgt. Entscheidend ist, dass in der postindustriellen Gesellschaft nicht mehr die Industrie, sondern der Dienstleistungsbereich das wichtigste Tätigkeitsfeld ist (Dienstleistungsgesellschaft) und dass dabei die Kommunikationsmedien eine zentrale Rolle spielen (Informationsgesellschaft).
➕ Japan, die USA und Westeuropa sind auf dem Weg zur postindustriellen Gesellschaft.

Proletariat, seit dem 19. Jh. die armen Schichten einer Gesellschaft, deren Arbeitsertrag z. B. als Lohnarbeiter bestenfalls das Überleben sichert, keinesfalls aber die Chance bietet, reich zu werden oder sozial aufzusteigen.
Im alten Rom war der ›proletarius‹ ein Bürger der untersten Klasse, dessen einziger Besitz seine Nachkommen (lateinisch: proles) waren.
➕ Im Marxismus stellt das Proletariat die Klasse dar, die die Revolution und die sozialistische Gesellschaftsordnung herbeiführen sollte.

Prostitution, *die* [lateinisch], der Verkauf sexueller Handlungen gegen Geld oder ähnliche Gegenleistungen.
➕ Prostitution als anerkanntes Gewerbe gab es schon bei den Kulturvölkern des Altertums. In Griechenland richtete Solon 594 v. Chr. Staatsbordelle ein, in denen Sklavinnen für einen Einheitspreis von einem Obolus ihre Dienste anboten. Für die oberen Gesellschaftsschichten gab es die angesehenen Hetären, die mit ihren Gästen vor allem gebildete Gespräche führten.

Psyche, *die* [griechisch ›Seele‹], die Gesamtheit

der bewussten und unbewussten inneren Antriebe des Menschen im Gegensatz zum Körper.

Psychiatrie, *die* [griechisch], der Teilbereich der Medizin, der sich mit der Erforschung und Behandlung psychischer Krankheiten befasst, sofern dabei von körperlichen Ursachen, z. B. im Gehirn, im Blutkreislauf oder im Nervensystem, ausgegangen werden kann. Im Gegensatz zur ↑ Psychotherapie werden bei einer psychiatrischen Behandlung auch Medikamente, wie z. B. Beruhigungsmittel oder Antidepressiva, verabreicht.

Psychoanalyse, die von Sigmund Freud begründete Behandlungsmethode seelischer Krankheiten, bei der davon ausgegangen wird, dass bestimmte frühkindliche Erfahrungen und Verletzungen, vor allem innerhalb der Sexualentwicklung, die Grundlage der psychischen Störungen bilden. Durch ausführliche Gespräche, mithilfe der Traumdeutung und der freien Gedankeneinfälle sollen die verdrängten Erlebnisse aufgespürt und Erfahrungen bewusst gemacht werden, um durch beherrschtes Umgehen mit ihnen Heilung zu ermöglichen.

> **Psychoanalyse**
> ›Es gibt keinen einzigen namhaften Menschen in Europa auf allen Gebieten der Kunst, der Forschung und der Lebenskunde, dessen Anschauungen nicht direkt oder indirekt durch Freud beeinflusst worden wären.‹
> Stefan Zweig über die Wirkung von Sigmund Freuds Psychoanalyse

Psychologie, *die* die Erforschung und Beschreibung des menschlichen Verhaltens, Denkens und Fühlens und der zugrunde liegenden inneren Vorgänge und Gesetzmäßigkeiten. Bereits die alten Kulturen sammelten zahlreiche Beobachtungen, um die innere Verfassung des Menschen besser zu verstehen. Die moderne Psychologie befasst sich einerseits mit den Gefühlen und inneren Erlebniswelten des Menschen, andererseits mit der Erforschung der zugrunde liegenden körperlichen Vorgänge, z. B. Gehirnströme und Nervenspannung.

Psychopathologie, Teilbereich der Psychiatrie, der sich mit der Erkennung und Beschreibung krankhafter Erlebnis-, Erfahrungs- und Handlungsweisen (z. B. Halluzinationen, Wahnvorstellungen, Depressionen, Angst) beschäftigt.

Psychose, *die* dauerhafte seelische Störung, die auf eine körperliche Erkrankung (z. B. des Gehirns) oder auf eine frühkindliche seelische Verletzung zurückzuführen ist. Äußere Merkmale sind z. B. nervöses Zucken, Angstschweiß und bestimmte Sprachfehler.

psychosomatische Krankheiten, körperliche Leiden, die auf eine seelische Störung oder eine nicht bewältigte psychische Belastung des Betroffenen zurückgeführt werden können; sie müssen psychotherapeutisch behandelt werden.
✚ So gilt z. B. Stress als begünstigender Faktor für das Entstehen bestimmter Erkrankungen des Herzens oder des Magen-Darm-Traktes.

Psychotherapie, auf der Grundlage der Psychologie entwickelte Verfahren zur Heilung seelischer Krankheiten. Psychoanalyse, Verhaltenstherapie und Gruppentherapie sind verschiedene Formen der Psychotherapie, die alle versuchen, durch Erinnerungsarbeit, gezielte Gespräche oder schöpferisches Gestalten die vorhandenen Störungen aufzuspüren und zu heilen.

Pubertät [lateinisch], die Entwicklungsphase des Menschen zwischen Kindheit und Erwachsensein. Das ist die Zeit der geschlechtlichen Reife, die nicht nur zur Fähigkeit führt, sexuelle Beziehungen aufzunehmen, sondern auch die Persönlichkeit vor neue Aufgaben stellt, wie z. B. die Ablösung vom Elternhaus und die zunehmende Übernahme von Erwachsenenrollen.

Pygmäen [zu griechisch pygmaios ›eine Faust

Pygmäen in der Zentralafrikanischen Republik

Psychologie, Soziologie, ...

lang‹], Sammelbezeichnung für verschiedene Völker, deren Angehörige kleiner als 1,50 m sind. Pygmäen gibt es in Afrika, in Indien und auf den Philippinen. Die afrikanischen Pygmäen leben noch heute überwiegend als Jäger und Sammler.

Randgruppe, Menschen, die am gesellschaftlichen Leben nicht oder nur teilweise teilnehmen können, weil sie den herrschenden Maßstäben nicht gerecht werden können. Zu den Randgruppen der modernen Gesellschaft gehören vor allem Obdachlose, Arbeitslose, Drogenabhängige, Prostituierte, Homosexuelle und zum Teil auch Ausländer.

Rangordnung, die Anordnung von Personen in der Hierarchie eines sozialen Systems, wobei die jeweilige Platzierung des Einzelnen durch ein Anerkennungsverhältnis abgesichert wird, aus der sich jeweils bestimmte gesellschaftliche Rechte (z. B. Weisungsbefugnisse), Pflichten (z. B. in der geforderten Lebensführung) und eine dieser Stelle zu erweisende Achtung ergeben.

Rassismus, die Benachteiligung oder Verachtung von Menschen aufgrund ihrer Abstammung. Beispiele für Rassismus sind die Judenverfolgung durch die Nationalsozialisten oder die gesellschaftliche Benachteiligung von Menschen mit schwarzer Hautfarbe.

Rolle, in der Soziologie die Summe von Erwartungen an das Verhalten einer Person aufgrund ihres Geschlechts oder ihrer Funktion und Stellung innerhalb einer Gruppe. So gehört es z. B. zur Rolle des Lehrers, Wissen zu vermitteln. Ein Mensch erfüllt meist mehrere Rollen gleichzeitig, z. B. die des Sohnes, Ehemanns, Vaters, Lehrers.

Rollenkonflikt, eine Situation, in die ein Mensch gerät, wenn die Verpflichtungen aus seinen verschiedenen Rollen miteinander unvereinbar sind. In einem Rollenkonflikt steht z. B. die berufstätige Mutter, die einerseits ihre Arbeit nicht vernachlässigen will und andererseits bei ihrem kranken Kind zu Hause bleiben möchte.

Rorschachtest, von dem schweizerischen Psychiater Hermann Rorschach (* 1884, † 1922) entwickeltes Testverfahren zur Erfassung der gesamten Persönlichkeitsstruktur, bei dem symmetrische Klekstafeln zur Fantasiedeutung vorgelegt werden.

Sadismus, psychosexuelle Einstellung, bei der Lust nur dadurch erfahren werden kann, dass einem anderen Schmerzen zugefügt werden.
🟠 Der Begriff geht auf den französischen Schriftsteller Marquis de Sade (* 1740, † 1814) zurück.

Sanktion, *die* [von lateinisch santio ›Heilung‹, ›Strafandrohung‹], Maßnahme der Bestrafung oder Belohnung, mit deren Hilfe die Gesellschaft oder eine Gruppe sicherstellen will, dass sich ihre Mitglieder an Vorschriften halten und ihre Aufgaben erfüllen.
🟠 Eine Sanktion ist z. B. die Haftstrafe für ein Verbrechen.

Schicht, in der Soziologie eine große Gruppe von Menschen, die innerhalb einer Gesellschaft in bestimmten Merkmalen annähernd übereinstimmen und sich aufgrund eines Bewusstseins dieser Gemeinsamkeiten von anderen Schichten unterscheiden. Merkmale zur Bestimmung der Schichtzugehörigkeit sind z. B. Einkommen, Bildung, Lebensstil.

Selbsthilfegruppen, eine seit den 1970er-Jahren in Erscheinung getretene Form der Lebenshilfe und auch der therapeutischen Behandlung, die darin besteht, dass sich Menschen, die von denselben oder ähnlichen Problemen betroffen sind, zusammenfinden und sich gegenseitig Rat und Hilfe bieten.
🟠 Eine bekannte Selbsthilfegruppe sind die ›Anonymen Alkoholiker‹.

Sexismus, Bezeichnung für die Unterdrückung, Benachteiligung oder Verachtung von Menschen aufgrund ihres Geschlechts, vor allem für die geschlechtsspezifische Benachteiligung von Frauen. Der Begriff entstammt der emanzipatorischen Frauenbewegung und bezieht sich z. B. auf die schlechteren Arbeitsbedingungen von Frauen hinsichtlich Lohnzahlung und Aufstiegschancen.

sexuelle Revolution, die seit den 1960er-Jahren sich durchsetzende Befreiung der menschlichen Sexualität von bestimmten gesellschaftlichen, z. B. christlichen Moralvorstellungen. Folgen der sexuellen Revolution sind z. B. die Straffreiheit homosexueller Beziehungen unter Erwachsenen, der offenere Umgang mit Sexualität in der Öffentlichkeit, z. B. in den Medien.

Simmel, Georg deutscher Soziologe und Philosoph (* 1858, † 1918), untersuchte die Mechanismen der

Gliederung und Steuerung des menschlichen Zusammenlebens, z. B. die Bedeutung des Geldes, und schrieb zahlreiche Abhandlungen zur abendländischen Kunst und Kultur.

Sitten, die je nach Tradition und Kultur unterschiedlichen, in einer Gesellschaft geltenden Verhaltensregeln des Alltags. Beispiele für Sitten sind die Regeln für das Verhalten bei Tisch, Begrüßungs- und Höflichkeitsregeln.

Die skeptische Generation, 1957 erschienene, soziologische Untersuchung von Helmut Schelsky (*1912, †1984), deren Titel zu einem Schlagwort wurde. Das Buch gibt ein Porträt der Jugendgeneration nach dem Zweiten Weltkrieg wieder, die wegen der Verführbarkeit ihrer Eltern durch die Ideen der Nationalsozialisten für sich ein skeptisches Bewusstsein entwickelte.

Skinner, Burrhus Frederic amerikanischer Psychologe (*1904, †1990), der sich aus der Sicht des ↑Behaviorismus vor allem mit der Erforschung menschlicher Lernprozesse beschäftigte. Er untersuchte seine Theorien u. a. mit der ›Skinnerbox‹, einem Kasten, in dem ein Tier, z. B. eine Ratte, die Möglichkeit hatte, sich durch das Bewegen eines Schalters Nahrung zu besorgen. Nachdem dies einmal zufällig geschah, lernte das Tier allmählich, den Schalter immer dann zu betätigen, wenn es Hunger hatte.

Sozialarbeit, Berufe, die den Zweck verfolgen, Menschen zu helfen, die in sozialer Not sind oder aus anderen Gründen, z. B. als Alte, Behinderte, Obdachlose oder Straffällige auf fremde Hilfe angewiesen sind.

soziale Mobilität, der Auf- oder Abstieg von Personen und Gruppen hinsichtlich ihrer gesellschaftlichen Stellung; bezeichnet auch die in modernen Gesellschaften bestehende Möglichkeit, unabhängig von der Herkunft innerhalb eines Lebens z. B. in eine höhere ↑Schicht aufzusteigen.

➕ Der Traum des Tellerwäschers, Millionär zu werden, ist das Urbild sozialer Mobilität.

sozialer Brennpunkt, sozialwissenschaftlicher Begriff, mit dem benachteiligte Wohngebiete, in denen soziale Konflikte und Probleme besonders deutlich zum Ausdruck kommen, bezeichnet werden.

➕ Soziale Brennpunkte sind z. B. bestimmte Stadtviertel, in denen es durch Drogenhandel oder Prostitution häufig zu kriminellen Handlungen kommt.

Sozialisation, der Prozess der Übernahme der in einer Gesellschaft herrschenden Normen, Werte und Verhaltensregeln durch die Heranwachsenden. Der wichtigste Ort der Sozialisation ist die Familie, darüber hinaus beeinflussen aber auch die Schule, der Freundeskreis, Alltagserlebnisse und die Medien die Sozialisation des Kindes.

Sozialplanung, die von den gesellschaftlich relevanten Einrichtungen, z. B. einer Stadtverwaltung, vorgenommene Planung der Aufgaben und Leistungen, die sie gegenüber den Bürgern erbringen sollen. Zur Sozialplanung gehören z. B. die Verkehrsplanung, die Ansiedlung von Industrieunternehmen, das Bereitstellen von Wohnraum und Freizeiteinrichtungen.

Sozialwissenschaften, auch **Gesellschaftswissenschaften,** all jene Wissenschaften, die sich mit der Erforschung oder Gestaltung des menschlichen Zusammenlebens in einer Gesellschaft beschäftigen, z. B. Psychologie, Soziologie, Politikwissenschaft.

Soziologie, die Wissenschaft von den sozialen Beziehungen und der Gesellschaft im Ganzen. Sie beschäftigt sich mit den Vorgängen in sozialen Gruppen, mit dem Aufbau der Gesellschaft in Schichten, mit den Möglichkeiten gesellschaftlicher Entwicklung und den verschiedenen Formen von Gesellschaften.

Status, *der* [lateinisch ›Stand‹], die soziale Stellung eines Menschen in der Gesellschaft, die durch Bildung, Einkommen und Herkunft bestimmt wird, aber auch durch ›Statussymbole‹, wie Haus, Kleidung oder Auto.

Sterbehilfe, ↑Euthanasie.

Stereotyp, *das* ↑Vorurteil.

Stimulus, *der* [lateinisch, eigentlich ›Stachel‹], im Lernmodell des ↑Behaviorismus der Anreiz, der eine Handlung oder Reaktion in Gang setzt. So war die Glocke für Pawlows Hunde ein Stimulus, sich auf das Essen vorzubereiten.

Subkultur, bezeichnet die Gruppen von Menschen, die innerhalb einer Gesellschaft ein eigenes, von der Norm abweichendes Verständnis von Kultur haben, häufig unter Jugendlichen, so z. B. in der Technobewegung.

Sublimierung [zu lateinisch sublimis ›erhaben‹], in der Psychoanalyse der Prozess der Umsetzung von Triebenergie in Kulturarbeit (z. B. künstlerische oder handwerkliche Betätigung), die vor allem dann stattfindet, wenn die unmittelbare Befriedigung der Triebbedürfnisse, z. B. der sexuellen Wünsche, nicht möglich ist oder gesellschaftlich verachtet wird.

Sündenbock ⇒ Kapitel 7.

Symbol, *das* [griechisch ›Kennzeichen‹], eine Geste, ein Zeichen oder eine Sache, die stellvertretend für etwas anderes steht oder darauf verweist. Symbole versinnbildlichen oft einen abstrakten Gedanken und dienen damit der Vereinfachung. Ein christliches Symbol ist z. B. das Kreuz.

Synkretismus, *der* [griechisch ›Vereinigung‹], eine Religion oder Weltanschauung, die aus der Verschmelzung verschiedenartiger Lehren entstanden ist. Der christliche Glaube ist z. B. ein Synkretismus aus jüdischen, orientalischen und hellenistischen religiösen Vorstellungen.

Tabu, *das* [polynesisch], etwas Unantastbares, Unaussprechliches; eine sittliche Schranke. In fast allen Kulturen findet sich z. B. ein ↑ Inzesttabu.

Technokratie, *die* [griechisch ›Herrschaft der Technik‹], meist kritisch gebrauchte Bezeichnung für eine Gesellschaft, in der alle Bereiche den Zielsetzungen und Anforderungen der Technik unterworfen sind und die Bedürfnisse der Menschen dabei nicht berücksichtigt werden.

Telepathie, *die* Gedankenübertragung, Übertragung von Informationen von einer Person auf eine andere ohne Beteiligung der bekannten Sinnesorgane, häufig über weite räumliche oder zeitliche Entfernungen hinweg. Telepathie ist Gegenstand der ↑ Parapsychologie.

Therapie, *die* [griechisch, eigentlich ›das Dienen‹], die Gesamtheit aller Maßnahmen zu Behandlung einer Krankheit.

Totemismus, *der* die Anbetung oder Verehrung einer Figur (Totem), die eine bestimmte Erscheinung der Natur, z. B. ein Tier oder eine Pflanze, verkörpert und der übernatürliche Kraft zugeschrieben wird. Der Totemismus findet sich in vielen Kulturen und leitet sich meist aus deren religiösen Vorstellungen ab.

Tradition, *die* [lateinisch ›Überlieferung‹], die Weitergabe von Wissen, Lebenserfahrungen, Vorstellungen, Bräuchen und Verhaltensregeln über mehrere Generationen hinweg.

Transsexualität, psychisch bedingtes Gefühl der Zugehörigkeit zum jeweils anderen Geschlecht. Transsexuelle Menschen streben häufig eine ↑ Geschlechtsumwandlung an.

Transvestit, *der* [zu lateinisch vestis ›Kleid‹], ein Mensch, der eine Vorliebe dafür hat, die Kleidung des jeweils anderen Geschlechts zu tragen und sich diesem Geschlecht entsprechend zu verhalten.

Trauma, *das* [griechisch ›Wunde‹], eine Erfahrung im Leben eines Menschen, die seine Wahrnehmungsfähigkeit und seine Belastbarkeit so stark überfordert, dass in der Folge eine innere, psychische Erschütterung mit dauerhaften, zum Teil krank machenden Folgewirkungen auftritt. So kann das Miterleben eines Autounfalls oder einer Katastrophe zu einer traumatischen Erfahrung werden.

Die Traumdeutung, Hauptwerk von Sigmund Freud, erschienen 1900. Darin beschreibt Freud den Traum als verstellte und maskierte Äußerungsform des Unbewussten und gibt zahlreiche Beispiele der Entschlüsselung von scheinbar unverständlichen Traumereignissen.

Über-Ich, in der Psychoanalyse Sigmund Freuds die Instanz im Bewusstsein eines Menschen, die den Trieben gegenübersteht und vom ↑ Ich eine Einhaltung der Normen und Werte der Gesellschaft fordert; häufig wird es mit Gewissen gleichgesetzt.

Unbewusstes, in der Psychoanalyse Sigmund Freuds diejenigen Bereiche der Seele, die dem Bewusstsein unzugänglich sind, gleichzeitig aber einen wichtigen Einfluss auf das menschliche Handeln und die Gefühle ausüben, z. B. unbewusste sexuelle Wünsche.

Die Unfähigkeit zu trauern, gesellschaftskritische und sozialpsychologische Schrift des Ehepaars Alexander Mitscherlich und Margarete Mitscherlich (* 1917) von 1967, die sich u. a. mit den Verdrängungsmechanismen der westdeutschen Bevölkerung gegenüber den Verbrechen des Nationalsozialismus befasst.

Unterbewusstsein, in der Psychologie die unterhalb des Bewusstseins gelagerte Schicht von Vorstellungen, Wünschen oder Ängsten, die unter bestimmten Umständen ins Bewusstsein treten können. Hierzu gehören z. B. die Ursachen für die Zu- oder Abneigung, die man gegenüber einer Person empfindet.

Verhaltenstherapie, eine Form der Psychotherapie. Sie geht davon aus, dass bestimmte psychische Störungen, z. B. Ängste, auf ein erlerntes Verhalten zurückzuführen sind, das durch gezielte Übungen ›verlernt‹ werden soll.

Die verspätete Nation, 1959 erschienene geistesgeschichtliche Studie von Helmuth Plessner (*1892, †1985), in der die Anfälligkeit des deutschen Bürgertums für die Ideen des Nationalsozialismus u. a. aus dem in Deutschland verspätet einsetzenden Prozess der Nationenbildung erklärt wird.

Verwandtschaft, alle die Menschen, die im weitesten Sinn zur Familie gehören, wobei die Zugehörigkeit durch die biologische Verbindung oder eine rechtliche Verbindung (z. B. durch Heirat) begründet sein kann. Der Verwandtschaftsgrad bezeichnet die Nähe der Verwandtschaft.

Volkskultur, in einem weiten Sinn alle kulturellen Einrichtungen, Produkte und Tätigkeiten der Bevölkerung, soweit sie nicht staatlich begründet, sondern im Alltag oder aus der Tradition entwickelt wurden, wie z. B. Hobbys oder bestimmte Bräuche. In einem engeren Sinn versteht man unter Volkskultur auch die ↑ Folklore.

Vorurteil, eine verfestigte Meinung oder Einstellung, die jemand hat, ohne vorher eine entsprechende Erfahrung gemacht zu haben. Wenn sich ein Vorurteil auf Eigenschaften einer ganzen Gruppe von Menschen bezieht, spricht man von einem Stereotyp, z. B. ›Schwarze Menschen sind …‹

Voyeurismus, *der* [vwajøːr...; zu französisch voyeur ›Zuschauer‹], ein Verhalten, bei dem ein Mensch vor allem dadurch sexuelle Lust erfährt, dass er anderen, meist heimlich, bei sexuellen Aktivitäten zusieht.

Waldorfschulen, private Gesamtschulen, in denen Erziehung und Unterricht an den Grundsätzen der von Rudolf Steiner begründeten Anthroposophie ausgerichtet sind und die sich u. a. um die Förderung künstlerischer und handwerklicher Fähigkeiten bemühen und eine herkömmliche Zensurenvergabe ablehnen.
🟢 Die erste Waldorfschule wurde 1919 in Stuttgart von der Waldorf-Astoria-Zigarettenfabrik gegründet.

Weber, Max deutscher Soziologe (*1864, †1920), gilt als Begründer der sogenannten verstehenden Soziologie in Deutschland. Er untersuchte vor allem die Entstehung und Struktur des modernen Kapitalismus und widmete sich Fragen der Rechtswissens- und Herrschaftssoziologie. In seinem Hauptwerk ›Wirtschaft und Gesellschaft‹ (1922) beschreibt Weber den Entwicklungsprozess der Industriegesellschaft als zunehmende ›Entzauberung der Welt‹.

Werturteil, eine Aussage über den Wert oder Unwert einer Sache oder eines Verhaltens, die dadurch zustande kommt, dass man sich auf ein bestimmtes, allgemeines Bewertungssystem, z. B. einer Religion, bezieht.

Workaholic, *der* [wəːkəˈhɔlɪk; englisch, aus work ›Arbeit‹ und alcoholic ›Alkoholiker‹], jemand, der zwanghaft ständig arbeitet.

12 Medizin und Gesundheit

11
Psychologie,
Soziologie, Anthropologie, Ethnologie
12
Medizin und Gesundheit
13
Die Wissenschaft vom Leben

Der menschliche Körper mit seinem Aufbau, seiner Funktion und seinen Krankheiten ist Thema dieses Kapitels, dessen Material den drei verwandten Wissensgebieten Anatomie, Physiologie und Medizin entnommen ist.

Wie alles Lebendige außer den Viren ist der menschliche Körper aus Zellen aufgebaut. Diese Zellen bilden Gewebe, die Gewebe Organe und die Organe Organsysteme. So gibt es viele Ebenen, auf denen man ein Verständnis des Körpers suchen kann. Man kann die Biochemie einzelner Zellen oder Gewebe, bestimmte Organe oder das System als Ganzes betrachten. Die moderne medizinische Wissenschaft bezieht alle diese Ebenen mit ein.

Anatomie ist die Wissenschaft vom Aussehen und der Struktur eines Organismus. Die menschliche Anatomie befasst sich mit dem genauen Studium der Körperteile und ihrer Lage. Physiologie, die Wissenschaft, die sich mit der Wirkungsweise lebender Organismen beschäftigt, untersucht die verschiedenen biochemischen und physikalischen Abläufe im Körper. Medizin ist die Wissenschaft und Kunst der Vorbeugung, Diagnose und Behandlung von Krankheiten.

Die Beziehung zwischen diesen drei Zweigen der Wissenschaft ist einfach: Um Funktionsstörungen im menschlichen Körper beheben zu können, muss man wissen, wie der Körper aufgebaut ist und wie er funktioniert.

Abdomen, *das* [lateinisch ›Bauch‹], der Unterleib; der Teil des Körpers zwischen Brustkorb und Becken, der die Organe der Bauchhöhle umschließt. In der Chirurgie spricht man bei plötzlich einsetzender, sich rasch verschlechternder schmerzhafter Erkrankung der Bauchhöhle vom akuten Abdomen.

Abszess, *der* ein entzündetes Gebiet (↑ Entzündung) im Gewebe, das mit Eiter gefüllt ist.

Abtreibung, ↑ Schwangerschaftsabbruch.

Achillessehne, Sehne, die den Fersenknochen mit dem Wadenmuskel des Beins verbindet.
➕ In der griechischen Mythologie war der Held ↑ Achilles (Kapitel 9) nur an der Ferse verwundbar.

Adrenalin, *das* ein von den Nebennieren ausgeschiedenes Hormon, das den Körper mit körperlichem oder seelischem Stress fertig werden lässt.
➕ Adrenalin spielt eine wichtige Rolle bei der sogenannten Verteidigungsreaktion des Organismus in Gefahrensituationen, in denen die erhöhte Adrenalinausschüttung u. a. zur Erhöhung des Blutdrucks, zur Beschleunigung des Herzschlags und zur Verbesserung der Hirndurchblutung führt.

Aerobic, *das* [eə'rɔbɪk; englisch], ein im Rhythmus von Discomusik betriebenes Fitnesstraining mit gymnastischen und tänzerischen Übungen, die speziell das Herz-Kreislauf-System trainieren und dadurch die Sauerstoffversorgung des Körpers verbessern.

Aids, Abkürzung für englisch **a**cquired **i**mmune **d**eficiency **s**yndrome (›erworbenes Immunschwächesyndrom‹), eine in der Regel tödliche Krankheit, die durch das HI-Virus (Abkürzung für **h**uman **i**mmunodeficiency virus) verursacht wird. Das Virus, das von einem Menschen zum anderen über Körperflüssigkeiten (wie Blut oder Samenflüssigkeit) übertragen wird, lähmt das Immunsystem und führt so zum Zusammenbruch der körpereigenen Abwehrkräfte. Die Antikörper gegen die Viren im Blut des Infizierten sind dann mithilfe von Tests nachweisbar (HIV-positiv).
Aids wurde zuerst bei Homosexuellen beobachtet, sowie bei Drogenabhängigen, die mit dem Virus verseuchte Nadeln benutzt hatten. Zur Ansteckung mit dem Virus kommt es nicht durch jeden Kontakt, vielmehr müssen Verletzungen (z. B. Schleimhautrisse) vorhanden sein, sodass es in den Blutkreislauf gelangen kann. Aids ist derzeit noch nicht heilbar; es gibt aber Medikamente, die den Verlauf der Krankheit hinauszögern.

Akne, *die* eine Hautkrankheit, die häufig in der Pubertät auftritt. Bedingt durch die hormonelle Umstellung während dieser Zeit und auch aufgrund von Erbfaktoren sondern die Talgdrüsen vermehrt Talg ab, der verhärtet und die Talgdrüsen verstopft. Dadurch entstehen im Gesicht, an Brust und Rücken Mitesser (auch Komedonen genannt), die sich zu eitrigen Pickeln entzünden können. Gefördert wird Akne vermutlich auch durch bestimmte Nahrungsmittel (z. B. Schokolade).

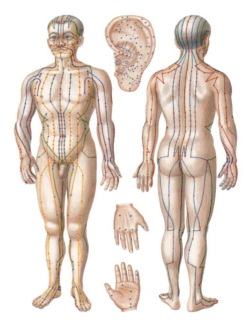

Akupunktur Auswahl der Akupunkturpunkte; die farbigen Linien sind jeweils einem oder mehreren Organen zugeordnet

Akupunktur, *die* [lateinisch ›Nadelstich‹], ein aus China stammendes und dort seit etwa vier Jahrtausenden angewendetes Heilverfahren, das durch Einstechen von Nadeln in festgelegte Punkte des Körpers Heilung und Schmerzausschaltung oder teilweise Betäubung zu erreichen sucht. Es gibt mehr als 360 festgelegte Einstichstellen, die auf 14 Linien (Meridianen) liegen, welche den ›Strom der Lebensenergie‹ fortleiten und mit den inneren Organen und deren Funktionen verbunden sein sollen.

Medizin und Gesundheit **Ant**

akut, auf Krankheiten bezogen: rasch einsetzend und heftig verlaufend (Gegensatz: chronisch). Akute Krankheiten sind häufig fieberhafte Erkrankungen, die auch in ein chronisches Stadium übergehen können.

Alkoholismus, *der* eine chronische Krankheit, die durch übermäßigen und lang anhaltenden Alkoholgenuss verursacht wird. Sie ist gekennzeichnet durch seelische und körperliche Abhängigkeit vom Alkohol und kann Schädigungen an vielen Organen des Körpers erzeugen, wie der Leber (↑ Zirrhose), dem Magen, dem Darm und dem Gehirn. Außerdem kann es zu Herzrhythmusstörungen, bestimmten Formen von Krebs und zu Mangelernährung (wegen Appetitlosigkeit) kommen. Die Ursachen des Alkoholismus sind vielschichtig und meist durch eine Mischung von körperlichen, seelischen und sozialen Faktoren bedingt.

Allergie, *die* [griechisch ›Andersempfindlichkeit‹], Überempfindlichkeitsreaktion des Körpers gegenüber bestimmten Stoffen, z. B. Pollen oder bestimmten Nahrungsmitteln. Häufige Anzeichen einer Allergie sind z. B. Niesen, Hautausschläge, Jucken, Schnupfen und Durchfälle.

Alveole, *die* Lungenbläschen (↑ Atmungssystem).

Alzheimer-Krankheit, eine nach dem deutschen Arzt Alois Alzheimer (* 1864, † 1915) benannte Gehirnkrankheit, die meist ab dem 5. oder 6. Lebensjahrzehnt auftritt. Sie besteht darin, dass Gehirnsubstanz abgebaut wird, was zu einer hochgradigen Vergesslichkeit führt, zu der später auch Orientierungsstörungen, Sprachschwierigkeiten, Rastlosigkeit und eine allgemeine Verwirrtheit (Demenz) kommen. Die Ursachen dieser Krankheit sind noch unklar; infrage kommen Stoffwechselstörungen, aber auch Erbanlagen.

Amniozentese, ↑ Fruchtwasseruntersuchung.

Amputation, *die* [zu lateinisch amputare ›abtrennen‹], die operative Entfernung eines schwer geschädigten Körperteils.

Anabolika, Sammelbezeichnung für künstlich hergestellte männliche Hormone, die den Proteinaufbau und damit auch das Muskelwachstum fördern. Sie sind als Dopingmittel bei Sportlern verboten.

Analgetika, schmerzstillende Medikamente, z. B. Aspirin.

Anämie, *die* [griechisch ›Blutleere‹], umgangssprachlich **Blutarmut,** Zustand, bei dem die Fähigkeit des Blutes, Sauerstoff zu transportieren, eingeschränkt ist, entweder weil die Zahl der roten Blutkörperchen zu klein ist oder aus Mangel an ↑ Hämoglobin.

Anamnese, *die* [griechisch ›Erinnerung‹], die Vorgeschichte einer Krankheit nach den Angaben des Kranken.

Anästhesie, *die* [griechisch ›Unempfindlichkeit‹], ärztliches Verfahren, mit dem bei schmerzhaften Eingriffen mithilfe von Betäubungsmitteln Empfindungslosigkeit erzeugt wird.

Angina, *die* [lateinisch ›das Erwürgen‹], im weiteren Sinn Erkrankung, die mit Engegefühl verbunden ist, z. B. Angina Pectoris. Im engeren Sinn die Entzündung und das Anschwellen der Rachen- und Gaumenmandeln mit Fieber, Schluckbeschwerden und der Gefahr von Folgeerkrankungen.

Angina Pectoris, *die* [lateinisch ›Brustbeklemmung‹], anfallsweise auftretende, starke Herzbeschwerden. Sie beruhen meistens auf einer Verengung der Herzkranzgefäße, die den Herzmuskel mit Blut versorgen.

Anorexie, *die* [griechisch ›Appetitlosigkeit‹], ↑ Magersucht.

ansteckende Krankheiten, ↑ Infektionskrankheiten.

Antibabypille [...'be:bi...], ↑ Ovulationshemmer.

Antibiotika, Stoffe, die Mikroorganismen abtöten oder ihre Vermehrungsfähigkeit blockieren und deshalb zur Behandlung von bestimmten Infektionen eingesetzt werden. Ein bekanntes Antibiotikum ist das Penicillin.

Antidepressiva, Medikamente (↑ Psychopharmaka), die den Symptomen der Depression vorbeugen oder sie lindern.

Antigene, körperfremde Stoffe, die die Bildung von Antikörpern auslösen. Toxine, Bakterien, Viren, Zellen transplantierter Organe und alle körperfremden Stoffe ab einer bestimmten Molekülgröße können als Antigene wirken.

Antikörper, Eiweißmoleküle, die vom Körper nach Kontakt mit Antigenen (z. B. Bakterien) gebildet

KAPITEL 12

389

werden und diese unschädlich machen (↑ Immunsystem).

Anus, *der* [lateinisch], ↑ Darmausgang.

Aorta, *die* die Hauptschlagader, das Hauptblutgefäß des Körpers; sie transportiert das Blut von der linken Seite des Herzens zu den anderen Arterien im Körper.

Approbation, *die* [lateinisch ›Genehmigung‹], die staatliche Anerkennung der Berechtigung zur Ausübung des Arzt- oder Apothekerberufes.

Arterien, Blutgefäße, die das Blut vom Herzen weg zum Körpergewebe leiten (auch ↑ Venen und ↑ Herz-Kreislauf-System).

Arteriosklerose, *die* umgangssprachlich **Arterienverkalkung,** ein besonders nach dem 40. Lebensjahr auftretendes Blutgefäßleiden. Durch die Einlagerung von Fettsäuren, Cholesterin und Kalk verhärten und verdicken sich die Gefäßwände, was zu einer Verminderung des Blutflusses zu den einzelnen Körperorganen führt. An der Entstehung der Krankheit sind erbliche und Umweltfaktoren (falsche Ernährung, Rauchen) beteiligt.
➕ Die Arteriosklerose stellt in den hoch entwickelten Ländern die häufigste Todesursache dar.

Arthritis, *die* schmerzhafte Entzündung des Gewebes in den Gelenken.

Ascorbinsäure, eine Form des Vitamins C, die zur Abwehr von Infektionskrankheiten benötigt wird.

Asthma, *das* [griechisch ›Beklemmung‹], eine chronische Erkrankung der Atemwege, gekennzeichnet durch plötzliche, wiederkehrende Anfälle von Atemnot, Keuchen und Husten. Während eines Anfalls krampfen sich die Bronchien zusammen. Sie werden enger und sind nicht mehr ausreichend in der Lage, Luft aus den Lungen herauszulassen. Bestimmte Stoffe, auf die ein Asthmatiker allergisch reagiert, z. B. Tierhaare, Staub, Pollen oder bestimmte Nahrungsmittel, aber auch psychischer Stress können einen Anfall auslösen.

Astigmatismus, *der* ein Abbildungsfehler auf der Netzhaut des Auges, der von einer unregelmäßigen Krümmung der Hornhaut oder der Linse herrührt und zu unscharfem Sehen führt; er kann mithilfe von speziellen Brillengläsern (Zylindergläsern) ausgeglichen werden.

Atmung, der Prozess, bei dem ein Organismus Sauerstoff aufnimmt und im Stoffwechsel zu Kohlendioxid umsetzt. Dieses wird zusammen mit anderen Abfallprodukten durch die Lunge wieder abgegeben. Zur Atmung gehören sowohl die Bewegungen des Zwerchfells und die Aufnahme und Abgabe von Gasen durch die Lunge als auch komplizierte chemische Reaktionen, die zur Energiefreisetzung durch die Zellen führen.

Atrophie, *die* [griechisch ›Auszehrung‹], Gewebeschwund, die Abnahme der Zahl oder der Größe der Zellen von Organen oder Geweben, verursacht durch mangelhafte Nahrungszufuhr oder gestörte Zelltätigkeit. Von Atrophie betroffene Organe werden kleiner, sie schrumpfen. Wenn man z. B. einen verletzten Fuß lange nicht bewegt, bildet sich das Muskelgewebe zurück (es atrophiert).

Aufmerksamkeitsdefizit-Hyperaktivitätsstörung, ADHS, früher **Aufmerksamkeitsdefizitsyndrom, Zappelphilippsyndrom,** Kombination von Aufmerksamkeitsstörung mit übersteigertem Bewegungsdrang (Hyperaktivitätsstörung), verbunden mit psychischer Unruhe; es sind etwa 3–5% der Schulkinder, insbes. Jungen (dreimal häufiger als Mädchen), betroffen.

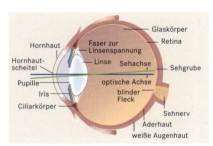

Schnittzeichnung durch das menschliche **Auge**

Auge, das Sinnesorgan für das Sehen. Teile des Auges sind u. a. Hornhaut, Iris, Linse, Sehnerv, Pupille und Netzhaut.

Autoimmunkrankheit, durch Antikörper, die gegen die körpereigenen Zellen wirken, verursachte Krankheit. Bestimmte Formen der Anämie, bei denen sich die Antikörper gegen die roten Blutkörperchen wenden, oder Rheumatismus sind Beispiele für Autoimmunerkrankungen.

Medizin und Gesundheit   **Bli**

Backenzähne, die Zähne mit breiten Kauflächen hinten im Mund, die dazu dienen, die Nahrung zu zermahlen. Mit den Weisheitszähnen zusammen hat ein Erwachsener zwölf Backenzähne – sechs oben und sechs unten.

bakterielle Infektion, eine durch Bakterien verursachte Infektion. Das Wachstum vieler krankheitserregender Bakterien kann durch die Gabe von Antibiotika gestoppt werden.

Band, festes, sehnenähnliches Bindegewebe, das Knochen oder Knorpel miteinander verbindet.

Bandwurm, ein Wurm mit einem langen, flachen Körper, der als Parasit im menschlichen Darm leben kann. Der Befall mit einem Bandwurm ist gewöhnlich Folge des Verzehrs von rohem Fleisch oder Fisch, in dem sich Wurmlarven befinden.

Barbiturate, von einer organischen Verbindung (Barbitursäure) abgeleitete Stoffe, die die Aktivität des zentralen Nervensystems hemmen und daher als Narkosemittel und teilweise auch zur Behandlung von Krankheiten wie Epilepsie eingesetzt werden. Als Beruhigungs- und Schlafmittel wurden sie weitgehend durch die besser verträglichen Benzodiazepine ersetzt.

Bauchhöhle, der Hohlraum im ↑Abdomen, der Magen, Teile des Darms, Leber, Bauchspeicheldrüse, Gallenblase, Milz und den unteren Teil der Speiseröhre enthält.

Bauchspeicheldrüse, Pankreas, hinter dem Magen gelegene Drüse, die sowohl im ↑endokrinen System als auch im Verdauungssystem eine Rolle spielt. Sie scheidet Insulin, das den Zuckerspiegel im Blut regelt, direkt ins Blut aus. Als Teil des Verdauungssystems gibt die Bauchspeicheldrüse darüber hinaus eine Flüssigkeit in den Dünndarm ab, die Enzyme enthält und bei der Verdauung benötigt wird.

Becken, beckenförmiger Knochengürtel, der den Rumpf mit den Beinen verbindet und die Baucheingeweide trägt. Das Becken besteht im Wesentlichen aus den beiden Hüftknochen, dem Kreuzbein und dem Schambein.

Befruchtung, Empfängnis, die Verschmelzung von Samen und Ei zur ↑Zygote (Kapitel 13).

Berufskrankheit, Krankheit, die durch den Beruf oder die Arbeit eines Menschen bedingt ist. Eine bekannte Berufskrankheit ist die Staublunge, von der Bergleute betroffen sind und die durch das Einatmen von Kohlenstaub über lange Zeiträume hinweg verursacht wird.
➕ Berufskrankheiten sind in Deutschland versicherungsrechtlich Betriebsunfällen gleichgestellt.

Beschneidung, die operative Entfernung der Vorhaut des Penis. Sie findet gewöhnlich kurz nach der Geburt statt, aus medizinischen Gründen bei der Vorhautverengung.
➕ Die Beschneidung wird als eine religiöse Zeremonie vor allem bei Juden und Muslimen praktiziert.
➕ Die Beschneidung von Mädchen, bei der die Klitoris entfernt wird, ist weitgehend auf Afrika beschränkt; sie wird inzwischen von zahlreichen Frauengruppen bekämpft.

Betäubungsmittel, Gruppe von Arzneimitteln, die vor allem Schmerzen, Hunger, Durst und Angstgefühl aufheben, bei den meisten Menschen einen lustbetonten Zustand (Euphorie) hervorrufen und eine Drogenabhängigkeit erzeugen können.

Bindegewebe, Körpergewebe, das dazu dient, andere Gewebe oder Körperteile zu verbinden oder zu stützen. Knorpel und Sehnen bestehen z. B. aus Bindegewebe.

Bindehautentzündung, Entzündung der Bindehaut, einer durchsichtigen Schleimhaut, die die innere Oberfläche des Augenlids umgibt und den vorderen Teil des Augapfels bedeckt.

Biofeedback, *das* [...fiːdbæk; englisch], ein Trainingsverfahren, bei dem man lernt, bestimmte Körperfunktionen zu steuern, die normalerweise nicht vom Willen beeinflussbar sind, z. B. Herzschlag, Blutdruck oder Gehirnströme. Hierzu werden spezielle Überwachungsinstrumente am Körper angebracht, die eine Beobachtung und bewusste Rückkoppelung mit den eigenen Körperfunktionen erlauben: Das Verfahren wurde teilweise erfolgreich bei chronischen Kopf- und Rückenschmerzen angewendet.

Blase, dehnbares, sackähnliches Gebilde im Körper, das Flüssigkeit enthält. Die Bezeichnung wird meistens für die Harnblase verwendet; ein anderes Beispiel ist die Gallenblase.

Blinddarm, kleines, sackähnliches Organ am oberen Ende des Dickdarms. Der Blinddarm, der beim heutigen Menschen keine bekannte Funktion besitzt, könnte irgendwann in der menschlichen Entwicklungsgeschichte eine Rolle im Verdauungssystem gespielt haben. Der Wurmfortsatz, ein Anhangsgebilde des Blinddarms, ist ein verkümmerter Darmteil.

blinder Fleck, winzige Region auf der Netzhaut des Auges, mit der man nicht sehen kann. Der blinde Fleck ist der Punkt im Auge, an dem der Sehnerv auf die Netzhaut trifft.

Blut, die Flüssigkeit, die durch Herz, Arterien, Venen und die Kapillargefäße des Herz-Kreislauf-Systems fließt. Blut transportiert Sauerstoff und Nährstoffe zu den Körperzellen und entfernt ›Abfallprodukte‹ und Kohlensäure. Es besteht aus Plasma (hauptsächlich Wasser, jedoch mit einer Mischung aus Hormonen, Nährstoffen, Gasen, Antikörpern und Abfallprodukten), den roten Blutkörperchen (Erythrozyten), die den Sauerstoff transportieren, den weißen Blutkörperchen (Leukozyten), die bei der Abwehr von Infektionen beteiligt sind, und den Blutplättchen (Thrombozyten), die an der Blutgerinnung mitwirken.

Blutarmut, ↑ Anämie.

Blutdruck, der Druck des Blutes gegen die Wände der Blutgefäße, besonders der Arterien. Er wird in zwei Zahlen ausgedrückt: Die eine bezeichnet den systolischen (größten) Druck, der dann entsteht, wenn die linke Herzkammer sich zusammenzieht, um das Blut durch den Körper zu pumpen; die andere Zahl steht für den diastolischen (niedrigsten) Druck, der entsteht, wenn die Herzkammer sich entspannt und wieder mit Blut füllt. Der Blutdruck wird u. a. durch die Stärke des Herzschlags, die Menge an Blut im Körper, die Elastizität der Blutgefäße, das Alter und den Gesundheitszustand der Person beeinflusst (auch ↑ Herz-Kreislauf-System).

Bluterkrankheit, eine Erbkrankheit, auch Hämophilie genannt, die durch das Fehlen eines Blutbestandteils, der an der Gerinnung mitbeteiligt ist, bedingt ist. Es erkranken fast nur Männer an dieser Krankheit, Frauen können sie jedoch, ohne selbst erkrankt zu sein, weitervererben. Da das Blut der Erkrankten (›Bluter‹) die Fähigkeit zu gerinnen weitgehend verloren hat, kann jede innere oder äußere Wunde lebensgefährlich sein.

⊕ Die englische Königin Victoria, deren Nachfahren Könige und Königinnen von verschiedenen europäischen Ländern geworden sind, trug das Gen für die Bluterkrankheit, die seitdem immer wieder in den königlichen Familien aufgetreten ist.

Blutgefäße, die röhrenförmigen Kanäle, durch die das Blut im Körper kreist. Arterien, Venen und Kapillargefäße sind Blutgefäße (auch ↑ Herz-Kreislauf-System).

Blutgruppen, Gruppen, in die das Blut einer Person eingeteilt werden kann. Dabei richtet man sich nach dem Vorhandensein oder Fehlen von bestimmten Antigenen auf den roten Blutkörperchen. Die Blutgruppe wird vererbt.

⊕ Blutübertragungen können nur zwischen Spendern und Empfängern stattfinden, die miteinander verträgliche Blutgruppen haben; bei nicht verträglichen Blutgruppen bildet das Blut des Empfängers Antikörper gegen das Blut des Spenders. Es gibt vier Hauptgruppen: A, B, AB und Null. Innerhalb dieser Gruppen kann der ↑ Rhesusfaktor jeweils positiv oder negativ sein.

Blutkrebs, ↑ Leukämie.

Blutplättchen, dünne, scheibenförmige Zellbruchstücke, die die Blutgerinnung einleiten.

Blutübertragung, Bluttransfusion, das Einspritzen von Blut eines Spenders in den Körper eines Empfängers. Ein Mensch braucht Bluttransfusionen z. B. dann, wenn er aufgrund einer Verletzung oder eines chirurgischen Eingriffs viel Blut verloren hat.

⊕ Durch eine Bluttransfusion können Erkrankungen wie Hepatitis oder Aids übertragen werden, wenn das übertragene (transfundierte) Blut verseucht ist.

Borreliose, *die* eine durch Zeckenbiss übertragene Infektionskrankheit mit Muskel- und Gelenkschmerzen, z. T. auch Fieber. Später können Gelenk-, Herzmuskel- und Nervenentzündungen auftreten. Überträger ist das Bakterium Borrelia burgdorferi.

Botulismus, *der* [zu lateinisch botulus ›Wurst‹], eine schwere Form der Lebensmittelvergiftung nach Genuss verdorbener Konserven, die zu Lähmungen führt; ohne sofortige Behandlung endet sie oft tödlich. Botulismus wird durch ein anaerobes, nur unter Ausschluss von Sauerstoff lebensfähiges Bakterium

Medizin und Gesundheit

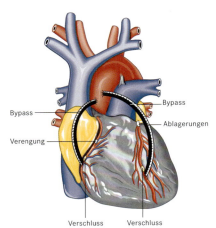

Bypassoperation Operationstechnik bei Verengung oder Ablagerung in den Koronargefäßen des Herzens

verursacht, das einen Giftstoff (das Botulismus-Toxin) produziert.

Bronchien, das Röhrensystem, das die Luftröhre mit den Lungen verbindet (↑ Atmungssystem).

Bruch, ↑ Eingeweidebruch.

Brutkasten, Inkubator, speziell beschirmtes Bett für Frühgeborene, in dem die Temperatur und der Sauerstoffgehalt der Luft kontrolliert werden können. Die Frühgeborenen bleiben so lange im Brutkasten, bis sie kräftig genug sind, außerhalb des Brutkastens zu leben.

BSE, Abkürzung für **b**ovine **s**pongiforme **E**nzephalopathie [Schwamm bildende Gehirnkrankheit der Rinder], umgangssprachlich **Rinderwahnsinn,** eine stets tödlich verlaufende Infektionskrankheit der Rinder. Erreger sind infektiöse Proteine (Prionen) oder ungewöhnliche Viren. Nach einer Inkubationszeit von 2–8 Jahren kommt es zu den charakteristischen Veränderungen im Gehirn (schwammige Strukturen), die zur Krankheitsbezeichnung geführt haben. Krankheitszeichen sind Verhaltens- und Bewegungsstörungen, Aggressivität und körperlicher Verfall. Die Übertragung auf den Menschen führt zu einer Form der Creutzfeldt-Jakob-Krankheit.

Bulimie, *die* [griechisch ›Heißhunger‹], **Ess-Brech-Sucht,** eine suchtartige Störung des Essverhaltens, die überwiegend bei jungen Frauen zwischen 15 und 30 Jahren mit meist normalem Körpergewicht auftritt. Symptome sind Heißhungerattacken, wobei große Mengen kalorienreicher Nahrungsmittel gegessen werden, und das anschließend selbst herbeigeführte Erbrechen, da eine hochgradige Angst vor einer Gewichtszunahme besteht. Zwischen Entstehung und Verlauf von Bulimie und ↑ Magersucht bestehen enge Zusammenhänge.

Bypassoperation [ˈbaɪpɑːs...], operatives Verfahren: die Umgehung (englisch ›bypass‹) eines nicht mehr durchgängigen Blutgefäßes durch ein künstliches Gefäß oder ein Gefäßtransplantat (z. B. eine Vene). Bypassoperationen werden vor allem vorgenommen, wenn ein oder mehrere Herzkranzgefäße verstopft sind (meist als Folge von Arteriosklerose).

Chemotherapie, die Behandlung einer Krankheit mit chemisch hergestellten Medikamenten. Das Wort Chemotherapie bezieht sich oft auf eine Behandlungsmethode bei Krebserkrankungen, bei der chemische Substanzen gegeben werden, um den Krebs zu zerstören.

Chiropraktik, *die* eine 1897 entwickelte Behandlungsmethode, die verschobene Bandscheiben oder Wirbelkörper wieder einrenkt. Die Chiropraktik geht davon aus, dass Störungen der Nerven die Ursache für die Beschwerden sind.

Chirurgie, *die* [griechisch, eigentlich ›Handwerk‹], Teilgebiet der Medizin, das sich mit der Heilung von Krankheiten, Unfallfolgen oder Körperfehlern durch Eingriffe am lebenden Körper (Operationen) befasst.

Chloroform, *das* eine früher als Betäubungsmittel verwendete Flüssigkeit.

Cholera, *die* [griechisch ›Gallenbrechdurchfall‹], eine schwere Infektionskrankheit, verursacht durch ein Bakterium, das den Darm befällt. Cholera wird durch verdorbene Nahrung oder verseuchtes Wasser übertragen und führt oft zum Tod. Symptome sind starkes Erbrechen und Durchfall, die durch den starken Flüssigkeitsverlust zum Kreislaufkollaps führen.

Cholesterin, *das* [zu griechisch chole ›Galle‹ und stereos ›fest‹], weiße, seifenähnliche Substanz im Körpergewebe und in bestimmten Nahrungsmitteln wie tierischen Fetten, Ölen und Eigelb. Cholesterin wird mit Herzkrankheiten (u. a. dem Herzinfarkt) und Arteriosklerose in Verbindung gebracht (es sammelt sich an den Arterienwänden und stört den Blutdurchfluss). Ein hoher Cholesterinspiegel im Blut gilt als ungesund.

chronisch, auf Krankheiten bezogen: von langer Dauer; Gegensatz: akut.

Computertomogramm, *das* [kɔmˈpjuːtɐr...], Abkürzung CT, dreidimensionale Aufnahme eines Körperquerschnitts mithilfe von Röntgenstrahlen. Ein Computertomogramm kann für die Diagnose von Krankheiten (z. B. eines Tumors) nützlich sein.

Contergan, *das* ein Schlaf- und Beruhigungsmittel, das in den 1960er-Jahren in Europa in Gebrauch war. Der Vertrieb von Contergan musste eingestellt werden, als sich herausstellte, dass es bei Verwendung in der Schwangerschaft zu schweren Missbildungen bei den Säuglingen (›Contergankinder‹) führte.
➕ Auf Contergan wird häufig hingewiesen, um auf die Gefahren des Gebrauchs von Medikamenten aufmerksam zu machen, deren Nebenwirkungen nicht ausreichend bekannt sind.

Creutzfeldt-Jakob-Krankheit, nach den deutschen Neurologen Hans G. Creutzfeldt (*1885, †1964) und Alfons Jakob (*1884, †1931) benannte chronische Erkrankung des Nervensystems mit schwammartiger Erweichung des Gehirns, die nach einem bis zwei Jahren zum Tod führt. Die schnell fortschreitenden Symptome äußern sich vor allem als Demenz, spastische Lähmungen und Muskelstarre. Der Zusammenhang zwischen dem Genuss von mit BSE (›Rinderwahnsinn‹) verseuchten Tieren und einer bestimmten Form der Creutzfeldt-Jakob-Krankheit gilt inzwischen als erwiesen.

CT, Abkürzung für **C**ompu**t**ertomogramm.

Darm, der Teil des Magen-Darm-Trakts, der sich vom Magen bis zum Darmausgang erstreckt. Der Darm ist unterteilt in Dickdarm und Dünndarm.

Darmausgang, Anus, der unterste Darmabschnitt am Übergang zur Haut.

Demenz, *die* [lateinisch ›Geistesschwäche‹], die nicht angeborene und meist nicht heilbare Minderung geistiger Fähigkeiten wie Intelligenz, Gedächtnis und Auffassungsgabe. Sie wird durch Schädigungen des Gehirns (z. B. bei der Alzheimer-Krankheit) verursacht. Tritt die Demenz in höherem Alter auf, spricht man von Altersdemenz oder seniler Demenz.

Dentin, *das* [zu lateinisch dens ›Zahn‹], ↑ Zahnbein.

Depression ⇒ Kapitel 11.

Dermatitis, *die* [zu griechisch derma ›Haut‹], Hautentzündung; Juckreiz und Rötung der Haut sind die wichtigsten Symptome einer Dermatitis, die eine Vielzahl von Ursachen hat, z. B. Allergien und das Ausgesetztsein der Haut gegenüber Sonnenbestrahlung und Schadstoffen wie Chemikalien.

Dermatologie, *die* [zu griechisch derma ›Haut‹], die Lehre von den Hautkrankheiten.

Desinfektionsmittel, chemische Mittel, die das Wachstum krankheitserregender Mikroorganismen verhindern oder hemmen.

Diabetes mellitus, *der* [lateinisch mellitus ›honigsüß‹, hier im Hinblick auf den Geschmack des Harns], **Zuckerkrankheit,** eine chronische Stoffwechselkrankheit, bei der Kohlenhydrate nicht richtig verwertet werden können, weil die Bauchspeicheldrüse nicht genügend Insulin ausscheidet. Ohne ausreichende Insulinproduktion steigt der Blutzuckerspiegel. Im Extremfall kann es dadurch zum Koma kommen.

Diagnose, *die* [griechisch ›Erkenntnis‹], die Feststellung einer Krankheit durch den Arzt.

Dialyse, *die* [griechisch ›Trennung‹], chemisches Verfahren zur Trennung langer Moleküle von kurzen mithilfe einer halbdurchlässigen Membran.
➕ Eine übliche Behandlung von Nierenkrankheiten ist der Gebrauch eines Dialysegerätes, das die giftigen Bestandteile des Blutes herausfiltert, eine Aufgabe, die sonst die gesunden Nieren übernehmen.

Diaphragma, *das* [griechisch ›Zwischenwand‹], eine kleine dehnbare Kappe, gewöhnlich aus Gummi, die über den Gebärmutterhals gestülpt wird und so eine Befruchtung (Empfängnis) verhütet.

Dickdarm, der untere Teilabschnitt des Darms, der hauptsächlich der Aufnahme von Wasser sowie der Koteindickung und -ausscheidung (über den Darmausgang) dient. Der Dickdarm setzt sich zusammen aus Blinddarm, Grimmdarm (Kolon) und Mastdarm (Rektum).

Dickdarmentzündung, ↑ Kolitis.

Diphtherie, *die* eine vorwiegend im Kindesalter auftretende akute Infektionskrankheit mit Bildung

Medizin und Gesundheit — **Eiw**

häutiger Beläge auf den Mandeln und auf den Schleimhäuten verschiedener Organe (z. B. Nase). Diphtherie wird durch ein Bakterium hervorgerufen.

Down-Syndrom [daʊn...; benannt nach dem britischen Arzt J. L. Down, * 1828, † 1896], früher auch **Mongolismus,** eine angeborene, erblich bedingte Krankheit, die durch das dreifache (statt zweifache) Auftreten des Chromosoms 21 in jedem Zellkern verursacht wird. Sie ist mit leichter bis schwerer geistiger Behinderung und bestimmten körperlichen Veränderungen verbunden, z. B. mongoloider (nach außen ansteigender) Lidachsenstellung, kurzem, rundem Kopf, offenem Mund und vergrößerter Zunge.

Drogensucht, Zustand seelischer und körperlicher Abhängigkeit von einer Substanz, die auf das zentrale Nervensystem wirkt (z. B. Alkohol, Nikotin, Barbiturate, Opium, Morphium, Heroin, Kokain, Halluzinogene). Ein Drogenabhängiger verlangt zwanghaft nach Drogen, um einen angenehmen seelischen Zustand zu erreichen bzw. einen unangenehmen zu vermeiden. Gleichzeitig ist er auch körperlich auf eine fortlaufende Zufuhr der Giftstoffe angewiesen, wobei die Dosis meist ständig erhöht werden muss. Versuche, durch eine Entzugskur in einer Klinik von der Droge loszukommen, schlagen häufig fehl. Erfolgreicher ist die Behandlung Heroinabhängiger mit der Ersatzdroge Methadon (auch ↑ Alkoholismus).

Drüsen, Organe oder Zellgruppen, die Stoffe aus dem Blut entnehmen und sie chemisch verändern, sodass sie später ausgeschieden werden können, wenn sie im Körper gebraucht werden. Es gibt zwei Arten von Drüsen: solche, die ihre Produkte direkt in das Blut abgeben (die endokrinen Drüsen, z. B. die Schilddrüse), und solche, die ihre Produkte durch Kanäle oder Gänge ausscheiden (die exokrinen Drüsen wie z. B. die Schweißdrüsen, die Speicheldrüsen und die Nebennieren). Die Bauchspeicheldrüse ist sowohl eine endokrine Drüse (das von ihr produzierte Insulin gelangt direkt ins Blut) als auch eine exokrine Drüse (sie sondert auch Enzyme über einen Gang in den Zwölffingerdarm ab).

Dünndarm, der obere Anteil des Darmes, der sich vom Ende des Magens bis zum Anfang des Dickdarms erstreckt. Im Dünndarm, der ungefähr acht Meter lang ist, finden die Verdauung und Aufnahme von Nahrungsbestandteilen statt.

Durchfall, Diarrhö, das häufige Ausscheiden von ungewöhnlich dünnflüssigem Stuhl. Durchfall tritt als Begleiterscheinung anderer Erkrankungen auf, kann aber auch durch Fehler bei der Ernährung verursacht sein. Am häufigsten wird Durchfall durch Bakterien und deren Gifte sowie durch Viren verursacht; aber auch seelische Einflüsse, z. B. Aufregungen, können Durchfälle auslösen.

Eckzähne, die spitzen Zähne im vorderen Mundbereich (zwei oben und zwei unten) neben den Schneidezähnen.

Eierstock, Ovarium, paarig angelegtes weibliches Geschlechtsorgan, Bildungsstätte der Eizellen und der weiblichen Geschlechtshormone, z. B. von Östrogen.

Eileiter, die feinen Röhren, durch die die Eier von den Eierstöcken zur Gebärmutter gelangen. Normalerweise findet die Befruchtung im Eileiter statt (↑ Fortpflanzungssystem).

Eileiterschwangerschaft, Schwangerschaft, die mit der Einnistung des Embryos in einem der Eileiter anstelle der Gebärmutter beginnt. Eileiterschwangerschaften werden gewöhnlich durch eine Verklebung oder eine andere Störung des Eileiters verursacht, die verhindert, dass das befruchtete Ei frei durch ihn hindurchwandern kann.

Eingeweidebruch, Hernie, Vortreten eines Organs oder eines Organteils durch die Wand der Struktur, die es umgibt. Meistens wird die Bezeichnung für das Hervortreten eines Teils des Darms verwendet, der als Ausstülpung des Unterleibs sichtbar ist.

Eisprung, Follikelsprung, das etwa 12–14 Tage vor Beginn einer Menstruation erfolgende Platzen eines Eibläschens (Follikel) im Eierstock, bei dem ein befruchtungsfähiges Ei freigesetzt und vom Eileiter aufgenommen wird. Von dort wandert es weiter in die Gebärmutter.

Eiweiße, Proteine, Moleküle, die nur aus Aminosäuren aufgebaut sind. Eiweiße sind z. B. als Enzyme unverzichtbar für einen geregelten Ablauf des Stoffwechsels, als Gerüstsubstanzen tragen sie wesentlich zum Aufbau der Gewebe und Organe bei. Eine ausgewogene Ernährung muss ausreichend Eiweiß enthalten. Ein zu hoher Anteil an tierischem Eiweiß (z. B. Fleisch, Eier) in der Nahrung kann zu Arteriosklerose und Gicht führen.

Eizelle, Ovum, weibliche Geschlechtszelle. Eizellen reifen in den Eierstöcken und werden beim Eisprung freigesetzt. Eine Eizelle muss befruchtet werden, um sich zu einem Lebewesen zu entwickeln.

Elektroenzephalogramm, *das* Abkürzung **EEG,** die Aufzeichnung der elektrischen Hirnströme. Elektroenzephalogramme sind nützlich beim Auffinden und bei der Untersuchung von Störungen im Gehirn (z. B. Epilepsie).

Elektrokardiogramm, *das* Abkürzung **EKG,** eine bildliche Aufzeichnung der elektrischen Aktivität des Herzens. Elektrokardiogramme werden gemacht, um den Zustand des Herzens zu bestimmen und Herzerkrankungen festzustellen.

Elektrolyt, *der* Stoff, der als Leiter für einen elektrischen Strom dienen kann, wenn er in Flüssigkeit gelöst ist. Elektrolyte finden sich im Blut und in den Gewebsflüssigkeiten im Körper und spielen eine wichtige Rolle bei der Weiterleitung elektrischer Impulse durch die Nerven.

Embolie, *die* [zu griechisch], das Steckenbleiben von Blutgerinnseln in einer Ader, was zur Folge haben kann, dass ein Organ (z. B. die Lunge) ganz oder teilweise von der Sauerstoff- und Nährstoffversorgung abgeschnitten wird.

Embryo, *der* [griechisch], ein Lebewesen vor der Geburt oder vor dem Ausschlüpfen. Bei der menschlichen Entwicklung vor der Geburt wird das Wort Embryo für die ersten drei Monate nach der Empfängnis, in denen sich die Organsysteme bilden, verwendet. Danach benutzt man den Begriff Fetus.

Empfängnisverhütung, jede Maßnahme, die dazu dient, eine Empfängnis (das heißt Befruchtung) während des Geschlechtsverkehrs zu verhindern.

Enddarm, Mastdarm, Rektum, der unterste Teil des Dickdarms, in dem der Kot verweilt, bis er durch den Darmausgang aus dem Körper befördert wird.

endokrines System, *das* System endokriner ↑ Drüsen im Körper. Das endokrine System kontrolliert biochemisch verschiedene Funktionen von Zellen, Geweben und Organen durch die Ausscheidung von ↑ Hormonen. Das endokrine System umfasst u. a. Nebennieren, Hirnanhangsdrüse, Schilddrüse, Eierstöcke, Bauchspeicheldrüse und Hoden.

Endorphine, vom Gehirn produzierte Stoffe, die eine schmerzstillende und beruhigende Wirkung auf den Körper haben. Es sind Verwandte der Morphine, die gewöhnlich vom Gehirn bei extremen körperlichen Stress freigesetzt werden. Das Freisetzen von Endorphinen erklärt wahrscheinlich die Tatsache, dass Patienten mit einem Trauma manchmal den damit verbundenen Schmerz nicht spüren.

Endoskop, *das* ein starres oder flexibles Instrument, mit dem Hohlorgane (z. B. die Harnblase) und Körperhöhlen untersucht sowie gezielt Gewebe entnommen werden können. Es enthält Objektiv und Okular sowie eine Beleuchtungseinrichtung.

Entzündung, Reaktion des Gewebes auf Verletzung oder Infektion. Schmerzen, Hitze, Rötung und Geschwollensein sind die vier Hauptsymptome einer Entzündung.

Enzephalitis, *die* [zu griechisch enkephalos ›Gehirn‹], Gehirnentzündung; eine Enzephalitis kann durch ein Virus, Bakterien, Sporentierchen oder niedere Pilze hervorgerufen werden; sie kann eine Komplikation einer in erster Linie andere Organe betreffenden Viruserkrankung (wie Grippe oder Masern) sein. Eine Enzephalitis kann völlig ausheilen, jedoch auch zu bleibenden Hirnschädigungen oder gar zum Tod führen.
➕ Gegen die virusbedingte Zeckenenzephalitis kann man sich vorbeugend impfen lassen.

Enzyme, von den Körperzellen produzierte Eiweiße (Proteine), die an chemischen Veränderungen anderer Substanzen beteiligt sind, ohne dabei selbst verändert zu werden, z. B. die Enzyme, die die Nahrung bei der Verdauung aufspalten (auch ↑ Enzym, Kapitel 13).

Epidemie, *die* [griechisch ›im Volk verbreitet‹], ansteckende Krankheit, die sich rasch unter der Bevölkerung eines Gebietes ausbreitet. Immunisierung und Quarantäne sind zwei der Maßnahmen, um eine Epidemie unter Kontrolle zu bringen.

Epidermis, *die* [zu griechisch derma ›Haut‹], die äußere Schicht der Haut.

Epilepsie, *die* [griechisch ›Anfall‹], Erkrankung des Gehirns, die anfallsartig, also plötzlich auftritt, mit Bewusstseinsstörungen einhergeht und von ungelenken Bewegungsabläufen, oft Krämpfen, begleitet ist. Epilepsieanfälle können häufig medikamentös unter Kontrolle gehalten werden.

Medizin und Gesundheit

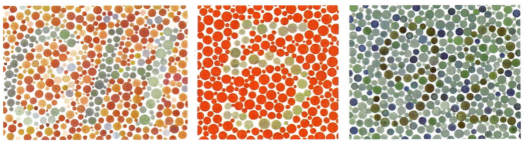

Farbenblindheit (von links) Normalsichtige erkennen in erster Linie die Farbunterschiede und lesen CH, Farbenfehlsichtige lesen nach den Helligkeitsunterschieden 31; die graue 5 wird bei Rotgrünstörung infolge der hierbei erhöhten Kontrastwirkung als grünlich angesehen; bei Blaugelbstörung ist die 92 nicht erkennbar.

erblich, bezeichnet Merkmale, die von den Eltern an ihre Kinder durch die Gene (↑ Gen, Kapitel 13) weitergegeben werden können. Die Bezeichnung ›erblich‹ wird auf Krankheiten wie die Bluterkrankheit und Merkmale wie die Neigung zur Glatzenbildung angewendet.

eustachische Röhre, die nach dem italienischen Arzt Bartolomeo Eustachi (* 1520, † 1574) benannte Verbindungsröhre zwischen Mittelohr und Nasen-Rachen-Raum; sie besteht aus Knochen und Knorpel.
➕ Beim Start und bei der Landung von Flugzeugen z. B. verhindert Schlucken oder Gähnen das ›Zugehen‹ der Ohren, weil dadurch Luft durch die eustachische Röhre gelangt und einen Druckausgleich zwischen Mittelohr und Umgebung schafft.

Farbenblindheit, ein Defekt bei der Wahrnehmung von Farben, der durch das Fehlen von bestimmten spezialisierten Zellen auf der Netzhaut des Auges verursacht wird. Es gibt eine teilweise Farbenblindheit (wie die ›Rot-Grün-Blindheit‹, bei der eine Person Rot und Grün nicht unterscheiden kann) oder eine vollständige Farbenblindheit (bei der die Person alle Farben als grau sieht).

Fehlgeburt, Abort, die vorzeitige, unfreiwillige Beendigung einer Schwangerschaft innerhalb der ersten 28 Schwangerschaftswochen, wobei der Keimling entweder frühzeitig (›Frühabort‹, bis zur 12. Schwangerschaftswoche) abgestoßen wird oder ein nicht lebensfähiges Kind geboren wird (›Spätabort‹).

Fette, organische Verbindungen, die dem Körper als Energiespeicher dienen. Fett wird im Fettgewebe des Körpers eingelagert, das den Körper und seine Organe stützt, schützt und isoliert. Eine ausgewogene Ernährung muss Fette enthalten, da man sie außer als Energielieferanten auch für die Aufnahme von bestimmten Vitaminen und als Zellbestandteil braucht.
➕ Viele Menschen nehmen in ihrer Ernährung zu viel Fett zu sich; diese Unausgewogenheit kann zu verschiedenen Krankheiten, z. B. zu Herzkrankheiten, beitragen. Einige Fette, die sogenannten gesättigten Fettsäuren, erhöhen den Cholesterinspiegel im Blut, während andere, die sogenannten ungesättigten Fettsäuren, dabei helfen können, den Cholesterinspiegel im Blut zu senken.

Fettgewebe, Bindegewebe, das Zellen enthält, die mit Fett gefüllt sind.

Fetus, Fötus, *der* [lateinisch ›das Zeugen‹, ›das Gebären‹], bei Menschen das Ungeborene ab der zwölften Woche nach der Empfängnis bis zur Geburt (auch ↑ Embryo).

Follikelsprung, ↑ Eisprung.

Fortpflanzungssystem, Gesamtheit der Organe im Körper, die bei der Fortpflanzung eine Rolle spielen. Beim Mann wird der Samen in den Hoden produziert und ergießt sich mit der Samenflüssigkeit während des Geschlechtsakts. Andere Organe des männlichen Fortpflanzungssystems sind die Prostata, der Hodensack und die Samenbläschen.
Bei der Frau reifen die Eizellen in den Eierstöcken und werden während des Eisprungs in der Mitte des Menstruationszyklus in die Eileiter abgegeben. Wenn eine Befruchtung erfolgt, wandert die befruchtete Eizelle durch den Eileiter in die Gebärmutter, um sich dort einzunisten und weiterzuentwickeln. Wenn das Ei nicht befruchtet wird, geht es zugrunde und wird während der Menstruation ausgeschieden.

Fraktur, *die* [lateinisch ›Bruch‹], Knochenbruch.

Fruchtblase, doppelte Membran, die den Embryo bzw. Fetus in der Gebärmutter umgibt. Die Fruchtblase ist mit einer Flüssigkeit, dem Fruchtwasser, gefüllt, in der der Embryo oder Fetus schwimmt.

Fruchtwasser, salzhaltige Flüssigkeit, die in der Fruchtblase enthalten ist; der Embryo bzw. Fetus schwimmt im Fruchtwasser, das ihn gegen Druck, Stoß und Erschütterungen von außen schützt.

Fruchtwasseruntersuchung, Schwangerschaftsuntersuchung zur Früherkennung von bestimmten Störungen im Fetus. Bei der Fruchtwasseruntersuchung (auch Amniozentese genannt) wird eine kleine Menge des Fruchtwassers, das den Fetus in der Fruchtblase umgibt, mit einer Nadel, die durch die Bauchdecke der Mutter gestochen wird, entnommen. Das Fruchtwasser enthält gewöhnlich isolierte Zellen des Fetus. Diese Zellen werden untersucht, um Chromosomenstörungen des Fetus (z. B. Down-Syndrom) zu erkennen. Sie können auch dazu dienen, Blutgruppenunverträglichkeit oder das Geschlecht des Kindes zu bestimmen.

funktionell, auf die Tätigkeit oder Betätigungsweise eines Gewebes oder auf die Aufgabe eines Organs im Rahmen des Gesamtorganismus bezogen. Bei funktionellen Erkrankungen ist im Gegensatz zu organischen Erkrankungen die Funktion eines Organs zwar gestört, eine Strukturveränderung lässt sich jedoch nicht nachweisen.

Fußpilz, Hautkrankheit, die gewöhnlich die Füße befällt und Juckreiz, Rötung und Zerstörung der Haut verursacht. Fußpilz wird von verschiedenen Pilzen verursacht, die in feuchter Umgebung gedeihen.

Galle, eine bittere, von der Leber produzierte Flüssigkeit in der Gallenblase. Galle wird in den Dünndarm freigesetzt, wenn sie bei der Verdauung von Fett benötigt wird (auch ↑ Verdauungssystem).
➕ Galle wird manchmal in übertragener Bedeutung gebraucht, um Bitterkeit zu bezeichnen: ›Ihm kam die Galle hoch‹ oder ›Er hat einen galligen Humor‹.

Gallengänge, Gefäße in der Leber und zwischen Gallenblase und Dünndarm; sie leiten die Gallenflüssigkeit in den Zwölffingerdarm.

Gallenstein, ein hartes, kieselsteinähnliches Gebilde, das sich in der Gallenblase oder den Gallengängen durch chemische Ausfällung ablagert. Gallensteine können beträchtliche Schmerzen verursachen und den Fluss der Galle von Leber und Gallenblase in den Dünndarm behindern. In vielen Fällen müssen Gallensteine oder die ganze Gallenblase operativ entfernt werden.

Gangrän, *die* oder *das* auch **Wundbrand,** Zersetzung von abgestorbenem Körpergewebe durch Fäulnisbakterien. Wegen Vergiftungsgefahr ist häufig die Abnahme (Entfernung) der abgestorbenen Gliedmaße nötig.

Ganzheitsmedizin, Richtung der Medizin, die die Behandlung der Person als Ganzes in den Mittelpunkt stellt und ihr besonderes Augenmerk auf die Wechselbeziehungen zwischen Seele und Körper und zwischen den Systemen innerhalb des Körpers richtet. Die Ganzheitsmedizin betont die Rolle des Patienten bei der Gesundheitsvorsorge durch Mittel wie positive Einstellungen, gesunde Ernährung und regelmäßige Bewegung.

gastrisch, den Magen betreffend.

Gaumen, obere Wölbung der Mundhöhle. Der Gaumen trennt den Mund vom Nasenraum.

Gebärmutter, Uterus, birnenförmiges Organ des weiblichen Fortpflanzungssystems, in dem der Embryo bzw. Fetus bis zu seiner Geburt heranreift. Die starken Muskeln der Gebärmutter unterstützen die Austreibung des Babys aus dem mütterlichen Körper bei der Geburt.

Gebärmutterhals, das schmale untere Ende der Gebärmutter. Ein Teil des Gebärmutterhalses (Muttermund) erstreckt sich in die Scheide.

Gehirn, zentrales Organ im Nervensystem, das durch den Schädel geschützt wird. Bestandteile des Gehirns sind: das verlängerte Mark, das Signale vom Rückenmark zum übrigen Hirn weiterleitet und auch das vegetative Nervensystem steuert; die Brücke, eine Ansammlung von Nervenfasern, die mit dem verlängerten Mark verbunden ist; das **Kleinhirn,** das für die Erhaltung des Gleichgewichts und die Abstimmung (Koordination) von Bewegungen große Bedeutung hat; schließlich das Großhirn, dessen äußere Schicht, die Großhirnrinde, der Sitz von Gedächtnis, Sehzentrum, Sprache und anderen höheren Funktionen ist.

Das **Großhirn** setzt sich aus der rechten und der linken Hirnhälfte (Hemisphäre) zusammen, wobei jede andere Funktionen steuert. Im Allgemeinen steuert die rechte Hemisphäre die linke Seite des Körpers und Funktionen wie räumliches Vorstellungsvermögen, während die linke Hemisphäre die rechte Seite des Körpers und Funktionen wie Sprache und Denken kontrolliert. Beide Hälften sind durch eine breite Nervenfaserplatte, den Balken, miteinander verbunden. Unter der Großhirnrinde befindet sich der Thalamus, die Hauptverbindungsstelle zwischen verlängertem Mark und Großhirn; außerdem der Hypothalamus, der u. a. Blutdruck und Körpertemperatur steuert.

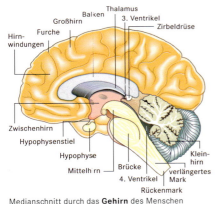

Medianschnitt durch das **Gehirn** des Menschen

Gehirnentzündung, ↑ Enzephalitis.

Gehirnerschütterung, vorübergehender, meist vollständig ausheilender Zustand nach äußeren Gewalteinwirkungen auf den Schädel. Wesentliches Zeichen der Gehirnerschütterung ist Bewusstlosigkeit; Erbrechen kommt häufig vor. Bei schweren Formen zeigt sich eine ›rückläufige‹ Erinnerungslosigkeit.

Gelbsucht, Symptom für verschiedene Krankheiten, u. a. Leberkrankheiten, bei denen die Haut, das Weiße des Auges und andere Gewebe eine gelbliche Farbe annehmen. Grund dafür ist eine Vermehrung der Gallenfarbstoffe im Blut.

genetisch, die Entstehung und Entwicklung der Lebewesen betreffend; erblich bedingt.

Genitalien, die Fortpflanzungsorgane.

Geschlechtsdrüsen, ↑ Gonaden.

Geschlechtskrankheiten, Krankheiten, die durch Geschlechtsverkehr übertragen werden können. Zu ihnen gehören z. B. Aids, Gonorrhö (Tripper), Syphilis und bestimmte Formen des Herpes.

Geschmacksknospen, oval geformte Zellansammlungen auf der Zunge und in der Mundschleimhaut, in denen spezielle Nerven enden, die bei der Entstehung der Geschmacksempfindungen wichtig sind.

Geschwulst, ↑ Tumor.

Geschwür, entzündliche, offene Wunde an Haut oder Schleimhäuten. Ein Geschwür kann sich in der Schleimhaut des Magens oder Zwölffingerdarms bilden und Verdauungsstörungen sowie starke Schmerzen verursachen. Ursache ist ein erst vor wenigen Jahren entdecktes Bakterium, das sich durch Einnehmen von Antibiotika bekämpfen lässt.

Gicht, eine Stoffwechselstörung mit schubweise auftretenden schmerzhaften Entzündungen der Gelenke, besonders der Füße und Hände. Sie tritt meistens bei älteren Männern auf. Die Neigung, Gicht zu entwickeln, ist erblich. Stress, Erschöpfung, zu viel körperliche Bewegung und vor allem zu viel Eiweiß in der Nahrung können einen Gichtanfall auslösen.

Glaukom, *das* ↑ grüner Star.

Gonaden, die Organe (auch Keimdrüsen oder Geschlechtsdrüsen genannt), die Samen oder Eier produzieren. Bei der Frau sind die Gonaden die Eierstöcke, beim Mann die Hoden.

Gonorrhö, *die* [griechisch ›Samenfluss‹], eine durch Bakterien verursachte Geschlechtskrankheit, die hauptsächlich die Schleimhäute der Genitalien und des Harntrakts befällt. Wenn Gonorrhö (auch Tripper genannt) nicht behandelt wird, kann sie auf Knochen und Gelenke übergreifen oder Unfruchtbarkeit bewirken. Antibiotika, besonders Penicillin, sind bei der Behandlung von Gonorrhö äußerst wirkungsvoll.

grauer Star, Augenkrankheit, bei der die Linsen sich trüben und dadurch das Sehvermögen beeinträchtigen. Man kann diesen Zustand beheben, indem man die Linse operativ entfernt und sie durch eine künstliche Linse, Brillengläser oder Kontaktlinsen ersetzt.

Grimmdarm, Kolon, der mittlere und längste Teil des Dickdarms.

Grippe, akute Infektionskrankheit des Atmungssystems, verursacht durch das Grippe-Virus und gekennzeichnet durch Fieber, Muskelschmerzen, Kopfweh und Entzündung der Schleimhäute der Atemwege.

Großhirn, der größte Teil des ↑ Gehirns.

Großhirnrinde, ↑ Gehirn.

grüner Star, Glaukom, eine Augenkrankheit, die durch einen erhöhten Flüssigkeitsdruck im Auge gekennzeichnet ist. Der grüne Star kann den Sehnerv beschädigen und zu Blindheit führen, wenn er nicht richtig behandelt wird. In schweren Fällen kann eine Augenoperation erforderlich sein.

Gürtelrose, durch das Herpes-Zoster-Virus verursachte akute Erkrankung bestimmter Nervenknoten mit Ausbildung von zahlreichen, meist halbseitig auftretenden entzündlichen Hautbläschen (meist am Rumpf), oft begleitet von starken Schmerzen.

Gynäkologie, *die* [zu griechisch gyne ›Frau‹], die Frauenheilkunde.

Halluzinogene, Stoffe oder Drogen, die Halluzinationen, also Sinnestäuschungen oder Trugwahrnehmungen, hervorrufen können (z. B. LSD).

Hämoglobin, *das* komplexes organisches Molekül, das Eisen enthält und den Sauerstoff im Blut transportiert.

● Hämoglobin gibt dem Blut seine charakteristische rote Farbe.

Hämophilie, *die* ↑ Bluterkrankheit.

harnausscheidendes System, die Gesamtheit der Organe, die die Menge an Wasser im Körper regulieren und die Stoffwechselabfallprodukte aus dem Blut herausfiltern und in Form von Urin ausscheiden. Die wichtigsten Organe dieses Systems sind Nieren, Harnleiter, Harnblase und Harnröhre.

Harnblase, sackförmiges Organ, in dem der Urin aufbewahrt bleibt, bis er durch die Harnröhre aus dem Körper gelangt.

Harnleiter, häutig-muskulöser Schlauch, der den Urin aus dem Nierenbecken in die Harnblase transportiert.

Harnröhre, röhrenförmiges Organ, durch das der Urin von der Harnblase aus dem Körper gelangt. Beim Mann dient die Harnröhre auch dem Samenerguss.

harntreibend, bezeichnet einen Stoff, der die Urinproduktion erhöht, z. B. Kaffee.

Hasenscharte, Lippenspalte, angeborene Missbildung der Oberlippe. Die Oberlippe ist nicht richtig zusammengewachsen und durch eine schmale Rinne gespalten. Eine Hasenscharte kann durch plastische Chirurgie behoben werden.

Haut, das den Körper außen bedeckende Gewebe. Die Haut ist das größte Organ des menschlichen Körpers, ihr Gewicht macht ungefähr 4 % des Körpergewichts aus. Sie ist ein wasserdichter Schutz des Körpers gegen Krankheitserreger, Sonnenlicht und Temperaturextreme. Die Haut enthält zudem spezielle Nervenenden, die auf Berührung, Druck, Hitze und Kälte reagieren. Sie besteht aus drei Schichten: Die Oberhaut besteht an ihrer Oberfläche aus abgestorbenen Zellen, die sich ständig abschuppen und von der tiefer liegenden Keimschicht erneuert werden. Unter der Oberhaut liegt die Lederhaut, in die zahlreiche Blutgefäße, Nerven, Talg- und Schweißdrüsen sowie die Haare eingebettet sind. Die dritte Schicht bildet die weiche Unterhaut.

Hebamme, nichtärztliche Geburtshelferin, die von der Schwangeren und dem Arzt bei der Entbindung hinzugezogen werden muss. Die Ausbildung dauert drei Jahre. Männer, die diesen Beruf ausüben, werden als Entbindungspfleger bezeichnet.

Hepatitis, *die* Entzündung der Leber. Hepatitis wird meist durch ein Virus verursacht, kann aber auch durch bestimmte giftige Substanzen, z. B. Medikamente oder Chemikalien, bedingt sein. Von den drei wichtigsten durch Viren hervorgerufenen Formen dieser Erkrankung wird die eine (Hepatitis A) durch verseuchtes Essen und Wasser, die beiden anderen (Hepatitis B und C) durch infizierte Injektionsnadeln, Blutübertragungen oder Geschlechtsverkehr übertragen. Symptome der Hepatitis sind Fieber und gelblich gefärbte Haut (Gelbsucht).

Hernie, *die* ↑ Eingeweidebruch.

Heroin, *das* aus Morphin, einem Bestandteil des Opiums, gewonnene Droge, die Schmerzen betäubt und die Wahrnehmung verändert, ohne das Bewusstsein völlig auszuschalten. Heroin macht körperlich und seelisch abhängig (auch ↑ Drogensucht).

Herpes, *der* eine Gruppe miteinander verwandter Krankheiten, die durch Herpes-Viren verursacht

Medizin und Gesundheit

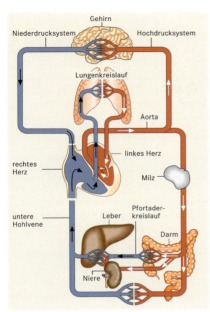

Herz-Kreislauf-System Blutkreislauf des Menschen (arterielles Blut rot, venöses Blut blau)

werden. Für diese Krankheiten typisch ist das Entstehen von bläschenartigen geröteten Wundflächen auf der Haut oder den Schleimhäuten des Körpers. Das Herpes-Virus (Herpes Simplex, Typ I) kann die Mundregion befallen und schmerzhafte Bläschen hervorrufen oder eine Geschlechtskrankheit mit schmerzhaftem Juckreiz an den Genitalien (Typ II) verursachen. Windpocken ist eine weitere Krankheit, die von einem Herpes-Virus, dem Herpes-Zoster-Virus, hervorgerufen wird; das Herpes-Zoster-Virus verursacht auch Gürtelrose.

Herz, das zentrale Pumporgan im Herz-Kreislauf-System. Das Herz ist ein kegelförmiger Hohlmuskel, dessen Größe ungefähr der Faust seines Trägers entspricht.
Es ist von einem bindegewebigen, doppelwandigen Sack, dem Herzbeutel, umgeben. Die eigentliche Wand des Herzens besteht aus einem besonderen Muskelgewebe, das sich regelmäßig und unabhängig vom Willen zusammenzieht und wieder erschlafft, wodurch eine Pump- und Saugwirkung zustande kommt. Das Muskelgewebe wird über die Herzkranzgefäße ernährt. Das Herz ist durch die Herzscheidewand in eine linke und rechte Hälfte geteilt.

Zusätzlich ist jede Herzhälfte nochmals in den kleineren Vorhof und die größere Kammer unterteilt, die durch Segelklappen miteinander verbunden sind. Diese Klappen wirken wie Ventile, indem sie das Blut nur in eine Richtung, nämlich von den Vorhöfen in die Kammern, fließen lassen.
In die Vorhöfe münden die zuleitenden Blutadern (Venen). Die rechte Herzkammer treibt das sauerstoffarme Blut, das vom Körper kommt, in die Lunge, die linke Herzkammer treibt das sauerstoffreiche Blut, das von der Lunge kommt, in den Körper. Von der linken Kammer geht die große Körperschlagader (Aorta) ab, von der rechten Kammer die Lungenschlagader. Auch im Anfangsteil dieser Gefäße befinden sich Ventile.

Herzinfarkt, die Zerstörung von Herzmuskelgewebe aufgrund einer nicht ausreichenden Sauerstoffversorgung, in aller Regel bedingt durch eine Thrombose der Herzkranzgefäße. Symptome eines Herzinfarktes sind Druckgefühl und Schmerzen in der Brust, die oft bis zu Schulter, Armen und Nacken ausstrahlen. In schweren Fällen kommt es zum Aussetzen des Herzschlags oder zum Herzstillstand. Herzinfarkte treten verstärkt bei Männern über 50 Jahren auf.

Herz-Kreislauf-System, das System im Körper, in dem Blut und Lymphflüssigkeit zirkulieren. Zum Herz-Kreislauf-System gehören das Herz und die Arterien, Venen und Kapillargefäße. Die Organe des Lymphsystems gelten ebenfalls als Teil des Herz-Kreislauf-Systems. Nährstoffe, Sauerstoff und andere lebenswichtige Substanzen werden vom Blut, das durch rhythmisches Zusammenziehen des Herzens durch den Körper gepumpt wird, transportiert. Das Blut wird vom Herzen zu den Arterien gepumpt, die sich in immer kleiner werdende Gefäße verzweigen, je weiter sie vom Herzen entfernt sind. Das Blut gibt Sauerstoff und Nährstoffe an die Zellen weiter, nimmt die Abfallprodukte in den Kapillargefäßen auf und kehrt dann über ein System von Venen zum Herzen zurück.

Hexenschuss, ↑ Ischias.

hippokratischer Eid, ein früher von den Ärzten abgelegter Eid, mit dem sie schworen, ihre ärztliche Tätigkeit in Übereinstimmung mit den von dem griechischen Arzt Hippokrates (lebte zwischen 460 und 370 v. Chr.) dargelegten Idealen und moralischen Prinzipien auszuüben. ⓘ S. 402

> **hippokratischer Eid**
> ›Bei meiner Aufnahme in den ärztlichen Berufsstand gelobe ich feierlich, mein Leben in den Dienst der Menschlichkeit zu stellen ...‹.
> Anfangsworte des hippokratischen Eides

Hirnanhangsdrüse, Hypophyse, kleine Drüse des endokrinen Systems. Sie ist an der Hirnbasis gelegen und wird vom Hypothalamus gesteuert. Die Hirnanhangsdrüse scheidet mehrere Hormone aus: Einige steuern die Tätigkeit anderer Drüsen (z. B. der Schilddrüse), andere beeinflussen Wachstum, Stoffwechsel und Fortpflanzung direkt.

Hirnhaut, die Haut, die das Gehirn und das Rückenmark umgibt.

Hirnhautentzündung, ↑ Meningitis.

Hoden, die beiden Organe im männlichen Fortpflanzungssystem, die für die Produktion von Spermien und ↑ Testosteron verantwortlich sind. Die Hoden befinden sich im Hodensack.

Homöopathie, *die* ein Behandlungsverfahren, das Gleiches (griechisch homoios) mit Gleichem heilen will. Dem Kranken werden daher in extrem Verdünnungen (›homöopathischen Dosen‹) solche Mittel verabreicht, die in großen Dosen bei Gesunden ähnliche Symptome hervorrufen wie die Krankheiten, gegen die sie angewendet werden.

Hormone [zu griechisch horman ›in Bewegung setzen‹, ›antreiben‹], von den endokrinen Drüsen (↑ Drüsen) produzierte chemische Stoffe, die vom Blut zu anderen Organen transportiert werden, um deren Funktion anzuregen. Adrenalin, Östrogen, Insulin und Testosteron sind Hormone.

Hörnerv, der Nerv, der das Innenohr mit dem Gehirn verbindet. Einer seiner beiden Äste übermittelt die Hörempfindung an das Gehirn; der andere ist am Gleichgewichtssinn beteiligt.

Hornhaut, durchsichtige äußere Schicht vorne am Auge, die die Iris und die Pupille bedeckt und als Sammellinse für das Licht dient.

Hymen, *das* ↑ Jungfernhäutchen.

Hypertonie, *die* der Bluthochdruck.

Hypochonder, *der* jemand, der sich ständig einbildet, er sei oder werde krank.

Hypophyse, *die* ↑ Hirnanhangsdrüse.

Hypothalamus, *der* der Teil des Gehirns, der Hunger, Durst und Körpertemperatur steuert und verschiedene Aktivitäten im Körper reguliert, die mit dem Stoffwechsel zu tun haben, einschließlich des Wasserhaushalts. Der Hypothalamus steuert auch die Tätigkeit der Hirnanhangsdrüse und damit den Hormonhaushalt.

Hypotonie, *die* zu niedriger Blutdruck.

Hysterektomie, *die* operative Entfernung der Gebärmutter; erforderlich bei Gebärmutterkrebs, in manchen Fällen auch bei Myomen.

Immunisierung [zu lateinisch immunis ›frei, rein‹], das Herbeiführen von Immunität gegenüber Infektionskrankheiten, entweder durch Impfung oder, auf natürlichem Wege, durch das Überstehen einer Krankheit oder auch nur durch den Kontakt mit dem Krankheitserreger.
✚ Bestimmte Schutzimpfungen werden aufgrund der Empfehlungen der Weltgesundheitsorganisation bei Kindern nach einem Impfplan durchgeführt, z. B. gegen Diphtherie, Tetanus, Kinderlähmung, Masern, Mumps und Röteln. Wegen dieser groß angelegten Immunisierungskampagnen sind viele Krankheiten, die früher häufig auftraten (z. B. Pocken, Tetanus, Kinderlähmung und Keuchhusten), stark zurückgegangen.

Immunität, angeborene oder erworbene Fähigkeit des Körpers, Infektionen abzuwehren oder zu bekämpfen.

Immunsystem, das System im Organismus, das u. a. Infektionen abwehrt. Entscheidende Bedeutung besitzen im Immunsystem die weißen Blutkörperchen: Ein Teil von ihnen produziert Antikörper als Antwort auf spezifische Antigene, die in den Körper eindringen; ein anderer Teil zerstört als ›Fresszellen‹ Krankheitserreger und transportiert tote Zellen ab, um so eine Infektion zu bekämpfen.

Impfstoff, aus toten oder lebenden Mikroorganismen gewonnene Substanz, die durch Schluckimpfung oder Injektion in den Körper eingebracht wird. Ein Impfstoff verursacht die Produktion von Antikörpern, die Immunität gegenüber der Krankheit verleihen, die durch die jeweiligen Mikroorganismen erzeugt wird.

Infektion, *die* [lateinisch ›Ansteckung‹], eine ört-

Infektion, örtlich begrenzte oder allgemeine Störung des Organismus durch das Eindringen von Krankheitserregern (z. B. Viren, Bakterien, Pilzen, Parasiten), die sich vermehren und auf andere Einzelwesen übertragen werden können.

Infektionskrankheiten, Krankheiten, die durch Übertragung von Krankheitserregern (Infektion) hervorgerufen werden und häufig mit Fieber verbunden sind.
➕ Häufige Infektionskrankheiten sind z. B. Aids, Cholera, Grippe, Keuchhusten, Malaria, Masern, Mumps, Pocken, Scharlach, Tetanus, Tollwut.

Injektion, das Einspritzen von flüssigen Heilmitteln in den Körper, und zwar direkt in die Blutbahn (intravenös), in oder unter die Haut (subkutan) oder ins Muskelgewebe (intramuskulär).

Inkubationszeit, die Zeitspanne zwischen der Infektion mit einem Krankheitserreger und dem Ausbruch einer Krankheit.

Inkubator, *der* [zu lateinisch incubatio ›das Brüten‹], ↑ Brutkasten.

Innenohr, der Teil des Ohrs, tief im Schädel gelegen, in dem Tonschwingungen in elektrische Signale umgewandelt und über den Hörnerv zum Gehirn geleitet werden, wo die Hörempfindung entsteht. Das Gleichgewichtsorgan befindet sich ebenfalls im Innenohr.

Insulin, *das* von der Bauchspeicheldrüse ausgeschiedenes Hormon, das den Blutzuckerspiegel reguliert.
➕ Personen, die an Diabetes mellitus leiden, müssen sich unter Umständen in größeren Abständen oder auch täglich Insulin spritzen lassen, um dadurch die Krankheit zu behandeln.

Interferon, *das* Hormon, das von bestimmten weißen Blutkörperchen produziert wird, wenn sie einem Virus ausgesetzt sind. Interferon hindert ein Virus an der Vermehrung innerhalb der infizierten Zelle und kann auch andere Zellen gegen das Virus widerstandsfähig (resistent) machen.

Intrauterinpessar, *das* ↑ Spirale.

intravenös, innerhalb einer Vene gelegen oder in sie hinein erfolgend. Intravenöse Ernährung oder intravenöse Gabe von Medikamenten erfolgt über einen Schlauch direkt in die Vene.

Iris, *die* [griechisch ›Regenbogen‹], **Regenbogenhaut,** pigmenthaltige Membran des Auges, die die Pupille umgibt und sie mittels zweier Muskeln verengt oder erweitert. Damit steuert sie die Intensität des Lichteinfalls.

Ischias, Hexenschuss, akuter oder chronischer Schmerzzustand in Hüfte und Oberschenkel, der durch Druck auf den Ischiasnerv verursacht wird. Der Ischiasnerv verläuft durch das Becken und dann im Oberschenkel in Richtung zur Kniekehle.

Jungfernhäutchen, Hymen, dünne Schleimhautfalte, die den Scheideneingang oder einen Teil von ihm bedeckt.
➕ Ein anscheinend unverletztes Jungfernhäutchen wird in manchen Kulturen als Beweis für die Jungfräulichkeit einer Braut angesehen. Jedoch ist der ›Beweis‹ nicht schlüssig. Das Jungfernhäutchen kann auch bei einer Jungfrau unvollständig sein und unverletzt auch bei einer Frau erscheinen, die schon Geschlechtsverkehr gehabt hat.

Kaiserschnitt, geburtshilfliche Operation, bei der der Fetus durch einen Schnitt in die Bauchdeckenwand und die Gebärmutter geholt wird. Ein Kaiserschnitt wird gewöhnlich dann gemacht, wenn eine natürliche Geburt durch die Scheide als riskant angesehen wird.
➕ Der Begriff geht auf die traditionelle Vorstellung zurück, dass Julius Caesar (von dessen Name sich der Titel ›Kaiser‹ ableitet) auf diese Weise zur Welt gekommen sei.

Kapillargefäße, die kleinen Blutgefäße im Körper, die die Arterien mit den Venen verbinden. Die Kapillargefäße bilden ein kompliziertes Netzwerk um das Körpergewebe herum und verteilen so Sauerstoff und Nährstoffe an die Zellen und sorgen für den Abtransport von Abfallstoffen (auch ↑ Herz-Kreislauf-System).

Karies, *die* auch **Zahnfäule,** häufige Erkrankung der Zähne, bei der es – zum Teil in Abhängigkeit von der Veranlagung des Einzelnen – durch äußere Einflüsse zur Zerstörung der harten Zahnsubstanz kommt. Karies wird durch die den Zahnkalk auflösende Säure bewirkt, die durch Mikroorganismen im Mund gebildet wird.

karzinogen, Krebs erzeugend.

Karzinom, *das* [zu griechisch karkinos ›Krebs‹], bösartiger Tumor in einem der Gewebe, welche

Haut, Drüsen, Schleimhaut und die Oberfläche der Organe bilden (auch ↑ Sarkom).

Katheter, *der* eine dünne Röhre, die man in Körperhohlorgane (z. B. die Harnblase) oder Blutgefäße einführt, um Flüssigkeiten zu entfernen, eine Öffnung in eine Körperhöhle zu schaffen oder um etwas einzuspritzen.

Kehlkopf, Larynx, der obere Teil der Luftröhre, der die Stimmbänder enthält.

Keimdrüsen, ↑ Gonaden.

Keime, Mikroorganismen, die Krankheiten oder Infektionen verursachen können.

Keuchhusten, eine akute, vor allem bei Kindern auftretende Infektionskrankheit, bei der es zu starken, anhaltenden Hustenanfällen kommt. Gegen den durch ein Bakterium verursachten Keuchhusten kann man Kinder ab dem dritten Lebensmonat impfen lassen.

Kinderlähmung, spinale Kinderlähmung, Poliomyelitis, Polio, akute, stark ansteckende Infektionskrankheit, die besonders Kleinkinder und Schulkinder befällt. Erreger sind Viren, die zu einer Entzündung bestimmter Nervenzellen im Rückenmark führen können. Es kommt zu Grippesymptomen und Lähmungen. Meist bilden sich die Lähmungen nicht vollständig zurück. Als Folge der staatlich durchgeführten Schutzimpfung (↑ Sabin-Impfstoff) ist die Kinderlähmung in Europa und Nordamerika selten geworden.

Kleinhirn, ↑ Gehirn.

Klimakterium, *das* [griechisch], die Wechseljahre der Frau (↑ Menopause).

Kniesehnenreflex, ruckartige, unwillkürliche Vorwärtsbewegung des Unterschenkels, die man durch einen Schlag auf die Sehne direkt unterhalb der Kniescheibe auslösen kann.

Knochenmark, das weiche Bindegewebe in den Hohlräumen der Knochen. Das Knochenmark ist für die Bildung von roten Blutkörperchen im Körper zuständig.

Knorpel, ein zähes, aber elastisches, biegsames Bindegewebe, das einigen Druck aushalten kann. Es ist Teil des Skeletts, z. B. als Hülle für die Gelenke, wo es Stöße dämpft. Knorpel findet sich auch an anderen Stellen des Körpers, z. B. an Nase und äußerem Ohr.

Kodein, *das* ein Medikament, das aus Opium oder Morphinen hergestellt wird und als Schmerz- und Hustenmittel Verwendung findet.

Kohlendioxid, ↑ Kohlensäure.

Kohlenhydrate, Stoffe, die chemisch aus langen Ketten von Kohlenstoff-, Wasserstoff- und Sauerstoffmolekülen bestehen. Zucker, Stärke und Zellulose sind Kohlenhydrate.
🔴 Kohlenhydrate müssen in einer ausgewogenen Ernährung enthalten sein, weil sie eine wichtige Energiequelle für den Körper bilden.

Kohlensäure, Kohlendioxid, Gas, das aus den Lungen strömt, wenn man ausatmet. Kohlensäure ist ein Abfallprodukt des Stoffwechsels.

Kokain, *das* eine Droge, die aus dem in Südamerika beheimateten Kokastrauch gewonnen wird und eine berauschende Wirkung auf den Körper ausübt. Sie kann bei häufigem Gebrauch abhängig machen (auch ↑ Drogensucht).

Kolik, *die* [griechisch ›Darmleiden‹], anfallartige, sich wiederholende heftige krampfartige Bauchschmerzen, die durch Zusammenziehen der glatten Muskulatur von Hohlorganen ausgelöst werden (Magen-, Darm-, Gallen-, Nierenkolik).

Kolitis, Dickdarmentzündung; Anzeichen der Kolitis sind Unterleibsschmerzen und abwechselnd Verstopfung und – manchmal blutige – Durchfälle.

Kolon, *das* [griechisch ›Darm‹], ↑ Grimmdarm.

Koma, *das* [griechisch ›tiefer Schlaf‹], Zustand tiefer Bewusstlosigkeit. Ein Koma kann u. a. Folge einer Kopfverletzung, einer Erkrankung wie Meningitis, Schlaganfall, Diabetes mellitus oder einer Vergiftung sein.

Kontraktion, *die* Zusammenziehung (z. B. eines Muskels oder eines muskulären Hohlorgans wie der Gebärmutter).

Koronararterien, die Arterien, die das Herzgewebe mit Blut versorgen.

Kortison, Cortison, *das* von der Nebenniere ausgeschiedenes Hormon, das eine wichtige Rolle beim Stoffwechsel von Fetten und Kohlenhydraten spielt. Es wird u. a. als Medikament bei der Behandlung von

Autoimmunerkrankungen, bestimmten Formen der Arthritis und anderen Entzündungen verwendet.

Krampf, heftiges, oft anfallartiges, unwillkürliches Zusammenziehen der Muskeln. Krämpfe können z. B. durch hohes Fieber oder Vergiftungen verursacht sein und sind häufig Symptome der Epilepsie.

Krankheitserreger, Mikroorganismen, Viren, Bakterien, Pilze, Toxine und Parasiten sind Beispiele für Krankheitserreger.

Krebs, Krankheit, die durch ein schnelles und regelloses Wachstum der Zellen im Körper, oft in der Form eines Tumors, gekennzeichnet ist. Krebs ist invasiv, das heißt, er kann sich auf umgebendes Gewebe ausbreiten. Obwohl die Forschung schon eine beträchtliche Kenntnis von ihren Ursachen (z. B. Ernährung, Viren, Umweltfaktoren, Fehler im Erbgut, Rauchen) erlangt und Möglichkeiten ihrer Heilung (z. B. durch Operation, Bestrahlung und Chemotherapie) gefunden hat, ist diese Krankheit eine der häufigsten Todesursachen.

Kreislauf, ↑ Herz-Kreislauf-System.

Krupp, *der* [zu englisch to croup ›krächzen‹], akut auftretende entzündliche Schwellung der Kehlkopfschleimhaut bei Diphtherie. Ähnliche Symptome treten beim ↑ Pseudokrupp auf.

Kurzsichtigkeit, Sehstörung, bei der das Licht, das durch das Auge einfällt, vor der Netzhaut gebündelt wird statt direkt auf ihr, sodass weiter entfernte Gegenstände verschwommen erscheinen.

Lähmung, die vollständige Unfähigkeit, einen Muskel oder eine Muskelgruppe zu bewegen. Lähmungen beruhen auf einer Schädigung der Nerven, die den betroffenen Körperteil versorgen.

Larynx, *der* ↑ Kehlkopf.

Lebensmittelvergiftung, Krankheit, die durch den Genuss von mit giftigen Stoffen verseuchten Nahrungsmitteln hervorgerufen wird. Eine Lebensmittelvergiftung ist durch Erbrechen und Durchfall gekennzeichnet und oft durch Bakterien wie Salmonellen oder Staphylokokken verursacht (auch ↑ Botulismus).

Leber, zentrales Stoffwechselorgan und größte Drüse des menschlichen Körpers im rechten Oberbauch unterhalb des Zwerchfells. Die Leber produziert Galle und Bluteiweiße, speichert Vitamine, um sie später ins Blut freizusetzen, entfernt Gifte (u. a. Alkohol) aus dem Blut, baut alte rote Blutkörperchen ab und trägt zur Aufrechterhaltung des Blutzuckerspiegels im Körper bei.

Legasthenie *die,* Lese-Rechtschreib-Schwäche, Schwäche beim Erlernen des Lesens und Schreibens bei durchschnittlicher oder sogar überdurchschnittlicher Begabung. Legasthenie äußert sich vor allem in der Umstellung und Verwechslung einzelner Buchstaben (z. B. Schiff – Fisch).

Lepra, *die* chronische Infektionskrankheit. Als Symptome treten örtlich Veränderungen der Haut und des Nervengewebes auf, die sich allmählich ausbreiten und Muskelschwäche, Verstümmelungen an Fingern und Zehen sowie Lähmungen verursachen. Es werden heute verschiedene Antibiotika zur Behandlung eingesetzt; bei Verstümmelung sind Maßnahmen der plastischen Chirurgie erforderlich.

➕ Lepra (Aussatz) gehört zu den ältesten Infektionskrankheiten und war schon im Altertum bekannt. Aus Furcht vor Lepra verstieß man die Leprakranken aus der Gemeinschaft und behandelte sie als ›Aussätzige‹.

Leukämie, *die* Blutkrebs, Form des Krebses, bei der die Zahl der weißen Blutkörperchen im Blut stark vermehrt ist. Eine Leukämie betrifft in der Regel u. a. Blut, Knochenmark, Milz, Leber und Lymphknoten und verursacht Gewebeschädigungen. Leukämien führen oft zum Tode, bestimmte Arten sind aber auch heilbar.

Linse, glasklares, fast kreisförmiges Gebilde, direkt hinter der Pupille des Auges gelegen. Die Linse bündelt die einfallenden Lichtstrahlen auf die Netzhaut.

Lipide, Fette oder fettähnliche Stoffe, die sich nicht in Wasser lösen lassen. Lipide sind zusammen mit den Eiweißen und Kohlenhydraten die wichtigsten Bausteine der lebenden Zelle.

Lippenspalte, ↑ Hasenscharte.

Lokalanästhesie, ↑ örtliche Betäubung.

LSD, Abkürzung für **L**yserg**s**äure**d**iäthylamid, eine Droge, die Wahnvorstellungen hervorruft, die einer Psychose ähnlich sind. Personen, die auf einem LSD-Trip sind, der mehrere Stunden dauern kann, werden in ihrer Wahrnehmung von Raum und Zeit beeinträchtigt und können jeden Kontakt mit der Realität verlieren.

Lues, *die* [lateinisch ›Seuche‹], ↑ Syphilis.

Luftröhre, das röhrenförmige Organ, das den Mund mit den Bronchien verbindet und über das Luft in die Lungen gelangt.

lumbal [zu lateinisch lumbus ›Lende‹], zu den Lenden gehörend, die Lenden betreffend.

Lunge, paarig angelegtes zentrales Organ des Atmungssystems. Es liegt im vorderen Brustraum. In den Lungen wird der aus der Luft eingeatmete Sauerstoff an das Blut abgegeben und das Kohlendioxid aus dem Blut entfernt und ausgeatmet.

Lungenarterie, eine große Arterie, die Blut direkt vom Herzen in die Lunge transportiert.

Lungenemphysem, *das* eine chronische Krankheit, bei der die winzigen Luftsäcke (Alveolen) in den Lungen aufgebläht sind, sodass sie das Blut nicht mehr ausreichend mit Sauerstoff versorgen können. Ein Lungenemphysem verursacht Kurzatmigkeit und schmerzhaften Husten und erhöht das Risiko, eine Herzkrankheit zu entwickeln. Es kommt am häufigsten bei älteren Männern vor, die starke Raucher sind.

Lungenentzündung, Pneumonie, Bezeichnung für akut oder chronisch entzündliche Prozesse des Lungengewebes, die durch unterschiedliche Ursachen, meist durch Infektionen (z. B. bakterielle, Pilz- oder Virusinfektionen), hervorgerufen werden. Lungenentzündungen können auch aufgrund von Schädigungen durch Atemgifte oder durch das Einatmen von Metalldämpfen und Stäuben entstehen.

Lymphe, *die* klare, farblose Gewebsflüssigkeit, die durch das Lymphsystem zirkuliert. Lymphe füllt die Zellzwischenräume im Gewebe.

Lymphknoten, kleine, rundliche Organe entlang den kleinen Gefäßen des Lymphsystems.

Lymphsystem, Netz von kleinen Gefäßen und Gewebezwischenräumen, das die Lymphe durch den Körper leitet. Das Lymphsystem erfüllt verschiedene Funktionen: Es filtert u. a. schädliche Bakterien heraus, lässt die weißen Blutkörperchen (in den Lymphknoten) reifen, verteilt Nährstoffe an die Zellen, ist bei der Regulation des Wasserhaushalts im Organismus beteiligt (indem es überschüssige Flüssigkeit abtransportiert und so ein Schwellen des Gewebes verhindert) und wirkt bei der Verdauung von Fetten mit.

Magen, im Oberbauch gelegenes Organ des Verdauungssystems, in das die zerkaute Nahrung aus der Speiseröhre gelangt. Winzige Drüsen in der Magenschleimhaut produzieren den Magensaft, der Säure, Schleim und für die Verdauung wichtige Enzyme enthält. Zusammen mit den Kontraktionen der Muskulatur des Magenwand verwandelt der Magensaft die Speisen in eine zähe, halbflüssige Masse, die zur weiteren Verdauung in den Dünndarm weiterbefördert wird.

Magersucht, Anorexie, psychosomatische Störung, bei der der Patient die Nahrungsaufnahme verweigert und durch bestimmte Handlungen (z. B. selbst herbeigeführtes Erbrechen) eine extreme Gewichtsabnahme zu erreichen sucht. Magersucht, die auch durch ein gestörtes Selbstbild gekennzeichnet ist, kommt meist bei jungen Mädchen und Frauen zwischen zwölf und einundzwanzig Jahren vor und kann im Extremfall zum Tode führen, wenn keine medizinische Behandlung erfolgt. Die Therapie besteht oft in ausführlichen Beratungsgesprächen, um verborgene psychische Probleme wie Angst vor dem Erwachsenwerden und vor der Übernahme der Geschlechterrolle aufzudecken (auch ↑ Bulimie).

Malaria, *die* Infektionskrankheit, die durch einen Parasiten verursacht wird, der durch den Biss einer infizierten Stechmücke übertragen wird. Malariakranke leiden meistens an periodisch auftretendem Schüttelfrost und Fieber. Weltweit leben 2,2 Milliarden Menschen in malariagefährdeten Gebieten, jährlich sterben etwa eine Million Menschen an der Krankheit.

Mammografie, *die* [zu lateinisch mamma ›weibliche Brust‹], Untersuchung der weiblichen Brust mithilfe von Röntgenstrahlen. Eine Mammografie hilft beim Auffinden von Tumoren in der Brust, die zu klein sind, als dass sie mit anderen Methoden entdeckt werden könnten.

Mandeln, zwei Gewebsmassen auf beiden Seiten des Rachens. Die Mandeln sind ein Teil des Immunsystems und helfen, den Körper gegen Mikroorganismen zu verteidigen.
⊕ Die Mandeln werden häufig in der Kindheit durch eine Operation entfernt, wenn sie durch zu ausgedehntes Wachstum die Atemwege verlegen oder wenn sie andauernd entzündet sind.

Masern, akute ansteckende Krankheit, die durch

das Maservirus verursacht wird. Symptome sind Fieber, Schnupfen, Husten, Bindehautentzündung und charakteristische rötliche Hautausschläge. Masern treten meist als Kinderkrankheit auf.

Mastdarm, ↑ Enddarm.

Mastektomie, *die* operative Entfernung der weiblichen Brust.

Melanin, *das* [griechisch melas ›schwarz‹], dunkelbrauner Farbstoff im Körper, vor allem in der Haut und im Haar. Es wird von besonderen Hautzellen, die für Sonnenlicht empfindlich sind, gebildet. Melanin schützt den Körper, indem es die ultravioletten Sonnenstrahlen absorbiert.
➕ Die Menge an Melanin bestimmt die Hautfarbe eines Menschen: Personen mit einer großen Menge haben dunkle Haut, während solche, die nur sehr wenig haben, hellhäutig sind. Melanin ist auch für die Sonnenbräune verantwortlich.

Membran, *die* ein dünnes Häutchen, das trennende oder abgrenzende Funktion hat, z. B. das Trommelfell.

Meningitis, *die* [zu griechisch meninx ›Hirnhaut‹], Hirnhautentzündung; Entzündung der Hirn- und Rückenmarkshäute, verursacht durch eine bakterielle oder durch eine Virusinfektion.

Menopause, *die* [zu griechisch men ›Monat‹ und pausis ›Ende‹], Aufhören der Regelblutung (Menstruation) in den Wechseljahren der Frau. Die Menopause tritt im Allgemeinen im Alter zwischen 45 und 50 Jahren auf.

Menstruation, Monatsblutung, *das* periodische Abstoßen der blutigen Gebärmutterschleimhaut durch die Scheide einer geschlechtsreifen Frau. Die Menstruation markiert das Ende eines Menstruationszyklus und den Beginn eines neuen.

Menstruationszyklus, die periodisch auftretenden Veränderungen im weiblichen Fortpflanzungssystem, die mit der Vorbereitung der Gebärmutter auf eine Schwangerschaft zusammenhängen. Der Zyklus dauert ungefähr 28 Tage. Während des Menstruationszyklus wird ein Ei aus einem der beiden Eierstöcke freigesetzt (das nennt man den Eisprung oder Ovulation), und die Gebärmutterschleimhaut baut eine Schicht aus Blut auf, um für die Einnistung einer befruchteten Eizelle (Zygote) gerüstet zu sein. Wenn eine Befruchtung und Einnistung nicht stattgefunden haben, wird die Gebärmutterschleimhaut während der Menstruation abgestoßen.

Methadon, *das* ein starkes, morphinartig wirkendes Schmerzmittel, das auch zur Entziehungsbehandlung Heroinabhängiger eingesetzt wird.

Mikroorganismen, Lebewesen, die zumeist aus nur einer Zelle bestehen und nur unter starker Vergrößerung sichtbar sind.

Milz, im linken Oberbauch gelegenes Organ des Lymphsystems, das bei der Reinigung des Blutes eine wichtige Rolle spielt. Die Milz filtert auch zerstörte rote Blutzellen aus dem Körper, bildet eine Blutreserve für den Körper und kann unter bestimmten Bedingungen auch selbst weiße Blutkörperchen produzieren.

Mineralstoffe, die für den Aufbau von Körpersubstanzen notwendigen anorganischen Verbindungen, z. B. Calcium (für den Aufbau der Knochen) und Eisen (für die Bildung von Hämoglobin). Andere Mineralstoffe helfen bei der Regulation des Stoffwechsels. Sie müssen ständig mit der Nahrung zugeführt werden.

Mittelohr, Teil des Ohres zwischen Trommelfell und Innenohr. Es besteht aus drei kleinen Knochen (Hammer, Amboss und Steigbügel), die die Schallwellen vom Trommelfell zum Innenohr weiterleiten.

Mongolismus, ↑ Down-Syndrom.

Morphium, *das* **Morphin,** süchtig machende Droge, ein Abkömmling des Opiums. Morphium ist immer noch ein unentbehrliches starkes Schmerz- und Beruhigungsmittel. Aus ihm wird auch das Rauschgift Heroin hergestellt.

multiple Sklerose, schwere chronische Krankheit des zentralen Nervensystems mit unbekannter Ursache. Kennzeichnend sind Geweberhärtungen im Gehirn und im Rückenmark. Eine wirkungsvolle Therapie ist noch nicht gefunden. Der Verlauf der Krankheit ist nicht voraussagbar.

Mumps, akute ansteckende Krankheit, gekennzeichnet durch Fieber und entzündliche Schwellung der Ohrspeicheldrüsen. Mumps wird durch das Mumpsvirus verursacht, ist in der Regel eine Kinderkrankheit und hinterlässt lebenslange Immunität gegen ein erneutes Auftreten der Krankheit. Sie wird umgangssprachlich auch als ›Ziegenpeter‹ bezeichnet.

Muskeldystrophie, *die* Erbkrankheit, bei der die Muskeln allmählich schwinden. Es gibt keine Behandlung und es kommt zu bleibenden Schäden.

Muskulatur, *die* die Gesamtheit der Muskeln eines Organismus. Muskeln bestehen aus Muskelzellen bzw. Muskelfasern und dienen der Bewegung von Organen oder Körperteilen. Es gibt drei Arten von Muskeln: quer gestreifte Muskeln, das sind vor allem die Skelettmuskeln, die an den Knochen ansetzen und willkürliche Bewegungen ermöglichen; glatte Muskeln, die in den inneren Organen vorkommen und die unwillkürlichen Bewegungen im Herz-Kreislauf-, im Verdauungs-, im harnausscheidenden System, im Fortpflanzungs- und im Atmungssystem bewirken; außerdem gibt es die Herzmuskeln, die die kräftigen Wände des Herzens bilden.

Mutterkuchen, blutgefäßreiches Stoffwechselorgan, ↑ Plazenta.

Nabelschnur, die Verbindung zwischen Embryo bzw. Fetus und Plazenta. Die Nabelschnur enthält Blutgefäße, die den Embryo bzw. Fetus mit Nährstoffen und Sauerstoff versorgen sowie Abfallprodukte des Stoffwechsels entfernen. Die Nabelschnur wird nach der Geburt abgetrennt und hinterlässt in der Mitte des Bauches eine Einwölbung, den Nabel.

Nachgeburt, ↑ Plazenta.

Narkose, *die* eine Allgemeinbetäubung zur Durchführung operativer Eingriffe, bei der durch die Gabe von Narkotika die höheren Gehirnfunktionen ausgeschaltet sind. Die Narkose hat Bewusstlosigkeit, Schmerzlosigkeit und Muskelerschlaffung zur Folge.

Nebennieren, zwei kleine Drüsen, je eine in der Nähe des oberen Teils jeder Niere, die am Hormonsystem beteiligt sind. Ein Teil jeder Nebenniere produziert Adrenalin; ein anderer Teil scheidet weitere wichtige Hormone aus.

Nebenschilddrüsen, vier kleine Drüsen im rand-

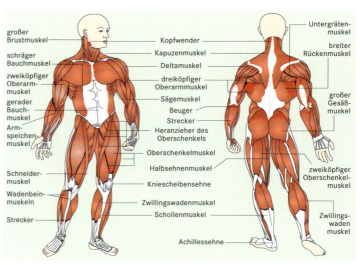

Muskulatur des Menschen, sichtbar ist nur die äußere (oberflächliche) Schicht der Skelettmuskeln

nahen Gewebe der Schilddrüse, die im endokrinen System eine Rolle spielen. Die Nebenschilddrüsen produzieren ein Hormon, das den Calcium- und Phosphatstoffwechsel steuert.

Nerv, Faserbündel, das aus Nervenzellen (Neuronen) besteht und Körperteile und Organe mit dem zentralen Nervensystem verbindet. Nerven leiten elektrische Impulse von einem Teil des Körpers zum anderen.

Nervensystem, Gesamtheit der Nervengewebe eines Organismus. Es steuert die inneren Körperfunktionen und besitzt die Fähigkeit zur Reizaufnahme, Erregungsleitung, Signalverarbeitung und zur Beantwortung von Reizen (in Form von Impulsen an die Muskeln). Das Nervensystem setzt sich zusammen aus dem Gehirn, dem Rückenmark, den Nerven und den Sinnesorganen wie dem Auge und dem Ohr.

Netzhaut, Retina, die innerste, lichtempfindliche Schicht des Auges, die durch den Sehnerv mit dem Gehirn verbunden ist. Die Netzhaut begrenzt das Innere des Augapfels. Die Linse des Auges bündelt Lichtstrahlen auf die Netzhaut.

Neurodermitis, chronisch-entzündliche Hauterkrankung, die überwiegend auf eine angeborene allergische Überempfindlichkeit zurückzuführen

Medizin und Gesundheit — Ovu

ist; psychische Einflüsse können ebenfalls eine Rolle spielen. Symptome sind trockene, schuppende Haut, Bläschenbildung und infolge der chronischen Reizung eine Vergröberung der Oberflächenstruktur der Haut, besonders an Nacken und Hals, am Mund, in den Ellenbeugen, an den Händen und in den Kniekehlen.

Neurose, *die* [zu griechisch neuron ›Nerv‹], Sammelbegriff für eine Vielzahl von psychischen Störungen (z. B. Angst, Furcht, Depression) ohne nachweisbare organische Ursache, die im Verlauf der menschlichen Entwicklung durch bestimmte Erfahrungen entstehen, den Betroffenen unverständlich bleiben und von ihnen nicht ausreichend kontrolliert werden können.

Niere, paarig angelegtes Organ im oberen, hinteren Teil der Bauchhöhle, das insbesondere im harnausscheidenden System eine wichtige Rolle spielt. Die Nieren filtern Abfallprodukte aus dem Blut heraus und scheiden sie im Urin aus. Sie regulieren auch den Wasser- und Salzhaushalt im Organismus.

Nierensteine, kleine harte Gebilde, die durch chemische Ausfällung entstehen und in den Nieren auftreten. Sie sind von unterschiedlicher Größe, die meisten sind sehr klein und werden mit dem Urin ausgeschieden. Wenn sie zu groß sind, verstopfen sie die Niere und verursachen große Schmerzen.

Nikotin, *das* giftige chemische Substanz der Tabakpflanze. In kleinen Dosen wirkt Nikotin anregend auf das Nervensystem.
⊕ Das Nikotin ist nach dem französischen Gelehrten Jean Nicot (* 1530, † 1600) benannt.

Ohr, Hörorgan; es spielt auch eine Rolle bei der Erhaltung des Gleichgewichts. Beim Ohr unterscheidet man das äußere Ohr (von außen bis zum Trommelfell), das Mittelohr und das Innenohr.

Ohrmuschel, der äußere Teil des Ohres, der die Schallwellen auffängt und sie zum Trommelfell weiterleitet.

Opium, *das* süchtig machende Droge, die man aus den unreifen Fruchtkapseln des Schlafmohns gewinnt. Einige andere Drogen, z. B. Morphium und Kodein, sind Abkömmlinge des Opiums.

organisch, in der Medizin eine Bezeichnung für etwas, das auf ein Organ im Körper oder den ganzen Organismus bezogen ist. Bei organischen Erkrankungen lässt sich im Gegensatz zu funktionellen Störungen eine Veränderung der Struktur eines Organs mit naturwissenschaftlichen Methoden (z. B. Mikroskop, Labortest, Röntgen) nachweisen.

Organismus, die Gesamtheit der funktionell miteinander verbundenen und sich gegenseitig beeinflussenden Organe; auch Bezeichnung für das einzelne Lebewesen (Mensch, Tier, Pflanze).

örtliche Betäubung, Lokalanästhesie, das Erzeugen von Empfindungslosigkeit mithilfe eines Betäubungsmittels, das nur an der Stelle wirkt, an der es angewendet wird.

Osteoporose, *die* das allmähliche Weichwerden der Knochen, sodass sie anfällig für Brüche werden. Als eine der Hauptursachen gilt der Rückgang der Östrogenproduktion in den Wechseljahren.
⊕ Der Osteoporose kann durch ausreichende regelmäßige Bewegung, die Einnahme von Mineral- oder Hormonpräparaten und calciumreiche Nahrung vorgebeugt werden.

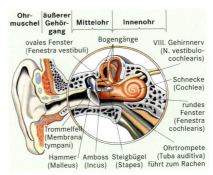

Ohr Schematische Darstellung des menschlichen Ohrs

Östrogene, Hormone, die hauptsächlich von den Eierstöcken produziert werden und im Fortpflanzungssystem eine Rolle spielen; sie wirken vor allem auf die Entwicklung der weiblichen äußeren Geschlechtsmerkmale ein und bereiten den Körper während des Menstruationszyklus auf den Eisprung vor. Daneben wirken sie u. a. auf den Knochenbau, den Stoffwechsel und die Blutgerinnung.

Ovarium, *das* [lateinisch ›Ei‹], ↑ Eierstock.

Ovulationshemmer, Arzneimittel auf hormoneller Basis zur Unterdrückung der Reifung eines befruchtungsfähigen Eies bei der Frau. Die sogenannte Antibabypille ist bei regelmäßiger Einnahme die zur Zeit sicherste Methode der medikamentösen, steuerbaren Verhütung einer Schwangerschaft.

Pädiatrie, *die* [zu griechisch pais ›Kind‹], die Kinderheilkunde.

Pankreas, *die* ↑ Bauchspeicheldrüse.

Parasiten, Schmarotzer, Organismen, die aus dem Zusammensein mit anderen Lebewesen, ihren Wirten, einseitig Nutzen ziehen. Parasiten, die den Menschen befallen, sind oft schädlich und können Krankheiten wie die Trichinose verursachen.

Parkinson-Krankheit, erbliche Schüttellähmung, chronische Krankheit des Nervensystems mit Störungen der Bewegungsabläufe. Sie tritt gewöhnlich erst im höheren Lebensalter auf. Symptome sind Zittern, allgemeine Schwäche und vorübergehende Lähmungserscheinungen, vor allem im Gesicht. Bestimmte Medikamente können die Symptome lindern.
➕ Die Krankheit ist nach dem britischen Arzt James Parkinson (* 1755, † 1824) benannt.

Parodontose, *die* Zahnfleischschwund; nichtentzündliche Erkrankung des Zahnbetts mit Lockerung der Zähne.

pasteurisieren, ↑ Pasteurisation (Kapitel 13).

pathogen, Krankheiten erregend, sie verursachend. Mikroorganismen, Viren und Toxine z. B. sind pathogen.

Pathologie, *die* Gebiet der Medizin, das sich mit der Erforschung von Ursachen, Entstehungsweise und Verlaufsformen von Krankheiten beschäftigt. Die Pathologie untersucht auch die anatomischen und funktionellen Auswirkungen von Krankheitsprozessen.

Penicillin, *das* Antibiotikum zur Behandlung von Infektionen, die durch Bakterien verursacht werden. Penicillin wird aus Schimmelpilzen, die auch auf Brot und Obst wachsen, gewonnen.
➕ Penicillin wurde 1928 als erstes Antibiotikum von dem britischen Bakteriologen Alexander Fleming (* 1881, † 1955) entdeckt.

Penis, das männliche Glied, das Organ des männlichen Fortpflanzungssystems, durch das sich der Samen während des Geschlechtsverkehrs ergießt. Der Penis enthält auch die Harnröhre.

peripher, außen liegend, zu den Randgebieten des Körpers (z. B. den Extremitäten) gehörend.

Peristaltik, *die* von den Wänden der muskulösen Hohlorgane (z. B. Speiseröhre, Magen, Darm, Harnleiter, Eileiter) ausgeführte Bewegung, bei der sich die einzelnen Organabschnitte nacheinander zusammenziehen und so den Inhalt des Hohlorgans transportieren.

Pest, hochgradig ansteckende Krankheit, gewöhnlich mit tödlichem Ausgang, die das Lymphsystem befällt. Die Pest wird durch Bakterien, die von Rattenflöhen auf den Menschen übertragen werden, verursacht.
➕ Pestepidemien wüteten, aus Asien eingeschleppt, zwischen 1347 und 1352 in Europa besonders stark; damals starben etwa 25 Millionen Menschen (rund ein Drittel der Bevölkerung) am ›schwarzen Tod‹.

pfeiffersches Drüsenfieber, nach dem Internisten Emil Pfeiffer (* 1846, † 1921) benannte akute, durch ein Virus verursachte Infektionskrankheit. Zu den Symptomen gehören Fieber, geschwollene Lymphknoten und allgemeine Erschöpfungszustände. Beim pfeifferschen Drüsenfieber vermehren sich die weißen Blutkörperchen im Blut des Erkrankten. Die Behandlung besteht vor allem aus Bettruhe; die Erkrankung heilt nach ein paar Wochen aus.

physisch, die körperliche Beschaffenheit betreffend, körperlich.

Plaque, *die* [plak; französisch ›Fleck‹], dünner Belag aus Bakterien, Schleim und Essensresten, der sich auf der Oberfläche der Zähne bildet (Zahnbelag). Plaque trägt zur Entstehung von Karies und Parodontose bei. Plaque kann auch eine Mischung aus Cholesterin und Fetten bezeichnen, die sich an den Innenwänden der Arterien ansammelt und Arteriosklerose verursacht.

Plasma, *das* [griechisch ›Geformtes‹], der flüssige Teil des Blutes oder der Lymphe. Blutplasma besteht hauptsächlich aus Wasser; es enthält außerdem Gase, Nährstoffe und Hormone. Die roten und weißen Blutkörperchen sowie die Blutplättchen befinden sich im Blutplasma.

plastische Chirurgie, Gebiet der Chirurgie, das sich mit der Wiederherstellung von Körperteilen beschäftigt. Plastische Chirurgie wird zur Behebung körperlicher Missbildungen angewendet oder zur Wiederherstellung von Körperteilen, die durch Verletzung oder Krankheit entstellt wurden. Beispiele sind Brustrekonstruktionen bei Frauen, deren Brust operativ entfernt wurde, und Hauttransplantationen bei Verbrennungsopfern.

Plazenta, Mutterkuchen, Organ, das sich in der Gebärmutter bildet, wenn sich eine befruchtete Eizelle (Zygote) eingenistet hat. Die Plazenta leitet Nahrung vom mütterlichen Blut zum Embryo bzw. Fetus; sie transportiert auch Abfallstoffe vom Embryo (Fetus) zum Blut der Mutter, von wo sie mit dem Harn ausgeschieden werden. Der Embryo ist mit der Plazenta durch die Nabelschnur verbunden. Nach der Geburt löst sich die Plazenta von der Gebärmutter und wird aus dem Körper der Mutter als Nachgeburt ausgestoßen.

Pneumonie, *die* [zu griechisch pneuma ›Lunge‹], ↑ Lungenentzündung.

Pocken, akute, durch ein Virus verursachte Infektionskrankheit. Sie gilt aufgrund eines erfolgreichen Impfprogramms weltweit als praktisch ausgerottet. Hohes Fieber und Geschwüre, die bei Ausheilung Narben hinterlassen, sind Symptome der Pocken.

Polio, ↑ Kinderlähmung.

Poliomyelitis, ↑ Kinderlähmung.

Prophylaxe, *die* [griechisch ›Vorsicht‹], Vorbeugung, die Gesamtheit der Maßnahmen, die der Verhütung von Krankheiten dienen.

Prostata, *die* [griechisch prostates ›Vorsteher‹], ↑ Vorsteherdrüse.

Proteine, ↑ Eiweiße.

Pseudokrupp, *der* akut auftretende entzündliche Schwellung der Kehlkopfschleimhaut, vor allem bei Kleinkindern. Symptome sind pfeifende Einatmung, bellender, rauer Husten, Erstickungsangst. Der Pseudokrupp kann im Zusammenhang mit einer Infektion der oberen Luftwege stehen. Ein Zusammenhang mit einer erhöhten Schadstoffkonzentration in der Luft wird vermutet (auch ↑ Krupp).

psychisch [zu griechisch psyche ›Seele‹], das seelisch-geistige Leben des Menschen betreffend; seelisch.

Psychopharmaka, Arzneimittel zur Behandlung psychischer Störungen. Sie wirken auf Gehirnfunktionen ein und können daher zu Veränderungen psychischer Funktionen wie Erleben, Befinden und Verhalten führen.

Psychose, *die* seelische Krankheit, die durch eine grundlegende Veränderung im Bezug zur Umwelt gekennzeichnet ist. Hierzu gehören Ichstörungen, bei denen z. B. eigene Gedanken als von fremden Personen stammend erlebt werden, Wahnstimmungen, die die Umwelt bedrohlich erscheinen lassen, und Wahrnehmungsveränderungen.

psychosomatisch, bezeichnet die Beziehung zwischen Seele (Geist) und Körper.
🟠 Psychosomatische Erkrankungen haben eindeutige körperliche Symptome, man nimmt jedoch an, dass sie zumindest teilweise durch psychische Faktoren verursacht werden. Die Magersucht ist ein typisches Beispiel einer psychosomatischen Erkrankung.

Pupille, die scheinbar schwarze, zentrale Öffnung in der Iris des Auges, durch die Licht auf die Netzhaut einfällt.

Quarantäne, die Isolierung von Menschen, die die Erreger einer ansteckenden Krankheit möglicherweise oder wirklich tragen. Durch die Quarantäne soll die Ausbreitung ansteckender Krankheiten verhindert werden.
🟠 Quarantäne stammt aus dem Französischen und bedeutet eigentlich ›Anzahl von 40 Tagen‹; damit waren früher Isolierungsmaßnahmen und ihre Dauer gemeint, besonders anlässlich von Pestausbrüchen.
🟠 Eine Quarantäne wurde erstmals 1377 in Ragusa (heute Dubrovnik) verhängt.

Rachitis, *die* [zu griechisch rhachis ›Rückgrat‹], vor allem bei Kindern vorkommende Erkrankung, die durch krankhaft weiche, mangelhafte Knochenbildung gekennzeichnet ist; Ursachen sind Vitamin-D-Mangel in der Ernährung oder fehlende Sonneneinwirkung auf die Haut.

Reflex, *der* die über das zentrale Nervensystem ablaufende unwillkürliche Reaktion eines Muskels oder einer Muskelgruppe auf einen von außen an den Organismus herangebrachten Reiz (z. B. der Kniesehnenreflex).

Regenbogenhaut, ↑ Iris.

Rektum, *das* ↑ Enddarm.

Remission, *die* Rückgang von Krankheitserscheinungen.

Resorption, *die* Aufnahme flüssiger oder gelöster Stoffe, z. B. von Nahrungsbestandteilen, über das Verdauungssystem oder von Medikamenten über die Haut und Schleimhaut in die Blut- oder Lymphbahn.

Retina, *die* ↑ Netzhaut.

Rhesusfaktor, ein Antigen auf der Oberfläche von roten Blutkörperchen bei Rhesus-positiven Menschen. Menschen, die dieses Antigen nicht besitzen, bezeichnet man als Rhesus-negativ. Wenn Rhesusnegativen Menschen Rhesus-positives Blut übertragen wird, bilden sich sogenannte Rhesus-Antikörper. Diese reagieren mit den Rhesus-Antigenen des Rhesus-positiven Spenders und führen zu schweren Komplikationen bei der Blutübertragung.
➕ Eine Rhesus-negative Mutter kann gegen ihr Rhesus-positives Kind während einer Schwangerschaft Rhesus-Antikörper bilden. Dies kann bei einer zweiten Schwangerschaft mit einem Rhesus-positiven Kind zum Tod des Embryos bzw. Fetus führen, wenn nicht rechtzeitig vorbeugende Maßnahmen ergriffen werden.

rheumatisches Fieber, Komplikation einer Infektion mit Streptokokken, die meist bei Kindern auftritt. Beim rheumatischen Fieber kommt es zu Fieber und Gelenkschmerzen und einer Schädigung der Herzklappen, wenn nicht rechtzeitig mit einem Antibiotikum (z. B. Penicillin) behandelt wird.

Rheumatismus, Oberbegriff für eine Vielzahl von Erkrankungen, die in den Krankheitsbildern, jedoch nicht in den Krankheitsursachen zusammengehören. Sie betreffen die Knochen, Gelenke, Muskeln und das Bindegewebe und gehen mit Schmerzen, Steifheit und Entzündungen einher.

Rinderwahnsinn, umgangssprachliche Bezeichnung für ↑ BSE.

Röntgenbild, eine Art Fotografie, die durch die Verwendung von Röntgenstrahlen (nach dem Physiker Wilhelm Conrad Röntgen) erzeugt wird. Ein Röntgenbild wird aufgenommen, wenn zur Diagnose einer Erkrankung ein Bild der inneren Organe des Körpers benötigt wird oder wenn z. B. das Ausmaß von Knochenverletzungen nach einem Unfall bestimmt werden soll.

rote Blutkörperchen, scheibenförmige Blutzellen, die das Hämoglobin enthalten. Die roten Blutkörperchen versorgen alle Zellen im Körper mit Sauerstoff und entfernen die Kohlendioxid-Abfälle, die aus dem Stoffwechsel stammen.

Röteln, eine akute und ansteckende Krankheit, die durch ein Virus verursacht wird. Symptome sind rötlicher Hautausschlag und Lymphdrüsenschwellungen. Eine einmal durchgemachte Erkrankung verleiht lebenslange Immunität.
➕ Röteln können schwere Schäden beim Embryo hervorrufen, wenn die Mutter während der ersten drei Schwangerschaftsmonate an Röteln erkrankt. Deshalb sollten Frauen im gebärfähigen Alter, die noch keine Röteln hatten, sich impfen lassen. Bei einer Schwangerschaft wird der Schutz überprüft.

Rückenmark, die große Säule aus Nervengewebe, die von der Schädelbasis bis zum unteren Drittel der Wirbelsäule im Rückenmarkskanal verläuft. Als Teil des zentralen Nervensystems leitet es Nervenimpulse zwischen dem Gehirn und anderen Körperteilen hin und her. Diese Impulse laufen über einzelne Nervenstränge und Nerven, die sich wie Zweige eines Baumes vom Rückenmark her erstrecken und in ihrer Gesamtheit ein Netzwerk bilden.

Ruhr, schmerzhafte, durch Entzündung und Durchfall gekennzeichnete Darmerkrankung. Ruhr kann durch Bakterien verursacht oder die Folge einer Verseuchung mit Amöben sein.

Sabin-Impfstoff, von dem amerikanischen Wissenschaftler Albert B. Sabin (* 1906, † 1993) entwickelter Schluckimpfstoff, der Immunität gegen Kinderlähmung verleiht.

Salmonellen, in verschiedenen pathogenen Formen vorkommende Bakterien. Eine Salmonellenart kann Typhus erzeugen, andere sind für bestimmte Formen der Lebensmittelvergiftung verantwortlich.

Samen, die zähflüssige weißliche Substanz, die von den verschiedenen Drüsen des männlichen Fortpflanzungssystems erzeugt wird und die Samenfäden (Spermien) enthält.

Sarkom, *das* [griechisch], bösartiger, in der Regel von Binde- und Stützgewebe ausgehender Tumor (auch ↑ Karzinom).

Sauerstoff, chemisches Element, das für die Freisetzung von Energie im Körper nötig ist. Der Anteil

Medizin und Gesundheit Sch

des Sauerstoffs in unserer Atemluft beträgt ungefähr ein Fünftel.

Scharlach, *der* akute Infektionskrankheit, die von Streptokokken-Bakterien erzeugt wird. Die Symptome des Scharlachs sind Fieber, Halsschmerzen und ein hellroter Hautausschlag. Scharlach kann mit Penicillin gut behandelt werden.

Scheide, Vagina, röhrenförmiges Organ der Frau, das das äußere Genitale mit der Gebärmutter verbindet.

Schilddrüse, große Drüse vor der Luftröhre im vorderen Halsteil, die zum endokrinen System gehört. Die Schilddrüse produziert Hormone, die Wachstum und Stoffwechsel steuern.

Schlaganfall, Schlag, plötzlicher Verlust von Gehirnfunktionen, der durch eine Unterbrechung der normalen Blutzufuhr zum Gehirn verursacht wird. Ein gerissenes Blutgefäß oder die Thrombose eines Blutgefäßes im Gehirn können einen Schlaganfall erzeugen. Die klinischen Symptome können leicht sein und aus vorübergehender Lähmung und Sprachstörungen bestehen, es kommen jedoch häufig auch schwere Gehirnschäden und tödliche Verläufe nach Schlaganfällen vor.

Schleimbeutel, mit Flüssigkeit gefüllter Beutel, der die Reibung zwischen den Knochen, Bändern und Sehnen in den Gelenken vermindert.

Schleimhaut, schleimerzeugende Hautschicht, mit der innere Organe und Eingeweide ausgekleidet sind, die nach außen führen, z. B. der Mund, der Magen-Darm-Trakt, die Nase, die Scheide und die Harnröhre. Diese Hautschichten sind mit Drüsen versehen, die den Schleim absondern.

Schnecke, Teil des Innenohrs, das eigentliche Hörorgan, das den Hörnerv enthält.

Schneidezähne, die scharfen Zähne vorne im Mund (vier oben und vier unten).

Schrittmacherzellen, Zellen, die elektrische Impulse erzeugen und weiterleiten. Schrittmacherzellen befinden sich vor allem in der Herzmuskulatur, wo sie den Herzschlag regeln. Wenn der natürliche Schrittmacher im Herzen nicht richtig funktioniert, kann ein künstlicher Herzschrittmacher erforderlich sein – ein elektrisches Gerät, das die Herztätigkeit durch Stromstöße künstlich anregt und in Gang hält. Ein künstlicher Herzschrittmacher kann durch eine Operation in den Körper eingepflanzt oder außen am Körper getragen werden.

Schwangerschaft, Gravidität, der Zeitabschnitt von der Empfängnis bis zur Geburt des Kindes, durchschnittlich 267 Tage. Da der Befruchtungstermin meist nicht genau bekannt ist, geht man bei der Berechnung der Schwangerschaftsdauer und somit des Geburtstermins vom ersten Tag der letzten normalen Menstruation aus und rechnet 280 Tage hinzu. Während der Schwangerschaft vergrößert sich die Gebärmutter, das Milchdrüsengewebe der Brüste wächst und die später auch bei der Geburt besonders beanspruchten Körperteile (u. a. Scheide, Damm, Bauchmuskulatur) werden aufgelockert.

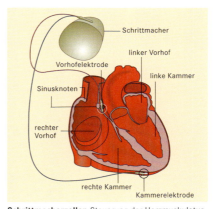

Schrittmacherzellen Steuerung der Herzmuskulatur durch einen Herzschrittmacher; die Elektroden wirken gleichzeitig als Sensoren und Impulsüberträger, sodass der Herzschrittmacher nur bei Bedarf Impulse abgibt

Schwangerschaftsabbruch, umgangssprachlich **Abtreibung,** ärztlicher Eingriff, um den Abbruch einer Schwangerschaft zu erreichen, in der Regel bevor der Embryo oder Fetus lebensfähig ist. Während in einigen Ländern die Abtreibung in den ersten zwölf Wochen einer Schwangerschaft allgemein zulässig ist, knüpfen andere an ihre Zulässigkeit bestimmte Voraussetzungen oder verbieten sie. In Deutschland gilt im Prinzip eine ›Fristenlösung‹. Danach ist ein Schwangerschaftsabbruch innerhalb der ersten zwölf Wochen erlaubt, wenn die Schwangere eine Beratung über die Fortsetzungsmöglichkeiten der Schwangerschaft nachweist und der Abbruch von einem Arzt durchgeführt wird. Nicht rechtswidrig ist ferner ein Schwangerschaftsabbruch, wenn er erfolgt, um eine schwerwiegende gesundheitliche Beeinträchtigung der Mutter abzuwehren, die Schwangerschaft auf einem Sexualdelikt beruht oder bei dem ungeborenen Kind Missbildungen erkennbar sind.

Sehne, festes Band aus Bindegewebe, das die Muskeln mit den Knochen verbindet.

Sehnerv, der Nerv, der elektrische Impulse von der Netzhaut im Auge zum Gehirn leitet.

sekundäre Geschlechtsmerkmale, Organe oder Eigenschaften, durch die sich die Geschlechter voneinander unterscheiden, ohne dass sie direkt der Fortpflanzung dienen. Hierzu gehören u. a. die weibliche Brust, die Höhe der Stimmlage sowie die Körperbehaarung.

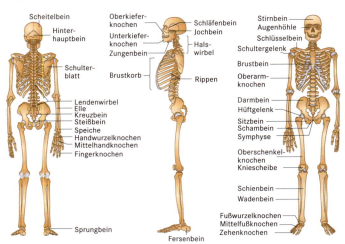

Skelett des Menschen in Rücken-, Seiten- und Vorderansicht (von links)

Skelett, das Knochengerüst des Körpers, das die Körpergewebe und inneren Organe trägt und schützt. Das menschliche Skelett besteht aus 206 verschiedenen Knochen, deren kleinste die sechs Hörknöchelchen im Mittelohr (drei in jedem Ohr), die größten die Oberschenkelknochen sind.

Sodbrennen, brennende Empfindung in der Brust an der Verbindungsstelle von Speiseröhre und Magen. Sodbrennen wird durch Magensäure verursacht, die in das untere Ende der Speiseröhre fließt.

Spastiker, ↑ zerebrale Kinderlähmung.

Speichel, die von den Speicheldrüsen ausgeschiedene Flüssigkeit. Der Speichel enthält Enzyme, die die Verdauung von Kohlenhydraten einleiten. Er ist außerdem für die Befeuchtung des Mundes und die Selbstreinigung der Mundhöhle wichtig und macht Speisen leichter kau- und schluckbar.

Speiseröhre, aus Muskeln bestehender Verbindungskanal zwischen Mund und Magen; sie dient dem Nahrungstransport.

Spermien, Samenfäden, Spermatozoen, reife männliche Keimzellen, die in großer Zahl im Hoden gebildet und in der Samenflüssigkeit ausgeschieden werden.

Spirale, Intrauterinpessar, Empfängnisverhütungsmittel aus Plastikmaterial, das in die Gebärmutter eingelegt wird.

Staphylokokken, Bakterien, die Furunkel, Blutvergiftung und andere schwere Infektionen verursachen können.

Staublunge, chronische Lungenkrankheit, verursacht durch das Einatmen von Kohlenstaub über lange Zeiträume. Sie kommt bei Bergleuten vor und ist eine der häufigsten Berufskrankheiten.

Sterilisation, *die* durch Chemikalien, Hitze oder Bestrahlung erreichte komplette Entfernung aller Mikroorganismen und anderer Krankheitserreger von einem Gegenstand oder einer Oberfläche.
Der Begriff wird auch für Eingriffe verwendet, die zu einer Unfruchtbarkeit führen. Beispiele sind die Vasektomie beim Mann oder die chirurgische Abbindung der Eileiter bei der Frau.

Stethoskop, *das* von Ärzten und Krankenpflegepersonal benutztes Instrument zum Abhören von im Körper entstehenden Geräuschen, z. B. zur Beurteilung der Herztöne eines Patienten.
➕ Das Stethoskop wurde 1819 erfunden.

Stimmbänder, zwei im Kehlkopf gelegene Gewebefalten, die zu schwingen beginnen, wenn die aus den Lungen ausgeatmete Luft über sie hinwegströmt. Die Stimmbänder erzeugen die Töne, die beim Singen und Sprechen entstehen.

Stoffwechsel, die Gesamtheit physikalischer und chemischer Prozesse, die innerhalb lebender Zellen ablaufen und zur Aufrechterhaltung von Leben nötig sind.

Streptokokken, Bakterien, die verschiedene Infektionen, u. a. Scharlach und Angina, erzeugen können.

Stress, *der* [englisch ›Druck‹, ›Anspannung‹], Störung des normalen Körperzustandes oder der Körperfunktionen durch physische äußere Einwirkungen, z. B. eine Verletzung, oder psychische Faktoren, z. B. Angst. Eine Rolle des Stress bei der Entstehung verschiedener Krankheiten wie Herzinfarkt oder Krebs wird diskutiert.

Symptom, *das* Anzeichen einer Krankheit; Kombinationen von verschiedenen Symptomen sind für bestimmte Krankheiten charakteristisch; z. B. sind Husten, Fieber, Halsschmerz Symptome der Grippe.

Syndrom, *das* Gruppe von Zeichen und Symptomen, die häufig zusammen auftreten und charakteristisch für bestimmte Krankheiten sind.

Syphilis, *die* auch **Lues, venerische Krankheit,** chronische Geschlechtskrankheit, die in mehreren Stadien verläuft und deren erste Zeichen Hautflecken (sogenannte Schanker) sind. Unbehandelt kann die Erkrankung praktisch jedes Körpergewebe einschließlich Herz und Nervensystem befallen und Blindheit, Geisteskrankheit und Tod verursachen. Die von einem Bakterium verursachte Erkrankung kann im frühen Stadium mit Penicillin erfolgreich behandelt werden.

Talgdrüsen, in der Haut gelegene Drüsen, die eine ölige Substanz, den Talg, produzieren. Der Talg erhält die Geschmeidigkeit von Haaren und Haut.

Tb, ↑ Tuberkulose.

Testosteron, *das* männliches Geschlechtshormon, das die sekundären Geschlechtsmerkmale bestimmt. Es wird von den Hoden produziert.

Tetanus, *der* [lateinisch ›Halsstarre‹], ↑ Wundstarrkrampf.

Thalamus, *der* der Teil des Gehirns, der die Geschmacks-, Geruchs-, Hör- und Lichtwahrnehmung koordiniert.

Therapie, Heilbehandlung, Behandlung einer Krankheit.

thorakal, zum Brustkorb gehörend.

Thorax, *der* der Teil des Körpers zwischen Hals und Zwerchfell; die Brust, der Brustkorb.

Thrombose, *die* [griechisch ›das Gerinnen‹], Entwicklung eines Blutgerinnsels im Gefäßsystem. Je nachdem, wo sich das Gerinnsel bildet, kann eine Thrombose z. B. zu einem Schlaganfall (zerebrale Thrombose) oder zu einem Herzinfarkt führen.

Thrombozyten, ↑ Blutplättchen.

Thymus, *der* eine hinter dem Brustbein gelegene Drüse, die bei der Entwicklung des Immunsystems eine wichtige Rolle spielt. Der Thymus ist in der Kindheit und frühen Jugend relativ groß und beginnt sich im Alter zwischen acht und zehn Jahren zurückzubilden.

Tod, das Ende des Lebens. Altern und Tod sind, biologisch gesehen, die Folge von Abbau- und Abnutzungsvorgängen im Körper. Die Grenze zwischen Leben und Tod liegt nicht eindeutig fest. Medizinisch wird zwischen klinischem und biologischem Tod (Hirntod) unterschieden. Der klinische Tod, also der Stillstand von Atmung, Herz und Kreislauf, kann unter Umständen durch Wiederbelebungsmaßnahmen rückgängig gemacht werden. Ist jedoch die Sauerstoffversorgung des Gehirns zu lange unterbrochen, kommt es zum Absterben der Gehirnzellen und der biologische Tod tritt unwiderruflich ein.

Tollwut, akute Krankheit, die von einem Virus verursacht wird, das das zentrale Nervensystem angreift und zu Lähmungserscheinungen und zum Tod führt, wenn der Patient nicht sofort geimpft wird oder bereits geimpft ist. Die Tollwut wird auf den Menschen durch den Biss infizierter Tiere übertragen.

Toxine, giftige Substanzen, meist Eiweiße (Proteine), die ein Abfallprodukt des Stoffwechsels sein können. Toxine, die von Bakterien im menschlichen Körper produziert werden, können extrem gefährlich sein und zu Erkrankungen wie Wundstarrkrampf oder Botulismus führen.

Transplantation, *die* [lateinisch ›Verpflanzung‹], das operative Übertragen von lebendem Gewebe (z. B. bei Hautverbrennungen) oder von ganzen Organen (z. B. Herz, Niere, Leber) zur Funktionsüber-

Tra   Medizin und Gesundheit

nahme. Haupthindernis dabei ist die Abwehrreaktion des Immunsystems gegen das fremde Gewebe.
➕ Dem südafrikanischen Herzchirurgen Christiaan Barnard (* 1922, † 2001) gelang 1967 die erste erfolgreiche Herztransplantation am Menschen.

Trauma, *das* [griechisch ›Wunde‹], durch Gewalteinwirkung entstandene Verletzung des Organismus.
➕ Als Trauma bezeichnet man auch eine starke seelische Erschütterung, die (oft im Unterbewusstsein) noch lange wirksam ist (auch ⇒ Kapitel 11).

Trichinose, *die* Krankheit, die man durch den Genuss von rohem oder ungenügend erhitztem Schweinefleisch erwirbt. Sie wird durch einen Wurm, der das Fleisch als Parasit befällt, verursacht und besteht zunächst aus Übelkeit, Erbrechen und Durchfall, später kommen Muskelbeschwerden, Wassereinlagerungen in Lidern und Gesicht sowie hohes Fieber hinzu.

Tripper, ↑ Gonorrhö.

Trommelfell, die Membran, die das äußere Ohr vom Mittelohr trennt. Ihre Schwingungen, die von den Geräuschwellen ausgelöst werden, führen zur Hörempfindung.

Tuberkulose, *die* [lateinisch], Abkürzung **Tb,** früher auch als Schwindsucht bezeichnete Infektionskrankheit, die durch Bakterien verursacht wird, die hauptsächlich die Lungen angreifen. Typisch für die Erkrankung ist die Bildung von Gewebsknötchen, sogenannten Tuberkulomen, in der Lunge und – in späteren Stadien der Erkrankung – in den Knochen, Gelenken und anderen Teilen des Körpers. Die Tuberkulose kann mit einer Kombination aus verschiedenen Antibiotika geheilt werden und ist im Gegensatz zu den Entwicklungsländern in den Industriestaaten kein wesentliches Gesundheitsproblem mehr.

Tumor, *der* **Geschwulst,** Gewebsschwellung, die durch das Wachstum von Zellen verursacht wird. Man unterscheidet gutartige und bösartige Tumoren, wobei Letztere auch als Krebs bezeichnet werden.

Typhus, *der* durch ein Bakterium verursachte Infektionskrankheit des Verdauungssystems mit Fieber, Bauchschmerzen, blutigen Durchfällen und allgemeinem Krankheitsgefühl. Das Typhus-Bakterium gelangt durch die Aufnahme von verseuchtem Wasser oder verdorbenen Lebensmitteln in den Körper und kann zum Tode des Patienten führen.

Ultraschall, eine Methode, Erkrankungen und Strukturen innerer Organe mittels Schallwellen hoher Frequenz zu untersuchen. Die Schallwellen werden von den Organen zurückgeworfen und mit einer Art Mikrofon wieder aufgefangen. Aufgrund des unterschiedlichen Widerstands der Gewebe gegenüber Schallwellen ergeben die verschiedenen Organe unterschiedliche Reflexmuster, die ein Computer verrechnet und zu einem Bild des Körpers zusammen-

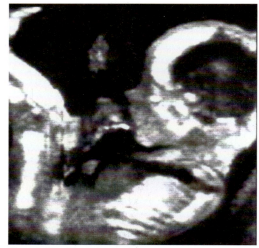

Ultraschall Dreidimensionales Ultraschallbild eines menschlichen Fetus

setzt. Ultraschall wird häufig verwendet, um den sich im Mutterleib entwickelnden Fetus darzustellen; das Bild kann z. B. zeigen, ob es sich um Zwillinge handelt und ob bestimmte Auffälligkeiten vorliegen. Wenn eine bildliche Darstellung des Körpers medizinisch notwendig erscheint, wird der Ultraschall häufig dem Röntgen vorgezogen; im Gegensatz zum Röntgen nämlich ist die beim Ultraschall verwendete Strahlung auch in hohen Dosen nicht karzinogen.

ungesättigte Fettsäuren, ↑ Fette.

Urin, von den Nieren erzeugte Flüssigkeit, die aus Wasser und darin gelösten Substanzen besteht; der Urin wird in der Harnblase zwischengelagert und dann über die Harnröhre ausgeschieden (auch ↑ harnausscheidendes System).

Urologie, *die* [zu griechisch uron ›Harn‹], die Lehre von den Krankheiten der Harnorgane.

Uterus, *der* ↑ Gebärmutter.

Vagina, *die* ↑ Scheide.

Vasektomie, *die* chirurgisches Verfahren, bei dem die Samenleiter, die den Samen aus den Hoden in die Harnröhre transportieren, durchtrennt oder abgebunden werden. Die Vasektomie ist eine Form der Sterilisation beim Mann und kommt in der Geburtenkontrolle zur Anwendung. Sie hat keinen Einfluss auf die Fähigkeit des Mannes, Samenflüssigkeit zu produzieren; die Samenflüssigkeit enthält dann jedoch keine Spermien mehr.

vegetatives Nervensystem, der Teil des Nervensystems, der die unwillkürlichen Körperfunktionen steuert, z. B. die Verdauung, den Herzschlag und die Funktion der Drüsen im Hormonsystem.

Venen, die Blutgefäße, die das Blut von den Organen zurück zum Herzen transportieren (auch ↑ Arterien und ↑ Herz-Kreislauf-System).

venerische Krankheit, ↑ Syphilis.

Verdauung, das Aufbrechen der Nahrung, die aus komplizierten organischen Molekülen besteht, in kleinere Moleküle, die der Körper aufnehmen kann und zum Erhalt und zum Wachstum verwendet.

Verdauungssystem, Gesamtheit der Organe im Körper, die für die Verdauung verantwortlich sind. Das Verdauungssystem beginnt beim Mund, zieht sich durch Speiseröhre, Magen, Dünndarm und Dickdarm und endet mit Mastdarm und Darmausgang. Weitere Organe, die zum Verdauungssystem gehören, sind z. B. Leber, Bauchspeicheldrüse und Gallenblase.

Verteidigungsreaktion, die Abfolge von Prozessen, die im Körper ablaufen, wenn er mit irgendeiner Form von körperlichem oder seelischem Stress konfrontiert ist. Ein Beispiel: Wenn eine Person sich einer Gefahr gegenübersieht (wie dem Angriff eines gereizten Tieres), sendet das Nervensystem Signale aus, damit Adrenalin, Kortison und andere Hormone ins Blut freigesetzt werden. Diese Hormone bereiten den Körper entweder darauf vor, sich der Gefahr (dem angreifenden Tier) entgegenzustellen, oder sich in Sicherheit zu bringen. Weitere Veränderungen, die den Körper auf sein Handeln vorbereiten, sind erhöhter Herzschlag, erweiterte Pupillen (um die Sicht zu verbessern) und verstärkte Blutzufuhr in den Muskeln.

Virulenz, *die* die unterschiedlich ausgeprägte Fähigkeit eines Krankheitserregers, z. B. eines Mikroorganismus oder eines Toxins, eine Krankheit zu erzeugen.

Virusinfektion, durch ein Virus hervorgerufene Infektionskrankheit. Im Gegensatz zu bakteriellen Infektionen lassen sich Virusinfektionen nicht durch Antibiotika behandeln. Zu den Virusinfektionen zählen z. B. Herpes, Hepatitis, Windpocken, Grippe und Masern.
Wissenschaftlich beschrieben sind heute mehr als 4000 Viren; sie werden nach ihren biologischen Eigenschaften und der Sequenz ihrer Nukleinsäure, d. h. nach ihrem Genotyp, in Familie, Unterfamilie, Gattung und Art (oder Typ) klassifiziert.

Vitamine, komplizierte organische Verbindungen, die der Körper in kleinen Mengen für das normale Wachstum und den Stoffwechsel benötigt. Vitamine sind ein wichtiger Bestandteil einer ausgewogenen Ernährung. Sie kommen in normalen Lebensmitteln vor, können aber auch künstlich zugesetzt werden, um den Ernährungswert von Lebensmitteln zu steigern. Es sind zahlreiche verschiedene Vitamine bekannt, und jedes einzelne hat eine genau definierte Aufgabe bei den Funktionen des Körpers. Vitamin C wird z. B. für das Ausheilen von Wunden und Knochenbrüchen benötigt; Vitamin A verleiht dem Körper Widerstandskraft gegenüber Infektionen. Die meisten Vitamine sind für den Körper so wichtig, dass sich in ihrer Abwesenheit bestimmte Krankheiten entwickeln. So führt z. B. Vitamin-D-Mangel zu Rachitis.

Vorsteherdrüse, Prostata, Drüse im männlichen Fortpflanzungssystem, die die Harnröhre und das untere Ende der Harnblase umschließt. Ein großer Teil der Samenflüssigkeit stammt aus der Vorsteherdrüse.

Wehen, schmerzhafte Kontraktionen der Gebärmutter, durch die das Kind und die Nachgeburt ausgetrieben werden.

Weisheitszähne, vier Backenzähne, je zwei im Ober- und im Unterkiefer, die als letzte Zähne durchbrechen.
➕ Diese Zähne heißen Weisheitszähne, weil sie erst um das 20. Lebensjahr erscheinen, wenn ein Mensch körperlich ausgereift ist. Häufig dringen die Weisheitszähne nicht durch das Zahnfleisch hindurch, sondern bleiben im Kieferknochen stecken, wo sie Entzündungen verursachen können.

weiße Blutkörperchen, farblose Blutzellen, die bei der Bekämpfung von Infektionen eine wichtige Rolle spielen. Manche weißen Blutkörperchen reinigen das Blut, indem sie Fremdkörper, z. B. Bakterien, umschlingen und zerstören, andere bilden Antikörper oder bauen totes Zellmaterial ab.

Weitsichtigkeit, Sehstörung, bei der sich parallele Strahlen erst hinter der Netzhaut vereinigen, sodass das Nahsehen erschwert ist.

Windpocken, harmlose, jedoch höchst ansteckende Krankheit, die durch ein Virus hervorgerufen wird. Typische Merkmale sind leichtes Fieber und Pusteln auf der Haut. Windpocken gelten als Kinderkrankheit, können aber auch im Erwachsenenalter auftreten.

Wundbrand, ↑ Gangrän.

Wundstarrkrampf, Tetanus, akute Infektionskrankheit, deren Symptome von einem von Bakterien hergestellten Toxin verursacht werden. Diese Bakterien kommen besonders in Staub und Erde vor und gelangen durch Hautwunden in den Körper. Symptome des Wundstarrkrampfes sind sehr schmerzhafte Muskelkrämpfe, besonders im Bereich der Kaumuskulatur. Wundstarrkrampf ist eine tödliche Erkrankung, die aber durch Immunisierung (Tetanusimpfung) verhindert werden kann.

Zahnbein, Dentin, knochenähnliche, harte Grundsubstanz des Zahnes, befindet sich unter dem Zahnschmelz.

Zähne, harte, in den Kiefern eingebettete Struktur, die zum Kauen verwendet wird. Der Zahn besteht aus einer Krone, die mit hartem Zahnschmelz bedeckt ist, einer Wurzel, mit welcher er im Kiefer verankert ist, und einem Zahnhals, der mit Zahnfleisch bedeckt ist und von der Krone bis zur Wurzel reicht. Der größte Teil des Zahns besteht aus Zahnbein, das direkt unterhalb des Zahnschmelzes beginnt. Das weiche Innere des Zahns, das Zahnmark, enthält Nerven und Blutgefäße. Der Mensch besitzt Backenzähne zum Zermahlen, Schneidezähne zum Abbeißen und Eckzähne zum Reißen der Nahrung.

Zahnfäule, ↑ Karies.

Zelle, Grundbaustein aller Lebewesen. Zellen bilden Gewebe, welche wiederum Organe bilden.

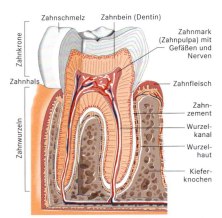

Zähne Bau und Verankerung eines Backenzahnes beim Menschen

zentrales Nervensystem, das Gehirn und das Rückenmark (↑ Nervensystem).

zerebral, das Gehirn betreffend.

zerebrale Kinderlähmung, Zerebralparese, Hirnlähmung infolge einer Schädigung des Gehirns vor oder während der Geburt oder während der frühen Kindheit. Symptome sind u. a. spastische Lähmungen und Sprachstörungen. Patienten mit zerebraler Kinderlähmung werden häufig auch als Spastiker bezeichnet.

Zirrhose, Gewebsveränderung von Organen, vor allem als chronische Leberkrankheit, bei der die normalen Leberzellen durch Bindegewebe ersetzt werden. Wegen der Narben, die diese Krankheit verursacht, entstehen bleibende Schäden. Zirrhose ist oft eine Folge von Alkoholismus.

Zuckerkrankheit, ↑ Diabetes mellitus.

Zwerchfell, kuppelförmiges Gebilde aus Muskeln und Bindegewebe, das den Unterleib vom Brustkorb trennt und an der Atmung beteiligt ist. Wenn das Zwerchfell sich zusammenzieht, strömt Luft in die Lungen; erschlafft es, wird die Luft hinausgepresst.

Zwölffingerdarm, der erste Teil des Dünndarms; er liegt direkt unter dem Magen.

Zyste, *die* [griechisch kýstis ›Beutel‹], sackähnliches Gebilde, das sich im Körper entwickelt und mit Flüssigkeit oder halbfestem Material gefüllt ist.

13 Die Wissenschaft vom Leben

11
Psychologie,
Soziologie, Anthropologie, Ethnologie
12
Medizin und
Gesundheit
13
Die Wissenschaft
vom Leben

Das Studium der Lebewesen der Erde hat eine lange Geschichte. Die ersten Anstrengungen der ursprünglich Naturgeschichte genannten Wissenschaft waren auf die Beschreibung und Einordnung der Lebewesen in Gruppen (Klassifikation) gerichtet. Die ältesten überlieferten Klassifikationen entstanden im 4. Jh. v. Chr. in Griechenland, und noch immer fließen neue Erkenntnisse in die Systematik ein. Heute werden die Lebewesen in fünf Reiche unterteilt (Bakterien, Einzeller, Pilze, Pflanzen und Tiere).

Zwei Entdeckungen innerhalb der letzten 150 Jahre haben die Biologie entscheidend beeinflusst: Die erste war die Evolutionstheorie von Charles Darwin, die zweite die Entdeckung der Desoxyribonukleinsäure (DNS) und der Ribonukleinsäure (RNS) in den 1950er-Jahren. Diese Entdeckung machte es möglich, die komplexen biochemischen Vorgänge in Zellen zu entschlüsseln.

Seit den 1970er-Jahren werden die molekulargenetischen Methoden immer weiter verfeinert, sodass das Erbgut von Lebewesen im Labor inzwischen gezielt verändert oder reproduziert werden kann. Diese Gentechnik ist Gegenstand heftiger Diskussionen.

Die Stichwörter in dieses Kapitels wurden mit dem Ziel ausgesucht, den Lesern das Verständnis für biologische Sachverhalte zu erleichtern.

Adaptation, *die* [lateinisch ›Anpassung‹], die Veränderung von lebenden Systemen als Reaktion auf ihre Umwelt. Die Adaptation wahrt oder verbessert die Lebensfähigkeit der Organismen. Dichter Pelz z. B. ist eine Adaptation an Kälte.

aerob [zu griechisch aer ›Luft‹], nennt man Stoffwechselprozesse von Zellen oder Organismen, die nur ablaufen können, wenn Sauerstoff vorhanden ist. Organismen, die zum Wachstum und Stoffwechsel Sauerstoff benötigen, bezeichnet man als **Aerobier**; Gegensatz: anaerob.

Algen, einfache Pflanzen, die Chlorophyll, aber keine besonderen Gewebe zum Wasser- und Stofftransport enthalten. Algen bestehen manchmal aus nur einer Zelle. Keine Algen sind die Blaualgen, die auch als Cyanobakterien bekannt sind; sie gehören zu den Bakterien.
➕ Algen bilden die grüne Schleimschicht auf Teichen. Sie produzieren einen beachtlichen Teil des Sauerstoffs der Erde.

Aminosäuren, organische Moleküle, die zusammengesetzt die Proteine bilden. Sie bestehen aus Wasserstoff, Kohlenstoff, Sauerstoff und Stickstoff. Lysin, Phenylalanin und Tryptophan z. B. sind Aminosäuren.
➕ Aminosäuren gehören zu den Grundbausteinen des Lebens. Pflanzen können sie selbst aufbauen, Tiere dagegen nicht.

Amöben, auch Wechseltierchen, mikroskopisch kleine einzellige Tiere ohne feste Gestalt, die sich durch einfache Zellfortsätze fortbewegen. Sie zählen zu den Protozoen.

Amphibien [zu griechisch amphibios ›doppellebig‹], Wirbeltiere, z. B. Frösche, die teils im Wasser, teils an Land leben.
➕ Amphibien waren die ersten Landbewohner.
➕ Amphibienfahrzeuge sind Kraftfahrzeuge, die im Wasser und an Land verwendet werden können.

anaerob, ohne Sauerstoff lebend. Organismen, die zeitweise oder ständig ohne Sauerstoff leben, bezeichnet man als **Anaerobier**; Gegensatz: aerob.

Anatomie, *die* [griechisch ›das Zerschneiden‹], die Lehre vom Bau der Lebewesen.

Art, die kleinste Einheit der biologischen Klassifikation: eine Gruppe von Lebewesen, die nahe verwandt sind und sich untereinander fortpflanzen können. Arten können weiter unterteilt werden in Unterarten, Varietäten, Rassen und Sorten. Katzen, Hunde, Schimpansen und Menschen sind Arten. Siamesische Katzen oder Dackel sind Varietäten oder Rassen.

Atmung ⇒ Kapitel 12.

Bakterien [griechisch bakterion ›Stöckchen‹], einzellige Mikroorganismen ohne echten Zellkern. Sie vermehren sich durch ↑ Mitose oder durch ↑ Sporen.
➕ Einige Bakterien sind für Menschen von Nutzen, z. B. solche, die im Magen vorkommen und die Verdauung unterstützen, andere können schwere Erkrankungen hervorrufen.

Bazillen [lateinisch bacillus ›Stäbchen‹], stäbchenförmige, Sporen bildende Bakterien.

Befruchtung, die Verschmelzung von Geschlechtszellen zur Bildung eines neuen Lebewesens. Beim Menschen verschmilzt ein Spermium des Mannes mit dem Ei der Frau; die dabei entstehende Zygote teilt sich mehrfach in ein Gebilde mit vielen Zellen, nistet sich in der Gebärmutter ein und wächst zu einem Embryo heran.
Bei Pflanzen geht der Befruchtung die Bestäubung voraus. Pollenkörner, die die männlichen Geschlechtszellen enthalten, gelangen auf die Narbe, womit die Bestäubung abgeschlossen ist. Von dort wachsen Pollenschläuche durch den Griffel zum Stempel, durch die die männlichen Geschlechtszellen zu den weiblichen gelangen. Aus der Verschmelzung entwickelt sich die Frucht.

Bestäubung, Vorgang, bei dem Pollenkörner (die die männlichen Geschlechtszellen enthalten) zur Befruchtung zu den weiblichen Organen der Pflanze gelangen; bei Blütenpflanzen ist dies die Narbe. Von dort wachsen Pollenschläuche durch den Griffel zum Stempel, wo die Samenanlagen mit den weiblichen Geschlechtszellen sitzen. Bei nacktsamigen Pflanzen aber (z. B. bei Nadelbäumen) sind die Samenanlagen nicht in einem Stempel eingeschlossen, sodass der Pollenstaub direkt dorthin gelangen kann.
Die Bestäubung kann durch Tiere (vor allem Insekten) oder durch den Wind, bei Züchtungen auch gezielt mit dem Pinsel erfolgen. In der Regel erfolgt sie als Fremdbestäubung (Allogamie), das heißt, männliche und weibliche Geschlechtszellen stammen von verschiedenen Individuen. Bestimmte Pflanzen, z. B. die Erbse, öffnen ihre Blüten jedoch nicht, so-

Die Wissenschaft vom Leben   **Chr**

dass es zur Selbstbestäubung (Autogamie) und anschließend zur Selbstbefruchtung kommt. Wasserbestäubung, z. B. bei Seegras, ist selten.

Biochemie, die Wissenschaft von der Struktur und der Funktion komplexer organischer Moleküle in lebenden Systemen.

biogenetische Grundregel. Sie besagt, dass der Entwicklungsablauf eines Individuums eine kurze, gedrängte Wiederholung der Entwicklungsgeschichte des zugehörigen Stammes ist. So scheint bei der Entwicklung des Menschen der Embryo zu einer bestimmten Zeit Kiemen ähnlich denen der Fische zu haben. Diese Informationen dienten früher zur Stützung der Evolutionstheorie, neuere Überprüfungen haben jedoch Zweifel an der Genauigkeit der Beobachtungen aufkommen lassen.

Biologie, *die* [zu griechisch bios ›Leben‹], die Wissenschaft vom Leben. Sie beschäftigt sich mit dem Aufbau der Organismen und mit den in ihnen ablaufenden Vorgängen sowie mit den Wechselwirkungen von Organismen untereinander und mit der unbelebten Umwelt.

Biomasse, die Gesamtmasse aller lebenden und toten Organismen und die daraus gebildete organische Substanz.
🟠 Der Begriff ›Biomasse‹ tritt häufig in Diskussionen um Energiequellen auf, denn Biomasse kann direkt (z. B. als Brennholz) oder indirekt, nach Umwandlung zu Alkohol (↑ Gasohol, Kapitel 17), als Energielieferant genutzt werden.

Biophysik, eine Wissenschaft, in der physikalische Phänomene in Lebewesen oder biologische Objekte und Vorgänge mit Methoden der Physik untersucht werden.

Biosphäre, *die* der von Lebewesen bewohnte Teil der Erde. Dazu gehören die oberste Schicht der Erdkruste und die unterste, innere Schicht der Atmosphäre.

Blüte, der Teil der Pflanze, der den Samen produziert; er besteht in der Regel aus Blütenblättern, Stempel und Pollen tragenden Staubbeuteln.

Botanik, *die* [zu griechisch botanikos ›die Kräuter

betreffend‹], ein Teilgebiet der Biologie, das sich mit den Pflanzen und ihrer Klassifizierung beschäftigt.

Brontosaurus, *der* [griechisch ›Donnereidechse‹], **Apatosaurus,** eine Gattung Pflanzen fressender Dinosaurier mit winzigem Schädel sowie lang gestrecktem Hals und Schwanz. Brontosaurier gehören zu den größten vierbeinigen Landtieren der Erdgeschichte.

chemische Evolution, die Bildung zusammengesetzter organischer Moleküle aus einfachen anorganischen Molekülen infolge chemischer Reaktionen während der Frühzeit der Erde in den Meeren; sie gilt als erster Schritt in Richtung Entwicklung des Lebens auf diesem Planeten. Die chemische Evolution dauerte weniger als eine Milliarde Jahre.
🟠 Viele einzelne Schritte der chemischen Evolution können heute im Labor nachvollzogen werden.

Chlorophyll, *das* [griechisch], **Blattgrün,** eine chemische Substanz, die für die Grünfärbung der Pflanzen verantwortlich ist. Chlorophyll spielt eine wichtige Rolle für die Pflanzen bei der Umwandlung von Sonnenlicht in Energie (auch ↑ Photosynthese).

Chromosomen Menschlicher Chromosomensatz (links männlich, rechts weiblich) mit den Geschlechtschromosomen X, Y

Chordatiere [griechisch chorda ›(Darm)saite‹], Tiere mit einem zentralen, auf der Rückenseite gelegenen Nervensystem und einem darunter gelegenen Stützstab.
🟠 Die Chordatiere bilden einen Stamm im Tierreich, zu dem neben einigen einfach gebauten Meerestieren auch die Wirbeltiere gehören.

Chromosomen [griechisch ›Farbkörper‹], einzelne Teile der ↑ DNS einer Zelle, die während der ↑ Mitose mikroskopisch sichtbar werden. Jedes Chromosom trägt charakteristische Gene; es liegt bei höheren Organismen meist zweimal vor, wobei eines vom Vater und eines von der Mutter stammt. Geschlechtschromosomen sowie Chromosomen, die die gleichen Gene tragen, nennt man homologe Chromosomen. Jede Pflanzen- und Tierart hat eine charakteristische Anzahl von Chromosomen, Menschen z. B. haben 46.

🔵 Beim Menschen wird das Geschlecht von zwei Chromosomen bestimmt: dem weiblichen X-Chromosom und dem männlichen Y-Chromosom (↑ Geschlechtschromosomen).

Crick, Francis Harry Compton britischer Biochemiker (*1916, †2004), der zusammen mit J. D. Watson die Struktur der ↑ DNS entdeckte. Dafür erhielt er 1962 den Nobelpreis für Medizin oder Physiologie.

Darwin, Charles Robert britischer Naturforscher (*1809, †1882). Er entwickelte die nach ihm benannte Evolutionstheorie (Darwinismus), die grundlegende Theorie der modernen Biologie, und erklärte mit der Selektionstheorie die zweckmäßige Anpassung der Lebewesen an die Umwelt. Darwins berühmteste Bücher sind ›Die Entstehung der Arten durch natürliche Zuchtwahl‹ (1859) und ›Die Abstammung des Menschen‹ (1871).

🔵 Darwins Ideen wurden später vielfach auf die Gesellschaft übertragen (›Sozialdarwinismus‹) und oft missbraucht, vor allem im Nationalsozialismus zur Rechtfertigung der Rassendiskriminierung.

Desoxyribonukleinsäure, ↑ DNS.

Dinosaurier [griechisch ›furchtbare Echsen‹], ausgestorbene Tiere, die für viele Millionen Jahre die beherrschenden Bewohner des Festlands waren.

🔵 Zu den bekanntesten Dinosauriern gehören Ty-

Charles Darwin

›Es liegt etwas Großartiges in dieser Auffassung, dass das Leben mit seinen mannigfaltigen Kräften vom Schöpfer ursprünglich nur wenigen Formen oder gar nur einer einzigen gehaucht worden ist und dass ... aus so einfachem Anfang sich eine endlose Zahl der schönsten und wunderbarsten Formen entwickelt hat und sich noch immer entwickelt.‹

Mit diesem Satz beschließt Darwin sein Werk ›Die Entstehung der Arten ...‹ (1859).

ⓘ DINOSAURIER

Über das Ende der Dinos

Bis heute weiß man nicht sicher, warum die Dinosaurier ausgestorben sind. Waren Klimaveränderungen oder krankhafte Veränderungen ihrer Eierschalen dafür verantwortlich, oder wurden sie von anderen Säugetieren gefressen? Fest steht nur, dass am Ende der Kreidezeit immer weniger Dinosaurier auf der Erde lebten. Ihr endgültiges Ende könnte durch den Einschlag eines Asteroiden vor 65 Millionen Jahren an der Küste der Halbinsel Yucatán ausgelöst worden sein, der große Mengen Schwefel aus dem dort stark schwefelhaltigen Gestein freisetzte. Die dadurch entstandene Dunstschicht hätte so viel Sonnenlicht absorbiert, dass die Temperatur auf der Erdoberfläche gesunken wäre. Der dadurch einsetzenden Kältephase seien die Dinosaurier nicht gewachsen gewesen.

---

rannosaurus rex, ↑ Brontosaurus, Stegosaurus und Triceratops. ⓘ

DNS, *die* Abkürzung für **D**esoxyrib**o**nukl**eins**äure, ein Molekül, das in allen lebenden Systemen die Erbinformation trägt (↑ genetischer Code). Das DNS-Molekül hat die Form einer Doppelhelix, zusammengesetzt aus einer Vielzahl kleinerer Moleküle (Nukleotide). Die Arbeitsweise der DNS liefert die grundlegende Erklärung über die Gesetze der Vererbung. Die DNS wirkt auf verschiedene Arten:
1) Wenn sich eine Zelle teilt, entschraubt sich die Doppelhelix und spezielle Proteine bilden zu jedem Strang einen neuen Partnerstrang. Dieser Prozess wird Replikation genannt. Die beiden neuen DNS-Stränge werden dann während der Zellteilung zwischen den neu entstehenden Zellen aufgeteilt, sie tragen die gleiche Erbinformation wie die Ausgangszelle.
2) Bei der geschlechtlichen Zellteilung erhalten die entstehenden Geschlechtszellen (Ei und Spermium) je eines der homologen Chromosomen.
3) In der Zelle steuert die DNS die Herstellung von Proteinen und anderer für die Zellfunktion wichtiger Moleküle. ⓘ

dominantes Merkmal, in der Genetik ein Merkmal, das auf die Nachkommen übertragen wird, wenn mindestens ein Elternteil es vererbt; Gegensatz: rezessives Merkmal.

Die Wissenschaft vom Leben **Evo**

● Beim Menschen z. B. ist dunkles Haar ein dominantes Merkmal. Vererbt ein Elternteil die Veranlagung für dunkle, der andere für helle Haare, wird das Kind dunkle Haare haben.

Doppelhelix, *die* eine Form der DNS. Eine Helix ist eine dreidimensionale Spirale, wie z. B. eine Spiralfeder oder das Geländer einer Wendeltreppe. Ein DNS-Molekül besteht aus zwei miteinander verknüpften Helices.

Eiweiße ⇒ Kapitel 12.

Eizellen, auch Eier genannte weibliche Geschlechtszellen.

Embryo, *der* [griechisch ›neugeborenes (Lamm)‹], eine sich entwickelnde Pflanze oder ein solches Tier. Ein Pflanzenembryo ist eine noch nicht entwickelte Pflanze in einem Samen. Als Tierembryo wird ein Tier von der Entwicklung aus der einzelligen ↑ Zygote bis zu seiner Geburt bezeichnet (auch ↑ Embryo, Kapitel 12).

Embryologie, *die* die Lehre von der Entwicklung des Embryos; eines der Hauptforschungsgebiete der modernen Biologie.

Die Enstehung der Arten, Kurztitel des Buches von Charles Darwin, das die Evolutionstheorie erklärt. Als es 1859 erschien, rief es große Streitigkeiten hervor. Es veranlasste viele Gläubige, ihren christlichen Glauben infrage zu stellen, denn es ließ Zweifel an der geschichtlichen Genauigkeit der Schöpfungslehre aufkommen.

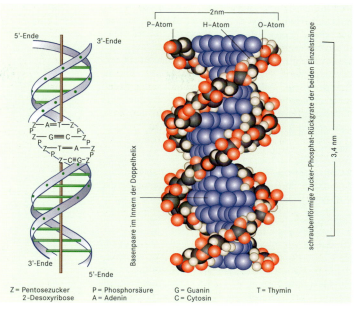

DNS Doppelhelixmodell; links schematisch ein Ausschnitt von 19 Basenpaaren; rechts Molekülmodell mit einem Ausschnitt von 15 Basenpaaren

> **ℹ DNS**
>
> Allein von der Menge der DNS in den Zellen kann man nicht darauf schließen, wie hoch entwickelt ein Organismus ist. Zwar enthalten die Zellen des Menschen 1000-mal mehr DNS als z. B. die des Darmbakteriums Escherichia coli und 100-mal mehr als die der Fruchtfliege Drosophila, aber schon die Zellen der Maus enthalten fast genauso viel – und die von Amphibien und vielen Blütenpflanzen sogar weit mehr.

Enzym, *das* [griechisch ›in Sauerteig‹], ein Proteinmolekül, das anderen organischen Molekülen hilft, chemisch miteinander zu reagieren, ohne selbst dabei verändert zu werden. Enzyme wirken als Katalysatoren für biochemische Reaktionen.

Eugenik, *die* [zu griechisch eugenes ›wohlgeboren‹, ›von edler Abkunft‹], die Anwendung genetischer Erkenntnisse mit dem Ziel, die positiven Erbanlagen der Bevölkerung zu vermehren und die negativen zu verringern. Die Eugenik, die besonders zu Anfang des 20. Jh. populär war, ist heute sehr umstritten, auch weil sie im Nationalsozialismus zur biologischen Begründung der Rassendiskriminierung missbraucht wurde.

Evolution, *die* [lateinisch ›das Aufwickeln (einer Buchrolle)‹], der Verlauf der Stammesgeschichte von den niedrigsten Organisationsstufen des Lebens bis zu den heutigen hoch organisierten Formen. Eine Theorie zur Evolution wurde erstmals von Charles Darwin im 19. Jh. aufgestellt. Danach haben sich die auf der Erde lebenden Arten durch natürliche Auswahl (Selektion) über längere Zeiträume entwickelt

423

und in ihrer Vielfalt aufgefächert. Man nimmt an, dass sich das Leben auf der Erde in drei Phasen entwickelte. Zuerst während der chemischen Evolution, in deren Verlauf organische Moleküle entstanden. Danach folgte die Entwicklung einzelner Zellen mit der Fähigkeit zur eigenen Vermehrung. Dieser Schritt führte schließlich zum Entstehen komplexer (zusammengesetzter) Organismen mit geschlechtlicher Fortpflanzung.

Familie, in der biologischen Klassifikation die Kategorie, die niedriger als die Ordnung und höher als die Gattung ist. Löwen, Tiger, Geparden und Hauskatzen gehören zu derselben biologischen Familie. Menschen zählen zur biologischen Familie der Hominiden.

Fauna, die Gesamtheit der Tiere, besonders die Tiere eines bestimmten Lebensraumes zu einer bestimmten Zeit.
➕ Fauna war eine altitalische Feld- und Waldgöttin, deren Name seit dem 18. Jh. auf vielen zoologischen Büchern erscheint.

Fette, eine Gruppe organischer Moleküle, die als Stoffwechselprodukte in der belebten Natur weit verbreitet vorkommen. Fette sind nicht wasserlöslich.

Fische, Klasse der Wirbeltiere, die mit Kiemen und nicht mit Lungen atmen, im Wasser leben und größtenteils Eier legen (einige Fische sind allerdings auch lebend gebärend). Einige Biologen fassen die Fische als Überklasse zusammen und unterteilen diese in drei Klassen: Knochenfische, wie z. B. Kabeljau, Fische, deren Skelett aus Knorpel und nicht aus Knochen gebildet ist, wie z. B. die Haie, und Fische ohne Kieferschädel wie die Neunaugen.

Flora, die Gesamtheit der Pflanzen, besonders die Pflanzen eines bestimmten Lebensraumes zu einer bestimmten Zeit.
➕ Flora war eine römische Göttin des Getreides und der Blumen. Ihr Name erscheint seit dem 17. Jh. auf den Titelblättern von Pflanzenbeschreibungen.

Fötus, der [lateinisch], **Fetus,** der Embryo eines Tieres, das seine Jungen lebend zur Welt bringt (im Gegensatz zu Eier legenden Tieren). Beim Menschen wird der Embryo dann Fetus genannt, wenn alle wichtigen Körperstrukturen ausgeformt sind; das ist etwa ab der zwölften Woche nach der Befruchtung der Fall.

Frucht, in der Botanik der Teil einer Samen tragenden Pflanze, der die Samen bis zur Reife umschließt. Die Frucht entwickelt sich im weiblichen Teil der Pflanze.

Gärung, eine chemische Reaktion, in deren Verlauf Zucker in kleinere Moleküle zerlegt wird, die dann in lebenden Systemen weiter verwertet werden können. Alkoholische Getränke wie Bier, Wein oder Whisky werden durch kontrollierte Gärung hergestellt. Gärung ist ein anaerober Prozess.

Gattung, in der biologischen Klassifikation die Kategorie unterhalb der Familie und oberhalb der Art. Wölfe gehören derselben Gattung an wie Hunde. Füchse hingegen gehören zu einer anderen Gattung als Wölfe und Hunde, aber zu derselben Familie.

Gen, das [griechisch genos ›Geschlecht‹], der Abschnitt eines DNS-Moleküls, der ein bestimmtes Protein codiert (↑ genetischer Code). Gene kontrollieren die an die Nachkommen weitergegebenen Eigenschaften, indem sie die Informationen dafür weitergeben, die in einer bestimmten Reihenfolge von ↑ Nukleotiden auf kurzen Abschnitten der DNS festgelegt sind.

Genetic Engineering, das [dʒɪˈnetɪk endʒɪˈnɪərɪŋ; englisch], die gezielte Manipulation von DNS-Molekülen zur Produktion neuer Organismentypen im Labor.
➕ Genetic Engineering wird heute z. B. zur künstlichen Herstellung von Arzneimitteln oder zur Züchtung besonders widerstandsfähiger Pflanzen kommerziell genutzt.
➕ Genetic Engineering ist heftig umstritten, besonders wegen der nicht vorhersehbaren Risiken, die auftreten können, wenn künstlich hergestellte Organismen unkontrolliert in Kontakt mit der natürlichen Umgebung kommen.

Genetik, die die Wissenschaft von der Vererbung. Jedes Lebewesen enthält das genetische Material auf den DNS-Molekülen. Dieses Material wird bei der Fortpflanzung weitergegeben. Die Grundeinheit der Vererbung ist das Gen.

genetischer Code, der [- koːt], bestimmte Reihenfolge der Nukleotide der ↑ DNS eines Lebewesens. Verschiedene Anordnungen dieser Moleküle auf der Doppelhelix der DNS bewirken unterschiedliche genetische Codes und demzufolge unterschiedliche In-

Die Wissenschaft vom Leben **Hom**

formationen für die Zellen hinsichtlich ihres Wachstums und ihrer Fortpflanzung.

genetischer Fingerabdruck, ein gentechnisches Verfahren, mit dem die Identifizierung von Personen anhand von Körpersekreten, Blut, Haaren oder Gewebeteilen möglich ist. Der genetische Fingerabdruck ist eine anerkannte Methode, um Verwandtschaftsverhältnisse (z. B. für Vaterschaftsnachweise) festzustellen.
➕ Die Wahrscheinlichkeit, dass zwei Personen den gleichen genetischen Fingerabdruck aufweisen, wird auf 1 : 30 Milliarden geschätzt.

Genomprojekt, Bestrebung, das Genom eines Organismus umfassend aufzuklären. Ab Ende der 1980er-Jahre befasste sich das Human-Genom-Projekt, koordiniert durch eine internationale Organisation (HUGO, Human Genome Organization), mit der kompletten Sequenzierung des menschlichen Genoms. Im Jahr 2003 erklärten Wissenschaftler das Projekt für abgeschlossen, allerdings wird die Auswertung und Bewertung der Sequenzdaten noch Jahre erfordern.

Genpool, *der* [...pu:l], die Gesamtheit der Erbanlagen einer Art oder Population.

Gentechnologie, Teilgebiet der Molekularbiologie und Biotechnologie, das Verfahren zur gezielten Veränderung der Erbanlagen (Gene) von Mikroorganismen, Pflanzen und Tieren entwickelt. Die Gentechnologie entwickelte sich seit Mitte der 1970er-Jahre. Sie befasste sich zunächst mit einfach gebauten Bakterien und Viren, schon bald aber auch mit der Manipulation von Genen aus Pflanzen und höher entwickelten Pflanzen und Tieren. Heute können bereits Medikamente gentechnisch produziert werden und es wurden gentechnisch veränderte Pflanzen und Tiere ›gezüchtet‹. Obwohl man nicht genau weiß, welche Auswirkungen genmanipulierte Nahrung (↑Novelfood) auf den Körper hat, befinden sich Genprodukte bereits im Handel.
➕ Die Gentechnologie hat zwei Seiten: Sie weckt Hoffnung auf Heilung von Krankheiten, aber auch Angst vor der Manipulation des Menschen.

geschlechtliche Fortpflanzung, das Hervorbringen neuen Lebens durch zwei Elternorganismen, von denen jeder die Hälfte des Genmaterials an die Nachkommen weitergibt. Die Nachkommen sind genetisch von ihren Eltern verschieden.

Geschlechtschromosomen, die zwei Chromosomen in jeder Körperzelle eines Lebewesens, die das Geschlecht bestimmen. Dies sind beim Menschen X- und Y-Chromosomen.
➕ Wie bei den anderen Chromosomenpaaren auch wird jeweils ein Geschlechtschromosom von jedem Elternteil weitergegeben. Die Mutter vererbt nur X-Chromosomen. Trägt bei der Befruchtung der Same des Vaters ein X-Chromosom, wird das Kind ein Mädchen. Trägt der Same des Vaters ein Y-Chromosom, wird es ein Junge.

geschlechtsgebundenes Merkmal, ein Merkmal, das an ein Gen geknüpft ist, welches auf einem Geschlechtschromosom liegt.
➕ Beim Menschen liegt z. B. das Gen für Farbenblindheit auf dem X-Chromosom.

Geschlechtszellen, die Samen und Eier von Lebewesen. Geschlechtszellen haben nur halb so viele Chromosomen wie andere Körperzellen.

geschlossenes Ökosystem, ein klar begrenztes ↑Ökosystem: Außer Energie kann nichts heraus- und nichts hineingelangen.
➕ Die Erde ist ein geschlossenes Ökosystem.

Gewebe, Gruppe von Zellen mit ähnlicher Struktur oder Funktion, gepaart mit anderen Materialien, z. B. Nerven-, Muskel- oder Bindegewebe.

Gliederfüßer, Arthropoden, Stamm des Tierreichs. Gliederfüßer sind Tiere mit paarigen Gliedmaßen und einem gegliederten Körper. Zu ihnen zählen z. B. Insekten, Spinnen, Tausendfüßler und Krebse.
➕ Die Gliederfüßer bilden mit über 1 Mio. Arten den artenreichsten Stamm des Tierreichs.

Glukose, *die* [zu griechisch glykys ›süß‹], die am weitesten verbreitete Form des Zuckers, die vielfach im Körper von Lebewesen vorkommt. Ein Zuckermolekül ist aus Kohlenstoff, Sauerstoff und Wasserstoff zusammengesetzt.
➕ Glukose ist an der Produktion von Energie in Pflanzen und Tieren beteiligt.

Grundumsatz, das Energieniveau eines ruhenden Lebewesens, bei dem nach Energiezufuhr sofort Leistung erbracht werden kann.

Hominiden [zu lateinisch homo ›Mensch‹], die biologische Familie, zu der unsere Art, Homo sapiens, der heutige Mensch, gehört. Mitglieder dieser Familie sind auch der Neandertaler und andere Vorläufer

425

Hom

der heute lebenden Menschen wie der Australopithecus, der Homo erectus und der Homo habilis. Die heute lebenden Menschen sind die einzigen überlebenden Hominiden.

Homo [lateinisch ›Mensch‹], biologische Gattung, zu der die Menschen zählen. Die Gattung Homo schließt auch die Neandertaler und andere Hominiden ein.

➕ Der bisher älteste europäische Mensch, belegt durch denn Fund eines Unterkiefers, ist der Homo heidelbergensis. Er lebte zwischen 750 000 und 600 000 Jahre vor unserer Zeit in einer Warmzeit des frühen Mittelpleistozäns.

Instinkt, *der* Verhalten, das nicht erlernt, sondern vererbt wird.

in vitro [lateinisch ›im Glas‹], künstlich, im Labor (in Glasgefäßen, z. B. Reagenzgläsern) hergestellt. In-vitro-Bedingungen unterscheiden sich von Bedingungen in der Natur.

➕ In vitro wird z. B. in Zusammenhang mit ›In-vitro-Befruchtung‹ gebraucht, das ist das Hervorbringen menschlicher Embryos (umgangssprachlich ›Retortenbabys‹) im Labor.

in vivo [lateinisch ›im Leben‹], in der Natur. In-vivo-Bedingungen unterscheiden sich von Laborbedingungen.

Kaltblüter, Tiere, wie z. B. Reptilien, die ihre Körpertemperatur nicht oder nur unvollkommen regulieren können; sie werden deshalb bei Kälte träge.

➕ Als Kaltblüter bezeichnet man auch Pferderassen kräftiger, schwerer Pferde mit ruhigem Temperament, die oft in der Land- oder Forstwirtschaft als Zugpferde verwendet werden.

Kambium, *das* die Schicht eines Baumes unterhalb der Rinde, von der das Dickenwachstum ausgeht.

Klasse, in der biologischen Klassifikation die Stufe unterhalb des Stammes und oberhalb der Ordnung.

➕ Säugetiere, Reptilien und Insekten bilden verschiedene Klassen.

Klassifikation, *die* Ordnungsschema für Lebewesen. In der Biologie werden Pflanzen und Tiere normalerweise nach ihrer äußeren Gestalt in einem absteigenden System nach folgenden Kategorien geordnet: Reich, Stamm, Klasse, Ordnung, Familie, Gattung und Art. Der Mensch beispielsweise ge-

Klassifikation

Reich	Tiere	Pflanzen
Stamm	Chordatiere	Samenpflanzen
Unterstamm	Wirbeltiere	Bedecktsamer
Klasse	Säugetiere	Zweikeimblättrige Pflanzen
Ordnung	Fleischfresser	Rosenartige
Familie	Katzen	Rosengewächse
Gattung	Panther	Pflaume
Art	Tiger	Hauspflaume
Unterart	Sibirischer Tiger	Edelpflaume

hört zum Tierreich, dem Stamm der Wirbeltiere, zur Klasse der Säugetiere, zur Ordnung der Primaten, zur Gattung Homo, zur Art Homo sapiens. Biologen füllen des Öfteren die Lücken des Systems mit besonderen Kategorien, wie z. B. Überfamilien und Unterarten. Der Mensch gehört danach nicht nur zum Stamm der Chordatiere, sondern auch zum Unterstamm der Wirbeltiere. Die drei Klassen der Fische werden in einer Überklasse zusammengefasst.

➕ Pflanzen und Tiere werden gewöhnlich anhand der Gattung und Art bestimmt, dementsprechend wird der Mensch wissenschaftlich als Homo sapiens bezeichnet. – Das Beispiel zeigt die Klassifikation des Sibirischen Tigers und der Edelpflaume in absteigender Reihenfolge, beginnend mit der umfassendsten Kategorie. Biologen, die auf Klassifikation spezialisiert sind (Systematiker) verändern und verfeinern ständig die Systematik, denn es werden immer wieder neue Verbindungen zwischen Organismen entdeckt.

Klone [griechisch klon ›Schössling‹, ›Zweig‹], durch ungeschlechtliche Vermehrung entstandene Nachkommen, die erbmäßig mit ihren ›Vorfahren‹ und untereinander identisch sind (exakt gleiche DNS). Da jede einzelne Zelle die DNS enthält, die ein Individuum kennzeichnet, ist es prinzipiell möglich, auch komplizierte lebende Systeme im Labor nachzubilden oder zu vermehren.

➕ Das Klonen menschlicher Embryonen zur Gewinnung von Stammzellen, die zur Gewinnung von Zell- und Gewebeersatz verwendet werden können, bezeichnet man als therapeutisches Klonen; es ist aus ethischen Gründen heftig umstritten. ⓘ

Kohlendioxid, *das* chemische Formel CO_2, eine organische Verbindung, die als Abfallprodukt bei der Atmung von Tieren und Menschen entsteht; sie wird von den Pflanzen bei der Photosynthese verwendet.

Kohlenhydrate, Substanzen, die aus langen Ketten von Sauerstoff-, Wasserstoff- und Kohlenstoffmolekülen bestehen. Zucker, Stärke und Zellulose sind Kohlenhydrate.
🟠 Kohlenhydrate in der Nahrung liefern Energie für den Körper und werden dort – bei Überschuss – in Fett umgebaut und gespeichert.

Kohlenstoff, Element aller organischen Moleküle in lebender Materie. Durch Zusammenschluss zu Ringen oder Ketten bilden Kohlenstoffmoleküle eine große Vielfalt chemischer Verbindungen.

Kohlenstoffkreislauf, Kreislauf des Kohlenstoffs in der Biosphäre. Kohlenstoff wird in Form von Kohlendioxid von Pflanzen aufgenommen. Die Tiere fressen die Pflanzen und nehmen so den Kohlenstoff auf. Sie geben diesen in Form von Kohlendioxid wieder an die Umgebung ab und der Kreislauf beginnt von vorn.

Krebse, Klasse der Gliederfüßer mit Panzer bzw. Schale.

ℹ️ KLONE

Das Klonschaf ›Dolly‹

Das Klonen eines Säugetiers aus Körperzellen eines erwachsenen Tieres gelang erstmals 1996 in einem schottischen Labor bei dem Schaf ›Dolly‹. Hierbei wurde die entkernte Eizelle eines Schafes mit einer Körperzelle aus dem Euter eines anderen Schafes verschmolzen. Die so manipulierte Eizelle teilte sich, ein Embryo wuchs heran, den man einem dritten Schaf in die Gebärmutter einpflanzte. Geboren wurde ein genetisch identisches Ebenbild des Schafes, dem die Körperzelle aus dem Euter entnommen worden war.

Kreuzung, in der Pflanzen- und Tierzüchtung die Paarung von Eltern mit unterschiedlichen Erbanlagen, das heißt aus verschiedenen Rassen, Sorten und Arten. die daraus hervorgehenden Nachkommen nennt man Bastarde.
🟠 Kreuzung wird häufig in der Landwirtschaft angewandt, um neue, unempfindliche und gegen Krankheiten widerstandsfähige Pflanzen kommerziell herzustellen.

Laubbäume, Bäume und Sträucher, die im Gegensatz zu den Nadelbäumen im Winter ihre Blätter verlieren und eine Ruhephase einlegen.

Leben, eine Daseinsform, die durch folgende Merkmale gekennzeichnet ist: Stoffwechsel, Fähigkeit zu Wachstum und Fortpflanzung, Reizbarkeit und Bewegung.

Lebensraum, das Gebiet bzw. die Art der Umgebung, in der bestimmte Tiere oder Pflanzen normalerweise leben.
🟠 In der Zeit des Nationalsozialismus wurde der Begriff missbraucht, um Ansprüche auf polnische und russische Gebiete herzuleiten (›Lebensraum des deutschen Volkes‹).

Linné, Carl von schwedischer Naturforscher (*1707, †1778), der 1735 das heute übliche Schema der biologischen Klassifikation entwickelte. Er vereinheitlichte die wissenschaftliche Benennung von Tieren und Pflanzen anhand ihrer Zugehörigkeit zu einer bestimmten Gattung und Art. Menschen z. B. werden danach als Homo sapiens, die Hausmücke als Culex pipiens bezeichnet.

Carl von Linné

Meiose, *die* [griechisch ›das Verringern‹], Zellteilung, bei der vier ›Tochterzellen‹, jede mit der Hälfte der Gene der Elternzelle, entstehen. Die Meiose ist ein Schlüsselprozess der geschlechtlichen Fortpflanzung. In den Eierstöcken und Hoden entsteht durch die Meiose eine Vielzahl verschiedener Geschlechtszellen (Samen- bzw. Eizellen), denn die Gene der Elternzelle können in unterschiedlicher Art und Weise aufgeteilt werden. Die Geschlechtszellen verschmelzen dann bei der Befruchtung und bringen ein neues Individuum mit der vollen Anzahl der Gene – jeweils zur Hälfte von jedem Elternteil – hervor. Weil die Geschlechtszellen (in ihrer Zusammensetzung) so unterschiedlich sind und von zwei verschiedenen Elternteilen stammen, sind viele unterschiedliche Formen für die Eigenschaften der Nachkommen möglich.

Mendel, Gregor österreichischer Biologe und Mönch (*1822, †1884), der durch Experimente mit Erbsenpflanzen die grundlegenden Gesetze der Vererbung entdeckte. – Bild S. 428

427

Mer | **Die Wissenschaft vom Leben**

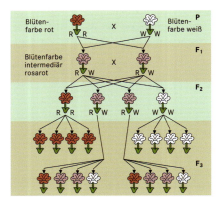

Schematische Darstellung der von **Gregor Mendel** erkannten Vererbungsregeln (P Elterngeneration, F1 erste, F2 zweite, F3 dritte Nachkommengeneration, R Erbanlage für rote Blütenfarbe, W Erbanlage für weiße Blütenfarbe).

Meristem, *das* [zu griechisch meristos ›teilbar‹], **Bildungsgewebe,** der Teil einer Pflanze, der teilungsfähig ist und von dem das Wachstum ausgeht. Normalerweise finden sich Meristeme an den Spitzen von Sprossachse (Stängel, Stamm) und Wurzeln und an den Ansatzstellen der Zweige am Stamm. Bei Bäumen erfolgt das Wachstum vom Kambium, der Schicht unterhalb der Rinde, aus.

Metamorphose, *die* [griechisch ›Umgestaltung‹], die Veränderung eines heranwachsenden Tieres, genauer, eine deutlich sichtbare Veränderung wie z. B. die Umwandlung von einer Raupe zu einem Schmetterling.

Mikroorganismen [zu griechisch mikros ›klein‹], Lebewesen, die so klein sind, dass sie nur durch ein Mikroskop sichtbar sind, z. B. Bakterien, Protozoen, Viren.

Missing Link, *das* [englisch ›fehlendes Glied‹], in der Stammesgeschichte von Tieren und Pflanzen das Bindeglied, das zwischen Stammformen und aus diesen hervorgegangenen Gruppen existiert haben muss, auch zwischen dem Menschen und seinen tierischen Ahnen. Der Begriff beruht auf einem Missverständnis der Evolutionstheorie: Sie geht nicht davon aus, dass der Mensch vom Affen abstammt, sondern behauptet vielmehr, dass Menschen und Menschenaffen gemeinsame Vorfahren haben.

Mitose, *die* [zu griechisch mitos ›Faden‹, ›Kette‹], die Teilung einer einzelnen Zelle in zwei identische ›Tochterzellen‹. Sie beginnt, wenn die DNS der Elternzelle sich selbst kopiert; am Ende sind zwei Zellen mit dem gleichen Genmaterial entstanden (↑ Genetik). Die meisten Körperzellen des Menschen sowie alle einzelligen Organismen vermehren sich durch Mitose.

Molekularbiologie, die Wissenschaft, die sich mit dem Studium der Struktur, der Funktion und der Reaktionen von DNS, RNS, Proteinen und anderen Molekülen, die am Lebensprozess beteiligt sind, befasst.

Moleküle [zu griechisch moles ›Masse‹], die Kombination zweier oder mehrerer Atome, die durch zwischen ihnen wirkende Kräfte zusammengehalten werden.

Morphologie, *die* [zu griechisch morphe ›Gestalt‹], die Wissenschaft von der äußeren Gestalt der Lebewesen.

Mutagene, die Verursacher von Mutationen in Lebewesen. Chemikalien, wie Drogen oder Giftstoffe, und Strahlung können als Mutagene wirken.

Mutation, *die* [lateinisch ›Veränderung‹], Veränderung in Chromosomen oder Genen, die andere Eigenschaften der Nachkommen – im Vergleich mit ihren Eltern – bewirkt. Mutationen können durch die Wirkung von Chemikalien, Strahlung oder durch Hitzeeinfluss auf die DNS ausgelöst werden. Sie bringen einige der Unterschiede zwischen Mitgliedern einer Art hervor, auf die dann die natürliche Auslese wirkt.

Nahrungskette, Reihe von Schritten, bei denen von Lebewesen Energie produziert, verbraucht und umgewandelt wird. Beispiel: Die Sonne ermöglicht dem Getreide zu wachsen, das Getreide ernährt das Vieh und schließlich essen die Menschen das Fleisch.
✛ Schädliche Chemikalien, z. B. Schwermetalle, Insektenvernichtungsmittel, können beim Umlauf (Aufstieg) in der Nahrungskette angereichert werden.

natürliche Auslese, Selektion, grundlegender Prozess der von Charles Darwin beschriebenen Evolutionstheorie. Aufgrund natürlicher Auslese werden diejenigen Eigenschaften eines Individuums, die es ihm ermöglichen, zu überleben und mehr Nachkommen zu erzeugen, in allen Individuen der Art auftauchen, schon deswegen, weil diese Mitglieder der Art mehr Nachkommen haben werden.

➕ Im 19. Jh. beschrieb man diesen Prozess mit dem Begriff ›Überleben des Stärksten, des am besten Angepassten‹. Dies wurde oft missverständlich gebraucht und wird daher von den Wissenschaftlern heute nicht mehr benutzt.

Novelfood, *das* [ˈnɔvəlfuːd; englisch ›neuartige Nahrung‹], Bezeichnung für Lebensmittel, die aus gentechnisch veränderten Organismen bestehen, mit deren Hilfe hergestellt werden oder gentechnisch hergestellte Zusatzstoffe enthalten. Gentechnisch veränderte Lebensmittel (z. B. Tomaten, Mais, Soja) sind bereits in vielen Ländern im Handel.

Nukleinsäuren [zu lateinisch nucleus ›Kern‹], organische Moleküle, die im Zellkern vorkommen. Die bekanntesten Nukleinsäuren DNS und RNS kontrollieren die Vererbung und die chemischen Prozesse in der Zelle.

Nukleotide, charakteristische Molekülgruppen auf der DNS-Doppelhelix.

➕ Die Reihenfolge der Nukleotide auf der DNS bestimmt den genetischen Code.

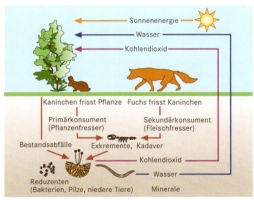

Schematische Darstellung einer **Nahrungskette**

Ökologie, *die* [griechisch], die Wissenschaft von den Wechselwirkungen zwischen Organismen und ihrer Umwelt.

ökologische Nische, der Platz oder die Funktion eines Organismus innerhalb seines Ökosystems.

➕ Verschiedene Organismen können um dieselbe Nische konkurrieren. Z. B. kann es in einem Wald eine Nische für ein Lebewesen geben, das fliegt und sich von Blütennektar ernährt. Diese Nische kann von einem Vogel, einem Insekt oder auch von einem Säugetier, z. B. einer Fledermaus, eingenommen werden.

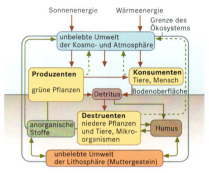

Funktionsschema eines **Ökosystems**

Ökosystem, Einheit aus Lebewesen und deren Lebensraum. Zum Ökosystem Feld/Wiese gehören z. B. Greifvögel sowie Mäuse als Nahrung der Greifvögel und Gras als Nahrung der Mäuse.

➕ Chemische Substanzen durchlaufen Ökosysteme in Form von Kreisläufen (↑ Kohlenstoffkreislauf).

Ordnung, in der biologischen Klassifikation die Kategorie unterhalb der Klasse und oberhalb der Familie. Hunde und Katzen gehören zur Ordnung der Fleischfresser; Menschen, Affen und Menschenaffen gehören zur Ordnung der Primaten.

Organ, *das* bei vielzelligen Lebewesen ein abgrenzbarer Teil des Körpers, der für eine bestimmte Funktion (Tätigkeit) bestimmt ist, z. B. Muskeln, Lunge, Auge, bei Pflanzen z. B. Wurzel, Spross, Blätter, Blüte. Organe bestehen aus verschiedenen Geweben und werden zu Systemen zusammengefasst, z. B. zum Verdauungssystem.

Organellen, Zellteile, die Nahrung lagern, Abfall entsorgen, Energie liefern oder andere Tätigkeiten ähnlich den Organen in größeren Lebewesen ausführen.

organische Moleküle, kleinste Einheiten organischer Verbindungen. Alle diese Moleküle haben als Grundgerüst eine Kette aus Kohlenstoffatomen. Es

429

gibt vier Hauptkategorien: Proteine, Kohlenhydrate, Fette und Nukleinsäuren (DNS und RNS).

organische Verbindungen, Verbindungen, die den für Lebewesen charakteristischen Kohlenstoff enthalten.

Pasteurisation, *die* [pas'tœːr...], das Erhitzen von Milch und anderen Flüssigkeiten, um krankheitserregende Mikroorganismen abzutöten und den Gärungsprozess zu kontrollieren.

Pasteur, Louis [pas'tœːr], französischer Chemiker und Mikrobiologe (* 1822, † 1895), entdeckte als Ursache zunächst der alkoholischen Gärung, dann auch vieler Krankheiten die Infektion mit Mikroorganismen. Er erkannte, dass vorsichtiges Erhitzen die Mikroorganismen abtötet (Pasteurisation). Außerdem entwickelte er Impfmittel gegen die Tollwut, Milzbrand und andere Tierkrankheiten.
➕ Aufgrund der Entdeckungen Pasteurs begannen die Ärzte mit der Sterilisation (Entkeimung) ihrer Geräte vor Operationen und bei der Geburt.

Pflanzenreich, eines der fünf ↑ Reiche der Lebewesen. Die meisten Pflanzen gewinnen Energie durch ↑ Photosynthese.

Photosynthese, *die* [zu griechisch phos ›Licht‹], der Prozess, in dem grüne Pflanzen die Energie des Sonnenlichts benutzen, um aus energiearmem Kohlendioxid energiereiche Kohlenhydrate (Zucker) zu machen. Der Sauerstoff, den die Pflanze dabei abgibt, ist nur ein Nebenprodukt dieser komplizierten Reaktionsfolge.
➕ Grüne Pflanzen benötigen Chlorophyll zur Photosynthese.

Physiologie, *die* [griechisch-lateinisch ›Naturkunde‹], die Wissenschaft von der Funktion der Lebewesen, dazu zählen auch Prozesse wie Ernährung, Bewegung und Fortpflanzung.

Pilze, eine Organismengruppe mit über 100 000 Arten, die neben Tieren und Pflanzen ein eigenes Reich (Fungi) bilden. Sie gewinnen ihre Nahrung nicht (wie Pflanzen) über die Photosynthese, sondern entziehen die Nährstoffe dem Boden oder Wirtspflanzen. Die niederen Pilze, die zu den Einzellern gezählt werden, schmarotzen auch auf und in Tieren oder Menschen.

Pollen, Gesamtheit der männlichen Geschlechtszellen einer Pflanze, die durch eine widerstandsfähige Schicht geschützt sind (Pollenkörner). In blühenden Pflanzen wird Pollen in dünnen (Staub-)Fäden (Staubblätter) der Pflanze hergestellt.
➕ Bei Pollenflug (Verteilung von Pollen durch Wind) können häufig allergische Reaktionen beim Menschen ausgelöst werden.

Primaten [zu lateinisch primatus ›erster Rang‹], Ordnung der Säugetiere, zu der Affen, Menschenaffen und Menschen gehören.

Protoplasma, *das* geleeartiges Material einer Zelle innerhalb und außerhalb des Zellkerns, Ort der lebenserhaltenden chemischen Reaktionen.

Protozoen, einzellige Tiere wie die Amöben, die einfachste Form tierischen Lebens. Die Biologie ordnet sie heute eher dem Reich der Einzeller (Protisten) zu, nicht mehr dem Tierreich.
➕ Einige Protozoen sind Parasiten und können Krankheiten, z. B. Malaria, Ruhr, hervorrufen.

Reich, in der biologischen Klassifikation die umfangreichste Kategorie für Lebewesen. Die bekanntesten Reiche sind das Pflanzen- und das Tierreich. Heute nennen Biologen noch drei weitere Reiche: die Prokaryonten (z. B. Bakterien und Blaualgen), die Einzeller oder Protisten (z. B. Rotalgen, Schleimpilze, Amöben und andere einzellige Tiere) sowie die Pilze.

Reptilien [zu lateinisch reptilis ›kriechend‹], auch Kriechtiere, Klasse wechselwarmer Wirbeltiere, die durch Lungen atmen und sich normalerweise durch Eier vermehren. Eidechsen, Schlangen, Schildkröten und Alligatoren gehören zu den Reptilien. Die Dinosaurier waren Reptilien.

rezessives Merkmal, in der Genetik ein Merkmal, das von beiden Eltern gleichzeitig weitergegeben werden muss, um bei den Nachkommen aufzutauchen (Gegensatz: dominantes Merkmal). Rezessive Merkmale können im Genmaterial einer Person vorliegen, ohne sichtbar zu werden. Beispiel: Eine dunkelhaarige Person kann ein Gen für dunkles Haar in sich tragen, das dominant ist, und ein Gen für helles Haar, das ein rezessives Merkmal ist. Es ist demnach möglich, dass dunkelhaarige Eltern ein blondes Kind haben, vorausgesetzt jeder Elternteil vererbt jeweils ein Gen für helles Haar.

Ribonukleinsäure, Abkürzung **RNS,** ein Molekül, das eine wichtige Rolle bei der Kontrolle der Zellaktivitäten durch die ↑ DNS übernimmt, besonders bei der Bildung der Proteine. Es liegt sowohl im Zytoplasma als auch im Zellkern vor.

Same, männliche Geschlechtszelle, die aus dem Kopf, dem Mittelstück und dem Schwanz besteht.

Säugetiere, Klasse der Wirbeltiere, die durch eine mehr oder weniger behaarte Körperoberfläche und die Milchproduktion der Weibchen gekennzeichnet ist. Die meisten Säugetiere sind lebend gebärend. Menschen sind Säugetiere.

Selektion, ↑ natürliche Auslese.

Sporen, von Pflanzen hervorgebrachte Fortpflanzungszellen, die in der Lage sind, sich zu einer voll ausgebildeten Zelle zu entwickeln, ohne mit anderen Fortpflanzungszellen zu verschmelzen. Die Sporen nicht blühender Pflanzen entsprechen dem Pollen der Blütenpflanzen. Einfache Pflanzen, wie Schimmelpilze, Hefepilze und Farne, vermehren sich durch Sporen, die durch Wind oder etwas anderes an einen neuen Ort gebracht werden, wo sie sich entwickeln.

Stamm, eine Kategorie im biologischen Reich der Lebewesen, zweitgrößte Einheit der biologischen Klassifikation. Gliederfüßer, Wirbeltiere und Weichtiere bilden einen Stamm. Die Stämme des Pflanzenreichs werden auch Abteilungen genannt.

Stammzellen, undifferenzierte, d.h. keinem endgültigen Zelltyp angehörende Zellen höherer Organismen mit der Fähigkeit zu unbegrenzten Zellteilungen. Sie werden in embryonale und adulte Stammzellen unterteilt. Das 2002 verabschiedete Stammzell-Gesetz regelt die Voraussetzungen, unter denen die Einfuhr und die Verwendung menschlicher embryonaler Stammzellen ausnahmsweise zu Forschungszwecken zulässig ist.

Staubblatt, das Pflanzenorgan, das den Pollen produziert.

Stempel, der weibliche Teil der Pflanze, in blühenden Pflanzen in der Mitte der Blüte. Nach der Befruchtung mit Pollen entwickelt sich aus dem Stempel die Frucht.

Stickstofffixierung, die Umwandlung von atmosphärischem Stickstoff (den Pflanzen nicht aufnehmen können) in Formen des Stickstoffs, die Pflanzen aufnehmen können. Bakterien im Boden bewirken diese Umwandlung.

Stoffwechsel, die Gesamtheit der chemischen Reaktionen zur Aufrechterhaltung des Lebens in Lebewesen.

➕ Beim Menschen ist der Stoffwechsel an die Aufnahme und Verwertung von Nahrung geknüpft; Personen mit hoher Stoffwechselaktivität können mehr essen als andere, ohne zuzunehmen.

System, *das* eine Gruppe von Körperorganen mit ähnlicher Struktur oder solche, die zum Ausüben einer bestimmten Tätigkeit zusammenarbeiten, wie z. B. das Verdauungssystem, das Nervensystem oder das Atemsystem.

Tierreich, eine Gruppe von Lebewesen, die sich von denen des Pflanzenreichs durch die Fähigkeit zur aktiven Bewegung von einem Ort zum anderen und durch einen Stoffwechsel ohne Photosynthese unterscheidet.

ungeschlechtliche Fortpflanzung, die Erzeugung von Nachkommen ohne Beteiligung beider Elternteile. Beispiele für ungeschlechtliche Fortpflanzung sind die Zweiteilung von Einzellern durch ↑ Mitose oder die Produktion von ↑ Sporen in einigen Pflanzen bzw. pflanzenähnlichen Lebewesen. Auch Insekten, z. B. Blattläuse, können einen Teil ihrer Nachkommen so erzeugen.

Virus, *das,* auch *der* [lateinisch ›Gift‹, ›Schleim‹], Mikroorganismus, der aus RNS-Molekülen, eingehüllt in eine Schutzhülle aus Proteinen, besteht. Viren sind die einfachsten Formen des Lebens. Sie sind für ihre Vermehrung und für ihr Wachstum auf andere lebende Zellen angewiesen.

➕ Viren verursachen viele Krankheiten.

Vögel, Klasse der Wirbeltiere, charakterisiert durch Federn, zwei Beine und zwei Flügel. Vögel sind Warmblüter, ihre Jungen schlüpfen aus Eiern.

Warmblüter, Tiere, wie die Säugetiere und Vögel, die ihre Körpertemperatur konstant halten, unabhängig davon, welche Umgebungstemperatur herrscht.

Wasserkultur, Hydrokultur, das Anzüchten von Pflanzen in einer künstlichen Nährlösung, die den Pflanzenwurzeln die notwendigen Nahrungsbestandteile in wässriger Lösung anbietet.

Watson, James Dewey [ˈwɔtsn], amerikanischer Biochemiker (* 1928), der zusammen mit F. H. C. Crick die Doppelhelixstruktur der DNS entdeckte und dafür 1962 den Nobelpreis für Medizin oder Physiologie erhielt.

Weichtiere, auch Mollusken genannter Stamm der Wirbellosen mit weichen Körpern und muskulärem Fuß. Einige Weichtiere haben harte Schalen oder Panzer, z. B. Austern, Tintenfische.

Winterschlaf, ein schlafähnlicher Ruhezustand im Winter bei manchen Säugetieren, z. B. Bären, Murmeltieren und Hamstern.

Wirbellose, Tiere ohne Wirbelsäule. Sie umfassen über 96% aller beschriebenen Tierarten.

Wirbeltiere, Tiere mit Rückenmark, das von einem Rückgrat umschlossen ist.
➕ Die fünf traditionellen Klassen der Wirbeltiere sind: Amphibien, Vögel, Fische, Säugetiere und Reptilien.

Wurzel, der Pflanzenteil, der nach unten wächst, die Pflanze an ihrem Platz festhält, Wasser und Mineralstoffe aus dem Boden aufnimmt und häufig als Nahrungsspeicher dient. Es gibt die Hauptwurzel und die Seiten- oder Nebenwurzeln. Die harte Spitze, die Wurzelhaube, schützt die darunter liegenden wachsenden Zellen. Wurzelhaare vergrößern die aufnahmefähige Wurzeloberfläche.

Zelldifferenzierung, die sich während des Entwicklungsprozesses in mehrzelligen Lebewesen herausbildenden Unterschiede in der Struktur und Funktion von Zellen. Beim Menschen z. B. entwickeln sich einige Zellen zu Nerven-, andere zu Muskelzellen.
➕ Die Zelldifferenzierung ist eines der biologischen Hauptforschungsgebiete.

Zelle, die Grundeinheit aller Lebewesen mit Ausnahme der Viren. In höheren Organismen besteht die Zelle aus einem Zellkern (der das Erbmaterial enthält), dem Zellplasma und den Organellen, alles eingeschlossen von einer Zellmembran.

➕ Zellen gleicher Struktur und Funktion bilden Gewebe.

Zellkern, der zentrale Ort der Zelle, der die Erbinformation (DNS) enthält. Er erscheint normalerweise als dunkler Fleck im Innern der Zelle. Einfache Zellen (z. B. die von Bakterien oder Blaualgen) haben keinen Zellkern.

Zellmembran, Struktur, die eine Tierzelle von ihrer Umgebung und eine Pflanzenzelle von der sie umgebenden Zellwand trennt. Die Zellmembran stellt ein kompliziertes System dar. Durch sie gelangen Nahrungsmittel in die Zelle hinein und Abfallprodukte aus der Zelle heraus.

Zellulose, die [zu lateinisch cellula ›kleine Zelle‹], eine zähe, faserige Substanz, Hauptbestandteil vor allem der Zellwand von Pflanzen.

Zellwand, äußere, der Stabilisierung dienende Hülle einer typischen Pflanzenzelle; sie besteht aus Zellulose und liegt außen an der Zellmembran an.

Zoologie, die [zu griechisch zoon ›Tier‹], Tierkunde, ein Teilgebiet der Biologie, das sich mit den Tieren und ihrer Klassifikation beschäftigt.

Zucker, die Kohlenhydrate, die den Lebewesen Energie liefern können. Der gewöhnliche Tafelzucker ist Saccharose. Einige andere Zuckerarten sind z. B. Fruktose, der Zucker der Früchte, Laktose, der Zucker, der in der Milch vorkommt, und Glukose, der am häufigsten vorkommende Zucker im Körper von Tieren und Pflanzen.

Zygote, die [griechisch], die Zelle, die aus der Befruchtung der Eizelle durch ein Spermium entsteht. Die Zygote teilt sich mehrere Male, bis sich ein Zellhaufen (Morula) bildet, der sich in der Wand der Gebärmutter einnistet. Dort teilen sich die Zellen weiter und es entwickelt sich der Embryo.

Zytoplasma, *das* **Zellplasma,** in der Biologie das außerhalb des Zellkerns liegende Zellmaterial.

14 Geografie

14
Geografie
15
Geowissenschaften
16
Exakte
Naturwissen-
schaften und
Mathematik
17
Die Technik

Durch die Informationen der Massenmedien und die vielfältig genutzten Möglichkeiten zu reisen, ist die Erde »kleiner« geworden. Wir sehen uns ständig Nachrichten aus allen Teilen der Welt gegenüber, wobei das Interesse an Ländern und Völkern oftmals durch die Zufälle der »großen« und »kleinen« Weltgeschichte diktiert wird. Wer beispielsweise wusste schon etwas über die Falklandinseln, bevor es ihretwegen zum Krieg zwischen Argentinien und Großbritannien gekommen war, oder über Bergkarabach, Tschetschenien oder den Kosovo?

Die Geografie als die »Erdkunde« wird zudem von Veränderungen, die jede Epoche prägen, mit betroffen; das, was lange als gesichertes geografisches Wissen betrachtet wurde, wird durch politische Ereignisse plötzlich infrage gestellt. So hat der Zerfall der Sowjetunion das Erscheinungsbild eines ganzen Kontinents verändert. Ständig werden im Verlauf der Geschichte Grenzen verändert, Staaten lösen sich auf und neue Staaten bilden sich.

Das vorliegende Kapitel versucht, die Grunddaten, die das Gesicht der Erde aus unserer Sicht bestimmen, seien sie nun bleibend oder veränderbar, zu vermitteln.

Aachen, Stadt in Nordrhein-Westfalen, nahe der belgischen und niederländischen Grenze (243 800 Einwohner). Das beherrschende Bauwerk der Stadt ist das Aachener Münster; die um 800 geweihte Pfalzkapelle, in der in einem prächtigen goldenen Schrein die Gebeine Karls des Großen ruhen, gilt als bedeutendstes Denkmal der karolingischen Baukunst.

➕ In Aachen wird jährlich der Internationale Karlspreis für Verdienste um die europäische Einigung verliehen.

Aargau, Kanton in der deutschsprachigen Schweiz (569 000 Einwohner) mit der Hauptstadt Aarau; fruchtbares Hügelland an der Aare und am Rhein.

Abruzzen, höchster Teil des Apennin in Italien.

Aconcagua, der höchste Berg Amerikas (6 962 m), in den Anden Argentiniens gelegen.

Addis Abeba, Hauptstadt von Äthiopien (2,76 Mio. Einwohner).

Adriatisches Meer, Adria, Teil des Mittelmeers zwischen Italien und der Balkanhalbinsel (Kroatien, Montenegro, Albanien).

Afghanistan, Republik in Vorderasien (652 225 km^2; 31,1 Mio. Einwohner), begrenzt von Pakistan, dem Iran und den aus der Sowjetunion hervorgegangenen Staaten Turkmenistan, Tadschikistan und Usbekistan; Hauptstadt: Kabul. Das Land ist geprägt von kahlen Hochgebirgen, Steppen und Wüsten, die mit fruchtbaren Tälern abwechseln. Die Bevölkerung bekennt sich überwiegend zum sunnitischen Islam.

➕ Nach dem Sturz der Monarchie 1973 führte die Machtübernahme durch eine kommunistische Regierung 1978 zum Bürgerkrieg, in dem bis 1989 auch sowjetische Truppen eingesetzt wurden (↑ Afghanistankrieg, Kapitel 1).

Afrika, Kontinent südlich von Europa, der mit rund 30 Mio. km^2 etwa $^1/_5$ der Landfläche der Erde einnimmt. Im Norden ist Afrika vom Mittelmeer, im Westen vom Atlantischen und im Osten vom Indischen Ozean begrenzt. Nach Norden und Süden folgen, vom Äquator ausgehend, aufeinander: die Zone mit tropischem Regenwald, der Savannengürtel und große Trockengebiete (im Norden die Sahara, im Süden die Kalahari).

➕ Die afrikanischen Staaten weisen in Bezug auf ihre wirtschaftliche Entwicklung große Unterschiede auf. Neben industrialisierten Ländern (z. B. Nigeria, Südafrika) gibt es sehr arme Länder (z. B. Äthiopien, Sudan), die immer wieder von Hungerkatastrophen heimgesucht werden. Die meisten Länder waren im 19. Jh. Kolonien europäischer Staaten und erlangten erst nach 1945 ihre Unabhängigkeit. Von den rund 800 Mio. Einwohnern stellen südlich der Sahara die Schwarzen den größten Anteil.

➕ Der Name stammt von den Römern, die das Land um Karthago nach dem Stamm der Afri **Africa** nannten; später wurde er auf den ganzen Kontinent ausgedehnt.

Ägypten, Republik im Nordosten Afrikas (rund 1 Mio. km^2; 69,9 Mio. Einwohner); Hauptstadt: Kairo. Der größte Teil des Landes gehört zur Wüste Sahara, aber fast die gesamte Bevölkerung lebt im fruchtbaren Niltal. Hier entstand um 3000 v. Chr. eine der ältesten Kulturen der Menschheit, deren Zeugnisse Ziel zahlreicher Touristen sind (auch ↑ Ägyptisches Reich, Kapitel 1).

➕ Ägypten verlor seit 1948 vier Kriege gegen Israel. Als erstes arabisches Land schloss es 1979 mit Israel einen Friedensvertrag (↑ Nahostkonflikt, Kapitel 3).

Alaska, der nördlichste und flächenmäßig größte Bundesstaat der USA, sehr gebirgig und reich an Bodenschätzen, vor allem Erdöl.

➕ Alaska wurde 1741 von dem Dänen Vitus Jonassen Bering (* 1680, † 1741) entdeckt. 1867 wurde es von Russland für 7,2 Mio. Dollar an die USA verkauft.

Albanien, Republik an der Adriaküste im Westen der Balkanhalbinsel, nördlich von Griechenland (28 748 km^2; 3,1 Mio. Einwohner); Hauptstadt: Tirana. Das Land ist größtenteils gebirgig. Albanien zählt zu den ärmsten Ländern Europas. Nach jahrzehntelanger strenger kommunistischer Herrschaft, die das Land isolierte, begann 1990 eine Hinwendung zur Demokratie.

Aletschgletscher, größter (86 km^2) und längster (23 km) Alpengletscher, in den Berner Alpen.

Aleuten, Kette von etwa 70 Inseln, die sich in großem Bogen westlich von Alaska zwischen Beringmeer und Pazifischem Ozean erstrecken.

Algerien, Republik in Nordafrika am Mittelmeer (2,4 Mio. km^2; 33 Mio. Einwohner); Hauptstadt: Al-

Geografie   **Amu**

Amerika Landschaft im Glacier National Park, Montana, USA

gier. Das Land besitzt reiche Bodenschätze (vor allem Erdöl, Erdgas). Landwirtschaft wird besonders an der Küste betrieben. Der größte Teil Algeriens gehört zur Wüste Sahara. – Algerien war französische Kolonie und wurde 1962 nach einem langen Unabhängigkeitskrieg unabhängig.

Allgäu, Alpen- und Voralpenland in Süddeutschland, östlich des Bodensees.

Alpen, das höchste Gebirge in Europa, ein Gebirgsbogen, der sich über 1 200 km vom Golf von Genua im Westen bis nach Wien im Osten erstreckt und dabei eine Breite von 150 bis 250 km erreicht. Anteil an den Alpen haben Italien, Frankreich, die Schweiz, Liechtenstein, Österreich, Deutschland und Slowenien. Viele Flüsse entspringen in den Alpen, u. a. Rhône, Rhein und Po. Am Gebirgsrand liegen viele große Seen: Vierwaldstätter See, Bodensee, Zürichsee und Genfer See im Norden, Lago Maggiore, Luganer See, Comer See und Gardasee im Süden.

Alpen: Berge (Auswahl)	
Montblanc	4 809 m
Monte Rosa	4 634 m
Bernina	4 049 m
Ortler	3 899 m
Großglockner	3 798 m
Zugspitze	2 962 m

Während der Eiszeit bedeckten riesige Gletscher die Alpen bis weit ins Alpenvorland hinein; heute sind nur noch die inneren und höchsten Teile vergletschert. Wichtigste Einnahmequelle für viele Alpenbewohner ist der Fremdenverkehr, durch den aber vor allem die höher gelegenen Gebiete zunehmend in Mitleidenschaft gezogen werden.

Amazonas, größter Strom der Welt, nach neuen Messungen (2007) 6 800 km lang, der mit über 7 Mio. km² Einzugsgebiet das größte Flusssystem der Erde bildet. An der Mündung zum Atlantischen Ozean ist der Amazonas über 250 km breit.

Amerika, die beiden Erdteile Nordamerika und Südamerika, die durch die 1 900 km lange Land- und Inselbrücke Mittelamerikas miteinander verbunden sind; im Westen vom Pazifischen, im Osten vom Atlantischen Ozean begrenzt. Amerika erstreckt sich über 14 000 km von Norden nach Süden. Im Aufbau gleichen sich Nord- und Südamerika: entlang den Westküsten hohe Gebirgsketten (Kordilleren), im Landesinnern große Ebenen, nahe den Ostküsten wieder Gebirge, aber wesentlich niedriger und erdgeschichtlich erheblich älter.
Amerika wurde vor über 25 000 Jahren von Asien aus besiedelt. Die Nachkommen dieser Völker sind die Indianer. Mit der ↑ Entdeckung Amerikas (Kapitel 1) durch Christoph Kolumbus (1492) begann die Eroberung des Kontinents durch die Europäer. Der größte Teil der indianischen Ureinwohner wurde dabei ausgerottet.
➕ Benannt ist der Kontinent nach dem italienischen Seefahrer Amerigo Vespucci (* 1451, † 1512).

Amsterdam, Hauptstadt der Niederlande, 739 000 Einwohner, mit bedeutenden Museen (Rijksmuseum) und Diamantschleifereien. Die Altstadt ist auf in den Boden gerammten Pfählen errichtet und von vielen Kanälen, den Grachten, durchzogen; Mittelpunkt ist der ›Dam‹ mit dem königlichen Palast.
➕ Die 1611 gegründete Amsterdamer Börse ist die älteste Wertpapierbörse der Erde.

Amur, Fluss in Ostasien (2 824 km lang), der über

435

lange Strecken die Grenze zwischen Russland und China bildet.

Anatolien, türkisch **Anadolu,** die zwischen Schwarzem Meer und Mittelmeer nach Europa vorgestreckte Halbinsel Asiens (Kleinasien), das türkische Staatsgebiet in Asien.

Andalusien, südspanische Landschaft mit den Städten Sevilla, Málaga, Córdoba und Granada. Der arabische Einfluss, unter dem Andalusien jahrhundertelang stand, ist noch heute, z. B. im Städtebau, sichtbar.

Anden, die Kordilleren Südamerikas, ein lang gestrecktes Gebirge an der Westseite des Kontinents. Höchste Erhebung ist der Aconcagua (6962 m).

Andorra, Kleinstaat in den Pyrenäen zwischen Frankreich und Spanien (468 km^2 groß, 72 300 Einwohner); Hauptstadt: Andorra la Vella; Amtssprache Katalanisch. Andorra ist ein unabhängiges parlamentarisches Fürstentum, das formell der Oberhoheit des französischen Staatspräsidenten und des spanischen Bischofs von Urgel untersteht (beide haben jedoch nur noch repräsentative Funktion).

Angola, Republik im südwestlichen Afrika, am Atlantischen Ozean (1,25 Mio. km^2, 12,9 Mio. Einwohner); Hauptstadt: Luanda. Über die Hälfte der Bevölkerung lebt von der Landwirtschaft (Zuckerrohr, Kaffee); reiche Bodenschätze (Erdöl, Diamanten, Erze). – Die ehemals portugiesische Kolonie Angola wurde 1975 unabhängig. Der folgende Bürgerkrieg zwischen den Befreiungsbewegungen konnte erst 2002 durch ein Friedensabkommen beendet werden.

Ankara, seit 1923 Hauptstadt der Türkei, in Anatolien gelegen, rund 3,2 Mio. Einwohner, überragt von der Zitadelle aus dem 7. und 9. Jahrhundert.

Antarktis, die Land- und Meeresgebiete um den Südpol. Das bis über 4000 m mächtige antarktische Inlandeis ist die größte zusammenhängende Eismasse der Erde. Das Klima ist sehr kalt mit Temperaturen zwischen −40 und −60 °C. Viele Staaten haben Forschungsstationen errichtet. Die Besitz- und Nutzungsrechte an der Antarktis sind im ↑ Antarktisvertrag von 1959 (Kapitel 3) geregelt. Der Abbau der Bodenschätze (vor allem Erdöl) wäre äußerst schwierig und ließe schwere Umweltschäden befürchten.

➕ Als absoluter Kältepol der Erde gilt die russische Station Wostok in der Ostantarktis, wo am 21. 7. 1983 eine Temperatur von −89,2 °C gemessen wurde.

Antigua und Barbuda, Inselstaat im Karibischen Meer, bestehend aus den Antilleninseln Antigua, Barbuda und Redonda (442 km^2; 68 000 Einwohner); Hauptstadt: Saint John's. – Die ehemals britische Kolonie wurde 1981 unabhängig.

➕ Antigua wurde 1493 von Kolumbus entdeckt.

Antillen, Inselkette, die sich in weitem Bogen von der Halbinsel Yucatán (Mexiko) bis zur Küste Venezuelas erstreckt und das Karibische Meer umschließt. Den westlichen Teil bilden die **Großen Antillen** mit Kuba, Jamaika, Hispaniola und Puerto Rico. Die südlich und östlich davon gelegenen **Kleinen Antillen** werden unterteilt in die ›Inseln über dem Winde‹ (zwischen Puerto Rico und Trinidad) und die ›Inseln unter dem Winde‹ (zwischen Trinidad und dem Golf von Venezuela).

Apennin, Gebirge, das den größten Teil der italienischen Halbinsel (Appenninenhalbinsel) durchzieht, die Hauptwasserscheide Italiens, im Gran Sasso (Abruzzen) 2912 m hoch.

Appalachen, Gebirge an der Ostseite Nordamerikas, das sich von der Insel Neufundland (Kanada) bis nach Alabama (USA) erstreckt; höchste Erhebung ist der Mount Mitchell, USA (2037 m).

Appenzell, Name zweier Halbkantone in der deutschsprachigen Schweiz, südlich des Bodensees. Außerrhoden hat vorwiegend protestantische, Innerrhoden vorwiegend katholische Bevölkerung.

Apulien, Landschaft im südöstlichen Italien, an der Adriaküste, mit den Hafenstädten Bari und Brindisi; ausgedehnter Anbau von Getreide, Wein, Mandeln und Oliven.

Äquatorialguinea, Republik in Westafrika, am Golf von Guinea; eines der ärmsten Länder Afrikas (rund 28 000 km^2; 523 200 Einwohner); Hauptstadt: Malabo. – Äquatorialguinea erlangte 1968 die Unabhängigkeit von Spanien.

Arabien, Halbinsel in Vorderasien, zwischen Persischem Golf und Rotem Meer. Die Arabische Halbinsel ist größtenteils Wüste. Ihre wirtschaftliche Bedeutung liegt in ihrem Reichtum an Erdöllagerstätten.

Aralsee, abflussloser See östlich des Kaspischen

Meeres, in Kasachstan und Usbekistan. Der ursprünglich viertgrößte See der Erde hat sich durch starke Wasserentnahme zwischen 1960 und 2004 von 64 100 km² auf rd. 17 200 km² verkleinert. Das Austrocknen des Aralsees ist eine der größten Umweltkatastrophen der Gegenwart.

Argentinien, Republik in Südamerika, der zweitgrößte südamerikanische Staat (2,78 Mio. km²; 37,9 Mio. Einwohner); Hauptstadt: Buenos Aires. Argentinien liegt zwischen den Anden im Westen und dem Atlantischen Ozean im Osten. Das trockene, kühle und dürftig bewachsene Tafelland im Süden wird abgelöst von der Pampa, die den wirtschaftlichen Kern Argentiniens bildet. Im Norden schließt sich das große Tiefland des Gran Chaco an, eine heiße Busch- und Waldlandschaft. Große Bedeutung hat die Landwirtschaft: Argentinien ist nach den USA der größte Rindfleischproduzent der Erde. Daneben besitzt es bedeutende Bodenschätze (Erdöl, Kohle, Eisenerz, Kupfer). – Die demokratische Verfassung Argentiniens wurde in der Vergangenheit mehrmals durch Diktatoren außer Kraft gesetzt. 1982 kam es mit Großbritannien zum Krieg um die Falklandinseln, den Argentinien verlor.

✚ Argentinien erhielt seinen Namen nach dem Silberreichtum (lateinisch argentum ›Silber‹), den die spanischen Kolonisatoren hier vermuteten.

Arktis, die Land- und Meeresgebiete um den Nordpol. Die Arktis umfasst das Nordpolarmeer mit Inseln (z. B. Grönland, Spitzbergen) und einen schmalen Streifen der angrenzenden Festländer Amerikas, Europas und Asiens. Das Meer ist in seinen nördlichen Teilen mit Treib- und Packeis bedeckt. Die Inseln und Festländer sind größtenteils Eis- und Frostschuttwüsten sowie Tundren. Das Klima ist meist trocken mit Temperaturen zwischen −3 und −40 °C.

✚ Der Große Bär (griechisch arktos), das Nordgestirn, gab der Arktis ihren Namen.

Ärmelkanal, Meeresstraße zwischen England und Frankreich, die den Atlantischen Ozean mit der Nordsee verbindet, an der engsten Stelle (zwischen Dover und Calais) 32 km breit.

✚ 1994 wurde der ›Eurotunnel‹, ein 49,4 km langer Eisenbahntunnel unter dem Kanal, eröffnet.

Armenien, Republik im Süden Transkaukasiens (29 800 km²; 3,2 Mio. Einwohner); Hauptstadt: Erewan. Armenien ist ein Binnenstaat, umgeben von Georgien, Aserbaidschan, dem Iran und der Türkei. Es ist ein erdbebengefährdetes Gebirgsland, das den Nordostteil des Ararathochlandes umfasst. Der Ararat ist mit 5 137 m die höchste Erhebung. Nur 44 % der Landesfläche sind landwirtschaftlich nutzbar (Anbau von Tabak, Wein, Obst, Baumwolle, Getreide); an Bodenschätzen sind u. a. Kupfer, Zink, Zinn und Gold vorhanden. – Armenien löste sich 1991 als unabhängiger Staat von der Sowjetunion.

Aserbaidschan, Republik in Mittelasien (86 600 km; 8,4 Mio. Einwohner); Hauptstadt: Baku. Das Land grenzt an Georgien, Russland, das Kaspische Meer, an den Iran, die Türkei sowie an Armenien, das das im Innern von Aserbaidschan liegende Gebiet von Bergkarabach für sich beansprucht. Zu Aserbaidschan gehört auch die Exklave Nachitschewan (zwischen Armenien und dem Iran). Das Kernland Aserbaidschans ist die Kura-Araks-Niederung, die zum Kaspischen Meer hin auf unter Weltmeeresniveau abfällt, mit trockenem, subtropischem Klima; zum Kaukasus hin erreicht das Gebirgsland Höhen bis über 4 200 m. Wichtigster Rohstoff ist das Erdöl. Aserbaidschan gehört zu den alten Agrarländern mit traditioneller Bewässerungskultur (besonders für Baumwolle, Wein, Tabak, Seidenraupenzucht). – Aserbaidschan war seit 1936 eine Unionsrepublik innerhalb der Sowjetunion und proklamierte bereits 1989 seine Unabhängigkeit.

Asien, der größte Erdteil; er bedeckt fast 1/3 der Landfläche der Erde und wird im Norden vom Nördlichen Eismeer, im Osten vom Pazifischen und im Süden vom Indischen Ozean begrenzt. Da Asien im Westen mit Europa zusammenhängt, werden beide Kontinente oft auch zusammenfassend als ›Eurasien‹ bezeichnet. Als Grenze gegen Europa gilt seit dem 18. Jh. der Ural. Große Inselgruppen gehören zu Asien: im Osten Japan und die Philippinen, im Südosten die Malaiischen Inseln.

Asien hat von allen Kontinenten die meisten Einwohner: über 3,6 Milliarden. Die meisten Menschen leben in China, Indien und Indonesien. Die Gebirge Innerasiens tragen die höchsten Gipfel der Welt: Pamir (›Dach der Welt‹), Karakorum und Himalaja (mit dem Mount Everest, 8 850 m). Vom Himalaja zieht sich eine Kette von Faltengebirgen nach Westen bis in die Türkei. Gebirgig ist auch der Osten Asiens, während der Westen große Tiefländer (z. B. Westsibirien) und Senken aufweist, z. B. die große Senke des Kaspischen Meers.

Das Klima reicht von kältesten Wintern in Ostsibirien bis zu heißem, trockenem Wüstenklima auf der Arabischen Halbinsel. In Süd- und Südostasien herrscht Monsunklima.

Athen, Hauptstadt Griechenlands (745 000 Einwohner, Agglomeration r.d 3,8 Mio.). Die Stadt liegt 5 km vom Ägäischen Meer entfernt und ist mit ihm durch den Hafen Piräus verbunden. Auf einem Hügel mitten in der Stadt liegt die Akropolis.
➕ Ihren Namen verdankt die Stadt der Göttin Athene.

Äthiopien, Republik im Nordosten Afrikas, am Roten Meer (1,13 Mio. km^2; 70,6 Mio. Einwohner); Hauptstadt: Addis Abeba. Die Hälfte des gebirgigen Landes liegt höher als 1 200 m. Äthiopien zählt zu den ärmsten Ländern der Erde. Es war bis 1974 ein Kaiserreich, danach eine Militärdiktatur, die 1991 gestürzt wurde.

Atlantischer Ozean, Atlantik, der zweitgrößte der drei Ozeane, der Nordasien, Europa und Afrika von Amerika trennt. Von Norden nach Süden verläuft der Mittelatlantische Rücken, ein unterseeisches, zusammenhängendes Gebirge. Der Atlantik bedeckt rund $^1/_5$ der Erdoberfläche. Tiefster Punkt ist die Milwaukeetiefe im Puerto-Rico-Graben mit 9 219 m.

Atlas, Gebirge in Nordwestafrika zwischen der Atlantikküste Marokkos und dem Golf von Tunis, im Toubkal 4 165 m hoch.
➕ Das Gebirge ist nach dem griechischen Titanen ↑ Atlas (Kapitel 9) benannt.
➕ Als Atlas bezeichnet man auch eine als Buch gebundene Sammlung von Landkarten.

Ätna, tätiger Vulkan auf der Mittelmeerinsel Sizilien, 3 350 m, der größte Vulkan Europas.
➕ Die letzten größeren Ausbrüche fanden 1991/92, 2001, 2002, 2004 und 2006 statt.

Augsburg, Stadt in Bayern, am Lech (254 900 Einwohner). Die Stadt ging aus einem römischen Legionslager hervor und war im 14.–16. Jh. ein europäisches Handels- und Kulturzentrum; hier lebten die Kaufmannsfamilien der Fugger und Welser.
➕ In der Jakobervorstadt gründete Jakob Fugger der Reiche 1514 die Fuggerei (erbaut 1516–25), eine Siedlung für arme Bürger von Augsburg.

Australien, der kleinste Kontinent (rund 7,7 Mio. km^2), auf der Südhalbkugel gelegen. Er umfasst das australische Festland sowie die Insel Tasmanien im Südosten und einige kleinere Inselgruppen. Der Osten Australiens ist gebirgig (Mount Kosciusko, 2 230 m), in der Mitte und im Westen erstrecken sich weite, teilweise sehr trockene Flachländer. In Australien gibt es viele nur dort vorkommende Tierarten (z. B. Känguru, Koala, Schnabeltier).
Das Festland und die Inseln bilden politisch den Bundesstaat Australien (Australischer Bund), den der Fläche nach sechstgrößten Staat der Erde (18,9 Mio. Einwohner); Hauptstadt: Canberra.

Avignon [aviˈnɔ̃], Stadt in Südfrankreich (86 900 Einwohner), an der Rhône. Die Stadt, die im 14. Jh. Residenz der Päpste war, zählt zum UNESCO-Weltkulturerbe.
➕ Als Wahrzeichen der Stadt gilt die Brücke von Avignon, der Pont d'Avignon.

Azoren, zu Portugal gehörende vulkanische Inselgruppe im Atlantischen Ozean, westlich von Portugal.

Baden-Württemberg, im Westen und Süden an Rhein und Bodensee angrenzendes deutsches Bundesland (10,6 Mio. Einwohner, 35 752 km^2); Hauptstadt: Stuttgart. Baden-Württemberg verfügt über bedeutende Industrien, besonders um Mannheim, Karlsruhe und Stuttgart.

Bagdad, Hauptstadt von Irak (5,96 Mio. Einwohner), am Tigris.

Bahamas, Inselstaat im Atlantischen Ozean nördlich von Kuba (13 939 km^2; 300 000 Einwohner); Hauptstadt: Nassau. Der Staat, eine parlamentarische Monarchie im Commonwealth, umfasst die Bahamainseln, etwa 700 Inseln, von denen nur 29 bewohnt sind. Wichtigster Wirtschaftszweig ist der Fremdenverkehr.
➕ Auf einer Bahamainsel (San Salvador oder Samana Cay) betrat Kolumbus 1492 erstmals amerikanischen Boden.

Bahrain, Emirat (Scheichtum) am Persischen Golf (717 000 Einwohner). Die Hauptstadt Menama ist ein bedeutendes Finanzzentrum. Bahrain verfügt über Erdölvorräte und ist stark industrialisiert. Es war bis 1971 britisches Protektorat.

Baikalsee, größter Gebirgssee Asiens, in Ostsibirien (31 500 km^2), mit 1 637 m Tiefe der tiefste Binnensee der Erde.

Balearen, spanische Inselgruppe im westlichen Mittelmeer, bestehend aus den Inseln Mallorca, Menorca, Cabrera, Ibiza und Formentera sowie vielen kleinen Felseninseln. Hauptwirtschaftszweig ist der Fremdenverkehr.

Bali, östlich von Java liegende, zu Indonesien gehörende Insel.

Balkan, Gebirge in Bulgarien, zwischen Donau und Schwarzem Meer (im Botew 2376 m hoch). Nach dem Gebirge ist die **Balkanhalbinsel** benannt, auf der die Staaten des ehemaligen Jugoslawien sowie Albanien, Griechenland, Südbulgarien und der europäische Teil der Türkei liegen.

Bangkok, Hauptstadt von Thailand (6,6 Mio. Einwohner), unweit des Golfs von Thailand gelegen; lebhaftes Geschäfts- und Touristenzentrum.

Bangladesh [...dɛʃ], Republik östlich von Indien, am Golf von Bengalen (144 Mio. Einwohner, 147 500 km^2); Hauptstadt: Dhaka. Wegen seiner Lage im Mündungsgebiet von Ganges und Brahmaputra wird das Land immer wieder von verheerenden Flutkatastrophen heimgesucht. – Nach 1947, als die Briten die Kolonie Indien aufgaben, war Bangladesh mit dem Tausende Kilometer entfernt liegenden Pakistan zu einem Staat verbunden. Mit der Unterstützung Indiens setzte es 1971 seine Unabhängigkeit durch.

Barbados, die östlichste Insel der Kleinen Antillen und unabhängiger Staat (seit 1966) im Rahmen des britischen Commonwealth (43 km^2; rund 269 000 Einwohner); Hauptstadt: Bridgetown.

Barcelona, Hauptstadt Kataloniens und mit 1,5 Mio. Einwohnern zweitgrößte Stadt Spaniens, mit einem der Haupthäfen des Mittelmeers. Barcelona war 1992 Austragungsort der Olympischen Sommerspiele.
● Wahrzeichen der Stadt ist die 68 m hohe Kolumbussäule.

Basel, zweitgrößte Stadt der Schweiz (168 700 Einwohner), am Rhein im deutsch-französisch-schweizerischen ›Dreiländereck‹ gelegen. Basel besitzt die älteste Schweizer Universität und ein mittelalterliches Münster. Die Stadt und ihr Umland beiderseits des Rheins bilden die beiden Halbkantone Basel-Stadt und Basel-Landschaft.
● 374 n. Chr. wird der römische Lagerposten Basilia erwähnt.

Bayerischer Wald, waldreiches Mittelgebirge im Südosten Bayerns, Teil des Böhmerwalds.

Bayern, Freistaat Bayern, das flächenmäßig größte (70 548 km^2) und nach der Einwohnerzahl (12,4 Mio.) zweitgrößte deutsche Bundesland; Hauptstadt: München. Bayern grenzt im Osten an die Tschechische Republik, im Südosten und Süden an Österreich und hat hier Anteil an den Alpen (Allgäu, Berchtesgadener Land, Zugspitze). Bedeutendster Fluss ist die Donau, die das Voralpenland von den übrigen Landesteilen trennt. Mit seinen Seen (Ammersee, Tegernsee, Chiemsee, Starnberger See) und alten Städten (Würzburg, Nürnberg, Regensburg, Augsburg, Passau, Rothenburg ob der Tauber) ist Bayern ein beliebtes Reiseland.
● Bayern war bis 1919 Königreich und wurde dann Republik (Freistaat).

Beirut, Hauptstadt Libanons, 2,2 Mio. Einwohner. Im Bürgerkrieg (1975–90) wurde die Innenstadt fast völlig zerstört.
● Beirut war bis zum Ausbruch des Bürgerkriegs eine der wichtigsten Finanz- und Handelsmetropolen des Vorderen Orients.

Belfast, Hauptstadt von Nordirland, 297 000 Einwohner.
● Belfast war seit dem Ende der 60er-Jahre ein Hauptschauplatz des Bürgerkriegs in Nordirland.

Belgien, Königreich in Westeuropa (10,4 Mio. Einwohner; 30 528 km^2); Hauptstadt: Brüssel. An der Nordsee liegen die großen Seehäfen Oostende und Zeebrugge. Bedeutende Städte sind zudem Antwerpen, Gent, Brügge, Namur und Lüttich. Belgien entstand als unabhängiger Staat 1830 durch Abspaltung von den Niederlanden, nachdem es lange zu Spanien und Österreich gehört hatte. – Bild S. 440
● Die Zusammensetzung der Bevölkerung aus Flämisch sprechenden Flamen (im Norden) und Französisch sprechenden Wallonen (im Süden; daneben eine Deutsch sprechende Minderheit im Osten) sorgt immer wieder für Auseinandersetzungen.

Belgrad, Hauptstadt von Serbien, bis 1991 auch Hauptstadt Jugoslawiens (1,12 Mio. Einwohner).
● Der Name Belgrad bedeutet ›Weiße Burg‹.

Belgien Brügge, die Hauptstadt Westflanderns, besitzt zahlreiche Brücken und Kanäle mit charakteristischen Backsteinhäusern; im Hintergrund der 83 m hohe Belfried (1282 ff., der achteckige Aufsatz 1482).

Belize [bɛˈliːz], Staat in Mittelamerika, an der Ostküste der Halbinsel Yucatán (273 000 Einwohner, 22 965 km^2); Hauptstadt: Belmopan. Haupterwerbszweig ist die Landwirtschaft. Ausgeführt werden vor allem Edelhölzer, Zitrusfrüchte und Zucker. – Seit 1862 britische Kolonie (Britisch-Honduras), wurde Belize 1981 als parlamentarische Monarchie im Commonwealth unabhängig.

Benin, Republik in Westafrikas, am Golf von Guinea (7,5 Mio. Einwohner; 112 622 km^2); Hauptstadt: Porto Novo. Haupterwerbsquelle ist die Landwirtschaft. – Die französische Kolonie Dahomey wurde 1960 unabhängig.

Berlin, ehemals Hauptstadt Preußens und später des Deutschen Reichs, heute Hauptstadt der Bundesrepublik Deutschland und deutsches Bundesland, am Zusammenfluss von Spree und Havel gelegen (3,4 Mio. Einwohner). Nach dem Zweiten Weltkrieg wurde die Stadt in die vier Sektoren der Siegermächte aufgeteilt. 1961–90 war der Westen der Stadt durch eine Mauer vom Osten, der Hauptstadt der DDR, getrennt (↑ Berliner Mauer, Kapitel 2).

⊕ Wahrzeichen der Stadt ist das ↑ Brandenburger Tor (Kapitel 5).

Bermudas, Gruppe von 360 Koralleninseln (davon 20 bewohnt) im Atlantischen Ozean, östlich der USA. Die Bermudas sind seit 1684 britische Kronkolonie.

Bern, Hauptstadt der Schweiz (122 200 Einwohner). Der Kanton Bern ist der zweitgrößte Kanton der Schweiz (5 959 km^2; 957 000 Einwohner). Er erstreckt sich im Norden bis zum Schweizer Jura. Hier spricht man Französisch, in den übrigen Gebieten Deutsch. Das Berner Oberland im Süden weist Gipfel über 4 000 m Höhe auf (Jungfrau, Mönch).
⊕ Die Altstadt von Bern mit ihren Lauben, alten Brunnen und Türmen sowie mit ihren stattlichen barocken Zunft- und Bürgerhäusern gehört zum UNESCO-Weltkulturerbe.

Bethlehem, Stadt im Westjordanland (25 000 Einwohner), 10 km südlich von Jerusalem. Im Alten Testament ist Bethlehem die Stadt Davids, im Neuen Testament der Geburtsort Jesu. Bethlehem wurde 1995 der Palästinensischen Autonomiebehöde übergeben.
⊕ Als Geburtsstätte Jesu gilt nach der Legende eine Grotte, über der Konstantin der Große 326–335 eine große Basilika, die Geburtskirche, bauen ließ.

Bhutan, Königreich im östlichen Himalaja (2 Mio. überwiegend buddhistische Einwohner, 47 000 km^2); Hauptstadt: Thimphu.

Birma, englisch **Burma**, birmanisch **Myanmar**, Republik am Golf von Bengalen (54 Mio. Einwohner; 676 577 km^2); Hauptstadt: Naypyidaw. Das Land wird im Westen und im Norden von bis 5 000 m hohen Gebirgen begrenzt. Hölzer (besonders Teak) sowie Edelsteine (Smaragde) werden exportiert.

Bodensee, vom Rhein durchflossener größter deutscher See (571,5 km^2) an der Grenze zur Schweiz und zu Österreich. Das milde Klima des Bodenseegebiets begünstigt Wein- und Obstbau sowie den Anbau von Frühgemüse. Im Bodensee liegen drei Inseln: Mainau, Reichenau (mit einer romanischen Klosteranlage) und Lindau.

Bogotá, Hauptstadt von Kolumbien (6,8 Mio. Einwohner); 1538 von Spaniern gegründet.

Böhmen, von Gebirgen (z. B. Böhmerwald, Erzgebirge, Fichtelgebirge) umrahmte Landschaft im

Westen der Tschechischen Republik mit Prag als Zentrum. – Böhmen wurde im 10. Jh. Teil des Heiligen Römischen Reichs.

Böhmerwald, Mittelgebirge im Grenzgebiet zwischen Deutschland, der Tschechischen Republik und Österreich. Höchste Erhebung ist der Große Arber (1 456 m).

Bolivien, an Brasilien angrenzende Republik in Südamerika (9,6 Mio. Einwohner; 1,1 Mio. km^2); Hauptstadt: Sucre; Regierungssitz: La Paz. Im Westen hat das Land Anteil an den Anden, der Osten ist tropisches Tiefland. Trotz seiner reichen Bodenschätze (vor allem Zinn) gehört Bolivien zu den am wenigsten entwickelten Ländern Südamerikas.

Bologna [boˈlɔɲa], Stadt in Norditalien (373 500 Einwohner) mit einer der ältesten Universitäten Europas (1119 gegründet).

Bombay [ˈbɔmbeɪ], **Mumbai,** größte Stadt (11,9 Mio. Einwohner), bedeutendster Hafen und eines der wichtigsten Wirtschaftszentren Indiens.
⊕ In der Bucht von Bombay liegt die Felseninsel Elephanta mit dem Gott Schiwa geweihten Höhlentempeln aus dem 7. Jahrhundert.

Bonn, Stadt in Nordrhein-Westfalen, am Rhein (301 000 Einwohner): bis zur deutschen Wiedervereinigung (1990) Hauptstadt der Bundesrepublik Deutschland.
⊕ Bonn ist der Geburtsort Ludwig van Beethovens und der Sterbeort Robert Schumanns.

Bordeaux [bɔrˈdo], Stadt in Südwestfrankreich, an der Garonne (210 300 Einwohner). Die Landschaft um Bordeaux, das Bordelais, ist das größte französische Weinbaugebiet.

Bornholm, dänische Ostseeinsel vor der Südostküste Schwedens.

Bosnien und Herzegowina, Republik in Südosteuropa, auf der Balkanhalbinsel (51 129 km^2; 4,3 Mio. Einwohner); Hauptstadt: Sarajevo. Das überwiegend gebirgige Land ist wirtschaftlich wenig entwickelt. – Ehemals Teil der Republik Jugoslawien, erklärte Bosnien und Herzegowina 1992 seine Unabhängigkeit. Im jugoslawischen Bürgerkrieg wurde das Land Hauptschauplatz der blutigen Auseinandersetzungen zwischen den verschiedenen Bevölkerungsgruppen (rund 40% Muslime, 30% Serben, 20% Kroaten), die erst 1995 durch das ↑ Dayton-Abkommen (Kapitel 1) formal beigelegt wurden.

Bosporus, türkische Meerenge zwischen Europa (Thrakien) und Asien (Anatolien). An beiden Seiten liegen Stadtteile von Istanbul, die durch zwei Hängebrücken miteinander verbunden sind.

Botswana, Republik im südlichen Afrika (1,8 Mio. Einwohner; 581 730 km^2); Hauptstadt: Gaborone. Das Staatsgebiet umfasst den größten Teil der Kalaharisteppe. Wichtigster Wirtschaftszweig ist der Bergbau (Diamanten). – Botswana, seit 1885 britisches Schutzgebiet (Betschuanaland), wurde 1966 unabhängig.

Brahmaputra, einer der Hauptströme Südasiens, rund 3 000 km lang. Er entspringt in 6 000 m Höhe im nördlichen Himalaja und mündet mit dem Ganges in den Golf von Bengalen.

Brandenburg, mit 29 477 km^2 das größte der neuen Bundesländer (2,6 Mio. Einwohner); Hauptstadt: Potsdam. Brandenburg grenzt im Osten an Polen. Seen und künstliche Wasserstraßen prägen die zur Norddeutschen Tiefebene gehörende, ehemals stark sumpfige Landschaft.
⊕ Die im 10. Jh. entstandene ›Mark Brandenburg‹ war das Kernland Preußens.

Brasília, Hauptstadt (seit 1962) Brasiliens (2,3 Mio. Einwohner), in 1 060 m Höhe im brasilianischen Bergland gelegen.
⊕ Brasília wurde 1956 geplant und von namhaften Architekten als weiträumige Verwaltungsstadt auf einem Grundriss angelegt, der als Kreuz oder Flugzeug gedeutet werden kann.

Brasilien, Republik in Südamerika (184,2 Mio. Einwohner), der fünftgrößte Staat der Erde (8,5 Mio. km^2); Hauptstadt: Brasília. Der Norden wird vom Tiefland des Amazonas eingenommen, den überwiegenden Teil des Landes bildet das Brasilianische Bergland. Brasilien besitzt große natürliche Reichtümer. Für das Weltklima bedeutsam sind seine vom Raubbau bedrohten Regenwälder.
⊕ Da Brasilien bis zu seiner Unbhängigkeit 1822 portugiesische Kolonie war, ist die Amtssprache – im Unterschied zu den übrigen südamerikanischen Staaten, wo Spanisch gesprochen wird – Portugiesisch.

Bremen, Hafenstadt an der Unterweser, die als

Bre   Geografie

Freie Hansestadt Bremen zusammen mit Bremerhaven das kleinste deutsche Bundesland bildet (663 000 Einwohner). Bremen besitzt nach Hamburg den wichtigsten deutschen Seehafen.
➕ Die Rolandsäule (1404) auf dem Markt ist ein Sinnbild der Reichsfreiheit der Stadt.

Breslau, polnisch **Wrocław,** Stadt in Polen (639 400 Einwohner). Die Stadt war bis 1945 die Hauptstadt Schlesiens.

Bretagne [brə'taŋ], Halbinsel im Nordwesten Frankreichs mit einer buchtenreichen Küste; Hauptstadt ist Rennes. Das hügelige Innere ist meist von Heide, Mooren und Wäldern bedeckt. Entlang den Küsten finden sich die meisten Ortschaften, darunter zahlreiche Seebäder.

Britische Inseln, Inselgruppe in Nordwesteuropa mit den Hauptinseln Großbritannien und Irland, den Shetland- und Orkneyinseln, den Hebriden, den Inseln Man, Anglesey und Wight sowie vielen kleineren Inseln.

Brunei, selbstständiges Sultanat in Südostasien, an der Nordwestküste der größtenteils zu Indonesien gehörenden Insel Borneo (5 765 km^2; 372 000 Einwohner); Hauptstadt: Bandar Seri. Reiche Erdöl- und Erdgasvorkommen haben Brunei zu einem der reichsten Staaten der Erde gemacht.

Brüssel, Hauptstadt von Belgien (134 000 Einwohner). Die Stadt ist Sitz des NATO-Hauptquartiers und der Kommission der Europäischen Gemeinschaften.
➕ In der Nähe des Marktes befindet sich der Brunnen mit der Bronzestatuette des ›Manneken-Pis‹.
➕ Seit alters her bekannt sind die gewebten Brüsseler Spitzen.

Budapest, Hauptstadt von Ungarn, beiderseits der Donau (1,8 Mio. Einwohner). – Budapest entstand 1872 durch Zusammenlegung der Gemeinden Buda, Obuda und Pest.

Buenos Aires [spanisch ›gute Lüfte‹], Hauptstadt von Argentinien, am Río de la Plata (2,78 Mio. Einwohner).

Bukarest, Hauptstadt von Rumänien (2 Mio. Einwohner).

Bulgarien, Republik in Südosteuropa, im Nordosten der Balkanhalbinsel (110 971 km^2; 7,7 Mio. Einwohner); Hauptstadt: Sofia. Der Norden des Landes wird vom Donautiefland eingenommen, der Süden ist gebirgig. Im Osten grenzt Bulgarien ans Schwarze Meer. Fast 10 % der Bevölkerung sind Türken.
➕ Das ehemals zum Ostblock gehörende Land gab sich 1991 eine demokratische Verfassung.

Bundesrepublik Deutschland, ↑ Deutschland.

Burgenland, das östlichste Bundesland Österreichs (278 800 Einwohner, 3 966 km^2); Hauptort: Eisenstadt. Das Burgenland grenzt im Osten an Ungarn, im Süden an Slowenien. Bedeutend ist der Fremdenverkehr am Neusiedler See.

Burgund, Landschaft in Ostfrankreich, bekannt vor allem durch den Weinanbau um die Städte Dijon, Beaune und Mâcon.
➕ Burgund ist das Kernland des früheren Herzogtums Burgund, das, um Teile der Niederlande vergrößert, im 14. und 15. Jh. eine wichtige Rolle in der europäischen Geschichte spielte.

Burkina Faso, Republik in Westafrika (274 200 km^2; 13,5 Mio. Einwohner); Hauptstadt: Ouagadougou. Das Land wird größtenteils von Savannen und Halbwüsten eingenommen; es ist eines der ärmsten Länder der Erde. – Das Gebiet wurde 1947 als Obervolta Teil von Französisch-Westafrika; 1960 erhielt es die Unabhängigkeit.

Burundi, Republik im ostafrikanischen Hochland, am Tanganjikasee (7,8 Mio. Einwohner; 27 834 km^2); Hauptstadt: Bujumbura. Burundi ist eines der ärmsten Länder der Erde. Die Gegensätze zwischen dem Bantuvolk der Hutu (80 % der Bevölkerung und den Tutsi (12 %) führen immer wieder zu blutigen Spannungen.

Camargue [ka'marg], Landschaft in Südfrankreich am Mittelmeer, im Delta der Rhônemündung. Charakteristisch für das einstige Sumpfland sind die vielen Strandseen. Berühmt sind die Flamingokolonien und die halbwilden Pferde (Camarguepferde).

Cambridge [ˈkeɪmbrɪdʒ], Stadt in England nördlich von London mit der nach Oxford ältesten und bedeutendsten Universität des Landes (95 700 Einwohner).

Canberra [ˈkænbərə], die Hauptstadt Australiens (323 000 Einwohner).

Geografie **Col**

Canterbury [ˈkæntəbərɪ], Stadt im Südosten Englands (36 500 Einwohner), bekannt vor allem durch seine Kathedrale aus der Frühzeit der Gotik. Der Erzbischof von Canterbury ist geistliches Oberhaupt der Anglikanischen Kirche.

Capri, Insel im Golf von Neapel mit einer von Höhlen (besonders bekannt die ›Blaue Grotte‹) durchsetzten Steilküste aus Kalkstein mit vorgelagerten bizarren Klippen.

Caracas, Hauptstadt von Venezuela, nahe der Küste des karibischen Meeres (1,8 Mio. Einwohner); eine der modernsten Städte Südamerikas.

Casablanca, größte Stadt und Wirtschaftszentrum Marokkos, am Atlantischen Ozean (2,9 Mio. Einwohner).
➕ 1993 wurde die Große Moschee Hassans II. eingeweiht; der 20 000 m² große Betsaal ist der größte der Erde und fasst über 20 000 Gläubige.

Ceylon, früherer Name von ↑ Sri Lanka.

Champagne [ʃãˈpan], Landschaft in Nordfrankreich, östlich von Paris, bekannt vor allem durch Weinbau und die Herstellung von Schaumwein (Champagner).

Chartres [ʃartr], Stadt in Frankreich, südwestlich von Paris (39 500 Einwohner). Die Kathedrale (12./13. Jh.) ist einer der ersten rein gotischen Bauten; sie ist weltberühmt wegen ihrer Glasfenster und des reichen Figuren- und Reliefschmucks ihrer Portale.

Chicago [ʃi...], drittgrößte Stadt der USA, am Michigansee gelegen (2,8 Mio. Einwohner). Chicago ist eines der größten Handelszentren der Welt; es ist größter Eisenbahnknotenpunkt und besitzt den größten Binnenhafen der Erde; der Flughafen O'Hare ist der am stärksten frequentierte der Erde.

Chiemsee, größter bayerischer See (80 km²), im Alpenvorland südöstlich von München. Im Westteil des Sees liegen drei Inseln: die Fraueninsel (mit der um 770 gegründeten Benediktinerinnenabtei Frauenchiemsee), die Herreninsel (mit dem im Stil des Schlosses von Versailles erbauten Schloss Herrenchiemsee) und die Krautinsel.

Chile, Republik im Westen Südamerikas (756 096 km²; 16,6 Mio. Einwohner); Hauptstadt: Santiago. Chile erstreckt sich über eine Länge von 4 300 km entlang der Küste des Pazifischen Ozeans bis zur Wasserscheide der Anden. Seine größte Breite beträgt nur 435 km. Der Norden wird von der Wüste Atacama eingenommen. Zwischen der Hochkordillere (bis 6 900 m hoch) im Osten und der niedrigeren Küstenkordillere im Westen erstreckt sich das Große Längstal. Der größte Teil der Bevölkerung lebt in Mittelchile. Wichtigster Wirtschaftsbereich ist der Bergbau (vor allem Kupfer). Landwirtschaftlicher Anbau ist fast nur im Großen Längstal möglich. – Das Land stand 1973–89 unter der Militärdiktatur des Generals Augusto Pinochet Ugarte (* 1915).

China, Staat in Ostasien, mit 1,3 Milliarden Einwohnern der volkreichste Staat der Erde (9,6 Mio. km²); Hauptstadt: Peking. Ein großer Teil des Landes ist gebirgig, im Westen mit Gipfeln über 7 000 m (Kunlun, Tien-shan), im Süden bis 2 000 m hoch. Tiefländer finden sich im Nordosten (Mandschurei) und an den großen Flüssen Hwangho und Jangtsekiang. Größter Wirtschaftszweig ist die Landwirtschaft (Reis, Tee, Sojabohnen). Die industrielle Fertigung nimmt aber lebhaften Aufschwung (Maschinenbau, Stahlerzeugung), seit sich das Land unter Führung von ↑ Deng Xiaoping (Kapitel 1) marktwirtschaftlichen Regeln zugewandt hat. Das Land ist reich an Bodenschätzen (vor allem Kohle, Erdöl, Eisenerz). Seit alters her wird Seidenraupenzucht betrieben und Seide exportiert. Begehrt war auch Porzellan, dessen Herstellung den Chinesen vor den Europäern gelang.

Das chinesische Kaiserreich, das im 17. Jh. seine größte Ausdehnung hatte, bestand bis 1912. Es war vor allem durch die Lehre des Konfuzius geprägt und wurde von einer Elite von Beamten, den Mandarinen, verwaltet. Gegen den Einfall der nördlichen Nachbarvölker suchten sich die chinesischen Herrscher durch die Große Chinesische Mauer zu schützen, die ab 200 v. Chr. entstand. Nach 1912 war China Republik unter dem Präsidenten Sun Yatsen (* 1866, † 1925). Seit 1920 herrschte Bürgerkrieg, aus dem die Kommunistische Partei unter Mao Zedong siegreich hervorging. Sie verdrängte die Anhänger Chiang Kai-Sheks auf die Insel Taiwan (Formosa), wo diese einen eigenen Staat errichteten. China wurde kommunistische Volksrepublik.

Colombo, Hauptstadt von Sri Lanka (670 000 Einwohner).

Colorado, Fluss im Südwesten der USA (2 334 km

lang), der das Coloradoplateau in tiefen, landschaftlich sehr schönen Schluchten, vor allem im rund 350 km langen und bis zu 1 800 m tiefen Grand Canyon, durchschneidet.

🞂 Nach dem Fluss wurde der amerikanische Bundesstaat Colorado benannt.

Comer See, See in Oberitalien, am Südrand der Alpen (146 km^2 groß, bis 410 m tief).

Costa Brava [›wilde Küste‹], spanische Mittelmeerküste zwischen Barcelona und der französischen Grenze; stark besuchte Granitfelsenküste mit vielen malerischen Bade- und Fischerorten in kleinen Buchten mit Sandstränden.

Costa del Sol [›Sonnenküste‹], südspanische Mittelmeerküste, zwischen Gibraltar und Almería, die bedeutendste spanische Fremdenverkehrslandschaft mit Badeorten wie Torremolinos und Marbella.

Costa Rica, Republik in Mittelamerika (51 100 km^2; 4,2 Mio. Einwohner); Hauptstadt: San José. Wichtigster Wirtschaftszweig ist die Landwirtschaft (Kaffee, Bananen). Costa Rica ist ein neutraler Staat und unterhält keine Armee.

Côte d'Azur [koːtdaˈzyːr; französisch ›blaue Küste‹], der französische Teil der Riviera.

Dakar, Hauptstadt von Senegal (1,73 Mio. Einwohner).

Dallas [ˈdæləs], Stadt in Texas, USA (1,07 Mio. Einwohner). Dallas ist eine wichtige Geschäftsmetropole und Mittelpunkt eines großen Erdöl- und Erdgasgebiets.

🞂 In Dallas wurde im November 1963 Präsident John F. Kennedy ermordet.

Dalmatien, schmale Küstenlandschaft an der Adria. Die Küste ist an vielen Stellen steil und unwegsam, ihr sind viele Inseln vorgelagert. Hauptorte sind Dubrovnik, Split und Rijeka.

Damaskus, Hauptstadt von Syrien (1,6 Mio. Einwohner), mit über 75 Moscheen eines der religiösen Zentren des Orients. – Die Stadt war 661–750 als Sitz der omaijadischen Kalifen Mittelpunkt der islamischen Welt.

Dänemark, Königreich zwischen Nord- und Ostsee (43 094 km^2; 5,4 Mio. Einwohner); Hauptstadt: Kopenhagen. Das Land umfasst die Halbinsel Jütland (70 % der Landfläche) und – neben 400 kleinen Inseln – die Hauptinseln Seeland, Fünen, Lolland, Falster und Bornholm. Zum Staatsgebiet gehören außerdem Grönland und die Färöer, die sich beide in Selbstverwaltung regieren. Während Ostjütland und die Inseln fruchtbaren Boden haben, hat Westjütland vorwiegend Sandboden mit Heide und Mooren. Landwirtschaft (Fleisch, Molkereierzeugnisse) und Fischfang sind für den Export von Bedeutung. Die Industrie hat ihre Schwerpunkte in der Nahrungs- und Genussmittelherstellung. Durch seine Lage zwischen Mitteleuropa und Skandinavien ist Dänemark ein wichtiges Transitland. Eine Brücke über den Öresund wurde 2000 eingeweiht.

Danzig, polnisch **Gdansk,** Hafenstadt in Polen (461 400 Einwohner), südlich der Mündung der Weichsel in die Danziger Bucht. – Danzig gehörte im Mittelalter zum Deutschen Orden und war Mitglied der Hanse. Nach dem Ersten Weltkrieg wurde die Stadt als ›Freie Stadt Danzig‹ dem Völkerbund unterstellt und vom Deutschen Reich abgetrennt; 1945 kam sie zu Polen.

🞂 Danzig war im Sommer 1980 das Zentrum der vor allem von Lech Wałęsa geführten Streikbewegung gegen die kommunistische Regierung in Polen.

Dardanellen, Meeresstraße, die das Marmarameer mit dem Ägäischen Meer verbindet.

Delhi [ˈdeːli], Stadt in Nordindien (10,9 Mio. Einwohner). Der seit 1912 erbaute, als Gartenstadt gestaltete Stadtteil **Neu-Delhi** ist die Hauptstadt Indiens.

Den Haag, Stadt in den Niederlanden (442 800 Einwohner), Regierungssitz der Niederlande und königliche Residenz; auch Sitz des Internationalen Gerichtshofs.

Deutschland, Republik in Mitteleuropa (357 022 km^2; 82,4 Mio. Einwohner), ein Bundesstaat; Hauptstadt: Berlin. Der größte Teil Deutschlands wird von Mittelgebirgen eingenommen. Sie erstrecken sich im nördlichen Teil vom Rheinischen Schiefergebirge im Westen bis zum Erzgebirge im Osten, im südlichen Teil vom Pfälzer Wald bis zum Bayerischen Wald. Zwischen den Mittelgebirgen liegen Senken und Beckenlandschaften, z. B. die Oberrheinische Tiefebene und das Thüringer Becken. Südlich der Mittelgebirge hat Deutschland geringen Anteil an den Alpen, im Norden dehnt sich die Norddeut-

sche Tiefebene aus. Vor der deutschen Küste liegen in der Nordsee die Friesischen Inseln und Helgoland, in der Ostsee Fehmarn und Rügen, die größte deutsche Insel.
Die deutsche Wirtschaft ist vor allem von der Industrie bestimmt. Deutschland ist der bedeutendste Industriestaat Europas. Die ostdeutsche Wirtschaft wurde nach der Wiedervereinigung 1990 an die Bedingungen der Marktwirtschaft angepasst und umgestaltet. In der deutschen Bevölkerung ist seit Jahren die Zahl der Geburten niedriger als die Zahl der Todesfälle, sodass die Zahl der Deutschen abnimmt. In Deutschland leben rund 7 Mio. Ausländer (8,5 % der Bevölkerung).
Als Folge des Zweiten Weltkriegs bis zur deutschen Vereinigung am 3. Oktober 1990 war Deutschland geteilt in die westliche Bundesrepublik Deutschland mit parlamentarisch-demokratischer Verfassung und in die mit der Sowjetunion verbündete Deutsche Demokratische Republik (DDR) staatssozialistischer Prägung. Das Regime der DDR wurde im Rahmen einer veränderten weltpolitischen Lage durch die Bevölkerung mit friedlichen Mitteln beseitigt.

Dhaka, Hauptstadt von Bangladesh (5,4 Mio. Einwohner, als Agglomeration 9,9 Mio.).

Dnjepr, der (nach der Wolga und Donau) drittlängste Fluss Europas (2 200 km lang). Er entspringt auf den Waldaihöhen in Russland und führt durch Weißrussland und die Ukraine zum Schwarzen Meer.

Dolomiten, Teil der Südlichen Kalkalpen in Südtirol (Italien). Kennzeichnend sind steil aufragende, zerklüftete Berge (in der Marmolada bis 3 342 m hoch) und reich bewaldete Täler.

Dominica, Staat auf der gleichnamigen Insel der Kleinen Antillen (751 km^2; 72 000 Einwohner); Hauptstadt: Rosseau. – Dominica gehört seit seiner Unabhängigkeit (1978) als Republik zum britischen Commonwealth.

Dominikanische Republik, Staat im Ostteil der Antilleninsel Hispaniola (48 511 km^2; 8,8 Mio. Einwohner); Hauptstadt: Santo Domingo. Die Bevölkerung besteht zu 73 % aus Mulatten, zu 16 % aus Weißen und zu 11 % aus Schwarzen. Grundlage der Wirtschaft sind Zuckerrohranbau, Bergbau und Tourismus. – Das Land löste sich 1844 als unabhängige Republik von Haiti.

Don, Fluss mit geringer Fließgeschwindigkeit (›Stiller Don‹) im europäischen Teil Russlands, 1 870 km lang. Er mündet ins Asowsche Meer (ein Nebenmeer des Schwarzen Meeres).

Die **Donau** in der Wachau, Niederösterreich, einer der schönsten Flusslandschaften Europas

Donau, zweitlängster Fluss (nach der Wolga) Europas, 2 850 km lang, der Hauptzufluss des Schwarzen Meeres. Die Donau entspringt im südlichen Schwarzwald, durchfließt (oder berührt) Süddeutschland, Österreich, die Slowakische Republik, Ungarn, Kroatien, Serbien und Montenegro, Rumänien, Bulgarien und die Ukraine und mündet in einem dreiarmigen Delta in Rumänien ins Schwarze Meer.
🔴 Der von den Römern Danubius genannte Fluss bildete die Nordgrenze des Römischen Reiches, an dem die gut ausgebauten Lager Vindobona (Wien), Aquincum (Budapest), Singidunum (Belgrad) und Sexaginta Prista (Russe) als Stützpunkte für die Flusspatrouillen dienten.

Dover, Stadt an der Südküste Englands (32 800 Einwohner), Fährhafen für den Reiseverkehr über den Ärmelkanal.

Dresden, Hauptstadt des Freistaates Sachsen (495 700 Einwohner), am Oberlauf der Elbe. Dresden, ehemals Residenz der sächsischen Kurfürsten und Könige, galt als eine der schönsten deutschen Städte (›Elbflorenz‹). In der Nacht vom 13. zum 14. 2. 1945 wurde die Stadt durch einen Luftangriff britischer und amerikanischer Bomber stark zerstört.

Dschibuti, Djibouti [dʒiˈbu...], Republik an der Nordostküste Afrikas, am Zugang zum Roten Meer (23 000 km^2; 768 000 Einwohner); Hauptstadt: Dschibuti. Das Land besteht überwiegend aus einer flachen Halbwüste, die wirtschaftlich kaum nutzbar ist. – Dschibuti war bis 1977 französische Kolonie.

Dublin [ˈdʌblɪn], Hauptstadt der Republik Irland (502 000 Einwohner), an der Ostküste der Insel.

Düsseldorf, Hauptstadt von Nordrhein-Westfalen, am Rhein gelegen (568 900 Einwohner); bedeutende Verwaltungs-, Industrie- und Messestadt.

Ebro, Fluss in Nordspanien (910 km lang), mündet südwestlich von Barcelona ins Mittelmeer.

Ecuador, Republik im Nordwesten Südamerikas, am Pazifik (272 045 km^2; 13,4 Mio. Einwohner). Hauptstadt: Quito. Das Land erstreckt sich vom Küstentiefland im Westen über die Anden (mit Höhen über 6 000 m) bis zum Amazonastiefland im Westen. Wichtigstes Ausfuhrgut ist Erdöl. In der Küstenzone werden auf großen Plantagen Bananen, Kaffee, Kakao und Zuckerrohr angebaut.

Edinburgh [ˈedɪnbərə], Hauptstadt und kultureller Mittelpunkt Schottlands (401 900 Einwohner).

Eifel, der linksrheinische Teil des Rheinischen Schiefergebirges zwischen Mosel, Rhein und Rur. Die Eifel ist ein welliges Hügelland von etwa 600 m Höhe mit rauem, niederschlagsreichem Klima. Maare (z. B. Laacher See) und Basaltkuppen (Hohe Acht, 747 m) zeugen von erloschenem Vulkanismus.

Eiger, vergletscherter Kalkgipfel (3 970 m hoch) in den Berner Alpen südlich von Grindelwald.
➕ In der fast senkrechten Eigernordwand kamen schon viele Bergsteiger ums Leben.

Elba, zu Italien gehörende gebirgige Insel (224 km^2) im Mittelmeer zwischen Korsika und dem Festland.
➕ 1814 wurde Elba Napoleon I. als selbstständiges Fürstentum überlassen. Von dort brach er auf, um erneut sein Kaiserreich in Frankreich zu errichten, was jedoch scheiterte und zu seiner Verbannung nach ↑ Sankt Helena führte.

Elbe, mitteleuropäischer Strom (1 165 km lang), der im Riesengebirge entspringt und bei Cuxhaven in die Nordsee mündet. Kanäle verbinden die Elbe mit Niederrhein, Ostsee, Spree und Oder.

Elfenbeinküste, Republik in Westafrika, am Atlantischen Ozean (322 463 km^2; 19 Mio. Einwohner); Hauptstadt: Yamoussoukro. An die Küstenebene mit vielen Lagunen schließt ein Hochland an. Der tropische Regenwald im Süden geht im Norden in Savanne über. Wichtigster Wirtschaftszweig ist die Landwirtschaft. In großen Plantagen werden vor allem Kaffee und Kakao angebaut.

El Salvador, Republik in Mittelamerika, an der Küste des Pazifischen Ozeans (21 041 km^2; 6,9 Mio. Einwohner); Hauptstadt: San Salvador. El Salvador ist ein fruchtbares Hügel- und Gebirgsland mit zum Teil noch aktiven Vulkanen. Von den zentralamerikanischen Staaten ist es der kleinste und am dichtesten besiedelte. Wichtigster Wirtschaftszweig ist die Landwirtschaft; Baumwolle und Kaffee sind wichtige Ausfuhrgüter. In El Salvador herrschte 1979–92 ein blutiger Bürgerkrieg.

Elsass, zu Frankreich gehörende Landschaft am Oberrhein mit der linksrheinischen Tiefebene, einem Teil der Vogesen sowie dem nördlich anschließenden Hügelland. Wichtigste Städte sind Colmar, Mülhausen und Straßburg. Die Elsässer sprechen teilweise noch eine alemannische Mundart. In seiner Geschichte gehörte das Elsass wechselweise zu Deutschland und zu Frankreich.

Ems, Fluss in Nordwestdeutschland (371 km lang), der im Teutoburger Wald entspringt und bei Emden in den Dollart, eine Bucht der Nordsee, mündet. Nach ihm ist das Emsland benannt, dessen wichtigste Städte Lingen und Meppen sind.

Engadin, Hochtal im schweizerischen Kanton Graubünden, vom oberen Inn durchflossen. Mit Städten wie Sils und Sankt Moritz ist das Engadin ein bedeutendes Ferien- und Wintersportgebiet.

England, der südliche Teil der britischen Hauptinsel.

Erfurt, Hauptstadt von Thüringen (201 800 Einwohner). Die 1379 gegründete Universität (1816 aufge-

Geografie

hoben, 1994 wieder gegründet) war eine Hochburg des deutschen Humanismus und der Reformation; hier studierte 1501–05 Martin Luther.

Eritrea, Republik in Nordostafrika, an das Rote Meer grenzend, umgeben von Dschibuti, dem Sudan und Äthiopien (121 143 km²; 4,14 Mio. Einwohner); Hauptstadt: Asmara. Eritrea ist ein trockenes, sehr heißes Küstentiefland, das im Innern gebirgig und teilweise ackerbaulich nutzbar ist; im Südosten herrscht Nomadenwirtschaft vor. Es gehört zu den ärmsten Ländern der Erde. – 1993 setzte Eritrea seine Unabhängigkeit von Äthiopien durch.

Erzgebirge, deutsches Mittelgebirge im Grenzgebiet zu Tschechien (im Keilberg 1244 m hoch). Im 15. Jh. wurden hier vor allem Silber- und Zinnerz abgebaut. Bekannt ist ferner das von hier stammende Holzspielzeug (Weihnachtsfiguren).

Estland, Republik an der Ostsee (45 227 km²; 1,37 Mio. Einwohner); Hauptstadt: Tallinn. Estland ist ein seen- und waldreiches Flach- und Hügelland mit vielen Mooren. – Estland gehörte zur ehemaligen Sowjetunion und ist seit 1991 unabhängig.

Euphrat, längster Strom Vorderasiens, mit dem Quellfluss Murat 3380 km lang. Der Euphrat durchfließt Syrien und den Irak und mündet gemeinsam mit dem Tigris als Schatt el-Arab in den Persischen Golf.

Europa, zweitkleinster Erdteil (9,839 Mio. km²), der mit der großen asiatischen Landmasse zusammenhängt (›Eurasien‹). Die Grenze zwischen beiden Erdteilen bilden Uralgebirge, Uralfluss, Kaspisches und Schwarzes Meer sowie der Kaukasus. Im Norden stößt Europa an das Nördliche Eismeer, im Westen an den Atlantischen Ozean, im Süden wird es durch das Mittelmeer von Afrika getrennt. Im Vergleich mit anderen Kontinenten ist Europa reich gegliedert in große Halbinseln und Nebenmeere. Größte Halbinseln sind im Norden Skandinavien (mit Norwegen, Schweden, Finnland), im Süden die Iberische Halbinsel (Portugal, Spanien), die Apenninenhalbinsel (Italien) und die Balkanhalbinsel (vor allem Albanien, Griechenland). Die größte Inselgruppe sind die Britischen Inseln im Nordwesten. Skandinavien wird von einem fast 2500 m hohen Gebirge durchzogen. Von Nordfrankreich dehnt sich keilförmig ein breites Tiefland bis zum Uralgebirge aus. Nach Süden folgen Mittelgebirge mit Becken-

Feu

landschaften und zwischen Mittel- und Südeuropa ein Zug junger Faltengebirge (Pyrenäen, Alpen, Karpaten, Balkan), die bis über 4000 m aufragen. In Südeuropa gibt es Vulkane (Vesuv, Ätna). Das Klima in Europa ist größtenteils gemäßigt. Der Süden hat heiße, trockene Sommer und regenreiche Winter, der hohe Norden Polarklima. Europa ist der am dichtesten besiedelte Erdteil und nächst den USA der wichtigste Wirtschaftsraum der Erde.

Everest, Mount Everest ['maʊnt 'evərɪst], der höchste Berg der Erde (8850 m hoch), im östlichen Himalaja im Grenzbereich zwischen Nepal und China (Tibet) gelegen.
  Der Mount Everest wurde am 29. Mai 1953 von dem Neuseeländer Edmund P. Hillary (* 1919, † 2008) und dem Sherpa Tenzing Norgay (* 1914, † 1986) erstmals bestiegen.

Falklandinseln, Malwinen, zu Großbritannien gehörende Inselgruppe im Südatlantik, rund 600 km vor der Küste Argentiniens, mit rund 3000 Einwohnern. Das raue Klima und die karge Vegetation lassen nur Schafzucht zu. 1982 kam es wegen der Inseln zwischen Argentinien und Großbritannien zum Krieg, den Großbritannien gewann.

Färöer [dänisch ›Schafinseln‹], zu Dänemark gehörende Inselgruppe zwischen Schottland und Island (45300 Einwohner). Von den etwa 25 Felseninseln vulkanischen Ursprungs sind nur 17 bewohnt. Haupterwerbszweig ist die Fischerei.

Fehmarn, zu Schleswig-Holstein gehörende Ostseeinsel. Durch die etwa 1 km lange Brücke über den Fehmarnsund und die Fährlinie zur dänischen Insel Lolland hat Fehmarn große Bedeutung für den Verkehr zwischen Skandinavien und Mitteleuropa (›Vogelfluglinie‹).

Feldberg, der höchste Berg des Schwarzwalds (1493 m), durch seinen Schneereichtum ein beliebtes Wintersportgebiet. – Im Taunus nördlich von Frankfurt liegen der Große Feldberg (880 m) und der Kleine Feldberg (826 m).

Feuerland, vergletscherte Insel an der Südspitze Südamerikas. Sie bildet mit zahlreichen kleineren Inseln den Feuerlandarchipel, dessen Osten zu Argentinien und dessen Westen zu Chile gehört.
  Feuerland ist benannt nach den Feuern der Indianer, die Ferdinand Magellan 1520 nachts aufleuchten sah.

Fichtelgebirge, reich bewaldetes Mittelgebirge im nordöstlichen Bayern mit dem Schneeberg (1 051 m) als höchster Erhebung.

Fidschi, Republik und Inselgruppe im Pazifischen Ozean, östlich von Australien und Neuseeland (18 333 km^2; 848 000 Einwohner); Hauptstadt: Suva. Von den rund 360 Vulkan- und Koralleninseln sind nur 105 bewohnt.

Finnland, Republik im Nordosten Europas (338 145 km^2; 5,2 Mio. Einwohner); Hauptstadt: Helsinki. Finnland besteht größtenteils aus felsigem und hügeligem Flachland. Die Küste ist reich an Buchten, ihr sind im Westen und Süden viele Inseln und Schären vorgelagert. Im Süden des Landes gibt es rund 55 000 Seen, nach Norden hin viele Sümpfe und Moore. Obwohl Finnland am Polarkreis liegt, ist das Klima durch den Einfluss des Golfstroms recht mild. Fast $^2/_3$ des Landes sind von Wäldern (meist Nadelwälder) bedeckt. Große wirtschaftliche Bedeutung hat die Holz verarbeitende Industrie (Sägewerke, Papier- und Möbelfabriken). – Finnland gehörte bis 1917 zum Russischen Reich.

Flandern, Landschaft an der Nordseeküste, die sich von Nordfrankreich bis in den Südteil der Niederlande erstreckt. Flandern war im Mittelalter eines der reichsten Gebiete Europas (Handel und Tuchherstellung). Bedeutende Städte sind Gent und Brügge.

Florenz, Hauptstadt in der italienischen Region Toskana, beiderseits des Arno gelegen (376 800 Einwohner). Florenz ist neben Rom die an Bauwerken und Kunstschätzen reichste Stadt Italiens.

⊕ Wahrzeichen von Florenz ist der gewaltige Dom Santa maria del Fiore (1296 bis 1536) mit seiner achteckigen Kuppel.

Florida, Halbinsel und Bundesstaat im Südosten der USA. Das Land ist reich an Seen und teilweise sumpfig. Das subtropische Klima mit milden, trockenen Wintern lockt zahlreiche Touristen und Pensionäre an. Berühmt sind die Badeorte Miami und Palm Beach sowie der Vergnügungspark Walt Disney World; an der Ostküste liegt das amerikanische Raketenstartgelände Cape Canaveral.

⊕ Florida wurde 1513 um Ostern (spanisch ›Pascua florida‹) entdeckt.

Formosa, portugiesischer Name der Insel Taiwan.

Franken, Landschaft am mittleren und oberen Main, zum größten Teil im Norden Bayerns gelegen. Größte Städte sind Nürnberg und Würzburg.

Frankfurt. Frankfurt am Main ist die größte Stadt Hessens (643 800 Einwohner) und eine der wirtschaftlich wichtigsten deutschen Städte mit vielseitiger Industrie und bedeutenden Messen (größte Buchmesse der Welt, Internationale Automobilausstellung). Als Banken- und Börsenplatz nimmt es die erste Stelle in Deutschland ein (u. a. Sitz der Deutschen Bundesbank und der Europäischen Zentralbank).

Frankfurt (Oder) liegt im Bundesland Brandenburg an der Grenze zu Polen (73 800 Einwohner).

Fränkische Alb, Gebirge in Nordbayern, östlich von Nürnberg. Die Fränkische Alb ist im Mittel etwa 500–600 m hoch; sie ragt mit einer bis 280 m hohen Stufe über das Vorland. Den Nordteil bildet die landschaftlich reizvolle **Fränkische Schweiz**.

Frankreich, Republik im Westen Europas, flächenmäßig der größte westeuropäische Staat (543 998 km^2; 59,6 Mio. Einwohner); Hauptstadt: Paris. Die Umrisse Frankreichs gleichen etwa einem Sechseck. Im Norden grenzt das Land an den Ärmelkanal, im Westen an den Atlantischen Ozean und im Südosten ans Mittelmeer. Natürliche Grenzen sind im Süden die Pyrenäen, im Osten die Alpen, der Jura und der Rheingraben. Große Beckenlandschaften und Mittelgebirge gliedern das Landschaftsbild. Das ›Herz‹ Frankreichs bildet das Pariser Becken, die Île-de-France. Zwischen dem Zentralmassiv und den Pyrenäen breitet sich das von der Garonne durchflossene Aquitanische Becken aus. Das Rhône-Saône-Tal erstreckt sich vom Rheintal nach Süden bis zu den französischen Mittelmeerlandschaften (Languedoc, Provence/Côte d'Azur), die zu den beliebtesten Feriengebieten Europas zählen. Große wirtschaftliche Bedeutung hat der Weinbau (z. B. um Bordeaux im Südwesten oder in Burgund im Südosten).
Seit der Französischen Revolution 1789 gab es mehrere republikanische Verfassungen. Die heutige Verfassung (Fünfte Republik) gilt seit 1958. Zu Frankreich gehören die Mittelmeerinsel Korsika sowie einige Überseegebiete des ehemaligen französischen Kolonialreichs (z. B. in Südamerika oder im Pazifischen Ozean).

Fuji, Fudschijama, Fudschisan, der höchste Berg Japans, auf der Insel Honshu, 3 776 m, ein nicht täti-

ger Vulkan mit einem 600 m breiten und 150 m tiefen Krater.
🞧 Der Fudschijama ist der heilige Berg der Japaner. – Bild S. 456

Gabun, Republik an der Westküste Afrikas (267 667 km^2; 1,35 Mio. Einwohner); Hauptstadt: Libreville. Der etwa 200 km breite Küstenstreifen ist von Mangrovenwald und Savanne, die Hochfläche im Landesinneren vor allem mit tropischem Regenwald bedeckt. – Gabun erhielt 1960 die Unabhängigkeit von Frankreich.

Galápagosinseln [spanisch ›Schildkröteninseln‹], zu Ecuador gehörende vulkanische Inselgruppe im Pazifischen Ozean mit seltenen Tier- und Pflanzenarten, besonders den großen Schildkröten, die den Inseln den Namen gaben.

Gambia, Republik an der Küste Westafrikas (11 295 km^2; 1,4 Mio. Einwohner); Hauptstadt: Banjul. Das Land erstreckt sich rund 350 km lang beiderseits des Flusses Gambia, ist an der breitesten Stelle aber nur 45 km breit. – Gambia erhielt 1965 die Unabhängigkeit im Rahmen des Commonwealth.

Ganges, Hauptstrom im Norden Vorderindiens, 2 700 km lang. Er mündet mit dem Brahmaputra in einem riesigen, fruchtbaren, aber stark hochwassergefährdeten Delta in den Golf von Bengalen.
🞧 Der Ganges ist als heiliger Fluss der Hindus Ziel vieler Pilger; sein Wasser gilt als heilig und rituell reinigend.

Gardasee, östlichster und größter der italienischen Alpenseen (370 km^2) mit mildem Klima, an dem sogar Orangen und Zitronen gedeihen.

Garonne [ga'rɔn], der längste Fluss Südwestfrankreichs, 650 km lang. Die Garonne bildet mit der Dordogne die Gironde-Mündung bei Bordeaux.

Gelber Fluss, der chinesische Fluss ↑ Hwangho.

Genezareth, See in Nordisrael nahe der Grenze zu Syrien. Sein Wasserspiegel liegt 209 m unter dem Meeresspiegel. Damit ist der See Genezareth der tiefstgelegene Süßwassersee der Erde.
🞧 Im Neuen Testament ist der See Genezareth mit seinem Nordwestufer ein Zentrum des öffentlichen Wirkens Jesu.

Genf, Stadt (172 800 Einwohner) am Ausfluss der Rhône aus dem Genfer See; Sitz zahlreicher internationaler Organisationen (z. B. Weltgesundheitsorganisation, Rotes Kreuz). Genf ist zugleich Hauptstadt des gleichnamigen Kantons im französischsprachigen Südwesten der Schweiz (403 100 Einwohner), der das Hügelland am südwestlichen Ende des Sees umfasst.

Genfer See, französisch **Lac Léman,** größter See der Alpen (581 km^2) an der französisch-schweizerischen Grenze. Bekannte Städte an seinen Ufern sind Genf, Lausanne und die Kurorte Montreux und Vevey.

Genua, Hafenstadt im Nordwesten Italiens (641 400 Einwohner), größter Handelshafen des Landes.

Georgien, Republik an der Ostküste des Schwarzen Meeres (69 700 km^2; 4,69 Mio. Einwohner); Hauptstadt: Tiflis. Georgien umfasst im Norden den Hauptkamm des Großen Kaukasus und grenzt im Süden an die Türkei. – Bis 1991 war das Land ein Teil der ehemaligen Sowjetunion.

Ghana, Republik in Westafrika am Golf von Guinea (238 537 km^2; 20,3 Mio. Einwohner); Hauptstadt: Accra. Den größten Teil des Landes nimmt das Voltabecken ein, das von Hügelketten umrahmt wird. Eine nach Westen breiter werdende Ebene zieht sich an der Küste entlang. Größter Fluss ist der Volta, der im Unterlauf zu einem der größten Stauseen der Erde aufgestaut ist. Ghana ist der größte Kakaoerzeuger der Erde. Das Land ist reich an Bodenschätzen wie Gold, Diamanten, Eisenerz. Eine wichtige Einnahmequelle ist auch die Ausfuhr von Holz. – Ghana war ehemals britisches Kolonialgebiet; 1957 wurde es unabhängig.

Gibraltar, seit 1704 zu Großbritannien gehörende Halbinsel an der Südspitze der Iberischen Halbinsel (6,5 km^2, 28 800 Einwohner). Beherrschend ist ein 400 m hoher Fels – die einzige Stelle Europas, an der Affen frei leben. Die Meerenge von Gibraltar, die Europa von Afrika trennt, ist an der schmalsten Stelle nur 14 km breit.
🞧 Spanien fordert Gibraltar von Großbritannien zurück. Die Legende sagt aber, dass es erst zurückgegeben würde, wenn die Affen Gibraltar verlassen haben.
🞧 Der Felsen von Gibraltar bildete nach altgriechischer Anschauung zusammen mit dem Berg Abyle (heute Djebel Musa) bei Ceuta an der afrikanischen Küste die ›Säulen des Herakles‹.

Granada Bedeutendstes Bauwerk der Stadt ist die maurische Schlossburg ›Alhambra‹

Gironde [ʒi'rɔ̃d], der Mündungstrichter der mit der Dordogne vereinigten Garonne in Südwesten Frankreichs.

Giseh, Gizeh, Stadt in Ägypten auf dem westlichen Nilufer gegenüber von Alt-Kairo (4,77 Mio. Einwohner). Westlich von Giseh am Rand der Libyschen Wüste befinden sich die Pyramiden der Pharaonen Cheops, Chephren und Mykerinos.

Glarus, Kanton der deutschsprachigen Schweiz (38 700 Einwohner), der sich von den Glarner Alpen im Süden bis zum Walensee im Norden erstreckt.

Gobi, steppenartige Wüste in Mittelasien, in der Mongolei und in China. Sie liegt durchschnittlich 1 000 m hoch und erstreckt sich über 2 000 km in westöstlicher Richtung. Die Gobi ist hauptsächlich von nomadisierenden Mongolen bewohnt.

Gotland, schwedische Insel, die größte der Ostsee, etwa 90 km vor der Ostküste des Landes gelegen (3 001 km^2 groß); einzige Stadt ist Visby.

Granada, Stadt in Südspanien, im Andalusischen Bergland (241 500 Einwohner). Aus der Zeit des maurischen Königreichs (1238–1492) stammt die berühmte Burg der Stadt, die ↑ Alhambra (Kapitel 5).

Graubünden, der flächengrößte Kanton der Schweiz, im Osten des Landes gelegen (186 000 Einwohner); Hauptort: Chur. Graubünden wird von den Gebirgszügen der Rätischen Alpen, der Berninagruppe und der Engadiner Alpen durchzogen.
🔴 Der Kantonsname leitet sich ab vom ›Grauen Bund‹ im Vorder- und Hochrheintal, einem Abwehrbündnis gegen die Habsburger im 14./15. Jahrhundert.

Graz, Hauptstadt des österreichischen Bundeslandes Steiermark (240 000 Einwohner).

Greenwich ['grınıdʒ], Londoner Stadtbezirk, durch dessen Sternwarte der ↑ Nullmeridian (Kapitel 15) verläuft.

Grenada, zum Commonwealth gehörender Staat auf den Kleinen Antillen in Westindien (344 km²; 99 000 Einwohner); Hauptstadt: Saint George's.

Griechenland, Republik in Südosteuropa (131 625 km²; 11,1 Mio. Einwohner); Hauptstadt: Athen. Griechenland umfasst den südlichen Teil der Balkanhalbinsel und über 2 000 Inseln, von denen 150 bewohnt sind. Das Land ist überwiegend gebirgig. Höchster Berg ist der Olymp (2 911 m) in Nordgriechenland. Die Peloponnes, die größte griechische Halbinsel, ist durch den Kanal von Korinth vom Festland getrennt. Vor der Westküste Griechenlands liegen die Ionischen Inseln, vor der Ostküste im Ägäischen Meer die Inselgruppen der Kykladen und Sporaden. Kreta im Südosten ist die größte griechische Insel. In Griechenland herrscht größtenteils Mittelmeerklima mit trockenen, heißen Sommern und milden, regenreichen Wintern. Neben Landwirtschaft, Bergbau und Industrie bilden Reedereien und der Fremdenverkehr wichtige Zweige der griechischen Wirtschaft.

Grönland, die größte Insel der Erde (2,2 Mio. km²; 56 000 Einwohner); Hauptstadt: Godthåb. Grönland gehört zu Dänemark, hat aber Selbstverwaltung. Mehr als ⁴/₅ der Insel sind von Eis bedeckt, das stellenweise über 3 000 m dick ist und im Norden in das Packeis übergeht, das den Nordpol und das Nördliche Eismeer bedeckt.

➕ Grönland wurde um 875 von Normannen entdeckt, die es ›Grünes Land‹ nannten.

Großbritannien und Nordirland, Königreich im Nordwesten Europas, ein Inselstaat zwischen Nordsee und Atlantischem Ozean (242 900 km²; 60,2 Mio. Einwohner); Hauptstadt: London. Die Hauptinsel, die zahlreiche Buchten aufweist, ist von Norden nach Süden fast 1 000 km lang; kein Ort ist mehr als 130 km von der Küste entfernt. Die Mitte, der Süden und der Osten der Hauptinsel werden von England eingenommen, der Westen von Wales, der Nordteil von Schottland. Nordirland bildet den Nordteil der Insel Irland. Zu Großbritannien gehören weiter die Orkney- und Shetlandinseln im Norden, die Hebriden im Nordwesten sowie die der französischen Küste vorgelagerten Kanalinseln (›Normannische Inseln‹). Das Klima ist bestimmt durch die Nähe zum Meer und den Einfluss des Golfstroms (kühle Sommer, milde Winter). Nur im Süden und Südosten sind die Sommer wärmer. Das Land verfügt über große Bodenschätze (Steinkohle, Nordseeöl). Wichtigster Wirtschaftszweig ist die verarbeitende Industrie, bedeutend auch die Textilindustrie und das Dienstleistungsgewerbe. Großbritannien stand im 19. Jh. auf dem Höhepunkt seiner Macht als Industrie- und Handelsnation. Es besaß rund ein Viertel der Erdoberfläche als Kolonien. Durch die beiden Weltkriege und die Auflösung des Kolonialreichs büßte das Land seine Vormachtstellung ein.

➕ Der offizielle Staatsname lautet ›Vereinigtes Königreich von Großbritannien und Nordirland‹.

Große Seen, die fünf großen, untereinander verbundenen und durch den Sankt-Lorenz-Strom zum Atlantik entwässernden Seen in Nordamerika, Grenzbereich Kanadas und der USA: Oberer See, Michigan-, Huron-, Erie- und Ontariosee. Der Niagara River verbindet den Erie- mit dem Ontariosee.

Großglockner, höchster Berg Österreichs, in den Hohen Tauern (3 798 m).

Guadalquivir [guaðalkiˈβir], Fluss in Südspanien (657 km lang).

Guadeloupe [gwaˈdlup], zu Frankreich gehörende Inselgruppe der Kleinen Antillen (425 000 Einwohner).

Guam, Insel, nicht inkorporiertes Territorium im nordwestlichen Pazifischen Ozean, ein Militärstützpunkt (549 km²; 166 000 Einwohner).

Guatemala, Republik in Zentralamerika (109 000 km²; 12,7 Mio. Einwohner); Hauptstadt: Guatemala. Das Land ist durch Hochgebirge geprägt mit vielen, zum Teil noch tätigen Vulkanen und häufigen Erdbeben. Die Bevölkerung ist überwiegend indianischer Abstammung. Große Anziehungskraft für den Fremdenverkehr besitzen die Bauwerke und Zeugnisse der Mayakultur.

Guayana, Großlandschaft im Norden Südamerikas zwischen Orinoco, Atlantischem Ozean und Amazonastiefland.

Guinea [gi...], Republik an der Westküste Afrikas (245 857 km²; 8,1 Mio. Einwohner); Hauptstadt: Conakry. Auf die feuchtheiße Küstenzone (Niederguinea) im Westen folgen Grassavannen (Mittelguinea) und das trockenere Oberguinea. Die Bevölkerung setzt sich aus vielen Volksgruppen zusammen. – Guinea war bis 1958 französische Kolonie.

Guinea-Bissau [gi...], Republik in Westafrika (36 125 km^2; 1,4 Mio. Einwohner); Hauptstadt: Bissau. Das Land, bis 1974 portugiesische Kolonie, hat kaum Industrie und gehört zu den ärmsten Ländern der Erde.

Guyana, Republik im Nordosten Südamerikas (214 969 km^2; 706 000 Einwohner); Hauptstadt: Georgetown. Tropischer Regenwald bedeckt $^3/_4$ des Landes. Hauptsiedlungs- und Wirtschaftsgebiet ist die Küstenebene. Bauxitaufbereitung und Verarbeitung von Zuckerrohr sind Grundlagen der Wirtschaft. Guyana, seit 1816 britisch und seit 1928 Kronkolonie, wurde 1966 unabhängig.

Haifa, bedeutendste Hafenstadt Israels am Mittelmeer (272 000 Einwohner).

Haiti, Republik im Westen der Antilleninsel Hispaniola (27 750 km^2; 8,1 Mio. Einwohner); Hauptstadt: Port-au-Prince. Haiti gehört zu den ärmsten Ländern Amerikas. Seit 1964 stand das Land unter der Diktatur der Familie Duvalier, die 1986 gestürzt wurde. Demokratische Verhältnisse konnten erst nach einer Militärintervention der UNO 1994 und auch nur zeitweise hergestellt werden.

Halle (Saale), Universitätsstadt in Sachsen-Anhalt (247 700 Einwohner).
⊕ In Halle wurde der Komponist Georg Friedrich Händel geboren.

Hamburg, Freie und Hansestadt Hamburg, zweitgrößte deutsche Stadt und Welthafen an der unteren Elbe, zugleich Bundesland der Bundesrepublik Deutschland (1,7 Mio. Einwohner).
⊕ Die Stadt entstand im Anschluss an das 825 auf der Geestzunge zwischen Alter und Elbe erbaute Grenzkastell Hammaburg.
⊕ Der Turm (›Michel‹) der barocken Kirche Sankt Michaelis (1648–73, nach dem Zweiten Weltkrieg wieder aufgebaut) ist das Wahrzeichen Hamburgs.

Hannover, Hauptstadt des Landes Niedersachsen, am Rand der Norddeutschen Tiefebene an der Leine gelegen (514 700 Einwohner). Die hier jährlich stattfindende Hannover-Messe ist eine der weltgrößten Technikmessen.
⊕ Im Jahr 2000 fand in Hannover die Weltausstellung ›EXPO 2000‹ statt.

Hanoi, Hauptstadt von Vietnam (1,4 Mio. Einwohner).

Harare, Hauptstadt von Simbabwe (2,21 Mio. Einwohner). – Die Stadt hieß bis 1982 Salisbury.

Harz, weit in das nordwestdeutsche Flachland vorgeschobenes deutsches Mittelgebirge, rund 90 km lang und 30 km breit. Höchste Erhebung ist der Brocken (1 141 m).

Havanna, Hauptstadt von Kuba (2,24 Mio. Einwohner) mit einem der besten Naturhäfen der Karibik.

Hawaii-Inseln, Inselgruppe im nördlichen Pazifischen Ozean, mit acht größeren und mehr als 120 kleineren Inseln vulkanischen Ursprungs (28 313 km^2; 1,185 Mio. Einwohner). Die Inseln bilden seit 1959 den Bundesstaat Hawaii der USA; Hauptstadt ist Honolulu.
⊕ Die meisten Vulkane sind erloschen, während Mauna Loa und Kilauea auf Hawaii noch tätig sind.

Hebriden, zu Großbritannien gehörende Gruppe von Felseninseln vor der Westküste Schottlands. Von den etwa 500 Inseln sind weniger als 100 bewohnt.

Helgoland, zu Schleswig-Holstein gehörende Nordseeinsel (2,09 km^2), ein Buntsandsteinsockel mit steiler Kliffküste.
⊕ Deutschland erwarb Helgoland 1890 im Tausch gegen Sansibar von Großbritannien (Helgoland-Sansibar-Vertrag).

Helsinki, Hauptstadt von Finnland, am Finnischen Meerbusen (546 300 Einwohner).

Hessen, deutsches Bundesland (21 115 km^2; 6,08 Mio. Einwohner); Hauptstadt: Wiesbaden. Kerngebiet ist das reich bewaldete und durch zwei Senken gegliederte Hessische Bergland (z. B. Vogelsberg, Rhön, Meißner). Im Süden hat Hessen Anteil an der Oberrheinischen Tiefebene, die sich hier zur Rhein-Main-Ebene erweitert und zur Wetterau fortsetzt. Das Rhein-Main-Gebiet ist neben dem Ruhrgebiet der größte städtische Ballungsraum Deutschlands. Zentrum der Region ist die Messe- und Bankenmetropole Frankfurt am Main. Wirtschaftlich bedeutend sind ferner chemische Industrie, Kraftfahrzeugbau (Rüsselsheim), Lederwarenindustrie (Offenbach), Weinbau (Rheingau). An zahlreichen Heilquellen entstanden Kurorte (z. B. Wiesbaden, Bad Homburg).

Himalaja, das höchste Gebirgssystem der Erde, in Südasien zwischen der nordindischen Tiefebene und

Geografie   Hoo

dem Hochland von Tibet gelegen. Höchste Erhebung ist der Mount Everest (8 850 m), neun weitere Gipfel sind höher als 8 000 m.

➕ Auf den Höhen des Himalaja soll der Yeti leben, ein affen- oder menschenähnliches Wesen, von dem man Haare und Fußspuren gefunden haben will; bisher konnten wissenschaftliche Expeditionen allerdings noch keine Bestätigung seiner Existenz bringen.

Hindukusch, Hochgebirge in Asien (Afghanistan, Pakistan, Kaschmir) mit vielen Höhen über 7 000 m, die westliche Fortsetzung des Himalaja.

Hinterindien, Halbinsel in Südostasien zwischen dem Golf von Bengalen und dem südchinesischen Meer mit den Staaten Birma, Thailand, Kambodscha, Laos, Vietnam und einem Teil Malaysias.

Hiroshima [...ʃ...], Hafenstadt im Westen der japanischen Hauptinsel Honshu (2,87 Mio. Einwohner).
➕ Auf die Stadt fiel am 6. 8. 1945 die erste Atombombe.
➕ Die Ruine der Industrie- und Handelskammer wurde von der UNESCO als Mahnmal gegen den Atomkrieg zum Weltkulturerbe erklärt. ⓘ

Hispaniola, zweitgrößte Insel der Antillen, südöstlich von Kuba. Auf der Insel liegen die Staaten Haiti und Dominikanische Republik.

Hongkong Blick über den Stadtteil Victoria auf die Halbinsel Kowloon

---

ⓘ HIROSHIMA

Der Abwurf der ersten Atombombe

Um am Ende des Zweiten Weltkriegs den Widerstandswillen der japanischen Führung und ihrer Streitkräfte endgültig zu brechen, befahl der amerikanische Präsident Harry S. Truman den ersten militärischen Kernwaffeneinsatz der Geschichte: Am 6. August 1945, um 8.15 Uhr wurde eine Atombombe auf Hiroshima abgeworfen. Der 4,5 t schwere Sprengkörper zerstörte 80 % der Stadt und tötete 80 000 Menschen sofort, Zehntausende wurden verletzt; weitere 100 000 starben später an den Folgen der Verstrahlung.

Hollywood [ˈhɔliwʊd], Stadtteil von Los Angeles in Kalifornien (USA); Zentrum der Filmindustrie.

Holsteinische Schweiz, wald- und seenreiche, kuppige Landschaft in Schleswig-Holstein zwischen Lübeck und Kiel.

Honduras, Republik in Zentralamerika (112 088 km^2; 7 Mio. Einwohner); Hauptstadt: Tegucigalpa. Bis auf die Küstenebene, wo Bananen angebaut werden, ist Honduras weitgehend Gebirgsland. Seit der Unabhängigkeit 1838 erschütterten Bürgerkriege und Konflikte mit Nachbarstaaten das Land, die erst in den 1990er-Jahren beigelegt wurden.

Hongkong, ehemals britische Kolonie an der Südostküste Chinas (1 095 km^2; 6,84 Mio. Einwohner). Hongkong besitzt einen der bedeutendsten Seehäfen der Welt und ist internationales Handels- und Börsenzentrum. – Das Gebiet fiel am 1. Juli 1997 vertragsgemäß an China zurück, behält aber für weitere 50 Jahre politische und wirtschaftliche Autonomie (sogenannte Sonderverwaltungszone).

Honolulu, Hauptstadt des amerikanischen Bundesstaates Hawaii (3,7 Mio. Einwohner).

Hoorn, Kap Hoorn, die Südspitze Südamerikas, die in der Schifffahrt wegen ihrer Klippen und der schweren Stürme gefürchtet ist.
➕ Kap Hoorn wurde 1616 von einem Niederländer entdeckt und nach seiner Heimatstadt benannt.

453

Hudsonbai [ˈhʌdsnbeɪ], flaches Binnenmeer im Norden Kanadas, 1,2 Mio. km² groß, von November bis Mai vereist.
🟢 Die Hudsonbai wurde 1610 von dem englischen Seefahrer Henry Hudson (* 1550, † 1611) entdeckt.

Hunsrück, südwestlicher Teil des Rheinischen Schiefergebirges zwischen Mosel und Nahe, die linksrheinische Fortsetzung des Taunus.

Hwangho, der ›Gelbe Fluss‹, mit 4 845 km Länge der zweitlängste Fluss Chinas. Er mündet auf der Nordseite der Halbinsel Shantung ins Gelbe Meer.

Iberische Halbinsel, die westlichste und größte der drei südeuropäischen Halbinseln. Sie umfasst Portugal und Spanien. Ihren Namen verdankt sie dem alten Volk der Iberer.

Iguaçu [iɣuaˈsu], wasserreicher linker Nebenfluss des Paraná in Südamerika (1 320 km lang). Kurz vor der Mündung bildet er die Iguaçu-Fälle, in denen das Wasser auf einer Breite von 4 km rund 80 m in die Tiefe stürzt.

IJsselmeer [ˈɛjsəl...], Binnensee in den Niederlanden, eine ehemalige Bucht der Nordsee, die 1932 durch einen 32 km langen Abschlussdeich vom Meer abgetrennt wurde. Ein großer Teil des IJsselmeers wurde seitdem trockengelegt, um Festland zu gewinnen.

Indien, Republik in Südasien (3,287 Mio. km²; 1 199 Mio. Einwohner); Hauptstadt: Neu-Delhi. Das Land ist der siebtgrößte und nach China bevölkerungsreichste Staat der Erde. Im Norden hat Indien Anteil am Himalaja. Südlich davon liegt die Ebene mit den großen Strömen Ganges und Brahmaputra. Der größte Teil, die eigentliche Halbinsel, wird vom Hochland von Dekhan eingenommen, das nach Osten abfällt und im Westen und Osten von den Gebirgszügen der Ghats begrenzt wird. Die Küstenebene im Osten ist breiter als die im Westen und dichter besiedelt. Das Klima wird bestimmt durch den Wechsel der Monsune. Im Winter wehen sie aus Nordosten und sind trocken, im Sommer aus Südwesten und bringen reiche Niederschläge. Der flache Nordwesten hat Wüstenklima.

Die Landwirtschaft ist von den Monsunen abhängig; bleibt der Regen aus oder bringt er zu wenig Niederschläge, reichen die landwirtschaftlichen Erträge für die Ernährung nicht aus. In den verschiedenen Regionen werden Reis, Hirse, Weizen, Mais,

Indien Der Tadsch Mahal in Agra (Bundesstaat Uttar Pradesh), das der Mogulkaiser Schah Dschahan im 17. Jh. als Mausoleum für seine Gattin errichten ließ, gilt als eines der schönsten Bauwerke der Welt

Hülsenfrüchte, Baumwolle, Jute, Tabak und Gewürze angebaut. Indien ist zudem der größte Teeproduzent der Erde. Auch Bodenschätze, besonders im Dekhan, sind reichlich vorhanden: Kohle, Eisenerze, Mangan, Kupfer, Bauxit, Glimmer und Erdöl. – Trotz Maßnahmen der Regierung zur Verringerung der Geburtenzahl ist das Bevölkerungswachstum noch immer sehr hoch. Viele Menschen leben am Rand der Städte in Elendsvierteln.

Indien gehörte seit dem 18. Jh. zum britischen Kolonialreich. 1947 wurde das Land unabhängig, nachdem es jahrzehntelang für seine Unabhängigkeit gekämpft hatte; Führer dieser Bewegung war Mahatma ↑ Gandhi (Kapitel 1). Die überwiegend islamischen Teile wurden zum eigenständigen Staat Pakistan erklärt.

Indischer Ozean, der kleinste der drei Ozeane, zwischen Asien, Afrika, Australien und der Antarktis. Er ist in mehrere Becken gegliedert und erreicht im Sundagraben südlich von Java seine größte Tiefe (7 455 m).

Indonesien, Republik in Südostasien (1,9 Mio. km²; 219,3 Mio. Einwohner); Hauptstadt: Jakarta. Indonesien ist ein Inselstaat mit insgesamt 13 677 Inseln beiderseits des Äquators, von denen 6 044 bewohnt sind. Die größten sind die Großen Sundainseln (Sumatra, Java, Celebes und Borneo), außerdem gehören dazu die Kleinen Sundainseln und die Molukken. Die meisten Inseln sind gebirgig, auf vielen gibt es noch tätige Vulkane. Das Klima ist tropisch mit stellenweise sehr hohen Niederschlägen. Der größte Teil der Bevölkerung bekennt sich zum Islam und lebt auf Java. Hauptwirtschaftszweig ist die Landwirtschaft, von den Bodenschätzen ist Erdöl am wichtigsten. Indonesien gehört zu den industriell aufstrebenden Staaten Südostasiens. – Im 19. Jh. war Indonesien eine niederländische Kolonie, die 1949 unabhängig wurde.

Indus, Hauptstrom Pakistans (3 182 km lang). Aus Tibet kommend, durchbricht er den Himalaja und vereinigt sich in der Ebene mit den fünf Flüssen des Pandschab. In einem großen Delta mündet er bei Karatschi in den Indischen Ozean.

Inn, rechter Nebenfluss der Donau (510 km lang).

Innsbruck, Hauptstadt des österreichischen Bundeslandes Tirol (110 500 Einwohner); Ort der Olympischen (Winter-)Spiele 1964 und 1976.

Ionische Inseln, Inselgruppe vor der Westküste Griechenlands mit den Hauptinseln Korfu, Naxos, Ithaka, Kephallenia und Zakynthos.

Irak, Republik in Vorderasien (438 317 km^2; 26,8 Mio. Einwohner); Hauptstadt: Bagdad. Gebirgsland im Nordosten, das von Euphrat und Tigris durchflossene Zweistromland (Mesopotamien) und Wüste westlich des Euphrat prägen das Landschaftsbild. Das Klima ist kontinental (heiße Sommer, kalte Winter). Die Bevölkerung besteht größtenteils aus Arabern; im Nordosten leben 1,5 Mio. Kurden. Größte wirtschaftliche Bedeutung hat das Erdöl. 1958 übernahm das Militär die Macht. 1980–88 führte Irak Krieg gegen den Iran (1. Golfkrieg). 1990 überfiel die irakische Armee Kuwait und besetzte es. Eine von der UNO beauftragte und von den USA geführte alliierte Streitmacht zwang den Irak zum Rückzug (2. Golfkrieg). März 2003 Einmarsch einer alliierten Streitmacht unter Führung der USA (3. Golfkrieg; ohne UN-Mandat, im Mai 2003 für beendet erklärt).

Iran, Republik in Vorderasien zwischen Kaspischem Meer und Persischem Golf (1,65 Mio. km^2; 68 Mio. Einwohner); Hauptstadt: Teheran. Im Norden erstreckt sich das Elburs-, im Westen das Zagrosgebirge, dazwischen das Hochland von Iran, das zum Trockengürtel der Erde gehört. In manchen Teilen ist es fast vegetationslos (Salzwüsten, Salzseen). In den Randgebirgen fällt genügend Niederschlag für den Ackerbau. Die Bevölkerung konzentriert sich besonders im Nordwesten und in den städtischen Ballungsräumen. Der schiitische Islam ist Staatsreligion. Iran, das frühere Persien, gehört zu den größten Erdöl- und Erdgasförderländern der Erde. Von Bedeutung ist auch traditionelles Handwerk (Teppichknüpferei). Die Herrschaft des Schah wurde 1979 durch ein am schiitischen Islam orientiertes Revolutionsregime beendet.

Irland, Republik auf der Insel Irland im Nordwesten Europas (70 273 km^2; 4,2 Mio. überwiegend katholische Einwohner); Hauptstadt: Dublin. Die Insel liegt westlich der britischen Hauptinsel, ist arm an Wald und hat große Moore. Das Klima ist gemäßigt und sehr feucht. Ihm verdankt Irland sein immergrünes Pflanzenkleid (›Grüne Insel‹). Den größten Teil der landwirtschaftlichen Produktion erbringt die Viehwirtschaft. Ein wichtiger Wirtschaftsfaktor ist auch der Fremdenverkehr. Irland wurde 1921 von Großbritannien unabhängig, jedoch verblieb der überwiegend protestantische Norden bei Großbritannien.

Isar, rechter Nebenfluss der Donau (295 km lang), der im Karwendelgebirge entspringt, durch München fließt und bei Deggendorf mündet.

Ischia [ˈiskia], italienische Insel am Eingang zum Golf von Neapel, die wegen ihrer Thermalquellen das ganze Jahr über regen Fremdenverkehr hat.

Islamabad, Hauptstadt von Pakistan (756 100 Einwohner), in einer Hochebene im Nordwesten des Landes gelegen. – Die Stadt wurde ab 1961 angelegt. Die 1976–84 erbaute Feisal-Moschee ist eine der größten der Erde; in der Gebetshalle finden 20 000 Gläubige Platz.

Island, zu Europa gehörender Inselstaat im nördlichen Atlantischen Ozean (103 000 km^2; 293 000 Einwohner); Hauptstadt: Reykjavik. Die Insel ist überwiegend aus vulkanischem Gestein aufgebaut und hat viele noch tätige Vulkane und heiße Quellen. – Island, das seit 1380 zu Dänemark gehörte, wurde 1944 als Republik unabhängig.

Israel, Republik in Vorderasien, an der Ostküste des Mittelmeers (22 145 km^2; 6,64 Mio. Einwohner); Hauptstadt: Jerusalem. Der Süden des Landes wird von der Wüste Negev eingenommen, der Norden gliedert sich in die Küstenebene, das Bergland und den westlichen Teil des Jordangrabens. Israel liegt im Übergangsgebiet vom Mittelmeer- zum Wüstenklima (warme, trockene Sommer, im Bergland kühle, in den Niederungen milde Winter). Trotz ungüns-

Ist　　Geografie

tiger Bedingungen (Wüste, Wassermangel, knappe Rohstoffe, mehrere Kriege mit den arabischen Nachbarn) hat Israel eine moderne Industrie aufgebaut. Die wichtigsten Industriestandorte sind Tel Aviv-Jaffa und Haifa. Landwirtschaft wird intensiv betrieben, großenteils mit Bewässerung. Die bedeutendsten Häfen sind Haifa und Aschdod am Mittelmeer sowie Elath am Roten Meer.

Die Gründung des Staates Israel 1948 hatte zur Folge, dass viele Araber das Land verlassen mussten. Sie stellen bis heute als Palästinenserflüchtlinge in den Nachbarstaaten ein ungelöstes Problem dar. Israel musste in vier Kriegen (1948, 1956, 1967, 1973) mit seinen Nachbarstaaten um seine Existenz kämpfen.

Istanbul, größte Stadt und Haupthafen der Türkei, auf beiden Seiten des Bosporus gelegen (10,3 Mio. Einwohner).

⊕ Istanbul hieß bis 330 Byzanz und danach bis 1930 Konstantinopel.

⊕ In Istanbul gibt es etwa 700 Moscheen, darunter die berühmte Hagia Sophia aus dem 6. Jh. und die Ahmed-Moschee, die ›Blaue Moschee‹, aus dem 17. Jh.; der ehemalige Sultanpalast Topkapi-Serail (um 1465 erbaut) ist heute Museum.

Italien, Republik in Südeuropa (301 342 km^2; 58,4 Mio. Einwohner); Hauptstadt: Rom. Zum Staatsgebiet gehören ein Teil des Alpensüdrandes, die Poebene, die italienische Halbinsel (›Stiefel‹), Sardinien, Sizilien und einige kleinere Inseln. Die Halbinsel wird in der ganzen Länge vom Apennin durchzogen, der sich im Bogen bis nach Sizilien fortsetzt. Mehrere noch tätige Vulkane (Vesuv, Ätna, Stromboli) und heiße Quellen sind Zeugen eines unruhigen Untergrundes. Italien hat Mittelmeerklima (milde, feuchte Winter, heiße, trockene Sommer). Am dichtesten besiedelt sind Norditalien und die Gebiete um Rom und am Golf von Neapel. Der Süden (Mezzogiorno) ist unterentwickelt, sodass in der Vergangenheit viele Menschen in den Norden zogen oder auswanderten (vor allem in die USA). In der Industrie bestehen neben wenigen Großbetrieben viele Kleinbetriebe, besonders im verarbeitenden Gewerbe. Elektrotechnik und Fahrzeugbau besitzen Weltgeltung. Eine überragende wirtschaftliche Bedeutung hat der Fremdenverkehr.

Italien war viele Jahrhunderte in verschiedene Staaten geteilt. Erst 1870 gelang es, das Land als Königreich Italien (ab 1946 Republik) zu einen.

Jakarta [dʒ...], Hauptstadt und wichtigster Hafen Indonesiens (12,3 Mio. Einwohner), an der Nordküste der Insel Java gelegen.

⊕ Jakarta, das 1619 von Niederländern gegründet wurde, hieß bis 1949 Batavia. Es war der Hauptstützpunkt der niederländischen Ostindischen Kompanie in Asien.

Jamaika, zum britischen Commonwealth gehörender Staat im Karibischen Meer, auf der drittgrößten Insel der Großen Antillen, südlich von Kuba (10 990 km^2; 2,6 Mio. Einwohner); Hauptstadt: Kingston. Das Innere der Insel ist gebirgig (bis 2 257 m hoch). Wichtigster Wirtschaftszweig ist der Bergbau (Bauxit). – Die ehemalige britische Kolonie wurde 1962 unabhängig.

⊕ Jamaika war im 17. Jh. der größte Sklavenmarkt Amerikas.

Jangtsekiang, Fluss in Asien, die bedeutendste Wasserstraße Chinas, 6 300 km lang. Er gehört zu den längsten und wasserreichsten Flüssen der Erde.

Japan Der Vulkan Fudschijama, der höchste Berg Japans, wird im Schintoismus als göttlich verehrt

Japan, Kaiserreich in Ostasien (377 855 km^2; 127,8 Mio. Einwohner); Hauptstadt: Tokio. Japan ist ein Inselstaat auf über 3 900 Inseln, der durch das Ostchinesische und das Japanische Meer vom asiatischen Festland getrennt ist. Die Hauptinseln sind Honshu, Hokkaido, Kyushu und Shikoku. Die Inseln sind im Innern gebirgig, die Küsten im Südwesten durch viele Buchten gegliedert. Höchster Berg ist der Vulkankegel Fujisan (3 776 m). Das Klima ist durch den Wechsel der Monsune bestimmt, die im Sommer aus Süden oder Südosten, im Winter aus Norden oder Nordwesten reichliche Niederschläge

bringen. Nur $1/6$ der Fläche ist landwirtschaftlich nutzbar. Japan zählt trotz fehlender eigener Rohstoffe zu den leistungsstärksten Industrienationen der Erde. Japanische Produkte sind in vielen Sparten starke Konkurrenten für die westeuropäische Industrie (z. B. bei Rundfunk- und Fernsehgeräten, Computern, Optik, Kraftfahrzeugen). Das Land besitzt die größten Banken der Erde.
Ende des 19. Jh. entwickelte sich Japan zu einer asiatischen Großmacht. Als Verbündeter Deutschlands und Italiens trat es in den Zweiten Weltkrieg ein und wurde 1945 durch den Abwurf zweier amerikanischer Atombomben auf Hiroshima und Nagasaki zur Kapitulation gezwungen.

Java, größte und wichtigste Insel Indonesiens (118 000 km^2).

Jemen, Republik im Südwesten der Arabischen Halbinsel (522 968 km^2; 17,5 Mio. Einwohner); Hauptstadt: Sanaa. Das Hochland im Südwesten hat fruchtbare vulkanische Böden und wird landwirtschaftlich genutzt. Von Bedeutung ist auch die Viehhaltung. Bis 1990 war Jemen geteilt in eine Arabische Republik und eine Demokratische Volksrepublik.

Jenissej, Fluss in Sibirien (4 092 km lang).

Jersey ['dʒɚ:zɪ], vor der französischen Küste liegende britische Insel (116 km^2, 84 100 Einwohner), die größte der Kanalinseln.

Jerusalem, Hauptstadt von Israel (633 700 Einwohner), im Bergland von Judäa gelegen, heilige Stadt und Wallfahrtsort von Juden, Christen und Muslimen. Der Ostteil der Stadt wurde 1967 von Israel besetzt und 1980 dem israelischen Staatsgebiet angegliedert. In Jerusalem befinden sich über 70 Synagogen, die ›Klagemauer‹ (Rest der Tempelmauer), zahlreiche Kirchen (darunter die Grabeskirche) und Moscheen (Al-Aksa-Moschee, Felsendom). Außerhalb der Stadt liegen im Osten der Ölberg und der Garten Gethsemane, im Westen der Berg Zion.
König David machte Jerusalem um 1000 v. Chr. zur Hauptstadt seines Reiches; Salomo schmückte sie prächtig aus und erbaute den Tempel.

Jordan, längster (252 km) Fluss Jordaniens und Israels sowie tiefstgelegener Fluss der Erde. Er entsteht in Nordisrael, durchfließt den See Genezareth und mündet ins Tote Meer.

Nach biblischer Überlieferung ließ sich Jesus von Johannes dem Täufer im Jordan taufen.

Jordanien, Königreich in Vorderasien (89 342 km^2; 5,7 Mio. Einwohner); Hauptstadt: Amman. Teile des Landes westlich des Jordan mit der Altstadt von Jerusalem sind seit 1967 von Israel besetzt; auf sie hat Jordanien 1988 zugunsten der Palästinenser verzichtet. Östlich des Jordan steigt das Bergland bis auf 1 745 m an und fällt nach Osten zur Wüste hin ab, die den größten Teil des Landes einnimmt. Jordanien gehört im Nahostkonflikt zu den politisch gemäßigten arabischen Staaten.

Jugoslawien, ehemaliger Staat in Südosteuropa (⇒ Kapitel 1).

Jungferninseln, ↑ Virgin Islands.

Jungfrau, Gipfel in den Berner Alpen in der Schweiz (4 158 m hoch).

Jura, Gebirge in der Westschweiz und in Ostfrankreich mit Höhen bis zu 1 718 m. Der gleichnamige Kanton mit dem Hauptort Delémont liegt im französischsprachigen Nordwesten der Schweiz. Es gibt hier eine bedeutende Uhrenindustrie und Weinbau.

K 2, Chogori [tʃ...], zweithöchster Berg der Erde, der höchste Gipfel des Karakorum (8 614 m) im pakistanisch besetzten Teil Kaschmirs.
Der Berg erhielt den Namen K 2, weil er als zweiter im Karakorum vermessen wurde.

Kabul, Hauptstadt von Afghanistan (etwa 400 000 Einwohner).

Kairo, Hauptstadt Ägyptens und größte Stadt Afrikas und der arabischen Welt (7,6 Mio., im städtischen Ballungsraum 16 Mio. Einwohner), mit über 500 Moscheen geistige Hochburg des (sunnitischen) Islam. Am linken Nilufer ist die Stadt mit ↑ Giseh zusammengewachsen.

Kalahari, Trockensteppe im südlichen Afrika, größtenteils zu Botswana gehörend, mehr als 1 Mio. km^2 groß. Einziger Fluss, der das ganze Jahr Wasser führt, ist der Okawango, der jedoch nicht im Meer, sondern in einer riesigen Sumpflandschaft endet.

Kalifornien, an der Westküste der USA gelegener Bundesstaat, benannt nach der Landschaft Kalifornien, deren südlicher Teil zu Mexiko gehört. Die größten Städte sind (neben der Hauptstadt Sacramento) San Francisco, Los Angeles und San Diego.

Kal   Geografie

Kalifornien ist hoch industrialisiert (Hightech im ›Silicon Valley‹, Spielfilme aus Hollywood) und besitzt eine bedeutende landwirtschaftliche Produktion; wichtig ist auch der Fremdenverkehr.

🞧 Goldfunde im heutigen Sacramento lösten 1848 einen ›Goldrush‹ aus, der im folgenden Jahr etwa 80 000 Menschen an die Westküste zog.

Kalkutta, Stadt in Indien, im Mündungsdelta von Ganges und Brahmaputra gelegen (4,5 Mio. Einwohner); die Region bildet mit 14,3 Millionen Einwohnern eine der größten Stadtregionen Indiens.

Kambodscha, konstitutionelle Monarchie in Südostasien (181 035 km^2; 13,6 Mio. Einwohner); Hauptstadt: Phnom Penh. Kernland ist die dicht besiedelte Ebene des Mekong und des Großen Sees (Tonle-Sap). Das tropische Klima wird vom Monsun bestimmt. Die Bevölkerung gehört mehrheitlich dem Khmervolk an; der Buddhismus ist Staatsreligion.

Kambodscha war ein Teil des französischen Indochina und wurde 1954 unabhängig. 1975 übernahm das kommunistische Terrorregime der ›Roten Khmer‹ unter der Führung von Pol Pot (* 1928, †1998) die Macht, der das Land im Sinne eines ›Steinzeitkommunismus‹ umgestalten wollte (z. B. Entvölkerung der Städte, Verfolgung von Gebildeten); ein großer Teil der Bevölkerung wurde dabei umgebracht. Nach dem Sturz (1979) des Regimes durch vietnamesische Truppen führten die Roten Khmer einen langen Bürgerkrieg, der 1991 durch ein Friedensabkommen beendet werden konnte; 1993 wurde die Monarchie wieder eingeführt.

Kamerun, Republik im Westen Zentralafrikas am Golf von Guinea (475 442 km^2; 16,9 Mio. Einwohner); Hauptstadt: Yaoundé. Das Land erstreckt sich vom Kongobecken im Süden bis zum Becken des Tschadsees im Norden. Der größte Teil ist Bergland (höchste Erhebung: Kamerunberg, 4 070 m). Das Klima ist tropisch mit sehr hohen Niederschlägen. Wichtigster Wirtschaftszweig ist die Landwirtschaft. – Kamerun war bis 1918 deutsche Kolonie.

Der Hauptteil des Landes kam dann unter französische Herrschaft und wurde 1960 unabhängig.

Kanada, Staat in Nordamerika, zweitgrößtes Land der Erde (rund 10 Mio. km^2; 32,2 Mio. Einwohner); Hauptstadt: Ottawa. Kanada umfasst den nördlichen Teil des amerikanischen Festlands und die kanadisch-arktischen Inseln. Fast die Hälfte wird von der flachwelligen Landschaft des kanadischen Schildes rund um die Hudsonbai eingenommen. Westlich davon erstrecken sich die Großen Ebenen (Great

Kanada Hoodoos im Tal des Red Deer River bei Drumheller, nordwestlich von Calgary, Provinz Alberta. Hoodoos sind Säulen aus weichem Sandstein mit einer harten Schicht Deckgestein (Erdpyramiden)

Plains), ein Tafelland, im Westen erheben sich die Rocky Mountains. Im Südosten liegen die Ausläufer der Appalachen. Kanada hat größtenteils arktisches Klima (lange, strenge Winter und kurze, mäßig warme Sommer). Fast die Hälfte des Landes ist mit Wald bedeckt. Die Hälfte der Bevölkerung ist englischsprachig, etwa ein Viertel französischsprachig. Am stärksten französisch geprägt ist die Provinz Quebec.

Große wirtschaftliche Bedeutung haben Landwirtschaft und Viehzucht. Das Land ist reich an Bodenschätzen. Die Erschließung im Norden ist schwierig, weil dort der Boden bis in größere Tiefen gefroren ist. In der Industrie stehen Zellstoff- und Papierherstellung an erster Stelle. – Kanada kam im 18. Jh. unter britische Herrschaft. 1931 wurde das Land als Mitglied im britischen Commonwealth unabhängig.

458

Kanalinseln, Gruppe von Inseln im Ärmelkanal vor der französischen Küste mit den Hauptinseln Jersey und Guernsey. Sie unterstehen als Selbstverwaltungsgebiete der britischen Krone. Zu Frankreich gehören nur zwei kleinere Gruppen von Eilanden und Felsen.

Kanarische Inseln, zu Spanien gehörende Inselgruppe vor der Nordwestküste Afrikas, zu der sieben größere und sechs kleinere Inseln gehören (u. a. Teneriffa, Gran Canaria, Fuerteventura, Lanzarote). Die Inseln sind vulkanischen Ursprungs. Höchste Erhebung ist der Pico de Teide auf Teneriffa (3 716 m). Wegen des milden Klimas und der reizvollen Landschaft gibt es auf den Inseln, besonders im Winter, starken Fremdenverkehr.

Kap der Guten Hoffnung, Felsvorsprung am Südende der südafrikanischen Halbinsel bei Kapstadt.
🔴 Das Kap wurde 1488 von dem portugiesischen Seefahrer Barolomeu Diaz (* um 1450, † 1500) zum ersten Mal umsegelt und zunächst ›Kap der Stürme‹ genannt.

Kap Hoorn, ↑ Hoorn.

Kapstadt, am Fuße des Tafelbergs gelegene Hafenstadt und Sitz des Parlaments der Republik Südafrika mit 776 600 Einwohnern.

Kap Verde, Republik auf den Kapverdischen Inseln vor der Westküste Afrikas (4 033 km^2; 469 500 Einwohner); Hauptstadt: Praia. Die aus 15 Inseln bestehende Inselgruppe (davon neun bewohnt) ist vulkanischen Ursprungs. – Die ehemals portugiesischen Inseln wurden 1975 unabhängig.

Karakorum, stark vergletschertes Hochgebirge in Innerasien, zwischen Himalaja, Pamir und Kun-lun. Der Karakorum gehört zu den höchsten Gebirgszügen der Erde.

Karawanken, Gebirgsgruppe der südlichen Kalkalpen, im Grenzgebiet von Österreich (Kärnten) und Slowenien.

Karibisches Meer, der Südteil des Meeres zwischen Nord- und Südamerika, ein Nebenmeer des Atlantischen Ozeans. Über dem Karibischen Meer bilden sich zwischen Sommer und Frühherbst die gefürchteten Hurrikane.

Kärnten, das südlichste Bundesland Österreichs (564 000 Einwohner); Hauptstadt: Klagenfurt. Zentrum des Landes ist das Klagenfurter Becken, das rings von Bergketten umschlossen ist, sodass die Sommer heiß und regenarm und die Winter kalt sind. Die Seen (z. B. Ossiacher See, Wörthersee) sind Mittelpunkt für einen ausgeprägten Fremdenverkehr.

Karpaten, Gebirgszug im südöstlichen Mitteleuropa, der sich in einem 1 300 km langen Bogen von der Donau bei Preßburg bis nach Rumänien erstreckt und das Ungarische Tiefland einschließt. Den höchsten Teil bildet die Hohe Tatra mit der 2 655 m hohen Gerlsdorfer Spitze.

Karwendelgebirge, Teil der Nordtiroler Kalkalpen nördlich von Innsbruck mit Höhen bis über 2 700 m. Das Gebiet ist weitgehend unbesiedelt und steht großenteils unter Naturschutz.

Kasachstan, Republik in Zentralasien, östlich des Kaspischen Meers (2,7 Mio. km^2; 15 Mio. Einwohner); Hauptstadt: Alma-Ata. Der größte Teil des Landes ist Halbwüste, Wüste und Steppe. Das Klima ist extrem kontinental und sehr trocken. Kasachstan verfügt über reiche Bodenschätze (Erdöl, Kohle, Kupfer, Zink). – Bis 1991 war das Land Teil der Sowjetunion.
🔴 In der Kasachischen Steppe, nordöstlich des Aralsees, liegt das russische Weltraumzentrum Baikonur.

Kaschmir, Gebirgslandschaft und ehemaliges Fürstentum im nordwestlichen Himalaja und im Karakorum. Der südwestliche Teil wird von Indien verwaltet, der nördliche Teil ist von Pakistan und China besetzt. Die Bevölkerung ist überwiegend muslimisch. Bekannt sind die Seiden-, Teppich- und Wollweberei (Kaschmirwolle). Kaschmir ist zwischen Indien und Pakistan umstritten († Kaschmirkonflikt, Kapitel 1).

Kaspisches Meer, größter abflussloser See der Erde (etwa 400 000 km^2) an der Grenze zwischen Europa und Asien, zu Aserbaidschan, Russland, Kasachstan, Turkmenistan und Iran gehörend. Der Wasserspiegel liegt 28 m unter dem Meeresspiegel. Da die Verdunstung höher ist als die Niederschläge und der Zufluss an Süßwasser, sinkt der Wasserspiegel ständig.

Kassel, Stadt in Hessen, an der Fulda, mit 196 700 Einwohnern.
🔴 Seit 1955 findet in Kassel (alle vier oder fünf Jah-

Kas   Geografie

re) die ›documenta‹, eine Ausstellung bildender Kunst der Gegenwart, statt.

Kastilien, Hochland in der Mitte der Iberischen Halbinsel, im Durchschnitt 600 m hoch, das Kernland Spaniens. Im Zentrum liegt die spanische Hauptstadt Madrid.

Katalonien, Landschaft und autonome Region mit eigener Sprache (Katalanisch) im Nordosten von Spanien. Kulturelles und wirtschaftliches Zentrum ist Barcelona.

Katar, arabisch **Qatar,** Scheichtum am Persischen Golf, auf der gleichnamigen Halbinsel (11 437 km^2; 863 000 Einwohner); Hauptstadt: Doha. Wirtschaftliche Grundlage ist das Erdöl. – Katar war 1916–71 britisches Protektorat.

Kaukasus. Der Große Kaukasus ist ein Hochgebirge zwischen Schwarzem und Kaspischem Meer; höchste Erhebung ist der Elbrus (5 642 m). Südlich davon erstreckt sich der Kleine Kaukasus mit Höhen bis 3 724 m.

Kenia, Republik in Ostafrika am Indischen Ozean (582 646 km^2; 33,3 Mio. Einwohner); Hauptstadt: Nairobi. Das Land steigt von der Küste nach Nordwesten allmählich an. Im Westen liegt das Hochland mit dem Ostafrikanischen Graben, überragt von Vulkanen (Mount Kenia, 5 199 m). Das tropische Klima ist im Landesinnern durch die Höhenlage gemildert. Die Grundlage der kenianischen Wirtschaft sind Landwirtschaft und Tourismus. – Die ehemals britische Kolonie wurde 1963 unabhängig.

Khartoum, Hauptstadt der Republik Sudan (924 500 Einwohner), zwischen Blauem und Weißem Nil, die sich hier zum Nil vereinigen.

Kiel, Landeshauptstadt von Schleswig-Holstein, ein bedeutender Ostseehafen an der Kieler Förde (233 800 Einwohner).

Kieler Förde, Einschnitt der Ostsee in das ostholsteinische Hügelland, 17 km lang und bis zu 6 km breit.
➕ Seit 1882 findet alljährlich im Juni die ›Kieler Woche‹ mit internationalen Segelregatten auf der Kieler Förde statt.

Kiew, Hauptstadt der Ukraine (2,6 Mio. Einwohner).
➕ Kiew war im Mittelalter Zentrum des Kiewer Reichs, der ersten territorialen Herrschaftsbildung auf russischem Boden.

Kilimandscharo [Suaheli ›Berg des bösen Geistes‹], im Nordosten Tansanias gelegener höchster Berg Afrikas (5 892 m), aus drei Vulkanen zusammengewachsen, mit eisbedecktem Gipfel.

Kinshasa [...ʃ...], Hauptstadt der Demokratischen Republik Kongo (7,79 Mio. Einwohner).

Kirgistan, auch **Kirgisien,** Republik in Zentralasien (198 500 km^2; 5,26 Mio. Einwohner); Hauptstadt: Bischkek (früher Frunse). Kirgistan ist überwiegend Gebirgsland mit Höhen über 7 000 m. In der Landwirtschaft ist die Viehzucht dominierend. Das Land verfügt über reiche Bodenschätze (z. B. Erdöl, Kohle, Antimon, Quecksilber). – Kirgistan, ehemals Teil der Sowjetunion, erklärte 1991 seine Unabhängigkeit.

Kiribati, aus mehreren Inselgruppen bestehende Republik im Pazifischen Ozean, am Äquator (811 km^2; 93 000 Einwohner); Hauptstadt: Bairiki auf der Hauptinsel Tarawa. Die früher zu Großbritannien gehörenden Inseln (meist Atolle) wurden 1979 unabhängig.

Kleinasien, ↑ Anatolien.

Köln, in Nordrhein-Westfalen beiderseits des Rheins gelegene alte Bischofs- und Universitätsstadt (962 500 Einwohner). Das Bild der Stadt wird vom gotischen Dom beherrscht, dem größten in Deutschland, der 1248 begonnen, aber erst 1880 fertig gestellt wurde. Er beherbergt in einem prächtigen goldenen Schrein der Legende nach die Gebeine der Heiligen Drei Könige. – Die Stadt geht auf die römische Siedlung Colonia Agrippinensis zurück. Im Mittelalter war Köln die größte deutsche Stadt und ein geistiges Zentrum Europas.
➕ Die Kölner gelten als lebenslustig und pfiffig. Dieser Charakterzug kommt besonders in den Figuren von Tünnes und Schäl, über die es zahllose Witze gibt, und den Hänneschen-Geschichten zum Ausdruck.

Kolumbien, Republik im Nordwesten Südamerikas, im Westen an den Pazifischen Ozean, im Nordwesten an das Karibische Meer grenzend (1,14 Mio. km^2; 42,1 Mio. Einwohner); Hauptstadt: Bogotá. Kolumbien hat Anteil an den Anden, die sich im Süden des Landes in drei Gebirgsketten teilen (in der

Zentralkordillere bis 5 750 m hoch). Den Osten des Landes nehmen Tiefländer ein. Das Klima ist bis in 1 000 m Höhe tropisch heiß, mit zunehmender Höhe gehen die Temperaturen zurück. Kolumbien ist nach Brasilien der größte Kaffeeproduzent der Erde. Kokainanbau und -schmuggel (vor allem in die USA) sind wichtige Wirtschaftsfaktoren. – 1819 wurde Kolumbien von Spanien unabhängig.

Komoren, Inselstaat im Indischen Ozean, zwischen Madagaskar und der Küste Ostafrikas (1 862 km²; 650 000 Einwohner); Hauptstadt: Moroni. – Die Komoren, seit 1912 französische Kolonie, wurden 1975 als Republik unabhängig.

Kongo, übergreifender Name für zwei Staaten in Zentralafrika:
Die **Republik Kongo** liegt am Westrand des Kongobeckens (342 000 km²; 3,4 Mio. Einwohner; Hauptstadt: Brazzaville. Das Land erstreckt sich beiderseits des Äquators bis zum Atlantischen Ozean. Wichtigster Wirtschaftszweig ist die Nutzung des tropischen Regenwalds, der rund die Hälfte des Landes bedeckt. – Kongo gehörte früher zu Frankreich und wurde 1960 unabhängig.
Die **Demokratische Republik Kongo** hieß bis 1997 Zaire (2,35 Mio. km²; 57 Mio. Einwohner); Hauptstadt: Kinshasa. Das Nachbarland zur Republik Kongo liegt größtenteils im Kongobecken. Höchste Erhebung ist der Ruwenzori (5 119 m) auf der Grenze nach Uganda. In dem tropischen Klima herrschen Regenwald und Feuchtsavanne vor. Größte wirtschaftliche Bedeutung hat der Bergbau (Diamanten, Kobalt, Kupfer). – Die ehemals belgische Kolonie ›Belgisch-Kongo‹ wurde 1960 unabhängig (auch ↑ Kongokrise, Kapitel 1).

Kongo, auch **Zaire,** der zweitlängste und wasserreichste Strom Afrikas (4 374 km lang). Er entspringt als Lualaba in der Demokratischen Republik Kongo, durchfließt in weitem Bogen das Kongobecken und mündet mit einer riesigen Trichtermündung in den Atlantischen Ozean.

Königsberg, heute russisch **Kaliningrad,** ehemalige Hauptstadt der Provinz Ostpreußen, heute in einer russischen Sonderzone gelegen (430 000 Einwohner).
🟠 Königsberg war die Krönungsstadt der preußischen Könige; hier wirkte der Philosoph Immanuel Kant.

Kopenhagen, Hauptstadt von Dänemark, im Osten auf den Inseln Seeland und Amager am Öresund gelegen (607 300 Einwohner).

Blick über den Rhein auf die Stadt **Köln** mit dem Kölner Dom, links die romanische Kirche Groß Sankt Martin

Kordilleren [...lj...], Gebirge im Westen des amerikanischen Doppelkontinents, mit über 15 000 km Länge von Alaska bis Kap Hoorn das größte Faltengebirge der Erde. Die Kordilleren Südamerikas werden meist als Anden bezeichnet; in Nordamerika unterscheidet man mehrere pazifische Gebirgsketten und die Rocky Mountains.

Korea, ehemaliger Staat in Ostasien, auf der nach Süden vorspringenden Halbinsel Korea zwischen dem Japanischen und dem Gelben Meer gelegen. Er wurde 1948 (↑ Koreakrieg, Kapitel 1) in die Staaten Nord-Korea und Süd-Korea geteilt. Die Ostseite der Halbinsel ist gebirgig (bis 2 744 m hoch), die Westseite ist ein von Hügelländern durchsetztes Tiefland. Vor der West- und Südküste liegen viele Inseln.
Das sozialistisch verfasste **Nord-Korea** (Demokratische Volksrepublik Korea) umfasst den Festland-

saum und den nördlichen Teil der Halbinsel (122 762 km^2; 22,9 Mio. Einwohner); Hauptstadt: Pjöngjang. Landwirtschaftlich genutzt werden vor allem die Ebenen der Westküste. Das Land verfügt über reiche Bodenschätze (z. B. Kohle, Eisenerz, Kupfer). Sie sind Grundlage einer bedeutenden Industrie. Vor allem Misswirtschaft und hohe Militärausgaben sind für die schweren Versorgungskrisen seit Mitte der 1990er-Jahre verantwortlich.

Das westlich orientierte **Süd-Korea** (Republik Korea) umfasst die Halbinsel südlich des 38. Breitengrades mit den vorgelagerten mehr als 3 000 Inseln (99 392 km^2; 48,4 Mio. Einwohner); Hauptstadt: Seoul. Nach dem Koreakrieg wurde in Südkorea, zunächst mithilfe der USA, eine Industrie aufgebaut, mit der das Land heute auf den internationalen Märkten auftritt.

Korea kam, nachdem es die Unabhängigkeit von China erreicht hatte, 1905 unter japanische Herrschaft. Nach dem Zweiten Weltkrieg besetzten die USA den südlichen, die Sowjetunion den nördlichen Teil des Landes. Nach deren Abzug führte der Versuch kommunistischer Truppen, auch den Süden zu besetzen, zum Krieg, der mit der Teilung des Landes endete.

Korfu, die nördlichste der zu Griechenland gehörenden Ionischen Inseln.

Korinth, Stadt in Griechenland im Nordosten der Peloponnes am Isthmus von Korinth (27 400 Einwohner). Der Kanal von Korinth (6 343 m lang) durchschneidet die Landenge.

Korsika, zu Frankreich gehörende Insel im Mittelmeer, nördlich von Sardinien; Hauptstadt: Ajaccio. Korsika ist ein stark zertaltes, wildes Gebirgsland mit fruchtbaren, aber stellenweise versumpften Küstenebenen im Osten.

🟠 Napoleon I. (›der Korse‹) wurde auf Korsika geboren.

Kosovo, Republik in Südosteuropa (1,7 Mio. Einwohner, überwiegend Albaner); Hauptstadt: Priština. Bis zur einseitigen Unabhängigkeitserklärung 2008 Provinz von Serbien. Die Bewohner sind zu 90 % Albaner (überwiegend Muslime) und zu 10 % orthodoxe Serben.

Kreta, Insel im östlichen Mittelmeer, die größte der griechischen Inseln (8 261 km^2). Kreta ist im Innern überwiegend gebirgig (im Ida 2 456 m hoch). Die wichtigsten Städte sind Heraklion und Chania. Das milde Klima und die Reste der antiken minoischen Kultur machen Kreta zum beliebten Urlaubsziel.

Krim, zur Ukraine gehörende Halbinsel an der Nordküste des Schwarzen Meers. Der Nordteil ist Flachland mit kontinentalem Klima, entlang der steilen Südküste herrscht Mittelmeerklima.

Kroatien, Republik in Südosteuropa (56 538 km^2; 4,5 Mio. Einwohner); Hauptstadt: Zagreb. Das Land umfasst das fruchtbare Tiefland zwischen Drau, Save und Donau, das Gebirgsland im Westen und das dalmatinische Küstengebiet. – Kroatien löste sich mit der Unabhängigkeitserklärung 1991 aus dem Staatsverband Jugoslawiens.

Kuala Lumpur, Hauptstadt von Malaysia in Südostasien (1,41 Mio. Einwohner).

Kuba, die größte Insel der Großen Antillen, südlich von Florida. Sie bildet zusammen mit kleineren Inseln die Republik Kuba (110 860 km^2; 11,3 Mio. Einwohner); Hauptstadt: Havanna. Der größte Teil Kubas ist Flachland, nur der Osten ist gebirgig (bis 1 994 m hoch). Das Klima ist tropisch mit reichen Niederschlägen im Sommer. Größte wirtschaftliche Bedeutung hat der Anbau von Zuckerrohr. – Bis zur Unabhängigkeit 1901 stand Kuba zunächst unter spanischer, dann bis 1934 unter US-amerikanischer Herrschaft. Nach langem Bürgerkrieg errichtete Fidel Castro 1959 ein kommunistisches Regierungs- und Gesellschaftssystem.

🟠 An der Südküste der Insel befindet sich der amerikanische Militärstützpunkt Guantánamo.

Kuwait, Scheichtum am Persischen Golf (17 818 km^2; 2,3 Mio. Einwohner); Hauptstadt: Kuwait. Das größtenteils aus Wüste bestehende Land ist eines der bedeutendsten Erdölgebiete der Erde. – Das ehemals unter britischer Herrschaft stehende Gebiet wurde 1961 unabhängig. Nach der Besetzung durch irakische Truppen 1990 kam es zum 2. ↑ Golfkrieg (Kapitel 1).

Kykladen, griechische Inselgruppe im südlichen Ägäischen Meer. Zu den über 200 gebirgigen Inseln gehören u. a. Naxos, Paros, Mykonos und Thera (Santorin).

🟠 Die vorgriechische Bevölkerung der Kykladen war Träger der bronzezeitlichen Kykladenkultur, die ihre Blütezeit im 3. Jahrtausend v. Chr. hatte.

Labrador, Halbinsel im Nordosten Kanadas, ein von vielen Seen durchsetztes flachwelliges Hochland, das am Ostrand bis auf 1 700 m ansteigt und mit einer zerklüfteten Steilküste zum Meer abfällt. Das Klima ist kalt und rau.

Ladogasee, größter Binnensee Europas, im Nordwesten des europäischen Teils von Russland gelegen (17 700 km^2). Der See ist von rund 660 Inseln durchsetzt und von November bis April mit Eis bedeckt.

Lago Maggiore [- mad'dʒoːre], der zweitgrößte der italienischen Alpenseen (212 km^2), in den Tessiner Alpen gelegen. Rund ein Fünftel des Sees gehört zum schweizerischen Kanton Tessin, vier Fünftel zu Italien. Die reizvolle Landschaft und das milde Klima sind Grundlage für einen lebhaften Fremdenverkehr. Viel besuchte Orte am See sind Locarno, Ascona und Stresa.

Lagos, größte Stadt Nigerias, am Golf von Benin in Westafrika (8,79 Mio. Einwohner). – Lagos war 1954–91 Hauptstadt von Nigeria.

Lanzarote, nordöstlichste der Kanarischen Inseln, 862 km^2; wüstenhaft mit vielen Vulkanen.

Laos, Volksrepublik in Südostasien (236 800 km^2; 5,5 Mio. Einwohner); Hauptstadt: Vientiane. Laos ist ein lang gestrecktes Gebirgsland zwischen Thailand und Vietnam, zum großen Teil von tropischen Regenwäldern bedeckt. Im Westen liegt die fruchtbare Ebene des Mekong. In den tropischen Monsunklima fallen im Sommer reichlich Niederschläge. Nach dem Ende der französischen Herrschaft 1953 kam es in Laos zu einem Bürgerkrieg, in dessen Verlauf das damalige Königreich Laos auch in den Vietnamkrieg hineingezogen wurde. Nach dem Sieg kommunistischer Kräfte (1975) wurde die Volksrepublik ausgerufen.

La Paz [la'pas], die größte Stadt Boliviens (758 000 Einwohner), Regierungssitz des Landes und höchstgelegene Großstadt der Erde (3 100 bis 4 100 m hoch gelegen).

La Plata, Río de la Plata [spanisch ›Silberstrom‹], der gemeinsame Mündungstrichter der Flüsse Paraná und Uruguay an der Ostküste Südamerikas. Seine bedeutendsten Häfen sind Buenos Aires, La Plata und Montevideo.

Lappland, nördlichste Landschaft Skandinaviens, zu Norwegen, Schweden, Finnland und Russland gehörend. Die Bevölkerung dieses Gebiets sind die Lappen, die sich selbst als ›Samen‹ bezeichnen. Das Innere Lapplands besteht größtenteils aus weiten, unbesiedelten Hochflächen.

Lateinamerika, zusammenfassende Bezeichnung für die Länder Mittel- und Südamerikas, in denen eine auf das Lateinische zurückgehende Sprache (Spanisch, Portugiesisch) gesprochen wird.

Lausanne [lo'zan], Hauptstadt des schweizerischen Kantons Waadt, am Nordostufer des Genfer Sees (124 000 Einwohner); Sitz des Eidgenössischen Bundesgerichts und des Internationalen Olympischen Komitees.

Lech, rechter Nebenfluss der Donau (263 km lang).

Leipzig, Stadt in Sachsen (493 900 Einwohner), bedeutendste Handels- und Industriestadt Mitteldeutschlands. Weltberühmt wurde Leipzig durch seine Musiktradition und -pflege (Johann Sebastian Bach, Thomanerchor, Gewandhausorchester) sowie als Messestadt (seit etwa 1500).

➕ In der Völkerschlacht bei Leipzig (16.–19. Oktober 1813) wurde Napoleon I. von den verbündeten Preußen, Österreichern, Schweden, Engländern und Russen besiegt.

➕ Die ›Montagsdemonstrationen‹ in Leipzig 1989 trugen zum Sturz des SED-Regimes in der DDR bei.

Leningrad, früherer Name von ↑ Sankt Petersburg.

Lesotho, Staat im südlichen Afrika, der von der Republik Südafrika vollkommen umschlossen wird (30 355 km^2; 2,3 Mio. Einwohner); Hauptstadt: Maseru. – Lesotho war seit 1868 als Basutoland britisches Schutzgebiet und erlangte 1966 als Königreich innerhalb des Commonwealth die Unabhängigkeit.

Lettland, Republik an der Ostsee (64 589 km^2; 2,37 Mio. Einwohner); Hauptstadt: Riga. Lettland ist ein Moränenhügelland mit vielen Seen und Mooren. Lettland gehörte zur Sowjetunion und ist seit 1991 unabhängig.

Libanon, Republik an der Ostküste des Mittelmeers in Vorderasien (10 452 km^2; 3,9 Mio. Einwohner); Hauptstadt: Beirut. Der Libanon gliedert sich von Westen nach Osten in einen schmalen, dicht besiedelten Küstenstreifen, das Libanongebirge (bis 3 088 m hoch), das Talbecken der Beka und den Antilibanon (bis 2 629 m hoch).

Das Land stand 1516–1918 unter türkischer, dann bis

Lib | Geografie

zu seiner Unabhängigkeit (1944) unter französischer Herrschaft. Es wird von maronitischen Christen, Muslimen und Drusen bewohnt. Die Spannungen zwischen ihnen führten zu einem Bürgerkrieg, der erst 1991 unter dem Druck Syriens beendet wurde.

Liberia, Republik an der Westküste Afrikas (111 369 km^2; 3 Mio. Einwohner); Hauptstadt: Monrovia. Das Land steigt von der Küstenebene in niedrigen Stufen zum Hochland an; es ist zu drei Vierteln von tropischem Regenwald bedeckt.

⊕ Liberia wurde 1847 von freigelassenen (lateinisch liber ›frei‹, daher der Name Liberia) amerikanischen Sklaven gegründet.

Libyen Wüstenlandschaft im zur nördlichen Sahara gehörenden Fessan

Libyen, Staat in Nordafrika (1,76 Mio. km^2; 6 Mio. Einwohner); Hauptstadt: Tripolis. Das Land grenzt im Norden an das Mittelmeer und reicht im Süden weit in die Wüste Sahara hinein. Es besteht zu 90 % aus Wüste. Libyen ist einer der größten Erdölexporteure der Erde. – 1951 erlangte das Land als Königreich die Unabhängigkeit. Nach einem Militärputsch unter Oberst Moamar al-Gaddhafi wurde 1969 die Republik ausgerufen; seit 1976 ist Libyen eine sozialistische Volksrepublik.

Liechtenstein, Fürstentum in den nördlichen Alpen zwischen Österreich und der Schweiz (160 km^2; 34 300 Einwohner); Hauptstadt: Vaduz. Die Steueroase Liechtenstein ist durch ein Zoll- und Währungsabkommen wirtschaftlich eng an die Schweiz gebunden, die das Land auch außenpolitisch vertritt.

Ligurien, italienische Landschaft am Golf von Genua. Die Gebirgszüge der Meeralpen, der Ligurischen Alpen und des Apennin fallen zur Steilküste der Riviera ab. Das Gebirge schützt die Küste vor kalten nördlichen Luftmassen, sodass auch im Winter mildes Klima herrscht. Hauptort ist Genua.

Lima, Hauptstadt von Peru, nahe der Küste des Pazifischen Ozeans gelegen (7,9 Mio. Einwohner).

Linz, Hauptstadt des österreichischen Bundeslandes Oberösterreich an der Donau (189 100 Einwohner).

Lissabon, Hauptstadt von Portugal, größte Stadt und wichtigster Hafen des Landes, an der Mündungsbucht des Tejo (591 500 Einwohner).

⊕ Zur Zeit der Entdeckungen (nach 1500) war Lissabon eine der reichsten Städte der Erde. 1755 wurde die Stadt durch ein Erdbeben stark zerstört.

Litauen, Republik an der Ostsee (65 300 km^2; 3,4 Mio. Einwohner); Hauptstadt: Vilnius (Wilna). Litauen ist überwiegend Hügelland. Eine breite Niederung geht im Westen zur sandigen Ostseeküste über. Hauptfluss ist die Memel. – Litauen war im 15./16. Jh. Teil des polnisch-litauischen Reichs. Nach dem Zweiten Weltkrieg gehörte es zur Sowjetunion, 1991 erklärte es seine Unabhängigkeit.

Ljubljana, deutsch **Laibach,** Hauptstadt von Slowenien (259 000 Einwohner).

Loire [lwa:r], längster Fluss Frankreichs (1 020 km lang). Die Loire entspringt in den Cevennen, durchfließt Mittelfrankreich und mündet bei Saint Nazaire in den Atlantischen Ozean. Besonders am Mittellauf des Flusses, im ›Garten Frankreichs‹, sind in der Renaissancezeit zahlreiche Schlösser errichtet worden.

Lombardei, Landschaft in Norditalien mit der fruchtbaren Poebene als Kerngebiet. Hauptstadt ist Mailand. Die Lombardei ist dicht besiedelt und der bedeutendste Industrieraum Italiens.

⊕ Der Name leitet sich von den ↑ Langobarden (Kapitel 1) her.

Lomé [lɔˈme], Hauptstadt der Republik Togo, am Golf von Guinea (729 000 Einwohner).

London, Hauptstadt des Vereinigten Königreichs von Großbritannien und Nordirland, im Südosten des Landes beiderseits der Themse gelegen (7,5 Mio. Einwohner). Die Innenstadt (City) beherbergt die Zeitungs- und Geschäftsviertel mit Banken, Geschäftshäusern und Geschäftsstraßen. Der Stadtteil Westminster ist Verwaltungsmittelpunkt der Stadt

Geografie — Mak

und des Landes, Residenz der englischen Königin (Buckinghampalast) und Sitz der Regierung (Parlament).
➕ Das älteste Bauwerk der Stadt ist der Tower, eine Zitadelle am nördlichen Themseufer, die 1077 von Wilhelm dem Eroberer angelegt wurde und vom Ende des 17. Jh. bis 1820 Staatsgefängnis war.
➕ Eines der Wahrzeichen Londons ist der Uhrturm ›Big Ben‹ des Parlamentsgebäudes.

Los Angeles [lɔs 'ændʒɪlɪz], umgangssprachliche Kurzform **L. A.** [el'eɪ], Stadt im Bundesstaat Kalifornien, USA (3,7 Mio. Einwohner), am Pazifischen Ozean gelegen; einer der weltweit bedeutendsten Standorte der Luft- und Raumfahrtindustrie. Im Stadtteil Hollywood befindet sich das Zentrum der amerikanischen Filmindustrie.

Lothringen, Landschaft im Nordosten Frankreichs, von Mosel und Maas durchflossen. Der mittlere Teil Lothringens ist reich an Eisenerzlagern. Bedeutendste Städte sind Metz und Nancy. Die deutschsprachigen Teile Lothringens gehörten zusammen mit dem Elsass 1871–1918 zum Deutschen Reich.

Luanda, Hauptstadt und bedeutendster Hafen von Angola (2,4 Mio. Einwohner).

Lübeck, Hansestadt Lübeck, Stadt in Schleswig-Holstein an der unteren Trave (213 300 Einwohner); der Stadtteil Travemünde liegt direkt an der Ostsee. Lübeck war im Mittelalter als führende Hansestadt ein wichtiger Handelsplatz.
➕ Wahrzeichen der Stadt ist das Holstentor (1477/78).

Lüneburger Heide, von der Eiszeit geprägte Hügellandschaft im Norddeutschen Tiefland. Die Heidelandschaft mit Zwergstrauchheiden und Wacholder entstand durch fortschreitende Waldvernichtung.

Lusaka, Hauptstadt, Industrie- und Handelszentrum von Sambia (1,27 Mio. Einwohner).

Luxemburg, Großherzogtum in Westeuropa zwischen Belgien, Frankreich und Deutschland (2 586 km²; 451 600 Einwohner); Hauptstadt: Luxemburg. Das Land ist das kleinste der Benelux-Länder.

Luzern, Stadt (57 200 Einwohner) am Vierwaldstätter See und Kanton in der Schweiz. Der deutschsprachige Kanton liegt im Mittelland (345 400 Einwohner). Er reicht im Nordwesten bis fast an die Aare und im Süden bis in die Alpen hinein.

M

Maas, Fluss in Westeuropa (925 km lang). Er entspringt in Ostfrankreich, durchfließt Belgien und die Niederlande und mündet bei Rotterdam in die Nordsee.

Macau, Macao, Sonderverwaltungsregion an der Südküste Chinas (17 km²; 389 000 Einwohner). Das Gebiet wurde 1951 portugiesische Überseeprovinz und erhielt 1976 innere Autonomie. 1999 wurde es an China zurückgegeben.

Madagaskar, Inselrepublik im Westen des Indischen Ozeans, vor der Ostküste Afrikas (587 000 km²; 17,9 Mio. Einwohner); Hauptstadt: Antananarivo. Das Land ist im Innern weitgehend gebirgig. Wichtigstes Ausfuhrgut ist Kaffee, daneben Gewürznelken und Vanille. – Madagaskar, ehemals französische Kolonie, wurde 1960 unabhängig.

Madeira, zu Portugal gehörende vulkanische Inselgruppe nordwestlich des afrikanischen Festlands (794 km²; 260 000 Einwohner). Das milde Klima begünstigt Gemüse- und Weinanbau und zieht viele Touristen an.

Madrid, Hauptstadt und größte Stadt Spaniens (3 Mio. Einwohner).
➕ Der Prado, das spanische Nationalmuseum, beherbergt eine der bedeutendsten Sammlungen alter Malerei der Erde.

Magdeburg, Hauptstadt von Sachsen-Anhalt, an der Elbe inmitten eines fruchtbaren Löss- und Schwarzerdegebiets gelegen (235 100 Einwohner).

Maghreb [arabisch ›Westen‹], der westlichste Teil der arabisch-muslimischen Welt: Marokko, Algerien, Tunesien.

Mailand, zweitgrößte Stadt Italiens, in der Poebene gelegen, bedeutendste Handels- und Industriestadt des Landes und kultureller Mittelpunkt Norditaliens (1,3 Mio. Einwohner).
➕ Weltberühmt ist die Mailänder Oper ›Teatro alla Scala‹.

Main, größter rechter Nebenfluss des Rheins (524 km lang). Er durchfließt in mehreren großen Bögen das Frankenland und mündet bei Mainz.

Mainz, Hauptstadt von Rheinland-Pfalz, am Rhein gegenüber der Mainmündung gelegen (183 100 Einwohner); Universitäts- und Domstadt.

Makedonien, Mazedonien, Landschaft auf der Bal-

465

Mal   Geografie

kanhalbinsel. Sie umfasst die nordgriechische Region Makedonien (2 Mio. Einwohner; Hauptstadt: Saloniki), die Republik Makedonien und Gebietsteile Südwestbulgariens.
Die **Republik Makedonien** (25 713 km^2; 2 Mio. Einwohner) mit der Hauptstadt Skopje war bis 1991 eine Teilrepublik Jugoslawiens.
⊕ Alexander der Große stammte aus Makedonien.

Malawi, Republik im südlichen Ostafrika, ein Hochland westlich und südlich des Malawisees (118 484 km^2; 11 Mio. Einwohner); Hauptstadt: Lilongwe. Wichtigster Wirtschaftszweig ist die Landwirtschaft (Ausfuhr von Tee, Tabak, Zuckerrohr und Erdnüssen). – Das ehemals britische Gebiet (Njassaland) wurde 1964 unabhängig.

Malawisee, auch Njassasee, lang gestreckter See im südlichen Ostafrika, drittgrößter See Afrikas (30 800 km^2 groß). Der See ist bis zu 706 m tief.

Malaysia, Wahlmonarchie in Südostasien, auf dem Südteil der Malaiischen Halbinsel sowie im Norden von Borneo gelegen (329 758 km^2; 26,5 Mio. Einwohner, zumeist Malaien, Chinesen, Inder); Hauptstadt: Kuala Lumpur. Zwei Drittel des Landes sind gebirgig, das Klima ist tropisch. Malaysia ist der weltweit größte Produzent von Palmöl, drittgrößter von Kautschuk und fünftgrößter von Kakao. – Die ehemals britische Kolonie wurde 1957 unabhängig.

Malediven, Republik auf der gleichnamigen Inselgruppe (rund 2 000 Inseln, davon 200 bewohnt) im Indischen Ozean südwestlich von Indien (298 km^2; 337 000 Einwohner arabischen und malaiischen Ursprungs); Hauptstadt: Male. Wichtigster Erwerbszweig ist heute der Fremdenverkehr. – Die ehemalige britische Kolonie wurde 1965 unabhängig.

Mali, Republik in Westafrika, ein Binnenstaat (1,2 Mio. km^2; 12 Mio. Einwohner); Hauptstadt: Bamako. Weite Ebenen und flache Becken (Savannen und Wüste) kennzeichnen das Landschaftsbild. Im Süden werden Erdnüsse, Baumwolle und Zuckerrohr für die Ausfuhr angebaut. – Das ehemals zu Frankreich gehörende Land wurde 1960 unabhängig.

Mallorca [maˈjɔrka], größte Insel der Balearen; Hauptort und wichtigster Hafen ist Palma de Mallorca.

Malta, Inselstaat im Mittelmeer südlich von Sizilien (315 km^2; 404 000 Einwohner); Hauptstadt: Valletta. Die Inseln sind bis 253 m hoch und haben durch ihr mildes Klima im Winter bedeutenden Fremdenverkehr. – Die ehemals britische Kronkolonie wurde 1964 unabhängig und 1974 Republik.
⊕ 1530 wurde der Johanniterorden mit Malta belehnt; aus ihm ging der Malteserorden hervor.

Malta In flache Felsstufen an der Küste eingearbeitete Becken zur Salzgewinnung (bei Xlendi auf der Insel Gozo)

Malwinen, ↑ Falklandinseln.

Managua, Hauptstadt von Nicaragua (1,19 Mio. Einwohner).

Manchester [ˈmæntʃɪstə], Stadt in England, nach London das zweitwichtigste britische Finanz- und Handelszentrum (427 700 Einwohner). Im 19. Jh. war hier das Zentrum der englischen Baumwollindustrie.
⊕ Manchester, Symbol des britischen Kapitalismus und Wirtschaftsliberalismus, gab um die Mitte des 19. Jh. dem ↑ Manchestertum (Kapitel 1) seinen Namen.

Mandschurei, früherer Name des nordöstlichen Teils der Volksrepublik China, von Russland, Korea und der Mongolischen Volksrepublik begrenzt. Kerngebiet der Mandschurei ist die fruchtbare Nordostchinesische Tiefebene.

Manhattan [mænˈhætn], Stadtteil von ↑ New York.

Manila, Hauptstadt und wichtigster Hafen der Philippinen, auf der Insel Luzon gelegen (2,17 Mio. Einwohner).

Mannheim, Stadt in Baden-Württemberg am Zusammenfluss von Rhein und Neckar mit großem Binnenhafen (307 700 Einwohner).
⊕ Die Stadt wurde ab 1698 um ein Achsenkreuz,

Geografie   Mek

dessen Hauptachse auf das Schloss ausgerichtet ist, in 144 ›Quadraten‹ schachbrettartig angelegt.

Maputo, Hauptstadt von Moçambique (1,16 Mio. Einwohner).

Marianen, vulkanische Inselgruppe im Westen des Pazifischen Ozeans zwischen Japan und Neuguinea. Östlich der Inseln verläuft der Marianengraben, ein Tiefseegraben.
➕ Die in der Witjastiefe I, im Süden des Marianengrabens gemessene Tiefe von 11 034 m ist die bisher größte gemessene Meerestiefe.

Marmarameer, Teil des Mittelmeeres, in der Türkei, das Europa von Asien trennt. Es ist durch den Bosporus mit dem Schwarzen Meer und durch die Dardanellen mit dem Ägäischen Meer verbunden.

Marne, rechter Nebenfluss der Seine in Frankreich (525 km lang).

Marokko, Königreich in Nordwestafrika, das sich von der Mittelmeerküste (Straße von Gibraltar) bis in die nordwestliche Sahara erstreckt (458 730 km^2; 31,9 Mio. Einwohner); Hauptstadt: Rabat. Der größte Teil des Landes wird von den Gebirgsketten des Atlas eingenommen. Nach Südosten schließt sich die Sahara an. Wichtige Städte sind neben Rabat Casablanca, Fès, Marrakesch und Tanger. Die Grundlagen der marokkanischen Wirtschaft sind Landwirtschaft und Tourismus. Daneben spielt der Phosphatabbau eine wichtige Rolle. – Das unter französischer Herrschaft stehende Land erklärte 1956 seine Unabhängigkeit.

Marseille [marˈsɛj], zweitgrößte Stadt und wichtigster Hafen Frankreichs, am Mittelmeer östlich des Rhônedeltas gelegen (800 000 Einwohner). – Die Stadt wurde um 600 v. Chr. als Massilia von Griechen gegründet.
➕ Ein Freiwilligenbataillon aus Marseille sang bei seinem Einzug in Paris 1792 erstmals die ›Marseillaise‹.

Marshallinseln [ˈmɑːʃl...], Republik im westlichen Pazifik (181 km^2; 68 000); Hauptstadt: Dalap-Uliga-Darrit (auf Majuro). Die Marshallinseln umfassen die gleichnamige, zu Mikronesien zählende Inselgruppe mit über 1 200 Inseln auf einem Seegebiet von über 1,3 Mio. km^2. – Die Inseln wurden 1990 unabhängig.

Martinique [martiˈnik], zweitgrößte Insel der Kleinen Antillen, zu Frankreich gehörend (1 100 km^2; 384 000 Einwohner).

Matterhorn, Felsgipfel in den Walliser Alpen auf der Grenze zwischen der Schweiz und Italien (4 478 m).

Mauretanien, Republik in Westafrika, die im Westen an den Atlantischen Ozean grenzt (1,03 Mio. km^2; 2,9 Mio. Einwohner); Hauptstadt: Nouakchott. Der größte Teil des Landes gehört zur westlichen Sahara. Die Wirtschaft basiert auf Bergbau (Eisenerz) und Fischerei. – Mauretanien wurde 1960 von Frankreich unabhängig.

Mauritius, Inselstaat im Indischen Ozean östlich von Madagaskar, eine Republik (2 040 km^2; 1,2 Mio. Einwohner); Hauptstadt: Port Louis. Wichtigster Wirtschaftszweig ist der Zuckerrohranbau. – Die ehemals britische Kolonie wurde 1968 unabhängig.

Die Halbinsel Le Morne im Südwesten der Insel **Mauritius**

McKinley, Mount McKinley [ˈmaʊnt məˈkɪnlɪ], der höchste Berg Nordamerikas, in Alaska gelegen (6 198 m).

Mecklenburg-Vorpommern, an der Ostsee gelegenes deutsches Bundesland auf dem Gebiet der ehemaligen DDR (23 171 km^2; 1,8 Mio. Einwohner); Hauptstadt: Schwerin. Das Land erstreckt sich zwischen Lübecker und Pommerscher Bucht. An der flachen, mit vielen Dünen besetzten Küste liegen viele Seebäder (z. B. Heiligendamm, Warnemünde) und die alten Hansestädte Wismar, Rostock und Stralsund. Durch das Landesinnere zieht sich die Moränenlandschaft der Mecklenburgischen Seenplatte. Landwirtschaft, Fischerei und Schiffbau sind wichtige Wirtschaftszweige.

Mekong, längster Fluss Südostasiens (4 500 km). Er

467

entspringt in China und mündet im südlichen Vietnam in einem mächtigen Delta in das Südchinesische Meer.

Melanesien, das Inselgebiet im westlichen Pazifischen Ozean nordöstlich von Australien; es umfasst u. a. Neuguinea, die Salomon- und Santa-Cruz-Inseln, Fidschi, die Neuen Hebriden (Vanuatu) und Neukaledonien.

Mesopotamien [griechisch ›(Land) zwischen den Strömen‹], auch Zweistromland, zum größten Teil zum Irak gehörende Landschaft um die beiden Flüsse Euphrat und Tigris.

➕ Im Altertum war Mesopotamien eine bedeutende Kulturlandschaft mit den alten Reichen Assyrien und Babylonien.

Mexiko, Republik in Mittelamerika (1,964 Mio. km^2; 103,3 Mio. Einwohner); Hauptstadt: Mexiko. Das Land ist überwiegend Hochland (im Norden um 1 000 m, im Süden 2 000–3 000 m hoch), durch hohe Bergketten begrenzt. Im Süden schließt sich eine Zone noch tätiger Vulkane an mit den höchsten Erhebungen Mexikos: Popocatépetl (5 452 m) und Pico de Orizaba (5 700 m). Den Ostteil nimmt die wasserarme Halbinsel Yucatán ein. Das Klima ist tropisch bis subtropisch. Mexiko hat reiche Bodenschätze (Erdöl, Erdgas, Gold, Silber). Bedeutend ist der Fremdenverkehr.
Mexiko war die Heimat der Azteken, deren Reich Spanien Anfang des 16. Jh. eroberte. 1821 wurde Mexiko von Spanien unabhängig. Bis zum Beginn des 20. Jh. gab es hier mehrere Bürgerkriege.

Michigansee [ˈmɪʃɪɡən...], ↑ Große Seen.

Mikronesien, Inselrepublik im nordwestlichen Pazifik nördlich von Neuguinea, der die größten der mikronesischen Archipele und die Karolinen umfasst, zusammen 607 Inseln und Atolle (701 km^2, 122 000 Einwohner); Hauptstadt: Palikir.

Mississippi, größter Strom Nordamerikas (3 765 km, mit Missouri 5 970 km lang). Er entspringt im Norden der USA und mündet in einem großen Delta in den Golf von Mexiko.

Missouri [mɪˈzʊəri], längster Nebenfluss des Mississippi (4 086 km lang), mündet bei Saint Louis.

Mittelamerika, Teil Amerikas, bestehend aus Mexiko, Zentralamerika und den Karibischen oder Westindischen Inseln.

Mittelmeer. Das Europäische Mittelmeer ist ein Nebenmeer des Atlantischen Ozeans zwischen Südeuropa, Vorderasien und Nordafrika. Durch die Straße von Gibraltar ist es mit dem Atlantik verbunden, der Suezkanal stellt eine künstliche Verbindung zum Roten Meer her. Das Wasser des Mittelmeers erneuert sich nur alle 100 Jahre, weshalb es gegen Umweltschäden sehr empfindlich ist.

Moçambique [mosamˈbɪk], Republik in Südostafrika am Indischen Ozean (80 590 km^2; 19,4 Mio. Einwohner); Hauptstadt: Maputo (früher Lourenço Marques). Das Land gliedert sich in ein Tiefland entlang der Küste und 1 000 m hohe Hochländer im Norden und Nordwesten. Das Klima ist an der Küste tropisch, im Hochland gemäßigt. Moçambique ist eines der ärmsten Länder der Erde. Wichtigster Wirtschaftszweig ist die Landwirtschaft, jedoch verursachen Dürrekatastrophen, aber auch Überschwemmungen häufig große Ernteausfälle. Die zahlreichen Bodenschätze werden bisher kaum genutzt. – Moçambique war eine portugiesische Kolonie, ehe es 1975 (als Volksrepublik) unabhängig wurde; 1990 erhielt das Land 1990 eine republikan. Verfassung.

Mogadischu, Hauptstadt und wichtigster Hafen von Somalia, an der Küste des Indischen Ozeans (2,5 Mio. Einwohner in der Agglomeration).

Moldau, Hauptfluss Böhmens, der nördlich von Prag in die Elbe mündet (440 km lang). – Moldau heißt auch eine Landschaft im Osten Rumäniens.

Moldawien, moldawisch **Moldova,** Republik zwischen Rumänien und der Ukraine (33 740 km^2; 4,3 Mio. Einwohner); Hauptstadt: Chișinău. Das Land ist leicht hügelig und wird von mehreren Flüssen durchschnitten. In der Wirtschaft überwiegen die Landwirtschaft und die Verarbeitung landwirtschaftlicher Produkte. – Das Land, früher Teil der Sowjetunion, wurde 1991 unabhängig. Ein Teilgebiet erhielt 1994 als ›Dnjestr-Republik‹ weitgehende Autonomie.

Molukken, die östlichste Inselgruppe Indonesiens. Die Inseln sind gebirgig und haben mehrere, zum Teil noch tätige Vulkane.

Monaco, Fürstentum an der französischen Riviera in Zoll- und Währungsunion mit Frankreich (1,95 km^2; 33 000 Einwohner). Wichtige Einnahmequellen sind der Fremdenverkehr und die Spielbank von

Monte Carlo. Privatpersonen zahlen keine Einkommensteuer, weswegen Monaco ein beliebtes ›Steuerparadies‹ ist.

🟢 Monaco untersteht seit dem 13. Jh. der aus Genua stammenden Adelsfamilie Grimaldi. Bei ihrem Aussterben fällt das Fürstentum vertragsgemäß an Frankreich.

Mongolei, Republik in Innerasien, zwischen Russland und China (1,6 Mio. km^2; 2,6 Mio. Einwohner); Hauptstadt: Ulan Bator. Das Land ist ein überwiegend abflussloses Hochland, das im Westen und Nordwesten von den Gebirgsketten des Altai begrenzt wird. Wichtigster Wirtschaftszweig ist die Viehzucht. – Der Staat entstand 1924 als Mongolische Volksrepublik aus dem 1911 von China abgefallenen Äußeren Mongolei. Seit 1992 ist der offizielle Staatsname ›Mongolei‹.

Montblanc [mɔ̃ˈblɑ̃], der höchste Gipfel der Alpen und Europas, in den Westalpen an der französisch-italienischen Grenze gelegen (4 809 m).

Montenegro, Republik in Südosteuropa (13 812 km^2; 620 000 Einwohner); Hauptstadt: Podgorica. Montenegro ist ein raues, zum Teil bewaldetes Gebirgsland mit einem schmalen Küstenstreifen an der Adria. Die frühere Teilrepublik von Serbien und Montenegro wurde 2006 unabhängig.

Monte Rosa, Gebirgsmassiv in den Walliser Alpen an der schweizerisch-italienischen Grenze (höchster Punkt ist die Dufour-Spitze mit 4 634 m).

Montevideo, Hauptstadt und bedeutendste Industrie- und Hafenstadt Uruguays (1,34 Mio. Einwohner).

Mosel, linker Nebenfluss des Rheins (545 km lang). Sie entspringt in den Vogesen und mündet bei Koblenz. Zwischen Trier und Koblenz wächst der Moselwein.

Moskau, Hauptstadt Russlands zu beiden Seiten der Moskwa (10,4 Mio. Einwohner). Im Zentrum der Stadt liegt der ↑ Kreml (Kapitel 5). Daneben befindet sich der Rote Platz mit der Basiliuskathedrale (1555–60) und dem Leninmausoleum (1930).

🟢 Moskau brannte beim Einmarsch Napoleons I. 1812 zu zwei Dritteln nieder.

München, Landeshauptstadt von Bayern, an der Isar. München ist ein bedeutendes Wirtschaftszentrum und mit 1,28 Mio. Einwohnern die drittgrößte Stadt Deutschlands. – 1255–1918 war München die Residenz der Wittelsbacher.

🟢 Die beiden Türme der spätgotischen Frauenkirche sind Wahrzeichen der Stadt.

Nagasaki, Hauptstadt im Westen der japanischen Insel Kyushu (410 000 Einwohner). Nagasaki war nach Hiroshima am 9. 8. 1945 Ziel eines amerikanischen Atombombenangriffs.

Naher Osten, Vorderer Orient, im englischen und französischen Sprachgebrauch auch **Mittlerer Osten,** die außereuropäischen Länder am östlichen Mittelmeer (arabische Staaten Vorderasiens sowie Israel). Häufig werden auch Ägypten, die Türkei und Iran mit einbezogen.

Nairobi, Hauptstadt von Kenia, im Hochland Ostafrikas (2,75 Mio. Einwohner).

Namibia, Republik im südlichen Afrika, am Atlantischen Ozean (824 292 km^2; 2 Mio. Einwohner); Hauptstadt: Windhuk. Namibia ist ein Hochland (1 400–1 800 m), das sanft zur Kalahari im Osten und steil zur Küstenwüste Namib im Südwesten abfällt. Es gibt Bergbau (vor allem Diamanten, Uran) und Viehzucht. Das Land gehörte bis 1918 zum deutschen Kolonialreich (Deutsch-Südwestafrika) und kam dann unter südafrikanische Verwaltung. 1990 wurde es unabhängig.

Nauru, Inselrepublik im westlichen Pazifischen Ozean (12 000 Einwohner), mit einer Fläche von 21 km^2 und einem Seegebiet von 326 000 km^2. Hauptstadt: Yaren. – Nauru, 1888–1914 deutsche Kolonie, dann unter australischer, neuseeländischer und britischer Treuhandverwaltung, wurde 1968 unabhängig.

Naypyidaw, seit 2006 Hauptstadt von Birma in Südostasien (97 000 Einwohner).

Neapel, italienische Hafenstadt am Golf von Neapel, westlich des Vesuvs, wirtschaftlicher und kultureller Schwerpunkt Süditaliens (1,02 Mio. Einwohner).

Neckar, rechter Nebenfluss des Rheins (367 km lang); er entspringt bei Schwenningen und mündet bei Mannheim.

Nepal, Königreich in Asien auf der Südseite des Himalaja (147 181 km^2; 27,7 Mio. Einwohner); Hauptstadt: Kathmandu. In Nepal liegt der höchste Berg der Erde (Mount Everest, 8 850 m). Der Süden des

Landes ist Flachland. Eine große Rolle spielt der Fremdenverkehr.

Neu-Delhi, ↑ Delhi.

Neuenburg, französisch **Neuchâtel,** Stadt (32 000 Einwohner) und Kanton in der französischsprachigen Schweiz (165 600 Einwohner), mit bedeutender Uhrenindustrie.
🟠 Das Kantonsgebiet gehörte 1707–1857 zu Preußen.

Neuengland, die sechs im Nordosten der USA gelegenen Staaten (›Neuenglandstaaten‹), die seit 1620 von England aus besiedelt wurden: Maine, New Hampshire, Vermont, Massachusetts, Rhode Island und Connecticut.
🟠 Die Neuenglandstaaten spielten eine führende Rolle in der amerikanischen Unabhängigkeitsbewegung.

Neufundland, Insel vor der Ostküste Kanadas, 108 860 km^2 groß. Das Innere ist eine wellige Hochfläche, die felsige Steilküste ist durch Fjorde gegliedert.

Neuguinea [...giˈneːa], zweitgrößte Insel der Erde, nördlich von Australien gelegen (771 900 km^2). Die Insel wird von einer Gebirgskette durchzogen, die bis über 5 000 m aufragt. Das Klima ist tropisch feucht. Der Westteil gehört zu Indonesien (Irian Jaya), der Ostteil zu Papua-Neuguinea.

Neukaledonien, französisches Überseeterritorium im Pazifischen Ozean, östlich von Australien.

Neuseeland, Inselstaat im südwestlichen Pazifischen Ozean (269 021 km^2; 4,1 Mio. Einwohner); Hauptstadt: Wellington. Neuseeland gliedert sich in die Nord- und die Südinsel sowie mehrere kleinere Inseln. Der größte Teil des Landes liegt höher als 2 000 m. Bedeutendster Wirtschaftszweig ist die Landwirtschaft, vor allem Rinder- und Schafzucht. – Die ehemals britische Kolonie wurde 1931 als parlamentarische Monarchie im Commonwealth unabhängig.

Neusiedler See, schwach salzhaltiger See im österreichischen Burgenland. Das Südende gehört zu Ungarn.

New York [njuːˈjɔːk], Stadt im Osten der USA im Staat New York, eine der größten Städte der Erde (8,14 Mio. Einwohner) und Industrie-, Handels- und

Die Freiheitsstatue auf Liberty Island, das weltberühmte Wahrzeichen der Stadt **New York**

Finanzmittelpunkt des Landes; Sitz der Vereinten Nationen. New York liegt an der Mündung des Hudson River in den Atlantischen Ozean auf mehreren Inseln und dem Festland.
Den Stadtkern bildet die lang gezogene Flussinsel Manhattan, die mit ihrer ›Skyline‹ von riesigen Wolkenkratzern zu einem Wahrzeichen der Stadt geworden ist. Am höchsten waren mit 412 m die Zwillingstürme des World Trade Center, die am 11. September 2001 durch einen Terroranschlag islamistischer Terroristen zerstört wurden. In Manhattan liegen die Hauptgeschäftsstraßen: die Fifth Avenue, der Broadway (Vergnügungs- und Theaterzentrum) und die Wall Street (mit den Banken und Börsen).
🟠 In den Hafen von New York einfahrende Schiffe werden seit 1886 von der 46 m hohen Freiheitsstatue, einem Geschenk Frankreichs, begrüßt.
🟠 New York wurde 1626 von Niederländern als Fort Neu-Amsterdam gegründet. 1664 fiel es an England und erhielt den heutigen Namen.

Niagarafälle, Wasserfälle des Niagara an der Grenze zwischen Kanada und den USA, auf kanadischer Seite (Hufeisenfälle) 790 m breit und 49 m hoch, auf amerikanischer Seite 350 m breit und 51 m hoch.

Nicaragua, Republik in Zentralamerika, zwischen Honduras und Costa Rica (131 000 km^2; 5,6 Mio. Einwohner); Hauptstadt: Managua. Im Innern ist das Land gebirgig mit zum Teil noch tätigen Vulkanen. Häufig von Erdbeben bedroht. Wichtigster Erwerbszweig ist die Landwirtschaft. – Das ehemals spanische Gebiet erhielt 1839 die Unabhängigkeit. 1990 wurde ein zehn Jahre dauernder Bürgerkrieg beendet (auch ↑ Sandinisten, Kapitel 1).

Niederlande, Königreich in Westeuropa, an der Nordsee (41 526 km^2; 16,2 Mio. Einwohner): Hauptstadt ist Amsterdam, Regierungssitz Den Haag. Das Land wird umgangssprachlich nach den beiden größten Provinzen häufig **Holland** genannt. Es ist ein Tiefland und bildet die westliche Fortsetzung der Norddeutschen Tiefebene. Hohe Dünen säumen die Küste. Ein großer Teil des Landes liegt unter dem Meeresspiegel. Durch Eindeichung wurde Ackerland gewonnen, vor allem im Bereich des Ijsselmeers. Im Osten liegt die wenig fruchtbare Geest, im Süden reichen Ausläufer des Rheinischen Schiefergebirges bis in die Niederlande.
Große Bedeutung hat die Landwirtschaft, vor allem die Blumenkulturen (Tulpenfelder) und der Obst- und Gemüseanbau in Treibhäusern. Das Land gehört zu den wichtigsten Handelsländern der Erde (mit Rotterdam als Umschlagplatz für Erdöl) und hat eine hochmoderne verarbeitende Industrie. – Im 17. Jh. wurden die Niederlande zur größten Handels- und Seemacht Europas. Sie besaßen ein großes Kolonialreich, vor allem in Südostasien. Nach 1945 wurden fast alle Kolonien unabhängig.

Niederländische Antillen, zu den Niederlanden gehörende Inseln vor der Westküste Venezuelas im Karibischen Meer (210 000 Einwohner). Die Niederländischen Antillen haben innere Selbstverwaltung. Ein Gouverneur vertritt das Staatsoberhaupt, den niederländischen Monarchen.

Niederösterreich, das größte Bundesland Österreichs (19 174 km^2; 1,53 Mio. Einwohner); Hauptstadt: Sankt Pölten. Das Land grenzt im Norden und Osten an die Tschechische und die Slowakische Republik und umfasst im Süden die österreichischen Alpen, im Norden das Wald- und Weinviertel. Landwirtschaft und Weinbau sind bedeutend. Die hoch entwickelte Erdölindustrie nutzt Öl- und Gasvorkommen des Landes.

Niedersachsen, deutsches Bundesland zwischen Nordseeküste und deutschen Mittelgebirgen (47 614 km^2; 7,9 Mio. Einwohner); Hauptstadt: Hannover. Weite Teile des Landes werden landwirtschaftlich genutzt. Viehzucht und Milchwirtschaft überwiegen im Marschland hinter den Deichen, Obstbau an der Unterelbe, Getreideanbau vor den Mittelgebirgen. In Ostfriesland, der Lüneburger Heide, im Weserbergland und im Harz spielt der Fremdenverkehr eine wichtige Rolle. Industriegebiete liegen um die Großstädte Osnabrück und Hannover und um die Hafenstädte Emden, Wilhelmshaven und Cuxhaven.

Niger, Republik in Westafrika, ein Binnenstaat (1,267 Mio. km^2; 12,2 Mio. Einwohner); Hauptstadt: Niamey. Niger erstreckt sich bis weit in die Sahara, die $^2/_3$ des Landes einnimmt. Im Süden ist Ackerbau möglich. Die große Dürre in der Sahelzone zu Beginn der 1970er-Jahre traf das Land schwer. – Der ehemals zu Frankreich gehörende Staat wurde 1960 unabhängig.
Der Fluss Niger ist der drittgrößte Strom Afrikas (4 160 km lang). Er durchfließt in weitem Bogen Guinea, Mali, Niger und Nigeria und mündet in den Golf von Guinea.

Nigeria, Republik in Westafrika am Atlantischen Ozean (923 768 km^2; 159,4 Mio. Einwohner); Hauptstadt: Abuja. Das Land gliedert sich in die Hochfläche im Norden und Westen (bis 1 780 m) und in das südliche Flachland, das das Talgebiet des Niger einschließt und meist mit tropischem Regenwald bedeckt ist. Wichtigstes Wirtschaftsgut ist das Erdöl. – Das ehemals britische Gebiet wurde 1960 unabhängig.

Nikosia, Hauptstadt von Zypern (195 000 Einwohner). Die seit 1974 geteilte Stadt ist Sitz sowohl der griechisch-zypriotischen als auch der türkisch-zypriotischen Regierung.

Nil, der längste Strom Afrikas (6 671 km lang). Quellfluss ist der Kagera, der in den Victoriasee mündet. Als Victoria-Nil verlässt er den See, fließt als Bergnil, dann als Weißer Nil nordwärts und vereinigt sich bei Khartoum (Sudan) mit dem Blauen Nil. Von hier an durchströmt er Wüstengebiet und mündet in einem 24 000 km^2 großen Delta ins Mittelmeer.

Norddeutsches Tiefland, zwischen den Küsten von Nord- und Ostsee und dem Nordrand der Mittelgebirge gelegene deutsche Landschaft, deren Oberflächenformen wesentlich durch die letzte Eiszeit geschaffen wurden.

Nordirland, der 1921 bei Großbritannien verbliebene Nordostteil der Insel Irland (14 161 km^2, 1,65 Mio. Einwohner); Hauptstadt: Belfast. Im Unterschied zur Bevölkerung der Republik Irland sind die Bewohner Nordirlands überwiegend protestantisch. Seit 1969 kam es zu andauernden gewaltsamen Auseinandersetzungen zwischen dem katholischen und dem protestantischen Bevölkerungsteil.

Nor Geografie

Die Küste **Norwegens** ist durch viele tief eingeschnittene Fjorde gegliedert; als einer der schönsten gilt der Dalsfjord, etwa 100 km nördlich von Bergen.

Nordkap, steiles, 307 m hohes Vorgebirge auf der norwegischen Insel Magerøy, das lange als Nordspitze Europas galt.
➕ Tatsächlich ist Knivskjelodden, die Nordspitze der Insel Magerøy in Nordnorwegen, der nördlichste Punkt Europas.

Nördliches Eismeer, Nordpolarmeer, größtenteils mit Eis bedecktes Nebenmeer des Atlantischen Ozeans zwischen Europa, Asien, Amerika und Grönland.

Nord-Ostsee-Kanal, Kanal für Seeschiffe zwischen Brunsbüttel und Kiel-Holtenau (98,7 km lang), der Nord- und Ostsee verbindet; einer der meistbefahrenen Seekanäle der Erde.
➕ Der Kanal wurde 1895 als Kaiser-Wilhelm-Kanal eröffnet.

Nordrhein-Westfalen, volkreichstes und am dichtesten besiedeltes deutsches Bundesland (34 080 km^2; 18 Mio. Einwohner); Hauptstadt: Düsseldorf. Rund ein Drittel des Landes ist gebirgig (Nordeifel, Sauerland, Rothaargebirge, Teutoburger Wald, Weserbergland), zwei Drittel sind Tiefland (Münsterland, Niederrheinisches Tiefland). Der Rhein durchfließt das Land von Süden nach Norden. Bedeutendster Binnenhafen ist Duisburg. Auf der Grundlage des Steinkohlebergbaus und der Eisenverhüttung wuchsen die Städte von Duisburg bis Dortmund zum Ruhrgebiet zusammen. In den letzten Jahren hat sich der wirtschaftliche Schwerpunkt von der Ruhr an den Rhein verlagert (Köln, Düsseldorf). Landwirtschaftlicher Anbau auf fruchtbaren Böden findet westlich von Köln und nördlich des Ruhrgebiets (Soester Börde) statt.

Nordsee, flaches Randmeer des Atlantischen Ozeans zwischen dem europäischen Festland, den Britischen Inseln und Skandinavien, rund 580 000 km^2 groß, mit einer mittleren Tiefe von nur 70 m. Die Nordsee ist ein bedeutendes Fischereigebiet und eines der verkehrsreichsten Meere der Erde. Seit den 1960er-Jahren werden die großen Erdöl- und Erdgasvorkommen der Nordsee vor allem von Großbritannien und Norwegen genutzt.

Normandie, Landschaft im Nordwesten Frankreichs mit der Halbinsel Cotentin und dem Mündungsgebiet der Seine. Hauptort ist Rouen. Anziehungspunkte für den Fremdenverkehr sind die zahlreichen Badeorte und Fischerstädtchen an der Küste.
➕ Im Zweiten Weltkrieg begann am 6. 6. 1944 an der Küste der Normandie die Invasion der alliierten Streitkräfte.

Norwegen, Königreich in Nordeuropa, im Westen der Skandinavischen Halbinsel (323 758 km^2; 4,48 Mio. Einwohner); Hauptstadt: Oslo. Das Land ist größtenteils gebirgig. Viele, weit ins Land dringende Fjorde gliedern die Küste, die dank des warmen Golfstroms auch im Winter eisfrei ist. Das relativ dünn besiedelte Land gründet seinen Wohlstand vor allem auf die natürlichen Ressourcen (Erdöl und -gas, Fisch, Holz und Wasserkraft) sowie auf die hoch entwickelte Industrie. – Norwegen stand jahrhundertelang unter dänischer, im 19. Jh. unter schwedischer Herrschaft. 1905 wurde es unabhängig.

Nürnberg, Stadt in Bayern, an der Pegnitz, Zentrum der deutschen Spielwarenindustrie (486 600 Einwohner).

472

Bekannt sind der um 1650 entstandene ›Christkindlesmarkt‹, der jährlich zwischen dem 1. Advent und Weihnachten stattfindet, sowie die Nürnberger Lebkuchen.

Die Nationalsozialisten veranstalteten in Nürnberg ihre Reichsparteitage.

Ob, Hauptstrom des Westsibirischen Tieflands (3 680 km lang).

Oberösterreich, Bundesland Österreichs, das im Westen an Deutschland und im Osten an die Tschechische Republik grenzt (11 980 km², 1,38 Mio. Einwohner); Hauptstadt: Linz. Im Süden hat das Land Anteil an den Alpen (Dachstein, 3 000 m), im Westen befindet sich die Seenlandschaft des Salzkammerguts (z. B. Hallstätter-, Atter-, Mondsee). Wichtige Erwerbsquellen sind die Förderung von Braunkohle, Erdgas und Erdöl. Steyr, südlich von Linz, besitzt die größten Fahrzeugfabriken Österreichs.

Oberrheinische Tiefebene, das Tal des Oberrheins zwischen Basel und Mainz (etwa 30–50 km breit und 300 km lang), ein Grabenbruch, der im Tertiär entstand, als die Alpen aufgefaltet wurden. Es gehört zu den wärmsten Gebieten Deutschlands.

Obervolta, früherer Name von Burkina Faso.

Obwalden, Schweizer Halbkanton im Bergland südlich des Vierwaldstätter Sees, durch das zu Nidwalden gehörende Engelberger Tal in zwei Teile getrennt (491 km², 32 000 Einwohner). Hauptort ist Sarnen. Die Bevölkerung ist überwiegend deutschsprachig. Zusammen mit Nidwalden bildet Obwalden den Kanton Unterwalden.

Odenwald, deutsches Mittelgebirge zwischen dem Kraichgau im Süden und dem Main im Norden, das im Westen zur Oberrheinebene stark abfällt. Höchste Erhebung ist der Katzenbuckel (626 m).

Oder, Strom in Mitteleuropa (860 km lang). Er entspringt im Odergebirge östlich von Olmütz (Tschechische Republik) und mündet in Pommern in die Ostsee. 85% der polnischen Binnenschiffstransporte entfallen auf die Oder.

Olymp, höchstes Gebirge Griechenlands (2 917 m hoch); teilweise Nationalpark. Der Olymp galt in der Antike als Sitz der Götter.

Oman, Sultanat im Südosten der Arabischen Halbinsel (309 500 km²; 2,7 Mio. Einwohner); Hauptstadt: Maskat. Das heiße Wüstenklima lässt nur an der Küste und im Süden Oasenfeldbau zu. Grundlage der Wirtschaft ist das Erdöl.

Ontariosee, östlichster und kleinster der Großen Seen in Nordamerika.

Oranje, Strom im südlichen Afrika (2 092 km lang). Er entspringt im Osten des Landes in den Drakensbergen und mündet an der Westküste in den Atlantischen Ozean.

Orinoco, Orinoko, Strom im nördlichen Südamerika (2 140 km lang). Er entspringt im Bergland von Guayana, durchfließt in weitem Bogen Venezuela und mündet mit riesigem Delta in den Atlantischen Ozean.

Orkneyinseln [ˈɔːknɪ...], vor der Nordküste Schottlands gelegene Gruppe der Britischen Inseln (992 km²; 19 800 Einwohner); von den über 70 Inseln sind 24 bewohnt. In ihrer Nähe liegen von Großbritannien ausgebeutete Erdölfelder.

Osaka, japanische Hafenstadt auf der Insel Honshu, nach Tokio das bedeutendste Handels- und Industriegebiet des Landes (2,47 Mio. Einwohner).

Oslo, Hauptstadt von Norwegen, wichtigster Hafen und kultureller Mittelpunkt des Landes (488 700 Einwohner).

Österreich, Republik in Mitteleuropa, im Südosten an Deutschland angrenzend (83 858 km²; 8,2 Mio. Einwohner); Hauptstadt: Wien. Österreich ist in neun Bundesländer gegliedert. Rund zwei Drittel des Staatsgebiets nehmen die Alpen ein; höchster Berg ist der Großglockner (3 798 m) in den Zentralalpen, von denen die Nördlichen und Südlichen Kalkalpen durch große Längstäler abgegrenzt sind. Nördlich der Donau liegt die flachwellige Ebene des Mühl- und Waldviertels. Neben zahlreichen Seen in den Alpen hat das Land Anteil am Bodensee im Westen und am Neusiedler See im Osten. Das Klima ist im größten Teil mitteleuropäisch mit ganzjährig hohen Niederschlägen am Nordrand der Alpen. Im Osten ist das Klima kontinentaler. Im Gebirge wird fast ausschließlich Viehwirtschaft betrieben, im Alpenvorland auch Ackerbau. Weinbau findet sich in Niederösterreich und im Burgenland, Obstbau in der Steiermark. Österreich ist ein leistungsfähiger Industriestaat und ein wichtiges Durchgangsland zwischen Nord- und Mitteleuropa einerseits und Italien

Ost   Geografie

und dem Balkan andererseits. Große Bedeutung hat der Fremdenverkehr.
Österreich ging nach dem Ersten Weltkrieg aus der Doppelmonarchie Österreich-Ungarn hervor; es verpflichtete sich 1955 zur Neutralität.

Ostfriesland, Küstenlandschaft in Niedersachsen zwischen dem Mündungsgebiet der Ems und dem Jadebusen mit den vorgelagerten Ostfriesischen Inseln.

Ostpreußen, Teil des Norddeutschen Tieflands, bis 1945 eine preußische Provinz mit der Hauptstadt Königsberg. Das Gebiet gehört heute teils zu Polen, teils zu Russland.

Ostsee, flaches Nebenmeer des Atlantischen Ozeans zwischen Skandinavien, Jütland, Norddeutschland, Polen, den baltischen Staaten, Russland und Finnland gelegen; 0,39 Mio. km² groß, bis zu 459 m tief.

Osttimor, Staat im Osten der zu den Kleinen Sundainseln gehörenden Insel Timor (14 874 km²; 936 000 Einwohner); Hauptstadt: Dili. Das Land ist gebirgig; neben lichten Monsunwäldern herrschen vor allem Savannen vor. – Osttimor, vormals portugiesische Überseeprovinz und seit 1976 von Indonesien besetzt, wurde 2002 als Demokratie unabhängig.

Ottawa, Hauptstadt Kanadas und dessen kulturelles und wissenschaftliches Zentrum (323 000 Einwohner).

Oxford, Stadt in England (118 800 Einwohner), an der Themse nordwestlich von London mit der ältesten (gegründet im frühen 12. Jh.) Universität des Landes.

Ozeanien, die Inseln des Pazifischen Ozeans zwischen Australien, den Philippinen und Amerika (Melanesien, Mikronesien, Polynesien).

Pakistan, Republik in Asien, im Nordwesten des indischen Subkontinents (796 095 km²; 156 Mio. Einwohner); Hauptstadt: Islamabad. Pakistan hat im Norden Anteil am Hindukusch und am Himalaja. Mehr als ein Drittel des Landes wird vom Tiefland des Indus eingenommen, der im Unterlauf im Frühjahr weitgehend verdunstet. Wichtigster Wirtschaftsbereich ist die Landwirtschaft (größtes bewässertes Becken der Erde), in den Gebieten ohne Bewässerung die Weidewirtschaft.

Das ehemals zu Britisch-Indien gehörende, überwiegend von Muslimen bewohnte Gebiet bildete nach 1947 einen aus West- und Ostpakistan bestehenden Staat. 1971 erklärte Ostpakistan als ↑ Bangladesh seine Unabhängigkeit. Der schon 1947 zwischen Indien und Pakistan ausgebrochene Konflikt um Kaschmir konnte bis heute nicht beigelegt werden (↑ Kaschmirkonflikt, Kapitel 1).

Palästina, historische Landschaft in Vorderasien an der Ostküste des Mittelmeers, die sich in fruchtbare Küstenebenen, das Bergland von Judäa und Galiläa und den steil abfallenden Jordangraben gliedert. Palästina ist sowohl für das Judentum und den Islam als auch für die christlichen Konfessionen heiliges Land. Auf einem Teil von Palästina wurde 1948 gegen den Widerstand der arabischen Länder der Staat Israel gegründet, was viele Palästinenser zum Verlassen ihrer Heimat zwang. Die bisher ungelöste Palästinafrage bildet seither den Kern des ↑ Nahostkonflikts (Kapitel 3).

🔴 Die Kreuzzüge des 11. und 13. Jh. wurden zur Rückeroberung des Heiligen Landes unternommen.

Palau, aus den Palauinseln bestehender Staat im westlichen Pazifischen Ozean (488 km²; 18 000 Einwohner); Hauptstadt: Koror. Die rund 350 Inseln (davon elf bewohnt) sind gebirgig und von Korallenriffen umgeben. Sie waren 1899–1919 deutsche Kolonie und seit 1947 Treuhandgebiet der USA. 1994 wurden sie als Republik unabhängig.

Palermo, Handels- und Hafenstadt an der Nordküste von Sizilien (686 600 Einwohner).

Pamir, Hochgebirge in Zentralasien, das ›Dach der Welt‹; höchster Berg ist der Pik Ismail Samani (früher Pik Kommunismus, 7 495 m) in Tadschikistan.

Pampa, ebene Großlandschaft in Südamerika, zum größten Teil in Argentinien. Ursprünglich Grassteppe, hat sie sich aufgrund ihrer fruchtbaren Böden zum wirtschaftlichen Kernland Argentiniens entwickelt.

Panama, Republik in Zentralamerika (75 517 km²; 3,2 Mio. Einwohner); Hauptstadt: Panama. Das größtenteils bewaldete, bergige Land wird an seiner schmalsten Stelle (55 km) vom Panamakanal durchschnitten. – 1821 wurde Panama von Spanien unabhängig und schloss sich Kolumbien an. Der Bau des Kanals führte 1903 zur Erklärung der Unabhängigkeit.

Geografie

Panamakanal, Schifffahrtskanal zwischen Atlantischem und Pazifischem Ozean durch die Landenge von Panama (81,6 km lang, bis 300 m breit und mindestens 12,4 m tief). Der Kanal wurde von den USA gebaut (1914 eröffnet), nachdem ihnen ein fünf Meilen breiter Streifen beiderseits des Kanals (Kanalzone) vertraglich zugesichert worden war. Seit 1982 standen Kanal und Kanalzone unter der Hoheit Panamas, das Ende 1999 die volle Souveränität übernahm.

Pandschab, hauptsächlich zu Pakistan gehörende Landschaft in Vorderindien, eine von fünf Zuflüssen des Indus gebildete Stromebene (›Fünfstromland‹).

Papua-Neuguinea, parlamentarische Monarchie in Ozeanien, die die Osthälfte Neuguineas und weitere Inseln im Pazifik umfasst (462 840 km^2; 4,8 Mio. Einwohner); Hauptstadt: Port Moresby. Die Einwohner leben überwiegend von der Landwirtschaft. – Das ehemals zu Australien gehörende Land wurde 1975 unabhängig.

Paraguay [ˈparagvaɪ], Republik in Südamerika, ein Binnenstaat (406 752 km^2; 6 Mio. Einwohner); Hauptstadt: Asunción. Im Westen breitet sich die Ebene des Gran Chaco aus, im Osten ist das Land gebirgig. Das Klima ist überwiegend subtropisch. Landwirtschaft und Viehhaltung sind bedeutend. – Paraguay war im 17./18. Jh. ein von den Jesuiten geführtes staatliches Gebilde; 1811 wurde es von Spanien unabhängig. Der Versuch, durch einen Krieg (1865–70) gegen Brasilien, Argentinien und Uruguay Zugang zum Meer zu erhalten, war erfolglos.

Paraná, Strom in Südamerika (3 700 km lang). Er entspringt in Brasilien, nimmt den Paraguay auf und mündet in Argentinien in den Río de la Plata.

Paris, Hauptstadt und größte Stadt Frankreichs (2,14 Mio. Einwohner), zu beiden Seiten der Seine gelegen. Das heutige Stadtbild entstand im Wesentlichen im 19. Jh. im Auftrag Napoleons III., durch Baron Haussmann (große Boulevards, Bahnhöfe, Parkanlagen, die Oper). – Paris besitzt zahlreiche berühmte Bauten, u.a. Kathedrale Notre-Dame (1163 begonnen), Sainte-Chapelle (1246–48), Invalidendom (1680–1712) mit dem Grab Napoleons I., ↑Louvre (Kapitel 5), Triumphbogen (Arc de Triomphe de l'Étoile; 1836 vollendet, seit 1920 mit dem Grab des Unbekannten Soldaten) und Panthéon.

Per

➕ Wahrzeichen der Stadt ist der 300,5 m hohe (mit Antenne 320,8 m) Eiffelturm am Ufer der Seine, der von dem französischen Ingenieur Gustave Eiffel (* 1832, † 1923) für die Pariser Weltausstellung 1889 erbaut wurde.

Wahrzeichen von **Paris** ist der von Alexandre Gustave Eiffel konstruierte Eiffelturm, gebaut für die Weltausstellung von 1889

Pazifischer Ozean, Pazifik, Stiller Ozean, der größte der drei Ozeane, der Amerika von Asien und Australien trennt. Er nimmt die Hälfte der Meeresfläche und mehr als ein Drittel der Erdoberfläche ein. Der Meeresboden ist in mehrere Becken gegliedert. Größte Tiefe ist die Witjastiefe im Marianengraben (11 034 m). Im Osten, Norden und Westen ist der Pazifische Ozean von Tiefseegräben gesäumt, die auf dem Festland von einer Kette junger Vulkane und Zonen starker Erdbebentätigkeit begleitet werden.

Peking, chinesisch Beijing, Hauptstadt der Volksrepublik China, im Norden der Großen Ebene (7,4 Mio. Einwohner).

Peloponnes, südliche Halbinsel Griechenlands, durch die Landenge von Korinth mit Mittelgriechenland verbunden. Auf der Peloponnes befinden sich die Überreste wichtiger Orte und Kultstätten der Antike (u. a. Mykene, Epidauros, Sparta, Olympia).

Persien, früherer Name von ↑Iran.

Persischer Golf, Arabischer Golf, flaches Nebenmeer des Indischen Ozeans zwischen Iran und der Arabischen Halbinsel. An den Küsten und im Golf selbst lagern riesige Erdöl- und Erdgasvorräte.

Peru, Republik im Westen Südamerikas (1,285 Mio. km²; 27,9 Mio. Einwohner); Hauptstadt: Lima. Das flache Küstenland ist außer an den Flussmündungen wüstenhaft. Das Gebirgsland umfasst die beiden Ketten der Anden und die dazwischenliegende Hochebene mit dem Titicacasee. Im Osten geht das tropisch-heiße Waldland in das Amazonastiefland über. Große wirtschaftliche Bedeutung hat der Fischfang. Ausgeführt werden vor allem Bodenschätze (Kupfer).
Das heutige Peru war das Kernland des Großreichs der Inka, das im 16. Jh. durch die Spanier erobert wurde. 1821 wurde Peru unabhängig.

Pfalz, Landschaft in Deutschland links des Oberrheins, die von der Rheinebene über die Haardt, den Pfälzer Wald und das Pfälzer Bergland bis zum Hunsrück und Saarland reicht.

Philippinen, Staat und Inselgruppe in Südostasien, insgesamt 7 100 Inseln (300 000 km²; 84,2 Mio. Einwohner); Hauptstadt: Manila. Zwei Drittel der Landesfläche entfallen auf die größten Inseln Luzon und Mindanao. Sie sind im Innern gebirgig mit zum Teil noch tätigen Vulkanen. Hauptwerbszweig ist die Landwirtschaft. Wichtigstes Bergbauprodukt ist Kupfer. – Das ehemals spanische Gebiet fiel Ende des 19. Jh. an die USA und wurde 1946 als Republik unabhängig.
⊕ Die Philippinen wurden 1521 von Ferdinand Magellan entdeckt und 1543 nach dem spanischen König Philipp II. (* 1527, † 1598) benannt.
⊕ Der Vulkan Pinatubo auf der Insel Luzon brach nach 611-jähriger Ruhe im Juni 1991 erneut aus.

Phnom-Penh, Hauptstadt von Kambodscha, am Mekong (1,67 Mio. Einwohner).

Piemont, Landschaft in Oberitalien mit dem westlichen Teil der Poebene und dem anschließenden Alpengebiet. Wirtschaftliches Zentrum ist Turin.

Piräus, wichtigster Hafen Griechenlands, mit Athen zusammengewachsen.

Plattensee, ungarisch **Balaton,** größter See Mitteleuropas, in Westungarn gelegen (591 km²), mit sehr geringer Tiefe (nur 2–11 m).

Po, Strom in Norditalien (652 km lang). Er entspringt in den Westalpen, durchfließt die Poebene, eine 500 km lange und 50–120 km breite fruchtbare Ebene, und mündet in das Adriatische Meer.

Polargebiete, die um die geografischen Pole der Erde gelegenen Land- und Meeresgebiete: die ↑ Arktis und die ↑ Antarktis.

Polen, Republik im Osten Mitteleuropas, an der Ostsee (312 685 km²; 38,16 Mio. Einwohner); Hauptstadt: Warschau. Das Tiefland an der Ostsee ist von den Eiszeiten geprägt und hat fruchtbare Böden. Südlich schließt sich ein Bergland mit Höhen bis zu 600 m an. Die Gebirgszone im Süden wird von Sudeten und Karpaten gebildet. Der wirtschaftliche Schwerpunkt Polens hat sich von der Landwirtschaft auf die Industrie verlagert (Metallindustrie, Schiffbau, verarbeitende Industrie). Das oberschlesische Industrierevier im Süden des Landes hat bedeutende Kohlevorkommen.
Im 18. Jh. wurde Polen Spielball seiner Nachbarn (Preußen, Russland, Österreich), die das Land unter sich aufteilten. Polen wurde zur ›Nation ohne Staat‹. Erst als Folge des Ersten Weltkriegs entstand der polnische Staat neu. Das Staatsgebiet des heutigen Polen ist eine Folge des Zweiten Weltkriegs. Polen erhielt die deutschen Gebiete östlich von Oder und Neiße und verlor seine Ostprovinzen an die Sowjetunion. Nach dem Ende des sozialistischen Regierungssystems 1989 wurde die Wirtschaft nach marktwirtschaftlichen Gesichtspunkten umgestaltet.

Polynesien, die aus Tausenden von Inseln bestehende Inselwelt im zentralen Pazifischen Ozean. Die Inseln sind entweder vulkanischen Ursprungs oder Atolle.

Pommern, seen- und waldreiche Landschaft entlang der Ostseeküste. Der westlich der Oder liegende Teil (Vorpommern) ist heute Teil des Bundeslandes Mecklenburg-Vorpommern, der östlich der Oder liegende (Hinterpommern) gehört seit 1945 zu Polen. Beide Teile bildeten seit 1815 die preußische Provinz Pommern.

Popocatépetl, Vulkan am Rand des Hochlands von Mexiko (5 452 m).

Portugal, Republik im Westen der Iberischen Halbinsel (92 389 km²; 10,5 Mio. Einwohner); Hauptstadt: Lissabon. Zum Staatsgebiet gehören Madeira und die Azoren. Im Norden und Osten hat Portugal Anteil am Hochland der Halbinsel (bis fast 2 000 m hoch). Das Klima ist mittelmeerisch, im Norden feuchter und kühler als im Süden. Rund die Hälfte Portugals ist ackerbaulich nutzbar. Bedeutend sind

Geografie | Rhe

Fischfang und Fischverarbeitung. Wichtigste Industriezweige sind die Textil- und Lederindustrie. Portugal war im 15. Jh. eine führende Seemacht; große überseeische Besitzungen (vor allem Brasilien) und das zeitweilige Monopol im Gewürzhandel brachten großen Reichtum ins Land.

Potsdam, Hauptstadt von Brandenburg (131 000 Einwohner); ehemalige preußische Residenz- und Garnisonsstadt.
⊕ Am Rand der Stadt befinden sich Schloss und Park ↑ Sanssouci (Kapitel 1).

Prag, Hauptstadt der Tschechischen Republik zu beiden Seiten der Moldau (1,19 Mio. Einwohner). Seit dem 14. Jh. wurde Prag, das im Schnittpunkt mehrerer Kulturen (Böhmen, Deutsche, Juden) lag, zu einer der beeindruckendsten Städte Europas ausgebaut. Die zahlreichen Kirchen aus den verschiedensten Jahrhunderten brachten der Stadt den Namen ›hunderttürmiges Prag‹ ein.
⊕ Die 1348 durch Kaiser Karl IV. gegründete Karls-Universität war die erste Universität im Heiligen Römischen Reich Deutscher Nation.
⊕ Wahrzeichen der Stadt ist die Prager Burg, der ›Hradschin‹ (seit 1918 Sitz des Staatspräsidenten), mit dem gotischen Sankt-Veits-Dom.

Pretoria, bis 2005 Name von Tshwane, Hauptstadt und Regierungssitz der Republik Südafrika (1,62 Mio. Einwohner).

Provence [prɔˈvãs], altbesiedelte Landschaft in Südfrankreich, die das Küstengebiet des Mittelmeers zwischen Rhône und Var sowie die südlichsten und südwestlichsten Teile der französischen Alpen umfasst.
⊕ Die Provence verdankt ihren Namen den Römern, die hier ihre älteste Provinz in Gallien unterhielten, die später nur ›Provincia‹ genannt wurde.

Puerto Rico, kleinste Insel der Großen Antillen (8 900 km²; 3,8 Mio. Einwohner). Puerto Rico gehört mit einem Sonderstatus bei innerer Selbstverwaltung zu den USA.

Puszta [ˈpustɔ], ursprünglich fast baumloses, nur spärlich mit Gras bewachsenes Gebiet im Ungarischen Tiefland, heute mit Bewässerung als Ackerland genutzt.

P'yŏngyang, Pjöngjang, Hauptstadt von Nord-Korea (3,5 Mio. Einwohner).

Pyrenäen, Hochgebirge im Südwesten Europas, das Spanien von Frankreich trennt. Höchste Erhebung ist der Pico de Aneto (3 404 m). Im östlichen Teil des Gebirges liegt Andorra.

Quebec [kveˈbɛk], Hauptstadt der gleichnamigen kanadischen Provinz, am Sankt-Lorenz-Strom im französischsprachigen Teil des Landes gelegen (167 500 Einwohner).

Quito [ˈkito], Hauptstadt von Ecuador im Nordwesten Südamerikas (1,44 Mio. Einwohner).

Rabat, Hauptstadt von Marokko (1,6 Mio. Einwohner).

Rangun, frühere Hauptstadt von Birma in Südostasien (4,67 Mio. Einwohner).

Regensburg, Universitätsstadt in Bayern an der Donau (125 200 Einwohner).

Reims [rɛ̃ːs], Universitätsstadt in Frankreich nordöstlich von Paris in der Champagne, Hauptort der Champagnerherstellung (180 600 Einwohner). Die gotische Kathedrale Notre-Dame war die Krönungsstätte der französischen Könige.
⊕ 1429 führte Jeanne d'Arc den Dauphin Karl (als König Karl VII.) durch das von den Engländern besetzte Land zur Krönung nach Reims, dessen Kathedrale so zum Symbol der nationalen Einigung wurde.

Réunion [reyˈnjɔ̃], zu Frankreich gehörende Insel im Indischen Ozean östlich von Madagaskar (2 512 km²; 706 300 Einwohner).

Reykjavík [ˈraɪkjaviːk], Hauptstadt und wichtigster Hafen Islands im Südwesten der Insel (104 300 Einwohner).

Rhein, längster und wasserreichster Fluss Deutschlands (1 320 km lang). Er entspringt in der Schweiz, durchfließt den Bodensee, die Oberrheinebene, das Rheinische Schiefergebirge und die Kölner Bucht. In den Niederlanden bildet er mit der Maas ein breites Delta und mündet als Lek und Waal in die Nordsee.
⊕ 55 v. Chr. ließ Caesar zwischen Koblenz und Andernach die erste Brücke über den Rhein schlagen. Aus römischen Militärstützpunkten entwickelten sich Städte wie Straßburg, Mainz, Koblenz, Bonn, Neuss und Köln.

Rheinisches Schiefergebirge, Westteil der deut-

477

Rhe

schen Mittelgebirge, eine durch einzelne Kuppen und Höhenzüge charakterisierte Hochfläche. Sie wird durch den Rhein und seine Nebenflüsse gegliedert in (linksrheinisch) Hunsrück, Eifel, Hohes Venn, (rechtsrheinisch) Taunus, Westerwald, Rothaargebirge, Bergisches Land, Sauerland und Kellerwald.

Rheinland-Pfalz, deutsches Bundesland, im Süden und Westen an Frankreich, das Saarland, Luxemburg und Belgien angrenzend (19 900 km^2; 4 Mio. Einwohner); Hauptstadt: Mainz. Den nördlichen Landesteil nimmt das Rheinische Schiefergebirge ein, den Süden das Pfälzer Bergland und der Pfälzer Wald. Die Oberrheinebene und das Rheinhessische Hügelland gehören zu den klimatisch mildesten Landschaften Deutschlands. Die Rheinpfalz, Rheinhessen und das Gebiet Mosel-Saar-Ruwer sind die drei größten deutschen Weinbauregionen. Industrielles Zentrum ist Ludwigshafen, das mit Mannheim und Heidelberg zum Ballungsraum Rhein-Neckar gehört. Weitere Wirtschaftsschwerpunkte befinden sich um Mainz (Rhein-Main-Gebiet), Koblenz und Kaiserslautern in der Pfalz.

Rhein-Main-Donau-Großschifffahrtsweg, Binnenwasserstraße (rund 3 500 km lang), die die Nordsee mit dem Schwarzen Meer verbindet.

Rhodesien, früherer Name von Simbabwe.

Rhodos, griechische Insel vor der Südwestküste der Türkei. Die gebirgige Insel hat bedeutenden Fremdenverkehr.

Rhön, vulkanisches Mittelgebirge im Grenzraum von Hessen, Bayern und Thüringen. Höchste Erhebung ist die Wasserkuppe (950 m).

Rhône [ˈroːnə], wasserreichster Fluss Frankreichs (812 km lang). Die Rhône entspringt in den Berner Alpen (Schweiz) und mündet in einem großen Delta in den Golf von Lion (Mittelmeer).

Riesengebirge, höchster Gebirgszug der Sudeten auf der Grenze zwischen Polen und Tschechien. Höchste Erhebung ist die Schneekoppe (1 602 m).

➕ Berggeist und Herr des Riesengebirges ist ↑ Rübezahl (Kapitel 9).

Rio de Janeiro, Hafenstadt und wichtigster Einfuhrhafen in Brasilien am Atlantischen Ozean (6 Mio. Einwohner).

➕ Weltbekannt ist die Stadt wegen ihres zuckerhut-

Rio de Janeiro Blick auf die Bucht von Botafogo mit dem Zuckerhut

förmigen, mit einer Christusstatue gekrönten Felskegels, des Strandes von Copacabana sowie des Karnevals.

Río de la Plata, ↑ La Plata.

Rio Grande, Fluss in Nordamerika (3 057 km lang). Er entspringt in den Rocky Mountains und mündet in den Golf von Mexiko.

Riviera, schmale, durch Buchten und Vorgebirge gegliederte Küste des Mittelmeers zwischen Marseille in Frankreich (›Côte d'Azur‹) und La Spezia in Italien; eines der bedeutendsten europäischen Fremdenverkehrsgebiete.

Rocky Mountains [ˈrɔkɪ ˈmaʊntɪnz], der östliche Teil der nordamerikanischen Kordilleren. Das Gebirge erstreckt sich über 4 500 km von Nordalaska bis zum Süden der USA. Höchste Erhebung ist der Mount Elbert (4 402 m).

Rom, Hauptstadt Italiens beiderseits des Tiber (2,54 Mio. Einwohner). Innerhalb des Stadtgebietes befindet sich die ↑ Vatikanstadt. Die Museen der Stadt zählen zu den bedeutendsten der Erde. Ihre Kunstwerke und die vielen historischen Bauwerke und Denkmäler, zum Teil aus der Antike, ziehen sehr viele Touristen an. – Rom wurde nach der Legende 753 v. Chr. durch Romulus gegründet. Die Stadt wurde auf mehreren Hügeln erbaut; die klassischen ›sieben Hügel‹ sind: Palatin, Kapitol, Quirinal, Viminal, Esquilin, Caelius und Aventin. Zu den ältesten Teilen der Stadt gehören das Forum Romanum, viele Tempel, darunter das Pantheon, Triumphbögen, das Kolosseum und die Engelsburg.

Geografie

➕ Den Beinamen ›die ewige Stadt‹ verdankt Rom einer Stelle in den Elegien des römischen Dichters Tibull (* um 50, † um 17 v. Chr.).

Rostock, Hansestadt Rostock, Hafenstadt in Mecklenburg-Vorpommern an der Ostsee (203 300 Einwohner).
➕ Rostock war im 14. und 15. Jh. eine führende Hansestadt.

Rotes Meer, lang gestrecktes Nebenmeer des Indischen Ozeans zwischen Afrika und Arabien, das durch den Suezkanal mit dem Mittelmeer verbunden ist.

Rotterdam, zweitgrößte Stadt der Niederlande, im Rheindelta (590 500 Einwohner). Der Rotterdamer Hafen ist einer der größten der Erde. Mit seinen fünf Raffinerien verfügt die Stadt über die größte Rohölverarbeitungskapazität der Erde.

Ruanda, Republik im ostafrikanischen Hochland, ein Binnenstaat (26 338 km^2; 8,6 Mio. Einwohner); Hauptstadt: Kigali. Ruanda ist eines kleinsten und der am dichtesten besiedelten Länder Afrikas. Größte Bedeutung hat die Landwirtschaft. – Ruanda war ehemals deutsches, dann belgisches Gebiet und ist seit 1962 unabhängig. In dem seit Jahrzehnten schwelenden Konflikt zwischen den beiden Bevölkerungsgruppen der Hutu und der Tutsi kamen in den 1990er-Jahren etwa 1 Mio. Menschen um.

Rügen, zu Mecklenburg-Vorpommern gehörende Insel in der Ostsee, mit 926 km^2 die größte deutsche Insel. Sie ist durch den 2,5 km breiten Strelasund vom Festland getrennt. Rügen besteht zum großen Teil aus weichem Kalkstein (Kreide).

Ruhr, rechter Nebenfluss des Rheins (214 km lang). Die Ruhr entspringt im Sauerland und mündet bei Duisburg.

Ruhrgebiet, der bedeutendste deutsche Industriebezirk und eines der am dichtesten besiedelten Gebiete Europas. Ursprünglich war der Steinkohlebergbau die Grundlage für eine große Anzahl von Industrien (Eisen- und Stahlindustrie, chemische Industrie). Der Rückgang der Kohleförderung und Krisen in der Eisen- und Stahlindustrie führten zur Ansiedlung neuer Industrien und Gewerbe.

Rumänien, Republik in Südosteuropa am Schwarzen Meer, nördlich der unteren Donau (238 391 km^2; 21,6 Mio. Einwohner); Hauptstadt: Bukarest. Rumänien wird in weitem Bogen von den Karpaten durchzogen, die über 2 500 m hoch aufsteigen und das Hochland von Siebenbürgen begrenzen. Am Außenrand des Gebirges erstrecken sich Tief- und Hügelländer. Das Klima ist im Innern gemäßigt kontinental, an der Küste mild. Das Land hat reiche Bodenschätze und eine bedeutende Industrie. Nach dem Zweiten Weltkrieg wurde Rumänien eine kommunistisch geführte Volksrepublik. 1989 wurde die kommunistische Herrschaft gestürzt.

Russland, Staat in Osteuropa (17,1 Mio. km^2; 142,8 Mio. Einwohner); Hauptstadt: Moskau. Russland umfasst $^4/_5$ des osteuropäischen Flachlands, das Uralgebirge und ganz Nordasien. Nach Osten erstreckt sich das Land bis zum Pazifischen Ozean, im Süden erreicht es den Kaukasus und das Kaspische Meer. Das Klima ist kontinental (kurze, warme Sommer, lange, kalte Winter), im Osten Sibiriens mit Temperaturen bis unter −50 °C. Ausgenommen sind nur der Süden des Fernen Ostens (Monsunklima) und die subtropische Schwarzmeerküste. Russland verfügt über reiche Bodenschätze (Erdgas, Erdöl, Kohle). Industrieschwerpunkte sind das westliche Russland (um Moskau und Sankt Petersburg), das Uralgebiet und das südliche Westsibirien (um Kusnezk). – Russland, seit 1991 unabhängige Republik, ist der größte der Nachfolgestaaten der Sowjetunion und Führungsmacht der Gemeinschaft unabhängiger Staaten.

Saale, auch als Sächsische oder Thüringer Saale bezeichneter linker Nebenfluss der Elbe (427 km lang), entspringt im Fichtelgebirge und mündet südlich von Magdeburg.

Saarbrücken, Hauptstadt des Saarlands (196 000 Einwohner); Universitätsstadt.

Saarland, deutsches Bundesland, im Süden und Westen an Frankreich grenzend (2 570 km^2; 1,1 Mio. Einwohner); Hauptstadt: Saarbrücken. Das Saarland ist größtenteils Bergland mit Anteil am Hunsrück und Pfälzer Bergland. Steinkohlevorkommen und Eisenverhüttung ließen zwischen Neunkirchen und der Saar ein großes Industriegebiet entstehen.

Sachsen, deutsches Bundesland (18 413 km^2; 4,46 Mio. Einwohner); Hauptstadt: Dresden. Das Land erstreckt sich vom Erzgebirge im Süden bis zum Rand des Norddeutschen Tieflands. Es wird landwirtschaftlich stark genutzt und hat eine vielsei-

479

tige Industrie (u. a. Maschinen- und Fahrzeugbau, Optik, Spielwaren, Musikinstrumente). Seine republikanisch-föderative Eigenständigkeit betont Sachsen durch die Bezeichnung ›Freistaat Sachsen‹.

Sachsen-Anhalt, deutsches Bundesland (20 446 km^2; 2,65 Mio. Einwohner); Hauptstadt: Magdeburg. Das Land reicht vom Norddeutschen Tiefland bis zum Harz. Zwischen Merseburg, Halle und Bitterfeld befand sich das Zentrum der chemischen Industrie der DDR.

Sahara, die größte Wüste (rund 9 Mio. km^2) und eines der heißesten Gebiete der Erde. Sie erstreckt sich in Nordafrika über mehr als 6 000 km von West nach Ost und über rund 2 000 km von Nord nach Süd. Die Sahara ist weitgehend ein Tafelland mit weiten flachen Becken und Senken. Im Innern ragen Gebirgsmassive (Hoggar, Tibesti) bis über 3 000 m hoch auf, nach Süden schließen sich Bergländer an. Fels-, Stein- und Geröllwüsten überwiegen, Sandwüsten nehmen nur ein Zehntel der Fläche ein. Einziger Dauerfluss ist der Nil, viele Trockenflussbetten (Wadis) führen nur nach seltenen Regengüssen streckenweise Wasser. Bewohnt wird die Wüste außerhalb des Niltals von rund 2 Mio. Menschen, meist Oasenbauern oder Nomaden.

Sahelzone, Landschaftsgürtel in Nordafrika am Südrand der Sahara, Übergangsbereich zwischen den äußerst trockenen Wüstengebieten im Norden und den Savannengebieten im Süden. Durch lange Trockenperioden werden die dort lebenden Menschen und Tiere immer wieder von Hungerkatastrophen bedroht.

Saint Kitts und Nevis [snt'kıts - 'ni:vis], konstitutionelle Monarchie im Bereich der Westindischen Inseln, die die Inseln Saint Kitts (früher Saint Christopher) und Nevis der Kleinen Antillen umfasst (262 km^2; 45 000 Einwohner); Hauptstadt: Basseterre. – Saint Kitts und Nevis erlangte 1983 seine Unabhängigkeit im Rahmen des Commonwealth.

Saint Lucia [snt'lu:ʃə], Inselstaat (konstitutionelle Monarchie) in Mittelamerika, im Bereich der Westindischen Inseln, der die gleichnamige Insel der Kleinen Antillen umfasst (616 km^2; 156 000 Einwohner); Hauptstadt: Castries. – Die ehemalige britische Kolonie wurde 1979 unabhängig.

Saint Vincent and the Grenadines [snt'vɪnsənt ænd ðə grenə'di:nz], Staat (konstitutionelle Monarchie) in Mittelamerika, im Bereich der Westindischen Inseln, mit der Insel Saint Vincent der Kleinen Antillen und den nördlichen Grenadinen (389 km^2; 115 000 Einwohner); Hauptstadt: Kingstown. – Die ehemals britischen Inseln wurden 1979 unabhängig.

Salomoninseln, Staat im südwestlichen Pazifischen Ozean, der die östlich von Neuguinea gelegenen Salomoninseln umfasst (28 370 km^2; 444 000 Einwohner); Hauptstadt: Honiara. Die vulkanischen Inseln sind von tropischem Regenwald bedeckt. – Die ehemals britischen Inseln wurde 1978 als parlamentarische Monarchie unabhängig.

Salzburg, Bundesland in Österreich (7 154 km^2; 516 400 Einwohner) mit der Hauptstadt Salzburg (144 700 Einwohner). Das Land erstreckt sich vom Nordrand der Alpen nach Süden über die Kalkalpen und das Salzachtal bis zu den Hohen Tauern. Im Nordosten gehört ein Teil des Salzkammerguts dazu. Industrie hat sich vor allem um die Stadt Salzburg und um Hallein angesiedelt. Bedeutend sind die Papier- und Holzverarbeitung. Eine wichtige Erwerbsquelle ist der Fremdenverkehr. Die Stadt Salzburg, deren Altstadt durch barocke Plätze, Kirchen und Paläste geprägt ist, ist ein Zentrum des Fremdenverkehrs.

🟠 In Salzburg, der Geburtsstadt Mozarts, finden seit 1920 alljährlich die Salzburger Festspiele mit Opern-, Konzert- und Schauspielaufführungen statt.

Salzkammergut, Landschaft in Österreich, zu den Bundesländern Oberösterreich, Steiermark und Salzburg gehörend. Gebirgsgruppen (Dachstein) und Seen (Attersee, Wolfgangsee) prägen eine Landschaft, die jährlich zahlreiche Touristen anzieht.

Sambesi, der mit 2 736 km Länge größte Fluss im südlichen Afrika. Er entspringt auf der Lundaschwelle im Nordwesten Sambias und mündet in Moçambique in den Indischen Ozean.

Sambia, Republik im Innern des südlichen Afrika (753 000 km^2; 11,01 Mio. Einwohner). Hauptstadt: Lusaka. Das Land ist eine teils bewaldete Hochfläche (1 100–1 500 m hoch), von einzelnen Bergen überragt. Hauptexportgut ist Kupfer. Ehemals britisch, wurde Sambia 1964 unabhängig.

Samoa, bis 1997 Westsamoa, Staat im südlichen Pazifischen Ozean, der den westlichen Teil der Samoainseln umfasst (2 831 km^2; 185 000 Einwohner); Hauptstadt: Apia. – Die Inseln waren ab 1899 in deutschem Besitz, standen ab 1920 unter neuseeländischer Verwaltung und erlangten 1962 als parlamentarische Monarchie die Unabhängigkeit.

Samoainseln, zu Polynesien zählende Inselgruppe vulkanischen Ursprungs im Pazifischen Ozean. Die östlichen Inseln gehören zu den USA, die westlichen bilden den Staat Samoa.

San Francisco, volkstümliche Abkürzung **Frisco,** Hafenstadt in Kalifornien, USA (746 000 Einwohner), auf der Landzunge zwischen Pazifischem Ozean und der Bucht von San Francisco.
➕ Wahrzeichen der Stadt ist die Golden Gate Bridge, mit 2,15 km eine der längsten Hängebrücken der Erde.

San José [saŋxo'se], Hauptstadt von Costa Rica in Mittelamerika (321 200 Einwohner).

Sankt Bernhard, zwei Alpenpässe: der Große Sankt Bernhard (2 469 m hoch) zwischen Martigny (Schweiz) und Aosta (Italien), der Kleine Sankt Bernhard (2 188 m hoch) zwischen Isèretal (Frankreich) und Aostatal (Italien).

Sankt Gallen, Kanton in der Nordschweiz (2 026 km^2; 447 600 Einwohner), der sich vom Bodensee nach Süden bis zum Kamm der Glarner Alpen erstreckt. Er ist ein Zentrum der Textilindustrie. Die gleichnamige Kantonshauptstadt (69 700 Einwohner) ist Bischofssitz und Universitätsstadt.
➕ Die im 8. Jh. gegründete Benediktinerabtei war im 9.–11. Jh. eine der bedeutendsten Pflegestätten deutscher Kunst (Buchmalerei) und Geisteskultur.

Sankt Gotthard, Pass in der Gotthardgruppe, Zentralschweiz, bis 2 108 m hoch, über den eine serpentinenreiche Passstraße führt.

Sankt Helena, britische Insel im Atlantischen Ozean vor der Küste des südlichen Afrika.
➕ Napoleon I. lebte hier 1815–21 als Verbannter.

Sankt-Lorenz-Strom, Strom im östlichen Nordamerika, Abfluss der Großen Seen (1 200 km lang). Er mündet mit einem breiten Trichter in den Sankt-Lorenz-Golf.

Sankt Petersburg, zweitgrößte Stadt Russlands, an der Mündung der Newa in den Finnischen Meerbusen gelegen (4,58 Mio. Einwohner). Ihr barock-klassizistisches Stadtbild gilt als das schönste Russlands. – Sankt Petersburg wurde 1703 von Peter dem Großen als neue Hauptstadt des Russischen Reiches und ›Fenster zum Westen‹ gegründet.
➕ Zwischen 1914 und 1924 hieß die Stadt Petrograd, anschließend bis 1991 Leningrad.

San Marino, Republik innerhalb Italiens, südlich von Rimini (61 km^2; 26 000 Einwohner). Wirtschaftliche Grundlagen sind Fremdenverkehr und Briefmarkenverkauf.
➕ Der Überlieferung nach wurde San Marino im 4. Jh. von verfolgten dalmatinischen Christen unter Führung eines Steinmetzen namens Marinus (heiliger Marinus) gegründet.

San Salvador, Hauptstadt von El Salvador in Mittelamerika (422 600 Einwohner).

Sansibar, zu Tansania gehörende Insel vor der Ostküste Afrikas (1 660 km^2).

Santiago de Chile [- 'tʃile], Hauptstadt von Chile (4,66 Mio. Einwohner).

Santo Domingo, Hauptstadt der Dominikanischen Republik (2,1 Mio. Einwohner).
➕ Santo Domingo wurde 1496 gegründet und ist damit die erste dauernd bewohnte Siedlung auf amerikanischem Boden.

Saône [so:n], größter Nebenfluss der Rhône in Frankreich (482 km lang), entspringt in Lothringen und mündet in Lyon.

São Paulo [sau̯m'pau̯lu], größte Stadt (10,2 Mio. Einwohner) und wichtigstes Industriezentrum Brasiliens; 50 km vom Atlantischen Ozean entfernt.

São Tomé und Principe [sau̯tu'mɛ -], Inselstaat in Westafrika im Golf von Guinea (964 km^2; 166 000 Einwohner); Hauptstadt: São Tomé. – Die Inseln gehörten zu Portugal und wurden 1975 als Republik unabhängig.

Sarajevo, Hauptstadt von Bosnien und Herzegowina, einer ehemaligen Teilrepublik Jugoslawiens (402 000 Einwohner). Die Stadt war im jugoslawischen Bürgerkrieg hart umkämpft.
➕ Die Ermordung des österreichischen Thronfolgers Franz Ferdinand am 28. Juni 1914 im damals österreichischen Sarajevo löste den Ersten Weltkrieg aus.

Sardinien, zweitgrößte italienische Insel im Mittelmeer (23 813 km²). Sardinien ist buchtenreich und gebirgig (bis 1 834 m hoch). Die Hauptstadt Cagliari liegt im Süden der Insel. An den Küsten, vor allem an der Costa Smeralda, bedeutender Tourismus.

Saudi-Arabien, Königreich in Vorderasien, das den größten Teil der Arabischen Halbinsel umfasst (2,24 Mio. km²; 23,7 Mio. Einwohner); Hauptstadt: Riad. Weite Gebiete sind Wüsten und Wüstensteppen. Grundlage der Wirtschaft ist das Erdöl, von dem das Land die vermutlich größten Vorräte der Erde besitzt.

➕ In Saudi-Arabien liegen die bedeutenden islamischen Pilgerstädte Medina und Mekka.

Sauerland, Nordostteil des Rheinischen Schiefergebirges, Erholungsgebiet für die Bevölkerung des Ruhrgebiets.

Savoyen, geschichtliche Landschaft in den französischen Alpen.

Schaffhausen, Stadt und Kanton in der Nordschweiz. Der Kanton liegt am Rhein zwischen Schwarzwald, Schwäbischer Alb und Schweizer Mittelland (299 km²; 73 400 Einwohner). Die Stadt Schaffhausen (34 100 Einwohner) liegt oberhalb des rund 20 m hohen und 150 m breiten Rheinfalls.

Schanghai, größte Industrie- und Hafenstadt in der Volksrepublik China am Ostchinesischen Meer (13 Mio. Einwohner).

➕ 2001 wurde mit dem Bau einer 30 km langen Strecke für den Transrapid zum Flughafen Pudong begonnen.

Schatt el-Arab, der gemeinsame Mündungsstrom von Euphrat und Tigris, der bei Fao in den Persischen Golf mündet.

Schelde, Hauptfluss im mittleren Belgien (355 km lang). Er entspringt in Nordfrankreich und mündet in den Niederlanden in die Nordsee.

Schlesien, Gebiet im östlichen Mitteleuropa, beiderseits der oberen und mittleren Oder. Die Gebiete östlich von Oder und Neiße kamen nach dem Zweiten Weltkrieg zu Polen, die westlichen zu Sachsen.

Schleswig-Holstein, nördlichstes Land der Bundesrepublik Deutschland (15 764 km²; 2,78 Mio. Einwohner); Hauptstadt: Kiel. Das Land nimmt den südlichen Teil der Halbinsel Jütland zwischen Nord- und Ostsee ein und hat Halligen und Inseln (Helgoland, Nordfriesische Inseln, Fehmarn). Bedeutend ist die Landwirtschaft. Industrie ist vor allem in den südlichen Landesteilen zu finden. Eine große Rolle spielt der Fremdenverkehr an der Küste und auf den Inseln.

Schottland, nördlicher Teil der britischen Hauptinsel; ehemals ein selbstständiges Königreich.

Schwäbische Alb, aus flach geneigten Kalkschichten aufgebautes Mittelgebirge in Südwestdeutschland, das sich 220 km lang und 40 km breit vom Hochrhein nach Nordosten erstreckt. Die Alb ist durchschnittlich 500–900 m hoch. Höchste Erhebung ist der Lemberg (1 015 m) im Südwesten.

Schwarzes Meer, östliches Nebenmeer des Europäischen Mittelmeeres, das durch Bosporus, Marmarameer und Dardanellen mit dem Mittelmeer verbunden ist.

Schwarzwald, Mittelgebirge in Südwestdeutschland, steil aus dem Oberrheinischen Tiefland aufsteigend und langsam nach Osten abfallend. Die höchsten Erhebungen (Feldberg, 1 493 m; Herzogenhorn, 1 415 m) liegen im Südschwarzwald.

Schweden, Königreich im Osten der Skandinavischen Halbinsel (449 964 km²; 9,01 Mio. Einwohner); Hauptstadt: Stockholm. Das südschwedische fruchtbare Tiefland geht über in ein bis zu 400 m hohes Hügelland, dem sich nach Norden die Mittelschwedische Senke mit zahlreichen Seen anschließt. Das Skandinavische Gebirge fällt nach Südosten sanft ab. Ein Teil des Landes liegt nördlich des Polarkreises. Im Norden ist das Klima durch trockene, warme Sommer und schneereiche, sehr kalte Winter gekennzeichnet. Der Süden hat gemäßigte Temperaturen. Wirtschaftlich bedeutend sind im Süden Land- und Viehwirtschaft, im Norden Forstwirtschaft. Auf dem Bergbau (Eisenerz) beruht eine hoch entwickelte Eisen-und-Stahl-Industrie.

Schweiz, Republik im Südwesten Mitteleuropas (41 285 km²; 7,46 Mio. Einwohner); Hauptstadt: Bern. Das Land ist gebirgig und liegt zur Hälfte über 1 000 m hoch. Im Nordosten erstreckt sich der Schweizer Jura. Das Mittelland zwischen Jura und Alpen ist von Flusstälern zerschnittenes, bis 1 000 m hohes Hügelland. Die Schweizer Alpen sind durch große Talzüge (Rhein, Rhône) stark zergliedert. Höchste Erhebung ist die Dufourspitze (Monte Rosa, 4 634 m) in den Walliser Alpen. Die Schweiz ist reich an Seen (Zürichsee, Neuenburger See, Vierwaldstätter See, Anteil an Bodensee und Genfer See). Hier werden vier verschiedene Sprachen gesprochen: Französisch im Westen und Südwesten, Deutsch im Mitteland und im größten Teil der Alpen, Italienisch im Süden (Tessin) und Rätoromanisch im Südosten (Graubünden). Die Schweiz ist heute in erster Linie Industrieland (vor allem chemische Industrie, Uhrenindustrie) und internationales Finanzzentrum. Die landwirtschaftliche Anbaufläche geht zurück. Hoch entwickelt ist die Milchwirtschaft.

Die Schweiz hat sich aus einem losen Bund freier Bauerngemeinschaften und Städte entwickelt (↑ Schweizerische Eidgenossenschaft, Kapitel 2). Sie blieb in beiden Weltkriegen neutral.

Schwerin, Hauptstadt von Mecklenburg-Vorpommern (102 900 Einwohner).

Schwyz [...iː...], Kanton in der deutschsprachigen Schweiz (908 km²; 129 600 Einwohner) mit dem gleichnamigen Hauptort (14 000 Einwohner), einer der drei Urkantone. Er erstreckt sich im Alpenvorland zwischen Vierwaldstätter See und Zürichsee.

Seealpen, Meeralpen, französisch **Alpes Maritimes,** Teil der Westalpen in Frankreich und Italien, zwischen dem Golf von Genua und oberer Durance, in der Punta Argentera 3 297 m hoch.

Seeland, größte Insel Dänemarks, mit der Hauptstadt Kopenhagen, durch den Sund von Schweden getrennt (7026 km², 2,14 Mio. Einwohner); fruchtbar; Landwirtschaft.

Senegal, Republik in Westafrika am Atlantischen Ozean (196 722 km²; 10,6 Mio. Einwohner); Hauptstadt: Dakar. Senegal umfasst den Großteil des Küstentieflandes an den Flüssen Senegal und Gambia; im hat es Anteil an der Sahelzone. Wirtschaftliche Grundlagen sind Landwirtschaft, Fischerei und Tourismus. – Die ehemals französische Kolonie wurde 1960 unabhängig.

Seoul [sʌˈul], Hauptstadt von Süd-Korea (10,3 Mio. Einwohner), Austragungsort der Olympischen Sommerspiele 1988.

Serbien, Republik in Südosteuropa (88 361 km²; 9,9 Mio. Einwohner); Hauptstadt: Belgrad. Das Gebiet umfasst auch die Provinz Wojwodina. Das größtenteils gebirgige Land am Zusammenfluss von Donau, Theiß, Save und Morava ist reich an Bodenschätzen (Kupfer, Zink, Eisenerze). $^2/_3$ der landwirtschaftlichen Nutzfläche sind Ackerböden, $^1/_4$ Weideland.

Nach dem Zerfall ↑ Jugoslawiens (Kapitel 1) schlossen sich Serbien und Montenegro 1992 zum Reststaat Jugoslawien zusammen. Anfang 2003 wurde ›Restjugoslawien‹ mit der Verabschiedung einer neuen Verfassung aufgelöst und der neue Staat Serbien und Montenegro gebildet.

Der Staatenbund Serbien und Montenegro wurde durch die Unabhängigkeitserklärung Montenegros 2006 aufgelöst. Die verbliebene Republik Serbien musste 2008 auch die Unabhängigkeitserklärung seiner Provinz Kosovo hinnehmen.

Serengeti, Hochfläche im Norden Tansanias in Ostafrika. Der Serengeti-Nationalpark ist eines der wildreichsten Gebiete Afrikas.

Sevilla [seˈβiʎa], Stadt in Südspanien, kultureller und wirtschaftlicher Mittelpunkt Andalusiens (701 900 Einwohner). 1992 fand hier die Weltausstellung statt.

⊕ Wahrzeichen der Stadt ist der 93 m hohe Glockenturm ›Giralda‹, ein ehemaliges Minarett.

Seychellen [zɛʃ...], Inselstaat im Indischen Ozean nördlich von Madagaskar (445 km²; 79 000 Einwohner); Hauptstadt: Victoria. Die größte der über 80 zum Teil gebirgigen Inseln ist Mahé. Im tropischen Klima gedeihen Kokospalmen, Zimt, Vanille und Tee; bedeutend ist auch der Fremdenverkehr. – Die Seychellen wurden 1976 von Großbritannien unabhängig.

Shetlandinseln [ˈʃetlənd...], zu Großbritannien gehörende Inselgruppe nördlich von Schottland (1 438 km²; 22 800 Einwohner). Von den rund 100 Inseln sind nur zwölf bewohnt. In der Nähe wird Erdöl gefördert.

Sibirien, der größte Teil des asiatischen Staatsgebiets Russlands, flächenmäßig etwa so groß wie Europa. Sibirien gliedert sich in das Westsibirische Tiefland (zwischen Uralgebirge und Jenissej), das Mittelsibirische Bergland, das Nordostsibirische Gebirgsland (2 500–3 500 m hoch) und die Gebirge Südsibiriens (von Altai bis Stanowoj). Das Klima ist extrem kontinental. Der größte Teil des Bodens ist ständig gefroren und taut im Sommer nur oberflächlich auf. Der Norden und Nordosten sind fast menschenleer. Sibirien ist reich an Bodenschätzen (u. a. Erdöl- und Erdgas, Kohle, Eisen, Diamanten).

➕ Seit dem 16. Jh. wurde Sibirien, das bis dahin zum Mongolenreich gehörte, ins Russische Reich eingegliedert. Seit dem 18. Jh. wurden Verbrecher und politische Gegner des Zarismus bzw. des Sowjetregimes nach Sibirien verbannt.

Siebengebirge, kleines Gebirge südöstlich von Bonn zwischen Kölner Bucht und Westerwald mit mehreren bewaldeten Kuppen aus vulkanischem Gestein; bekannt sind vor allem Petersberg und Drachenfels.

Sierra Leone, Republik in Westafrika am Atlantischen Ozean (71 740 km^2; 5,6 Mio. Einwohner); Hauptstadt: Freetown. Das Land gliedert sich in die Küstenebene und das Savannenhochland im Inneren. Das Klima ist tropisch mit Sommerregen. Wirtschaftsgrundlagen sind Landwirtschaft und Bergbau (Diamanten). – Das Gebiet gehörte größtenteils zu Großbritannien und wurde 1971 unabhängig.

Sierra Nevada [spanisch ›verschneites Gebirge‹], zum einen Gebirge in Südspanien mit den höchsten Erhebungen der Iberischen Halbinsel (Mulhacén 3 478 m), zum anderen Gebirgskette der Kordilleren im Westen der USA mit Höhen bis über 4 000 m.

Simbabwe, Republik im südlichen Afrika (390 757 km^2; 13,8 Mio. Einwohner); Hauptstadt: Harare. Der größte Teil des Binnenstaats ist Hochland, der Osten wird von einem über 2 000 m hohen Randgebirge beherrscht. Simbabwe gehört zu den am stärksten industrialisierten Ländern Afrikas. Große wirtschaftliche Bedeutung hat der Bergbau. – Das ehemals britische Gebiet erklärte sich 1965 als Rhodesien unter weißer Herrschaft für unabhängig. 1980 wurde nach jahrelangem Guerillakrieg eine von Schwarzen geführte Regierung gewählt.

Sinai, zu Ägypten gehörende Halbinsel im Norden des Roten Meeres zwischen den Golfen von Suez und Akaba. Das wüstenhafte Gebiet war zeitweise von israelischen Truppen besetzt.

➕ Im Alten Testament empfing Moses auf dem Berg Sinai (auch Horeb genannt) von Gott die Zehn Gebote.

Singapur, Stadtstaat in Südostasien am Südende der Malaiischen Halbinsel (648 km^2; 4,2 Mio. Einwohner, darunter etwa 77 % Chinesen). Singapur ist hoch industrialisiert, sein Hafen ist einer der größten der Erde. – Das ehemals britische Gebiet wurde 1963 unabhängig.

Sizilien, die größte Insel Italiens und des Mittelmeeres (25 426 km^2; 5,1 Mio. Einwohner). Die Hauptstadt Palermo liegt an der Nordküste. Die Insel ist vorwiegend gebirgig mit schmalen Küstenebenen. An der Ostseite erhebt sich der noch tätige Vulkan Ätna (3 350 m).

Skandinavien, Teil Nordeuropas, im engeren Sinn die Skandinavische Halbinsel mit Norwegen und Schweden. Im weiteren Sinn zählen auch Dänemark und Finnland sowie Island und die Färöer zu Skandinavien.

Slowakische Republik, Republik in Mitteleuropa (rund 49 034 km^2; 5,4 Mio. Einwohner); Hauptstadt: Bratislava (deutsch Preßburg). Das Land umfasst große Teile der Westkarpaten, fruchtbares Tiefland nördlich der Donau und einen Teil des von der Theiß durchflossenen Tieflands im Osten. – Die Slowakische Republik entstand zum 1. 1. 1993 mit der Auflösung der Tschechoslowakei.

Slowenien, Republik im Norden des ehemaligen jugoslawischen Staatsgebiets (20 256 km^2; 2 Mio. Einwohner); Hauptstadt: Ljubljana (deutsch Laibach). Slowenien umfasst die südöstlichen Alpen- und Karstlandschaften und ist fast zur Hälfte mit Wald bedeckt. Industrie und Landwirtschaft sind hoch entwickelt. – Slowenien erklärte 1991 seine Unabhängigkeit.

Sofia, Hauptstadt von Bulgarien (1,2 Mio. Einwohner).

Solothurn, Kanton im Nordwesten der Schweiz (791 km^2; 243 900 Einwohner); Hauptort: Solothurn (15 300 Einwohner). Die Nordhälfte des Kantons gehört zum Jura, der Süden greift über das Aaretal ins Mittelland hinein. Bedeutend ist die Uhrenindustrie.

Somalia, Republik in Ostafrika an der Küste des Golfs von Aden und des Indischen Ozeans (637 657 km^2; 11,9 Mio. Einwohner); Hauptstadt: Mogadischu. Das Land erreicht im Norden Höhen über 2 000 m und fällt steil zur Küste ab. Weite Teile Somalias sind Busch- und Trockensavanne. – Das früher zu Großbritannien und Italien gehörende Land wurde 1960 unabhängig. Seit den 1980er-Jahren

Geografie

wird es durch einen Bürgerkrieg zwischen rivalisierenden Stammesgruppen erschüttert.

Sowjetunion, ehemaliger Staat in Osteuropa und Nordasien (22,4 Mio. km^2; 1990: 288,6 Mio. Einwohner). Hauptstadt war Moskau (auch ⇒ Kapitel 1).

Spanien, Königreich in Südwesteuropa, das den größten Teil der Iberischen Halbinsel einnimmt (504 750 km^2; 43,7 Mio. Einwohner); Hauptstadt: Madrid. Zu Spanien gehören die Balearen und die Kanarischen Inseln. Das Innere Spaniens besteht aus dem Hochland von Kastilien, das von Gebirgen durchzogen wird. Grenzgebirge gegen Frankreich im Norden sind die Pyrenäen. Das Klima ist im Nordwesten sehr feucht, an der Ost- und Südküste mittelmeerisch, im Innern trocken. Die Hochflächen sind das Hauptgebiet des Getreide- und Weinbaus, im Süden auch der Olivenkulturen. Auf großen Bewässerungsflächen werden im Osten und Südosten vor allem Obst und Gemüse angebaut. Der Bergbau ist Grundlage einer breit gefächerten Industrie. Einer der wichtigsten Wirtschaftszweige ist der Fremdenverkehr. – Nach dem Spanischen Bürgerkrieg (1936–39) wurde das Land unter General Franco Bahamonde diktatorisch regiert. Nach dessen Tod (1975) führten Reformen unter König Juan Carlos I. (* 1938) das Land zur Demokratie.

Spessart, deutsches Mittelgebirge zwischen Rhön und Odenwald, bis 586 m hoch (Geiersberg).

Spitzbergen, zu Norwegen gehörende Inselgruppe im Nordpolarmeer mit umfangreichen Kohlevorkommen.

Sri Lanka, Inselstaat im Indischen Ozean südöstlich von Indien (65 610 km^2; 20,7 Mio. Einwohner); Hauptstadt: Colombo. Die Insel ist größtenteils Flachland, der südliche Teil gebirgig (bis 2 500 m). In dem tropischen Monsunklima herrscht Plantagenwirtschaft vor (Tee, Kautschuk, Kokospalmen). – Das ehemals britische Ceylon wurde 1948 unabhängig; 1972 wurde es in Sri Lanka umbenannt. Rund 74 % der Bevölkerung sind Singhalesen (Buddhisten), 13 % Tamilen (Hindus); zwischen diesen Gruppen kam es seit Anfang der 1980er-Jahre bis 2009 zu blutigen Auseinandersetzungen.

Spanien Der Kybelebrunnen (18. Jh.) an der Plaza de la Cibeles gilt als Wahrzeichen der spanischen Hauptstadt Madrid. Die Mutter- und Vegetationsgöttin wird in einem Wagen von zwei Löwen gezogen. Im Hintergrund der Palacio de Comunicaciones (1918), die Hauptpost der Stadt.

Starnberger See, See im bayerischen Alpenvorland südwestlich von München (56,4 km^2 groß).

Steiermark, Bundesland im Südosten Österreichs (16 388 km^2; 1,2 Mio. Einwohner); Hauptstadt: Graz. Die Steiermark ist das waldreichste Land Österreichs (rund die Hälfte der Fläche ist waldbedeckt). Sie umfasst einen großen Teil der Ostalpen und das nach Süden vorgelagerte Hügelland bis zur slowenischen Grenze. Wirtschaftliche Grundlagen sind Industrie und Bergbau (z. B. Eisenerz).

Stettin, polnisch Szczecin, Stadt in Polen (419 000 Einwohner), an der Oder vor ihrer Mündung ins Stettiner Haff, der größten Meeresbucht der Ostsee. – Die Stadt fiel 1720 an Preußen, seit 1945 ist sie polnisch.

Stiller Ozean, der Pazifische Ozean.

Stockholm, Hauptstadt von Schweden, Residenz des Königs und bedeutendste Industriestadt des Landes (711 100 Einwohner).

Straßburg, Stadt in Frankreich, geistiger und wirtschaftlicher Mittelpunkt des Elsass (252 300 Ein-

Stu   Geografie

wohner); Sitz des Europäischen Parlaments, des Europarats und des Europäischen Gerichtshofs für Menschenrechte. Die Altstadt wird durch das gotische Straßburger Münster überragt, einen der mächtigsten Bauten des Mittelalters.

Stuttgart, Hauptstadt von Baden-Württemberg (582 400 Einwohner), in einem kesselartigen Tal gelegen.

Sucre, verfassungsmäßige Hauptstadt Boliviens (193 400 Einwohner); Regierungssitz ist La Paz.

Südafrika, Republik im Süden des afrikanischen Kontinents (1,22 Mio. km^2; 43,7 Mio. Einwohner); Hauptstadt: Tshwane. Das Land ist im Innern eine Hochfläche mit einzelnen Bergkuppen, steigt zu den Drakensbergen auf 1 800 m an und fällt steil zur Küstenebene ab. Das Klima ist subtropisch. Südafrika ist das am stärksten industrialisierte Land Afrikas. Wichtigste Bodenschätze sind Gold, Diamanten, Kohle und Uran. Kernland Südafrikas ist die 1652 als niederländische Siedlung entstandene Kapprovinz, die 1806 von den Briten erobert wurde. 1910 entstand das Kolonialgebiet ›Südafrikanische Union‹, das 1961 unabhängig wurde. Die schwarze Bevölkerungsmehrheit (rund 70 %) wurde durch die weiße Minderheit unterdrückt (Politik der Apartheid). Erst 1994 trat eine neue Verfassung in Kraft, die allen Bürgern gleiche Rechte einräumt; mit Nelson Mandela wurde erstmals ein schwarzer Präsident (1994–99) gewählt.

Sudan, Republik in Nordostafrika am Oberlauf des Nils, flächenmäßig der größte Staat Afrikas (2,5 Mio. km^2; 35,8 Mio. Einwohner); Hauptstadt: Khartoum. Sudan umfasst den Ostteil der Sahelzone und hat Anteil an der Sahara. Wirtschaftlich vorherrschend ist die Landwirtschaft. Die wenig entwickelte Industrie verarbeitet überwiegend landwirtschaftliche Produkte. – Sudan, das von Ägypten und Großbritannien gemeinsam verwaltet wurde, erhielt 1956 die Unabhängigkeit. Seit den 1980er-Jahren wird das Land durch einen Bürgerkrieg erschüttert.

Sudeten, waldreiches Mittelgebirge in der Tschechischen Republik, Polen und Deutschland; höchste Erhebung ist die Schneekoppe (1 602 m) im Riesengebirge.

Südsee, der Teil des Pazifischen Ozeans, der die Inseln Ozeaniens umfasst.

Südtirol, Landschaft in Norditalien, ursprünglich der Südteil Tirols südlich des Brenners. Heute ist Südtirol Teil der italienischen Region Trentino-Südtirol, die im Hinblick auf die dort lebende starke deutschsprachige Minderheit mit Selbstverwaltungsrechten ausgestattet ist.

Südwestafrika, ↑ Namibia.

Suezkanal, Seeschifffahrtskanal in Ägypten, 195 km lang, der das Mittelmeer mit dem Roten Meer verbindet. Er wurde 1859–69 unter der Leitung des französischen Ingenieurs Ferdinand de Lesseps (* 1805, † 1894) erbaut.

🞤 Nach der Verstaatlichung des Kanals durch die ägyptische Regierung 1956 kam es zur ↑ Suezkrise (Kapitel 1).

Suriname, Republik an der Nordostküste Südamerikas, im Bergland von Guayana (163 265 km^2; 437 000 Einwohner); Hauptstadt: Paramaribo. Das Land ist größtenteils von tropischem Regenwald bedeckt; es hat reiche Bauxitvorkommen. – Die niederländische Kolonie Niederländisch-Guayana wurde 1975 als Surinam unabhängig.

Swasiland, Königreich auf der Ostseite des südafrikanischen Hochlands (17 364 km^2; 1,1 Mio. Einwohner); Hauptstadt: Mbabane. Das Land besteht größtenteils aus Savanne. – Das ehemals britische Gebiet erlangte 1968 die Unabhängigkeit.

Sydney [ˈsɪdnɪ], älteste und größte Stadt und bedeutendstes Industriezentrum Australiens (4 Mio. Einwohner). – Sydney wurde 1788 als britische Sträflingssiedlung gegründet.

🞤 Wahrzeichen der Stadt ist das 1973 eröffnete Opernhaus.

Sylt, größte und nördlichste der Nordfriesischen Inseln, durch den ›Hindenburgdamm‹, einen Eisenbahndamm, mit dem Festland verbunden. Hauptort ist Westerland.

Syrien, Republik in Vorderasien (185 180 km^2; 18,1 Mio. Einwohner); Hauptstadt: Damaskus. Der Westen ist gebirgig (Antilibanon, Hermongebirge). Im Osten liegen Ebenen und Tafelländer, die im Norden vom Euphrat und seinen Nebenflüssen durchzogen werden. Der größte Teil des Landes ist Wüste und Wüstensteppe. Syrien zählte zu den entschiedensten Gegnern der israelischen Staatsgründung.

Geografie

Tadschikistan, Republik in Zentralasien (143 100 km²; 6,4 Mio. Einwohner); Hauptstadt: Duschanbe. Das Land hat Anteil an den höchsten Gebirgen der Erde (Pamir, Tienshan, Alai). Wichtigster Wirtschaftszweig ist die Landwirtschaft (Baumwolle). – Tadschikistan war Teil der Sowjetunion und erklärte 1991 seine Unabhängigkeit.

Tahiti, zu Frankreich gehörende vulkanische Insel im Pazifischen Ozean (Polynesien); Hauptstadt ist Papeete.

Der Maler Paul Gauguin, der 1891–93 und 1895 bis 1901 auf Tahiti lebte, hielt in zahlreichen Bildern seine Eindrücke vom Leben auf der Insel fest.

Taiwan, Staat in Ostasien, auf der Insel Taiwan (früher Formosa) und einigen anderen Inseln vor der südostchinesischen Küste (36 182 km²; 22,8 Mio. Einwohner); Hauptstadt: Taipeh. Die Insel wird von einem bis 4 000 m hohen Gebirge durchzogen. Sie ist stark industrialisiert und verstädtert. – Die von den Kommunisten vom Festland vertriebene Kuomintang-Regierung unter Marschall Chiang Kai-shek rief 1950 auf Taiwan die ›Republik China‹ (Nationalchina) aus.

Tajo ['taxo], portugiesisch **Tejo,** längster Strom der Iberischen Halbinsel (1 007 km lang). Er entspringt östlich von Madrid und mündet bei Lissabon in den Atlantischen Ozean.

Tanganjikasee, lang gestreckter See im Zentralafrikanischen Graben, 34 000 km² groß und bis zu 1 435 m tief.

Tansania, Republik in Ostafrika am Indischen Ozean (945 087 km²; 37,1 Mio. Einwohner); Hauptstadt: Dodoma (bis 1973: Daressalam). An das hügelige Küstengebiet schließen sich Savannenhochflächen an. Höchste Erhebung ist der Kilimandscharo (5 895 m). Das Klima ist an der Küste heiß, im Hochland gemildert. – Tansania entstand 1964 durch Zusammenschluss der Inseln Sansibar und Pemba mit dem Gebiet Tanganjika auf dem Festland, das bis zum Ersten Weltkrieg deutsches Kolonialgebiet war.

Tatra, höchster Gebirgszug der Westkarpaten. Höchste Erhebung ist die Gerlsdorfer Spitze (2 655 m) in der Hohen Tatra.

Tauern, Gebirgszug der Ostalpen in Österreich. Die Hohen Tauern (höchster Gipfel: Großglockner, 3 798 m) sind stark vergletschert. Die nordöstliche Fortsetzung bilden die Niederen Tauern (höchster Gipfel: Hochgolling, 2 863 m).

Taunus, Mittelgebirge in Hessen, der südöstliche Teil des Rheinischen Schiefergebirges. Höchste Erhebung ist der Große Feldberg (880 m).

Tegernsee, See in den bayrischen Alpen südlich von München (8,9 km² groß, bis 72 m tief); am Ostufer liegt der gleichnamige Ort.

Tegucigalpa, Hauptstadt von Honduras (769 900 Einwohner).

Teheran, Hauptstadt von Iran und größte Stadt Vorderasiens (6,76 Mio. Einwohner).

Tejo ['tɛʒu], ↑ Tajo.

Tel Aviv-Jaffa, Hafenstadt in Israel am Mittelmeer (366 900 Einwohner), das wirtschaftliche Zentrum Israels.

Teneriffa, größte der zu Spanien gehörenden Kanarischen Inseln; Hauptort ist Santa Cruz.

Tessin, südlichster Kanton der Schweiz (2 812 km²; 308 500 Einwohner), überwiegend italienischsprachig; Hauptort: Bellinzona. Der größte Teil des Kantons wird von den Tessiner Alpen eingenommen mit Höhen über 3 000 m. Bedeutend ist der Fremdenverkehr (vor allem um Lugano, Locarno, Ascona).

Teutoburger Wald, lang gestreckter Höhenzug in Nordwestdeutschland (bis 446 m hoch).

Nach den ›Annalen‹ des Tacitus fand 9 n. Chr. im Teutoburger Wald die berühmte Schlacht statt, in der Arminius die Römer unter Varus vernichtend schlug.

Texas, der (nach Alaska) zweitgrößte Staat der USA, am Golf von Mexiko (20 Mio. Einwohner). Er erstreckt sich von der Küstenebene über die Great Plains bis zu den Ausläufern der Rocky Mountains. Texas verfügt über große Erdöl- und Erdgasvorkommen. Bedeutende Städte sind Houston, Dallas und Austin.

Thailand, Königreich am Golf von Siam in Hinterindien (513 115 km²; 64,8 Mio. Einwohner); Hauptstadt: Bangkok. Kerngebiet ist die fruchtbare Ebene des Menam. Im Süden hat Thailand einen fast 1 000 km langen Anteil an der Malaiischen Halbinsel. Das Klima ist tropisch (Monsune). Wichtigste Wirtschaftszweige sind Landwirtschaft und Fremdenverkehr. – Das seit Jahrhunderten selbstständige Königreich hieß bis 1939 Siam.

Themse, längster Fluss Englands (346 km lang), mündet östlich von London in die Nordsee.

Thurgau, Kanton in der Nordschweiz (991 km^2, 227 300 Einwohner); überwiegend deutschsprachig. Hauptort ist Frauenfeld (20 000 Einwohner). Am Bodensee spielen Obstbau und Fremdenverkehr eine große Rolle.

Tibet Der Potala-Palast in Lhasa war bis 1959 die Residenz des Dalai-Lama.

Thüringen, Freistaat Thüringen, deutsches Bundesland (16 172 km^2; 2,5 Mio. Einwohner); Hauptstadt: Erfurt. Thüringen liegt im Bereich der deutschen Mittelgebirge und umfasst das fruchtbare Thüringer Becken und den Thüringer Wald mit dem Frankenwald. In Thüringen liegen die Städte Eisenach und Weimar sowie die Wartburg.

Tiber, Fluss in Mittelitalien (405 km lang), der im Apennin entspringt, Rom durchfließt und bei Ostia ins Tyrrhenische Meer mündet.

Tibet, Gebiet mit Selbstverwaltungsrechten in der Volksrepublik China (1,23 Mio. km^2; 2,52 Mio. Einwohner); Hauptstadt: Lhasa. Tibet ist die höchstgelegene Landmasse der Erde (durchschnittlich 4 000 m hoch). Es liegt zwischen Kunlun, Himalaja, Karakorum und dem Osttibetisch-Chinesischen Bergland. – Tibet stand seit dem 11. Jh. unter dem prägenden Einfluss des ↑ Lamaismus (Kapitel 8). 1951 wurde es von China besetzt. Der Dalai-Lama, das politische und geistliche Oberhaupt des Lamaismus, floh 1959 nach Aufständen gegen die chinesische Herrschaft nach Indien.

Tiflis, georgisch **Tbilissi,** Hauptstadt von Georgien östlich des Schwarzen Meeres (1,07 Mio. Einwohner).

Tigris, der wasserreichste Strom Vorderasiens (1 950 km lang). Er entspringt in der Türkei, durchfließt Irak und bildet mit dem Euphrat den Schatt el-Arab.

Tirana, Hauptstadt von Albanien (472 000 Einwohner).

Tirol, österreichisches Bundesland im Westen des Landes (12 647 km^2; 668 300 Einwohner); Hauptstadt: Innsbruck. Tirol, Österreichs wichtigstes Fremdenverkehrsland, ist ein Hochgebirgsland zwischen Deutschland und Italien und umfasst einen zentralen Teil der Alpen. Hauptsiedlungsgebiet und Wirtschaftszentrum ist das Inntal.

Titicacasee, zu Bolivien und Peru gehörender See im Hochland Südamerikas (auf 3 812 m Höhe), der größte Hochlandsee der Erde (8 300 km^2).

Titisee, See im südlichen Schwarzwald nordöstlich des Feldbergs (1,3 km^2, bis 40 m tief).

Togo, Republik in Westafrika am Golf von Guinea (56 785 km^2; 5,2 Mio. Einwohner); Hauptstadt: Lomé. Das Land ist ein schmaler, langer Landstreifen und wird großenteils von Savannen eingenommen. Haupterwerbszweige sind Landwirtschaft und Phosphatabbau. – Togo war 1884–1918 deutsche Kolonie, danach französisches Treuhandgebiet und wurde 1960 unabhängig.

Tokio, Hauptstadt Japans auf der Insel Honshū (8,3 Mio. Einwohner), einer der wichtigsten internationalen Finanzplätze. Die Stadt, die bis dahin Edo hieß, wurde 1868 unter dem heutigen Namen Hauptstadt Japans und 1869 kaiserliche Residenz.

Tonga, Königreich und Inselgruppe (Tongainseln, Freundschaftsinseln) im südlichen Pazifischen

Ozean (748 km²; 102 000 Einwohner); Hauptstadt: Nuku'alofa.

Toskana, Region und historische Landschaft in Mittelitalien mit der Hauptstadt Florenz. Die Toskana ist eines der beliebtesten Fremdenverkehrsgebiete Europas; bei Carrara wird Marmor gebrochen.

Totes Meer, abflussloser Mündungssee des Jordangrabens an der israelisch-jordanischen Grenze, 1 020 km² groß, 403,5 m unter dem Meeresspiegel. Der Salzgehalt ist mit 26,3 % extrem hoch.

Trinidad und Tobago, Inselrepublik vor der Nordwestküste Südamerikas (5 128 km²; 1,3 Mio. Einwohner); Hauptstadt: Port of Spain. Die Inseln verfügen über reiche Erdöl-, Erdgas- und Asphaltvorkommen. Ehemals britisch, wurden sie 1962 unabhängig.

Tripolis, Hauptstadt von Libyen am Mittelmeer (1,3 Mio. Einwohner).

Tschad, Republik im Norden Zentralafrikas (1,284 Mio. km²; 8,5 Mio. Einwohner); Hauptstadt: N'Djamena. Das Land erstreckt sich von der Sahara im Norden bis zur Feuchtsavanne im Süden, wo Ackerbau möglich ist. – Das ehemals französische Kolonialgebiet wurde 1960 unabhängig.

Tschechische Republik, Tschechien, Staat in Mitteleuropa (78 866 km², 10,3 Mio. Einwohner); Hauptstadt: Prag. Das aus den historischen Landschaften Böhmen und Mähren bestehende Gebiet ist im Innern in Hügelländer und plateauartige, flachwellige Hochländer gegliedert. – Die Tschechische Republik entstand zum 1. 1. 1993 mit der Auflösung der Tschechoslowakei.

Tschechoslowakei ⇒ Kapitel I.

Tshwane, ↑ Pretoria

Tunesien, Republik in Nordafrika, am Mittelmeer (163 610 km²; 10,1 Mio. Einwohner); Hauptstadt: Tunis. Der Nordteil des Landes hat Mittelmeerklima, südlich des Atlasgebirges herrscht Steppen- und Wüstenklima. Der Fremdenverkehr ist bedeutend. Wichtigste Bodenschätze sind Phosphat, Erdöl und Erdgas. – Tunesien, das zum französischen Kolonialgebiet gehörte, wurde 1956 unabhängig.

Turin, Handels- und Industriestadt in Oberitalien am Po (867 900 Einwohner); wichtig ist der Kraftfahrzeugbau.

Türkei, Republik in Südosteuropa und Vorderasien (779 452 km²; 74,2 Mio. Einwohner); Hauptstadt: Ankara. Die Türkei gliedert sich in einen europäischen (23 600 km² nördlich des Bosporus) und einen weit größeren asiatischen Teil; dieser umfasst vor allem die Halbinsel Kleinasien (Anatolien), ein steppenhaftes, von Gebirgen umrahmtes Hochland. Die Küste des Ägäischen Meers ist stark gegliedert. Das Klima ist im Innern trocken, an der Küste feuchter. Haupterwerbszweig ist die Landwirtschaft (Getreide, Oliven, Baumwolle, Obst und Gemüse). Der Bergbau fördert Kohle, Eisenerz, Chrom und Kupfer. Die Industrie wird ausgebaut.

Die Türkei in ihrer heutigen Gestalt entstand nach dem Ersten Weltkrieg aus dem Osmanischen Reich. 1923 wurde die Republik ausgerufen. Ihr erster Präsident, Mustafa Kemal Pascha, genannt Kemal Atatürk, begann die Umgestaltung der Türkei zu einem modernen Staat nach westeuropäischem Muster.

Turkmenistan, Republik in Mittelasien östlich des Kaspischen Meers (488 100 km²; 4,5 Mio. Einwohner); Hauptstadt: Aschchabad. Turkmenistan grenzt im Süden an Iran und Afghanistan und wird größtenteils von Sandwüsten eingenommen. In der Industrie dominieren Erdgasgewinnung und Erdölförderung. – Das ehemals zur Sowjetunion gehörende Land erklärte 1991 seine Unabhängigkeit.

Tuvalu, Inselstaat im südlichen Pazifischen Ozean (26 km²; 11 000 Einwohner); Hauptstadt: Vaiaku (auf Funafuti). Er umfasst die neun Atolle der Ellice-Inseln, 4 000 km nordöstlich von Australien. – Die ehemals britischen Inseln wurden 1978 unabhängig.

Uganda, Republik im ostafrikanischen Hochland (241 038 km²; 26,2 Mio. Einwohner); Hauptstadt: Kampala. Das überwiegend mit Savanne bedeckte Land wird im Westen vom Ruwenzori (5 119 m), im Osten vom Vulkan Mount Elgon (4 321 m) überragt. Hauptwirtschaftszweig ist die Landwirtschaft. – Die britische Kolonie wurde 1962 unabhängig.

Ukraine, Republik in Osteuropa am Nordufer des Schwarzen Meeres (603 700 km²; 46,7 Mio. Einwohner); Hauptstadt: Kiew. Die Ukraine umfasst den Südwesten des Osteuropäischen Flachlands und die Halbinsel Krim. Hauptstrom ist der Dnjepr. Die Landwirtschaft ist hoch entwickelt (Getreide, Zuckerrüben, Sonnenblumen, Gemüse). Das Land verfügt über reiche Bodenschätze und hat vielfältige In-

Ung

dustrie. – Die Ukraine war Teil der Sowjetunion und ist seit 1991 unabhängig.

Ungarn, Republik im südöstlichen Mitteleuropa (93 030 km^2; 10 Mio. Einwohner); Hauptstadt: Budapest. Ungarn ist größtenteils Tiefland (Puszta), das von den Ostalpen, den Karpaten und dem Dinarischen Gebirge eingeschlossen wird. Das Klima ist kontinental, die Niederschläge nehmen nach Osten hin ab. Zwei Drittel des Landes werden landwirtschaftlich genutzt (Getreide, Gemüse, Obst, Wein). Wichtig ist die Viehzucht. Bedeutende Industriezweige sind Schwerindustrie und Maschinenbau, Elektro-, Textil- und chemische Industrie. – Ungarn war 1949–89 eine Volksrepublik nach sowjetischem Muster.

Unterwalden, einer der drei Schweizer Urkantone der Schweiz. Er besteht aus den beiden Halbkantonen Obwalden und Nidwalden.

Ural, Gebirge in Russland, das als Grenze zwischen Europa und Asien gilt. Es erstreckt sich in meist zwei bis drei parallelen Ketten über 2 000 km von Norden nach Süden; höchste Erhebung ist die Narodnaja (1 895 m).
Der Fluss Ural (2 428 km lang) entspringt im südlichen Uralgebirge und mündet ins Kaspische Meer.

Uri, einer der drei Urkantone in der deutschsprachigen Schweiz, zwischen Sankt-Gotthard-Pass und Vierwaldstätter See (1 080 km^2; 35 800 Einwohner). Hauptort und Industriezentrum (Holzverarbeitung, Maschinenbau) ist Altdorf (3 300 Einwohner). Der Fremdenverkehr ist eine wichtige Einnahmequelle.

Uruguay [ˈʊrugvaɪ], Republik in Südamerika, nördlich des Río de la Plata am Atlantischen Ozean (175 016 km^2; 3,3 Mio. Einwohner); Hauptstadt: Montevideo. Das Land ist ein flachwelliges Hügelland. Wichtigster Wirtschaftszweig ist die Landwirtschaft, vor allem Viehzucht. Die Industrie verarbeitet überwiegend landwirtschaftliche Erzeugnisse. – Uruguay erkämpfte sich 1825–28 die Unabhängigkeit von Brasilien.

Uruguay, Río Uruguay [- ˈʊrugvaɪ], Strom im südlichen Südamerika (1 650 km lang). Er vereinigt sich mit dem Paraná zum Río de la Plata und mündet in den Atlantischen Ozean.

USA, Abkürzung für **U**nited **S**tates of **A**merica (↑ Vereinigte Staaten von Amerika).

Usbekistan, Republik in Mittelasien südlich des Aralsees (447 400 km^2; 26,5 Mio. Einwohner); Hauptstadt: Taschkent. Den größten Teil des Landes nehmen Wüsten und Halbwüsten ein, den Südosten Ausläufer des Pamir-Alai-Gebirgssystems. Wichtigstes Wirtschaftsprodukt ist Baumwolle. – Usbekistan, ehemals Teil der Sowjetunion, wurde 1991 unabhängig.

Valais [vaˈlɛ], ↑ Wallis.

Vanuatu, Republik im Pazifischen Ozean, westlich von Fidschi (12 190 km^2; 190 000 Einwohner); Hauptstadt: Port Vila (auf Efate). Er umfasst die Inseln der Neuen Hebriden, von denen die meisten vulkanischen Ursprungs sind. Hauptwirtschaftszweig ist die Kopragewinnung. – Die von Großbritannien und Frankreich gemeinsam verwaltete Kolonie Neue Hebriden wurde 1980 als Vanuatu unabhängig.

Vatikanstadt, selbstständiges, 1929 durch Vertrag mit der Republik Italien entstandenes Staatsgebiet (0,44 km^2; knapp 1 000 Einwohner) im Bereich von Rom, rechts des Tiber. Der Papst ist Inhaber aller Staatsgewalt. Zur Vatikanstadt gehören der Vatikanpalast mit den Vatikanischen Museen und Gärten, die ↑ Peterskirche (Kapitel 5) und der Petersplatz sowie mehrere Kirchen und Paläste in Rom.

Venedig, Hafenstadt in Italien, an der Adria (291 500 Einwohner). Die Stadt ist inmitten der nördlich des Podeltas gelegenen Lagune auf mehr als 100 kleinen Inseln erbaut, die durch etwa 400 Brücken miteinander verbunden sind. Sie wird von 150 Kanälen durchzogen; am bekanntesten ist der Canal Grande (3,8 km lang) mit der Rialtobrücke. Im Zentrum der Stadt befinden sich der Markusplatz mit der Markuskirche (9.–11. Jh.) und dem ursprünglich um 900 erbauten Campanile sowie die Piazzetta mit dem Dogenpalast.

Venezuela, Republik im Norden Südamerikas (912 050 km^2; 26,2 Mio. Einwohner); Hauptstadt: Caracas. Das Land erstreckt sich vom Tiefland im Nordwesten bis zum Bergland von Guayana im Südosten. Wirtschaftsgrundlage ist der Reichtum an Erdöl. – Anfang des 19. Jh. löste sich das Land von der spanischen Herrschaft (seit 1830 selbstständig).

Vereinigte Arabische Emirate, aus sieben Scheichtümern (Emiraten) bestehender Staat am Persischen Golf (83 600 km^2; 4,1 Mio. Einwohner); Hauptstadt:

Abu Dhabi. Das Land ist vorwiegend Wüste. Reiche Erdölvorkommen begründeten seinen Wohlstand. – Die unter britischer Oberhoheit stehenden Emirate erlangten 1971 die Unabhängigkeit.

🟠 Die sieben Emirate sind: Abu Dhabi, Dubai, Sharja, Ras al-Khaima, Fujaira, Umm al-Kaiwain und Ajman.

Vereinigte Staaten von Amerika, USA, Staat in Nordamerika, nach Fläche und Einwohnerzahl der viertgrößte Staat der Erde, fast so groß wie Europa (9,8 Mio. km^2; 296,4 Mio. Einwohner); Hauptstadt: Washington (D. C.). Das Staatsgebiet umfasst den südlichen Teil des nordamerikanischen Festlands, Alaska, Hawaii und weitere abhängige Gebiete (z. B. Puerto Rico). Den Ostteil des Landes durchziehen von Nordwesten nach Südosten die Appalachen, die nach Osten steil zur Küstenebene, nach Westen in mehreren Stufen abfallen. Die Mitte der USA wird von Ebenen eingenommen, die westlich des Mississippi in den Great Plains bis zum Fuß der Rocky Mountains ansteigen. Den Westen des Landes nimmt das Gebirgssystem der Kordilleren ein mit mehreren Gebirgsketten und zwischengeschalteten Beckenlandschaften.

Das Klima ist weitgehend kontinental geprägt (heiße Sommer, kalte Winter). Der Westen (Kalifornien) und der Südosten (Florida) gehören zum subtropischen Bereich.

Die USA sind die stärkste Industrienation der Erde. Hauptzweige sind Maschinen- und Fahrzeugbau, Elektro-, chemische und Textilindustrie, Computer und Flugzeugbau. Die Landwirtschaft erzeugt in großem Stil Getreide, Mais, Sojabohnen, Baumwolle, Südfrüchte. Wichtig ist auch der Fremdenverkehr, z. B. in Kalifornien und Florida. Etwa 12 % der Einwohner sind Schwarze; besonders im Süden und Westen leben viele Einwanderer aus Mittel- und Südamerika.

1776 erklärten die im Osten gelegenen 13 britischen Kolonien (›Neuenglandstaaten‹) ihre Unabhängigkeit. Erster Präsident war George Washington. Bis Mitte des 19. Jh. dehnten die USA ihr Staatsgebiet

Venedig Blick vom Turm der Kirche San Giorgio Maggiore über den Canale di San Marco auf das Stadtzentrum mit Campanile und Dogenpalast

bis zum Golf von Mexiko im Süden und zum Pazifischen Ozean im Westen aus. 1861–65 tobte der amerikanische Bürgerkrieg (Sezessionskrieg) zwischen den Nord- und den Südstaaten, den der Norden mit Präsident Abraham Lincoln für sich entschied und der zur Sklavenbefreiung führte.

Vesuv, Vulkan bei Neapel in Süditalien (1 281 m hoch). Der letzte größere Ausbruch fand 1944 statt. ℹ S. 492

Victoriafälle, Wasserfälle des Sambesi im südlichen Afrika an der Grenze von Sambia und Simbabwe, wo der 1 700 m breite Fluss 110 m tief in eine nur 50 m breite Schlucht stürzt.

Victoriasee, größter See Afrikas im ostafrikanischen Hochland in über 1 130 m Höhe (68 000 km^2 groß). Der See gehört zu Uganda, Kenia und Tansania.

Vierwaldstätter See, See in der Zentralschweiz (114 km^2), in den Kantonen Uri, Schwyz, Unterwalden und Luzern.

Vietnam, Republik in Südostasien, am Südchinesischen Meer (331 114 km^2; 83,5 Mio. Einwohner); Hauptstadt: Hanoi. Das Klima ist vom Monsun geprägt. Mehr als ein Drittel des Landes ist von tropischem Regenwald bedeckt. Wichtigstes Anbaupro-

Vir

> **ⓘ VESUV**
>
> **Das Ende der antiken Stadt Pompeji**
>
> Bei einem Ausbruch des Vesuv im Jahr 79 n. Chr. wurde die am Südostfuß des Berges gelegene Stadt Pompeji unter einer bis zu 5 m dicken Schicht aus Bimsstein und Asche begraben. Darüber berichtete der römische Schriftsteller Plinius der Jüngere in zwei Briefen an Tacitus. Er beobachtete aus 10 km Entfernung eine riesige, schwarze Wolke, die ›zuckend aufriss und in ihrem Innern lange Flammen sehen ließ, die gewaltigen Blitzen glichen‹.
> Am nächsten Tag lag die ganze Gegend durch den Ascheregen in tiefster Finsternis wie ein ›fensterloses Zimmer ohne Licht‹.
> Die seit dem 18. Jh. ausgegrabenen Straßen, Tempel und Amtsgebäude sowie die gut erhaltenen Wohn- und Geschäftshäuser von Pompeji vermitteln ein anschauliches Bild vom Alltag der alten Römer.

dukt ist Reis. – Seit dem Ende des ↑ Vietnamkriegs (Kapitel 1) steht das Land unter kommunistischer Herrschaft.

Virgin Islands [ˈvəːdʒɪn ˈaɪləndz], **Jungferninseln,** Inselgruppe der Kleinen Antillen, zu den USA und Großbritannien gehörend.

Vogelsberg, Mittelgebirge vulkanischen Ursprungs in Hessen, nordöstlich von Frankfurt am Main (bis 774 m hoch).

Vogesen, waldreiches Mittelgebirge im Nordosten Frankreichs westlich des Oberrheinischen Tieflandes, gegenüber dem Schwarzwald. Höchste Erhebung ist der Große Belchen (1423 m) in den Südvogesen.

Vorarlberg, das westlichste Bundesland Österreichs (2601 km^2; 348 600 Einwohner); Hauptstadt: Bregenz. Zentrale Landschaft mit der dichtesten Besiedlung ist die Rheinebene bis zum östlichen Bodenseeufer. Im Süden reicht das Land bis in die Zentralalpen (höchster Gipfel: Piz Buin, 3312 m). Vorarlberg ist das am stärksten industrialisierte Bundesland Österreichs.

Vorderasien, südwestlichster Teil Asiens, zwischen Mittelmeer, Schwarzem und Kaspischem Meer, Persischem Golf, Indischem Ozean und Rotem Meer.

Vorderindien, Halbinsel in Südasien, zwischen dem Arabischen Meer und dem Golf von Bengalen; sie wird vor allem von Indien eingenommen.

Wachau, Engtal der Donau zwischen Melk und Krems in Niederösterreich, ein bedeutendes Weinbau- und Fremdenverkehrsgebiet.

Walachei, Kernlandschaft Rumäniens zwischen Südkarpaten und Donau. Die Walachei ist Kornkammer und wichtigste Industrieregion des Landes.

Wales [weɪlz], mit England vereinigtes Fürstentum im südlichen Großbritannien, eine in die Irische See vorspringende Halbinsel, vorwiegend Bergland; Hauptstadt ist Cardiff.
⊕ Der britische Thronfolger führt seit 1301 den Titel ›Prince of Wales‹ (Fürst von Wales).

Wallis, französisch **Le Valais,** Kanton im Südwesten der Schweiz, im Westteil französisch-, im Ostteil deutschsprachig (5225 km^2; 276 400 Einwohner). Hauptort ist Sion (Sitten). Der Kanton umfasst im Wesentlichen das Längstal der oberen Rhône, das im Westen an den Genfer See stößt. Wichtigste Erwerbsquellen sind Fremdenverkehr und Landwirtschaft, im Rhônetal vor allem Wein- und Obstbau.

Warschau, Hauptstadt von Polen (1,6 Mio. Einwohner).
⊕ 1940 errichtete die deutsche Besatzungsmacht das Warschauer Getto, in dem etwa 500 000 polnische Juden zusammengetrieben wurden. Von ihnen starben in eineinhalb Jahren 100 000 Menschen, etwa 300 000 wurden bis 1943 in nationalsozialistischen Vernichtungslagern ermordet. Auf Befehl Hitlers wurde 1943 (Erhebung der Juden des Warschauer Gettos) das Getto vernichtet und 1944 (Aufstand der polnischen Untergrundarmee) die Stadt fast völlig zerstört.

Warthe, längster Nebenfluss der Oder (808 km lang), der in Polen (südlich von Tschenstochau) entspringt und bei Küstrin mündet.

Washington (D. C.) [ˈwɔʃɪŋtən diːˈsiː], Bundeshauptstadt der USA, zugleich Bundesdistrikt (**D**istrict **o**f **C**olumbia; 523 000 Einwohner). Die Stadt ist Sitz des amerikanischen Präsidenten (Weißes Haus) und des Kongresses der USA (Kapitol). Prägende Denkmäler sind das Jefferson Memorial, das Lincoln Memorial und das Washington Monument.

Watzmann, Bergstock in den Berchtesgadener Alpen in Bayern (2712 m hoch).

Geografie

Das Weiße Haus in **Washington (D.C.)** ist Amts- und Wohnsitz des amerikanischen Präsidenten.

Weichsel, Fluss im östlichen Mitteleuropa (1 047 km lang). Sie entspringt in Südpolen und mündet in die Danziger Bucht (Ostsee).

Weimar, Stadt in Thüringen, mit 62 500 Einwohnern, an der Ilm gelegen. Weimar war 1573–1918 Hauptstadt des Herzogtums (ab 1815 Großherzogtums) Sachsen-Weimar.

➕ 1919 tagte hier die Nationalversammlung, die die Verfassung der ↑ Weimarer Republik (Kapitel 2) erarbeitete. ⓘ

Weißrussland, an Polen und Litauen grenzende Republik in Osteuropa (207 595 km²; 9,9 Mio. Einwohner); Hauptstadt: Minsk. Weißrussland ist eine flachwellige Moränenlandschaft im Bereich der Osteuropäischen Ebene. – Ehemals Teil der Sowjetunion, erklärte Weißrussland 1991 seine Unabhängigkeit.

Weser, durchgängig schiffbarer Fluss im nördlichen Deutschland (440 km lang). Die Weser entsteht aus dem Zusammenfluss von Werra und Fulda und mündet bei Bremerhaven in die Nordsee.

Westerwald, rechtsrheinischer Teil des Rheinischen Schiefergebirges, eine wellige Hochfläche zwischen Bergischem Land im Norden und Taunus im Süden.

Westfalen, nordöstlicher Teil von Nordrhein-Westfalen, umfasst einen Teil des Weserberglandes, das Münster- und das Sauerland.

Westindien, die Inseln Mittelamerikas, die sich in einem 4 000 km langen Bogen zwischen Nord- und Südamerika erstrecken.

Westsahara, Gebiet an der Nordwestküste Afrikas (320 700 km²; 245 000 Einwohner); Hauptstadt: El Aaiún. Das Land ist ein sehr regenarmes Randgebiet der Wüste Sahara. Bedeutend sind die Phosphatvorkommen. Seit 1979 von Marokko besetzt, strebt die Bewegung ›Polisario‹ für das Land die Unabhängigkeit an.

Wetterau, nördliche Fortsetzung des Oberrheintals zwischen Taunus und Vogelsberg.

Wettersteingebirge, Teil der Nördlichen Kalkalpen, im Grenzgebiet zwischen Deutschland und Österreich. Höchster Gipfel ist die Zugspitze (2 962 m).

Wien, Hauptstadt von Österreich, zugleich österreichisches Bundesland, an der Donau gelegen (415 km²; 1,6 Mio. Einwohner). Wien ist Finanz- und Handelszentrum Österreichs und der kulturelle Mittelpunkt des Landes. Weltbekannt sind die Staatsoper, das Burgtheater, das Theater in der Josefstadt, die Wiener Philharmoniker und die Wiener Sängerknaben. Berühmte Bauten sind die Wiener Hofburg (ehemaliges kaiserliches Schloss), das barocke Schloss Belvedere, die Kapuzinerkirche mit der Kapuzinergruft (in der Maria Theresia und andere habsburgische Herrscher beigesetzt sind) und die Karlskirche.

➕ Der überwiegend gotische Stephansdom mit seinem 136 m hohen Südturm ist ein Wahrzeichen der Stadt.

Wiesbaden, Landeshauptstadt von Hessen und

ⓘ **WEIMAR**

Weimar war zur Zeit Goethes Mittelpunkt des deutschen Geisteslebens; hier wirkten Goethe, Schiller, Herder und Wieland. In der 1999 zur ›Kulturstadt Europas‹ ernannten Stadt finden sich klassizistische Architektur und Parklandschaften in seltener Dichte; elf dieser Kulturstätten wurden zum UNESCO-Weltkulturerbe erklärt, darunter Goethes Wohnhaus am Frauenplan, der Schlosspark Belvedere mit Schloss und Orangerie sowie die Fürstengruft, in der die beiden Mäzene der Weimarer Klassik, Herzogin Anna Amalia und ihr Sohn, Herzog August, ruhen.
Einen Kontrapunkt dazu bildet die auf dem Ettersberg nördlich von Weimar gelegene Mahn- und Gedenkstätte für das Konzentrationslager Buchenwald.

Kurort zwischen Südhang des Taunus und Rhein (268 700 Einwohner).

Windhuk, Hauptstadt von Namibia (268 000 Einwohner).

Wolga, größter europäischer Strom (3 531 km lang). Die Wolga entspringt nordwestlich von Moskau, durchfließt den europäischen Teil Russlands und mündet mit großem Delta ins Kaspische Meer.

Wörther See, größter See Kärntens in Österreich mit regem Fremdenverkehr, 19,3 km² groß.

Württemberg, ehemaliges Königreich, östlicher Teil Baden-Württembergs.

Yokohama, bedeutendster Handelshafen Japans auf der Insel Honshū (3,5 Mio. Einwohner).

Yucatán, Halbinsel in Zentralamerika zwischen Golf von Mexiko und Karibischem Meer. Sie umfasst Belize sowie einen Teil von Guatemala und Mexiko.

Zagreb ['za:...], Hauptstadt von Kroatien (683 000 Einwohner).

Zaire [z...], ↑ Kongo (Demokratische Republik Kongo).

Zentralafrikanische Republik, Staat in Zentralafrika (622 984 km²; 4,09 Mio. Einwohner); Hauptstadt: Bangui. Das Land liegt in 500–1 000 m Höhe; Feuchtsavanne und Regenwälder bestimmen das Landschaftsbild. Wertvolle Bodenschätze (Diamanten, Erze) werden abgebaut. Das Land gehörte bis 1960 zum französischen Kolonialgebiet.

Zentralamerika, Festlandbrücke Mittelamerikas, die Nordamerika und Mexiko mit Südamerika verbindet.

Zentralmassiv, Landschaft im mittleren und südlichen Frankreich, eine Plateaulandschaft in 700 bis 800 m Höhe, die von einzelnen vulkanisch entstandenen Berggruppen überragt wird. Höchste Erhebung ist der Puy de Sancy im Mont-Dore (1 886 m).

Zug, Kanton in der deutschsprachigen Zentralschweiz mit dem gleichnamigen Hauptort (22 200 Einwohner). Der Kanton (239 km²; 97 800 Einwohner) umfasst das Tal der Lorze sowie die Nordhälfte des Zuger Sees. Haupterwerbsquellen sind Landwirtschaft und Fremdenverkehr.

Zugspitze, höchster Gipfel der deutschen Alpen (2 962 m) im Wettersteingebirge.

Zürich, Stadt und Kanton in der Nordschweiz. Der Kanton (1 729 km²; 1,2 Mio. Einwohner) umfasst den größten Teil des Gebiets um den Zürichsee, im Norden das Zürcher Unterland und im Osten das Zürcher Oberland. Industrie hat sich vor allem um Zürich und Winterthur angesiedelt. Die Stadt Zürich, größte Stadt der Schweiz (336 800 Einwohner), ist internationales Handels- und Finanzzentrum.

Zypern, Inselstaat im östlichen Mittelmeer, überwiegend gebirgig (9 251 km²; 1 Mio. Einwohner); Hauptstadt: Nikosia. Zwischen Gebirgsketten im Norden und Süden erstreckt sich eine weite Ebene, das Hauptanbaugebiet der Insel. Der Bergbau fördert vor allem Kupfer, Asbest, Chromerze, Marmor und Gips. Einen Aufschwung erlebt auch der Tourismus, besonders im südlichen Teil. Das Klima hat trockene, heiße Sommer und milde Winter. – Die ehemals britische Insel wurde 1960 unabhängig. Spannungen und Unruhen zwischen dem türkisch- (etwa 19 %) und dem griechisch-zypriotischen (etwa 80 %) Bevölkerungsteil führten 1974 zum Einmarsch türkischer Truppen. Seitdem ist die Insel geteilt in einen griechisch-zypriotischen Süd- und einen türkisch-zypriotischen Nordteil.

15 Geowissenschaften

14
Geografie
**15
Geowissenschaften**
16
Exakte
Naturwissen-
schaften und
Mathematik
17
Die Technik

Die zentrale Frage der Wissenschaften, die sich mit dem Planeten Erde befassen, ist: Welche Kräfte und Vorgänge haben das heutige Erscheinungsbild der Erde geprägt und verändern es weiterhin? Eine wesentliche Erkenntnis ist, dass es drei ineinander verzahnte Bereiche sind:

Die Geologie untersucht die Gesteine und ihre Geschichte. Die Erforschung der Kräfte, die die Vorgänge in der Erdkruste steuern, ist das Aufgabengebiet der Geophysik. Zugleich mit diesen großräumigen Veränderungen finden kleinräumigere Vorgänge statt: Vulkanismus, Abtragung, Transport und Ablagerung von Schutt und Geröll durch fließende Gewässer. Diese Veränderungen untersucht die Geomorphologie.

Das Wetter und seine Erscheinungen sind Untersuchungsgegenstand der Meteorologie. Niederschläge, Temperatur und andere Merkmale, die sich über kürzere oder längere Zeiträume ändern, prägen das Klima der einzelnen Regionen der Erde. Seine Wandlungen untersucht die Klimatologie.

Zwischen der Geosphäre und der Atmosphäre vollziehen sich die Veränderungen der Hydrosphäre, der »Wasserhülle« der Erde. Wasser verdunstet von der Erdoberfläche und kommt als Niederschlag zurück. Die Hydrografie ist die Lehre vom Wasser auf der Erde.

Dieses Kapitel erläutert die wichtigsten Begriffe aus den genannten Bereichen.

Abendrot, die Rotfärbung des westlichen Himmels nach Sonnenuntergang. Sie entsteht, weil das Licht der tief stehenden Sonne einen besonders langen Weg durch die Atmosphäre zurücklegen muss. Dabei wird es, ähnlich wie beim Durchgang durch ein Prisma, in seine farblichen Bestandteile zerlegt, von denen nur der rote Anteil zum Betrachter gelangt.

Ammoniten, ausgestorbene Meerestiere, die im Erdmittelalter weit verbreitet waren. Ihre schneckenhausähnlichen Kalkschalen findet man oft als Versteinerung in muschelkalkreichen Böden.

Äquator, *der* [lateinisch ›Gleichmacher‹], der größte Breitenkreis; er teilt die Erde in eine nördliche und in eine südliche Halbkugel; rund 40 075 km lang.

Archipel, *der* Bezeichnung für Inselgruppen im Weltmeer.
➕ Die Bezeichnung stammt von der Inselwelt (Archipelagos) im Ägäischen Meer zwischen Griechenland und Kleinasien.

Atmosphäre, *die* [griechisch ›Dunstkugel‹], die Gashülle eines Planeten. Die Erdatmosphäre besteht aus einem Gemisch von etwa 78 % Stickstoff, 21 % Sauerstoff und rund 1 % Kohlendioxid und Edelgasen. Eine genaue Obergrenze lässt sich nicht angeben; ab etwa 400 km Höhe geht die Erdatmosphäre allmählich in den Weltraum über.

Atoll, *das* ein ringförmiges Korallenriff, das eine Lagune umschließt.

Barometer, *das* Gerät, mit dem der Luftdruck gemessen wird. Meist ist es ein Dosenbarometer, das heißt eine luftleere Metalldose, deren Deckel sich bei Änderung des Luftdrucks verformt; die Verformung wird mechanisch auf den Zeiger übertragen.
➕ Das erste Barometer wurde 1643 von dem Italiener Evangelista Torricelli (* 1608, † 1647) gebaut.

Basalt, *der* sehr hartes vulkanisches Gestein von dunkelgrauer bis schwarzer Farbe, das häufig zu sechseckigen Säulen erstarrt; bevorzugtes Schotter- oder Baumaterial.

Baumgrenze, Grenzzone im Gebirge, bis zu der Baumwuchs möglich ist; sie liegt in deutschen Mittelgebirgen bei etwa 1 050 m, in den Alpen bis 2 400 m, in den Tropen bis zu 3 500 m.

Bims, Lava, die durch vulkanische Gase stark aufgeschäumt ist. In der Bauindustrie wird Bims zur Herstellung von Hohlblocksteinen verwendet.

Blitz, hell aufleuchtende Funkenentladung beim Gewitter. Meist sind Blitze als gezackte Linien sichtbar und haben Temperaturen von über 25 000 °C. ℹ

ℹ BLITZ

Kugelblitze

Eine sehr eigentümliche, bisher kaum erforschte Erscheinung sind die Kugelblitze. Sie treten gegen Ende eines schweren Gewitters auf und haben die Form einer leuchtenden Kugel von der Größe eines Tennis- bis Fußballs, die sich in einer unregelmäßigen Bahn langsam über dem Erdboden fortbewegt. Nach 4 bis 5 Sekunden erlischt eine solche Kugel geräuschlos oder sie zerplatzt mit einem lauten Knall.

Blizzard, *der* [ˈblɪzəd; englisch], plötzlich auftretender Schneesturm in Nordamerika.

Blockmeer, ↑ Felsenmeer.

Bora, *die* [lateinisch ›Nordwind‹], heftiger, kalter, trockener Fallwind an der Küste Dalmatiens, der vor allem im Winter auftritt.

Brandung, auf die Küste auftreffende, sich überstürzende Wellen. Die Kraft der Brandung kann die Form einer Küste allmählich verändern.

Braunkohle, ↑ Kohle.

Breite. Die geografische Breite gibt an, wie weit ein Ort vom Äquator entfernt ist. Sie wird in Breitengraden (0° bis 90°) ausgedrückt. Die Breitenkreise bilden zusammen mit den Meridianen das Gradnetz der Erde.

Canyon, *der* [ˈkænjən; von spanisch cañon ›Röhre‹], tief eingeschnittenes enges Tal mit steilen Wänden in Gebirgen, vor allem in Trockengebieten, z. B. der Grand Canyon in den USA.

Datumsgrenze, ungefähr mit dem 180. Längengrad zusammenfallende, durch den Pazifischen Ozean führende gedachte Linie auf der Erdoberfläche. Wenn man sie von West nach Ost überschreitet, gilt dasselbe Datum zwei Tage lang, in umgekehrter Richtung wird ein Tag übersprungen.

Deich, Damm, der Küsten oder Flussufer vor Über-

Geowissenschaften — Dün

schwemmungen schützt. Bei einem Seedeich liegt die Deichkrone in der Regel 3 m über dem bisher erreichten höchsten Hochwasserstand.

Delta, *das* fächerförmig verzweigtes Mündungsgebiet eines Flusses.
🟠 Delta ist der vierte Buchstabe des griechischen Alphabets. Nach dessen Form (Δ) sind solche Flussmündungen benannt. Deltaförmige Flussmündungen haben z. B. der Rhein, die Rhône, der Nil und der Mekong.

Desertifikation, *die* [zu englisch desert ›Wüste‹], die zum Teil vom Menschen ausgelöste Ausbreitung von Wüsten.
🟠 Zu Desertifikation kommt es u. a. durch Überweidung oder durch die ackerbauliche Nutzung von Gebieten, die eigentlich nur nomadische Viehwirtschaft zulassen.

Diamant, *der* [griechisch, eigentlich ›Unbezwingbares‹], das härteste Mineral, eine kristallisierte Form des Kohlenstoffs, zugleich einer der wertvollsten Edelsteine. Gefördert werden Diamanten vor allem in der Demokratischen Republik Kongo, der Republik Südafrika sowie in Namibia und Botswana.

Dolomit, *der* das Mineral Calcium-Magnesium-Karbonat, benannt nach dem französischen Mineralogen Gratet de Dolomieu (* 1750, † 1801). Es bil-

ℹ️ DORF

Dorfformen in Mitteleuropa

Weiler, kleine Gruppensiedlung unterhalb Dorfgröße; die Gehöfte sind unregelmäßig angeordnet;
Haufendorf, ebenfalls unregelmäßig angelegt, aber größer und mit einem Dorfkern;
Straßendorf, die Häuser liegen zu beiden Seiten einer Straße – oft über mehrere Kilometer;
Hufendorf, Straßendorf, bei dem der landwirtschaftliche Besitz (Hufe) der einzelnen Bauern direkt hinter dem Gehöft liegt;
Angerdorf, die Gehöfte liegen zu beiden Seiten des Dorfplatzes (Anger), meist einer Grünfläche mit Weiher;
Rundling, die Gehöfte sind fächerartig um einen fast runden Anger angeordnet; das Dorf ist meist von einem Wassergraben oder einer Hecke umschlossen.

Canyon Der Grand Canyon des Colorado River in Arizona, USA

det sich durch chemische Umwandlung von Kalkstein.

Donner, rollendes oder krachendes Geräusch, das bei einem Gewitter dem Blitz folgt und durch die plötzliche Ausdehnung der vom Blitz erhitzten Luft entsteht.

Dorf, ländliche, traditionell bäuerliche Siedlung mit einer größeren Zahl von Gehöften. ℹ️

Dränage, *die* [...ʒə; zu englisch to drain ›abfließen lassen‹], die Entwässerung des Bodens durch ein Grabensystem, in dem Rohre verlegt sind.

Drift, *die* vom Wind erzeugte oberflächennahe Meeresströmung.

Dritte Welt ⇒ Kapitel 3.

Druse, *die* [aus althochdeutsch druos ›verwittertes Erz‹], Hohlraum in vulkanischen Gesteinen, an dessen Innenwänden sich oft regelmäßige Mineralkristalle gebildet haben.

Dschungel, *der* [von Hindi jangal ›Wald‹], ursprünglich Bezeichnung für die regengrünen Wälder am Fuß des Himalaja in Indien. Heute werden häufig auch andere unpassierbare tropische Regenwälder als Dschungel bezeichnet.

Düne, durch Wind zusammengewehte Anhäufung von feinem Quarzsand, die bis zu 300 Meter hoch

Dün — Geowissenschaften

wird und mit dem Wind wandern kann. Dünen sind auf der dem Wind zugewandten Seite (Luv) flach und fallen auf der Gegenseite (Lee) steil ab.

Dünung, Wellenbewegung der Meeresoberfläche, lange, gleichmäßig laufende Wellen ohne Schaumkronen.

Ebbe und Flut, das Fallen und Steigen des Meeresspiegels im Wechsel der ↑ Gezeiten.

Edelstein, seltenes Mineral, meist von besonders schöner Farbe und Lichtwirkung. Edelsteine sind meist sehr hart und werden zu Schmuck verarbeitet. Ihr Gewicht wird in Karat gemessen (1 Karat = 0,2 Gramm). Zu den teuersten Edelsteinen gehören die Diamanten. Weniger wertvolle Edelsteine, nennt man Schmucksteine oder Halbedelsteine.
⊕ Neben dem Diamant sind Rubin, Saphir, Smaragd, Topas und Aquamarin die wichtigsten Edelsteine.

Einzugsgebiet, das jeweils von einem Fluss mit seinen Nebenflüssen entwässerte Gebiet; so z. B. umfasst das Einzugsgebiet des Amazonas 7 Mio. km².

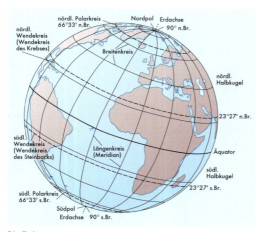

Die **Erde**

Eis, feste Form des Wassers, die bei 0 °C durch Gefrieren entsteht. Das Wasser dehnt sich dabei um etwa 1/11 seines Volumens aus. Darauf beruht seine Sprengwirkung. Selbst Gesteine werden zersprengt, wenn Wasser in ihren Hohlräumen und Spalten gefriert.

Eisberge, im Meer schwimmende große Eismassen. Sie brechen von Gletschern ab, deren Zungen bis ins Meer reichen, und treiben mit der Strömung fort. Nur etwa ein Fünftel bis ein Achtel ihrer Masse ragt aus dem Wasser heraus (die ›Spitze des Eisbergs‹). Die größten Eisberge der Antarktis haben eine Fläche bis 180 km², ihre Wände fallen 30–50 m senkrecht ab.

Eiszeit, Abschnitt der Erdgeschichte, in dem durch Temperaturrückgang weite Teile der Erdoberfläche von großen Eismassen bedeckt waren. Das letzte große Eiszeitalter begann vor etwa 2 Millionen Jahren mit dem Pleistozän und endete vor rund 10 000 Jahren mit der Würmeiszeit. Im Alpenraum gab es vier Eiszeiten (Günz-, Riß-, Mindel- und Würmeiszeit) mit zwischengeschalteten Warmzeiten; in Norddeutschland sind drei Eiszeiten nachweisbar (Elste-, Saale- und Weichseleiszeit). In Europa reichte das Eis von Norden bis an die deutschen Mittelgebirge (Vogesen, Schwarzwald, Böhmerwald), die teilweise vergletschert waren.

El Niño [elˈninjo; spanisch ›(Christ-)Kind‹], um die Weihnachtszeit auftretende Erwärmung einer kalten Meeresströmung im Pazifik vor den Küsten von Peru und Ecuador. Alle drei bis sieben Jahre tritt dieses Phänomen besonders stark auf, was dann zu einer Erwärmung der Oberflächentemperatur des Ozeans um mehrere Grad Celsius führt. Als Folge davon kommt es in den Tropen zu hohen Niederschlägen in sonst trockenen Gebieten (Überschwemmungen) und zu Dürren in sonst feuchten Gebieten.

Epizentrum, Gebiet direkt über dem Erdbebenherd, allgemein der Ort der größten Erdbebenstärke.

Erdbeben, Erschütterung des Erdbodens durch Vorgänge in der Erdkruste. Meist werden Erdbeben ausgelöst durch Verschiebungen oder Brüche in der Erdkruste, seltener durch Vulkanausbrüche oder den Einsturz unterirdischer Hohlräume. Zur Feststellung der bei einem Erdbeben ausgelösten Energie mithilfe normierter Seismografen dient die ›Richter-Skala‹, die nach oben offen ist, also das Erfassen von Erdbeben in beliebiger Stärke erlaubt; größte bisher gemessene Stärke war 8,6.

Erde, der fünftgrößte der acht Planeten des Sonnensystems, von der Sonne aus gezählt der dritte Planet. Die Erde bewegt sich auf einer fast kreisförmigen Bahn um die Sonne. Für einen Umlauf benötigt sie

Geowissenschaften — Erz

Erdgeschichte

Zeitalter	System	Beginn vor Mio. Jahren	Entwicklung des Lebens
Känozoikum (Erdneuzeit)	Quartär	1,8	Tier- und Pflanzenwelt der Gegenwart
	Tertiär	65	Entwicklung der Vögel und Säugetiere
Mesozoikum (Erdmittelalter)	Kreide	135	Aussterben der Dinosaurier, Entwicklung der Bedecktsamer
	Jura	203	Auftreten des Urvogels Archäopteryx
	Trias	250	Auftreten der ersten Säugetiere
Paläozoikum (Erdaltertum)	Perm	295	Entwicklung der Reptilien
	Karbon	355	erste Reptilien, baumförmige Farne
	Devon	408	erste Farne, Schachtelhalme und Bärlappgewächse
	Silur	435	erstes Auftreten der Fische, erste Landpflanzen
	Ordovizium	500	erstes Auftreten der Graptolithen und Korallen
	Kambrium	540	erstes Auftreten der Trilobiten, Brachiopoden und Kopffüßer
Präkambrium	Proterozoikum (Erdfrühzeit)	2 500	erste Quallen, Arthropoden, erste Eukarionten
	Archaikum (Erdurzeit)	4 560	Entstehung des Lebens

365 Tage und sechs Stunden. Gleichzeitig dreht sie sich in 24 Stunden einmal um ihre eigene Achse. Dadurch entsteht der Wechsel von Tag und Nacht. Die Erde hat eine annähernd kugelförmige Gestalt. Ihr Umfang beträgt rund 40 000 km, ihr Durchmesser 12 750 km.

Kenntnisse über den Aufbau der Erde konnte man durch Messungen bei Erdbeben gewinnen. Die oberste Schicht, die Erdkruste, reicht bis in etwa 40 km Tiefe, darunter folgt der Erdmantel und in rund 2 900 km Tiefe der Erdkern. Die Verteilung von Land und Wasser auf der Erdoberfläche ist ungleich: fast 3/4 sind vom Meer bedeckt, nur 1/4 entfällt auf das Festland und die Inseln.

Erdgas, Ansammlung von brennbaren Gasen in der Erdkruste, die ähnlich wie Erdöl aus pflanzlichen und tierischen Lebewesen hervorgegangen sind.

Erdgeschichte, die Entwicklungsgeschichte der Erde, besonders der Erdkruste. Sie wird von der Geologie erforscht, die Entwicklung des Lebens auf der Erde von der Paläontologie. Wichtige Zeugen für die zeitliche Gliederung der Erdgeschichte sind die Fossilien.

Erdkunde, ↑ Geografie.

Erdöl, flüssiges Gemisch verschiedener Kohlenwasserstoffe, die sich in früheren Epochen der Erdgeschichte in Meeresräumen gebildet haben. Eine große Zahl abgestorbener Lebewesen (z. B. Algen, Muscheln, Fische) wurde bei Abwesenheit von Sauerstoff durch Bakterien umgebildet. Dieser Vorgang setzte sich unter einer Deckschicht aus Ton und Sand fort, bis unter höheren Temperaturen und hohem Druck Kohlenwasserstoffe entstanden. Sie sammelten sich schließlich unter undurchlässigen Schichten in Lagerstätten an, von wo es heute durch Bohrungen an die Erdoberfläche geleitet wird. Erdöl und Erdgas liefern zurzeit den größten Teil der benötigten Energie.

Erdteil, Kontinent, große zusammenhängende Landmasse der Erde. Man unterscheidet die Erdteile Afrika, Amerika, Asien, Australien, Europa und die Antarktis. Größe und Form der heutigen Erdteile haben sich in sehr langen Zeiträumen der Erdgeschichte gebildet. Teile der Erdkruste trieben aufeinander zu, andere entfernten sich voneinander. An ihrer Vorderseite wurden Faltengebirge aufgestaucht (z. B. die südamerikanischen Anden). Der Himalaja und benachbarte Gebirge entstanden beim ›Aufprall‹ Indiens auf den asiatischen Kontinent. An der Rückseite der driftenden Erdteile blieben Inselketten zurück (z. B. die Philippinen).

Erosion, *die* [lateinisch ›das Zerfressenwerden‹], die Abtragung natürlicher Böden durch Wind, Eis, Schnee, vor allem aber durch Wasser.

Erz, Mineral mit hohem Metallgehalt. In Erzen kommt nutzbares Metall rein oder in hohen Anteilen vor, sodass sie sich zur Metallgewinnung eignen. Die nicht verwertbaren Anteile von Erzen nennt man taubes Gestein.

Fallwind, abwärts gerichtete großräumige Luftströmung, die meist auf der dem Wind abgewandten Seite eines Gebirges auftritt. Beim Absteigen erwärmt sich die Luft, sodass manche Fallwinde warm sind, z. B. der Föhn; war die Luft in der Höhe jedoch sehr kalt, sind die Fallwinde trotz Erwärmung am Fuß des Gebirges immer noch recht kühl.

Fata Morgana, ↑ Luftspiegelung.

Feldspat, ein meist gelbliches bis rötliches oder farbloses Mineral. Fast zwei Drittel aller Gesteine der Erdkruste bestehen aus Feldspaten. Bei der Verwitterung entstehen Kaolin und Tonminerale. Feldspat wird zur Herstellung von Glas und Porzellan sowie für Glasuren verwendet.

Felsenmeer, Blockmeer, Ansammlung von gerundeten oder kantigen Felsblöcken an Berghängen. Sie stammen meist aus vulkanischen Gesteinen, sind durch die Verwitterung freigelegt worden und an Hängen ins Rutschen geraten, wo sie sich oft in großer Zahl angesammelt haben.
➕ Felsenmeere gibt es z. B. im Odenwald.

Feuerstein, Flint, aus verfestigter Kieselsäure bestehendes Gestein von blauschwarzer bis gelblicher Färbung. Es lässt sich leicht zu scharfkantigen Stücken zerschlagen.
➕ In der Steinzeit fertigte man aus Feuersteinen vor allem Faustkeile, Klingen und Äxte. Zum Feuerschlagen werden sie bis in die Gegenwart verwendet.

Findling, großer Gesteinsblock, der von Gletschern der Eiszeit weit von seinem Ursprungsort transportiert wurde und nach dem Abschmelzen des Eises liegen blieb. Findlinge sind daher Indizien für die Herkunft und Ausdehnung von Eismassen.

Firn, *der* [von althochdeutsch firni ›alt‹], körniger Schnee im Hochgebirge, der mehrfach aufgetaut und wieder gefroren ist. Aus Firn entsteht mit der Zeit Gletschereis.

Fjord, *der* an einer Steilküste ein tief ins Landesinnere hineinreichender schmaler, lang gestreckter Meeresarm. Fjorde wurden von Gletschern der Eiszeit wie Tröge ausgehoben. Nach dem Ende der Eiszeit drang das Meer ein. Fjorde kommen z. B. in Norwegen, Neuseeland und Feuerland vor.

Flöz, Gesteinsschicht mit abbauwürdigen Gesteinen im Bergbau (z. B. Kohlenflöz).

Fluss, fließendes Gewässer auf dem Festland, in dem sich Niederschlagswasser (Regen, Hagel, Schnee) und das aus Quellen austretende Grundwasser sammeln. Ein Hauptfluss und seine Nebenflüsse entwässern ein bestimmtes Gebiet, das von der ↑ Wasserscheide umgrenzt ist. In feuchten Gebieten führen fast alle Flüsse ständig Wasser, in Trockengebieten häufig nur während der Regenzeit. Das Wasser der Flüsse transportiert Gesteinsmaterial mit sich, das im Unterlauf oder im Mündungsgebiet abgelagert wird.

Föhn, warmer, trockener ↑ Fallwind auf der vom Wind abgewandten Seite (Leeseite) eines Gebirges. Föhn tritt besonders häufig am Nordrand der Alpen auf.

Förde, tief ins Festland reichende Meeresbucht. Während der Eiszeit lagen hier große Gletscherzungen, die sich nach deren Abschmelzen mit Wasser füllten. So entstanden z. B. die Kieler, Schleswiger und Flensburger Förde.

Fossilien [zu lateinisch fossilis ›ausgegraben‹], versteinerte Reste von Tieren oder Pflanzen aus früheren Epochen der Erdgeschichte. Leitfossilien sind solche Überreste, die nur in einer bestimmten Gesteinsschicht auftreten und für sie kennzeichnend sind.

Front, in der Wetterkunde die Grenzlinie zwischen warmen und kalten Luftmassen am Boden.

Frühling, Jahreszeit, die auf der Nordhalbkugel vom 21. März bis 21. Juni dauert, auf der Südhalbkugel vom 23. September bis 22. Dezember.

Furt, seichte Stelle in einem Fluss, die durchwatet oder durchfahren werden kann.
➕ Furten waren vor allem im Mittelalter für den Verkehr und die Entstehung von Siedlungen (z. B. Frankfurt, Schweinfurt, Ochsenfurt) von großer Bedeutung.

Gebirge, hoch aufragende Gebiete der Erdoberfläche, die sich in Bergkämme, Einzelberge, Täler und Hochflächen unterteilen. Nach der Höhenlage werden Mittelgebirge (in Mitteleuropa bis etwa 1 500 m hoch) und Hochgebirge unterschieden mit jeweils eigenen, typischen Oberflächenformen.
Mittelgebirge sind erdgeschichtlich meist sehr alt und haben abgerundete Kuppen und Rücken, die

Geowissenschaften

fast immer bis in die oberen Höhen bewaldet sind. **Hochgebirge** sind später entstanden. Sie weisen schroff ausgebildete Formen auf (scharfe Grate, hoch aufragende Felswände und Gipfel, tief eingeschnittene Täler), tragen in der Höhe keine Vegetation und sind in der Gipfelregion häufig mit Schnee und Eis bedeckt.

Geest, *die* aus sandigen, eiszeitlichen Ablagerungen bestehender Landschaftstyp im Norden und Nordwesten Deutschlands mit wenig fruchtbaren Böden (bedeckt vor allem mit Heide und Kiefernwald). Die Geest liegt höher als das vorgelagerte Marschland.

gemäßigte Zone, Bereich der Erdoberfläche auf der Nord- und Südhalbkugel jeweils zwischen den Wendekreisen und den Polarkreisen. Das Klima ist gekennzeichnet durch Temperaturunterschiede in den Jahreszeiten, vorherrschende Westwinde und Regen zu allen Jahreszeiten.

Geografie, *die* [griechisch ›Erdbeschreibung‹], die Wissenschaft von den Erscheinungen und Räumen der Erdoberfläche und den unteren Schichten der Atmosphäre. Die allgemeine Geografie untersucht, wie Klima, Gewässerverhältnisse, Verteilung der Pflanzen- und Tierwelt und Oberflächenformen miteinander verflochten sind. In vielen unterschiedlichen Landschaftstypen wird dieses Zusammenwirken deutlich. Die Ausprägung einer Landschaft hat für die Tätigkeit des Menschen entscheidende Bedeutung, z. B. bei der Anlage von Siedlungen und Verkehrswegen, bei den Formen des Wirtschaftens. Die Länderkunde behandelt Erdteile, Länder und Gebiete und versucht, sie jeweils in ihrer Eigenart zu erfassen und darzustellen. Wichtige Hilfsmittel der Geografie sind Karte und Luftbild.

Geologie, *die* [griechisch ›Lehre von der Erde‹], die Lehre vom Bau, von der Zusammensetzung und Geschichte der Erdkruste sowie von den auf sie einwirkenden Kräften.

Gesteine, aus einem Gemenge von Mineralien bestehende große Körper, die die Erdkruste und den oberen Erdmantel aufbauen. Gesteine werden nach ihrer Entstehung unterschieden. Magmengesteine dringen in glutflüssigem Zustand entweder bis an die Erdoberfläche (Ergussgesteine) oder erstarren in den oberen Teilen der Erdkruste (Tiefengesteine). Sedimentgesteine entstehen durch die Ablagerung von verwittertem und zersetztem Gesteinsmaterial (z. B. Kalkstein, Sandsteine). Die meisten Gesteine der Erdoberfläche gehören zu dieser Gruppe. Metamorphe Gesteine entstehen aus Magmen- oder Sedimentgesteinen, die unter hohem Druck und steigenden Temperaturen umgewandelt werden.

Gewitter, Wettererscheinung mit elektrischen Entladungen aus einer Gewitterwolke in Form von Blitz und Donner. Gewitter sind meist begleitet von heftigen Schauern. Hohe Luftfeuchtigkeit und starke, aufwärts gerichtete Luftströmungen (z. B. im Sommer über dem erhitzten Erdboden) sind Voraussetzungen für die Entstehung von Gewittern. Beim Aufsteigen kühlt die warme Luft ab, die in ihr enthaltene Feuchtigkeit kondensiert in Form von kleinen Wassertröpfchen. So entstehen Haufenwolken, die durch kräftige Aufwinde im Innern bis in Höhen von 8–12 km wachsen können. Mit der Bildung von Wassertröpfchen beginnen Teile der Wolke, sich elektrisch aufzuladen. Negativ geladene Teilchen sammeln sich im unteren Teil der Wolke, positiv geladene im oberen. Dazwischen sowie zwischen Wolke und Erdboden bauen sich elektrische Spannungen auf, die sich in Form von Blitzen entladen.

Geysir, Geiser, *der* heiße Springquelle in vulkanischen Gebieten der Erde. Kühles Grundwasser wird im Erdinnern durch heißes Magma bis zum Sieden erhitzt. Wenn es ›überkocht‹, dringt es durch einen Schlot empor, reißt dabei weiteres Wasser mit und schießt als Wasserfontäne aus dem Boden. Nach dem Ausbruch füllt sich der Schlot wieder mit kühlem Grundwasser und der Ausbruchskreislauf beginnt von neuem.

➕ Ein bekannter Geysir, der ›Old Faithfull‹ im amerikanischen Yellowstone-Nationalpark, schießt regelmäßig im Abstand von etwa 80 Minuten eine 30–60 m hohe Fontäne empor. – Bild S. 502

Gezeiten, regelmäßiges Heben und Senken des Meeresspiegels. Das Steigen des Wassers heißt **Flut,** das Fallen **Ebbe.** Ursache für die Gezeiten sind die Anziehungskräfte vor allem zwischen Erde und Mond und die Fliehkräfte, die bei der Bewegung der Erde um die Sonne entstehen. Diese Kräfte erzeugen zwei ›Flutberge‹, die durch die Erddrehung täglich mit dem Mond einmal um die Erde wandern. Etwa 12–13 Stunden vergehen zwischen dem Eintreffen der Flut an einem Ort.

Gletscher, Eismassen, die oberhalb der Schneegrenze entstehen, wo im langjährigen Durchschnitt mehr Schnee fällt als abtaut (Nährgebiet). Durch sein eigenes Gewicht geschoben, fließt das Gletschereis langsam talwärts und schmilzt. Eine große Menge grobes und feines Gesteinsmaterial bleibt nach dem Abschmelzen als Moräne zurück.

Glimmer, hell oder dunkel glänzendes, in Form von Blättchen auftretendes Mineral, das in vielen Gesteinen vorkommt.

Der **Geysir** ›Old Faithfull‹ im amerikanischen Yellowstone-Nationalpark

Globus, *der* [lateinisch ›Kugel‹], verkleinerte Nachbildung der Erde durch eine Kugel. Ein Globus hat eine drehbare, meist schräg stehende Achse.
➕ Den ältesten heute noch erhaltenen Globus baute 1492 Martin Behaim (* 1459, † 1507) in Nürnberg.

Gneis, aus Feldspat, Quarz und Glimmer bestehendes Gestein, das unter Druck und Hitze aus magmatischen (Paragneis) oder Sedimentgesteinen (Orthogneis) entstanden ist. Gneis hat eine schiefrige Struktur.

Golf, sehr große Meeresbucht, z. B. der Golf von Biskaya zwischen der Nordküste Spaniens und der Westküste Frankreichs oder der Persische Golf.

Golfstrom, warme, bis 150 km breite Meeresströ-mung im Atlantischen Ozean. Sie kommt aus dem Golf von Mexiko und trägt warmes Wasser bis vor die Küsten Nordeuropas. Der Golfstrom beeinflusst in hohem Maße das Klima in Mittel- und Nordeuropa.

Gradnetz der Erde, den Globus überziehendes, aus Längenkreisen (↑ Meridiane) und Breitenkreisen bestehendes gedachtes Netz von Linien. Mit seiner Hilfe lässt sich die geografische Lage jedes Punktes der Erdoberfläche genau bestimmen.

Granit, *der* Gruppe der am weitesten verbreiteten Tiefengesteine. Hauptbestandteile sind Feldspat, Quarz und Glimmer.

Graupeln, fester Niederschlag in Form kleiner weißer Eiskörner.

Grundwasser, unterirdisches Wasser in den Hohlräumen der Erdrinde, das durch Versickern der Niederschläge, aber auch aus Flüssen und Seen dorthin gelangt. Dabei wirken sandige Schichten wie ein Filter, sodass Grundwasser meist keimfrei ist. Für die Versorgung mit Trinkwasser spielt es eine wichtige Rolle. Die ›Versiegelung‹ der Erdoberfläche, besonders durch asphaltierte Straßen, sowie das beschleunigte Fließen des Wassers in begradigten Flüssen bewirken eine Verminderung der Grundwasserreserven.

Haff, flache Meeresbucht, die durch eine ↑ Nehrung fast völlig vom offenen Meer abgetrennt ist und meist nur schmale Durchlässe zum offenen Meer hat. In Europa sind Haffs eine typische Erscheinung der Ostseeküste.

Hagel, fester Niederschlag in Form von Eiskugeln oder -stücken von mehr als 5 mm Durchmesser. Hagelkörner können die Größe von Tennisbällen erreichen.

Halligen, flache Inseln im Wattenmeer, vorwiegend vor der Westküste Schleswig-Holsteins. Bei normalem Hochwasserstand ragen die Halligen ein wenig aus dem Wasser heraus, bei Sturmfluten nur noch die künstlich aufgeschütteten Erdhügel (Wurten), auf denen die Gebäude errichtet sind.

Heide, mit Gräsern, Kräutern und Sträuchern bewachsene, baumarme Landschaft mit nährstoffarmen Böden, vor allem in Mittel- und Westdeutschland.

Herbst, Jahreszeit, die auf der Nordhalbkugel vom

Geowissenschaften   Käl

Höhlen Karsthöhle in Slowenien

23. September bis 21. Dezember dauert, auf der Südhalbkugel vom 21. März bis 21. Juni.

Himmel, scheinbares Gewölbe in Form einer Halbkugel, das auf dem Horizont ruht und an dem die Gestirne angeheftet zu sein scheinen.

Hoch, Hochdruckgebiet, in der Wetterkunde ein Gebiet, in dem im Vergleich zu der Umgebung hoher Luftdruck herrscht. Die Luft fließt am Boden aus einem Hoch spiralförmig heraus, auf der Nordhalbkugel im Uhrzeigersinn. Die von oben nachfließende Luft erwärmt sich beim Abstieg, sodass im Kern eines Hochs sich die Wolken auflösen und meist sonniges Wetter mit tiefblauem Himmel herrscht.

Höhlen, große Hohlräume im Gestein, die entweder mit dem Gestein zugleich entstanden sind, z. B. durch die Ansammlung von großen Gasblasen in vulkanischen Gesteinen, oder nachträglich gebildet wurden. Die größten Höhlen entstehen in Kalkgestein, wo entlang von Rissen und Spalten durch versickernde Niederschläge der Kalk gelöst wird. Mit der Zeit können so riesige Höhlensysteme ausgewaschen werden, in denen vom Boden und von der Decke Tropfsteine wachsen (↑ Tropfsteinhöhle).

Hurrikan, *der* [englisch ˈhʌrɪkən], tropischer Wirbelsturm (bis zu 200 km/h) im Golf von Mexiko und im Karibischen Meer.

Insel, allseitig von Wasser umgebenes Land. Inseln treten meist in Gruppen (Archipel) oder Reihen (Inselketten) auf.

Islandtief, im nördlichen Atlantischen Ozean bei Island auftretendes Tiefdruckgebiet, das West- und Nordeuropa häufig Niederschläge bringt.

Isobare, *die* [zu griechisch isos ›gleich‹ und baros ›Gewicht‹], Linie auf einer Wetterkarte, die Orte gleichen Luftdrucks miteinander verbindet.

Isotherme, *die* [zu griechisch isos ›gleich‹ und therme ›Wärme‹], Linie auf einer Wetterkarte, die Orte gleicher Temperatur miteinander verbindet.

Isthmus, *der* [griechisch], schmales, zwischen Meeresteilen liegendes Landstück, das zwei benachbarte Landgebiete miteinander verbindet, Landenge, z. B. der Isthmus von Korinth.

Jahreszeiten, die vier Zeitabschnitte des Jahres: Frühling, Sommer, Herbst und Winter. Ihr Wechsel beruht darauf, dass die Rotationsachse der Erde nicht senkrecht auf ihrer Bahn um die Sonne steht, sondern geneigt ist. Dadurch erreicht die Sonne für jeden Erdort zu verschiedenen Zeiten des Jahres verschiedene Mittagshöhen: von den Wendekreisen polwärts zu Beginn des Sommers die größte (Sommersonnenwende), zu Beginn des Winters die niedrigste (Wintersonnenwende). Die größere Mittags-

Jahreszeiten		
Nordhalbkugel	**Zeit**	**Südhalbkugel**
Frühling	20./21. März bis 21./22. Juni	Herbst
Sommer	21./22. Juni bis 22./23. September	Winter
Herbst	22./23. September bis 21./22. Dezember	Frühling
Winter	21./22. Dezember bis 20./21. März	Sommer

höhe im Sommer hat zur Folge, dass die Sonnenstrahlen steiler einfallen und die Sonne länger scheint (die Tage sind länger als die Nächte); beides bewirkt eine stärkere Erwärmung.

Kalk, aus Ablagerungen von kalkhaltigen Meerestieren entstandenes Gestein (Kalkstein, Gips, Marmor). Kalkstein bildet ganze Gebirgszüge, z. B. die Kalkalpen. Er ist ein wichtiger Rohstoff in der Bauindustrie.

Kältepole, die Gebiete der Erdoberfläche mit den niedrigsten Temperaturen. Der Kältepol der Südhalbkugel liegt in der östlichen Antarktis

(−89,2 °C), der Kältepol der Nordhalbkugel in Ostsibirien (−77,8 °C). In der Nähe des Südpols sollen −94,5 °C gemessen worden sein.

Kanal, künstlich angelegte Wasserstraße, die verschiedene Flüsse, Seen oder Meere verbindet. Höhenunterschiede im Gelände werden durch Schleusen oder Schiffshebewerke überwunden.
➕ Wichtig sind der Suez- und der Panamakanal.

Kar, *das* nischen- oder sesselförmige Hohlform in den Steilhängen vergletscherter Gebirge.

Karst, *der* nach dem Karstgebirge in Slowenien und Kroatien benannte Landschaftsform, die durch eine Vielzahl von Formen an der Erdoberfläche und im Untergrund (z. B. Höhlen, Einsturztrichter) gekennzeichnet ist. Die Formen entstehen in Kalkgestein durch Lösungsvorgänge des Grund- und Oberflächenwassers.

Katarakt, *der* [griechisch], Stromschnelle, Wasserfall.

Klamm, *die* schmale, von einem Gebirgsbach meist tief eingeschnittene Felsschlucht.

Kliff, Steilabfall an der Küste, der von der Brandung beständig unterspült wird.

Klima: Klassifikation		
A	tropisches Klima ohne kalte Jahreszeit	alle Monate über 18 °C
B	Trockenklima	die Vegetation leidet unter Wassermangel
C	warmgemäßigtes Klima	kältester Monat über 18 °C bis -3 °C
D	Schneeklima	wärmster Monat über 10 °C, kältester Monat unter -3 °C
E	Eisklima	wärmster Monat unter 10 °C mittlere Temperatur

Klima, der für ein größeres Gebiet und über einen längeren Zeitraum typische Ablauf des Wetters. Die Kennzeichen für ein bestimmtes Klima (z. B. Temperatur, Niederschlag, Luftdruck, Luftfeuchtigkeit, Windrichtung und -stärke) werden über viele Jahre hinweg gemessen, um daraus Durchschnittswerte zu ermitteln. Beeinflusst wird das Klima auch durch die geografische Breite, Höhenlage, Verteilung von Land und Meer, Beschaffenheit des Bodens und Vegetation. Der Einfluss der Verteilung von Land und Meer führt zur Unterscheidung von Kontinentalklima (im Innern der Kontinente; warme Sommer, kalte Winter; große Temperaturschwankungen im Tages- und Jahresverlauf) und ozeanischem Klima (vom Meer beeinflusst; mäßig warme Sommer, milde Winter; geringe tägliche und jährliche Temperaturschwankungen).
Trotz der vielfältigen Einflüsse auf das Klima sind auf der Erde mehrere **Klimazonen** ausgebildet: beiderseits des Äquators die feuchtheiße tropische Zone (sehr hohe Niederschläge, geringe Temperaturschwankungen), polwärts gefolgt von der subtropischen Zone (hohe Temperaturen, geringe Niederschläge), der gemäßigten Zone (deutliche Temperaturunterschiede im Jahresverlauf, Niederschläge zu allen Jahreszeiten), der subpolaren Zone (kurze, mäßig warme Sommer, lange, kalte Winter) und der polaren Zone (Durchschnittstemperatur des wärmsten Monats nicht über +10 °C).

Klippe, gefährlicher Felsen wenig unter oder über einer Wasserfläche, besonders häufig an Steilküsten.

Kohle, aus zersetztem Pflanzenmaterial in früheren Erdzeitaltern entstandenes brennbares, braunes bis schwarzes Sedimentgestein. Die Bildung von Kohle vollzog sich über große Zeiträume. In tropischem Klima entstanden aus großen Sumpfmoorwäldern zunächst Torfmoore. Diese wurden nach und nach von Gesteinsschichten luftdicht überdeckt, und unter Druck und Wärme bildete sich zunächst Braunkohle und später, bei weiterer Verfestigung und höherem Kohlenstoffgehalt, Steinkohle. Neben Kohlenstoff enthalten Kohlen Wasserstoff, Sauerstoff, Stickstoff und Schwefel sowie Asche. Die bei der Verbrennung von Kohle frei werdenden Stick- und Schwefeloxidgase tragen wesentlich zur Umweltbelastung bei. Kohle ist in Flözen in anderen Gesteinsschichten eingelagert.
Steinkohlelagerstätten werden in Deutschland in Gruben (bis 1500 m Tiefe) abgebaut, Braunkohle wird in oft riesigen Tagebauen gewonnen.

Kontinent, ↑ Erdteil.

Koog, Polder, durch Eindeichung gewonnenes und gegen Überflutung geschütztes Neuland, z. B. an der schleswig-holsteinischen Nordseeküste.

Korallenriff, aus den kalkigen Skeletten unzähliger Korallen bestehendes Riff. Obwohl Korallenriffe

Geowissenschaften

pro Jahr etwa nur 1 cm wachsen, können sie in warmem, sauerstoff- und nährstoffreichem Wasser sehr große Ausmaße annehmen, vor allem in tropischen Meeren, z. B. das Große Barriereriff vor der Nordküste Australiens (2 000 km).

Korallenriff Großes Barriereriff vor der Nordküste Australiens

Küste, Übergangsbereich zwischen Festland und Meer, der sich durch Brandung, Strömungen, Gezeiten, Ablagerungen der Flüsse und des Meeres ständig verändert, z. B. gibt es Fjord-, Haff- und Schärenküsten.

Lagune, *die* [italienisch], seichter Meeresteil an Flachküsten, der durch Sandablagerungen (Nehrung) oder ein Riff abgetrennt ist. Auch die Wasserfläche im Innern eines Atolls wird als Lagune bezeichnet.

Länge, die geografische Länge gibt an, wie weit ein Ort vom Nullmeridian entfernt ist. Sie wird in Längengraden (0° bis 180°) ausgedrückt und östlich des ↑ Nullmeridians als östliche Länge, westlich davon als westliche Länge bezeichnet. Die Längenkreise sind gedachte Linien, die durch die beiden Pole der Erde gehen und zusammen mit den Breitenkreisen das ↑ Gradnetz der Erde bilden.

Lava, *die* bei Vulkanausbrüchen austretendes Magma und das daraus entstehende poröse, häufig auch glasige Ergussgestein. Die Lava hat beim Austritt eine Temperatur von 1 000–1 300 °C und erstarrt bei 700–900 °C.

Lawine, *die* [von lateinisch labina ›Erdrutsch‹], an steilen, unbewaldeten Gebirgshängen plötzlich abstürzende große Schneemassen, die auch mit Eis, Erde und Geröll vermischt sein können. Wenn eine Schneedecke am Boden schlecht haftet oder ihre Schichten nur einen ungenügenden inneren Zusammenhalt aufweisen, besteht Lawinengefahr, besonders bei starken Schneefällen, Tauwetter oder Umschichtung von Schneemassen durch Wind.

Legende, *die* [lateinisch ›das zu Lesende‹], die am Rand einer Landkarte zusammengestellte Erläuterung der verwendeten Zeichen, Farben und Abkürzungen.

Löss, feinkörniger, gelblicher, durch Wind abgelagerter Flugstaub. Er besteht größtenteils aus mehlfeinen Quarzkörnchen und ist sehr kalkhaltig. Löss bildet sehr fruchtbare Böden.

Luft, Gasgemisch, das die Atmosphäre der Erde bildet. In den unteren Schichten besteht sie vor allem aus Stickstoff (78 %) und Sauerstoff (21 %). Außerdem enthält sie Kohlendioxid und Edelgase. Je nach Temperatur vermag sie unterschiedlich viel Wasserdampf aufzunehmen: viel bei hohen, weniger bei niedrigen Temperaturen. Auch der Luftdruck ist von der Temperatur abhängig. Da ein Würfel kalter Luft schwerer ist als ein gleich großer Würfel warmer Luft, herrscht bei Kaltluft am Boden meist hoher, bei Warmluft niedriger Luftdruck.

ⓘ LUFTDRUCK

Der Luftdruck in einer bestimmten Höhe ist gleich dem Gewicht der Luftsäule über dieser Höhe: Das hat der französische Wissenschaftler Blaise Pascal 1648 durch Versuche herausgefunden. Je höher man steigt, desto kleiner wird die darüber liegende Luftsäule und damit auch der Druck. In Meereshöhe entspricht er etwa dem Druck, welchen ein Körper von 1 kg Masse auf eine Fläche von 1 cm^2 ausübt.

Luftdruck, Druck, den die Atmosphäre mit ihrem Gewicht auf die Erde ausübt. Gemessen wird der Luftdruck mit dem Barometer. Er wird in Hektopascal (hPa) angegeben und beträgt in Meereshöhe im Durchschnitt 1 013 hPa.
Die Einheit Hektopascal ist seit dem 1. 1. 1984 in den Mitgliedstaaten der Weltorganisation für Meteorologie üblich; sie hat die frühere Einheit Millibar abgelöst.

Luftspiegelung, durch Brechung und Spiegelung von Lichtstrahlen an Luftschichten unterschiedlicher Temperatur hervorgerufene optische Erscheinung. Solche Luftschichten entstehen über stark erhitzten oder gekühlten Flächen, z. B. in der Wüste (Fata Morgana) oder auf erwärmten Landstraßen. Dabei können weit entfernte Gegenstände sichtbar werden und das Himmelslicht kann auf einer trockenen Fläche wie Wasser aussehen.

Maar, *das* durch vulkanische Gasexplosionen entstandene trichterförmige, meist mit Wasser gefüllte Vertiefung in der Erdoberfläche, z. B. in der Eifel.

Magma, *das* [griechisch ›geknetete Masse‹], glutflüssige Gesteinsschmelze aus dem Erdinnern mit Temperaturen über 1 200 °C.

Marmor, durch Druck und hohe Temperaturen umgewandelter Kalkstein. Durch Verunreinigungen kann er flecken- oder linienhaft verfärbt sein, z. B. braun, grau, schwarz, grünlich. Marmor ist polierfähig und wird daher gerne als Material für Bildhauer und für Bauten verwendet.

Marsch, **Marschland**, niedrig gelegenes, bei Flut teilweise überschwemmtes Land an Flachküsten mit starken Gezeiten. Zum Schutz des fruchtbaren Landes ist die Marsch meist durch Deiche geschützt.

Maßstab, Angabe über das Verhältnis von Strecken auf Landkarten gegenüber ihrer wirklichen Länge. Der Maßstab 1 : 50 000 bedeutet, dass 1 cm auf der Karte 50 000 cm = 500 m in der Natur entsprechen.

Meere, große zusammenhängende Wassermassen, die insgesamt rund 70 % der Erdoberfläche bedecken, zum größeren Teil auf der Südhalbkugel. Durch die Kontinente werden drei große Weltmeere voneinander getrennt: Pazifischer, Atlantischer und Indischer Ozean. In die sie umgebenden Landmassen greifen sie ein als Randmeere (z. B. Nordsee), Binnenmeere (z. B. Schwarzes Meer) oder Mittelmeere (z. B. Europäisches Mittelmeer). Nach der Tiefe unterteilt man den Meeresboden in die Schelfe (bis 200 m Tiefe), den Kontinentalabfall (bis 3 500–4 000 m Tiefe), die Tiefseebecken (4 000–6 000 m Tiefe) und die Tiefseegräben (bis über 10 000 m Tiefe). Meerwasser ist salzig. Der Salzgehalt liegt durchschnittlich bei 35 g pro Liter (größtenteils Kochsalz).

Meeresspiegel, Wasseroberfläche des Meeres, deren durchschnittliche Lage Ausgangspunkt für alle Höhenangaben auf der Erde ist (Normalnull).

Meeresströmung, Bewegung des Wassers in den Ozeanen, das durch beständig wehende Winde (z. B. Passate) bis in eine Tiefe von 200 m horizontal in Bewegung gesetzt wird. Auch Unterschiede der Temperatur und des Salzgehalts führen zu Wasserbewegungen. Für das Leben im Meer und die angrenzenden Kontinente sind Meeresströmungen von größter Bedeutung (z. B. der warme Golfstrom für Europa).

Meridiane [zu lateinisch meridies ›Mittag‹, ›Süden‹], die Längenkreise der Erde; sie verbinden die beiden Pole der Erde miteinander und bilden zusammen mit den Breitenkreisen das Gradnetz der Erde.

Mesozoikum, *das* **Erdmittelalter**, Abschnitt der ↑ Erdgeschichte, der vor 225 Millionen Jahren begann und vor 65 Millionen Jahren zu Ende ging.

Meteorologie, **Wetterkunde**, Wissenschaft, die sich mit den Vorgängen in den unteren Schichten der Atmosphäre befasst, vor allem mit den Eigenschaften und Ursachen des Wettergeschehens.

Minerale [zu lateinisch minera ›Erzschacht‹], chemisch und physikalisch einheitliche, feste Bestandteile der Erdkruste oder von Himmelskörpern. Minerale liegen meist als Kristalle oder körnige Gemengeteile, z. B. in Gesteinen, vor. Über 3 000 Mineralarten sind bekannt, aber nur zehn von ihnen bilden über 96 % der oberen Erdkruste (Plagioklase, Kalifeldspate, Pyroxene, Hornblenden, Olivine, Quarz, oxidische Eisenerze, Glimmer, Kalkspat, Tonminerale). Nur wenige Minerale (Erze, Salze) kommen in abbauwürdigen Lagerstätten vor.

Mondfinsternis, die teilweise oder totale Verfinsterung des Mondes beim Durchgang durch den Erdschatten. Damit es zu einer Mondfinsternis kommen kann, muss sich die Erde auf einer nahezu geraden Linie zwischen Sonne und Mond befinden.

Monsun, *der* jahreszeitlich wechselnder Wind, hauptsächlich in Vorderindien und Ostasien. Er weht im Sommer vom Meer zum Land, im Winter vom Land zum Meer. Ursache ist die unterschiedliche Erwärmung von Meer und Landmassen.

Moor, mit Torf bedecktes, feuchtes Gelände mit schlammigem Boden. Moore entstehen, wo mehr Wasser (Niederschlag) auftritt, als abfließen, versickern oder verdunsten kann, z. B. bei verlandenden Seen oder Altarmen von Flüssen. Man unterscheidet Flach- oder Niedermoore und Hochmoore.

Geowissenschaften — Ozo

Flachmoore sind reich an Pflanzenarten, da die Wurzeln der Pflanzen bis ins nährstoffreiche Grundwasser hinabreichen. Bei Hochmooren ist das nicht der Fall, sodass hier nur wenige, anspruchslose Arten wachsen.

Moräne, *die* von Gletschern transportierter und zurückgelassener Gesteinsschutt: als Seitenmoräne am Rand eines Gletschers, als Mittelmoräne beim Zusammenfließen zweier Gletscher, als Grundmoräne zwischen Gletscher und Untergrund, als Endmoräne am unteren Ende des Gletschers.

Morgenrot, die Rotfärbung des östlichen Himmels vor Sonnenaufgang. Sie ist auf die gleiche Weise zu erklären wie das ↑ Abendrot.

Nehrung, flacher, einem Haff oder Strandsee vorgelagerter Landstreifen, z. B. beim Kurischen Haff an der Ostsee.

Neozoikum, *das* **Erdneuzeit,** der Abschnitt der ↑ Erdgeschichte, der vor 65 Millionen Jahren begann.

Nordlicht, das Polarlicht auf der Nordhalbkugel.

Nordpol, Punkt auf der Nordhalbkugel, an dem die gedachte Erdachse die Erdoberfläche durchstößt. Es ist der am weitesten vom Äquator entfernt liegende Punkt der Nordhalbkugel, der nördliche Schnittpunkt aller Meridiane; er liegt im Nordpolarmeer (auch ↑ Arktis, Kapitel 14).

Nordstern, *der* ↑ Polarstern.

Normalnull, Abkürzung **NN,** der mittlere Wasserstand des Meeres als Ausgangsfläche für Höhenmessungen auf der Erdoberfläche.

Nullmeridian, Längengrad auf 0° geografischer Länge. Er verläuft durch die alte Sternwarte im Londoner Stadtteil Greenwich.

Oase, *die* [griechisch ›bewohnter Ort‹], Gebiet in Wüsten- oder Trockengebieten mit Pflanzenwuchs, landwirtschaftlicher Nutzung und ziemlich dichter Besiedlung. Oasen entstehen an Quellen, Flussläufen oder Stellen mit hohem Grundwasserstand. Im Innern von Wüstengebieten sind die Oasen Stützpunkte des Karawanenverkehrs. Meist sind sie dicht bevölkert und intensiv bewirtschaftet (vor allem werden Dattelpalmen angebaut).

Obsidian, *der* vulkanisches Gesteinsglas, das bei der Erstarrung kieselsäurereicher Lava entstand. Es ist schwarz oder dunkelgrau bis dunkelbraun und hat ähnliche Eigenschaften wie Feuerstein.

Opal, *der* lebhaft schillerndes Mineral aus wasserhaltiger Kieselsäure, in bestimmten Färbungen als Edelstein geschätzt.

Orkan, *der* Wind von Windstärke 12 und mehr und Windgeschwindigkeiten über 100 km/h. Orkane treten am häufigsten über tropischen Meeren auf (auch ↑ Hurrikan, ↑ Taifun).

Ozean, *der* Bezeichnung für die drei großen Weltmeere Pazifischer, Atlantischer und Indischer Ozean.

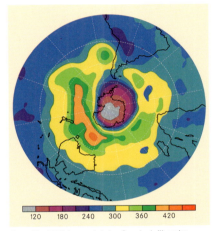

Ozon Die Abbildung zeigt das Ozonloch über der Antarktis am 13. 10. 1997. Die Ozonsäulendichte wird in Dobson-Einheiten (1 Dobson = 0,01 mm Ozonsäule bei Normaldruck) dargestellt.

Ozon, *der* oder *das* [griechisch ›das Duftende‹], eine Form des Sauerstoffs, bei der sich die Moleküle aus drei Atomen zusammensetzen (O_3), während ›normale‹ Sauerstoffmoleküle aus zwei Atomen bestehen (O_2). Ozon bildet sich unter Einwirkung ultravioletter Strahlung oder durch elektrische Entladung aus O_2 und ist stark giftig. 30 km über der Erdoberfläche befindet sich eine Ozonschicht rund um die Erde. Sie schirmt die ultraviolette Strahlung der Sonne ab und ist daher für das Leben auf der Erde von größter Bedeutung. Lücken in dieser Schicht (›Ozonloch‹), die seit einigen Jahren vor allem über der Antarktis auftreten, werden auf den schädigen-

Pac — Geowissenschaften

> **ⓘ OZON**
>
> **Das Ozonloch**
>
> Die Zerstörung der Ozonschicht der Erdatmosphäre wurde ursprünglich nur über dem Südpol nachgewiesen, aber seit den letzten Jahren wächst im Winterhalbjahr auch über dem Nordpol ein Ozonloch.
> Die Ozonzerstörung ist auf Fluorchlorkohlenwasserstoffe (FCKW), Chlorkohlenwasserstoffe und Halone zurückzuführen, die als Treibgase, Kühlmittel und Treibmittel z. B. in der Schaumstoffproduktion verwendet werden. Nach dem Aufstieg dieser Gasmoleküle in die Ozonschicht werden sie durch die UV-Strahlung zerstört und das dabei frei werdende Chlor zersetzt wiederum das Ozon.
> Da die Ozonschicht den natürlichen Schutz der Erde gegen die UV-Strahlung der Sonne bildet, ist eine Reduzierung der Ozonschicht u. a. für eine Zunahme der Hautkrebserkrankungen verantwortlich. Außerdem kann die vermehrte UV-Einstrahlung zu einer Erwärmung der Atmosphäre führen, die das Klima auf der Erde beeinflussen würde.

den Einfluss bestimmter Treibgase zurückgeführt. ⓘ

Packeis, aneinander gepresste und übereinander geschobene Eisblöcke des Packeises in den Polargebieten (bis zu 30 m hoch).

Paläontologie, *die* Wissenschaft, die die vorzeitliche Entwicklung des Lebens auf der Erde erforscht. Sie versucht, Bau und Lebensweise von Pflanzen und Tieren zu rekonstruieren, einzuordnen und zu datieren.

Paläozoikum, *das* **Erdaltertum,** Abschnitt der ↑ Erdgeschichte, der vor 540 Millionen Jahren begann und vor 250 Millionen Jahren zu Ende ging.

Pass, Stelle im Gebirge, die den Übergang von einem Talgebiet in ein anderes ermöglicht.

Passat, *der* in weiten Teilen der Tropen vorherrschende östliche trockene, niederschlagsarme Luftströmung, auf der Nordhalbkugel aus Nordosten, auf der Südhalbkugel aus Südosten.

Plattentektonik, wissenschaftliche Theorie, nach der die Erdkruste aus mehreren Platten besteht, die sich langsam, aber stetig bewegen. Auf diese Weise werden die Auffaltung großer Gebirgszüge (z. B. der Anden) oder vulkanische Erscheinungen und Erdbeben (z. B. an den Rändern des Pazifischen Ozeans) erklärt.

Pleistozän, ↑ Eiszeit.

Polarkreise, die beiden Breitenkreise auf der Nord- und Südhalbkugel, die jeweils 66,5° vom Äquator entfernt verlaufen. Sie trennen die Polarzonen der Erde von den gemäßigten Zonen. In den Polarzonen tritt das Phänomen von Polarnacht und Polartag auf.

Polarlicht, eine nachts in den Polargebieten der nördlichen (Nordlicht) und der südlichen (Südlicht) zu beobachtende Leuchterscheinung der hohen Atmosphäre mit wechselnder Stärke, Farbe und Form. Das Polarlicht wird ausgelöst durch elektrisch geladene Teilchen, die von der Sonne abgestrahlt werden; sie dringen in den Gebieten um die Pole in die Atmosphäre ein und regen deren Atome in Höhen zwischen 100 und 400 km Höhe zum Leuchten an.

Polarnacht, Zeit, während der die Sonne in den Polargebieten länger als 24 Stunden unter dem Horizont bleibt. Die Länge der Polarnacht nimmt von

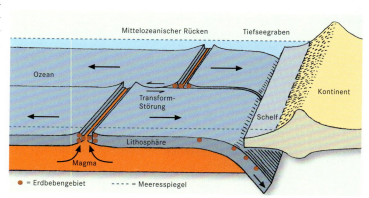

Plattentektonik Schematische Darstellung des Meeresbodens mit angrenzendem Kontinent. Die Erdbebengebiete sind nur im Schnitt eingezeichnet; Erdbeben können in der gesamten Ausdehnung der mittelozeanischen Rücken und der Tiefseegräben auftreten

den Polarkreisen zu den Polen hin zu. Der Erscheinung der Polarnacht im Winter der einen Erdhalbkugel entspricht im gleichzeitigen Sommer der anderen Halbkugel ein **Polartag**.

Polder, ↑ Koog.

Prärie, *die* [französisch ›Wüste‹], großes Grassteppengebiet in Nordamerika, das von den Waldgebieten im Osten bis zu den Rocky Mountains im Westen reicht.

Priele, flussähnliche Wasserrinnen im Wattenmeer der Nordsee, in denen bei Flut und Ebbe das Wasser ein- und ausströmt.

Quartär, *das* die jüngste, noch die Gegenwart umfassende Periode der Erdgeschichte, der Abschnitt des Neozoikums, der vor rund 2 Mio. Jahren begann.

Quarz, *der* nach den Feldspaten das häufigste Mineral der Erdkruste. Quarzkristalle bilden sechseckige Säulen mit aufgesetzter Pyramide. Färbung und Durchsichtigkeit können sehr verschieden sein: Der Bergkristall ist farblos und durchsichtig, der Milchquarz weiß und trüb, der Amethyst violett und durchsichtig, der Rosenquarz rosafarben. Sie werden als Schmucksteine verwendet.

Regenbogen, farbige Lichterscheinung in der Atmosphäre in Form eines Kreisbogens. Ein Regenbogen entsteht, wenn Sonnenstrahlen an Regentropfen abgelenkt oder zurückgeworfen werden. Das Licht wird dabei in seine farblichen Bestandteile zerlegt, die rote Farbe liegt immer außen am Bogen. Um einen Regenbogen beobachten zu können, muss der Betrachter die Sonne im Rücken haben.
➕ Ein Regenbogen hat von außen nach innen die Farbfolge Violett, Indigo, Blau, Grün, Gelb, Orange, Rot, die sieben sprichwörtlichen ›Regenbogenfarben‹.

Regenwald, immergrüner Wald in den ganzjährig feuchten Tropen (mehr als 2 000 mm Niederschlag pro Jahr). Er besteht aus immergrünen Bäumen und ist meist in 4–5 Vegetationsstockwerken aufgebaut. Charakteristisch ist der außerordentliche Reichtum an Baumarten. Das größte Regenwaldgebiet der Erde ist das Amazonasbecken in Südamerika. Die für das Klima der Erde wichtigen Regenwälder sind heute vielerorts durch Rodung in ihrem Bestand bedroht.

Regenzeit, Jahreszeit mit vorherrschenden Niederschlägen. In tropischen Ländern ist dies meist im Sommer, am Rand der Tropen und in Gebieten mit Mittelmeerklima der Winter. Gebiete mit Niederschlägen zu allen Jahreszeiten haben keine Regenzeit, sondern oft nur eine Hauptniederschlagszeit, die in den kontinentalen Klimagebieten im Sommer-, in vom Meer beeinflussten im Winterhalbjahr liegt.

Reif, Niederschlag aus feinen Eisteilchen, die aus dem Wasserdampf der Luft bei Temperaturen unter 0 °C entstehen, z. B. an Grashalmen, Ästen oder Zäunen.

Riff, lang gestreckte Bank oder Klippenreihe im Meer, unter oder nur wenig über der Wasseroberfläche. Riffe bestehen aus Fels, abgelagertem Sand oder abgestorbenen Korallenskeletten.

Sander, von Schmelzwasserflüssen vor Gletschern abgelagerte flache, fächerförmige Sand- oder Schotterflächen, als Zeugen der Eiszeit noch heute landschaftsprägend (z. B. Münchener Ebene).

Sandstein, Ablagerungsgestein aus kleinen, durch Bindemittel verfestigten Sandkörnern. Sandsteine sind je nach ihrer Zusammensetzung unterschiedlich gefärbt und werden vielfach als Baumaterial verwendet.

saurer Regen, Bezeichnung für säurehaltige Niederschläge, die bei der Verbrennung von Kohle, Erdöl und Erdgas als Folge des Ausstoßes von Schwefeldioxid (SO_2) und Stickoxiden (NO_x) in der Atmosphäre entstehen. Das dorthin gelangte SO_2 und die NO_x werden teilweise zu Schwefel- und Salpetersäure umgesetzt und schlagen als Regen, Schnee u. Ä. nieder. Saurer Regen gilt als Hauptursache für das Waldsterben.

Savanne, *die* Vegetationsform in den wechselfeuchten Tropen mit geschlossenem Grasbewuchs und einzelnen Sträuchern, Bäumen und Baumgruppen. Während sich in der Regenzeit üppiges Pflanzenwachstum entfaltet, verdorrt die Landschaft in der Trockenzeit.

Schäre, kleine Felseninsel, die von einem Gletscher abgeschliffen wurde. Schären gibt es vor allem vor norwegischen, schwedischen und finnischen Küsten.
➕ Der besonders schärenreiche Teil der Ostsee zwi-

schen Ålandinseln und dem finnischen Festland heißt Schärenmeer.

Schelf, Festlandsockel, flacher Saum von Kontinenten und größeren Inseln bis etwa 200 m Tiefe, der vom Schelfmeer bedeckt ist. Schelfmeere sind z. B. die Nordsee und die Ostsee.

Schiefer, Gesteine, die durch Gebirgsdruck in dünne Platten zerlegt wurden (z. B. Dachschiefer) oder die blättrige, parallel ausgerichtete Minerale enthalten (z. B. Glimmerschiefer).

Schirokko, *der* [arabisch], im Mittelmeergebiet vor allem im Frühjahr auftretender warmer, teilweise stürmischer Wind aus südöstlichen Richtungen.

➕ Der Schirokko wird in den afrikanischen Mittelmeerländern auch als Samum, Gibli (Ghibli in Libyen) oder Chamsin (in Ägypten) bezeichnet. An der südfranzösischen Küste entspricht ihm der Marin, in der Ägäis der Garbis und in Spanien der Solano oder Leveche.

Schnee, aus Eiskristallen bestehender fester Niederschlag. Bei starkem Frost bilden sich trockene, körnige Eiskristalle (Pulverschnee), bei Temperaturen nahe dem Gefrierpunkt werden die Kristalle feucht und kleben zusammen (Schneeflocken). Oberflächliches Auftauen und Wiedergefrieren von abgelagertem Schnee führt zur Verharschung. Werden dabei die Schneekristalle zerstört, entsteht Firn.

Schneegrenze, jahreszeitlich unterschiedlich verlaufende Grenze zwischen schneebedecktem und schneefreiem Gebiet im Gebirge.

Seebeben, Erdbeben, dessen Herd unter dem Meeresboden liegt. Starke Seebeben können riesige Seewellen (Tsunamis) auslösen, die sich ringförmig mit 700 km/h vom Herd ausbreiten und bis zu 10 m Höhe und mehr erreichen; sie rufen an Küsten schwere Überschwemmungen hervor.

Seismograf, *der* [griechisch], Gerät, mit dem Erschütterungen des Erdbodens (durch Erdbeben,

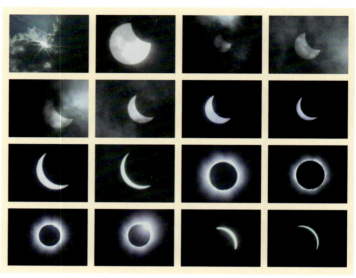

Fotoserie der am 11. 8. 1999 in Deutschland zu sehenden **Sonnenfinsternis,** aufgenommen in Karlsruhe. Deutlich zu sehen ist das durch den unregelmäßigen Mondrand hervorgerufene ›Perlschnurphänomen‹.

Sprengungen oder unterirdische Atomversuche) aufgezeichnet werden. Die Bewegungen der Erde werden durch eine Masse über Pendel- und Federschwingungen sichtbar gemacht, ihr zeitlicher Verlauf aufgezeichnet.

Siel *der* oder *das* mit Verschluss versehene Öffnung in See- oder Flussdeichen, durch die bei niedrigem Außenwasserstand das eingedeichte Gebiet entwässert wird.

Smog, *der* [Kunstwort aus englisch **smo**ke ›Rauch‹ und fo**g** ›Nebel‹], sichtbare, gesundheitsschädliche Luftverschmutzung, die vor allem über Ballungsgebieten auftritt, wenn Abgase, Ruß und Asche bei bestimmten Wetterlagen nicht abziehen können. Dies ist der Fall, wenn schwere bodennahe Kaltluft nicht von höherer leichterer Warmluft verdrängt werden kann.

Sommer, die warme Jahreszeit, auf der Nordhalbkugel vom 21. Juni bis zum 23. September, auf der Südhalbkugel vom 22. Dezember bis 21. März.

Sonnenfinsternis, Verdunkelung der Sonne, die entsteht, wenn sich der Mond auf seiner Umlaufbahn zwischen Erde und Sonne schiebt. Bei der tota-

Geowissenschaften

len Sonnenfinsternis wird die ganze Sonnenscheibe vom Mond bedeckt, bei der partiellen nur ein Teil.
● In Deutschland konnte die letzte totale Sonnenfinsternis am 11. August 1999 beobachtet werden; die nächste wird erst am 7. Oktober 2135 in Nordwest- und Mitteldeutschland zu sehen sein.

Sonnenwende, Zeitpunkt, zu dem die Sonne auf ihrer scheinbaren jährlichen Bahn den höchsten oder tiefsten Stand hat. Auf der Nordhalbkugel fällt der Höchststand auf den 21. Juni (Sommeranfang, längste Sonnenscheindauer), der Tiefststand auf den 21. Dezember (Winteranfang, kürzeste Sonnenscheindauer).

Springflut, besonders großes Gezeitenhochwasser. Es entsteht, wenn sich bei Vollmond oder Neumond die Anziehungskräfte von Sonne und Mond auf die Erde verstärken. Trifft eine Springflut bei stürmischem Wetter mit einer Sturmflut zusammen, kann sie verheerende Wirkung haben.

Stadt, größere geschlossene Siedlung, die im Unterschied zum Dorf in Stadtviertel (z. B. Geschäfts-, Wohn-, Industrieviertel) gegliedert ist. Ihre Bewohner arbeiten vorwiegend außerhalb der Landwirtschaft. Eine Stadt ist im Allgemeinen wirtschaftliches, kulturelles und verwaltungsmäßiges Zentrum eines größeren Gebiets.

Stalagmit, Stalaktit, ↑ Tropfsteinhöhle.

Steppe, Landschaftsgürtel mit Pflanzen, die der periodischen Trockenheit angepasst sind (Gräser, Kräuter, Sträucher). Steppen treten auf in den sommertrockenen, winterkalten Gebieten der gemäßigten Zonen sowie in subtropischen Gebieten als Umrandung von Wüsten. Sie sind von Südosteuropa bis nach Zentralasien, in Nordamerika (Prärie), in Südamerika (Pampa) und in Australien verbreitet.

Sternschnuppe, ↑ Meteor.

Stratosphäre, *die* über der Troposphäre liegende Schicht in der Atmosphäre.

Sturm, sehr heftiger Wind der Stärke 9–11.

Sturmflut, durch anhaltenden, gegen die Küste wehenden Sturm erzeugter hoher Wasserstau des Meeres, der besonders in Buchten und an Flachküsten schwere Verwüstungen hervorrufen kann.

Subtropen, ein über 2 000 km breiter Klimagürtel zwischen Tropen und gemäßigter Zone. Zu den Subtropen gehören die großen Wüsten und warmen Steppen der Erde, ebenso die Gebiete mit Mittelmeerklima; die monatliche Durchschnittstemperatur beträgt 18 °C und sinkt selten unter 10 °C.

Südpol, Punkt auf der Südhalbkugel, an dem die gedachte Erdachse die Erdoberfläche durchstößt. Es ist der am weitesten vom Äquator liegende Punkt der Südhalbkugel, der südliche Schnittpunkt aller Meridiane; er liegt in der ↑ Arktis (Kapitel 14).

Taifun, *der* [von chinesisch taifung ›großer Wind‹], tropischer Wirbelsturm im Indischen und Pazifischen Ozean, der vor allem zwischen Juli und November auftritt.

Taiga, *die* [russisch], der überwiegend aus Nadelhölzern bestehende Waldgürtel in Sibirien und im nordwestlichen Russland. Er ist das größte zusammenhängende Waldgebiet der Erde. Nördlich der Taiga schließt sich die Tundra an.

Tal, lang gestreckter, hohlförmiger Einschnitt in die Erdoberfläche, durch Wasser geschaffen und meist auch von einem Wasserlauf durchflossen.

Tau, Niederschlag in Form von kondensiertem Wasserdampf am Boden. Tau bildet sich besonders in klaren Nächten, wenn der Erdboden die gespeicherte Wärme ungehindert abstrahlt und sich stark abkühlt. In gemäßigten Klimazonen entfallen 2–5 % des Niederschlags auf Tau.

Tertiär, *das* Periode der Erdgeschichte, Abschnitt des Neozoikums, der vor 65 Millionen Jahren begann und vor 2 Millionen Jahren endete. Im Tertiär entstand weitgehend das heutige Bild der Erde.

Thermalquelle, warme Quelle, deren Wasser meist aus größerer Erdtiefe stammt und mit mindestens 20 °C an die Oberfläche tritt (z. B. in Wildbad im Schwarzwald mit 38 °C, in Wiesbaden mit 68 °C, in Aachen mit 77 °C). Wenn das Wasser Temperaturen von über 65 °C zeigt, nennt man sie auch ›Kochbrunnen‹.

Tide, das Steigen und Fallen des Meeresspiegels im Ablauf der Gezeiten.

Tief, Tiefdruckgebiet, in der Wetterkunde ein Gebiet, in dem im Vergleich zu der Umgebung niedriger Luftdruck herrscht. Die Luft strömt am Boden spiralförmig in ein Tief hinein, auf der Nordhalbkugel entgegen dem Uhrzeigersinn. Die im Tief gegeneinander strömende Luft steigt auf und kühlt ab. Dies führt zur Wolkenbildung und häufig zu trübem Wetter mit Niederschlägen.

Tiefsee, Bereich des Meeres, der die landfernen, lichtlosen Ozeanräume ab etwa 800 m Tiefe umfasst. Die Tiefsee bedeckt mehr als 60 % der Erdoberfläche.

Tornado, *der* [englisch], lokaler Wirbelsturm, der meist in der warmen Jahreshälfte im mittleren Westen der USA auftritt, eine besonders große Trombe mit verheerender Wirkung.

Treibhauseffekt, eine allgemeine Erhöhung der weltweiten Durchschnittstemperatur aufgrund der in der Atmosphäre vorhandenen Spurengase. Diese Gase lassen zwar das sichtbare Licht der Sonne zur Erdoberfläche durch, blockieren aber die von der Erde reflektierte Wärmestrahlung ähnlich wie die Scheiben eines Treibhauses. Von den Verursachergasen tragen allein Kohlendioxid (CO_2) zu rund 50 %, die Fluorchlorkohlenwasserstoffe (FCKW) zu 20 % und Methan zu 15 % zum Treibhauseffekt bei. Von grundlegender Bedeutung ist daher die von der UNO-Umweltkonferenz 1992 beschlossene Reduzierung des CO_2-Ausstoßes.

Trombe, *die* [von italienisch tromba ›Trompete‹], Luftwirbel mit senkrechter Achse, der an Land als Wettersäule und über Wasser als Wasserhose bei starken Temperaturgegensätzen ausgebildet wird. Kleinere Tromben bilden sich in Erdbodennähe. Sie können bis zu 100 m emporwachsen und haben, durch aufgewirbelten Staub sichtbar geworden, die Form eines langen Rüssels. Große Tromben nennt man Tornados; sie erreichen einen Durchmesser von bis zu 500 m und Windgeschwindigkeiten um 200 km/h.

Tropen [griechisch, eigentlich ›Wendekreise‹], Zone der Erde beiderseits des Äquators zwischen den Wendekreisen. Die Temperaturen in den Tropen sind sehr hoch und ändern sich im Jahresverlauf nur wenig. Infolge der hohen Verdunstung gehen in vielen tropischen Gebieten fast täglich heftige, meist gewittrige Regenfälle nieder. Wo sie ganzjährig auftreten, wächst immergrüner Regenwald, der in den tropischen Randbereichen in Savannen übergeht.

Tropfsteinhöhle, unterirdischer Hohlraum in kalkreichen Gegenden, der durch Lösungsvorgänge des Grundwassers entstanden ist. Herabtropfendes kalkhaltiges Wasser hinterlässt an der Decke und auf dem Boden winzige Kalkspuren, sodass mit der Zeit Kalksäulen von der Decke herab (Stalaktiten) und vom Boden nach oben (Stalagmiten) wachsen.

Troposphäre, *die* unterste Schicht der Atmosphäre, die an den Polen bis in 8 km, über dem Äquator bis in 16 km Höhe reicht.

Tsunami, *die* [japanisch ›Hochwasser‹], plötzliche große Meereswelle im Pazifischen Ozean, die durch unterseeische Erdbeben (↑ Seebeben) oder Vulkanausbrüche entsteht.
✚ Am 26. 12. 2004 löste ein Seebeben vor Sumatra eine Tsunami aus, die mehr als 220 000 Todesopfer forderte.

Tuff, Tuffstein, vulkanische Asche, die bei Explosionen ausbrechender Vulkane ausgeschleudert wird und sich als poröses Gestein ablagert.

Tundra, *die* [russisch], im Norden Asiens, Europas und Amerikas verbreitete baumlose arktische Vegetationszone, die sich nördlich an die Taiga anschließt und hauptsächlich mit Flechten, Moosen und Zwerggesträuch bedeckt ist.

Urstromtal, breite Talniederung am Rand eiszeitlicher Gletscher, in der sich das Schmelzwasser sammelte und abfloss. Urstromtäler finden sich besonders in Norddeutschland.

Urwald, vom Menschen nicht oder nur wenig veränderter, wild wachsender Wald.

ⓘ TUNDRA

Die vegetative Periode währt in der Tundra lediglich zwei oder drei Monate – auch in der ›warmen Jahreszeit‹ ist es dort richtig kalt. Zudem pfeifen schneidende Winde über das Land, und die Böden sind unfruchtbar und in ebener Lage infolge oft des ständig gefrorenen Untergrunds im kurzen und kühlen Sommer häufig versumpft. Diese ungünstigen Bedingungen sorgen dafür, dass die Pflanzen nur sehr langsam wachsen. Sträucher wie die Zwergweiden bilden nur zwei oder drei Blätter pro Saison. So hat man auf einer arktischen Insel einen mehr als 500 Jahre alten Zwergginster gefunden, der weniger als 1 m im Buschdurchmesser aufwies. Sobald aber nur ein minimaler Windschutz vorhanden ist, wird auch die Vegetation buschiger und höher. So sind die Täler und Vertiefungen ein günstiger Standort für Zwergweiden, Zwergbirken und kleine Erlen, die dort ein dichtes Gestrüpp bilden.

Variskisches Gebirge, vor etwa 200–300 Millionen Jahren entstandenes Faltengebirge in Mittel- und Westeuropa, das sich im großen Bogen vom französischen Zentralmassiv bis zu den Sudeten erstreckt. Es ist im Laufe der Erdgeschichte stark abgetragen, sodass heute nur noch einzelne Rümpfe bestehen.

Vulkan, *der* [nach Vulcanus, dem altrömischen Gott des Feuers], Stelle der Erdoberfläche, an der Magma und Gase austreten, vor allem ein aus vulkanischem Material aufgebauter Berg. Bei einem Vulkanausbruch werden feste, flüssige und gasförmige Stoffe aus dem Erdinnern an die Oberfläche gebracht. Diese Stoffe können aus sehr großer Tiefe (bis über 50 km) stammen. Zurzeit gibt es auf der Landfläche der Erde 550–600 Vulkane mit Ausbruchstätigkeit.

⊕ Tätige Vulkane in Europa sind der Ätna, der Vesuv und der Stromboli in Italien sowie die Hekla auf Island.

⊕ Der höchste tätige Vulkan der Erde ist der 5897 m hohe Cotopaxi in der Ostkordillere von Ecuador, südlich von Quito. Seine letzten größeren Ausbrüche ereigneten sich 1904 und 1928.

Wadi, *das* [arabisch ›Bach‹], ein meist tief eingeschnittenes Tal in Wüsten, das nach heftigen Regenfällen Wasser führt und sogar plötzlich von reißenden Strömen erfüllt sein kann; in Afrika und Vorderasien.

Waldgrenze, Grenzzone, ab der geschlossene Baumbestände aufhören. Im Gebirge ist sie gekennzeichnet durch den Übergang von Nadelwald zu buschförmiger Vegetation (montane oder alpine Waldgrenze).

Waldsterben, das großflächige Absterben von Nadel- und Laubbäumen, dessen auffälligste Anzeichen lichte Baumkronen und vergilbte Blätter sind. Als Ursachen werden vor allem Abgase von Verkehr und Industrie sowie indirekte Schädigungen durch den ↑ sauren Regen angesehen.

⊕ Bereits seit über 250 Jahren wird ein durch ungünstige ökologische Bedingungen verursachtes, periodisch auftretendes Tannensterben beobachtet. Die erste Waldschadenskarte wurde 1883 erstellt. Schon damals führten wissenschaftliche Studien dieses Waldsterben auf den Schwefeldioxidausstoß aus Fabrikschornsteinen in der Nähe bestimmter Waldgebiete zurück.

Warmzeit, Zeitabschnitt zwischen zwei Eiszeiten, in dem wärmeres Klima herrschte.

Wasserscheide, Trennungslinie der Einzugsgebiete zweier Flusssysteme, die meist über den Kamm eines Höhenzugs verläuft. Hauptwasserscheiden trennen die Einzugsgebiete der zu verschiedenen Meeren fließenden Gewässer, z. B. Rhein/Nordsee, Rhône/Mittelmeer, Donau/Schwarzes Meer. Die europäische Wasserscheide, die die Flusssysteme des Rheins und der Donau trennt, verläuft teilweise über die Schwäbische Alb.

Watt, an flachen Gezeitenküsten der seichte Teil des Meeresbodens, der bei Ebbe ganz oder teilweise trocken liegt (besonders an der niederländisch-deutschen Nordseeküste). In seinen höchsten Teilen entsteht aus dem Watt fruchtbarer Marschboden.

Watt Nationalpark Schleswig-Holsteinisches Wattenmeer, im Hintergrund die Hallig Habel

Wendekreise, die beiden Breitenkreise auf 23,5° nördlicher und südlicher Breite, über denen die Sonne zur Zeit der Sonnenwende im Zenit steht.

⊕ Unsere Sonne erreichte vor 2000 Jahren um den 21. Juni das Tierkreissternbild Krebs und um den 21. Dezember das des Steinbocks; daher werden auch heute noch der nördliche Wendekreis als Wendekreis des Krebses und der südliche als Wendekreis des Steinbocks bezeichnet, obwohl die Sonne aufgrund der Kreiselbewegung der Erde um den 21. Juni in das Sternbild der Zwillinge und um den 21. Dezember in das Sternbild des Schützen hineinwandert. An den Wendekreisen ›wendet‹ die Sonne in ihrer scheinbaren Bahn um die Erde und nähert sich wieder dem Äquator.

Wetter, der jeweilige Zustand der unteren Schichten der Atmosphäre an einem Ort. Dieser Zustand wird bestimmt durch Wettererscheinungen wie Luftdruck, Windrichtung und Windstärke, Temperatur, Luftfeuchtigkeit, Bewölkung und Niederschläge. Weil die Luft durch die Drehung der Erde und die unterschiedliche Erwärmung durch die Sonne ständig in Bewegung gehalten wird, erreicht die Atmosphäre nie einen Zustand der Ruhe. Daher ändert sich das Wetter ständig.
➕ Wetter nennt man auch das Gasgemisch in Bergwerksgruben.

Wind, Luftströmung, die durch Druckunterschiede in der Atmosphäre entsteht. Der Wind weht aus Gebieten höheren in Gebiete tieferen Luftdrucks. In ihrer Bewegung wird die Luft jedoch durch die Umdrehung der Erde abgelenkt. Daher strömt sie auf der Nordhalbkugel im Uhrzeigersinn aus einem Hochdruckgebiet heraus und entgegen dem Uhrzeigersinn in ein Tiefdruckgebiet hinein. Die Geschwindigkeit einer Luftströmung (Windstärke) ist abhängig von der Höhe der Luftdruckgegensätze.

Winter, die kalte Jahreszeit, auf der Nordhalbkugel vom 21. Dezember bis zum 21. März, auf der Südhalbkugel vom 21. Juni bis 23. September.

Wirbelsturm, an Sturmfronten auftretender Luftwirbel, in dem die Luft fast kreisförmig um ein Zentrum mit extrem niedrigem Luftdruck (das ›Auge‹) wirbelt. In der Luftsäule treten orkanartige Windstärken mit Geschwindigkeiten bis 200 km/h auf, im Zentrum herrscht Windstille (auch ↑ Trombe).
➕ Wirbelstürme im Bereich des Karibischen Meeres nennt man Hurrikan, des Pazifischen Ozeans Taifun und des Indischen Ozeans Zyklon.

Wolken, in der Luft schwebende sichtbare Ansammlung von Wassertröpfchen oder Eisteilchen.

Wolken entstehen, wenn der in der Luft enthaltene Wasserdampf zu kleinen Tröpfchen kondensiert. Ihre Form ist abhängig von der Luftströmung, in der sie entstehen. Bei nach oben strömender Luft bilden sich Haufen- oder Quellwolken. Seitwärts gerichtete Luftbewegung erzeugt Schichtwolken. Wenn beide Strömungsrichtungen zusammen auftreten, entstehen Haufenschichtwolken. Nach der Höhenlage unterscheidet man hohe, mittelhohe und tiefe Wolken sowie Wolken, die durch mehrere ›Stockwerke‹ reichen. ℹ

ℹ WOLKEN

hohe Wolken (über 7000 m)
Cirrus: Federwolken
Cirrostratus: Schleierwolken
Cirrocumulus: feine Schäfchenwolken
mittelhohe Wolken (2000–7000 m)
Altocumulus: grobe Schäfchenwolken
Altostratus: faserige Schichtwolken
Nimbostratus: dunkle Regenwolken
tiefe Wolken (unter 2000 m)
Stratocumulus: Schichthaufenwolken
Stratus: Schichtwolken
Cumulus: Haufenwolken

Wüste, Landschaft mit geringem oder völlig fehlendem Pflanzenwuchs. Ursache für die Entstehung von Wüsten sind entweder fehlende Wärme (Kältewüsten im Hochgebirge und in den Polargebieten) oder Mangel an Wasser (Trocken- oder Heißwüsten). Durch die Verwendung abholzbaren Baumwuchses als Brennholz wird vor allem in Afrika die Wüstenbildung (Desertifikation) begünstigt.
Die größten Wüstengebiete liegen in Afrika (Sahara), auf der Arabischen Halbinsel, in Asien (Gobi) und Australien. Die heutige wirtschaftliche Bedeutung der Wüsten beruht auf Bodenschätzen wie z. B. Erdöl und -gas in Nordafrika und Vorderasien, Diamanten und Erzen in Namibia oder Phosphaten in der Westsahara.

Zenit, *der* [arabisch ›Richtung‹], Punkt am gedachten Himmelsgewölbe, der sich senkrecht über dem Beobachter befindet. Sein Gegenpunkt ist der **Nadir**.

Zyklon, *der* [zu griechisch kyklos ›Kreis‹], orkanartiger tropischer Wirbelsturm im Golf von Bengalen.

16 Exakte Naturwissenschaften und Mathematik

14
Geografie
15
Geowissenschaften
**16
Exakte
Naturwissenschaften und
Mathematik**
17
Die Technik

Naturwissenschaften ist der Oberbegriff für alle Wissenschaften, die sich mit der systematischen Erforschung der Natur und dem Erkennen von Naturgesetzen befassen. Man teilt sie – je nachdem, ob sie sich auf die unbelebte oder belebte Natur bzw. Materie beziehen – ein in die mathematisch formulierbaren exakten Naturwissenschaften Physik, Chemie, Astronomie und Geologie, die in diesem Kapitel und im Kapitel 15 (Geowissenschaften) behandelt werden, sowie die biologischen Naturwissenschaften, die unter dem Oberbegriff der Biologie u.a. Zoologie, Botanik, Ökologie, Genetik und Molekularbiologie umfassen; mit diesen befasst sich das Kapitel 13.

Das Ziel der Naturwissenschaften besteht nicht nur darin, die Erscheinungen und Vorgänge in der Natur sowie ihre Gesetzmäßigkeiten zu ergründen und zu beschreiben, sondern auch darin, die gewonnenen Erkenntnisse im Rahmen der angewandten Naturwissenschaften, also der Technik (siehe Kapitel 17), dem Menschen nutzbar zu machen.

Die Methoden der Naturwissenschaften sind neben dem Beobachten und Messen in gezieltenVersuchen, die sich wiederholen lassen, das Beschreiben, Vergleichen, Ordnen und Zusammenfassen von Einzelerscheinungen.

Den Versuch, die Entwicklungen in den exakten Naturwissenschaften und in der Mathematik zu beschreiben, unternehmen die Stichwörter dieses Kapitels.

Abendstern, der helle Planet ↑ Venus, der kurz nach Sonnenuntergang am westlichen Himmel sichtbar wird.

absoluter Nullpunkt, die tiefste mögliche Temperatur; sie entspricht dem Punkt, an dem jede Wärmebewegung der Atome zum Erliegen kommt. Der absolute Nullpunkt liegt bei $-273{,}15°$ C $= 0$ K (↑ Kelvinskala). Die tiefste bisher erreichte Temperatur eines Festkörpers liegt bei 3 Milliardstel Kelvin über dem absoluten Nullpunkt.

Absorption, *die* [lateinisch], das gleichmäßige Eindringen von Gasen in Flüssigkeiten oder feste Stoffe.

Achse, in der Geometrie eine Gerade, um die sich ein Gegenstand drehen kann oder die eine Figur in zwei symmetrische Hälften zerlegt.
➕ Die Erdachse ist eine gedachte Gerade, die durch Südpol und Nordpol der Erde verläuft.

Addition, *die* [lateinisch ›Hinzufügung‹], eine der vier Grundrechenarten, bei der mindestens zwei Zahlen (Summanden) zusammengezählt (addiert) werden. Das Ergebnis einer Addition ist die Summe.

Adhäsion, *die* [lateinisch], die Anziehungskraft auf molekularer Ebene (↑ Molekül)); das Zusammenhaften von zwei Oberflächen verschiedener Natur (↑ Kohäsion).

Aggregatzustände der Materie, die Zustände, in denen die Materie vorliegen kann: gasförmig, flüssig und fest. Ändert sich die Temperatur, so kann ein Phasenübergang in der Materie auftreten, wobei diese ihren Aggregatzustand wechselt. Beispiele für Phasenübergänge sind Schmelzen (Übergang vom festen in den flüssigen Aggregatzustand), Verdampfen (Übergang vom flüssigen in den gasförmigen Zustand) und Kondensation (aus einem Gas wird eine Flüssigkeit).

Alchimie, *die* [arabisch], die vor allem im Mittelalter betriebene Beschäftigung mit den chemischen Stoffen, bei der es u. a. darum ging, ein chemisches Element in ein anderes umzuwandeln. Die Alchimie gilt als ein Vorgänger unserer wissenschaftlichen Chemie.
➕ Die Suche nach dem Stein der Weisen, der Blei und andere wertlose Metalle in Gold verwandeln sollte, war eine wichtige Beschäftigung der Alchimisten.

Algebra, *die* [arabisch], ein Teilgebiet der Mathematik, dessen wichtigstes Kennzeichen es ist, dass Symbole verwendet werden, welche für Zahlen stehen. Beispiele: $a^2 + b^2 = c^2$ im Satz des Pythagoras oder $(a+b)^2 = a^2 + 2ab + b^2$ in der (ersten) binomischen Formel.

Algorithmus, *der* ein Rechenverfahren, das schrittweise abläuft und nach endlich vielen Schritten zu einem Ergebnis führt. Algorithmen sind gewissermaßen die Denkstrukturen von Computern.

Alphastrahlung, Teilchenstrahlung, die von radioaktiven Kernen ausgesandt wird, wobei jedes dieser Teilchen aus zwei Protonen und zwei Neutronen zusammengesetzt ist. Alphateilchen tragen eine positive Ladung.
➕ Alphastrahlung besitzt, anders als Gammastrahlung, nur geringe Durchdringungskraft; schon Kleidungsstücke können sie abschirmen.

Amplitude, *die* [lateinisch ›Größe‹, ›Weite‹], in der Physik die Höhe eines Wellenbauches (oder die Tiefe eines Wellentales) bei einer Welle.

Analysis, *die* [griechisch ›Auflösung‹], dasjenige Teilgebiet der Mathematik, das Methoden zur Untersuchung stetiger Änderungen bereitstellt. Zur Analysis gehören die Differenzial- und Integralrechnung; in der Schule bilden sie den Anfang der höheren Mathematik und werden nach Algebra und Geometrie behandelt.
➕ Die Analysis wurde gegen Ende des 17. Jh. durch Isaac Newton und Gottfried Wilhelm Leibniz entwickelt. Die beiden gerieten in einen heftigen Streit darüber, wem nun die Ehre der Entdeckung gebühre. Heute steht fest, dass beide unabhängig voneinander zum Ziel gelangt sind.

Andromedanebel, in der Astronomie die der Milchstraße am nächsten gelegene Galaxie; sie erscheint in Form eines zentralen Kernes mit Spiralarmen daran. Die Galaxie verdankt ihren Namen der Tatsache, dass die Sterne des Sternbildes Andromeda um sie herum gelagert sind.

anorganische Chemie, Teilgebiet der Chemie, das sich mit anorganischen Molekülen, z. B. mit Metallen, beschäftigt; Gegensatz: organische Chemie.

anorganische Moleküle, alle Moleküle, die nicht zu den organischen gehören. Anorganische Molekü-

Exakte Naturwissenschaften und Mathematik — Ato

le sind in der Regel einfach aufgebaut und finden sich nicht in Lebewesen. Obwohl alle organischen Substanzen Kohlenstoff enthalten, gibt es auch anorganische Stoffe, in denen Kohlenstoff vorhanden ist, z. B. Kohlendioxid. Die Unterscheidung organisch/anorganisch ist somit in gewissem Grade eine Sache der Vereinbarung.

Antimaterie, in der Physik eine seltene Art subatomarer Materie, die ein Spiegelbild der gewöhnlichen Materie darstellt. Das zu einem Elementarteilchen gehörige Antiteilchen besitzt dieselbe Masse wie dieses; ansonsten sind alle Eigenschaften entgegengesetzt. Das zu einem Elektron gehörige Antiteilchen ist das Positron; dieses hat die gleiche Masse wie das negativ geladene Elektron, ist aber positiv geladen. Antiprotonen sind ebenso schwer wie die positiv geladenen Protonen, tragen aber eine negative Ladung. Trifft Antimaterie auf Materie, so vernichten sie sich entweder gegenseitig, wobei sich die Massen in Energie umwandeln, oder es entstehen neue Teilchenarten.

🟠 Soweit das die Wissenschaft heute sagen kann, gibt es im Universum so gut wie keine natürlich vorkommende Antimaterie; diese lässt sich allerdings in Teilchenbeschleunigern erzeugen.

Der **Andromedanebel** im Sternbild Andromeda zeigt ein spiralförmig gebautes System mit einem auffällig dichten Kern in der Mitte.

Apogäum, *das* [griechisch ›Erdferne‹], der Punkt auf der Bahn eines Satelliten (z. B. des Mondes) der Erde, der am weitesten von dieser entfernt liegt; der am nächsten gelegene Punkt heißt **Parigäum**.

Arbeit, in der Physik im einfachsten Fall das Produkt von Kraft und Weg. Arbeit wird immer dann verrichtet, wenn ein Körper entgegen einer Kraft (z. B. Schwerkraft, elektrische Kraft) bewegt wird.

Archimedes, griechischer Mathematiker, Naturwissenschaftler und Ingenieur (*um 285 v. Chr., †212 v. Chr.). Seine bekannteste Entdeckung war der ↑ Auftrieb.

🟠 Das archimedische Prinzip besagt: Taucht man einen Gegenstand in Wasser ein, so scheint er um einen bestimmten Betrag leichter geworden zu sein. Dieser Betrag entspricht gerade dem Gewicht der verdrängten Wassermenge. Das archimedische Prinzip gilt auch für Gase.

🟠 ›Heureka‹ (griechisch ›Ich hab's gefunden!‹) soll Archimedes ausgerufen haben, als er in sein Bad stieg und erkannte, dass sich das Volumen eines Körpers dadurch bestimmen lässt, dass man feststellt, wie viel Wasser er verdrängt. Mithilfe dieser Einsicht bewies er, dass eine angeblich rein goldene Krone noch andere Metalle enthalten musste.

Asteroiden, kleine Planeten (↑ Planetoiden).

Astronomie, *die* [zu griechisch astron ›Gestirn‹], **Himmelskunde, Sternkunde,** Wissenschaft, die sich mit der Erforschung der Himmelskörper beschäftigt. Die Astronomen beobachten und beurteilen die aus dem Weltraum kommenden Strahlungen und ziehen daraus Rückschlüsse auf die Beschaffenheit der die Strahlungen aussendenden Strahlungsquellen des Kosmos. Zu diesen Quellen gehören die Körper des Sonnensystems (die Sonne, die Planeten, die Monde, die Planetoiden, die Kometen und die Meteorite), die Sterne des Milchstraßensystems (alle Sterne, die wir nachts mit bloßem Auge sehen können, sind entweder Planeten oder Sterne des Milchstraßensystems) und die anderen Sternsysteme (Galaxien).

Astrophysik, Teilbereich der Astronomie, der sich mit den physikalischen Eigenschaften der Himmelskörper und ihrer Zusammensetzung beschäftigt.

Äthylalkohol, auch **Ethanol,** die Art von Alkohol, die bei der Gärung von Zucker in Getreide entsteht; diese wird durch Hefebakterien ausgelöst.

🟠 Alkoholische Getränke enthalten Äthylalkohol.

Atmosphäre ⇒ Kapitel 15.

Atom, *das* [zu griechisch atomos ›unteilbar‹], ein Grundbaustein der Materie und die kleinste Einheit der chemischen Elemente. Atome bestehen aus einem positiv geladenen Kern (aus Protonen und Neutronen) und aus Elektronen, die eine negativ geladene Hülle bilden.

Atomgewicht, die Masse eines Atoms; sie wird auf einer Skala gemessen, auf der das Wasserstoffatom die Masse 1 besitzt. Weil fast die gesamte Masse eines Atoms in seinem Kern sitzt und weil sowohl das Proton als auch das Neutron das Atomgewicht 1 haben, entspricht das Atomgewicht ziemlich genau der Anzahl von Protonen und Neutronen in einem Kern.

Atomuhren, gegenwärtig die genauesten Uhren; sie messen die Zeit mittels der Schwingungen, die die Elektronen eines Cäsiumatoms ausführen. Die Standardsekunde wird heute durch Messungen einer Atomuhr definiert.

Auftrieb Das archimedische Prinzip besagt, dass der Auftrieb des eintauchenden Körpers K von der Gewichtskraft G kompensiert wird (statischer Auftrieb).

Auftrieb, die Kraft, die dazu führt, dass Gegenstände schwimmen können. Taucht ein Körper in eine Flüssigkeit (oder in ein Gas) ein, so wirkt nach dem archimedischen Prinzip (↑ Archimedes) eine nach oben gerichtete Kraft auf ihn, deren Stärke dem Gewicht der vom Körper verdrängten Flüssigkeits- oder Gasmenge entspricht.

Axiom, *das* [griechisch ›was für wichtig erachtet wird‹], ein unmittelbar einleuchtender Grundsatz, der nicht weiter begründet werden muss. In der Mathematik des 20. Jh. ist ein Axiom eine unbewiesene Aussage, die als Grundlage für die Gewinnung weiterer Aussagen durch logisches Schließen dient.

Base, ↑ Säure.

Becquerel, *das* [bɛˈkrɛl], die gesetzliche, nach dem französischen Entdecker der Radioaktivität Antoine Henri Becquerel (* 1852, † 1908) benannte Einheit für die Radioaktivität (1 Becquerel = 1 Zerfall je Sekunde).

Beschleunigung, eine Änderung in der Geschwindigkeit eines Gegenstandes. Im Allgemeinen versteht man darunter, dass sich die Geschwindigkeit eines Gegenstandes erhöht. Ein Gegenstand erfährt aber auch eine Beschleunigung, wenn sich bei gleich bleibender Geschwindigkeit seine Richtung ändert, weil z. B. eine Kraft auf ihn einwirkt.
➕ In den Wissenschaften bezeichnet man auch das Abbremsen (Verzögerung) als Beschleunigung (negative Beschleunigung).

Betastrahlung, eine der drei bei der natürlichen Radioaktivität auftretenden Strahlungsarten. Es handelt sich dabei um negativ geladene Elektronen von hoher Energie, die von radioaktiven Kernen ausgehen. Im Unterschied zur Alphastrahlung hat Betastrahlung eine gewisse Durchdringungskraft; sie geht z. B. durch Kleidung und Holzwände hindurch. Betastrahlung kann in Nebelkammern sichtbar gemacht werden.

Beugung, die Abweichung einer Wellenausbreitung (z. B. Licht, Schall) von der ursprünglichen Richtung, z. B. an den Grenzen eines Hindernisses.
➕ Die Beugung von Schallwellen bewirkt, dass diese auch hinter Hindernisse gelenkt werden, man also ›um die Ecke‹ hören kann. Bei Licht führt die Beugung dazu, dass der Schatten eines Körpers ›verwaschene‹ Ränder aufweist.

binomische Formeln, die drei Grundformeln der Algebra, mit denen man zweigliedrige Ausdrücke (Binome) ausrechnen kann:
erste binomische Formel: $(a+b)^2 = a^2 + 2ab + b^2$;
zweite binomische Formel: $(a-b)^2 = a^2 - 2ab + b^2$;
dritte binomische Formel: $a^2 - b^2 = (a+b)\cdot(a-b)$.
Für a und b kann man Zahlen einsetzen; z. B. ergibt $a = 17$ und $b = 9$ in der ersten Formel:
$(17+9)^2 = 17^2 + 2\cdot 17\cdot 9 + 9^2$
$= 289 + 306 + 81 = 676$.

Blei, chemisches Symbol **Pb** (von lateinisch ›plumbum‹), chemisches Element, ein weiches und giftiges Schwermetall, das in Batterien und Akkumulatoren verwendet wird.

Exakte Naturwissenschaften und Mathematik

➕ Bleiabschirmungen dienen in Medizin und Technik als Strahlenschutz, z. B. beim Röntgen.

Bohr, Niels dänischer Physiker (* 1885, † 1962), der die ↑ Quantenmechanik mitbegründete und das bohrsche Atommodell entwickelte. Er gab 1921 eine theoretische Erklärung des Periodensystems der chemischen Elemente. Ab 1935 befasste er sich mit der Kernphysik und entwickelte 1939 mit dem Amerikaner John Archibald Wheeler (* 1911) die für die technische Nutzung wichtige Theorie der Kernspaltung.

➕ 1922 erhielt Bohr den Nobelpreis für Physik.

bohrsches Atommodell, eine nach Niels Bohr benannte Modellvorstellung über den Atomaufbau, nach der die Elektronen auf Kreisbahnen um den Kern laufen. Elektronenbahnen gibt es nur in einigen wohl bestimmten Entfernungen vom Kern. Ändert ein Elektron seine Bahn, so vollführt es einen plötzlichen ↑ Quantensprung. Die Energiedifferenz zwischen der alten und der neuen Bahn wird in Form elektromagnetischer Wellen abgestrahlt.

Brechung, die Richtungsänderung eines Lichtstrahls, wenn dieser aus einem Ausbreitungsmedium in ein anderes eintritt, das eine größere oder geringere Dichte aufweist. Brechung tritt z. B. auf, wenn Licht von Luft in ein Prisma eintritt.

➕ Linsen und andere optische Geräte arbeiten mithilfe der Brechung.

Brennweite, der Abstand zwischen dem Brennpunkt einer Linse und der Linse selbst. Sie ist ein Maß für die Brechkraft der Linse.

brownsche Bewegung [ˈbraʊn...], die unregelmäßige, erst unter einem Mikroskop sichtbare Bewegung, die kleinste in einer Flüssigkeit schwebende Teilchen vollführen. Sie ergibt sich aus den Zusammenstößen zwischen den Teilchen und den Atomen oder Molekülen der Flüssigkeit.

➕ Albert Einstein erklärte erstmals die brownsche Bewegung und wies auch darauf hin, dass diese einen unmittelbaren Beweis für die Existenz von Atomen darstellt.

Bruch, das Verhältnis zwischen zwei Zahlen, z. B. $3:4 = \frac{3}{4}$ oder $^3/_4$. Die Zahl über dem Bruchstrich (der für die Teilungspunkte steht) heißt Zähler, die unterhalb Nenner (dieser muss immer von null verschieden sein). Man unterscheidet:
1) die Stammbrüche $^1/_2$, $^1/_3$, $^1/_4$ mit dem Zähler 1,
2) die abgeleiteten Brüche, das sind alle Nichtstammbrüche $^2/_3$, $^8/_5$, $^6/_8$,
3) die echten Brüche $^2/_3$, $^4/_7$, $^1/_9$, bei denen der Zähler kleiner als der Nenner ist, und
4) die unechten Brüche $^5/_2$, $^4/_3$, $^{11}/_6$, bei denen der Zähler größer ist als der Nenner.

Bunsen, Robert Wilhelm deutscher Chemiker (* 1811, † 1899), förderte die Chemie seiner Zeit mit zahlreichen Entdeckungen, z. B. zur physikalischen Chemie, Hüttentechnik, Maßanalyse, Photochemie und Spektralanalyse. Zu seinen bekanntesten Erfindungen gehören die Wasserstrahlpumpe und der nach ihm benannte Bunsenbrenner.

➕ Bei Versuchen mit Eisenhydroxid fand Bunsen 1834 zufällig, dass dieses auch als Mittel gegen Arsenvergiftungen brauchbar ist.

Celsiusskala, eine nach dem schwedischen Astronomen Anders Celsius (* 1701, † 1744) benannte Temperaturskala, bei der für 0 °C der Gefrierpunkt und für 100 °C der Siedepunkt des Wassers bei normalem Luftdruck festgelegt sind. Ein Grad Celsius (°C) ist der hundertste Teil der Temperaturdifferenz zwischen 0 und 100 °C.

Chaosforschung [k...; griechisch chaos ›die gestaltlose Urmasse (des Weltalls)‹], eine neu entstandene Forschungsrichtung in der Mathematik und den Naturwissenschaften. Sie beschäftigt sich mit solchen Systemen, deren Verhalten zwar kurzfristig vorhersagbar ist – man spricht deshalb von deterministischen Systemen –, jedoch langfristig unvorhersagbar und damit chaotisch ist. Das bekannteste Beispiel für ein chaotisches System ist das Wetter, das nur für kurze Zeit sicher vorhersagbar ist.

Chemie, die [arabisch], Wissenschaft, die Zusammensetzung, Eigenschaften und Reaktionen der Materie untersucht, insbesondere auf dem Niveau der Atome und Moleküle.

chemische Bindung, Bezeichnung für den Zusammenhalt von Atomen in Molekülen und Kristallen. Die bindenden Kräfte sind elektrischer Natur. Je nach Art der dabei auftretenden Verhältnisse der Elektronenbindung unterscheidet man zwischen Atombindung (kovalente Bindung) und ↑ Ionenbindung.

chemische Reaktion, ein Vorgang, in dessen Verlauf sich die Atome eines oder mehrerer Elemente neu anordnen, um so eine neue Substanz zu bilden.

Im Verlauf einer chemischen Reaktion wird stets Wärme aufgenommen oder abgegeben.

chemisches Element, ↑ Element.

chemisches Gleichgewicht, ein Gleichgewichtszustand in einem System chemischer Reaktionen: Die Substanzen bilden sich und zerfallen in gleich großen Mengen, weshalb die Anzahl an Molekülen einer bestimmten Substanz in der Summe unverändert bleibt.

Chlor [k...], chemisches Symbol **Cl**, chemisches Element, ein hochgiftiges Gas von stechendem Geruch. Chlor ist neben Natrium ein Bestandteil des Kochsalzes.
🔴 In geringer Konzentration gelöst in Wasser dient Chlor zur Desinfektion, z. B. in Schwimmbädern.

Curie, Marie [ky'ri], in Polen geborene französische Chemikerin (* 1867, † 1934), Begründerin der Radiochemie. Sie entdeckte zusammen mit ihrem Mann Pierre Curie (* 1859, † 1906) das Radium und das Polonium. Gemeinsam mit ihrem Lehrer A. H. Becquerel (* 1852, † 1908) erhielt das Ehepaar 1902 den Nobelpreis für Physik. Marie Curie untersuchte die Eigenschaften des Radiums und stellte das Element erstmals rein dar. 1911 erhielt sie dafür den Nobelpreis für Chemie.
🔴 Marie Curie ist bis heute eine der wenigen Personen geblieben, die Nobelpreise in zwei verschiedenen Disziplinen erhalten haben. Auch ihre Tochter Irène Joliot-Curie (* 1897, † 1956) erhielt 1935 den Nobelpreis für Chemie.

Dampf, gasförmiger Aggregatzustand eines Stoffes, der mit der flüssigen oder festen Phase des gleichen Stoffes im thermodynamischen Gleichgewicht steht; meistens versteht man darunter Wasserdampf.

Dehydratation, *die* [griechisch], das Entziehen von Wasser; die Trocknung.

Dezibel, *das* Kurzzeichen **dB,** eine nach dem amerikanischen Erfinder A. G. Bell benannte Einheit für Lautstärken, die vor allem in der Elektroakustik verwendet wird.

Dezimalzahl, eine mit den natürlichen Zahlen von 0 bis 9 im Dezimalsystem dargestellte Zahl, z. B.

$$569{,}28 = 5 \cdot 100 + 6 \cdot 10 + 9 \cdot 1 + 2 \cdot \frac{1}{10} + 8 \cdot \frac{1}{100}.$$

Die erste links bzw. rechts vom Dezimalkomma stehende Zahl besitzt den Stellenwert 1 bzw. $\frac{1}{10}$, die zweite links bzw. rechts stehende Zahl besitzt den Stellenwert 10 bzw. $\frac{1}{100}$ usw. Jede Zahl ist als endliche oder unendliche Dezimalzahl darstellbar; Letztere kann periodisch oder nichtperiodisch sein. Die ganzen Zahlen und alle Brüche, deren Nenner nur Vielfache von 2 und 5 enthalten, besitzen eine endliche Dezimalzahldarstellung: $1 = 1{,}0$; $\frac{1}{20} = \frac{1}{2 \cdot 2 \cdot 5} = 0{,}05$.
Der Bruch $\frac{4}{11} = 0{,}363636... = 0{,}\overline{36}$ besitzt die Periode 36; die Kreiszahl $\pi = 3{,}141592...$ ist nichtperiodisch.

Dialyse, *die* [griechisch], die Trennung von kleinen Teilchen aus einer Lösung mithilfe einer Membran, die nur für diese Teilchen durchlässig ist.
🔴 In der Medizin nutzt man das Verfahren, um Stoffwechselprodukte aus dem Blut auszuscheiden, wenn die Nieren nicht mehr einwandfrei funktionieren (›künstliche Niere‹).

Dichte, das Verhältnis von Masse und Volumen eines Körpers; hängt vom Material, vom Druck und von der Temperatur ab.

Division, *die* [lateinisch ›Teilung‹], eine der vier Grundrechenarten, durch die man errechnet, wie oft eine Zahl in einer anderen enthalten ist. Die Zahl die man durch eine andere teilt (dividiert), heißt Dividend, die Zahl, durch die man teilt, Divisor, das Ergebnis Quotient. ℹ️

> **ℹ️ DIVISION**
>
> Eine Zahl ist teilbar:
> durch 2, wenn sie gerade ist;
> durch 3, wenn die Quersumme durch 3 teilbar ist;
> durch 4, wenn die letzten beiden Ziffern durch 4 teilbar oder 00 sind;
> durch 5, wenn die letzte Ziffer 0 oder 5 ist;
> durch 6, wenn die Zahl gerade und durch 3 teilbar ist;
> durch 8, wenn die letzten drei Ziffern durch 8 teilbar oder 000 sind;
> durch 9, wenn die Quersumme durch 9 teilbar ist.

Doppler-Effekt, ein nach dem österreichischen Physiker Christian Doppler (* 1803, † 1853) benanntes Phänomen, das bei jeder Art von Wellen auftritt. Die Frequenz einer Licht- oder Schallwelle erscheint höher, wenn sich die entsprechende Quelle auf den Be-

obachter zubewegt, und niedriger, wenn sich die Quelle von ihm wegbewegt. Hupt z. B. ein Auto im Vorbeifahren, so erscheint der Hupton dem Zuhörer beim Herannahen höher als beim Wegfahren.
➕ Die ↑ Rotverschiebung, die bei weit entfernten Galaxien auftritt, ist das Ergebnis eines Doppler-Effektes, dem das von den Galaxien ausgesandte Licht unterliegt.

Dreisatz, ein Rechenverfahren, das in drei Schritten (Sätzen genannt) aus drei gegebenen Größen eine vierte unbekannte Größe bestimmt. Beispiel: Wie viel wiegen 3 Eier, wenn 8 Eier 480 g wiegen? Dreisatz:
1) 8 Eier wiegen 480 g;
2) 1 Ei wiegt 480 g : 8 = 60 g;
3) 3 Eier wiegen 60 g · 3 = 180 g.

Druck, die Kraft, die je Fläche ausgeübt wird (auch ↑ Luftdruck, Kapitel 15).
➕ Die gesetzliche Einheit für den Druck ist das Pascal. Beim Blutdruck ist noch die Angabe in Millimeter Quecksilbersäule gebräuchlich (mm Hg).

Durchmesser, eine Strecke, die durch den Mittelpunkt eines Kreises oder einer Kugel geht und zwei Punkte der Kreislinie beziehungsweise der Kugeloberfläche miteinander verbindet.

Dynamik, *die* [zu griechisch dynamis ›Kraft‹], Teilgebiet der Mechanik, in dem der Zusammenhang zwischen Kräften und den durch sie verursachten Bewegungszuständen untersucht wird.

Ebene, geometrisches Grundgebilde mit nur zwei Dimensionen: Länge und Breite (eine Höhe fehlt).

Edelgase, gasförmige Elemente, die so gut wie gar nicht zu chemischen Reaktionen fähig sind. Sie treten im ↑ Periodensystem der Elemente in der rechten Randspalte auf.
➕ Die bekanntesten Edelgase sind Helium und Neon.

Einstein, Albert Physiker deutscher Herkunft (* 1879, † 1955), war der bedeutendste Physiker des 20. Jh. Er siedelte 1894 in die Schweiz über und nahm 1901 deren Staatsbürgerschaft an. 1902–09 arbeitete er im Patentamt in Bern und wurde 1911 Professor in Zürich und Prag, ab 1914 in Berlin. 1933 emigrierte er in die USA und wurde 1940 amerikanischer Staatsbürger. Einstein entwickelte die spezielle (1905) und die allgemeine Relativitätstheorie (1915) und revolutionierte damit die Grundlagen der Physik. Mit der Lichtquantenhypothese (1905) ebnete er den Weg für die Quantenphysik. 1921 erhielt er den Nobelpreis für Physik.
➕ Einstein glaubte fest an die Gesetzmäßigkeit der Natur. Er sagte: ›Gott würfelt nicht‹ und ›Gott ist raffiniert, aber nicht bösartig‹.
➕ Im Zweiten Weltkrieg sprach sich Einstein für den Bau einer Atombombe durch die USA aus, um der Entwicklung einer Bombe durch Hitler-Deutschland zuvorzukommen. Nach dem Krieg warnte der überzeugte Pazifist jedoch die Öffentlichkeit vor den Gefahren von Kernwaffen.

Eisen, chemisches Symbol **Fe** (von lateinisch ferrum), ein chemisches Element, das wichtigste Gebrauchsmetall, vor allem als Gusseisen und Stahl.

> **ⓘ EKLIPTIK**
>
> Vermutlich im 3. Jahrtausend v. Chr. ersannen mesopotamische Astronomen die Ekliptik als gedachte Hilfslinie, um die Stellung beweglicher Gestirne am Himmel beschreiben zu können. Neben Sonne und Mond interessierten sie sich vor allem für die damals bekannten Planeten, die ebenfalls in einem Band längs der Ekliptik über den Himmel laufen. Den Ort gaben sie dann nach dem Stand der Planeten in einem der Tierkreiszeichen an, welche die Ekliptik in zwölf Abschnitte unterteilen. Vermutlich wählten sie die Ekliptik als Bezug, weil sie als ›Sonnenbahn‹ am Himmel sehr anschaulich ist. Überdies erlaubt der Stand der Sonne auf dieser Bahn Aussagen über andere astronomische Ereignisse. Daher hat die Ekliptik – trotz mancher Nachteile – selbst in der modernen Astronomie noch nicht ausgedient.

Ekliptik, *die* [lateinisch], die fast kreisförmige Bahn der Erde um die Sonne. Von der Erde aus gesehen erscheint es so, als bewege sich die Sonne im Lauf eines Jahres auf dieser Bahn. ⓘ

Elastizität, *die* [zu griechisch elastos ›biegbar‹], eine Eigenschaft mancher Materialien, nach Verformung wieder in ihren ursprünglichen Zustand zurückzukehren. Sie setzen jeglicher Verformung eine elastische Kraft entgegen.

elektrische Ladung, eine grundlegende Eigenschaft der Materie. Man unterscheidet positive und negative elektrische Ladung. Ein elektrisch geladener Körper übt auf andere geladene Körper eine Kraft aus. Gleichnamige Ladungen (also positiv-positiv und negativ-negativ) stoßen einander ab, ungleichnamige (positiv-negativ oder umgekehrt) ziehen sich dagegen an. Die ↑ Protonen der Atomkerne tragen eine positive Ladung, während die ↑ Elektronen eine negative besitzen. Normalerweise enthält ein Atom ebenso viele Protonen wie Elektronen, weshalb es nach außen keine elektrische Ladung zeigt; man sagt dann, es sei neutral. Die elektrische Ladung von Substanzen rührt daher, dass in ihnen ein Ungleichgewicht zwischen positiven und negativen Ladungen vorliegt.

elektrischer Strom, das Fließen elektrischer Ladungen, meist Elektronen.

elektrisches Feld, ein von elektrischen Ladungen erzeugtes Feld.

Elektrizität, *die* Bezeichnung für alle Erscheinungen, die im Zusammenhang mit elektrischen Ladungen und den damit verbundenen elektrischen Feldern und Strömen auftreten.

➕ Um 1600 stellte der englische Naturforscher William Gilbert die ersten Untersuchungen über die ›corpora electrica‹ an, worunter er Stoffe verstand, die wie der Bernstein (griechisch ›elektron‹) leichte Körper anzuziehen vermögen.

Elektrolyse, *die* [griechisch], in der Chemie jeder Vorgang, bei dem eine chemische Reaktion durch einen elektrischen Strom ausgelöst wird.

➕ Die bekannteste technische Nutzung der Elektrolyse ist das Galvanisieren, bei dem eine dünne Metallschicht auf einen Gegenstand aufgebracht wird.

Elektromagnet, ein Magnet, dessen magnetisches Feld dadurch entsteht, dass durch eine Leiterspule ein Strom fließt. Elektromagnete finden in der Technik vielfältige Verwendung, z. B. als Schaltrelais oder Lasthebemagnete an Kranen zur Verladung von Schrott und anderen Eisenteilen.

elektromagnetische Induktion, die Erzeugung von elektrischem Strom auf magnetischem Weg: Verändert man ein magnetisches Feld, das von einer elektrischen Leiterschleife umschlossen wird, so entsteht ein elektrischer Strom. Die verbreitetste Anwendung dieses Phänomens ist der Generator.

➕ Die elektromagnetische Induktion wurde von Michael Faraday entdeckt.

elektromagnetische Strahlung, jede Art von elektromagnetischer Welle.

elektromagnetische Wellen, alle sich wellenförmig mit Lichtgeschwindigkeit (= 300 000 km/s, Formelzeichen *c*) ausbreitenden, räumlich und zeitlich periodischen elektromagnetischen Felder. Sie unterscheiden sich voneinander durch ihre Wellenlänge (Formelzeichen λ) und ihre Frequenz (Formelzeichen v), die in der Formel $c = \lambda \cdot v$ miteinander verknüpft sind.

Elektromagnetische Wellen werden in der Reihenfolge abnehmender Wellenlängen eingeteilt in Radiowellen, Mikrowellen, Infrarot, sichtbares Licht, ultraviolettes Licht, Röntgenstrahlung, Gammastrahlung.

Elektron, *das* [griechisch ›Bernstein‹], ein Elementarteilchen mit negativer Ladung und einer sehr kleinen Masse. Elektronen befinden sich in Atomen in der Hülle, die den Atomkern umgibt. Die chemischen Reaktionen, die Atome betreffen, hängen eng mit den Eigenschaften der Elektronenhülle zusammen.

➕ Bewegt sich eine große Anzahl freier Elektronen durch einen elektrischen Leiter, so spricht man von elektrischem Strom.

Elektronenmikroskop, ein Gerät, bei dem anstelle von Licht Elektronen benutzt werden, um ein Bild von einem sehr kleinen Gegenstand, etwa Einzelteilen eines Kleinstlebewesens, zu erzeugen.

Elektrosmog, Bezeichnung für die technisch verursachte elektromagnetische Strahlung in der Umwelt. Als Strahlungsquellen gelten u. a. leistungsstarke Sender und Hochspannungsleitungen, aber auch Mikrowellenherde und vor allem Mobiltelefone. Die Frage, ob Elektrosmog durch die Erwärmung des Körpers zu organischen Schäden führt oder sogar die Entstehung von Krebs begünstigt, kann bisher nicht sicher beantwortet werden.

elektrostatische Auflading, eine Ansammlung elektrischer Ladung, die dadurch entsteht, dass ein Material an einem anderen Material gerieben wird.

➕ Ein Beispiel hierfür sind die Funken, die überspringen, wenn jemand, der eine Zeit lang auf einem Kunststoffteppich gelaufen ist, an ein eisernes Geländer greift.

Element, *das* [lateinisch ›Grundstoff‹], in der Chemie eine Substanz (z. B. Kohlenstoff, Wasserstoff,

Sauerstoff, Eisen), die sich auf chemischem Wege nicht weiter zerlegen lässt. Zu jedem chemischen Element gehört ein spezieller Typ von Atom; Verbindungen entstehen, wenn sich die Atome verschiedener Elemente zusammenfinden und sich zu Molekülen verbinden. Es gibt mehr als hundert bekannte Elemente, davon kommen 92 in der Natur vor; die restlichen wurden künstlich hergestellt. (auch ↑ Periodensystem der Elemente)

Elementarteilchen, die kleinsten, nicht weiter zerlegbaren materiellen Teilchen. Hierzu gehören die Elektronen sowie die in den Atomkernen enthaltenen Protonen und Neutronen. Die moderne Physik geht davon aus, dass Protonen und Neutronen aus noch elementareren Teilchen, den ↑ Quarks, aufgebaut sind. Neben den Bausteinen der Atome gibt es zahlreiche weitere Elementarteilchen, die mithilfe von Teilchenbeschleunigern erzeugt werden, aber nach Sekundenbruchteilen wieder zerfallen.

Ellipse, *die* [von griechisch elleipsis ›Mangel‹ (da die vollkommene Kreisform ›fehlt‹)], in der Geometrie die Kurve, die ein Punkt beschreibt, wenn er sich so bewegt, dass die Summe seiner Abstände zu zwei festen Punkten (den Brennpunkten) immer den gleichen Wert hat. Fallen die beiden Brennpunkte zusammen, so wird die Ellipse zu einem Kreis; sind die Brennpunkte voneinander verschieden, so sieht die Ellipse wie ein zusammengedrückter länglicher Kreis aus.

🔴 Die Bahnen aller Planeten sowie der Kometen sind Ellipsen.

$E = mc^2$, von Albert Einstein aufgestellte Gleichung zur ↑ Relativitätstheorie. E steht für Energie, m für Masse und c für die Lichtgeschwindigkeit. Gemäß dieser Gleichung sind Energie und Masse ineinander umwandelbar.

endotherm [griechisch], Wärme bindend; eine chemische Reaktion, bei der Wärme zugeführt werden muss; Gegensatz: exotherm.

Energie, *die* [von griechisch energeia ›wirkende Kraft‹], die Fähigkeit, Arbeit leisten zu können. Ein Gegenstand kann z. B. Energie besitzen aufgrund seines Bewegungszustandes (man spricht dann von kinetischer Energie) oder aufgrund seiner Lage (potenzielle Energie). Die in der Natur vorkommenden Energieformen (neben den genannten z. B. thermische, elektrische, magnetische, chemische Energie oder Kernenergie) können weitgehend ineinander umgewandelt werden.

🔴 Die wichtigste Eigenschaft der Energie ist, dass sie weder erzeugt noch vernichtet werden kann; die Gesamtenergie eines isolierten physikalischen Systems verändert sich also nicht. Dies ist das Prinzip von der Erhaltung der Energie (sogenannter Energiesatz). Aus diesem Grund ist es auch nicht möglich, ein ↑ Perpetuum mobile (Kapitel 17) zu bauen, eine Maschine also, die ohne Energiezufuhr Arbeit verrichtet.

Entropie, *die* [zu griechisch entrepein ›umkehren‹], eine thermodynamische Zustandsgröße, die ein Maß für den Ordnungszustand eines Systems darstellt. In einem abgeschlossenen System kann die Entropie niemals abnehmen (sogenannter Entropiesatz). Sie bleibt konstant bei einem umkehrbaren (reversiblen) Prozess und nimmt zu bei einem natürlich verlaufenden, nicht umkehrbaren (irreversiblen) Vorgang, z. B. der Abkühlung eines heißen Körpers. Bei nicht abgeschlossenen Systemen, die ständigen Stoffaustausch mit ihrer Umgebung haben (z. B. lebende Organismen), kann die Entropie zunehmen, gleich bleiben oder abnehmen.

🔴 Der Begriff Entropie wurde von dem deutschen Physiker Rudolf Clausius (*1822, †1888) eingeführt. Er stellte auch den Entropiesatz auf.

Erde ⇒ Kapitel 15.

Euklid, antiker griechischer Mathematiker (* um 365 v. Chr., † um 300 v. Chr.), der als Begründer der Geometrie gilt. Den Bereich der klassischen Geometrie nennt man nach ihm auch ›euklidische Geometrie‹. Sein Buch mit dem Titel ›Die Elemente‹ war über 2000 Jahre lang Grundlage für die Mathematikausbildung und das nach der Bibel am weitesten verbreitete Buch.

exotherm [griechisch], Wärme liefernd; eine chemische Reaktion, in deren Verlauf Wärme frei wird; Gegensatz: endotherm.

Exponent, *der* [zu lateinisch exponere ›herausstellen‹], die hochgesetzte Zahl hinter einer anderen Zahl bei Potenzen oder Wurzeln, z. B. bei 5^6. Dies bedeutet, dass 5 sechsmal mit sich zu multiplizieren ist: $5^6 = 5 \cdot 5 \cdot 5 \cdot 5 \cdot 5 \cdot 5 = 15625$.

exponentielles Wachstum, das Wachstum eines Systems, in dem der Zuwachs proportional zum schon Vorhandenen ist (z. B. Verdopplung in jedem

Fah — Exakte Naturwissenschaften und Mathematik

Wachstumsschritt): Je größer das System bereits ist, desto umfangreicher fällt der Zuwachs aus.

➕ Im übertragenen Sinn bedeutet exponentielles Wachstum ein Wachstum, das alle Grenzen sprengt, wie z. B. die Zunahme der Erdbevölkerung.

Fahrenheit-Skala, eine in den USA verbreitete Temperaturskala, bei der der Gefrierpunkt des Wassers (0 °C) bei 32 °F und der Siedepunkt (100 °C) bei 212 °F liegt.

➕ Die Fahrenheit-Skala ist benannt nach dem deutschen Physiker Daniel Gabriel Fahrenheit (* 1686, † 1736), der die wissenschaftliche Wärmemessung begründete.

Faraday, Michael [ˈfærədɪ], britischer Physiker und Chemiker (* 1791, † 1867), entdeckte die nach ihm benannten Gesetze der Elektrolyse (faradaysche Gesetze), die ↑ elektromagnetische Induktion und schuf viele weitere Grundlagen der Elektrizitätslehre.

Michael Faraday

➕ Ursprünglich Buchbindergeselle arbeitete sich Faraday durch Selbststudium vom Laborgehilfen bis zum Direktor der angesehenen ›Royal Institution‹ hoch.

Fermi, Enrico aus Italien stammender amerikanischer Physiker (* 1901, † 1954), lieferte entscheidende Beiträge zur Entwicklung der modernen Physik. 1934 entwickelte er die Theorie des Betazerfalls, 1942 baute er den ersten Kernreaktor, in dem ihm erstmals eine kontrollierte und sich selbst erhaltende Kettenreaktion gelang. Fermi war auch an der Entwicklung der amerikanischen Atombombe maßgebend beteiligt. 1938 erhielt er den Nobelpreis für Physik u. a. für seine Entdeckung radioaktiver Elemente durch Neutronenbeschuss.

➕ Der Kernreaktor, mit dem Fermi seine Versuche machte, stand unter der Zuschauertribüne des Footballstadions von Chicago.

Festkörper, Stoffe, für die die dauerhafte Anordnung der Atome in festen Strukturen kennzeichnend ist, z. B. Kristalle. Festkörper setzen Verformungen einen großen Widerstand entgegen. Mit ihren physikalischen Eigenschaften beschäftigt sich die Festkörperphysik.

Fixsterne [zu lateinisch fixus ›feststehend‹], aus dem Altertum stammende Bezeichnung für selbstleuchtende Himmelskörper, die im Unterschied zu den Planeten (›Wandelsterne‹) ihren Ort am Himmel kaum zu verändern scheinen. Da wir aber inzwischen wissen, dass Fixsterne sich durchaus bewegen, wird in der Astronomie die Bezeichnung Sterne verwendet.

Fliehkraft, ↑ Zentrifugalkraft.

Fluchtgeschwindigkeit, auch **Entweichgeschwindigkeit,** die Anfangsgeschwindigkeit, die ein Raumflugkörper haben muss, damit er ohne weiteren Antrieb den Anziehungsbereich eines Planeten, z. B. der Erde, verlassen kann.

➕ Um die Anziehungskraft der Erde zu überwinden, muss eine Rakete ungefähr 40 000 km/h oder rund 11,2 km/s schnell sein.

Fluoreszenz, *die* charakteristische Leuchterscheinung bei gewissen festen Körpern, Flüssigkeiten und Gasen nach einer Bestrahlung mit Licht, Röntgen- oder Teilchenstrahlung. Im Gegensatz zur ↑ Phosphoreszenz entsteht kein Nachleuchten.

Flüssigkeit, ein Stoff im flüssigen Aggregatzustand (↑ Aggregatzustände der Materie), in dem sich die Atome oder Moleküle frei gegeneinander bewegen können, ohne allerdings den Kontakt zueinander zu verlieren. Eine Flüssigkeit passt sich der Form ihres Gefäßes an, kann aber ihr Volumen (im Gegensatz zu Gasen) nicht ändern.

fraktale Geometrie, eine von dem amerikanisch-französischen Mathematiker Benoit Mandelbrot (* 1924) eingeführte Geometrie, die sich im Gegensatz zur euklidischen Geometrie (↑ Euklid) nicht mit ›einfachen‹ Formen (z. B. Gerade, Würfel, Kreis) befasst, sondern mit unregelmäßig geformten (›zerfransten‹) Gebilden und Erscheinungen (den sogenannten Fraktalen), wie sie ähnlich auch in der Natur vorkommen (z. B. Luftwirbel, Schneeflocken, Verästelungen). Jedes Fraktal ist durch ›Selbstähnlichkeit‹ gekennzeichnet, das heißt, jeder noch so kleine Ausschnitt ähnelt bei entsprechender Vergrößerung dem Gesamtobjekt. Mithilfe der fraktalen Geometrie war es möglich, viele komplexe Naturerscheinungen mathematisch zu erfassen und am Computer zu simulieren.

freier Fall, in der Physik die Bewegung eines Körpers, auf den nur die Schwerkraft einwirkt. Durch Experimente nachgewiesen ist, dass im freien Fall alle Körper gleich schnell fallen, unabhängig von ihrem Gewicht.

🞣 Satelliten im Weltraum befinden sich physikalisch im Zustand des freien Falls. Die Schwerkraft wird jedoch aufgrund ihrer Bewegung von der Fliehkraft kompensiert.

Frequenz, *die* [lateinisch ›Häufigkeit‹], in Physik und Technik die Häufigkeit eines periodischen Vorgangs, z. B. einer Schwingung, je Zeiteinheit, z. B. einer Sekunde. Die Einheit für die Frequenz (Formelzeichen f oder v) ist das Hertz (Einheitenzeichen Hz).

Fullerene, Großmoleküle aus räumlich vernetzten Kohlenstoffatomen, die eine kugelige Anordnung bilden. Beispiele sind das aus 60 Kohlenstoffatomen bestehende C_{60}-Fulleren (auch ›Fußballmolekül‹ oder ›Buckyball‹ genannt) und das C_{70}-Fulleren (›Rugbyball‹).

🞣 Benannt wurden die Fullerene nach dem amerikanischen Architekten Richard Buckminster Fuller (* 1895, † 1983), dessen Kuppelbauten genau dem Bauprinzip der Moleküle entsprechen.

Fuzzylogik [ˈfʌzɪ…; englisch fuzzy ›unscharf‹], ein Logiksystem, das nicht nur die Wahrheitswerte ›wahr‹ und ›falsch‹ bzw. 1 und 0 kennt, sondern mehrere bis unendlich viele. Damit kann die Fuzzylogik auch den Übergang zwischen nicht klar trennbaren Werten (z. B. ›warm‹ und ›kalt‹) darstellen oder unscharfe Aussagen (z. B. ›Es ist ziemlich kalt.‹) formal abbilden.

🞣 Anwendungen findet die Fuzzylogik vor allem in der Regelungstechnik (z. B. Temperaturregulierung) und im Bereich der Künstlichen Intelligenz. Auch manche Haushaltsgeräte besitzen bereits Fuzzyregler.

Galaxie, ↑ Sternsysteme.

Galaxis, *die* [griechisch], das Sternsystem der Milchstraße.

Galilei, Galileo italienischer Mathematiker, Physiker und Philosoph (* 1564, † 1642), einer der bedeutendsten Gelehrten seiner Zeit. Er leitete in reinen Gedankenexperimenten die Fallgesetze her und bewies sie experimentell. Mithilfe seines selbst gebauten Fernrohrs entdeckte Galilei die bergige Natur des Mondes, den Sternenreichtum der Milchstraße, die Phasen der Venus, die vier größten Jupitermonde, die Saturnringe und die Sonnenflecken. Aufgrund seiner Beobachtungen trat Galilei für das heliozentrische Weltbild des Nikolaus Kopernikus ein und geriet dadurch ab 1616 in Konflikt mit der katholischen Kirche. 1632/1633 musste er in einem von der Kirche geführten Prozess der kopernikanischen Lehre abschwören. Sein für die Entwicklung der Physik wichtigstes Werk ›Unterredungen und mathematische Demonstrationen über zwei neue Wissensgebiete …‹ entstand in der über ihn verhängten unbefristeten Haft, die er in seinem Landhaus verbrachte.

Galileo Galilei

🞣 Legende ist sein Ausspruch ›Und sie bewegt sich doch‹ (nämlich die Erde), den er nach seiner Verurteilung getan haben soll.

🞣 Galileis Konflikt mit der Kirche ist oft auch dichterisch behandelt worden, u. a. von Bertolt Brecht (›Leben des Galilei‹, 1938/39).

🞣 1992 rehabilitierte ihn die katholische Kirche.

Gammastrahlung, die energiereichste Strahlung aus dem elektromagnetischen Spektrum mit den kleinsten Wellenlängen und den größten Frequenzen. Sie tritt bei natürlicher und künstlicher Radioaktivität auf und ist beim radioaktiven Zerfall neben Alpha- und Betastrahlung die dritte Komponente der radioaktiven Strahlung. Im Unterschied zur Alpha- und Betastrahlung lässt sich Gammastrahlung jedoch nicht elektrisch oder magnetisch ablenken.

🞣 Gammastrahlen werden in der Medizin zur Tumorbehandlung und in der Technik zur zerstörungsfreien Werkstoffprüfung genutzt.

ganze Zahlen, die natürlichen Zahlen zusammen mit den entsprechenden negativen Zahlen $-1, -2, -3$ usw. Die ganzen Zahlen umfassen somit die positiven ganzen Zahlen $1, 2, 3, \ldots$, die negativen ganzen Zahlen $-1, -2, -3, \ldots$ und die Null, welche weder positiv noch negativ ist.

Gas, in der Physik ein ↑ Aggregatzustand der Materie, bei dem die Atome oder Moleküle weiträumiger verteilt sind als diejenigen in Flüssigkeiten oder festen Körpern. Gase füllen den zur Verfügung stehenden Raum stets vollständig aus und können ihr Volumen kontinuierlich verändern.

Gauß, Carl Friedrich deutscher Mathematiker, Astronom und Physiker (* 1777, † 1855), einer der bedeutendsten Mathematiker aller Zeiten. Er stammte aus einfachen Verhältnissen und konnte dank eines Stipendiums des Herzogs von Braunschweig studie-

ren. Mit 22 Jahren promovierte er, 1801 erschien sein Buch ›Untersuchungen über höhere Arithmetik‹, das die Grundlage der modernen Zahlentheorie bildet. In seinem astronomischen Hauptwerk ›Theorie der Bewegung der Himmelskörper‹ (1809) gab er der Astronomie eine neue Grundlage. Als Physiker beschäftigte sich Gauß mit dem Erdmagnetismus und erfand ein Messgerät zur Messung des Magnetismus. (auch ↑ Normalverteilung)
➕ Eine Anekdote erzählt, wie Gauß als Schüler in kürzester Zeit die Zahlen von 1 bis 100 addierte, indem er die Anzahl der Paarungen $99 + 1 = 100$, $98 + 2 = 100$ usw. feststellte.
➕ Gauß wurde wegen seiner überragenden Leistungen schon zu seinen Lebzeiten als ›Princeps mathematicorum‹ (›Fürst der Mathematiker‹) bezeichnet.

Geigerzähler, von den Physikern Hans Geiger (*1882, †1945) und Erwin Wilhelm Müller (*1911, †1977) entwickeltes Zählrohr (eigentlich Geiger-Müller-Zählrohr), mit dessen Hilfe man die von radioaktiven Quellen ausgehende Strahlung feststellen kann. Die ausgesandten Teilchen erzeugen ein Knacken im Geigerzähler.

gemeinsamer Nenner, eine Zahl, mit deren Hilfe man Brüche mit unterschiedlichen Nennern in solche mit gleichem Nenner überführen kann, um diese Brüche addieren und subtrahieren zu können. So ist z. B. 12 ein gemeinsamer Nenner für $\frac{1}{3}$ und $\frac{1}{4}$, denn diese Brüche lassen sich als $\frac{4}{12}$ bzw. $\frac{3}{12}$ schreiben, ihre Summe ist somit $\frac{7}{12}$, ihre Differenz $\frac{1}{12}$.
➕ Im übertragenen Sinn meint man mit gemeinsamem Nenner das Verbindende in verschiedenen Ereignissen oder Meinungen.

Geometrie, *die* [zu griechisch geometres ›Landvermesser‹], dasjenige Teilgebiet der Mathematik, das sich mit den Eigenschaften und Beziehungen von ebenen und räumlichen Figuren wie Punkten, Geraden, Winkeln, Flächen und Körpern beschäftigt. Es wurde von Euklid begründet.

geometrischer Ort, die Menge aller Punkte (und nur diese), die einer bestimmten Bedingung genügen. So bilden alle Punkte der Ebene, die von einem festen Punkt einen bestimmten Abstand haben, einen Kreis (mit diesem Punkt als Mittelpunkt). Analog ergibt sich im Raum die Kugeloberfläche als geometrischer Ort aller Punkte, die von einem bestimmten Punkt einen festen Abstand haben.

Gerade, eine Menge von Punkten, die nur eine Dimension – die Länge – hat.

Geschwindigkeit, der ↑ Vektor, der angibt, in welche Richtung sich ein Objekt bewegt und wie schnell diese Bewegung erfolgt. Ist die Bewegung geradlinig und unbeschleunigt (↑ Beschleunigung), berechnet sich die Größe der Geschwindigkeit als der Quotient aus zurückgelegtem Weg und hierfür benötigter Zeit.

Gewicht, die Kraft, die von der Schwerkraft auf einen Körper ausgeübt wird.
➕ Das Gewicht eines Gegenstandes beträgt auf dem Mond nur rund 1/6 seines Gewichtes auf der Erde.

Gitterstruktur, in der Chemie diejenige Strukturform, die man üblicherweise bei festen Körpern, vor allem Kristallen, vorfindet. In diesen sind die Atome miteinander verbunden und zu einem regelmäßig aufgebauten Gitter zusammengefügt.

gleichförmige Bewegung, eine Bewegung, bei der keine Beschleunigung stattfindet, die Geschwindigkeit sich also nicht ändert. Die gleichförmige Bewegung verläuft nimmer geradlinig.

Gleichgewicht, ein Zustand, in dem sich alle einwirkenden Einflüsse gegenseitig ausgleichen. In der Mechanik ergibt sich ein Gleichgewicht, wenn sich alle Kräfte, die auf einen Körper einwirken, gegenseitig aufheben. In der Chemie tritt ein Gleichgewicht auf, wenn die chemischen Reaktionen so ablaufen, dass die Gesamtmenge aller beteiligten Stoffe unverändert bleibt.

Gleichung, eine Form, mit der die Gleichheit zweier mathematischer Formeln ausgedrückt wird. Man schreibt Gleichungen mithilfe des Gleichheitszeichens, z. B. $(a + b)^2 = a^2 + 2ab + b^2$.

Glockenkurve, ↑ Normalverteilung.

Grad, Formelzeichen °, in der Geometrie eine Einheit für den Winkel: Ein Grad ist gleich 1/360 des Vollkreises. In der Physik eine Einheit für die Temperatur, z. B. 4 °C für 4 Grad der Celsius-Temperaturskala.

Gramm, Einheitenzeichen **g**, Einheit für die Masse. Ein Kubikzentimeter Wasser wiegt rund ein Gramm.

Graph, *der* [zu griechisch graphein ›schreiben‹], die

zeichnerische Darstellung eines Zusammenhanges zwischen Zahlen. So zeigt z B. eine Kurve die Veränderung einer Größe in Abhängigkeit vom Wert einer zweiten Größe.

Gravitation, die [zu lateinisch gravis ›schwer‹], die Kraft, mit der sich zwei Körper aufgrund ihrer Masse gegenseitig anziehen (Massenanziehung). Isaac Newton gab als Erster eine Formel für die Gravitation an. Die Gravitation hält den Mond auf seiner Umlaufbahn um die Erde, aber auch die Planeten auf ihren Bahnen. Auch für das Fallen von Gegenständen auf die Erde ist die Gravitation, die man in diesem Fall auch Schwerkraft nennt, verantwortlich. Die allgemeine ↑ Relativitätstheorie ist eine Theorie der Gravitation.

Hahn, Otto deutscher Chemiker (* 1879, † 1968), dem 1938 die erste Kernspaltung gelang. Hahn war ab 1910 Professor in Berlin und leitete 1928–45 das Kaiser-Wilhelm-Institut für Chemie. Er befasste sich mit der Untersuchung radioaktiver Stoffe; gemeinsam mit seiner Mitarbeiterin Lise Meitner (* 1878, † 1968) entdeckte er

Otto Hahn

verschiedene radioaktive Elemente. Nach Vorarbeiten mit ihr gelang ihm gemeinsam mit Friedrich Wilhelm (Fritz) Strassmann (* 1902, † 1980) die Kernspaltung von Uran, die Meitner wiederum theoretisch erklärte. Hahn erhielt für diese Entdeckung den Nobelpreis für Chemie des Jahres 1944, der ihm 1945 überreicht wurde.

Halbwertszeit, in der Kernphysik diejenige Zeit, nach der nur noch die Hälfte des ursprünglich vorhandenen radioaktiven Ausgangsmaterials übrig bleibt. Die Halbwertszeiten radioaktiver Substanzen reichen von Bruchteilen von Sekunden bis hin zu Milliarden von Jahren. Die Halbwertszeit ist für alle Kerne einer bestimmten Art gleich; sie hängt weder von der Temperatur noch von anderen äußeren Bedingungen ab. Auf der bekannten Halbwertszeit radioaktiver Elemente beruht die radioaktive Altersbestimmung (↑ Radiokarbonmethode, Kapitel 17).

heisenbergsche Unschärferelation, ein von Werner Heisenberg formuliertes Grundprinzip der Quantenmechanik, dem zufolge es unmöglich ist, die Position und den Impuls eines quantenmechanischen Objekts gleichzeitig genau zu messen. Die Unschärferelation gilt auch für andere Größenpaare, wie z. B. Energie und Lebensdauer eines Elementarteilchens.

Heisenberg, Werner deutscher Physiker (* 1901, † 1976), einer der Begründer der Quantenmechanik, formulierte 1927 die heisenbergsche Unschärferelation. 1933 erhielt Heisenberg den Nobelpreis für Physik für 1932. Während des Zweiten Weltkrieges beschäftigte er sich mit der Kernspaltung und war Leiter des deutschen Kernenergieprojektes. Heisenberg setzte sich später intensiv mit den philosophischen und gesellschaftspolitischen Problemen auseinander, die die moderne Physik aufwirft.

Helium, chemisches Symbol He, ein chemisches Element, das zu den sogenannten Edelgasen gehört. Der Kern des Heliumatoms besteht aus zwei Protonen und zwei Neutronen; er wird von zwei Elektronen umgeben. Helium wird wegen seiner Unbrennbarkeit dazu benutzt, Ballone zu füllen.

Helix, die [griechisch ›Windung‹], in der Geometrie eine Schraubenlinie im dreidimensionalen Raum.
🔴 Bekannt geworden ist die Helix im Zusammenhang mit der Struktur der DNS-Moleküle (↑ DNS, Kapitel 13); diese bilden eine Doppelhelix.

Helmholtz, Hermann Ludwig von deutscher Naturwissenschaftler (* 1821, † 1894), der wichtige Beiträge u. a. zur Sinnesphysiologie, zur Physik und zu den Grundlagen der Geometrie leistete. Helmholtz entdeckte 1842 den Ursprung der Nervenfasern und maß 1850 erstmals die Fortpflanzungsgeschwindigkeit der Nervenerregung. Mit seinem Buch ›Die Lehre von den Tonempfindungen als physiologische Grundlage für die Theorie der Musik‹ (1863) begründete er die moderne musikalisch-akustische Forschung. In der Physik formulierte Helmholtz das Prinzip von der Erhaltung der Energie.
🔴 Eine seiner Erfindungen war der für die augenärztliche Untersuchung notwendige Augenspiegel.

Hertz, Einheitenzeichen Hz, nach dem deutschen Physiker Heinrich Hertz (* 1857, † 1894), dem Entdecker der elektromagnetischen Wellen, benannte Einheit der Frequenz: Ein Hertz bedeutet eine volle Schwingung pro Sekunde.
🔴 Der elektrische Strom für den Haushalt hat in Deutschland die Frequenz 50 Hz, der für die Eisenbahnen $16^2/_3$ Hz.

Hintergrundstrahlung, eine schwache Strahlung, die man auf der Erdoberfläche registriert und die aus der Höhenstrahlung sowie in geringem Maße von radioaktiven Substanzen im Erdgestein und in der Atmosphäre stammt.

H_2O, die chemische Formel für Wasser. Jedes Wassermolekül besteht aus zwei Atomen Wasserstoff (H) und einem Atom Sauerstoff (O).

Hubble, Edwin Powell [hʌbl], amerikanischer Astronom (* 1889, † 1953), Begründer der modernen, das Weltall außerhalb des Milchstraßensystems erforschenden Astronomie (extragalaktische Astronomie). 1929 entdeckte er den Zusammenhang zwischen der Rotverschiebung der Spektrallinien in den Spektren extragalaktischer Sternsysteme und deren Entfernung.

Das **Hubble-Weltraumteleskop** auf der Wartungsplattform des Raumtransporters Endeavour (Dezember 1993)

Hubble-Weltraumteleskop [ˈhʌbl...], nach Edwin P. Hubble benanntes Großteleskop, das 1990 durch ein Spaceshuttle auf eine Umlaufbahn in 600 km Erdentfernung gebracht wurde und zur Beobachtung lichtschwacher und weit entfernter astronomischer Objekte dient.

Hyperbel, *die* [griechisch], in der Geometrie ein Paar von Kurven, die sich beide ins Unendliche erstrecken, wobei sie sich Geraden immer mehr nähern, ohne diese jemals zu erreichen.

Hypotenuse, *die* [griechisch], in einem rechtwinkligen Dreieck diejenige Seite, die dem rechten Winkel gegenüberliegt. Die Hypotenuse ist stets die längste Seite eines rechtwinkligen Dreiecks.

Hypothese, *die* [griechisch ›das Unterstellte‹], eine Aussage, die als mögliche Erklärung eines Sachverhaltes in Betracht kommt. Die Wissenschaft testet Hypothesen, indem sie Folgerungen aus ihnen ableitet, die man experimentell überprüfen kann. Stellt sich heraus, dass die Beobachtungen nicht mit den aufgrund der Hypothese gewonnenen Erwartungen übereinstimmen, muss die Hypothese weiter kritisch untersucht werden.

Impuls, *der* [zu lateinisch impellere ›anstoßen‹], Bewegungsgröße eines Körpers; sie ist gleich dem Produkt aus der Masse des Körpers und dessen Geschwindigkeit. Der Gesamtimpuls eines abgeschlossenen Körpers bleibt, z. B. bei Stoßprozessen, erhalten (Impulserhaltungssatz).

Infrarotstrahlung, eine für das menschliche Auge unsichtbare, von vielen Tieren aber wahrgenommene elektromagnetische Strahlung mit einer größeren Wellenlänge als Licht. Infrarotstrahlung wird angewendet u. a. in der Heiz- und Trocknungstechnik (Wärmestrahlung), bei Fernbedienungen oder Nachtsichtgeräten.
➕ Die Infrarotstrahlung wurde 1800 von dem deutsch-britischen Astronomen Friedrich Wilhelm Herschel (* 1738, † 1822) entdeckt.

Interferenz, *die* [lateinisch], eine Überlagerungserscheinung, die immer dann entsteht, wenn zwei Wellen an einem Punkt des Raumes zusammentreffen. Die Interferenz ergibt sich dabei als Summe der Beiträge der beiden Wellen. Treffen z. B. die Wellenberge zweier identischer Wellen aufeinander, so entsteht ein Wellenberg doppelter Höhe. Fällt dagegen ein Wellenberg mit einem Wellental zusammen bei ansonsten identischen Wellen, so löschen sich die Wellen gegenseitig aus.

Ion, *das* [griechisch ›Gehendes‹], ein Atom, das entweder Elektronen abgegeben oder eingefangen hat, sodass das Atom nach außen eine elektrische Ladung trägt, die positiv bzw. negativ ist.

Ionenbindung, eine chemische Bindung, die darauf beruht, dass ein Atom an ein anderes ein Elektron abgibt. So entsteht eine elektrische Kraft, die die Atome zusammenhält.

irrationale Zahlen, alle ↑ reellen Zahlen, die nicht als Bruch darstellbar sind, das sind alle nichtperiodischen Dezimalzahlen, z. B. $\sqrt{2}$ und die Kreiszahl π (Pi).

Isomerie, *die* [zu griechisch isomeres ›von gleichen Teilen‹], in der Chemie das Auftreten von zwei oder mehr Verbindungen (Isomere) mit gleicher Summenformel, aber unterschiedlichem Aufbau der Moleküle und unterschiedlichen physikalischen und chemischen Eigenschaften.

Isotop, *das* [zu griechisch isos ›gleich‹ und topos ›Platz‹, ›Stelle‹], ein Atomkern eines Elements, der sich von einem anderen Atomkern desselben Elementes dadurch unterscheidet, dass er zwar die gleiche Anzahl Protonen, aber eine unterschiedliche Anzahl von Neutronen besitzt. Isotope werden kenntlich gemacht, indem man die Summe ihrer Protonen- und Neutronenzahlen angibt. Uran 235 (^{235}U) z. B. ist das Isotop des Urans mit insgesamt 235 Protonen und Neutronen in seinem Kern.

Jupiter, der größte Planet unseres Sonnensystems (Durchmesser an seinem Äquator: 142 800 km). Er dreht sich in nur etwa zehn Stunden einmal um die eigene Achse. Für einen Umlauf um die Sonne benötigt er knapp zwölf Jahre. Jupiter gehört zu den hellsten Objekten am Himmel und stellt mit seinen (bisher bekannten) 39 Monden gleichsam ein kleines Sonnensystem dar.
⊕ Galileo Galilei entdeckte schon 1610 die ersten Jupitermonde; diese ›galileischen Monde‹ sind: Io, Europa, Ganymed und Callisto.

Kalorie, *die* [zu lateinisch calor ›Wärme‹], die Wärmemenge, die erforderlich ist, um die Temperatur von einem Gramm Wasser um ein Grad Celsius zu erhöhen.
⊕ Die Kalorie ist eine nichtgesetzliche Einheit der Energie, wird aber noch oft im Zusammenhang mit Nährwertangaben verwendet. Die gesetzliche Energieeinheit ist das Joule.

Kardinalzahl, eine Zahl, die dazu dient, anzugeben, wie viel Dinge es in einer Menge gibt, wobei deren Anordnung nicht wiedergegeben wird. Eins, zwei, tausend sind Kardinalzahlen (auch ↑ Ordinalzahl).

Katalysator, *der* [zu griechisch katalysis ›Auflösung‹], in der Chemie eine Substanz, die eine chemische Reaktion auslöst oder beschleunigt, ohne selbst verbraucht zu werden.

Kathete, *die* [lateinisch], in einem rechtwinkligen Dreieck jede der beiden Seiten, die den rechten Winkel einschließen. Die Katheten sind einzeln stets kleiner als die Hypotenuse, für die Summe ihrer Quadrate gilt der ↑ Satz des Pythagoras.

Kathodenstrahlröhre, eine Vakuumröhre, die aus Elektronen bestehende Strahlen aussendet, deren Ziel und Bahn durch elektrische und magnetische Felder kontrolliert wird. Die Innenfront der Vorderseite der Röhre ist mit einer Substanz belegt, die Licht aussendet, wenn sie von Elektronen getroffen wird. Indem man den Auftreffpunkt der Elektronenstrahlen auf dieser Innenfront steuert, kann man auf dieser Bilder erzeugen. Moderne Elektronenstrahlröhren werden genutzt als Bildröhren für Fernseher, Radar und Computerbildschirme.

Kehrwert, auch reziproker Wert, diejenige Zahl, die man erhält, wenn man eins durch die Ausgangszahl dividiert. Der Kehrwert von 9 ist somit $^1/_9$.

Kelvinskala, vom absoluten Nullpunkt (− 273,15 °C = 0 K) ausgehende Temperaturskala. Einer Temperaturdifferenz von einem Kelvin (1 K) entspricht eine Temperaturdifferenz von einem Grad Celsius (1 °C). Eis taut also nach der Kelvinskala bei ungefähr 273 K, auf der Celsiusskala bei 0 °C.
⊕ Die Kelvinskala ist die Temperaturskala, die in der wissenschaftlichen Forschung verwendet wird.

Kelvin, William Lord Kelvin of Largs britischer Physiker (* 1824, † 1907), einer der Begründer der modernen Thermodynamik. Er entwickelte ab 1848 die nach ihm benannte Temperaturskala (Kelvinskala) und untersuchte u. a. den Stromtransport in Kabeln. Kelvin erfand zahlreiche Messverfahren und -geräte (u. a. das Spiegelgalvanometer) und verbesserte den Schiffskompass.
⊕ Kelvin, der ursprünglich William Thomson hieß, wurde 1866 geadelt und 1892 zum Lord erhoben.

Kepler, Johannes deutscher Astronom und Mathematiker (* 1571, † 1630). Als Mathematiker der Landesregierung in Graz (ab 1594) erstellte er Kalender mit Voraussagen. Da sie für 1594 (kalter Winter, Türkeneinfall) weitgehend zutrafen, wurde Kepler schnell berühmt. 1600 siedelte er nach Prag über und wurde Assistent des damals bekanntesten Astronomen Tycho Brahe (* 1546, † 1601). Nach dessen Tod erhielt Kepler die Stelle als Hofastronom Kaiser Rudolfs II. (* 1552, † 1612, Kaiser ab 1576).

Kepler stellte die Erfahrung in ihrem Aussagewert über die Aussagen der Bibel und vollzog damit eine für die neuzeitliche Naturwissenschaft entscheidende Wendung. Für die Astronomie wichtig sind die keplerschen Gesetze. Die von Kepler nach den Berechnungen Brahes erarbeiteten Tafeln mit Sonnen-, Mond- und Planetenpositionen (Rudolfinische Tafeln, 1627) bildeten über 200 Jahre die Grundlage für astronomische Berechnungen.

Kern, auch **Atomkern,** das kleine, dichte Zentrum der Atome, das aus Protonen und Neutronen zusammengesetzt ist und eine positive elektrische Ladung trägt.
● Die Kernphysik beschäftigt sich mit der Zusammensetzung und dem Aufbau der Atomkerne.

Kernfusion, der Vorgang, bei dem zwei kleinere Atomkerne zu einem größeren verschmelzen, wobei Energie freigesetzt werden kann.
● Bei der Fusion von Wasserstoff zu Helium werden gewaltige Energiemengen frei. Dieser Prozess ist die wichtigste Energiequelle der Sterne, insbesondere auch unserer Sonne.
● Auch in Wasserstoffbomben läuft eine Kernfusion ab, die die Energie liefert.
● Eine kontrollierte Kernfusion in einem Reaktor könnte eine Energiequelle der Zukunft sein.

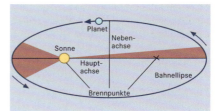

Die von **Johannes Kepler** entdeckte Gesetzmäßigkeit besagt: Die vom Fahrstrahl in gleichen Zeitintervallen überstrichenen Flächen (rot unterlegt) sind nach dem Flächensatz gleich groß, im Brennpunkt der elliptischen Umlaufbahn der Planeten ist die Sonne.

> **ⓘ JOHANNES KEPLER**
>
> **Die keplerschen Gesetze beschreiben die Bahnen der Planeten:**
>
> 1. Die Planeten bewegen sich auf ellipsenförmigen Bahnen, in deren Mittelpunkt die Sonne steht.
> 2. Die Verbindungslinie vom Planeten zur Sonne überstreicht in gleich großen Zeitintervallen gleich große Flächen der Ellipse.
> 3. Die Quadrate der Umlaufzeiten der Planeten verhalten sich zueinander wie die dritten Potenzen der großen Halbachsen der Bahnen.

Kernladungszahl, die Anzahl von Protonen und damit auch die Anzahl von Elektronen, die ein Atom eines bestimmten Elements aufweist.

Kernspaltung, die Zerlegung eines größeren Atomkerns in zwei kleinere Bruchstücke unter Freisetzung von Energie. Spaltbare Kerne sind z. B. Uran und Plutonium. Die bei einer Kernspaltung freiwerdende Energie wird in Kernkraftwerken in elektrischen Strom umgewandelt, aber auch für Kernwaffen benutzt.
● Die erste Kernspaltung wurde 1938 von Otto ↑ Hahn und Fritz Straßmann durchgeführt.

Kettenreaktion, in Chemie und Physik eine Abfolge von Reaktionen, die sich selbst aufrechterhält. Bei der Kettenreaktion, die in mit Uran betriebenen Kernreaktoren abläuft, regt jeweils ein Neutron einen Kern dazu an, sich zu spalten, wobei zwei oder mehr Neutronen frei werden. Diese lösen neue Kernspaltungen aus, welche ihrerseits neue Neutronen produzieren.
● Bildlich gesprochen nennt man jede Ereignisfolge, bei der das Ergebnis des einen Ereignisses die Ursache des nächsten ist, eine Kettenreaktion.

kinetische Energie, die Bewegungsenergie, das heißt, diejenige Energie, die ein Gegenstand aufgrund seiner Geschwindigkeit besitzt.

kleinster gemeinsamer Nenner, die kleinste Zahl, die als ↑ gemeinsamer Nenner zweier Brüche dienen kann. Gemeinsame Nenner z. B. der Brüche $1/12$ und $\frac{1}{18}$ sind die Zahlen 36, 72, 108. Der kleinste gemeinsame Nenner (auch Hauptnenner) ist hier 36.
● Vom kleinsten gemeinsamen Nenner spricht man auch dann, wenn man ausdrücken will, dass man sich auf minimale Gemeinsamkeiten geeinigt hat.

Kohäsion, *die* [zu lateinisch cohaerere ›zusammenhängen‹], Anziehungskraft auf der Ebene der Moleküle, auch das Zusammenhalten zweier Oberflächen, die aus derselben Substanz bestehen.

Kohlendioxid ⇒ Kapitel 13.

Kohlenmonoxid, *das* chemisches Symbol **CO**, ein Gas, dessen Moleküle ein Kohlenstoffatom und ein

Exakte Naturwissenschaften und Mathematik

Sauerstoffatom enthalten. Kohlenmonoxid entsteht bei Verbrennungsvorgängen, z. B. in Automotoren und Kaminen. Es ist leichter als unsere Umgebungsluft.
➕ Wegen seiner Fähigkeit, sich schneller als Sauerstoff mit den roten Blutkörperchen zu verbinden, ist es gefährlich, Kohlenmonoxid einzuatmen.

Kohlenstoff, chemisches Symbol **C,** ein nicht metallisches chemisches Element, das ein Grundbaustoff aller organischen Materie ist.
➕ In der Chemie gehören die Stoffe, die Kohlenstoff enthalten, zur organischen Chemie, alle anderen zur anorganischen Chemie.

Kohlenstoff 14, chemisches Symbol ^{14}C, ein radioaktives Isotop des Kohlenstoffs, das entsteht, wenn man Stickstoff mit Neutronen beschießt.
➕ Kohlenstoff 14 wird oftmals zur radioaktiven Altersbestimmung (↑ Radiokarbonmethode, Kapitel 17) verwendet, um das Alter z. B. von Fossilien zu bestimmen.

Kohlenwasserstoffe, chemische Verbindungen mit dem Hauptmerkmal, dass sie lange Ketten von Kohlenstoffatomen enthalten, an die Wasserstoffatome gebunden sind.
➕ Viele Kohlenwasserstoffe dienen als Brennstoffe, wie z. B. Benzin, Methangas (der wichtigste Bestandteil des Erdgases) und Holz.

Kolloid, *das* [zu griechisch kolla ›Leim‹ und -oeides ›ähnlich‹], ein Stoff, der sich in feinster Verteilung in einer Flüssigkeit oder einem Gas befindet. Mit den besonderen Eigenschaften der Kolloide beschäftigt sich die Kolloidchemie.

Kometen [griechisch], kleine, mit bloßem Auge nur selten sichtbare Himmelskörper in unserem Sonnensystem, die auf elliptischen Bahnen die Sonne umkreisen. Sie bestehen aus einem festen Kern, einer gasförmigen Hülle (Koma) und einem ebenfalls gasförmigen Schweif.
➕ Ein bekannter Komet ist der Halleysche Komet, benannt nach dem englischen Astronomen Edmond Halley (* 1656, † 1742). Er nähert sich alle 76 Jahre so weit an die Erde an, dass man ihn mit bloßem Auge sehen kann, zuletzt 1910 und 1986.

Kondensationspunkt, diejenige Temperatur, bei der ein gasförmiger Stoff sich verflüssigt. Der Kondensationspunkt entspricht dem Siedepunkt und ist wie dieser vom Druck abhängig.

Konstante, *die* [lateinisch constans ›feststehend‹], eine unveränderliche Zahl, die in Gleichungen oder Formeln auftritt, z. B. die Lichtgeschwindigkeit (300 000 km/s) oder die Zahl π (Pi) für die Kreisberechnung (3,1415...).

Koordinaten [lateinisch], eine oder mehrere Zahlen, die einen Punkt auf einer Geraden, in einer Ebene oder im Raum festlegen. Weiß man, dass der Punkt auf einer bestimmten Geraden liegt, so benötigt man zu seiner Festlegung nur eine Zahl, bei einer Ebene benötigt man zwei, beim Raum drei Zahlen.

Kopernikus, Nikolaus deutscher Astronom und Mathematiker (* 1473, † 1543), der ab 1510 als Domherr in Frauenburg (Ermland) wirkte. 1514 trug er einem kleinen Kreis kirchlicher Würdenträger sein Weltbild vor, in dem die Sonne im Mittelpunkt der um sie kreisenden Planeten, darunter auch die Erde, steht (heliozentrisches Weltbild). Kopernikus ging dabei noch von kreisförmigen Planetenbahnen aus, deshalb gelangen ihm keine genauen Voraussagen über den Lauf der Gestirne. Erst nachdem Johannes Kepler die Ellipsenbahnen für die Planeten eingeführt hatte, setzte sich das heliozentrische Weltbild durch.

Komet der Halleysche Komet kurz vor seiner Rückkehr ins innere Sonnensystem im März 1986, aufgenommen von der Europäischen Südsternwarte (ESO)

kosmische Hintergrundstrahlung, eine Strahlung im Mikrowellenbereich, die auf die Erde aus allen Richtungen aus dem Weltall auftrifft.
➕ Die kosmische Hintergrundstrahlung gilt als Überrest oder ›Echo‹ des ↑ Urknalls.

Kosmologie, *die* diejenige Wissenschaft, die sich mit den großen Strukturen, dem Ursprung und der Entwicklung des Universums beschäftigt.

Kosmos, *der* [griechisch], ↑ Weltall.

Kraft, in der Physik die Ursache für eine Veränderung im Bewegungszustand eines Körpers. Die moderne Definition der Kraft wurde von Isaac Newton angegeben: Kraft ist gleich Masse mal Beschleunigung.
➕ Gewicht ist eine Kraft, der die ↑ Gravitation zugrunde liegt.

Kreiszahl, ↑ Pi.

Kristall, *das* [von griechisch krystallos ›Eis‹, ›Bergkristall‹], ein Material, das aus exakt geometrisch angeordneten Atomen besteht und das sich deshalb durch hohe Symmetrie auszeichnet.
➕ Die meisten Minerale und Salze bilden Kristalle.

kritische Masse, in der Physik diejenige Masse an spaltbarem Material, die erforderlich ist, um eine Kettenreaktion aufrechtzuerhalten.

Lackmus, *das* in der Chemie ein Farbstoff, mit dem man feststellen kann, ob eine Lösung eine Säure oder eine Lauge ist. Säuren färben blaues Lackmuspapier rot, Laugen rotes Lackmuspapier blau.

Laplace, Pierre Simon Marquis de [laˈplas], französischer Mathematiker und Physiker (* 1749, † 1827), einer der führenden Mathematiker seiner Zeit. Er fasste die bis zu seiner Zeit bekannten Tatsachen über die Himmelsmechanik in einem fünfbändigen Werk zusammen und bewies darin die Unveränderlichkeit bestimmter Teile der Planetenbahnen. Mithilfe seiner ›Analytischen Theorie des Wahrscheinlichen‹ (1812) konnten wahrscheinlichkeitstheoretische Probleme mathematisch behandelt werden.
➕ Als Examinator an der ›École militaire‹ prüfte er 1785 u. a. auch Napoléon Bonaparte.

latente Wärme, die Wärme, die aufgenommen oder abgegeben wird, wenn ein Körper seinen Aggregatzustand (↑ Aggregatzustände der Materie ändert. Beim Übergang vom flüssigen in den gasförmigen Zustand entsteht so die Verdunstungskälte (Entzug der latenten Wärme aus der Umgebung), beim umgekehrten Vorgang die Kondensationswärme.

Lavoisier, Antoine Laurent de [lavwaˈzje], französischer Chemiker (* 1743, † 1794), war Mitglied der Académie des sciences ›Akademie der Wissenschaften‹ und Begründer der modernen Chemie. Er erkannte die Verbrennung als Aufnahme von Sauerstoff und propagierte eine neue chemische Nomenklatur.
➕ Lavoisier wurde während der Französischen Revolution als ehemaliger Steuerpächter der Erpressung beschuldigt und hingerichtet.

Legierung [zu italienisch ligare ›verbinden‹], ein Material, das aus zwei Metallen oder aus einem Metall und einer weiteren Substanz besteht. Messing z. B. ist eine Legierung aus Kupfer und Zink, Stahl besteht aus Eisen und Kohlenstoff. Legierungen weisen gegenüber den Basismetallen oft andere Eigenschaften auf: So ist Messing härter als Kupfer und als Zink, Stahl ist härter als Eisen und als Kohlenstoff.

Leistung, in der Physik die Arbeit, die je Zeiteinheit verrichtet wird. Die Leistung wird in Watt oder in Kilowatt, bei Automotoren auch in PS, angegeben.

Licht, elektromagnetische Wellen, die für das menschliche Auge sichtbar sind. Das Spektrum des sichtbaren Lichts reicht vom kurzwelligen Violett bis zum langwelligen Rot.

Lichtgeschwindigkeit, die Ausbreitungsgeschwindigkeit von Licht. Sie beträgt im Vakuum rund 300 000 km/s, in Materie ist sie geringer.
➕ Das Licht benötigt rund acht Minuten, um von der Sonne zur Erde zu gelangen.
➕ Vom Mond zur Erde braucht das Licht (und jede andere elektromagnetische Welle auch) rund einundhalb Sekunden. Deshalb ergeben sich in Gesprächen, die Astronauten auf dem Mond mit dem Bodenpersonal führen, Unterbrechungen von etwa drei Sekunden.

Lichtjahr, in der Astronomie verwendete Einheit für die Strecke, die das Licht während eines Jahres zurücklegt (rund 10 Billionen km).

Linsen, lichtdurchlässige Körper, die durch Brechung des Lichtes eine optische Abbildung vermitteln können. Je nach Art der Wölbung unterscheidet man zwischen konvexen und konkaven Linsen: Konvexe Linsen sind in der Mitte dicker als am Rand, konkave Linsen sind in der Mitte dünner als am Rand.

Lösung, in der Chemie eine einheitliche Mischung, z. B. zweier Flüssigkeiten.

Machzahl, die in Vielfachen der Schallgeschwindigkeit angegebene Geschwindigkeit eines Objektes. Fliegt ein Flugzeug mit Schallgeschwindigkeit, so fliegt es mit Mach 1; doppelte Schallgeschwindigkeit entspricht Mach 2.

➕ Diese Einheit ist nach dem österreichischen Physiker und Philosophen Ernst Mach (* 1838, † 1916) benannt, der die Kurzzeitfotografie vervollkommnete, durch die die Untersuchung von Überschallbewegungen möglich wurde.

Magnet, *der* [von griechisch lithos magnetes ›Stein aus Magnesia‹], ein Gegenstand, der um sich herum ein ↑ Magnetfeld erzeugt. Es gibt Magnete, die ihr Feld ohne äußere Erregung beliebig lange behalten (Dauer- oder Permanentmagnete), und Elektromagnete, die nur für die Dauer eines Stromdurchflusses magnetisch sind. Das von einem Magneten aufgebaute Magnetfeld entspringt fast vollständig aus zwei Bereichen an seinen Enden, den Magnetpolen. Ein drehbar aufgehängter Stabmagnet pendelt sich so ein, dass der eine Pol (Nordpol) nach Norden und der andere (Südpol) nach Süden weist. Zwischen den Polen verschiedener Magnete bestehen Kraftwirkungen: Gleichartige Pole stoßen sich ab, ungleichartige ziehen sich an. Dauermagnete können durch Erhitzen zerstört werden.

Magnet Durch Eisenspäne sichtbar gemachter Verlauf der magnetischen Feldlinien um einen Hufeisenmagneten

➕ Die magnetische Wirkung bestimmter Metalle, vor allem des Eisens, wurde für den Kompass nutzbar gemacht.

Magnetfeld, durch Magnete oder bewegte elektrische Ladungen erzeugtes Feld, das Kraftwirkungen zwischen Magneten oder elektrischen Strömen vermittelt. Wird z. B. eine Kompassnadel an einem bestimmten Ort abgelenkt, so herrscht dort ein Magnetfeld.

➕ Auch Sonne, Erde und viele Planeten besitzen Magnetfelder.

➕ Mit Elektromagneten können heute millionenmal stärkere Magnetfelder als das Erdmagnetfeld erzeugt werden.

Magnetismus, *der* die Eigenschaft bestimmter Stoffe, z. B. Eisen, auf einen ↑ Magneten eine Kraft auszuüben.

Mars, *der* von der Sonne her gesehen vierte Planet unseres Sonnensystems. Für einen Umlauf um die Sonne benötigt er rund zwei Jahre. Sein Äquatordurchmesser ist etwa halb so groß wie der der Erde. Die Umdrehungsachse steht schräg, daher gibt es auf dem Mars Jahreszeiten wie bei uns. In seinen rötlich leuchtenden Wüstengebieten toben heftige Staubstürme.

➕ Im Zuge der amerikanischen Pathfinder-Mission setzte eine Raumsonde das Roboterfahrzeug Sojourner am 5. Juli 1997 auf der Marsoberfläche aus. Wie schon die Raumsonden Viking 1 und 2 aus dem Jahr 1975 suchte Sojourner erfolglos nach einfachen Formen des Lebens. Doch lieferte das ›Marsmobil‹ eindrucksvolle Bilder von der Marsoberfläche.

Masse, in der Physik die Eigenschaft der Materie, 1. einer Änderung ihres Bewegungszustandes einen Widerstand entgegenzusetzen (träge Masse), 2. der Wirkung der ↑ Gravitation zu unterliegen (schwere Masse). Die Basiseinheit für die Masse ist das Kilogramm.

Materie, *die* [lateinisch ›Stoff‹], in der Physik stoffliche Substanz, im Gegensatz zu Wellenstrahlung.

Mathematik, *die* [von griechisch mathema ›das Gelernte‹], die Wissenschaft von den Zahlen, Gleichungen, Funktionen sowie von den geometrischen Figuren (↑ Geometrie) und deren Eigenschaften und Beziehungen. Die wichtigsten Teilgebiete der sogenannten reinen Mathematik sind Arithmetik, Algebra und Analysis. Daneben gewinnt heute die angewandte Mathematik, wie z. B. die ↑ Numerik zunehmend an Bedeutung.

Maxwell, James Clerk [ˈmækswəl], britischer Physiker (* 1831, † 1879), der den Elektromagnetismus erforschte und sich mit der Farbenlehre sowie der kinetischen Gastheorie befasste. Maxwell formulierte die vier Grundgleichungen der Elektrodynamik (↑ maxwellsche Gleichungen), aus denen sich die Existenz elektromagnetischer Wellen ergab, die sich mit Lichtgeschwindigkeit ausbreiten. Er schloss daraus, dass das Licht eine elektromagnetische Welle sei. Auf Maxwell geht auch die heutige Auffassung zurück, Gase seien eine Ansammlung von sich bewegenden Molekülen (kinetische Gastheorie).

🞥 Maxwell wird in seiner Bedeutung für die Physik oft mit I. Newton und A. Einstein auf eine Stufe gestellt.

maxwellsche Gleichungen [ˈmækswəl...], die von J. C. Maxwell formulierten Grundgleichungen der Elektrodynamik, die den Zusammenhang und die Wechselwirkung zwischen den elektromagnetischen Feldern und den elektrischen Ladungen und Strömen liefern. Mit ihren Lösungen lassen sich sämtliche elektromagnetischen Erscheinungen beschreiben, soweit nicht atomare Vorgänge eine Rolle spielen.

Mechanik, *die* [zu griechisch mechanike (techne) ›die Kunst, Maschinen zu erfinden und zu bauen‹], dasjenige Teilgebiet der Physik, das sich mit den Bewegungen materieller Körper beschäftigt. Der Begriff ›Mechanik‹ bezieht sich meistens auf die Bewegungen großer Objekte, während diejenigen von Atomen und Molekülen in der Quantenmechanik untersucht werden.
🞥 Die Grundgesetze der Mechanik sind die ↑ newtonschen Axiome.
🞥 Bis ins 20. Jh. hinein galten die Gesetze der Mechanik als Vorbild für alle Naturgesetze. Die entsprechende Weltanschauung nennt man Mechanismus.

mechanistisches Weltbild, die Art und Weise, wie sich I. Newton und seine Anhänger im 18. Jh. das Universum vorgestellt haben. Sie verglichen es mit einem Uhrwerk, das Gott aufgezogen habe und das nun gemäß Gottes Gesetzen ablaufe.

Mendelejew, Dimitrij russischer Chemiker (* 1834, † 1907), arbeitete auf dem Gebiet der physikalischen Chemie und förderte die technologische Erschließung Russlands. Unabhängig von dem deutschen Chemiker Julius Lothar Meyer (* 1830, † 1895) stellte er 1869 gleichzeitig mit diesem ein ↑ Periodensystem der Elemente auf, aufgrund dessen er das Vorhandensein und die Eigenschaften neuer Elemente vorhersagte.

Menge, eine Zusammenfassung von voneinander unterscheidbaren Dingen unserer Anschauung oder unseres Denkens zu einem Ganzen, z. B. die Menge der Seiten dieses Buches oder diejenige seiner Buchstaben.

Mengenlehre, ein Teilgebiet der Mathematik, das sich mit Mengen und deren Eigenschaften und Beziehungen beschäftigt.

🞥 Die Mengenlehre wurde von dem deutschen Mathematiker Georg Cantor (* 1845, † 1918) entwickelt.
🞥 In den 1960er- und 1970er-Jahren wurde sie – teilweise gegen heftige Proteste der Elternverbände – als ›neue Mathematik‹ in den Schulen gelehrt, da man der Ansicht war, die Mengenlehre fördere das logische Denken der Kinder. Zu Beginn der 1990er-Jahre wurde sie in den Schulen wieder abgeschafft.

Merkur, der sonnennächste und kleinste Planet unseres Sonnensystems.

Meteor, *der* [griechisch ›Himmelserscheinung‹], kurzlebige Leuchterscheinung (Sternschnuppe) beim Eindringen eines Meteoriten in die Erdatmosphäre.

ℹ METEORIT

Obwohl ständig ein wahrer Meteoritenschauer auf die Erde niederprasselt, merken wir nicht viel davon, denn selbst die größten Meteorite zerbersten vor dem Aufprall in viele winzige Bruchstücke. Aber es gibt auch Ausnahmen: Der Meteor Crater in Arizona, USA, einer der beeindruckendsten Krater der Erde, hat einen Durchmesser von 1 200 m und ist 170 m tief. Ein Meteorit mit einem Durchmesser von etwa 30 m und einer Masse von etwa 15 000 Tonnen soll ihn vor rund 20 000 Jahren geschlagen haben.

Meteorit, *der* kleiner Festkörper außerirdischen Ursprungs, der in die Erdatmosphäre eindringt, dort ganz oder zum Teil verdampft und die als Meteor bezeichnete Leuchterscheinung verursacht. ℹ

Meter, *der* oder *das* [von griechisch metron ›Maß‹], die Basiseinheit der Länge, Einheitenzeichen m.
🞥 Das Meter wurde von der französischen Nationalversammlung 1795 als Maßeinheit vorgeschrieben, setzte sich aber erst ab 1840 durch.
🞥 Die französische Akademie der Wissenschaften legte das Meter als einen Bruchteil eines Längenkreises der Erde fest. Seit 1983 ist das Meter definiert als die Strecke, die das Licht in 1/299 792 458 s im Vakuum zurücklegt.

metrisches System, ein Maßsystem, bei dem die Verhältnisse zwischen den Vielfachen einer Basiseinheit immer Vielfache von Zehn ergeben. So ist

z. B. ein Kilogramm gleich tausend Gramm und ein Meter entspricht 100 Zentimeter. Alle Staaten der Erde mit Ausnahme der USA verwenden das metrische System. In der Wissenschaft verwendet man das SI-System: Das ist eine Abkürzung für Système internationale, was so viel wie Internationales (Einheiten-)System bedeutet. In Deutschland ist das metrische System gesetzlich vorgeschrieben.

Mikrowellen, elektromagnetische Wellen, deren Wellenlängen im Bereich mehrerer Zentimeter liegen und die somit langwelliger als Infrarot und kurzwelliger als Radiowellen sind.
✚ Mikrowellen werden besonders gut von Wasser und organischen Stoffen absorbiert. Hierauf beruht die Wirkungsweise des Mikrowellenherds.

Milchstraße, Galaxis, breiter, heller Gürtel um die Himmelskugel, der durch den vereinigten Glanz vieler, weit entfernter Sterne entsteht. Sie alle gehören zum Milchstraßensystem, einem Sternsystem, dem auch unser Sonnensystem angehört.

Mittelwert, in der Statistik ein Wert, der einer Gruppe von Individuen oder einer Menge von Daten zugeordnet wird. Den einfachsten Mittelwert erhält man, wenn man alle Zahlenwerte addiert und durch deren Anzahl anschließend dividiert. Das ergibt das sogenannte arithmetische Mittel. Beispielsweise ist acht das arithmetische Mittel von fünf, sieben und zwölf (= 24 ÷ 3).

Molekül, *das* [zu lateinisch moles ›Masse‹], eine Kombination von zwei oder mehr Atomen, die durch ↑ chemische Bindung zusammengehalten wird.

Molekulargewicht, die Summe der ↑ Atomgewichte aller Atome, die ein bestimmtes Molekül bilden.

Mond, Himmelskörper, der sich um einen Planeten und mit diesem um die Sonne bewegt. Der Erdmond bewegt sich auf einer elliptischen Bahn in 27 Tagen und knapp 8 Stunden um die Erde. Er erhält sein Licht von der Sonne und erscheint daher von der Erde aus in verschiedenen Mondphasen. Dieser Mond besitzt keine Lufthülle. Er hat eine kugelförmige Gestalt, sein Durchmesser beträgt etwa 1/4 des Erddurchmessers (3476 km). Von der Erde ist er rund 380 000 km entfernt. Mit bloßem Auge lassen sich auf seiner Oberfläche helle und dunkle Gebiete unterscheiden. Dabei handelt es sich um Gebirgsketten, Krater und Ringgebirge.

Mond Der Kommandeur Dave Scott der Apollo-15-Mission (26. 7. bis 7. 8. 1971) neben der Landefähre und dem bei dieser Mission erstmals mitgeführten Mondfahrzeug

✚ Am 20. 7. 1969 landeten die USA im Rahmen ihres Apollo-Programms (Apollo 11) eine Landefähre mit Neil Armstrong (*1930) und Edwin Aldrin (*1930) auf dem Mond.

Morgenstern, der helle Planet ↑ Venus, der morgens bis kurz vor Sonnenaufgang am östlichen Himmel sichtbar bleibt.

Multiplikation, *die* [lateinisch], eine der vier Grundrechenarten, die eine verkürzte Addition gleich großer Summanden darstellt: 3 + 3 + 3 + 3 + 3 = 3 · 5 = 15. Die Zahlen, die miteinander multipliziert werden, heißen Faktoren (der erste Faktor ist der Multiplikand, der zweite der Multiplikator), das Ergebnis heißt Produkt.

natürliche Zahlen, die zum Zählen geeigneten Zahlen null, eins, zwei, drei usw.

Nenner, diejenige Zahl, die bei einem Bruch unten steht. Der Nenner des Bruches $2/3$ ist 3.

Neptun [nach dem römischen Gott Neptun], der von der Sonne aus gezählt achte Planet unseres Sonnensystems (Durchmesser: 48 600 km). Neptun wurde erst nach Erfindung des Fernrohrs entdeckt.

Neutron, *das* [zu lateinisch neutrum ›keines von beiden‹], ein Elementarteilchen, das keine elektrische Ladung trägt; einer der Bausteine des Atomkernes. Ein Neutron besitzt in etwa die gleiche Masse wie ein Proton.

Neutronenstern, ein hauptsächlich aus Neutronen bestehender Stern. Seine Masse ist etwa so groß wie die der Sonne, der Radius beträgt aber nur 10 km.

Newton, Isaac ['nju:tn], englischer Mathematiker, Physiker und Astronom (* 1643, † 1727), einer der Begründer der klassischen theoretischen Physik und der Himmelsmechanik. Er war ab 1669 Professor für Mathematik in Cambridge und ab 1689 Vertreter der Universität Cambridge im britischen Parlament.

> **Isaac Newton**
> ›Seht die Sterne, die da lehren,
> wie man soll den Meister ehren.
> Jeder folgt nach Newtons Plan
> Ewig schweigend seiner Bahn.‹
> Albert Einstein über die Leistung Newtons

In seinem Werk ›Mathematische Prinzipien der Naturlehre‹ formulierte Newton sein schon 1666 gefundenes Gravitationsgesetz und bewies die Richtigkeit der keplerschen Gesetze (↑ Kepler). Als Astronom wies Newton die Gültigkeit der irdischen Naturgesetze auch für die Himmelskörper nach. Bei optischen Experimenten entdeckte er die Zusammensetzung des weißen Lichtes aus den verschiedenen Spektralfarben. Mit ↑ Leibniz (Kapitel 8) geriet Newton in Streit darüber, wer die Infinitesimalrechnung zuerst erfunden hatte. Heute steht fest, dass beide unabhängig voneinander diese Rechenweise erfanden.

➕ Der Legende nach fand Newton das Gravitationsgesetz, als direkt vor ihm ein Apfel vom Baum fiel und gleichzeitig der Mond sichtbar war.

newtonsche Axiome ['nju:tn...], die drei von Isaac Newton formulierten Grundgesetze der klassischen Mechanik:
1. Jeder Körper verharrt im Zustand der Ruhe oder der gleichförmigen Bewegung, solange keine Kräfte auf ihn einwirken (Trägheitsgesetz).
2. Die auf einen Körper wirkende Kraft ist gleich seiner Masse mal seiner Beschleunigung (dynamisches Grundgesetz).
3. Zu jeder Kraft gehört eine gleich große ihr entgegengerichtete Kraft, das heißt, es gilt stets: Wirkung = Gegenwirkung (Wechselwirkungsgesetz).

Normalverteilung, eine Funktion, die die Verteilung der Ergebnisse zahlreicher Zufallsexperimente in Naturwissenschaften, Technik, Wirtschaft und Gesellschaft beschreibt, z. B. die Geschwindigkeitsverteilung von Gasmolekülen, die jährliche Temperaturverteilung in Städten und die Verteilung der Körpergrößen in der Bevölkerung. Die grafische Darstellung der Normalverteilung in einem Koordinatensystem zeigt eine glockenförmige Kurve, die symmetrisch ist und in der Mitte ihr Maximum erreicht. Der deutsche Mathematiker Carl Friedrich Gauß wendete diese Funktion erfolgreich zur Beschreibung der zufälligen Beobachtungsfehler bei astronomischen und geodätischen Messungen an, weshalb die Normalverteilung auch Gauß-Verteilung und ihre Kurve gaußsche Glocken- oder Fehlerkurve heißt.

Nova, die [von lateinisch nova (stella) ›neuer (Stern)‹], in der Astronomie das Auftauchen eines neuen Sterns am Himmel. Man nimmt an, dass die Nova Teil eines Doppelsterns ist, in dem Gas in gewaltigen Explosionen in den Weltraum geschleudert wird.

Numerik, die [zu lateinisch numerus ›Zahl‹], der Teilbereich der angewandten Mathematik, der sich mit der (näherungsweisen) Lösung von rechnerischen Problemen mithilfe von Algorithmen beschäftigt. Heute hat die Numerik große Bedeutung im Zusammenhang mit Computern.

Oberflächenspannung, die Kraft, die an der Oberfläche von Flüssigkeiten wirkt und die diese zu Tropfen zusammenzieht. Wasser besitzt eine hohe Oberflächenspannung und bildet deshalb leicht Tropfen, Alkohol hat eine geringe, weshalb er nur selten Tropfen bildet.

➕ Die große Oberflächenspannung des Wassers ermöglicht es z. B. Insekten, darauf zu laufen.

➕ Sie lässt auch zu, dass man auf einem randvoll mit Wasser gefüllten Glas einen ›Hügel‹ schütten kann. Erst die Zerstörung der Oberflächenspannung, z. B. mit einem Tropfen Spülmittel, bringt das Wasser zum Überlaufen.

Oppenheimer, Julius Robert amerikanischer Atomphysiker (* 1904, † 1967), der sich um die Verbreitung der Quantenmechanik in den USA verdient machte. 1943 wurde er Direktor der Forschungslaboratorien in Los Alamos und damit Leiter des amerikanischen Atombombenprojektes (›Manhattanprojekt‹); er gilt deshalb als ›Vater der Atombombe‹.

Exakte Naturwissenschaften und Mathematik

Oppenheimer war einflussreicher Vorsitzender des Beratungsgremiums der amerikanischen Atomenergiebehörde. Ende 1953 wurde gegen ihn eine Untersuchung wegen ›kommunistischer Gesinnung‹ eingeleitet, da er sich dem Bau einer amerikanischen Wasserstoffbombe widersetzte. Erst 1963 rehabilitierte ihn der amerikanische Präsident.
🔴 Die Wandlung von R. Oppenheimer vom Befürworter der amerikanischen Atomenergiepolitik zu deren Gegner war auch Gegenstand der Literatur, so z. B. in Heinar Kipphardts (* 1922, † 1982) Schauspiel ›In der Sache J. Robert Oppenheimer‹ (1964).

Optik, *die* [zu griechisch optikos ›das Sehen betreffend‹], dasjenige Teilgebiet der Physik, das sich mit dem Licht befasst.

Ordinalzahl, eine Zahl, die die Stelle oder Position von etwas in einer Reihe angibt, z. B. der Erste, die Zweite (auch ↑ Kardinalzahl).

organische Chemie, dasjenige Teilgebiet der Chemie, das sich mit organischen Molekülen befasst, das heißt mit Stoffen, die Kohlenstoffatome enthalten. Gegensatz: anorganische Chemie.

Osmose, *die* [zu griechisch osmos ›Stoß‹], das Durchdringen eines Lösungsmittels durch eine halbdurchlässige Trennwand, beispielsweise eine Zellwand oder eine Gummihaut. Hat die Konzentration der Lösung auf beiden Seiten der Trennwand den gleichen Wert erreicht, hört die Osmose auf.

Oxidation, *die* [zu griechisch oxys ›scharf‹, ›sauer‹], eine chemische Reaktion, bei der sich ein chemisches Element mit Sauerstoff verbindet. Eine Oxidation kann entweder schnell (z. B. verbrennen) oder langsam (z. B. rosten) erfolgen. Der der Oxidation entgegengesetzte chemische Vorgang ist die ↑ Reduktion.

Parabel, *die* [griechisch], in der Geometrie eine Kurve, die aus einem in einer Richtung gekrümmten Ast besteht, der sich symmetrisch zur Achse ins Unendliche erstreckt.
🔴 Gegenstände, die von der Erde weggeschleudert werden, bewegen sich aufgrund der Fallgesetze auf einer parabelförmigen Flugbahn.

Parameter, *der* eine Zahl oder eine Größe, von der eine andere Zahl oder Größe abhängt.

Pauling, Linus Carl [ˈpɔːlɪŋ], amerikanischer Chemiker (* 1901, † 1994), wurde durch die Anwendung der Quantenmechanik auf die Probleme der chemischen Bindung zum Begründer der Quantenchemie. Für seine Erforschung der Struktur vieler Proteine erhielt er 1954 den Nobelpreis für Chemie. Als entschiedener Gegner der Atombombenversuche erhielt er 1962 den Friedensnobelpreis.

Perigäum, *das* [zu griechisch perigeios ›die Erde umgebend‹], der Punkt auf der Bahn eines Satelliten, an dem dieser der Erde am nächsten kommt.

Periodensystem der Elemente, die systematische tabellarische Anordnung aller chemischen Elemente. Sie spiegelt die Gesetzmäßigkeiten des atomaren Aufbaus und der physikalischen und chemischen Eigenschaften der Elemente wider. Die waagerechten Zeilen (Perioden) des Systems zeigen die Elemente in steigender Ordnungszahl, die senkrechten Spalten sind die Gruppen (auch Elementfamilien genannt), in denen die Elemente nach ähnlichen chemischen und physikalischen Eigenschaften geordnet sind.
🔴 Eine systematische Anordnung der Elemente versuchte 1817 erstmals der deutsche Chemiker Johann Wolfgang Döbereiner (* 1780, † 1849). Heute gilt das 1869 vorgeschlagene System D. Mendelejews. – Bild S. 538

Pferdestärke, Abkürzung und Einheitenzeichen **PS,** eine noch häufig verwendete (aber gesetzlich nicht mehr zulässige) Angabe über die Leistung einer Maschine: 1 PS = 736 W (↑ Watt, Kapitel 17).
🔴 Die Leistungsangabe in PS geht zurück auf James Watt, der die Leistung seiner Maschinen mit der Arbeit verglich, die ein Pferd in einer Sekunde leistet.

Phasenübergang, ↑ Aggregatzustände der Materie.

Photon, *das* [zu griechisch phos ›Licht‹], auch Lichtquant oder Strahlungsquant genanntes Elementarteilchen, das sich mit Lichtgeschwindigkeit bewegt.
🔴 Den Begriff prägte 1905 Albert Einstein für die Energiequanten des elektromagnetischen Strahlungsfeldes (z. B. Licht, Röntgenstrahlung).

pH-Wert, in der Chemie ein Maß dafür, wie stark eine Säure oder eine Lauge ist. Neutralität entspricht dem pH-Wert 7, Laugen haben einen pH-Wert zwischen 7 und 14, Säuren einen pH-Wert zwischen 0 und 7. Der pH-Wert kann grob mit Lackmuspapier bestimmt werden.

Phy — Exakte Naturwissenschaften und Mathematik

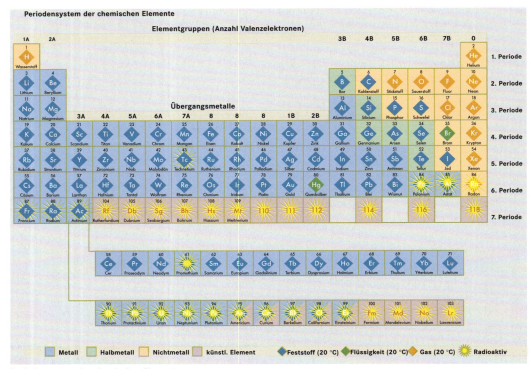

Periodensystem der chemischen Elemente

Physik, *die* [von griechisch physica (theoria) ›Naturforschung‹], die Wissenschaft, die sich mit der Erforschung aller experimentell und messend erfassbaren sowie mathematisch beschreibbaren Erscheinungen und Vorgängen in der Natur befasst. Die Physik erforscht auch die Erscheinungs- und Zustandsformen der Materie und die zwischen den Materiebausteinen bestehenden Kräfte und Wechselwirkungen. Die Physik ist eine für die anderen Naturwissenschaften grundlegende Wissenschaft und hinsichtlich ihrer Methodik beispielgebend. Die Grundbegriffe und Methoden haben überfachliche Bedeutung.

Pi, Formelzeichen π, auch **Kreiszahl** oder **ludolphsche Zahl,** eine Zahl, die das Verhältnis von Kreisumfang zu Kreisdurchmesser angibt. Man benötigt sie, um Kreisflächen berechnen zu können, und erhält sie, indem man den Umfang eines Kreises durch seinen Durchmesser dividiert. Die Zahl π hat den Wert 3,14159…

⊕ 1995 wurde die Zahl π mithilfe eines Computers bis auf 3,22 Milliarden Stellen berechnet.

Planck, Max deutscher Physiker (*1858, †1947), der die Quantentheorie begründete und dadurch Mitbegründer der modernen Physik wurde. Er beschäftigte sich mit der Thermodynamik und entdeckte bei seinen Arbeiten auf diesem Gebiet eine neue Naturkonstante, das ↑ plancksche Wirkungsquantum. 1900 formulierte er das nach ihm benannte Strahlungsgesetz. Dass sich die von Albert Einstein entwickelte Relativitätstheorie schnell in Deutschland durchsetzen konnte, war vor allem Plancks Verdienst.

⊕ 1918 erhielt Planck den Nobelpreis für Physik.
⊕ 1948 wurde die ›Kaiser-Wilhelm-Gesellschaft zur Förderung der Wissenschaften‹ in ›Max-Planck-Gesellschaft zur Förderung der Wissenschaften e. V.‹ umbenannt.

plancksches Wirkungsquantum, eine erstmals von Max Planck entdeckte Naturkonstante, die den

Exakte Naturwissenschaften und Mathematik   Pro

mathematischen Zusammenhang herstellt zwischen der Frequenz einer elektromagnetischen Welle und deren Energie, die in sogenannten Quanten (Photonen) auftritt. Plancks Entdeckung erklärte die scheinbar paradoxe Tatsache, dass sich Strahlung manchmal wie eine Welle und manchmal wie ein Teilchen verhält.
🞢 Das plancksche Wirkungsquantum tritt in allen Gesetzen der Atom-, Kern- und Elementarteilchenphysik auf.

Planeten [griechisch ›die Umherschweifenden‹], Himmelskörper unseres Sonnensystems, die auf Ellipsenbahnen die Sonne umkreisen. Unterschieden werden vier innere (Merkur, Venus, Erde, Mars) und vier äußere Planeten (Jupiter, Saturn, Uranus, Neptun).

Planetoiden, auch Asteroiden oder Kleinplaneten, kleine planetenähnliche Himmelskörper, die vor allem zwischen Mars- und Jupiterbahn die Sonne umkreisen. Sie haben einen Durchmesser zwischen einigen wenigen Metern und rund 1 000 km und bestehen im Wesentlichen aus Gesteinsmaterial. Ihre Zahl wird auf über 1 Mio. geschätzt.
Die vier größten Planetoiden sind Ceres (1 023 km Durchmesser), Pallas (608 km), Vesta (538 km) und Juno (288 km).

Pluto, bis 2006 der sonnenfernste und kleinste Planet unseres Sonnensystems (3 000 km Durchmesser, seit 2006 als Zwergplanet eingestuft).

Plutonium, *das* [nach dem Planeten Pluto], chemisches Symbol **Pu**, ein chemisches Element, das in der Natur nur in sehr geringen Mengen in Uranerzen vorkommt; es wird meist künstlich in Kernreaktoren erzeugt. Wichtigstes Isotop des Plutoniums ist ^{239}Pu mit einer Halbwertszeit von 24 110 Jahren. Man erhält es aus dem Uranisotop ^{238}U.
🞢 Wegen seiner langen Halbwertszeit und seiner hohen Giftigkeit stellt Plutonium hinsichtlich der sicheren Entsorgung von Atommüll ein großes Problem dar.
🞢 Am 9. 8. 1945 wurde die erste in den USA hergestellte Plutoniumbombe auf Nagasaki abgeworfen.

Polarisation, *die* die Richtung, in der das elektrische Feld einer elektromagnetischen Welle schwingt.

Polarstern, Nordstern, hellster Stern im Sternbild Kleiner Bär, der fast genau über dem Nordpol steht und somit die Nordrichtung anzeigt.

Polygon, *das* [griechisch], in der Geometrie ein geschlossenes Vieleck mit drei oder mehr Seiten.

Polymer, *das* [griechisch], in der Chemie ein langes Molekül, das aus einer Kette von kleineren und einfacheren Molekülen zusammengesetzt ist.
🞢 Proteine und viele Kohlenwasserstoffe, z. B. Zellulose, sind Polymere, ebenso wie Plastik.

Positron, *das* [zu **posi**tiv und Elek**tron** gebildet], ein positiv geladenes Elementarteilchen, das Antiteilchen des ↑ Elektrons.

Potenz, *die* [lateinisch ›Macht‹], in der Mathematik das Produkt einer Zahl mit sich selbst, wobei die Hochzahl, der Exponent, angibt, wie oft diese Multiplikation auszuführen ist; z. B. bedeutet 5^6: $5 \cdot 5 \cdot 5 \cdot 5 \cdot 5 \cdot 5 = 15\,625$.

potenzielle Energie, die Energie, die ein Gegenstand aufgrund seiner Lage besitzt und nicht aufgrund seines Bewegungszustandes. Hält eine Person einen Gegenstand in der Hand, so enthält dieser eine gewisse potenzielle Energie. Diese wandelt sich in kinetische Energie – also in die Energie der Bewegung – um, wenn die Person den Gegenstand loslässt und dieser in Richtung Boden fällt.

Primzahl, eine Zahl, die größer als eins und nur durch eins und sich selbst teilbar ist. Primzahlen sind 2, 3, 5, 7, 11 usw.
🞢 Die größte bis 2008 ermittelte Primzahl ist die mersennsche Primzahl: $M_{43\,112\,609} - 1$; sie ist in dezimaler Schreibweise eine Zahl mit rund 12,9 Mio. Ziffern.

Prisma, *das* [griechisch ›das Zersägte‹], in der Geometrie ein Körper, dessen Grund- und Deckfläche gleichartig sind und dessen Seitenflächen alle parallele Kanten besitzen.
🞢 Ein Prisma aus Glas kann dazu verwendet werden, weißes Licht in seine verschiedenen Farben zu zerlegen. So entsteht das Spektrum des Lichts, das man auch beim Regenbogen antrifft.

Proton, *das* [zu griechisch protos ›erster‹], ein elektrisch positiv geladenes Elementarteilchen, einer der Bausteine des Atomkerns.
🞢 Ein Proton ist mehr als tausendmal so schwer wie ein Elektron.
🞢 Protonen und Neutronen zusammen machen fast die gesamte Masse eines Atoms aus.

Prozent, *das* [zu lateinisch centum ›hundert‹], ein

KAPITEL 16

539

in Hundertstel angegebener Bruchteil. Zwölf Prozent bedeuten also so viel wie zwölf Hundertstel oder 0,12. Man schreibt hierfür 12%.

ptolemäisches Weltbild, das Modell zur Erklärung der Bewegung von Sonne und Planeten am Himmel des antiken griechischen Astronomen Ptolemäus. Seine wesentlichen Merkmale waren:
1. Die Erde ruht im Mittelpunkt des Kosmos.
2. Der Kosmos ist endlich.
3. Die Gestirne bewegen sich unabänderlich und gleichförmig auf Kreisbahnen.

⊕ Die Astronomen vertraten das ptolemäische Weltbild fast 1 500 Jahre lang, bis sich das heliozentrische Weltbild des ↑ Kopernikus durchsetzte.

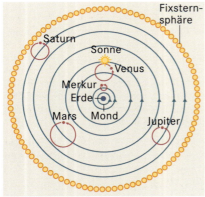

Ptolemäisches Weltbild Schema des ptolemäischen Weltsystems mit der ruhenden Erde im Mittelpunkt, der wie die Planeten die Erde umkreisende Sonne und einer Fixsternsphäre

Ptolemäus, Claudius griechischer Astronom, Mathematiker und Naturforscher (*um 100, †um 160), der in Alexandria wirkte. Über sein Leben ist nur wenig bekannt. Sein Handbuch ›Mathematische Sammlung‹, das erste systematische Handbuch der mathematischen Astronomie, wurde für alle astronomischen Handbücher bis über Nikolaus Kopernikus hinaus bestimmend. Es enthält u. a. eine Einführung in das ↑ ptolemäische Weltbild, beschäftigt sich mit den Berechnungen und Ursachen der Mond- und Sonnenfinsternisse und liefert die Theorie für die Planeten Saturn, Jupiter, Mars, Venus und Merkur. Eine weitere große Schrift des Ptolemäus, seine acht Bücher umfassende ›Geographia‹, vermittelt die mathematischen Kenntnisse für die Längen- und Breitenbestimmung von Orten. Sein Handbuch ›Tetrabiblos‹ ist noch heute ein Regelwerk der Astrologie.

Puffer, in der Chemie eine Lösung, die sowohl Säuren als auch Basen neutralisiert.

⊕ Puffer finden oft als Medikament Verwendung, um z. B. den Säuregehalt der Magensäure herabzusetzen.

Pulsar, *der* [zu englisch pulse ›Impuls‹], ein sich schnell drehender Neutronenstern, der Radiowellen abstrahlt. Diese Strahlung trifft auf der Erde in deutlich abgegrenzten Pulsperioden ein.

⊕ Der erste Pulsar wurde 1967 entdeckt; inzwischen konnten über 1000 lokalisiert werden.

Punkt, ein geometrisches Grundgebilde ohne Ausdehnung, also ohne Länge, Breite und Höhe, z. B. festgelegt durch zwei sich schneidende Geraden.

Quadrat, *das* [lateinisch ›Viereck‹], in der Mathematik das Produkt einer Zahl mit sich selbst oder auch die zweite ↑ Potenz dieser Zahl, z. B. $15^2 = 15 \cdot 15 = 225$.
In der Geometrie ist das Quadrat ein Viereck mit vier gleich langen Seiten und vier rechten Winkeln.

Quadratur des Kreises, eine Aufgabe der antiken Geometrie, bei der es darum geht, zu einem beliebigen Kreis nur mit Zirkel und Lineal ein flächengleiches Quadrat zu konstruieren. Die Quadratur des Kreises ist nicht durchführbar; sie kann nur näherungsweise geleistet werden.

⊕ Quadratur des Kreises wird heute oft im Sinne von ›unlösbare Aufgabe‹ gebraucht.

Quant, *das* [zu lateinisch quantum ›wie groß?‹], die kleinste unteilbare Einheit physikalischer Größen, z. B. der elektrischen Ladung. Ursprünglich verwendete man den Begriff ›Quant‹ nur für die Energiequanten und bei elektromagnetischen Wellen, deren Quanten die ↑ Photonen sind.

Quantenmechanik, *die* ein Teilgebiet der Physik, das sich mit der Mechanik der Elementarteilchen und Atomkerne beschäftigt. Die Quantenmechanik liefert u. a. eine Erklärung für den Schalenaufbau der Elektronenhülle der Atome, der Molekülstruktur und der chemischen Bindung sowie der physikalischen Eigenschaften der Festkörper.

⊕ Einer der Begründer der Quantenmechanik war Werner Heisenberg.

Quantensprung, in der Physik der Übergang eines

Elektrons in einem Atom von einem Zustand in einen anderen, wobei ein Photon ausgesandt oder absorbiert wird.

Quarks, *die* [kwɔːks, englisch], in der Physik die Elementarteilchen, aus denen die Kernbausteine Proton und Neutron aufgebaut sind. Quarks gehören zu den elementarsten Bausteinen der Materie. Sie können als freie Teilchen nicht existieren und nur indirekt nachgewiesen werden.

🞕 Die Bezeichnung wurde nach geisterhaften Wesen aus dem Roman ›Finnegans wake‹ von J. Joyce geprägt.

Quasare [Kurzwort aus englisch **quas**i-stell**ar** (object) ›sternenähnlich(es Objekt)‹], die weitesten von der Erde aus noch beobachtbaren Galaxien, von denen man annimmt, dass sie das erste Stadium in der Entwicklung von Sternen darstellen.

🞕 Der erste Quasar wurde 1960 entdeckt.

Quecksilber, chemisches Symbol Hg, ein schweres, silbermetallisch glänzendes chemisches Element; das einzige Metall, das bei Zimmertemperatur flüssig wird. Quecksilber zieht sich bei Temperaturrückgang stark zusammen und dehnt sich bei Temperaturanstieg stark aus. Deshalb findet es in Thermometern Verwendung.

🞕 Quecksilberdämpfe sind hochgiftig.

🞕 Quecksilber kommt vor allem im Mineral Zinnober vor.

Quotient, *der* [zu lateinisch quotiens ›wie oft?‹, ›wievielmal (eine Zahl durch eine andere teilbar ist)‹], in der Mathematik das Ergebnis einer Division. Sowohl $\frac{12}{4}$ als auch 3 sind der Quotient der Aufgabe ›Dividiere 12 durch 4‹.

Radikal, *das* in der Chemie ein Atom oder Molekül, das über mindestens ein freies Elektron verfügt, mit dem es chemische Bindungen eingehen kann. Im Allgemeinen sind Radikale an schnell ablaufenden chemischen Reaktionen beteiligt.

Radioaktivität, *die* die Eigenschaft der radioaktiven chemischen Elemente, sich ohne äußere Beeinflussung unter Aussendung von Alpha-, Beta- oder ↑ Gammastrahlung in andere Elemente umzuwandeln, die ihrerseits wieder radioaktiv sein können. Die Radioaktivität beruht darauf, dass die Atomkerne dieser Elemente instabil sind, weil sie einen Überschuss an Protonen oder Neutronen besitzen, der durch die Aussendung von Teilchen oder das Einfangen von Elektronen beseitigt wird. Die Lebensdauer der einzelnen radioaktiven Stoffe schwankt zwischen Bruchteilen von Sekunden und Millionen von Jahren (↑ Halbwertszeit).

🞕 Die Radioaktivität wurde zuerst von A. H. Becquerel (*1852, †1908) 1896 an Uranmineralen beobachtet.

Radiowellen, ↑ elektromagnetische Wellen.

Radium, *das* [zu lateinisch radius ›Strahl‹], chemisches Symbol **Ra**, ein weiß glänzendes Metall, das aufgrund seiner hohen Radioaktivität ein schon bei Tageslicht sichtbares Leuchten zeigt. In der Natur kommt Radium in Uranmineralen und in bestimmten Quellgewässern vor. Radium gehört zu den seltensten Metallen.

🞕 Radium wurde von Marie und Pierre Curie entdeckt und erforscht.

Radius, *der* [lateinisch ›Strahl‹], bei einem Kreis oder einer Kugel der halbe Durchmesser.

rationale Zahlen, alle Zahlen, die durch Teilen einer ganzen Zahl durch eine weitere, von null verschiedene ganze Zahl entstehen, also als ein Bruch zweier ganzer Zahlen darstellbar sind.

rechter Winkel, ein Winkel von 90°, der entsteht, wenn zwei Geraden sich senkrecht aufeinander schneiden.

rechtwinkliges Dreieck, ein Dreieck, das einen rechten Winkel enthält.

🞕 Für rechtwinklige Dreiecke gilt der ↑ Satz des Pythagoras.

Reduktion, *die* [lateinisch ›Zurückführung‹], eine chemische Reaktion, bei der einer Substanz Sauerstoff entzogen wird. Reduktion ist das der ↑ Oxidation entgegengesetzte Verfahren.

reelle Zahlen, alle durch Dezimalzahlen darstellbaren Zahlen. Die reellen Zahlen umfassen die rationalen Zahlen bzw. ↑ Brüche und die irrationalen Zahlen, das sind alle nicht als Bruch darstellbaren Zahlen, z. B. $\sqrt{2}$ und π (Pi).

Reflexion, *die* das Zurückwerfen von Licht oder anderen Wellen durch eine Oberfläche.

Relativitätstheorie, eine erstmals 1905 von Albert Einstein formulierte Theorie über Raum, Zeit und Bewegung. Man unterscheidet die spezielle Relativitätstheorie und die allgemeine Relativitätstheorie:

Die **spezielle Relativitätstheorie** beruht auf dem speziellen Relativitätsprinzip. Dieses besagt, dass alle Beobachter, die sich relativ zueinander mit einer konstanten Geschwindigkeit bewegen, die gleichen Naturgesetze feststellen. Die Lichtgeschwindigkeit hat für alle diese Beobachter den gleichen Wert und kein Körper kann über sie hinaus beschleunigt werden. Daraus folgt z. B., dass Uhren, die bewegt werden, langsamer laufen als solche, die ruhen (↑ Zwillingsparadoxon), und dass bewegte Gegenstände kürzer und mit größerer Masse erscheinen als ruhende. Diese Effekte machen sich aber erst nahe der Lichtgeschwindigkeit bemerkbar. Eine der wichtigsten Aussagen der speziellen Relativitätstheorie ist die Äquivalenz von Masse und Energie (↑ $E = mc^2$) als Grundlage der Gewinnung von Kernenergie. Alle diese Vorhersagen sind heute experimentell bestätigt.

Die **allgemeine Relativitätstheorie** ist die moderne Theorie der ↑ Gravitation. Nach dem Äquivalenzprinzip kann ein Beobachter z. B. in einem abgeschlossenen Fahrstuhl nicht zwischen Schwerkraft und Trägheitskraft unterscheiden. Die allgemeine Aufhebung dieser Unterscheidung führt zu einem völlig neuen Verständnis der Gravitation, das die Grundlage der heutigen Kosmologie bildet. Die berühmteste Folgerung aus der allgemeinen Relativitätstheorie ist, dass Lichtstrahlen abgelenkt werden, wenn sie nahe an der Sonne vorbeilaufen. Auch diese Vorhersage und andere wurden experimentell bestätigt.

➕ Im Nationalsozialismus wurde Einsteins Relativitätstheorie als ›entartete‹, ›jüdische Physik‹ bekämpft. Heute gilt sie als eines der wichtigsten Fundamente der modernen Physik.

Röntgenstrahlung, eine energiereiche elektromagnetische Strahlung zwischen dem ultravioletten Licht und der Gammastrahlung.

➕ Röntgenstrahlen durchdringen Materie und werden deshalb in der Medizin, z. B. bei Lungenuntersuchungen, und der Technik, z. B. in der Materialprüfung, verwendet.

Röntgen, Wilhelm Conrad deutscher Physiker (* 1845, † 1923), der 1895 die nach ihm benannte Röntgenstrahlung (von ihm selbst als X-Strahlen bezeichnet) entdeckte. Dafür erhielt er 1901 den ersten Nobelpreis für Physik.

Rotverschiebung, in der Astronomie der Effekt, dass sich das Licht eines Objektes, das sich von einem Beobachter wegbewegt, für diesen mehr oder weniger stark (das hängt von der Fluchtgeschwindigkeit des Objektes ab) rot verfärbt.

➕ Die Rotverschiebung, die man im Licht weit entfernter Galaxien beobachtet, lässt sich durch die stetige Ausdehnung des Universums erklären.

Rutherford, Ernest [ˈrʌðəfəd], britischer Physiker aus Neuseeland (* 1871, † 1937), einer der bedeutendsten Experimentalphysiker des 20. Jahrhunderts. Er beschäftigte sich zunächst mit der Übertragung von Radiowellen und wandte sich dann der Erforschung der Radioaktivität und der Kernphysik zu. Er erkannte die Alpha- und die Betastrahlung (1898) und entdeckte 1900 auch die Gammastrahlen. 1903 wies er nach, dass sich die Alphastrahlung in elektrischen und magnetischen Feldern ablenken lässt. 1911 entwickelte er sein Atommodell, 1919 gelang ihm die erste künstliche Kernumwandlung, als er Stickstoff mit Alphastrahlung beschoss. 1908 erhielt Rutherford den Nobelpreis für Chemie.

➕ Ernest Rutherford wurde 1931 als Lord Rutherford of Nelson in den Adelsstand erhoben.

Salz, in der Chemie eine Substanz, die aus der Verbindung von sich neutralisierenden Säuren und Laugen hervorgeht.

➕ Das gängige Tafelsalz ist chemisch gesehen eine Verbindung aus Natrium und Chlor, nämlich Natriumchlorid (NaCl), und kann durch die Reaktion von Natronlauge mit Salzsäure hergestellt werden.

Satellit, *der* [von lateinisch satelles ›Leibwächter‹], in der Astronomie ein natürliches (wie der Mond) oder ein künstliches (z. B. Fernsehsatellit) Objekt, das sich in einer Umlaufbahn um einen Himmelskörper befindet.

Saturn, der zweitgrößte und sonnenfernste Planet unseres Sonnensystems mit einem Äquatordurchmesser von 120 870 km. Er wird von mindestens 30 Monden umkreist und ist von einem System von Ringen in der Äquatorebene umgeben.

➕ Der Saturn war bereits im Altertum bekannt und hieß bei den Griechen Kronos.

Satz, in Mathematik und Logik eine bewiesene Aussage im Unterschied zur Vermutung. Man nennt den Satz oft auch Theorem (auch ↑ Axiom).

Satz des Pythagoras, nach dem griechischen Philosophen Pythagoras von Samos (* um 570 v. Chr., † um 500 v. Chr.) benannter grundlegender Lehrsatz der Geometrie, der besagt: Bei einem rechtwinkli-

gen Dreieck ist die Summe der Quadrate über den Katheten gleich dem Quadrat über der Hypotenuse.
Hat man im Dreieck mit der Hypotenuse c und den Katheten a und b, gilt also $a^2 + b^2 = c^2$.

Satz des Pythagoras

● Der Satz des Pythagoras zählt zum ältesten geometrischen Wissen der Menschheit; er war bereits den Babyloniern um 2000 v. Chr. bekannt.

Sauerstoff, chemisches Symbol **O**, ein chemisches Element, das normalerweise gasförmig ist und etwa ein Fünftel der Erdatmosphäre ausmacht. Sauerstoff kommt gewöhnlich in Form von Molekülen vor, die aus zwei Atomen Sauerstoff bestehen.
● Wenn wir Sauerstoff einatmen, wird dieser vom Hämoglobin in unserem Blut in den Körper transportiert, wo er dazu verwendet wird, Energie durch Oxidation freizusetzen.
● Sauerstoff wird von Pflanzen bei der ↑ Photosynthese (Kapitel 13) freigesetzt.

Säure, eine sauer schmeckende Substanz (meist in wässriger Lösung), die Metalle und andere Materialien angreift (ätzt). Säuren sind der chemische Gegensatz zu Basen (oder auch Laugen); beide neutralisieren einander. Säuren haben einen ph-Wert zwischen 0 und 7. Gibt man gleich große Teile einer Säure und einer Base zusammen, so entstehen Wasser und ein Salz.

Schallgeschwindigkeit, die Geschwindigkeit, mit der sich Schallwellen in einem Medium ausbreiten. Die Schallgeschwindigkeit in Luft beträgt etwa 340 m/s (= 1 220 km/h), in Flüssigkeiten und Festkörpern ist sie noch höher.
● Als erstes Landfahrzeug durchbrach 1997 ein mit Flugzeugtriebwerken angetriebener Düsenwagen die Schallmauer.

Schmelzpunkt, diejenige Temperatur, bei der ein fester Körper flüssig wird (↑ Aggregatzustände der Materie).

Schwarzes Loch, in der Astronomie ein Objekt, das so massenreich ist, dass nichts, noch nicht einmal Licht, seiner ↑ Gravitation entkommen kann. Schwarze Löcher können als Endstadien massereicher Sterne entstehen, deren Masse größer ist als etwa 3,2 Sonnenmassen.

● Die Existenz Schwarzer Löcher ist theoretisch möglich, jedoch wurde bisher noch keines definitiv nachgewiesen. Auf ihr Vorhandensein kann allein aus der auf andere Körper ausgeübten Massenanziehung geschlossen werden.

schweres Wasser, auch Deuteriumoxid, chemisches Formelzeichen **D₂O**, Wasser, bei dem die normalerweise im Wasser vorhandenen zwei Wasserstoffatome gegen zwei Deuteriumatome ausgetauscht sind. Der Atomkern von Wasserstoff besteht nur aus einem Proton, der von Deuterium aus einem Proton und einem Neutron. Schweres Wasser wird durch Elektrolyse des natürlichen Wassers gewonnen; im Rückstand des Elektrolyten kann sich schweres Wasser bis zu 98 % anreichern. Als **überschweres Wasser** bezeichnet man Wasser, das Tritiumatome (Atomkern aus einem Proton und zwei Neutronen) enthält.
● Schweres Wasser wird wegen seiner Bremswirkung und geringen Absorption für Neutronen beim Bau von Kernreaktoren (›Schwerwasserreaktoren‹) verwendet.

Schwerkraft, die von einem Himmelskörper, insbesondere von der Erde, auf Gegenstände ausgeübte Anziehungskraft. Die Ursache der Schwerkraft ist die ↑ Gravitation.

Schwerpunkt, in der Physik ein für alle Teilchensysteme, z. B. eines starren Körpers, festgelegter Punkt, der sich nach den Gesetzen der Mechanik so bewegt, als ob die gesamte Masse des Körpers in ihm vereinigt wäre und alle auf ihn wirkenden äußeren Kräfte in ihm angreifen würden.

Sekunde, Einheitenzeichen **s,** die Basiseinheit der Zeit. Zur genauen Messung werden ↑ Atomuhren verwendet.

Siedepunkt, diejenige Temperatur, bei der eine Flüssigkeit in den gasförmigen Zustand übergeht. Der Siedepunkt ist zugleich der Kondensationspunkt (auch ↑ Aggregatzustände der Materie).
● Der Siedepunkt hängt vom herrschenden Druck ab, deshalb siedet Wasser auf hohen Bergen bei niedrigeren Temperaturen.

Silicium ⇒ Kapitel 17.

Simulation, *die* [lateinisch ›Vorspiegelung‹], ein Verfahren, das mit Computerunterstützung komplexe und unübersichtliche Situationen nachbildet.

Hierdurch werden exakte Rechnungen, aber auch aufwendige Experimente ersetzt.

Skala, *die* [lateinisch-italienisch ›Leiter‹], ein System von Markierungen, die in festen Abständen zueinander liegen und die dazu dienen, Messungen vergleichbar zu machen (zu standardisieren).
🟠 Bei Temperaturskalen werden die festen Abstände Grade genannt, z. B. in der Celsiusskala.

Sonne, Zentralgestirn unseres Sonnensystems. Die Planeten, ihre Monde und zahllose Kleinkörper erhalten von der Sonne Licht und Wärme. Von der Erde aus erscheint die Sonne als runde, scharf begrenzte Scheibe. Die kugelförmige Sonne hat einen Durchmesser von 1,392 Millionen km (das ist das 109fache des Erddurchmessers), ihre mittlere Entfernung zur Erde beträgt 149,6 Millionen km. Sie besteht zum größten Teil aus Wasserstoff, dessen Atomkerne im Innern zu Helium verschmelzen und dabei riesige Energien freisetzen, die vor allem als Licht und Wärme abgestrahlt werden. Der ›Brennstoffvorrat‹ der Sonne reicht noch für 5 Milliarden Jahre.

Sonnenflecken, schwarze Flecken auf der Sonnenoberfläche, die durch magnetische Stürme hervorgerufen werden.
🟠 Die Anzahl der Sonnenflecken schwankt in Perioden von rund elf Jahren. Während der Zeiten maximaler Anzahl von Sonnenflecken verursachen die von diesen ausgehenden Elementarteilchen Störungen in der Erdatmosphäre, insbesondere bei Radio- und Fernsehübertragungen.

Sonnensystem, die Sonne und alle Himmelskörper, die ständig der Anziehungskraft der Sonne unterliegen und sie auf elliptischen Bahnen umkreisen: die Planeten und ihre Monde, zahllose kleine Himmelskörper sowie interplanetare Materie (Staub und Gase). Die Sonne stellt die Hauptmasse des Systems (sie ist 750-mal so groß wie die Masse aller anderen Himmelskörper unseres Sonnensystems zusammen). Das Sonnensystem entstand vor etwa 4,6 Milliarden Jahren.

Spektrum, *das* [lateinisch ›Erscheinung‹], das farbige Lichtband, das entsteht, wenn man weißes Licht durch ein Prisma leitet. In der Physik bezeichnet man die Zerlegung und systematische Aufreihung von Größen gleichen Ursprungs, z. B. von Energien oder Impulsen, als Spektrum.
🟠 Das Spektrum des weißen Lichts zeigt die Farben Violett, Blau, Grün, Gelb, Orange und Rot, die fließend ineinander übergehen.
🟠 Im übertragenen Sinn bezeichnet Spektrum auch die Bandbreite, z. B. von Meinungen.

spezifisches Gewicht, das Verhältnis aus dem Gewicht eines Körpers und dessen Volumen. Das spezifische Gewicht ist charakteristisch für die jeweilige Substanz.

spezifische Wärme, diejenige Wärmemenge, die erforderlich ist, um die Temperatur einer bestimmten Substanz um ein Grad Celsius zu erhöhen. Die spezifische Wärme ist eine Materialkonstante.

Sphäre, *die* [griechisch ›Kugel‹], die Kreislinie oder die Oberfläche einer Kugel.

spitzer Winkel, ein Winkel, der kleiner als neunzig Grad, aber größer als null Grad ist.

Standardabweichung, in der Statistik ein Maß dafür, wie stark die Daten um den Mittelwert herum gestreut sind.

Statistik, *die* ein Teilgebiet der angewandten Mathematik, das sich mit der Erfassung und Auswertung von Massenerscheinungen befasst. Als Statistik bezeichnet man auch die meist in Tabellenform zusammengefassten Ergebnisse von zahlenmäßigen Erfassungen bestimmter Sachverhalte, z. B. Einwohnerzahlen.

Sterne, im astronomischen Sinn selbstständig leuchtende Gaskugeln im Weltall. Im Unterschied zu den Planeten, die ebenfalls als helle Lichtpunkte sichtbar sind, aber nicht selbst leuchten, ändern Sterne ihre Position am Himmel scheinbar nicht. Die am Himmel sichtbaren Sterne gehören fast alle zu unserem Milchstraßensystem. Sie umkreisen das Zentrum der Milchstraße mit unterschiedlicher Geschwindigkeit. Die Mehrzahl der Sterne ist der Sonne in den physikalischen Eigenschaften ähnlich.

Sternsysteme, meist als **Galaxien** bezeichnete größere Ansammlung von vielen Millionen bis einigen 100 Milliarden Einzelsternen. Die Erde gehört mit der Sonne zum Sternsystem der Milchstraße.

Stickstoff, chemisches Symbol N, ein nichtmetallisches chemisches Element, das als farb- und geruchloses Gas etwa 78 % unserer Atmosphäre ausmacht.

Strahlung, Energie, die in Form von Wellen oder von Teilchen ausgesandt wird.

Exakte Naturwissenschaften und Mathematik — Tel

stumpfer Winkel, ein Winkel, der größer als 90 Grad, aber kleiner als 180 Grad ist.

subatomar, alle Teilchen oder Vorgänge, deren Ausdehnung unterhalb der Größe von Atomen liegt.

Sublimation, *die* [zu lateinisch sublimare ›erhöhen‹], in der Physik der direkte Übergang eines festen Stoffes in den gasförmigen Aggregatzustand. Das Stadium der Flüssigkeit wird dabei übersprungen.

Subtraktion, *die* [lateinisch], das Abziehen, eine der vier Grundrechenarten, bei der der Unterschied (Differenz) zwischen zwei Zahlen ausgerechnet wird. Die Zahl, von der man abzieht, heißt Minuend, die, die abgezogen wird, Subtrahend, das Ergebnis Differenz.

Supernova, *die* [lateinisch nova (stella) ›neuer (Stern)‹], ein veränderlicher Stern, dessen Leuchtkraft plötzlich auf mehr als das Milliardenfache zunimmt. Supernovae sind massereiche (mindestens das Zwei- bis Dreifache der Sonnenmasse) Sterne, die am Ende ihrer Entwicklung stehen. Nach dem Helligkeitsausbruch wird die Supernova zu einem ↑ Neutronenstern oder einem ↑ Schwarzen Loch.
➕ Eine Supernova strahlt innerhalb weniger Wochen oder Monate so viel Energie aus wie unsere Sonne in 10 bis 100 Mio. Jahren.
➕ Bis vor wenigen Jahren waren nur drei Supernovae im Milchstraßensystem bekannt: die ›chinesische‹ Supernova aus dem Jahr 1054, die ›tychonische‹ Supernova (1572, benannt nach dem dänischen Astronomen Tycho Brahe,* 1546, † 1601) und die ›keplersche‹ Supernova (1604). Eine weitere Supernova wurde 1987 entdeckt.

Supraleitung, die Eigenschaft bestimmter Materialien, bei niedrigen Temperaturen keinen elektrischen Widerstand mehr zu zeigen und damit elektrische Ströme verlustfrei leiten zu können.
➕ Bis vor kurzem waren nur Materialien bekannt, die in nur unmittelbarer Nähe des absoluten Nullpunktes supraleitfähig wurden. Heute kennt man dagegen auch Substanzen, die bei wesentlich höheren Temperaturen supraleitend werden (sogenannte Hochtemperatursupraleitung). Damit scheint eine technische Nutzung dieses Phänomens möglich zu werden.

Symmetrie, *die* [lateinisch-griechisch ›Ebenmaß‹], in der Geometrie die punktweise Gleichwer-

Diese mit dem Hubble-Weltraumteleskop erzielte Aufnahme zeigt die **Supernova** in der Großen Magellanschen Wolke und die sie umgebenden Gasringe. Das Bild wurde aus drei Aufnahmen aus den Jahren 1994, 1996 und 1997 zusammengesetzt

tigkeit zweier Figuren bezüglich eines Punktes (Symmetriezentrum, Punktsymmetrie), einer Geraden oder einer Ebene.
➕ In der bildenden Kunst bezeichnet man das proportionale Verhältnis der Teile einer Figur zueinander und zum Ganzen als Symmetrie.

Teilchenbeschleuniger, eine Anlage, mit deren Hilfe ↑ Elementarteilchen auf hohe Energien beschleunigt werden, sodass sie Kern- und Elementarteilchenreaktionen auslösen oder Brems- und Synchrotronstrahlung erzeugen können. Teilchenbeschleuniger sind ein wichtiges Hilfsmittel beim Studium der Wechselwirkungen und der Struktur der Elementarteilchen und Atomkerne.

Teleskop, *das* [zu griechisch teleskopos ›weit schauend‹], ein Gerät, mit dessen Hilfe die Astronomen Bilder ferner Himmelskörper vergrößern oder mehr Licht bzw. andere Strahlung (z. B. Radiowellen) von einem Objekt sammeln. Am weitesten verbreitet ist das optische Teleskop (Fernrohr), das sichtbares Licht bündelt und über einen Spiegel oder über ein Linsensystem dem Auge zuführt. Mithilfe spezieller Teleskope lassen sich andere Arten elektromagnetischer Strahlung einfangen, z. B. Radiowellen mit Radioteleskopen und Röntgenstrahlung mit Röntgenteleskopen.

● Röntgenteleskope können nur außerhalb der Atmosphäre in Satelliten arbeiten, da die Röntgenstrahlen von der Erdatmosphäre zu stark gefiltert werden.

Temperatur, *die* [lateinisch], ein Maß für den Wärmezustand des Körpers, wird mit Thermometern, z. B. dem Alkohol- oder dem Quecksilberthermometer, gemessen.
● Die wissenschaftliche Einheit der Temperatur ist das Kelvin, im Alltag wird die Celsiusskala verwendet.

Theorem, *das* [griechisch ›das Angeschaute‹], allgemein Lehrsatz einer wissenschaftlichen Disziplin.

Theorie, *die* [griechisch ›Betrachtung‹], die wissenschaftliche Begründung einer Erkenntnis oder eines Erkenntnisbereichs. In den Naturwissenschaften erklären die durch Experimente und Beobachtungen gesicherten Theorien die Naturereignisse. Bedeutsame Theorien sind die allgemeine und die spezielle ↑ Relativitätstheorie.

thermisches Gleichgewicht, in Physik und Chemie der Zustand eines Systems, bei dem alle Teile die gleiche Temperatur besitzen.

Thermodynamik, *die* [zu griechisch thermos ›warm‹ und dynamis ›Kraft‹], auch **Wärmelehre,** Teilgebiet der Physik, das sich mit dem Verhalten physikalischer Systeme bei Zu- oder Abführung von Wärmeenergie und bei Temperaturänderungen befasst. Die Grundlage dafür sind die drei Hauptsätze der Thermodynamik:
1. Die Gesamtenergie eines abgeschlossenen physikalischen Systems bleibt gleich (Energieerhaltungssatz).
2. Wärme kann nicht von selbst von einem kälteren auf einen wärmeren Körper übergehen, anders formuliert: Die ↑ Entropie eines abgeschlossenen thermodynamischen Systems nimmt niemals ab.
3. Die Entropie eines festen oder flüssigen Körpers hat am ↑ absoluten Nullpunkt den Wert null.

Tierkreis, die Himmelssphäre umspannende Zone von zwölf Sternbildern, den Tierkreissternbildern, entlang der scheinbaren Sonnenbahn (Ekliptik). In dieser Zone bewegen sich Sonne, Mond und Planeten am Himmel. Jedem Tierkreissternbild entspricht ein 30° umfassender Abschnitt der Ekliptik.
● Seit babylonischer und altchinesischer Zeit schreibt die Astrologie den Sternbildern des Tierkreises bestimmenden Einfluss auf das Schicksal des Menschen zu.

Trägheit, in der Physik das Bestreben der Körper, im Zustand der Ruhe oder der gleichförmigen Bewegung zu verharren. Nur Kräfte können eine Änderung des Bewegungszustandes bewirken.

Trapez, *das* [von griechisch trapezion ›Tischchen‹], ein Vieleck mit vier Seiten, von denen nur zwei parallel sind.

Tripelpunkt [zu französisch triple ›dreifach‹], in der Physik derjenige Zustand bei einer bestimmten Temperatur und einem bestimmten Druck, in dem eine Substanz alle drei Aggregatzustände (fest, flüssig, gasförmig) zugleich einnehmen kann.
● Der Tripelpunkt des Wassers liegt geringfügig über dem Gefrierpunkt (bei 0,01 °C) bei einem sehr niedrigen Druck.

U

Ultraschall, für den Menschen unhörbarer Schall mit Frequenzen über 20 000 Hz. In der Medizin wird Ultraschall zur Diagnose und Behandlung (z. B. zur Zertrümmerung von Nierensteinen) genutzt. In der Technik setzt man Ultraschall u. a. zur Werkstoffprüfung ein.

ultraviolette Strahlung, auch als UV-Strahlung bezeichnete elektromagnetische Wellen, deren Wellenlänge etwas kürzer als die des sichtbaren violetten Lichtes, aber länger als die der Röntgenstrahlung ist. Eine natürliche Strahlungsquelle für ultraviolette Strahlung ist die Sonne.
● Ähnlich wie die Infrarotstrahlung lässt sich auch ultraviolettes Licht mithilfe spezieller Geräte und Filme feststellen.
● Sonnenbrand wird durch ultraviolettes Licht hervorgerufen.
● Die Ozonschicht in der Erdatmosphäre fängt den größten Teil der von der Sonne ausgehenden Ultraviolettstrahlung auf. Die Zerstörung der Ozonschicht (↑ Ozonloch, Kapitel 17) hat weit reichende Folgen für das Leben auf der Erde.

Umfang, die Länge der Randlinie eines Kreises. Man berechnet ihn mit der Formel $2\pi r$ ($r =$ *Radius*) oder Durchmesser mal der Zahl π.

Universum, *das* [lateinisch, von universus ›ganz‹], ↑ Weltall.

Uran, *das* chemisches Symbol U, ein silberglänzendes, weiches Schwermetall, das von Natur aus radio-

Exakte Naturwissenschaften und Mathematik

aktiv ist. Seine Isotope ^{235}U und ^{238}U sind wichtige Kernbrennstoffe.
● Uran wurde 1841 von dem französischen Chemiker E. M. Péligot (* 1811, † 1890) erstmals als Metall isoliert.
● Es wurde nach dem im gleichen Jahrzehnt entdeckten Planeten Uranus benannt.

Uranus, der von der Sonne aus gezählt siebte Planet unseres Sonnensystems. Er hat einen Äquatordurchmesser von 51 800 km. Für einen Umlauf um die Sonne braucht er 84 Jahre.

Urknall, der Anfang des Universums. Das Urknallmodell geht davon aus, dass das Universum vor Milliarden von Jahren in einem explosionsartigen Ereignis (sogenannter Bigbang ›großer Knall‹) entstanden ist. Erst nach und nach bildeten sich dann Atome, Sterne und Galaxien. Für die Urknalltheorie spricht die bei weit entfernten Galaxien beobachtete ↑ Rotverschiebung, welche zeigt, dass sich das Universum stetig ausdehnt.

Vakuum, *das* [lateinisch vacuus ›leer‹], im Idealfall der völlig leere, materiefreie Raum, in der Praxis ein Raum mit stark verminderter Gasdichte.
● Die Natur hat die Tendenz, ein Vakuum auszufüllen (z. B. mit Luft), man spricht deshalb vom ›horror vacui‹, der ›Angst vor dem Vakuum‹.

Vektor, *der* [lateinisch ›Träger‹, ›Fahrer‹], in der Mathematik und Physik eine Größe, die sowohl einen Betrag als auch eine Richtung besitzt. So ist z. B. die Geschwindigkeit ein Vektor, weil diese sowohl angibt, wie schnell sich ein Objekt bewegt, als auch in welche Richtung. Andere Vektoren sind u. a. die Beschleunigung, der Impuls und die Kraft.

Venus, der von der Sonne aus gezählt zweite Planet unseres Sonnensystems (Äquatordurchmesser 12 104 km). Für einen Umlauf um die Sonne benötigt die Venus rund 225 Tage. Nach Sonne und Mond ist sie das hellste Gestirn des Himmels, sie ist Morgen- und Abendstern.
● Die Venus wurde 1962 als erster Planet von einer irdischen Sonde (Mariner 2) erkundet.

Verbindung, in der Chemie eine Substanz, die zwei oder mehrere Elemente in einem wohlbestimmten Verhältnis zueinander enthält.

Verbrennung, chemische Reaktion, bei der brennbares Material schnell mit Sauerstoff reagiert.

Verdampfen, der Übergang von einer Flüssigkeit in den gasförmigen Zustand, wobei Wärme zugeführt werden muss (z. B. beim Verdampfen von Wasser).
● Das Verdampfen von Wasser aus den Ozeanen ist ein wichtiger Bestandteil des Wasserkreislaufs auf der Erde.

Verhältnis, ein mathematischer Ausdruck, der die Größe zweier Zahlen aufeinander bezieht, indem deren Quotient gebildet wird.

Viskosität, *die* [zu lateinisch viscosus ›klebrig‹], die Reibung innerhalb einer Flüssigkeit, die aus der Bewegung ihrer Moleküle gegeneinander entsteht. Die Viskosität verursacht den Widerstand mancher Flüssigkeiten gegen das Fließen.
● Die Viskosität spielt u. a. bei Motorölen eine wichtige Rolle.

Volumen, *das* [lateinisch ›Rolle‹], auch **Rauminhalt,** in der Geometrie der von der Oberfläche eines Körpers eingeschlossene Raum. Einheit des Volumens ist das Kubikmeter.

Vorsatz, Ergänzung einer physikalischen Einheit, mit der Vielfache und Teile der Einheit bezeichnet werden, Beispiele: Kilometer (1 km = 1 000 m), Megawatt (1 MW = 1 Million W), Milliliter (1 ml = $\frac{1}{1000}$ l), Mikrogramm (1 µg = 1 Millionstel g).

Wahrscheinlichkeitsrechnung, ein Gebiet der angewandten Mathematik. Die mengenmäßige Abschätzung der Möglichkeit für das Eintreten eines Ereignisses ist seine Wahrscheinlichkeit *w*, definiert als:

$$w = \frac{\text{Zahl der günstigen Fälle}}{\text{Zahl der möglichen Fälle}}$$

So ist z. B. die Wahrscheinlichkeit, das Pik As aus einem Skatblatt zu ziehen, nur $\frac{1}{32}$, hingegen eine beliebige Zehn (gleich welcher Farbe) zu ziehen $\frac{4}{32} = \frac{1}{8}$.

Wärme, in der Physik die ungeordnete Bewegungsenergie von Atomen oder Molekülen eines Körpers, deren Eigenschaft vom Wärmesinn erfasst wird.

Wärmekapazität, in der Physik ein Maß für die Energiemenge, die einem Stoff in Form von Wärme zugeführt werden muss, um bei diesem eine bestimmte Temperaturerhöhung zu erzielen.

Wärmelehre, ↑ Thermodynamik.

Wasserstoff, chemisches Symbol **H,** ein farb- und geruchloses, leicht brennbares Gas, ist das leichteste chemische Element. Normalerweise liegt Wasserstoff in Form zweiatomiger Moleküle (H_2) vor. Mit Chlor und Sauerstoff bildet er explosive Gemische (Knallgas).

● Bei Kernfusionen werden Wasserstoffatome mit Heliumatomen verschmolzen; dieser Vorgang läuft in Sternen und in der Wasserstoffbombe ab.

● Wasserstoff wurde in den 1920er-Jahren zur Füllung von Luftschiffen genutzt, bis 1937 das Luftschiff ›Hindenburg‹ in Lakehurst (USA) bei der Landung explodierte; seitdem füllt man Luftschiffe mit Helium.

Wechselwirkungen, die in der Natur vorkommenden Kräfte, die für die gegenseitige Beeinflussung physikalischer Objekte verantwortlich sind. Man unterscheidet die Gravitation (mit einem weiten Wirkungsbereich, wirkt zwischen Massen), die elektromagnetische (mit einer kurzen Reichweite, wirkt zwischen elektrischen Ladungen), die schwache und die starke Wechselwirkung (beide von sehr kurzer Reichweite, wirken zwischen Elementarteilchen).

weiße Zwerge, extrem kleine Sterne, die wegen ihrer hohen Oberflächentemperaturen weiß leuchten. Ihre Größe entspricht etwa den bekannten Planetendurchmessern, ihre Masse dagegen ist vergleichsweise hoch (etwa der Sonnenmasse entsprechend). Weiße Zwerge gelten als ein Endstadium der Sternentwicklung.

Welle, ein räumlich und zeitlich sich regelmäßig wiederholender Vorgang, bei dem Energie transportiert wird, ohne dass gleichzeitig ein Massetransport stattfindet. Die Energie wird dabei durch eine sich räumlich fortpflanzende Schwingungsbewegung getragen. Wellenvorgänge spielen in vielen Gebieten der Physik eine große Rolle, z. B. bei Schallwellen, elektromagnetischen Wellen. Wellen sind gekennzeichnet durch ihre Wellenlänge, durch die Zahl der Schwingungen in einer bestimmten Zeit (Frequenz) und durch ihre Ausbreitungsgeschwindigkeit.

Wellenlänge, der Abstand zwischen zwei Wellenbergen (oder auch zwischen zwei Wellentälern) einer Welle.

Weltall, Kosmos, Universum, die Gesamtheit des mit Materie erfüllten Raumes. Der mit den gegenwärtig zur Verfügung stehenden Methoden beobachtbare Teil des Weltalls hat einen Durchmesser von etwa 15 Milliarden Lichtjahren und enthält etwa 100 Milliarden Sternsysteme. Eines dieser Systeme ist die Milchstraße.

Weltraum, der Raum außerhalb der Erdatmosphäre, der mithilfe der Raumfahrt erreichbar erscheint.

Weltraumteleskop, ein Teleskop, das in eine Umlaufbahn um die Erde gebracht worden ist, insbesondere das Hubble-Weltraumteleskop.

Z

Zähler, in der Mathematik bei Brüchen die Zahl oberhalb des Bruchstriches. Der Zähler des Bruches $\frac{2}{3}$ ist 2.

Zentrifugalkraft, auch Fliehkraft oder Schwungkraft genannte Kraft, die bei Drehbewegungen entsteht und die von der Drehachse weggerichtet ist. Die Zentrifugalkraft erlaubt es z. B., eine wassergefüllte Plastiktüte um sich herumzuschleudern, ohne dass dabei Wasser verschüttet wird. Sie zählt zu den Trägheitskräften.

Zwillingsparadoxon, *das* in der Relativitätstheorie Bezeichnung für folgenden scheinbaren Widerspruch: Tritt Nina in einer Rakete eine Reise mit einer Geschwindigkeit nahe der Lichtgeschwindigkeit an, während ihr Zwilling Nora auf der Erde bleibt, so ist Nina bei der Rückkehr von ihrer Reise weniger gealtert als ihre zurückgebliebene Schwester Nora. Dem Zwillingsparadoxon liegt die Tatsache zugrunde, dass eine Uhr A, die gegenüber einer gleichartigen ruhenden Uhr B schnell bewegt wird, im Vergleich zu B nachgeht. Diese Abweichung kann heute mit Atomuhren unmittelbar gemessen werden.

Zyklotron, *das* [zu griechisch **kyklo**s ›Kreis‹ und Elek**tron**], ein ab 1929 entwickelter Teilchenbeschleuniger, besonders zum Beschleunigen von Protonen und leichten Atomkernen.

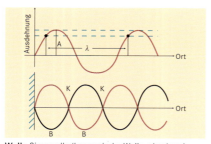

Welle Sinuswelle (harmonische Welle, oben) und stehende Welle; λ Wellenlänge, A Amplitude, B Schwingungsbauch, K Schwingungsknoten

548

17 Die Technik

14 Geografie
15 Geowissenschaften
16 Exakte Naturwissenschaften und Mathematik
17 Die Technik

Seit der industriellen Revolution Ende des 18./Anfang des 19. Jahrhundert hat sich die Technik grundlegend gewandelt und damit auch das Verständnis, was Technik eigentlich ist. Ging es ursprünglich vielleicht einmal darum, dem Menschen die körperliche Arbeit zu erleichtern, indem man die Gesetze der Mechanik anwandte, kam doch sehr schnell auch wirtschaftliches Denken hinzu: Man wollte rationelle Fertigungstechniken, um große Stückzahlen (Massenproduktion) mit möglichst wenig Beschäftigten produzieren zu können. Dies wurde durch den steigenden Automatisierungsgrad in der industriellen Produktion erreicht.

Die Erforschung natürlicher Phänomene brachte neue Erkenntnisse in Chemie und Physik und neue Produktionsverfahren. Die Großchemie entstand. Teilchenbeschleuniger und Elektronenmikroskope machen die Struktur der Stoffe deutlich und führen zu immer mehr neuen Werkstoffen. Heute sprechen wir von Technologie und meinen damit nicht eine isolierte Verfahrenskunde, sondern die Verknüpfung von Technik einschließlich der Naturwissenschaften und der Ingenieurwissenschaften mit gesellschaftlichen Faktoren. Diesen Bereich zu beschreiben, ist Aufgabe dieses Kapitels.

A, Einheitenzeichen für ↑ Ampere.

Akkumulator, *der* [zu lateinisch accumulare ›anhäufen‹], ein elektrochemischer Energiespeicher (Batterie). Die chemischen Reaktionen, die bei Ladung und Entladung jeweils in umgekehrter Richtung ablaufen, richten sich nach den verwendeten Elektroden und dem Elektrolyt; bei dem Blei-Akkumulator (Kraftfahrzeugbatterie) bestehen die Elektroden z. B. aus Blei bzw. Bleidioxid und der Elektrolyt ist Schwefelsäure. Der Akkumulator ist wieder aufladbar und liefert Gleichstrom.

AM, Abkürzung für **A**mplituden**m**odulation, ↑ Frequenzmodulation, ↑ Modulation.

Ampere, *das* [amˈpɛːr], Einheitenzeichen **A**, Einheit der elektrischen Stromstärke.

➕ Das Ampere ist benannt nach dem französischen Physiker und Mathematiker André Marie Ampère (*1775, †1836), der den Zusammenhang zwischen elektrischen und magnetischen Erscheinungen erforschte.

Analogrechner [zu griechisch analogos ›ähnlich‹], eine Rechenanlage, in der die Ausgangswerte einer Rechenaufgabe und auch das Ergebnis nicht in Zahlenform (also digital), sondern als physikalische Größen, z. B. Spannungen, Ströme, Widerstände, dargestellt werden. Die einfachste Form eines analogen Rechenhilfsmittels ist der Rechenschieber (die physikalische Größe ist bei ihm die Länge). Analogrechner können nur dann sinnvoll eingesetzt werden, wenn die zu verarbeitende Information schon in analoger Form vorliegt (z. B. Messwerte) oder die Ergebnisse zum analogen Steuern (z. B. in Regelkreisen) verwendet werden.

Apollo-Programm, Raumfahrtprogramm der USA 1968–72 mit dem Ziel der Landung von Menschen auf dem Mond. Dies wurde erstmals mit Apollo 11 erreicht: Am 20. Juli 1969 betrat Neil Armstrong (*1930) als erster Mensch den Mond. Die rund 2 900 t schwere Saturn 5 diente als Trägerrakete.

Astronaut, *der* [zu griechisch astron ›Stern‹ und nautes ›Seemann‹], Weltraumfahrer, Besatzungsmitglied eines bemannten Raumfahrzeugs; die entsprechende russische Bezeichnung ist Kosmonaut.

Atombombe, ↑ Atomwaffen (Kapitel 3).

Audiovision, *die* [zu lateinisch audire ›hören‹ und videre ›sehen‹], die Aufzeichnung, Speicherung und Wiedergabe von Darbietungen von Bild- und Toninformationen in der Videotechnik.

Dreirädriger Motorwagen von **Carl Friedrich Benz** (1885)

Bathyskaph, *das* [griechisch], bemanntes, selbstständig manövrierendes Tiefseetauchboot (etwa 15 m lang, etwa 10 cm Wanddicke), mit dem Auguste Piccard 1953 auf 3 150 m Tiefe tauchte. Mit dem weiterentwickelten Bathyskaph ›Trieste‹ konnten 1960 Jacques Piccard und der amerikanische Marineoffizier Don Walsh im Marianengraben des Stillen Ozeans eine Tiefe von 10 916 m erreichen.

Batterie, zusammengeschaltete galvanische Elemente, die auf elektrochemischem Weg eine elektrische Spannung erzeugen. Handelsübliche Batterien sind Trockenbatterien mit eingedickten Elektrolytlösungen.

Befehl, ↑ Programm.

Bell, Alexander Graham amerikanischer Erfinder und Wissenschaftler (*1847, †1922), arbeitete als Professor für Stimmphysiologie in Boston an der Umwandlung von Schallschwingungen (Sprache) in elektrische Strom- oder Spannungsschwankungen. Ergebnis dieser Forschungen war ein Telefonapparat, für den er 1876 ein Patent erhielt.

Benz, Carl Friedrich deutscher Ingenieur und Unternehmer (*1844, †1929), der 1883 in Mannheim die Benz & Cie., Rheinische Gasmotorenfabrik

Die Technik | **Chi**

gründete. 1885 konstruierte er einen Einzylinder-Viertakt-Benzinmotor (etwa 1 PS Leistung) mit elektrischer Zündung, Oberflächenvergaser und Wasserkühlung. Diesen Motor baute er in einen dreirädrigen Wagen ein und schuf damit das erste Kraftfahrzeug (Auto), das am 3. 7. 1887 öffentlich vorgeführt wurde. Die Firma Benz & Cie. vereinigte sich 1926 mit der Daimler-Motoren-Gesellschaft zur Daimler-Benz AG; 1998 erfolgte die Fusion mit der Chrysler Corporation zur DaimlerChrysler AG.

🟠 Die Fernfahrt seiner Ehefrau Bertha (* 1849, † 1944) von Mannheim nach Pforzheim 1888 bewies die Tauglichkeit der ›Motorwagen‹.

binäre Darstellung [zu lateinisch binarius ›zwei enthaltend‹], die Darstellung von Zahlen und Entscheidungen durch nur zwei sich einander ausschließende Zeichen (z. B. ja/nein oder an/aus). In der Datenverarbeitung werden die Informationen in Speicherzellen eingeschrieben, von denen jede nur zwei Zustände annehmen kann.

Bit, *das* Abkürzung für englisch **b**inary dig**it** (›Binärziffer‹), die kleinste Informationseinheit für die binäre Darstellung von Daten (auch ↑ Byte).

Blindenschrift, Schrift, die Blinden und hochgradig Sehbehinderten das Lesen und Schreiben ermöglicht. Sie codiert Buchstaben in einem System von sechs jeweils paarweise übereinander angeordneten Punkten. Jeder Buchstabe wird dabei aus einer unterschiedlichen Anzahl oder verschieden angeordneten erhabenen Punkten gebildet, die ertastet werden können.

🟠 Die heutige Blindenschrift, die das 1825 von Louis Braille (* 1809, † 1852) geschaffene System verwendet, wird auch **Brailleschrift** genannt.

Browser, *der* [ˈbraʊzə; englisch to browse ›durchblättern‹], ein Programm, das es dem Benutzer ermöglicht, im World Wide Web (↑ WWW) Daten und Informationen zu suchen, abzurufen und auf einem Computerbildschirm anzuzeigen.

Byte, *das* [baɪt; englisch], in der elektronischen Datenverarbeitung eine zusammengehörende Folge von acht Bits, die damit die kleinste adressierbare Einheit in einem Computerspeicher darstellen.

CASTOR, *der* Abkürzung für englisch **ca**sk for **sto**rage **a**nd **t**ransport **o**f **r**adioactive material [›Behälter für die Lagerung und den Transport radioaktiven Materials‹], ein Spezialbehälter für den Transport ausgebrannter Brennstäbe aus Kernkraftwerken und nuklearen Abfalls. Die Behälter sind gegen extreme Belastungen gesichert und sollen die Umgebung vor Strahlenbelastungen bereits unterhalb der natürlich vorhandenen Radioaktivität schützen.

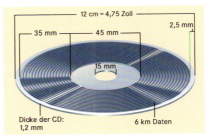

Abmessungen einer **CD**

CD, Abkürzung für **C**ompact **D**isc, eine Speicherplatte, auf der Bild- und Tonsignale (Sprache, Musik) durch eine konzentrische Folge von Pits (winzige Vertiefungen) digital gespeichert sind und mit einem Laserstrahl berührungsfrei gelesen werden können. CDs haben eine hohe Speicherkapazität und Datensicherheit.

CD-ROM, Abkürzung für **c**ompact **d**isc **r**ead **o**nly **me**mory, ein optisches Speichermedium für Computer, das nur lesenden Zugriff erlaubt.

Chip, *der* [tʃɪp; englisch ›Schnipsel‹], eine integrierte Schaltung, bei der sämtliche Funktionseinheiten auf einem Halbleiterplättchen (meistens aus Silicium) von wenigen Millimetern Kantenlänge zusammengefasst sind.

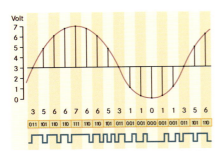

CD Schema der Digitalisierung von analogen akustischen Signalen durch Abtasten der Signalspannungen bei der Aufnahme einer CD, die Messwerte sind in Dezimal- und Binärzahlen angegeben (oben); unten die Umsetzung der Binärzahlen in digitale elektrische Signale

551

Code, *der* [ko:t; englisch], Richtlinie für die eindeutige Zuordnung von Zeichen eines Zeichenvorrates, z. B. des Alphabets, zu den Zeichen eines anderen Zeichenvorrates. Für die Computertechnik hat sich ein Binärcode durchgesetzt (↑ binäre Darstellung), das heißt, es sind nur zwei Zustände möglich, z. B. ›an/aus‹ oder ›ja/nein‹.

Computer, *der* [kɔmˈpjuːtə(r); englisch, zu to compute ›berechnen‹], eine technische Einrichtung zur elektronischen Datenverarbeitung. Ein Computer wandelt die ihm eingegebenen Eingabewerte nach bestimmten Regeln in Ausgabewerte um. Die Bearbeitungsregeln sind in einem ↑ Programm festgelegt. Im Computer werden die Anweisungen des Programms schrittweise abgearbeitet. Die Programmschritte müssen in eine Folge für den Computer verständlicher Befehle übersetzt werden. Ein Computer besteht aus Eingabegeräten, Zentraleinheit mit Speicher und Ausgabegeräten.
Die Anwendungsmöglichkeiten eines Computers werden außer durch die gerätetechnischen Einrichtungen (↑ Hardware) durch die programmtechnischen Hilfsmittel (↑ Software) bestimmt, besonders durch das Betriebssystem, das die Abwicklung der auszuführenden Programme (Anwendersoftware) steuert und überwacht.

CPU, *die* Abkürzung für englisch **c**entral **p**rocessor **u**nit [›zentrale Prozessoreinheit‹], ↑ Zentraleinheit.

Cyberspace, *der* [ˈsaɪbəspeɪs; englisch ›künstlicher Raum‹], ↑ virtuelle Realität.

Datenverarbeitung, die Übermittlung, Veränderung, Speicherung und Löschung von Daten, wobei digitale Daten nur aus Zeichen, analoge Daten nur aus kontinuierlichen Funktionen bestehen. Zu volkswirtschaftlicher Bedeutung gelangte die Datenverarbeitung durch den qualitativen Sprung von mechanisch arbeitenden Rechenmaschinen zur elektronischen Datenverarbeitung mit Computern.

DDT, Abkürzung für **D**ichlor**d**iphenyl**t**richlorethan, ein Kontakt- und Fraßgift für verschiedene Insekten. Da DDT in der Natur nur langsam abgebaut wird und über Nahrungsketten auch zu Schädigungen von Säugetieren, Fischen, Vögeln und Menschen führt, ist es in vielen Ländern verboten worden.

Diesel, Rudolf deutscher Ingenieur und Erfinder (* 1858, † 1913), der zwischen etwa 1890 und 1897 einen Verbrennungsmotor mit Selbstzündung konstruierte (Dieselmotor). Wegen der hohen Kraftstoffverdichtung ist der Dieselmotor die Wärmekraftmaschine mit dem höchsten thermischen Wirkungsgrad.

digitales Fernsehen, die Übertragung von Fernsehsignalen mit digitaler statt der herkömmlichen analogen Technik. Beim digitalen Fernsehen ist durch die Anwendung der Datenkompression eine schmalbandige Ausstrahlung auch durch erdgebundene Sender möglich. Zum Empfang digitaler Fernsehsendungen mit einem nach dem herkömmlichen PAL-System arbeitenden Fernsehgerät ist ein Zusatzgerät (Set-Top-Box) erforderlich, das empfängerseitig die digitalen Signale wieder in analoge wandelt.

Digitalrechner [zu englisch digit ›Finger (den man zum Rechnen benutzt)‹], im engeren Sinn eine elektronische Datenverarbeitungsanlage (Computer), in der die Rechengrößen durch Ziffern (digital) dargestellt und als Folge von Binärzeichen (↑ binäre Darstellung) verschlüsselt werden. Im weiteren Sinn gehören zu den Digitalrechnern auch schon die mechanischen und elektromechanischen Rechenmaschinen (↑ Analogrechner).

Drehmoment, das Produkt aus Kraft und Kraftarm (Hebelarm), das eine Drehwirkung hervorruft. Es spielt für die Drehbewegung dieselbe Rolle wie die Kraft im Fall der geradlinigen Bewegung.

DSL [Abkürzung für englisch **d**igital **s**ubscriber **l**ine, »digitale Anschlussleitung«], Sammelbegriff für Zugangstechnologien, mit denen Daten per Telefonleitung in einer hohen Bandbreite digital übertragen werden können, u. a. ADSL, **SDSL** (single line DSL, Bandbreite 240 kHz), **VDSL** (very high data rate DSL, bis 30 MHz).

DVD, Abkürzung für englisch **d**igital **v**ersatile **d**isc [›vielseitige digitale Platte‹], ein Datenträger, der wie eine CD aussieht und wie diese beschrieben und gelesen wird, jedoch eine wesentlich höhere Aufzeichnungsdichte besitzt. Außerdem können DVDs in zwei Lagen und zudem auf beiden Seiten benutzt werden, sodass ihre Speicherkapazität bis zu 25-mal so hoch wie die einer CD ist. Die Informationen werden, ähnlich wie bei der CD, als ›Löcher‹ (Pits) eingebrannt und mit dem Laser gelesen. DVDs werden

Die Technik **fos**

vor allem als Datenträger für Computer und Medium für Spielfilme verwendet.

Edison, Thomas Alva ['edɪsn], amerikanischer Erfinder (* 1847, † 1931), der über 1 000 Patente anmeldete. Edison erwarb sein Wissen durch Selbstunterricht. Zu seinen Erfindungen zählen u. a. das Kohlekörnermikrofon, der Phonograf (ein Vorläufer des Grammofons), die Kohlefadenglühlampe, der Nickel-Eisen-Akkumulator, die Verbundmaschine (Dampfmaschine mit elektrischem Generator). Die von ihm entdeckte Glühemission ermöglichte die Entwicklung der Elektronenröhre.

> **THOMAS ALVA EDISON**
>
> **Der Phonograf**
>
> 1877 ließ sich Edison den Phonografen oder die ›Sprechmaschine‹, wie der Erfinder sein Gerät auch nannte, patentieren. Als er 1878 der Smithonian Institution in Washington sein Gerät vorführte, ließ er es sagen:
> ›Die Sprechmaschine hat die Ehre, sich selbst der Amerikanischen Akademie der Wissenschaften vorzustellen.‹

elektrischer Widerstand, eine Größe im Stromkreis, die sich als Quotient von Stromspannung und Stromstärke ergibt. Es ist der Widerstand, den das Leitermaterial dem Stromdurchfluss entgegenstellt; gemessen wird der Widerstand in Ohm. Elektrischer Widerstand ist auch ein Schaltungselement.

Elektrizität ⇒ Kapitel 16.

E-Mail ['i:meɪl; Abkürzung für englisch **e**lectronic **mail** ›elektronische Post‹], die Übermittlung von Dokumenten auf elektronischem Weg durch Datenübertragung. Dadurch ist ein sehr schneller Informationsaustausch zwischen zwei Datenendgeräten in einem Datennetz über große Entfernungen möglich. Das Datenendgerät des Empfängers muss mit einem speziellen Speicher (Mailbox) ausgestattet sein, in dem die Mitteilungen abgelegt werden.

Endlagerung, die sichere Verwahrung schädlicher und giftiger, vor allem aber radioaktiver Abfälle mit dem Ziel, die Schadstoffe dauerhaft vom menschlichen Lebensbereich zu isolieren. Als relativ sicherer Ort für die Endlagerung radioaktiver Abfälle gilt zurzeit die Deponierung in tiefere geologische Formationen, z. B. in Salzstöcke.

Faseroptik, Vorrichtung aus einzelnen oder mehreren zusammengefassten flexiblen Glas- oder Kunststofffasern, die als Lichtleiter sowohl zur rein optischen Bildübertragung als auch als Lichtwellenleiter der Übertragung codierter Informationen beliebiger Art dienen. Die Anwendungsgebiete reichen von der Medizin (z. B. Endoskop) bis zu den Glasfaserkabeln zur Übertragung von Bild-, Text- und Tonsignalen (Telekommunikation).

FCKW, Abkürzung für **F**luor**c**hlor**k**ohlen**w**asserstoffe.

Feedback, *das* ['fi:dbæk; englisch ›Rückfütterung‹], ↑ Rückkopplung.
● In den Sozialwissenschaften, vor allem in der Psychologie, bezeichnet ›Feedback geben‹ einem anderen seine Wahrnehmung über dessen Verhalten mitteilen.

Fingerabdruck, Abbild der Hautleisten (Papillarleisten) von den Unterseiten der Fingerspitzen. Da aus den Hautleisten ständig Schweiß in kleinsten Mengen abgesondert wird, entsteht auf den berührten Gegenständen ein Abdruck der Hautleistenreliefs, die bei jedem Menschen verschieden sind und während des ganzen Lebens unverändert bleiben. Sie eignen sich deshalb hervorragend zur sicheren Identifizierung von Personen (auch ↑ genetischer Fingerabdruck).
● In der Kriminalistik wurde das Verfahren (›Daktyloskopie‹) von Sir Edward Henry entwickelt und 1901 von Scotland Yard übernommen.

Fluorchlorkohlenwasserstoffe, Abkürzung **FCKW,** Kohlenwasserstoffverbindungen, in denen Wasserstoffatome teilweise oder völlig durch Fluor- und Chloratome ersetzt sind. Da diese Verbindungen zur Zerstörung der Ozonschicht beitragen und den ↑ Treibhauseffekt verstärken, wird an einer Substitution (Ersatz) im industriellen Einsatz, z. B. als Kühlmittel, Reinigungsmittel, zur Herstellung von Dämmstoffen, gearbeitet.
● In Deutschland wurden FCKW als Treibgas in Spraydosen schon 1991 verboten.

Flussdiagramm, auch **Ablaufplan,** ein Hilfsmittel zur Darstellung von logischen Abhängigkeiten, z. B. in einem Computerprogramm.

FM, Abkürzung für **F**requenz**m**odulation.

fossile Brennstoffe, natürliche Stoffe (pflanzliche und tierische Fossilien), deren chemisch gebundene

Fre   Die Technik

Energie durch Verbrennung als Wärmeenergie freigesetzt wird. Zu den fossilen Brennstoffen zählen Kohle, Erdöl, Erdgas und Torf. Bei der Verbrennung dieser Energieträger entsteht u. a. Kohlendioxid, das wiederum den ↑ Treibhauseffekt verstärkt.

Frequenzmodulation, Abkürzung **FM**, eine Modulationsart des UKW-Rundfunks, bei der nicht die Amplitude (Amplitudenmodulation), sondern die Frequenz der Trägerschwingung im Takt z. B. der Tonfrequenz verändert wird (↑ Modulation). Modulationsverfahren ermöglichen die drahtlose Übertragung von Nachrichten (Sprache, Musik, Bilder).

Galvanisieren, das Beschichten von Oberflächen durch elektrolytische Abscheidung. Durch die galvanische Beschichtung werden die Oberflächeneigenschaften verbessert, z. B. für den Korrosionsschutz.

Gasohol, der [aus englisch gas(oline) ›Benzin‹ und Alkohol], ein Gemisch aus reinem Alkohol (10–20 %) und bleifreiem Benzin (80–90 %), das in allen Benzinmotoren verwendet werden kann und bessere Brenneigenschaften als gewöhnliches Benzin hat.

GAU, Kurzwort für ›**g**rößter **a**nzunehmender **U**nfall‹, der schwerste mögliche Unfall in einem Kernreaktor, der bei der Planung von Schutzmaßnahmen berücksichtigt wird.
 Ein GAU war der Reaktorunfall 1986 in Tschernobyl (Ukraine).

Gemini-Programm, amerikanisches Raumfahrtprogramm auf dem Weg zur bemannten Mondlandung (↑ Apollo-Programm), in dessen Verlauf in den Jahren 1965/66 bemannte Raumflugunternehmen jeweils mit zwei Astronauten an Bord durchgeführt wurden.

Generator, der [lateinisch ›Erzeuger‹], eine Maschine zur Umwandlung von mechanischer in elektrische Energie durch elektromagnetische Induktion. Angetrieben werden Generatoren durch Wasser-, Dampf- oder Gasturbinen, kleinere Generatoren (Notstromaggregate) auch durch Dieselmotoren.

Gleichstrom, elektrischer Strom, der im Unterschied zum ↑ Wechselstrom stets in die gleiche Richtung fließt. Gleichstrom entsteht bei elektrochemischen Vorgängen in Batterien oder nach Gleichrichtung aus Wechselstrom.

GPS, ↑ Satellitennavigation.

Halbleiter, ein Festkörper, dessen spezifischer elektrischer Widerstand zwischen dem von Metallen und Isolatoren liegt. Im Unterschied zu den Metallen steigt ihre elektrische Leitfähigkeit mit der Temperatur. Wichtigstes Halbleitermaterial ist Silicium, das als Basismaterial für integrierte Schaltkreise die Grundlage der Mikroelektronik bildet.

Handy, das [ˈhændɪ; englisch ›handlich‹], kleines netzunabhängiges Mobiltelefon, das auch zur Faxübertragung verwendet werden kann. Handys wiegen zwischen 200 und 300 g und verfügen über Hochleistungsbatterien.

Hardware, die [ˈhɑːdweə; englisch, eigentlich ›harte Ware‹], die gegenständlichen Teile einer Datenverarbeitungsanlage, also alle elektronischen, elektromechanischen und mechanischen Bauteile im Unterschied zu den Programmen, der ↑ Software.

Hightech, das, auch die [ˈhaɪtek; englisch ›Hochtechnologie‹], Bezeichnung für die Wissenschafts- und Technikbereiche, von denen zukunftsweisende Entwicklungen für die Industriegesellschaft erwartet werden, z. B. Mikroelektronik, Nanotechnik, Kryotechnik, Bio- und Gentechnologie.

> **ⓘ HOMEPAGE**
>
> Hompages sind nach einem bestimmten Schema strukturiert: http://www.<Firma oder Institution>.<Ländercode oder ein anderer Code>
> Die Homepage der Firma Bibliographisches Institut & F. A. Brockhaus AG findet man unter http://www.brockhaus.de.

Homepage, die [ˈhəʊmˌpeɪdʒ; englisch ›Heimatseite‹], die erste Seite eines Informationsangebots im World Wide Web (WWW), mit der sich der Anbieter vorstellt. ⓘ

Hydraulik, die [zu griechisch hydraulis ›Wasserorgel‹], technische Verfahren und Anlagen zur Kraftübertragung mittels Flüssigkeiten in geschlossenen Leitungssystemen, z. B. in hydraulischen Pressen, Hebebühnen, Bremsvorrichtungen.

IBM, Abkürzung für **I**nternational **B**usiness **M**achines Corporation, die weltweit größte Herstellerfirma von Computeranlagen. Von IBM wurde 1952 der erste Computer im Markt eingeführt.

554

Die Technik

Impedanz, *die* [zu lateinisch impedire ›hemmen‹], der Scheinwiderstand im Wechselstromkreis; er setzt sich aus dem reellen Wirkwiderstand und dem imaginären Blindwiderstand zusammen.

Induktanz, *die* [zu lateinisch inducere ›hineinführen‹], der Blindwiderstand (induktiver Widerstand) im Wechselstromkreis.

integrierte Schaltung, miniaturisierter elektronischer Baustein, bei dem alle Bauelemente (Transistoren, Dioden, Widerstände) auf einem Halbleiterchip zusammengefasst sind.
⊕ Die Leistungsfähigkeit integrierter Schaltungen wird durch den Integrationsgrad ausgedrückt, der die Zahl der Transistorfunktionen (Grundfunktionen) angibt.

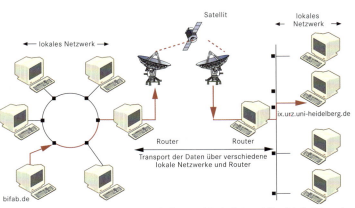

Der Transport der Daten erfolgt im **Internet** über lokale Netzwerke und Router von einem Rechner zum anderen; innerhalb der lokalen Netzwerke besitzt auch jeder einzelne Rechner eine eindeutige Adresse.

Internationale Raumstation, Abkürzung **ISS** (für englisch **I**nternational **S**pace **S**tation), permanent bemannte Raumstation, die unter Beteiligung der USA, Russlands, der ESA, Japans und Kanadas errichtet wird. Sie ist seit November 2000 ständig besetzt und soll bis 2013 als Forschungsstation genutzt werden.

Internet, *das* [englisch net ›Netz‹], ein weltweit verbreitetes dezentrales Telekommunikationsnetz für die Übertragung digitalisierter Informationen. Der Zugang zum Netz erfolgt über Computer und Modem sowie einen Vermittler (›Provider‹) gegen eine Gebühr. Über das Internet sind der Zugang zu angeschlossenen Datenbanken sowie das Kopieren von Texten und Bildern auf den eigenen Rechner möglich. Außerdem kann u. a. elektronische Post (E-Mail) empfangen und verschickt werden.

ISDN, Abkürzung für englisch **i**ntegrated **s**ervices **d**igital **n**etwork [›Dienste integrierendes digitales Netzwerk‹], Telekommunikationsnetz mit digitaler Vermittlungs- und Übertragungstechnik, durch das alle Kommunikationsarten (Sprache, Text, Bild, Daten) in einem gemeinsamen öffentlichen Netz übermittelt werden.

Isolator, *der* [zu italienisch isolare ›abtrennen‹], ein elektrisch nicht leitender Stoff; auch das Konstruktionselement zur Befestigung Strom führender Leiter wird als Isolator bezeichnet.

ISS, ↑ Internationale Raumstation.

Kathodenstrahlröhre [zu griechisch kathodos ›Hinabweg‹], eine Elektronenstrahlröhre, in der die aus der Kathode (negative Elektrode) austretenden Elektronen zu einem Strahl gebündelt werden. Dieser Elektronenstrahl kann elektrisch oder magnetisch abgelenkt werden, sodass er auf jeden Punkt eines Bildschirms gerichtet werden kann. Wichtigste Anwendung ist die Bildröhre von Fernsehgeräten und Monitoren.

Kernenergie, Atomenergie, Energie, die durch die Umwandlung von Atomkernen freigesetzt werden kann. Technisch realisiert ist die Kernspaltung in Kernreaktoren, während sich die Kernfusion, also die Verschmelzung von Atomkernen, noch im Forschungs- und Entwicklungsstadium befindet.

Kernreaktor, Anlage zur Umwandlung von Kernenergie in Wärmeenergie, die dann zur Erzeugung von Wasserdampf verwendet wird. Der Dampf treibt über Turbinen Generatoren an, mit denen elektrischer Strom erzeugt wird. In Kernreaktoren, von denen es verschiedene Typen gibt, läuft eine gesteuerte Kernspaltung ab, im Unterschied zu den Kernwaffen, bei denen die Kernenergie explosionsartig freigesetzt wird (↑ Atombombe).

KI, Abkürzung für ↑ künstliche Intelligenz.

Kilowatt, Abkürzung **kW,** Einheit der Leistung: 1 Kilowatt = 1 000 Watt.

Kilowattstunde, Abkürzung **kWh,** Einheit der Arbeit bzw. Energie, besonders in der Elektrotechnik: 1 Kilowattstunde = 1 000 Wattstunden = 3,6 Megajoule.

Kompass, *der* ein Gerät zur Bestimmung der Himmelsrichtung. Die einfachste Form ist eine in der Waagerechten bewegliche Magnetnadel, die sich stets in Richtung des erdmagnetischen Felds einstellt, also in die Nordrichtung zeigt.
⊕ Die Richtwirkung der Magnetnadel war bereits im 12. Jh. n. Chr. in China bekannt.
⊕ Der französische Physiker Léon Foucault (*1819, †1868) konstruierte einen Vorläufer des Kreiselkompasses (Deklinabrium).

Kondensator, *der* [zu lateinisch condensare ›verdichten‹], ein Bauelement der Elektrotechnik zur Speicherung elektrischer Ladungen. Das Maß für das Fassungsvermögen von Kondensatoren ist die Kapazität, Maßeinheit ist das Farad.

Kosmonaut, *der* [zu Kosmos und griechisch nautes ›Seemann‹], russische Bezeichnung für Astronaut.

Kraftwerk, technische Anlage, in der durch Energieumwandlung Elektrizität erzeugt wird. In Abhängigkeit von der eingesetzten Primärenergie unterscheidet man Wasser-, Wärme-, (Kohle-, Öl-, Erdgas-), Kern-, Gezeiten-, Wind-, Sonnen- und geothermische Kraftwerke. Wird in dieser Anlage auch Wärme ausgekoppelt (Kraft-Wärme-Kopplung), ist es ein Heizkraftwerk.

künstliche Intelligenz, Abkürzung **KI,** ein Zweig der Computerwissenschaften, der versucht, menschliche Erkenntnis- und Denkprozesse zu erfassen und mithilfe des Computers nachzuvollziehen. KI bedeutet also im weitesten Sinn, mithilfe von Computern Probleme zu lösen, die Intelligenzleistungen voraussetzen.

Kurzschluss, eine elektrisch leitende Verbindung (Widerstand fast null) zwischen den Ausgangsklemmen von Spannungsquellen. Bei geringem Widerstand ist jedoch die Stromstärke sehr hoch. Das führt zu Schäden am Stromkreis bis hin zu Bränden.

Kybernetik, *die* [griechisch ›Steuermannskunst‹], die fachübergreifende Wissenschaft zur Untersuchung der Gesetzmäßigkeiten der Steuerung, der Regelung und Rückkopplung der Informationsübertragung und -verarbeitung in Maschinen, Organismen und Gemeinschaften. Die Kybernetik liefert formale mathematische Beschreibungen und modellartige Erklärungen von dynamischen Systemen.

Laser, *der* [ˈleɪzɛ; Kurzwort aus englisch **l**ight **a**mplification by **s**timulated **e**mission of **r**adiation ›Lichtverstärkung durch angeregte Strahlungsemission‹], eine Lichtquelle, die einen extrem stark gebündelten Lichtstrahl (Laserstrahl) erzeugt. Eingesetzt werden Laserstrahlen in vielen Bereichen der Naturwissenschaften, Technik und Medizin, z. B. zum Lesen der Informationen auf Compact Discs (CD), als Laserdrucker, zum Präzisionsbearbeiten (Trennen, Abtragen) kleiner Bauteile, bei Augenoperationen und für viele andere Einsatzzwecke.
⊕ Der erste Laser, ein Rubinlaser, wurde 1960 entwickelt.

Laser Anwendung in der Industrie; diese Flachbett-Laserschneideanlage kann auf einer Fläche von 2,5 · 4 m bis zu 15 mm dicken Edelstahl verarbeiten

Leistung, der Quotient aus Arbeit und Zeit. Die Einheit der Leistung ist das Watt, für größere und große Leistungen das Kilo-, Mega- und Gigawatt.

Leiter, in der Elektrotechnik ein Stoff, der den elektrischen Strom leitet. In Leitern (vor allem Metalle) ist der elektrische Widerstand infolge der leichten Beweglichkeit der Ladungsträger (Elektronen, Ionen) gering, bei Supraleitern verschwindet er beim Unterschreiten der Sprungtemperatur sogar völlig.

Die Technik **Mod**

Lichtmaschine, veraltete Bezeichnung für den Generator in Kraftfahrzeugen.

Linse ⇒ Kapitel 16.

Luftschiff, ein lenkbares Luftfahrzeug, das durch den aerostatischen Auftrieb getragen wird. Es besteht aus einem großen Ballon, der mit einem Gas gefüllt ist, das eine geringere Dichte besitzt als Luft (z. B. Wasserstoff oder Helium). Der Vortrieb erfolgt durch Motoren über Luftpropeller, die sich in Motorgondeln unter dem Luftschiff befinden.

Luftverschmutzung, die Veränderung der natürlichen Zusammensetzung der Luft durch feste, flüssige und gasförmige Stoffe, die häufig durch menschliche Aktivitäten hervorgerufen wird. Wesentliche Quellen der Luftverschmutzung sind Vulkanausbrüche, Waldbrände, Verbrennungsvorgänge in Wärmekraftwerken und in Verbrennungsmotoren.

Magnetband, ein Kunststoffband, das mit magnetisierbarem Eisenoxid oder Chromdioxid beschichtet ist. Durch eine differenzierte Magnetisierung ist es möglich, Töne, Bilder oder Daten auf einem Magnetband zu speichern und wieder abzuspielen.

Magneteisenerz, auch Magnetit genannt, ist ein aus Eisenoxid bestehendes Mineral, das von Magneten angezogen wird.

Mainframe, *der* ['meınfreım; englisch], Bezeichnung für einen Großrechner (Großcomputer).

Marconi, Guglielmo italienischer Hochfrequenztechniker (* 1874, † 1937), der das Verfahren der drahtlosen Telegrafie entwickelt hat. 1899 realisierte er eine Funkverbindung über den Ärmelkanal, 1901 sogar über den Atlantik. 1909 erhielt er den Nobelpreis für Physik zusammen mit Karl Ferdinand Braun (* 1850, † 1918), dem Erfinder der braunschen Röhre. Marconi befasste sich auch mit der Anwendung von Kurzwellen und entdeckte 1931 die Möglichkeit, Dezimeterwellen auch jenseits des optischen Horizonts zu empfangen.

Mega [griechisch megas ›groß‹], Vorsatzzeichen bei Einheiten, das den millionenfachen Wert der Grundeinheit bedeutet, z. B. 1 Megabyte = 1 Million Byte, 1 Megawatt = 1 Million Watt.

Mercury-Programm ['məːkjʊrɪ...], Raumflugprogramm der NASA mit sechs Flügen zwischen 1961 und 1963, von denen vier bemannt waren.

ⓘ LUFTSCHIFF

Das erste brauchbare Luftschiff, das Ferdinand Graf von Zeppelin (* 1838, † 1917) konstruierte (›LZ 1‹), startete am 2. Juli 1900. 1924 fand die erste Nonstop-Atlantiküberquerung von Ost nach West durch ›LZ 126‹ statt. ›LZ 127‹ (›Graf Zeppelin‹) nahm 1929 nach einem Rundflug um die Erde den Linienddienst über Süd- und Nordatlantik auf, ›LZ 129‹ (›Hindenburg‹) folgte 1936. Dieses größte je im Einsatz befindliche Luftschiff fiel am 6. Mai 1937 bei Lakehurst in New Jersey (USA) einer Brandkatastrophe zum Opfer.

Mikrofiche, *das* oder *der* [...fiʃ; französisch fiche ›Karteikarte‹], Planfilm im Postkartenformat, der Reihen verkleinerter Bild- und Textseiten zeigt. Die Informationen können mit einem Mikrofilm-Lesegerät betrachtet werden.

Mikrofilm, ein 16 mm breiter fotografischer Film mit hohem Auflösungsvermögen, mit dem eine Platz sparende Speicherung von Schriftgut möglich ist.

Mikroskop, *das* [griechisch], ein Instrument zur vergrößerten Betrachtung oder Abbildung sehr kleiner Gegenstände. Lichtmikroskope bestehen aus zwei Linsensystemen (Objektiv und Okular). Mit Elektronen-, Röntgenstrahl- oder Tunnelmikroskopen ist eine wesentlich höhere Vergrößerung möglich, mit Rastertunnelmikroskopen sogar die Darstellung von Strukturen von atomarer Kleinheit.

Mikrosystemtechnik, Technikgebiet, das sich mit der Entwicklung und Fertigung miniaturisierter technischer Baugruppen befasst, die aus mikromechanischen, mikroelektronischen oder mikrooptischen Einzelkomponenten bestehen und deren Wechselwirkungen aufeinander abgestimmt sind. Ein einfaches Mikrosystem besteht aus einer Sensoreinheit, dem Elektronikteil, das die vom Sensor kommenden Signale verarbeitet, und einem Stellglied (Aktor), das den aufbereiteten Signalen entsprechend reagiert.

Mobilfunk, Telekommunikationsdienst, mit dem eine drahtlose Datenübermittlung (Sprache, Texte, Bilder, Daten) mithilfe von Funksignalen möglich ist.

Modulation, *die* [zu lateinisch modulari ›abmessen‹], in der Kommunikationstechnik die Veränderung einer sinusförmigen hochfrequenten Träger-

KAPITEL 17

557

schwingung durch ein niederfrequentes Nachrichtensignal, damit eine drahtlose Übertragung möglich wird. Bei der Amplitudenmodulation (AM) wird die Amplitude (die maximale Auslenkung einer Schwingung aus der Ruhelage) durch das Nachrichtensignal verändert. Bei der Frequenzmodulation (FM) wird das Nachrichtensignal der Frequenz der Trägerschwingung überlagert.

Napalm, *das* Metallverbindungen von **N**aphtensäuren oder **Palm**itinsäuren, die in Benzin oder Petroleum gelöst sind. Napalm wird als Brandbombenfüllung eingesetzt und zündet beim Aufprall von selbst. Es entwickelt Temperaturen von über 2 000 °C und ist kaum löschbar.
➕ Der Einsatz von Napalm im ↑ Vietnamkrieg (Kapitel 1) löste weltweite Proteste aus.

Nylon®, *das* [ˈnailɔn], Handelsname für mehrere reiß- und verschleißfeste Chemiefasern aus Polyamiden.

Offshoretechnik [ˈɔfʃɔː...; englisch ›vor der Küste‹], die Suche und Gewinnung von Erdöl und Erdgas in küstennahen Meeresgebieten. Je nach Meerestiefe werden die Bohrungen von Hubplattformen (bis 120 m Tiefe), Halbtauchern (bis 200 m Tiefe) oder Bohrplattformen (bis 300 m Tiefe) niedergebracht.

Ohm, Einheitenzeichen Ω, die Einheit des elektrischen Widerstands, benannt nach dem deutschen Physiker Georg Ohm (* 1789, † 1854).

Onlinedienste [ˈɔnlain...; englisch online ›in Verbindung (mit einem Computer)‹], Telekommunikationsdienste, die Informationen (Texte, Sprache, Bilder) mittels digitaler Aufbereitung und Datenkompression über das Telefonnetz (mit zwischengeschaltetem Modem) zu Personalcomputern übertragen.

Otto, Nikolaus August deutscher Ingenieur und Erfinder (* 1832, † 1891), konstruierte Gasmotoren, baute eine atmosphärische Gasmaschine und entwickelte den nach ihm benannten Viertakt-Verbrennungsmotor (Patent vom 4. 8. 1877).

Ozonloch, ↑ Ozon (Kapitel 15).

PC, Abkürzung für ↑ **P**ersonal**c**omputer.

Perpetuum mobile, *das* [lateinisch ›das sich ständig Bewegende‹], eine Maschine, die nach einmaligem Anwurf ohne weitere Energiezufuhr von außen

> **ⓘ PERPETUUM MOBILE**
>
> Jahrhundertelang haben sich Tüftler bemüht, etwas zu konstruieren, was es nach unserem Wissen gar nicht geben kann: das Perpetuum mobile. Völlig entnervt von den vielen Einsendungen, entschloss sich die Pariser Akademie der Wissenschaften bereits 1775, keinerlei Entwürfe solcher Maschinen mehr zu prüfen: ›Die Konstruktion einer immer währenden Bewegung ist absolut unmöglich‹, lautete fortan die pauschale Ablehnung.
> Die wissenschaftliche Begründung für die Unmöglichkeit einer solchen Konstruktion lieferte allerdings erst der Energiesatz von Julius Robert von Mayer (* 1814, † 1878)). Da dieser Satz aber ein reiner Erfahrungssatz ist, könnte ihn schon ein einziges Gegenbeispiel zu Fall bringen.

ununterbrochen Energie abgibt. Das ist nach dem Energiesatz (1. Hauptsatz der Thermodynamik) nicht möglich. ⓘ

Personalcomputer, *der* [englisch ›persönlicher, privater Computer‹], Abkürzung **PC**, ein für den persönlichen Gebrauch durch einen einzelnen Benutzer vorgesehener Computer (Mikrocomputer). Zur Ausstattung gehören ein Monitor (Sichtgerät), eine Tastatur, eine Maus als Zeigegerät, mindestens ein Disketten- und CD-ROM-Laufwerk, ein Festplattenspeicher bis in den Gigabyte-Bereich sowie Schnittstellen für den Anschluss von Peripheriegeräten (z. B. Drucker).

Petrochemie [zu griechisch petros ›Stein‹], der Bereich der chemischen Industrie, in dem Chemierohstoffe aus Erdöl und Erdgas hergestellt werden. Etwa 95 % aller organischen Chemikalien werden aus Erdöl oder Erdgas produziert.

Photoeffekt, auch lichtelektrischer Effekt genannter Vorgang, bei dem durch Lichteinwirkung Atomelektronen aus ihrem Bindungszustand gelöst werden und damit für den elektrischen Ladungstransport zur Verfügung stehen. Ausgenutzt wird dieser Effekt z. B. in Photozellen und anderen optoelektronischen Bauelementen, bei der Übertragung großer Informationsmengen in der Lichtleitertechnik sowie in Solarzellen zur Direktumwandlung von Sonnenlicht in elektrische Energie. Philipp Lenard (* 1862, † 1947) beschrieb den Photoeffekt.

Piccard, Auguste [piˈkaːr], schweizerischer Physi-

Die Technik　　　　　　　　　　　　　　　　　　　　　　　　　　　　**Sat**

ker (* 1884, † 1962), der 1931 von Augsburg aus zum ersten bemannten Ballonaufstieg in die Stratosphäre startete (erreichte Höhe 15 781 m). Nach dem Zweiten Weltkrieg wandte er sich der Erforschung der Tiefsee zu und konstruierte zusammen mit seinem Sohn Jacques Piccard (* 1922) das erste Tiefseetauchgerät, den ↑ Bathyskaph ›Trieste‹.

Polymere [zu griechisch polys ›viel‹ und meros ›Teil‹], organische Verbindungen, deren Riesenmoleküle (Makromoleküle) aus einer großen Anzahl von Einzelmolekülen (Monomere) aufgebaut sind. Natürliche Polymere (Biopolymere) sind z. B. Zellulose, Stärke, Nukleinsäuren, synthetische Polymere und viele Kunststoffe, z. B. Synthesekautschuk, Chemiefasern (Nylon).

Programm, in der Datenverarbeitung eine in einer Programmiersprache abgefasste Verarbeitungsvorschrift (Algorithmus) und die dazugehörenden Datenbereiche. Bei der Programmierung wird eine algorithmisch vorformulierte Lösungsvariante schrittweise in ein Programm einer Programmiersprache umgesetzt. Grundbestandteile eines Programms sind die Befehle (nicht weiter zerlegbare Einheit, Arbeitsschritt). Bei nicht maschinenorientierten Programmiersprachen spricht man statt von Befehlen von elementaren Anweisungen.

Programmiersprache, in der elektronischen Datenverarbeitung ein Regelwerk zum Abfassen von Programmen. Als Maschinensprache werden alle direkt vom Computer lesbaren Befehle und Verknüpfungen bezeichnet.
● Wichtige Programmiersprachen sind z. B. BASIC, COBOL, C++ und PASCAL.

Radar, *das* [Kurzwort aus englisch **ra**dio **d**etecting **a**nd **r**anging ›Funkermittlung und Entfernungsmessung‹], ein Funkmessverfahren zur Bestimmung von Entfernung, Richtung und Geschwindigkeit bewegter Objekte. Eine scharf gebündelte elektromagnetische Welle wird von einem Sender abgestrahlt und von Hindernissen in Ausbreitungsrichtung der Welle reflektiert. Aus der Zeitdifferenz zwischen abgestrahlter und reflektierter Welle wird die Entfernung bestimmt.

radioaktiver Müll, radioaktiv strahlendes Material, das nach seinem Einsatz übrig bleibt und entsorgt werden muss (↑ Endlagerung). Das sind einmal Gegenstände, die mit radioaktivem Material in Berührung gekommen sind, z. B. schwach radioaktiver Abfall in der Medizin. Wesentlich problematischer ist hochradioaktiver Abfall, z. B. ›abgebrannte‹ Brennstäbe aus Kernreaktoren.

Radiokarbonmethode, Verfahren zur Altersbestimmung von organischem Material durch Messung des Gehalts an radioaktivem Kohlenstoff in Form des Kohlenstoffisotops ^{14}C, der nur während biologischer Aufbauprozesse eingebaut wird. Nach dem Absterben des Organismus wird kein ^{14}C mehr eingebaut, und der vorhandene ^{14}C zerfällt mit einer bekannten Halbwertzeit, sodass aus der Menge des noch vorhandenen ^{14}C auf das Alter des Objekts geschlossen werden kann.

RAM, Abkürzung für englisch **r**andom **a**ccess **m**emory [›Speicher mit wahlfreiem Zugriff‹], Bezeichnung für einen Halbleiterspeichertyp, der gelesen und beschrieben werden kann.

Raumstation, ein bemannter Weltraumstützpunkt, der auf einer stabilen Umlaufbahn oberhalb der Atmosphäre die Erde umläuft und der aufgrund seiner Größe und Ausrüstung mehreren Raumfahrern den Aufenthalt bis zu mehreren Monaten Dauer ermöglicht. Während die ersten Stationen, die russische ›Saljut‹ und die amerikanische ›Skylab‹, noch verhältnismäßig klein waren, hatte die russische Raumstation ›Mir‹ (1986–2001 im All) bereits ein Gewicht von 90 t. Ihre Nachfolgerin ist die ↑ Internationale Raumstation.

Rückkopplung, die Beeinflussung eines Ablaufs durch die Rückwirkung (Feedback) der Folgen auf den weiteren Verlauf. In der Elektroakustik, z. B. in elektronischen Verstärkerschaltungen, wird ein Teil des Ausgangssignals auf den Eingang zurückgeführt. So können die Trennschärfe und die Verstärkung erhöht und Schwingkreise entdämpft werden.

Satellit, *der* [von lateinisch satelles ›Leibwächter‹], ein Raumkörper, z. B. ein Mond, der einen Planeten umkreist und durch dessen Anziehungskraft auf seiner Bahn gehalten wird. ›Künstliche Satelliten‹ heißen unbemannte Raumflugkörper für kommerzielle, wissenschaftliche oder militärische Zwecke, z. B. Nachrichten-, Wetter- oder Aufklärungssatelliten. Sie kreisen infolge des Gleichgewichts von Erdanziehungs- und Zentrifugalkraft, ohne einen Antrieb zu benötigen, um die Erde.

Satellitennavigation, Verfahren zur Standortbestimmung von Land- und Luftfahrzeugen sowie Schiffen mithilfe von Signalen künstlicher Erdsatelliten. Aus dem Vergleich der Empfangszeiten verschiedener Satelliten, deren Positionen und Bahndaten ebenfalls übermittelt werden, können die Signallaufzeit zwischen Satellit und Fahrzeug und daraus dessen Position berechnet werden. Am weitesten verbreitet ist das Global Position System (GPS), das aus 24 Satelliten besteht, die in 6 Bahnebenen in einer Höhe von rund 20 200 km angeordnet sind; es steht seit 1995 weltweit und jederzeit zur Verfügung.

Schallmauer, der Geschwindigkeitsbereich in unmittelbarer Nähe der Schallgeschwindigkeit, in dem der Luftwiderstand eines Flugzeugs oder anderer Flugkörper stark ansteigt. Durch die Verdrängungswirkung werden sprunghafte Druckänderungen hervorgerufen, die innerhalb eines bestimmten Bereiches (Lärmteppich) auf der Erdoberfläche als Knall wahrgenommen werden.

🞲 Der österreichische Physiker Ernst Mach (* 1838, † 1916) beschäftigte sich mit diesen Schallerscheinungen. Die nach ihm benannte Machzahl ist ein Maß für die Schallgeschwindigkeit.

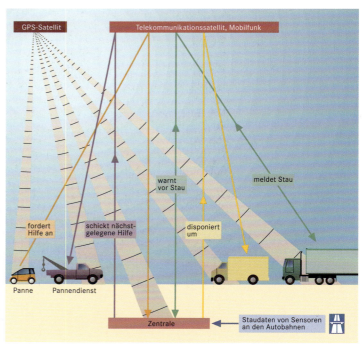

Satellitennavigation Bei der integrierten Verkehrssteuerung mit GPS kann eine Leitzentrale mithilfe von GPS-Daten Fahrzeuge orten und über Mobilfunk Kontakt aufnehmen, etwa zur Pannenhilfe oder zur Stauumfahrung.

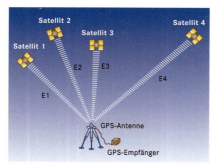

Satellitennavigation Aus den Laufzeitmessungen von vier Satellitensignalen sowie einigen Kontroll- und Korrekturdaten lässt sich die Position des GPS-Empfängers errechnen.

Siemens, Werner von deutscher Ingenieur, Erfinder und Unternehmer (* 1816, † 1892), verbesserte den elektrischen Zeigertelegrafen und erfand 1866 die Dynamomaschine. Er hatte großen Anteil an der Durchsetzung der Telegrafie zur Nachrichtenübermittlung und ließ 1852 erstmals Tiefseekabel im Mittelmeer und 1867–70 von Suez nach Indien verlegen.

Silicium, *das* ein chemisches Element (Nichtmetall) mit dem Symbol **Si.** Es ist nach dem Sauerstoff das zweithäufigste Element in der Erdrinde. Silicium ist das wichtigste Material der Halbleitertechnik und Mikroelektronik. Allerdings benötigt man dafür hochreines Silicium, das in aufwendigem Herstellungsverfahren produziert wird.

Software, *die* [ˈsɔftweə; englisch, eigentlich ›weiche Ware‹], Begriff der elektronischen Datenverarbeitung, mit dem die nicht zur gerätetechnischen Ausrüstung (↑ Hardware) gehörenden Bestandteile

Die Technik

(Betriebssystem, Anwenderprogramme, Daten) bezeichnet werden.

Solarzelle [zu lateinisch sol ›Sonne‹], ein großflächiges Photoelement auf Halbleiterbasis, das die auftreffende Sonnenstrahlung direkt in elektrische Energie wandelt (die Umwandlungswirkungsgrade liegen zwischen etwa 12 und 25%, unter Laborbedingungen noch höher). Solarzellen werden z. B. zur Energieversorgung von Satelliten und elektrischen Geräten eingesetzt.

🞛 Durch mehr als 1000 Solarstromprojekte hat sich die Gegend um Freiburg im Breisgau als Deutschlands erste ›Solarregion‹ etabliert.

Spaceshuttle, *der* [ˈspeɪʃʌtl; aus englisch space ›Weltraum‹ und shuttle ›im Pendelverkehr eingesetztes Fahrzeug‹], teilweise wieder verwendbarer Raumtransporter der NASA. Er besteht aus einer flugzeugähnlichen Transporteinheit (Orbiter), an die beim Start ein großer Außentank mit Flüssigtreibstoff (Wasserstoff und Sauerstoff) und zwei zusätzliche bergungsfähige Starthilfsraketen angekoppelt werden. Die Hilfsraketen kehren nach dem Start an Fallschirmen zur Erde zurück, der Außentank geht verloren. Der Orbiter wird in eine Erdumlaufbahn gebracht und kehrt – da er mit Tragflächen ausgerüstet ist – wie ein Flugzeug durch die Atmosphäre zur Erde zurück.

🞛 Der erste Start eines Raumtransporters (›Columbia‹) erfolgte am 12. 4. 1981. Nach 27 erfolgreichen Missionen zerbrach ›Columbia‹ am 1. 2. 2003 beim Wiedereintritt in die Atmosphäre; sieben Astronauten fanden dabei den Tod.

🞛 1986 explodierte die Raumfähre ›Challenger‹ beim Start.

Sputnik, *der* [russisch ›Weggefährte‹], Name der ersten drei sowjetischen Erdsatelliten. Der Start von Sputnik 1 erfolgte am 4. 10. 1957 und war der erste gelungene Satellitenstart überhaupt. Der in den USA dadurch ausgelöste ›Sputnikschock‹ führte zu verstärkten Anstrengungen, um den Entwicklungsrückstand aufzuholen.

Stromkreis, zu einem Kreis geschlossene Verbindung aus elektrisch leitendem Material (↑ Leiter), durch das ein elektrischer Strom fließt. Ein Stromkreis besteht mindestens aus der Spannungsquelle, dem Verbraucher sowie Hin- und Rückleitung.

Stromlinienform, eine Körperform mit möglichst niedrigem Strömungswiderstand gegenüber Flüssigkeiten und Gasen. Stromlinienformen bewirken eine ungestörte (laminare) Strömung ohne Wirbelbildung. Dadurch verringert sich der Energieaufwand (Kraftstoffverbrauch) für die Bewegung eines stromlinienförmigen Körpers.

Stromrichtung, die Richtung des Stromflusses (Elektronenflusses) in einem geschlossenen Stromkreis beim Anlegen einer elektrischen Spannung. Die Stromrichtung verläuft vom negativen Pol (Elektronenüberschuss) über einen Verbraucher zum positiven Pol. Die sogenannte technische Stromrichtung ist entgegengesetzt dem tatsächlichen Elektronenfluss definiert, also vom Plus- zum Minuspol.

Supraleiter [lateinisch supra ›über‹], Material, in dem bei einer sehr niedrigen Temperatur (Sprungtemperatur) der elektrische Widerstand plötzlich gegen null geht. Supraleiter sind Metalle, Legierungen und metallähnliche Verbindungen. Die Forschung konzentriert sich auf Hochtemperatursupraleiter, deren Sprungtemperatur möglichst weit vom absoluten Nullpunkt entfernt ist. Das wird mit keramikähnlichen Werkstoffen wie Thallium-Calcium-Oxid oder Strontium-Calcium-Oxid erreicht.

Supraleitung, Eigenschaft von elektrischen Leitern, bei denen unterhalb einer materialabhängigen Übergangstemperatur (Sprungtemperatur) der elektrische Widerstand unmessbar klein und dadurch die elektrische Leitfähigkeit unendlich groß wird (Supraleitfähigkeit). Ursprünglich waren nur Materialien bekannt, deren Sprungtemperatur in der Nähe des absoluten Nullpunkts ($-273{,}15\,°C$) liegt. Inzwischen sind auch Materialien gefunden worden, deren Sprungtemperatur über dem Siedepunkt von Stickstoff liegt ($-190\,°C$).

🞛 Die Supraleitung wurde schon 1911 von dem niederländischen Physiker Heike Kamerlingh Onnes (* 1853, † 1926) entdeckt.

Teleobjektiv, *das* [griechisch tēle ›fern‹], fotografisches Objektiv mit langer Brennweite und schmalem Bildwinkel, bei Kleinbildkameras z. B. 85 bis 2000 mm und 30° bis 2°, mit dem entfernte Objekte so vergrößert werden, dass sie näher erscheinen.

Thermoelement, *das* [zu griechisch therme ›Wärme‹], ein Gerät zur exakten Temperaturmessung. Es besteht aus zwei verschiedenen Materialien, z. B. Eisen/Konstantan, Nickel/Nickelchrom, die über

561

zwei Lötstellen verbunden sind. Setzt man diese Verbindungsstellen unterschiedlichen Temperaturen aus (eine wird auf einem bekannten und konstanten Wert gehalten), so entsteht eine Thermospannung, deren Höhe ein direktes Maß für die Temperaturdifferenz ist.

Thermostat, *der* [zu griechisch therme ›Wärme‹], ein automatischer Temperaturregler zur Aufrechterhaltung eines Sollwerts der Temperatur. Er besteht aus einem Temperaturfühler (z. B. Bimetallstreifen) und einem elektrischen Schaltkontakt.

Transformator, *der* [lateinisch ›Umwandler‹], ein Gerät zur Umwandlung einer elektrischen Wechselspannung in eine höhere oder niedrigere Spannung gleicher Frequenz.

Transistor, *der* [Kurzwort aus englisch **trans**fer ›Übertragung‹ und res**istor** ›elektrischer Widerstand‹], ein elektronisches Halbleiterbauelement mit mindestens drei Elektroden, das als Verstärker oder kontaktloser Schalter eingesetzt wird. Die Miniaturisierung hat dazu geführt, dass in ↑ integrierten Schaltungen eine noch ständig steigende Anzahl von Transistorfunktionen pro Flächeneinheit konzentriert werden kann (gegenwärtig etwa 10^8 = 100 Millionen je Chip). Die Transistorfunktionen innerhalb der integrierten Schaltungen auf einem Chip sind die Grundelemente von Mikroprozessoren und damit auch die der Zentraleinheit eines Computers.

Transrapid ›TR 07 Europa‹ auf der Versuchsstrecke im Emsland

Transrapid, in Deutschland entwickelte Hochgeschwindigkeits-Magnetschwebebahn (Höchstgeschwindigkeit 500 km/h), die mit einem Linearmotor angetrieben wird und berührungsfrei auf einer etwa 5 m hohen, gestelzten Schienenbahn gleitet.

● Ende 2002 wurde eine 30 km lange Strecke zwischen Schanghai und dem Flughafen Pudong fertig gestellt.

Tschernobyl ⇒ Kapitel 1.

Überschall, Bezeichnung von Geschwindigkeiten, die höher als die Schallgeschwindigkeit (etwa 331 m/s) sind (↑ Schallmauer).

UHF [Abkürzung für englisch **u**ltra **h**igh **f**requency ›Ultrahochfrequenz‹], Bezeichnung für elektromagnetische Wellen (Radiowellen) mit Frequenzen zwischen 300 Megahertz und 3 Gigahertz (3 000 000 000 Hertz).

V-2, deutsche Mittelstreckenrakete (auch A-4 genannt) mit Flüssigkeitsantrieb (Alkohol-Sauerstoff-Gemisch), die unter der Leitung von Wernher von Braun (* 1912, † 1977) in Peenemünde (Vorpommern) entwickelt wurde. Technische Daten: Startgewicht 12 000 kg, Sprengstoff 1 000 kg, Reichweite 250 km, Geschwindigkeit etwa 5 000 km/h, Ersteinsatz am 6. 9. 1944.

● Die Bezeichnung V-2 wurde als Kürzel für ›Vergeltungswaffe‹ eingeführt, da mit diesen Raketen britische Städte als ›Vergeltung‹ für die Bombardierung deutscher Städte durch angloamerikanische Bomberflotten angegriffen wurden.

Verbrennungsmotor, eine Kraftmaschine, bei der durch Verbrennung eines Luft-Kraftstoff-Gemischs mechanische Arbeit geleistet wird. Die beiden wichtigsten Typen sind der Ottomotor und der Dieselmotor (auch ↑ Wankelmotor).

Verstärker, in der Elektronik eine Schaltung oder ein Gerät zur Verstärkung (Vergrößerung) von Spannungen, Strömen und Leistungen. Wichtigste Bausteine in Verstärkerschaltungen sind aktive Bauelemente, vor allem ↑ Transistoren.

virtuelle Realität, Bezeichnung für eine mittels Computer erzeugte scheinbare Wirklichkeit oder künstliche Welt (englisch ›Cyberspace‹), in der sich Personen mithilfe spezieller Geräte (elektronische Brille, Datenhandschuh u. a.) interaktiv bewegen können.

Vulkanisation, *die* [zu englisch to vulcanize ›dem Feuer aussetzen‹], ein Verfahren, bei dem thermoplastischer Kautschuk in elastischen Weichgummi überführt wird. Dabei werden zwischen den Makromolekülen (↑ Polymere) Vernetzungsbrücken ge-

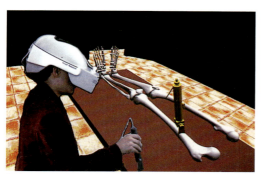

Zu den Anwendungen für **virtuelle Realität** gehört z. B. das Erlernen chirurgischer Operationen an virtuellen Patienten

bildet, sodass sich die Moleküle nicht mehr frei bewegen können. Als Vulkanisationsmittel dienen Schwefel abgebende Substanzen.

Wankelmotor, auch Kreiskolbenmotor genannter Verbrennungsmotor, dessen Kolben eine stetig kreisende Bewegung ausführt. Der exzentrisch gelagerte dreieckförmige Drehkolben läuft in einem Gehäuse um und bildet mit diesem die sich stetig verändernden Arbeitsräume.
🔸 Das Prinzip des Wankelmotors wurde von Felix Wankel (* 1902, † 1988) entwickelt.

Wärmebelastung, eine Form der Umweltverschmutzung, bei der Abwärme, z. B. aus Kraftwerken, in Gewässer eingeleitet wird. Die daraus entstehende Temperaturerhöhung des Wassers verringert den Sauerstoffgehalt des Gewässers, was schließlich zum ›Umkippen‹ führen kann.

Wasserkraftwerk, ein Kraftwerk, das die kinetische Energie aufgestauten oder hochgepumpten Wassers zur Erzeugung elektrischer Energie ausnutzt. Das Wasser treibt dabei Wasserturbinen an, die mit Generatoren gekoppelt sind, in denen die mechanische Energie des Wassers in elektrische Energie umgewandelt wird.

Watt, die Einheit der Leistung, Einheitenzeichen W; 1 Watt = 1 Joule pro Sekunde.
🔸 Die Einheit wurde nach James Watt benannt.

Watt, James [wɔt], britischer Techniker und Erfinder (* 1736, † 1819), verbesserte die Newcomen-Dampfmaschine und ließ sich ein Patent auf eine von ihm konstruierte Maschine erteilen, die die hin- und hergehende Bewegung (des Kolbens) in eine rotierende Bewegung (Kreisbewegung) umwandelte. Dadurch konnte die Dampfmaschine als Antriebsmaschine, z. B. für Textil- und Werkzeugmaschinen, verwendet werden, was eine wesentliche Grundlage für die industrielle Revolution war.
🔸 Watt erkannte als Erster, dass Wasser kein chemisches Element ist.

Wechselstrom, elektrischer Strom, dessen Richtung und Stärke sich im Unterschied zum ↑ Gleichstrom periodisch ändern. Wechselstrom wird mit Generatoren erzeugt. Netzwechselstrom hat in Deutschland eine Frequenz von 50 Hertz; elektrische Bahnen werden mit $16^2/_3$ Hertz betrieben.

Weitwinkelobjektive, fotografische Objektive, mit denen man Bildwinkel von 60° bis 140° erfasst, mit den Superweitwinkelobjektiven (Fischaugenobjektive) sogar bis etwa 220° bei etwa 6 mm Brennweite.

World Wide Web [wɔːld waɪd web], ↑ WWW.

Wright, Orville [raɪt], (* 1871, † 1948), und **Wilbur** (* 1867, † 1912), amerikanische Techniker und Luftfahrtpioniere. Nachdem die Brüder Wright die Gleitflugversuche Otto Lilienthals (* 1848, † 1896) gründlich studiert hatten, führten sie selbst Gleitflüge aus, bauten dann einen Flugzeugmotor und gingen zum Motorflug über (erster Motorflug am 17. 12. 1903).

WWW [Abkürzung für englisch **w**orld **w**ide **w**eb ›weltweites Netz‹], ein Dienst des Internets, der dem Benutzer Informationen unterschiedlicher Art und Herkunft zur Verfügung stellt. Neben einer Zugangsberechtigung zum Internet ist dazu ein Browser notwendig, mit dem weltweit auf die Informationsangebote zugegriffen werden kann.

Zentraleinheit, englisch **c**entral **p**rocessor **u**nit (Abkürzung CPU), Bezeichnung für den Rechnerkern und den Hauptspeicher eines Computers. Zum Rechnerkern gehören das Rechenwerk sowie ein Ein-/Ausgabeprozessor, über den die Verbindungen mit den Peripheriegeräten und dem Bedienungspersonal hergestellt werden.

Register

A
A 550
a priori 300
A und O 347
Aachen 434
Aargau 434
Abbado, Claudio 201
Abbasiden 10
Abdomen 388
Abendland 10
Abendmahl 300
Abendrot 496
Abendstern 516
Abenteuerroman 236
Abgaben 162
Abgeordnetenhaus 120
Ablass 72, 300
ABM 120
Aborigines 368
Abraham und Isaak 346
Abruzzen 434
Abs, Hermann Josef 162
Abschreibung 162
Absetzung für Abnutzung 162
absoluter Nullpunkt 516
Absolution 300
Absolutismus 10
Absorption 516
abstrakte Kunst 192
absurdes Theater 236
Abszess 388
Abtreibung 388
Abwehr-, Verdrängungsmechanismus 368
Abwertung 162
Académie française 236
Achilles 326
Achillessehne 388
Achse 516
Achsenmächte 72
Achtundsechziger 72
Achtundvierziger 72
Aconcagua 434
ad absurdum 286
adagio 192
Adam und Eva 346
Adam, Adolphe Charles 193
Adaptation 420
Addis Abeba 434
Addition 516
Adel 10
Adel verpflichtet 286
Adenauer, Konrad 72, 129
Adhäsion 516
Adoleszenz 368
Adonis 326
Adoptivkaiser 10
Adorno, Theodor W. 368
Adrenalin 388
Adriatisches Meer 434

Advent 300
Advocatus Diaboli 286
Aeneis 236
aerob 420
Aerobic 388
Afghanistan 434
Afghanistankrieg 10
Afrika 434
ägäische Kultur 10
Agamemnon 326
Aggregatzustände der Materie 516
Aggression 368
Agio 162
Agnostizismus 300
Agrarreform 72
Ägypten 434
ägyptische Plagen 346
ägyptisches Reich 11
Ahlener Programm 72
Ahnenkult 300
Aichinger, Ilse 257
Aida 192
Aids 388
Aischylos 236
Akademie 236
Akkord 192
Akkulturation 368, 369
Akkumulator 550
Akne 388
AKP-Staaten 120
Akropolis 192
Akt 192, 236
Aktie 162
Aktiengesellschaft 162
Aktienindex 162
Aktienkurs 162
Aktiva 162
Akupunktur 388
akut 389
Aladins Wunderlampe 326
Alaska 434
Albanien 434
Albigenser 11
Alchimie 516
Alea iacta est 11
Alemannen 72
Alembert, Jean Le Ronde d' 248
Aletschgletscher 434
Aleuten 434
Alexander der Große 11
Alexandriner 236
Algebra 516
Algen 420
Algerien 434
Algorithmus 516
Alhambra 192
Ali Baba und die 40 Räuber 326
Alice im Wunderland 236

Alkoholismus 389
Allah 300
Allegorie 192
Alleinvertretungsanspruch 73
Allergie 389
alles über einen Leisten schlagen 290
Alles verstehen heißt alles verzeihen 297
Allfinanz 162
Allgäu 435
Alliierte 11, 73
Alliierter Kontrollrat 73
Allmende 73
Alma Mater 286
Almanach 236
Alpen 435
Alphastrahlung 516
als Prügelknabe dienen 293
Alt 192
Altdorfer, Albrecht 192
Alte Welt 11
Alter Ego 286
Alter schützt vor Torheit nicht 286
Altes Testament 346
Altkatholiken 300
Altruismus 368
Alveole 389
Alzheimer, Alois 389
Alzheimer-Krankheit 389
AM 550
Am Anfang war das Wort 346
Am deutschen Wesen soll die Welt genesen 286
Amati, Nicola 230
Amazonas 435
Amazonen 326
Ambrosia 326
Amenophis 12
Amerika 435
amerikanische Unabhängigkeitserklärung 12
amerikanischer Bürgerkrieg 12
amerikanischer Unabhängigkeitskrieg 12
Aminosäuren 420
Ammoniten 496
Amnesie 368
Amnesty International 120
Amniozentese 389
Amöben 420
Amok 368
Amor 326
Amortisation 162
Ampere 550
Ampère, André Marie 550
Amphibien 420
Amplitude 516

Amputation 389
Amselfeld 12
Amsterdam 435
Amur 435
An ihren Früchten sollt ihr sie erkennen 352
Anabolika 389
anaerob 420
anale Phase 368
Analgetika 389
Analogrechner 550
Analysis 516
Anämie 389
Anamnese 389
Anapäst 236
Anarchismus 120
Anästhesie 389
Anatolien 436
Anatomie 420
Ancien Régime 12
Andalusien 436
andante 192
Andersch, Alfred 236
Andersen, Hans Christian 236
Andorra 436
Andromedanebel 516
Äneas 326
Anekdote 237
Angebot 163
Angebot und Nachfrage 163
Angebotspolitik 163
Angina 389
Angina Pectoris 389
anglikanische Kirche 300
Angola 436
Angry young men 237
Angst 368
Animismus 368
Ankara 436
Anlagevermögen 163
Anleihe 163
Anna Karenina 237
Annan, Kofi 120
Annuität 163
Anorexie 389
anorganische Chemie 516
anorganische Moleküle 516
Anouilh, Jean 14, 237
Anschluss 73
Ansermet, Ernest 201
Anstalt des öffentlichen Rechts 120
ansteckende Krankheiten 389
Antarktis 436
Antarktisvertrag 120
Anthologie 237
Anthropologie 369
Anthroposophie 369

564

Register

antiautoritäre Erziehung 369
Antibabypille 389
Antibiotika 389
Antichrist 346
Antidepressiva 389
Antigene 389
Antigone 237, 326
Antigua und Barbuda 436
Antike 12
Antikominternpakt 73
Antikörper 389
Antillen 436
Antimaterie 517
Antisemitismus 12, 120, 369
Antithese 300
Antoninen 12
Anus 390
Aorta 390
Apartheid 120
Apathie 369
Apennin 436
Aphorismus 237
Aphrodite 326
APO 73
Apogäum 517
Apokalypse 346
apokalyptische Reiter 346
Apokryphen 347
Apoll 327
Apollo-Programm 550
Apostel 347
Apostelgeschichte 347
Appalachen 436
Appassionata 192
Appeasement 120
Appenzell 436
Approbation 390
Apulien 436
Aquarell 192
Äquator 496
Äquatorialguinea 436
Arabeske 192
Arabien 436
Arabische Liga 120
Arafat, Jasir 121
Aralsee 436
Ararat 347
Arbeit 163, 517
Arbeiter 121
Arbeiterbewegung 12
Arbeiterklasse 121
Arbeiterliteratur 237
Arbeitgeber 163
Arbeitgeberverbände 121
Arbeitnehmer 163
Arbeitsbeschaffungsmaßnahmen 121
Arbeitsdienst 73
Arbeitskampf 163

Arbeitskosten 163
Arbeitslosengeld 163
Arbeitslosenhilfe 163
Arbeitslosenversicherung 121
Arbeitslosigkeit 163
Arbeitsteilung 163
Arbeitszeit 163
Archäologie 369
Archetyp 369
Archimedes 517
Archipel 496
ARD 121
Ares 327
Argentinien 437
Argonauten 327
Argus 327
Ariadne 327
Arie 192
Arier 73
Arierparagraf 73
Aristokratie 121
Aristophanes 237
Aristoteles 300
aristotelisches Drama 237
Arktis 437
Ärmelkanal 437
Armenien 437
Arminius 73
Armstrong, Louis 193
Armstrong, Neil 550
Armut 369
Arnim 237
Arp, Hans 200
Art 420
Art déco 193
Artauds, Antonin 266
Artemis 327
Arterien 390
Arteriosklerose 390
Artes liberales 238
Arthritis 390
Artus 327
Artusdichtung 238
Aschenputtel 327
Aschermittwoch 301
Ascorbinsäure 390
ASEAN 121
Asen 328
Aserbaidschan 437
Asgard 328
Asien 437
Askese 301
Äskulap 328
Äsop 238
Assimilation 369
Assyrien 13
Asterix 238
Asteroiden 517
Ästhetik 301
Asthma 390

Astigmatismus 390
Astronaut 550
Astronomie 517
Astrophysik 517
Asyl 121, 369
Asylrecht 121
Atatürk 13
Atheismus 301
Athen 13, 438
Athene 328
Äthiopien 438
Äthylalkohol 517
Atlantik-Charta 13
Atlantis 328
Atlantischer Ozean 438
Atlas 328, 438
Atmosphäre 496, 517
Atmung 390, 420
Ätna 438
Atoll 496
Atom 517
Atombombe 550
Atomgewicht 518
Atomuhren 518
Atomwaffen 122
atomwaffenfreie Zone 122
Atomwaffensperrvertrag 122
Atrophie 390
Attaché 122
Attila 13
attische Demokratie 13
Audiovision 550
auf dem Holzweg sein 289
auf dem Wasser wandeln 347
auf den Busch klopfen 287
auf den Hund kommen 289
auf keinen grünen Zweig kommen 298
Aufmerksamkeitsdefizit-Hyperaktivitätsstörung 390
Auf Regen folgt Sonnenschein 293
auf Sand gebaut haben 294
auf Schusters Rappen 294
Auferstehung 347
Aufklärung 13, 238, 301
Aufsichtsrat 164
Auftrieb 518
Aufwand 164
Aufwertung 164
Auge 390
Auge um Auge, Zahn um Zahn 347
Augiasställe 328
Augsburg 438
Augsburger Bekenntnis 73
Augsburger Religionsfriede 74
Augstein, Rudolf 111

Augustinus 301
Augustus 13
Aurora 328
Aus dem Leben eines Taugenichts 238
aus dem Stegreif 295
aus einer Mücke einen Elefanten machen 292
Ausbürgerung 122
Auschwitz 74
auserwähltes Volk 301
Ausfuhr 164
Ausländer 122
Ausländerbeauftragter 122
Auslandsdeutsche 122
Außenhandel 164
Aussiedler 122
Aussperrung 164
Austen, Jane 238
Australien 438
Auswanderung 369
Auswärtiges Amt 123
Auszug aus Ägypten 347
Autismus 369
Autobiografie 238
Autoimmunkrankheit 390
Autokratie 123
autonome Gebiete 123
Autonomie 123
Autonomiebewegungen 123
Autonomiestatut 123
Autor 238
Autorität 369
Avantgarde 238
Ave-Maria 193, 301
Avignon 438
Axiom 302, 518
Aznavour, Charles 199
Azoren 438
Azteken 14

B

Baader, Andreas 108
Baader-Meinhof-Gruppe 74
Baal 348
Babel 348
Babylon 14, 348
Babylonische Gefangenschaft 14
Babylonischer Turm 14
Bacchus 328
Bach 193
Bach, Carl Philipp Emanuel 193
Bach, Johann Christian 193
Bach, Johann Christoph 193
Bach, Johann Sebastian 193, 194, 212, 216, 217, 220, 233, 234
Bach, Wilhelm Friedemann 193

565

Register

Bachmann, Ingeborg 238
Backenzähne 391
Bacon, Francis 324
Baden-Württemberg 123, 438
Bagdad 438
Bahai-Religion 302
Bahamas 438
Bahrain 438
Baiern 74
Baikalsee 438
Baisse 164
bakterielle Infektion 391
Bakterien 420
Balanchine, George 193
Baldung, Hans 193
Baldur 328
Baldwin, James 238
Balearen 439
Bali 439
Balkan 439
Balkanisierung 123
Ball, Hugo 200
Ballade 238
Ballett 193
Balzac, Honoré de 239
Bananenrepublik 123
Band 391
Bandwurm 391
Bangkok 439
Bangladesh 439
Banken 164
Bankgeheimnis 164
Ban Ki Moon 123
Baptisten 302
Barbados 439
Barbiturate 391
Barcelona 439
Barenboim, Daniel 201
Bariton 194
Barlach, Ernst 194, 202
barmherziger Samariter 348
Barnard, Christiaan 416
Barock 194, 239
Barometer 496
Barschelaffäre 74
Bartholomäusnacht 14
Basalt 496
Base 518
Basel 439
Basie, Count 194, 209
Basilika 194
Bass 194
Bastille 14
Bathyskaph 550
Batterie 550
Bauchhöhle 391
Bauchspeicheldrüse 391
Baudelaire, Charles 239
Baudissin, Wolf Graf von 141
Bauernbefreiung 74

Bauernkrieg 74
Bauhaus 194
Baum der Erkenntnis 348
Baumgrenze 496
Bausparkasse 164
Bayerischer Wald 439
Bayern 123, 439
Bayreuther Festspiele 194
Bazillen 420
Beamte 123
Beatgeneration 239
Beatles 194
Beaumarchais, Pierre de 194, 207
Beauvoir, Simone de 239, 368
Bebel, August 74, 155
Bécaud, Gilbert 199
Becken 391
Becker, Jurek 239
Becket, Thomas 14
Beckett, Samuel 239
Beckmann, Max 194
Becquerel 518
Becquerel, Antoine Henri 518, 520, 541
Beecham, Sir Thomas 201
Beecher Stowe 239
Beelzebub 348
Beethoven, Ludwig van 195, 202, 217
Befehl 550
Befreiungsbewegungen 124
Befreiungskriege 14
Befruchtung 391, 420
Begabung 369
Behaviorismus 369
Behrens, Peter 209
bei der Stange bleiben 295
Bei geschlossenen Türen 239
Bei ihm ist Schmalhans Küchenmeister 294
bei jemandem einen Stein im Brett haben 296
bei jemandem gut angeschrieben sein 286
Beichte 302
Beirut 439
Beitragsbemessungsgrenze 164
Bekennende Kirche 74, 302
Belagerung Wiens 74
Belfast 439
Belgien 439
Belgrad 439
Belize 440
Bell, Alexander Graham 520, 550
Belletristik 239
Bellini, Giovanni 195

Bellini, Vincenzo 195
Bellow, Saul 240
Belsazar 348
Belvedere 195
Ben Eliezer, Israel 302
Ben Gurion, David 15
Benedikt von Nursia 14
Benediktiner 302
Beneluxstaaten 124
Benin 440
Benn, Gottfried 240
Benz, Bertha 551
Benz, Carl Friedrich 550
Berg, Alban 214, 234
Bergmann, Ingrid 196
Bergpredigt 348
Bering, Vitus Jonassen 434
Berlin 124, 440
Berlin Alexanderplatz 240
Berlinabkommen 75
Berliner Blockade 75
Berliner Kongress 15
Berliner Mauer 75
Berlinfrage 75
Berlioz, Hector 195
Bermudas 440
Bern 440
Bernhard, Thomas 240
Bernini, Giovanni Lorenzo 194, 195
Bernstein, Leonard 195, 201, 218
Berufskrankheit 391
Berufsverbände 124
Besatzungszone 75
Beschäftigung 164
Beschäftigungsgesellschaften 164
Beschleunigung 518
Beschneidung 391
beschränkte Haftung 165
Bestäubung 420
Betastrahlung 518
Betäubungsmittel 391
Bethlehem 348, 440
Betrieb 165
Betriebsrat 165
Bettelorden 15
Beugung 518
Beuys, Joseph 195
Bhutan 440
Bibel 240, 302, 349
Bibliografie 240
biblisches Alter 286
Biedermeier 196, 240
Biermann, Wolf 238
Bigamie 370
Bilanz 165
bilateral 124
Bildung 370
Bill of Rights 15

Bims 496
binäre Darstellung 551
Bindegewebe 391
Bindehautentzündung 391
binomische Formeln 518
Biochemie 421
Biofeedback 391
biogenetische Grundregel 421
Biografie 240
Biologie 421
Biomasse 421
Biophysik 421
Biosphäre 421
Birma 440
bis in die Puppen 293
Bischof 302
Bisexualität 370
Bismarck, Otto Fürst von 76
Bit 551
Bittet, so wird euch gegeben 349
Bizet, Georges 196, 198
Bizone 76
blanko 165
Blankvers 240
Blase 391
Blasinstrumente 196
Blaubart 328
Blauer Reiter 196
Blauhelmsoldaten 158
Blei 518
Blinddarm 391
Blindenschrift 551
blinder Fleck 392
Blitz 496
Blitzkrieg 76
Blizzard 496
blockfreie Staaten 124
Blockmeer 496
Blockparteien 76
Blocksberg 328
Blücher von Wahlstatt, Gebhard Leberecht Fürst 76
Bluechip 165
Blues 196
Blut 392
Blut, Schweiß und Tränen 15
Blutarmut 392
Blutdruck 392
Blüte 421
Bluterkrankheit 392
Blutgefäße 392
Blutgruppen 392
Blutkrebs 392
Blutplättchen 392
Blutübertragung 392
Blut-und-Boden-Dichtung 240
Boccaccio, Giovanni 241
Bock, Jerry Louis 218

Register

Böckler, Hans 165
Böcklin, Arnold 230
Bodenreform 76
Bodensee 440
Bogart, Humphrey 196
Bogotá 440
Boheme 196, 241
Böhm, Karl 201
Böhmen 440
Böhmerwald 441
böhmische Dörfer 286
Bohr, Niels 519
bohrsches Atommodell 519
Bolívar, Simon 15
Bolivien 441
Böll, Heinrich 241
Bologna 441
Bolschewiki 15
Bolschoi-Theater 196
Bombay 441
Bonifatius 76
Bonität 165
Bonn 441
Bora 496
Borchert, Wolfgang 241
Bordeaux 441
Borges, Jorge Luis 241
Borgia 15
Bornholm 441
Borreliose 392
Börse 165
Börsenkrach 166
Bosch, Hieronymus 196
Bosnien und Herzegowina 441
Bosporus 441
Boston Tea Party 15
Botanik 421
Botswana 441
Botticelli, Sandro 196
Botulismus 392
Boucher, François 226
Boulevardkomödie 241
Boulez, Pierre 201
Bourbonen 15
Bourgeoisie 15
Boxeraufstand 16
Boykott 124
Brahe, Tycho 529, 545
Brahmaputra 441
Brahms, Johannes 196, 225
Brandenburg 125, 441
Brandenburger Tor 196
Brandenburgische Konzerte 197
Brandt, Willy 77, 155
Brandung 496
Braque, Georges 199, 212, 222, 267
Brasília 441
Brasilien 441

Brassens, George 199
Bratsche 197
Braun, Karl Ferdinand 557
Braun, Wernher von 562
Braunkohle 496
Brecht, Bertolt 201, 241, 525
Brechung 519
Breite 496
Brel, Jacques 199
Bremen 125, 441
brennender Dornbusch 350
Brennweite 519
Brentano, Clemens 241
Breschnew, Leonid Iljitsch 16
Breschnew-Doktrin 16
Breslau 442
Brest-Litowsk 16
Bretagne 442
Breton, André 279
Briand, Aristide 16
Briefkurs 166
Briefroman 241
Britische Inseln 442
Britisches Empire 16
Broker 166
Bronchien 393
Brontë 242
Brontosaurus 421
Bronzezeit 16
Brot und Spiele 16
brownsche Bewegung 519
Browser 551
Bruch 393, 519
Bruckner, Anton 197, 214
Brueghel, Pieter der Ältere 197
Brunei 442
Brunhild 329
Brüning, Heinrich 77
Brüssel 442
Brutkasten 393
Bruttosozialprodukt 166
Brutus 17
BSE 393
Bücherverbrennung 242
Buchführung 166
Buchgeld 166
Büchner, Georg 242
Budapest 442
Buddha 302
Buddhismus 302
Budgetrecht 125
Buenos Aires 442
Bukarest 442
Bulgarien 442
Bulimie 370, 393
Bund 350
Bundesadler 125

Bundesamt für Verfassungsschutz 125
Bundesbank 125
Bundesgerichtshof 126
Bundesgrenzschutz 126
Bundeskanzler 126
Bundeskanzleramt 126
Bundeslade 350
Bundesländer 126
Bundesminister 126
Bundesnachrichtendienst 126
Bundespräsident 126
Bundespresseamt 126
Bundesrat 126
Bundesregierung 127
Bundesrepublik Deutschland 442
Bundesstaat 127
Bundestag 127
Bundesverfassungsgericht 127
Bundesversammlung 127
Bundeswehr 127
Bündnis 90/Die Grünen 128
Bundschuh 77
Bunsen, Robert Wilhelm 519
Buren 17
Burenkrieg 17
Burgenland 442
Bürgerinitiative 128
Bürgerkönig 17
bürgerliches Trauerspiel 242
Bürgermeister 128
Bürgerrechte 129
Bürgerrechtsbewegung 129
Bürgertum 370
Burgfriede 77
Burgtheater 197
Burgund 77, 442
Burgunder 17
Burkina Faso 442
Burleske 242
Bürokratie 370
Burschenschaften 77
Burundi 442
Busch, Wilhelm 242
Business as usual 293
Bypassoperation 393
Byron, George Gordon Noel 242
Byte 551
Byzantinisches Reich 17

C

Caesar 17
Cage, John 197
Calderón de la Barca, Pedro 243
Call 166
Callas, Maria 197

Callot, Jacques 224
Calvin, Johannes 18
Calvino, Italo 243
Camargue 442
Cambridge 442
Camelot 329
Camp-David-Abkommen 18
Camus, Albert 243
Canberra 442
Canetti, Elias 243
Cannae 18
Canossa 78
Canova, Antonio 210
Canterbury 443
Canterbury tales 243
Cantor, Georg 534
Canyon 496
Capri 443
Capriccio 197
Caracas 443
Caravaggio 197
Carmen 198
Carmina Burana 243
Carnegie Hall 198
Carroll, Lewis 236
Carter, James Earl 129
Caruso, Enrico 198
Casablanca 443
Casals, Pablo 198
Casanova, Giovanni Giacomo 243
Cash, Jonny 199
Cashflow 166
CASTOR 551
Castor und Pollux 329
Castro Ruz, Fidel 18, 462
Cato 18
CD 551
CD-ROM 551
Celan, Paul 243
Celebidache, Sergiu 201
Cellini, Benvenuto 198
Cello 198
Celsius, Anders 519
Celsiusskala 519
Cembalo 198
Ceres 329
Cervantes Saavedra, Miguel de 243
Césaire, Aimé 267
Ceylon 443
Cézanne, Paul 198
Chagall, Marc 198
Chamberlain, Neville 18
Champagne 443
Chancengleichheit 129
Chanson 198
Chaosforschung 519
Chaplin, Charles 199
Chaplin, Geraldine 199
Charisma 370

567

Register

Charon 329
Chartres 443
Charts 166
Charybdis 329
Chassidismus 302
Chaucer, Geoffrey 243
Chauvinismus 129
Che Guevara 18
Chemie 519, 532
chemische Bindung 519
chemische Evolution 421
chemische Reaktion 519
chemisches Element 520
chemisches Gleichgewicht 520
Chemotherapie 393
Cherubim 350
Chiang Kai-shek 18
Chicago 443
Chiemsee 443
Chile 443
China 443
Chinesische Mauer 19
Chip 551
Chiropraktik 393
Chirurgie 393
Chlodwig I 78
Chlor 520
Chloroform 393
Chlorophyll 421
Cholera 393
Cholesterin 393
Chopin, Fryderyk 199
Chor 199
Chordatiere 421
Choreografie 199
Chou En-lai 19, ↑Zhou Enlai
Christen 350
Christentum 303
Christi Himmelfahrt 303
Christie, Agatha 243
Christlich-Demokratische Union 129
Christlich-Soziale Union 129
Christo und Jeanne-Claude 199
Christus 303, 350
Chromosomen 421
chronisch 394
Chruschtschow, Nikita Sergejewitsch 19
Churchill, Sir Winston 19
CIA 130
Cicero 19
Cicero, Marcus Tullius 243
Circe 329
Clan 370
Claudius, Matthias 243
Clausius, Rudolf 523
Clemenceau, Georges 19
Club of Rome 19

Cluny 20
Code 552
Cogito ergo sum 303
Collage 199
Colombo 443
Colorado 443
Comer See 444
Comics 243
Commedia dell'Arte 244
Commonwealth 130
Computer 552
Computerbörse 166
Computertomogramm 394
Conrad, Joseph 244
Contergan 394
Cook, James 20
Cooper, James Fenimore 244
coram publico 287
Cordon sanitaire 20
Corinth, Lovis 208
Corneille, Pierre 244
Corporate Identity 166
Cortes 130
Cortés, Hernán 14, 20
Così fan tutte 199
Costa Brava 444
Costa del Sol 444
Costa Rica 444
Côte d'Azur 444
Countrymusic 199
Courths-Mahler, Hedwig 244
Cousin, Victor 262
CPU 552
Cranach, Lucas der Ältere 199
Cranko, John 193, 207
Credo 303
crescendo 200
Creutzfeldt, Hans G. 394
Creutzfeldt-Jakob-Krankheit 394
Crick, Francis Harry Compton 422
Cro-Magnon-Mensch 370
Cromwell, Oliver 20
CT 394
Curie, Marie 520, 541
Curie, Pierre 520, 541
Cyberspace 552

D

Dadaismus 200, 244
Dädalus 329
Daguerre, Louis 203
Dakar 444
Daktylus 244
Dalai-Lama 20, 303
Dalí, Salvador 200, 230
Dallas 444

Dalmatien 444
Damaskus 444
Damokles 329
Dämonen 350
Dampf 520
Dänemark 444
Daniel 350
Dante Alighieri 244
Danton, Georges 20
Dantons Tod 245
Danzig 444
Dardanellen 444
Dareios I 20
Darm 394
Darmausgang 394
Darwin, Charles 423
Darwin, Charles Robert 422
das A und O 286
Das andere Geschlecht 368
Das Bildnis des Dorian Gray 240
Das Decamerone 245
Das Dschungelbuch 247
das Ei des Kolumbus 287
das fünfte Rad am Wagen 293
Das Glasperlenspiel 252
das Gras wachsen hören 288
Das Hemd ist mir näher als der Rock 288
das Kind mit dem Bad ausschütten 290
das kleinere Übel 297
das Kriegsbeil begraben 290
das Land, in dem Milch und Honig fließen 358
das Letzte Abendmahl 358
Das Lied von der Glocke 262
das Pferd beim Schwanze aufzäumen 292
Das Reich, in dem die Sonne nicht untergeht 104
das schwarze Schaf 294
Das Tagebuch der Anne Frank 279
das Zeitliche segnen 298
Datenschutz 130
Datenschutzbeauftragter 130
Datenverarbeitung 552
Datumsgrenze 496
Daumier, Honoré 210
David 350
David, Jacques-Louis 200
Davis, Miles 200
Davis, Sir Colin 201
DAXY 166
Dayton-Abkommen 20
DDR 78
DDT 552
Debussy, Claude 200

Deduktion 303
Defizit 166
Deflation 166
Defoe, Daniel 245
Degas, Edgar 200, 221
Dehydratation 520
Deich 496
Delacroix, Eugène 200
Delhi 444
Delphi 329
Delta 497
Demagogenverfolgung 78
Demenz 394
Demeter 329
Demografie 370
Demokratie 130
Demonstrationsrecht 131
Demontage 78
Demoskopie 370
den Braten riechen 286
Den Haag 444
den Rubikon überschreiten 293
Den Sack schlägt man, den Esel meint man 294
den Spieß umdrehen 295
den Stab über jemandem brechen 295
den Teufel an die Wand malen 296
den Teufel durch Beelzebub austreiben 296
den Wald vor lauter Bäumen nicht sehen 297
Deng Xiaoping 21
Dentin 394
Depot 166
Depression 166, 370
Deprivation 370
Der alte Mann und das Meer 236
Der Archipel GULAG 237
Der Barbier von Sevilla 194
Der Biberpelz 240
Der Freischütz 200
Der Fremde 251
Der Geizige 252
Der gestiefelte Kater 332
Der Glöckner von Notre-Dame 252
Der Graf von Monte Christo 253
Der Große Kurfürst 87
Der grüne Heinrich 254
Der Hauptmann von Köpenick 255
Der Herr der Fliegen 256
Der Herr der Ringe 256
Der Herr ist mein Hirte 354
Der Idiot 258
Der kleine Prinz 260

Register

Der kleine Unterschied und seine großen Folgen 376
Der König ist tot, es lebe der König! 39
der kranke Mann am Bosporus 40
Der Kreidekreis 261
Der letzte Mohikaner 262
Der Malteser Falke 263
Der Mensch lebt nicht vom Brot allein 61
Der Prophet gilt nichts in seinem Vaterland 293
Der Ring des Nibelungen 225
Der Rosenkavalier 226
Der Schimmelreiter 275
der springende Punkt 295
Der Staat bin ich 297
der Stein der Weisen 296
der Stein des Anstoßes 295
Der Struwwelpeter 278
Der Sturm 278
der Teufel ist los 296
Der Tod in Venedig 279
Der Troubadour 232
Der Untertan 281
der Weisheit letzter Schluss 297
Der Zauberberg 284
der Zehnte 366
Der zerbrochene Krug 284
der Zweck heiligt die Mittel 298
Dermatitis 394
Dermatologie 394
Derwisch 303
Des Knaben Wunderhorn 260
Descartes, René 304, 308
Desertifikation 497
Desinfektionsmittel 394
Desoxyribonukleinsäure 422
Determinismus 304
Deus ex Machina 287
Deutsche Angestellten-Gewerkschaft 131
Deutsche Arbeitsfront 78
Deutsche Bahn AG 166
Deutsche Bundesbank 166
Deutsche Demokratische Republik 78
deutsche Frage 78
deutsche Ostsiedlung 79
deutsche Stämme 80
Deutschenspiegel 79
Deutscher Bund 79
deutscher Dualismus 79
Deutscher Gewerkschaftsbund 131, 166

deutscher König 79
Deutscher Krieg von 1866 79
deutscher Michel 79, 291
Deutscher Orden 79
Deutscher Zollverein 79
Deutsches Reich 79
Deutsch-Französischer Krieg von 1870/71 80
Deutschland 444
Deutschland einig Vaterland 81
Deutschlandlied 131
Deutschlandvertrag 81
Deutsch-Polnischer Vertrag 131
Deutsch-Sowjetischer Vertrag 131
Deutschstunde 245
Devisen 166
Devisenkurs 167
Dezibel 520
Dezimalzahl 520
DGB 132
Dhaka 445
Diabetes mellitus 394
Diadochen 21
Diaghilew, Serge 219
Diagnose 394
Dialektik 304
Dialog 245
Dialyse 394, 520
Diamant 497
Diana 329
Diaphragma 394
Dichte 520
Dichtung und Wahrheit 245
Dickdarm 394
Dickdarmentzündung 394
Dickens, Charles 245
Diderot, Denis 245
Dido 329
Die Abenteuer des braven Soldaten Schwejk 236
Die Abenteuer des Pinocchio 269
die andere Wange hinhalten 365
Die Axt im Haus erspart den Zimmermann 286
Die blaue Blume 240
Die Blechtrommel 240
Die Blumen des Bösen 240
die Bretter, die die Welt bedeuten 287
Die Brücke 197
Die Brüder Karamasow 242
Die Buddenbrooks 242
Die drei Musketiere 247
Die Entstehung der Arten 423

Die Entführung aus dem Serail 202
Die Ersten werden die Letzten sein und die Letzten werden die Ersten sein 351
Die Fliegen 250
Die Früchte des Zorns 251
die Gelegenheit beim Schopfe fassen 294
Die Göttliche Komödie 253
Die Hochzeit des Figaro 207
Die Jungfrau von Orleans 259
die Kastanien aus dem Feuer holen 289
die Katze aus dem Sack lassen 289
die Katze im Sack kaufen 289
Die Leiden des jungen Werthers 262
die Lilien auf dem Felde 359
Die Macht des Schicksals 214
Die Meistersinger von Nürnberg 215
Die Möwe 266
Die Pest 269
die Platte putzen 292
Die Ratten 271
Die Räuber 271
Die Schatzinsel 274
Die Schöpfung 228
Die skeptische Generation 384
die Spreu vom Weizen trennen 295
Die Stimme des Rufers in der Wüste 364
Die toten Seelen 280
Die Traumdeutung 385
Die Unfähigkeit zu trauern 385
Die Unvollendete 232
Die verlorene Ehre der Katharina Blum 281
Die verspätete Nation 386
Die Wacht am Rhein 115
Die Wahlverwandtschaften 282
Die Weber 282
die Welt aus den Angeln heben wollen 297
Die Winterreise 234
Die Würfel sind gefallen 69
Die Zauberflöte 234
die Zeichen der Zeit 298
Dienstleistungen 167
Diesel, Rudolf 552
Dietrich von Bern 329
Dietrich, Marlene 200

digitales Fernsehen 552
Digitalrechner 552
Diktatur 132
Dinosaurier 422
Dionysos 329
Dioskuren 330
Diphtherie 394
Diplomatie 132
Dirigent 201
Disagio 167
Diskont 167
Diskontsatz 167
Disney, Walt 201
Disraeli, Benjamin 21
Dissonanz 201
Divide et impera! 21
Dividende 167
Division 520
Dix, Otto 201, 218
Dixieland 201
Dnjepr 445
DNS 422
Döbereiner, Johann Wolfgang 537
Döblin, Alfred 245
documenta 201
Dogma 304
Doktor Jekyll und Mr. Hyde 245
Doktor Schiwago 245
Dokumentarliteratur 245
Dolchstoßlegende 81
Dolomit 497
Dolomiten 445
dominantes Merkmal 422
Dominica 445
Dominikaner 304
Dominikanische Republik 445
Dominikus 304
Dominion 21
Dominotheorie 21
Don 445
Don Carlos 245
Don Giovanni 201
Don Juan 246
Don Quijote 246
Donar 330
Donatello 201
Donau 445
Donner 497
Doppelhelix 423
Doppelmoral 371
Doppler, Christian 520
Doppler-Effekt 520
Doré, Gustave 230
Dorf 497
Dornenkrone 351
Dornröschen 330
Dos Passos, John Roderigo 246

569

Dostojewskij, Fjodor Michajlowitsch 246
Dover 445
Dow-Jones-Aktienindex 167
Dow Jones STOXX® EURO 50 167
Downing Street 132
Down-Syndrom 395
Doyle, Arthur Conan 246
Drake, Francis 21
Drakon 21
drakonisch 287
Drama 246
Dränage 497
Drehmoment 552
drei Einheiten 246
Dreifaltigkeit 304
Dreigroschenoper 201
Dreiklassenwahlrecht 81
Dreisatz 521
dreißig Silberlinge 351
Dreißigjähriger Krieg 81
Dresden 446
Dreyfus, Alfred 284
Dreyfusaffäre 21
Drift 497
Dritte Welt 132, 497
dritter Stand 21
Drittes Reich 81
Drogensucht 395
Droste-Hülshoff, Annette von 247
Druck 521
Druse 497
Drüsen 395
Dschibuti 446
Dschihad 132
Dschingis Khan 21
Dschungel 497
DSL 552
Dualismus 304
Dublin 446
Duce 22
Duett 201
Duma 132
Dumas, Alexandre 212, 247
Dumping 167
Dunant, Henry 22
Duncan, Isadora 193, 201
Düne 497
Dünndarm 395
Dünung 498
Duodezfürstentum 81
durch die Lappen gehen 290
durch Mark und Bein gehen 291
Durchfall 395
Durchmesser 521
Durchzug durchs Rote Meer 351
Dürer, Albrecht 201

Durkheim, Émile 371
Dürrenmatt, Friedrich 247
Düsseldorf 446
DVD 552
Dvořák, Antonín 202
Dyck, Anthonis van 202
Dynamik 521

E

$E = mc^2$ 523
Ebbe und Flut 498
Ebene 521
Ebert, Friedrich 81
Ebro 446
Echnaton 22
Eckermann, Johann Peter 283
Eckzähne 395
Eco, Umberto 247
ECU 167
Ecuador 446
Edda 247
Edelgase 521
Edelstein 498
Edikt von Nantes 22
Edinburgh 446
Edison, Thomas Alva 553
Effekten 167
Effektivverzinsung 167
Effi Briest 247
EFTA 132
EG 132
EGKS 132
Ego 371
Egozentrik 371
Eich, Günther 257, 261
Eichendorff, Joseph Freiherr von 247
Eierstock 395
Eifel 446
Eiffelturm 475
Eigenkapital 167
Eigentum ist Diebstahl 22
Eiger 446
Eileiter 395
Eileiterschwangerschaft 395
ein alter Zopf 298
ein Buch mit sieben Siegeln 287
ein Dorn im Auge 287
ein frommer Wunsch 298
ein notwendiges Übel 297
ein Silberstreifen am Horizont 295
Ein Sommernachtstraum 247
ein Sturm im Wasserglas 296
ein unbeschriebenes Blatt 286
ein ungläubiger Thomas 296

ein Wolf im Schafspelz 298
Einbürgerung 133
Eine Schwalbe macht noch keinen Sommer 294
einem das Maul stopfen 291
Einem geschenkten Gaul schaut man nicht ins Maul 287
einen Korb bekommen 290
Einfuhr 167
Eingeweidebruch 395
Einhorn 330
Einigungsvertrag 81
Einkommen 167
Einlagen 167
Einstein, Albert 519, 521, 534, 537, 538, 541
Einwanderung 371
Einzugsgebiet 498
Eis 498
Eisberge 498
Eisen 521
Eisenzeit 22
Eiserner Vorhang 22
Eisprung 395
Eiszeit 498
Eiweiße 395, 423
Eizelle 396
Eizellen 423
Ekliptik 521
El Cid 247
El Greco 202
El Niño 498
El Salvador 446
Elastizität 521
Elba 446
Elbe 446
Eldorado 22
Elektra 248, 330
elektrische Ladung 521
elektrischer Strom 522
elektrischer Widerstand 553
elektrisches Feld 522
Elektrizität 522, 553
Elektroenzephalogramm 396
Elektrokardiogramm 396
Elektrolyse 522
Elektrolyt 396
Elektromagnet 522
elektromagnetische Induktion 522
elektromagnetische Strahlung 522
elektromagnetische Wellen 522
elektromagnetischen Welle 539
Elektron 522
Elektronenmikroskop 522
Elektrosmog 522

elektrostatische Aufladung 522
Element 522
Elementarteilchen 523
Elfenbeinküste 446
Elias 351
Elias, Norbert 371
Eliot, T. S. 14, 248
Elisabeth, Heilige 116
elisabethanisches Theater 248
Elisabeth I 22
Elite 371
Ellington, Duke 202, 209
Ellipse 523
Elsass 446
Elysium 331
E-Mail 553
Emanzipation 22, 133, 371
Embargo 167
Embolie 396
Embryo 396, 423
Embryologie 423
Émile oder Über die Erziehung 248
Emilia Galotti 248
Emission 167
Emmaus 351
Empfängnisverhütung 396
Empire 202
Empirismus 304
Ems 446
Emser Depesche 82
Enddarm 396
Endlagerung 553
Endlösung der Judenfrage 82
endokrines System 396
Endorphine 396
Endoskop 396
endotherm 523
Energie 523
Engadin 446
engagierte Literatur 248
Engel 351
Engels, Friedrich 23, 142, 144
England 446
Entdeckung Amerikas 23
Entdeckungsfahrten 23
Enteignung 133
Entente cordiale 23
Entfremdung 371
Entkolonialisierung 23
Entnazifizierung 82
Entropie 523
Entspannungspolitik 133
Entstalinisierung 23
Entwicklungshilfe 168
Entwicklungsländer 168
Entzündung 396

570

Register

Enzensberger, Hans Magnus 248
Enzephalitis 396
Enzyklika 304
Enzyklopädisten 248
Enzym 423
Enzyme 396
Eos 331
Epidemie 396
Epidermis 396
Epigramm 248
Epik 248
Epikur 304
Epilepsie 396
episches Theater 248
Epizentrum 498
Epos 248
Erasmus von Rotterdam 304
Erbe-Umwelt-Diskussion 371
erblich 397
Erbsünde 304, 351
Erbuntertänigkeit 82
Erdbeben 498
Erde 498, 523
Erdgas 499
Erdgeschichte 499
Erdkunde 499
Erdöl 499
Erdteil 499
Eremitage 202
Erfüllungspolitik 82
Erfurt 446
Ergänzungsabgabe 168
Erhard, Ludwig 82, 129, 168
Erinnyen 331
Eris 331
Eritrea 447
Erkenne dich selbst 305
Erkenntnistheorie 305
Erlösung 351
Ermächtigungsgesetz 82
Ernst, Max 202
Eroica 202
Eros 331
Erosion 499
ERP-Mittel 168
Erster Weltkrieg 23
Ertrag 168
Ertragsgesetz 168
Erwerbspersonen 168
Erwerbsquote 168
Erz 499
Erzählung 248
Erzgebirge 447
Erziehung 371
Erziehungsgeld 133
Erziehungsurlaub 133
Es 371
Escorial 202

Eskimo 371
Essay 248
Establishment 371
Esterházy, Nikolaus Joseph 207
Esther 351
Estland 447
ETA 133
Ethik 305
Ethnie 371
Ethnologie 371
Ethnozentrismus 371
Etrusker 24
Etüde 202
etwas an die große Glocke hängen 288
etwas auf dem Kerbholz haben 289
etwas aufs Tapet bringen 296
Etwas geht aus, wie das Hornberger Schießen 289
etwas im Schilde führen 294
Etwas steht auf des Messers Schneide 291
EU 133
Eucharistie 305
Eugen Onegin 249
Eugenik 423
Euklid 523
Eulen nach Athen tragen 287
Eulenspiegel 249
Euphrat 447
EURATOM 133
Euripides 249
Euro 168
Euromarkt 168
Europa 331, 447
Europa der Vaterländer 24
Europäische Gemeinschaft 133
Europäische Gemeinschaften 133
Europäische Kommission 133
Europäische Konvention zum Schutze der Menschenrechte und Grundfreiheiten 133
Europäische Union 134
Europäische Wirtschafts- und Währungsunion 135, 169
Europäische Zentralbank 135
Europäischer Gerichtshof 133
Europäischer Gerichtshof für Menschenrechte 133
Europäischer Rat 134

Europäischer Wirtschaftsraum 134, 169
Europäisches Parlament 134
Europäisches System der Zentralbanken 135
Europäisches Währungssystem 169
Europäisches Wiederaufbauprogramm 168
Europarat 135
Euro-Zone 169
Eurydike 331
Eustachi, Bartolomeo 397
eustachische Röhre 397
Euthanasie 372
Euthanasieprogramm 82
Eva 351
Evangelische Kirche in Deutschland 305
Evangelium 352
Everest 447
Evolution 372, 423
EWG 135
EWR 169
EWWU 135
Exekutive 135
Exilliteratur 249
existenzialistische Literatur 249
Existenzminimum 169
Existenzphilosophie 305
Exkommunikation 24
Exodus 352
exotherm 523
Exotismus 372
Exponent 523
exponentielles Wachstum 523
Export 169
Exportbeschränkungen 169
Expressionismus 202, 249
Extraversion 372
Extremismus 135
extremistische Parteien 135
Eyck, Jan van 202
EZB 135

F

Fabel 249
Fagott 203
Fahrenheit, Daniel Gabriel 524
Fahrenheit-Skala 524
Falklandinseln 447
Fallada, Hans 249
Fallersleben, August Heinrich Hoffmann von 131
Fallwind 500
Familie 372, 424
Familienlastenausgleich 135

Faraday, Michael 522, 524
Farbenblindheit 397
Farce 249
Farm der Tiere 249
Färöer 447
Faschismus 24
Faseroptik 553
Fassbinder, Rainer Werner 240
Fasten 305
Fata Morgana 500
Fatalismus 305
Faulkner, William 249
Fauna 424
Faunus 331
Faust 249
Fauves 203
FCKW 553
FDJ 82
Februarrevolution 24
Feedback 553
Fegefeuer 305
Fehde 82
Fehlgeburt 397
Fehmarn 447
Feininger, Lionel 194
Feldberg 447
Feldforschung 372
Feldspat 500
Felix Krull 250
Felsenmeer 500
Feminismus 135, 372
Fermi, Enrico 524
Festgeld 169
Festkörper 524
Fetisch 372
Fetischismus 372
Fette 397, 424
Fettgewebe 397
Fetus 397
Feuchtwanger, Lion 249
Feudalismus 24
Feuerland 447
Feuerstein 500
Feuilleton 250
Fichtelgebirge 448
Fidelio 203
Fidschi 448
Fielding, Henry 250
Fin de Siècle 24, 250
Finanzausgleich 135
Finanzpolitik 169
Findling 500
Fingerabdruck 553
Finnland 448
Firmung 305
Firn 500
Fische 424
Fischer von Erlach, Johann Bernhard 228
Fitzgerald, Ella 203, 209

571

Register

fixe Kosten 169
Fixsterne 524
Fjord 500
Flandern 448
Flaubert, Gustave 250
Fliehkraft 524
Flora 331, 424
Florenz 448
Florida 448
Flöte 203
Flottenrivalität 83
Flöz 500
Fluchtgeschwindigkeit 524
Flüchtlinge 136
Fluorchlorkohlenwasserstoffe 553
Fluoreszenz 524
Fluss 500
Flussdiagramm 553
Flüssigkeit 524
FM 553
Föderalismus 136
Föhn 500
Folklore 372
Follikelsprung 397
Fonds 169
Fontane, Theodor 250
Ford, Henry 169
Ford, John 251
Förde 500
Forellenquintett 203
Formosa 448
forte 203
Fortpflanzungssystem 397
Fortuna 331
Forum Romanum 203
fossile Brennstoffe 553
Fossilien 500
Fotografie 203
Fötus 424
Foucault, Léon 556
Fox, George 318
Fragonard, Jean Honoré 204, 226
fraktale Geometrie 524
Fraktion 136
Fraktur 398
Franchise 169
Franco Bahamonde, Francisco 24
Franken 83, 448
Frankenstein 251
Frankfurt 448
Frankfurter Nationalversammlung 83
Frankfurter Schule 136
Fränkische Alb 448
Fränkisches Reich 83
Franklin, Benjamin 24
Frankreich 448
Franz von Assisi 305

Franziskaner 305
Französische Revolution 25
Franz II 83
Frau Holle 331
Frauenbeauftragte 136
Frauenbewegung 136
Frauenhaus 136
Frauenliteratur 251
Frauenwahlrecht 25
Freibetrag 169
Freie Demokratische Partei 137
Freie Deutsche Jugend 83
Freier Deutscher Gewerkschaftsbund 83
freier Fall 524
freier Markt 169
freies Mandat 137
Freihandel 25, 169
freiheitlich-demokratische Grundordnung 137
Freiheitskriege 25
Freikorps 83
Freimaurer 306
Freiverkehr 169
Freizeit 372
Fremdenfeindlichkeit 372
Fremdkapital 169
Frequenz 525
Frequenzmodulation 554
Fresko 204
Freud, Sigmund 230, 372
Freude, schöner Götterfunken 251
freudscher Fehler 372
Freyja 331
Fried, Erich 251
Frieden 137
Friedensbewegung 137
Friedensnobelpreis 137
Friedenspflicht 170
Friedman, Milton 170, 177
Friedrich Wilhelm I 84
Friedrich Wilhelm IV 85
Friedrich, Caspar David 204, 226
Friedrich I. Barbarossa 83
Friedrich II 84
Friedrich II., der Große 84
Fries 204
Friesen 85
Frija 332
Frisch, Max 251
Fröbel, Friedrich 372
Fromm, Erich 372
Fronde 25
Frondienste 85
Fronleichnam 306
Front 500
Frucht 424
Fruchtblase 398

Fruchtwasser 398
Fruchtwasseruntersuchung 398
Früh übt sich, was ein Meister werden will 291
Frühling 500
Frühlings Erwachen 251
Fuchs, Gerd 255
Fuji 448
Fuge 204
Fugger 85
Führerstaat 85
Fullerene 525
Fundamentalismus 373
fünfte Kolonne 25
funktionell 398
Furien 332
Furt 500
Furtwängler, Wilhelm 201, 204
Fusion 170
Fußpilz 398
Futures 170
Futurismus 251
Fuzzylogik 525

G

G 7 170
Gäa 332
Gable, Clark 282
Gabun 449
Gaddhafi, Moamar al- 25
Galápagosinseln 449
Galaxie 525
Galaxis 525
Galbraith, John Kenneth 187
Galilei, Galileo 25, 525
Galle 398
Gallengänge 398
Gallenstein 398
Gallien 25
Gallikanismus 26
Gallup, George Horace 373
Gama, Vasco da 26
Gambetta, Leon 26
Gambia 449
Gammastrahlung 525
Gandhi, Indira Priyadarshini 26
Gandhi, Mahatma 26
Gang nach Canossa 85
Ganges 449
Ganghofer, Ludwig 251
Gangrän 398
ganze Zahlen 525
Ganzheitsmedizin 398
Garantie 170
Garbo, Greta 204
García Lorca, Federico 251
García Márquez, Gabriel 252

Gardasee 449
Garibaldi, Giuseppe 26
Garonne 449
Garten Eden 352
Gärung 424
Gas 525
Gasohol 554
GASP 137
gastrisch 398
Gates, Bill 170
GATT 170
Gattung 424
Gattungen 252
GAU 554
Gau 85
Gauguin, Paul 204
Gaulle, Charles de 26
Gaumen 398
Gauß, Carl Friedrich 525, 536
Gay, John 201
Gebärmutter 398
Gebärmutterhals 398
Geben ist seliger denn nehmen 352
Gebet 306
Gebetsmühle 306
Gebietskörperschaft 137
Gebirge 500
Gebrauchsgüter 170
Geburt Jesu 352
Gedächtnis 373
Geest 501
geflügelte Worte 298
gegen den Strom schwimmen 296
Gegenreformation 86, 306
Gehirn 398
Gehirnentzündung 399
Gehirnerschütterung 399
Gehirnwäsche 373
Geibel, Emanuel 286
Geige 204
Geiger, Hans 526
Geigerzähler 526
Geißendörfer, Hans Werner 284
Gelber Fluss 449
Gelbsucht 399
Geld 170
Geldkurs 170
Geldmenge 170
Geldpolitik 170
Geldschöpfung 170
Geldwert 171
Gelobt sei, was hart macht 287
Gelobtes Land 352
gemäßigte Zone 501
Gemeindeverfassung 137
Gemeinkosten 171

572

Register

Gemeinnützigkeit 171
Gemeinsame Außen- und Sicherheitspolitik 138
gemeinsamer Nenner 526
Gemeinschaft Unabhängiger Staaten 138
Gemini-Programm 554
Gen 424
Generalgouvernement 86
Generalstaaten 26
Generalstände 26
Generationenvertrag 138
Generator 554
Genesis 352
Genetic Engineering 424
Genetik 424
genetisch 399
genetischer Code 424
genetischer Fingerabdruck 425
Genezareth 449
Genf 449
Genfer Abkommen 138
Genfer Flüchtlingskonvention 138
Genfer Konventionen 22
Genfer See 449
genitale Phase 373
Genitalien 399
Genossenschaft 171
GPS 554
Genozid 373
Genpool 425
Genre 204
Genscher, Hans Dietrich 142
Gentechnologie 425
Genua 449
Geografie 501
Geologie 501
Geometrie 526
geometrischer Ort 526
Georg-Büchner-Preis 252
George, Stefan 252
Georgien 449
Gerade 526
Germanen 86
Germanien 86
Gerontologie 373
Gershwin, George 204, 218, 223
Geschäftsbericht 171
Geschlechterrolle 373
geschlechtliche Fortpflanzung 425
Geschlechtschromosomen 425
Geschlechtsdrüsen 399
geschlechtsgebundenes Merkmal 425
Geschlechtskrankheiten 399

Geschlechtsumwandlung 373
Geschlechtszellen 425
geschlossenes Ökosystem 425
Geschmacksknospen 399
Geschwindigkeit 526
Geschwulst 399
Geschwür 399
Gesellschaft 171, 373
Gesellschaft mit beschränkter Haftung 171
Gesellschaftsvertrag 139
gesetzgebende Gewalt 139
Gesetzgebung 139
Gestapo 86
Gesteine 501
Gewaltenteilung 139
Gewandhaus 205
Gewebe 425
Gewerbe 171
Gewerbefreiheit 27, 171
Gewerkschaft 171
Gewicht 526
Gewinn 171
Gewinn-und-Verlust-Rechnung 171
Gewitter 501
gewogen und zu leicht befunden 352
Geysir 501
Gezeiten 501
Ghana 449
Ghibellinen 27
Ghostwriter 252
Gib dem Kaiser, was des Kaisers ist, und Gott, was Gottes ist 352
Gibraltar 449
Gicht 399
Giganten 332
Gilgamesch-Epos 252
Ginsberg, Allen 239
Giocondo, Francesco del 216
Giotto di Bondone 205
Giralgeld 171
Giro 171
Gironde 450
Giseh 450
Gitterstruktur 526
Gladiatoren 27
Glarus 450
Glasnost 139, 150
Glaube, Liebe, Hoffnung 352
Glaukom 399
Gleich und gleich gesellt sich gern 287
gleichförmige Bewegung 526
Gleichgewicht 526

Gleichgewicht der Macht 27, 139
Gleichnis 352
Gleichschaltung 86
Gleichstrom 554
Gleichung 526
Gletscher 501
Gliederfüßer 425
Glimmer 502
Globalisierung 171
Globe Theatre 248
Globus 502
Glockenkurve 526
Glorreiche Revolution 27
Gluck, Christoph Willibald 205, 219
Glukose 425
GmbH 171
Gnade 306
Gneis 502
Gobelin 205
Gobi 450
Godesberger Programm 87, 155
Goebbels, Joseph 87
Goethe, Johann Wolfgang von 252
Gogh, Vincent van 205
Gogol, Nikolaj Wassiljewitsch 253
Goldene Bulle 87
Goldene Horde 27
Goldenes Kalb 353
Goldenes Vlies 332
Golding, William 256
Goldoni, Carlo 242
Golem 253
Golf 502
Golfkriege 27
Golfstrom 502
Golgatha 353
Goliath 353
Gonaden 399, 425
Gonorrhö 399
Goodman, Benny 209
Gorbatschow, Michail Sergejewitsch 27, 139
Gordimer, Nadine 253
Gordischer Knoten 28, 332
Gorgonen 332
Göring, Hermann 87
Gorkij, Maksim 253, 278
Gospel 205
Goten 28
Gotik 205
Gotland 450
Gott 306
Gott ist die Liebe 353
Götterdämmerung 332
Gottes Mühlen mahlen langsam 292

Gottesgnadentum 28
Götz von Berlichingen 253
Götze 306
Goya y Lucientes, Francisco de 206
Gracchus 28
Grad 526
Gradnetz der Erde 502
Graf, Oskar Maria 266
Grafik 206
Grafschaft 87
Graham, Martha 193
Gral 332
Gramm 526
Granada 450
Granit 502
Graph 526
Grass, Günter 253
Graubünden 450
grauer Star 399
Graupeln 502
Gravitation 527
Graz 450
Grazien 332
Greco, El 206
Gréco, Juliette 199
Green Card 139
Greenspan, Alan 171
Greenwich 450
gregorianischer Gesang 206
Gregor VII 28
Grenada 451
Grenzkosten 171
Grenznutzen 171
Gretchenfrage 288
Griechenland 451
griechische Kolonisation 28
Grieshaber, Hap 208
Grillparzer, Franz 228
Grimm 254
Grimmdarm 399
Grimmelshausen, Johann Jakob Christoffel von 254
Grippe 400
Grönland 451
Gropius, Walter 194
Großbritannien und Nordirland 451
Großdeutsche 87
Großdeutsches Reich 87
Große Seen 451
Großglockner 451
Großhirn 400
Großhirnrinde 400
Grosz, George 210
Groteske 254
Ground zero 28
Gründerjahre 87
Gründgens, Gustav 206
Grundgesetz 139

573

Register

Grundherrschaft 87
Grundholden 87
Grundlagenvertrag 88
Gründonnerstag 306
Grundschuld 171
Grundumsatz 425
Grundwasser 502
grüner Star 400
Grünewald 206
Gruppe 373
Gruppe 47 254
Gruppendynamik 373
Gruppentherapie 373
Gryphius, Andreas 239
Guadalquivir 451
Guadeloupe 451
Guam 451
Guatemala 451
Guayana 451
Guelfen und Ghibellinen 29
Guillotine 29
Guinea 451
Guinea-Bissau 452
Gulbransson, Olaf 277
Gullivers Reisen 254
Gunther 332
Gürtelrose 400
Guru 306, 373
GUS 140
Gutenberg, Johann 88
Guter Hirte 353
Gutsherrschaft 88
Guyana 452
Gynäkologie 400

H

H_2O 528
Haager Friedenskonferenzen 29
Haager Landkriegsordnung 29
Habeas-Corpus-Akte 29
Habermas, Jürgen 374
Habsburger 88
Hackordnung 374
Hades 332
Hadsch 306
Haeckel, Ernst 425
Haff 502
Haftung 172
Hagel 502
Hagen von Tronje 332
Hahn, Otto 527, 530
Haifa 452
Haile Selassie I 29
Haithabu 88
Haiti 452
Halbleiter 554
Halbwertszeit 527
Haley, Bill 206
Halle 452

Hallelujah 307
Halligen 502
Hallstein-Doktrin 88
Halluzination 374
Halluzinogene 400
Hambacher Fest 88
Hamburg 140, 452
Hamlet 254
Hammarskjöld, Dag 29
Hammett, Samuel Dashiell 254
Hammurapi 29
Hämoglobin 400
Hämophilie 400
Händel, Georg Friedrich 194, 206, 216
Handelsbilanz 172
Handelshemmnis 172
Handelskompanien 30
Handelsregister 172
Handke, Peter 254
Handy 554
Hannibal 30
Hannover 452
Hanoi 452
Hans im Glück 332
Hanse 89
Hänsel und Gretel 332
Harare 452
Hardware 554
Häresie 307
Harfe 207
Harmonie 207
Harmonisierung 172
harnausscheidendes System 400
Harnblase 400
Harnleiter 400
Harnröhre 400
harntreibend 400
Harrison, George 194
Härtling, Peter 254
Harz 452
Hašek, Jaroslav 236
Hasenscharte 400
Hauff, Wilhelm 254
Hauptmann, Gerhart 254
Hausgut 89
Haushalt 172
Hausmacht 89
Hausmeier 89
Hausse 172
Haut 400
Havanna 452
Havel, Václav 140, 255
Hawaii-Inseln 452
Haydée, Marcia 207
Haydn, Johann Michael 207
Haydn, Joseph 131, 207, 221, 228
Hebamme 400

Hebbel, Christian Friedrich 255
Hebel, Johann Peter 255
Hebriden 452
Heckel, Erich 197
Hedonismus 307
Hegel, Georg Wilhelm Friedrich 307, 308
Heide 502
Heidegger, Martin 307
Heiden 307
Heilige 307
Heilige Allianz 30
Heilige Drei Könige 307, 353
Heiliger Geist 353
Heiliges Jahr 307
Heiliges Römisches Reich 89
Heim ins Reich 89
Heimatroman 255
Heimatvertriebene 89
Heine, Heinrich 255
Heine, Thomas Theodor 277
Heinemann, Gustav 89
Heinrich der Löwe 90
Heinrich IV 90
Heinrich VIII 30
Heisenberg, Werner 527, 540
heisenbergsche Unschärferelation 527
Hektor 332
Hel 333
Heldensage 255
Helena 333
Helgoland 452
Helikon 232
Helios 333
Helium 527
Helix 527
Hellenismus 30
Heller, André 199
Helmholtz, Hermann Ludwig von 527
Helsinki 452
Hemingway, Ernest 255
Hendrix, Jimi 207
Henry, Sir Edward 553
Hensel, Fanny 216
Hepatitis 400
Hephaistos 333
Hera 333
Herakles 333
Herbst 502
Herder, Johann Gottfried von 256
Herman, Jerry 218
Hermeneutik 256, 307
Hermes 333
Hernie 400
Herodes 353
Herodot 30

Heroin 400
Heros 333
Herpes 400
Herrenrasse 90
Herschel, Friedrich Wilhelm 528
Hertz 527
Hertz, Heinrich 527
Herz 401
Herzinfarkt 401
Herz-Kreislauf-System 401
Herzog 90
Hesperiden 333
Hesse, Hermann 256
Hessen 140, 452
Hestia 333
Heterosexualität 374
Hethiter 30
Heuss, Theodor 90
Hexameter 256
Hexenschuss 401
Hexenverfolgungen 90
Heym, Stefan 256
Highsmith, Patricia 256
Hightech 554
Hildebrandslied 256
Hildebrandt, Dieter 259
Hildegard von Bingen 307
Hildesheimer, Wolfgang 256
Hillary, Edmund P. 447
Himalaja 452
Himmel 354, 503
Himmelfahrt 354
Himmler, Heinrich 90
Hindemith, Paul 207
Hindenburg, Paul von Beneckendorff und H. 90
Hinduismus 307
Hindukusch 453
Hinterindien 453
Hintergrundstrahlung 528
Hinz und Kunz 288
Hiob 354
Hippies 374
hippokratischer Eid 401
Hirnanhangsdrüse 402
Hirnhaut 402
Hirnhautentzündung 402
Hirohito 31
Hiroshima 31, 453
Hispaniola 453
Hitler, Adolf 90
Hitler-Jugend 91
Hitlerputsch 91
Hitler-Stalin-Pakt 91
h-Moll-Messe 207
Ho Chi Minh 31

574

Hobbes, Thomas 308
Hoch 503
Hochhuth, Rolf 256
Hochmut kommt vor dem Fall 289
Hochzeit zu Kana 354
Hoden 402
Hodler, Ferdinand 230
Hofer, Andreas 91
Hoffmann, E.T.A. 207, 256
Hoffmann, Heinrich 278
Hoffmanns Erzählungen 207
höfische Dichtung 256
Hofmannsthal, Hugo von 226, 257
Hogarth, William 210
Hohenzollern 91
Hohepriester 354
Hohes Lied Salomos 354
Höhlen 503
Holbein, Hans der Ältere 207
Holbein, Hans der Jüngere 207
Hölderlin, Friedrich 257
Holding 172
Hölle 354
Hollywood 453
Holocaust 91
Holsteinische Schweiz 453
Holzblasinstrumente 207
Holzschnitt 208
Homepage 554
Homer 257
Hominiden 425
Homo 426
Homo erectus 374
Homo faber 374
Homo oeconomicus 172
Homo sapiens 374
Homöopathie 402
Homosexualität 374
Honduras 453
Honecker, Erich 91
Hongkong 453
Honi soit qui mal y pense 289
Honolulu 453
Hoorn 453
Horaz 257
Horkheimer, Max 301
Hormone 402
Horn 208
Hörnerv 402
Hornhaut 402
Horowitz, Vladimir 208
Hörspiel 257
Horus 334
Horváth, Ödön von 257
Hosanna 354
Hubble, Edwin Powell 528

Hubble-Weltraumteleskop 528
Huckleberry Finn 257
Hudson, Henry 454
Hudson's Bay Company 31
Hudsonbai 454
Hugenotten 31, 308
Hugo, Victor 257
Humanismus 31, 308
Humankapital 172
Hume, David 308
Hundertjähriger Krieg 31
Hundertwasser, Friedensreich 208
Hunnen 31
Hunsrück 454
Hurrikan 503
Husain Ali, Mirza 302
Hüsch, Hanns Dieter 259
Hussiten 91
Hutten, Ulrich Reichsritter von 308
Huxley, Aldous Leonard 257
Hwangho 454
Hydra 334
Hydraulik 554
Hymen 402
Hymne 208
Hyperbel 528
Hyperion 257
Hypertonie 402
Hypnose 374
Hypochonder 374, 402
Hypophyse 402
Hypotenuse 528
Hypothalamus 402
Hypothek 172
Hypothese 528
Hypotonie 402
Hysterektomie 402
Hysterie 374

I

Iberische Halbinsel 454
IBM 554
Ibsen, Henrik 258
Ich 375
Ich bin ein Berliner 92
Ich denke, also bin ich 308
Ich kam 32
Ich wasche meine Hände in Unschuld 355
Ich weiß, dass ich nichts weiß 308
Idealismus 308
Idee 308
Iden des März 32
Identität 375
Ideologie 140, 375
Idylle 258
Ignatius von Loyola 309

Iguaçu 454
Ihr könnt nicht Gott dienen und dem Mammon 355
Ihr werdet sein wie Gott! 355
IJsselmeer 454
Ikarus 334
Ikone 208
Ilias 258
im siebenten Himmel sein 288
Im Westen nichts Neues 258
im Wolkenkuckucksheim leben 298
Immunisierung 402
Immunität 140, 402
Immunsystem 402
Impeachment 140
Impedanz 555
imperatives Mandat 140
Imperialismus 32
Impfstoff 402
Import 172
Importbeschränkungen 172
Importquote 172
Impressionismus 208, 258
Impuls 528
in den Wind reden 298
in der Kreide stehen 290
in der Kürze liegt die Würze 290
in Teufels Küche kommen 296
in vino veritas 289
in vitro 426
in vivo 426
Indemnität 141
Index 172
Indianer 375
Indianerkriege 32
Indien 454
Indischer Ozean 454
Indochinakrieg 32
Indonesien 454
Induktanz 555
Induktion 309
Industrieländer 172
industrielle Revolution 33
Infektion 402
Infektionskrankheiten 403
Inflation 171, 172
Infrarotstrahlung 528
Ingres, Jean Auguste Dominique 210
Inhaberpapier 172
Initiation 375
Injektion 403
Inka 33
Inkarnation 309
Inkubationszeit 403
Inkubator 403

Inlandsprodukt 172
Inn 455
Innenohr 403
innere Führung 141
innerer Monolog 258
Innsbruck 455
Input 173
Inquisition 33, 309
INRI 355
ins Bockshorn jagen 286
Insel 503
Insidergeschäfte 173
Insolvenz 173
Instinkt 426
Insulin 403
integrierte Schaltung 555
Intellektuelle 375
Intelligenzquotient 375
Interferenz 528
Interferon 403
Internationale 33
Internationale Raumstation 555
Internationaler Gerichtshof 141
Internationaler Währungsfonds 141, 173
Internationales Kriegsverbrechertribunal 141
Interregnum 92
Intervall 208
Intifada 141
Intrauterinpessar 403
intravenös 403
Introversion 375
Inventar 173
Investition 173
Investitionsgüter 173
Investitur 92
Investiturstreit 92
Investmentfonds 173
Inzest 375
Ion 528
Ionenbindung 528
Ionesco, Eugène 258
Ionische Inseln 455
Iphigenie 258, 334
Irak 455
Iran 455
Iris 403
Irland 455
Ironie 258
irrationale Zahlen 529
Ischia 455
Ischias 403
ISDN 555
Isenheimer Altar 208
Isis 334
Islam 309
Islamabad 455
Islamismus 309

575

Register

Island 455
Islandtief 503
Isobare 503
Isolationismus 33
Isolator 555
Isolde 334
Isomerie 529
Isotherme 503
Isotop 529
Israel 355, 455
Israeliten 355
ISS 555
Istanbul 456
Isthmus 503
Italien 456
Iwan IV., der Schreckliche 33
IWF 141

J

Jäger- und Sammlergesellschaften 375
Jagger, Mick 226
Jahreswirtschaftsbericht 173
Jahreszeiten 503
Jahrmarkt der Eitelkeit 258
Jahwe 355
Jakarta 456
Jakob und Esau 355
Jakob, Alfons 394
Jakobiner 33
Jakobsleiter 355
Jalta-Konferenz 33
Jamaika 456
Jambus 258
James, Henry 258
Jandl, Ernst 259
Jangtsekiang 456
Janitscharen 34
Janus 334
Japan 456
Jason 334
Java 457
Jawlensky, Alexej von 196
Jazz 208
Jean Paul 259
Jeanne d'Arc 34
Jeder ist seines Glückes Schmied 294
Jeder ist sich selbst der Nächste 292
Jedermann 259
jedes Wort auf die Goldwaage legen 288
Jefferson, Thomas 12, 34
Jehova 355
Jelinek, Elfriede 259
Jelzin, Boris Nikolajewitsch 34
jemandem auf den Leim gehen 290
jemandem das Handwerk legen 288
jemandem den Laufpass geben 290
jemandem den Rang ablaufen 293
jemandem die Leviten lesen 291
jemandem die Stange halten 295
jemandem ein X für ein U vormachen 298
jemandem eine Laus in den Pelz setzen 290
jemandem etwas am Zeug flicken 298
jemandem etwas in die Schuhe schieben 294
jemandem nicht das Wasser reichen können 297
jemanden an den Pranger stellen 293
jemanden an der Nase herumführen 292
jemanden auf Händen tragen 288
jemanden in die Wüste schicken 298
Jemen 457
Jenissej 457
Jenners, Charles 216
Jenseits von Eden 259
Jeremia 355
Jersey 457
Jerusalem 355, 457
Jesaja 355
Jesuiten 309
Jesuitendrama 259
Jesus 355
Jesus Christus 309
Jimmu-tenno 34
Jobsharing 173
Johannes 356
Johannesevangelium 356
Johnson, Uwe 259
Joint Venture 173
Joliot-Curie, Irène 520
Jom Kippur 309
Jom-Kippur-Krieg 34
Jonas und der Wal 356
Jones, Brian 226
Jordan 457
Jordanien 457
Joseph 356
Joseph und seine Brüder 356
Joseph II 92
Josua 357
Joyce, James 541
Joyce, James Augustine Aloysius 259

Jubeljahr 309
Judas Iskariot 357
Juden 357
Judenemanzipation 34
Judentum 309
Judikative 141
Judith 357
Jugendbewegung 92
Jugendstil 209
Jugoslawien 34, 457
Julikrise 35
Julirevolution 35
Jung, Carl Gustav 369, 375
Junge Pioniere 92
Jünger 357
Jungfernhäutchen 403
Jungferninseln 457
Jungfrau 457
Jungfrau von Orléans 35
Jüngster Tag 357
Jüngstes Gericht 357
Jungtürken 35
Junk-Bond 173
Junker Jörg 92
Juno 334
Junta 141
Jupiter 334, 529
Jura 457
juristische Person 141
Justitia 334

K

K 2 457
k. u. k. Monarchie 40
Kaaba 310
Kabale und Liebe 259
Kabarett 259
Kabul 457
Kafka, Franz 259
Kain und Abel 358
Kairo 457
Kaiserquartett 209
Kaiserschnitt 403
Kalahari 457
Kalendergeschichte 260
Kalif 35
Kalifornien 457
Kalk 503
Kalkulation 173
Kalkutta 458
Kálmán, Emmerich 220
Kalorie 529
Kaltblüter 426
Kältepole 503
Kalter Krieg 35
Kalvarienberg 358
Kalvinismus 310
Kamasutra 260
Kambium 426
Kambodscha 458

Kamerlingh Onnes, Heike 561
Kamerun 458
Kamikaze 35
Kammermusik 209
Kampanile 209
Kanada 458
Kanal 504
Kanalinseln 459
Kanarische Inseln 459
Kandinsky, Wassily 196, 209, 215
Kannibalismus 375
Kanon 209
Kanonisation 310
Kant, Immanuel 308, 310, 461
Kantate 209
Kap der Guten Hoffnung 459
Kap Hoorn 459
Kap Verde 459
Kapillargefäße 403
Kapital 173
Kapitalflucht 174
Kapitalgesellschaft 174
kapitalintensiv 174
Kapitalismus 141, 174
Kapitalmarkt 174
Kapp-Putsch 92
Kapstadt 459
Kar 504
Karajan, Herbert von 201
Karakorum 459
Karawanken 459
Kardinal 310
Kardinalzahl 529
Karfreitag 311
Karibisches Meer 459
Karies 403
Karikatur 210
Karl I., der Große 92
Karloff, Boris 251
Karlsbader Beschlüsse 93
Karl IV 93
Karl V 93
Karma 311
Kärnten 459
Karolinger 93
karolingische Renaissance 94
Karpaten 459
Karst 504
Kartell 174
Karthago 35
Karwendelgebirge 459
karzinogen 403
Karzinom 403
Kasachstan 459
Kaschmir 459
Kaschmirkonflikt 36
Kaspisches Meer 459

576

Register

Kassageschäft 174
Kassandra 334
Kassel 459
Kaste 376
Kastilien 460
Kästner, Erich 260
Kastraten 210
Katalonien 460
Katalysator 529
Katar 460
Katarakt 504
Katechismus 311
kategorischer Imperativ 311
Katharer 36
Katharina II., die Große 36
Katharsis 260
Kathedrale 210, 311
Kathete 529
Katheter 404
Kathodenstrahlröhre 529, 555
katholische Kirche 311
Käufermarkt 174
Kaufkraft 174
Kaufmann 174
Kaukasus 460
Kavaliersdelikt 376
Kehlkopf 404
Kehrwert 529
Keimdrüsen 404
Keime 404
kein Blatt vor den Mund nehmen 286
kein Wässerchen trüben können 297
Keller, Gottfried 260
Kelten 36
Kelvin, William Lord Kelvin of Largs 529
Kelvinskala 529
Kemal Atatürk, Mustafa 36, 489
Kenia 460
Kennedy, John Fitzgerald 36
Kentauren 335
Kepler, Johannes 529
Kern 530
Kernenergie 555
Kernfusion 530
Kernladungszahl 530
Kernreaktor 555
Kernspaltung 530
Kerouac, Jack 239
Kettenreaktion 530
Keuchhusten 404
Keynes, John Maynard 174
Keynesianismus 174
Khartum 460
Khomeini, Ruhollah Mussawi Hendi 36
KI 555

Kiel 460
Kieler Förde 460
Kierkegaard, Sören 311
Kiew 460
Kilimandscharo 460
Kilowatt 556
Kilowattstunde 556
Kinderfreibetrag 141
Kindergeld 141
Kinderlähmung 404
Kindertotenlieder 210
kinetische Energie 530
King, Martin Luther 37
Kinsey, Alfred Charles 376
Kinshasa 460
Kipling, Joseph Rudyard 260
Kipphardt, Heinar 245, 537
Kirche 311
Kirchenbann 37
Kirchenkampf 94
Kirchenstaat 37
Kirchenväter 311
Kirchner, Ernst Ludwig 197, 202
Kirgistan 460
Kiribati 460
Kisch, Egon Erwin 267
Kismet 312
Klagemauer 312
Klamm 504
Klarinette 210
Klasse 376, 426
Klassenkampf 142
klassenlose Gesellschaft 142
Klassifikation 426
Klassik 260
Klassizismus 210
Klavier 210
Klee, Paul 196, 210
Kleider machen Leute 290
Kleinasien 460
Kleindeutsche 94
Kleinhirn 404
kleinster gemeinsamer Nenner 530
Kleist, Heinrich von 260
Klemperer, Otto 201
Kleopatra VII., die Große 37
Kleptomanie 376
Klerus 312
Klezmer 211
Kliff 504
Klima 504
Klimakterium 404
Klimt, Gustav 209, 211
Klinger, Friedrich Maximilian von 279
Klinger, Max 230
Klippe 504
Klon 426

Klopstock, Friedrich Gottlieb 260
Kloster 312
Knef, Hildegard 199
Knesset 142
Kniesehnenreflex 404
Knobelsdorff, Georg Wenzeslaus von 227
Knochenmark 404
Knorpel 404
Knossos 37
Koalition 142
Koalitionsfreiheit 142
Koalitionskriege 37, 94
Köchel, Ludwig Ritter von 217
Koda 211
Kodein 404
Koeppen, Wolfgang 261
kognitive Entwicklung 376
Kohäsion 530
Kohl, Helmut 129, 142
Kohle 504
Kohlendioxid 404, 426, 530
Kohlenhydrate 404, 427
Kohlenmonoxid 530
Kohlensäure 404
Kohlenstoff 427, 531
Kohlenstoff 14 531
Kohlenstoffkreislauf 427
Kohlenwasserstoffe 531
Kokain 404
Kokoschka, Oskar 211
Kolik 404
Kolitis 404
Kollegialorgan 142
kollektive Sicherheit 142
Kollektivierung 94
Kolloid 531
Kollwitz, Käthe 211
Köln 460
Kölner Dom 211
Kolon 404
Kolonialismus 38
Kolonie 38
Koloratur 211
Kolosseum 211
Kolumbien 460
Kolumbus, Christoph 38, 375, 435
Koma 404
Kometen 531
Kominform 38
Komintern 38
Kommanditgesellschaft 174
Kommanditgesellschaft auf Aktien 174
Kommunalanleihen 174
Kommunikation 376
Kommunion 312
Kommunismus 142

Kommunistisches Manifest 38
Komödie 261
Komoren 461
Kompass 556
Komplex 376
Kondensationspunkt 531
Kondensator 556
Konditionierung 376
Konfession 312
Konfirmation 312
Konformismus 376
Konfuzius 312
Kongo 461
Kongokrise 39
Kongress 143
Kongresspolen 39
Königin von Saba 358
Königsberg 461
Konjunktur 174
Konjunkturpolitik 174
Konjunkturzyklus 174
Konklave 312
Konkurs 174
Konquistadoren 39
Konservatismus 143
Konsonant 211
Konstante 531
Konstantin I., der Große 39
Konstantinopel 39
konstitutionelle Monarchie 39
konstruktives Misstrauensvotum 143
Konsum 175
Kontinent 504
Kontinentalsperre 39
Kontrabass 211
Kontraktion 404
Kontrapunkt 211
Konvention 143
Konvertibilität 175
Konzentrationslager 94
Konzern 175
Konzert 211
Konzil 39, 312
Konzil von Trient 39
Koog 504
Koordinaten 531
Kopenhagen 461
Kopernikus, Nikolaus 525, 531
Korallenriff 504
Koran 261, 312
Kordilleren 461
Korea 461
Koreakrieg 39
Korfu 462
Korinth 462
Koronararterien 404

577

Register

Körperschaft des öffentlichen Rechts 143
Korruption 376
Korsika 462
Kortison 404
Kosaken 40
koscher 312
kosmische Hintergrundstrahlung 531
Kosmologie 532
Kosmonaut 556
Kosmos 532
Kosovo 462
Kosten 175
KPD 94
Kraft 532
Kraft durch Freude 95
Kraftwerk 556
Krampf 405
Krankenkasse 143
Krankheitserreger 405
Kraus, Karl 237, 274
Krebs 405
Krebse 427
Krebsstation 261
Kredit 175
Kreisauer Kreis 95
Kreislauf 405
Kreiszahl 532
Kreml 211
Kreta 462
Krethi und Plethi 290
Kreuzigung 358
Kreuzung 427
Kreuzzug 40
Krieg den Palästen! Friede den Hütten! 40
Krieg und Frieden 261
Kriemhild 335
Krim 462
Kriminalliteratur 261
Krimkrieg 40
Krishna 312
Kristall 532
Kristallnacht 95
kritische Masse 532
Kroatien 462
Kroetz, Franz Xaver 266
Krokodilstränen weinen 290
Kronos 335
Krupp 405
Krupp, Alfred 175
KSZE 143
Kuala Lumpur 462
Kuba 462
Kubakrise 40
Kubismus 211
Kühn, Dieter 268
Kultur 377
Kulturkampf 95
Kulturrevolution 40

Kultushoheit 143
Kultusministerkonferenz 143
kumulieren 143
Kundera, Milan 261
Kunst 212
Kunst der Fuge 212
Kunsthistorisches Museum 212
künstliche Intelligenz 556
Kunze, Reiner 261
Kuomintang 41
Kupon 175
Kurfürsten 95
Kurie 312
Kurs 175
Kurszettel 175
kurz vor Toresschluss 296
Kurzarbeit 175
Kurzgeschichte 261
Kurzschluss 556
Kurzsichtigkeit 405
Küste 505
Kuwait 462
KVAE 143
Kybernetik 556
Kyffhäuser 95
Kykladen 462
Kyros II., der Große 41

L

L'art pour l'art 262
La Fontaine, Jean de 261
La Paz 463
La Plata 463
La Traviata 212
Labrador 463
Labyrinth 335
Lackmus 532
Laclos, Choderlos de 242
Ladogasee 463
Lagebericht 175
Lagerlöf, Selma 261
Lago Maggiore 463
Lagos 463
Lagune 505
Lähmung 405
Laieninvestitur 95
Lamaismus 312
Lamm Gottes 358
Länderfinanzausgleich 143, 175
Landesbanken 175
Landesherrschaft 95
Landesregierung 143
Landesvertretung 143
Landfriede 95
Landkreis 144
Landrat 144
Landsknechte 95
Landstände 95

Landtag 144
Länge 505
Lange Kerls 96
Langer Marsch 41
Langhans, Carl Gotthard 196
Langobarden 41
Lanzarote 463
Lanzelot 335
Laokoon 212, 335
Laos 463
Laplace, Pierre Simon Marquis de 532
Lappland 463
largo 212
Larynx 405
Laser 556
Lasker-Schüler, Else 249
Lassalle, Ferdinand 154
Lasso, Orlando di 217
Lastenausgleich 144
Lateinamerika 463
latente Wärme 532
Latenzperiode 377
Laubbäume 427
Laubhüttenfest 312
Lausanne 463
Lava 505
Lavoisier, Antoine Laurent de 532
Lawine 505
Lawrence von Arabien 41
Lazarus 358
Le Corbusier 212
Le Nôtre, André 194
Lean, David 245
Lear 262
Leasing 175
Leben 427
leben und leben lassen 290
Lebenshaltungskosten-Index 175
Lebensmittelvergiftung 405
Lebensraum 427
Lebensraumideologie 96
Leber 405
Lech 463
Leda 335
Lederstrumpf 262
Legasthenie 405
Legende 262, 505
Legierung 532
Legislative 144
Lehár, Franz 212, 220
Lehen 96
Lehmbruck, Wilhelm 202
Lehnswesen 96
Leibeigenschaft 96
Leibniz, Gottfried Wilhelm 312, 516
Leif Erikson 41

Leigh, Vivien 282
Leipzig 463
Leistung 532, 556
Leiter 556
Leitwährung 175
Leitzins 176
Lem, Stanisław 262
Lenard, Philipp 558
Lenin, Wladimir Iljitsch 41, 142, 143
Leningrad 463
Lennon, John 194
Lenz, Siegfried 262
Leonardo da Vinci 212
Leonorenouvertüren 212
Lepanto 41
Lepra 405
Lernen 377
Lerner, Alan Jay 218
lesbische Liebe 377
Lesotho 463
Lesseps, Ferdinand de 486
Lessing, Gotthold Ephraim 262
Leto 335
Lettland 463
Leukämie 405
Levi 358
Leviathan 358
Lévi-Strauss, Claude Gustave 377
Leyden, Nikolaus Gerhaert von 229
Libanon 463
Liberalismus 144
Liberia 464
Liberté, Egalité, Fraternité 41
Libido 377
Libretto 213
Libyen 464
Licht 532
Lichtenberg, Georg Christoph 262
Lichtenstein, Roy 223
Lichtgeschwindigkeit 532
Lichtjahr 532
Lichtmaschine 557
Liebe deinen Nächsten wie dich selbst 359
Liebe macht blind 291
Liebermann, Max 208, 213
Liebet eure Feinde 359
Liebknecht, Wilhelm 155
Liechtenstein 464
Lied der Lieder 359
Ligurien 464
Lilienthal, Otto 563
Lima 464
Limerick 262
Limes 96

578

Register

Lincke, Paul 220
Lincoln, Abraham 41, 491
Lindgren, Astrid 262
Linkspartei 144
Linné, Carl von 427
Linse 405, 557
Linsen 532
Linsengericht 359
Linz 464
Lipide 405
Lippenspalte 405
Liquidation 176
Liquidität 176
Lissabon 464
List, Friedrich 176
Liszt, Franz von 213, 229, 233
Litanei 313
Litauen 464
Literatur 263
Lithografie 213
Liturgie 313
Liudolfinger 96
Lizenz 176
Ljubljana 464
Lloyd Webber, Andrew 218
Lobby 144
Locarnopakt 96
Lochner, Stefan 213
Locke, John 313
Loewe, Frederick 218
Logik 313
Lohengrin 213, 335
Lohenstein, Daniel Casper 239
Lohn 176
Lohnnebenkosten 176
Lohn-Preis-Spirale 176
Lohnquote 176
Loire 464
Lokalanästhesie 405
Loki 335
Lombardei 464
Lombardenbund 42
Lombardsatz 176
Lomé 464
Lomé-Abkommen 144
London 464
London, Jack 263
Loreley 335
Lorenz, Konrad 377
Lortzing, Albert 213
Los Angeles 465
Löss 505
Lostgeneration 263
Lösung 533
Lot 359
Lothringen 465
Louvre 213
Löwenanteil 291
Loyola, Ignatius von 309

LSD 405
Luanda 465
Lübeck 465
Ludendorff, Erich 96
Ludwig der Bayer 97
Ludwig XIV 42
Lues 406
Luft 505
Luftdruck 505
Luftröhre 406
Luftschiff 557
Luftschlacht um England 42
Luftspiegelung 505
Luftverschmutzung 557
Luhmann, Niklas 377
Lukasevangelium 359
Lully, Jean-Baptiste 219
lumbal 406
Lumpazivagabundus 263
Luna 336
Lüneburger Heide 465
Lunge 406
Lungenarterie 406
Lungenemphysem 406
Lungenentzündung 406
Lunte riechen 291
Lusaka 465
Lusitania-Zwischenfall 42
Lustprinzip 377
Lustspiel 263
Luther, Martin 97, 307, 313
Lutheraner 97
lutherische Kirchen 313
Luxemburg 465
Luxemburg, Rosa 97
Luzern 465
Luzifer 313, 359
Lymphe 406
Lymphknoten 406
Lymphsystem 406
Lyrik 263
Lysistrate 263

M

Maar 506
Maas 465
Maastrichter Vertrag 144
Macau 465
Macbeth 263
Mach, Ernst 533, 560
Machiavelli, Niccolò 156, 313
Machzahl 533
Macke, August 215
Madagaskar 465
Madame Bovary 263
Madame Butterfly 214
Madeira 465
Madrid 465
Madrigal 214
Magdeburg 465
Magellan, Ferdinand 42

Magen 406
Magersucht 406
Maghreb 465
Magie 377
Maginotlinie 42
Magistrat 144
Magma 506
Magna Charta 42
Magnet 533
Magnetband 557
Magneteisenerz 557
Magnetfeld 533
Magnetismus 533
Magritte, René 230
Mahler, Alma 211
Mahler, Gustav 210, 211, 214
Mailand 465
Main 465
Mainframe 557
Mainstream 377
Mainz 465
Make love, not war 42
Makedonien 465
Makler 176
Makroökonomie 176
Malaria 406
Malawi 466
Malawisee 466
Malaysia 466
Malediven 466
Mali 466
Mallorca 466
Malta 466
Malthus, Thomas 176
Malwinen 466
Mammografie 406
Man muss die Feste feiern, wie sie fallen 287
Man soll den Tag nicht vor dem Abend loben 296
Management 176
Management-Buy-out 176
Managua 467
Manchester 466
Manchestertum 42
Mandela, Nelson 486
Mandeln 406
Mandoline 214
Mandschukuo 43
Mandschurei 466
Manen, Hans von 193
Manessische Liederhandschrift 264
Manet, Édouard 214, 221
Manhattan 466
Manie 377
Manierismus 214
Manila 466
Manipulation 377
manische Depression 377

Mann, Golo 240
Mann, Heinrich 264
Mann, Klaus 264
Mann, Thomas 264
Manna 359
Mannheim 466
Mannheim, Karl 377
Mantra 313
Manufaktur 43
Manuskript 264
Mao Zedong 43
Maputo 467
Marathon 43
Marc, Franz 196, 215
Märchen 264
Marco Polo 43
Marconi, Guglielmo 557
Maria 359
Maria Magdalena 360
Maria Stuart 43, 264
Maria Theresia 97
Marianen 467
Marie Antoinette 43
Marinetti, Filippo Tommaso 251
Mark 98
Mark Twain 264
Marketing 176
Markt 176
Marktrecht 98
Marktwirtschaft 177
Markusevangelium 360
Marlowe, Christopher 248
Marmarameer 467
Marmor 506
Marne 467
Marokko 467
Marokkokrisen 43
Mars 336, 533
Marsch 506
Marsch auf Rom 43
Marschall Vorwärts 98
Marseillaise 215
Marseille 467
Marshall, George Catlett 168
Marshallinseln 467
Marshallplan 43
Martinique 467
Märtyrer 313
Marx, Karl 13, 44, 142, 144
Marxismus 144, 313
Märzrevolution 98
Masern 406
Masochismus 377
Masse 533
Massenmedien 377
Maßstab 506
Mastdarm 407
Mastektomie 407
Materialismus 144, 313

579

Register

Materie 533
Mathematik 533
Matisse, Henri 203, 215
Matriarchat 377
Matterhorn 467
Matthäi am Letzten 291
Matthäusevangelium 360
Matthäuspassion 215
Mauerbau 98
Mau-Mau 44
Mauretanien 467
Mauritius 467
Mausoleum 215
Max und Moritz 264
Maximilian I 98
Maxwell, James Clerk 533, 534
maxwellsche Gleichungen 534
May, Karl 265
Maya 44
Mayflower 44
Mazarin, Jules 44
McCarthy, Joseph Raymond 44
McCartney, Paul 194
McDermot, Galt 218
McKinley 467
Mead, George Herbert 378
Mechanik 534
mechanistisches Weltbild 534
Mecklenburg-Vorpommern 145, 467
Medea 336
Mediatisierung 98
Medici 44
Medusa 336
Meere 506
Meerengenfrage 44
Meeresspiegel 506
Meeresströmung 506
Mega 557
Mehmed Ali 45
Mehta, Zubin 201
Meijireform 45
Mein Gott, mein Gott, warum hast du mich verlassen? 360
Mein Kampf 98
Meinhof, Ulrike 108
Meiose 427
Meistbegünstigung 177
Meistersang 215
Meitner, Lise 527
Mekka 313
Mekong 467
Melancholie 378
Melanchthon, Philipp 313
Melanesien 468
Melanin 407

Melting Pot 378
Melville, Herman 265
Membran 407
Mendel, Gregor 427
Mendelejew, Dimitrij 534, 537
Mendelssohn Bartholdy, Felix 215
Mendelssohn, Moses 216
Menelaos 336
Menetekel 360
Menge 534
Mengenlehre 534
Meningitis 407
Menopause 407
Menschenrechte 145
Menschewiki 45
Menstruation 407
Menstruationszyklus 407
Menuett 216
Menuhin, Yehudi 216
Menzel, Adolph von 216
Mephisto 265
Mercury-Programm 557
Merian, Matthäus der Ältere 216
Merian, Sibylla 216
Meridiane 506
Meristem 428
Merkantilismus 45, 177
Merkur 336, 534
Merlin 336
Merowinger 98
Mesopotamien 45, 468
Mesozoikum 506
Messe 216
Messias 216, 314, 360
Messie 378
Metamorphose 428
Metamorphosen 265
Metapher 265
Metaphysik 314
Meteor 534
Meteorit 534
Meteorologie 506
Meter 534
Methadon 407
Methusalem 360
metrisches System 534
Metropolitan Opera 216
Metternich, Klemens Wenzel 99
Mexiko 468
Mey, Reinhard 199
Meyer, Conrad Ferdinand 265
Meyer, Julius Lothar 534
Meyrink, Gustav 253
Mezzosopran 216
Michael Kohlhaas 265
Michelangelo 216

Michigansee 468
Midgard 336
Midlifekrise 378
Mies van der Rohe, Ludwig 194
Migration 378
Mikrofiche 557
Mikrofilm 557
Mikronesien 468
Mikroökonomie 177
Mikroorganismen 407, 428
Mikroskop 557
Mikrosystemtechnik 557
Mikrowellen 535
Milchmädchenrechnung 292
Milchstraße 535
Mill, John Stuart 378
Miller, Alice 378
Miller, Arthur 265
Miller, Glenn 209
Milošević, Slobodan 145
Milton, John 228
Milz 407
Minamoto 45
Mindestreserven 177
Minerale 506
Mineralstoffe 407
Minerva 336
Ministerialen 99
Ministerpräsident 145
Minna von Barnhelm 265
Minnesang 265
Minos 336
Minotaurus 336
Miró, Joan 216
Missa solemnis 216
Missing Link 428
Mission 314
Mississippi 468
Missouri 468
Misstrauensvotum 145
mit allen Wassern gewaschen sein 297
mit der Wurst nach der Speckseite werfen 298
mit etwas hinter dem Berge halten 286
Mit jemandem ist nicht gut Kirschen essen 290
mit jemandem unter einer Decke stecken 287
mit Kind und Kegel 290
Mitbestimmung 146, 177
Mitose 428
Mitscherlich, Alexander 378, 385
Mitscherlich, Margarete 385
Mittelalter 45
Mittelamerika 468
Mittelmächte 45
Mittelmeer 468

Mittelohr 407
Mittelwert 535
Mitterrand, François 142
Mobilfunk 557
Mobilität 378
Moby Dick 265
Moçambique 468
Moderne 265
Modulation 557
Mogadischu 468
Mogulreich 45
Mohammed 45, 314
Mohammed Resa Pahlewi 45
Moldau 468
Moldawien 468
Molekül 535
Molekularbiologie 428
Molekulargewicht 535
Moleküle 428
Molière 266
Moloch 360
Molukken 468
Mona Lisa 216
Monaco 468
Monarchie 46
Mönchtum 314
Mond 535
Mondfinsternis 506
Mondlandung 46
Mondscheinsonate 217
Monet, Claude 217
Monetarismus 177
Mongolei 469
Mongolensturm 46
Mongolismus 407
Monismus 314
Monogamie 378
Monolog 266
Monopol 177
Monotheismus 314
Monroedoktrin 46
Monsun 506
Montage 266
Montagsdemonstrationen 99
Montand, Ives 199
Montblanc 469
Monte Rosa 469
Montenegro 469
Montesquieu, Charles 314
Montessori, Maria 378
Monteverdi, Claudio 217, 219
Montevideo 469
Moor 506
Moore, Henry 217
moralische Wochenschriften 266
Moräne 507
Moratorium 146
Moravia, Alberto 266

580

Register

Morgenland 46
Morgenrot 507
Morgenstern 535
Morgenstern, Christian 266
Morgenthau-Plan 99
Mörike, Eduard 266
Mormonen 314
Morpheus 336
Morphium 407
Morphologie 428
Morris, William 209
Morus, Thomas 314
mosaisches Gesetz 360
Moschee 315
Mosel 469
Moses 360
Moses, Anna Mary 218
Moskau 469
Motette 217
motorische Entwicklung 379
Mozart, Leopold 217
Mozart, Wolfgang Amadeus 217, 219
Mudschaheddin 10
Müller, Erwin Wilhelm 526
Müller, Heiner 266
Müller-Armack, Alfred 184
multikulturelle Gesellschaft 379
multinationale Unternehmen 177
multiple Sklerose 407
Multiplikation 535
Mumps 407
Munch, Edvard 217
München 469
Münchener Abkommen 99
Münchhausen 266
Mundartdichtung 266
mündelsicher 177
Münter, Gabriele 196
Müntzer, Thomas 99
Murgers, Henri 196
Musen 337
Museumsinsel 218
Musical 218
Musil, Robert Edler von 267
Muskeldystrophie 408
Muskulatur 408
Muslim 315
Mussolini, Benito 46
Mutagene 428
Mutation 428
Mutter Courage und ihre Kinder 267
Mutterkuchen 408
Mutterschaftsurlaub 146
My fair lady 218
Mykene 46
Mystik 315
Mythologie 337, 379

N

Nabelschnur 408
nach Adam Riese 286
nach uns die Sintflut 295
Nachbörse 177
Nachfrage 177
Nachgeburt 408
Nagasaki 46, 469
Naher Osten 469
Nahostkonflikt 146
Nahrungskette 428
Nairobi 469
naive Malerei 218
Namibia 469
Napalm 558
Napoleon I 46, 202
Napoleon III 47
Narkose 408
Narziss 337
Narzissmus 379
NASDAQ 177
Nasser, Gamal Abd el- 47
Nathan der Weise 267
Nation 147
Nationaldemokratische Partei Deutschlands 147
Nationale Front der DDR 99
Nationale Volksarmee 99
Nationaleinkommen 177
Nationalismus 147
Nationalsozialismus 99
nationalsozialistische Machtergreifung 100
NATO 147
Naturalismus 267
natürliche Auslese 428
natürliche Zahlen 535
Nauru 469
Navigationsakte 47
Naypyidaw 469
Nazareth 361
Neandertaler 47, 379
Neapel 469
Nebennieren 408
Nebenschilddrüsen 408
Neckar 469
Neckermann, Josef 177
Négritude 267
Nehru, Jawaharlal 47
Nehrung 507
Nektar 337
Nell-Breuning, Oswald von 379
Nelson, Horatio 47
Nemesis 337
Nenner 535
Nennwert 177
Neonazis 147
Neozoikum 507
NEP 47
Nepal 469

Nepotismus 379
Neptun 337, 535
Neruda, Pablo 267
Nerv 408
Nervensystem 408
Nestor 337
Nestroy, Johann Nepomuk 267
Netzhaut 408
Neu-Delhi 470
Neue Sachlichkeit 218, 267
Neue Welt 47
Neuenburg 470
Neuengland 470
Neuer Markt 177
Neues Testament 361
Neufundland 470
Neuguinea 470
Neukaledonien 470
Neumaier, John 193
Neumann, Johann Balthasar 194, 218
Neunte Sinfonie 218
Neunzehnhundertvierundachtzig, 1984 267
Neurodermitis 408
Neurose 379, 409
Neuschwanstein 218
Neuseeland 470
Neusiedler See 470
Neutron 535
Neutronenstern 536
Neuzeit 47
New Economy 178
New York 470
Newton 536
Newton, Isaac 516, 527, 532, 534
newtonsche Axiome 536
Niagarafälle 470
Nicaragua 470
Niederlande 471
Niederländische Antillen 471
Niederösterreich 471
Niedersachsen 147, 471
Niemand kann zwei Herren dienen 361
Niere 409
Nierensteine 409
Nietzsche, Friedrich Wilhelm 223, 315
Niger 471
Nigeria 471
Nihilismus 315
Nijinska, Bronislawa 219
Nijinskij, Vaclav 193, 219
Nike 337
Nikisch, Arthur 201

Nikkei-Index 178
Nikolaus 315
Nikosia 471
Nikotin 409
Nil 471
Nirwana 315
Nixen 337
Nixon, Richard Milhous 48, 140
Noah und die Sintflut 361
Nobel, Alfred 137
Nobelpreis für Literatur 267
Noblesse oblige 292
Nocturne 219
Nofretete 48
Nolde, Emil 197, 202, 219
Nomaden 379
Nominallohn 178
Nominalzins 178
No-Name-Produkte 178
Nonne 315
nonverbale Kommunikation 379
Nora oder Ein Puppenheim 268
Norddeutscher Bund 100
Norddeutsches Tiefland 471
Nordirland 471
Nordischer Krieg 48
Nordkap 472
Nördliches Eismeer 472
Nordlicht 507
Nord-Ostsee-Kanal 472
Nordpol 507
Nordrhein-Westfalen 147, 472
Nordsee 472
Nordstern 507
Nord-Süd-Konflikt 147
Norgay, Tenzing 447
Normalnull 507
Normalverteilung 536
Normandie 472
Normannen 48
Nornen 337
Norwegen 472
No-Spiel 268
Notenbank 178
Notenschlüssel 219
Notierung 178
Notstandsgesetze 148, 155
Notverordnung 100
Nouveau Roman 268
Nova 536
Novalis 268
Novelfood 429
Novelle 268
Novemberrevolution 100
NPD 148
NSDAP 100
Nukleinsäuren 429

581

Nukleotide 429
Nullkupon-Anleihe 178
Nullmeridian 507
Nullwachstum 178
Numerik 536
Nummernkonto 178
Nurejew, Rudolf 193, 219
Nürnberg 472
Nürnberger Gesetze 100
Nürnberger Prozesse 101
Nußknackersuite 219
Nutzen 178
NylonY 558
Nymphen 337
Nymphomanie 379

O

O'Neill, Eugene Gladstone 268
Oase 507
Ob 473
Oberflächenspannung 536
Oberhaus 148
Oberösterreich 473
Oberrheinische Tiefebene 473
Oberstadtdirektor 148
Obervolta 473
Obligation 178
Obligo 178
Oboe 219
Obsession 379
Obsidian 507
Obszönität 379
Obwalden 473
Octavian 48
Oda Nobunaga 48
Ode 268
Odenwald 473
Oder 473
Oder-Neiße-Linie 101
Odin 337
Ödipus 337
Ödipuskomplex 379
Odyssee 268
Odysseus 338
OECD 148
Offenbach, Jacques 219, 220
Offenbarung 361
offene Handelsgesellschaft 178
Offenmarktpolitik 178
öffentliche Hand 148
öffentlicher Dienst 148
öffentlicher Sektor 178
öffentliches Recht 148
Offshoregeschäft 178
Offshoretechnik 558
Ohm 558

Ohm, Georg 558
Ohr 409
Ohrmuschel 409
Okeanos 338
Okkultismus 315
Ökologie 429
ökologische Nische 429
Ökonomie 178
ökonomisches Prinzip 178
Ökosystem 429
Oktave 219
Oktoberrevolution 48
Ökumene 315
Okzident 48
Oligopol 178
Oliver Twist 268
Ölkrise 48
Olymp 338, 473
Olympia 338
Olympische Spiele 49
Omaijaden 49
Oman 473
Ombudsmann 148
Onkel Toms Hütte 268
Onlinedienste 558
Ontariosee 473
Ontologie 315
Opal 507
OPEC 149
Oper 219
Operette 219
Opitz, Martin 248
Opium 409
Opiumkrieg 49
Oppenheimer, Julius Robert 536
Opposition 149
Optik 537
Option 178
Opus 220
Orakel 338
orale Phase 380
Oranje 473
Oratorium 220
Orchester 220
Orden 315
Ordinalzahl 537
Ordnung 429
Ordnungspolitik 178
Orest 338
Orff, Carl 220
Organ 429
Organellen 429
Organisation 380
organisch 409
organische Chemie 537
organische Moleküle 429
organische Verbindungen 429
Organismus 409

Organization for European Economic Cooperation 148
Orgel 220
Orient 49
Orinoco 473
Orion 338
Orkan 507
Orkneyinseln 473
Orkus 338
Orpheus 338
orthodox 315
örtliche Betäubung 409
Orwell, George 268
Osaka 473
Osborne, John 237
Oscar 220
Osiris 338
Oslo 473
Osmanisches Reich 49
Osmose 537
ostelbisches Junkertum 101
Osteoporose 409
Ostern 316, 361
Österreich 473
Österreichischer Erbfolgekrieg 101
Österreichischer Staatsvertrag 49
Ostfränkisches Reich 101
Ostfriesland 474
Ostgoten 49
Ostindische Kompanie 50
Ostkirchen 316
Ostpolitik 101
Ostpreußen 474
Ostrakismos 50
Östrogene 409
Ostsee 474
Osttimor 474
Ostverträge 149
Ost-West-Konflikt 149
Oswald von Wolkenstein 268
Othello 268
Ottawa 474
Otto, Nikolaus August 558
Ottonen 101
Otto I., der Große 101
Output 179
Outsourcing 179
Ouvertüre 220
Ovarium 409
Ovid 268
Ovulationshemmer 409
Oxidation 537
Ozean 507
Ozeanien 474
Ozon 507
Ozonloch 558

P

P.E.N 269
P'yŏngyang 477
Packeis 508
Pädagogik 380
Päderast 380
Pädiatrie 410
Pakistan 474
Paläontologie 508
Paläozoikum 508
Palästina 474
Palau 474
Palermo 474
Palestrina, Giovanni Pierluigi da 217
Palladio, Andrea 221
Palmsonntag 316
Pamir 474
Pampa 474
Pan 338
Panama 474
Panamakanal 475
panaschieren 149
Pandora 338
Pandschab 475
Pankreas 410
panem et circenses 50
Panslawismus 50
Pantheismus 316
Pantheon 221
Panthersprung nach Agadir 101
Papier ist geduldig 292
Papst 316
Papua-Neuguinea 475
Parabel 269, 537
Paradies 316, 361
Paraguay 475
Parameter 537
Paraná 475
Paranoia 380
Parapsychologie 380
Parasiten 410
Paris 339, 475
Pariser Verträge 101
Parität 179
Parkinson, Cyril Northcote 179
Parkinson, James 410
Parkinson-Gesetz 380
Parkinson-Krankheit 410
parkinsonsches Gesetz 179
Parlament 149
Parlamentarischer Rat 101
Parlamentarischer Staatssekretär 149
Parnass 339
Parodie 269
Parodontose 410
Parsifal 221
Parsons, Talcot 380

Register

Partei des Demokratischen Sozialismus 149
Parteien 149
Parteienfinanzierung 150
Parteienprivileg 150
Parteispendenaffären 150
Parther 50
Partisanen 50
Partitur 221
Parzival 269, 339
Pas de deux 221
Pass 508
Passah 316, 361
Passat 508
Passiva 179
Pastell 221
Pasternak, Boris Leonidowitsch 269
Pasteur, Louis 430
Pasteurisation 430
pasteurisieren 410
Pastor 316
Pastorale 221
pathogen 410
Pathologie 410
Patriarch 316
Patriarchat 380
Patriarchen 361
Patrizier 50, 101
Pauke 221
Paukenschlag-Sinfonie 221
Pauling, Linus Carl 537
Paulskirche 102
Paulus 361
Pawlow, Iwan Petrowitsch 380
Pawlowa, Anna 193, 221
Pawlows Hunde 380
Pax Britannica 50
Pax Romana 50
Paz, Octavio 269
Pazifischer Ozean 475
Pazifismus 150
PC 558
PDS 150
Pearl Harbour 50
Pechstein, Max 197
Peergroup 380
Pegasus 339
Peking 475
Péligot, Eugène Melchior 547
Peloponnes 475
Peloponnesischer Krieg 50
Penelope 339
Penicillin 410
Penis 410
Penisneid 380
Pensionsgeschäft 179
Pentagon 150
Penthesilea 339
Perestroika 150
Performance 179
Perigäum 537
Perikles 50
Periodensystem der Elemente 537
peripher 410
Peristaltik 410
Perlen vor die Säue werfen 292
Perón, Juan Domingo 51
Perpetuum mobile 558
Perserkriege 51
Persien 475
Persischer Golf 475
Persisches Reich 51
Personalcomputer 558
Personalkosten 179
Personalunion 51
Personengesellschaft 179
Personenverbandsstaat 51
Perspektive 221
Peru 476
Pest 410
Pestalozzi, Johann Heinrich 381
Peter der Große 52
Peter und der Wolf 221
Peter, Laurence J. 381
Peterprinzip 179, 381
Petersberger Abkommen 102
Peterskirche 221
Petipa, Marius 193
Petrarca, Francesco 269
Petrochemie 558
Petrus 362
Pfalz 102, 476
Pfalzgraf 102
Pfälzischer Erbfolgekrieg 102
Pfandbrief 179
Pfeiffer, Emil 410
pfeiffersches Drüsenfieber 410
Pferdestärke 537
Pfingsten 316, 362
Pflanzenreich 430
Phallussymbol 381
Pharao 52
Pharisäer 362
Phasenübergang 537
Philippinen 476
Philister 362
Philologie 269
Philosophie 316
Phnom-Penh 476
Phobie 381
Phöniker 52
Phönix 339
Photoeffekt 558
Photon 537
Photosynthese 430
pH-Wert 537
Physik 538
Physiologie 430
physisch 410
Pi 538
Piaget, Jean 381
piano 222
Picasso, Pablo 199, 222, 230
Piccard, Auguste 550, 558
Piccard, Jacques 550, 559
piccolo 222
Piemont 476
Pietismus 316
Pilatus, Pontius 362
Pilgerväter 52
Pillenknick 381
Pilze 430
Pinakothek 222
Pippi Langstrumpf 269
Pippin III 102
Piräus 476
PISA 150
Piscator, Erwin 267
Pissarro, Camille 208
Pitt, William 52
Pizarro, Francisco 52
Plagiat 269
Planck, Max 538
plancksches Wirkungsquantum 538
Planeten 539
Planetoiden 539
Planwirtschaft 179
Plaque 410
Plasma 410
Plastik 222
plastische Chirurgie 410
Platon 317
Plattensee 476
Plattentektonik 508
Platz an der Sonne 102
Plazenta 411
Plebiszit 151
Plebs 52
Pleistozän 508
Plejaden 339
Plessner, Helmuth 386
Plot 269
Pluralismus 317, 381
Pluto 339, 539
Plutonium 539
Pneumonie 411
Po 476
Pocken 411
Poe, Edgar Allan 269
Poesie 270
Pogrom 151
Polargebiete 476
Polarisation 539
Polarkreise 508
Polarlicht 508
Polarnacht 508
Polarstern 539
Polder 509
Polen 476
Polio 411
Poliomyelitis 411
Politik 151
politische Beamte 151
politische Brunnenvergiftung 102
politische Gefangene 151
politisches System 151
Polizeistaat 151
Polka 222
Pollen 430
Polnische Teilungen 52
Polnischer Korridor 52
Polnisch-Sowjetischer Krieg 53
Polonaise 222
Polygamie 381
Polygon 539
Polymer 539
Polymere 559
Polynesien 476
Polytheismus 317
Pommern 476
Ponte, Lorenzo da 199, 201, 207
Pop-Art 222
Popocatépetl 476
Pöppelmann, Matthäus Daniel 234
Porgy und Bess 223
Pornografie 381
Porter, Cole 218
Portfolio 179
Porträt 223
Portugal 476
Posaune 223
Poseidon 340
Positivismus 317
Positron 539
postindustrielle Gesellschaft 381
Postmoderne 223, 270
potemkinsche Dörfer 293
Potenz 539
potenzielle Energie 539
Potsdam 477
Potsdamer Abkommen 102
Prädestination 317
Prado 223
Prag 477
Prager Fenstersturz 103
Prager Frühling 53
Pragmatische Sanktion 103
Pragmatismus 317
Prärie 509
Preis 179

583

Register

Preisabsprachen 179
Premiere 223
Presley, Elvis 223
Pressefreiheit 151
Pretoria 477
Preußen 103
preußische Reformen 103
preußischer Verfassungskonflikt 103
Priamus 340
Priel 509
Priester 317
Primärliteratur 270
Primaten 430
Primerate 180
Primzahl 539
Prinz Eugen 103
Prisma 539
privater Sektor 180
Privatrecht 151
Produkthaftung 180
Produktionsfaktoren 180
Produktivität 180
profan 317
Professor Unrat 270
Profitcenter 180
Programm 559
Programmiersprache 559
Programmmusik 223
Prohibition 53
Prokofjew, Sergej 222
Proletariat 381
Proletarier 53
Prolog 270
Prometheus 340
Prophet 362
Prophylaxe 411
Prosa 270
Prostata 411
Prostitution 381
Protagonist 270
Proteine 411
Protektionismus 180
Protektorat Böhmen und Mähren 103
Protestantismus 317
Protestation 104
Proton 539
Protoplasma 430
Protozoen 430
Proust, Marcel 270
Provence 477
Provision 180
Prozent 539
Psalmen 362
Pseudokrupp 411
Pseudonym 270
Psyche 381
Psychiatrie 382
psychisch 411
Psychoanalyse 382

Psychologie 382
Psychopathologie 382
Psychopharmaka 411
Psychose 382, 411
psychosomatisch 411
psychosomatische Krankheit 382
Psychotherapie 382
ptolemäisches Weltbild 540
Ptolemäus, Claudius 540
Pubertät 382
Puccini, Giacomo 214, 219, 224
Puerto Rico 477
Puffer 540
Pulsar 540
Punische Kriege 53
Punkt 540
Pupille 411
Puritaner 53
Puritanische Revolution 53
Puritanismus 318
Puschkin, Aleksandr Sergejewitsch 270
Puszta 477
Put 180
Putsch 151
Pygmäen 382
Pygmalion 270, 340
Pyrenäen 477
Pyrrhus 53

Q

Quadrat 540
Quadratur des Kreises 540
Quäker 318
Qualitätsmanagement 180
Quant 539, 540
Quantenmechanik 540
Quantensprung 540
Quarantäne 411
Quarks 541
Quartär 509
Quartett 224
Quarz 509
Quasare 541
Quebec 477
Quecksilber 541
Quellensteuer 180
Querflöte 224
Quintett 224
Quito 477
Quo vadis? 270
Quod licet Jovi, non licet bovi 293
Quotenregelung 151
Quotient 541

R

Rabat 477
Rabatt 180

Rabbiner 318
Rabelais, François 270
Rachitis 411
Racine, Jean 271
Radar 559
Radierung 224
Radikal 541
Radikalismus 151
radioaktiver Müll 559
Radioaktivität 541
Radiokarbonmethode 559
Radiowellen 541
Radium 541
Radius 541
RAF 104
Raffael 224
Ragnarök 340
Ragtime 224
Raiffeisen, Friedrich Wilhelm 180
Raleigh, Walter 54
RAM 559
Ramadan 318
Ran 340
Randgruppe 382
Rangordnung 382
Rangun 477
Ransmayr, Christoph 270
Rapacki-Plan 54
Rapallovertrag 104
Rassengesetze 104
Rassismus 383
Räterepublik 104
Rätesystem 54
Rating 180
rationale Zahlen 541
Rationalisierung 180
Rationalismus 318
Rattle, Simon 201
Rau, Johannes 151
Raubritter 104
Raumstation 559
Rauschenberg, Robert 223
Ravel, Maurice 224
Reagan, Ronald Wilson 54
Reaktionszeit 104
Reallohn 181
Rechnungshof 152, 181
rechter Winkel 541
Rechtsstaat 152
rechtwinkliges Dreieck 541
Reconquista 54
Reduktion 541
reelle Zahlen 541
Reflex 411
Reflexion 541
Reformation 104, 318
Regalien 104
Regenbogen 509
Regenbogenhaut 411

Regensburg 477
Regenwald 509
Regenzeit 509
Regierender Bürgermeister 152
Regierungsbezirk 152
Reich 430
Reich Gottes 363
Reichsacht 105
Reichsarbeitsdienst 105
Reichsdeputationshauptschluss 105
Reichsgründung 105
Reichsgut 105
Reichskammergericht 105
Reichskanzler 105
Reichskanzler, Erzkanzler 105
Reichskirche 105
Reichskleinodien 105
Reichspogromnacht 106
Reichspräsident 106
Reichsreform 106
Reichsritterschaft 106
Reichsstädte 106
Reichsstände 106
Reichstag 106
Reichstagsbrand 106
reichsunmittelbar 106
Reichsvikar 106
Reichswehr 107
Reif 509
Reim 271
Reims 477
Reineke Fuchs 271
Reinkarnation 319
Reise um die Welt in 80 Tagen 271
Rektum 412
Relativismus 319
Relativitätstheorie 541
Relief 224
Religion 319
Religion ist Opium für das Volk 54
Religionskriege 54
Reliquie 319
Remarque, Erich Maria 272
Rembrandt 224
Remission 412
Remus 340
Renaissance 54, 225, 272
Rendite 181
Renoir, Auguste 225
Renoir, Jean 225
Rentabilität 181
Rente 181
Rentenversicherung 152
Reparationen 107
Repräsentantenhaus 152
Repräsentativsystem 152

584

Register

Reptilien 430
Republik 152
Requiem 225, 319
Reservewährung 181
Résistance 54
Resorption 412
Ressourcen 181
Restauration 54
Retina 412
Réunion 477
Reunionen 107
Revisionismus 155
Revolutionskriege 54
Reykjavík 477
Rezension 272
Rezession 181
rezessives Merkmal 430
Rezitativ 225
Rhea 340
Rhein 477
Rheinbund 107
Rheingold 225
Rheinisches Schiefergebirge 477
Rheinland-Pfalz 152, 478
Rhein-Main-Donau-Großschifffahrtsweg 478
Rhesusfaktor 412
Rhetorik 272
rheumatisches Fieber 412
Rheumatismus 412
Rhodes, Cecil 54
Rhodesien 478
Rhodos 478
Rhön 478
Rhône 478
Rhythmus 225
Ribonukleinsäure 430
Ricardo, David 168, 181
Richard Löwenherz 55
Richards, Keith 226
Richardson, Samuel 241
Richelieu, Armand Jean du Plessis, Herzog von 55
Richtet nicht, auf dass ihr nicht gerichtet werdet 363
Riemenschneider 225
Riesengebirge 478
Riff 509
Rigoletto 225
Rilke, Rainer Maria 272
Rimbaud, Arthur 272
Rinderwahnsinn 412
Ringelnatz, Joachim 272
Rio de Janeiro 478
Rio de la Plata 478
Rio Grande 478
Risikokapital, Wagniskapital 181
Risorgimento 55

Ritter 107
Ritterorden 55
Riviera 478
Robertson, George 152
Robespierre, Maximilien de 55
Robin Hood 340
Robinson Crusoe 272
Rockefeller, John Davison 181
Rocky Mountains 478
Rodgers, Jimmie 199
Rodin, Auguste 225
Röhm-Putsch 108
Rokoko 226
Roland 340
Rolandslied 273
Rolle 383
Rollenkonflikt 383
Rom 478
Roman 273
Romanik 226
Romanow 55
Romantik 226, 273
Romeo und Julia 273
römische Geschichte 55
Römische Verträge 56
Römischer Kaiser 108
Römischer König 108
Romulus 340
Rondo 226
Röntgen, Wilhelm Conrad 542
Röntgenbild 412
Röntgenstrahlung 542
Roosevelt, Franklin Delano 56
Röpke, Wilhelm 181
Rorschachtest 383
Rosenkranz 319
Rosenkriege 56
Rossini, Gioacchino 194, 227
Rostock 479
rote Blutkörperchen 412
Rote Garden 56
Rote-Armee-Fraktion 108
Röteln 412
roter Faden 293
Rotes Kreuz 22
Rotes Meer 479
Roth, Joseph 273
Rotkäppchen 340
Rotterdam 479
Rotverschiebung 542
Rouget de Lisle, Claude Joseph 215
Rousseau, Henri 218
Rousseau, Jean-Jacques 319
Rowling, Joanne Kathleen 273
Ruanda 479

Rubens, Peter Paul 194, 227
Rübezahl 340
Rubikon 57
Rubinstein, Arthur 227
Rückenmark 412
Rückert, Friedrich 210
Rückkopplung 559
Rudolf II 529
Rudolf von Habsburg 108
Rudolfinische Tafeln 530
Rügen 479
Ruhe ist die erste Bürgerpflicht 293
Ruhr 412, 479
Ruhrbesetzung 108
Ruhrgebiet 479
Rumänien 479
Rumpelstilzchen 341
Runge, Philipp Otto 226
Russische Revolution von 1905 57
Russisch-Japanischer Krieg 57
Russland 479
Ruth 363
Rutherford 542

S

SA 109
Saale 479
Saarbrücken 479
Saarfrage 109, 152
Saarland 152, 479
Saba 363
Sabbat 363
Sabin-Impfstoff 412
Sacheinlagen 182
Sacher-Masoch, Leopold Ritter von 377
Sachs, Hans 273
Sachsen 109, 152, 479
Sachsen-Anhalt 153, 480
Sachsenspiegel 109
Sachverständigenrat 182
Sadat, Mohammed Anwar as- 57
Sade, Donatien Alphonse François Marquis de 273
Sadismus 383
Sage 273
Sahara 480
Sahelzone 480
Saint Kitts und Nevis 480
Saint Lucia 480
Saint Vincent and the Grenadines 480
Saint-Exupéry, Antoine de 274
Sakrament 319
Säkularisation 109
Saladin 57

Salier 109
Salmonellen 412
Salome 363
Salomo 57, 363
Salomoninseln 480
Salon 274
Salz 542
Salzburg 480
Salzburger Festspiele 227
Salzkammergut 480
Sambesi 480
Sambia 480
Same 431
Samen 412
Samoa 480
Samoainseln 481
Samson 363
Samurai 57
San Francisco 481
San José 481
San Marino 481
San Salvador 481
Sancho Pansa 274
Sand, George 274
Sandinisten 57
Sandstein 509
Sanierung 182
Sankt Bernhard 481
Sankt Gallen 227, 481
Sankt Gotthard 481
Sankt Helena 481
Sankt Petersburg 481
Sanktion 383
Sankt-Lorenz-Strom 481
Sansculotten 57
Sansibar 481
Sanssouci 227
Santiago de Chile 481
Santo Domingo 481
São Paulo 481
São Tomé und Principe 481
Saône 481
Sappho 274
Sarajevo 57, 481
Sardinien 481
Sarkom 412
Sartre, Jean-Paul 274, 319
Sassanidenreich 57
Satan 363
Satellit 542, 559
Satellitennavigation 559
Satire 274
Saturn 341, 542
Satyrn 341
Satz 227, 542
Satz des Pythagoras 542
Saudi-Arabien 482
Sauerland 482
Sauerstoff 412, 543
Säugetiere 431
Säule 227

585

Register

Säure 543
saurer Regen 509
Savanne 509
Savoyen 482
Sax, Antoine-Josef 227
Saxophon 227
Scala 227
Scarlatti, Alessandro 219
Schad, Christian 218
Schadow, Gottfried 196, 210
Schäferroman 274
Schaffhausen 482
Schah 57
Schallgeschwindigkeit 543
Schallmauer 560
Schamane 319
Schanghai 482
Schäre 509
Scharia 319
Scharlach 413
Schatt el-Arab 482
Schattenwirtschaft 182
Schatzanweisung 182
Schauspiel 275
Scheck 182
Scheherazade 341
Scheide 413
Schelde 482
Schelf 510
Schelmenroman 275
Schelsky, Helmut 384
Schengener Abkommen 153
Scherbengericht 57
Scherzo 227
Schicht 383
Schickaneder, Emmanuel 234
Schicksalssinfonie 227
Schiefer 510
Schierlingsbecher 57
Schießbefehl 109
Schiiten 319
Schildbürger 275
Schildbürgerstreich 294
Schilddrüse 413
Schiller, Friedrich von 218, 275
Schiller, Karl 182
Schinderhannes 109
Schinkel, Karl Friedrich 210, 227
Schintoismus 320
Schirokko 510
Schisma 58, 320
Schlacht auf dem Lechfeld 109
Schlacht im Teutoburger Wald 109
Schlaganfall 413
Schlaginstrumente 227

Schlange 363
Schlaraffenland 341
Schlegel, August Wilhelm von 275
Schlegel, Friedrich von 275
Schleimbeutel 413
Schleimhaut 413
Schlemmer, Oskar 194
Schlesien 482
Schlesische Kriege 109
Schleswig-Holstein 153, 482
Schlichtung 182
Schlöndorff, Volker 251, 281
Schlüsselroman 275
Schmelzpunkt 543
Schmidt, Arno 276
Schmidt, Helmut 129, 142, 155
Schmidt-Rottluff, Karl 197
Schnecke 413
Schnee 510
Schneegrenze 510
Schneewittchen 341
Schneidezähne 413
Schnitzler, Arthur 276
Scholastik 320
Schönberg, Arnold 214, 227, 234
Schönbrunn 228
Schongauer, Martin 228
Schopenhauer, Arthur 320
Schöpfung 363
Schottland 482
Schrimpf, Georg 218
Schrittmacherzellen 413
Schröder, Gerhard 153
Schubert, Franz 203, 228, 232, 234
Schuld und Sühne 276
Schuldenkrise 153
Schuldverschreibung 182
Schulze-Delitzsch, Hermann 182
Schumacher, Kurt 110
Schumann, Robert 228, 441
Schumpeter, Joseph Alois 182
Schütz, Heinrich 217
Schutzengel 363
Schwabenspiegel 110
Schwäbische Alb 482
Schwanensee 228
Schwangerschaft 413
Schwangerschaftsabbruch 413
Schwank 276
schwarz auf weiß 295
Schwarzarbeit 183
Schwarzer Freitag 183

Schwarzer, Alice 251, 376
Schwarzes Loch 543
Schwarzes Meer 482
Schwarz-Rot-Gold 153
Schwarzwald 482
Schweden 482
Schwedentrunk 110
Schweinezyklus 183
Schweitzer, Albert 58
Schweiz 482
Schweizerische Eidgenossenschaft 110
Schwejk 276
Schwellenländer 153
schweres Wasser 543
Schwerin 483
Schwerkraft 543
Schwerpunkt 543
Schwind, Moritz von 228
Schwitters, Kurt 200
Schwyz 483
Science-Fiction 276
Scott, Sir Walter 276
Sechstagekrieg 58
SED 110
Seealpen 483
Seebeben 510
Seeland 483
Segal, George 223
Seghers, Anna 276
Sehne 414
Sehnerv 414
Seht, welch ein Mensch! 363
Seidenstraße 58
sein Licht nicht unter den Scheffel stellen 291
sein Schäfchen ins Trockene bringen 294
seine Haut zu Markte tragen 288
seinen Mantel nach dem Wind hängen 291
Seismograf 510
Sejm 153
Sekte 320
sekundäre Geschlechtsmerkmale 414
Sekundärliteratur 276
Sekunde 543
Selbstbestimmungsrecht der Völker 153
Selbsthilfegruppen 383
Selektion 431
Selene 341
Seligpreisungen 364
Semele 341
Semper, Gottfried 234
Senat 154
Senefelder, Alois 213
Senegal 483
Senghor, Léopold Sédar 276

Seoul 483
Separatismus 154
Serbien 483
Serbien und Montenegro 483
Serenade 228
Sevilla 483
Sexismus 383
sexuelle Revolution 383
Seychellen 483
Sezessionskrieg 58
Shakespeare, William 276
Shareholder-Value 183
Shaw, George Bernard 218, 276
Sherlock Holmes 276
Shetlandinseln 483
Shogun 58
Sibirien 483
Sic transit gloria mundi 295
sich an der eigenen Nase fassen 292
sich auf seinen Lorbeeren ausruhen 291
sich die Sporen verdienen 295
sich etwas hinter die Ohren schreiben 292
sich in die Höhle des Löwen wagen 289
sich mit fremden Federn schmücken 287
Sicherheitsrat 154
Sichteinlage 183
Sickingen, Franz von 308
sieben Weise 320
sieben Weltwunder 58, 228
Siebengebirge 484
Siebenjähriger Krieg 58, 110
Siebzehnter Juni 1953 111
Siedepunkt 543
Siegermächte 111
Siegfried 341
Siemens, Werner von 560
Sienkiewicz, Henryk 270
Sierra Leone 484
Sierra Nevada 484
Silicium 543, 560
Simbabwe 484
Simenon, Georges 276
Simmel, Georg 383
Simplicissimus 277
Simulation 543
Sinai 364, 484
sine ira et studio 295
Sinfonie 228
Singapur 484
Singer, Isaac Bashevis 277
Sirenen 341
Sissy 58
Sisyphus 341

Sitten 384
Sixtinische Kapelle 228
Sizilianische Vesper 58
Sizilien 484
Skala 544
Skandinavien 484
Skelett 414
Skeptizismus 320
Skinner, Burrhus Frederic 384
Sklaverei 58
Skonto 183
Skulptur 229
Skylla 341
Slawen 59
Sleipnir 341
Slevogt, Max 208
Slowakische Republik 484
Slowenien 484
Smetana, Bedřich 229
Smith, Adam 183
Smith, Joseph 314
Smog 510
Sodbrennen 414
Sodom und Gomorrha 364
Sofia 484
Software 560
Sokrates 320
Sol 341
Solarzelle 561
Soldatenkaiser 59
Soldatenkönig 111
Söldner 59
Solo 229
Solothurn 484
Solschenizyn, Aleksandr Issajewitsch 277
Solti, Sir Georg 201
Somalia 484
Sommer 510
Sonate 229
Sonderausgaben 183
Sonderziehungsrechte 183
Sonett 277
Sonne 544
Sonnenfinsternis 510
Sonnenflecken 544
Sonnenkönig 59
Sonnensystem 544
Sonnenwende 511
Sophisten 321
Sophokles 277
Sopran 229
Sorgerecht 154
Sorten 183
Souveränität 154
Sowjetunion 59, 485
Sozialarbeit 384
Sozialdarwinismus 60
Sozialdemokratische Partei Deutschlands 154

soziale Frage 60
soziale Marktwirtschaft 183
soziale Mobilität 384
sozialer Brennpunkt 384
sozialer Wohnungsbau 155
Sozialhilfe 155
Sozialisation 384
Sozialismus 155, 184
Sozialistengesetz 111
Sozialistische Einheitspartei Deutschlands 155
sozialistischer Realismus 277
Sozialplan 184
Sozialplanung 384
Sozialprodukt 184
Sozialstaat 156
Sozialversicherung 184
Sozialwissenschaften 384
Soziologie 384
Spaceshuttle 561
Spanien 485
spanische Armada 60
Spanischer Bürgerkrieg 60
Spanischer Erbfolgekrieg 60
Spareckzins 184
Sparkasse 184
Sparta 60
Spartacus 61
Spartakusbund 111
Spastiker 414
Speichel 414
Speiseröhre 414
Spektrum 544
Spekulation 184
Spermien 414
Spesen 184
Spessart 485
spezifische Wärme 544
spezifisches Gewicht 544
Sphäre 544
Sphinx 342
Spiegelaffäre 111
Spießbürger 295
Spinett 229
Spinne am Morgen bringt Kummer und Sorgen, Spinne am Abend erquickend und labend 295
Spinoza, Baruch de 321
Spirale 414
Spiritual 229
Spitzbergen 485
spitzer Winkel 544
Spitzweg, Carl 229
Sporen 431
Spotmarkt 184
Springflut 511
Sputnik 561
Sputnikschock 61

Sri Lanka 485
SS 111
Staatsausgaben 184
Staatsbürger in Uniform 156
Staatseinnahmen 184
Staatsminister 156
Staatsräson 61, 156
Staatsrat 111
Staatssekretär 156
Staatsstreich 156
Staatsverschuldung 184
Stabilitätspolitik 184
staccato 229
Stadt 511
Städtebünde 111
Stadtluft macht frei 111
Stadtrat 156
Stagflation 184
Stagnation 184
Stahlpakt 111
Stainer, Jakob 204
Stalagmit 511
Stalin, Jossif Wissarionowitsch 61
Stalinnoten 112
Stamm 431
Stammzellen 431
Standardabweichung 544
Standardwerte 184
Ständegesellschaft 62
Ständeversammlung 62
Standort 185
Staphylokokken 414
Starnberger See 485
Starr, Ringo 194
Stasi 112
Statistik 544
Status 384
Staub bist du und sollst wieder zu Staub werden 364
Staubblatt 431
Staublunge 414
Staudte, Wolfgang 281
Staufer 112
Steiermark 485
Stein, Heinrich Friedrich Karl Reichsfreiherr vom und zum 112
Steinbeck, John Ernst 278
Steiner, Rudolf 369, 386
Steinzeit 62
Stempel 431
Stendhal 278
Stephansdom 229
Steppe 511
Sterbehilfe 384
Stereotyp 384
Sterilisation 414
Sterne 544
Sterne, Laurence 278

Sternschnuppe 511
Sternsysteme 544
Steter Tropfen höhlt den Stein 296
Stethoskop 414
Stettin 485
Steuerflucht 185
Steuerhinterziehung 185
Steuern 185
Steueroasen 185
Steuerprogression 185
Steuerquote 185
Stevenson, Robert Louis 278
Stickstoff 544
Stickstofffixierung 431
Stifter, Adalbert 278
Stiller Ozean 485
Stillleben 229
Stimmbänder 414
Stimmlagen 229
Stimulus 384
Stockholm 485
Stoffwechsel 415, 431
Stoiker 321
Storm, Theodor 278
Stoß, Veit 230
Stowe, Harriet Beecher 278
Stradivari, Antonio 204, 230
Strahlung 544
Straßburg 485
Strassmann, Friedrich Wilhelm 527
Straßmann, Fritz 530
Stratosphäre 511
Strauß 230
Strauß, Botho 278
Strauß, Eduard 230
Strauß, Franz Josef 112
Strauß, Johann 230
Strauß, Josef 230
Strauss, Johann 220, 233
Strauss, Richard 219, 230
Strawinsky, Igor 230
Streichinstrumente 230
Streik 185
Streptokokken 415
Stresemann, Gustav 113
Stress 415
Strindberg, August 218, 278
Stromkreis 561
Stromlinienform 561
Stromrichtung 561
Strukturalismus 321
Strukturpolitik 185
strukturschwache Gebiete 156
Strukturwandel 156
Stuart 62
Stückelung 185
Studentenbewegung 113

587

Register

stumpfer Winkel 545
Sturm 511
Sturm auf die Bastille 62
Sturm und Drang 279
Sturmflut 511
Stuttgart 486
Styx 342
subatomar 545
Subkultur 384
Sublimation 545
Sublimierung 385
Subtraktion 545
Subtropen 511
Subvention 185
Sucre 486
Südafrika 486
Sudan 486
Sudeten 486
Sudetenkrise 113
Südpol 511
Südsee 486
Südtirol 486
Südwestafrika 486
Suezkanal 486
Suezkrise 62
Suffragetten 62
Suite 230
Sukarno, Achmed 62
Süleiman I., der Prächtige 62
Sultan 62
Sumerer 62
Sünde 321
Sündenbock 296, 385
Sündenfall 364
Sunniten 321
Supernova 545
Supraleiter 561
Supraleitung 545, 561
Sure 321
Suriname 486
Surrealismus 230, 279
Suttner, Bertha von 63
Swasiland 486
Swift, Jonathan 279
Swing 230
Sydney 486
Sylt 486
Symbol 279, 385
Symbolismus 230, 279
Symmetrie 545
Symptom 415
Synagoge 321
Syndrom 415
Synkretismus 385
Synode 321
Synthese 321
Syphilis 415
Syrien 486
System 431
Szene 279

T

Tabakskollegium 113
Tabu 385
Tabula rasa machen 296
Tacitus, Publius Cornelius 279
Tadschikistan 487
Tafelgeschäft 186
Tahiti 487
Taifun 511
Taiga 511
Taiwan 487
Tajo 487
Tal 511
Talgdrüsen 415
Talmud 321
Tanganjikasee 487
Tanguy, Yves 230
Tannhäuser und der Sängerkrieg auf der Wartburg 230
Tansania 487
Tantalus 342
Tantieme 186
Taoismus 321
Tarifautonomie 186
Tarifhoheit 186
Tarifpartner 186
Tarifvertrag 186
Tartarus 342
Tatra 487
Tau 511
Tauern 487
Taufe 321
Taufe Jesu 364
Taunus 487
Tausendundeine Nacht 342
Taxkurs 186
Tb 415
Te Deum 322
technischer Fortschritt 186
Technokratie 385
Tegernsee 487
Tegucigalpa 487
Teheran 487
Teilchenbeschleuniger 545
Tejo 487
Tel Aviv-Jaffa 487
Telefonhandel 186
Teleobjektiv 561
Teleologie 322
Telepathie 385
Teleskop 545
Tell 342
Tempel 322, 364
Temperatur 546
Tempo 231
Teneriffa 487
Tenno 63
Tenor 231
Termingeschäft 186

Territorialherrschaft 113
Territorialstaat 113, 156
Terrorherrschaft 63
Terrorismus 156
Tertiär 511
Tessin 487
Testosteron 415
Tetanus 415
Teufel 322
Teutoburger Wald 487
Texas 487
Thackeray, William Makepeace 258
Thailand 487
Thalamus 415
Thales von Milet 322
Thälmann, Ernst 113
Thatcher, Margaret Hilda 63
Thatcherismus 63
The Rolling Stones 226
Theater 279
Thema 231
Themse 488
Theoderich der Große 63
Theologie 322
Theorem 546
Theorie 546
Therapie 385, 415
Thermalquelle 511
thermisches Gleichgewicht 546
Thermodynamik 546
Thermoelement 561
Thermostat 562
These 322
Theseus 342
Thing 113
Thoma, Ludwig 279
Thomas 364
Thomas von Aquin 322
Thor 342
Thora 322, 364
thorakal 415
Thorax 415
Thriller 279
Thrombose 415
Thrombozyten 415
Thukydides 63
Thurgau 488
Thüringen 156, 488
Thüringer 113
Thymus 415
Tiber 488
Tibet 488
Tibetfrage 63
Tide 511
Tieck, Ludwig 279
Tief 511
Tiefsee 512
Tiepolo, Giovanni Battista 226

Tierkreis 546
Tierreich 431
Tiffany, Louis Comfort 209
Tiflis 488
Tigris 488
Tilgung 186
Tirana 488
Tirol 488
Titanen 343
Titicacasee 488
Titisee 488
Tito 63
Tizian 231
Tod 415
Togo 488
Tohuwabohu 296
Tokio 488
Tokugawa Jeyasu 63
Tolkien, John Ronald Reuel 280
Tollwut 415
Tolstoj, Lew Nikolajewitsch Graf 280
Tom Sawyer 280
Tonga 488
Tonleiter 231
Topos 280
Tornado 512
Tosca 231
Toscanini, Arturo 201, 208, 231
Toskana 489
Totalitarismus 157
Totem 322
Totemismus 385
Totes Meer 489
Toulouse-Lautrec, Henri de 213, 231
Toxine 415
Toyotomi Hideyoshi 64
Tradition 385
Trafalgar 64
Trägheit 546
Tragikomödie 280
Tragödie 280
Transferleistungen 186
Transformator 562
Transistor 562
Transitabkommen 114
Transplantation 415
Transrapid 562
Transsexualität 385
Transvestit 385
Transzendenz 322
Trapez 546
Trauma 385, 416
Traven, B. 280
Treibhauseffekt 512
Trichinose 416
Trinidad und Tobago 489
Trinität 322

588

Register

Trio 231
Tripelpunkt 546
Tripolis 489
Tripper 416
Triptychon 231
Tristan 280, 343
Tristan und Isolde 231
Triumvirat 64
Trivialliteratur 280
Trizone 114
Trochäus 281
Troja 64
Trojanischer Krieg 343
Troll 343
Trombe 512
Trommelfell 416
Trompete 231
Tropen 512
Tropfsteinhöhle 512
Troposphäre 512
Trotzkij, Leo 64
Troubadour 231, 281
Truman, Harry Spencer 64
Tschad 489
Tschaikowsky, Peter 228, 232
Tschechische Republik 489
Tschechoslowakei 64, 489
Tschechow, Anton Pawlowitsch 281
Tschernobyl 64, 562
Tschetschenienkrieg 64
Tshwane 489
Tsunami 512
Tuba 232
Tuberkulose 416
Tucholsky, Kurt 281
Tudor 65
Tuff 512
Tumor 416
Tundra 512
Tunesien 489
Turin 489
Türkei 489
Türkenkriege 65
Turkmenistan 489
Turmbau zu Babel 364
Turner, William 232
Tut-anch-Amun 65
Tuvalu 489
Twain, Mark 281
Typhus 416
Tyr 343

U
Überflussgesellschaft 187
Über-Ich 385
Überschall 562
Übersiedler 157
Überziehung 187
UdSSR 65

Uffizien 232
Uganda 489
UHF 562
Uhland, Ludwig 281
Ukraine 489
Ulbricht, Walter 114
Ultimo 187
Ultraschall 416, 546
ultraviolette Strahlung 546
Umfang 546
Umlaufvermögen 187
Umma 322
Umsatz 187
Umsiedler 157
Umverteilung 187
Umweltökonomie 187
UN 157
Unbefleckte Empfängnis 322
Unbewusstes 385
UNCTAD 157
UNESCO 157
Unfehlbarkeit des Papstes 323
Ungarischer Aufstand 65
Ungarn 490
Ungarneinfälle 114
ungesättigte Fettsäuren 416
ungeschlechtliche Fortpflanzung 431
UNICEF 157
Universum 546
unlauterer Wettbewerb 187
UNO 157
unter dem Pantoffel stehen 292
unter die Haube bringen 288
Unterbewusstsein 386
Unterhaus 158
Unterwalden 490
Upanischaden 323
Ural 490
Uran 546
Uranos 343
Uranus 547
Uri 490
Urin 416
Urknall 547
Urologie 416
Urstromtal 512
Uruguay 490
Urwald 512
USA 490
Usbekistan 490
Uterus 416
Utgard 343
Utilitarismus 323
Utopie 281

V
V-2 562
Vagina 417

Vakuum 547
Valais 490
Valuta 187
Vampir 343
Vanuatu 490
Vargas Llosa, Mario 281
variable Kosten 187
Variation 232
Variskisches Gebirge 513
Varnhagen von Ense, Rahel 274
Vasari, Giorgio 232
Vasco da Gama 65
Vasektomie 417
Vater, vergib ihnen, denn sie wissen nicht, was sie tun! 365
Vaterunser 365
Vatikan 323
Vatikanstadt 490
vegetatives Nervensystem 417
Vektor 547
Velázquez, Diego Rodriguez da Silva y 232
Velde, Henry van de 209
Venedig 65, 490
Venen 417
venerische Krankheit 417
Venezuela 490
veni, vidi, vici 65
Venture-Capital 187
Venus 343, 547
Verband 158
Verbindlichkeiten 187
Verbindung 547
verbotene Frucht 365
Verbrauch 187
Verbraucherschutz 187
Verbrennung 547
Verbrennungsmotor 562
Verdampfen 547
Verdauung 417
Verdauungssystem 417
Verdi, Giuseppe 192, 214, 219, 232
Verein 158
Vereinigte Arabische Emirate 490
Vereinigte Staaten von Amerika 491
Vereinte Nationen 158
Verfassung 158
Verfassungsorgane 158
Verfassungsschutz 158
verfassungswidrige Organisationen 158
Verfremdungseffekt 281
Vergil 281
Vergleich 187
Verhaltenstherapie 386

Verhältnis 547
Verkäufermarkt 187
Verkündigung 365
Verlaine, Paul 258
verlorener Sohn 365
Verlust 187
Vermeer, Jan 233
Vermögen 187
Verne, Jules 281
Vernichtungslager 114
Vernissage 233
Vers 281
Versailler Vertrag 114
Versailles 233
Versicherung 188
Verstärker 562
Verteidigungsreaktion 417
Vertrauensfrage 159
Vertriebene 114, 159
Verwandtschaft 386
Vespucci, Amerigo 435
Vesta 343
Vesuv 491
Vichy 65
Victoria 65, 343
Victoriafälle 491
Victoriasee 491
Viele sind berufen, aber nur wenige sind auserwählt 365
Viererbande 65
Viermächteabkommen 114
Vierte Welt 159
Vierwaldstätter See 491
Vierzehn Punkte 65
Vietnam 491
Vietnamkrieg 66
Villon, François 281
Viola 233
Violine 233
Violoncello 233
Virgin Islands 492
virtuelle Realität 562
Virulenz 417
Virus 431
Virusinfektion 417
Visconti, Luchino 280
Viskosität 547
Vita, Helen 199
Vitamine 417
Vivaldi, Antonio Lucio 194, 233
Vögel 431
Vogelsberg 492
Vogesen 492
Vogt 115
Voigt, Wilhelm 255
Volatilität 188
Volk ohne Raum 115
Völkerbund 66

589

Register

Völkerwanderung 66
Volksabstimmung 159
Volksbanken 188
Volksbegehren 159
Volksdemokratie 66
Volkseinkommen 188
Volksfront 67
Volksgerichtshof 115
Volkskammer 115
Volkskultur 386
Volkssouveränität 154, 159
Volkswirtschaft 188
Volkswirtschaftslehre 188
Vollbeschäftigung 188
Voltaire 323
Volumen 547
Vom Winde verweht 282
von der Pike auf dienen 292
von Pontius zu Pilatus laufen 292
vor die Hunde gehen 289
vor seiner eigenen Tür kehren 297
Vorarlberg 492
Vorbörse 188
Vorderasien 492
Vorderindien 492
Vormärz 115
Vorsatz 547
Vorschusslorbeeren 297
Vorstand 188
Vorsteherdrüse 417
Vorurteil 386
Voyeurismus 386
Vulcanus 343
Vulgata 323
Vulkan 513
Vulkanisation 562

W

Wałęsa, Leszek 67
Wachau 492
Wadi 513
Wagner, Cosima 213, 233
Wagner, Richard 194, 213, 215, 219, 233
Wahl 159
Wahldelikte 159
Wahrheit 323
Wahrscheinlichkeitsrechnung 547
Währung 188
Währungsreform 115, 188
Währungsreserven 188
Walachei 492
Waldenser 67
Waldgrenze 513
Waldorfschulen 386
Waldsterben 513
Wales 492
Walhall 344

Walküren 344
Wall Street 188
Wallenstein 282
Wallenstein, Albrecht Wenzel Eusebius von 115
Wallfahrt 323
Wallis 492
Walpurgisnacht 344
Walser, Martin 282
Walter, Bruno 201
Walther von der Vogelweide 282
Walzer 233
Wandalen 67
Wandalismus 297
Wandelanleihen 188
Wandlung 323
Wanen 344
Wankel, Felix 563
Wankelmotor 563
Wannseekonferenz 116
Waräger 67
Warenbörse 188
Warhol, Andy 223, 233
Warmblüter 431
Wärme 547
Wärmebelastung 563
Wärmekapazität 547
Wärmelehre 547
Warmzeit 513
Warschau 492
Warschauer Pakt 67
Warschauer Vertrag 159
Wartburg 116, 234
Wartburgfest 116
Warten auf Godot 282
Warthe 492
Was du nicht willst, das man dir tu, das füg auch keinem andern an zu 365
Was ein Häkchen werden will, krümmt sich beizeiten 288
Washington 492
Washington, George 67, 491
Wasserkraftwerk 563
Wasserkultur 431
Wasserscheide 513
Wasserstoff 513
Watergate-Affäre 67
Waterloo 68
Watson, James Dewey 431
Watson, John Broadus 370
Watt 513, 563
Watt, James 537, 563
Watteau, Jean-Antoine 226, 234
Watts, Charlie 226
Watzmann 492
Weber, Carl Maria von 200, 213, 234

Weber, Konstanze 217
Weber, Max 386
Webern, Anton 214, 234
Wechsel 188
Wechselkurs 188
Wechselkurspolitik 189
Wechselstrom 563
Wechselwirkungen 548
Wedekind, Frank 282
Weden 323
Weg von mir, Satan! 366
Wehen 417
Wehrbeauftragter 159
Wehrdienst 160
Wehrdienstverweigerung 159
Wehrmacht 116
Wehrpflicht 160
Weichsel 493
Weichtiere 432
Weidig, Friedrich Ludwig 242
Weihnachten 323
Weihnachtsoratorium 234
Weill, Kurt 201, 241
Weimar 493
Weimarer Klassik 282
Weimarer Republik 116
Weisheitszähne 417
Weiss, Peter 283
weiße Blutkörperchen 418
Weiße Rose 116
weiße Zwerge 548
Weißes Haus 160
Weißrussland 493
Weitsichtigkeit 418
Weitwinkelobjektive 563
Welfen 117
Welle 548
Wellenlänge 548
Wellershof, Dieter 257
Weltall 548
Weltbank 189
Welteke, Ernst 189
Weltliteratur 283
Weltraum 548
Weltraumteleskop 548
Weltreligionen 323
Weltwirtschaftsgipfel 170, 189
Weltwirtschaftskrise 68
Wem das Herz voll ist, dem geht der Mund über 288
Wendekreise 513
Wenn der Berg nicht zum Propheten kommen will, muss der Prophet zum Berge gehen 293
Wer andern eine Grube gräbt, fällt selbst hinein 288

Wer einmal lügt, dem glaubt man nicht, und wenn er auch die Wahrheit spricht 291
Wer ohne Sünde ist, werfe den ersten Stein 366
Wer zuerst kommt, mahlt zuerst 298
Werbungskosten 189
Wertpapier 189
Wertschöpfung 189
Werturteil 386
Werwölfe 344
Weser 493
Western 283
Westerwald 493
Westfalen 493
Westfälischer Friede 117
Westgoten 68
Westindien 493
Westmächte 68
West-östlicher Divan 283
Westsahara 493
Wettbewerb 189
Wetter 514
Wetterau 493
Wettersteingebirge 493
WEU 160
Wheeler, John Archibald 519
Whitman, Walt 283
wider den Stachel löcken 295
Widerstandsbewegung 117
Widerstandsrecht 160
wie der Herr, sos Gescherr 288
wie ein Ölgötze dasitzen oder dastehen 292
Wie es euch gefällt 283
wie Schuppen von den Augen fallen 294
wie von der Tarantel gestochen 296
Wieck, Clara 228
Wieder, Hanne 199
Wiedergeburt 324
Wiedervereinigung 117
Wieland, Christoph Martin 283
Wien 493
Wiener Klassik 234
Wiener Kongress 68
Wiener Volkstheater 283
Wiesbaden 493
Wigman, Mary 193, 234
Wikinger 68
Wilde, Oscar 283
Wilhelm der Eroberer 69
Wilhelm Meisters Lehrjahre 283
Wilhelm Tell 283

Register

Wilhelmstraße 118
Wilhelm I 117
Wilhelm II 117
Wilhelm III von Oranien 69
Willemer, Marianne von 283
Willensfreiheit 324
Williams, Hank 199
Williams, Tennessee 283
Wilson, Woodrow 69
Wimschneider, Anna 255
Winckelmann, Johann Joachim 278
Wind 514
Wind von etwas bekommen 297
Windhuk 494
Windpocken 418
Winter 514
Winterkönig 118
Winterschlaf 432
Wirbellose 432
Wirbelsturm 514
Wirbeltiere 432
Wirtschaftlichkeitsprinzip 189
Wirtschaftskreislauf 189
Wirtschaftsliberalismus 69
Wirtschaftsordnung 189
Wirtschaftspolitik 189
Wirtschaftsprüfer 189
Wirtschaftswunder 118, 189
Wissen ist Macht 324
Wittelsbacher 118
Wittgenstein, Ludwig 324
Wo viel Licht, ist auch viel Schatten 291
Wodu 324
Wohlfahrtsstaat 160, 190
Wohlfahrtsverbände 160
Wohmann, Gabriele 283
Wolf im Schafspelz 366
Wolf, Christa 284
Wolff, Christian 315
Wolfram von Eschenbach 284
Wolga 494
Wolken 514
Wolkenstein 284
Wollstonecraft-Shelley, Mary 251
Woodstock 234
Woolf, Virginia 284
Workaholic 386
World Wide Web 563
Wormser Konkordat 118
Wörther See 494
Wotan 344
Wright, Orville 563
WTO 190
Wundbrand 418
Wunder 366
wunderbare Brotvermehrung 366
Wundstarrkrampf 418
Württemberg 494
Wurzel 432
Wüste 514
WWW 563
Wyman, Bill 226

X

Xerxes I 69
XETRAY 190

Y

Yeats, William Butler 284
Yggdrasil 344
Yin und Yang 324
Yokohama 494
Yukatán 494

Z

Zagreb 494
Zähler 548
Zahlungsbilanz 190
Zahnbein 418
Zähne 418
Zahnfäule 418
Zaire 494
Zar 69
Zar und Zimmermann 234
ZDF 160
Zehn Gebote 366
Zehnergruppe 190
Zehnt 69
Zeitgeschichte 69
Zelldifferenzierung 432
Zelle 418, 432
Zellkern 432
Zellmembran 432
Zellulose 432
Zellwand 432
Zen 324
Zenit 514
Zensur 284
Zentauren 344
Zentralafrikanische Republik 494
Zentralamerika 494
Zentralbank 190
Zentraleinheit 563
zentrales Nervensystem 418
Zentralmassiv 494
Zentrifugalkraft 548
Zentrumspartei 118
Zerberus 344
zerebral 418
zerebrale Kinderlähmung 418
Zerobond 190
Zeugen Jehovas 324
Zeus 344
Zhou Enlai 69
Zille, Heinrich 234
Zins 190
Zinseszins 190
Zinssatz 190
Zion 366
zionistische Bewegung 70
Zirrhose 418
Zisterzienser 324
Zitat 284
Ziu 344
Zivildienst 159, 160
Zola, Émile 284
Zölibat 324
Zoologie 432
Zucker 432
Zuckerkrankheit 418
Zuckmayer, Carl 284
Zug 494
Zugspitze 494
Zünfte 70
zur Salzsäule erstarren 294
Zürich 494
Zwanzigster Juli 1944 118
Zweig, Stefan 284
Zweikammersystem 160
Zwei-plus-vier-Vertrag 160
Zweistromland 70
Zweiter Weltkrieg 70
Zwerchfell 418
Zwillingsparadoxon 548
Zwinger 234
zwischen Tür und Angel 297
zwölf Stämme Israels 366
Zwölffingerdarm 418
Zwölftafelgesetz 70
Zwölftonmusik 234
Zygote 432
Zyklon 514
Zyklopen 344
Zyklotron 548
Zypern 494
Zyste 418
Zytoplasma 432

Barbarossastadt Gelnhausen, Fremdenverkehrsamt/ R. Dieckmann 102
Bibliographisches Institut, Mannheim 11, 17, 23, 26, 30, 32f., 40, 43, 50, 53, 55, 59, 61, 63, 66f., 69, 72, 76, 80, 82, 84, 88, 91–94, 96f., 100, 104, 106, 110, 113, 115f., 118f., 125, 128, 131, 134, 136, 138, 141, 145, 154, 157f., 162, 168, 175f., 183, 186, 191, 195, 203f., 211, 217, 223, 228, 230, 233, 235, 237, 239, 241f., 244, 250, 252, 255, 264, 266, 269, 273–275, 277, 279–282, 284, 299f., 303, 307f., 313, 317f., 320, 322, 325, 334, 345, 356, 360, 365, 367, 370, 372, 374, 380, 387f., 390, 397, 413f., 419, 421, 423, 427–429, 445, 464, 466, 470, 491, 495, 497f., 502, 507f., 517f., 530, 533, 538, 540, 543, 548–551, 555, 560
Bibliographisches Institut, Mannheim/Erwin Böhm 51, 108, 112
Bibliographisches Institut, Mannheim/Alexander Burkatovski 12, 198, 205, 208, 213, 224, 232, 246, 331, 339, 344, 347, 357, 359
W. Claus, Fulda 300
© CORBIS/Royalty-Free 9, 13, 44, 206, 246, 299, 311, 320, 324f., 342, 368, 433, 435, 440, 453f., 456, 472, 475, 515, 517, 535
Deutsche Börse, Frankfurt am Main 165
Directmedia Publishing, Berlin 191
ESA/ESOC, Darmstadt 531
Photo-Archiv Fellerer, Ascona 375
Fraunhofer IAO, Stuttgart 563
Fremdenverkehrsamt der VR China, Frankfurt am Main 19, 488
Fremdenverkehrszentrale Zypern, Frankfurt am Main 330
Government Information Service, Mauritius/R. Drexel, Frankfurt am Main 467
F. Habe/Government of Slovenia, Public Relations and Media Office 503
Griechische Zentrale für Fremdenverkehr, Frankfurt am Main 327
Image Source, Köln 119, 161, 214, 485
Isländisches Fremdenverkehrsamt, Neu-Isenburg 113

State of Israel, Government Press Office, Jerusalem 121, 146
Dr. V. Janicke, München 9, 382
Jüdisches Museum/H. J. Bartsch, Berlin 310
Kinemathek Hamburg e.V. 199f., 258
Kleber PR Network/Repr. McCluskey & Ass., Kronberg 458
Bibliographisches Institut, Mannheim/Prof. Dr. Heidemarie Koch 124
Köln Tourismus Office/ G. Ventur, Köln 461
Dr. R. König, Preetz 209
Bibliographisches Institut, Mannheim/Prof. Dr. Hartmut Matthäus 38
MEV Verlag, Augsburg 28, 89, 164, 189, 235, 450, 478, 493, 495, 505
NASA/JPL/RPIF/DLR 528
Nobelstiftelsen, The Nobel Foundation, Stockholm 19, 77, 120, 241, 527
Photo Digital, München 73, 218, 513
Polnisches Fremdenverkehrsamt, Berlin 17
M. M. Prechtl (†) 260
Presse- und Informationsamt des Landes Berlin/FTB-Werbefotografie - Partner für Berlin 127
Presse- und Informationsamt des Landes Berlin/Landesbildstelle, Berlin 71, 75, 78, 117
shutterstock.com/mistydawnphoto 48
Dr. C. Sohn/Universitäts-Frauenklinik, Frankfurt am Main 416
Christiane von Solodkoff, Dr. Michael von Solodkoff, Neckargemünd 393, 399, 401, 408f., 418
South African Tourism, Frankfurt am Main 367
Spektrum Akademischer Verlag, Heidelberg 510, 524f., 545
Staatliches Lindenau-Museum, Altenburg 353
K. Landry/Stadt Speyer 226
Thyssen Krupp Stahl, Duisburg 556
Transrapid International, Gemeinschaftsunternehmen von Adtranz, Siemens und Thyssen 562
Volkswagenwerk, Wolfsburg 161, 181
The Yorck Project, Berlin 86, 222, 378